DIE THOMAS-MANN-LITERATUR · BAND III

KLAUS W. JONAS / HELMUT KOOPMANN

Die Thomas-Mann-Literatur

Band III
Bibliographie der Kritik 1976-1994

In Zusammenarbeit mit dem
Thomas-Mann-Archiv Zürich

VITTORIO KLOSTERMANN · FRANKFURT/M.

Die Deutsche Bibliothek – CIP-Einheitsaufnahme

Die **Thomas-Mann-Literatur** : Bibliographie der Kritik / Klaus
W. Jonas und Helmut Koopmann in Zusammenarbeit mit dem
Thomas-Mann-Archiv Zürich. – Frankfurt am Main :
Klostermann
Bis Bd. 2. 1956/75 (1979) im Verl. E. Schmidt, Berlin
NE: Jonas, Klaus Werner [Bearb.]; Koopmann, Helmut [Bearb.]
Bd. 3. 1976/94 (1997)
ISBN 3-465-02847-3

© Vittorio Klostermann GmbH Frankfurt am Main 1997
Alle Rechte vorbehalten, insbesondere die des Nachdrucks und der Übersetzung. Ohne Genehmigung des Verlages ist es nicht gestattet, dieses Werk
oder Teile in einem photomechanischen oder sonstigen Reproduktions-
verfahren oder unter Verwendung elektronischer Systeme zu verarbeiten, zu
vervielfältigen und zu verbreiten.
Gedruckt auf alterungsbeständigem Papier ⊗ ISO 9706
Druck: Weihert-Druck GmbH, Darmstadt
Printed in Germany

In memoriam
Hans Wysling (1926-1995)

Inhalt

Vorwort

Als ich vor 47 Jahren im Sommer 1949 mit dem Sichten und Sammeln der Literatur über Thomas Mann, soweit sie an amerikanischen College- und Universitätsbibliotheken vorhanden war, begann, war die Zahl der wissenschaftlichen Studien noch verhältnismäßig überschaubar. Nach sechsjähriger Arbeit ausschließlich in den USA konnte der Band *Fifty Years of Thomas Mann Studies: A Bibliography of Criticism* bei der University of Minnesota Press in Minneapolis - kurz vor dem 80. Geburtstag des Dichters - erscheinen, eine Auswahl von 3.010 von mir verzeichneten Büchern, Essays, Artikeln, akademischen Schriften und Publikationen aus der Tagespresse von 1902 bis 1954. Der mit einem Vorwort Thomas Manns versehene, nach Sachgebieten geordnete Band, dessen Auflage von 1.000 Exemplaren schnell vergriffen war, bot somit eine erste Bestandsaufnahme der wichtigsten zu Lebzeiten des Dichters erschienenen kritisch-biographischen Äußerungen über ihn und sein Werk. Ein unveränderter Nachdruck erschien 1969 beim Verlag Kraus Reprint in New York.

Fast einstimmig wurde von der Kritik eine Fortsetzung und Ergänzung gefordert. Der von Ilsedore B. Jonas und mir vorbereitete, alphabetisch angeordnete zweite Band, den wir Caroline Newton gewidmet hatten, *Thomas Mann Studies Volume Two: A Bibliography of Criticism*, erschien 1967 in der von André von Gronicka begründeten Reihe *Studies in Germanic Languages and Literatures* der University of Pennsylvania Press in Philadelphia. Er enthielt 4.028 Eintragungen in 21 Sprachen für den Zeitraum von 1901 bis 1965, von denen allein 2.800 das Jahrzehnt 1954 bis 1965 betreffen. Von den verzeichneten Arbeiten erschienen 2.275 in deutscher, 858 in englischer, 190 in französischer, 165 in italienischer und 156 in schwedischer Sprache. Es folgen - entsprechend der Zahl der Eintragungen - die folgenden Sprachen mit einer geringen Zahl ausgewählter Titel: Japanisch, Niederländisch, Spanisch, Russisch, Ungarisch, Tschechisch, Dänisch, Polnisch, Rumänisch, Hebräisch, Lettisch, Norwegisch, Serbokroatisch, Finnisch und Portugiesisch.

Ende der sechziger Jahre bot mir der Erich Schmidt Verlag in Berlin an, eine kontinuierliche internationale Forschungsbibliographie in chronologischer Anordnung herauszubringen. Gleichzeitig begann meine "offizielle", auch auf dem Titelblatt ausgedrückte Zusammenarbeit mit dem Thomas-Mann-Archiv Zürich, dessen erster Benutzer ich - mit Hilfe des mir verliehenen Caroline Newton Grant der Yale University - im Sommer 1957 gewesen war. Seit 1955 - anfangs im Thomas Mann-Haus in Kilchberg am Zürichsee, später im Bodmerhaus - habe ich mich bemüht, jahraus, jahrein die dort aufbewahrten Materialien aufzuarbeiten, durch Autopsie am Original zu überprüfen und eine möglichst sinnvolle Auswahl zwecks Aufnahme in die Bibliographie zu treffen.

Darüber hinaus half mir das Archiv durch Übersendung aller Karteikärtchen auf dem Gebiete der Sekundärliteratur sowie der fremdsprachigen Übersetzungen.

Im Sommer 1972 erschien schließlich im Erich Schmidt Verlag der erste, Hans-Otto Mayer gewidmete Band der vorliegenden deutschen Reihe, *Die Thomas-Mann-Literatur Bd. I: Bibliographie der Kritik*, der von den Anfängen der literarischen Produktion Thomas Manns und ihrer Aufnahme durch die Kritik bis hin zum Todesjahr 1955 berichtet. Dieser Band verzeichnet insgesamt 4.500 Titel, von denen alle, außer Nachrufen und Gedenkartikeln, zu Lebzeiten des Dichters erschienen waren. Ein Zufall wollte es, daß im selben Monat der Berliner Aufbau-Verlag die zweibändige, systematisch angeordnete, wesentlich umfangreichere und vollständigere Arbeit von Harry Matter, *Die Literatur über Thomas Mann: Eine Bibliographie 1898-1969*, herausbrachte, die sich bei der internationalen Kritik mit Recht höchster Anerkennung und ehrlicher Bewunderung erfreut.

Genau sieben Jahre später, 1979, erschien - wiederum in Zusammenarbeit mit dem Thomas-Mann-Archiv Zürich - der Hans Waldmüller gewidmete Band *Die Thomas-Mann-Literatur Bd. II: Bibliographie der Kritik 1956-1975*. Während Band I mehr als viertausend Arbeiten aus fast sechs Jahrzehnten enthalten hatte, waren es nunmehr 6.200 Titel für nur zwei Jahrzehnte. Ein fünfzig Seiten umfassender Nachtrag enthielt weitere 550 Arbeiten aus der Berichtzeit 1890 bis 1955, die eigentlich in den ersten Band gehört hätten.

Bei der Arbeit am ersten sowie auch am zweiten deutschen Band dieser Bibliographie habe ich versucht, wenigstens die wichtigsten Beiträge auch in osteuropäischen Sprachen sowie einige ausgewählte Studien aus Ostasien (China, Japan und Korea) zu berücksichtigen, vor allem solche, die von einem deutschsprachigen Resümee begleitet waren. Ursprünglich wollte ich diese Tradition auch im vorliegenden dritten Band fortsetzen, jedoch stellte sich im Laufe der Jahre mehr und mehr die Wahrheit eines Ausspruchs von Eckhard Heftrich und Hans Wysling, den Begründern und ersten Herausgebern des *Thomas Mann Jahrbuchs*, heraus: "Die Thomas-Mann-Literatur ist in den letzten Jahrzehnten derart angewachsen, daß auch der Spezialist sie nicht mehr überblicken kann" (Vorwort zu Bd. 1, 1988). Die von mir beabsichtigte Aufnahme dieser osteuropäischen und fernöstlichen Studien hätte jedoch den Rahmen des vorliegenden dritten Bandes gesprengt. Nur schweren Herzens entschloß ich mich daher, angesichts der überwältigenden Fülle des vorhandenen Materials, zum Verzicht auf mehr als dreihundert Eintragungen aus diesen Sprachgebieten.

Als Fortsetzung und Ergänzung des im zweiten Band (S. 11-17) enthaltenen Berichtes über Thomas-Mann-Veranstaltungen in Europa und den USA soll an dieser Stelle auf ausgewählte Kolloquia, Ausstellungen und Feiern hingewiesen werden, soweit sie die Brüder Heinrich und Thomas Mann sowie Frau Katia Mann betreffen. Die in den *Heften der Deutschen Thomas-Mann-Gesellschaft* verzeichneten Einzelvorträge werden, um Wiederholungen zu vermeiden, nicht berücksichtigt. Sowohl in den "Thomas-Mann-Studien" und dem *Thomas Mann Jahrbuch* (beide im Verlag Klostermann, Frankfurt) als auch im *Heinrich Mann-Jahrbuch* (Lübeck) sind die meisten der hier erwähnten Vorträge im Druck erschienen.

Die Thomas-Mann-Gesellschaft in Lübeck veranstaltete unter Leitung ihres 1. Vorsitzenden Klaus Matthias in Zusammenarbeit mit dem Senat der Hansestadt anläßlich des 100. Geburtstages von Heinrich Mann vom 23. bis 27. März 1971 eine Heinrich-Mann-Tagung im Audienzsaal des Lübecker Rathauses. Im Vortragssaal des Dommuseums wurde am 23. März eine Heinrich-Mann-Ausstellung mit Handschriften, Erstdrucken und Fotografien eröffnet. Folgende Referate wurden gehalten:

André Banuls, Saarbrücken:	Heinrich Mann und Frankreich
Manfred Durzak, Bloomington:	Exil-Motive im Spätwerk Heinrich Manns
Johannes Klein, Marburg:	Der Novellist Heinrich Mann
Rolf N. Linn, Santa Barbara:	Garibaldi, das Volk und Don Taddeo. Bemerkungen zu Heinrich Manns Roman *Die kleine Stadt*
Klaus Matthias, Kiel:	Heinrich Mann und die Musik
Michael Nerlich, Berlin:	Warum Henri Quatre? Zur Typologie des volkstümlichen Helden
Wolfdietrich Rasch, Münster:	Décadence und Gesellschaftskritik in Heinrich Manns Roman *Die Jagd nach Liebe*
Lea Ritter-Santini, Münster:	Die Verfremdung des optischen Zitats. Anmerkungen zu Heinrich Manns Roman *Die Göttinnen*
Eberhard Wilhelm Schulz, Kiel:	Heinrich Manns Essayistik
Siegfried Sudhof, Frankfurt:	Heinrich Mann und der europäische Gedanke
Ulrich Weisstein, Bloomington:	Satire und Parodie bei Heinrich Mann
Hans Wysling, Zürich:	Zum Abenteurer-Motiv bei Wedekind, Heinrich und Thomas Mann

Eine vollständige Dokumentation dieser Tagung mit sämtlichen Referaten gab Klaus Matthias 1973 heraus (Vgl. # 73.184).

Im Herbst 1975 veranstaltete das Goethe-Institut Helsinki - in Zusammenarbeit mit der dortigen Universität - im Rahmen der Helsinki-Festwochen ein Vortragssymposium zu Ehren des 100. Geburtstags von Thomas Mann. In der Helsingfors Sparbank wurde eine Fotoausstellung gezeigt. Folgende Referate wurden gehalten:

Dietrich Aßmann, Helsinki:	Thomas Manns Novelle *Unordnung und frühes Leid* (4. September - in finnischer Sprache)

Walter Jens, Tübingen: Thomas-Mann-Kolloquium (1. September - Ge-
                                    sprächsleiter: Dietrich Aßmann)

Walter Jens, Tübingen: Der letzte Bürger: Thomas Mann 1875-1975 (3.
                                    September)

Tarmo Kunnas, Helsinki: Thomas Mann als Repräsentant seines Zeitalters
                                    (3. September - in finnischer Sprache)

Michael Mann, Berkeley: Autobiographische Züge im Romanwerk Thomas
                                    Manns (6. Oktober)

Hans Mayer, Tübingen: Thomas Mann und Bertolt Brecht: Ursachen und
                                    Folgen einer Feindschaft (4. September)

Am 25. März 1979 fand im Scharbau-Saal der Lübecker Stadtbibliothek die Verleihung des Thomas-Mann-Preises 1978 an den Schriftsteller Uwe Johnson statt. Sowohl
Johnsons Dankesworte als auch Hans Wyslings Vortrag, eine Laudatio auf den Preisträger, erschienen in der Lübecker Zeitschrift *Vaterstädtische Blätter* sowie in den *Heften
der Deutschen Thomas-Mann-Gesellschaft*, Heft 1 (Oktober 1981).

Anläßlich des 110. Geburtsjahres von Heinrich Mann und des zehnjährigen Bestehens
des Arbeitskreises Heinrich Mann veranstaltete dieser unter Leitung von Helmut
Koopmann und Peter-Paul Schneider in Zusammenarbeit mit dem Senat der Hansestadt
Lübeck, Amt für Kultur, vom 17. bis 19. September 1981 das II. Internationale Heinrich-Mann-Symposium im Großen Börsensaal des Rathauses zu Lübeck, das dem
Thema "Literatur und Öffentlichkeit: Das Werk Heinrich Manns 1918-1933" gewidmet
war. Die folgenden Referate wurden gehalten:

André Banuls, Saarbrücken: Das Jahr 1931

Manfred Durzak, Oldenburg: "Drei-Minuten-Romane": Zu den novellistischen
                                    Anfängen des Erzählers Heinrich Mann

Heide Eilert, Augsburg: Der Künstler als Moralist: Bemerkungen zu
                                    Heinrich Manns Roman *Eugénie oder Die Bürger-
                                    zeit* (1928)

Elke Emrich, Nimwegen: Heinrich Manns Novelle *Kobes* oder die "bis ans
                                    logische Ende" geführte deutsche Geistesge-
                                    schichte

Heinz Gockel, Bamberg: Zur Essayistik Heinrich Manns

Oleg Jegorov, Moskau: Die Rezeption Heinrich Manns in Rußland

Wulf Koepke, Texas: *Zeitalter* und Publizistik: Zum Exil Heinrich
                                    Manns

Helmut Koopmann, Augsburg: Annäherungen ans Exil: Heinrich Manns Frankreichverständnis in den zwanziger Jahren

Helmut Koopmann, Augsburg: Heinrich Mann und die Weimarer Republik (Leiter der Podiumsdiskussion)

Herbert Lehnert, Irvine: Künstler-Führer und Künstler-Narr in Heinrich Manns Werk der Weimarer Republik

Paul Michael Lützeler, St. Louis: Heinrich Manns Kaiserreichtrilogie und Hermann Brochs Schlafwandler-Trilogie

Walter Müller-Seidel, München: Justizkritik im Werk Heinrich Manns. Zu einem Thema der Weimarer Republik

Norbert Oellers, Bonn: "Karikatur und Exzentrizität". Bemerkungen zu den frühen Novellen Heinrich Manns

Hubert Ohl, Münster: "Künstlerwerk". Zu Thomas Manns *Betrachtungen eines Unpolitischen*

Hubert Orłowski, Posen: Öffentlichkeit und Denunziation. Zur Darstellung Heinrich Manns und anderer "System"-Autoren im Lexikon *Sigilla Veri*

Klaus Schröter, New York: Zwischen Autobiographie und Zeitgeschichte. Zu Heinrich Manns Roman *Der Kopf*

Michael Stark, Bamberg: "... und es spricht sich herum: und man war nicht unnütz". Öffentlichkeitsanspruch und Wirkungsskepsis bei Heinrich Mann

Ulrich Weisstein, Bloomington: Heinrich Manns Roman *Die große Sache* (1930)

Die im Rahmen der Jahrestagung der Modern Language Association of America (MLA) am 27. Dezember 1981 veranstaltete Vortragsreihe zum Gedenken an Katia Mann wurde von Henry H. H. Remak (Bloomington) konzipiert und in dessen Abwesenheit von Herbert Lehnert (Irvine) und Albrecht Holschuh (Bloomington) geleitet. Im Mittelpunkt standen persönliche Erinnerungen: von Klaus H. Pringsheim (Hamilton, Ont.), Herbert Lehnert, Golo Mann (Kilchberg) und Hilde Kahn-Reach (Santa Monica) - beide gelesen von A. Holschuh - sowie von Monika Mann (Capri) - gelesen von K. W. Jonas. Im Zusammenhang mit ihrem Referat über "Portraits von Katia Mann" hatte Ilsedore B. Jonas (Pittsburgh) eine Ausstellung im New Yorker Statler-Hilton Hotel vorbereitet. Es ist bedauerlich, daß die Referate - mit Ausnahme des im *Philobiblon* erschienenen von I. B. Jonas [vgl. # 82.125] - unveröffentlicht geblieben sind.

Golo Mann bedankte sich am 25. Januar 1982 für meinen Kurzbericht über die Gedenkfeier zu Ehren seiner Mutter: "Mein guter Vetter Klaus-Hubert [Pringsheim] hat mir sehr genau darüber berichtet, sogar ein Tonband mitgeschickt, auf dem man das

Ganze hören kann. Es scheint sehr sinnvoll und würdig verlaufen zu sein, und ich bin all denen dankbar, die da mitgemacht haben".

Am 7. Mai 1982 wurde der 1975 gestiftete Thomas-Mann-Preis der Hansestadt Lübeck - nach Peter de Mendelssohn und Uwe Johnson - zum dritten Mal im Scharbau-Saal der Lübecker Stadtbibliothek verliehen. Preisträger des Jahres 1981 war der Publizist Joachim C. Fest. Sowohl sein Festvortrag "Bürgerlichkeit als geistige Lebensform" als auch Golo Manns Laudatio erschienen in den *Lübeckischen Blättern* und, in gekürzter Form, in den *Heften der Deutschen Thomas-Mann-Gesellschaft*, Heft 2 (Oktober 1982). Am selben Tage zeichnete die Deutsche Thomas-Mann-Gesellschaft den Literaturwissenschaftler und Erzähler Uwe Wolff durch die Verleihung des ersten Thomas-Mann-Förderpreises aus. Die Laudatio hielt der Vorsitzende der Gesellschaft Ulrich Thoemmes. Auch seine Ansprache sowie der Text der Verleihungsurkunde erschienen im obigen Heft der *Deutschen Thomas-Mann-Gesellschaft*.

Das vom Arbeitskreis Heinrich Mann in Zusammenarbeit mit dem Senat der Hansestadt Lübeck, Amt für Kultur, vom 24. bis 27. April 1985 veranstaltete, von Helmut Koopmann und Peter-Paul Schneider geleitete III. Internationale Heinrich-Mann-Symposium im Großen Börsensaal des Rathauses zu Lübeck war dem Thema "Heinrich Manns Exil-Werk" gewidmet. Das Symposium erhielt finanzielle Unterstützung durch die Fritz Thyssen-Stiftung und das Land Schleswig-Holstein. Die folgenden Referate wurden gehalten:

André Banuls, Saarbrücken:	Heinrich Manns Französisch
Pierre Bertaux, Paris:	Heinrich Manns Verhältnis zu Frankreich
Elke Emrich, Maastricht:	Das Theater der Macht und die Macht des Theaters in der ersten Fassung von Heinrich Manns Roman *Lidice*
Wilhelm Emrich, Berlin:	Die Struktur von Heinrich Manns *Ein Zeitalter wird besichtigt*
Jürgen Haupt, Hannover:	Heinrich Manns *Traurige Geschichte von Friedrich dem Großen*. Zur Sozialpsychologie eines Typus
Oleg Jegorov, Moskau:	Zu Heinrich Manns Roman *Empfang bei der Welt*
Thomas Koebner, Marburg:	Henri Quatre - Die Fiktion vom guten Herrscher
Wulf Koepke, Texas:	*Der Sinn dieser Emigration*. Heinrich Manns Engagement für die Solidarität des Exils
Helmut Koopmann, Augsburg:	Heinrich Mann: *Der Atem*. Der Roman über den Romanen.
Herbert Lehnert, Irvine:	Kunst und Autorität: Einführung in Heinrich Manns *Lidice*

Paul Michael Lützeler, St. Louis: Heinrich Manns Europa-Ideen im Exil

Hubert Orłowski, Posen: "Das Geistige erscheint mir als das Primäre..." *Ein Zeitalter wird besichtigt* und Heinrich Manns Geschichtsverständnis

Nina Pavlova, Moskau: Über Ideen und Stil in Heinrich Manns Spätwerk (*Empfang bei der Welt*)

Peter-Paul Schneider, Marbach: "Eigentlich aber haben sie mich nie gemocht..." Anmerkungen zur Wirkungsgeschichte Heinrich Manns von 1933 bis zu seinem Tod

Klaus Schröter, Hamburg: Zugang zu Heinrich Manns *Empfang bei der Welt*

Frithjof Trapp, Hamburg: Geschichte als Spiegel politischer Reflexion - "Kunst" als Konkretisierung geschichtlicher Erfahrung. Überlegungen zum Alterswerk Heinrich Manns

Hans Wagener, Los Angeles: Heinrich Mann im Exil in Amerika. Literatur, Legende und politische Vereinnahmung

Die Vorträge erschienen zum Großteil in dem von Helmut Koopmann und Peter-Paul Schneider herausgegebenen *Heinrich Mann-Jahrbuch*, Bd. 3/1985 (1986).

Am letzten Tag des Symposiums, am 27. April 1985, wurde dem Schriftsteller Siegfried Lenz der Thomas-Mann-Preis 1985 verliehen. Sowohl seine eigene Rede zur Verleihung, "Etwas über Namen", als auch die Laudatio von Marcel Reich-Ranicki, "Siegfried Lenz, der gütige Zweifler", erschienen in den *Heften der Deutschen Thomas-Mann-Gesellschaft*, Heft 5 (Oktober 1985), sowie als Broschüre im Verlag Hoffmann & Campe in Hamburg.

Bei der von der Deutschen Thomas-Mann-Gesellschaft in Zusammenarbeit mit dem Senat der Hansestadt Lübeck, Amt für Kultur, veranstalteten, von Eckhard Heftrich geleiteten Herbsttagung am 8./9. November 1985 wurden - nach einem "Arbeitsgespräch" am 8. November mit Harry Matter, Berlin, über Probleme bei der Herausgabe der Essays Thomas Manns im Bildersaal der Gemeinnützigen - am folgenden Tag zwei Vorträge im Audienzsaal des Rathauses gehalten:

Heinz Gockel, Bamberg: Das Musikalische im Werk Thomas Manns

Hermann Kurzke, Mainz: Die Erotik des *Zauberbergs*

Die von Eckhard Heftrich geleitete, in Zusammenarbeit mit dem Senat der Hansestadt Lübeck, Amt für Kultur, veranstaltete Frühjahrstagung der Deutschen Thomas-Mann-Gesellschaft fand am 7./8. März 1986 im Audienzsaal des Lübecker Rathauses statt. Folgende Referate wurden gehalten:

Dietrich Aßmann, Joensuu: "Herzpochendes Mitteilungsbedürfnis und tiefe
                                 Scheu vor dem Unzukömmlichen": Thomas
                                 Manns Erzähler im *Doktor Faustus*

Eckhard Heftrich, Münster: Thomas Mann als Deuter von Traumdeutung

Helmut Hirsch, Düsseldorf: Thomas Mann und Siegfried Marck im US-Exil:
                                 Neues zur Biografie

In Zusammenarbeit mit dem Senat der Hansestadt Lübeck, Amt für Kultur, veranstaltete die Deutsche Thomas-Mann-Gesellschaft vom 25. bis 27. September 1986 das von
Eckhard Heftrich und Hans Wysling geleitete, durch die Deutsche Forschungsgemeinschaft, die Dräger-Stiftung und das Land Schleswig-Holstein unterstützte I. Internationale Thomas-Mann-Symposium im Großen Börsensaal des Rathauses zu Lübeck, bei
dem Thomas-Mann-Forscher aus Dänemark, Deutschland, Frankreich, Großbritan-
nien, Norwegen, Österreich, der Schweiz und den USA in siebzehn Vorträgen über
Leben, Werk und Nachwirkung des Dichters referierten. Seit den im Gedenkjahr 1975
veranstalteten ähnlichen Kolloquien in Lübeck und München (vgl. Bd. II, S. 16-17) war
dies die erste internationale Veranstaltung dieser Art auf deutschem Boden. Folgende
Vorträge wurden gehalten:

André Banuls, Saarbrücken: Die ironische Neutralität des gelben Hündchens

Manfred Dierks, Oldenburg: Über einige Beziehungen zwischen psychologi-
                                 scher Konstitution und Sprachwerk bei Thomas
                                 Mann

Werner Frizen, Köln: "Der kleine Gott der Welt": Zur Theologie Tho-
                                 mas Manns

Volkmar Hansen, Düsseldorf: Hanno Buddenbrook soll ein Gedicht aufsagen

Eckhard Heftrich, Münster: Der gehaßte Kollege: Deutsche Schriftsteller über
                                 Thomas Mann

Helmut Koopmann, Augsburg: *Doktor Faustus* und die Widerlegung Weimars

Børge Kristiansen, Kopenhagen: Freiheit und Macht: Totalitäre Strukturen im
                                 Werk Thomas Manns

Hermann Kurzke, Mainz: Die Quellen der *Betrachtungen eines Unpolitischen*

Herbert Lehnert, Irvine: Dauer und Wechsel der Autorität: *Lotte in Wei-
                                 mar*

Terence J. Reed, Oxford: "... daß alles verstehen alles verzeihen heiße": Zu
                                 einem gedanklichen Motiv bei Thomas Mann

Rolf Günter Renner, Freiburg: Thomas Mann als phantastischer Realist: Zu den
                                 Vertauschten Köpfen

Hans-Joachim Sandberg, Bergen:	König Midas und der Zauberer oder Die Weisheit des Silenos: Von der "Sympathie mit dem Tode" zum "Lob der Vergänglichkeit": Knut Hamsun und Thomas Mann
Hinrich Siefken, Nottingham:	Thomas Mann und Theodor Haeckel
Frithjof Trapp, Hamburg:	Thomas Mann und sein Werk im Spiegel der marxistischen Literaturkritik des Exils
Hans R. Vaget, Northampton:	Die Fürstin: Thomas Mann und Agnes E. Meyer
Walter Weiss, Salzburg:	Thomas Manns Metaphorik
Hans Wysling, Zürich:	Thomas Mann als Tagebuchschreiber

Bei der von Eckhard Heftrich geleiteten Frühjahrstagung der Deutschen Thomas-Mann-Gesellschaft in Verbindung mit dem Senat der Hansestadt Lübeck, Amt für Kultur, fand am 4. April 1987 die Verleihung des Thomas-Mann-Preises an Marcel Reich-Ranicki im Scharbau-Saal der Stadtbibliothek statt. Die Laudatio hielt Helmut Koopmann. Am 5. April fand in den Kammerspielen der Bühnen der Hansestadt eine Matinee mit dem Preisträger statt: "Thomas Mann heute" - Marcel Reich-Ranicki im Gespräch mit Eckhard Heftrich.

Zu Beginn der Frühjahrstagung hielt der Historiker Peter Robert Franke, Trier, einen Einführungsvortrag zu der von ihm zusammengestellten, mit zahlreichen Originalzeugnissen aus seinem Besitz bestückten Ausstellung "Der Tod des Hans Hansen: Unbekannte Dokumente aus der Jugend von Thomas Mann", die im Sommer 1987 auch in der Universitätsbibliothek Augsburg gezeigt wurde.

Auf der von Eckhard Heftrich geleiteten, in Zusammenarbeit mit dem Senat der Hansestadt Lübeck, Amt für Kultur, durchgeführten Herbsttagung der Deutschen Thomas-Mann-Gesellschaft vom 30. bis 31. Oktober 1987 wurden folgende Referate gehalten:

Barbro Eberan, Hamburg:	Thomas Mann und die Schuldfrage
Eckhard Heftrich, Münster:	Etwas von Zwergen: Zu einem Kapitel der Josephsromane
Michael Maar, Bamberg:	Der Teufel in Palestrina

Im Rahmen der aus Anlaß ihres 75. Jubiläums von der Bayerischen Rückversicherung AG veranstalteten Buch- und Ausstellungsreihe fand im Herbst 1987 in der Villa Stuck in München die sechste Ausstellung zum Thema "Heller Zauber - Thomas Mann in München 1894-1933" statt. Den Eröffnungsvortrag am 20. Oktober zum Thema "München leuchtete" hielt Hans Mayer, Tübingen. Gleichzeitig erschien im Siedler Verlag Berlin der vom damaligen Kulturreferenten der Landeshauptstadt, Jürgen Kolbe, in Zusammenarbeit mit Karl Heinz Bittel bearbeitete Band *Heller Zauber* (vgl. # 87.158).

Die Bayerische Rückversicherung AG veranstaltete ebenfalls im Herbst 1987 im Kunstverein München, Galeriestraße 4, eine Vortragsreihe zum Thema "Thomas Mann und München". Die dort gehaltenen folgenden Referate erschienen unter diesem Titel in Buchform (vgl. # 89.27).

Reinhard Baumgart, München: Der erotische Schriftsteller (24. November 1987)

Joachim Kaiser, München: *Doktor Faustus*, die Musik und das deutsche Schicksal (17. November 1987)

Kurt Sontheimer, München: Die Emanzipation aus der Sphäre des Unpolitischen (27. Oktober 1987)

Peter Wapnewski, Berlin: Der Magier und der Zauberer: Thomas Mann und Richard Wagner (10. November 1987)

Hans Wysling, Zürich: Neues zum *Zauberberg* (1. Dezember 1987)

Das von Herbert Lehnert und Peter C. Pfeiffer geleitete, von dem University of California Humanities Research Institute, der School of Humanities, dem Department of German, der Deutschen Forschungsgemeinschaft sowie der Lufthansa German Airlines unterstützte International Thomas Mann Symposium Irvine, fand vom 9. bis 12. März 1988 statt. Das Thema "*Doctor Faustus* at the Margin of Modernism" wurde am dritten und vierten Tag behandelt, neue Erkenntnisse und Forschungsergebnisse zu diesem Spätwerk wurden in der ausgiebigen Diskussion erörtert. Als "Respondents" nahmen teil: Ruth Angress, Irvine; Richard Exner, Santa Barbara; Erich A. Frey, Occidental College, Los Angeles; Alexander Gelley, Irvine; Helmut Schneider, Irvine; Gabriele Schwab, Irvine; Martin Schwab, Irvine; Peter Stern, London; Hans R. Vaget, Northampton, und David Wellbery, Stanford.

Zum Thema des ersten und zweiten Tages, "Research Opportunities", wurden Referate über Thomas-Mann-Sammlungen und -Archive in Europa und den USA, neue Texteditionen, Probleme der Übersetzung und der Bibliographie präsentiert. Im zweiten Band des damals von Eckhard Heftrich und Hans Wysling herausgegebenen *Thomas Mann Jahrbuchs* (1989) sind die die Frage der Modernität des Romans *Doktor Faustus* betreffenden Referate erschienen.

Am Abend des 9. März wurde im "Special Collections Department" der Universitätsbibliothek Irvine die "Hans Waldmüller Thomas Mann Collection" mit einer von Eric McDonald vorbereiteten Ausstellung eröffnet. Der Executive Vice Chancellor der Universität, William J. Lillyman, hielt den Einführungsvortrag. Während des viertägigen Symposiums wurden folgende Referate gehalten:

Ehrhard Bahr, Los Angeles: Art Desires Non-Art: Thomas Mann's Dialectic of Art in *Doctor Faustus* in the Light of Theodor Adorno's Aesthetic Theory

Cornelia Bernini, Zürich: Das Thomas-Mann-Archiv der ETH Zürich

Manfred Dierks, Oldenburg: Der *Doktor Faustus* unter dem Aspekt der neueren Narzißmustheorien (Kohut / Kernberg / Lacan)

John Fetzer, Davis: Melos, Eros, Thanatos and *Doctor Faustus*

Volkmar Hansen, Düsseldorf: Die Thomas-Mann-Sammlung Dr. Hans-Otto Mayer in Düsseldorf

Eckhard Heftrich, Münster: "Thomas-Mann-Handbücher" und *Thomas-Mann-Jahrbuch*

Gert Heine, Allerød: *Die Briefe Thomas Manns: Regesten und Register*

Alfred Hoelzel, Boston: Thomas Mann's Attitude towards Jews and Judaism

Klaus W. Jonas, Pittsburgh: The Bibliography of Secondary Literature - The Pittsburgh Collection

Helmut Koopmann, Augsburg: *Doktor Faustus* als deutsche Seelengeschichte

David Luke, Oxford: Problems of Translating Thomas Mann

Harry Matter, Berlin: Die Edition von Thomas Mann-Essays im Berliner Aufbau-Verlag

Hannelore Mundt, Los Angeles: *Doctor Faustus* and Contemporary German Literature

Georg Potempa, Oldenburg: Die Bibliographie der Primärliteratur

Jean Preston, Princeton: The Princeton Collection

Brigitte Prutti, Irvine: Women Characters in *Doctor Faustus*

Hilde Reach, Santa Monica: Thomas Mann in Pacific Palisades

Christa Sammons, New Haven: The Yale Collection (gelesen von Calvin Boyer)

Egon Schwarz, St. Louis: Jewish Characters in *Doctor Faustus*

Alan J. Swensen, Colgate: The Teller of Joseph's Tale: A Less-than-Godlike Narrator

Hans R. Vaget, Northampton: Edition of Correspondence between Mann and Agnes Meyer - The Theme of Grace in Thomas Mann's *Doctor Faustus*

Eva Wessell, Irvine: Ein vorsichtiger Blick aus Settembrinis Dachstüb-
chen: Neues aus Lübeck zur "Nordischen Wo-
che" (Zu *Goethe und Tolstoi*)

Bei dem von Eckhard Heftrich und Hans Wysling geleiteten, durch die Deutsche
Forschungsgemeinschaft und die Dräger-Stiftung unterstützten II. Internationalen
Thomas-Mann-Kolloquium im Bürgerschaftssaal des Rathauses zu Lübeck, veranstaltet
vom 14. bis 16. April 1988 von der Deutschen Thomas-Mann-Gesellschaft in Zusammenarbeit mit dem Senat der Hansestadt Lübeck, Amt für Kultur, wurden die folgenden Referate gehalten:

Klaus Bohnen, Kopenhagen: Der "heulende Triumph der unterdrückten
Triebwelt": Über ein Motiv bei Thomas Mann
und dessen skandinavische Voraussetzungen

Burghard Dedner, Marburg: Zum Problem-Kreis von "Geist und Kunst"

Paul Felder, Paris: *Die Betrogene*, "unverkennbar von mir"

Heinz Gockel, Bamberg: *Faust* im *Faustus*

Eckhard Heftrich, Münster: Thomas Manns Verhältnis zum Deutschtum und
Judentum

Ulrich Karthaus, Gießen: Zu Thomas Manns Ironie

Antal Mádl, Budapest: Thomas Mann - Lukács - Ungarn

Lothar Pikulik, Trier: Joseph vor Pharao: Die Traumdeutung in Thomas Manns biblischem Romanwerk

Peter Pütz, Bonn: Der Ausbruch aus der Negativität: Das Ethos im
Tod in Venedig

Ruprecht Wimmer, Eichstätt: Thomas Mann und Grimmelshausen

Hans Wißkirchen, Marburg: Politik und Zeitgeschichte in den zwanziger Jahren

Hans Wysling, Zürich: Probleme der *Zauberberg*-Interpretation

Auf der von Eckhard Heftrich geleiteten, in Zusammenarbeit mit dem Senat der
Hansestadt Lübeck, Amt für Kultur, veranstalteten Herbsttagung der Deutschen Thomas-Mann-Gesellschaft am 4. und 5. November 1988 wurden folgende Vorträge gehalten:

Eckhard Heftrich, Münster: Die Erzählungen Thomas Manns

Inge Jens, Tübingen: Thomas Manns Tagebücher

Georg Potempa, Oldenburg: Thomas Mann und Hans Pfitzner

Vom 13. bis 16. April 1989 fand im Palazzo Baronale in Palestrina eine von Gerhard Goebel-Schilling und Silke Schilling, beide Frankfurt, initiierte Vortragsreihe statt. Eine von Silke Schilling vorbereitete Ausstellung wurde zunächst in Palestrina, später auch in der Universitätsbibliothek Augsburg gezeigt. Das von Helmut Koopmann und Peter-Paul Schneider geleitete Symposium war dem Thema "Die Brüder Heinrich und Thomas Mann in Palestrina" gewidmet. Die Schirmherrschaft für diese von der Deutschen Forschungsgemeinschaft in Bonn-Bad Godesberg sowie dem Centro Nazionale di Ricerche in Rom unterstützte Veranstaltung hatte der Botschafter der Bundesrepublik in Italien, Friedrich Ruth, übernommen. Folgende Vorträge wurden gehalten:

Giovanni Chiarini, Neapel:	*Zola*: Essay oder Erzählung "zwischen den Rassen"
Paolo Chiarini, Rom:	Thomas Mann e la democrazia
Elena Giobbo Crea, Siena:	L'accoglienza di Heinrich Mann in Italia
Heinz Gockel, Bamberg:	Die unzeit-zeitgemäßen Brüder
Gerhard Goebel-Schilling, Frankfurt:	Zur Topopoetik Heinrich und Thomas Manns anläßlich Palestrinas
Ulrike Kindl, Venedig:	Heinrich Manns Novellentechnik im Vergleich zu Verga und Musil
Helmut Koopmann, Augsburg:	Ein Rückblick auf eine feindliche Brüderschaft und eine Antwort auf Thomas Manns *Buddenbrooks*
Vittorio Perin, Palestrina:	Orte und Typen einer kleinen Stadt der römischen Campagna um die Jahrhundertwende im Werk der Brüder Mann
Marcel Reich-Ranicki, Frankfurt:	Thomas Manns frühe Novellen
Lea Ritter-Santini, Münster:	Kreuzigungen. Ein Schriftsteller und sein Bild
Peter-Paul Schneider, Marbach:	"Aber natürlich merkt kein Mensch es". Heinrich Manns Roman *Die kleine Stadt* und seine Kritiker
G. Sforza, Rom:	Pedagogia di Thomas Mann
B. Türke, Berlin:	Musica diabolica: Die Musik zum *Dr. Faustus*
Ralph-Rainer Wuthenow, Frankfurt:	Französische Italienreisen als Lektüre für Heinrich Mann: Stendhal und Taine

Die meisten der Vorträge wurden in dem von Helmut Koopmann und Peter-Paul Schneider herausgegebenen *Heinrich Mann-Jahrbuch*, Bd. 9/1991 (1992), veröffentlicht.

Das vom Arbeitskreis Heinrich Mann in Zusammenarbeit mit dem Senat der Hansestadt Lübeck, Amt für Kultur, vom 27. bis 29. April 1989 veranstaltete, von Helmut
Koopmann und Peter-Paul Schneider geleitete IV. Internationale Heinrich-Mann-Symposium im Großen Börsensaal des Rathauses zu Lübeck galt dem Thema "Heinrich
Mann, die Französische Revolution und Europa". Wiederum erhielt das Symposium finanzielle Unterstützung von der Fritz Thyssen-Stiftung und dem Land Schleswig-Holstein. Die folgenden Referate behandelten die Rolle der Französischen Revolution in
Heinrich Manns Denken sowie die von ihm seit den zwanziger Jahren propagierte Idee
von Europa als "Reich über den Reichen":

André Banuls, Saarbrücken:	Heinrich Mann und das Revolutionsevangelium von Michelet
Manfred Hahn, Berlin:	"Von der Behauptung des Individualismus zur Verehrung der Demokratie". Erfahrungen des jungen Heinrich Mann
Peter Hasubek, Braunschweig:	"Seit diesem Ausbruch des Besseren im Menschen ist alles möglich...". Heinrich Manns Dramen *Madame Legros* und *Der Weg zur Macht* und die Französische Revolution
Jürgen Haupt, Hannover:	"Französischer Geist" und der Mythos des "Volkes". Über Emotionalität und Politikverständnis des frühen Heinrich Mann
Eckhard Heftrich, Münster:	Der Bruderzwist und die Revolution
Hans-Jörg Knobloch, Johannesburg:	"Der Traum eines Romanciers" - Heinrich Mann, Rousseau und die Französische Revolution
Helmut Koopmann, Augsburg:	Heinrich Mann, die Revolution und die Revolutionen
Herbert Lehnert, Irvine:	Europa aus Distanz: Das widersprüchliche bürgerliche Zeitalter im Spätwerk Heinrich Manns
Paul Michael Lützeler, St. Louis:	Heinrich Mann 1923: Die Europa-Idee zwischen Pragmatik und Religionsersatz
Peter-Paul Schneider, Marbach:	"Was ich büße, ist mein Sinn für das öffentliche Leben" - Zur Rezeption des Essayisten Heinrich Mann bis 1933
Wilfried F. Schoeller, Frankfurt:	Das Bekenntnis zum Übernationalen: Heinrich Manns Abschied von Deutschland
Klaus Schröter, Hamburg:	"Geist" / "Macht" - Heinrich Mann, der Contrat Social und die Französische Revolution

Hans Wißkirchen, Marburg: Der Topos des guten Volkes. Zur Tradition der
                             deutschen Spätaufklärung und des Vormärz im
                             Revolutionsverständnis Heinrich Manns

Der Großteil der Beiträge wurde in dem von Helmut Koopmann und Peter-Paul
Schneider herausgegebenen *Heinrich Mann-Jahrbuch*, Bd. 7/1989 (1989), abgedruckt.

Auf der von Eckhard Heftrich geleiteten Herbsttagung der Deutschen Thomas-
Mann-Gesellschaft fanden am 10./11. November 1989 im Audienzsaal des Rathauses zu
Lübeck folgende Vorträge statt:

Eberhard Görner, Berlin: *Der kleine Herr Friedemann*: Die Entstehung eines
                             Fernsehfilms

Judit Györi, Budapest: Solidarität und Spannung: Zum Verhältnis zwi-
                             schen Thomas und Klaus Mann

Michel Reffet, Metz: Thomas Mann und Franz Werfel

Vom 3. bis 5. Mai 1990 fand unter Leitung von Eckhard Heftrich und Hans Wysling
das von der Deutschen Thomas-Mann-Gesellschaft in Verbindung mit dem Ministerium
für Bildung, Wissenschaft, Jugend und Kultur des Landes Schleswig-Holstein und dem
Amt für Kultur des Senats der Hansestadt Lübeck veranstaltete III. Thomas-Mann-Kolloquium im Rathaus zu Lübeck statt. Während bei den beiden vorangegangenen internationalen Kolloquien 1986 bzw. 1988 ausschließlich Germanisten sprachen, standen im
Mittelpunkt dieser Veranstaltung Vorträge zum Thema "Schriftsteller und Kritiker interpretieren Thomas Mann". Hinzu kamen als Ergänzung ein Vortrag von Hans Wysling sowie eine Lesung von Günter de Bruyn. Am 6. Mai erfolgte die Verleihung des
Thomas-Mann-Preises an den Schriftsteller Günter de Bruyn. Eberhard Mannack, Kiel,
hielt die Laudatio: "Der Mensch und die Öffentlichkeit". Folgende Referate wurden gehalten:

Reinhard Baumgart, München: Joseph in Weimar - Lotte in Ägypten

Günter de Bruyn, Berlin: Deutschland als geistige Lebensform

Eckhard Heftrich, Münster: Potiphars Weib im Lichte von Wagner und
                             Freud: Zu Mythos und Psychologie im Josephs-
                             roman

Walter Jens, Tübingen: *Der Erwählte*

Hellmuth Karasek, Hamburg: *Königliche Hoheit*

Eckhart Klessmann, Frankfurt: *Lotte in Weimar*

Siegfried Lenz, Hamburg: *Buddenbrooks*

Marcel Reich-Ranicki, Frankfurt: *Der Erwählte*

Doris Runge, Cismar: *Die Betrogene*

Ulrich Weinzierl, Wien: *Luischen*

Hans Wysling, Zürich: Zu Thomas Manns unveröffentlichten Notizbüchern

Am 6. Juni 1990 fand auf Einladung der Hansestadt Lübeck aus Anlaß des 25jährigen Jubiläums der Deutschen Thomas-Mann-Gesellschaft im Audienzsaal des Rathauses eine Feier statt, bei der - nach einer Begrüßungsansprache von Bürgermeister Michael Bouteiller - Eckhard Heftrich den Festvortrag über "Thomas Mann und Lübeck" hielt.

Die Akademie Sankelmark im Deutschen Grenzverein veranstaltete vom 9. bis 11. November 1990 - in Zusammenarbeit mit der Deutschen Thomas-Mann-Gesellschaft - ein von Dietmar Albrecht und Eckhard Heftrich geleitetes Internationales Kolloquium zum Thema "Thomas Mann: Werk und Wirkung". Die folgenden Referate wurden gehalten:

Salomon Apt, Moskau: Thomas Mann im geistigen Leben Rußlands in den Siebzigern und Probleme seiner Übersetzung ins Russische

Olga Dobijanka-Wilczakowa,   Die Schriftstellerin Maria Dabrowska über
Krakau: Thomas Mann

Silvestras Gaiziunas, Vilnius: Thomas Mann und der litauische Bildungsroman

Raminta Gamziukaite-   Das Thema der Auserwähltheit bei Thomas
Maziuliene, Vilnius: Mann

Eberhard Görner, Berlin: *Der kleine Herr Friedemann*: Kommentar zum Drehbuch der DEFA-Verfilmung von Thomas Manns Novelle

Eckhard Heftrich, Münster: Thomas Manns Nietzsche

Inge Jens, Tübingen: Zur Edition der Tagebücher

Hubert Orłowski, Posen: Thomas Manns Epochenroman *Doktor Faustus*: Versuch einer Neuinterpretation

Andrea Rudolph,   Zum Problem der Modernität im Schaffen
Neubrandenburg: Thomas Manns: *Herr und Hund* - eine ironische Aufhebung der Idyllentheorie Friedrich Schillers

Leonas Stepanauskas, Berlin,   Das Thomas-Mann-Haus in Nidden:
Alfredas Tytmonas, Memel: Entstehung, Wiederaufbau, Perspektiven

Anna Stroka, Breslau: Thomas Mann und Polen

Georg Wenzel, Greifswald: Thomas Mann und Arnold Zweig: Zur Pro-
                                 blematik von Übereinstimmung und Distanz-
                                 streben

Das Kulturreferat der Landeshauptstadt München sowie der Hessische Rundfunk
veranstalteten vom 26. Januar bis 3. März 1991 im Gasteig die bisher umfangreichste
Ausstellung über Heinrich Mann (zuvor gezeigt im HR Frankfurt, 12. Dezember 1990
bis 23. Januar 1991, und später im Radio Bremen, 6. bis 29. April 1991). Unter den Ex-
ponaten waren unbekannte Fotos, Dokumente und Erstausgaben aus dem Heinrich-
Mann-Archiv der Akademie der Künste im früheren DDR-Berlin. Den Eröffnungsvortrag hielt Wilfried F. Schoeller zum Thema "Die Aktualität des Augenzeugen Heinrich
Mann". Eine fünfteilige Fernsehreihe vermittelte ein umfassendes Portrait dieses Schriftstellers und Publizisten, der die wichtigsten Phasen deutscher Geschichte als Augenzeuge, Chronist und Künstler begleitet hat. Gleichzeitig erschien im Verlag Edition
Spangenberg in München der von Wilfried F. Schoeller bearbeitete Katalog *Heinrich
Mann: Bilder und Dokumente* (vgl. # 91.208).

Das vom 9. bis 11. Mai 1991 vom Arbeitskreis Heinrich Mann und von der Deutschen Thomas-Mann-Gesellschaft in Zusammenarbeit mit dem Senat der Hansestadt
Lübeck, Amt für Kultur, veranstaltete, von Eckhard Heftrich und Helmut Koopmann
geleitete Kolloquium im Bürgerschaftssaal des Rathauses behandelte die Wechselwirkungen in Leben und Werk der Brüder Heinrich und Thomas Mann. Das Kolloquium
wurde finanziell unterstützt von der Fritz Thyssen-Stiftung und dem Ministerium für
Bildung, Wissenschaft, Jugend und Kultur des Landes Schleswig-Holstein. Die folgenden
Referate wurden gehalten:

Manfred Dierks, Oldenburg: "Objektiv sind wir politisch". Heinrich und
                                 Thomas Mann in der Preußischen Akademie der
                                 Künste (1926-1933)

Jürgen Eder, Augsburg: Brüderliche Kontraste. Unterschiede in den Kon-
                                 zeptionen essayistischen Schreibens bei Heinrich
                                 und Thomas Mann

Gerhard Goebel-Schilling,   Die ästhetische Erziehung bei Thomas und
Frankfurt: Heinrich Mann

Björn R. Kommer, Lübeck: Lübeck in der Frühzeit von Heinrich und Tho-
                                 mas Mann

Helmut Koopmann, Augsburg: Thomas Manns Josephsromane und Heinrich
                                 Manns *Henri Quatre* - Korrespondenzen und
                                 Entgegnungen

Hermann Kurzke, Mainz: Selbstbewußtsein und Wirkungsbewußtsein bei
                                 Heinrich und Thomas Mann. Beobachtungen zu
                                 ihren Briefwechseln

Herbert Lehnert, Irvine: Weibliches, Männliches und Väterliches als Aus-
                                  druck des Bruderzwistes

Hans-Joachim Sandberg, Bergen: Glück und Größe: Schattenspiele, brüderlich ge-
                                  teilt

Peter-Paul Schneider, Marbach: "Millionengestank". Die Auseinandersetzung des
                                  jungen Heinrich Mann mit Lübeck als Lebens-
                                  form

Elke Segelcke, San Diego: Brüderliche Gegensätzlichkeit am Beispiel der Hi-
                                  storie: Die Deutschland-Problematik in den Fried-
                                  rich-Projekten Thomas und Heinrich Manns

Frithjof Trapp, Hamburg: Schopenhauer-Einfluß bei Heinrich Mann?

Hans R. Vaget, Northampton: Geschichten und Geschichte: Heinrich und
                                  Thomas Mann in Christopher Hamptons *Tales
                                  from Hollywood*

Georg Wenzel, Greifswald: Spiegelungen. Aspekte zum Friedrich-Bild der
                                  Brüder Mann

Die Vorträge wurden in dem von Helmut Koopmann und Peter-Paul Schneider herausgegebenen *Heinrich Mann-Jahrbuch*, Bd. 9/1991 (1992), und in dem von Eckhard
Heftrich und Hans Wysling herausgegebenen *Thomas Mann Jahrbuch*, Bd. 5 (1992), veröffentlicht.

"Thomas Mann im amerikanischen Exil 1938-1952" war das Thema einer Ausstellung, die vom 2. Oktober bis 7. November 1991 in der Zentralbibliothek der Universität Augsburg und anschließend in der Studienbibliothek Dillingen gezeigt wurde. Ein
von Ulrich Hohoff und Gerhard Stumpf redigiertes *Begleitheft zur Ausstellung der Universitätsbibliothek Augsburg und des Lehrstuhls für Neuere Deutsche Literaturwissenschaft.
Mit Material aus der Sammlung Jonas* enthält Beiträge von Jürgen Eder, Michael Erber,
Rudolf Frankenberger, Berndt Herrmann, Klaus W. Jonas, Helmut Koopmann, Christina Strobel und Gerhard Stumpf.

Die Deutsche Thomas-Mann-Gesellschaft Lübeck veranstaltete vom 6. bis 9. Mai 1992
in Verbindung mit der Deutschen Forschungsgemeinschaft, dem Ministerium für Bildung, Wissenschaft, Jugend und Kultur des Landes Schleswig-Holstein und dem Amt
für Kultur der Hansestadt Lübeck das IV. Internationale Thomas Mann-Kolloquium,
das dem Thema "Thomas Mann und Altägypten" gewidmet war. Im Museum für Kunst
und Kulturgeschichte in Lübeck wurde am 8. Mai die Ausstellung "Joseph und Echnaton - Thomas Mann und Ägypten" eröffnet, die in den folgenden beiden Jahren auch in
Berlin, Bern, Hildesheim, Ligornetto, München und Zürich gezeigt wurde.

Bei diesem in Zusammenarbeit mit dem Thomas-Mann-Archiv Zürich und den Staatlichen Sammlungen Ägyptischer Kunst in München durchgeführten Kolloquium han-

delte es sich erstmals um ein interdisziplinäres, von zwei Germanisten (Eckhard Heftrich und Hermann Kurzke) sowie einer Ägyptologin (Sylvia Schoske) geleitetes Projekt.

Nach den Eröffnungsansprachen von Eckhard Heftrich und Alfred Grimm gab Hermann Kurzke, Mainz, eine "Einführung in Thomas Manns Joseph-Romane". Als Moderatoren wirkten mit: Willy R. Berger, Namur; Inge Jens, Tübingen; Otmar Keel, Fribourg; Hans-Joachim Sandberg, Bergen; Hinrich Siefken, Nottingham; Hans R. Vaget, Northampton. Es wurden folgende Vorträge gehalten und diskutiert:

Jan Aßmann, Heidelberg:	Zitathaftes Leben: Thomas Mann und die Phänomenologie der kulturellen Erinnerung
Elke Blumenthal, Leipzig:	Mut-em-enet und die ägyptischen Frauen
Manfred Dierks, Oldenburg:	Kultursymbolik und Seelenlandschaft: "Ägypten" als Projektion
Manfred Görg, München:	Das Ägypten des Alten Testaments bei Thomas Mann
Alfred Grimm, München:	Josephs-Metamorphosen
Eckhard Heftrich, Münster:	Matriarchat und Patriarchat
Erik Hornung, Basel:	Thomas Mann, Echnaton und die Ägyptologen
Werner Junge, Göttingen:	Thomas Manns fiktionale Welt Ägypten
Helmut Koopmann, Augsburg:	Widerspruchsvolle Zustimmung: Thomas Manns Verhältnis zu Oskar Goldberg
Børge Kristiansen, Kopenhagen:	Ägypten in der Leitmotivstruktur des Josephs-Romans
Herbert Lehnert, Irvine:	Ägypten im Bedeutungssystem des Josephs-Romans
Herbert Lehnert, Irvine:	Ergebnisse der Tagung (Moderator der abschließenden Podiumsdiskussion der Referenten)
Doris Runge, Cismar:	Frauen im Josephroman
Sylvia Schoske, München:	Thomas Manns Bilderwelt im Lichte der Ägyptologie

In Verbindung mit dem Buddenbrook-Haus (Heinrich und Thomas Mann-Zentrum) und der Ostsee-Akademie Travemünde veranstaltete die Deutsche Thomas-Mann-Gesellschaft Lübeck vom 30. Oktober bis 1. November 1992 im Pommern-Zentrum in Travemünde eine von Ruprecht Wimmer geleitete Tagung zum Thema "*Buddenbrooks*: Der Roman - Das Haus - Die Stadt", auf der folgende Referate gehalten wurden:

Hubert Brunträger, Frankfurt:	Die Rezeption Thomas Manns in der Lübecker Presse zwischen 1900 und 1933
Margit Christensen-Strecken-bach, Lübeck:	Stadt im Umbruch: Lübeck im letzten Drittel des 19. Jahrhunderts
Karl E. Laage, Husum:	Thomas Manns Storm-Essay
Peter-Paul Schneider, Marbach:	Heinrich Mann und Lübeck
Ruprecht Wimmer, Eichstätt:	*Buddenbrooks*: Einführung in den Roman und Arbeit am Text
Hans Wißkirchen, Lübeck:	Thomas Mann und Lübeck: Einleitung zu *Buddenbrooks* im Film

Am 18. März 1993 wurde im Museum Strauhof in Zürich die Ausstellung "Joseph und Echnaton - Thomas Mann und Ägypten" eröffnet. Im Mittelpunkt dieser Veranstaltung der Präsidialabteilung der Stadt Zürich und des Thomas-Mann-Archivs standen die Vorträge des Vertreters der Staatlichen Sammlung Ägyptischer Kunst München sowie des Leiters des Thomas-Mann-Archivs:

Alfred Grimm, München:	Einführung in die Ausstellung
Hans Wysling, Zürich:	*Joseph und seine Brüder* - Eine alte Geschichte, neu erzählt

Im Zusammenhang mit der obigen Ausstellung sprachen am 24. April 1993 drei von Hans Wysling eingeführte deutsche Germanisten zum Joseph-Roman:

Manfred Dierks, Oldenburg:	Thomas Manns Ägypten: Kultursymbolik und Seelenlandschaft
Eckhard Heftrich, Münster:	Matriarchat und Patriarchat: Bachofen im Joseph-Roman
Helmut Koopmann, Augsburg:	Ein "Mystiker" und "Faschist" als Ideenlieferant Thomas Manns

Vom 6. bis 8. Mai 1993 veranstaltete die Deutsche Thomas-Mann-Gesellschaft in Verbindung mit dem Ministerium für Bildung, Wissenschaft, Jugend und Kultur des Landes Schleswig-Holstein und dem Amt für Kultur der Hansestadt Lübeck im Bürgerschaftssaal des Rathauses ein Internationales Kolloquium zum Thema "Thomas Mann und die Musik". Den Festvortrag zur Eröffnung der Dauerausstellung über die Brüder Heinrich und Thomas Mann im Buddenbrookhaus hielt Hans Wysling, Zürich. Außer dem Bundespräsidenten Richard von Weizsäcker waren die Ministerinnen Heide Simonis sowie Marianne Tidick anwesend. Gleichzeitig wurde eine von Volker Scherliess von der Musikhochschule vorbereitete Sonderausstellung im Buddenbrookhaus gezeigt: "Adrian Leverkühn (1883-1941): Ein deutscher Komponist in der Darstellung Thomas Manns.

Fiktion und Realität", zu der ein ebenfalls von Volker Scherliess vorbereitetes Begleitbuch erschien. [Natürlich sollte im Titel von Ausstellung und Begleitbuch das Todesjahr
Adrian Leverkühns, wie es im Roman erscheint, also 1940, korrekt genannt werden.]
Auf dem von Eckhard Heftrich geleiteten Kolloquium wurden die folgenden Vorträge
gehalten:

Dieter Borchmeyer, Heidelberg:	Musik im Zeichen Saturns: Melancholie und Hei-terkeit im *Doktor Faustus*
Christine Emig, Mannheim:	Wagner in verjüngten Proportionen: *Wälsungen-blut* als epische Wagner-Transkription
Ludwig Finscher, Heidelberg:	Zur Musik im *Doktor Faustus*
Eckhard Heftrich, Münster:	Laudatio für Hans Wysling
Klaus Kropfinger, Kassel / Berlin:	Thomas Manns Musik-Kenntnisse
Hans Maier, München:	Deutsche Musikpoesie vor Thomas Mann
Marcel Reich-Ranicki, Frankfurt:	O sink hernieder ... - Der junge Thomas Mann, die Liebe und die Musik
Doris Runge, Cismar:	Hetaera esmeralda und die Seejungfrau
Hans R. Vaget, Northampton:	Musik in München
Ruprecht Wimmer, Eichstätt:	Richard Wagner im *Doktor Faustus*
Walter Windisch-Laube, Alsfeld:	Thomas Mann versus Franz Schreker?
Hans Wysling, Zürich:	Heinrich und Thomas Mann. Festvortrag zur Er-öffnung des Buddenbrookhauses am 6. Mai 1993

Am 8. Mai 1993 wurde der Thomas-Mann-Preis der Hansestadt Lübeck an Hans
Wysling verliehen, der zum Jahresende nach mehr als dreißigjähriger Tätigkeit die Leitung des Thomas-Mann-Archivs der Eidgenössischen Technischen Hochschule Zürich
abgab und gleichzeitig auch die Mitherausgeberschaft des Thomas Mann Jahrbuchs. Zu
seinem Nachfolger in beiden Ämtern wurde Thomas Sprecher berufen.

Unter Leitung ihres Präsidenten Eckhard Heftrich, Münster, veranstaltete die Deutsche Thomas-Mann-Gesellschaft in der Zeit vom 29. bis 31. Oktober 1993 im Hotel
Scandic Crown eine Tagung zum Thema *Zauberberg*. Folgende Referate wurden gehalten:

Monika Fick, Heidelberg:	Peeperkorn
Werner Frizen, Köln:	Umberto Ecos Rosenroman im Dialog mit dem *Zauberberg*
Michael Maar, Bamberg:	Fragwürdigstes

Hans K. Matussek, Nettetal: Die Entstehung des *Zauberbergs* - Die Geschichte
                                   der Editionen

Michael Neumann, Münster: *Der Zauberberg* - Vortrag und Interpretation aus-
                                   gewählter Texte

Zum ersten Mal wurde am 29. Oktober 1993 die von der Gesellschaft gestiftete Thomas-Mann-Medaille an den verdienstvollen Bibliographen Georg Potempa verliehen.
Die Laudatio auf den Preisträger hielt Ruprecht Wimmer.

Im Rahmen der Tagung wurde im Buddenbrookhaus (Heinrich und Thomas Mann-
Zentrum) eine Sonderausstellung zum Thema "Thomas Manns *Zauberberg*: Einblicke in
die Entstehungs- und Editionsgeschichte" eröffnet.

An der Universität Heidelberg fanden am 8. und 9. November 1993 als gemeinsame
Veranstaltungen der Seminare für Germanistik (Dieter Borchmeyer), Ägyptologie (Jan
Aßmann) und Wissenschaftliche Theologie (Klaus Berger) in Verbindung mit der Deut-
schen Thomas-Mann-Gesellschaft Lübeck (Eckhard Heftrich) eine Vortragsreihe und
ein Kolloquium zum Thema "Ägypten als poetische Landschaft: Thomas Manns Joseph-
Romane" statt. Zwei öffentliche Vorträge wurden gehalten:

Eckhard Heftrich, Münster: Richard Wagner in der Josephs-Tetralogie

Doris Runge, Cismar: Frauen im Josephs-Roman

Bei dem anschließenden, von Dieter Borchmeyer moderierten "Kolloquium im Internationalen Wissenschaftsforum" wurden die folgenden Vorträge gehalten und diskutiert:

Jan Aßmann, Heidelberg: Zitathaftes Leben: Thomas Mann und die Phä-
                                   nomenologie der kulturellen Erinnerung

Manfred Dierks, Oldenburg: Thomas Manns Ägypten: Kultursymbolik und
                                   Seelenlandschaft

Eckhard Heftrich, Münster: Matriarchat und Patriarchat - J. J. Bachofen im
                                   Josephs-Roman

Friedrich Junge, Göttingen: Thomas Manns fiktionale Welt Ägypten

Am 26. Januar 1994 veranstalteten die Nordrhein-Westfälische Akademie der Wissenschaften, die Gerda Henkel Stiftung und die Deutsche Thomas-Mann-Gesellschaft, Lübeck, eine Vorlesungsreihe in Düsseldorf zum Thema "Thomas Mann: *Doktor Faustus*".
Die folgenden Referate wurden gehalten:

Dieter Borchmeyer, Heidelberg: Musik im Zeichen Saturns: Melancholie und Hei-
                                terkeit im *Doktor Faustus*

Eckhard Heftrich, Münster:	"...mein Freund, mein Vaterland": *Doktor Faustus* einst und heute
Doris Runge, Cismar:	Hetaera esmeralda und die Seejungfrau
Volker Scherliess, Lübeck:	Adrian Leverkühn 1885-1940: Ein deutscher Komponist in der Darstellung Thomas Manns

Das von Helmut Koopmann und Peter-Paul Schneider geleitete V. Internationale Heinrich-Mann-Symposium wurde vom 14. bis 16. April 1994 vom Arbeitskreis Heinrich Mann in Zusammenarbeit mit dem Senat der Hansestadt Lübeck, Amt für Kultur, mit dem Heinrich und Thomas Mann-Zentrum im Bürgerschaftssaal des Rathauses zu Lübeck veranstaltet. Zum Thema des Symposiums, "Heinrich Mann im Kontext seiner Zeit", wurden die folgenden Referate gehalten:

Manfred Dierks, Oldenburg:	Heinrich Mann und die Psychologie. Zum Frühwerk
Heide Eilert, München:	Reflexe des zeitgenössischen Musiktheaters im Frühwerk Heinrich Manns
Hans Vilmar Geppert, Augsburg:	Heinrich Mann und der Film
Jürgen Haupt, Hannover:	Dichtkunst und Politik? Konzeptionen, Konstellationen: Heinrich Mann, Benn, Becher, Hofmannsthal (vorgetragen von der Mutter Jürgen Haupts)
Hans-Jörg Knobloch, Johannesburg:	Heinrich Mann und der Expressionismus
Helmut Koopmann, Augsburg:	Heinrich Mann und die politische Satire
Ariane Martin, Marburg:	Heinrich Mann und die politische Publizistik der Wilhelminischen Zeit
Klaus Schröter, Hamburg:	Heinrich Mann und das Märchen
Alexander Stephan, Gainesville:	"Internal-Security-C". Das FBI, Heinrich Mann und andere Exilanten in Los Angeles
Jörg Tenckhoff, Augsburg:	Heinrich Mann und das Recht
Frithjof Trapp, Hamburg:	Heinrich Mann und die Politik
Klaus Völker, Berlin:	Heinrich Mann und das Kabarett
Hans Wißkirchen, Lübeck:	Brüderliche Arbeitsteilung? Heinrich Mann *Der Kopf* und Thomas Mann *Der Zauberberg*

In der Zeit vom 3. bis 6. Mai 1994 veranstaltete das Goethe-Institut Rom unter Leitung seines Direktors Michael Marschall von Bieberstein in Zusammenarbeit mit der

"Commune di Roma", dem "Centro Sistema Bibliotecario" sowie der Stiftung "Pro Helvetia" einen Kongreß zum Thema "TM il Mago: Scritture e Miti in Thomas Mann". Im Foyer des Goethe-Instituts wurde eine von Cornelia Bernini (Thomas-Mann-Archiv Zürich) zusammengestellte, von Marianne Baviera (Pro Helvetia) eingerichtete Ausstellung über die wichtigsten Stationen in Thomas Manns Leben, im besonderen über seine Beziehungen zu Italien, gezeigt. Folgende Referate wurden gehalten:

Reinhard Baumgart, Berlin / München:	Thomas Mann als erotischer Schriftsteller
Albrecht Betz, Aachen:	Thomas Mann - Adorno - Eisler: Zur musikalischen Konstellation des *Doktor Faustus*
Remo Bodei, Pisa:	La "terra del mezzo": La Germania tra la parola mediterranea e l'attrazione nichilista slava
Angelo Bolaffi:	Definizione del politico: Max Weber, Thomas Mann, Carl Schmitt, Monaco 1918
Gianni Carchia:	Il male come problema estetico nel *Doktor Faustus*
Leonardo Casini:	Thomas Mann interprete della filosofia
Paolo Chiarini, Rom:	Intersezioni weimariane: Thomas Mann e Johann Jakob Bachofen
Italo A. Chiusano, Frascati:	La perfidia terapeutica di *Tristan*
Nino Dazzi:	Thomas Mann e Sigmund Freud
Helmut Koopmann, Augsburg:	Exil als geistige Lebensform: Verdeckte Spuren der Emigrationserfahrung bei Thomas Mann
Claudia Monti:	Una scrittura ermetica: *Felix Krull*
Fritz Raddatz, Hamburg:	Thomas Manns Tagebücher als Teil des Werkes
Thomas Sprecher, Zürich:	Thomas Manns staatsbürgerliche Verhältnisse
Marcello Stagneno:	L'antidemocrazia di Thomas Mann dalle *Considerazioni di un apolitico* alla *Montagna incantata*
Hans Wysling, Zürich:	Leiden und Größe Thomas Manns

Dank der vorbildlichen Organisation durch ein Wissenschaftliches Komitee, bestehend aus Urs von der Crone, Eckhard Heftrich, Helmut Koopmann, Christian Virchow und Hans Wysling, fand in der Zeit vom 7. bis 13. August 1994 in Davos eine ungewöhnlich erfolgreiche Vortrags- und Veranstaltungsreihe zum Thema "Davos und Thomas Manns Roman *Der Zauberberg*" statt. Um den weit über 600 Interessenten aus dem In- und Ausland die Teilnahme zu ermöglichen, hatten sich alle Referenten bereit erklärt, ihre Vorträge doppelt zu halten. Gleichzeitig wurde im Kongreßzentrum Davos eine vom Thomas-Mann-Archiv der ETH Zürich erarbeitete Ausstellung gezeigt. Die

Eröffnungsansprache hielt der ehemalige Leiter des Archivs Hans Wysling. Die folgenden Referate wurden gehalten:

Manfred Dierks, Oldenburg: Dr. Krokowski und die Seinen: Psychoanalyse und Parapsychologie in Thomas Manns Davos-Roman

Dietrich von Engelhardt, Lübeck: Tuberkulose und Kultur um 1900: Arzt, Patient und Sanatorium im *Zauberberg* aus medizinhistorischer Sicht

Eckhard Heftrich, Münster: Die Welt "hier oben": Davos als mythischer Ort

Helmut Koopmann, Augsburg: *Der Zauberberg* und seine Lehren

Peter Pütz, Bonn: Krankheit als Stimulans des Lebens: Nietzsche auf dem Zauberberg

Thomas Sprecher, Zürich: Thomas Mann, die Schweiz und Davos

Christian Virchow, Davos: Medizin und Biologie im *Zauberberg*: *Der Zauberberg* - ein Bildungsroman?

Hans Wißkirchen, Lübeck: Naphta und Settembrini: Zwei Gäste aus dem Flachland und ihre Davos-Erfahrungen

Bodo Würffel, Fribourg: Zeitkrankheit - Zeitdiagnose aus der Sicht des *Zauberbergs*. Die Vorgeschichte des Ersten Weltkriegs - in Davos erlebt

Hans Wysling, Zürich: *Der Zauberberg* als Zauberberg

Die Vorträge wurden in einer von Thomas Sprecher herausgegebenen Publikation mit dem Titel "Das *Zauberberg*-Symposium 1994 in Davos" veröffentlicht, die 1995 als elfter Band der Thomas-Mann-Studien erschien.

Im Rahmen der Siebten Schleswig-Holsteinischen Kulturtage veranstaltete Schloß Reinbek im September 1994 eine vielbeachtete, durch einen Vortrag von Georg Potempa eingeleitete Ausstellung "Der Zauberer: Lebens- und Werkstationen des deutschen Schriftstellers Thomas Mann. Bücher, Bilder, Briefe und andere Dokumente". Die künstlerische Gesamtleitung lag in den Händen von Bernd M. Kraske, der sowohl für die Ausstellung, die Vortragsreihe als auch den im Verlag Hans-Jürgen Böckel in Glinde erschienenen Katalog verantwortlich war. Folgende Referate wurden gehalten:

Georg Borchardt, Hamburg: Musikalische Aspekte in Thomas Manns *Doktor Faustus* (23. Oktober 1994)

Heidi Gleinig, Lensahn: "Der Dichtung Schleier aus der Hand der Wahrheit"? Thomas Manns Joseph-Roman (16. Oktober 1994)

Bernd M. Kraske, Reinbek:	"Von der Wollust des Untergangs": Thomas Manns Künstlernovelle *Der Tod in Venedig* (29. September 1994)
Bernd M. Kraske, Reinbek:	"Ein hohes Lied der Gesittung": Thomas Manns Moses-Novelle *Das Gesetz* (30. Oktober 1994)
Eva-Maria Kraske, Reinbek:	"Die Kinder des Zauberers": Betrachtungen zum Werk Erika und Klaus Manns (5. Oktober 1994)
Hans K. Matussek, Nettetal:	Die Entstehung des *Zauberberg* - Die Geschichte der Editionen (2. Oktober 1994)
Brigitte Oels, Wentorf:	*Buddenbrooks* (21. September 1994)
Doris Runge, Cismar:	Die Frauen im Josephsroman (12. Oktober 1994)

Die Deutsche Thomas-Mann-Gesellschaft Lübeck veranstaltete in Verbindung mit der Musikhochschule Lübeck vom 20. bis 22. Oktober 1994 unter Leitung des ausscheidenden Eckhard Heftrich und des neuen Präsidenten Ruprecht Wimmer das V. Internationale Thomas-Mann-Kolloquium zum Thema "Thomas Mann und die außerdeutsche Literatur". Am 22. Oktober fand die Verleihung der Thomas-Mann-Medaille an den verdienstvollen Thomas Mann-Forscher Hans Rudolf Vaget, Herausgeber des Briefwechsels Thomas Mann/Agnes E. Meyer, statt. Die Laudatio hielt Inge Jens, Tübingen. Während des Kolloquiums wurden folgende Vorträge gehalten:

Dietrich Aßmann, Joensuu:	Thomas Mann in Finnland
Elisabeth Galvan, Rom:	Italien und Italiener
H.-Jürgen Gerigk, Heidelberg:	Turgenjew unterwegs zum *Zauberberg*
Eckhard Heftrich, Münster:	Thomas Mann und Tschechow
Urs Heftrich, Heidelberg:	"Strafe mich, Herr, begnadige Rußland": Thomas Manns Weg zur "slawischen Dämonie"
Inge Jens, Tübingen:	Laudatio bei der Verleihung der Thomas-Mann-Medaille an Hans Rudolf Vaget
Ulrich Karthaus, Gießen:	Anna Karenina im *Zauberberg*
Michael Neumann, Münster:	Objektivität, Ironie und Sympathie: Flaubert im *Zauberberg*
Hans-Joachim Sandberg, Bergen:	Geprüfte Liebe: Thomas Mann und der Norden
Giovanni di Stefano, Münster / Palermo:	"Italienische Optik, furios behauptet": G. A. Borgese, der schwierige Schwiegersohn
Albert von Schirnding, München:	Dionysos und sein Widersacher: Thomas Mann und die Antike

Hans R. Vaget, Northampton: "Wäre ich nur in die angelsächsische Kultur hin-
                                 eingeboren!" Thomas Mann und die englische
                                 und amerikanische Literatur

Auf der gemeinsam mit der Musikhochschule Lübeck und dem Heinrich und Thomas Mann-Zentrum veranstalteten, von Eckhard Heftrich und Ruprecht Wimmer geleiteten Frühjahrstagung der Deutschen Thomas-Mann-Gesellschaft Lübeck wurden in der
Zeit vom 31. März bis 2. April 1995 folgende Vorträge zum Thema *Felix Krull* gehalten:

Jürgen Jacobs, Wuppertal: *Felix Krull* und der europäische Schelmenroman

Ulrich Karthaus, Gießen: *Felix Krull* - Die Erziehung eines Künstlers

Georg Potempa, Oldenburg: Manolescu - eine Hochstaplerbiographie

Thomas Sprecher, Zürich: Bürger Krull (mit Seminar zum Vortrag)

Georg Wenzel, Greifswald: Abgesang und Ausgleich: *Felix Krull* im Thomas-
                                 Mann-Verständnis von Georg Lukács

Hans Wißkirchen, Lübeck: Die Verfilmungen des *Felix Krull*

Die Deutsche Thomas-Mann-Gesellschaft lud in Verbindung mit dem S. Fischer Verlag Frankfurt zum 6. Juni 1995 anläßlich des 30jährigen Bestehens der Gesellschaft und
des 120. Geburtstags von Thomas Mann in den Audienzsaal des Rathauses zu Lübeck
ein. Nach Begrüßung durch den Präsidenten Ruprecht Wimmer sowie den Bürgermeister der Hansestadt Lübeck hielt Eckhard Heftrich den Festvortrag "*Der Zauberberg*
nach siebzig Jahren". Drei weitere Thomas Mann-Kenner, Michael Maar, Doris Runge
und Guntram Vesper, sprachen anschließend zum Thema "Begegnung mit dem *Zauberberg*".

Im Rahmen der 1956 begründeten Thomas Mann Gesellschaft Zürich fanden am 10.
und 11. Juni 1995 aus Anlaß ihrer ersten öffentlichen Jahresversammlung unter Vorsitz
ihres Präsidenten Thomas Sprecher in der Aula der Universität Zürich folgende Vorträge statt:

Manfred Dierks, Oldenburg: Thomas Mann heute

Hans Wysling, Zürich: Leiden und Größe Thomas Manns (zugleich Ab-
                                 schiedsvorlesung an der Universität Zürich)

Beim Festakt anläßlich der Verleihung der Ehrendoktorwürde an Hans Wysling
durch die Philosophische Fakultät II der Universität Augsburg am 29. Juni 1995 bzw.
bei der anschließenden Eröffnung einer vom Thomas-Mann-Archiv Zürich zusammengestellten Ausstellung zum Thema "Thomas Manns Roman *Der Zauberberg*" wurden
folgende Vorträge gehalten:

Helmut Koopmann, Augsburg: Laudatio auf Hans Wysling

Thomas Sprecher, Zürich: Thomas Mann und seine Quelle

Hans Wysling, Zürich: Leiden und Größe Thomas Manns

Vom 12. Juli bis 30. September 1995 fand an der Universitäts- und Landesbibliothek Düsseldorf, Heinrich-Heine-Universität Düsseldorf, eine Ausstellung "Thomas Mann (1875-1955)" statt. Sie wurde zusammengestellt von der Leiterin der "Thomas-Mann-Sammlung Dr. Hans-Otto Mayer", Frauke Bartelt, die auch für das von der Bibliothek herausgegebene Begleitheft verantwortlich war. Den Festvortrag zur Eröffnung der Ausstellung hielt der Düsseldorfer Germanist Herbert Anton zum Thema "Thomas Manns 'Mystischer Spiritualismus'".

Die Deutsche Thomas-Mann-Gesellschaft veranstaltete in der Zeit vom 5. bis 8. Oktober 1995 unter der Leitung von Manfred Dierks und Ruprecht Wimmer - in Verbindung mit der Musikhochschule Lübeck und dem Heinrich und Thomas Mann-Zentrum im Buddenbrookhaus - ein Internationales Thomas-Mann-Kolloquium zum Thema "Thomas Mann und das 'Fin de siècle'". Gleichzeitig wurde im Buddenbrookhaus eine von Hans Wißkirchen eröffnete Ausstellung "Horst Janssen: Selbstbildnisse zu 'Hannos Tod'" gezeigt. Am 8. Oktober fand die Verleihung der Thomas-Mann-Medaille an die verdienstvolle Herausgeberin der Tagebücher, Inge Jens, Tübingen, statt. Die Laudatio hielt Herbert Lehnert.

Das Internationale Kolloquium erhielt finanzielle Unterstützung von der Deutschen Forschungsgemeinschaft, dem Ministerium für Wissenschaft, Forschung und Kultur des Landes Schleswig-Holstein, dem Amt für Kultur der Hansestadt Lübeck, der Dräger-Stiftung, der Deutschen Bank Lübeck AG, der Vereins- und Westbank Lübeck sowie der Bank für Gemeinwirtschaft. Folgende Vorträge wurden gehalten:

Alken Bruns, Lübeck: Jahrhundertende im Weltwinkel

Manfred Dierks, Oldenburg: Typologisches Denken bei Thomas Mann - mit einem Blick auf C. G. Jung und Max Weber

Bernhard Dotzler, Berlin: Thomas Mann, der alte Fontane und die jungen Medien

H.-Jürgen Gerigk, Heidelberg: *Herr und Hund* und Schopenhauer: Welt und Tier vor dem Hintergrund des 'Fin de siècle'

Chris Hirte, Berlin: Thomas Mann und Erich Mühsam: Berührungspunkte einer Jugend in Lübeck

Herbert Lehnert, Irvine: Familienfeindlichkeit: Über ein literarisches Motiv der Jahrhundertwende

Joachim Radkau, Bielefeld: Thomas Mann als Interpret des "nervösen Zeitalters"

Doris Runge, Cismar: Die femme fatale des jungen Thomas Mann

Joëlle Stoupy, Boulogne-sur-mer: Thomas Mann und Paul Bourget

Hans R. Vaget, Northampton: Thomas Mann und Bayreuth - die Anfänge

Michael Wieler, Riesa: "Der französische Einfluß": Zu den frühesten Arbeiten Thomas Manns am Beispiel des Dilettantismus

Das Thomas-Mann-Archiv Zürich der Eidgenössischen Technischen Hochschule und die Thomas Mann Gesellschaft Zürich veranstalteten am 31. Oktober 1995 in Zusammenarbeit mit der Präsidialabteilung der Stadt Zürich und dem S. Fischer Verlag Frankfurt einen Gedenkabend in der Aula der Universität Zürich, zu dem auch Thomas Manns jüngste Tochter Elisabeth Mann Borgese aus dem kanadischen Halifax, Nova Scotia, gekommen war. Nach Begrüßung durch den Ersten Vorsitzenden der Gesellschaft, Thomas Sprecher, sprach Inge Jens zum Thema "Seelenjournal und politische Rechenschaft: Thomas Manns Tagebücher. Ein Bericht der Editorin".

Unter Mitwirkung zahlreicher Förderer und Mitveranstalter fand in der Zeit vom 17. Januar bis 31. März 1996 unter Leitung von Peter Grab vom Kulturbüro der Stadt Augsburg eine Veranstaltungsreihe zum Thema "Thomas Mann und die Seinen" statt. Ähnlich wie bei früheren Augsburger Literaturprojekten über Heinrich Heine (1994) und Bertolt Brecht (1995) wurden auch Filmvorführungen, Lesungen (u. a. von Frido Mann) sowie Ausstellungen geboten wie "Heinrich Mann - Augenzeuge des Jahrhunderts 1871 / 1950", eröffnet durch Wilfried F. Schoeller, "Thomas Mann: Stationen eines großen Schriftstellerlebens", eingeführt durch Hans Wißkirchen, sowie "Joseph und Echnaton - Thomas Mann und Ägypten", eingeführt durch Alfred Grimm. Folgende Referate wurden gehalten:

Jürgen Busche, München: Ironie bei Thomas Mann (19. März 1996)

Manfred Dierks, Oldenburg: "Naturwissenschaft gewordene Romantik" - Thomas Mann, Freud und die Psychoanalyse (7. März 1996)

Hellmuth Karasek, Hamburg: Drei Männer und der Film: *Der blaue Engel - Der Untertan - Mephisto - Der Tod in Venedig* (21. März 1996)

Björn R. Kommer, Augsburg: Wirklichkeit und Dichtung: Die Buddenbrooks in Lübeck (5. März 1996)

Helmut Koopmann, Augsburg: Thomas Manns Goethe-Nachfolge. Festvortrag zur Eröffnung der Veranstaltungsreihe (17. Januar 1996)

Helmut Koopmann, Augsburg: "Laß die Tragödie unserer Brüderlichkeit sich vollenden": Zum Verhältnis zwischen Thomas und Heinrich Mann (6. Februar 1996)

Helmut Koopmann, Augsburg:	Narziß im Exil: Thomas Manns Jahre der Emigration und sein *Felix Krull* (22. Februar 1996)
Volker Michels, Frankfurt:	"Spitzbübischer Spötter" und "Treuherzige Nachtigall"? Hermann Hesse und Thomas Mann. Zur Genese einer Freundschaft (23. März 1996)
Donald A. Prater, Gingins:	Nach Verfall, neuer Aufstieg? Thomas Mann als Geschwisterteil und Familiengründer (23. Januar 1996)
Wilfried F. Schoeller, Frankfurt:	Heinrich Mann, Szenen aus dem Bürgertum (17. Januar 1996)
Egon Schwarz, St. Louis:	Thomas Manns jüdische Gestalten (8. Februar 1996)
Thomas Sprecher, Zürich:	Der göttliche Jüngling - Thomas Manns "letzte Liebe" (14. März 1996)
Nike Wagner, Wien / Paris:	Thomas Mann und Richard Wagner (28. März 1996)

Aus Anlaß des 125. Geburtstages von Heinrich Mann veranstaltete das Heinrich und Thomas Mann-Zentrum im Buddenbrookhaus - zusammen mit der Kulturstiftung der Hansestadt Lübeck - vom 24. bis 31. März 1996 die "Heinrich Mann-Tage 1996 in Lübeck" zum Thema "Kritik der Epoche - Heinrich Manns Romane bis zum Ersten Weltkrieg". Senator Ulrich Meyenborg, Jörg Fligge, Direktor der Stadtbibliothek, sowie Marianne Tidick, Ministerin für Wissenschaft, Forschung und Kultur des Landes Schleswig-Holstein, begrüßten die Teilnehmer. Der Leiter des Buddenbrookhauses, Hans Wißkirchen, gab eine Einführung in die Ausstellung "Mein Kopf und die Beine von Marlene Dietrich. Heinrich Manns Roman *Professor Unrat* und *Der Blaue Engel*".

Am 27. März, bei der Gründungsversammlung der Heinrich Mann-Gesellschaft, der Nachfolgerin des seit 25 Jahren bestehenden Arbeitskreises Heinrich Mann, wurden die drei Initiatoren dieser Veranstaltung, Helmut Koopmann, Peter-Paul Schneider (Erster Vorsitzender) und Hans Wißkirchen, in den Vorstand gewählt. Folgende Referate wurden gehalten:

Ada Kadelbach, Lübeck:	Paul Gerhard im Blauen Engel. Ein rätselhaftes Kirchenliedzitat im *Professor Unrat*
Klaus Kanzog, München:	Mißbrauchter Heinrich Mann? Gedanken zu Joseph von Sternbergs Film *Der Blaue Engel* (1929/30)
Ariane Martin, Marburg:	Von Bienaimée Matzke zu Guste Daimchen. Frauenbilder als Zeitkritik in Heinrich Manns frühen Romanen

Gerhard Schäffner, Lüneburg:	"Von seiner Jugend erlöst". Heinrich Manns Romanerstling *In einer Familie*
Peter-Paul Schneider, Marbach:	Nietzsche in Netzig. Ein unbekanntes Notizbuch Heinrich Manns zum *Untertan*
Peter-Paul Schneider, Marbach / Ulrich Walberer, Frankfurt:	Heinrich Mann im S. Fischer Verlag
Klaus Schröter, Hamburg:	Heinrich Mann in den Tagebüchern Thomas Manns
Hans Wißkirchen, Lübeck / unter Mitarbeit von Klaus F. Sobbe:	Buchvorstellung: *Spaziergänge durch das Lübeck von Heinrich und Thomas Mann*

Die Frühjahrstagung der Deutschen Thomas-Mann-Gesellschaft zum Thema *Lotte in Weimar* fand in Zusammenarbeit mit dem Senat der Hansestadt Lübeck, Amt für Kultur, unter der Leitung ihres Präsidenten Ruprecht Wimmer am 3. und 4. Mai 1996 im Großen Saal der Gemeinnützigen in Lübeck statt. Am Abend des ersten Tages versuchten zwei jüngere Thomas Mann-Forscher, Ausschnitte aus dem in der ehemaligen DDR entstandenen Film *Lotte in Weimar* zu interpretieren. In der anschließenden Diskussion verstand es Georg Wenzel,Greifswald, den Film im Kontext der damaligen Kulturpolitik zu Zeiten von Alexander Abusch kritisch zu beleuchten und das Mißfallen der sowjetischen Besatzungsmacht an dem darin entworfenen Goethebild zu erklären. Am 4. Mai wurden folgende Referate gehalten:

Friedhelm Marx, Wuppertal:	Die Menschwerdung des Göttlichen: Thomas Manns Goethebild in *Lotte in Weimar*
Hinrich Siefken, Nottingham:	*Lotte in Weimar* - ein Lustspiel vom Egoismus der Größe

Zu einer Gedenkstunde "In memoriam Hans Wysling" hatten die Hansestadt Lübeck, die Thomas Mann Gesellschaft Zürich und die Deutsche Thomas-Mann-Gesellschaft Lübeck eingeladen. Umrahmt vom Artemis-Quartett (das Mozarts 2. Preußisches Quartett spielte), fand eine würdige Feier zu Ehren des im Dezember 1995 verstorbenen Hans Wysling statt. Nach Ansprachen von Ulrich Meyenborg (Lübeck), Manfred Dierks (Oldenburg), Thomas Sprecher (Zürich) und Ruprecht Wimmer (Eichstätt) verlas Eckhard Heftrich die letzte abgeschlossene Arbeit Hans Wyslings: "Thomas Manns Goethe-Nachfolge".

Am 6. Mai fand die Verleihung des Thomas-Mann-Preises 1996 an Günter Grass statt. Die Laudatio hielt der Schriftsteller Adolf Muschg, Zürich.

Die 1956 gegründete Thomas Mann Gesellschaft Zürich führte in Zusammenarbeit mit dem Präsidialdepartement der Stadt Zürich am 1. und 2. Juni 1996 ihre zweite Jahresversammlung und ein Symposium zum Thema "Thomas Mann und Europa" durch.

Nach Begrüßung durch den Stadtpräsidenten Josef Estermann und den Präsidenten der Thomas Mann Gesellschaft wurden folgende Vorträge gehalten:

Dieter Chenaux-Repond, Bonn: Thomas Mann und Europa: Ein deutsches Schicksal

Rüdiger Görner, Birmingham: Thomas Mann und der Zauber der Letzten

Frido Mann, Göttingen: Das Verhältnis von Thomas Mann und seiner Familie zu Deutschland

Thomas Sprecher, Zürich: Staatsbürger Thomas Mann

Hans R. Vaget, Northampton: Leiden an Deutschland - Hoffnung auf Europa: Thomas Mann im Lichte unserer Erfahrung

Zum Abschluß der zweitägigen Tagung im Stadthaus fand unter Vorsitz von Thomas Sprecher eine Podiumsdiskussion statt, an der außer den Referenten (mit Ausnahme von Frido Mann) auch Alt-Stadtrat Jürg Kaufmann teilnahm.

Das Germanistische Seminar der Universität Heidelberg und die Literarische Gesellschaft Palais Boissarée veranstalteten am 12. Juni 1996 in der Akademie der Wissenschaft zu Heidelberg ein Symposium zum Thema "Thomas Mann - Literatur und Politik". Nach einführenden Worten von Dieter Borchmeyer (Universität Heidelberg) wurden folgende Referate gehalten:

Dieter Borchmeyer, Heidelberg: Politische Betrachtungen eines vermeintlich Unpolitischen: Thomas Mann, Edmund Burke und die Tradition des Konservativismus

Joachim C. Fest, Heidelberg: "Verwandtschaft und Affront": Thomas Mann und der Westen

Hermann Kurzke, Mainz: "Was ist deutsch?" - Thomas Mann und die Selbstaufhebung des Nationalen

Hans R. Vaget, Northampton: Thomas Mann und der deutsche Widerstand

Zum Abschluß des Symposiums fand in der Alten Aula der Universität Heidelberg unter Leitung von Helmuth Kiesel, Heidelberg, eine Podiumsdiskussion mit dem Thomas Mann-Biographen Klaus Harpprecht, La Croix-Valmer und den Referenten statt.

Die vom 12. bis 16. Juni 1996 durchgeführten Feldkircher Literatur- und Philosophentage in Feldkirch/Vorarlberg begannen mit einer von Thomas Sprecher eröffneten Ausstellung und einem einführenden Vortrag "Thomas Mann und der *Zauberberg*". Folgende Referate wurden gehalten:

Inge Jens, Tübingen: Seelenjournal und politische Rechenschaft: Tho-
                                         mas Manns Tagebücher. Ein Bericht aus der
                                         Werkstatt

Michael Neumann, Münster /   *Der Zauberberg* - Bildungs- oder Zeitroman?
Eichstätt:

Doris Runge, Cismar: Die femme fatale des jungen Thomas Mann (am
                                         Beispiel von Gerda von Rinnlingen)

Eine von Peter Huemer moderierte abschließende Diskussion, an der außer den Referenten auch Michael Köhlmeier teilnahm, behandelte das Thema "Zwischen Bürger und
Dämon - Der Lebenskonflikt des Thomas Mann".

Im Sommer 1996 wurde das ehemalige Ferienhaus Thomas Manns in Nidden als internationale Kultur- und Begegnungsstätte eröffnet. Das Sommerhaus an der Kurischen
Nehrung war vom Goethe-Institut im benachbarten Riga/Lettland als Zentrum für
Künstler und Wissenschaftler geplant und aus Mitteln der Bundesregierung renoviert
worden. Offizieller Träger des Hauses ist das litauische Kultusministerium in
Wilna/Vilnius, das die Betreuung jedoch an die Universität Memel/Klaipéda delegiert
hat.

Auf Einladung der Ostsee-Akademie Lübeck-Travemünde und des Thomas-Mann-
Kulturzentrums Nidden fand in der Zeit vom 13. bis 17. Juli 1996 unter Leitung von
Dietrich Albrecht und Vitalija Jonusiene eine Tagung zu dem Problem der zukünftigen
Nutzung des Thomas-Mann-Hauses statt. Unter den Teilnehmern an den Diskussionen
bemerkte man u. a. Ada Kadelbach, Lübeck; Reinhard Kraus, Botschafter der Bundes-
republik Deutschland, Vilnius; Sonja Kühne, Kloster auf Hiddensee; Jochen Meyer,
Deutsches Literaturarchiv, Marbach; Thomas Sprecher, Zürich; Ruprecht Wimmer,
Eichstätt; Friedrich Winterscheidt, Leiter des Goethe-Instituts Riga; Hans Wißkirchen,
Lübeck. Folgende Referate wurden gehalten:

Vitalija Jonusiene, Nidden: Das Sommerhaus Thomas Manns als Kulturzen-
                                         trum, Gedenkstätte und Literaturmuseum

Saulius Manomaitis, Memel: Die Restaurierung des Thomas-Mann-Hauses
                                         1995/96

Leonas Stepanauskas, Vilnius: Die Nachkriegsgeschichte des Sommerhauses
                                         Thomas Manns

In der Zeit vom 12. bis 16. August 1996 fand im Kongreßzentrum Davos das zweite
Symposium zum Thema "Auf dem Weg zum *Zauberberg*" statt, eine Woche mit Vorträ-
gen, Seminaren und Ortsbesichtigungen. Am 13. August offerierte Gert Westphal, "des
Dichters oberster Mund", eine Lesung von Thomas Manns Novelle *Tristan*.

Nachdem die erste *Zauberberg*-Woche im August 1994 auf ein außerordentliches Interesse gestoßen und die Zahl der internationalen Besucher unerwartet groß gewesen war, war der Ruf nach Fortsetzung unüberhörbar. Es war allen Teilnehmern bewußt geworden, daß der Roman immer noch nicht "ausinterpretiert" war. Wie es im Programm dieser Veranstaltungsreihe mit Recht heißt, "hat *Der Zauberberg* bei seinem Erscheinen keinen Stand so erregt und zu so unterschiedlichen Kritiken bewegt wie den der Ärzte. Grund genug für die Literaturwissenschaftler, das Gespräch mit den Medizinern zu vertiefen".

Neben dem eigentlichen, von einem Wissenschaftlichen Komitee (bestehend aus Helmut Koopmann, Thomas Sprecher, Christian Virchow und Ruprecht Wimmer) geleiteten Hauptprogramm wurden diesmal erstmals probeweise drei Seminare zum Thema "Mediziner und Literaturwissenschaftler im Gespräch" angeboten, die gemeinsam jeweils von einem Vertreter der beiden Fachdisziplinen geleitet wurden. Sie waren für jene Besucher gedacht, denen an einem interdisziplinären Gedankenaustausch im kleinen Kreis gelegen war. Die folgenden Referate wurden gehalten:

Manfred Dierks, Oldenburg:	Krankheit und Tod im frühen Werk Thomas Manns
Helmut Koopmann, Augsburg:	*Der Zauberberg* und die Kultur-Philosophie der Zeit
Hermann Kurzke, Mainz:	Auf dem Weg zum *Zauberberg*: Vorklänge im frühen Werk
Terence J. Reed, Oxford:	*Der Zauberberg* im europäischen Kontext
Beat Rüttimann, Zürich:	Medizinhistorische Anmerkungen zum *Zauberberg*
Heinz Schott, Bonn:	*Der Zauberberg* im medizinhistorischen Kontext
Thomas Sprecher, Zürich:	Kurkritik und Gesellschaftskritik im *Zauberberg*
Hans R. Vaget, Northampton:	Die Übernahme von Wagners Kompositionstechnik in den *Zauberberg*
Christian Virchow, Davos:	Katia Mann und der *Zauberberg*
Ruprecht Wimmer, Eichstätt:	Zur Philosophie der Zeit im *Zauberberg*
Hans Wißkirchen, Lübeck:	Der Einfluß Heinrich Manns auf den *Zauberberg*
Bodo Würffel, Fribourg:	Mitbewohner des *Zauberbergs*: Davoser Sanatoriumsgeschichten vor 1924

Als Sonderprogramm wurden folgende (jeweils auf 50 Teilnehmer beschränkte) Seminare abgehalten:

Helmut Koopmann / Christian Virchow:	*Zauberberg*-Interpretationen: Von der Todesfaszination der Romantik zum Lebensdienst
Manfred Dierks / Heinz Schott:	Das Phänomen Krankheit im *Zauberberg*
Thomas Rütten / Thomas Sprecher:	Über die Wirkung von Literatur: Zur Rezeption des *Zauberberg*

Dem Andenken Hans Wyslings ist eine von Martin E. Schmid konzipierte, im Herbst 1996 veranstaltete Ringvorlesung der Volkshochschule des Kantons Zürich über "Thomas Mann als Erzähler" gewidmet. In acht Vorträgen wird der Versuch unternommen, nicht nur aus dem Blickwinkel der Literaturwissenschaft, sondern auch aus der Perspektive anderer Wissenschaftszweige (Medizin, Musik- und Naturwissenschaft) neue Einblicke in die Erzählungen und Romane Thomas Manns zu gewinnen. Folgende Referate wurden gehalten:

Renate Böschenstein, Genf:	*Der Erwählte* - Thomas Manns postmoderner Ödipus
Eckhard Heftrich, Münster:	Thomas Mann: *Joseph und seine Brüder*
Helmut Koopmann, Augsburg:	*Bekenntnisse des Hochstaplers Felix Krull*
Ernst Lichtenhahn, Zürich:	*Doktor Faustus* - ein Musikerroman
Roland Ris, Zürich:	*Tristan*
Doris Runge, Cismar:	*Buddenbrooks*-Frauen
Thomas Sprecher, Zürich:	Das strenge Glück der Ehe. Zum autobiographischen Kern von Thomas Manns Roman *Königliche Hoheit*
Christian Virchow, Davos:	*Der Zauberberg* in seinem Zusammenhang mit Medizin und Naturwissenschaft

Die vorliegende, von Helmut Koopmann und mir mit Hilfe des Lehrstuhls für Neuere Deutsche Literaturwissenschaft der Universität Augsburg vorbereitete Auswahlbibliographie bietet einen Wegweiser durch die internationale Thomas-Mann-Forschung der letzten beiden Jahrzehnte. Außer Monographien, Dissertationen und Habilitationsschriften, wissenschaftlichen Beiträgen in Sammelbänden einschließlich Fest- und Gedenkschriften, Jahrbüchern und Zeitschriften wurden auch Berichte, Dokumentationen und Presseveröffentlichungen aufgenommen - mehr als 6.000 Eintragungen insgesamt. Aus der deutschsprachigen Tagespresse mußte ich mich auf die wichtigeren Beiträge besonders der überregionalen Blätter wie der *FAZ, NZZ, SZ* sowie der Wochenzeitung *Die Zeit* und der Tageszeitung *Die Welt* beschränken. Eine kleine Auswahl gedruckter Briefe an Thomas Mann wurde aufgenommen. Dagegen blieben im Gegensatz zum ersten und zweiten Band diesmal unveröffentlichte, nur in Maschinenschrift vorhandene akademische Arbeiten (zum Beispiel Magister-, Diplom- und Staatsexamensarbeiten) unberücksichtigt.

Meine ursprüngliche Absicht, auch in diesem Band einen Anhang mit Nachträgen und Ergänzungen zu seinen Vorgängern aufzunehmen, ließ sich zu meinem Bedauern aus technischen und organisatorischen Gründen nicht verwirklichen. Auch auf ein erhofftes Gesamtregister der nunmehr in drei Bänden vorliegenden bibliographischen Berichterstattung über die Thomas-Mann-Literatur des vergangenen Jahrhunderts mußte vorerst verzichtet werden.

Zahlreiche Freunde und Kollegen haben die Entwicklung des vorliegenden Bandes mit Rat und Tat unterstützt. Ihnen meinen Dank auch öffentlich auszusprechen, ist mir eine besondere Freude: Dietrich Aßmann, Helsinki; Jeffrey B. Berlin, Philadelphia; Dieter Borchmeyer, Heidelberg; Wilhelm Braun, Schwelm; Sergio Checconi, Bologna; Manfred Dierks, Oldenburg; Michael Erber, Augsburg; Eberhard Görner, Freienwalde; Volkmar Hansen, Düsseldorf; Erich W. Hartmann, Hannover; Eckhard Heftrich, Münster; Gert Heine, Allerød; Eberhard Hilscher, Berlin; Inge Jens, Tübingen; Ulrich Karthaus, Gießen; Ulrich Kocher, Reutlingen; William A. Koshland, New York; Bernd M. Kraske, Reinbek; Hermann Kurzke, Mainz; Herbert Lehnert, Irvine; Michael Maar, Bamberg; Antal Mádl, Budapest; Blas Matamoro, Madrid; Harry Matter, Berlin; Birgitt Mohrhagen, Lübeck; Georg Potempa, Oldenburg; Anthony W. Riley, Kingston, Ontario; Paola Rinaldi, Mailand; Heinz Saureßig, St. Adèle, Québec; Albert von Schirnding, München; Peter-Paul Schneider, Marbach am Neckar; Paul Schommer, Alpen; Wolfgang Tschechne, Lübeck; Hans Rudolf Vaget, Northampton; Georg Wenzel, Greifswald; Ruprecht Wimmer, Eichstätt.

Der Leiterin der "Thomas-Mann-Sammlung Dr. Hans-Otto Mayer" der Universitätsbibliothek Düsseldorf, Frauke Bartelt, verdanke ich zahlreiche wichtige Hinweise, den stets hilfsbereiten Lektoren des S. Fischer Verlages Frankfurt, Knut Beck und Cristina Klostermann, seit Jahren Ermutigung und Unterstützung. Das Thomas-Mann-Archiv Zürich, insbesondere Hans Wysling, Thomas Sprecher, Cornelia Bernini und ihren Mitarbeiterinnen, danke ich für vielfache Förderung meiner Arbeit und immer wieder gewährte Gastfreundschaft.

Für die großzügige Bereitstellung der für die Vollendung dieses dritten Bandes der Bibliographie erforderlichen Mittel bin ich dem Rektor der Universität Augsburg, Reinhard Blum, und der Philosophischen Fakultät II der Universität Augsburg besonders dankbar.

Niemand auf der Welt hat so lange meine Probleme und Sorgen mitgetragen wie Ilsedore B. Jonas, seit mehr als fünf Jahrzehnten meine strengste Kritikerin. Wie die vier vorausgegangenen Bände, so hat auch dieser fünfte Band der *Thomas-Mann-Literatur* ihrem stets aufbauenden Rat und ihrer Hilfe in allen Situationen viel zu verdanken.

Abschließend sei noch einmal auf die Notwendigkeit immer engerer internationaler Zusammenarbeit aller an der Thomas-Mann-Bibliographie Interessierter hingewiesen, so wie ich bereits in meinem Vortrag in Irvine am 9. März 1988 betont habe: "As you have noted from my foregoing remarks, preparing yet another volume in this German series is a task of such magnitude that, more than ever before, no single bibliographer can hope to achieve. Therefore, the next volume will again be the result of that kind of international cooperation with fellow-bibliographers, collectors, librarians, publishers and scholars in all parts of the world that I have been privileged to enjoy for the past forty years. I look forward to working with them as I continue my labours". (The Making of a Thomas-Mann-Bibliography (1949-1989). In: *DVJS*, Jg. 64, Nr. 4 (1990), S.755).

München, Oktober 1996   Klaus W. Jonas

Zu diesem Band

Die vorliegende Bibliographie ist das Werk von Klaus W. Jonas - wenn mein Name auf dem Titelblatt verzeichnet ist, so aus rechtlichen Gründen. Die Universität Augsburg hat erhebliche Mittel für das Zustandekommen dieser Bibliographie bereitgestellt, und das konnte nur unter der Voraussetzung geschehen, daß derjenige, der diese Mittel beantragt und bewilligt bekommen hat, als Mitverantwortlicher genannt wird.

Klaus W. Jonas hat vor Jahren schon sein durch Jahrzehnte hin gewachsenes Archiv der klassisch-modernen Literatur der Universitätsbibliothek Augsburg gestiftet, und diese Sammlung ist zu einem erheblichen Teil auch Grundlage der vorliegenden Bibliographie. Mitarbeiter des Lehrstuhls für Neuere Deutsche Literaturwissenschaft und zusätzlich eingestellte Mitarbeiter haben die Daten der Bibliographie, soweit das möglich und die entsprechenden Arbeiten zugänglich waren, überprüft und zuweilen auch ergänzt, und an der Universität Augsburg wurden die Daten mit Hilfe von EDV-Anlagen zu einer reprofähigen Druckvorlage aufbereitet. Das gilt auch für die Register, die von Frau Dr. Ursula Regener erstellt wurden; die Technik ließ es nicht zu, daß in den Registern direkt auf die Einzelstellen verwiesen wurde, sondern nur auf die entsprechenden Seitenzahlen - der Benutzer wird dadurch aber kaum einen Nachteil haben.

Zu danken habe ich für zum Teil langjährige Mitarbeit Konstanze Allnach, Anja Ballis, Eva Goede, Julia Haselmayr, Kim Kranz, Wiebke Lütjens, Dorothea Mayr, Melanie Pawlitzki, Fedor Pellmann; nicht zuletzt Dr. Markus Ohlenroth für sehr viel technische Hilfe. Ganz besonderen Dank schulde ich Frau Dr. Andrea Bartl, die die Arbeiten koordinierte, und Ulrike Prechtl. Zu danken habe ich schließlich auch der Universität Augsburg, insbesondere der Philosophischen Fakultät II - und Herrn Vittorio Klostermann für seine großzügige und verständnisvolle Unterstützung.

Helmut Koopmann

Bibliographie der Kritik

1976

76.1   ABBOTT, Scott C.: The Artist as Figurative Jesus in Th. M's *Buddenbrooks*. In: *Perspective*, Bd. 1 (Winter 1976), S. 85-94.

76.2   ANON.: Th.-M.-Konferenz, Weimar 1975. In: *Arbeitskreis Heinrich Mann: Mitteilungsblatt*, Nr. 7 (Februar 1976), S. 5.

76.3   ANON.: Deutsche Schriftsteller über Th. M. In: H. L. Arnold, # 76.12, S. 161-203. [Mit Beiträgen von: C. Amery - A. Andersch - H. v. Cramer - u. a.].

76.4   ANON.: Some Letters from Old Files (1931-1951). In: *Books Abroad*, Jg. 50, Nr. 4 (1976), S. 785-792.

76.5   ANON.: Th. M.-Gesellschaft. In: *Jahrbuch für Internationale Germanistik*, Jg. 8, Nr. 1 (1976), S. 162-163.

76.6   ANON.: Unveröffentlichte Briefe (von Heinrich Mann, Th. M., Louis Fürnberg, Bertolt Brecht). In: *Sinn und Form*, Jg. 28, Nr. 2 (1976), S. 243-249.

76.7   ANON. [HAJ.]: 'Ein gleichgültiges Kaufmannsdrama'. *Buddenbrooks*-Uraufführung unter Hans Hollmann in Basel. In: *NZZ*, Jg. 197, Nr. 292 (13. Dezember 1976), Feuilleton, S. 15.

76.8   ANON. [LI]: Rez. von D. Aßmann, # 75.78. In: *Die Tat*, Jg. 40, Nr. 178 (30. Juli 1976), Die literarische Tat, S. 27.

76.9   ANON. [VO.]: Rez. von O. Besomi/H. Wysling, # 75.113. In: *FAZ*, Jg. 28, Nr. 86 (10. April 1976), S. 21.

76.10   ANTHES, Otto: Die Stadt der *Buddenbrooks*. In: T. Pfeifer, # 76.291.

76.11   APT, Salomon: Der zweifache Segen und die Übersetzung der Joseph-Tetralogie. In: # 76.402, S. 345-352.

76.12   ARNOLD, Heinz L., Hrsg.: *Th. M.* München: edition text & kritik, 1976, 226 S.
        (= Sonderband aus der Reihe Text & Kritik) [Inhalt: Anon., # 76.3 - R. Baum-
        gart, # 76.20 - H. Bender, # 76.24 - W. Boehlich, # 76.37 - V. Hage, # 76.137 - M.
        Jäger, # 76.176 - Y. Karsunke, # 76.193 - H. Kesting, # 76.197 - H. Kesting/A.
        Pfaffenholz, # 76.198 - H. Kurzke, # 76.213 - P. Pütz, # 76.302 - K. Schröter, #
        76.340 - K. Struck, # 76.364 - M. Walser, # 76.386. - Vgl. # 82.16].

76.13   ASSMANN, Dietrich: Rez. von L. Voss, # 75.885. In: *Neuphilologische Mitteilun-
        gen*, Nr. 77 (1976), S. 168-172. [*Doktor Faustus*].

76.14   AVERY, George C.: *Malte Laurids Brigge* und *Felix Krull*. Versuch eines Ver-
        gleichs. In: D. Papenfuß/J. Söring, # 76.286, S. 287-295.

76.15   AYTAC, Gürsel: Th. M. in der Türkei. In: D. Papenfuß/J. Söring, # 76.286, S.
        189-196.

76.16   AZEVEDO, Carlos A.: Brasiliens exotische Präsenz im Werk Th. M's. In:
        Deutsch-Brasilianische Hefte, Jg. 15, Nr. 6 (1976), S. 380, 382, 384, 386.

76.17   BADEN, Hans J.: Krankheit und Literatur. Die süße Frucht vom Baum des Ver-
        falls. In: *Die Welt*, Nr. 140 (19. Juni 1976), Welt-Report, S. II. [*Der Zauberberg -
        Doktor Faustus*].

76.17a BAIER, Clair: Hans Carossa and Th. M. In: *GLL*, N. S., Jg. 29 (1976), S. 283-291.

76.18   BAN, Sung-Wan: *Das Verhältnis der Ästhetik Lukács' zur deutschen Klassik. Darge-
        stellt an seinen ästhetischen und politischen Schriften und an seiner Beziehung zu Th.
        M.* Dissertation, Freie Universität Berlin, 1976, 203 Bl. [Resümee in:
        Germanistische Dissertationen in Kurzfassung (1979), S. 208-212 (= *Jahrbuch für
        Internationale Germanistik*, Reihe B, Bd. 4). - Vgl. Buchausgabe in # 77.18 - vgl.
        # 79.16].

76.19   BASLER, Otto: Der Zauberer. Zu Peter de Mendelssohns Mann-Biographie. In:
        Aargauer Tagblatt (14. Februar 1976). [Rez. von P. d. M., # 75.599].

76.20   BAUMGART, Reinhard: Betrogene Betrüger. Zu Th. M's letzter Erzählung und
        ihrer Vorgeschichte. In: H. L. Arnold, # 76.12, S. 99-107. [Vgl. # 82.20].

76.21   BAUMGART, Reinhard: Eine große, leere, bunte Anstrengung. Die *Buddenbrooks*
        als Stück im Basler Theater. In: *SZ*, Jg. 32, Nr. 289 (13. Dezember 1976),
        Feuilleton S. 14.

76.22   BEERS, Paul, und Pé Hawinkels: Hans Castorp als Nijmeegse corsstudent: Een
        gesprek over de vertaling van *De Toverberg*. In: *Revisor*, Jg. 3, Nr. 5 (1976), S.
        27-35. [*Der Zauberberg*].

76.23   BEKIĆ, Tomislav: Th. M. in Jugoslawien. In: # 76.402, S. 385-393.

76.24 BENDER, Hans: Der Herausgeber und sein Redactor. Ein Nebenkapitel der Th.-M.-Biographie. In: H. L. Arnold, # 76.12, S. 130-134. [Vgl. # 82.29. - *Maß und Wert* - F. Lion].

76.25 BENNETT, Benjamin: Casting out Nines. Structure, Parody and Myth in *Tonio Kröger*. In: *Revue des Langues Vivantes*, Jg. 42, Nr. 2 (1976), S. 126-146. [Vgl. Wiederabdruck in # 86.23].

76.26 BERENDSOHN, Walter A.: *Die humanistische Front. Einführung in die deutsche Emigranten-Literatur. Zweiter Teil: Vom Kriegsausbruch 1939 bis Ende 1946.* Worms: G. Heintz, 1976, XII, 236 S. (= Deutsches Exil 1933-45, Bd. 6).

76.27 BEST, Otto F.: Leonhard Frank. In: J. M. Spalek/J. Strelka, # 76.352, S. 371-382.

76.28 BIRNBAUM, Henrik: *Doktor Faustus und Doktor Schiwago. Versuch über zwei Zeitromane aus Exilsicht.* Lisse: P. d. Ridder, 1976, 66 S. (= PdRpress Publications on Boris Pasternak, 2) [Rez.: K. Mommsen, # 76.267].

76.29 BISDORFF, Ernest: *Von Schiller zu Th. M. Reden und Aufsätze.* Luxembourg: Institut Grand Ducal, 1976, 107 S. (= Veröffentlichung der Abteilung für Kunst und Literatur des Großherzoglichen Institutes) [Inhalt: # 76.30 - # 76.31 - # 76.32].

76.30 BISDORFF, Ernest: Der Vergleich mit Schiller. In: # 76.29, S. 33-53.

76.31 BISDORFF, Ernest: Der Emigrant Th. M. (Zu seinen Briefen). In: # 76.29, S. 55-68.

76.32 BISDORFF, Ernest: Musik bei Th. M. In: # 76.29, S. 69-107.

76.33 BLACKBURN, Timothy C.: Rez. von T. Ziolkowski, # 76.422. In: *PMLA*, Jg. 91, Nr. 3 (1976), S. 461-462.

76.34 BLÖCKER, Günter: Reizvolle Flüchtigkeit - zähe Beharrlichkeit: Der Zauber Klaus Manns im Spiegel seiner Korrespondenz. In: *SZ*, Jg. 32, Nr. 25 (31. Januar/1. Februar 1976), Buch und Zeit, S. 88. [Rez. von M. Gregor-Dellin, # 75.293, # 75.294].

76.35 BLOMSTER, Wesley V.: Rez. von T. J. Reed, # 74.154. In: *MLJ*, Jg. 60, Nr. 4 (1976), S. 220.

76.36 BLUMENWITZ, Dieter, Klaus Gotto, Hans Maier, u. a., Hrsg.: Th. M. In: *Konrad Adenauer und seine Zeit. Politik und Persönlichkeit des ersten Bundeskanzlers.* Stuttgart: Deutsche Verlags-Anstalt, 1976. (= Veröffentlichungen der Konrad-Adenauer-Stiftung).

76.37   BOEHLICH, Walter: Zu spät und zu wenig. Th. M. und die Politik. In: H. L. Ar-
        nold, # 76.12, S. 45-60. [Vgl. # 82.32].

76.38   BONYHAI, Gábor: Gesetzmäßigkeit und Zufall. Beiträge zu Th. M's Schaffens-
        methode. In: *Acta Litteraria*, Jg. 18, Nr. 1/2 (1976), S. 135-155.

76.39   BORMANN, Alexander von: Das nationalsozialistische Gemeinschaftslied. In: H.
        Denkler/K. Prümm, # 76.71, S. 256-280. [Th. M.: S. 277].

76.40   BRENNER, Jacques: Préface. In: Th. M., *Les Exigences du Jour*. Paris: Grasset,
        1976, S. 7-14. [Rez.: N. Casanova, # 76.54. - G. A. Goldschmidt, # 76.117. - Übs.
        von L. Servicen und J. Naujac. - *Die Forderung des Tages*].

76.41   BRESCIUS, Hans von: Th. M. In: H. v. B., *Gerhart Hauptmann. Zeitgeschehen
        und Bewußtsein in unbekannten Selbstzeugnissen. Eine politisch-biographische Stu-
        die*. Bonn: Bouvier, 1976. (= Abhandlungen zur Kunst-, Musik- und Literatur-
        wissenschaft, Bd. 197).

76.42   BRODE, Hanspeter: Rez. von E. Heftrich, # 75.337. In: *Germanistik*, Jg. 17, Nr.
        1 (1976), S. 336-337.

76.43   BRODE, Hanspeter: Rez. von L. Voss, # 75.885. In: *ZDP*, Jg. 95 (1976), S. 611-
        618. [*Doktor Faustus*].

76.44   BROWNSON, Robert C.: Techniques of Reference, Allusion and Quotation in
        Th. M's *Doktor Faustus* and William Gaddis' *The Recognitions*. In: *DAI*, Jg. 37
        (1976), S. 7733A.

76.45   BROYARD, Anatole: Elisabeth Mann Borgese. In: *Center Report*, Jg. 9, Nr. 3
        (Juni 1976), S. 3, 5, 19.

76.46   BÜRGIN, Hans, und Hans-Otto Mayer, Hrsg.: *Die Briefe Th. M's. Regesten und
        Register. Bd. I: Die Briefe von 1889 bis 1933*. Frankfurt a. M.: S. Fischer, 1976,
        XXXIX, 761 S. [Unter Mitarbeit von Y. Schmidlin; Lektorat: K. Beck. - Inhalt:
        H. B./H.-O. M., # 76.47 - H. Wysling, # 76.417. - Vgl. # 80.57. - Rez.: Anon.
        [vhg.], # 89.13 - H. Brode, # 80.54 - W. Grothe, # 80.107 - H. Helbling, # 80.116
        - K. W. Jonas, # 78.136, # 81.97, # 90.144 - H. Kieser, # 78.148 - G. Kluge, #
        83.198 - H. Kurzke, # 88.159 - A. D. Latta, # 79.128 - H. Lehnert, # 80.160 - L.
        Leibrich, # 78.180 - H. Matter, # 83.246 - J. Müller, # 80.211, # 81.158 - T. J.
        Reed, # 80.234 - J. Schondorff, # 76.339 - C. Soeteman, # 80.272 - H. Steinecke,
        # 82.259 - G. Wenzel, # 79.255, # 79.256 - H. Wiesner, # 79.260].

76.47   BÜRGIN, Hans, und Hans-Otto Mayer: Editionsbericht. In: # 76.46, S. XIII-
        XXXI.

76.48 BULHOF, Francis: *Wortindex zu Th. M.: Der Zauberberg.* Ann Arbor, MI: Xerox University Microfilms, 1976, XVII, 614 S. (= Monograph Publishing on Demand. Sponsor Series) [Zusammengest. von F. B., programmiert von B. Gold in Zusammenarb. mit dem Computation Center of the University of Texas at Austin. - Rez.: H. Hatfield, # 77.104 - J. Mattausch, # 77.205].

76.49 CAMPA, Ricardo: Th. M. y la nostalgia de las certidumbres burguesas. In: *Arbor*, Bd. 94, Nr. 366 (Juni 1976), S. 37-52.

76.50 CAMPA, Ricardo: Sulla concezione dell'impolitico di Th. M. In: *Nuova Antologia*, Bd. 111, Nr. 526 (1976), S. 295-299.

76.51 CAMPBELL, Joseph: Erotic Irony and Mythic Forms in the Art of Th. M. In: *Boston University Journal*, Jg. 24, Nr. 1 (1976), S. 10-27.

76.53 CARSTENSEN, Richard: Lübeck und Florenz. Th. M. in *Fiorenza*: Huldigung an die Vaterstadt. In: *Colloquia Germanica*, Jg. 10, Nr. 1 (1976/77), S. 73-81. [Auch in: *Schleswig-Holstein*, Nr. 11 (1976), S. 253-257 - und u. d. T.: Lübeck und *Fiorenza*. In: *Lübecker Nachrichten*, Jg. 31, Nr. 45 (22. Februar 1976), Sonntagmorgen, S. 1].

76.54 CASANOVA, Nicole: Rez. von J. Brenner, # 76.40. In: *Esprit des Lettres*, Bd. 44 (1976), S. 699-701. [*Die Forderung des Tages*].

76.55 CASES, Cesare: Grande e piccolo: Wagner come rappresentante dell'Ottocento in Th. M. In: C. C., *Parole e Musica. L'Esperienza Wagneriana Nella Cultura Fra Romanticismo E Decadentismo a cura di Giuseppe Bevilacqua.* Firenze: L. S. Olschki, 1976, S. 87-96.

76.56 CAYLOR, Ruth A.: The Modern Spanish Novel of the Multiple Protagonist. In: *DAI*, Jg. 37 (1976), S. 2915A-2916A. [Th. M., J. Dos Passos, A. Huxley als Vorläufer des modernen spanischen Romans].

76.57 CHACON, Vamireh: O ético e o estetico em Th. M. In: *Tempo Brasileiro: Revista de Cultura*, Nr. 45-46 (1976), S. 33-47.

76.58 CHURCH, Margaret: The Isolated Community: Kafka's Village and Th. M's Davos. In: *University of Dayton Review*, Jg. 12 (1976), S. 105-112.

76.60 COVEY, Fred C., Jr.: The Theme of Silence in Th. M's *Doktor Faustus*. In: *DAI*, Jg. 36 (1976), S. 6669A.

76.61   CUNLIFFE, W. Gordon: Cousin Joachim's Steel Helmet: *Der Zauberberg* and the
        War. In: *Monatshefte*, Jg. 68, Nr. 4 (1976), S. 409-417.

76.62   CURTIUS, Mechthild: Kreativität und Antizipation. Th. M., Freud und das
        Schaffen des Künstlers. In: M. C., unter Mitarb. von Ursula Böhmer, Hrsg.:
        Seminar: Theorien der künstlerischen Produktivität. Frankfurt a. M.: Suhrkamp,
        1976, S. 388-425. (= suhrkamp taschenbuch wissenschaft, 166).

76.63   CURTIUS, Mechthild: Rez. von A. W. Berendsohn, # 73.28. In: *Literatur und
        Kritik*, Jg. 11, Nr. 110 (1976), S. 622-624.

76.64   CVRKAL, Ivan: Th. M. und die slowakische Literatur. In: # 76.402, S. 409-412.

76.65   DABEZIES, André: Rez. von J. W. Smeed, # 75.824. In: *EG*, Jg. 31 (1976), S. 463-
        464.

76.66   DACH, Charlotte von: Neue Briefe von Th. M. In: *Der Bund*, Jg. 12 (11. Januar
        1976). [Rez. von P. d. Mendelssohn, # 75.597. - Briefwechsel mit O. Grautoff
        und I. Boy-Ed].

76.67   DACH, Charlotte von: Th. M. und die Universität Bonn. In: *Der kleine Bund.
        Beilage für Literatur und Kunst*, Jg. 127, Nr. 5 (7. März 1976). [Rez. von P. E.
        Hübinger, # 74.80].

76.68   DAHLKE, Hans: Literaturkritische Arbeiten zu Th. M's *Joseph und seine Brüder*
        und *Lotte in Weimar*. In: H. D., *Geschichtsroman und Literaturkritik im Exil.*
        Berlin, u. a.: Aufbau, 1976, S. 325-356. [*Joseph und seine Brüder - Lotte in Wei-
        mar*].

76.69   DALL'ONGARO, Giuseppe: Croce und Mann: Il prezzo della libertà: Lettere
        1930-1936. In: *Il Settimanale* (12. Mai 1976), S. 68-69. [Rez. von C. Besomi/H.
        Wysling, # 75.113].

76.70   DAVIDSON, Leah: Mid-Life Crisis in Th. M's *Death in Venice*. In: *Journal of the
        American Academy of Psychoanalysis*, Jg. 4 (1976), S. 203-214.

76.71   DENKLER, Horst, und Karl Prümm, Hrsg.: *Die deutsche Literatur im Dritten
        Reich. Themen · Traditionen · Wirkungen.* Stuttgart: P. Reclam, 1976. [Mit Bei-
        trägen von: A. v. Bormann, # 76.39 - W. Emmerich, # 76.78 - R. Grimm, #
        76.126 - B. Heimann, # 76.146 - H. Mörchen, # 76.266 - B. Peschken, # 76.288 -
        F. Schwarz, # 76.343 - R. Stollmann, # 76.362].

76.72   DETTMERING, Peter: Suizid und Inzest im Werk Th. M's. In: P. D., *Dichtung
        und Psychoanalyse. Th. M. - Rainer Maria Rilke - Richard Wagner.* Frankfurt a.

M.: Fachbuchhandlung für Psychologie, Verlagsabteilung, 2., unv. Aufl., 1976, S. 9-79. (= Reprints Psychologie, Bd. 5) [Vgl. E in # 69.60 - engl. E in # 70.30].

76.73 DIECKMANN, Eberhard: Th. M's Essay *Goethe und Tolstoi*. Anmerkungen zu einem Erbeverhältnis. In: # 76.402, S. 333-337.

76.74 DILL, Heinz J.: 'Höhere Heiterkeit': Gedanken zu Th. M's Kunstanschauung. In: *Neophilologus*, Jg. 60 (1976), S. 124-129.

76.75 DOLAN, Paul J.: *Of War and War's Alarm. Fiction and Politics in the Modern World*. New York, u. a.: Macmillan, 1976, 192 S. [J. Conrad - F. M. Dostoevsky - N. Hawthorne - H. James - F. Kafka - Th. M.].

76.76 DYCK, J. William: Rez. von A. v. Gronicka, # 70.52. In: *Germano-Slavica*, Jg. 2, Nr. 1 (Frühling 1976), S. 52-55.

76.77 EICHHOLZ, Armin: Th. M., inszeniert von Th. M. Bericht über eine Dichterlesung. In: *Welt am Sonntag* (7. November 1976). [Vgl. E in # 52.17. - Berlin-West].

76.78 EMMERICH, Wolfgang: Die Literatur des antifaschistischen Widerstands in Deutschland. In: H. Denkler/K. Prümm, # 76.71, S. 427-458.

76.79 ENGELSING, Rolf: Th. M. In: R. E., *Arbeit, Zeit und Werk im literarischen Beruf*. Göttingen: Vandenhoeck & Ruprecht, 1976. (= Der literarische Arbeiter, Bd. 1).

76.80 EPPELSHEIMER, Rudolf: Rilke und Th. M. In: *Die Drei. Anthroposophische Zeitschrift zur Erneuerung von Wissenschaft, Kunst und sozialem Leben*, Nr. 1 (1976), S. 15-22.

76.81 ERHART, Friedrich: Otto Grautoff. In: *FAZ*, Jg. 28, Nr. 96 (24. April 1976), S. 17.

76.82 ERLER, Gotthard: Plädoyer für Nelly. In: *Die Weltbühne*, Jg. 71 (XXXI), Nr. 7 (17. Februar 1976), S. 196-199. [Vgl. J. Seyppel, # 75.815].

76.83 ETTINGER, Stefan: Übersetzen aus Übersetzungen? Die französische und portugiesische Übersetzung von Th. M's *Bekenntnisse des Hochstaplers Felix Krull*. In: *Mitteilungen des Sprachenzentrums der Universität Augsburg*, Nr. 4 (1976), S. 30-40.

76.84 EXNER, Richard: Rez. von H. Koopmann, # 75.459. In: *Books Abroad*, Jg. 50 (1976), S. 876.

76.85   EXNER, Richard: Rez. von P. d. Mendelssohn, # 75.599. In: *Books Abroad*, Jg. 50 (1976), S. 399-400.

76.86   EXNER, Richard: Rez. von T. J. Reed, # 74.154. In: *MLQ*, Jg. 37 (1976), S. 398-400.

76.87   EXNER, Richard: The Th. M. Symposium at Santa Barbara, 14.-15. November 1975. In: *Soundings*, Jg. 8, Nr. 1 (1976), S. 29-35. [Vgl. D. E. Fitch, # 76.94].

76.88   FERRARI-ZUMBINI, Massimo: Untergänge und Morgenröte. Über Spengler und Nietzsche. In: *Nietzsche-Studien*, Bd. 5 (1976), S. 194-254. [Über Th. M.: S. 195-198, 203-208].

76.89   FERTIG, Ludwig: Hanno Buddenbrook und seine Schule. In: *Westermanns Pädagogische Beiträge*, Jg. 28, Nr. 5 (Mai 1976), S. 271-280.

76.90   FETZER, John F.: Paul Elbogen. In: J. M. Spalek/J. Strelka, # 76.352, S. 323-330.

76.91   FIELD, G. Wallis: Rez. von T. J. Reed, # 71.176. In: *Die Unterrichtspraxis*, Jg. 9, Nr. 1 (1976), S. 134-135. [*Der Tod in Venedig*].

76.92   FINK, Adolf: Rez. von V. Hansen, # 75.324. In: *Germanistik*, Jg. 17, Nr. 3 (1976), S. 611-612.

76.93   FISCHER, Jens M.: Die Literatur zwischen Jahrhundertwende und Erstem Weltkrieg. In: Hans Hinterhäuser, Hrsg.: *Jahrhundertende - Jahrhundertwende (II. Teil)*. Wiesbaden: Athenaion, 1976, S. 231-260. (= Neues Handbuch der Literaturwissenschaft, Bd. 19).

76.94   FITCH, Donald E., Hrsg.: *Soundings*, Jg. 8, Nr. 1 (1976). [Inhalt: R. Exner, # 76.87 - H. E. Holthusen, # 76.169 - H. Lehnert, # 76.220 - M. Mann, # 76.241 - E. Mann Borgese, # 76.244].

76.95   FIX, Peter: *Königliche Hoheit*. In: P. u. U. Fix/K. Hermsdorf, # 76.96, S. 60-107. [Vgl. E in # 75.250].

76.96   FIX, Peter, Ulla Fix, Klaus Hermsdorf, u. a., Hrsg.: *Das erzählerische Werk Th. M's: Entstehungsgeschichte, Quellen, Wirkung*. Berlin, u. a.: Aufbau, 1976, 550 S. [Wiederabdruck der Nachworte der zehnbändigen Ausgabe der *Romane und Erzählungen*, Aufbau 1975. - Inhalt: P. F., # 76.95 - U. F., # 76.97 - K. H., # 76.153, # 76.154, # 76.155, # 76.156 - F. Hofmann, # 76.166, # 76.167 - H. Matter, # 76.248 - K. Paul, # 76.287. - Rez.: A. Arndt, # 77.12 - H.-P. M. Gerhardt, # 78.82 - H. Lehnert, # 78.174].

76.97　FIX, Ulla: *Der Erwählte.* In: P. u. U. Fix/K. Hermsdorf, # 76.96, S. 361-395. [Vgl. E in # 75.251].

76.98　FLESCH, Yvon: *Th. M. et le style oral.* Dissertation, Université de Nice, 1976, iv, 294 S.

76.99　FOLTIN, Lore B., und John M. Spalek: Franz Werfel. In: J. M. S./J. Strelka, # 76.352, S. 644-667.

76.100　FRANK, Yakira H.: Rez. von T. Ziolkowski, # 76.422. In: *PMLA*, Jg. 91, Nr. 3 (1976), S. 460-461. [*Buddenbrooks*].

76.101　FRANKE, Peter R.: Fräulein Isenschnibbe und der Dichter Thos. Dokumente aus dem Nachlaß einer Freundin Th. M's. In: *Kieler Nachrichten* (4. März 1976), S. 24. [I. Martens].

76.102　FREITAG, Barbara, und Sergio P. Rouanat: A *Montanha Mágica* e a dialetica de inversao. In: *Tempo Brasileiro*, Nr. 41 (1976), S. 33-38.

76.103　FRENZEL, Elisabeth: Th. M. In: E. F., *Motive der Weltliteratur.* Stuttgart: A. Kröner, 1976, S. 382-383, u. a. (= Kröners Taschenbuchausgabe, Bd. 301).

76.104　FREUD, Sigmund: Th. M. In: Ernest Freud, u. a., Hrsg.: *Sigmund Freud. Sein Leben in Bildern und Texten.* Frankfurt a. M.: Suhrkamp, 1976, S. 242, 269, u. a. [Aus Briefen an Th. M. vom 6. Juni 1935 und 29. November 1936].

76.105　FREY, Erich A.: Th. M's Exile Years in America. In: *Modern Language Studies*, Jg. 6, Nr. 1 (1976), S. 83-92.

76.106　FREY, Erich A.: Th. M. In: J. M. Spalek/J. Strelka, # 76.352, S. 473-526. [Exil].

76.107　FRÜHWALD, Wolfgang: Deutscher 'renouveau catholique'. Zur literarhistorischen Einordnung des Werkes Gertrud von le Forts. In: Hedwig Bach, Hrsg.: *Dichtung ist eine Form der Liebe. Begegnung mit Gertrud von le Fort. Zum 100. Geburtstag am 11. Oktober 1976.* München: Ehrenwirth, 1976, S. 60-73. [*Die Betrogene*].

76.108　FUTTERKNECHT, Franz: Th. M. *Doktor Faustus.* In: F. F., *Das Dritte Reich im deutschen Roman der Nachkriegszeit. Untersuchungen zur Faschismustheorie und Faschismusbewältigung.* Bonn: Bouvier, 1976, S. 38-110, 274-289. (= Literatur und Wirklichkeit, Bd. 17).

76.109　GAL, István: Trois lettres inconnues de Th. M. In: *The Hungarian P. E. N.*, Jg. 17 (1976), S. 120-125. [Mit Textpublikation. - Übs. von G. Timár].

76.110 GAUGER, Hans-Martin: Th. M. In: H.-M. G., *Sprachbewußtsein und Sprachwis-senschaft.* München: R. Piper, 1976, S. 196-241. (= Serie Piper, 144). [Vgl. E in # 75.264 - vgl. # 88.69. - *Der Zauberberg*].

76.111 GEORG, E. F.: Rez. von M. Zeller, # 74.217. In: *Erasmus*, Jg. 28, Nr. 7/8 (10. April 1976), Sp. 237-239.

76.112 GIDE, André: André Gide à Th. M. In: *La Guilde du livre*, Nr. 7 (1976), S. 214-215. [Aus Briefen an Th. M. vom 9. November 1940 und Juni 1944 und aus Tagebuchnotizen vom 14. Oktober 1940. *Lotte in Weimar*].

76.113 GITTLEMAN, Sol: Th. M. and 'The Jewish Question': Perhaps the Last Word. In: *University of Dayton Review*, Jg. 12, Nr. 2 (1976), S. 65-73.

76.114 GLASER, Hermann: Th. M. In: H. G., *Sigmund Freuds Zwanzigstes Jahrhundert.* München: C. Hanser, 1976.

76.115 GLASER, Horst A.: Schrieb Th. M. für die Schule? Anmaßungen und Zumutun-gen der Literaturdidaktik. In: *Literaturmagazin*, Nr. 5 (1976), S. 216-222.

76.116 GLOEDE, Ingrid: Die Rezeption Th. M's in der UdSSR (1950-1972), dargestellt an ausgewählten Beispielen. In: Irene Nowikowa, unter Mitarb. von Beatrice Haas, Hrsg.: *Rezeption westeuropäischer Autoren in der Sowjetunion. Auswahlkri-terien und Kritik. Teil 1.* Hamburg: H. Buske, 1976, S. 124-212. (= Hamburger Beiträge für Russischlehrer, Bd. 12) [Vgl. M. Weiss, # 76.391].

76.117 GOLDSCHMIDT, Georges A.: Th. M. contre le nazisme. In: *La Quinzaine lit-téraire*, Nr. 239 (1.-15. September 1976), S. 5-6. [Rez. von J. Brenner, # 76.40. - *Die Forderung des Tages*].

76.118 GOLIK, Iwan: Th. M., Merežkovskij und die russische Literatur. In: # 76.402, S. 339-343.

76.119 GOTTGETREU, Erich: Mit einem Bierseidelwurf für Richard Wagner. Eine Er-gänzung zu Mendelssohns Th.-M.-Buch. In: *Berner Tagblatt* (8. August 1976).

76.120 GOTTGETREU, Erich: Um einige Punkte ergänzte Memoiren. Zum Tee bei Frau Katia Mann in Kilchberg. In: *Berner Tagblatt* (4./5. Dezember 1976).

76.121 GOTTGETREU, Erich: Als Katia Manns Vater in Bayreuth für Wagner wütete. Ludwig Pietsch und der 'Schoppenhauer'... In: *Israel Nachrichten* (30. Juli 1976).

76.122 GOTTGETREU, Erich: Th. M. und die Russen in Hebron. In: *MB*, Nr. 15/16 (14. April 1976), S. 12.

76.123 GREVE, Ludwig, Margot Pehle, und Heidi Wertkoff, Hrsg.: Th. M. In: *Hätte ich das Kino! Die Schriftsteller und der Stummfilm*. Stuttgart: E. Klett, 1976, S. 206-215. (= Sonderausstellungen des Schiller-Nationalmuseums, Katalog-Nr. 27).

76.124 GRIESER, Dietmar: Am Tatort der Literatur (2): Th. M. Von allem TBC-Ruch befreit. Waldsanatorium Berghof der *Zauberberg*. In: *Börsenblatt für den Deutschen Buchhandel. Frankfurter Ausgabe*, Jg. 32, Nr. 11 (6. Februar 1976), S. 181-187.

76.125 GRIESER, Dietmar: Der desinfizierte Zauberberg. Th. M. und Davos: Stationen einer Annäherung. In: D. G., *Schauplätze der Weltliteratur. 20 Reisen an den Ort der Handlung*. München, u. a.: Langen Müller, 1976, S. 13-28. [Kurzfassung in: *Die Presse* (3./4. Januar 1976), Zeichen der Zeit, S. 25. - Vgl. # 79.75].

76.126 GRIMM, Reinhold: Im Dickicht der inneren Emigration. In: H. Denkler/K. Prümm, # 76.71, S. 406-426. [Th. M.: S. 407-410, u. a.].

76.127 GRIMM, Reinhold: Rez. von H. Wysling, # 73.318. In: *Literature, Music, Fine Arts*, Jg. 9, Nr. 1 (1976), S. 55-56. [*Felix Krull*].

76.128 GROENEWOLD, Eberhard: Th. M. - in Lübeck gefeiert. In: *Arbeitskreis Heinrich Mann: Mitteilungsblatt*, Nr. 7 (Februar 1976), S. 2-4.

76.129 GRUNEWALD, Michel: Rez. von T. Hollweck, # 75.380. In: *EG*, Jg. 31 (1976), S. 347-348.

76.130 GRUNEWALD, Michel: Rez. von Klaus Mann, # 75.557. In: *EG*, Jg. 31 (1976), S. 349-350.

76.131 GRUNEWALD, Michel: Rez. von J. Northcote-Bade, # 75.641. In: *EG*, Jg. 31 (1976), S. 471-472. [Th. M's Frühwerk - R. Wagner].

76.132 GRUNEWALD, Michel: Rez. von F. W. Young, # 75.956. In: *EG*, Jg. 31 (1976), S. 348-349.

76.133 GUENTHER, Joachim: Rez. von M. Gregor-Dellin, # 75.294. In: *NDH*, Jg. 23 (1976), S. 166-170.

76.134 GUREWITSCH, M. Anatole: Counterpoint in Th. M's *Felix Krull*. In: *MFS*, Jg. 22 (1976), S. 525-541.

76.135 GUSTAFSSON, Barbro: Mot en ny värld. In: *Svensk Litteraturtidskrift*, Jg. 39, Nr. 3 (1976), S. 7-9. [K. M. Boye - Th. M.].

76.136 HAEDECKE, Gert: Er hätte nie alt werden können. In: *Die Welt*, Nr. 32 (7./8. Februar 1976), Welt des Buches, S. I. [Rez. von M. Gregor-Dellin, # 75.293, # 75.294].

76.137 HAGE, Volker: Vom Einsatz und Rückzug des fiktiven Ich-Erzählers. *Doktor Faustus* - ein moderner Roman? In: H. L. Arnold, # 76.12, S. 88-98. [Vgl. # 82.99].

76.138 HAIDUK, Manfred: Rez. von P. E. Hübinger, # 74.80. In: *DLZ*, Jg. 97, Nr. 6 (Juni 1976), Sp. 548-550. [Th. M. - Univ. Bonn].

76.139 HAMBURGER, Käte: Der Epiker Th. M. (1958). In: K. H., *Kleine Schriften*. Stuttgart: Akademischer Verlag, 1976, S. 231-238. (= Stuttgarter Arbeiten zur Germanistik, Nr. 25) [Vgl. E in # 58.49. - Rez.: L. Leibrich, # 78.181].

76.140 HAMBURGER, Käte: Anachronistische Symbolik: Fragen an Th. M's *Faustus*-Roman (1969). In: # 76.139, S. 239-263. [Vgl. # 69.101].

76.141 HANSEN, Claus, und Sten Rasmussen, Hrsg.: *Th. M.* Kopenhagen: Skoleradioen, 1976, 63 S.

76.142 HANSEN, Mathias: Th. M. und Arnold Schönberg - schöpferische Beziehungen zwischen Dichtung und Musik. In: *Forum: Musik in der DDR. Arnold Schönberg - 1874 bis 1951. Zum 25. Todestag des Komponisten*. Berlin: Akademie der Künste der Deutschen Demokratischen Republik, 1976, S. 88-103. (= Schriftenreihe des Präsidiums der Künste der Deutschen Demokratischen Republik, Sektion Musik, Arbeitsheft 24).

76.143 HARWEG, Roland: Präsuppositionen und Rekonstruktion. Zur Erzählsituation in Th. M's *Tristan* aus textlinguistischer Sicht. In: Michael Schecker, und Peter Wunderli, Hrsg.: *Textgrammatik. Beiträge zum Problem der Textualität*. Tübingen: M. Niemeyer, 1976, S. 166-185.

76.144 HAUBRICHS, Wolfgang: Einleitung: Für ein Zwei-Phasen-Modell der Erzählanalyse. Ausdrucksform und Inhaltsform in mittelalterlichen und modernen Bearbeitungen der Gregoriuslegende. In: W. H., *Erzählforschung 1. Theorien, Modelle und Methoden der Narrativik. Mit einer Auswahlbibliographie zur Erzählforschung.* Göttingen: Vandenhoeck & Ruprecht, 1976, S. 7-28. (= *Zeitschrift für Literaturwissenschaft und Linguistik*, Beiheft, 4) [*Der Erwählte* - Hartmann von Aue - *Gesta Romanorum*].

76.145 HEFTRICH, Eckhard: Th. M's Joseph als Anti-Siegfried. In: Leonard Forster, und Hans-Gert Roloff, Hrsg.: *Akten des V. Internationalen Germanisten-Kongresses, Cambrigde 1975, Heft 3*. Bern, u. a.: H. und P. Lang, 1976, S. 341-347. (= *Jahrbuch für Internationale Germanistik*, Reihe A, Bd. 2).

76.146 HEIMANN, Bodo: Die Konvergenz der Einzelgänger. Literatur als Integration des problematischen Individuums in der Volksgemeinschaft: Hermann Stehr - Emil Strauß - Erwin Guido Kolbenheyer. In: H. Denkler/K. Prümm, # 76.71, S. 118-137. [Über Th. M.: S. 120-121, 135].

76.147 HEINE, Gert: Th. M. - Quellenforschung. In: # 76.402, S. 395-401.

76.148 HEINER, Stefan: *Politische Aspekte im Werk Th. M's 1895 bis 1918.* Dissertation, Berlin: Freie Universität, 1976, 289 S.

76.149 HELBLING, Hanno: 'Dem Leben Schmerzlichkeit und Phantastik und Tiefe geben'. Klaus Mann im Spiegel seiner Briefe. In: *NZZ*, Jg. 197, Nr. 54 (5. März 1976), Feuilleton, S. 37. [Rez. von M. Gregor-Dellin, # 75.293, # 75.294].

76.150 HELLER, Erich: Th. M. in Venice. In: E. H., *The Poet's Self and the Poem. Essays on Goethe, Nietzsche, Rilke and Th. M.* London: The Athlone Press, 1976, S. 73-91, 95-96.

76.151 HENSEL, Georg: *Buddenbrook*-Tableaus: Hans Hollmanns Basler Inszenierung nach Th. M's Roman. In: *FAZ*, Jg. 28, Nr. 281 (13. Dezember 1976), S. 19.

76.152 HERING, Gerhard F.: Domum Exulibus. In: Gottfried und Brigitte Bermann Fischer, Hrsg.: *S. Fischer Almanach: Das neunzigste Jahr 1886-1976. Ein Rechenschaftsbericht in Bildern.* Frankfurt a. M.: S. Fischer, 1976, S. 49-53.

76.153 HERMSDORF, Klaus: Vorbemerkung. In: P. und U. Fix/K. H., # 76.96, S. 5-7.

76.154 HERMSDORF, Klaus: *Joseph und seine Brüder.* In: P. und U. Fix/K. H., # 76.96, S. 172-225. [Vgl. # 74.71b].

76.155 HERMSDORF, Klaus: *Doktor Faustus. Das Leben des deutschen Tonsetzers Adrian Leverkühn, erzählt von einem Freunde.* In: P. und U. Fix/K. H., # 76.96, S. 284-360. [Vgl. # 75.353].

76.156 HERMSDORF, Klaus: *Bekenntnisse des Hochstaplers Felix Krull. Der Memoiren erster Teil.* In: P. und U. Fix/K. H., # 76.96, S. 396-430. [Vgl. # 75.354].

76.157 HERRMANN, Eva: Postmortem Nachwort von Th. M. In: E. H., *Von Drüben. Botschaften, Informationen, praktische Ratschläge.* Remagen: Der Leuchter, O. Reichl, 1976, S. 179-192.

76.158 HERTER, Hans: Hermes: Ursprung und Wesen eines griechischen Gottes. In: *Rheinisches Museum für Philologie*, N. F., Bd. 119, Nr. 3 (1976), S. 193-241. [Über Th. M.: S. 196].

76.159 HERZ, Ida: Th. M.: A Hundredth Birthday Remembrance, 1875-1975. In: *PEGS*, N. S., Jg. 46 (1976), S. 65-70.

76.160 HILL, Claude: Th. M. Symposium. In Commemoration of the Centennial of his Birth, Rutgers University, April 10-12, 1975. In: *GQ*, Jg. 49, Nr. 4 (November 1976), S. 485-487.

76.161 HILSCHER, Eberhard: *Th. M. Leben und Werk*. Berlin: Volk und Wissen, 1976, 287 S. (= Schriftsteller der Gegenwart, Bd. 15) [Unveränd. Aufl. von 1969. - Vgl. # 78.117, # 89.98].

76.162 HILSCHER, Eberhard: Th. M's Beziehungen zur Philosophie und Naturwissenschaft. In: *NDH*, Jg. 23, Heft 1, Nr. 149 (März 1976), S. 40-58.

76.163 HILSCHER, Eberhard: 'Der große Traum'. In: Hans J. Schrimpf, Hrsg.: *Gerhart Hauptmann*. Darmstadt: Wissenschaftliche Buchgesellschaft, 1976, S. 447-461. [Über Th. M.: S. 449, 454].

76.164 HOCHE, Karl: Wo Mann nicht Mann ist. Th. M. über Katia Manns *Meine ungeschriebenen Memoiren*. In: *SZ*, Jg. 32, Nr. 193 (21./22. August 1976), S. 80. [Rez. von K. M., # 74.118].

76.165 HÖROLDT, Dietrich: Rez. von P. E. Hübinger, # 74.80. In: *Annalen des Historischen Vereins für den Niederrhein*, Nr. 178 (1976), S. 254-261.

76.166 HOFMANN, Fritz: *Buddenbrooks. Verfall einer Familie*. In: P. und U. Fix/K. Hermsdorf, # 76.96, S. 9-59. [Vgl. # 74.76a - # 75.373].

76.167 HOFMANN, Fritz: *Der Zauberberg*. In: P. und U. Fix/K. Hermsdorf, # 76.96, S. 108-171. [Vgl. # 74.76b].

76.168 HOLLWECK, Thomas: Durchbruch zur Welt: Th. M. In: Klaus Vondung, Hrsg.: *Das wilhelminische Bildungsbürgertum. Zur Sozialgeschichte seiner Ideen*. Göttingen: Vandenhoeck & Ruprecht, 1976, S. 106-118, 190-191. (= Kleine Vandenhoeck-Reihe, 1420).

76.169 HOLTHUSEN, Hans E.: Th. M. und die Nachwelt. In: H. E. H., *Kreiselkompaß. Kritische Versuche zur Literatur der Epoche*. München, u. a.: R. Piper, 1976, S. 161-191, 234. [Vgl. # 83.163 - vgl. auch auf engl.: Th. M. and Posterity. In: *Soundings*, Jg. 8, Nr. 1 (Juni 1976), S. 36-47 - vgl. D. E. Fitch, # 76.94. - Engl. Übs. von L. Fajardo].

76.170 HONSZA, Norbert: Th. M. und Polen. In: # 76.402, S. 403-407.

76.171 HONSZA, Norbert: Th. M.: Einige Überlegungen zu Quellenstudien und Rezeption. In: D. Papenfuß/J. Söring, # 76.286, S. 197-203.

76.172 HÜBINGER, Paul E.: Gegendarstellung. In: *Arcadia*, Jg. 11, Nr. 1 (1976), S. 108-112. [Vgl. P. E. H., # 74.80 - K. Sontheimer, # 75.828a. - Rez.: J. W. Brügel, # 77.45].

76.173 HUIZI, María E.: De la ironía y la parodía a lo descarnado en el *Lamento del Doktor Faustus*. In: *Escritura*, Jg. 2 (1976), S. 255-260.

76.174 IPSER, Karl: 'Viel Tag für Dichter' in der Civitas metaphysica. In: K. I., *Venedig und die Deutschen. Deutsche, Österreicher, Schweizer am Rialto*. München: Markus, 1976, S. 81-97. [Besuche Th. M's und anderer Schriftsteller in Venedig. - *Der Tod in Venedig*].

76.175 JACOBI, Hansres: 'Ein gleichgültiges Kaufmannsdrama'. *Buddenbrooks*-Uraufführung unter Hans Hollmann in Basel. In: *NZZ*, Jg. 197, Nr. 292 (13. Dezember 1976), Feuilleton, S. 15.

76.176 JÄGER, Manfred: Th. M's Werk in der DDR. In: H. L. Arnold, # 76.12, S. 146-160. [Vgl. # 82.121].

76.177 JENS, Walter: Der letzte Bürger: Th. M. In: W. J., *Republikanische Reden*. München: Kindler, 1976, S. 113-129. [Rez.: H. E. Holthusen, # 77.131].

76.178 JENS, Walter: Echo und Spiegel zugleich: Th. M.: Briefe an Otto Grautoff und Ida Boy-Ed. In: *Die Zeit*, Jg. 31, Nr. 13 (19. März 1976), S. 38. [Rez. von P. d. Mendelssohn, # 75.597].

76.179 JESI, Furio: Prolusione. Bilinguismo di Rilke. In: *Centro Studi 'Rainer Maria Rilke et il suo tempo'*, Nr. 4 (6.-7. Oktober 1976), S. 13-25. [Über Th. M.: S. 15].

76.180 JESI, Furio: Th. M. pedagogo e astrologo. In: *Comunità*, Nr. 178 (1976), S. 242-274.

76.181 JODEIT, Klaus: Von Simon Bolivar zu Th. M. Lebensbilder aus dem 19. Jahrhundert. In: *Lübecker Nachrichten*, Jg. 31, Nr. 255 (7. November 1976), S. 45.

76.182 JOHNSON, E. Bond: Self-Conscious Use of Narrative Point of View. Controlling Intelligence and Narrating Consciousness in *The Good Soldier* and *Doktor Faustus*. In: Joseph P. Strelka, Hrsg.: *Literary Criticism and Psychology*. University Park, PA, u. a.: Pennsylvania State University Press, 1976, S. 137-149. (= *Yearbook of Comparative Criticism*, 7) [F. M. Ford].

76.183 JONAS, Ilsedore B.: Klaus Mann zum Gedächtnis. In: *Aus dem Antiquariat*, Nr. 11 (30. November 1976), S. A361-A370. (= Beilage zum *Börsenblatt für den Deutschen Buchhandel. Frankfurter Ausgabe*, Jg. 32, Nr. 96).

76.184 JONAS, Ilsedore B.: Rez. von W. A. Berendsohn, # 73.28. In: *Monatshefte*, Jg. 68, Nr. 2 (1976), S. 235-237.

76.185 JONAS, Klaus W.: Die Schriftstellerin Mechtilde Lichnowsky: Aus den Erinnerungen eines Sammlers und Bibliographen. In: *Aus dem Antiquariat*, Nr. 3 (30. März 1976), S. A72-A83. (= Beilage zum *Börsenblatt für den Deutschen Buchhandel. Frankfurter Ausgabe*, Jg. 32, Nr. 26).

76.186 JONAS, Klaus W.: Mein Weg zu Th. M.: Aus den Erinnerungen eines Sammlers und Bibliographen. In: *Lübeckische Blätter*, Jg. 136, Nr. 10 (22. Mai 1976), S. 120-121. [Fortsetzung in: Nr. 13 (26. Juni 1976), S. 154-158 - Nr. 14/15 (4. September 1976), S. 168-170. - Vgl. E in # 75.419].

76.187 JONAS, Klaus W.: Hermann Hesse und Th. M. In: Volker Michels, Hrsg.: *Über Hermann Hesse. Erster Band: 1904-1962*. Frankfurt a. M.: Suhrkamp, 1976, S. 450-451. [Auszug aus # 53.59].

76.188 JONAS, Klaus W.: Über dreihundert Briefe Th. M's. In: *Rhein-Neckar-Zeitung*, Nr. 49 (28./29. Februar 1976). [Vgl. E in # 75.427. - Th. M. und A. E. Meyer].

76.189 JONAS, Klaus W.: Gerhart Hauptmann in Amerika und England. In: Hans J. Schrimpf, Hrsg.: *Gerhart Hauptmann*. Darmstadt: Wissenschaftliche Buchgesellschaft, 1976, S. 424-446. (= Wege der Forschung, Bd. 207).

76.190 KAHN, Lothar: Lion Feuchtwanger. In: J. M. Spalek/J. Strelka, # 76.352, S. 331-351.

76.191 KAKABADSE, Nodar: Th. M. und Dostoevskij. In: # 76.402, S. 325-331.

76.192 KARALASCHWILI, Reso: Marginalien zu einer kritischen Bemerkung Hermann Hesses über die Romantechnik des jungen Th. M. In: # 76.402, S. 375-378.

76.193 KARSUNKE, Yaak: '...von der albernen Sucht, besonders zu sein'. Th. M's *Der Tod in Venedig* - wiedergelesen. In: H. L. Arnold, # 76.12, S. 61-69. [Vgl. # 82.130].

76.194 KARTHAUS, Ulrich: Rez. von: E. Heftrich, # 75.337 - G. E. Hoffmann, # 74.75 - H. Koopmann, # 75.459 - P. d. Mendelssohn, # 75.599 - M. Zeller, # 74.217. In: *ZDP*, Jg. 95, Nr. 4 (1976), S. 597-606.

76.195 KAUFMANN, Fritz: Th. M.: The Degradation and Rehabilitation of Time. In: C. A. Patrides, Hrsg.: *Aspects of Time*. Manchester: Manchester University Press; Toronto: Toronto University Press, 1976, S. 172-178.

76.196 KELLEY, Alice van Buren: Von Aschenbach's 'Phaedrus': Platonic Allusion in *Der Tod in Venedig*. In: *JEGP*, Jg. 75 (1976), S. 228-240.

76.197 KESTING, Hanjo: Krankheit zum Tode. Musik und Ideologie. In: H. L. Arnold, # 76.12, S. 27-44. [Vgl. # 82.137].

76.198 KESTING, Hanjo, und Alfred Paffenholz, Hrsg.: Deutsche Schriftsteller über Th. M. In: H. L. Arnold, # 76.12, S. 161-203. [Vgl. # 82.139].

76.199 KIESER, Harro: Th. M. Sein Werk im Exil und im letzten Lebensjahrzehnt (1933-1955). Eine Ausstellung in der Deutschen Bibliothek, Frankfurt a. M. In: *Arbeitskreis Heinrich Mann: Mitteilungsblatt*, Nr. 7 (1976), S. 9-10.

76.200 KIESER, Harro: Rez. von P. E. Hübinger, # 74.80. In: *Arbeitskreis Heinrich Mann: Mitteilungsblatt*, Nr. 7 (1976), S. 40-42.

76.201 KINDT, Walther: Überlegungen zu Oskar Seidlin: 'Stiluntersuchung an einem Th. M.-Satz'. In: Walter Kraft, und Siegfried J. Schmidt, Hrsg.: *Interpretationsanalysen. Argumentationsstrukturen in literaturwissenschaftlichen Interpretationen*. München: W. Fink, 1976, S. 56-92. [Vgl. E in # 47.212 - vgl. O. Seidlin, # 69.300].

76.202 KING, John S.: Space in Th. M's *Buddenbrooks*, *Der Zauberberg* and *Doktor Faustus*. In: *DAI*, Jg. 38 (1976), S. 296A.

76.203 KLUSSMANN, Paul G.: Th. M's *Doktor Faustus* als Zeitroman. In: Rudolf Kaschnitzke, und Ernst-Albrecht Plieg, Hrsg.: *Vortragsreihe: RUB - Winter 1975/76*. Bochum: Berg, 1976, S. 47-65. [Vgl. # 78.150 - # 83.200].

76.204 KOCH, Hans A., unter Mitarb. von Uta Koch: Th. M. In: *Bibliographie der deutschen Sprach- und Literaturwissenschaft, Bd. 16*. Frankfurt a. M.: V. Klostermann, 1976, S. 312-319.

76.205 KOELB, Clayton: Th. M's 'Coat of Many Colors'. In: *GQ*, Jg. 49, Nr. 4 (November 1976), S. 472-484. [*Joseph und seine Brüder*].

76.206 KOELB, Clayton, und Reena Spicehandler: The Influence of Flaubert's *Salammbô* on Mann's *Joseph und seine Brüder*. In: *Comparative Literature Studies*, Jg. 13, Nr. 4 (1976), S. 315-322.

76.207 KOEPKE, Wulf: Die Exilschriftsteller und der amerikanische Buchmarkt. In: J. M. Spalek/J. Strelka, # 76.352, S. 89-116.

76.208 KOOPMANN, Helmut: Gegen- und nichtnaturalistische Tendenzen in der deutschen Literatur zwischen 1890 und 1900. In: Helmut Kreuzer, Hrsg.: *Jahrhundertende - Jahrhundertwende*. Wiesbaden: Athenaion, 1976, S. 199-224. (= Neues Handbuch der Literaturwissenschaft, Bd. 18).

76.209 KOOPMANN, Helmut: Rez. von J. Zimmermann, # 75.967. In: *Germanistik*, Jg. 17, Nr. 1 (April 1976), S. 338-339.

76.210 KROTKOFF, Hertha: Ein Artikel von A. S. In: *Modern Austrian Literature*, Jg. 9, Nr. 2 (1976), S. 55-59. [Dazu auf S. 60-62: Auszug aus einem Artikel über *Von Deutscher Republik* aus der *Münchener Zeitung* (16. Oktober 1922), bisher irrtümlicherweise A. Schnitzler zugesprochen].

76.211 KUNA, Franz: The Janus-Faced Novel: Conrad, Musil, Kafka, Mann. In: F. K., *Modernism*. Harmondsworth: Penguin, 1976, S. 443-452.

76.212 KUNNE-IBSCH, Elrud: Erzählformen des Relativierens im Modernismus, dargestellt an Th. M's *Joseph und seine Brüder* und Robert Musils *Der Mann ohne Eigenschaften*. In: Alexander von Bormann, in Verbindung mit Karl R. Mandelkow und Anthonius H. Touber, Hrsg.: *Wissen aus Erfahrungen. Werkbegriff und Interpretation heute. Festschrift für Herman Meyer zum 65. Geburtstag*. Tübingen: M. Niemeyer, 1976, S. 760-779.

76.213 KURZKE, Hermann: Auswahlbibliographie zu Th. M. In: H. L. Arnold, # 76.12, S. 204-224. [Vgl. # 82.153].

76.214 KURZKE, Hermann: Rez. von H. Mörchen, # 73.203. In: *Literatur in Wissenschaft und Unterricht*, Jg. 9 (1976), S. 145-147.

76.215 LACKNER, Stephan: Der entschwundene Goi. In: *SZ*, Jg. 32, Nr. 258 (6./7. November 1976), SZ am Wochende, S. 92.

76.216 LANDAU, Edwin M.: Paul Claudel in Zürich. In: *Turicum*, Jg. 7, Nr. 2 (Juni/August 1976), S. 33-35.

76.217 LANGE, Victor: *Th. M.: Tradition and Experiment*. Davis: University of California Library, 1976, 20 S. (= Library Chapbook Series, Nr. 6) [Vgl. deutschen Text in # 77.172].

76.218 LAXNESS, Halldór: Über Th. M. und die deutsche Sprache. In: H. L., *Zeit zu schreiben. Biographische Aufzeichnungen*. München: Nymphenburger Verlagshandlung, 1976, S. 58-62.

76.219 LAXNESS, Halldór: London-Paris-Rom-Expreß. In: # 76.218, S. 225-234. [*Der Zauberberg*].

76.220 LEHNERT, Herbert: The Burgher in Exile. In: *Soundings*, Jg. 8, Nr. 1 (1976), S. 48-61. [Vgl. D. E. Fitch, # 76.94]

76.221 LEHNERT, Herbert: Bert Brecht und Th. M. im Streit über Deutschland. In: J. M. Spalek/J. Strelka, # 76.352, S. 62-88. [Vgl. # 85.161].

76.222 LEIBRICH, Louis: Rez. von: V. Hansen, # 75.324 - E. Loewy, # 74.114 - P. d. Mendelssohn, # 75.599. In: *EG*, Jg. 31, Nr. 1 (Januar-März 1976), S. 90-93.

76.223 LEIBRICH, Louis: Rez. von H. Koopmann, # 75.459 - P. d. Mendelssohn, # 75.597. In: *EG*, Jg. 31 (1976), S. 219-220.

76.224 LEIBRICH, Louis: Rez. von R. Wiecker, # 75.910. In: *EG*, Jg. 31 (1976), S. 471.

76.225 LEWIS, Ward B.: Message from America. The Verse of Walt Whitman as Interpreted by German Authors in Exile. In: *GLL*, N. S., Jg. 29, Nr. 2 (Januar 1976), S. 215-227. [Klaus Mann - Th. M.].

76.226 LINDSAY, Jack M.: The Concept of Time in Th. M's *The Magic Mountain*. In: J. L., *Decay and Renewal. Critical Essays on Twentieth Century Writing*. Sydney: Wild & Woolley; London: Lawrence Wishart, 1976, S. 70-88. [*Der Zauberberg*].

76.227 LITTLE, D. G.: Rez. von C. Grawe, # 74.55a. In: *MLR*, Bd. 71 (1976), S. 472-473.

76.228 LOOSER, Günther: Th.-M.-Feiern in Kalifornien. In: *Aufbau*, Jg. 42, Nr. 1 (2. Januar 1976), S. 22.

76.229 LUBLINSKI, Samuel: Th. M. In Gotthart Wunberg's Ausg. von S. L., *Der Ausgang der Moderne. Ein Buch der Opposition [1909]*. Tübingen: M. Niemeyer, 1976, S. 183 u. a. (= Ausgewählte Schriften, 2; Deutsche Texte, 41) [Mit einer Bibliographie von J. J. Braakenburg].

76.230 LUDWIG, Martin H.: Perspektive und Weltbild in Th. M's *Buddenbrooks*. In: Manfred Brauneck, Hrsg.: *Der deutsche Roman im 20. Jahrhundert. Bd. 1: Analysen und Materialien zur Theorie und Soziologie des Romans*. Bamberg: C. C. Buchners, 1976, S. 82-106. [Vgl. # 78.186].

76.231 LUFT, Hermann: *Der Konflikt zwischen Geist und Sinnlichkeit in Th. M's Tod in Venedig*. Bern, u. a.: H. und P. Lang, 1976, 106 S. (= Europäische Hochschulschriften, Reihe 1: Deutsche Literatur und Germanistik, Bd. 144) [Rez.: C. Fell, # 78.68 - E. L. Marson, # 79.151].

76.232 MAAS, Lieselotte: Th. M. In Eberhard Lämmert's Ausg. von L. M., *Handbuch der deutschen Exilpresse 1933-1945, Bd. 1.* München, u. a.: C. Hanser, 1976. (= Sonderveröffentlichungen der Deutschen Bibliothek, Nr. 2).

76.233 MADL, Antal: Der 'Europäer unter Weißen'. Ungarns Beitrag zu Th. M's militantem Humanismus. In: *Acta Litteraria,* Jg. 18, Nr. 1/2 (1976), S. 101-122. [Über Th. M's Ansprache anläßlich der Budapester Tagung des 'Comité international pour la coopération intellectuelle' vom 8.-10. Juni 1936].

76.234 MADL, Antal: Die gefährdete Demokratie und ihr Dichter. Th. M. zwischen dem *Zauberberg* und dem Joseph-Roman. In: *Arbeiten zur Deutschen Philologie,* Bd. 10 (1976), S. 69-80.

76.235 MALACHOV, Valentin: Einige Bemerkungen zu Th. M's Roman *Bekenntnisse des Hochstaplers Felix Krull.* In: # 76.402, S. 97-107.

76.236 MALSCH, Wilfried: Vom Vorbild zum Schreckbild. Politische USA-Vorstellungen deutscher Schriftsteller von Th. M. bis zu Reinhard Lettau. In: Wolfgang Paulsen, Hrsg.: *Die USA und Deutschland. Wechselseitige Spiegelungen in der Literatur der Gegenwart. Zum zweihundertjährigen Bestehen der Vereinigten Staaten am 4. Juli 1976.* Bern, u. a.: A. Francke, 1976, S. 29-51. (= Achtes Amherster Kolloquium zur modernen deutschen Literatur).

76.237 MANN, Katia: Th. M. In Elisabeth Plessen's, und Michael Mann's Ausg. von K. M., *Meine ungeschriebenen Memoiren.* Frankfurt a. M.: S. Fischer, 1976, 174 S. (= Fischer Taschenbuch, 1750) [Vgl. E in # 74.118 - vgl. # 87.186. - Als Lizenzausgabe erschienen: Frankfurt: Büchergilde, 1976; Darmstadt: Deutsche Buch-Gemeinschaft, 1976; Stuttgart: Deutscher Bücherbund, 1976. - Rez.: B. Matamoro, # 76.247].

76.238 MANN, Michael: Th. M. und Österreich. In: *Austriaca,* Jg. 2 (1976), S. 376-379.

76.239 MANN, Michael: Th. M.: Wahrheit und Dichtung. In: *DVJS,* Jg. 50, Nr. 1/2 (April 1976), S. 203-212.

76.240 MANN, Michael: 'Rechenschaft, Rekapitulation, Bewußthaltung'. Über Th. M's Tagebücher. In: *NZZ,* Jg. 197, Nr. 181 (6. August 1976), Literatur und Kunst, S. 21. [Fernausg. - Auch: *NZZ,* Jg. 197, Nr. 183 (7./8. August 1976), S. 37].

76.241 MANN, Monika: My Father: Th. M. In: *Soundings,* Jg. 8, Nr. 1 (1976), S. 21-27. [Engl. Übs. von # 73.181 durch A. Brann. - Vgl. D. E. Fitch, # 76.94].

76.242 MANN, Viktor: *Wir waren fünf. Bildnis der Familie Mann.* Frankfurt a. M.: S. Fischer, 1976, 430 S. (= Fischer Taschenbuch, 1678) [Vgl. E in # 49.190].

76.243 MANN BORGESE, Elisabeth: Kommentar zu E. M. B., *Law of the Sea and the New World Economic Order*. In: *Center Report*, Bd. 9, Nr. 2 (April 1976), S. 6-9.

76.244 MANN BORGESE, Elisabeth: The Oceans and World Order. In: *Soundings*, Jg. 8, Nr. 1 (1976), S. 5-19. [Über Th. M.: S. 5-6. - Vgl. D. E. Fitch, # 76.94].

76.245 MARCUS-TAR, Judit: *Th. M. und Georg Lukács.* Dissertation, University of Kansas, 1976, 318 S. [Vgl. # 82.170 - # 87.187].

76.246 MARGOLIN, Jean-Claude: Rez. von L. Leibrich, # 74.111. In: *Revue de Synthèse*, Jg. 97, Nr. 81-82 (1976), S. 341-342.

76.247 MATAMORO, Blas: Las recientes 'Memorias' de la viuda de Th. M. In: *La Opinion Culturel* (29. Februar 1976), S. 1-4. [Rez. von Katia Mann, # 76.237].

76.248 MATTER, Harry: Die Erzählungen. In: P. und U. Fix/K. Hermsdorf, # 76.96, S. 431-534. [Vgl. E in # 75.577].

76.249 MAYER, Hans: Felix Krull und Oskar Matzerath. Aspekte des Romans. In: Heinz L. Arnold, und Theo Buck, Hrsg.: *Positionen des Erzählens: Analysen und Theorien zur Literatur der Bundesrepublik.* München: C. H. Beck, 1976, S. 49-67. (= Beck'sche Schwarze Reihe, Bd. 140) [Vgl. E in # 69.227].

76.250 MAYER, Hans: Bosheiten von literarischem Rang. Interpretation einer Feindschaft - Th. M. und Bertolt Brecht. In: *FAZ*, Jg. 28, Nr. 14 (17. Januar 1976), Bilder und Zeiten, S. 2.

76.251 MAYER, Hans: Alternative Th. M. In: H. M., *Richard Wagner in Bayreuth, 1876-1976.* Stuttgart, u. a.: Belser, 1976, S. 165-168.

76.252 MAYER, Hans: War er kein Lyriker? In: Marcel Reich-Ranicki, Hrsg.: *Frankfurter Anthologie. Gedichte und Interpretationen.* Frankfurt a. M.: Insel, 1976, S. 80-82. [Vgl. E in # 75.583. - Zu Th. M's Gedicht *Monolog*, S. 79].

76.253 MAYER, Hans: Th. M. und der biblische Joseph. In: Hans J. Schultz, Hrsg.: *Sie werden lachen - die Bibel: Überraschungen mit dem Buch.* Stuttgart, u. a.: Kreuz, 2. Aufl., 1976, S. 191-201.

76.254 McCORD, Barbara S.: *Th. M's Fiorenza: The Novelist as Playwright.* Dissertation, University of Texas at Austin, 1976, 149 S. [Resümee in: *DAI*, Jg. 37, Nr. 12 (1977), S. 7773A-7774A].

76.255 MEIER-SYDOW, J.: Wechselwirkungen zwischen Pneumologie und Innerer Medizin in der Praxis. In: *Therapiewoche*, Bd. 26 (1976), S. 8323-8324. [*Tristan*].

22 Bibliographie der Kritik

76.256 MENDELSSOHN, Peter de: Th. M. en su época. In: *Revista de Occidente*, Nr. 1 (1976), S. 27-31. [Zu: P. d. M., # 75.601].

76.257 MENDELSSOHN, Peter de: Vermessung eines Urwalds. Aus Archiven geholt: Dokumente des Kampfs gegen Th. M. In: *SZ*, Jg. 32 (3. Januar 1976). [Rez. von P. E. Hübinger, # 74.80].

76.258 MENDELSSOHN, Peter de: Die letzte Buddenbrook. Zum Tod einer alten Dame. In: *SZ*, Jg. 32, Nr. 37 (14./15. Februar 1976), S. 80. ['Lili Biermann, alias Elisabeth Weinschenk in *Buddenbrooks*, verstarb im Alter von 88 Jahren'.].

76.259 METZNER, Joachim: Th. M. In: J. M., *Persönlichkeitszerstörung und Weltuntergang: Das Verhältnis von Wahnbildung und literarischer Imagination.* Tübingen: M. Niemeyer, 1976, S. 156-157, 261-262. (= Studien zur deutschen Literatur, Bd. 50).

76.260 MICHELS, Volker: Th. M. In: V. M., *Hermann Hesse. Leben und Werk im Bild.* Frankfurt a. M.: Insel, 1976. (= Insel Taschenbuch, 36).

76.261 MIETH, Dietmar: *Epik und Ethik. Eine theologisch-ethische Interpretation der Josephromane Th. M's.* Tübingen: M. Niemeyer, 1976, X, 237 S. (= Studien zur deutschen Literatur, Bd. 47) [Zugl.: Habil., Univ. Tübingen. - Rez.: K. Hughes, # 78.125 - E. Keller, # 78.145 - G. P. Knapp, # 81.109 - C. Koelb, # 79.117 - H. Kurzke, # 78.169].

76.262 MILLER, Ronald D.: Th. M.: *Death in Venice.* In: R. D. M., *Beyond Anarchy. Studies in Modern Literature. 'Amor matris: Subjective and Objective Genitive' - James Joyce, Ulysses.* Harrogate: Duchy Press, 1976, S. 182-223. [Vgl. Nachdruck in # 83.256. - *Der Tod in Venedig.* - J. Joyce].

76.263 MIŁOSZ, Czeslaw: A Poet between East and West. In: *Modern Quarterly Review*, Jg. 16 (1976), S. 263-271.

76.264 MITTENZWEI, Werner: Th. M. In: W. M., *Brechts Verhältnis zur Literatur.* Berlin: Akademie Verlag, 1976, S. 46-49, u. a.

76.265 MITTENZWEI, Werner: Der Realismus-Streit um Brecht (I). Grundriß zu einer Brecht-Rezeption der DDR, 1945-1975. In: *Sinn und Form*, Jg. 28, Nr. 6 (1976), S. 1273-1313. [Über Th. M.: S. 1278-1280, u. a. - Vgl. W. M., Der Realismus-Streit um Brecht (II), # 77.225].

76.266 MÖRCHEN, Helmut: Gegenaufklärung und Unterwerfung. Tendenzen der Essayistik im Dritten Reich. In: H. Denkler/K. Prümm, # 76.71, S. 224-239. [Über Th. M.: S. 226, u. a.].

76.267 MOMMSEN, Katharina: Rez. von H. Birnbaum, # 76.28. In: *Michigan Germanic Studies*, Jg. 2, Nr. 2 (1976), S. 219-220.

76.268 MOORE, Erna M.: Exil in Hollywood: Leben und Haltung deutscher Exilautoren nach ihren autobiographischen Berichten. In: J. M. Spalek/J. Strelka, # 76.352, S. 21-39.

76.269 MORRIS, Walter D.: Th. M. and Teachers. In: *University of Dayton Review*, Jg. 12, Nr. 2 (1976), S. 57-64.

76.270 MOSES, Stéphane: Th. M. et Oskar Goldberg: Un exemple de 'montage' dans le *Doktor Faustus*. In: *EG*, Jg. 31, Nr. 1 (Januar-März 1976), S. 8-24. [Vgl. dt. Text in # 87.209].

76.271 MOTYLOWA, Tamara: Th. M. und Romain Rolland. In: # 76.402, S. 355-363.

76.272 MÜLLER, Horst F.: Dialog über die Grenzen hinweg. Zu Th. M's Aufsatz *Das Problem der deutsch-französischen Beziehungen*. In: # 76.402, S. 365-373.

76.273 MÜLLER, Joachim: *Th. M's Künstlertum und Humanitätswissen*. Berlin: Akademie Verlag, 1976, 27 S. (= Sitzungsberichte der Sächsischen Akademie der Wissenschaften zu Leipzig, Philologisch-historisch Klasse, Bd. 118, Nr. 3) [Rez.: A. Arndt, # 77.12].

76.274 MÜLLER, Joachim: Rez. von L. Voss, # 75.885 - M. Zeller, # 74.217. In: *DLZ*, Jg. 97, Nr. 2 (Februar 1976), Sp. 138-142. [*Doktor Faustus*].

76.275 MÜLLER, Joachim: Rez. von P. d. Mendelssohn, # 75.599. In: *DLZ*, Jg. 97, Nr. 5 (Mai 1976), Sp. 429-432.

76.276 MÜLLER, Joachim: Rez. von H. Wysling/Y. Schmidlin, # 75.947. In: *DLZ*, Jg. 97, Nr. 9 (September 1976), Sp. 826.

76.277 MURDAUGH, Elaine: *Salvation in the Secular. The Moral Law in Th. M's Joseph und seine Brüder*. Bern, u. a.: H. und P. Lang, 1976, 117 S. (= Stanford German Studies, Bd. 10) [Teildruck in # 86.213. - Rez.: K. Hughes, # 78.125].

76.278 MUSIL, Robert: Th. M. In Adolph Frisé's Ausg. von R. M., *Tagebücher*. Reinbek bei Hamburg: Rowohlt, 1976.

76.279 NICHOLLS, Roger A.: *Nietzsche in the Early Work of Th. M*. New York: Russell & Russell, 1976, 119 S. (= University of California Publications in Modern Philology) [Vgl. E in # 55.417].

76.280 NIEUWENBERGH, Jan van: Th. M., *Lotte in Weimar*. In: *Dietsche Warande*, Jg. 121, Nr. 1 (1976), S. 620-623.

76.281 OATES, Joyce C.: Art at the Edge of Impossibility: Mann's *Dr. Faustus*. In: J. C. O., *The Edge of Impossibility: Tragic Forms in Literature*. London: Gollancz, 1976, S. 189-221, 257-258. [*Doktor Faustus*].

76.282 OHLY, Friedrich: Th. M.: *Doktor Faustus* und *Der Erwählte*. In: F. O., *Der Verfluchte und der Erwählte. Vom Leben mit der Schuld*. Opladen: Westdeutscher Verlag, 1976, S. 123-135. (= Rheinisch-Westfälische Akademie der Wissenschaften, Geisteswissenschaften, Vorträge, G 207) [Rez.: A. Schneider, # 81.205 - H. Siefken, # 78.277].

76.283 OPLATKA, Andreas: Erträge aus dem 'Jahr des Mann'. Th. M. heute - Vorträge von Hans Wysling. In: *NZZ*, Jg. 197, Nr. 306 (30. Dezember 1976), Feuilleton, S. 21. [Rez. von H. W., # 76.408].

76.284 OSBORNE, John: Der dramatische Stil des Naturalismus. In: H. J. Schrimpf, Hrsg.: *Gerhart Hauptmann*. Darmstadt: Wissenschaftliche Buchgesellschaft, 1976, S. 484-505. [Über Th. M.: S. 497, 501].

76.285 PALENCIA-ROTH, Michael: Th. M's Non-Relationship to James Joyce. In: *MLN*, Jg. 91, Nr. 3 (April 1976), S. 575-582.

76.286 PAPENFUSS, Dietrich, und Jürgen Söring, Hrsg.: *Rezeption der deutschen Gegenwartsliteratur im Ausland. Internationale Forschungen zur neueren deutschen Literatur. Tagungsbeiträge eines Symposiums der Alexander von Humboldt-Stiftung, Bonn-Bad Godesberg, veranstaltet vom 21. bis 26. Oktober 1975 in Ludwigsburg*. Stuttgart, u. a.: W. Kohlhammer, 1976, XI, 448 S. (= Internationale Fachgespräche) [Mit Beiträgen von: G. C. Avery, # 76.14 - G. Aytac, # 76.15 - N. Honsza, # 76.171 - S. P. Scher, # 76.328 - E. Schiffer, # 76.329 - V. Žmegač, # 76.424].

76.287 PAUL, Konrad: *Lotte in Weimar*. In: P. und U. Fix/K. Hermsdorf, # 76.96, S. 226-283. [Vgl. E in # 75.659].

76.288 PESCHKEN, Bernd: Klassizistische und ästhetizistische Tendenzen in der Literatur der faschistischen Periode. In: H. Denkler/K. Prümm, # 76.71, S. 207-223. [Über Th. M.: S. 214].

76.289 PFAFF, Lucie: *The Devil in Th. M's Doktor Faustus and Paul Valéry's Mon Faust*. Bern, u. a.: H. und P. Lang, 1976, 142 S. (= Europäische Hochschulschriften, Reihe 1: Deutsche Literatur und Germanistik, Bd. 145).

76.290 PFANNER, Helmut F.: Rez. von J. M. Spalek/J. Strelka, # 76.352. In: *Monatshefte*, Jg. 68, Nr. 4 (1976), S. 437-440.

76.291 PFEIFER, Tadeus: *Buddenbrooks nach dem Roman von Th. M.* Basel: Basler Theater, 1976. [Programmheft Nr. 6 vom 10. Dezember 1976. Mit Beiträgen von O. Anthes: Die Stadt der *Buddenbrooks*, vgl. # 76.10 - T. Pfeifer, Notizen zum Theaterstück *Buddenbrooks* - Stammtafeln der Familien Mann und Buddenbrook].

76.292 PFISTER, Max: Davos und der *Zauberberg.* In: *Davoser Zeitung,* Jg. 96, Nr. 89 (14. April 1976).

76.293 PFISTER, Max: Die Davoser Landschaft im *Zauberberg.* In: *Davoser Zeitung,* Jg. 96, Nr. 94 (24. April 1976), S. 46.

76.294 PFISTER, Max: Welches war das *Zauberberg*-Sanatorium? In: *Davoser Zeitung,* Jg. 96, Nr. 97 (28. April 1976).

76.295 PISARKOWA, K.: Möglichkeiten und Erfordernisse der linguistischen Textanalyse. Ansatz zur Interpretation von drei Textfragmenten aus dem Werk von Th. M. (am Beispiel der polnischen Übersetzung). In: *Zeitschrift für Slawistik,* Jg. 20 (1976), S. 698-703.

76.296 PISCHEL, Joseph: Th. M. In: J. P., *Lion Feuchtwanger: Versuch über Leben und Werk.* Leipzig: P. Reclam, 1976. (= Universal-Bibliothek, Nr. 631).

76.297 PORENA, Boris: Musica e ideologia nel *Doctor Faustus* di Th. M. In: *Antologia Vieusseux,* Bd. 11, Nr. 1/2 (Januar/Juni 1976), S. 17-28.

76.298 POSER, Hans: Th. M.: *Doktor Faustus. Das Leben des deutschen Tonsetzers Adrian Leverkühn, erzählt von einem Freunde.* In: Rolf Geissler, Hrsg.: *Möglichkeiten des modernen deutschen Romans. Analysen und Interpretationsgrundlagen zu Romanen von Th. M., Alfred Döblin, Hermann Broch, Gerd Gaiser, Max Frisch, Alfred Andersch und Heinrich Böll.* Frankfurt a. M.: M. Diesterweg, 6. Aufl., 1976, S. 5-44. [Vgl. E in # 62.202].

76.299 PROBST, Gerhard F.: Bemerkungen zu H. T. Lowe-Porters englischer Übersetzung von Th. M's *Tonio Kröger.* In: *Germanic Notes,* Jg. 7 (1976), S. 51-53.

76.300 PROSKAUER, Paul F.: Th. M's *Wälsungenblut.* Die Geschichte einer Novelle. In: *Aufbau,* Jg. 42 (8. Oktober 1976). [New York].

76.301 PSAAR, Werner: Alonzo Gieshübler und der kleine Herr Friedemann. Versuch einer Grenzbestimmung. In: *Der Deutschunterricht,* Jg. 28, Nr. 5 (Oktober 1976), S. 35-57. [T. Fontane: *Effi Briest* - Th. M.: *Der kleine Herr Friedemann*].

76.302 PÜTZ, Peter: Th. M's Wirkung auf die deutsche Literatur der Gegenwart. In: H. L. Arnold, # 76.12, S. 135-145. [Vgl. # 77.248 - # 82.200].

76.303 RADDATZ, Fritz J.: Heinrich Mann. Opfer eines historischen Romans. Armer Heinrich: Joachim Seyppels Geschichtsklitterung. In: *Die Zeit*, Jg. 31, Nr. 15 (2. April 1976), Literatur. [Rez. von J. S., # 75.815].

76.304 RALEIGH, John H.: Rez. von T. Ziolkowski, # 76.422. In: *PMLA*, Jg. 91, Nr. 3 (1976), S. 462.

76.305 REED, Terence J.: *Th. M. The Uses of Tradition.* Oxford: Clarendon Press, 1976, IX, 433 S. [Vgl. # 74.154].

76.306 REED, Terence J.: Th. M.: Der Schriftsteller als Historiker seiner Zeit. In: Leonard Forster, und Hans-Gert Roloff, Hrsg.: *Akten des V. Internationalen Germanisten-Kongresses, Cambridge 1975, Heft 3.* Bern, u. a.: H. und P. Lang, 1976, S. 333-340. (= *Jahrbuch für Internationale Germanistik*, Reihe A, Bd. 2) [Vgl. auch auf engl. u. d. T.: Th. M.: Writer as Historian of his Time. In: *MLR*, Bd. 71, Nr. 1 (Januar 1976), S. 82-96].

76.307 REED, Terence J.: Rez. von M. Dierks, # 72.36 - H. Wysling, # 74.212a. In: *MLR*, Bd. 71 (1976), S. 229-230.

76.308 REICH-RANICKI, Marcel: Schwermut und Schminke. Zum Fall Klaus Mann aus Anlaß der zweibändigen Ausgabe seiner Briefe. In: *FAZ*, Jg. 28, Nr. 62 (13. März 1976), Bilder und Zeiten. [Vgl. stark erw. Fassung in # 87.248 - vgl. Auszug u. d. T.: Sohn des Vaters, # 78.245].

76.309 REICH-RANICKI, Marcel: Nichts erlebt und alles beschrieben. Th. M's Briefe an seinen Jugendfreund Otto Grautoff und an die Schriftstellerin Ida Boy-Ed. In: *FAZ*, Jg. 28, Nr. 91 (17. April 1976), Literatur. [Vgl. # 77.252 - # 82.206 - # 87.239].

76.310 REISS, Hans: Rez. von W. H. Bruford, # 75.145. In: *MLR*, Bd. 71 (1976), S. 965-966.

76.311 RENYI, Péter: Th. M. und Attila József. Zu einer bemerkenswerten Begegnung. In: # 76.402, S. 379-382.

76.312 REY, William H.: Von des Himmels Höhen... Gedanken zu Valentins Gebet in Th. M's *Der Zauberberg*. In: Gerald Gillespie, und Edgar Lohner, Hrsg.: *Herkommen und Erneuerung. Essays für Oskar Seidlin.* Tübingen: M. Niemeyer, 1976, S. 377-386.

76.313 RILEY, Anthony W.: 'Humour plus Morality': An Aspect of Th. M's *Felix Krull*. In: *The Humanities Association Review*, Jg. 27, Nr. 3 (1976), S. 239-266.

76.314 RILEY, Anthony W.: Rez. von H. Koopmann, # 75.459 - L. Voss, # 75.885. In: *Seminar*, Jg. 12 (1976), S. 195-197.

76.315 RILLA, Paul: Zum Werke Gerhart Hauptmanns. In: H. J. Schrimpf, Hrsg.: *Gerhart Hauptmann.* Darmstadt: Wissenschaftliche Buchgesellschaft, 1976, S. 182-193.

76.316 ROLOFF, Gerhard: Th. M. In: G. R., *Exil und Exilliteratur in der deutschen Presse 1945-1949. Ein Beitrag zur Rezeptionsgeschichte.* Worms: G. Heintz, 1976, S. 68. (= Deutsches Exil 1933-45, Bd. 10).

76.317 ROS, Martin: Nawoord. In: Th. M., *Over Schopenhauer en Nietzsche: Essays.* Amsterdam: Wetenschappelijke Uitgeverij B. V, 1976, S. 144-150. [F. Nietzsche - A. Schopenhauer].

76.318 ROSENTHAL, Bianca: Künstlertum und Bürgertum in den Frühnovellen Th. M's. In: *Proceedings of the Pacific Northwest Conference of Foreign Languages,* Jg. 27, Nr. 1 (1976), S. 76-79.

76.319 ROSENTHAL, Erwin T.: Die Tristannovelle: Eine dramatische Burleske. In: *Língua e literatura,* Jg. 2 (1976), S. 221-233.

76.320 RÜEDI, Peter: Das dressierte Theater. Hollmann inszeniert *Buddenbrooks* von Tadeus Pfeifer nach Th. M.. In: *Weltwoche,* Jg. 44, Nr. 50 (15. Dezember 1976), S. 31-32.

76.321 SAALMANN, Dieter: Ulises Petit de Murats Roman *El balcón hacia la muerte* im Schatten von Th. M's *Zauberberg.* In: *Iberoromania,* N. F., Jg. 5 (1976), S. 1-48. [Mit einem unveröffentlichten Brief Th. M's].

76.322 SALYAMOSY, Miklós: *Der Zauberberg* im literarischen Prozeß. In: *Acta Litteraria Academiae Scientiarum Hungaricae,* Jg. 18, Nr. 1/2 (1976), S. 123-133.

76.323 SANDBERG, Hans-Joachim: Rez. von H. Wysling/Y. Schmidlin, # 75.947. In: *Germanistik,* Jg. 17, Nr. 1 (1976), S. 335-336.

76.324 SAUERESSIG, Heinz: Rez. von H. Wysling/Y. Schmidlin, # 75.947. In: *Erasmus,* Jg. 28, Nr. 5/6 (1976), S. 169-171.

76.325 SCHABER, Willi: Th. M.-Bibliograph Klaus W. Jonas. In: *Aufbau,* Jg. 42, Nr. 14 (2. April 1976), S. 19.

76.326 SCHÄFER, Hans D.: Die nichtfaschistische Literatur der 'jungen Generation' im nationalsozialistischen Deutschland. In: Horst Denkler, und Karl Prümm, Hrsg.: *Die deutsche Literatur im Dritten Reich. Themen · Traditionen · Wirkungen.* Stuttgart: P. Reclam, 1976, S. 459-503. [Darin Bemerkungen zu Th. M.].

76.327 SCHENKEL, Siddi: Th. M's Sense of Place: An Examination of the Joseph Tetralogy. In: *DAI*, Jg. 37 (1976), S. 1535A.

76.328 SCHER, Steven P.: Kreativität als Selbstüberwindung: Th. M's permanente 'Wagner-Krise'. In: D. Papenfuß/J. Söring, # 76.286, S. 263-274. [R. Wagner].

76.329 SCHIFFER, Eva: Irritierende Repräsentanz: Noch eine Bestandsaufnahme zu Th. M's 100. Geburtstag. In: D. Papenfuß/J. Söring, # 76.286, S. 275-285.

76.330 SCHMIDT, Dietmar N.: Requiem für eine Klasse. Th. M's Roman von Hans Hollmann grandios inszeniert. In: *Stuttgarter Nachrichten* (13. Dezember 1976). [*Buddenbrooks* in Basel inszeniert].

76.331 SCHMIDT, Gérard: *Zum Formgesetz des Doktor Faustus von Th. M.* Wiesbaden: Athenaion, 2. Aufl., 1976, 171 S. [Vgl. E in # 72.161].

76.332 SCHMIDT, Hannes: Th. M. und Bonn. In: *Diplomatischer Kurier*, Jg. 25, Nr. 1 (Januar 1976), S. 2-4.

76.333 SCHMITT, Franz A.: Th. M. In: F. A. S., *Stoff- und Motivgeschichte der deutschen Literatur. Eine Bibliographie.* Berlin, u. a.: W. de Gruyter, 3., neu bearb. und erw. Aufl., 1976.

76.334 SCHNABEL, Dieter: Dramatisierte *Buddenbrooks* vor allem ein Theater-Ereignis. Uraufführung von Tadeus Pfeifers Stück in der Regie von Hans Hollmann. In: *Wiesbadener Kurier* (15. Dezember 1976).

76.335 SCHNEIDER, Karl L.: Der Künstler als Schelm. Zum Verhältnis von Bildungsroman und Schelmenroman in Th. M's *Felix Krull*. In: *Philobiblon*, Jg. 20, Nr. 1 (März 1976), S. 2-18. [Vgl. auch: Sonderdruck *Jahresgabe 1975 der Kulturbrücke Hamburg*, 18 S.].

76.336 SCHNEIDER, Wolf: Th. M. In: W. S., *Wörter machen Leute. Magie und Macht der Sprache.* München, u. a.: R. Piper, 1976, S. 33, u. a.

76.337 SCHNELL, Ralf: Th. M. In: R. S., *Literarische Innere Emigration 1933-1945.* Stuttgart: J. B. Metzler, 1976. (= Metzler Studienausgabe).

76.338 SCHÖNBERG, Arnold: Th. M. In Ivan Vojtech's Ausg. von A. S., *Stil und Gedanke: Aufsätze zur Musik.* Frankfurt a. M.: S. Fischer, 1976, S. 150, 487. (= A. S., Gesammelte Schriften, Bd. 1) [Engl. Originaltexte übs. von G. Budde].

76.339 SCHONDORFF, Joachim: Briefe Th. M's. Sich selber treu sein. In: *Rheinische Post*, Nr. 96 (24. April 1976). [Rez. von H. Bürgin/H.-O. Mayer, # 76.46].

76.340 SCHRÖTER, Klaus: Vom Roman der Seele zum Staatsroman. Zu Th. M's Joseph-Tetralogie. In: H. L. Arnold, # 76.12, S. 70-87. [Vgl. E in engl. Sprache. In: *The New York Review of Book* (10. Juni 1975). - Gekürzte Fassung erschienen u. d. T.: Resultate des Exils. In: *Akzente*, Jg. 19, Nr. 4 (1975). - Vgl. E in dt. Sprache, # 75.793. - Vgl. # 82.231].

76.341 SCHULZE-VELLINGHAUSEN, Albert: Vom siebenten in das achte Jahrzehnt. In: Gottfried und Brigitte Bermann Fischer, Hrsg.: *S. Fischer Almanach: Das neunzigste Jahr 1886 - 1976. Ein Rechenschaftsbericht in Bildern*. Frankfurt a. M.: S. Fischer, 1976, S. 40-44.

76.342 SCHWARZ, Egon: Fascism and Society: Remarks on Th. M's Novella *Mario and the Magician*. In: *Michigan Germanic Studies*, Jg. 2, Nr. 1 (1976), S. 47-67. [*Mario und der Zauberer*].

76.343 SCHWARZ, Falk: Die gelenkte Literatur. Die *Neue Rundschau* im Konflikt mit den Kontrollstellen des NS-Staates und der nationalsozialistischen 'Bewegung'. In: H. Denkler/K. Prümm, # 76.71, S. 66-82. [Über Th. M.: S. 66-68, u. a.].

76.344 SEIDLIN, Oskar: Rez. von T. J. Reed, # 74.154. In: *JEGP*, Jg. 75 (1976), S. 268-271.

76.345 SEYPPEL, Joachim: *Abschied von Europa. Die Geschichte von Heinrich und Nelly Mann, dargestellt durch Peter Aschenback und Georgiewa Mühlenhaupt*. Berlin, u. a.: Aufbau, 1976, 370 S. [Vgl. # 75.815].

76.346 SICHTERMANN, Hellmut: Karl Kerényi. Mit einem Anhang: Ein Gästebuch aus Palestrina. In: *Arcadia*, Jg. 11, Nr. 2 (1976), S. 150-177. [Th. M. und Palestrina].

76.347 SIEFKEN, Hinrich: Rez. von D. Ludewig-Thaut, # 75.519 - E. Neumeister, # 75.639 - J. Zimmermann, # 75.967. In: *ZDP*, Jg. 95 (1976), S. 606-611.

76.348 SINGER, Irving: *Death in Venice*: Visconti and Mann. In: *MLN*, Jg. 91, Nr. 6 (1976), S. 1348-1359. [*Der Tod in Venedig* - L. Visconti. - Vergleich zwischen Erzählung und Film].

76.349 SMITH, Michael A.: Th. M's *Meerfahrt mit 'Don Quijote'*: The Case against a Formalist Approach to Essay Criticism. In: *GQ*, Jg. 49, Nr. 3 (1976), S. 318-329.

76.350 SOKEL, Walter H.: Das andere Gesicht des Expressionismus. In: W. H. S., *Begriffsbestimmung des literarischen Expressionismus*. Darmstadt: Wissenschaftliche Buchgesellschaft, 1976, S. 285-300. [Über Th. M.: S. 290].

76.351 SOKEL, Walter H.: Demaskierung und Untergang wilhelminischer Repräsentanz. Zum Parallelismus der Inhaltsstruktur von *Professor Unrat* und *Tod in Venedig.* In: Gerald Gillespie, und Edgar Lohner, Hrsg.: *Herkommen und Erneuerung. Essays für Oskar Seidlin.* Tübingen: M. Niemeyer, 1976, S. 387-412.

76.352 SPALEK, John M., und Joseph Strelka, Hrsg.: *Deutsche Exilliteratur seit 1933. Bd. 1: Kalifornien. Teil 1.* Bern, u. a.: A. Francke, 1976, 868 S. (= Studien zur deutschen Exilliteratur) [Inhalt: O. F. Best, # 76.27 - J. F. Fetzer, # 76.90 - L. B. Foltin/J. M. S., # 76.99 - E. Frey, # 76.106 - L. Kahn, # 76.190 - W. Koepke, # 76.207 - H. Lehnert, # 76.221 - E. M. Moore, # 76.268 - U. Weisstein, # 76.392. - Rez.: B. M. Broerman, # 78.40 - M. Durzak, # 77.65 - P. M. Lützeler, # 77.185 - S. Mews, # 77.220 - H. F. Pfanner, # 76.290 - S. Sudhof, # 77.297 - J. J. White, # 78.327].

76.353 SPALEK, John M., und Joseph Strelka, Hrsg.: *Deutsche Exilliteratur seit 1933. Bd. 1: Kalifornien. Teil 2.* Bern, u. a.: A. Francke, 1976, VIII, 216 S. (= Studien zur deutschen Exilliteratur) [Vgl. zu Th. M.: S. 84-92, 199-202. - Rez.: Vgl. # 76.352].

76.354 SPANGLER, Ellen Stewart: The Book as Image: Mediaeval Form in the Modern Spatialized Novel of Marcel Proust and his Contemporaries. In: *DAI*, Jg. 37 (1976), S. 2865A-2866A. [J. Joyce - Th. M. - V. Woolf].

76.355 SPIVEY, Ted R.: Major Symbols of Modernism in Mann, Joyce and Eliot. In: *International Journal of Symbology*, Jg. 7 (1976), S. 106-117.

76.356 SQUADRANI, Enrico L.: Kultur germanica e civiltà latina nel contrasto politico-estetico fra Heinrich e Th. M. In: *Il Cristallo*, Jg. 18, Nr. 3 (1976), S. 139-146.

76.357 STANGE, Claude R.: Bilderbogen einer Denunziation. Th. M./Tadeus Pfeifer: *Buddenbrooks* im Stadttheater uraufgeführt. In: *Basler Nachrichten* (13. Dezember 1976).

76.358 STEINECKE, Hartmut: Rez. von H. Bürgin/P. d. Mendelssohn, # 74.34. In: *ZDP*, Jg. 95, Nr. 4 (1976), S. 595-597.

76.359 STEPANAUSKAS, Leonas: Drei Sommer in Nida. In: *Sinn und Form*, Jg. 28, Nr. 2 (1976), S. 250-273.

76.360 STERN, Guy: Rez. von H. Mörchen, # 73.203. In: *Monatshefte*, Jg. 68, Nr. 4 (1976), S. 458-459.

76.361 STERN, Joseph P.: The Theme of Consciousness: Th. M. In: Malcolm Bradbury, und James McFarlane, Hrsg.: *Modernism, 1890-1930.* Harmondsworth, England: Penguin, 1976, S. 416-429. (= Pelican Guides to European Literature).

76.362 STOLLMANN, Rainer: Faschistische Politik als Gesamtkunstwerk. Tendenzen der Ästhetisierung des politischen Lebens im Nationalsozialismus. In: H. Denkler/K. Prümm, # 76.71, S. 83-101.

76.363 STONE, William B.: Rez. von T. Ziolkowski, # 76.422. In: *PMLA*, Jg. 91, Nr. 3 (1976), S. 463.

76.364 STRUCK, Karin: Wie wird man ein literarischer Mensch? Oder: Die Schwierigkeit, eine Lese-Erfahrung zu beschreiben. Zum Beispiel an Th. M. In: H. L. Arnold, # 76.12, S. 108-129.

76.365 STUCKENSCHMIDT, Hans H.: Notes from a Long Association and a New Biography. In: *Journal of the Arnold Schönberg Institute*, Jg. 1, Nr. 1 (Oktober 1976), S. 14-25. [Über Th. M.: S. 16].

76.366 STUMM, Reinhard: Umsatzzahlen in Hexametern. Hans Hollmann inszeniert *Buddenbrooks* in Basel. In: *Stuttgarter Nachrichten* (13. Dezember 1976).

76.367 SWALES, Martin: Rez. von T. J. Reed, # 74.154. In: *MLR*, Bd. 71 (1976), S. 227-229.

76.368 SZEKERNYES, Janos: Der Angeklagte Th. M. Dokumentarreportage eines älteren gerichtlichen Falles. In: *Karpaten-Rundschau*, Nr. 31 (1. August 1976), S. 4-5. [Aus dem Ungar. übs. von U. Bedners. - Fortsetzung: Nr. 32 (8. August 1976), S. 4-5 - Nr. 33 (15. August 1976), S. 4-5 - Nr. 35 (29. August 1976), S. 8 - Nr. 36 (5. September 1976), S. 8 - Nr. 37 (12. September 1976), S. 8 - Nr. 38 (19. September 1976), S. 8 - Nr. 39 (26. September 1976), S. 8 - Nr. 40 (3. Oktober 1976), S. 8. - *Joseph und seine Brüder*].

76.369 SZONDI, Peter: Th. M's Gnadenmär vom Narziß. In: P. S., *Satz und Gegensatz. Sechs Essays.* Frankfurt a. M.: Suhrkamp, 1976, S. 71-78. (= Bibliothek Suhrkamp, Bd. 479) [Vgl. E in # 56.219. - *Der Erwählte*].

76.370 TERNES, Hans: Anmerkungen zur Zeitblomgestalt. In: *Germanic Notes*, Jg. 7 (1976), S. 53-55. [*Doktor Faustus*].

76.371 THEENS, Karl: Vom historischen Faust zur Faust-Gesellschaft. In: *Imprimatur*, N. F., Bd. 8 (1976), S. 141-164.

76.372 THIEBERGER, Richard: Rez. von L. Voss, # 75.885. In: *Les Langues modernes*, Jg. 70, Nr. 2/3 (1976), S. 243-245. [*Doktor Faustus*].

76.373 TILLE, Helga: Th. M. (1875-1955). In: H. T., *Lehrbuch für den Literaturunterricht in den Klassen 8-10. Zur Entwicklung der Literatur und bedeutender Dichterpersönlichkeiten.* Berlin: Volk und Wissen, 1976, S. 131-134.

76.374 TOBIN, Frank J.: Final Irony in *Der Zauberberg*. In: *GLL*, N. S., Jg. 30, Nr. 1 (Oktober 1976), S. 72-76.

76.375 TORBERG, Friedrich: Das sechste Jahrzehnt. Die Exiljahre. In: Gottfried und Brigitte Bermann Fischer, Hrsg.: *S. Fischer Almanach. Das neunzigste Jahr 1886-1976. Ein Rechenschaftsbericht in Bildern*. Frankfurt a. M.: S. Fischer, 1976, S. 21-25.

76.376 TOYNBEE, Philip: Grand Old Man. In: *The Observer* (8. Februar 1976). [Rez. von A. Carlsson/V. Michels, # 75.161. - H. Hesse - Th. M.].

76.377 TROMMLER, Frank: Th. M. In: F. T., *Sozialistische Literatur in Deutschland. Ein historischer Überblick*. Stuttgart: A. Kröner, 1976. (= Kröners Taschenausgabe, Bd. 434).

76.378 TRUNZ, Erich: Ein Goethe-Zitat bei Th. M. In: *Jahrbuch des Wiener Goethe-Vereins*, Bd. 80 (1976), S. 114-117. [Auch in: *Goethe-Jahrbuch*, N. F., Bd. 94 (1977), S. 109-112. Vgl. # 77.309. - Betr.: ein Urteil Goethes über den Schriftsteller G. Pfizer, das Th. M. in *Goethe's Laufbahn als Schriftsteller* erwähnt].

76.379 UECKER, Heiko: Ein unbekannter Brief von Th. M. zu *Ein Briefwechsel*. In: *Edda*, Jg. 76, Heft 6 (1976), S. 379-380.

76.380 VAGET, Hans R.: Rez. von H. Wysling/M. Fischer, # 75.941. In: *Literature, Music, Fine Arts*, Jg. 9, Nr. 1 (1976), S. 56-58.

76.381 VAGET, Hans R.: Rez. von T. J. Reed, # 74.154 - H. Wysling, # 74.212a - M. Zeller, # 74.217. In: *Monatshefte*, Jg. 68, Nr. 1 (1976), S. 107-111.

76.382 VAPORDSHIEV, Vesselin: Th. M.-Rezeption in Bulgarien. In: # 76.402, S. 413-416.

76.383 VARGA, István: Zu den Beziehungen von Th. M. und Dezsö Kosztolányi. In: *Arbeiten zur Deutschen Philologie*, Bd. 10 (1976), S. 115-118. [Auch in: *NFT*, Nr. 10. - Mit Textpublikation].

76.384 VÖLKER, Klaus: Th. M. In: K. V., *Bertolt Brecht. Eine Biographie*. München: C. Hanser, 1976.

76.385 VOGT, Karen M. Drabek: The Concept of Inspiration in Th. M's Fiction. In: *DAI*, Jg. 37 (1976), S. 352A-353A.

76.386 WALSER, Martin: Ironie als höchstes Lebensmittel oder Lebensmittel der Höchsten. In: H. L. Arnold, # 76.12, S. 5-26. [Vgl. E in # 74.198 - # 75.890 - vgl. # 82.284].

76.387 WANNER, Hans: *Individualität, Identität und Rolle. Das frühe Werk Heinrich Manns und Th. M's Erzählungen Gladius Dei und Der Tod in Venedig.* München: Tuduv, 1976, III, 247 S. (= Tuduv-Studien, Reihe Sprach- und Literaturwissenschaften, Bd. 5) [Autorreferat in: *Arbeitskreis Heinrich Mann: Mitteilungsblatt*, Nr. 8 (Dezember 1976), S. 38-40. - Vgl. auch # 77.320].

76.388 WAPNEWSKI, Peter: *Tristan*: Moritat und Tagelied. In: *Merkur*, Jg. 30, Heft 7, Nr. 339 (1976), S. 743-752.

76.389 WEBB, James: Th. M. and the Occult. An Unpublished Letter. In: *Encounter*, Jg. 46, Nr. 4 (1976), S. 21-24. [S. 22-23: 'On Occult Revivals'. - Betr.: Th. M's Erlebnis bei A. v. Schrenck-Notzing].

76.390 WEGNER, Michael: Th. M's *Zauberberg* und die russische Literatur. In: # 76.402, S. 317-323. [Vgl. Nachdruck in # 85.288].

76.391 WEISS, Margarete: Die direkte Rede als eine Erzählmethode in dem Roman Th. M's *Buddenbrooks*. In: I. Gloede, # 76.116, S. 213-222.

76.392 WEISSTEIN, Ulrich: Heinrich Mann. In: J. M. Spalek/J. Strelka, # 76.352, S. 442-472.

76.393 WENZEL, Georg: Rez. von W. A. Berendsohn, # 73.28 - L. Voss, # 75.885. In: *Referatedienst zur Literaturwissenschaft*, Jg. 8, Nr. 2 (1976), S. 229-230, 231-232.

76.394 WERIN, Algot: Speglingar. In: *Svensk Litteraturtidskrift: Utgiven av Samfundet De Nio*, Jg. 39, Nr. 1 (1976), S. 14-19. [J. W. v. Goethe - Th. M.].

76.395 WERNER, Renate: Th. M. In: R. W., *Heinrich Mann. Eine Freundschaft. Gustave Flaubert und George Sand. Text, Materialien, Kommentar.* München: C. Hanser, 1976. (= Reihe Hanser, Literatur-Kommentare, Bd. 4).

76.396 WEYL, Johannes: Th. M. In: J. W., *Aus 50 Jahren Zeitungsarbeit: Aufsätze, Reden, Bilder und Dokumente.* Konstanz: Südkurier, 1976.

76.397 WICH, Joachim: Groteske Verkehrung des 'Vergnügens am tragischen Gegenstand'. Th. M's Novelle *Luischen* als Beispiel. In: *DVJS*, Jg. 50, Nr. 1/2 (April 1976), S. 213-237.

76.398 WILPERT, Gero von: Th. M. In: G. v. W., *Deutsches Dichterlexikon.* Stuttgart: A. Kröner, 2., erw. Aufl., 1976, S. 468-470. (= Kröners Taschenausgabe, Bd. 288).

76.399 WINKLER, Franz: Th. M's *Wälsungenblut*. In: *Aufbau*, Jg. 42, Nr. 44 (Oktober 1976). [Mit Brief Th. M's an F. W. vom 14. November 1951].

76.400 WINSTON, Richard: Vom Übersetzen der Werke Th. M's. In: *Der Übersetzer*, Jg. 13, Nr. 5 (Mai 1976). [Fortsetzung in: *Der Übersetzer*, Jg. 13, Nr. 6 (Juni 1976)].

76.401 WINTER, H.: Th. M. Der Schöpfer der *Buddenbrooks*. In: H. W., *Gedenkmünzen der Deutschen Demokratischen Republik*. Berlin: Dewag Werbung, 1976, S. 38-39. [Katalog H. Winter].

76.402 *Wissenschaftliche Zeitschrift der Friedrich-Schiller-Universität Jena/Thüringen: Th. M.-Heft*, Jg. 25, Nr. 3 (1976). (= Gesellschafts- und Sprachwissenschaftliche Reihe) [Inhalt: S. Apt, # 76.11 - T. Bekič, # 76.23 - I. Cvrkal, # 76.64 - E. Dieckmann, # 76.73 - I. Golik, # 76.118 - G. Heine, # 76.147 - N. Honsza, # 76.170 - N. Kakabadse, # 76.191 - R. Karalaschwili, # 76.192 - V. Malachov, # 76.235 - T. Motylowa, # 76.271 - H. F. Müller, # 76.272 - P. Rényi, # 76.311 - V. Vapordshiev, # 76.382 - M. Wegner, # 76.390 - D. Zatonskij, # 76.418].

76.403 WITTE, William: Rez. von P. Pütz, # 71.169. In: *GLL*, N. S., Jg. 29, Nr. 1 (1976), S. 89-90.

76.404 WITTE, William: Rez. von P. Carnegy, # 75.161a - H. Wysling, # 74.212a. In: *GLL*, N. S., Jg. 29, (1976), S. 337-340.

76.405 WITTE, William: Frankenstein's Pursuit. Aspects of the Creative Imagination. In: *PEGS*, N. S., Jg. 47 (1976-1977), S. 134-156.

76.406 WITTIG, Roland: Th. M. In: R. W., *Die Versuchung der Macht. Essayistik und Publizistik Heinrich Manns im französischen Exil*. Frankfurt a. M., u. a.: H. Lang, 1976. (= Tübinger Studien zur deutschen Literatur, Bd. 1).

76.407 WOCKER, Karl-Heinz: Co-Defenders of their Faith: The Hesse/Mann Letters. In: *The Times* (23. Februar 1976), S. 10. [Rez. von A. Carlsson/V. Michels, # 75.161].

76.408 WYSLING, Hans: *Th. M. heute. Sieben Vorträge*. Bern, u. a.: A. Francke, 1976, 128 S. [Inhalt: # 76.409 - # 76.410 - # 76.411 - # 76.412 - # 76.413 - # 76.414 - # 76.415. - Rez.: W. Hinck, # 77.127 - K. Hughes, # 78.125 - G. P. Knapp, # 81.109 - W. Koepke, # 78.157 - L. Leibrich, # 77.180 - A. Oplatka, # 76.283 - K. Schröter, # 79.203 - H. R. Vaget, # 79.236].

76.409 WYSLING, Hans: Psychologische Aspekte von Th. M's Kunst. In: # 76.408, S. 7-24, 113-114.

76.410 WYSLING, Hans: Th. M's Plan zu einem Roman über Friedrich den Großen. In: # 76.408, S. 25-36, 114.

76.411 WYSLING, Hans: Th. M. und Conrad Ferdinand Meyer. In: # 76.408, S. 37-43, 114-115.

76.412 WYSLING, Hans: Wer ist Professor Kuckuck? Zu einem der letzten 'großen Gespräche' Th. M's. In: # 76.408, S. 44-63, 115-122. [Vgl. # 85.303].

76.413 WYSLING, Hans: Th. M's Deskriptionstechnik. In: # 76.408, S. 64-84, 122-125. [Gekürzte und ergänzte Fassung von # 75.949].

76.414 WYSLING, Hans: Zu Th. M's Briefwerk. In: # 76.408, S. 85-93, 125-126. [Vgl. # 76.417].

76.415 WYSLING, Hans: Schwierigkeiten mit Th. M. In: # 76.408, S. 94-111, 126-128. [Vgl. E in # 75.955 - # 75.952 - vgl. # 77.343].

76.416 WYSLING, Hans: Die Zürcher Th.-M.-Ausstellung 1975. In: *Arbeitskreis Heinrich Mann: Mitteilungsblatt*, Nr. 7 (Februar 1976), S. 6-8.

76.417 WYSLING, Hans: Zu Th. M's Briefwerk (Vorwort). In: H. Bürgin/H.-O. Mayer, # 76.46, S. V-XII. [Vgl. # 76.414].

76.418 ZATONSKIJ, Dimitrij: Th. M. als Repräsentant unseres Zeitalters. In: # 76.402, S. 303-316.

76.419 ZELLER, Bernhard: Die Th. M.-Sammlung des Deutschen Literaturarchivs. Mit einer Auswahl unveröffentlichter Briefe durch Gisela v. Einem. In: *Jahrbuch der Deutschen Schillergesellschaft*, Bd. 20 (1976), S. 557-601.

76.420 ZELLER, Michael: *Bürger oder Bourgeois? Eine literatursoziologische Studie zu Th. M's Buddenbrooks und Heinrich Manns Im Schlaraffenland.* Stuttgart: E. Klett, 1976, 47 S. (= Literaturwissenschaft-Gesellschaftswissenschaft, Bd. 18) [Rez.: W. Hinck, # 77.127 - G. P. Knapp, # 81.109].

76.421 ZIEGFELD, Richard E.: *A Methodology for the Study of Philosophy in Literature: Philosophy and Symbol in Selected Works of William Faulkner and Th. M.* Dissertation, University of Texas at Austin, 1976. [Resümee in: *DAI*, Jg. 37 (1976/77), S. 5105A].

76.422 ZIOLKOWSKI, Theodore: The Telltale Teeth: Psychodontia to Sociodontia. In: *PMLA*, Jg. 91, Nr. 1 (Januar 1976), S. 9-22. [Rez.: T. C. Blackburn, # 76.33 - Y. H. Frank, # 76.100 - J. H. Raleigh, # 76.304 - W. B. Stone, # 76.363. - Zu den Rez.: # 76.423. - *Buddenbrooks*: S. 16-17].

76.423 ZIOLKOWSKI, Theodore: Mr. Ziolkowski Replies. In: *PMLA*, Jg. 91, Nr. 1
       (Januar 1976), S. 463-464. [Vgl. # 76.422].

76.424 ŽMEGAČ, Viktor: Gattungspoetik und Sozialgeschichte. Bemerkungen zu eini-
       gen poetologischen Texten Th. M's. In: D. Papenfuß/J. Söring, # 76.286, S. 255-
       262.

76.425 ZWEIG, Stefan: Th. M.: *Lotte in Weimar* (1939). In Volker Michels' Ausg. von S.
       Z., *Die Monotonisierung der Welt. Aufsätze und Vorträge.* Frankfurt a. M.: Suhr-
       kamp, 1976, S. 208-210. (= Bibliothek Suhrkamp, Bd. 493).

1977

77.1 AHN, Sam-Huan: Exilliterarische Aspekte in Th. M's Roman *Doktor Faustus*. In: *DAI*, Jg. 37, Nr. 3 (1977), S. 3226C. [Vgl. # 87.2].

77.2 ALKER, Ernst: Th. M. In: Eugen Thurnher, Hrsg.: *Profile und Gestalten der deutschen Literatur nach 1914. Mit einem Kapitel über den Expressionismus von Zoran Konstantinović.* Stuttgart: A. Kröner, 1977.

77.3 ANGER, Sigrid, Hrsg.: *Heinrich Mann, 1871-1950. Werk und Leben in Dokumenten und Bildern. Mit unveröffentlichten Manuskripten und Briefen aus dem Nachlaß.* Berlin, u. a.: Aufbau, 2. Aufl., 1977, XV, 585 S. (= Veröffentlichung der Akademie der Künste der Deutschen Demokratischen Republik).

77.4 ANON.: Th. M. Aus dem Alltag eines Genies. In: *Buch aktuell*, Nr. 3 (1977), S. 96-97. [Rez. von P. d. Mendelssohn, # 77.212].

77.5 ANON.: Einmaligkeit einer Situation. Aufzeichnungen Th. M's aus der Anfangszeit seines Exils. In: *NZZ*, Jg. 198, Nr. 254 (29./30. Oktober 1977), Literatur und Kunst. [Auszug aus Th. M's Tagebüchern 1933-1934].

77.6 ANON.: Briefe aus früheren Jahren (an Richard Friedenthal). In: Klaus Piper, Hrsg.: *Friedenthal, Richard: ... und unversehens ist es Abend. Von und über R. F.: Essays, Gedichte, Fragmente, Würdigungen, Autobiographisches.* München, u. a.: R. Piper, 1977, S. 285-291. [Th. M's Brief vom 19. Dezember 1950: S. 286].

77.7 ANON.: Protokoll eines langen Abschieds. In: *Der Spiegel*, Jg. 31, Nr. 43 (17. Oktober 1977), S. 233-249. [Vorabdruck aus Th. M's Tagebüchern 1933 und 1934 mit einer längeren Einleitung auf S. 233-238].

77.8 ANON. [KL. K.]: 'Th. M. - der demokratische Roman'. In: *Rhein-Neckar-Zeitung* (29. April 1977). [Autorin: Kläre Kühn. - Rez. von H. Jendreiek, # 77.135].

77.9 ANON. [OZ]: Zum Erscheinen des ersten Bands von Th. M's Tagebüchern: 'wozu diese Tiere reizen?'. In: *Deutsche Zeitung*, Nr. 46 (4. November 1977), S. 10. [Rez. von P. d. Mendelssohn, # 77.212].

77.10 ANTON, Herbert: Die Rettung des Narziß. Eine 'transzendente Linie' im Werk Th. M's. In: Bludau/Heftrich/Koopmann, # 77.41, S. 207-221.

77.11 ANZ, Thomas: Th. M. In: T. A., *Literatur der Existenz. Literarische Psychopathographie und ihre soziale Bedeutung im Frühexpressionismus.* Stuttgart: J. B. Metzler, 1977, S. 47-50, 128-129. (= Germanistische Abhandlungen, 46).

77.12   ARNDT, Artur: Paradigmatische Problemhaftigkeit. In: *NDL*, Jg. 25, Nr. 12
        (1977), S. 139-146. [Rez. von: I. Diersen, # 75.196 - P. u. U. Fix/K. Hermsdorf, #
        76.96 - E. Hilscher, # 75.359 - J. Müller, # 76.273].

77.13   AZEVEDO, Carlos A.: Presenca exótica do Brasil na obra de Th. M. In: *Veritas*,
        Jg. 22, Nr. 88 (1977), S. 402-407.

77.14   BAHR, Ehrhard: Metaphysische Zeitdiagnose: Hermann Kasack, Elisabeth Lang-
        gässer und Th. M. In: Hans Wagener, Hrsg.: *Gegenwartsliteratur und Drittes
        Reich. Deutsche Autoren in der Auseinandersetzung mit der Vergangenheit*. Stutt-
        gart: P. Reclam, 1977, S. 133-162. [Rez.: O. F. Best, # 80.32].

77.15   BAIONI, Giuliano: Nota introduttiva. In: Th. M.: *Tonio Kröger*. Milano: Rizzoli,
        1977, S. 17-36. [Übs. von A. R. Azzone].

77.16   BALINT, György: Th. M. (1935). In: A. Mádl/J. Györi, # 77.191, S. 102-104.

77.17   BALINT, György: Th. M. und der Faschismus (1935). In: A. Mádl/J. Györi, #
        77.191, S. 105-107.

77.18   BAN, Sung-Wan: *Das Verhältnis der Ästhetik Georg Lukács' zur deutschen Klassik
        und zu Th. M.* Frankfurt a. M., u. a.: P. Lang, 1977, 166 S. (= Studien zum Ver-
        hältnis von Literatur zur Sozialgeschichte, Bd. 1) [Vgl. # 76.18, # 79.16].

77.19   BANULS, André: Th. M. In: A. B., *Les grands écrivains du monde. Sources du XXe
        siècle, Bd. 5.* Paris, 1977, S. 206-214. (= Encyclopédie générale de l'homme).

77.20   BANULS, André: Th. M. und die russische Literatur. In: Blu-
        dau/Heftrich/Koopmann, # 77.41, S. 398-423. [Vgl. auch # 86.14].

77.21   BASLER, Otto: Hermann Hesse und Th. M. Gespräche und Korrespondenzen.
        In: *Berner Tagblatt* (2. Juli 1977).

77.22   BAUER, Gert, und Peter Stein: Heinrich Mann im Exil. Standort und Kampf für
        die deutsche Volksfront. In: Lutz Winckler, Hrsg.: *Antifaschistische Literatur.
        Programme, Autoren, Werke, Bd. 1.* Kronberg/Ts.: Scriptor, 1977, S. 53-141. (=
        Literatur im historischen Prozeß, Bd. 10).

77.23   BAUER, Roger: Zum Frankreichbild Th. M's in den *Betrachtungen eines Unpoliti-
        schen*. In: Bludau/Heftrich/Koopmann, # 77.41, S. 107-119.

77.24   BAUER, Roger, Eckhard Heftrich, Helmut Koopmann, u. a., Hrsg.: *Fin de siècle.
        Zu Literatur und Kunst der Jahrhundertwende*. Frankfurt a. M.: V. Klostermann,
        1977, XIII, 641 S. (= Studien zur Philosophie und Literatur des neunzehnten
        Jahrhunderts, Bd. 35) [Mit Beiträgen von: H. Koopmann, # 77.162 - H. Schanze,
        # 77.271 - R. Werner, # 77.330].

77.25 BAUMGART, Reinhard: Nachwort. In: Th. M.: *Der kleine Herr Friedemann, Der Wille zum Glück, Tristan.* Frankfurt a. M.: S. Fischer, 1977, S. 155-174. (= Fischer Bibliothek).

77.26 BEGUIN, Albert: La position de Th. M. In: A. B., *Etapes d'Albert Béguin.* Zürich: Fondation Pro Helvetia, 1977, S. 445-449.

77.27 BEHRENS, Jürgen: Rez. von H. Wysling/M. Fischer, # 75.941. In: *Germanistik,* Jg. 18, Nr. 2 (1977), S. 581.

77.28 BENN, Gottfried: Th. M. In Harald Steinhagen's und Jürgen Schröder's Ausg. von G. B., *Briefe an F. W. Oelze, 1932-1945, Bd. 1.* Wiesbaden, u. a.: Limes, 1977, S. 54-55, u. a.

77.29 BENN, Gottfried: Th. M. In Dieter Wellershoffs Ausg. von G. B., *Autobiographische und vermischte Schriften, Bd. 4.* Wiesbaden, u. a.: Limes, 1977, S. 83-84, u. a.

77.30 BERGSTEN, Gunilla: Th. M. in Schweden. In: Bludau/Heftrich/Koopmann, # 77.41, S. 424-433.

77.31 BERGSTEN, Gunilla: Th. M. und der dokumentarische Roman. In: Bludau/Heftrich/Koopmann, # 77.41, S. 677-685.

77.31a BERMANN FISCHER, Gottfried: Bewegte Zeiten mit Th. M. In: Bludau/Heftrich/Koopmann, # 77.41, S. 503-521.

77.31b BERMANN FISCHER, Gottfried: Zueignung. In: Walther Killy, Hrsg.: *Lebendige Gegenwart. Reden und Aufsätze.* Zürich, u. a.: W. Claassen, 1977, S. 59-60. [Vgl. # 45.16. - Widmung zum 70. Geburtstag von Th. M. für das erste, 1945, nach dem Krieg in den USA wieder erschienene Heft der *Neuen Rundschau*].

77.32 BERTHOLD, Werner: Der deutsche PEN-Club im Exil 1933-1940. Bericht aus ungedruckten Materialien der Deutschen Bibliothek. In: G. Pflug, # 77.243, S. 531-557.

77.33 BETZ, Werner: Rez. von S. Tyroff, # 75.862. In: *Beiträge zur Namenforschung,* N. F., Bd. 12 (1977), S. 207-221.

77.34 BETZ, Werner: Syntax und Semantik im Deutschen und bei Th. M. Anmerkungen zu Wortstellung und Satzbedeutung. In: Bludau/Heftrich/Koopmann, # 77.41, S. 469-483.

77.35 BEYER, Peter: Th. M. in den Lehrplänen und Studienprogrammen der DDR. In: *Germanica Wratislaviensia,* Nr. 29 (1977), S. 121-124.

77.36 BIELSCHOWSKY, Ludwig: Die Th.-M.-Sammlung Dr. Hans-Otto Mayer (Schenkung Rudolf Groth) in Düsseldorf. In: *Aus dem Antiquariat*, Nr. 9 (27. September 1977), S. A348-A357. (= Beilage zum *Börsenblatt für den Deutschen Buchhandel. Frankfurter Ausgabe*, Jg. 33, Nr. 77).

77.37 BJORKLUND, Beth: Th. M's *Tobias Mindernickel* in Light of Sartre's *Being-For-Others*. In: *Studies in Twentieth Century Literature*, Jg. 2, Nr. 1 (1977/1978), S. 103-112.

77.38 BLANKERTZ, Herwig: Zur Bewährungskontrolle erzieherischen Handelns. In: Dietrich Benner, Hrsg.: *Aspekte und Probleme einer pädagogischen Handlungswissenschaft. Festschrift für Josef Derbolav*. Kastellaun: A. Henn, 1977, S. 43-57.

77.39 BLÖCKER, Günter: Gewissenhaftigkeit mit dunkleren Impulsen. Th. M's Tagebücher aus den Jahren 1933/34. In: *SZ*, Jg. 33, Nr. 297 (26. Dezember 1977), S. 76. [Rez. von P. d. Mendelssohn, # 77.212].

77.40 BLOMSTER, Wesley V.: Rez. von L. Voss, # 75.885. In: *Monatshefte*, Jg. 69, Nr. 1 (1977), S. 100-101.

77.41 BLUDAU, Beatrix, Eckhard Heftrich, und Helmut Koopmann, Hrsg.: *Th. M. 1875-1975*. Frankfurt a. M.: S. Fischer, 1977, 703 S. [Inhalt: H. Anton, # 77.10 - A. Banuls, # 77.20 - R. Bauer, # 77.23 - G. Bergsten, # 77.30, # 77.31 - G. Bermann Fischer, # 77.31a - W. Betz, # 77.34 - C. David, # 77.56 - M. Gregor-Dellin, # 77.90 - G. Gulia, # 77.95 - E. Heftrich, # 77.109, # 77.110 - E. Heller, # 77.114 - W. Jens, # 77.136 - K. W. Jonas, # 77.140 - H. Koopmann, # 77.163 - E. Koppen, # 77.164 - H. Kunisch, # 77.167 - V. Lange, # 77.171, # 77.172 - H. H. Lehnert, # 77.174, # 77.175 - L. Leibrich, # 77.178 - H. Maier, # 77.196 - M. Mann, # 77.199 - P. d. Mendelssohn, # 77.213, # 77.214 - T. Murata, # 77.228 - H. Ohl, # 77.234 - L. Pikulik, # 77.244 - P. Pütz, # 77.248 - W. Rasch, # 77.249 - L. Ritter-Santini, # 77.259 - J. R. von Salis, # 77.263 - H.-J. Sandberg, # 77.264 - J. Scharfschwerdt, # 77.272 - H. Steinecke, # 77.290 - D. Sternberger, # 77.293 - W. Weiss, # 77.327 - B. von Wiese, # 77.333 - H. Wysling, # 77.343. - Rez.: L. Leibrich, # 78.179 - S. Sudhof, # 77.298 - H. R. Vaget, # 80.289].

77.42 BRODY, Sándor: Über ein Buch. In: A. Mádl/J. Györi, # 77.191, S. 272-274. [*Der Tod in Venedig*].

77.43 BROWNSON, Robert C.: Techniques of Reference, Allusion, and Quotation in Th. M's *Doktor Faustus* and William Gaddis' *The Recognitions*. In: *DAI*, Jg. 37, Nr. 12 (1977), S. 7733-A.

77.44 BRUDE FIRNAU, G.: Rez. von H. Emmel, # 75.220. In: *JEGP*, Jg. 76, Nr. 1 (1977), S. 75-77.

77.45 BRÜGEL, J. W.: Rez. von P. E. Hübinger, # 76.172. In: *Profil* (1977), S. 60-62.

77.46 BULLIVANT, Keith: Th. M. and Politics in the Weimar Republic. In: B. K.,
       Hrsg.: *Culture and Society in the Weimar Republic*. Manchester: Manchester Uni-
       versity Press, 1977, S. 24-38. [Vgl. R. Pascal, # 77.239 - vgl. auch deutschen Text
       in # 78.44].

77.47 BURRI, Peter: Zauberer und Zauderer. In: *Basler Zeitung* (19. Dezember 1977).
       [Rez. von P. d. Mendelssohn, # 77.212].

77.48 CARLSSON, Anni: Brecht, Cäsar und - Th. M. In: *NZZ*, Jg. 198, Nr. 200 (27./28.
       August 1977), S. 59.

77.49 CARSTENSEN, Richard: 'Schwestern' an Ostsee und Adria. Die Beziehungen zwi-
       schen Lübeck und Venedig im Wechsel der Zeiten. In: *Lübecker Nachrichten*, Jg.
       32, Nr. 200 (28. August 1977), Sonntagmorgen, S. 1.

77.50 CHIUSANO, Italo A.: Lo scrittore borghese si chiama Th. M. Perfino Lubecca
       sembra avere dimenticato l'autore dei *Buddenbrooks*. In: *La Repubblica* (21. Sep-
       tember 1977).

77.51 CONSIGNY, Scott: Aschenbach's 'Page and a Half of Choicest Prose': Mann's
       Rhetoric of Irony. In: *Studies in Short Fiction*, Jg. 14 (1977), S. 359-367. [*Der Tod
       in Venedig*].

77.52 COTTERILL, Rowland: Hesitant Allegory: Music in Th. M's *Doctor Faustus*. In:
       Comparison, Bd. 5 (1977), S. 58-91.

77.53 COWAN, James L.: *György Lukács' Criticism of Th. M. and Avant-Garde Litera-
       ture*. Dissertation, Berkeley, CA: University of California, 1977, I, 560 Bl.

77.54 DAEMMRICH, Horst S.: Mann's Portrait of the Artist: Archetypal Patterns. In:
       Harry R. Garvin, Hrsg.: *Makers of the Twentieth-Century Novel*. Lewisburg, PA:
       Bucknell University Press; London: Associated University Presses, 1977, S. 166-
       178.

77.55 DAEMMRICH, Horst S.: Th. M's Perception of Self-Insight. In: *Papers on Lan-
       guage and Literature*, Jg. 13, Nr. 3 (1977), S. 270-282.

77.56 DAVID, Claude: Naphta, des Teufels Anwalt. In: Bludau/Heftrich/Koopmann,
       # 77.41, S. 94-106. [Vgl. # 83.96, # 88.43. - *Der Zauberberg*].

77.57 DELBRÜCK, Hansgerd: Rez. von P. Richner, # 75.737a. In: *Germanistik*, Jg. 18,
       Nr. 2 (1977), S. 583-584.

77.58 DESMOTTES, Nicole: *Les procédés de qualification par adjectifs épithètes chez Th. M.*
       Dissertation, Paris, 1977, 265 Bl. Maschinenschrift. [*Buddenbrooks*].

77.59 DIECKMANN, Eberhard: Th. M's Essay *Goethe und Tolstoi*. Anmerkungen zu ei-
       nem Erbeverhältnis. In: *Germanica Wratislaviensia*, Nr. 29 (1977), S. 91-96.

77.60 DIECKMANN, Friedrich: Bildbegleitungen eines Dichterlebens. Bildende Künstler um Th. M. In: F. D., *Streifzüge. Aufsätze und Kritiken*. Berlin, u. a.: Aufbau, 1977, S. 211-253, 356-357. [Teilweise E in: *Marginalien*, Nr. 42 (1971)].

77.61 DIETZEL, Ulrich: Nachwort. In seiner Ausg. von *Th. M. - Heinrich Mann, Briefwechsel 1900-1949*. Berlin, u. a.: Aufbau, 3., erw. Aufl., 1977, S. 341-360. (= Veröffentlichung der Akademie der Künste der Deutschen Demokratischen Republik) [Vgl. E in # 60.62 - # 65.79].

77.62 DOBIJANKA-WITCZAKOWA, Olga: Th. M. über das Drama und über das Theater. In: *Germanica Wratislaviensia*, Nr. 29 (1977), S. 55-70.

77.63 DREWITZ, Ingeborg: Notizen eines Unbestechlichen. Th. M's Tagebücher der Jahre 1933/34. In: *Nürnberger Nachrichten* (17. Dezember 1977). [Vgl. Wiederabdruck in # 81.38. - Rez. von P. d. Mendelssohn, # 77.212].

77.64 DREWITZ, Ingeborg: Th. M's Tagebücher von 1933/34. Publikation von Bd. I der nachgelassenen Aufzeichnungen. In: *Tagesspiegel*, Nr. 9777 (20. November 1977), S. 51. [Rez. von P. d. Mendelssohn, # 77.212].

77.65 DURZAK, Manfred: Rez. von J. M. Spalek/J. Strelka, # 76.352. In: *GQ*, Jg. 50 (1977), S. 346-349.

77.66 EGRI, Péter: Th. M's Roman *Zauberberg* (1967). In: A. Mádl/J. Györi, # 77.191, S. 226-239. [Gekürzte Fassung eines Kapitels aus # 67.59].

77.67 ERLICH, Gloria Chasson: Race and Incest in Mann's *Blood of the Walsungs*. In: *Studies in Twentieth Century Literature*, Jg. 2, Nr. 1 (1977/1978), S. 113-126. [*Wälsungenblut*].

77.68 ESTER, Hans: Die Fontane-Lithographie Max Liebermanns: Zur Beziehung zwischen Th. M. und Theodor Fontane. In: *Fontane-Blätter*, Jg. 4, Nr. 26 (1977), S. 134-140. [Mit 2 Briefen von Th. M. an Paul Citroen].

77.69 FÄHNRICH, Hermann: Th. M. In: Karl Theens, Hrsg.: *Faust in der Musik. Teil II*. Stuttgart, 1977, S. 101, 157-158. (= Jahresgabe der Faust-Gesellschaft 1978).

77.70 FALK, Walter: *Der kollektive Traum vom Krieg. Epochale Strukturen der deutschen Literatur zwischen 'Naturalismus' und 'Expressionismus'*. Heidelberg: C. Winter, 1977, 294 S. (= Beiträge zur neueren Literaturgeschichte, Folge 3, Bd. 31) [Inhalt: *Der kleine Herr Friedemann*, S. 72-74 - *Der Wille zum Glück*, S. 130-132 - *Tristan*, S. 143-148 - *Der Tod in Venedig*, S. 216-226 - *Gedanken im Kriege*, S. 251-255].

77.71   FAULSTICH, Werner, und Ingeborg Faulstich: Luchino Visconti: *Der Tod in Venedig* - ein Vergleich von Film und literarischer Vorlage. In: *Modelle der Filmanalyse.* München: W. Fink, 1977, S. 14-60. (= Kritische Information, Bd. 57) [Vgl. Nachdruck in # 93.56a].

77.72   FEHER, Ferenc: The Last Phase of Romantic Anti-Capitalism. Lukács' Response to the War. In: *New German Critique*, Jg. 10 (1977), S. 139-154.

77.73   FEHERVARY, Helen: Th. M.: Hölderlin and Marx. In: H. F., *Hölderlin and the Left. The Search for a Dialectic of Art and Life.* Heidelberg: C. Winter, 1977, S. 51-55. (= Reihe Siegen: Beiträge zur Literatur- und Sprachwissenschaft, Bd. 3).

77.74   FIRCHOW, Peter: Mental Music: Huxley's *Point Counter Point* and Mann's *Magic Mountain* as Novels of Ideas. In: *Studies in the Novel*, Jg. 9, Nr. 4 (1977), S. 518-536.

77.77   FISCHER, Klaus-Uwe: Von Wagner zu Hitler. Annahme oder Ablehnung einer These von Ludwig Marcuse. In: *Tribüne*, Jg. 16, Nr. 63 (1977), S. 50-54.

77.78   FREESE, Wolfgang: Th. M. und sein Leser. Zum Verhältnis von Antifaschismus und Leseerwartung in *Mario und der Zauberer*. In: *DVJS*, Jg. 51, Nr. 4 (Dezember 1977), S. 659-675.

77.79   FRITCHMAN, Stephen H.: Th. M. In: S. H. F., *Heretic: A Partisan Autobiography.* New York: Beacon Press, 1977, S. 106, 131-134.

77.80   FÜGER, Wilhelm: Der Brief als Bau-Element des Erzählens. Zum Funktionswandel des Einlagebriefes im neueren Roman, dargelegt am Beispiel von Dostojewski, Th. M., Kafka und Joyce. In: *DVJS*, Jg. 51, Nr. 4 (Dezember 1977), S. 628-658. [*Doktor Faustus*].

77.81   GANDELMAN, Claude: La pietà de Naphta dans *La Montagne Magique* de Th. M. In: *EG*, Jg. 32, Nr. 2 (April/Juni 1977), S. 180-190.

77.82   GANESHAN, Vridhagiri: *The Transposed Heads* by Th. M. An Indian Legend or a Metaphysical Jest? In: *Journal of the School of Languages*, Jg. 5, Nr. 1/2 (1977/1978), S. 1-13. [Vgl. E in dt. Sprache, # 79.64. - *Die vertauschten Köpfe*].

77.83   GERHARDT, Hans-Peter M.: Rez. von D. Ludewig-Thaut, # 75.519. In: *Germanistik*, Jg. 18, Nr. 2 (1977), S. 583.

77.84 GILLESPIE, Gerald: Why does Tristan Lie? A Study of Deception in Gottfried's
       Tristan, with Some References to *Felix Krull* and Other Writings of Th. M. In:
       Trivium, Jg. 12 (1977), S. 75-91. [Gottfried von Straßburg - *Felix Krull*].

77.85 GILLIAM, H. S.: Mann's Other Holy Sinner: Adrian Leverkühn as Faust and
       Christ. In: *GR*, Jg. 52, Nr. 2 (März 1977), S. 122-147. [*Doktor Faustus*].

77.86 GOLLNICK, Ulrike: Th. M. - Repräsentant der Nachkriegszeit? In: Gerhard
       Hay, Hrsg.: *Zur literarischen Situation 1945-1949*. Kronberg: Athenäum, 1977, S.
       205-226. (= Athenäum-Taschenbücher, 2117: Literaturwissenschaft).

77.87 GOTTGETREU, Erich: Tee mit Katia Mann: Mußten denn alle unsere Kinder
       schreiben? Besuch bei Th. M's Witwe. In: *Kölnische Rundschau* (16. Januar
       1977), S. 28.

77.88 GOTTSCHALCH, Wilfried: Der kleine Hanno Buddenbrook. In: W. G., *Schüler-
       krisen. Autoritäre Erziehung, Flucht und Widerstand*. Reinbek bei Hamburg:
       Rowohlt, 1977, S. 127-167. (= rororo Sachbuch, 7070: Politische Erziehung)
       [Mit Auszügen aus *Buddenbrooks*].

77.89 GRAUTOFF, Wolfgang: Die Lübecker Familie Grautoff: Eine Rehabilitation. In:
       Vaterstädtische Blätter, Jg. 28, Nr. 6 (November/Dezember 1977), S. 132-133.
       [Vgl. # III.77.2]

77.90 GREGOR-DELLIN, Martin: Wagner und kein Ende. Harmonieverschiebung und
       Leitmotiv in der Epik Th. M's. In: Bludau/Heftrich/Koopmann, # 77.41, S. 377-
       384. [Vgl. # 79.73].

77.91 GRIESER, Dietmar: Venedig - der Nerven wegen. Literarisches 'Who was Who?'.
       In: *Börsenblatt für den Deutschen Buchhandel. Frankfurter Ausgabe*, Jg. 33, Nr. 102
       (23. Dezember 1977), S. 10-14. [Vorabdruck in: D. G., *Piroschka, Sorbas & Co.*
       München: Langen Müller, 1978. - Vgl. # 78.89. - *Der Tod in Venedig*].

77.92 GRIESER, Dietmar: Herr von Moes und die Erinnerung. Literatur und ihr Vor-
       bild: Auf den Spuren von Th. M's Tadzio. In: *Die Welt*, Nr. 276 (26. November
       1977), Report. [*Der Tod in Venedig*].

77.93 GROTHE, Wolfgang: Zur Literatur über Klaus Mann. In: *Studia Neophilologica*,
       Jg. 49 (1977), S. 331-339.

77.94 GUESS, John Chester: *Th. M's englische Lotte: Eine übersetzungskritische Untersu-
       chung der englischen Übertragung von Th. M's Lotte in Weimar unter Anwendung
       eines Rahmenmodells der Übersetzungskritik*. Philosophische Dissertation,
       Universität München. München: Salzer, 1977, 190 S.

77.95   GULIA, Georgi: Das Schaffen Th. M's in der Sowjetunion. In: Blu-dau/Heftrich/Koopmann, # 77.41, S. 447-452.

77.96   GUTHKE, Karl S.: Th. M's Geschichten Jaakobs: Judentum und Musik. In: *Bulletin des Leo Baeck Instituts*, Jg. 16/17, Nr. 53/54 (1977).

77.97   GYERGYAI, Albert: Ein Brief von Tonio Kröger (1922). In: A. Mádl/J. Györi, # 77.191, S. 84-97.

77.98   HAHN, Bengt: Teologien i Th. M's roman *Doktor Faustus*. In: *Fønix*, Jg. 2, Nr. 1 (1977), S. 15-38.

77.99   HAIDUK, Manfred: Zur Funktion der Streitschriften im Schaffen Th. M's. In: *Germanica Wratislaviensia*, Nr. 29 (1977), S. 13-24.

77.100   HALASZ, Elöd: Die Funktion der Zeit im *Zauberberg* (1959). In: A. Mádl/J. Györi, # 77.191, S. 165-180. [Vgl. E in # 59.48].

77.101   HALASZ, Gábor: *Joseph in Ägypten* - ein Roman von Th. M. (1936). In: A. Mádl/J. Györi, # 77.191, S. 111-116.

77.102   HASSELBACH, Karlheinz: *Th. M.: Doktor Faustus. Das Leben des deutschen Tonsetzers Adrian Leverkühn erzählt von einem Freunde (Interpretation)*. München: Oldenbourg, 1977, 153 S. (= Interpretationen für Schule und Studium) [Vgl. # 88.89. - Rez.: K. Hughes, # 80.122.].

77.103   HATFIELD, Henry: Rez. von L. Voss, # 75.885. In: *JEGP*, Jg. 76, Nr. 1 (Januar 1977), S. 106. [*Doktor Faustus*].

77.104   HATFIELD, Henry: Rez. von F. Bulhof, # 76.48. In: *Michigan Germanic Studies*, Jg. 3, Nr. 2 (1977), S. 98.

77.105   HATFIELD, Henry: Achieving the Impossible: Th. M. In: *Yale Review*, Jg. 66, Nr. 4 (1977), S. 501-516. [Leicht gekürztes Kapitel aus # 79.84, S. 17-33].

77.106   HATVANY, Lajos: Dem großen Dichter zum sechzigsten Geburtstag (1935). In: A. Mádl/J. Györi, # 77.191, S. 108-110.

77.107   HATVANY, Lajos: Th. M. (1955). In: A. Mádl/J. Györi, # 77.191, S. 133-135.

77.108   HEEG, Günther: Th. M. In: G. H., *Die Wendung zur Geschichte. Konstitutionsprobleme antifaschistischer Literatur im Exil*. Stuttgart: J. B. Metzler, 1977, S. 7, u. a. (= Metzler Studienausgabe).

77.109 HEFTRICH, Eckhard: *Doktor Faustus*: Die radikale Autobiographie. In: Bludau/Heftrich/Koopmann, # 77.41, S. 135-154.

77.110 HEFTRICH, Eckhard: Geträumte Taten: *Joseph und seine Brüder*. In: Bludau/Heftrich/Koopmann, # 77.41, S. 659-676.

77.111 HEFTRICH, Eckhard: Th. M's Modernität. In: *Neophilologus*, Jg. 61 (1977), S. 265-275.

77.112 HELBLING, Hanno: '...so verwirrte und leidende Tage'. Aufzeichnungen Th. M's, 1933/34. In: *NZZ*, Jg. 198, Nr. 291 (12. Dezember 1977), Feuilleton, S. 17. [Rez. von P. d. Mendelssohn, # 77.212].

77.113 HELLER, Agnes: Die Ode und *Der Zauberberg* (1962). In: A. Mádl/J. Györi, # 77.191, S. 181-186.

77.114 HELLER, Erich: *Doktor Faustus* und die Zurücknahme der Neunten Symphonie. In: Bludau/Heftrich/Koopmann, # 77.41, S. 173-188. [U. d. T.: Die Zurücknahme der Neunten Symphonie. Zu Th. M's *Doktor Faustus* auch in: E. H., *Die Wiederkehr der Unschuld und andere Essays*. Frankfurt a. M.: Suhrkamp, 1977, S. 215-234. (= Suhrkamp Taschenbuch, Bd. 396). - Vgl. E in # 72.65].

77.115 HELLER, Erich: Th. M. in Venedig: Zum Thema Autobiographie und Literatur. In: E. H., *Die Wiederkehr der Unschuld und andere Essays*. Frankfurt a. M.: Suhrkamp, 1977, S. 169-187. (= Suhrkamp Taschenbuch, Bd. 396) [Vgl. E in # 72.65].

77.116 HELLER, Erich: Improvisation über den Begriff des Klassischen: Zu Th. M's *Lotte in Weimar*. In: # 77.115, S. 191-212. [Vgl. E in R. Grimm/J. Hermand, # 71.97].

77.117 HENIUS-KLAIBER, Carla: La musica tra realtà e invenzione nel *Doktor Faustus* di Th. M. In: *Nuova Rivista Musicale Italiana*, Jg. 11 (1977), S. 193-206. [Übs. von M. T. Mandalari].

77.118 HERMANN, István: Th. M. - Zu seinem zehnten Todestag (1965). In: A. Mádl/J. Györi, # 77.191, S. 202-209.

77.119 HERMES, Eberhard: Th. M.: *Der Tod in Venedig* (1912) - Anregungen zur Interpretation. In: *Der Deutschunterricht*, Jg. 29, Nr. 4 (August 1977), S. 59-86.

77.120 HERMES, Eberhard, Dietrich Steinbach, Hans Welzel, u. a.: Biographischer Bezug und ironisches Erzählen: Th. M., *Buddenbrooks*. In: *Perspektiven. Grundlagen zum Verstehen und Erfassen von Texten im Deutschunterricht der Sekundarstufe II*. Stuttgart: E. Klett, 1977, S. 207-213.

77.121 HERMSDORF, Klaus: Th. M. - Erzähler und politischer Denker. In: *Germanica Wratislaviensia*, Nr. 29 (1977), S. 3-11.

77.122 HESSE, Hermann: Th. M. In Volker Michels' Ausg. von H. H.: *Die Welt der Bücher. Betrachtungen und Aufsätze zur Literatur.* Frankfurt a. M.: Suhrkamp, 1977. (= Suhrkamp Taschenbuch, 415).

77.123 HESSE, Hermann, und Rudolf J. Humm: Th. M. In: *Briefwechsel.* Hrsg. von Ursula und Volker Michels. Frankfurt a. M.: Suhrkamp, 1977.

77.124 HILDEBRAND-MORISON, Renate: *La fortune de Th. M. en France.* Dissertation, Université de Nancy, 1977, 445 Bl.

77.125 HILL, Claude: Rez. von H. R. Vaget/D. Barnouw, # 75.874. In: *GR*, Jg. 52, Nr. 3 (Mai 1977), S. 237-240.

77.126 HILSCHER, Eberhard: Th. M's Bedeutung, Kunst und Wissenschaft. In: E. H., *Poetische Weltbilder. Essays über Heinrich Mann, Th. M., Hermann Hesse, Robert Musil und Lion Feuchtwanger.* Berlin: Der Morgen, 1977, S. 54-101, 232-236. [Vgl. Teilpublikation in: *Deutsche Lehrerzeitschrift* (Juni 1975) und in: *NDH*, Jg. 23, Nr. 149, Heft 1 (1976), S. 40-58 - vgl. # 79.93. - Rez.: L. Kalm, # 78.141 - H. Lehnert, # 78.174].

77.127 HINCK, Walter: Buddenbrook: Bourgeois, nicht Bürger. Nachlese zum Th.-M.-Jubiläum. In: *FAZ*, Jg. 29, Nr. 205 (5. September 1977), S. 20. [Rez. von: H. Jendreiek, # 77.135 - H. Kurzke, # 77.170 - H. Wysling, # 76.408 - M. Zeller, # 76.420].

77.128 HOCKER, Monika: Th. M. In: M. H., *Spiel als Spiegel der Wirklichkeit. Die zentrale Bedeutung der Theateraufführungen in den Romanen Heinrich Manns.* Bonn: Bouvier, 1977, S. 10, u. a. (= Bonner Arbeiten zur deutschen Literatur, Bd. 31).

77.129 HÖHLER, Gertrud: Wo Wort ist, ist sofort auch Geist. Gelebtes Leben als geschriebenes Leben. In: *Deutsche Zeitung/Christ und Welt* (25. November 1977). [Rez. von P. d. Mendelssohn, # 77.212].

77.129a HOFE, Gerhard vom: Das unbehagliche Bewußtsein des modernen Musikers. Zu Wackenroders *Berglinger* und Th. M's *Doktor Faustus.* In: Herbert Anton, Bernhard Gajek, und Peter Pfaff, Hrsg.: *Geist und Zeichen. Festschrift für Arthur Henkel.* Heidelberg: C. Winter Universitätsverlag, 1977, S. 144-156.

77.130 HOFMANN, Fritz: Nachwort. In: Th. M.: *Buddenbrooks.* Berlin, u. a.: Aufbau, 1977, S. 785-803. (= Bibliothek der Weltliteratur).

77.131 HOLTHUSEN, Hans E.: Jens Dampf in allen Gassen. Walter Jens: Republikani-
        sche Reden gegen die Republik. In: *Die Welt*, Nr. 169 (23. Juli 1977). [Rez. von
        W. J., # 76.177].

77.132 HÜRLIMANN, Martin: Th. M. In: M. H., *Zeitgenosse aus der Enge. Erinnerungen.*
        Frauenfeld: Huber; Freiburg: Atlantis, 1977, S. 243, 245, 270, u. a.

77.133 IGNOTUS, Pál: Th. M. (1937). In: A. Mádl/J. Györi, # 77.191, S. 129-132.

77.134 JAESRICH, Hellmut: Eine Reise von sechzehn Jahren. Th. M's Tagebücher wer-
        den zweiundzwanzig Jahre nach seinem Tod veröffentlicht. In: *Die Welt*, Ausg.
        B., Nr. 238 (12. Oktober 1977). [Rez. von P. d. Mendelssohn, # 77.212].

77.135 JENDREIEK, Helmut: *Th. M. Der demokratische Roman.* Düsseldorf: Bagel, 1977,
        609 S. [Rez.: Anon. [KL. K.], # 77.8 - W. Frizen, # 80.97 - W. Hinck, # 77.127 -
        H. Kurzke, # 78.170 - H. R. Vaget, # 79.239].

77.136 JENS, Walter: Der letzte Bürger. In: Bludau/Heftrich/Koopmann, # 77.41, S.
        628-642. [Vgl. # 89.113].

77.137 JEREMIAS, Brigitte: Die Zwanziger Jahre, harmlos: Th. M's Erzählung
        Unordnung und frühes Leid verfilmt. In: *FAZ*, Jg. 29, Nr. 37 (14. Februar 1977),
        S. 15.

77.138 JESI, Furio: Th. M. pedagogo e astrologo. In: *Communità*, Nr. 178 (August
        1977), S. 242-274.

77.139 JOECKEL, Wolf: Th. M. In: W. J., *Heinrich Manns Henri Quatre als Gegenbild
        zum nationalsozialistischen Deutschland.* Worms: G. Heintz, 1977. (= Deutsches
        Exil, 1933-35, Eine Schriftenreihe, Bd. 9).

77.140 JONAS, Klaus W.: Th. M.-Archive und -Sammlungen in Amerika. In: Blu-
        dau/Heftrich/Koopmann, # 77.41, S. 534-543.

77.141 KAARSHOLM, Preben: *Kritisk erkendelse og mystifikation i Th. M's tidlige for-
        fatterskab. En historisk-materialistik undersogelse.* København: Dansk Universitets
        Presse, 1977, 316 S. (= Skrifter frå Institut for historie og tekstvidenskab ved
        Roskilde Universitetscenter) [*Buddenbrooks - Der Tod in Venedig - Königliche
        Hoheit* - F. Nietzsche - A. Schopenhauer - R. Wagner].

77.142 KANTOROWICZ, Alfred: Heinrich Manns Tod. In Andreas W. Mytze's Ausg.
        von A. K., *Die Geächteten der Republik. Alte und neue Aufsätze.* Berlin: Verlag
        Europäische Ideen, 1977, S. 99-119. [Mit Auszügen aus Th. M's *Brief über das
        Hinscheiden meines Bruders Heinrich* und aus den Briefen Th. M's an E. Belzner
        vom 21. März 1950 und an A. K. vom 16. März 1951].

77.143 KARDOS, László: Th. M. und *Der Zauberberg* (1963). In: A. Mádl/J. Györi, # 77.191, S. 187-201.

77.144 KARTHAUS, Ulrich: *Buddenbrooks* von Th. M. im literarischen Kontext ihrer Entstehungszeit. In: Herbert Grabes, Hrsg.: *Text-Leser-Bedeutung. Untersuchungen zur Interaktion von Text und Leser.* Grossen-Linden: Hoffmann, 1977, S. 121-143.

77.145 KAYSER, Rudolf: 'Telling the News'. A Chapter of Th. M's Novel *Joseph the Provider.* In: Harry Zohn, Hrsg.: *The Saints of Qumrân. Stories and Essays on Jewish Themes.* Rutherford, u. a.: Fairleigh Dickinson University Press; London: Associated University Presses, 1977, S. 107-113. [*Joseph, der Ernährer*].

77.146 KEGEL, Rudolf: Th. M's Novel *Doctor Faustus.* In: *Central Institute of English and Foreign Languages Bulletin*, Jg. 13, Nr. 1 (1977), S. 65-73.

77.147 KELLER, Ernst: Anmerkungen zur Essayistik Th. M's. In: *Jahrbuch für Internationale Germanistik*, Jg. 9, Nr. 1 (1977), S. 115-143.

77.148 KERKER, Elke: Th. M. In: E. K., *Weltbürgertum - Exil - Heimatlosigkeit. Die Entwicklung der politischen Dimension im Werk Klaus Manns von 1924-1936.* Meisenheim am Glan: A. Hain, 1977. (= Hochschulschriften Literaturwissenschaft, Bd. 26).

77.149 KIEL, Annie: Erich von Kahler. In: *Neue Deutsche Biographie*, Bd. 11. Berlin: Duncker & Humblot, 1977, S. 25-26.

77.150 KIESER, Harro: Wilhelm Sternfeld und seine Beziehungen zu Th. M. Mit fünf Briefen von Th. M. an Wilhelm Sternfeld aus den Jahren 1950-1954. In: G. Pflug, # 77.243, S. 301-311.

77.151 KING, John S.: Space in Th. M's *Buddenbrooks, Der Zauberberg*, and *Doktor Faustus.* In: *DAI*, Jg. 38, Nr. 1 (1977), S. 296A.

77.152 KLARE, M.: Studien zu Th. M's *Doktor Faustus.* In: *DAI*, Jg. 37, Nr. 3 (1977), S. 473, 1/3231c.

77.153 KLEISS, Marietta: Autor-Verleger-Beziehungen, dargestellt an zwei Beispielen: Hesse/Suhrkamp, Mann/Bermann Fischer. In: G. Pflug, # 77.243, S. 313-324.

77.154 KLESSMANN, Eckart: Th. M's gesammelte Versprecher. Originallesungen deutscher Autoren von 1907 bis 1977: 'Stimmen der Dichter' auf zehn Platten. In: *Zeit-Magazin*, Jg. 32, Nr. 47 (11. November 1977), S. 82-90. [*Der Erwählte*].

77.155 KLUGE, Gerhard: Th. M.-Literatur III. In: *Deutsche Bücher*, Jg. 7, Nr. 2 (1977), S. 149-153.

77.156 KLUNCKER, Karlhans, Hrsg.: *Karl und Hanna Wolfskehl: Briefwechsel mit Friedrich Gundolf, 1899-1931, 2 Bde.* Amsterdam: Castrum Peregrini, 2. Aufl., 1977. (= Publications of the Institute of Germanic Studies, University of London, Bd. 24).

77.157 KNAPP, Gerhard P.: Der deutsche Roman seit 1925 (Forschungsbericht). In: *Wirkendes Wort*, Jg. 27, Nr. 3 (Mai/Juni 1977), S. 144-220. [Rez. von: D. Aßmann, # 75.78 - T. Hollweck, # 75.380 - P. E. Hübinger, # 74.80 - H. Koopmann, # 75.459 - L. Voss, # 75.885 - H. Wysling, # 73.318, # 74.212a - H. Wysling/Y. Schmidlin, # 75.947 - J. Zimmermann, # 75.967].

77.158 KOELB, Clayton: Mann, Hoffmann, and 'Callot's Manner'. In: *GR*, Jg. 52, Nr. 4 (1977), S. 260-273.

77.159 KOEPKE, Wulf: Max Frischs *Stiller* als *Zauberberg*-Parodie. In: *Wirkendes Wort*, Jg. 27, Nr. 3 (Mai/Juni 1977), S. 159-170.

77.160 KOFTA, Maria: Das Meer im Weltbild der *Buddenbrooks* Th. M's. In: *Germanica Wratislaviensia*, Nr. 29 (1977), S. 109-119.

77.161 KOHLSCHMIDT, Werner: Th. M. Aus Anlaß seines 100. Geburtstages. In: W. K., *Konturen und Übergänge. Zwölf Essays zur Literatur unseres Jahrhunderts.* Bern, u. a.: A. Francke, 1977, S. 116-123. [Vgl. E in # 75.456].

77.162 KOOPMANN, Helmut: Entgrenzung. Zu einem literarischen Phänomen um 1900. In: Bauer/Heftrich/Koopmann, # 77.24, S. 73-92.

77.163 KOOPMANN, Helmut: Th. M's Bürgerlichkeit. In: Bludau/Heftrich/Koopmann, # 77.41, S. 39-60.

77.164 KOPPEN, Erwin: Nationalität und Internationalität im *Zauberberg*. In: Bludau/Heftrich/Koopmann, # 77.41, S. 120-134. [Vgl. # 88.155].

77.165 KOSZTOLANYI, Dezsö: Th. M's neuestes Buch (1920). In: A. Mádl/J. Györi, # 77.191, S. 81-83.

77.166 KUCZYNSKI, Krzysztof: Rez. von *Germanica Wratislaviensia. Th. M.-Heft*, 1977. In: *Germanistisches Jahrbuch DDR-VRP* (1977/78), S. 262-264. [Kultur- und Informationszentrum der DDR in Warschau].

77.167 KUNISCH, Hermann: Th. M's Goethe-Bild. In: Bludau/Heftrich/Koopmann, #
77.41, S. 307-330. [Vgl. Nachdruck in # 79.124].

77.168 KUNZ, Josef: Th. M. In: J. K., *Die deutsche Novelle im 20. Jahrhundert. Unter bi-
bliographischer Mitwirkung von Rainer Schönhaar.* Berlin: E. Schmidt, 1977, S.
144-168. (= Grundlagen der Germanistik, 23).

77.169 KURZKE, Hermann: Einleitung. In seiner Ausg. von Th. M.: *Essays. Bd. 2: Politik.* Frankfurt a. M.: S. Fischer, 1977, S. 7-22. [Rez.: L. Leibrich, # 78.181].

77.170 KURZKE, Hermann: *Th.-M.-Forschung 1969-1976. Ein kritischer Bericht.* Frankfurt
a. M.: S. Fischer, 1977, 292 S. [Rez.: E. Bahr, # 78.15 - G. A. Fetz, # 79.55 - W.
Hinck, # 77.127 - U. Karthaus, # 79.113 - G. P. Knapp, # 81.109 - L. Leibrich, #
77.179 - W. Schmidt-Dengler, # 79.201 - G. Wenzel, # 79.253].

77.171 LANGE, Victor: Th. M.: Die Princetoner Jahre. In: Bludau/Heftrich/
Koopmann, # 77.41, S. 522-533.

77.172 LANGE, Victor: Th. M.: Tradition und Experiment. In: Bludau/Heftrich/
Koopmann, # 77.41, S. 566-585. [Vgl. # 76.217, # 78.171, # 83.227, # 89.146. -
Doktor Faustus].

77.173 LAWSON, Richard H.: Thematic Similarities in Edith Wharton and Th. M. In:
Twentieth Century Literature, Jg. 23 (1977), S. 289-298.

77.174 LEHNERT, Herbert H.: Der Taugenichts, der Geist und die Macht. Th. M. in
der Krise des Bildungsbürgertums. In: Bludau/Heftrich/Koopmann, # 77.41, S.
75-93.

77.175 LEHNERT, Herbert H.: Th. M. und die Bestimmung des Bürgers. In: Blu-
dau/Heftrich/Koopmann, # 77.41, S. 643-658.

77.176 LEHNERT, Herbert H.: Hundert Jahre Th. M. I. Th. M. - ein Klassiker? - Neues
zur Biographie. In: *Orbis Litterarum*, Jg. 32, Nr. 1 (1977), S. 97-115. [Rez. von:
E. Hilscher, # 75.359 - P. E. Hübinger, # 74.80 - P. d. Mendelssohn, # 75.597, #
75.599 - H. Wysling, # 74.212a - H. Wysling/M. Fischer, # 75.941 - H. Wys-
ling/Y. Schmidlin, # 75.947].

77.177 LEHNERT, Herbert H.: Hundert Jahre Th. M. II. Neue Th. M. Literatur. In:
Orbis Litterarum, Jg. 32, Nr. 4 (1977), S. 341-358. [Rez. von: D. Aßmann, #
75.78 - W. V. Blomster, # 75.123 - S. Corngold, # 75.182 - V. Hansen, # 75.324 -
H. Hatfield, # 75.334 - E. Heftrich, # 75.337 - J. Herchenröder, # 75.345 - G. E.
Hoffmann, # 74.75 - Th. Hollweck, # 75.380 - H. Koopmann, # 75.459, # 75.460
- L. E. Kurth/W. H. McClain, # 75.478 - K. Matthias, # 75.578 - E. Neumeister,
75.639 - J. Northcote-Bade, # 75.641 - J. Rieckmann, # 75.738 - H. Sauereßig,

74.169 - H. S. Schultz, # 75.795 - H. R. Vaget, # 75.874, # 75.877 - L. Voss, # 75.885 - R. Wiecker, # 75.910 - M. Zeller, # 74.217].

77.178 LEIBRICH, Louis: Th. M. in Frankreich. Rezeption, persönliche Beziehungen, Wirkungsgeschichte. In: Bludau/Heftrich/Koopmann, # 77.41, S. 387-397.

77.179 LEIBRICH, Louis: Rez. von H. Kurzke, # 77.170. In: *EG*, Jg. 32 (1977), S. 352-353.

77.180 LEIBRICH, Louis: Rez. von H. Wysling, # 76.408 - H. Wysling/M. Fischer, # 75.941. In: *EG*, Jg. 32, Nr. 1 (Januar-März 1977), S. 79-80.

77.181 LEPPMANN, Wolfgang: Der Amerikaner im Werke Th. M's. In: Alexander Ritter, Hrsg.: *Deutschlands literarisches Amerikabild. Neuere Forschungen zur Amerikarezeption der deutschen Literatur.* Hildesheim, u. a.: G. Olms, 1977, S. 390-400. (= Germanistische Texte und Studien, Bd. 4).

77.182 LINDER, Ann P.: Music as Mysticism and Magic: The Presentation of Music in the Works of Marcel Proust and Th. M. In: *Comparison*, Nr. 5 (Frühjahr 1977), S. 30-57.

77.183 LOEB, Ernst: Rez. von V. Hansen, # 75.324. In: *Heine-Jahrbuch*, Bd. 16 (1977), S. 179-181. [Th. M's Heine-Rezeption].

77.184 LOEWENSTEIN, Kurt: *Th. M. zur jüdischen Frage. Analyse von Werk und Leben. Eine Spiegelung des deutschen Judentums.* Heidelberg: Lambert Schneider, 1977, 360 S. (= Bibliotheca Judaica, Nr. 4).

77.185 LÜTZELER, Paul M.: Rez. von J. M. Spalek/J. Strelka, # 76.352. In: *ZDP*, Jg. 96, Nr. 2 (1977), S. 312-313.

77.186 LUKACS, Georg: Th. M.: Die Tragödie der modernen Kunst. In: G. L., *Kunst und objektive Wahrheit: Essays zur Literaturtheorie und -geschichte.* Leipzig: Reclam, 1977, S. 423-476. (= Universal-Bibliothek) [Hrsg. u. mit einem Vorwort von W. Mittenzwei. - Vgl. E in dt. Sprache in: # 49.183, # 64.145 - vgl. E in poln. Sprache in: # 73.174 - vgl. # 83.239].

77.187 LUKACS, Georg: Th. M's Roman *Königliche Hoheit* (1909). In: A. Mádl/J. Györi, # 77.191, S. 67-73. [Vgl. E in dt. Sprache in: # 55.354a - vgl. E in ungar. Sprache in: # 09.19 - vgl. auch # 13.40].

77.188 MAAS, Gary L.: *Vision, Wort und Erkenntnis über Th. M's Sprachauffassung und Erkenntnistheorie im Zauberberg und in dem zwischen 1910 und 1926 entstandenen essayistischen Werk.* Dissertation, University of Colorado. Colorado:

Boulder, 1977, VII, 330 Bl. [Resümee in: *DAI*, Jg. 38, Nr. 12 (1978), S. 7356A-7357A].

77.189 MADL, Antal: *Th. M's Humanismus und Menschenbild. Werden und Wandlungen einer Welt- und Menschenauffassung.* Dissertation, Leipzig, 1977, 394 Bl.

77.190 MADL, Antal: Th. M's Weg zum 'militanten Humanismus' (1969). In: A. M./J. Györi, # 77.191, S. 251-263. [Vgl. E in dt. Sprache in: # 69.207 - vgl. E in ungar. Sprache in: # 69.208].

77.191 MADL, Antal, und Judit Györi, Hrsg.: *Th. M. und Ungarn: Essays, Dokumente, Bibliographie.* Köln, u. a.: Böhlau; Budapest: Akadémiai Kíadó, 1977, 693 S. [Übs. der Essays und Dokumente aus dem Ungarischen von I. Kolbe. Bibliographie von F. Szász. - Inhalt: G. Bálint, # 77.16, # 77.17 - S. Brody, # 77.42 - P. Egri, # 77.66 - A. Gyergyai, # 77.97 - E. Halász, # 77.100 - G. Halász, # 77.101 - L. Hatvany, # 77.106, # 77.107 - A. Heller, # 77.113 - I. Hermann, # 77.118 - P. Ignotus, # 77.133 - L. Kardos, # 77.143 - D. Kosztolányi, # 77.165 - G. Lukács, # 77.187 - A. M., # 77.190 - A. M./J. G., # 77.192 - L. Mátrai, # 77.203 - L. Nagy, # 77.230 - E. Neményi, # 77.231 - L. Pók, # 77.245 - P. Rényi, # 77.254, # 77.255 - I. Sőtér, # 77.286 - G. Somlyó, # 77.287 - F. Szász, # 77.301 - M. Szentkuthy, # 77.302 - E. Térey, # 77.303, # 77.304 - W. Toth, # 77.306 - J. Turóczi-Trostler, # 77.312. - Mit 77 Bildtafeln. - Rez.: I. Diersen, # 79.43 - K. Frank-Schneider, # 80.94 - K. Kadas, # 79.109 - G. Wenzel, # 78.322, # 80.297].

77.192 MADL, Antal, und Judit Györi: Einführung in die Problematik. In: # 77.191, S. 11-64. [Th. M. und Ungarn].

77.193 MÄRZHÄUSER, Herbert: Ein kommunistischer Jesuit. Die Figur Naphtas im *Zauberberg* und Th. M's Stellung zum christlichen Mönchtum. In: H. M., *Die Darstellung von Mönchtum und Klosterleben im deutschen Roman des zwanzigsten Jahrhunderts.* Frankfurt a. M., u. a.: Lang, 1977, S. 43-68. (= Europäische Hochschulschriften, Reihe 1: Deutsche Literatur und Germanistik, Bd. 190).

77.194 MAGILL, C. P.: Rez. von J. W. Smeed, # 75.824. In: *MLR*, Bd. 72 (1977), S. 744-746.

77.195 MAHLENDORF, Ursula: Aesthetics, Psychology and Politics in Th. M's *Doctor Faustus.* In: *Mosaic*, Jg. 11, Nr. 4 (1977/1978), S. 1-18. [*Doktor Faustus*].

77.196 MAIER, Hans: Ein Th. M.-Symposion in München. In: Bludau/Heftrich/Koopmann, # 77.41, S. 11-13.

77.197 MANN, Erika: Einleitung. In ihrer Ausg. von Th. M.: *Briefe 1889-1936.* Frankfurt a. M.: S. Fischer, 1977, S. V-XII.

77.198 MANN, Michael: Th. M. und Mozart. In: *Blätter der Th. M. Gesellschaft Zürich*, Nr. 16 (1977-1978), S. 5-8, 28.

77.199 MANN, Michael: Schuld und Segen im Werk Th. M's. In: Blu-dau/Heftrich/Koopmann, # 77.41, S. 555-565.

77.200 MANN, Michael, und Hunter Hannum: Einführung. In ihrer Ausg. von Th. M.: *Essays. Bd. 1: Literatur*. Frankfurt a. M.: S. Fischer, 1977, S. 7-17. (= Fischer Taschenbuch, 1906) [Rez.: L. Leibrich, # 78.179].

77.201 MANN, Monika: Eintragungen. In: *Frankfurter Hefte*, Jg. 32, Nr. 5 (1977), S. 75-76.

77.202 MASINI, Ferruccio: Nichilismo e disumanizzazione dell'arte nel *Doktor Faustus*. In: F. M., *Lo sguardo della Medusa: Prospettive critiche sul Novecento tedesco*. Bologna: Capelli, 1977, S. 129-142. (= Saggi Capelli) [Vgl. E in: *Studi Germanici*, Jg. 13 (1975), S. 247-262 - vgl. dt. Text in # 78.199].

77.203 MATRAI, László: Der dritte Th. M. - Bemerkungen zum Nihil-Erlebnis unserer Zeit (1936). In: A. Mádl/J. Györi, # 77.191, S. 124-128.

77.204 MATT, Peter von: Psychoanalyse: Th. M. und die Psychologie des deutschen Nationalschriftstellers. In: *Seminar 'Literaturwissenschaft - heute'*. Zürich: Ropress, 1977, S. 41-52.

77.205 MATTAUSCH, Josef: Rez. von F. Bulhof, # 76.48. In: *Germanistik*, Jg. 18, Nr. 2 (1977), S. 581-582.

77.206 MATTENKLOTT, Gert: Sozialgeschichte. In: *Seminar 'Literaturwissenschaft - heute'*. Zürich: Ropress, 1977, S. 1-9. [Über Th. M.].

77.207 MATTHIAS, Klaus: Das Meer als Urerlebnis Th. M's. In: *Nordelbingen*, Bd. 46 (1977), S. 187-211. [Für K. Hamburger zum 80. Geburtstag].

77.208 MAYER, Hans: Hermann Hesse und das Magische Theater. In: *Jahrbuch der Deutschen Schillergesellschaft*, Bd. 21 (1977), S. 517-532.

77.209 MCINTYRE, Allan J.: Determinism in *Mario and the Magician*. In: *GR*, Jg. 52, Nr. 3 (Mai 1977), S. 205-216. [Vgl. Nachdruck in # 86.202].

77.210 MEISSNER, Toni: Schüttelfrost, Angst und viele Schlaftabletten. 22 Jahre nach seinem Tod erscheinen Th. M's Tagebücher. In: *Abendzeitung* (21. Juli 1977). [Rez. von P. d. Mendelssohn, # 77.212. - München].

77.211 MENDELSSOHN, Peter de: Vorbemerkung. In seiner Ausg. von Th. M. - Alfred Neumann: *Briefwechsel*. Heidelberg: L. Schneider, 1977, S. 9-17. (= Veröffentlichungen der Deutschen Akademie für Sprache und Dichtung, Darmstadt, Nr. 52) [Rez.: Anon., # 79.2 - V. Hansen, # 78.96 - I. B. Jonas, # 80.128 - A. Krättli, # 78.162 - L. Leibrich, # 78.179 - J. Müller, # 78.218 - P. F. Proskauer, # 78.236 - H. R. Vaget, # 78.305].

77.212 MENDELSSOHN, Peter de: Vorbemerkungen des Herausgebers. In seiner Ausg. von Th. M.: *Tagebücher 1933-1934*. Frankfurt a. M.: S. Fischer, 1977, S. V-XXI. [Vgl. 2. Aufl., # 78.210. - Vgl. G. Bergsten, # 80.30. - Rez.: J. Améry, # 78.2, # 78.3, # 78.4 - Anon., # 77.4 - Anon. [OZ], # 77.9 - R. Blahecek, # 78.28 - G. Blöcker, # 77.39 - H. Brode, # 78.39 - J. W. Brügel, # 80.56 - G. Bucerius, # 78.42 - P. Burri, # 77.47 - C. v. Dach, # 78.50 - F. Dieckmann, # 80.66 - I. Drewitz, # 77.63, Wiederabdruck in # 77.46, # 81.38 - H. Eichner, # 78.60 - K. Fuchs, # 78.76 - W. Grothe, # 80.106 - J. Günther, # 78.90 - R. Hartung, # 78.98 - H. Helbling, # 77.112 - E. Heller, # 79.89 - G. Höhler, # 77.129 - E. F. Hoffmann, # 79.96 - H. Jaesrich, # 77.134 - W. Jens, # 78.132 - K. W. Jonas, # 78.136 - H. Kesting, # 78.147 - G. Kluge, # 79.116 - T. Koch, # 78.154, # 81.111 - A. Krättli, # 78.162 - H. H. Lehnert, # 79.129 - L. Leibrich, # 78.181 - B. Matamoro, # 80.181 - H. Mayer, # 80.194, # 83.248, # 84.164 - T. Meissner, # 77.210 - J. Müller, # 78.218, # 80.211 - B. Peschken, # 78.230 - F. Rau, # 79.182 - T. J. Reed, # 78.242 - M. Reich-Ranicki, # 78.243, # 82.207, # 87.239 - K. Schröter, # 79.204 - S. Schultze, # 78.274 - C. Schwerin, # 79.208 - C. Soeteman, # 80.272 - A. S. Spoor, # 78.288 - H. R. Vaget, # 79.237, # 81.243 - E. Wolffheim, # 79.266].

77.213 MENDELSSOHN, Peter de: Ein Schriftsteller in München. In: Bludau/Heftrich/Koopmann, # 77.41, S. 14-36.

77.214 MENDELSSOHN, Peter de: Bekenntnis und Autobiographie. In: Bludau/Heftrich/Koopmann, # 77.41, S. 606-627.

77.215 MENDELSSOHN, Peter de: Das Kinderhaus. In: *Ensemble*, Nr. 8 (1977), S. 144-153.

77.216 MENDELSSOHN, Peter de: Dem Andenken eines Freundes. In: P. d. M., *Unterwegs mit Reiseschatten. Essays*. Frankfurt a. M.: S. Fischer, 1977, S. 128-141. [Klaus Mann].

77.217 MENDELSSOHN, Peter de: Literatur im Exil. Ansprache zu einer Ausstellung in Amsterdam. In: # 77.216, S. 164-195.

77.218 MENDELSSOHN, Peter de: 'Odeon' und 'Figura': Geschichte einer Zeitschrift, die nie erschien. In: *SZ*, Jg. 33, Nr. 65 (19./20. März 1977), Feuilleton, S. 97.

77.219 MENDELSSOHN, Peter de: Th. M's allnächtliche dialogische Grübelei. Was die Tagebücher aus der ersten Zeit des Exils enthalten. In: *SZ*, Jg. 33, Nr. 238 (15./16. Oktober 1977), S. 106.

77.220 MEWS, Siegfried: Rez. von J. M. Spalek/J. Strelka, # 76.352. In: *JEGP*, Jg. 76 (1977), S. 612-615.

77.221 MEYER, Gerhard, und Antjekathrin Grassmann: Th. M. In: *Kleiner Führer durch die Lübeck-Literatur.* Lübeck, 1977, S. 47. (= Senat der Hansestadt Lübeck, Amt für Kultur. Veröffentlichung 10).

77.222 MEYERS, Jeffrey: Mann und Musil: *Death in Venice* and *Young Törless.* In: J. M., *Homosexuality and Literature 1890-1930.* London: The Athlone Press, 1977, S. 42-57. [Rez.: R. Hindmarsch, # 81.82. - Th. M.: *Der Tod in Venedig* - R. Musil: *Die Verwirrungen des Zöglings Törleß*].

77.223 MIGAUD, J.-F.: Rez. von L. Uhlig, # 75.866. In: *EG*, Jg. 32, Nr. 1 (Januar-März 1977), S. 81-82.

77.224 MIŁOSZ, Czeslaw: A Poet between East and West. In: *MQR*, Jg. 16 (1977), S. 263-271. [*Tonio Kröger* - Literatur des 20. Jahrhunderts].

77.225 MITTENZWEI, Werner: Der Realismus-Streit um Brecht (II). Grundriß zu einer Brecht-Rezeption der DDR, 1945-1975. In: *Sinn und Form*, Jg. 29, Nr. 1 (1977), S. 160-190. [Vgl. Der Realismus-Streit um Brecht (I), # 76.265].

77.226 MÜLLER, Manfred: Zur politischen Position Th. M's vor den *Betrachtungen eines Unpolitischen.* In: *Germanica Wratislaviensia*, Nr. 29 (1977), S. 71-75.

77.227 MUÑOZ, Jacobo: Th. M. Crónica de una decadéncia. In: *Revista Occidental*, Jg. 17, Nr. 1 (1977), S. 12-27.

77.228 MURATA, Tsunekazu: Th. M. in Japan. In: Bludau/Heftrich/Koopmann, # 77.41, S. 434-446.

77.229 NÄGELE, Rainer: Geht es noch um den Realismus? Politische Implikation moderner Erzählformen im Roman. In: W. Paulsen, # 77.240, S. 34-53. [Über Th. M.: S. 43].

77.230 NAGY, Lajos: Th. M's *Tonio Kröger* (1913). In: A. Mádl/J. Györi, # 77.191, S. 74-76.

77.231 NEMENYI, Erzsébet: Die Psychologie des Künstlers. In: A. Mádl/J. Györi, # 77.191, S. 267-271. [Über Th. M's Novellenband *Tristan*].

77.232 NEUMEISTER, Erdmann: *Th. M's frühe Erzählungen. Der Jugendstil als Kunstform im frühen Werk.* Bonn: Bouvier, 3. verb. u. erw. Aufl., 1977, XXI, 135 S., Anhang: 18 S. (= Abhandlungen zur Kunst-, Musik- und Literaturwissenschaft, Bd. 133) [Vgl. # 72.133, # 75.639].

77.233 NICHOLLS, Anthony J.: American Views of Germany's Future during World War II. In: Lothar Kettenacker, Hrsg.: *Das 'andere Deutschland' im Zweiten Weltkrieg: Emigration und Widerstand in internationaler Perspektive.* Stuttgart: E. Klett, 1977, S. 77-85. [Dt. Kurzfassung: S. 85-87].

77.234 OHL, Hubert: 'Verantwortungsvolle Ungebundenheit': Th. M. und Fontane. In: Bludau/Heftrich/Koopmann, # 77.41, S. 331-348.

77.235 OKUDSHAWA, Bulat: Immer wieder Th. M. In: *Wochenpost* (27. Mai 1977), S. 14.

77.236 ORR, John: Th. M.: Bourgeois Affirmation and Artistic Tragedy. In: J. O., *Tragic Realism and Modern Society. Studies in the Sociology of the Modern Novel.* London, u. a.: The Macmillan Press, 1977, S. 115-131. (= Edinburgh Studies in Sociology).

77.237 OTLOWSKI, Hubert: *Th. M's Doktor Faustus: Zum Problem des philosophischen Romans.* Kronberg: Scriptor, 1977.

77.238 OTLOWSKI, Hubert: Th. M's Lebensweise in semiotischer Sicht. In: *Germanica Wratislaviensia*, Nr. 29 (1977), S. 25-32.

77.239 PASCAL, Roy: *The Magic Mountain* and Adorno's Critique of the Traditional Novel. In: K. Bullivant, # 77.46, S. 1-23. [*Der Zauberberg*]

77.240 PAULSEN, Wolfgang, Hrsg.: *Der deutsche Roman und seine historischen und politischen Bedingungen.* Bern, u. a.: A. Francke, 1977, 256 S. (= Neuntes Amherster Kolloquium zur deutschen Literatur) [Mit Beiträgen von: R. Nägele, # 77.229 - M. Swales, # 77.300 - H. R. Vaget, # 77.315. - Rez.: D. G. Little, # 80.168].

77.241 PESTALOZZI, Karl: Geistesgeschichte. In: *Seminar 'Literaturwissenschaft - heute'.* Zürich: Ropress, 1977, S. 70-80. [*Gladius Dei*].

77.242 PFÄFFLIN, Friedrich, Albrecht Bergold, Viktoria Fuchs, u. a.: Hermann Hesse und Th. M. In: *Hermann Hesse 1877-1977. Stationen seines Lebens, des Werkes und seiner Wirkung. Gedenkausstellung zum 100. Geburtstag im Schiller-Nationalmuseum Marbach am Neckar.* München: Kösel, 1977, S. 164-174. (= Sonderausstellungen des Schiller-Nationalmuseums, Katalog Nr. 28) [Mit Auszügen aus Briefen Th. M's vom 8. April 1945, 15. Januar 1948, sowie H. Hesses an Th. M.].

77.243 PFLUG, Günther, Brita Eckert, und Heinz Friesenhahn, Hrsg.: *Bibliothek - Buch - Geschichte. Kurt Kröster zum 65. Geburtstag.* Frankfurt a. M.: V. Klostermann, 1977, 596 S. (= Sonderveröffentlichungen der Deutschen Bibliothek, Nr. 5) [Mit Beiträgen von: W. Berthold, # 77.32 - H. Kieser, # 77.150 - M. Kleiß, # 77.153].

77.244 PIKULIK, Lothar: Die Politisierung des Ästheten im Ersten Weltkrieg. In: Bludau/Heftrich/Koopmann, # 77.41, S. 61-71. [Vgl. # 85.209].

77.245 POK, Lajos: Der Roman der Epoche (1968). In: A. Mádl/J. Györi, # 77.191, S. 240-250.

77.246 POSCHMANN, Rosemarie, und Gerhard Wolf, Hrsg.: Th. M. In: *Der Briefwechsel zwischen Louis Fürnberg und Arnold Zweig.* Berlin, u. a.: Aufbau, 1977, S. 6, 12, 19, u. a. [Rez.: G. Wenzel, # 79.254].

77.247 PRACHT-FITZELL, Ilse: *Die Geburt der Tragödie* und *Der Tod in Venedig.* In: *Germanic Notes,* Jg. 8 (1977), S. 10-17.

77.248 PÜTZ, Peter: Th. M's Wirkung auf die deutsche Literatur der Gegenwart. In: Bludau/Heftrich/Koopmann, # 77.41, S. 453-465. [Vgl. E in # 76.302 - # 82.200].

77.249 RASCH, Wolfdietrich: Th. M. und die Décadence. In: Bludau/Heftrich/Koopmann, # 77.41, S. 271-284.

77.250 REED, Terence J.: Rez. von K. Mommsen, # 73.202a. In: *MLR,* Bd. 72 (1977), S. 503-504.

77.251 REICH-RANICKI, Marcel: Klaus Mann, der dreifach Geschlagene. In: M. R.-R., *Nachprüfung. Aufsätze über deutsche Schriftsteller von gestern.* München, u. a.: R. Piper, 1977, S. 269-294. [Vgl. E u. d. T.: Noch ein Triumph des Gustaf Gründgens: Zu einer Neuausgabe des umstrittenen Romans *Mephisto* von Klaus Mann. In: *Die Zeit,* Jg. 21, Nr. 8 (18. Februar 1966), S. 14-15].

77.252 REICH-RANICKI, Marcel: Th. M. und der Alltag. In: # 77.251, S. 93-108, 300. [Inhalt: Der Briefwechsel mit seinem Verleger, S. 93-101, vgl. E in # 73.238 - Briefe an einen Jugendfreund und an eine Gönnerin, S. 101-108, 300, vgl. E in # 76.309. - G. Bermann Fischer - I. Boy-Ed - O. Grautoff].

77.253 REICH-RANICKI, Marcel: Th. M. In: M. R.-R., *Über Ruhestörer: Juden in der deutschen Literatur.* Frankfurt a. M., u. a.: Ullstein, 1977. (= Ullstein-Buch, Nr. 3335).

77.254 RENYI, Péter: Nachgerade kein Fremder. In: *Budapester Rundschau,* Jg. 11, Nr. 52 (26. Dezember 1977), Kultur, S. 10. [Rez. von A. Mádl/J. Györi, # 77.191].

77.255 RENYI, Péter: Die Ironie bei Th. M. (1966). In: A. Mádl/J. Györi, # 77.191, S. 210-225. [Vgl. E in # 66.235].

77.256 RIECK, Werner: Epochenverständnis und zeitgeschichtliche Bilanz. Ein Aspekt der Goetherezeption Th. M's. In: *Germanica Wratislaviensia*, Nr. 29 (1977), S. 97-108.

77.257 RIECKMANN, Jens: *Der Zauberberg: Eine geistige Autobiographie Th. M's.* Stuttgart: Akademischer Verlag, 1977, 127 S. (= Stuttgarter Arbeiten zur Germanistik, Nr. 34) [Vgl. # 75.737c, #79.185].

77.258 RILEY, Anthony W.: Jaufré Rudel in Alfred Döblin's Last Novel *Hamlet*. In: *Mosaic*, Jg. 10, Nr. 2 (1977), S. 131-145. [A. Döblin - Th. M.].

77.259 RITTER-SANTINI, Lea: Das Licht im Rücken. Notizen zu Th. M's Dante-Rezeption. In: Bludau/Heftrich/Koopmann, # 77.41, S. 349-376. [Vgl. Nachdruck in # 78.253].

77.260 ROSENSTEIN, Naftali C.: Nachruf auf Michael Mann. In: *Israel Nachrichten* (4. Februar 1977), Literatur und Kunst, S. 8.

77.261 ROTHE, Wolfgang: Th. M. In: W. R., *Der Expressionismus. Theologische, soziologische und anthropologische Aspekte einer Literatur.* Frankfurt a. M.: V. Klostermann, 1977, S. 22. (= Das Abendland, N. F., 9).

77.262 RUDERT-DE GIROGI, Karin: *Gestaltung und Problematik der 'Gregoriuslegende' bei Hartmann von Aue und Th. M.* Dissertation, Università di Lecce. Lecce: Ed. Milella, 1977, 195 S. (= Università degli studi di Lecce, Studi di letteratura tedesca, 1).

77.263 SALIS, Jean Rudolf von: Th. M. und die Schweiz. Eine Gedenkrede auf den deutschen Dichter. In: Bludau/Heftrich/Koopmann, # 77.41, S. 547-552.

77.264 SANDBERG, Hans-Joachim: Th. M. und Georg Brandes. Quellenkritische Beobachtungen zur Rezeption (un-)politischer Einsichten und zu deren Integration in Essay und Erzählkunst. In: Bludau/Heftrich/Koopmann, # 77.41, S. 285-306. [Vgl. # 85.242].

77.265 SANDBERG, Hans-Joachim: Rez. von H. Sauereßig, # 74.169. In: *Studia Neophilologica*, Jg. 49 (1977), S. 366-369. [*Der Zauberberg*].

77.266 SAUERLAND, Karol: *Doktor Faustus* ohne Adorno? In: *Germanica Wratislaviensia*, Nr. 29 (1977), S. 125-127.

77.267 SAUTER, Karl H.: *The Portrayal of the Jesuit in Th. M's Der Zauberberg, Ludwig Marcuse's Ignatius von Loyola, and Fritz Hochwälder's Das Heilige Experiment.* Dissertation, Los Angeles, University of Southern California, 1977, 191 S. [Vgl. # 78.260].

77.268 SAUTERMEISTER, Gert: Vergangenheitsbewältigung? Th. M's *Doktor Faustus* und die Wege der Forschung. In: *Basis*, Bd. 7, (1977), S. 26-53, 228.

77.269 SAUTERMEISTER, Gert: Sozialpsychologie, Marxismus. In: *Seminar 'Literaturwissenschaft - heute'.* Zürich: Ropress, 1977, S. 53-69. [*Der Tod in Venedig - Mario und der Zauberer*].

77.270 SAUTERMEISTER, Gert: Widersprüchlicher Antifaschismus. Th. M's politische Schriften (1914-1945). In: Lutz Winckler, Hrsg.: *Antifaschistische Literatur. Programme, Autoren, Werke. Bd. 1.* Kronberg, Ts.: Scriptor, 1977, S. 142-222. (= Literatur im historischen Prozeß, Bd. 10).

77.271 SCHANZE, Helmut: Th. M.: *Buddenbrooks* - im 'Kontext' um 1900 - Probleme einer Rezeptionsgeschichte. In: Bauer/Heftrich/Koopmann, # 77.24, S. 596-608.

77.272 SCHARFSCHWERDT, Jürgen: Th. M's Idee der 'sozialen Demokratie' und ihre ästhetischen Grundaspekte. In: Bludau/Heftrich/Koopmann, # 77.41, S. 222-249.

77.273 SCHEEL, Heinrich: Der antifaschistische Widerstandskämpfer Werner Krauss. In: *Sinn und Form*, Jg. 29, Nr. 6 (1977), S. 1195-1204. [Über Th. M.: S. 1199-1200].

77.274 SCHIRMBECK, Heinrich: An der Pforte zur Barbarei. Th. M. und die Eule der Minerva (1953). In: H. S., *Schönheit und Schrecken. Zum Humanismusproblem in der modernen Literatur.* Mainz: v. Hase & Koehler, 1977, S. 141-149, 236. (= Die Mainzer Reihe, 43).

77.275 SCHMID, Karl: Hermann Hesse und Th. M. Zwei Möglichkeiten europäischer Humanität. In Hermann Burger's Ausg. von K. S., *Aufsätze und Reden, Bd. 4: Das Genaue und das Mächtige.* Zürich, u. a.: Artemis, 1977, S. 117-147. [Vgl. E in # 50.169].

77.276 SCHRÖTER, Klaus: Literatur zu Th. M. um 1975 (Review Article). In: *Monatshefte*, Jg. 69, Nr. 1 (1977), S. 66-75. [Rez. von: D. Aßmann, # 75.78 - I. M. Ezergailis, # 75.232 - W. Hellmann, # 72.66 - G. E. Hoffmann, # 74.75 - F. Hofmann, # 74.76 - T. Hollweck, # 75.380 - K. Hughes, # 75.388a - H. Koopmann, # 75.459, # 75.460 - K. Mann, # 75.545 - P. d. Mendelssohn, # 75.599 - E. Neumeister, # 75.639 - L. Uhlig, # 75.866 - H. R. Vaget/D. Barnouw, # 75.874 -

H. Wysling/Y. Schmidlin, # 75.947 - F. W. Young, # 75.956 - M. Zeller, # 74.217].

77.277 SCHUSTER, Ingrid: Taoism and *Der Zauberberg.* In: *Canadian Review of Comparative Literature,* Jg. 4, Nr. 1 (1977), S. 81-88.

77.278 SCHUSTER, Ingrid: Reaktion und Ernüchterung: Th. M. und Bertolt Brecht. In: I. S., *China und Japan in der deutschen Literatur 1890-1925.* Bern, u. a.: A. Francke, 1977, S. 177-180.

77.279 SCHWARZ, Egon: Rez. von R. E. Modern, # 75.618a. In: *JEGP,* Jg. 76, Nr. 3 (Juli 1977), S. 439-440.

77.280 SCHWEIKERT, Uwe: Rez. von H. Wysling, # 74.212a. In: *Germanistik,* Jg. 18, Nr. 2 (1977), S. 584.

77.281 SEELIG, Carl: Th. M. In: C. S., *Wanderungen mit Robert Walser.* Frankfurt a. M.: Suhrkamp, 1977. (= Bibliothek Suhrkamp, Bd. 554).

77.282 SEIDLIN, Oskar: Rez. von H. Koopmann, # 75.459. In: *JEGP,* Jg. 76, Nr. 1 (Januar 1977), S. 105.

77.283 SERKE, Jürgen: Th. M. In: J. S., *Die verbrannten Dichter. Mit Fotos von Wilfried Bauer. Berichte, Texte, Bilder einer Zeit.* Weinheim, u. a.: Beltz & Gelberg, 1977, S. 250-251, u. a.

77.284 SJOEGREN, Christine Oertel: Wendelin and the Theme of Transformation in Th. M's *Wälsungenblut.* In: *Comparative Literature Studies,* Jg. 14, Nr. 4 (Dezember 1977), S. 346-359.

77.285 SMEDT, Erik De: Struktur und Funktion der Gespräche in Th. M's *Zauberberg.* In: *Germanistische Mitteilungen,* Nr. 6 (1977), S. 11-27.

77.286 SŐTER, István: Tagebuch eines Lesers - Zur Struktur des Romans *Doktor Faustus* (1957). In: A. Mádl/J. Györi, # 77.191, S. 141-154.

77.287 SOMLYO, György: 'Hinter Gottes Rücken' - Bei der Lektüre von Zsigmond Móricz und Th. M. (1955). In: A. Mádl/J. Györi, # 77.191, S. 136-140.

77.288 SPAETHLING, Robert: Rez. von W. H. Bruford, # 75.145. In: *Monatshefte,* Jg. 69, Nr. 1 (1977), S. 102-103.

77.289 SRINIVASAN, Desika: Style in Syntax: A Computer Aided Quantitative Study. In: Serge Lusignan, und John S. North, Hrsg.: *Computing in the Humanities. Proceedings of the Third International Conference on Computing in the Hu-*

manities. Waterloo, Ont.: University of Waterloo Press, 1977, S. 85-97. [*Buddenbrooks - Doktor Faustus - Felix Krull*].

77.290 STEINECKE, Hartmut: Die 'repräsentative Kunstform der Epoche'. Bemerkungen zu Th. M's Romanverständnis. In: Bludau/Heftrich/Koopmann, # 77.41, S. 250-268.

77.291 STEPHAN, Alexander: Pläne für ein neues Deutschland. Die Kulturpolitik der Exil-KPD vor 1945. In: *Basis*, Bd. 7 (1977), S. 54-74, 229-233.

77.292 STERN, Fritz: Th. M. In: F. S., *Gold and Iron. Bismarck, Bleichröder, and the Building of the German Empire.* London: George Allen & Unwin Ltd Ruskin House, 1977.

77.293 STERNBERGER, Dolf: Deutschland im *Doktor Faustus* und *Doktor Faustus* in Deutschland. In: Bludau/Heftrich/Koopmann, # 77.41, S. 155-172.

77.294 STRELKA, Joseph: Zum Roman in der deutschen Exil-Literatur seit 1933. In: J. S., *Auf der Suche nach dem verlorenen Selbst. Zu deutscher Erzählprosa des 20. Jahrhunderts.* Bern, u. a.: A. Francke, 1977, S. 95-105, 158. [*Doktor Faustus*].

77.295 STUCKENSCHMIDT, Hans H.: Auf dem Zauberweg. Carl Ebert wird Neunzig. In: *FAZ*, Jg. 29, Nr. 42 (19. Februar 1977), Bilder und Zeiten.

77.296 STURMANN, Manfred: Sie wäre gern sechzehn gewesen: Kuriosa aus dem Else-Lasker-Schüler-Archiv. In: *NZZ*, Jg. 198, Nr. 80 (5. April 1977), Feuilleton, S. 40. [Mit einem Brief Th. M's].

77.297 SUDHOF, Siegfried: Rez. von J. M. Spalek/J. Strelka, # 76.352. In: *Arbeitskreis Heinrich Mann: Mitteilungsblatt*, Nr. 9 (November 1977), S. 38-40.

77.298 SUDHOF, Siegfried: Rez. von Bludau/Heftrich/Koopmann, # 77.41. In: *Arbeitskreis Heinrich Mann: Mitteilungsblatt*, Nr. 10 (Dezember 1977), S. 32-35.

77.299 SWALES, Martin: Rez. von P. E. Hübinger, # 74.80 - H. Wysling, # 74.212a. In: *GLL*, N. S., Jg. 31 (1977-1978), S. 377-379.

77.300 SWALES, Martin: Unverwirklichte Totalität. Bemerkungen zum deutschen Bildungsroman. In: W. Paulsen, # 77.240, S. 90-106. [*Der Zauberberg*].

77.301 SZASZ, Ferenc: Bibliographie. In: A. Mádl/J. Györi, # 77.191, S. 513-608. [Material zu 'Th. M. und Ungarn'].

77.302 SZENTKUTHY, Miklós: Notizen zu einem Bildungsroman - *Bekenntnisse des Hochstaplers Felix Krull* (1957). In: A. Mádl/J. Györi, # 77.191, S. 155-164.

77.303 TEREY, Edith: Romain Rolland und Th. M. (1919). In: A. Mádl/J. Györi, #
77.191, S. 77-80. [Vgl. E in # 19.34].

77.304 TEREY, Edith: Th. M. - Zu seinem fünfzigsten Geburtstag (1925). In: A. Mádl/J.
Györi, # 77.191, S. 98-101. [Vgl. E in # 25.207].

77.305 TOLLINCHI, Estebán: El demónio de Th. M. In: *Cuatro Conferencias Commemo-
rativas. Miguél Angel, Th. M., Rainer Maria Rilke, Carlos Gustavo Jung.* Rio
Piedras: Ed. Universitaria, Univ. de Puerto Rico, 1977, S. 41-54.

77.306 TOTH, Wanda: Disput: Brief an den Redakteur. In: A. Mádl/J. Györi, # 77.191,
S. 274-276. [Betr. S. Bródys Besprechung von Th. M's Novelle *Der Tod in
Venedig*].

77.307 TOURNIER, Michel: Th. M. et *La Montagne Magique*. In: Th. M.: *La Montagne
Magique, Bd. 1.* Genève: Editions Famot, 1977, S. 7-14.

77.308 TRIESCH, Manfred: Die 'Waage der Menschheit': Zu einem Brief Th. M's aus
dem Jahre 1939. In: *Seminar*, Jg. 13, Nr. 3 (1977), S. 170-171. [Th. M. an G.
Wagner, 19. März 1939. - Mit Textpublikation].

77.309 TRUNZ, Erich: Ein Goethezitat bei Th. M. In: *Goethe-Jahrbuch*, N. F., Bd. 94
(1977), S. 109-112. [Vgl. # 76.378. - Betr. ein Urteil Goethes über den Schriftsteller G. Pfizer, das Th. M. in *Goethes Laufbahn als Schriftsteller* erwähnt].

77.310 TSCHECHNE, Wolfgang: Th. M. bewegt noch immer die Geister. Autoren der
Gegenwart äußern sich über das Werk des Lübeckers. In: *Lübecker Nachrichten*,
Jg. 32, Nr. 266 (13. November 1977), Kultur, S. 13.

77.311 TUCHOLSKY, Kurt: Th. M. In Mary Gerold-Tucholsky's und Gustav Huonker's
Ausg. von K. T., *Briefe aus dem Schweigen 1932-1935.* Reinbek bei Hamburg:
Rowohlt, 1977.

77.312 TUROCZI-TROSTLER, József: Th. M's Weg zum Mythos - zum *Joseph*-Roman
(1936). In: A. Mádl/J. Györi, # 77.191, S. 117-123. [Vgl. E in # 36.66].

77.313 VAGET, Hans R.: Rez. von K. Hughes, # 75.388a. In: *GR*, Jg. 52, Nr. 1 (1977), S.
77-80.

77.314 VAGET, Hans R.: Georg Lukács und Th. M. In: *Neue Rundschau*, Jg. 88, Nr. 4
(1977), S. 656-663.

77.315 VAGET, Hans R.: Kaisersaschern als geistige Lebensform. Zur Konzeption der deutschen Geschichte in Th. M's *Doktor Faustus*. In: W. Paulsen, # 77.240, S. 200-235.

77.316 VAR, Gabriel: Die ungewöhnlichsten Liebesgeschichten des 20. Jahrhunderts (XII). 'Meine kluge, süße, geliebte, kleine Königin!'. In: *Welt am Sonntag*, Nr. 25 (19. Juni 1977), S. 34. [Berlin-West. - Katia Mann].

77.317 VOGT, Jochen: Th. M. In: Erhard Schütz, und J. V., Hrsg.: *Einführung in die deutsche Literatur des 20. Jahrhunderts. Bd. 1: Kaiserreich; Bd. 2: Weimarer Republik. Faschismus und Exil*. Opladen: Westdeutscher Verlag, 1977, S. 160-173, 316-328. (= Grundkurs Literaturgeschichte).

77.319 WAGNER, Frank: Th. M. in der Sicht sozialistischer Schriftsteller - beobachtet an Anna Seghers. In: *Germanica Wratislaviensia*, Nr. 29 (1977), S. 83-90.

77.320 WANNER, Hans: *Individualität, Identität und Rolle: Das frühe Werk Heinrich Manns und Th. M's Erzählungen Gladius Dei und Der Tod in Venedig*. München: Tuduv, 2. Aufl., 1977, III, 247 S. [Vgl. # 76.387].

77.321 WARNING, Rainer: Rezeptionsästhetik. In: *Seminar 'Literaturwissenschaft - heute'*. Zürich: Ropress, 1977, S. 30-40. [*Der Tod in Venedig*].

77.322 WASILEWSKI, Zbigniew: German Literature in Poland. In: *Polish Perspectives*, Jg. 20, Nr. 12 (1977), S. 61-64. [Auch in dt. Ausgabe].

77.323 WEDEMEYER, Manfred: Th. M. und die Insel Sylt. In: *Die Heimat*, Jg. 84, Nr. 9/10 (September/Oktober 1977), S. 293-295. [Mit Faksimile von Th. M's Eintragung vom 30. August 1928 im Gästebuch der K. Tiedemann].

77.324 WEHLEN, Wolfgang: Das Wilhelms-Gymnasium in der Literatur. In: *Wilhelms-Gymnasium München Thierschstraße, 1877-1977. Eine Rückschau in Dokumenten*. München: M. Volk, 1977, S. 125-139. [Zusammengestellt von J. Linauer. - Katia Mann].

77.325 WEIGAND, Hermann J.: Zu Th. M's Anteil an Serenus Zeitbloms Biographie von Adrian Leverkühn. In: *DVJS*, Jg. 51, Nr. 3 (September 1977), S. 476-501. [Vgl. # 82.286. - Über A. von Gleichen-Rußwurm im *Doktor Faustus*].

77.326 WEISS, Gerhard H.: Rez. von W. H. Bruford, # 75.145. In: *GQ*, Jg. 50, Nr. 1 (1977), S. 79-81.

77.327 WEISS, Walter: Konkurrierende Ansätze sprachlicher Beschreibung und Deutung. Angewendet auf die Erzählung *Beim Propheten* von Th. M. In: Bludau/Heftrich/Koopmann, # 77.41, S. 484-499.

77.328 WEISSTEIN, Ulrich: Rez. von H. Mörchen, # 73.203. In: *Revue belge de philologie et d'histoire*, Bd. 54 (1977), S. 555-557.

77.329 WENZEL, Georg: Th. M. im amerikanischen Exil. In: *Germanica Wratislaviensia*, Nr. 29 (1977), S. 33-45.

77.330 WERNER, Renate: 'Cultur der Oberfläche'. Anmerkungen zur Rezeption der Artisten-Metaphysik im frühen Werk Heinrich und Th. M's. In: Bauer/Heftrich/Koopmann, # 77.24, S. 609-641. [Vgl. andere Fassung in # 78.323].

77.331 WICKERT-MICKNAT, Gisela: Goethe und Carl August in Th. M's Josephsroman. In: *Jahrbuch der Deutschen Schillergesellschaft*, Bd. 21 (1977), S. 452-467.

77.332 WIERLACHER, Alois: Die Gemütswidrigkeit der Kultur. Über den Kulturbegriff Max Frischs, Heinrich Bölls und der auswärtigen Kulturpolitik der Bundesrepublik Deutschland. In: *Jahrbuch Deutsch als Fremdsprache*, Bd. 3 (1977), S. 116-136.

77.333 WIESE, Benno von: *Die Bekenntnisse des Hochstaplers Felix Krull* als utopischer Roman. In: Bludau/Heftrich/Koopmann, # 77.41, S. 189-206. [Vgl. Nachdruck in # 78.330].

77.334 WIESNER, Heinrich: Th. M. - Korrektur eines Mythos. In: *Davoser Zeitung* (15. Januar 1977).

77.335 WILHELM, Friedrich: *The Transposed Heads*. The Migration of an Indian Motif. In: *Annals of the Bhandakar Oriental Research Institute*, Bd. 58/59 (1977/78), S. 407-412. [*Die vertauschten Köpfe*].

77.336 WILLIAMS, Cedris E.: *Writers and Politics in Modern Germany (1918-1945)*. London, u. a.: Hodder and Stoughton, 1977, VII, 94 S.

77.337 WINKLER, Andreas: Th. M. In: A. W., *Hermann Kesten im Exil (1933-1940)*. Hamburg: H. Lüdke, 1977, S. 51-52, u. a. (= Geistes- und Sozialwissenschaftliche Dissertationen, Nr. 45).

77.338 WINKLER, Michael: Tadzio-Anastasios: A Note on *Der Tod in Venedig*. In: *MLN*, Jg. 72, Nr. 3 (1977), S. 607-609.

77.339 WITSCH, Joseph C.: Th. M. In Kristian Witsch's Ausg. von J. C. W., *Briefe 1948-*
        1967. Köln: Kiepenheuer & Witsch, 1977, S. 32, 42, 244, u. a.

77.340 WITTE, William: Rez. von T. J. Reed, # 74.154. In: *GLL*, N. S., Jg. 31 (1977-
        1978), S. 379-382.

77.341 WOLF, Ernest M.: Der falsche Saraceni. Eine Anmerkung zu Th. M's Erzählung
        Der Wille zum Glück. In: *Blätter der Th. M. Gesellschaft Zürich*, Nr. 16 (1977-
        1978), S. 21-27, 30-31. [Vgl. Nachdruck in # 89.307].

77.342 WOLFE, Susan S.: *Der Zauberberg*: The 'Snow-Spiral'. In: *Seminar*, Jg. 13, Nr. 4
        (1977), S. 270-277.

77.343 WYSLING, Hans: Schwierigkeiten mit Th. M. In: Bludau/Heftrich/Koopmann,
        # 77.41, S. 586-605. [Vgl. E in # 75.955 - vgl. # 75.952 - # 76.415].

77.344 ZEISS, Cecelia: A Comment on Th. M. *The Holy Sinner*. In: *Unisa English*
        Studies. Journal of the Department of English, Jg. 15, Nr. 1 (1977), S. 33-36. [*Der*
        Erwählte].

77.345 ZELLER, Rosemarie: Strukturalismus. In: *Seminar 'Literaturwissenschaft - heute'*.
        Zürich: Ropress, 1977, S. 10-29.

77.346 ZIEGFELD, Richard E.: A Methodology for the Study of Philosophy in Litera-
        ture. Philosophy and Symbol in Selected Works of William Faulkner and Th.
        M. In: *DAI*, Jg. 37, Nr. 9 (1977), S. 5105A. [Resümee der Diss., Univ. of Texas at
        Austin, 1976. - Vgl E in # 76.421].

77.347 ZORN, Reinhart: Versuch über Mozart. Zu Th. M's letzter Lektüre. In: *Blätter*
        der Th. M. Gesellschaft Zürich, Nr. 16 (1977-1978), S. 9-20, 28-30. [Vgl. E in #
        72.203. - Zu Th. M's Lektüre von Alfred Einstein: *Mozart*].

1978

78.1 ALBRIGHT, Daniel: Th. M. In: D. A., *Personality and Impersonality. Lawrence, Woolf, and Mann.* Chicago, u. a.: The University of Chicago Press, 1978, S. 198-307. [Vgl. # 86.2. - Rez.: H. T. Moore, # 81.157. - D. H. Lawrence - V. Woolf].

78.2 AMERY, Jean: Betrachtungen eines Hochpolitischen. Th. M. im Lichte unserer Erfahrung mit seinen nun erstmals publizierten Tagebüchern. In: *Frankfurter Rundschau*, Jg. 34 (8. April 1978). [Rez. von P. d. Mendelssohn, # 77.212].

78.3 AMERY, Jean: Politik des Gewissens so und so. Hermann Hesses politische Schriften und Th. M's Tagebücher. In: *Merkur*, Jg. 32, Heft 2, Nr. 357 (1978), S. 195-200. [Vgl. # 85.5. - Rez. von P. d. Mendelssohn, # 77.212].

78.4 AMERY, Jean: Zauberer - Zauderer: Über den ersten Band der Tagebücher Th. M's. In: *Schweizer Rundschau*, Jg. 77, Nr. 2 (1978), S. 21-24. [Rez. von P. d. Mendelssohn, # 77.212].

78.5 ANDERSON, Paul I.: Rez. von W. Hellmann, # 72.66. In: *Colloquia Germanica*, Jg. 12, Nr. 3/4 (1978), S. 371-374.

78.6 ANON.: Appell an Th. M. Ein Brief Ernst Reuters aus dem Jahre 1943. In: *Der Tagesspiegel*, Nr. 10038 (29. September 1978), S. 3.

78.7 ANON.: Dokumentation: Presse-Kritik und -Polemik im Jubiläumsjahr 1975. In: H. H. Schulte/G. Chapple, # 78.273, S. 127-148. [Inhalt: M. Walser: Ironie als höchstes Lebensmittel oder Lebensmittel der Höchsten, S. 127-133, vgl. # 75.890 - H. Kesting: Th. M. oder der Selbsterwählte. Zehn polemische Thesen über einen Klassiker, S. 134-137, vgl. # 75.441 - Repliken zu der Umfrage 'Was bedeutet Ihnen Th. M., was verdanken Sie ihm?', S. 138-148: G. Kunert, P. Rühmkorf, W. Koeppen, H. E. Nossack, H. Weigel, A. Muschg, H. G. Gadamer, M. Sperber; Auszug aus # 75.723].

78.8 ANON.: Einiges aus 14000 Briefen von Th. M. In: *SZ*, Jg. 34, Nr. 109 (13./14./15. Mai 1978), S. 104.

78.9 ANON.: Heinrich Mann im Tagebuch seines Bruders 1933-1934. In: *Arbeitskreis Heinrich Mann: Mitteilungsblatt*, Nr. 11 (1978), S. 11-17. [Verfasser: P.-P. Schneider.]

78.10 ANON.: Heinrich Mann im Tagebuch seines Bruders 1935-1936. In: *Arbeitskreis Heinrich Mann: Mitteilungsblatt*, Nr. 12 (1978), S. 33-42. [Verfasser: P.-P. Schneider.]

78.11 ANON.: Wenig Interesse am Th.-M.-Nachlaß. In: *SZ*, Jg. 34, Nr. 109 (13./14./15. Mai 1978), S. 16.

78.12   APT, Salomon: Der 'zweifache Segen' und die Übersetzung der *Joseph*-Tetralogie. In: H. Brandt/H. Kaufmann, # 78.36, S. 216-228.

78.13   APTER, T. E.: *Th. M.: The Devil's Advocate.* London, Basingstoke: The Macmillan Press, 1979, VI, 165 S. [Rez.: M. Swales, # 79.226].

78.14   ARNOLD, Stephen H.: Th. M's Death in Dar es Salaam. In: *The Gap*, Jg. 32 (April 1978), S. 18-21. [*Der Tod in Venedig*].

78.15   BAHR, Ehrhard: Rez. von H. Kurzke, # 77.170. In: *Seminar*, Jg. 14 (1978), S. 239.

78.16   BANULS, André: Zur Heinrich-Mann-Rezeption im zaristischen Rußland. In: *Arbeitskreis Heinrich Mann: Mitteilungsblatt*, Nr. 11 (1978), S. 2-10. [Vgl. auch # 86.14 u. d. T.: 'Die Entdeckung der Brüder Mann im zaristischen Rußland'].

78.17   BANULS, André: Die Bruder-Problematik in Th. M's *Fiorenza* und im Essay über den Künstler und den Literaten. In: *Orbis Litterarum*, Jg. 33 (1978), S. 138-157. [Vgl. auch # 86.14].

78.18   BATT, Kurt: Fragen zu Th. M. In Franz Fühmann's und Konrad Reich's Ausg. von K. B., *Widerspruch und Übereinkunft. Aufsätze zur Literatur.* Leipzig: Reclam, 1978, S. 173-174.

78.19   BAUDLER, Lothar E.: Four Concepts of Community: The Aesthetic Treatment of the Problem of Freedom and Social Commitment in Works of Nietzsche, Mann, Hesse, and Kazantzakis. In: *DAI*, Jg. 38, Nr. 12 (1978), S. 4190A.

78.20   BAUSCHINGER, Sigrid: Auf der Duino-Farm: Das amerikanische Übersetzerpaar Richard und Clara Winston. In: *FAZ*, Jg. 30, Nr. 174 (14. August 1978), Feuilleton, S. 15.

78.21   BECAGLI, Carla: *Invito alle lettura di Th. M.* Milano: Mursia, 1978, 208 S. (= Invito alle lettura: Sezione straniera, 20).

78.22   BEHARRIEL, Frederick J.: 'Never Without Freud': Freud's Influence on Mann. In: K. Hughes, # 78.123, S. 1-15.

78.23   BERGHAUS, M.: Versuchung und Verführung im Werk Th. M's. In: *DAI*, Jg. 39, Nr. 2 (1978-1979), S. 1615C. [Diss., Univ. Hamburg, # 71.32a].

78.24   BERING, Dietz: Zwei negative Protagonisten. Th. M's *Betrachtungen eines Unpolitischen* - Oswald Spenglers *Untergang des Abendlandes*. In: D. B., *Die Intellektuellen*. Stuttgart: Klett-Cotta, 1978, S. 88-93.

78.25 BERLAND, Alwyn: The Th. M. Colloquium: A Welcome. In: H. H. Schulte/G. Chapple, # 78.273, S. 3-4.

78.26 BERTAUX, Félix: Die naturalistische Revolution in Berlin und München. Die Jugend auf der Suche nach einer deutschen Kultur der Moderne. In: Hans-Peter Bayerdörfer, Karl O. Conrady, und Helmut Schanze, Hrsg.: *Literatur und Theater im Wilhelminischen Zeitalter.* Tübingen: M. Niemeyer, 1978, S. 436-453.

78.27 BJORKLUND, Beth: Th. M's *Tobias Mindernickel* in the Light of Sartre's *Being-for-others.* In: *Studies in Twentieth Century Literature,* Jg. 2 (1978), S. 103-112.

78.28 BLAHACEK, Raoul: Rez. von P. d. Mendelssohn, # 77.212. In: *Das Pult,* Jg. 10, Nr. 49 (1978), S. 89-90.

78.29 BLANK, Heinrich: Heinrich und Th. M's Schwester Carla als Schauspielerin in Flensburg und ihre Rolle im Leben und Werk der Brüder. In: *Nordelbingen,* Bd. 45 (1978), S. 170-178.

78.30 BLÖCKER, Günter: Ein breit ausschwingendes Hochgefühl. Th. M's Tagebücher 1935-1936. In: *FAZ,* Jg. 30, Nr. 215 (30. September 1978), Literatur. [Vgl. # 80.38. - Rez. von P. d. Mendelssohn, # 78.210].

78.31 BÖSCHENSTEIN, Bernhard: Ernst Bertrams *Nietzsche* - Eine Quelle für Th. M's *Doktor Faustus.* In: *Euphorion,* Jg. 72, Nr. 1 (1978), S. 68-83.

78.32 BOHNEN, Klaus: Th. M. und die 'Nachgeborenen'. Probleme und Perspektiven der Rezeption anläßlich der Zentenar-Feiern (1975). In: K. B., *Blickpunkte. Studien zur deutschen Literatur des 18. und 20. Jahrhunderts.* Kopenhagen, 1978, S. 77-88, 95.

78.33 BOHRER, Karl H.: Th. M. In: K. H. B., *Ästhetik des Schreckens: Die pessimistische Romantik und Ernst Jüngers Frühwerk.* München: C. Hanser, 1978.

78.34 BRANDT, Helmut: Vorbemerkung. In: H. B./H. Kaufmann, # 78.36, S. 5-8.

78.35 BRANDT, Helmut: Th. M. und deutsche Romantik. In: H. B./H. Kaufmann, # 78.36, S. 117-139.

78.36 BRANDT, Helmut, und Hans Kaufmann, Hrsg.: *Werk und Wirkung Th. M's in unserer Epoche. Ein internationaler Dialog.* Berlin, u. a.: Aufbau, 1978, 409 S. (= Friedrich-Schiller-Universität Jena, Sektion Literatur- und Kunstwissenschaft, Akademie der Wissenschaften der DDR Zentralinstitut für Literaturgeschichte) [Inhalt: S. Apt, # 78.12 - H. B., # 78.34, # 78.35 - I. Diersen, # 78.53 - G. M. Friedländer, # 78.75 - A. Gisselbrecht, # 78.84 - M. Haiduk, # 78.94 - K. Hermsdorf, # 78.114 - U. Kaufmann, # 78.144 - E. Kneipel, # 78.153 - A. Mádl, #

78.188 - E. Middell, # 78.214 - T. L. Motylowa, # 78.217 - J. Müller, # 78.219 - B. Neuland, # 78.224 - R. Otto, # 78.226 - K. Pätzold, # 78.228 - J. Pischel, # 78.231 - P. Rényi, # 78.249 - D. Satonski, # 78.258 - R. Thieberger, # 78.299 - M. Wegner, # 78.317 - G. Wirth, # 78.334 - D. Wuckel, # 78.335 - H. Wysling, # 78.336 - V. Žmegač, # 78.342].

78.37   BRAVERMAN, Albert S., und Larry Nachman: Nature and the Moral Order in *The Magic Mountain*. In: *GR*, Jg. 53, Nr. 1 (1978), S. 1-12. [*Der Zauberberg*].

78.38   BRENNAN, Joseph G.: Hermetically Sealed. Prelude and Fugue: Castalia and the Berghof. In: Ralph Ley, u. a., # 78.183, S. 28-54. [*Der Zauberberg*].

78.39   BRODE, Hanspeter: Großbürgerliches Leiden an Deutschland. In: *Mannheimer Morgen* (30. März 1978). [Rez. von P. d. Mendelssohn, # 77.212].

78.40   BROERMAN, Bruce M.: Rez. von J. M. Spalek/J. Strelka, # 76.352. In: *Colloquia Germanica*, Jg. 12, Nr. 2 (1978), S. 189-192.

78.41   BRUYN, Günter de: Der Künstler und die anderen. Eine Betrachtung. In: Th. M.: *Tonio Kröger*. Berlin: Der Morgen, 2. Aufl., 1978, S. 103-117.

78.42   BUCERIUS, Gerd: Die Leiden des Helden. Herrscherliches Urteil eines intelligenten Schriftstellers über alles. In: *Die Zeit*, Jg. 33, Nr. 15 (7. April 1978), Literatur-Beilage, S. 5. [Rez. von P. d. Mendelssohn, # 77.212].

78.43   BUKVIC, Frank F.: Nestroys *Der alte Mann mit der jungen Frau*. In: *Österreich in Geschichte und Literatur (mit Geographie)*, Jg. 22 (1978), S. 36-46.

78.44   BULLIVANT, Keith: Th. M.: Unpolitischer oder Vernunftrepublikaner? In: K. B., Hrsg.: *Das literarische Leben in der Weimarer Republik*. Königstein/Ts.: Scriptor, 1978, S. 11-27. (= Monographien Literaturwissenschaft, 43) [Vgl. M. Swales, # 82.262 - vgl. E des engl. Originals in # 77.46].

78.45   CARLSSON, Anni: Th. M. In: A. C., *Teufel, Tod und Tiermensch. Phantastischer Realismus als Geschichtsschreibung der Epoche*. Kronberg/Ts.: Athenäum, 1978, S. 24-31, 58-60. [*Der Tod in Venedig - Doktor Faustus*].

78.46   CARSTENSEN, Richard: Lübeck und Venedig, 'Schwestern' an Ostsee und Adria. In: *Der Wagen: Ein Lübeckisches Jahrbuch* (1978), S. 138-154. [Th. M. und Venedig].

78.47   CHIUSANO, Italo A.: Th. M. e i suoi diari: svelato il segreto di un borghese grande. In: *La Repubblica* (2. Februar 1978), S. 12-13.

78.48   COHN, Dorrit: Th. M. In: D. C., *Transparent Minds. Narrative Modes for Presenting Consciousness in Fiction.* Princeton, N. J.: Princeton University Press, 1978.

78.49   CRICK, Joyce: Rez. von J. P. Stern, # 75.838. In: *GLL*, N. F., Jg. 32 (1978/79), S. 89-91.

78.50   DACH, Charlotte von: Das tägliche Blatt. Über Th. M's Aufzeichnungen aus den Jahren 1933/34. In: *Der Bund*, Jg. 129, Nr. 169 (22. Juli 1978), Literatur und Kunst. [Rez. von P. d. Mendelssohn, # 77.212].

78.51   DIERKS, Manfred: Rez. von I. Diersen, # 75.196. In: *Germanistik*, Jg. 19, Nr. 2 (1978), S. 534.

78.52   DIERKS, Manfred: Die Aktualität der positivistischen Methode - am Beispiel Th. M. In: *Orbis Litterarum*, Jg. 33 (1978), S. 158-182. [Vgl. # 85.46. - *Mario und der Zauberer*].

78.53   DIERSEN, Inge: Epochenverständnis und poetische Konzeption in Th. M's Romanen der Reifezeit. In: H. Brandt/H. Kaufmann, # 78.36, S. 11-27. [*Der Zauberberg - Joseph und seine Brüder - Doktor Faustus*].

78.54   DIETSCH, H.: Der Schweiß, der ein Kunstwerk kittet. In: *Deutsches Ärzteblatt*, Jg. 75, Heft 9 (2. März 1978), S. 531-533. [H. d. Balzac - J. W. v. Goethe - G. Hauptmann - Th. M.].

78.55   DORST, Tankred: Autobiographischer Abriß. In: *Deutsche Akademie für Sprache und Dichtung. Jahrbuch 1978* (1978), S. 115-118. [Heidelberg. - Mit Erwähnung von *Der Zauberberg*].

78.56   DREWITZ, Ingeborg: Großbürger auch in der Emigration. Band II der Tagebücher von Th. M., 1935/36. In: *Nürnberger Nachrichten* (23. September 1978). [Rez. von P. d. Mendelssohn, # 78.210].

78.57   DREWITZ, Ingeborg: Abschiednehmen von Deutschland. Zu Th. M's Tagebüchern der Jahre 1935-36. In: *Tagesspiegel*, Jg. 34 (3. Dezember 1978). [Nachdruck in # 81.40. - Rez. von P. d. Mendelssohn, # 78.210].

78.58   DYCK, J. W.: Rez. von A. von Gronicka, # 70.52. In: *Germano-Slavica*, Jg. 2, Nr. 1 (1978), S. 52-55.

78.59   EBEL, Uwe: Reflexe der Brandes-Lektüre in Th. M's Essayistik. Zwei Studien über das Verhältnis Th. M's zu Georg Brandes. In: R. Wiecker, # 78.229, S. 300-334. [*Bilse und ich - Von Deutscher Republik*].

78.60   EICHNER, Hans: Rez. von P. d. Mendelssohn, # 77.212. In: *Germanistik*, Jg. 19,
        Nr. 2 (1978), S. 533.

78.61   EICHNER, Hans: Th. M. and Politics. In: H. H. Schulte/G. Chapple, # 78.273, S.
        5-19.

78.62   EMMEL, Hildegard: Th. M. In: H. E., *Der Weg in die Gegenwart. Geschichte des
        deutschen Romans, Bd. III.* Bern, u. a.: A. Francke, 1978, S. 145-152. (= Samm-
        lung Dalp, Bd. 106) [*Lotte in Weimar - Doktor Faustus*].

78.63   ENGELHARDT, Dietrich von: Medizin und Literatur in der Neuzeit. Perspekti-
        ven und Aspekte. In: *DVJS*, Jg. 52, Nr. 3 (1978), S. 352-380.

78.64   EPPSTEIN, Irvin: Th. M's *Joseph und seine Brüder*. In: Bialik-Loge, u. a., Hrsg.:
        Aus Schriften und Vorträgen: Eine Gedenkschrift. Tel Aviv, 1978.

78.65   EPPSTEIN, Irvin: Der Gezeichnete im Werke Th. M's. In: # 78.64.

78.66   EPPSTEIN, Irvin: Die Musik im Schaffen Th. M's. In: # 78.64.

78.67   ERIKSON, Erik H.: Th. M. In: E. H. E., *Kindheit und Gesellschaft.* Stuttgart: E.
        Klett, 7. Aufl., 1978, S. 343, 345. [Aus dem Engl. übs. von M. v. E. Jaffé].

78.68   FELL, Christa: Rez. von H. Luft, # 76.231. In: *Germanistik*, Jg. 19, Nr. 2 (1978),
        S. 537.

78.69   FERRETTI, Silvia: Su una interpretazione di Th. M. In: *Cultura*, Jg. 16 (1978), S.
        310-316.

78.70   FERTONANI, Roberto: Introduzione. In: Th. M.: *Confessioni del cavaliere
        d'industria Felix Krull.* Milano: A. Mondadori, 1978, S. V-XII. (= Gli Oscar, L
        267) [*Felix Krull*].

78.71   FISCHER, Brigitte Bermann: Th. M's Epistel in meinem Stammbuch. Eine
        denkwürdige Bootsfahrt. In: B. B. F., *Sie schrieben mir. Oder was aus meinem
        Poesiealbum wurde.* Zürich, u. a.: Claassen, 1978, S. 99-104. [Vgl. engl. Ausgabe
        in # 86.72].

78.72   FISCHER, Brigitte Bermann: Meine Verlagsarbeit. Tod der Mutter. Erstes Enkel-
        kind. Th. M's *Lob der Vergänglichkeit.* In: # 78.71, S. 242-251.

78.73   FISCHER, Gottfried, und Friedrich A. Kittler: Zur Zergliederungsphantasie im
        Schneekapitel des *Zauberberg.* In: S. Goeppert, # 78.87, S. 23-41. [Vgl. # 79.57].

78.74 FISCHER, Jens M.: Th. M.'s *Wälsungenblut* (1906). In: J. M. F., *Fin de siècle: Kommentar zu einer Epoche*. München: Winkler, 1978, S. 233-241, 256-257.

78.75 FRIEDLAENDER, Georgi M.: Die schöpferische Ironie als humanistisches Bekenntnis im Werk Th. M's. In: H. Brandt/H. Kaufmann, # 78.36, S. 167-182.

78.76 FUCHS, Karlheinz: Das Leben als Ironie und Heimsuchung. In: *Stuttgarter Nachrichten* (8. April 1978). [Rez. von P. d. Mendelssohn, # 77.212].

78.77 GAMZIUKAITE, Raminta: Zum Gebrauch der erlebten Rede im Erzählwerk Th. M's. (Einige neue Aspekte der Verwendung von erlebter Rede in auktorialer Prosa). In: *Literatura*, Jg. 20, Nr. 3 (1978), S. 63-74. [Mit litauischem und russischem Resümee].

78.78 GANDELMAN, Claude: La 'musique de sable' des Leverkühns; une métaphore nietzschéenne cachée dans le *Doktor Faustus* de Th. M. In: *DVJS*, Jg. 52, Nr. 3 (1978), S. 511-520.

78.79 GARRIN, Stephen H.: Th. M's *Mario und der Zauberer*: Artistic Means and Didactic Ends. In: *JEGP*, Jg. 77, Nr. 1 (1978), S. 92-103.

78.80 GAY, Peter: Th. M. In: P. G., *Freud, Jews, and Other Germans. Masters and Victims in Modernist Culture*. New York: Oxford University Press, 1978.

78.81 GEISSLER, Rolf: Kunst und Künstler in der bürgerlichen Gesellschaft. Eine Unterrichtsreihe über Goethes *Torquato Tasso*, Grillparzers *Sappho*, E. T. A. Hoffmanns *Kreisleriana*, Buschs *Balduin Bählamm*, Wedekinds *Der Kammersänger* und Th. M's *Tonio Kröger*. In: *Literatur für Leser*, Heft 2 (1978), S. 130-164. [Vgl. # 82.94].

78.82 GERHARDT, Hans-Peter M.: Rez. von P. u. U. Fix/K. Hermsdorf, # 76.96. In: *Germanistik*, Jg. 19, Nr. 2 (1978), S. 534-535.

78.83 GIRARD, René: The Plague in Literature and Myth. In: R. G., *To Double Business Bound! Essays on Literature, Mimesis, and Anthropology*. Baltimore, u. a.: The Johns Hopkins University Press, 1978, S. 136-154. [*Der Tod in Venedig*].

78.84 GISSELBRECHT, André: Essay und Roman bei Th. M. In: H. Brandt/H. Kaufmann, # 78.36, S. 88-116. [Aus dem Französischen übs. von J. Bonnafous].

78.85 GIUBERTONI, Anna Macchi: Strawinsky ovvero la parodia come 'solitudine alternativa' nel *Doktor Faustus* di Th. M. In: *Annali Istituto Universitario Orientale Napoli. Studi Tedeschi*, Bd. 21, Nr. 1 (1978), S. 107-127. [I. Strawinsky - *Doktor Faustus*].

78.86 GLASER, Hermann: Kunst und Leben. In: H. G., *Literatur des 20. Jahrhunderts in Motiven, Bd. 1: 1870-1918.* München: C. H. Beck, 1978, S. 42-49. (= Beck'sche Schwarze Reihe, Bd. 173).

78.87 GOEPPERT, Sebastian, Hrsg.: *Perspektiven psychoanalytischer Literaturkritik.* Freiburg i. Br.: Rombach, 1978, 276 S. (= Rombach Hochschul Paperback, Bd. 92) [Inhalt: G. Fischer/F. A. Kittler, # 78.73 - P. v. Matt, # 78.202].

78.88 GRABERT, Willy, u. a.: Th. M. In: *Geschichte der deutschen Literatur.* München: Bayerischer Schulbuch-Verlag, 1978, S. 277-280.

78.89 GRIESER, Dietmar: Venedig - Der Nerven wegen. Wie Th. M's 'Tadzio' sich treu geblieben ist. In: *Piroschka, Sorbas & Co. Schicksale der Weltliteratur.* München, u. a.: Langen Müller, 1978, S. 19-40. [Vgl. E in # 77.91. - *Der Tod in Venedig*].

78.90 GÜNTHER, Joachim: Rez. von P. d. Mendelssohn, # 77.212. In: *NDH*, Jg. 25, Nr. 1 (1978), S. 174-179.

78.91 GUTHKE, Karl S.: Dichtung als aktuelle Opposition: Eine Marginalie zu den *Geschichten Jaakobs* von Th. M. In: *Schweizer Monatshefte*, Jg. 58, Nr. 6 (1978), S. 455-461. [Betr. Th. M's Briefe vom 16. Juni 1934 und vom 1. August 1940 an N. Weinberg].

78.92 GYÖRI, Judit: Der 'Geniestreich' Klaus Manns. In: Antal Mádl, Hrsg.: *Festschrift. Karl Mollay zum 65. Geburtstag.* Budapest: Loránd-Eötvös-Universität, 1978, S. 99-119. (= Budapester Beiträge zur Germanistik, 4).

78.93 HAFFNER, Sebastian: Th. M. In: Wolfgang Venohr, Hrsg.: *Große Deutsche. Zwölf Lebensbilder.* München: W. Goldmann, 1978, S. 229-241. (= Goldmann Sachbuch, 11929).

78.94 HAIDUK, Manfred: Abbild und Wirklichkeit. Zu einigen ästhetischen Auffassungen Th. M's. In: H. Brandt/H. Kaufmann, # 78.36, S. 183-190. [*Bilse und ich*].

78.95 HAMILTON, Nigel: *The Brothers Mann. The Lives of Heinrich and Th. M. 1871-1950 and 1875-1955.* London: Secker & Warburg, 1978, IX, 422 S. [Vgl. # 76.79 - vgl. ital. Ausg. in # 83.144. - Rez.: J. Jebb, # 78.129 - T. J. Reed, # 80.232 - C. P. Snow, # 78.283 - P. Toynbee, # 78.303 - R. West, # 78.325].

78.96 HANSEN, Volkmar: Rez. von P. d. Mendelssohn, # 77.211. In: *Germanistik*, Jg. 19, Nr. 2 (1978), S. 533-534. [Th. M.-A. Neumann Briefwechsel].

78.97 HANSEN, Volkmar: Heines Wirkung in Deutschland. In: *Lions*, Jg. 23, Nr. 2 (Februar 1978), S. 128-129. [Enthält Faksimile von Th. M's *Notiz über Heine*, S. 128].

78.98 HARTUNG, Rudolf: Mensch und Werk. Zu den 'Tagebüchern 1933-1934' von Th. M. In: *Neue Rundschau*, Jg. 91, Nr. 2 (1978), S. 285-291. [Rez. von P. d. Mendelssohn, # 77.212].

78.99 HASSELBACH, Ingrid Tiesler: *Die Blechtrommel von Günter Grass als Gegenentwurf zu Th. M's Doktor Faustus*. Dissertation, Tulane University, 1978. [Resümee in: *DAI*, Jg. 39 (1978/79), S. 4242A].

78.101 HATFIELD, Henry: *The Magic Mountain*. In: Ley/Wagner/Ratych, # 78.183, S. 135-155.

78.102 HATFIELD, Henry: Th. M. in the Eyes of his Contemporaries. In: Sokel/Kipa/Ternes, # 78.284, S. 252-271.

78.103 HEFTRICH, Eckhard: *Doktor Faustus*: Die radikale Autobiographie. In: P. G. Klussmann/J.-U. Fechner, # 78.151, S. 1-20. [Diskussionsbericht: S. 20-22].

78.104 HEILIG, Ernst: *Untersuchungen zur Valenz und Distribution lateinischer und deutscher Verben an Hand von Ciceros philosophischen Schriften und den literaturtheoretischen Schriften von Th. M. Ein Beitrag zur kontrastiven Grammatik des Lateinischen und Deutschen*. Dissertation, Tübingen: Eberhard-Karls-Universität, 1978, 242 S.

78.105 HELBLING, Hanno: Th. M. und die literarische Emigration. Alte und neue Zeugnisse. In: *NZZ*, Jg. 199, Nr. 239 (14./15. Oktober 1978), Literatur und Kunst, S. 67. [Rez. von P. d. Mendelssohn, # 78.210].

78.106 HELL, Victor: Gustave Flaubert et Th. M. 1848 dans *L'Education Sentimentale* et dans *Les Buddenbrook*. In: *Comparison*, Nr. 8 (1978), S. 3-16. [Engl. Übs. u. d. T.: Gustave Flaubert and Th. M., S. 17-31. - G. Flaubert - *Buddenbrooks*].

78.107 HELLER, Peter: *Goethe and Tolstoi*: Notes on Th. M's Typology of the Artist. In: *Germano-Slavica*, Jg. 2 (1978), S. 439-450.

78.108 HELLER, Peter: Zwei Wanderer: Versuche über Goethe und Mann. In: P. H., *Probleme der Zivilisation. Versuche über Goethe, Th. M., Nietzsche und Freud*. Bonn: Bouvier, 1978, S. 9-131. (= Modern German Studies, Bd. 3) [Rez.: H. Anton, # 80.12 - S. J. Antosik, # 79.9 - R. E. Helbling, # 83.154 - L. Leibrich, # 79.132. - *Der Tod in Venedig* - J. W. v. Goethe: *Über allen Gipfeln*].

78.109 HELLER, Peter: Der *Tod in Venedig* und Th. M's 'Grund-Motiv'. In: H. H. Schulte/G. Chapple, # 78.273, S. 35-83.

78.110 HELLER, Peter: Th. M's Grundmotiv. In: Sokel/Kipa/Ternes, # 78.284, S. 224-251.

78.111 HELWIG, Werner: Ihre Unermüdlichkeit war beispiellos. Zum 95. Geburtstag von Katia Mann am 24. Juli. In: *Berner Tagblatt* (22. Juli 1978).

78.112 HERMAND, Jost, und Frank Trommler: Th. M. In: *Die Kultur der Weimarer Republik*. München: Nymphenburger Verlagshandlung, 1978, S. 157, u. a.

78.113 HERMANN, Armin, Jürgen Kolbe, Klaus Lindenberg, u. a.: Th. M. In: *Deutsche Nobelpreisträger, Deutsche Beiträge zur Natur- und Geisteswissenschaft, dargestellt am Beispiel der Nobelpreisverleihungen für Frieden, Literatur, Medizin, Physik und Chemie*. München: Moos, 2., erw. Aufl., 1978, S. 30-31, 38-39, 162. [Vgl. E in # 68.57].

78.114 HERMSDORF, Klaus: Über den Zusammenhang von Denken und Gestalten im Schaffen Th. M's. In: H. Brandt/H. Kaufmann, # 78.36, S. 140-154.

78.115 HESSE, Hermann: Th. M. In Klaus Pezold's Ausg. von H. H./Heinrich Wiegand: *Briefwechsel 1924-1934*. Berlin, u. a.: Aufbau, 1978.

78.116 HILLEBRAND, Bruno, Hrsg.: *Nietzsche und die deutsche Literatur. II. Forschungsergebnisse. Mit einer weiterführenden Bibliographie*. Tübingen, u. a.: M. Niemeyer, 1978, VII, 239 S. (= Deutsche Texte, 51) [Mit Beiträgen von: I. und W. Jens, # 78.130 - P. Pütz, # 78.237 - R. Werner, # 78.323].

78.117 HILSCHER, Eberhard: *Th. M. Leben und Werk*. Berlin: Volk und Wissen, 6., unveränd. Aufl., 1978, 287 S. (= Schriftsteller der Gegenwart, Bd. 15) [Vgl. # 76.161].

78.118 HOCKE, Gustav R.: Th. M. In: G. R. H., *Das europäische Tagebuch*. Wiesbaden, u. a.: Limes, 2. Aufl., 1978, S. 191, 330, u. a.

78.119 HÖHLER, Gertrud: Vernunft verhüllt ihr Antlitz. Der pessimistische Sechziger. In: *Deutsche Zeitung* (1. Dezember 1978). [Rez. von P. d. Mendelssohn, # 78.210].

78.120 HOFFER, Peter T.: Th. M. In: P. T. H., *Klaus Mann*. Boston: Twayne G. K. Hall, 1978, S. 88-90, 110-112, u. a. (= Twayne's World Authors Series, 435).

78.121 HOLUB, Robert: Das Stereotyp des Lehrers in der Literatur des Kaiserreichs. In: James Elliott, u. a., Hrsg.: *Stereotyp und Vorurteil in der Literatur: Untersuchungen zu Autoren des 20. Jahrhunderts*. Göttingen: Vandenhoeck & Ruprecht, 1978, S. 33-48. (= Zeitschrift für Literaturwissenschaft und Linguistik: Beih. 9) [*Buddenbrooks*].

78.122 HOOGHE, Robert: Der faszinierende *Tod in Venedig*. Th. M's Novelle im Spiegel der Maler Jörg Madlener und Jean Vanriet. Eine Ausstellung in der Darmstädter Kunsthalle. In: *Darmstädter Echo* (11. Oktober 1978), S. 17.

78.123 HUGHES, Kenneth, Hrsg.: *Th. M. in Context: Papers of the Clark University. Centennial Colloquium*. Worcester, MA: Clark University Press, 1978, IX, 128 S. [Inhalt: F. J. Beharriell, # 78.22 - K. H., # 78.124 - J. F. Madden, # 78.187 - S. Sultan, # 78.294 - H. R. Vaget, # 78.306 - H. J. Weigand, # 78.318].

78.124 HUGHES, Kenneth: Preface. In: # 78.123, S. VII-IX.

78.125 HUGHES, Kenneth: Rez. von D. Mieth, # 76.261 - E. Murdaugh, # 76.277 - H. Wysling, # 76.408. In: *GQ*, Jg. 51, Nr. 2 (1978), S. 233-237.

78.126 ICE, Drusilla: *The Zealot. A Study of Th. M's Compositional Technique*. Dissertation, Philadelphia, PA: University of Pennsylvania, 1978, III, 200 Bl. [Resümee in: *DAI*, Jg. 39, Nr. 7 (1979), S. 4296A. - *Buddenbrooks - Fiorenza*].

78.127 JAHN, Gary R.: A Note on the Concept of the Artist in Th. M. and Dmitry Merežhkovsky. In: *Germano-Slavica*, Jg. 2 (1978), S 451-454.

78.128 JAIN, R. P.: Th. M. and Music. In: *German Studies in India*, Jg. 2, Nr. 1 (1978), S. 19-21.

78.129 JEBB, Julian: The Brotherhood of Art. In: *The Sunday Times*, Nr. 8076 (23. April 1978), S. 41. [Rez. von N. Hamilton, # 78.95].

78.130 JENS, Walter: *Betrachtungen eines Unpolitischen*: Th. M. und Friedrich Nietzsche. In: W. J., *Statt einer Literaturgeschichte*. Pfullingen: Neske, 7., erw. Aufl., 1978, S. 185-211, 406. [Auch in: B. Hillebrand, # 78.116, S. 155-160. - Vgl. E in I. und W. Jens, # 70.69].

78.131 JENS, Walter: Der Gott der Diebe und sein Dichter: Th. M. und die Welt der Antike. In: W. J., *Zur Antike*. München: Kindler, 2. Aufl., 1978, S. 119-135. [Auch in: W. J., *Statt einer Literaturgeschichte*. Pfullingen: Neske, 7. erw. Aufl., 1978, S. 165-183, 404-406].

78.132 JENS, Walter: Mittler zwischen den Fronten: Erregende Dokumente einer vielfach bedrohten Künstlernatur. In: *Die Zeit*, Jg. 33, Nr. 15 (7. April 1978), Literatur-Beilage, S. 4. [Rez. von P. d. Mendelssohn, # 77.212].

78.133 JESI, Furio: Perché Th. M. vedeva in lui l'astuta scimmia di Friedrich Nietzsche. In: *La Repubblica* (5. Juli 1978), S. 13. [F. Nietzsche - O. Spengler - Th. M.].

78.134 JODEIT, Klaus: Das geistige Leben Lübecks von 1871 bis 1980. Die Umwelt der jungen Brüder Heinrich und Th. M. In: *Der Wagen* (1978), S. 155-164.

78.135 JOLLES, Charlotte: Th. M. und die Friedensbewegung. Eine wiederaufgefundene Korrespondenz aus dem Jahr 1931. In: *NZZ*, Jg. 199, Nr. 239 (14./15. Oktober 1978), Literatur und Kunst, S. 67. [Über Th. M's Briefe an J. O. Reinemann].

78.136 JONAS, Klaus W.: Th. M. und kein Ende: Zur neuesten Literatur über den Dichter. In: *Davoser Revue*, Jg. 52, Nr. 2 (Juni 1978), S. 94-97. [Betr. H. Bürgin/H.-O. Mayer, Bd. 1, # 76.46 - P. de Mendelssohn, Bd. 1, # 77.212 - K. W. Jonas, Bd. 2, # 79.107].

78.137 JONAS, Klaus W.: Antiquar und Poet: Günther Herzfeld-Wüsthoff. In: *Aus dem Antiquariat*, Nr. 10 (31. Oktober 1978), S. A357-A365. (= Beilage zum *Börsenblatt für den Deutschen Buchhandel. Frankfurter Ausgabe*, Jg. 34, Nr. 87) [Vgl. Auszug in # 80.131. - Enthält Brief von G. Herzfeld-Wüsthoff an Th. M. vom 5. Januar 1925].

78.138 JONAS, Klaus W.: Versuch einer Bibliographie 1927-1977. In: J. Hellmut Freund, Hrsg.: *Unterwegs: Peter de Mendelssohn zum 70. Geburtstag*. Frankfurt a. M.: S. Fischer, 1978, S. 95-120.

78.139 KAES, Anton: Th. M.: Über den Film. In: A. K., Hrsg.: *Kino-Debatte. Texte zum Verhältnis von Literatur und Film 1909-1929*. München: Deutscher Taschenbuch Verlag; Tübingen: M. Niemeyer, 1978, S. 164-166.

78.140 KAHN, Lothar: Rez. von E. Hilscher, # 77.126. In: *GR*, Jg. 53 (1978), S. 135-136.

78.141 KAKABADSE, Nodar: Ein Versuch über die Grundeigentümlichkeiten der Romane Th. M's. In: Helmut Brandt, und N. K., Hrsg.: *Erzählte Welt. Studien zur Epik des 20. Jahrhunderts*. Berlin, u. a.: Aufbau, 1978, S. 36-54, 405-415.

78.142 KANTOROWICZ, Alfred: Der Streit um Th. M. In: A. K., *Politik und Literatur im Exil. Deutschsprachige Schriftsteller im Kampf gegen den Nationalsozialismus*. Hamburg: Christians, 1978, S. 103-110. (= Hamburger Beiträge zur Sozial- und Zeitgeschichte, Bd. XIV).

78.143 KANZLER, Rudolf: Th. M.: *Das Eisenbahnunglück*. In: R. K., *Interpretationen zeitgenössischer Kurzgeschichten, Bd. 7*. Hollfeld: C. Bange, 1978, S. 39-46.

78.144 KAUFMANN, Ulrich: Th. M. als geistiges Erlebnis. Kommentar zu Dokumenten einer Partnerschaft. In: H. Brandt/H. Kaufmann, # 78.36, S. 357-369. [Vgl. O. M. Graf, # 61.68].

78.145 KELLER, Ernst: Rez. von D. Mieth, # 76.261. In: *AUMLA*, Nr. 49 (1978), S. 134-
135.

78.146 KESTING, Hanjo: Th. M. oder der Selbsterwählte: Zehn polemische Thesen über
einen Klassiker. In: H. H. Schulte/G. Chapple, # 78.273, S. 134-137.
[Nachdruck aus # 75.441].

78.147 KESTING, Hanjo: Bestürzende Zeugnisse der Anfechtung. Der erste Band von
Th. M's Tagebüchern liegt vor. In: *Vorwärts* (22. Juni 1978). [Rez. von P. d.
Mendelssohn, # 77.212].

78.148 KIESER, Harro: Rez. von H. Bürgin/H.-O. Mayer, # 76.46. In: *Arbeitskreis
Heinrich Mann: Mitteilungsblatt*, Nr. 12 (Dezember 1978), S. 49-50. [Auch in:
Germanistik, Jg. 19, Nr. 3 (1978), S. 921].

78.149 KING, J. Robin: Th. M's *Joseph and His Brothers*: Religious Themes and Modern
Humanism. In: *Thought*, Jg. 53, Nr. 211 (1978), S. 416-432.

78.150 KLUSSMANN, Paul G.: Th. M's *Doktor Faustus* als Zeitroman. In: P. G. K./J.-U.
Fechner, # 78.151, S. 82-100. [Vgl. # 76.203 - # 83.200].

78.151 KLUSSMANN, Paul G., und Jörg-Ulrich Fechner, Hrsg.: *Th.-M.-Symposion
Bochum 1975: Vorträge und Diskussionsberichte*. Kastellaun: A. Henn, 1978, X,
102 S. [Inhalt: E. Heftrich, # 78.103 - P. G. K., # 78.150 - P. G. K./J.-U. F., #
78.152 - G. Kunert/u. a., # 78.167 - V. Lange, # 78.171 - F. Masini, # 78.199 - J.
P. Stern, # 78.290].

78.152 KLUSSMANN, Paul G., und Jörg-Ulrich Fechner: Vorwort. In: # 78.151, S. IX-X.

78.153 KNEIPEL, Eberhard: Th. M's Version der Schönbergschen Zwölftonmusik im
Doktor Faustus. Zur Stellung von Kunst und Künstler in der spätbürgerlichen
Gesellschaft. In: H. Brandt/H. Kaufmann, # 78.36, S. 273-283.

78.154 KOCH, Thilo: Wait and See. In: *Aral Journal* (Frühjahr 1978), S. 33. [Rez. von P.
d. Mendelssohn, # 77.212].

78.155 KOELB, Clayton: Mann's Use of Hebrew in the *Joseph* Novel. In: *Monatshefte*, Jg.
70 (1978), S. 138-150.

78.156 KOEPKE, Wulf: Th. M. und Ludwig Lewisohn. Ein Beitrag zum Thema 'Th. M.
und Amerika' aufgrund unveröffentlichter Briefe Th. M's. In: *Colloquia Germanica*, Jg. 12, Nr. 2 (1978), S. 123-148.

78.157 KOEPKE, Wulf: Rez. von H. Wysling, # 76.408. In: *Colloquia Germanica*, Jg. 12, Nr. 3/4 (1978), S. 374-375.

78.158 KOHLSTEDT, Georg: Theodor Storm und sein Werk im Urteil Th. M's. In: Pädagogisches Kreiskabinett Worbis, Hrsg.: *Theodor Storm und Heiligenstadt.* Heiligenstadt, 1978, S. 86-89. (= Sonderausgabe der Eichsfelder Heimathefte).

78.159 KOHUT, Heinz: *Death in Venice* by Th. M.: A Story about the Disintegration of Artistic Sublimation. In Paul H. Ornstein's Ausg. von H. K.: *The Search for The Self: Selected Writings of Heinz Kohut 1950-1978, Bd. 1.* New York: International University Press, 1978, S. 107-130. [*Der Tod in Venedig*].

78.160 KOOPMANN, Helmut: Th. M's Autobiographien. In: Ley/Wagner/Ratych, # 78.183, S. 198-213.

78.161 KOSKIMIES, Rafael: Th. M. und Hans Pfitzner. In: *Neuphilologische Mitteilungen*, Nr. 79 (1978), S. 67-75.

78.162 KRÄTTLI, Anton: Der Zauberer privat. In: *Schweizer Monatshefte*, Jg. 58, Nr. 5 (1978), S. 377-381. [Rez. von P. d. Mendelssohn, # 77.211, # 77.212].

78.163 KRAFT, Martin: 'Die Geheimnisse meines Lebens'. Die Tagebücher 1933-1934 von Th. M. In: *Der Landbote* (9. Januar 1978).

78.164 KRAJINA, Anto: *Die Zeitauffassung bei Th. M. gesehen im Lichte der Goetheschen Phänomenallehre.* Bern, u. a.: P. Lang, 1978, 135 S. (= Europäische Hochschulschriften, Reihe 1: Deutsche Sprache und Literatur, Bd. 277).

78.165 KRISTIANSEN, Børge: *Unform-Form-Überform. Th. M's Zauberberg und Schopenhauers Metaphysik. Eine Studie zu den Beziehungen zwischen Th. M's Roman Der Zauberberg und Schopenhauers Metaphysik.* København: Akademisk Forlag, 1978, XXIII, 390 S. (= Kopenhagener germanistische Studien, Bd. 5) [Rez.: M. Dierks, # 79.40, # 79.41 - B. Ekmann, # 85.57 - W. Frizen, # 82.85 - S. Steffensen, # 81.230].

78.166 KRUSCHE, Dietrich: Die Spaltung der Funktion der Kunst als Spaltung des Künstlers. Th. M.: *Beim Propheten.* In: D. K., *Kommunikation im Erzähltext.* München: W. Fink, 1978, S. 130-137.

78.168 KURZKE, Hermann: Einleitung. In seiner Ausg. von Th. M.: *Essays, Bd. 3. Schriften zur Musik und Philosophie.* Frankfurt a. M.: S. Fischer, 1978, S. 7-25. [Rez.: L. Leibrich, # 79.130].

78.169 KURZKE, Hermann: Rez. von D. Mieth, # 76.261. In: *Anzeiger der Zeitschrift für deutsches Altertum und deutsche Literatur,* Bd. 107, Heft 3 (3. Quartal 1978), S. 145-148.

78.170 KURZKE, Hermann: Rez. von H. Jendreiek, # 77.135. In: *Germanistik,* Jg. 19, Nr.2 (1978), S. 536.

78.171 LANGE, Victor: Th. M.: Tradition und Experiment. In: P. G. Klussmann/J.-U. Fechner, # 78.151, S. 60-78. [Diskussionsbericht: S. 78-81. - Vgl. # 76.217, # 77.172, # 83.227, # 89.146. - *Doktor Faustus*].

78.172 LANGER, Lawrence L.: Th. M. and Death on the Mountain. In: L. L. L., *The Age of Atrocity. Death in Modern Literature.* Boston: Beacon Press, 1978, S. 69-112, 247-249. [Auszug in: H. Bloom, # 86.29, S. 313-317 bzw. L. L. L., # 86.171. - Rez.: R. K. Anderson, # 80.6].

78.173 LAROCHE, Marcel: Th. M. In: M. L., *Geld und Geltung. Zu Heinrich Manns Empfang bei der Welt.* Bonn: Bouvier, 1978. (= Studien zu Germanistik, Anglistik und Komparatistik, Bd. 73).

78.174 LEHNERT, Herbert: Rez. von P. u. U. Fix/K. Hermsdorf, # 76.96 - E. Hilscher, # 77.126. In: *GQ,* Jg. 51, Nr. 3 (1978), S. 395-397.

78.175 LEHNERT, Herbert: Th. M. In: H. L., *Vom Jugendstil zum Expressionismus.* Stuttgart: P. Reclam, 1978, S. 165-167, 473-483, u. a. (= Geschichte der deutschen Literatur von den Anfängen bis zur Gegenwart, Bd. 5).

78.176 LEHNERT, Herbert: *Tonio Kröger* and Georg Bendemann: Artistic Alienation from Bourgeois Society in Kafka's Writings. In: Ley/Wagner/Ratych, # 78.183, S. 222-237.

78.177 LEHNERT, Herbert: Th. M's *Unordnung und frühes Leid.* Entstellte Bürgerwelt und ästhetisches Reservat. In: R. Wiecker, # 78.329, S. 239-256.

78.178 LEIBRICH, Louis: Politique, culture et métaphysique chez Th. M. In: *EG,* Jg. 33, Nr. 1 (Januar-März 1978), S. 42-52.

78.179 LEIBRICH, Louis: Rez. von Bludau/Heftrich/Koopmann, # 77.41 - M. Mann/H. Hannum, # 77.200 - P. d. Mendelssohn, # 77.211. In: *EG,* Jg. 33, Nr. 1 (Januar-März 1978), S. 103-104.

78.180 LEIBRICH, Louis: Rez. von H. Bürgin/H.-O. Mayer, # 76.46. In: *EG*, Jg. 33 (1978), S. 475.

78.181 LEIBRICH, Louis: Rez. von K. Hamburger, # 76.139 - H. Kurzke, # 77.169 - G. Liébert, # 78.184 - P. d. Mendelssohn, # 77.212. In: *EG*, Jg. 33 (1978), S. 229-232.

78.182 LEISI, Ernst: Th. M. In: E. L., *Paar und Sprache: linguistische Aspekte der Zweierbeziehung.* Heidelberg: Quelle & Meyer, 1978, S. 42, 62, u. a. (= Uni-Taschenbücher, 824) [Vgl. # 90.183].

78.183 LEY, Ralph, Maria Wagner, Joanna M. Ratych, u. a., Hrsg.: *Perspectives and Personalities. Studies in Modern German Literature Honoring Claude Hill.* Heidelberg: C. Winter, 1978, 376 S. (= Beiträge zur neueren Literaturgeschichte: Folge 3, Bd. 37) [Inhalt: J. G. Brennan, # 78.38 - H. Hatfield, # 78.101 - H. Koopmann, # 78.160 - H. Lehnert, # 78.176 - M. Mann, # 78.194 - K. Schröter, # 78.270 - R. Winston, # 78.333 - H. Wysling, # 78.338].

78.184 LIEBERT, Georges: Avant-Propos. In: Th. M.: *Wagner et notre temps.* Paris: Le Livre de Poche, 1978, S. III-XXV. [Rez.: L. Leibrich, # 78.181].

78.185 LOTZE, Dieter P.: *Balduin Bählamm* und *Tonio Kröger*: Der in die Kunst verirrte Bürger bei Wilhelm Busch und Th. M. In: *Wilhelm-Busch-Jahrbuch*, Bd. 44 (1978), S. 36-42.

78.186 LUDWIG, Martin H.: Perspektive und Weltbild in Th. M's *Buddenbrooks*. In: Manfred Brauneck, Hrsg.: *Deutscher Roman im 20. Jahrhundert.* Bamberg: Buchner, 2. Aufl., 1984, S. 82-106. [Vgl. E in # 76.230].

78.187 MADDEN, John F.: Myth as Mask and Model: Agreements and Contrasts between Freud and Mann. In: K. Hughes, # 78.123, S. 17-35.

78.188 MADL, Antal: Haltung, Humanismus und Weltanschauung bei Th. M. In: H. Brandt/H. Kaufmann, # 78.36, S. 53-69.

78.189 MADL, Antal: Namen bei Th. M. In: A. M., Hrsg.: *Festschrift. Karl Mollay zum 65. Geburtstag.* Budapest: Loránd-Eötvös-Universität, 1978, S. 193-205. (= Budapester Beiträge zur Germanistik, 4).

78.190 MADL, Antal: Das 'selbständig gewordene' Mythische. Zur Mythisierung Goethes bei Th. M. In: *Weimarer Beiträge*, Jg. 24, Nr. 6 (1978), S. 112-127.

78.191 MAHLENDORF, Ursula: Aesthetics. Psychology and Politics in Th. M's *Doctor Faustus*. In: *Mosaic*, Jg. 11, Nr. 4 (Sommer 1978), S. 1-18. [*Doktor Faustus*].

78.192 MANN, Erika: Einleitung. In ihrer Ausg. von Th. M.: *Briefe 1889-1936.* Frankfurt a. M.: S. Fischer, 1978, S. V-XII. [4. Aufl.].

78.193 MANN, Erika: Introducción. In: Th. M.: *Consideraciones de un apolítico.* Barcelona: Grijalbo, 1978, S. 9-25. (= Colección nuevo norte, 25) [Vgl. # 56.139. - *Betrachtungen eines Unpolitischen*].

78.194 MANN, Michael: Th. M. and the United States of America: A Twenty-year Relationship. In: Ley/Wagner/Ratych, # 78.183, S. 274-281. [Vgl. dt. Fassung in # 75.562].

78.195 MANN, Michael: Truth and Poetry in Th. M's Work. In: H. H. Schulte/G. Chapple, # 78.273, S. 84-94. [Vgl. # 86.191].

78.196 MANN, Monika: Versimpeln bis verfälschen. In: *Der kleine Bund. Beilage für Literatur und Kunst*, Jg. 129, Nr. 259 (1978), Beilage *Der Bund*, S. 2.

78.197 MARCUSE, Herbert: Th. M. In: H. M., *Der deutsche Künstlerroman. Frühe Aufsätze.* Frankfurt a. M.: Suhrkamp, 1978, S. 303-331. (= Herbert Marcuse Schriften, Bd. 1).

78.198 MARGWELASCHWILI, Giwi: Die Hauptkategorien der Sujetwelt und ihre Inkohärenz in modernen Roman-Strukturen. In: Helmut Brandt, und Nodar Kakabadse, Hrsg.: *Erzählte Welt. Studien zur Epik des 20. Jahrhunderts.* Berlin, u. a.: Aufbau, 1978, S. 290-319. [Darin: Die Zeitlosigkeit in der Sujetwelt von Th. M's *Zauberberg*, S. 299-304, 451-452. - Rez.: G. Wenzel, # 82.291].

78.199 MASINI, Ferruccio: *Doktor Faustus* im nihilistischen Spiegelbild Nietzsches oder die Enthumanisierung der Kunst. In: P. G. Klussmann/J.-U. Fechner, # 78.151, S. 44-56. [Mit Diskussionsbericht: S. 56-59. - Vgl. # 77.202].

78.200 MASINI, Ferruccio: Saggiare, tentare, provocare. Nietzsche e Th. M. In: F. M., *Lo scriba del caos. Interpretazione di Nietzsche.* Bologna: Società ed. il Mulino, 1978, S. 295-307. (= Saggi, 183).

78.201 MATT, Beatrice von: Hedwig Dohm - eine Frau auf 'deutscher Männererde'. In: *NZZ*, Jg. 199, Nr. 239 (14./15. Oktober 1978), Literatur und Kunst, S. 68.

78.202 MATT, Peter von: Zur Psychologie des deutschen Nationalschriftstellers. Die paradigmatische Bedeutung der Hinrichtung und Verklärung Goethes durch Th. M. In: S. Goeppert, # 78.87, S. 82-100. [Vgl. # 79.152 - vgl. Nachdruck in # 94.146].

78.203 MATTHIAS, Klaus: Th. M. in der Forschung. In: *Die Welt der Bücher*, 5. Folge, Nr. 9 (Ostern 1978), S. 413-422.

78.204 MAUTHNER, Johann: Der unvergleichbare Biograph Th. M's. Peter de Mendels-
        sohn feiert am 1. Juni seinen 70. Geburtstag. In: *Mannheimer Morgen*, Jg. 33, Nr.
        121 (1. Juni 1978).

78.205 MAYER, Hans: In memoriam Th. M. In: H. M., *Nach Jahr und Tag. Reden 1945-
        1977*. Frankfurt a. M.: Suhrkamp, 1978, S. 107-124. [Vgl. E in # 56.149 - vgl. #
        57.103].

78.206 MAYER, Hans: Der Zauberer als Entzauberer. Th. M's Tagebücher 1935-1936.
        In: *SZ*, Jg. 34, Nr. 272 (25./26. November 1978), SZ am Wochenende, S. 111-
        112. [Vgl. # 80.195 - # 84.165. - Rez. von P. d. Mendelssohn, # 78.210].

78.207 MAYER, Reinhard A.: *Th. M. und Clemens Brentano: Die Rolle Brentanos in den
        Romanen Doktor Faustus und Der Erwählte*. Dissertation, Evanston, IL: North-
        western University, 1978, 194 Bl. [Resümee in: *DAI*, Jg. 39 (1978/79), S. 4966A].

78.208 MAZZELA, Anthony J.: *Death in Venice*: Fiction and Film. In: *College Literature*,
        Jg. 5, Nr. 3 (1978), S. 183-194. [*Der Tod in Venedig*].

78.209 MENDELSSOHN, Peter de: Vorbemerkungen des Herausgebers. In seiner Ausg.
        von Th. M.: *Tagebücher 1933-1934*. Frankfurt a. M.: S. Fischer, 2. Aufl., 1978, S.
        V-XXI. [Vgl. # 77.212].

78.210 MENDELSSOHN, Peter de: Vorbemerkungen des Herausgebers. In seiner Ausg.
        von Th. M.: *Tagebücher 1935-1936*. Frankfurt a. M.: S. Fischer, 1978, S. V-VII.
        [Rez.: G. Blöcker, # 78.30, # 80.38 - H. Brode, # 79.32 - J. W. Brügel, # 80.56 - F.
        Dieckmann, # 80.66 - I. Drewitz, # 78.56, 78.57 - W. Grothe, # 80.106 - J. Gün-
        ther, # 79.77 - H. Helbling, # 78.105 - G. Höhler, # 78.119 - E. F. Hoffmann, #
        81.83 - K. Hughes, # 80.122 - G. Huonker, # 79.97 - G. Kluge, # 79.116 - T.
        Koch, # 81.111 - H. Lehnert, # 80.160 - L. Leibrich, # 79.130 - B. Matamoro, #
        80.181 - H. Mayer, # 78.206, # 80.195, # 83.248, # 84.165, # 84.167 - H. Meier-
        Cronemeyer, # 80.202 - J. Müller, # 80.211 - T. Müller, # 78.221 - F. Rau, #
        81.181 - A. v. Schirnding, # 78.266 - K. Schröter, # 81.210 - U. Schultz, # 79.205
        - C. Schwerin, # 79.208 - C. Soeteman, # 80.272 - H. R. Vaget, # 81.243 - H.-A.
        Walter, # 79.245 - E. Wolffheim, # 79.266].

78.211 MERTENS, Volker: *Gregorius Eremita. Eine Lebensform des Adels bei Hartmann
        von Aue in ihrer Problematik und ihrer Wandlung in der Rezeption*. Zürich, u. a.:
        Artemis, 1978, XI, 215 S. (= Münchener Texte und Untersuchungen zur deut-
        schen Literatur des Mittelalters, Bd. 67) [*Der Erwählte*].

78.212 MEYER, Jochen, in Zusammenarbeit mit Ute Doster: Alfred Döblin und Th. M.
        In: J. M., Hrsg.: *Alfred Döblin 1878-1978. Eine Ausstellung des Deutschen Litera-
        turarchivs im Schiller-Nationalmuseum Marbach am Neckar*. München: Kösel,

2., unveränd. Aufl., 1978, S. 406-425. (= Sonderausstellungen des Schiller-Nationalmuseums, Katalog Nr. 30).

78.213 MICHIELSEN, Gertrude: *The Preparation of the Future. Techniques of Anticipation in the Novels of Theodor Fontane and Th. M.* Bern, u. a.: P. Lang, 1978, 183 S. (= Canadian Studies in German Language and Literature, 21) [Rez.: C. Hill, # 81.81].

78.214 MIDDELL, Eike: Sozialutopie und 'Gottessorge' in *Joseph, der Ernährer.* In: H. Brandt/H. Kaufmann, # 78.36, S. 229-248.

78.215 MIDDLETON, Christopher: Th. M's Letters to Paul Amann and Karl Kerényi. In: C. M., *Bolshevism in Art and Other Expository Writings.* Manchester: Carcanet New Press, 1978, S. 252-257.

78.216 MOLINELLI-STEIN, Barbara: Grandezza: Un caso di coscienza. Analisi strutturale e riflessioni sul romanzo *Lotte in Weimar* di Th. M. In: *Aevum*, Bd. 52 (1978), S. 515-551.

78.217 MOTYLOWA, Tamara L.: Th. M. und Romain Rolland. In: H. Brandt/H. Kaufmann, # 78.36, S. 317-332.

78.218 MÜLLER, Joachim: Rez. von P. d. Mendelssohn, # 77.211, # 77.212. In: *DLZ*, Jg. 99 (1978), Sp. 862-866.

78.219 MÜLLER, Joachim: Ironie und Humanität bei Th. M. In: H. Brandt/ H. Kaufmann, # 78.36, S. 157-166.

78.220 MÜLLER, Thorsten: Thomas und seine Brüder. In: *Deutsches Allgemeines Sonntagsblatt*, Jg. 31, Nr. 22 (28. Mai 1978), S. 12.

78.221 MÜLLER, Thorsten: Ein Deutscher - für undeutsch erklärt. In: *Deutsches Allgemeines Sonntagsblatt*, Jg. 31, Nr. 43 (22. Oktober 1978), S. 22. [Rez. von P. d. Mendelssohn, # 78.210].

78.222 MURDAUGH, Elaine: Th. M. and the Bitch Goddess. Rejection and Reconstruction of the Primal Mother in *Joseph and his Brothers.* In: *Revue des Langues Vivantes. Tjidschrift voor Levende Talen*, Jg. 44, Nr. 5 (1978), S. 395-407.

78.223 MUSIL, Robert: Zu Th. M's 50. Geburtstag. In Adolf Frisé's Ausg. von R. M., *Gesammelte Werke II: Prosa und Stücke, Kleine Prosa, Aphorismen, Autobiographisches, Essays und Reden, Kritik.* Reinbek bei Hamburg: Rowohlt, 1978, S. 1716.

78.224 NEULAND, Brunhild: *Das Gesetz*. Zu Th. M's poetischer Fassung der Mose-My-the. In: H. Brandt/H. Kaufmann, # 78.36, S. 249-272.

78.225 NORTHCOTE-BADE, James: *Der Tod in Venedig* and *Felix Krull*: The Effect of the Interruption in the Composition of Th. M's *Felix Krull* Caused by *Der Tod in Venedig*. In: *DVJS*, Jg. 52, Nr. 2 (1978), S. 271-278.

78.226 OTTO, Regine: Bemerkungen zu Th. M's Auseinandersetzung mit Goethes *Die Wahlverwandtschaften*. In: H. Brandt/H. Kaufmann, # 78.36, S. 287-301.

78.227 PACHTER, Henry M.: Walther Rathenau: Musil's 'Arnheim' or Mann's 'Naphta'? In: *Boston University Journal*, Jg. 25, Nr. 3 (1978), S. 17-28. [Vgl. # 82.188].

78.228 PÄTZOLD, Kurt: Zur politischen Biographie Th. M's (1933). In: H. Brandt/H. Kaufmann, # 78.36, S. 339-345.

78.229 PARKES, Ford B.: The Image of the Tiger in Th. M's *Tod in Venedig*. In: *Studies in Twentieth Century Literature*, Jg. 3 (1978), S. 73-83.

78.230 PESCHKEN, Bernd: Rez. von P. d. Mendelssohn, # 77.212. In: *Litfaß*, Bd. 3, Nr. 10 (1978), S. 79-82.

78.231 PISCHEL, Joseph: Bezüge zu Th. M. in der aktuellen theoretischen Selbstverstän-digung der DDR-Schriftsteller. In: H. Brandt/H. Kaufmann, # 78.36, S. 380-395. [Überarbeitete Fassung von # 75.669].

78.232 POTEMPA, Georg: 'Wir Poeten und Artisten...' Ein unbekannter Briefwechsel von Th. M. mit H. Marcus. In: *NDH*, Jg. 25, Heft 4, Nr. 160 (1978), S. 708-720. [Enthält Briefe Th. M's an H. Marcus vom 11. Mai 1902, 1. Januar 1904 und 21. Januar 1904].

78.233 POTEMPA, Georg: Über das Vermögen der *Buddenbrooks*. In: G. P., *Geld - 'Blüte des Bösen'? Drei Aufsätze über literarisch-finanzielle Themen bei Dante, Goethe und Th. M.* Oldenburg: G. Holzberg, 1978, S. 41-77, 80-83. [Rez.: L. Leibrich, # 79.130].

78.234 PRINGSHEIM, Klaus H.: Th. M. in Exile - Roosevelt, McCarthy, Goethe, and Democracy. In: H. H. Schulte/G. Chapple, # 78.273, S. 20-34.

78.235 PROBYN, Hugh: Some Characteristics of the Novel of Unreality. In: *Comparison*, Jg. 8 (1978), S. 42-71. [*Bekenntnisse des Hochstaplers Felix Krull*].

78.236 PROSKAUER, Paul F.: 'Freunde durch viele Jahrzehnte'. In: *Der Zeitgeist*, Nr. 460 (24. März 1978), S. 13. (= Beilage zum *Aufbau*, Jg. 44) [Rez. von P. d. Mendelssohn, # 77.211].

78.237 PÜTZ, Peter: Th. M. und Nietzsche. In: B. Hillebrand, # 78.116, S. 121-155.

78.238 PUKNAT, Siegfried B.: Rez. von K. Hughes, # 75.388a. In: *Monatshefte*, Jg. 70, Nr. 2 (1978), S. 201.

78.239 RADDATZ, Fritz J.: Exil contra Emigration. In: *Merkur*, Jg. 32, Heft 2, Nr. 357 (1978), S. 148-152. [Gedanken zu Brechts Gedichten über das Exil].

78.240 REED, Terence J.: Rez. von L. Voss, # 75.885. In: *MLR*, Bd. 73 (1978), S. 712-713.

78.241 REED, Terence J.: Nietzsche's Animals: Idea, Image and Influence. In: Malcolm Pasley, Hrsg.: *Nietzsche: Imagery and Thought. A Collection of Essays*. London: Methuen, 1978, S. 159-219. [Über Th. M.: S. 180-185. - *Tristan - Tonio Kröger*].

78.242 REED, Terence J.: Confrontations with History. In: *TLS*, Nr. 967 (14. April 1978), S. 413. [Rez. von P. d. Mendelssohn, # 77.212].

78.243 REICH-RANICKI, Marcel: Die Wahrheit über Th. M. Zu den Tagebüchern aus den Jahren 1933 und 1934. In: *FAZ*, Jg. 30, Nr. 53 (11. März 1978), Bilder und Zeiten. [Wiederabdruck u. d. T.: Th. M. und der Alltag, in # 80.238 - Die ungeschminkte Wahrheit, in # 87.239. - Rez. von P. d. Mendelssohn, # 77.212].

78.244 REICH-RANICKI, Marcel: Die Erwählte. Zu Katia Manns 95. Geburtstag. In: *FAZ*, Jg. 30, Nr. 156 (24. Juli 1978), Feuilleton, S. 15.

78.245 REICH-RANICKI, Marcel: Sohn seines Vaters. Klaus Mann, der dreifach Geschlagene. In: *Rhein-Neckar-Zeitung* (25. März 1978). [Ausschnitt aus # 76.308].

78.246 REISER, Rudolf: Silvester 1899 bei Familie Mann in der Herzogstraße 3. In: R. R., *Alte Häuser - Große Namen. München*. München: Bruckmann, 1978, S. 213-216.

78.247 REISER, Rudolf: Th. M. und seine Villa in Bogenhausen, Th.-M.-Allee 10. In: # 78.246, S. 235-238.

78.248 REISS, Hans: Th. M. (1875-1955). In: H. R., *The Writer's Task from Nietzsche to Brecht*. London, u. a.: The Macmillan Press, 1978, S. 95-125, 196-201.

78.249 RENYI, Péter: Th. M. und Attila József. Zu einer bemerkenswerten Begegnung. In: H. Brandt/H. Kaufmann, # 78.36, S. 333-338.

78.250 RIESS, Curt: Tommys ungewöhnlicher Weggefährte. Katia Mann 95 Jahre alt. In: *Die Welt*, Nr. 169 (24. Juli 1978), S. 19. [Ausg. Berlin].

78.251 RILLA, Paul: Das Kapitel Th. M. In: P. R., *Literatur als Geschichte. Zwei Streitschriften. Mit einem Vorwort von Jürgen Rühle.* München: C. H. Beck, 1978, S. 57-61. (= Beck'sche Schwarze Reihe, Bd. 164) [Betr. P. E. H. Lüth: *Literatur als Geschichte*].

78.252 RILLA, Paul: Schlußwort (Th. M.). In: # 78.251, S. 155-165.

78.253 RITTER-SANTINI, Lea: Das Licht im Rücken. Dante, ein Vorbild für Th. M. In: L. R.-S., *Lesebilder. Essays zur europäischen Literatur.* Stuttgart: E. Klett, 1978, S. 86-111. [Vgl. E in # 77.259].

78.254 ROTHENBURG, Jürgen: Rez. von U. Thomet, # 75.853. In: *Germanistik*, Jg. 19, Nr.2 (1978), S. 538.

78.255 SALIS, Jean Rudolf von: Th. M. In: J. R. v. S., *Grenzüberschreitungen. Ein Lebensbericht. Bd. 2: 1939-1978.* Zürich: Orell Füssli, 1978, S. 362-373, u. a.

78.256 SANDBERG, Hans-Joachim: Der Kierkegaard-Komplex in Th. M's Roman *Doktor Faustus.* Zur Adaption einer beziehungsreichen Thematik. In: R. Wiecker, # 78.329, S. 257-274.

78.257 SARKANY, Stéphane: Un principe structurant des recueils de récits courts européens à l'orée du siècle. Les variations de la conscience d'artiste dans le *Tristan* de Th. M. et les *Enfantines* de Valéry Larbaud. In: S. S., *Valéry Larbaud et la littérature de son temps.* Paris: Klincksieck, 1978, S. 49-57. (= Association internationale des Amis de Valery Labaud: Actes du colloque de Vichy, 17.-19. Juni 1977) [Vgl. # 79.195].

78.258 SATONSKI, Dmitri: Th. M. als Repräsentant unseres Zeitalters. In: H. Brandt/H. Kaufmann, # 78.36, S. 28-52.

78.259 SAUER, Paul L.: Der 'fürchterliche Christ'. Studien zur Genealogie des (pseudo)religiösen Totalitarismus und zum Spannungsfeld zwischen Ästhetik, Theologie und Politik anläßlich der Gestalt des Savonarola in Th. M's *Fiorenza.* In: Katholische Fachhochschule Norddeutschland, Hrsg.: *Person, Gruppe, Gesellschaft: Beiträge zur Sozialpädagogik und Sozialarbeit.* Hildesheim: Bernward, 1978, S. 189-276. (= Einladung zum Dialog, Bd. 5.) [Teil II und III. - Rez.: G. P. Knapp, # 81.109].

78.260 SAUTER, Karl H.: The Portrayal of the Jesuit in Th. M's *Der Zauberberg*, Ludwig Marcuse's *Ignatius von Loyola*, and Fritz Hochwälder's *Das Heilige Experiment*. In: *DAI*, Jg. 38, Nr. 8 (1978), S. 4858A-4859A. [Vgl. # 77.267].

78.261 SCHÄDLICH, Michael: Th. M. und das christliche Denken. Über den Zusammenhang von Theologie und Musik im *Doktor Faustus*. In: M. S., *Titelaufnahmen. Studien zu Werken von Th. M., Heinrich Böll, Max Frisch, Graham Greene, Michail Bulgakow, Hermann Kant und Stefan Heym*. Berlin: Union Press Hass & Co, 1978, S. 7-37.

78.262 SCHÄDLICH, Michael: Ethische und ästhetische Weltsicht in Th. M's frühen Erzählungen. In: # 78.261, S. 38-56.

78.263 SCHANZE, Helmut: Theater - Politik - Literatur. Zur Gründungskonstellation einer 'Freien Bühne' zu Berlin 1889. In: H. S., *Literatur und Theater im Wilhelminischen Zeitalter*. Tübingen: M. Niemeyer, 1978, S. 275-290. [Über Th. M.: S. 290].

78.264 SCHEUNEMANN, Dietrich: Autobiographie, Pädagogik und die 'Souveränität' des Romanschriftstellers. Programmatische Vorsätze Th. M's und Flakes. In: D. S., *Romankrise. Die Entstehungsgeschichte der modernen Romanpoetik in Deutschland*. Heidelberg: Quelle & Meyer, 1978, S. 108-135. (= Medium Literatur, 2).

78.265 SCHIAVONI, Giulio: Th. M. e la musica di Leverkühn. In: *Nuova Corrente: Rivista trimestrale di Letteratura*, Nr. 75 (1978), S. 29-41.

78.266 SCHIRNDING, Albert von: Ironie und Liebe. Zum zweiten Band der Tagebücher von Th. M. In: *Merkur*, Jg. 32, Heft 9, Nr. 364 (1978), S. 944-946. [Auch in: *S. Fischer Pressedienst*, Nr. 9 (1978), S. 3-4. - Rez. von P. d. Mendelssohn, # 78.210].

78.267 SCHLÜTER, Herbert: Nachwort. In: Klaus Mann: *Kindernovelle*. Frankfurt a. M.: S. Fischer, 1978, S. 109-122. (= Fischer-Bibliothek).

78.268 SCHOLZ, Hans: Th. M. In: H. S., *Theodor Fontane*. München: Kindler, 1978, S. 312, u. a. (= Kindlers literarische Portraits).

78.269 SCHOPF, Roland: *Physiognomisches Sehen in der literarkritischen Essayistik Th. M's*. Heidelberg: C. Winter, 1978, 256 S. (= Beiträge zur neueren Literaturgeschichte, Folge 3, Bd. 36) [Rez.: C. Cases, # 79.36].

78.270 SCHRÖTER, Klaus: Ideological Changes in Th. M's *Joseph* Novels, 1926-1943. In: Ley/Wagner/Ratych, # 78.183, S. 330-339.

78.271 SCHULTE, Hans H.: Zur Einführung. In: H. H. S./G. Chapple, # 78.273, S. 1-2. [Th. M.-Kolloquium].

78.272 SCHULTE, Hans H.: Ist Th. M. noch lebendig? Verständigungsschwierigkeiten
       zwischen einem deutschen Klassiker und seinem Publikum. In: H. H. S./G.
       Chapple, # 78.273, S. 95-126.

78.273 SCHULTE, Hans H., und Gerald Chapple, Hrsg.: *Th. M. Ein Kolloquium.* Bonn:
       Bouvier, 1978, 150 S. (= Modern German Studies, Bd. 1) [Inhalt: Anon., # 78.7 -
       A. Berland, # 78.25 - H. Eichner, # 78.61 - P. Heller, # 78.109 - H. Kesting, #
       78.146 - M. Mann, # 78.195 - K. H. Pringsheim, # 78.234 - H. H. S., # 78.271, #
       78.272. - Rez.: S. Cerf, # 80.59].

78.274 SCHULTZE, Sabine: Vom Tag für den Tag? Th. M's Tagebücher 1933 und 1934.
       In: *Rhein-Neckar-Zeitung* (25. März 1978). [Rez. von P. d. Mendelssohn, #
       77.212].

78.275 SEEBASS, Horst: *Geschichtliche Zeit und theonome Tradition in der Joseph-Erzäh-
       lung.* Gütersloh: G. Mohn, 1978, 152 S.

78.276 SEIDLIN, Oskar: Stiluntersuchung an einem Th. M.-Satz. In: Horst Enders,
       Hrsg.: *Die Werkinterpretation.* Darmstadt: Wissenschaftliche Buchgesellschaft, 2.
       Aufl., 1978, S. 336-348. (= Wege der Forschung, Bd. 36) [Vgl. E in # 47.212. -
       Der Tod in Venedig].

78.277 SIEFKEN, Hinrich: Rez. von F. Ohly, # 76.282. In: *MLR*, Bd. 73 (1978), S. 694-
       695.

78.278 SIEFKEN, Hinrich: Th. M. and the Concept of 'Repräsentation': *Königliche Ho-
       heit.* In: *MLR*, Bd. 73, Nr. 2 (April 1978), S. 337-350.

78.279 SIEFKEN, Hinrich: The Goethe Centenary of 1932 and Th. M's *Lotte in Weimar.*
       In: *PEGS*, Jg. 49 (1978/79), S. 84-101.

78.280 SIEFKEN, Hinrich: *Lotte in Weimar* - 'Contactnahme' and Th. M's Novel about
       Goethe. In: *Trivium*, Jg. 13 (1978), S. 38-52.

78.281 SJOEGREN, Christine Oertel: The Variant Ending as a Clue to the Interpretation
       of Th. M's *Wälsungenblut.* In: *Seminar*, Jg. 14, Nr. 2 (1978), S. 97-104.

78.282 SLOTERDIJK, Peter: Th. M. In: P. S., *Literatur und Organisation von Lebenserfah-
       rung. Autobiographien der zwanziger Jahre.* München: C. Hanser, 1978, S. 17. (=
       Literatur als Kunst).

78.283 SNOW, C. P.: Mann to Mann. In: *The Financial Times* (30. März 1978). [Rez. von
       N. Hamilton, # 78.95].

78.284 SOKEL, Walter H., Albert A. Kipa, und Hans Ternes, Hrsg.: *Probleme der Komparatistik und Interpretation. Festschrift für André von Gronicka zum 65. Geburtstag am 25.5.1977.* Bonn: Bouvier, 1978, 339 S. [Mit Beiträgen von: H. Hatfield, # 78.102 - P. Heller, # 78.110].

78.285 SOMMER, Doris: Mann, Midrash, and Mimesis. In: *DAI*, Jg. 38, Nr. 11 (1978), S. 6703A. [Resümee von: Diss., Rutgers Univ., New Brunswick, NJ, 1977, 406 S.].

78.286 SPALEK, John M.: Th. M. In: J. M. S., *Guide to Archival Materials of the German-speaking Emigration to the United States after 1933.* Charlottesville: University Press of Virginia, 1978, S. 590-611. (= Verzeichnis der Quellen und Materialien der deutschsprachigen Emigration in den U. S. A. seit 1933).

78.287 SPERLICH, Hans C., Hrsg.: *Der Tod in Venedig. Hommage à Th. M. et Luchino Visconti. Zeichnungen, Aquarelle und Gemälde von Jörg Madlener und Jean Vanriet.* Darmstadt: Kunstverein Darmstadt, 1978, 86 S. [Ausstellungskatalog].

78.288 SPOOR, A. S.: Notities van een hypochonder. In: *N. R. C. Handelsblad* (10. Februar 1978), S. CS5. [Rez. von P. d. Mendelssohn, # 77.212].

78.289 STEINECKE, Hartmut: Roman und Demokratie. Aspekte ihres Verhältnisses. In: *ZDP*, Jg. 97, Nr. 1 (1978), S. 129-151. (= Sonderheft).

78.290 STERN, Joseph P.: Geschichte und Allegorie in Th. M's *Doktor Faustus.* In: P. G. Klussmann/J.-U. Fechner, # 78.151, S. 23-41. [Diskussionsbericht: S. 41-43].

78.291 STEWART, Walter K.: *Der Tod in Venedig*: The Path to Insight. In: *GR*, Jg. 53, Nr. 2 (1978), S. 50-55.

78.292 STRICH, Christian: Th. M. In: C. S., *Der Autorenabend. Dichteranekdoten von Rabelais bis Th. M.* Zürich: Diogenes, 1978, S. 182-194. (= Diogenes mini-Taschenbuch, 10) [Vgl. E in # 53.141].

78.293 SUDHOF, Siegfried: Bibliothekarische Spezialitäten. Ein Einblick in die Sondersammlungen der Stadt- und Universitätsbibliothek Frankfurt a. M. In: Klaus D. Lehmann, und Hildegard Hüttermann, Hrsg.: *Die Hochschulbibliothek. Beiträge und Berichte.* Frankfurt a. M.: V. Klostermann, 1978, S. 217-231. (= Zeitschrift für Bibliothekswesen und Bibliographie, Sonderheft, 27) [Zu Th. M.: S. 227-228, S. 230-231. - Mit Brief Th. M's vom 30. September 1945 an M. Horkheimer].

78.294 SULTAN, Stanley: Mann and Joyce: Affinities of Two Masters. In: K. Hughes, # 78.123, S. 67-94.

78.295 SWALES, Martin: Mann: *The Magic Mountain* (1924). In: M. S., *The German Bildungsroman from Wieland to Hesse.* Princeton, N. J.: Princeton University Press, 1978, S. 105-128. [Überarbeitete Fassung von # 72.174b. - Rez.: S. L. Cocalis, # 80.62].

78.296 SZONDI, Peter: Th. M's Gnadenmär von Narziß. In Jean Bollack's und Henriette Beese's Ausg. von P. S., *Schriften. Essays: Satz und Gegensatz. Lektüren und Lektionen. Celan-Studien mit dem Anfang: Frühe Aufsätze, Bd. 2.* Frankfurt a. M.: Suhrkamp, 1978, S. 235-242. [Vgl. E in # 56.219. - *Der Erwählte*].

78.297 TANNENBAUM, Edward R.: Th. M. In: E. R. T., *1900. Die Generation vor dem Großen Krieg.* Frankfurt a. M.: Ullstein, 1978, S. 425, u. a. [Übs. des amerikanischen Originals, *1900: The Generation before the Great War,* durch C. Röthlingshöfer-Spiel].

78.298 TATAR, Maria M.: From Science Fiction to Psychoanalysis: Henry James's *Bostonians,* D. H. Lawrence's *Women in Love,* and Th. M's *Mario and the Magician.* In: M. M. T., *Spellbound. Studies in Mesmerism and Literature.* Princeton, NJ: Princeton University Press, 1978, S. 230-271. [*Mario und der Zauberer*].

78.299 THIEBERGER, Richard: Persönliches Engagement und epische Distanz in Th. M's Novellen. In: H. Brandt/H. Kaufmann, # 78.36, S. 199-215.

78.300 THIELE, Manfred: Gruß zum Zürichsee. In: *Die Weltbühne,* Jg. 73, Nr. 29 (18. Juli 1978), S. 918-919. [Zum 95. Geburtstag Katia Manns].

78.301 TOBIN, Patricia Drechsel: 'Links in a Chain': Th. M., *Buddenbrooks.* In: P. D. T., *Time and the Novel. The Genealogical Imperative.* Princeton, NJ: Princeton University Press, 1978, S. 54-80.

78.302 TORRANCE, Robert M.: Ulysses and Hermes in Modern Times. In: R. M. T., *The Comic Hero.* Cambridge, MA, u. a.: Harvard University Press, 1978, S. 240-273. [*Felix Krull* - J. Joyce].

78.303 TOYNBEE, Philip: Brotherhood of Mann. In: *The Observer* (9. April 1978). [Rez. von N. Hamilton, # 78.95].

78.304 VAGET, Hans R.: Rez. von I. M. Ezergailis, # 75.232 - Corngold/Lange/Ziolkowski, # 75.182. In: *GR,* Jg. 53, Nr. 1 (1978), S. 78-80, 83-84.

78.305 VAGET, Hans R.: Rez. von P. d. Mendelssohn, # 77.211. In: *GQ,* Jg. 53, Nr. 4 (November 1978), S. 557-559.

78.306 VAGET, Hans R.: Georg Lukács, Th. M., and the Modern Novel. In: K. Hughes # 78.123, S. 37-65.

78.307 VOGEL, Bruno: *Es lebe der Krieg! Ein Brief.* Berlin: V. Guhl, 1978, 138 S. [Kulturdokument über die Freiheit der Kunst in der Weimarer Republik].

78.308 VOGEL, Harald: Die Zeit in Th. M's Roman *Doktor Faustus.* Eine Untersuchung zur polyphonen Zeitstruktur des Romans (1973). In: Alexander Ritter, Hrsg.: *Zeitgestaltung in der Erzählkunst.* Darmstadt: Wissenschaftliche Buchgesellschaft, 1978, S. 337-367. (= Wege der Forschung, 447) [Vgl. E in # 73.292. - Resümee in: *DAI,* Jg. 40, Nr. 1 (1979), S. 113C].

78.309 VORIS, Renate Langwald: *Realismusprobleme im Gegenwartsroman: Drei Modelle.* Dissertation, The Ohio State University, 1978, 293 S. [Resümee in: *DAI,* Jg. 39, Nr. 8 (1979), S. 4967A-4968A. - H. Böll - P. Handke - Th. M.].

78.310 WALTER, Hans-Albert: *Maß und Wert.* In: H.-A. W., *Deutsche Exilliteratur 1933-1950, Bd. 4: Die Exilpresse.* Stuttgart: J. B. Metzler, 1978, S. 503-539, 793-798.

78.311 WAPNEWSKI, Peter: *Richard Wagner - Die Szene und ihr Meister.* München: C. H. Beck, 1978, 156 S. (= Beck'sche Schwarze Reihe, Bd. 178) [Inhalt: # 78.312 - # 78.313 - # 78.314 - # 78.315. - Rez.: H. R. Vaget, # 82.277].

78.312 WAPNEWSKI, Peter: Th. M. als Wolfram von Eschenbach. In: # 78.311, S. 25-28.

78.313 WAPNEWSKI, Peter: Th. M. als Student des Mittelalters. In: # 78.311, S. 28-29.

78.314 WAPNEWSKI, Peter: Drei Dichter vom fränkischen Stamme: Th. M. - Hans Sachs - Goethe. In: # 78.311, S. 30-32.

78.315 WAPNEWSKI, Peter: Zwei Brüder Mann und der 'Tristan'-Stoff. In: # 78.311, S. 32-34.

78.316 WAPNEWSKI, Peter: Th. M. In: P. W., *Der traurige Gott. Richard Wagner in seinen Helden.* München: C. H. Beck, 1978. [Rez.: H. R. Vaget, # 82.277].

78.317 WEGNER, Michael: Th. M's *Zauberberg* und die russische Literatur. In: H. Brandt/H. Kaufmann, # 78.36, S. 302-316. [Anhang: S. 313-316: Verzeichnis der Werke russischer Autoren in Th. M's Nachlaßbibliothek].

78.318 WEIGAND, Hermann J.: An Interview on *Doktor Faustus.* In: K. Hughes, # 78.123, S. 95-126. [Interview vom 31. Januar 1976 mit H. Scher].

78.319 WEINZIERL, Ulrich: Th. M. In: U. W., *Er war Zeuge. Alfred Polgar. Ein Leben zwischen Publizistik und Literatur.* Wien: Löcker & Wögenstein, 1978, S. 134, u.a.

78.320 WEISS, Peter: Th. M. In: P. W., *Die Ästhetik des Widerstands, Bd. 1.* Frankfurt a. M.: Suhrkamp, 1978, S. 263-264, u. a.

78.321 WENZEL, Georg: Rez. von I. Diersen, # 75.196. In: *DLZ*, Jg. 99, Nr. 4 (April 1978), Sp. 262-264.

78.322 WENZEL, Georg: Auf Th. M's Lebensspuren in Ungarn. In: *Neue Banater Zeitung*, Jg. 22, Nr. 4705 (19. Januar 1978), S. 2-3. [Rez. von A. Mádl/J. Györi, # 77.191].

78.323 WERNER, Renate: 'Cultur der Oberfläche'. Zur Rezeption der Artisten-Metaphysik im frühen Werk Heinrich und Th. M's. In: B. Hillebrand, # 78.116, S. 82-121. [Vgl. andere Fassung in # 77.330].

78.324 WESCHE, Ulrich: Beyond 'Bourgeois Realism': The Grotesque and the Sublime in Th. M's *Magic Mountain.* In: *Denver Quarterly*, Jg. 13 (1978), S. 81-91. [*Der Zauberberg*].

78.325 WEST, Rebecca: The Soul of Germany: The Brothers Mann. In: *The Sunday Telegraph*, Nr. 886 (26. März 1978), S. 16. [Rez. von N. Hamilton, # 78.95].

78.326 WESTPHAL, Gert: Resignation und Charakter. Zum 28. August. In: *NZZ*, Jg. 199, Nr. 198 (28. August 1978), Feuilleton, S. 17. [J. W. v. Goethe - Th. M.].

78.327 WHITE, J. J.: Rez. von J. M. Spalek/J. Strelka, # 76.352. In: *MLR*, Bd. 73 (1978), S. 711-712.

78.328 WICHERT, Adalbert: Th. M. In: A. W., *Alfred Döblins historisches Denken. Zur Poetik des modernen Geschichtsromans.* Stuttgart: J. B. Metzler, 1978, S. 138, u. a. (= Germanistische Abhandlungen, 48) [*Friedrich und die große Koalition*, S. 17 - *Joseph und seine Brüder*, S. 216].

78.329 WIECKER, Rolf, Hrsg.: *Festschrift für Steffen Steffensen. 70 Jahre. 1908-1978.* München: W. Fink, 1978, 480 S. (= Text und Kontext, Jg. 6, Nr. 1/2) [Inhalt: U. Ebel, # 78.59 - H. Lehnert, # 78.177 - H.-J. Sandberg, # 78.256 - H. Wysling, # 78.339].

78.330 WIESE, Benno von: *Die Bekenntnisse des Hochstaplers Felix Krull* als utopischer Roman. In: B. v. W., *Perspektiven I. Studien zur deutschen Literatur und Literaturwissenschaft.* Berlin: E. Schmidt, 1978, S. 201-217. [Vgl. # 77.333].

78.331 WIESNER, Herbert: Th. M. und Heinrich Mann. Bürgerliche Kultur und soziale Zivilisation - Annäherungen und Divergenzen eines Bruderpaares. In: *Die Großen der Weltgeschichte, Bd. X.* Zürich: Kindler, 1978, S. 54-79.

78.332 WINSTON, Richard: Th. M. at Twenty-Five. In: *Boston University Journal*, Jg. 26, Nr. 1 (1978), S. 28-38.

78.333 WINSTON, Richard: Being Brothers: Th. and Heinrich Mann. In: Ley/Wagner/Ratych, # 78.183, S. 349-361.

78.334 WIRTH, Günter: Th. M. und Paul Tillich. In: H. Brandt/H. Kaufmann, # 78.36, S. 370-379. [*Doktor Faustus*].

78.335 WUCKEL, Dieter: *Mario und der Zauberer* in der zeitgenössischen Presseresonanz. In: H. Brandt/H. Kaufmann, # 78.36, S. 346-356.

78.336 WYSLING, Hans: Th. M's Deskriptionstechnik. In: H. Brandt/H. Kaufmann, # 78.36, S. 70-87. [Gekürzte und ergänzte Fassung der Einführung von # 75.947 - vgl. auch # 75.949].

78.337 WYSLING, Hans: Th. M's Goethe-Nachfolge. In: *Jahrbuch des Freien Deutschen Hochstifts*, N. F. (1978), S. 498-551.

78.338 WYSLING, Hans: Th. M. - Irritation und Widerstand. In: Ley/Wagner/Ratych, # 78.183, S. 362-371. [Vgl. E in # 75.952].

78.339 WYSLING, Hans: Krull als Narziß und Prospero. In: R. Wiecker, # 78.329, S. 275-299. [Auch in: *Text und Kontext*, Jg. 6, Nr. 1/2 (1978), S. 275-299. - *Felix Krull*].

78.340 WYSLING, Hans: Nachwort. In seiner Ausg. von Heinrich Mann: *Schauspielerin*. Frankfurt a. M.: S. Fischer, 1978, S. 113-127. (= Fischer Bibliothek) [*Königliche Hoheit - Der Erwählte*].

78.341 ZEHNHOFF, Hans-Werner am: Mythologische Motive der Siebenzahl in Th. M's Roman *Der Zauberberg*. In: *EG*, Jg. 33, Nr. 2 (April/Juni 1978), S. 154-171.

78.342 ŽMEGAČ, Viktor: Bemerkungen zur Rezeptionsgeschichte Rilkes. In: Hans-Peter Bayersdörfer, u. a., Hrsg.: *Literatur und Theater im Wilhelminischen Zeitalter*. Tübingen: M. Niemeyer, 1978, S. 62-77. [Über Th. M.: S. 63-64, 66-67, u. a.].

78.343 ŽMEGAČ, Viktor: Bemerkungen zu einigen poetologischen Texten Th. M's. In: H. Brandt/H. Kaufmann, # 78.36, S. 191-198.

78.344 ZWEIG, Arnold: *Das Wunderkind*. In: Georg Wenzel, Hrsg.: *Arnold Zweig, 1887-1968. Werk und Leben in Dokumenten und Bildern*. Berlin, u. a.: Aufbau, 1978, S. 64. [Teildruck der Rezension von Th. M's Novelle. - Vgl. E in: *Die Schaubühne*, Jg. 10, Nr. 52 (31. Dezember 1914), S. 534].

78.345 ZWEIG, Arnold: Glückwunsch an Th. M. In: # 78.344, S. 198-199. [Vgl. E in # 29.101].

78.346 ZWEIG, Arnold: Mann, *Buddenbrooks*. In: # 78.344, S. 503-510.

78.347 ZWEIG, Stefan: Briefe an Th. M. In Richard Friedenthal's Ausg. von S. Z, *Briefe an Freunde*. Frankfurt a. M.: S. Fischer, 1978. [Enthält Briefe vom 17. Juli 1940 und 29. Juli 1940 an Th. M.].

78.348 ZWEIG, Stefan: Th. M.: *Lotte in Weimar* (1939). In Volker Michels' Ausg. von S. Z., *Die Monotisierung der Welt. Aufsätze und Vorträge*. Frankfurt a. M.: Suhrkamp, 1978, S. 208-210.

79.1 ANON.: Heinrich Mann im Tagebuch seines Bruders 1918-1921. In: *Arbeitskreis Heinrich Mann: Mitteilungsblatt*, Nr. 14 (1979), S. 2-18. [Verfasser: P.-P. Schneider].

79.2 ANON.: 'Die Kunst - Kind von Kummer und Freude': Aus dem Briefwechsel zwischen Th. M. und Alfred Neumann. In: *Rhein-Neckar-Zeitung* (1. Juli 1979). [Auszug aus P. d. Mendelssohn, # 77.211].

79.3 ANON.: Hinweise und Anfragen. In: *Die Schiefertafel*, Nr. 2 (1979), S. 39-40, 95-96.

79.4 ANON.: Entzücken an Eissi. In: *Der Spiegel*, Jg. 33, Nr. 36 (3. September 1979), S. 238, 240-241. [Rez. von P. d. Mendelssohn, # 79.156].

79.5 ANON. [K. W.]: Die ausufernde Chronik des Untergangs. Th. M's *Buddenbrooks* in einer elfteiligen Verfilmung von Franz P. Wirth. In: *SZ*, Jg. 35, Nr. 238 (15. Oktober 1979), S. 31. [Verfasser: K. Wienert].

79.6 ANON. [L. C.]: Buddenbrookiade. Ein Erlebnis mit dem Nobelpreisträger Th. M. (Januar 1930). In: *UHU. Berlin: Oktober 1924 bis Oktober 1934* (1979), S. 47. [Vgl. Nachdruck in # 80.10].

79.7 ANON. [MS]: Bemühung um Th. M's *Buddenbrooks*. In: *NZZ*, Jg. 200, Nr. 285 (7. Dezember 1979), Radio und Fernsehen, S. 71. [Verfasser: M. Schlappner. - Über die dritte Verfilmung der *Buddenbrooks*, Regie: F. P. Wirth].

79.8 ANTON, Herbert: *Die Romankunst Th. M's. Begriffe und hermeneutische Strukturen. Mit einem Anhang: Poetik im Konflikt mit Freud.* Paderborn: Schöningh, 2., erw. Aufl., 1979, 115 S. (= Uni-Taschenbücher, 153) [Vgl. E in # 72.6].

79.9 ANTOSIK, Stanley J.: Rez. von P. Heller, # 78.108. In: *GR*, Jg. 54, Nr.1 (1979), S. 84-85.

79.10 APTER, T. E.: *Th. M. The Devil's Advocate.* New York: New York University Press, 1979, 165 S.

79.11 ARETIN, Karl O. von: Tagebücher eines Unpolitischen. Th. M's Aufzeichnungen aus den Jahren 1918 bis 1921. In: *SZ*, Jg. 35, Nr. 284 (8./9. Dezember 1979), S. 113-114. [Rez. von P. d. Mendelssohn, # 79.156].

79.12 ASSMANN, Dietrich: Rez. von K. W. Jonas, # 79.107. In: *Neuphilologische Mitteilungen*, Jg. 80, Nr. 40 (1979), S. 407-409.

79.13 BADEN, Hans J.: Die Krankheit in der Literatur. In: *Berliner Ärzteblatt* (16. Januar 1979), S. 42-46. [*Der Zauberberg - Doktor Faustus*].

79.14 BÄNZINGER, Hans: Das namenlose Tier und sein Territorium. Zu Kafkas Dichtung *Der Bau*. In: *DVJS*, Jg. 53, Nr. 2 (1979), S. 300-325. [Vgl. mit Th. M's *Königliche Hoheit*].

79.15 BAHR, Ehrhard: Geschichte und Allegorie. Möglichkeiten des allegorischen Romans zur Zeit des NS-Regimes: Elisabeth Langgässer und Th. M. In: Elfe/Hardin/Holst, # 79.48, S. 103-110.

79.16 BAN, Sung-Wan: Das Verhältnis der Ästhetik Lukács' zur deutschen Klassik. Dargestellt an seinen ästhetischen und politischen Schriften und an seiner Beziehung zu Th. M. In: *Annales Publiées par la Faculté des Lettres et Sciences Humaines de Toulouse* (1979), S. 213-222. [Vgl. Diss., # 76.18 - vgl. # 77.18].

79.17 BANULS, André: La décadence existe-t-elle? Th. M. et le triomphe du Moi. In: *EG*, Jg. 34 (1979), S. 404-417. [Vgl. # 86.14].

79.18 BARTSCH, Wolfgang: Fernseh-Saga, treu dem Wort: Ab heute auf dem Bildschirm: Th. M's Roman vom Verfall einer Familie. In: *Die Welt* (15. Oktober 1979), S. 12. [*Buddenbrooks*].

79.19 BAUSCHINGER, Sigrid: Rez. von N. Hamilton, # 79.79. In: *German Studies Review*, Jg. 2, Nr. 3 (1979), S. 392-393. [H. Mann - Th. M.].

79.20 BECKETT, Lucy: Wagner and his Critics. In: Peter Burbidge, und Richard Sutton, Hrsg.: *The Wagner Companion*. London, u. a.: Faber & Faber, 1979, S. 365-388. [R. Wagner in der Kritik].

79.21 BEST, Otto F.: Schwierigkeiten bei der Darstellung des Bösen. In: Elfe/Hardin/Holst, # 79.48, S. 39-47. [*Doktor Faustus*].

79.22 BESTON, John B.: Three Conclusions: *Buddenbrooks, The Aunt's Story* and *Voss*. In: *The Literary Half-Yearly*, Nr. 20 (1979), S. 134-141.

79.23 BETZ, Frederick: Strindberg or Stauffer?: A Note on Th. M's Misquotation of Fontane. In: *Germanic Notes*, Jg. 10, Nr. 3 (1979), S. 36-39.

79.24 BETZ, Werner: Th. M. und die Bonner Lokalgeschichte. In: *Literaturwissenschaftliches Jahrbuch*, N. F., Bd. 20 (1979), S. 313-315. [Rez. von P. E. Hübinger, # 74.80].

79.25 BHAT, N. T.: Der Gegensatz zwischen Leben und Geist in Th. M's *Die ver-tauschten Köpfe*. In: *German Studies in India*, Jg. 3, Nr. 1/2 (1979), S. 53-54.

79.26 BIENER, Joachim: Th. M. und Alfred Kerr. In: *Wissenschaftliche Zeitschrift der Pädagogischen Hochschule Leipzig*, Nr. 1 (1979), S. 91-94.

79.27 BLOMSTER, Wesley V.: A Bridge not Built: Mann and Hesse on Germany and Russia. In: *Germano-Slavica*, Jg. 3, Nr. 1 (1979-1981), S. 45-64.

79.28 BOPP, Marianne O. de: Th. M. en Mexico. In: *Annali Istituto Universitario Orientale Napoli, Sezione Slava* (1979), S. 199-213.

79.29 BRANDT, Helmut, Brunhild Neuland, und Irene Wergner: Bewahrung und Er-neuerung des Erzählens bei Th. M., Bertolt Brecht und Anna Seghers. In: *Weimarer Beiträge*, Jg. 25, Nr. 3 (1979), S. 165-171.

79.30 BRENNER, Jacques: Préface. In: Th. M.: *Les Maîtres*. Paris: B. Grasset, 1979, S. 7-10. [Übs. von L. Servicen und J. Naujac. - Rez.: L. Leibrich, # 79.131].

79.31 BRODE, Hanspeter: Th. M. y Georg Lukács. In: *Annali Istituto Universitario Orientale Napoli, Sezione Slava* (1979), S. 127-142. [Übs. von G. Massuh].

79.32 BRODE, Hanspeter: Nicht ohne Einblicke in die Triebstruktur. In: *Mannheimer Morgen* (13. Januar 1979). [Rez. von P. d. Mendelssohn, # 78.210].

79.33 BUTLER, E. M.: The First Faust Reborn, 1947. In: E. M. B., *The Fortunes of Faust*. Cambridge, u. a.: Cambridge University Press, 1979, S. 321-338. [*Doktor Faustus*].

79.34 CADIEUX, André: The Jungle of Dionysus: The Self in Mann and Nietzsche. In: *Philosophy and Literature*, Jg. 3, Nr. 1 (Frühjahr 1979), S. 53-63. [F. Nietzsche].

79.35 CAEIRO, Oscar: Alusión y futuro: *José y sus hermanos*. In: *Annali Istituto Univer-sitario Orientale Napoli, Sezione Slava* (1979), S. 23-48.

79.36 CASES, Cesare: Rez. von R. Schopf, # 78.269. In: *Germanistik*, Jg. 20, Nr. 1 (1979), S. 258.

79.37 CRICK, Joyce: Rez. von J. P. Stern, # 75.838. In: *GLL*, N. S., Jg. 32 (1979), S. 89-91.

79.38   DABEZIES, André: Entre le mythe de Faust et l'idéologie 'faustienne': Th. M. de-
        vant Oswald Spengler. In: A. D., *Le Mythe d'Etiemble. Hommages, Études et Re-
        cherches.* Paris: Didier Erudition, 1979, S. 47-56. (= Études de littérature étran-
        gère et comparée, 77).

79.39   DAVIS, Deborah: Th. M. - Agnes E. Meyer. In: D. D., *Katharine the Great. Ka-
        tharine Graham and the Washington Post.* New York, u. a.: Harcourt Brace,
        1979, S. 105-109, u. a.

79.40   DIERKS, Manfred: Rez. von B. Kristiansen, # 78.165. In: *Germanistik*, Jg. 20, Nr.
        1 (1979), S. 257.

79.41   DIERKS, Manfred: Philosophische Orientierung des Erzählverfahrens bei Th. M.
        In: *Orbis Litterarum*, Jg. 34, Nr. 4 (1979), S. 352-359. [Rez. von B. Kristiansen, #
        78.165. - A. Schopenhauer - *Der Zauberberg*].

79.42   DIERSEN, Inge: *Th. M. Episches Werk, Weltanschauung, Leben.* Berlin, u. a.: Auf-
        bau, 2. Aufl., 1979, 433 S. [Vgl. E in # 75.196].

79.43   DIERSEN, Inge: Rez. von A. Mádl/J. Györi, # 77.191. In: *Weimarer Beiträge*, Jg.
        25, Nr. 6 (Juni 1979), S. 170-175.

79.44   DITTMANN, Ulrich: *Th. M.: Tristan.* Stuttgart: P. Reclam, 1979, 95 S. (=
        Universal-Bibliothek, Nr. 8115: Erläuterungen und Dokumente) [Vgl. E in #
        71.63 - vgl. auch # 88.47].

79.45   DVORETZKY, Edward: Th. M's *Doktor Faustus.* Ein Rückblick auf die frühe
        deutsche Kritik. In: *Blätter der Th. M. Gesellschaft Zürich*, Nr. 17 (1979), S. 9-24.

79.46   DYCK, J. William: Heinrich von Kleist und Th. M. *Der Wille zum Glück.* In:
        Achim Arnold, Hans Eichner, Edmund Heier, u. a., Hrsg.: *Analecta Helvetica et
        Germanica. Eine Festschrift zu Ehren von Hermann Boeschenstein.* Bonn: Bouvier,
        1979, S. 211-227. (= Studien zur Germanistik, Anglistik und Komparatistik, Bd.
        85).

79.47   EICHHOLZ, Armin: Das Münchner Tagesgespräch nach 60 Jahren. In: *Münchner
        Merkur*, Jg. 40, Nr. 230 (5. Oktober 1979), S. 3. [Rez. von P. d. Mendelssohn, #
        79.156].

79.48   ELFE, Wolfgang, James Hardin, und Günther Holst, Hrsg.: *Deutsche
        Exilliteratur. Literatur im Dritten Reich. Akten des II. Exilliteratur-Symposiums der
        University of South Carolina.* Bern, u. a.: P. Lang, 1979, 191 S. (= *Jahrbuch für
        Internationale Germanistik*, Reihe A, Bd. 5) [Mit Beiträgen von: E. Bahr, # 79.15
        - O. F. Best, # 79.21 - K. Thoenelt, # 79.230].

79.49   ESTER, Hans: Theodor Fontane und Th. M.: Zur Geschichte und Bedeutung eines Essays. In: Reingard Nethersole, Hrsg.: *Literatur als Dialog. Festschrift zum 50. Geburtstag von Karl Tober.* Johannesburg: Ravan Press, 1979, S. 307-316.

79.50   EXNER, Richard: Die Heldin als Held und der Held als Heldin. Androgynie als Umgehung oder Lösung eines Konfliktes. In: Wolfgang Paulsen, Hrsg.: *Die Frau als Heldin und Autorin. Neue kritische Ansätze zur deutschen Literatur.* Bern, u. a.: A. Francke, 1979, S. 17-54. (= Zehntes Amherster Kolloquium zur Deutschen Literatur).

79.51   EXNER, Richard: 'The Secrets of My Life' or 'Holding on to the Fleeting Day': Th. M's Diaries 1933-1936. In: *World Literature Today*, Jg. 53 (1979), S. 238-241.

79.52   FABER, Marion: *Angels of Daring. Tightrope Walker and Acrobat in Nietzsche, Kafka, Rilke and Th. M.* Stuttgart: Akademischer Verlag, 1979, 175 S. (= Stuttgarter Arbeiten zur Germanistik, Nr. 72).

79.53   FEST, Joachim C.: Das Dilemma eines Unpolitischen. Zu den Tagebüchern von Th. M. 1918-1921. In: *FAZ*, Jg. 31, Nr. 239 (13. Oktober 1979), Literatur. [Rez. von P. d. Mendelssohn, # 79.156. - Nachdruck in: *Ein Bücher-Tagebuch. Buchbesprechungen aus der FAZ.* Frankfurt a. M.: Verlag der FAZ, 1980, S. 221-226. - Vgl. # 79.54].

79.54   FEST, Joachim C.: Ergänzung. In: *FAZ*, Jg. 31, Nr. 251 (27. Oktober 1979), Feuilleton, S. 26. [Betr. # 79.53].

79.55   FETZ, Gerald A.: Rez. von H. Kurzke, # 77.170. In: *German Studies Review*, Jg. 2, Nr. 1 (1979), S. 141-142.

79.56   FIEDLER, Leslie A.: Eros and Thanatos: Old Age in Love. In: David D. Van Tassel, Hrsg.: *Aging, Death, and the Completion of Being.* Philadelphia: University of Pennsylvania Press, 1979, S. 235-254. [*Der Tod in Venedig*].

79.57   FISCHER, Gottfried, und Friedrich A. Kittler: Zur Zergliederungsphantasie im Schneekapitel des *Zauberberg*. In: *Analecta Cartusiana* (1979), S. 23-41. [Vgl. 78.73].

79.58   FISCHER, Peter O.: Reaktionärer Wirrkopf. Th. M's Tagebücher 1918-1921: Ein paranoider, spießiger, opportunistischer Reaktionär, ein Antisemit. In: *konkret* (21. Dezember 1979), S. 37-38. [Rez. von P. d. Mendelssohn, # 79.156].

79.59   FLANNER, Janet: Goethe in Hollywood: Th. M. In: Irving Drutman, Hrsg.: *Janet Flanner's World. Uncollected Writings 1932-1975.* New York, u. a.: Harcourt, Brace, Jovanovich, 1979, S. 165-188. [Vgl. E in # 41.13 - vgl. dt. Text in # 93.62].

79.60 FRANK, Manfred: *Die unendliche Fahrt. Ein Motiv und sein Text.* Frankfurt a. M.:
       Suhrkamp, 1979, 200 S. [U. a. zu Th. M., *Doktor Faustus.* - Rez.: B. Schubert, #
       80.263].

79.61 FRÖHLICH, Hans J.: Die Himmelsmacht soll dienen: Über Dichter und ihre Be-
       ziehungen zur Musik. In: *FAZ,* Jg. 31, Nr. 283 (5. Dezember 1979), S. 26. [Rez.
       von H. Schmidt-Garre, # 79.202].

79.62 FULD, Werner: Wie das Finanzamt in München Th. M's Bücher verkauft. In:
       Deutsches Allgemeines Sonntagsblatt, Jg. 32, Nr. 42 (21. Oktober 1979), S. 17.
       [Über Th. M's von einem Münchener Antiquar angebotenes Handexemplar von
       H. v. Hofmannsthals *Elektra*].

79.63 FURNESS, Raymond S.: Ludwig Derleth und 'Die Proklamationen'. In: *Forum
       for Modern Language Studies,* Jg. 15, Nr. 3 (1979), S. 298-304. [*Beim Propheten*].

79.64 GANESHAN, Vridhagiri: *Die vertauschten Köpfe* von Th. M. - Eine indische Le-
       gende oder ein metaphysischer Scherz? In: *German Studies in India,* Jg. 3, Nr.
       1/2 (1979), S. 55-65. [Vgl. # 77.82].

79.65 GARCIA, Paul A.: Ver y no creer: Notas sobre el juego narrativo en
       Enttäuschung de Th. M. In: *Annali Istituto Universitario Orientale Napoli, Se-
       zione Slava* (1979), S. 77-88.

79.66 GAY, Peter: Equal Billing. In: *NYT Book Review* (5. August 1979), S. 6-7, 12.
       [Rez. von: N. Hamilton, # 79.79 - H. C. Hatfield, # 79.84].

79.67 GEISSLER, Rolf: Die verfehlte Wirklichkeit. Th. M's Erzählung *Die Enttäu-
       schung.* In: R. G., *Zeigen und Erkennen. Aufsätze zur Literatur von Goethe bis
       Jonke.* München: Oldenbourg, 1979, S. 84-91.

79.68 GEISSLER, Rolf: Th. M. *Doktor Faustus.* In: R. G., Hrsg.: *Möglichkeiten des mo-
       dernen deutschen Romans. Analysen und Interpretationsgrundlagen.* Frankfurt a.
       M., u. a.: M. Diesterweg, 7. Aufl., 1979, S. 5-44.

79.69 GERSDORFF, Dagmar von: *Th. M. und E. T. A. Hoffmann. Die Funktion des
       Künstlers und der Kunst in den Romanen Doktor Faustus und Lebens-Ansichten des
       Katers Murr.* Frankfurt a. M., u. a.: P. Lang, 1979, IV, 321 S. (= Europäische
       Hochschulschriften, Reihe 1: Deutsche Literatur und Germanistik, Bd. 326)
       [Zugl.: Diss., Freie Univ. Berlin, 1978. - Rez.: A. Montandon, # 82.180 - H.-J.
       Sandberg, # 82.213].

79.70 GIRARDOT, Rafael Gutiérez: Th. M., el extrano. In: *Annali Istituto Universitario
       Orientale Napoli, Sezione Slava* (1979), S. 9-22. [Vgl. E in # 75.269].

79.71 GISSELBRECHT, André: Une Etrange Histoire d'amour. Lukács et Th. M. In: *Europe. Revue Littéraire Mensuelle*, Jg. 57, Nr. 600 (1979), S. 166-181.

79.72 GIUBERTONI, Anna: Un ignorato rapporto di Th. M. con la cultura austriaca: il *Lied von der Erde* di Gustav Mahler come Traumwort nello *Zauberberg*. In: *La Nuova Corrente*, Nr. 79/80 (1979), S. 289-308.

79.73 GREGOR-DELLIN, Martin: Th. M. Harmonieverschiebung und Leitmotiv. In: M. G.-D., *Im Zeitalter Kafkas. Essays.* München, u. a.: R. Piper, 1979, S. 37-47. [Vgl. E in # 77.90].

79.74 GREGOR-DELLIN, Martin: Klaus Mann. Zeitgenosse zwischen den Fronten. In: # 79.73, S. 94-121.

79.75 GRIESER, Dietmar: Der desinfizierte Zauberberg. Th. M. und Davos: Stationen einer Annäherung. In: D. G., *Schauplätze der Weltliteratur. Auf den Spuren von Busch, Doderer, Goethe, Hemingway, Kafka, Rilke, Shakespeare, Tucholsky, Wilder u. a.* München: W. Goldmann, 1979, S. 122-136. (= Goldmann Sachbuch, 11219) [Vgl. E in # 76.125].

79.76 GUEMBE, Dolores Comas de: El leitmotiv como caracterización de los personajes en la obra temprana de Th. M. In: *Annali Istituto Universitario Orientale Napoli, Sezione Slava* (1979), S. 153-168.

79.77 GÜNTHER, Joachim: Rez. von P. d. Mendelssohn, # 78.210. In: *NDH*, Jg. 26, Heft 3 (1979), S. 406-409.

79.78 HAGEN, Waltraud, Inge Jensen, Edith Nahler, u. a., Hrsg.: Th. M. (1875-1955). In: *Handbuch der Editionen. Deutschsprachige Schriftsteller. Ausgang des 15. Jahrhunderts bis zur Gegenwart.* München: C. H. Beck, 1979, S. 399-403.

79.79 HAMILTON, Nigel: *The Brothers Mann. The Lives of Heinrich and Th. M. 1871-1950 and 1875-1955.* New Haven: Yale University Press, 1979, IX, 422 S. (= A Yale Paperbound) [Vgl. # 78.95 - vgl. ital. Ausg. in # 83.144. - Rez.: D. Barnouw, # 81.14 - S. Bauschinger, # 79.19 - I. A. Chiusano, # 83.91 - R. Exner, # 80.76 - P. Gay, # 79.66 - S. I. Gurney, # 84.75 - H. C. Hatfield, # 79.85 - W. Koepke, # 82.146 - H. Lehnert, # 80.158 - H. Levin, # 79.136 - R. Nicholls, # 80.218 - T. J. Reed, # 80.233 - K. Schröter, # 80.262 - G. Steiner, # 79.218].

79.80 HANNON, Aenne G. Patrick: Manns Der Zauberberg. In: A. G. P. H., *Der essayistische Roman in Musils Der Mann ohne Eigenschaften, Th. M's Der Zauberberg und Brochs Die Schlafwandler.* Dissertation, Rice University, 1979, S. 249-291. [Resümee in: *DAI*, Jg. 40, Nr. 3 (1979), S. 1491A].

79.81 HANSEN, Volkmar: Rez. von K. W. Jonas, # 79.107. In: *Germanistik*, Jg. 20, Nr. 2/3 (1979), S. 563.

79.82 HANSON, William P.: The Achievement of Chandos and Aschenbach. In: *New German Studies*, Jg. 7, Nr. 1 (1979), S. 41-57. [*Der Tod in Venedig* - H. v. Hofmannsthal].

79.83 HARWEG, Roland: Inhaltsentwurf, Erzählung, Inhaltswiedergabe. Zum fiktionstheoretischen Doppelstatus fiktionaler Erzählungen. In: Wolfgang Frier, und Gerd Labroisse, Hrsg.: *Grundfragen der Textwissenschaft. Linguistische und literaturwissenschaftliche Aspekte.* Amsterdam: Rodopi, 1979, S. 111-130. (= Amsterdamer Beiträge zur Neueren Germanistik, Bd. 8).

79.84 HATFIELD, Henry C.: *From the Magic Mountain. Mann's Later Masterpieces.* Ithaca, u. a.: Cornell University Press, 1979, 251 S. [Vgl. gekürztes Kapitel in # 77.105 - vgl. Auszug in # 86.112. - Rez.: P. Gay, # 79.66 - F. P. Haberl, # 80.108 - H. Lehnert, # 80.159 - K. Schröter, # 81.209 - M. Swales, # 79.226 - H. R. Vaget, # 80.287. - *Der Zauberberg*].

79.85 HATFIELD, Henry C.: Mann to Mann. In: *Book World* (15. April 1979). [Rez. von N. Hamilton, # 79.79].

79.86 HATFIELD, Henry C.: Th. M's *Tristan*. A Revised View. In: Lee B. Jennings, und George Schulz-Behrend, Hrsg.: *Vistas and Vectors. Essays Honoring the Memory of Helmut Rehder.* Austin, TX: Department of Germanic Languages, University of Texas, 1979, S. 157-163.

79.87 HELBLING, Hanno: Th. M. am Ende des Großen Krieges. Die Tagebücher 1918-1921. In: *NZZ*, Jg. 200, Nr. 259 (7. November 1979), Feuilleton, S. 35. [Rez. von P. d. Mendelssohn, # 79.156].

79.88 HELLER, Erich: *The Ironic German. A Study of Th. M.* Ann Arbor, MI u. a.: University Press, 1979, S. 299. [Vgl. E in # 58.57 - # III.81.1].

79.89 HELLER, Erich: Meditations of a Political Man. Tagebücher 1933-1934. In: *The American Scholar*, Jg. 48 (Frühjahr 1979), S. 262-272. [Rez. von P. d. Mendelssohn, # 77.212].

79.90 HERZFELD, Claude: *La Montagne Magique de Th. M. Facettes et Fissures.* Paris: Nizet, 1979, 133 S. (= Les Grands Événements Littéraires) [Rez. von H. Koopmann, # 87.159. - *Der Zauberberg*].

79.91 HESSE, Hermann: Briefe an Th. M. In: H. H., *Gesammelte Briefe, Bd. 2: 1922-1935.* Hrsg. von Ursula und Volker Michels. Frankfurt a. M.: Suhrkamp, 1979.

79.92 HIJIYA-KIRSCHNEREIT, Irmela: Th. M's Short Novel *Der Tod in Venedig* and Mishima Yukio's Novel *Kinjiki*: A comparison. In: Jan Nish, und Charles Dunn, Hrsg.: *European Studies on Japan*. Tenterden, Kent: Norbury, 1979, S. 312-317. [M. Yukio: *Kinjiki*. - Homosexualität].

79.93 HILSCHER, Eberhard: Th. M's Bedeutung, Kunst und Wissenschaft. In: E. H., *Poetische Weltbilder. Essays über Heinrich Mann, Th. M., Hermann Hesse, Robert Musil und Lion Feuchtwanger*. Berlin: Der Morgen, 2., ergänzte Aufl., 1979, S. 54-101, 234-238. [Vgl. E in # 77.126].

79.94 HOCHHUTH, Rolf: Wer warf den ersten Stein? In: *Die Zeit*, Jg. 34, Nr. 46 (9. November 1979), Forum, S. 59-60. [Titel des Forums: 'Kunst unter der Diktatur. Belastung oder Befreiung?'. - Th. M., H. Hesse, u. a. im Dritten Reich].

79.95 HOFFMAN, Werner: La imagen de la India en *Las cabezas trocadas* de Th. M. y en *Siddharta* de H. Hesse. In: *Annali Istituto Universitario Orientale Napoli, Sezione Slava* (1979), S. 169-178.

79.96 HOFFMANN, Ernst F.: Rez. von P. d. Mendelssohn, # 77.212. In: *Literature, Music, Fine Arts*, Jg. 12, Nr. 2 (1979), S. 195-197.

79.97 HUONKER, Gustav: Zu sich selbst gefunden. In: *Tages-Anzeiger* (14. April 1979). [Rez. von P. d. Mendelssohn, # 78.210].

79.98 IBSCH, Elrud: Das Thema als ästhetische Kategorie. In: Wolfgang Frier, und Gerd Labroisse, Hrsg.: *Grundfragen der Textwissenschaft. Linguistische und literaturwissenschaftliche Aspekte*. Amsterdam: Rodopi, 1979, S. 265-277. (= Amsterdamer Beiträge zur Neueren Germanistik, Bd. 8).

79.99 JACOBI, Hansres: Ein glückliches Kaufmannsdrama. *Buddenbrooks* Uraufführung unter Hans Hollmann in Basel. In: *NZZ*, Jg. 196, Nr. 292 (13. Dezember 1979), Feuilleton, S. 15.

79.100 JACOBS, Jürgen: Anrührend die Trauer beim Tod des Hundes. Häusliche Probleme, politischer Wandel. In: *Kölner Stadt-Anzeiger* (24. Dezember 1979). [Rez. von P. d. Mendelssohn, # 79.156].

79.101 JAESRICH, Hellmut: Scheele Seitenblicke auf Bruder Heinrich. Th. M's Tagebücher über die Jahre 1918 bis 1921. In: *Die Welt*, Nr. 275 (25. November 1979), Geistige Welt, S. V. [Rez. von P. d. Mendelssohn, # 79.156].

79.102 JARMATZ, Klaus, Simone Barck, und Peter Diezel, Hrsg.: Th. M. In: *Exil in der UdSSR*. Leipzig: P. Reclam, 1979, S. 186-187, u. a. (= Röderberg-Taschenbuch, Bd. 88).

79.103 JESI, Furio: Th. M.: *Giuseppe e i suoi fratelli*. In: F. J., *Materiali mitologici*. Torino, 1979, S. 253-271. [*Joseph und seine Brüder*].

79.104 JOHNSON, E. Bond: An Unpublished Letter of Th. M. Concerning a Nonsource for *Doktor Faustus*. In: Joseph P. Strelka, Robert F. Bell, und Eugene Dobson, Hrsg.: *Protest - Form - Tradition. Essays on German Exile Literature*. Alabama: The University of Alabama Press, 1979, S. 15-34. [Mit Brief Th. M's vom 7. Mai 1943 an W. Nitze].

79.105 JOHNSON, Uwe: Lübeck habe ich ständig beobachtet. In: *Vaterstädtische Blätter*, Jg. 30, Nr. 2 (März/April 1979), S. 26-28. [Vgl. Nachdruck in # 81.96].

79.106 JONAS, Ilsedore B.: *Th. M. and Italy*. Alabama: The University of Alabama Press, 1979, VII, 184 S. [Erw. Fassung von # 69.146. - Engl. Übs. von B. Crouse. - Rez.: S. Bauschinger, # 80.26 - B. Pike, # 80.227].

79.107 JONAS, Klaus W.: *Die Th.-M.-Literatur. Bd. 2: Bibliographie der Kritik 1956-1975. In Zusammenarbeit mit dem Th.- M.-Archiv Zürich*. Berlin: E. Schmidt, 1979, 719 S. [Vgl. Bd. 1, # 72.90 - K. W. J., # 78.136. - Rez.: D. Aßmann, # 79.12 - G. Bergsten, # 80.29 - J. Betz, # 80.33 - H. Eichner, # 80.73 - R. Exner, # 80.76 - W. Grothe, # 82.98 - V. Hansen, # 79.81 - H. Helbling, # 80.116 - G. P. Knapp, # 81.109 - H. Lehnert, # 81.125 - L. Leibrich, # 80.161 - H. Matter, # 83.246 - T. Müller, # 80.213 - J. H. Petersen, # 80.225 - T. J. Reed, # 80.234 - W. A. Reichart, # 80.239 - A. W. Riley, # 80.242 - H. Sauereßig, # 79.196 - C. Soeteman, # 80.272 - E. Thieme, # 79.228 - H. R. Vaget, # 83.355 - H. Waldmüller, # 79.244, # 80.291 - G. Wenzel, # 81.255 - H. Wiesner, # 79.261].

79.107a JONAS, Klaus W.: Golo Mann zum 70. Geburtstag (27. März 1979): Mittler zwischen Kulturen. In: *Börsenblatt für den Deutschen Buchhandel, Frankfurter Ausgabe*, Jg. 35, Nr. 25 (27. März 1979), S. 583-584.

79.108 JURGENSEN, Manfred: Th. M.: Tagebücher 1933-1934. In: M. J., *Das fiktionale Ich. Untersuchungen zum Tagebuch*. Bern, u. a.: A. Francke, 1979, S. 202-226.

79.109 KADAS, Katalin: Rez. von A. Mádl/J. Györi, # 77.191. In: *Acta Litteraria Academiae Scientiarum Hungaricae*, Jg. 21, Nr. 3/4 (1979), S. 441-442.

79.110 KÄSTNER, Erich: Betrachtungen eines Unpolitischen. In: K. Wagenbach, # 79.241, S. 49-50. [Vgl. E in # 46.34. - Th. M. als Emigrant - nicht über *Betrachtungen eines Unpolitischen*].

79.111 KAMLA, Thomas A.: 'Christliche Kunst mit negativem Vorzeichen'. Kierkegaard and *Doktor Faustus*. In: *Neophilologus*, Jg. 63 (1979), S. 583-587.

79.112 KANTZENBACH, Friedrich W.: Th. M. nach dem Abschied von München und die Kirche in der Zeit des Nationalsozialismus. In: *Zeitschrift für bayerische Landesgeschichte*, Jg. 42, Nr. 2 (1979), S. 369-402.

79.113 KARTHAUS, Ulrich: Rez. von H. Kurzke, # 77.170. In: *Arcadia*, Jg. 14, Nr. 2 (1979), S. 219-220.

79.114 KENT, John P., und J. L. Gaunt: Picaresque Fiction. A Bibliographic Essay. In: *College Literature*, Jg. 6, Nr. 3 (1979), S. 245-270. [Über *Felix Krull*: S. 267-269].

79.115 KESTING, Jürgen: Th. M.: Tagebuch 1918-1921. Genie ohne Maske. In: *Stern*, Jg. 32, Nr. 37-39 (1979). [1. Folge: Th. M's letzter Wille. Erst 20 Jahre nach seinem Tod dürfen die Tagebücher geöffnet werden. In: Nr. 37 (1979), S. 74-80 - 'Wie gut, wenn ich jetzt stürbe'. Aus den Tagebuchnotizen 1918. In: Nr. 37 (1979), S. 80-92 - 2. Folge: 'Dem Sozialismus gehört die Zukunft'. In: Nr. 38 (1979), S. 114-128 - 3. Folge: 'Bin ich mit den Weibern endgültig fertig?' In: Nr. 39 (1979), S. 186-196. - Rez. von P. d. Mendelssohn, # 79.156].

79.116 KLUGE, Gerhard: Rez. von P. d. Mendelssohn, # 77.212, # 78.210. In: *Deutsche Bücher*, Jg. 9, Nr. 1 (1979), S. 44-46.

79.117 KOELB, Clayton: Rez. von D. Mieth, # 76.261. In: *Monatshefte*, Jg. 71, Nr. 1 (1979), S. 91.

79.118 KOESTER, Udo: Das décadence-Motiv in *Buddenbrooks*. In: U. K., *Die Überwindung des Naturalismus. Begriffe, Theorien und Interpretationen zur deutschen Literatur um 1900*. Hollfeld/Obr.: J. Beyer, 1979, S. 31-37. (= Analysen und Reflexionen, 35).

79.119 KOLLENZ, Herbert: Ironie als Form relativistischer Lebensauffassung. Zu Szondis These einer Ironisierung der Treue in Hofmannsthals *Der weiße Fächer*. In: *Acta Germanica*, Bd. 11 (1979), S. 113-125.

79.120 KOMMER, Björn R.: Das Tafelsilber von Madame. Erinnerungsstücke aus der Familie im Lübecker Museum. In: *Kunst und Antiquitäten*, Nr. 5 (Oktober/November 1979), S. 16-22.

79.121 KOSCHLIG, Manfred: Der emblematische Quellgrund zu Mörikes Gedichten *Das verlassene Mägdelein* und *Nur zu!* Mit einem Blick auf die Rabenaas-Strophe bei Th. M. In: *Gutenberg-Jahrbuch*, Bd. 54 (1979), S. 252-268. [*Buddenbrooks*].

79.122 KUNA, Franz: The Janus-Faced Novel. Conrad, Musil, Kafka, Mann. In: *Abhandlungen der Akademie der Wissenschaften in Göttingen*. Göttingen: Vandenhoeck & Ruprecht, 1979, S. 443-452.

79.123 KUNISCH, Hermann: Th. M., der 'Deutsche'. Ein Versuch. In: H. K., *Von der 'Reichsunmittelbarkeit der Poesie'*. Berlin: Duncker & Humblot, 1979, S. 303-349, 423-424. (= Schriften zur Literaturwissenschaft, Bd. 1) [Vgl. E in: *Literaturwissenschaftliches Jahrbuch*, Bd. 16 (1975), S. 133-177].

79.124 KUNISCH, Hermann: Th. M's Goethe-Bild. In: # 79.123, S. 351-375. [Vgl. E in # 77.167].

79.125 KURRIK, Maire J.: Mann's *Doctor Faustus*. In: M. J. K., *Literature and Negation*. New York: Columbia University Press, 1979, S. 210-213.

79.126 LÄNGIN, Folkmar: Ein unbekannter Brief von Th. M. In: *Badische Heimat*, Jg. 59, Nr. 1 (1979), S. 189-196. [Brief Th. M's an E. v. Sallwürk vom 9. April 1916].

79.127 LAHANN, Birgit: Mephisto, der ein Teufel war. In: *Stern*, Jg. 32, Nr. 23 (1979), S. 167-173.

79.128 LATTA, Alan D.: Rez. von H. Bürgin/H.-O. Mayer, # 76.46. In: *Monatshefte*, Jg. 71, Nr. 3 (1979), S. 346-347.

79.129 LEHNERT, Herbert: Th. M's Tagebücher der Emigration 1933-1934. In: *Orbis Litterarum*, Jg. 34, Nr. 2 (1979), S. 124-129. [Rez. von P. d. Mendelssohn, # 77.212].

79.130 LEIBRICH, Louis: Rez. von H. Kurzke, # 78.168 - P. d. Mendelssohn, # 78.210 - G. Potempa, # 78.233. In: *EG*, Jg. 34, Nr. 1 (Januar-März 1979), S. 101-103.

79.131 LEIBRICH, Louis: Rez. von J. Brenner, # 79.30. In: *EG*, Jg. 34, Nr. 2 (April-Juni 1979), S. 227-228.

79.132 LEIBRICH, Louis: Rez. von P. Heller, # 78.108 - H. Wysling/M. Fischer, # 79.269. In: *EG*, Jg. 34, Nr. 4 (Oktober-Dezember 1979), S. 461-463.

79.133 LEIBRICH, Louis: Th. M. In: *Les Littératures de Langues Européennes au Tournant du Siècle: Lectures d'Aujourd'hui*, Série A, Cahier III (1979-1980), S. 1-6.

79.134 LENZ, Eva-Maria: Der Abstieg einer Familie. Franz P. Wirths *Buddenbrooks*-Film. In: *FAZ*, Jg. 31, Nr. 240 (15. Oktober 1979), Feuilleton, S. 20.

79.135 LEVANDER, Hans: Den ironiske tysken. In: H. L., *Tur och retur 1800-talet. Litterär orientering*. Stockholm: Liber Förlag, 1979, S. 180-192. [Betr. Th. M's Briefwechsel mit K. Kerényi, vgl. # 60.114].

79.136 LEVIN, Harry: Rez. von N. Hamilton, # 79.79. In: *The New Republic* (19. Mai 1979), S. 26-30.

79.137 LINDSAY, James M.: Th. M's First Stories - Some New Directions in German Realism. In: Jörg Thunecke, und Eda Sagarra, Hrsg.: *Formen realistischer Erzählkunst. Festschrift für Charlotte Jolles.* Nottingham: Sherwood Press Agencies, 1979, S. 265-273.

79.138 LOOSE, Gerhard: Th. M's Beiträge zum 'Zwanzigsten Jahrhundert'. In: G. L., *Der junge Heinrich Mann.* Frankfurt a. M.: V. Klostermann, 1979, S. 260-265. (= Das Abendland, N. F., 10).

79.139 LUDWIG, Martin H.: *Th. M. Gesellschaftliche Wirklichkeit und Weltsicht in den Buddenbrooks.* Hollfeld/Obr.: J. Beyer, 1979, 93 S. (= Analysen und Reflexionen, 38).

79.140 LYON, James K.: Th. M. und Deutschland. In: Hans C. Buch, Hrsg.: *Tintenfisch 15. Thema: Deutschland. Das Kind mit den zwei Köpfen.* Berlin: K. Wagenbach, 1979, S. 46-52.

79.141 MADL, Antal: *Felix Krull* und die 'Idee des Seins' bei Th. M. In: *Acta Litteraria Academiae Scientiarum Hungaricae,* Jg. 21, Nr. 3/4 (1979), S. 195-211.

79.142 MADL, Antal: Th. M's Weg von *Doktor Faustus* zum *Erwählten.* In: *Arbeiten zur Deutschen Philologie,* Bd. 13 (1979), S. 209-225.

79.143 MAIER, Kurt S.: A Fellowship in German Literature. Th. M., Agnes Meyer, and Archibald MacLeish. In: *Quarterly Journal of the Library of Congress,* Jg. 36, Nr. 4 (1979), S. 385-400.

79.144 MANCING, Howard: The Picaresque Novel. A Protean Form. In: *College Literature,* Jg. 6, Nr. 3 (1979), S. 182-204.

79.145 MANDEL, Siegfried: Mann's *Mario and the Magician,* or Who is Silvestra. In: *MFS,* Jg. 25, Nr. 4 (1979-1980), S. 593-611. [*Mario und der Zauberer*].

79.146 MANGARIELLO, María E.: Polivalencia del espacio en *La muerte en Venecia.* In: *Annali Istituto Universitario Orientale Napoli, Sezione Slava* (1979), S. 179-186. [*Der Tod in Venedig*].

79.147 MANN, Erika, Hrsg.: Th. M.: *Briefe.* Frankfurt a. M.: S. Fischer, 1979. [Bd. 1: 1889-1936 - Bd. 2: 1937-1947 - Bd. 3: 1948-1955 und Nachlese. - Vgl. E in # 61.146 - # 63.159 - # 65.230].

79.148 MANN, Monika: Mein Vater hatte mich nicht weiter gern. Th.-M.-Tochter Monika zum 10. Todestag ihrer Schwester Erika. In: *Abendzeitung* (24. August 1979), Feuilleton, S. 6. [Interview mit M. M.].

79.149 MARANI, Alma Novella: Silone ante los escritos políticos de Th. M. In: *Annali Istituto Universitario Orientale Napoli, Sezione Slava* (1979), S. 187-198.

79.150 MARSON, Eric L.: *The Ascetic Artist. Prefigurations in Th. M's Der Tod in Venedig.* Bern, u. a.: P. Lang, 1979, 165 S. (= Australisch-Neuseeländische Studien zur deutschen Sprache und Literatur, Bd. 9) [Rez.: K. Hughes, # 80.121 - E. Keller, # 80.140 - L. Leibrich, # 80.162 - H. Siefken, # 79.212 - R. S. Struc, # 80.279].

79.151 MARSON, Eric L.: Rez. von H. Luft, # 76.231. In: *AUMLA*, Nr. 51 (1979), S. 150-152.

79.152 MATT, Peter von: Zur Psychologie des deutschen Nationalschriftstellers. Die paradigmatische Bedeutung der Hinrichtung und Verklärung Goethes durch Th. M. In: *Analecta Cartusiana* (1979), S. 82-100. [Vgl. auch # 78.202].

79.153 MAYER, Hans: Die Irrfahrt zum *Zauberberg*. Th. M.: Tagebücher 1918-1921. In: *Die Zeit*, Jg. 34 (7. Dezember 1979), Literatur-Beilage, S. 2-3. [Vgl. # 80.196 - # 84.166. - Rez. von P. d. Mendelssohn, # 79.156].

79.154 MAYER, Hans-Otto: Ida Herz - eine Weggenossin Th. M's. In: *Aus dem Antiquariat*, Nr. 11 (30. November 1979), S. A402-A405. (= Beilage zum *Börsenblatt für den Deutschen Buchhandel. Frankfurter Ausgabe*, Jg. 35, Nr. 96) [Vgl. auch Leserbrief von E. Polscher, # 79.174].

79.155 MELNICK, Daniel: Fullness of Dissonance: Music and the Reader's Experience of Modern Fiction. In: *MFS*, Jg. 25, Nr. 2 (Sommer 1979), S. 209-222. [Th. M. - R. Wagner].

79.156 MENDELSSOHN, Peter de: Vorbemerkungen des Herausgebers. In seiner Ausg. von Th. M.: *Tagebücher 1918-1921*. Frankfurt a. M.: S. Fischer, 1979, S. V-XI. [Rez.: Anon., # 79.4 - K. O. v. Aretin, # 79.11 - E. Bisdorff, # 80.36 - I. A. Chiusano, # 80.61 - C. v. Dach, # 80.64 - I. Drewitz, # 80.69, # 80.70, # 81.41 - A. Eichholz, # 79.47 - J. C. Fest, # 79.53 - P. O. Fischer, # 79.58 - W. Grothe, # 80.106 - H. Helbling, # 79.87 - E. F. Hoffmann, # 85.111 - J. Jacobs, # 79.100 - H. Jaesrich, # 79.101 - H. Kesting, # 80.142 - J. Kesting, # 79.115 - T. Koch, # 81.111 - H. Lehnert, # 81.126 - L. Leibrich, # 80.162 - H. Levander, # 80.163 - B. Matamoro, # 80.181 - H. Mayer, # 79.153, # 80.196, # 80.197, # 83.248, # 84.166 - T. Meissner, # 80.203 - J. Müller, # 80.212 - T. Müller, # 79.165 - F. Rau, # 82.202 - T. J. Reed, # 80.235 - H. Sauereßig, # 79.197 - F. Schonauer, # 80.260 - K. Schröter, # 81.210 - U. Schultz, # 80.264 - C. Soeteman, # 80.272 - W. Tschechne, # 79.234 - H. R. Vaget, # 81.243 - G. Wenzel, # 81.259].

79.157 MENDELSSOHN, Peter de: Th. M. und München. In: *Münchner Stadtanzeiger*, 1. Teil (7. September 1979), S. 4-7. [SZ-Beilage. - Vgl. A. Wucher, # 79.267].

79.158 MIDDELL, Eike: *Th. M. Versuch einer Einführung in Leben und Werk.* Leipzig: P. Reclam, 4. Aufl., 1979, 330 S. (= Universal-Bibliothek, Nr. 268) [Vgl. E in # 66.198].

79.159 MIDDELL, Eike: Ein Goetheroman, ein Deutschlandroman. Th. M.: *Lotte in Weimar.* In: Sigrid Bock, und Manfred Hahn, Hrsg.: *Erfahrung Exil. Antifaschistische Romane 1933-1945. Analysen.* Berlin, u. a.: Aufbau, 1979, S. 193-220, 451. [Vgl. Nachdruck in # 81.150].

79.160 MITTENZWEI, Werner: Entscheidung für ein anderes Deutschland. Th. M. und Hermann Hesse in der Schweiz. In: W. M., *Exil in der Schweiz.* Frankfurt a. M.: Röderberg, 1979, S. 166-190, 408-410. (= Kunst und Literatur im antifaschistischen Exil 1933-1945, Bd. 2; Röderberg-Taschenbuch, Bd. 89) [Vgl. # 81.155. - Rez.: G. Wenzel, # 81.256].

79.161 MODERN, Rodolfo E.: Las elecciones de Th. M. en *El elegido.* In: *Annali Istituto Universitario Orientale Napoli, Sezione Slava* (1979), S. 89-103.

79.162 MOLO, Walter von: Offener Brief an Th. M. In: K. Wagenbach, # 79.241, S. 46-47. [Vgl. E in # 45.101. - Th. M. als Emigrant].

79.163 MÜHLBERGER, Josef: Adalbert Stifter im Urteil Th. M's. In: *Sudetenland*, Jg. 21, Nr. 4 (1979), S. 280-281.

79.164 MÜLLER, Fred: *Th. M., Buddenbrooks (Interpretation).* München: Oldenbourg, 1979, 112 S. (= Interpretationen für Schule und Studium) [Vgl. # 88.208].

79.165 MÜLLER, Thorsten: Eines Menschen Lust und Last. Th. M.: Tagebücher 1918-1921. In: *Deutsches Allgemeines Sonntagsblatt*, Jg. 32, Nr. 41 (14. Oktober 1979), Umschau und Kritik, S. 27. [Rez. von P. d. Mendelssohn, # 79.156].

79.166 NOE, Günther von: Die Leitmotive in Pfitzners *Palestrina.* In: *Blätter der Bayerischen Staatsoper*, Heft 3. München: Bayerische Staatsoper, 1979/80, S. 2-4. [H. Pfitzner].

79.167 NOLTE, Jost: Die Wahrheit über die *Buddenbrooks.* In: *Die Bunte*, Nr. 44. (25. Oktober 1979), S. 44-48.

79.168 PACHE, Walter: Symbolism vs. Allegory. Whiteness in Poe's *Narrative of Arthur Gordon Pym*, Melville's *Moby Dick*, and Th. M's *Der Zauberberg.* In: *Actes du Congrès de l'Association Internationale de Littérature Comparée*, Bd. 7, Nr. 1 (1979), S. 493-499.

79.169 PETERSEN, Hilde: Th. M. und Lübeck: Weltruhm draußen, Verdruß drinnen. In: *Rhein-Neckar-Zeitung* (24. Dezember 1979), Weihnachtsausgabe.

79.170 PFANNMÜLLER, Hans: Th. M. In: H. P., *Prominenz aufgespießt*. Oldenburg, u. a.: Stalling, 1979, S. 28-29.

79.171 PHILIPPI, Klaus-Peter: Th. M. und seine *Gedanken im Kriege*: Die Wiedergeburt der 'Tragödie' (Nietzsche) aus dem Geist von 1914. In: K.-P. P., *Volk des Zorns. Studien zur 'poetischen Mobilmachung' in der deutschen Literatur am Beginn des ersten Weltkriegs, ihren Voraussetzungen und Implikationen*. München: W. Fink, 1979, S. 33-50.

79.172 PHILLIPS, Kathy J.: Conversion to Text, Initiation to Symbolism, in Mann's *Der Tod in Venedig* and James' *The Ambassadors*. In: *Canadian Review of Comparative Literature*, Jg. 6 (1979), S. 376-388.

79.173 PIROUE, Georges: Th. M. veilleur attentif. In: *La Quinzaine littéraire*, Nr. 289 (16./31. März 1979), S. 13-14.

79.174 POLSCHER, Eberhard: Falscher Eindruck (Leserbrief). In: *Aus dem Antiquariat*, Nr. 12 (28. Dezember 1979), S. A486-487. (= Beilage zum *Börsenblatt für den Deutschen Buchhandel. Frankfurter Ausgabe*, Jg. 35, Nr. 103/104) [Vgl. H.-O. Mayer, # 79.154].

79.175 PORENA, Ida: La 'novella' Peeperkorn nel contesto dello *Zauberberg* e oltre. In: *Annali Istituto Universitario Orientale. Studi Tedeschi*, Bd. 22, Nr. 1 (1979), S. 27-46. [Dt. Resümee: S. 182].

79.176 PORENA, Ida: Le due logiche'degli anni venti: negazione e rigenerazione. In: *Annali Istituto Universitario Orientale. Studi Tedeschi*, Bd. 22, Nr. 2 (1979), S. 123-129. [U. a. zu Th. M.].

79.177 PORTER, Andrew: The Last Opera: *Death in Venice*. In: David Herbert, Hrsg.: *The Operas of Benjamin Britten*. London: Hamish Hamilton, 1979, S. 59-62. [Vgl. # III.79.2. - *Der Tod in Venedig*].

79.178 POTEMPA, Georg: Th. M. über 'Die Hartjes'. Ein Nachtrag zum August-Hinrichs-Zentenarium. In: *Niedersachsen*, Jg. 79, Nr. 4 (Dezember 1979), S. 140-141.

79.179 PUNTE, María L.: Th. M.: Bibliografía en castellano. In: *Annali Istituto Universitario Orientale Napoli, Sezione Slava* (1979), S. 215-228.

79.180 RABETGE, Horst: Th. M. in Weimar. *Sonntag*-Wettbewerb zum 30. Jahrestag der DDR. In: *Sonntag*, Jg. 33, Nr. 34 (26. August 1979), S. 3.

79.181 RADDATZ, Fritz J.: Th. M's zweite Ausbürgerung? In: *Die Zeit*, Jg. 34, Nr. 46 (9. November 1979). [Über das Auftauchen von 15 Büchern aus Th. M's 1933 beschlagnahmter Münchner Bibliothek].

79.182 RAU, Fritz: Rez. von P. d. Mendelssohn, # 77.212. In: *GRM*, N. F., Jg. 29, Nr. 2
(1979), S. 235-238.

79.183 REED, Terence J.: Th. M's *Death in Venice*. In: *The Twenty-Sixth Aldeburgh Festival of Music and Arts. 15. Juni-2. Juli 1979*, S. 5-6. [*Der Tod in Venedig*].

79.184 REICH-RANICKI, Marcel: Auf den Spuren des *Zauberbergs*. Schauplätze der Weltliteratur. In: *FAZ*, Jg. 31, Nr. 172 (27. Juli 1979), Feuilleton, S. 20.

79.185 RIECKMANN, Jens: *Der Zauberberg: Eine geistige Autobiographie Th. M's*. Stuttgart: Akademischer Verlag, 2., unveränd. Aufl., 1979, 127 S. (= Stuttgarter Arbeiten zur Germanistik, Nr. 34) [Vgl. # 75.737c, # 77.257].

79.186 RIECKMANN, Jens: Zeitblom und Leverkühn: Traditionelles oder avantgardistisches Kunstverständnis? In: *GQ*, Jg. 52, Nr. 1 (Januar 1979), S. 50-60.

79.187 RIECKMANN, Jens: Zum Problem des 'Durchbruchs' in Th. M's *Doktor Faustus*.
In: *Wirkendes Wort*, Jg. 29, Nr. 2 (März/April 1979), S. 114-128.

79.188 RITTER-SANTINI, Lea: Introduzione. In: Th. M.: *L'Eletto*. Milano: A.
Mondadori, 1979, 5-14. [Ins Italienische übs. von B. Arzeni. - *Der Erwählte*].

79.189 ROGGENKAMP, Viola: Noch immer erregt die Lübecker Th. M's Familienchronik *Buddenbrooks* aus dem Jahre 1901. In: *Zeit-Magazin*, Jg. 34, Nr. 49 (30. November 1979), S. 64-66, 68, 70-71. [Zur elfteiligen Fernsehserie von F. P. Wirth].

79.190 ROSENBLATT, Sabine: Die *Buddenbrooks* hat Lübeck längst verziehen. Bürgerstolz auf Th. M's literarisches Werk. In: *Lübecker Nachrichten*, Jg. 34, Nr. 240
(14. Oktober 1979), S. 17.

79.191 ROSENSTOCK, Werner: Undiminished Vigour. 85th Birthday of Ida Herz. In:
AJR: Information, Jg. 34, Nr. 10 (Oktober 1979).

79.192 ROSENTHAL, Erwin T.: Th. M.: Observaciones improcedentes sobre el estilo
irónico. In: *Annali Istituto Universitario Orientale Napoli, Sezione Slava* (1979), S.
117-125. [Übs. von M. E. Mangariello].

79.193 SANDBERG, Hans-Joachim: Kierkegaard und Leverkühn. Zum Problem der
Verzweiflung in Th. M's Roman *Doktor Faustus*. In: *Nerthus: Nordisch-deutsche
Beiträge*, Bd. 4 (1979), S. 93-107.

79.194 SANDT, Lotti: *Mythos und Symbolik im Zauberberg von Th. M.* Bern, u. a.: Haupt,
1979, 365 S. (= Sprache und Dichtung, N. F., Bd. 30) [Rez.: J. Rieckmann, #
80.240 - U. Wolff, # 81.266].

79.195 SARKANY, Stéphane: Un Principe structurant des recueils de récits courts européens à l'orée du siècle: Les Variations de la conscience d'artiste dans le *Tristan*
de Th. M. et les *Enfantines* de Valéry Larbaud. In: *The American Hispanist*
(1979), S. 49-57. [Vgl. # 78.257. - Diskussion: S. 57-58].

79.196 SAUERESSIG, Heinz: Rez. von K. W. Jonas, # 79.107. In: *Aus dem Antiquariat*,
Nr. 8 (1979), S. A282-A283. (= Beilage zum *Börsenblatt für den Deutschen
Buchhandel. Frankfurter Ausgabe*, Jg. 35, Nr. 35).

79.197 SAUERESSIG, Heinz: Vier entscheidende Jahre. Th. M's Tagebücher 1918-1921.
In: *Die Bücherkommentare*, Nr. 3/4 (1979), S. 15. [U. d. T.: Der Vernichtung
entgangene Aufzeichnungen. In: *Schwäbische Zeitung*, Nr. 284 (8. Dezember
1979). - Rez. von P. d. Mendelssohn, # 79.156].

79.198 SAUERLAND, Karol: 'Er wußte noch mehr...' Zum Konzeptionsbruch in Th.
M's *Doktor Faustus* unter dem Einfluß Adornos. In: *Orbis Litterarum*, Jg. 34,
Nr. 2 (1979), S. 130-145.

79.199 SAUTERMEISTER, Gert: Zwischen Aufklärung und Mystifizierung. Der unbe-
wußte Widerspruch in Th. M's *Doktor Faustus*. In: Lutz Winckler, Hrsg.: *Antifaschistische Literatur, Bd. 3: Programme, Autoren, Werke*. Königstein: Scriptor,
1979, S. 77-125. (= Literatur im historischen Prozeß, Bd. 12).

79.200 SCHIFFER, Eva: Rez. von T. J. Reed, # 74.154. In: *MLN*, Jg. 94, Nr. 3 (1979), S.
632-633. [The German Issue].

79.201 SCHMIDT-DENGLER, Wendelin: Rez. von H. Kurzke, # 77.170. In: *Sprachkunst*,
Jg. 10 (1979), S. 250-252.

79.202 SCHMIDT-GARRE, Helmut: Th. M. In: H. S.-G., *Von Shakespeare bis Brecht:
Essays über Dichter und ihre Beziehungen zur Musik*. Wilhelmshaven, u. a.:
Heinrichshofen, 1979, S. 239-248. [Rez.: H. J. Fröhlich, # 79.61].

79.203 SCHRÖTER, Klaus: Rez. von H. Wysling, # 76.408. In: *Monatshefte*,Jg. 71, Nr. 1
(1979), S. 83-84.

79.204 SCHRÖTER, Klaus: Rez. von P. d. Mendelssohn, # 77.212. In: *Monatshefte*, Jg. 71,
Nr. 4 (1979), S. 465-467. [Auch in: *Die Sammlung*, Jg. 1 (1978), S. 183-186].

79.205 SCHULTZ, Uwe: Späte Schattenbilder. Die Jahre 1935/36. In: *Stuttgarter Zeitung*, Jg. 35, Nr. 4 (5. Januar 1979), S. 41. [Rez. von P. d. Mendelssohn, # 78.210].

79.206 SCHUSTER, Gerhard: Th. M's *Elektra*-Exemplar. In: *Aus dem Antiquariat*, Nr. 8 (31. August 1979), S. A282. (= Beilage zum *Börsenblatt für den Deutschen Buchhandel. Frankfurter Ausgabe*, Jg. 35, Nr. 35) [H. v. Hofmannsthal].

79.207 SCHWARZ, Egon: The Nobility and the Cult of the Nobility in the German Novel around 1900. In: *GQ*, Jg. 52 (1979), S. 171-217. [Vgl. dt. Text u. d. T.: Adel und Adelskult im deutschen Roman um die Jahrhundertwende. In: Paul M. Lützeler, Hrsg.: *Legitimationskrise des deutschen Adels 1200-1900*. Stuttgart: J. B. Metzler, 1979, S. 285-307 (= Literaturwissenschaft und Sozialwissenschaften, Bd. 11). - *Buddenbrooks - Königliche Hoheit*].

79.208 SCHWERIN, Christoph: Th. M. Das andere Porträt. Die ästhetischen Rollenspiele des Dichters in seinen Tagebüchern. In: *Der Monat*, Jg. 31, Nr. 1 (Februar/März 1979), S. 91-96. [Rez. von P. d. Mendelssohn, # 77.212, # 78.210].

79.209 SEITZ, Gabriele: *Film als Rezeptionsform von Literatur. Zum Problem der Verfilmung von Th. M's Erzählungen Tonio Kröger, Wälsungenblut und Der Tod in Venedig*. München: Tuduv, 1979, V, 642 S. (= Tuduv-Studien: Reihe Sprach- und Literaturwissenschaften, Bd. 12) [Vgl. # 81.213].

79.210 SELBERG, Eva: *Der Zauberberg*. Die Rezeption in Schweden während der Jahre 1924-33. In: Helmut Müssener, Hrsg.: *Nicht nur Strindberg. Kulturelle und literarische Beziehungen zwischen Schweden und Deutschland 1870-1933*. Stockholm: Almquist & Wiksell International, 1979, S. 308-335. (= Acta Universitatis Stockholmiensis, 25) [Übs. von S. Didon].

79.211 SEYBOLD, Eberhard: Das Fernsehen illustrierte Th. M. Nachbemerkungen zur elfteiligen *Buddenbrooks*-Serie des Hessischen Rundfunks. In: *Frankfurter Neue Presse*, Jg. 35 (27. Dezember 1979).

79.212 SIEFKEN, Hinrich: Rez. von E. L. Marson, # 79.150. In: *Germanistik*, Jg. 20, Nr. 2 (1979), S. 564.

79.213 SIEFKEN, Hinrich: The Goethe Centenary of 1932 and Th. M's *Lotte in Weimar*. In: *PEGS*, N. S., Jg. 50 (1979), S. 84-101.

79.214 SIEGLER, Wilhelm: Th. M.: Del 'apolítico' al defensor de la democracia. In: *Annali Istituto Universitario Orientale Napoli, Sezione Slava* (1979), S. 143-152. [Übs. von M. E. Mangariello].

79.215 SKORODENKO, W. A.: *Th. M.-Bibliographie*. Moskau, 1979, 116 S. [Text in russ. und dt. Sprache].

79.216 SÖHNGEN, Brigitte: *Buddenbrooks* in elf Portionen. Th. M's Roman als Fernsehserie. In: *Neue Ruhr-Zeitung* (13. Oktober 1979).

79.217 STAHLOVA, Ingeborg: Th. M's Entwicklung vom 'Unpolitischen' zum politisch Engagierten im Zweiten Weltkrieg. In: *Philologica Pragensis*, Jg. 27 (1979), S. 37-46.

79.218 STEINER, George: Books. A Duel. In: *The New Yorker* (9. Juli 1979), S. 98-107. [Rez. von N. Hamilton, # 79.79].

79.219 STERN, Joseph P.: Zwei Arten des historischen Bewußtseins in Th. M's *Doktor Faustus*. In: *Literatur und Kritik*, Jg. 14, Nr. 139 (Oktober 1979), S. 535-539.

79.220 STERN, Joseph P.: Living in the Metaphor of Fiction. In: Elinor Shaffer, Hrsg.: *Comparative Criticism. A Yearbook*, Bd. 1 (1979), S. 3-16. [Vgl. Nachdruck in # 88.274. - *Doktor Faustus - Felix Krull*].

79.221 STIRLING, Monica: Th. M. In: M. S., *A Screen of Time. A Study of Luchino Visconti*. New York, u. a.: Harcourt, Brace, Jovanovich, 1979, S. 207-220, 265, u. a.

79.222 STÖLZL, Christoph, Hrsg.: *Die zwanziger Jahre in München. Katalog zur Ausstellung des Münchner Stadtmuseums*. München, 1979, XXIII, 768 S. (= Schriften des Münchner Stadtmuseums, 8).

79.223 STUCKENSCHMIDT, Hans-Heinz: Th. M. In: H.-H. S., *Zum Hören geboren. Ein Leben mit der Musik unserer Zeit*. München, u. a.: R. Piper, 1979, S. 198-201, u. a.

79.224 STUCKENSCHMIDT, Hans-Heinz: 'Chaben Se viel Geld?': Erinnerungen an Th. M., Schönberg, Strawinsky. In: *SZ*, Jg. 35, Nr. 46 (24./25. Februar 1979), S. 106.

79.225 SÜSKIND, Wilhelm E.: Die neuen Eltern. Von Klaus Mann. Die neuen Kinder. Ein Gespräch mit Th. M. (August 1926). In: *UHU. Berlin: Oktober 1924 bis Oktober 1934* (1979), S. 186-193. [Zu Th. M.: S. 186-187, 191-193. - Vgl. E in # 26.114].

79.226 SWALES, Martin: Any More for the *Magic Mountain*? In: *GLL*, N. S., Jg. 32/33 (1979-1980), S. 330-333. [Rez. von: T. E. Apter, # 78.13 - H. C. Hatfield, # 79.84].

79.227 SZUDRA, Klaus U.: Shakespeare-Reminiszenzen in Th. M's *Doktor Faustus* - Quellendeutung als rezeptionsästhetischer Testfall humanistischen Weltverständnisses. In: *Kwartalnik Neofilologiczny*, Jg. 26 (1979), S. 259-278.

79.228 THIEME, Eberhard: Rez. von K. W. Jonas, # 79.107. In: *Buchhändler heute*, Jg. 33, Nr. 11/12 (11. Dezember 1979), S. 28.

79.229 THIESS, Frank: Offener Brief an Th. M. In: K. Wagenbach, # 79.241, S. 47, 49. [Vgl. E in # 45.142. - Th. M. als Emigrant].

79.230 THOENELT, Klaus: Selbstbefremdung als deutsches Phänomen in Th. M's *Doktor Faustus* und Alfred Rosenbergs *Mythus des 20. Jahrhunderts*. In: Elfe/Hardin/Holst, # 79.48, S. 93-102.

79.231 TOLLER, Ernst: *Justiz-Erlebnisse. Vollständige Neuausgabe. Im Anhang erweitert um autobiographische Notizen Tollers sowie Texte von Th. M. und Kurt Tucholsky.* Berlin: LitPol Verlagsgesellschaft, 1979, 167 S. (= Das Gesicht der Zeit, Bd. 2).

79.232 TORONYI, Attila: Th. M's Exilzeitschrift und ihr ungarisches Echo. In: *Acta Litteraria Academiae Scientiarum Hungaricae*, Jg. 21, Nr. 3/4 (1979), S. 213-227. [*Maß und Wert*].

79.233 TSCHECHNE, Wolfgang: Th. M. beschäftigt noch immer die deutschen Autoren. Ein Blick in Bücher der Gegenwart. In: *Lübecker Nachrichten*, Jg. 34, Nr. 240 (14. Oktober 1979), S. 47.

79.234 TSCHECHNE, Wolfgang: Das Kunstwerk eines Lebens. Tagebücher enthüllen den Charakter des Dichters. In: *Lübecker Nachrichten*, Jg. 34, Nr. 269 (11. November 1979), Sonntagsmagazin, S. 1. [Rez. von P. d. Mendelssohn, # 79.156].

79.235 UMBACH, Klaus: Sippe auf der Kriechspur. In: *Der Spiegel*, Jg. 33, Nr. 42 (1979). [*Buddenbrooks*. Elfteilige Serie im Fernsehen].

79.236 VAGET, Hans R.: Rez. von H. Wysling, # 76.408. In: *Literature, Music, Fine Arts*, Jg. 12, Nr. 1 (1979), S. 84-85.

79.237 VAGET, Hans R.: Rez. von P. d. Mendelssohn, # 77.212. In: *MLN*, Jg. 94, Nr. 3 (1979), S. 641-644. [The German Issue].

79.238 VAGET, Hans R.: Rezeptionsästhetik: Schwierigkeiten mit dem Erwartungshorizont am Beispiel der *Buddenbrooks*. In: *Monatshefte*, Jg. 71, Nr. 4 (1979), S. 399-409.

79.239 VAGET, Hans R.: Rez. von H. Jendreiek, # 77.135. In: *ZDP*, Jg. 98, Nr. 4 (1979), S. 618-620.

79.240 VIELHAUER, Inge: Th. M., *Wälsungenblut*: Der Gruppenzusammenhalt. In: I. V., *Brüder und Schwestern. Untersuchungen und Betrachtungen zu einem Urmotiv zwischenmenschlicher Beziehung.* Bonn: Bouvier, 1979, S. 113-118. (= Abhandlungen zur Kunst-, Musik- und Literaturwissenschaft, Bd. 297).

79.241 WAGENBACH, Klaus, Hrsg.: *Vaterland. Muttersprache. Deutsche Schriftsteller und ihr Staat von 1945 bis heute. Ein Nachlesebuch für die Oberstufe.* Berlin: K. Wagenbach, 1979, 350 S. (= Quartheft, 100) [Mit Beiträgen von: E. Kästner, # 79.110 - W. v. Molo, # 79.162 - F. Thieß, # 79.229].

79.242 WAGSTAFF, Barbara O'Brien: *The Struggle with the Angel: Identity and Sympathy in Th. M's Doktor Faustus, André Malraux's Les Noyers de l'Altenburg and William Faulkner's A Fable.* Dissertation, University of California at Berkeley, 1979, 209 S. [Resümee in: *DAI,* Jg. 41, Nr. 1 (1980/81), S. 248A].

79.243 WALDMAN, Glenys A., Hrsg.: Briefe von Th. M. an Franz Werfel und Alma Mahler-Werfel. In: *Blätter der Th. M. Gesellschaft Zürich,* Nr. 17 (1979), S. 5-8. [Rez.: H. Helbling, # 80.116].

79.244 WALDMÜLLER, Hans: Th. M. und die Literatur über ihn. Zum 2. Band von Klaus W. Jonas' Sekundärbibliographie. In: *NDH,* Jg. 26, Heft 4, Nr. 164 (1979), S. 786-799. [Rez. von K. W. Jonas, # 79.107, # 80.291].

79.245 WALTER, Hans-Albert: Denkmal und Denkmalspfleger. Der zweite Band von Th. M's Tagebüchern ist erschienen. In: *Frankfurter Rundschau,* Jg. 35, Nr. 23 (27. Januar 1979), Wochenendbeilage 'Bücher von heute', S. II. [Rez. von P. d. Mendelssohn, # 78.210].

79.246 WAPNEWSKI, Peter: Das Pathos der Mitte. Th. M. oder: Literatur als Leistung. In: P. W., *Zumutungen. Essays zur Literatur des 20. Jahrhunderts.* Düsseldorf: Claassen, 1979, S. 93-105. [Erw. Fassung von # 75.896].

79.247 WATRINET, François: *Les racines médicales de l'oeuvre de Th. M. Thèse de doctorat d'Etat, Université de Strasbourg, Faculté de Médecine.* Straßburg, 1979, 143 S. [Rez.: L. Leibrich, # 80.162].

79.248 WEBER, Evelyn: Zum 30. Todestag von Klaus Mann. In: *Brückenbauer,* Nr. 20 (18. Mai 1979), S. 15.

79.249 WEBER, Gerhard: Festival der Reflexion. Thomas und Klaus Mann in Avignon. In: *Der Literat,* Jg. 21, Nr. 9 (1979), S. 205.

79.250 WELZIG, Elisabeth: Die Rezeption Th. M's in den steirischen Tageszeitungen (1945-1955). In: E. W., *Literatur und journalistische Literaturkritik. Untersucht an den steirischen Tageszeitungen 1945-1955.* Stuttgart: Akademischer Verlag, 1979, S. 195-213. (= Stuttgarter Arbeiten zur Germanistik, Nr. 60).

79.251 WENDEROTH, Horst: Ein Essen im Hotel Elephant. Th. M's Besuch in Weimar 1949. In: *NZZ*, Jg. 200, Nr. 267 (16. November 1979), Feuilleton, S. 37. [Betr. Interview mit S. I. Tulpanov. In: *NDL* (September 1979)].

79.252 WENIG, Dietmar: 'Der Erzvater alles klugen und wachen Dichtertums.' Th. M's Lessing-Essays von 1929. In: Günter Hartung, Hrsg.: *Beiträge zur Lessing-Konferenz 1979*. Halle: VEB Kongreß- und Werbedruck, 1979, S. 79-97.

79.253 WENZEL, Georg: Rez. von H. Kurzke, # 77.170. In: *DLZ*, Jg. 100, Nr. 4/5 (April/Mai 1979), Sp. 225-228.

79.254 WENZEL, Georg: Rez. von R. Poschmann/G. Wolf, # 77.246. In: *DLZ*, Jg. 100, Nr. 7/8 (Juli/August 1979), Sp. 438-445. [Betr. Briefwechsel zwischen L. Fürnberg und A. Zweig].

79.255 WENZEL, Georg: Rez. von H. Bürgin/H.-O. Mayer, # 76.46. In: *Neue Literatur*, Jg. 30, Nr. 4 (April 1979), S. 117-118.

79.256 WENZEL, Georg: Rez. von H. Bürgin/H.-O. Mayer, # 76.46. In: *Referatedienst zur Literaturwissenschaft*, Jg. 11, Nr. 4 (1979), S. 581-582.

79.257 WENZEL, Georg: Rez. von P. E. Hübinger, # 74.80. In: *Weimarer Beiträge*, Jg. 25, Nr. 6 (1979), S. 175-185.

79.258 WICKS, Ulrich: Narrative Distance in Picaresque Fiction. In: *College Literature*, Jg. 6, Nr. 3 (1979), S. 165-181. [*Felix Krull*].

79.259 WIESNER, Herbert: Aus den Kellern der Vergangenheit. In der NS-Zeit beschlagnahmte Bücher werden jetzt auf den Markt geworfen. In: *Arbeitskreis Heinrich Mann: Mitteilungsblatt*, Nr. 14 (1979), S. 33-36. [Vgl. # 80.302].

79.260 WIESNER, Herbert: Zur Regest-Ausgabe der Th.-M.-Briefe. In: *Aus dem Antiquariat*, Nr. 1 (30. Januar 1979), S. A24-A26. (= Beilage zum *Börsenblatt für den Deutschen Buchhandel. Frankfurter Ausgabe*, Jg. 35, Nr. 9) [Rez. von H. Bürgin/H.-O. Mayer, # 76.46].

79.261 WIESNER, Herbert: Viel Not mit Th. M. In: *SZ*, Jg. 35, Nr. 219 (22./23. September 1979), S. 140. [Rez. von K. W. Jonas, # 79.107].

79.262 WÖHRMANN, Andreas: Th. M. In: A. W., *Das Programm der Neuklassik. Die Konzeption einer modernen Tragödie bei Paul Ernst, Wilhelm von Scholz und Samuel Lublinski*. Frankfurt a. M., u. a.: P. Lang, 1979, S. 127, u. a. (= Europäische Hochschulschriften, Reihe 1: Deutsche Literatur und Germanistik, Bd. 301) [Zugl.: Diss., Univ. Tübingen, 1978].

79.263 WOHLFAHRTH, Ursula: Jahrhundertroman in 660 Fernsehminuten. In: *Tele/Tv Radio-Zeitung* (15. Oktober 1979), S. 16-19. [Zur Fernsehserie von *Buddenbrooks*].

79.264 WOLF, Günter: *Buddenbrooks*. In: *Hamburger Abendblatt*, Jg. 32, Nr. 235-300 (8. Oktober 1979 bis Weihnachten 1979).

79.265 WOLFF, Uwe: *Th. M. Der erste Kreis der Hölle. Der Mythos im Doktor Faustus.* Stuttgart: Akademischer Verlag, 1979, II, 188 S. (= Stuttgarter Arbeiten zur Germanistik, Bd. 65) [Rez.: U. Karthaus, # 80.137 - U. Wittstock, 82. 297].

79.266 WOLFFHEIM, Elsbeth: Zürcher Rechenschaft - Th. M's Tagebücher aus dem Exil. In: *Frankfurter Hefte*, Jg. 34, Nr. 8 (1979), S. 63-65. [Rez. von: P. d. Mendelssohn, # 77.212, # 78.210].

79.267 WUCHER, Albert: 'Die Stadt, in der ich lebe'. Zu Peter de Mendelssohns Vortrag 'Th. M. und München'. In: *SZ*, Jg. 35, Nr. 167 (23. Juli 1979), S. 12. [Vgl. P. d. M., # 79.157].

79.268 WYSLING, Hans, und Marianne Fischer: Zur Edition. In ihrer Ausg. von *Dichter über ihre Dichtungen: Th. M., Teil 2: 1918-1943.* München: Heimeran; Frankfurt a. M.: S. Fischer, 1979, S. 692-698. (= Dichter über ihre Dichtungen, Bd. 14/II) [Vgl. Bd. 1, # 75.941 - Bd. 3, # 81.271. - Rez.: H. Lehnert, # 80.160 - L. Leibrich, # 79.132].

79.270 ZELINSKY, Hartmut: Die 'Feuerkur' des Richard Wagner oder die 'neue Religion' der 'Erlösung' durch 'Vernichtung'. In: *Text und Kritik*, Nr. 652 (1979), S. 78-112.

79.271 ZIOLKOWSKI, Theodore: Hesse und Th. M.: Eine literarische Brieffreundschaft. In: T. Z., *Der Schriftsteller Hermann Hesse. Wertung und Neubewertung.* Frankfurt a. M.: Suhrkamp, 1979, S. 169-185. [Dt. Übs. von U. Michels-Wenz. - Vgl. E in # 75.968].

1980

80.1 ABBOTT, Scott H.: *Der Zauberberg* and the German Romantic Novel. In: *GR*, Jg. 55, Nr. 2 (1980), S. 139-145. [Auch in: S. H. A., *The Survival of the Romantic Bildungsroman in the Twentieth Century*. Diss., Princeton Univ. - Vgl. erw. Fassung in # 91.1].

80.2 ACKERMANN, Paul K.: A Letter to René Schickele. In: *Boston University Journal*, Jg. 26, Nr. 3 (1980), S. 90-94. [Th. M's Brief an R. S. vom 27. November 1937].

80.3 ADAMY, Bernhard: Pfitzners Beziehung zu Th. M. In: B. A., *Hans Pfitzner. Literatur, Philosophie und Zeitgeschichte in seinem Weltbild und Werk.* Tutzing: Schneider, 1980, S. 223-272. [Mit Brief Th. M's an W. Abendroth vom 1. Dezember 1931].

80.4 ADAMY, Bernhard: Pfitzner disqualifiziert? In: *Zeitschrift für Musikpädagogik*, Jg. 5, Nr. 6 (1980), S. 76-81. [Vgl. Antwort: K.-K. Hübler, # 80.120].

80.5 ADELSON, Leslie A.: Heterosexuality and the Bourgeoisie in Th. M's *Doktor Faustus.* In: *Neue Germanistik*, Jg. 1, Nr. 1 (Herbst 1980), S. 49-58.

80.6 ANDERSON, Roger K.: Rez. von L. L. Langer, # 78.172. In: *MFS*, Jg. 26, Nr. 4 (1980), S. 755-756.

80.7 ANON.: Von der deutschen Luftwaffe durchs Fenster erschossen. Die Fieber-Phantasien der Katia Mann. In: *Deutsche National-Zeitung*, Jg. 22 (30. Mai 1980), S. 5-6. [Betr. Katia Mann, # 74.118].

80.8 ANON.: Th. M. In: *FAZ*, Jg. 32, Nr. 138 (18. Juni 1980), S. 26. [Rez. von H.-J. Ortheil, # 80.219].

80.9 ANON.: In der Casa Fischer: 'Unruhesitz'. In: *FAZ*, Jg. 32, Nr. 170 (25. Juli 1980), S. 5-9. [Betr. G. und B. Bermann Fischers Wohnsitz in der Toskana].

80.10 ANON. [L. C.]: Eine Buddenbrookiade. Mein Erlebnis mit dem Nobelpreisträger Th. M. (Januar 1930). In: *SZ*, Jg. 36, Nr. 253 (31. Oktober/ 1./2. November 1980), S. 144. [Vgl. E in # 79.6].

80.12 ANTON, Herbert: Rez. von P. Heller, # 78.108. In: *Germanistik*, Jg. 21, Nr. 1 (1980), S. 249-250.

80.13   ARONSON, Alex: *Music and the Novel. A Study in Twentieth-Century Fiction.* Totowa, u. a.: Rowman & Littlefield, 1980, 245 S. [Rez.: D. Melnick, # 80.204].

80.14   ARONSON, Alex: Th. M's Ambivalent Attitude towards Wagner's Music as Expressed in *Tonio Kröger, The Buddenbrooks, Tristan* and *The Blood of Walsung.* In: # 80.13, S. 99-108. [*Buddenbrooks - Tristan - Tonio Kröger - Wälsungenblut*].

80.15   ARONSON, Alex: Music as Sublimated Eros: Vinteuil and Leverkühn. In: # 80.13, S. 116-124. [*Doktor Faustus*].

80.16   ARONSON, Alex: Similarities between Hesse's *The Glass Bead Game* and Mann's *Doctor Faustus*: Their Concern with Present Day 'Barbarism'. In: # 80.13, S. 182-188. [H. Hesse: *Das Glasperlenspiel* - Th. M.: *Doktor Faustus*].

80.17   ARONSON, Alex: Mann's Use of the Narrator's Perspective as Contemporary Witness and as Listener to Music. In: # 80.13, S. 188-193.

80.18   ARONSON, Alex: Leverkühn's Upbringing in the Natural Sciences and in Music: Musical 'Osmosis'. In: # 80.13, S. 193-202. [*Doktor Faustus*].

80.19   ASSMANN, Dietrich: *Buddenbrookit: Visite bei Buddenbrooks.* Helsinki, 1980, 15 S. [Ausstellungskatalog].

80.20   ASSMANN, Dietrich: Buddenbrooks auf Besuch in Finnland. In: *Vaterstädtische Blätter*, Jg. 31, Nr. 4 (Juli/August 1980), S. 53.

80.21   BARASCH, Monique: Das Leitmotiv in den *Buddenbrooks* von Th. M. In: *The US Foreign Language Quarterly*, Bd. 18, Nr. 3/4 (Frühjahr-Sommer 1980), S. 9-14.

80.22   BARASCH, Monique: Die Dekadenz im Frühwerk Th. M's. In: *The US Foreign Language Quarterly*, Bd. 19, Nr. 1/2 (Herbst-Winter 1980), S. 3-5.

80.23   BARTHES, Roland: *Leçon/Lektion. Französisch und Deutsch. Antrittsvorlesung im Collège de France. Gehalten am 7. Januar 1977.* Frankfurt a. M.: Suhrkamp, 1980, S. 69-71. (= edition suhrkamp, Nr. 1030; N. F., Bd. 30) [Dt. Erstausgabe, Übs.: H. Scheffel. - *Der Zauberberg*].

80.24   BASLER, Otto: Th. M. - Zeuge für die Dauer im Wandel: Zum 25. Todestag des Dichters und Nobelpreisträgers. In: *Anzeiger des Bezirkes Horgen*, Nr. 85 (30. Juli 1980), S. 302-304. [Vgl. u. d. T.: Th. M.: Ein großer Freund unseres Landes. In: *Davoser Zeitung*, Nr. 176 (31. Juli 1980)].

80.25   BATT, Kurt: Fragen zu Th. M. In: Franz Fühmann, und Konrad Reich, Hrsg.: *Schriftsteller, Poetisches und wirkliches Blau. Aufsätze zur Literatur.* Hamburg: Hoffmann und Campe, 1980, S. 154-155.

80.26   BAUSCHINGER, Sigrid: Rez. von I. B. Jonas, # 79.106. In: *German Studies Review,* Jg. 3, Nr. 1 (Februar 1980), S. 158-159. [Th. M. und Italien].

80.27   BEDDOW, Michael: Fiction and Meaning in Th. M's *Felix Krull.* In: *Journal of European Studies,* Jg. 10, Nr. 2 (1980), S. 77-92.

80.28   BEISBART, Ortwin: Th. M.: *Tonio Kröger.* In: Jakob Lehmann, Hrsg.: *Deutsche Novellen von Goethe bis Walser. Interpretationen für den Deutschunterricht, Bd. 2: Von Fontane bis Walser.* Königstein/Ts.: Scriptor, 1980, S. 101-124. (= Scriptor Taschenbücher, 156) [Vgl. auch M. Krejci, # 80.151].

80.29   BERGSTEN, Gunilla: Rez. von K. W. Jonas, # 79.107. In: *Samlaren,* Bd. 101 (1980), S. 166.

80.30   BERGSTEN, Gunilla: Förord. In: Th. M.: *Dagböcker 1933-1934.* Uppsala: Bromberg, 1980, S. 5-10. [Schwedische Übs. von P. d. Mendelssohn, # 77.212, durch G. B.].

80.31   BESSIERE, Jean: Kenneth Burke face à quelques écrivains européens (1921-1932). In: *RLC,* Jg. 54 (1980), S. 174-195.

80.32   BEST, Otto F.: Rez. von E. Bahr, # 77.14. In: *Monatshefte,* Jg. 72, Nr. 1 (1980), S. 95-98.

80.33   BETZ, Jacques: Rez. von K. W. Jonas, # 79.107. In: *Bulletin des Bibliothèques de France,* Jg. 25, Nr. 1 (1980), S. 43-44.

80.34   BIANQUIS, Geneviève: Th. M., romancier de la bourgeoisie allemande. In: Th. M.: *La mort à Venise suivi de Tristan.* Paris: Fayard, 1980, S. 6-34. [Vgl. E in # 28.13. - *Der Tod in Venedig - Tristan*].

80.35   BISDORFF, Ernest: *Th. M. und Frankreich. Ein Essay.* Luxembourg: Institut Grand-Ducal, 1980, 126 S. (= Veröffentlichung der Abteilung für Kunst und Literatur des Großherzoglichen Institutes Luxembourg) [Rez.: F. Hoffmann, # 80.117 - H. Koopmann, # 87.159. - *Betrachtungen eines Unpolitischen - Pariser Rechenschaft*].

80.36   BISDORFF, Ernest: Th. M. und kein Ende. Th. M's Tagebücher 1918-1921. In: *Letzeburger Land,* Nr. 2 (11. Januar 1980). [Rez. von P. d. Mendelssohn, # 79.156].

80.37 BLEICHER, Thomas: Zur Adaption der Literatur durch den Film: Viscontis Metamorphose der Th. M.-Novelle *Tod in Venedig*. In: *Neophilologus*, Jg. 64 (1980), S. 479-492.

80.38 BLÖCKER, Günter: Ein breit ausschwingendes Hochgefühl. In: Andreas Werner, Hrsg.: *Fischer Almanach der Literaturkritik 1978/79*. Frankfurt a. M.: S. Fischer, 1980, S. 194-199. (= Fischer Taschenbuch, 6450) [Vgl. E in # 78.30. - Rez von P. d. Mendelssohn, # 78.210].

80.39 BLUM, Rudolf: Bis zum letzten 'Mann'? Th. M.-Boom: Zur Sendung *Deutsche Nobelpreisträger für Literatur*, ARD. In: *Tele/Tv Radio-Zeitung*, Nr. 33 (18.-24. August 1980), S. 6-7.

80.40 BOCK, Sigrid: Anna Seghers 'besiegte' Th. M. In: *NDL*, Jg. 28, Nr. 11 (November 1980), S. 57-60.

80.41 BOHNEN, Klaus: Zwischen den Nationen und über ihnen: Georg Brandes und die deutsche Literatur. In: *NZZ*, Jg. 201, Nr. 237 (11./12. Oktober 1980), Literatur und Kunst, S. 67-68.

80.42 BORCHERS, Klaus: *Mythos und Gnosis im Werk Th. M's. Eine religionswissenschaftliche Untersuchung*. Freiburg i. Br.: Hochschulverlag, 1980, 529 S. (= Hochschulsammlung Theologie: Religionswissenschaft, Bd. 1) [Zugl.: Diss., Göttingen, 1978].

80.43 BOROWSKY, Kay: Der Boxkampf. In: K. B., *Goethe liebte das Seilhüpfen. Eine sehr vertrackte Literaturgeschichte der Eigenarten. Von Goethe bis Handke*. Tübingen: Texte, 1980, S. 83-85. (= Edition Texte) [Anekdotisches: Th. M. und H. Hesse].

80.45 BRAAK, Menno ter: Gesprek met Erika Mann. In: F. Bulhof, # 80.58, S. 118-122. [Vgl. E in: *Het Vaderland* (4. Mai 1934)].

80.46 BRAAK, Menno ter: Th. M. zestig jaar. In: F. Bulhof, # 80.58, S. 177-183. [Vgl. E in: *Het Vaderland* (5. Juni 1935)].

80.47 BRAAK, Menno ter: Heinrich Mann over Th. M.: een artikel in *Die Sammlung*. In: F. Bulhof, # 80.58, S. 184-185. [Vgl. E in: *Het Vaderland* (5. Juni 1935)].

80.48 BRAAK, Menno ter: Gerucht om Th. M.: een aanval op zijn houding door Schwarzschild. In: F. Bulhof, # 80.58, S. 186-189. [Vgl. E in: *Het Vaderland* (3. Februar 1936). - L. Schwarzschild].

80.49 BRAAK, Menno ter: Th. M. spreekt: hij verklaart zich tegen Hitler-Duitsland. In: F. Bulhof, # 80.58, S. 190-193. [Vgl. E in: *Het Vaderland* (6. Februar 1936)].

80.50   BRAAK, Menno ter: Th. M. contra Bonn: open brief an de Duitse geleerdenwe-
         reld: reactie op 'la trahison des clercs'. In: F. Bulhof, # 80.58, S. 207-209. [Vgl. E
         in # II.37.5. - Zur Aberkennung der Ehrendoktorwürde].

80.51   BRAAK, Menno ter: Th. M. in ons land. In: F. Bulhof, # 80.58, S. 231-233. [Vgl.
         E in: *Het Vaderland* (4. Juli 1939)].

80.52   BRAAK, Menno ter: Th. M. gehuldigd. In: F. Bulhof, # 80.58, S. 237-239. [Vgl. E
         in: *Het Vaderland* (30. Juli 1939)].

80.53   BRANGER, Erhard, Landammann: Der Kurort Davos verbot 'Pfeffermühle':
         Rücksicht auf die Deutschen. In: *Ostschweizer* (21. März 1980).

80.54   BRODE, Hanspeter: Ein Briefwerk in der Nachfolge Goethes. In: *Mannheimer
         Morgen* (17. April 1980). [Rez. von H. Bürgin/H.-O. Mayer, # 76.46].

80.55   BRÜCKNER, Christine: Der entzauberte Zauberberg. In: *Ullsteins Gourmet Jour-
         nal*, Nr. 12 (1980), S. 84-88, 90-91.

80.56   BRÜGEL, Johann W.: Rez. von P. d. Mendelssohn, # 77.212, # 78.210. In: *Profil*,
         Nr. 3 (1980), S. 88-90.

80.57   BÜRGIN, Hans, und Hans-Otto Mayer, Hrsg.: *Die Briefe Th. M's. Regesten und
         Register. Bd. II: Die Briefe von 1934 bis 1943*. Frankfurt a. M.: S. Fischer, 1980,
         XI, 802 S. [Bearb. und hrsg. unter Mitarbeit von Y. Schmidlin; Lektorat: K.
         Beck. - Vgl. # 76.46. - Rez.: Anon. [vhg], # 89.13 - W. Grothe, # 83.134 - K. W.
         Jonas, # 81.97, # 90.144 - H. Kieser, # 84.107 - G. Kluge, # 83.198 - H. Kurzke, #
         88.159 - A. D. Latta, # 83.229 - H. Lehnert, # 81.126 - H. Matter, # 83.246 - O.
         Seidlin, # 83.332 - H. Steinecke, # 82.259 - G. Wenzel, # 81.258, # 82.293].

80.58   BULHOF, Francis, Hrsg.: *De artikelen over emigrantenlitertuur 1933-1940*. Den
         Haag, 1980, 244 S. [Darin: M. t. Braak, # 80.45, # 80.46, # 80.47, # 80.48, #
         80.49, # 80.50, # 80.51, # 80.52].

80.59   CERF, Steven: Rez. von H. H. Schulte/G. Chapple, # 78.273. In: *GQ*, Jg. 53
         (1980), S. 248-249.

80.60   CHIUSANO, Italo A.: Adesso, caro lettore puoi scandalizzarti: Intervista immagi-
         naria a Th. M. In: *Gazetta del Popolo* (15. August 1980).

80.61   CHIUSANO, Italo A.: Come è insopportabile il grande Th. M. In: *La Repubblica*
         (4. Januar 1980), Cartellone. [Rez. von P. d. Mendelssohn, # 79.156].

80.62   COCALIS, Susan L.: Rez. von M. Swales, # 78.295. In: *Monatshefte*, Jg. 72, Nr. 2
        (1980), S. 188-189.

80.63   CORNGOLD, Stanley: Mann as a Reader of Nietzsche. In: *Boundary*, Jg. 9, Nr. 1
        (Herbst 1980), S. 47-74. [*Betrachtungen eines Unpolitischen - Vorspruch zu einer
        musikalischen Nietzsche-Feier.* - Ironie - Musik].

80.64   DACH, Charlotte von: Th. M's Tagebücher von 1918 bis 1921. In: *Der kleine
        Bund. Beilage für Literatur und Kunst*, Jg. 131, Nr. 239 (11. Oktober 1980), S. 1-2.
        [Rez. von P. d. Mendelssohn, # 79.156].

80.65   DIECKMANN, Friedrich: Mahnung an die Menschheit zur Besinnung auf ihre
        Würde. Gedenkblatt für Th. M. zu dessen 25. Todestag. In: *Neue Zeit*, Nr. 189
        (12. August 1980), Feuilleton, S. 4.

80.66   DIECKMANN, Friedrich: Th. M. nach Hitlers Machtantritt (I). Die Tagebücher
        1933/1934. In: *Sinn und Form*, Jg. 32, Nr. 1 (1980), S. 163-196. [Fortsetzung in:
        Sinn und Form, Jg. 32, Nr. 2 (1980), S. 475-483. - Rez. von P. d. Mendelssohn, #
        77.212, # 78.210. - Vgl. K. Pätzold, # 81.170 - W. Ruge, # 80.246. - Vgl. auch #
        90.56].

80.67   DIECKMANN, Friedrich: Ein Brief. In: *Sinn und Form*, Jg. 32, Nr. 4 (1980), S.
        912. [Entgegnung auf W. Ruge, # 80.246].

80.68   DRESDEN, Sem: Th. M. and Marcel Proust: On Myth and Antimyth. In: Joseph
        P. Strelka, Hrsg.: *Literary Criticism and Myth*. University Park, u. a.: The Penn-
        sylvania State University Press, 1980, S. 25-50. (= Yearbook of Comparative
        Criticism, Bd. 9).

80.69   DREWITZ, Ingeborg: Rez. von P. d. Mendelssohn, # 79.156. In: I. D., *Zeitver-
        dichtung. Essays, Kritiken, Portraits. Gesammelt aus zwei Jahrzehnten.* Wien, u. a.:
        Europaverlag, 1980.

80.70   DREWITZ, Ingeborg: Notizen eines Bürgers. Zu den von Peter de Mendelssohn
        herausgegebenen Tagebüchern Th. M's von 1918-1921. In: *Nürnberger Nachrich-
        ten* (18. Januar 1980), Kultur, S. 17. [Vgl. Nachdruck in # 81.41. - Rez. von P. d.
        Mendelssohn, # 79.156].

80.71   DYCK, J. W.: Heinrich von Kleist und Th. M's *Der Wille zum Glück*. In:
        Annuale Mediaevale (1980), S. 211-227.

80.72   EDGAR, Tom: Mann Urged Kahler to Princeton. In: *The Princeton Recollector*,
        Jg. 6, Nr. 1 (September 1980), S. 1, 5-7. [Interview mit A. L. Kahler - E. v. Kah-
        ler - A. Einstein].

80.73   EICHNER, Hans: Rez. von K. W. Jonas, # 79.107. In: *JEGP*, Jg. 79, Nr. 3 (Juli 1980), S. 422-423.

80.74   ENDRES, Elisabeth: Drinnen im Geist... Serie: Die Literatur der Adenauerzeit. In: *Börsenblatt für den Deutschen Buchhandel*, Jg. 36 (26. August 1980), S. 2101-2114. [Vorabdruck aus E. E., *Die Literatur der Adenauerzeit*. München: Steinhausen, 1980].

80.75   ENGELI, Max: Gedenk- und Forschungsstätte: Das Th.-M.-Archiv. In: *Wir Brükkenbauer*, Nr. 36 (5. September 1980), S. 18.

80.76   EXNER, Richard: Rez. von N. Hamilton, # 79.79 - K. W. Jonas, # 79.107. In: *World Literature Today*, Jg. 54 (1980), S. 428-429.

80.77   FEDER, Lillian: *Madness in Literature*. Princeton, NJ: Princeton University Press, 1980, XVI, 331 S.

80.78   FEDERSPIEL, Jürg: Wo Th. M. warnte. In: *Plus*, Nr. 18 (30. April 1980), S. 14-18. [Betr.: *Aufbau*, New York].

80.79   FERRETTI, Silvia: *Th. M. e il tempo. La montagna incantata - Giuseppe e i suoi fratelli - Doktor Faustus*. Roma: Jouvence, 1980, 212 S. (= Saggi, 2) [Rez.: M. F. Zumbini, # 81.277. - *Der Zauberberg - Joseph und seine Brüder - Doktor Faustus*].

80.80   FERTONANI, Roberto: Bibliografia. In seiner italienischen Ausg. von Th. M.: *Doktor Faustus*. Milano: A. Mondadori, 1980, S. 881-900.

80.81   FERTONANI, Roberto: Introduzione. In Bruno Arzeni's und Italo A. Chiusano's italienischer Ausg. von Th. M.: *Saggi. Schopenhauer. Nietzsche. Freud*. Milano: A. Mondadori, 1980, S. VII-XIII.

80.82   FERTONANI, Roberto: Introduzione. In Lavinia Mazzucchetti's italienischer Ausg. von Th. M.: *Carlotta a Weimar*. Milano: A. Mondadori, 1980, S. 5-15. [*Lotte in Weimar*].

80.83   FERTONANI, Roberto: Mann e il suo tempo. In: Th. M.: *Le teste scambiate. La legge - L'inganno*. Milano: A. Mondadori, 1980, S. 8-25.

80.84   FERTONANI, Roberto: *Le teste scambiate*. In: Th. M.: *Le teste scambiate. La legge - L'inganno*. Milano: A. Mondadori, 1980, S. 27-32. [Einleitung zur italien. Übs. von E. Pocar: *Le teste scambiate* (1950), S. 53-175. - *Die vertauschten Köpfe*].

80.85 FERTONANI, Roberto: *La legge*. In: Th. M.: *Le teste scambiate. La legge -
       L'inganno*. Milano: A. Mondadori, 1980, S. 32-38. [Einleitung zur italien. Übs.
       von M. Merlini: *La legge* (1944), S. 179-274. - *Das Gesetz*].

80.86 FERTONANI, Roberto: *L'inganno*. In: Th. M.: *Le teste scambiate. La legge -
       L'inganno*. Milano: A. Mondadori, 1980, S. 39-44. [Einleitung zur italien. Übs.
       von L. Mazzucchetti: *L'inganno* (1953), S. 279-377. - *Die Betrogene*].

80.87 FERTONANI, Roberto: Antologia di giudizi. In: Th. M.: *Le teste scambiate. La
       legge - L'inganno*. Milano: A. Mondadori, 1980, S. 45-47. [Kritiken zu: *Die ver-
       tauschten Köpfe - Das Gesetz - Die Betrogene*].

80.88 FERTONANI, Roberto: Bibliografia. In: Th. M.: *Le teste scambiate. La legge -
       L'inganno*. Milano: A. Mondadori, 1980, S. 48-49.

80.89 FETZER, John F.: Clemens Brentano's Muse and Adrian Leverkühn's Music. Se-
       lective Affinities in Th. M's *Doktor Faustus*. In: *Essays in Literature*, Jg. 7, Nr. 1
       (Frühling 1980), S. 115-131.

80.90 FETZER, John F.: Nachklänge Brentanoscher Musik in Th. M's *Doktor Faustus*.
       In: Detlev Lüders, Hrsg.: *Clemens Brentano. Beiträge des Kolloquiums im Freien
       Deutschen Hochstift 1978*. Tübingen: M. Niemeyer, 1980, S. 33-46. (= Freies
       Deutsches Hochstift, Reihe der Schriften, Bd. 24).

80.91 FISCHER, Ernst: Th. M. In: E. F., *Der 'Schutzverband deutscher Schriftsteller'
       1909-1933*. Frankfurt a. M.: Buchhändler-Vereinigung, 1980, S. 94, 114-117, u. a.
       (= Archiv für Geschichte des Buchwesens, Bd. 21).

80.92 FISCHER, Uwe: L'incontro Mann-Goethe nel settimo capitolo di *Carlotta a
       Weimar*. Note sul concetto di parodia di Th. M. In: U. F., *Il mondo come lettera-
       tura. Da Wieland a Th. M.* Catania: Edizioni del Prisma, 1980, S. 206-216. (=
       Prisma Dimensioni, 4) [*Lotte in Weimar*].

80.93 FRANK, Manfred: 'Kaum das Urthema wechselnd'. Die alte und die neue
       Mythologie im *Doktor Faustus*. In: *Fugen. Deutsch-französisches Jahrbuch für Text-
       Analytik* (1980), S. 9-42.

80.94 FRANK-SCHNEIDER, Katalin: 3. Th. M. und Ungarn. In: *ZDP*, Jg. 99, Nr. 2
       (1980), S. 293-296. [Rez. von A. Mádl/J. Györi, # 77.191].

80.95 FRIZEN, Werner: *Zaubertrank der Metaphysik. Quellenkritische Überlegungen im
       Umkreis der Schopenhauer-Rezeption Th. M's*. Frankfurt a. M., u. a.: P. Lang,
       1980, 643 S. (= Europäische Hochschulschriften, Reihe 1: Deutsche Sprache
       und Literatur, Bd. 342) [Zugl.: Diss., Münster, 1978. - Vgl. Auszüge in # 81.60, #
       81.61. - Rez.: E. Ibsch, # 81.89 - H. Kurzke, # 82.154].

80.96   FRIZEN, Werner: Ausschnitte aus den *Buddenbrooks* von Th. M. In: W. F., *Schulszenen in der Literatur. Interpretation literarischer Schulmodelle im Deutsch-unterricht der Sekundarstufe II.* Frankfurt a. M., u. a.: P. Lang, 1980, S. 86-100. (= Europäische Hochschulschriften, Reihe 1: Deutsche Sprache und Literatur, Bd. 370).

80.97   FRIZEN, Werner: Rez. von H. Jendreiek, # 77.135. In: *Literatur in Wissenschaft und Unterricht,* Jg. 13, Nr. 3 (1980), S. 222-224.

80.98   FRIZEN, Werner: Erlösung dem Erlöser. *Parsifal* im *Joseph.* In: *Neophilologus,* Jg. 64, Nr. 4 (1980), S. 548-562.

80.99   FRÜHWALD, Wolfgang: 'Der christliche Jüngling im Kunstladen'. Milieu- und Stilparodie in Th. M's Erzählung *Gladius Dei.* In: Günter Schnitzler, in Verbindung mit Gerhard Neumann und Jürgen Schröder, Hrsg.: *Bild und Gedanke. Festschrift für Gerhart Baumann.* München: W. Fink, 1980, S. 324-342.

80.100 GAGNEBIN, Murielle: La Bissexualité psychique dans *Les Têtes interverties* de Th. M. In: *Revue d'Esthétique,* Jg. 33, Nr. 1/2 (1980), S. 303-317. [*Die vertauschten Köpfe*].

80.101 GALLER, Klaus: Ein kultureller Holzboden?: 'Weltdorf' Amriswil. 'Von Provinz kann nicht die Rede sein' (Th. M.). In: *Der Staatsbürger,* Nr. 8 (Oktober 1980), S. 34.

80.102 GITTLEMAN, Sol: Th. M. and the Jews. In: *Midstream* (Oktober 1980), S. 28-31.

80.103 GIVONE, Sergio: Th. M. interprete di Dostoevskij. In: *Rivista di estetica,* Jg. 20, Nr. 6 (1980), S. 24-42.

80.104 GOCKEL, Heinz: Th. M's *Faustus* und Kierkegaards *Don Juan.* In: Heinz Rupp, und Hans-Gert Roloff, Hrsg.: *Akten des VI. Internationalen Germanisten-Kongresses, Basel 1980, Teil 3.* Bern, u. a.: P. Lang, 1980, S. 68-75. (= *Jahrbuch für Internationale Germanistik,* Reihe A, Bd. 8).

80.105 GREVE, Ludwig, und Jochen Meyer: Th. M. In: *Das 20. Jahrhundert. Von Nietzsche bis zur Gruppe 47.* München: Kösel, 1980. (= Marbacher Kataloge, Nr. 36).

80.106 GROTHE, Wolfgang: Protokolle einer geistigen Existenz: Kritische Überlegungen zu drei Tagebuchbänden Th. M's. In: *Studia Neophilologica,* Jg. 52, Nr. 1 (1980), S. 189-198. [Rez. von P. d. Mendelssohn, # 77.212, # 78.210, # 79.156].

80.107 GROTHE, Wolfgang: Rez. von H. Bürgin/H.-O. Mayer, # 76.46. In: *Studia Neophilologica,* Jg. 52, Nr. 1 (1980), S. 223-226.

80.108 HABERL, Franz P.: Rez. von H. C. Hatfield, # 79.84. In: *World Literature Today*, Jg. 54 (1980), S. 277-278.

80.109 HALIFAX, P. L.: Golo Manns kleine Schwester. In: *Welt am Sonntag*, Nr. 44 (2. November 1980), S. 4. [Betr. E. Mann Borgese].

80.110 HAN, Ki-Sang: *Physiognomik als technisches Darstellungsmittel im Werk Th. M's. Vom Naturalistisch-Realistischen bis zum Mythisch-Utopischen.* Gießen: Gahmig Druck, 1980, 301 S. [Diss., Univ. Gießen. *-Buddenbrooks*].

80.111 HANSEN, Hans J.: Vorwort. In seiner Ausg. von Th. M.: *Meerfahrt mit Don Quichote. Ein Tagebuch aus der Zeit der Luxusliner mit einer Übersicht und Photographien von sämtlichen Atlantikreisen des Verfassers.* Oldenburg, u. a.: Stalling, 1980, S. 5-7.

80.112 HANSEN, Volkmar: *Der Zauberberg* und andere Hügel. Ausgeschiedene und umgearbeitete Seiten von Th. M's Roman. In: *FAZ*, Jg. 32, Nr. 275 (28. November 1980), S. 26. [Rez. von J. F. White/J. W. Angell, # 80.301].

80.113 HARGREAVES, Raymond: Mörike's Cousin, and an Affinity with Th. M. In: Derek Atwood, Alan Best, und Rex Last, Hrsg.: *For Lionel Thomas. A Collection of Essays Presented in his Memory.* Hull: Department of German, University of Hull, 1980, S. 109-118.

80.114 HASSELBACH, Karlheinz: Der leitmotivische Gebrauch von Sprachschichten und Sprachpartikeln in Th. M's *Doktor Faustus.* In: Reiner Hildebrandt, und Hans Friebertshäuser, Hrsg.: *Sprache und Brauchtum. Bernhard Martin zum 90. Geburtstag.* Marburg: N. G. Elwert, 1980, S. 418-431. (= Deutsche Dialektographie, Bd. 100).

80.115 HAUPT, Jürgen: Th. M. In: J. H., *Heinrich Mann.* Stuttgart: J. B. Metzler, 1980, S. 12, u. a. (= Realien zur Literatur, Sammlung Metzler, Bd. 189).

80.116 HELBLING, Hanno: Von und über Th. M. Ein Tagebuch-Band, eine Gesamtausgabe und anderes. In: *NZZ*, Jg. 201, Nr. 294 (17. Dezember 1980), Feuilleton, S. 37. [Rez. von H. Bürgin/H.-O. Mayer, # 76.46 - K. W. Jonas, # 79.107 - H. Mayer, # 80.183 - P. d. Mendelssohn, # 80.205, # 80.206, # 80.207 - G. A. Waldman, # 79.243 - J. F. White/J. W. Angell, # 80.301].

80.117 HOFFMANN, Fernand: Th. M. und Frankreich oder: langer Weg und kurze Reise. In: *Luxemburger Wort*, Nr. 11 (27. März 1980). [Rez. von E. Bisdorff, # 80.35].

80.118 HOLESOVSKY, Hanne W.: Hint and Incantation. The Preface to Th. M's *Zauberberg*. In: *Symposium*, Jg. 34, Nr. 4 (1980), S. 217-232.

80.119 HÜBINGER, Paul E.: Th. M. und Reinhard Heydrich in den Akten des Reichs-statthalters v. Epp. In: *Vierteljahrshefte für Zeitgeschichte*, Jg. 28, Nr. 1 (1980), S. 111-143.

80.120 HÜBLER, Klaus-K.: In Sachen Pfitzner. In: *Zeitschrift für Musikpädagogik*, Jg. 5, Nr. 10 (1980), S. 12-22. [Entgegnung auf: B. Adamy, # 80.4].

80.121 HUGHES, Kenneth: Rez. von E. L. Marson, # 79.150. In: *GQ*, Jg. 53 (1980), S. 499-500.

80.122 HUGHES, Kenneth: Rez. von P. d. Mendelssohn, # 78.210 - K. Hasselbach, # 77.102. In: *GQ*, Jg. 53 (1980), S. 251-252.

80.123 JAESRICH, Hellmut: Eine überwiegend angenehme Existenz. Peter de Mendels-sohn legt Th. M's Tagebücher aus den Jahren 1937-1939 vor. In: *Die Welt*, Nr. 301 (27. Dezember 1980), Die geistige Welt, S. VII. [Rez. von P. d. Mendelssohn, # 80.207].

80.124 JAKUBOWICZ, Marta: Zu einigen Problemen des großen Settembrini-Naphta-Dialogs in Th. M's Roman *Der Zauberberg*. In: *Rocznik Naukowo-Dydaktyczny*, Jg. 43, Nr. 2 (1980), S. 7-33. (= Filologia Germanska).

80.125 JENNES, Gail: We Came from the Sea: Now, Says Th. M's Daughter Elisabeth, We Must Return to It. In: *People's Magazine* (15. September 1980), S. 88, 91-93.

80.126 JODEIT, Klaus: Von Simon Bolivar zu Th. M. In: *Schleswig-Holstein*, Nr. 2 (1980), S. 11-14.

80.127 JOLLES, Charlotte: *Der Stechlin*: Fontanes Zaubersee. In: Hugo Aust, Hrsg.: *Fontane aus heutiger Sicht. Analysen und Interpretationen seines Werks. Zehn Beiträge.* München: Nymphenburger Verlagshandlung, 1980, S. 239-257.

80.128 JONAS, Ilsedore B.: Rez. von P. d. Mendelssohn, # 77.211. In: *Monatshefte*, Jg. 72, Nr. 2 (Sommer 1980), S. 203-205. [Th. M. - A. Neumann].

80.129 JONAS, Klaus W.: Zum Tode der 'Erwählten'. Katia Mann im 97. Lebensjahr in Kilchberg verstorben. In: *Davoser Revue*, Jg. 55, Nr. 3 (Oktober 1980), S. 170-175.

80.130 JONAS, Klaus W.: Winston: Ein Leben für die deutsche Literatur. In: *Lübeckische Blätter*, Jg. 140 (29. April 1980), S. 138-139. [Kurzfassung u. d. T.: Zum Tode von Richard Winston. In: *St. Galler Tagblatt* (4. März 1980)].

80.131 JONAS, Klaus W.: Th. M. und 'Pate Herzfeld'. In: *NDH*, Jg. 27, Heft 3, Nr. 167 (1980), S. 514-521. [Kurzfassung u. d. T.: Literarisches Modell. Th. M. und G. Herzfeld. In: *St. Galler Tagblatt* (14. Dezember 1980), Zeitlupe: Kultur. - Auszug aus # 78.137].

80.132 JONES, Robert A.: The Ultimate Con. Th. M. In: *Perspectives on Contemporary Literature*, Jg. 6 (1980), S. 89-96.

80.133 JUHASZ, János: Sprachkunst und Sprachwissen. Linguistisches in und über Th. M's *Joseph*-Roman. In: *NDL*, Jg. 28, Nr. 12 (Dezember 1980), S. 153-160.

80.134 KAISER, Joachim: Nachwort. In: Th. M.: *Der Tod in Venedig*. Frankfurt a. M.: S. Fischer, 1980, S. 115-128. [Rez.: L. Leibrich, # 81.127].

80.135 KALAN, Filip: Persévérer. In: *Le livre slovène*, Nr. 18 (1980), S. 22-26. [Übs. von E. Jereb].

80.136 KARST, Roman: *Th. M. oder der deutsche Zwiespalt*. München: W. Heyne, 1980, 373 S. (= Das besondere Taschenbuch, Bd. 41) [Vgl. E in # 70.84].

80.137 KARTHAUS, Ulrich: Rez. von U. Wolff, # 79.265. In: *Germanistik*, Jg. 21, Nr. 3/4 (1980), S. 791-792.

80.138 KARTHAUS, Ulrich: Le roman de Th. M. *Les Buddenbrook* dans le contexte littéraire de l'époque de sa conception. In: *Trames. Numéro special*, Nr. 2 (März 1980), S. 47-66. [Aus dem Dt. übs. von R. Niemann. - Rez.: L. Leibrich, # 81.127].

80.139 KAZIN, Alfred: The European Writers in Exile. In: *The New Republic*, Jg. 182, Nr. 15, Heft 3405 (12. April 1980), S. 25-29. [H. Arendt - Th. M. - V. Nabokov].

80.140 KELLER, Ernst: Rez. von E. L. Marson, # 79.150. In: *AUMLA*, Nr. 53 (1980), S. 283-284.

80.141 KEMP, Peter: En nogle til Th. M.: Skelssoettende disputats forsvares i dag. In: *Politiken* (21. Februar 1980), S. 5. [Betr. B. Kristiansen, # 80.152].

80.142 KESTING, Hanjo: Der Unpolitische und die Republik. Altes und Neues von Th. M. aus den Jahren 1918-1921. In: *Frankfurter Hefte*, Jg. 35, Nr. 6 (Juni 1980), S. 53-68. [Rez. von P. d. Mendelssohn, # 79.156].

80.143 KETELSEN, Uwe: Rez. von H. Kurzke, # 80.153. In: *Germanistik*, Jg. 21, Nr. 3/4 (1980), S. 790.

80.144 KLEIN, Paul: Die Infektionskrankheit im erzählerischen Werk Th. M's. In: *Medizinhistorisches Journal*, Bd. 15, Nr. 1/2 (1980), S. 3-15. [Vgl. Nachdruck in # 83.195].

80.145 KOCH, Gerhard R.: Britten-Oper in Darmstadt. Kultiviertes Sterben nach Th. M. In: *FAZ*, Jg. 32, Nr. 33 (8. Februar 1980), Feuilleton, S. 25. [*Der Tod in Venedig*].

80.146 KOEPPEN, Wolfgang: Eine schwerblütige, wollüstige Erregung. Über Th. M's *Der Tod in Venedig*. In: *FAZ*, Jg. 32, Nr. 32 (7. Februar 1980), Feuilleton. [Wiederabdruck u. d. T.: Die Beschwörung der Liebe. In: W. K., *Die elenden Skribenten. Aufsätze*. Hrsg. von Marcel Reich-Ranicki. Frankfurt a. M.: Suhrkamp, 1981, S. 110-118 (2. Aufl., 1983); auch als Taschenbuch erschienen (= st 1008). - Auch in: W. K., *Gesammelte Werke in sechs Bänden*, Bd. 6. Hrsg. von M. R.-R. Frankfurt a. M.: Suhrkamp, 1986, S. 196-203 (Taschenbuchausgabe, 1990). - Vgl. hier 'Alte und neue Novellen', S. 40-42. - 'Der Joseph-Roman von Th. M.', S. 52-54. - Nachdruck in: Th. M.: *Der Tod in Venedig. Acht signierte Radierungen von Kurt Steinel*. Unterreit: Antinous Presse, 1993, S. 5-11. Darin von Terence J. Reed: Dichternöte - ein Spiel mit Leben und Tod, S. 83-92. - vgl. # III.80.1 - *Der Tod in Venedig*].

80.147 KOLAGO, Lech: Nachklänge der Musikgeschichte in *Doktor Faustus* von Th. M. In: *Germanica Wratislaviensia*, Nr. 36 (1980), S. 193-201.

80.148 KOOPMANN, Helmut: *Die Entwicklung des 'intellektualen Romans' bei Th. M. Untersuchungen zur Struktur von Buddenbrooks, Königliche Hoheit und Der Zauberberg*. Bonn: Bouvier, 3., erw. Aufl., 1980, 199 S. (= Bonner Arbeiten zur deutschen Literatur, Bd. 5) [Vgl. # 62.142 - 2. Aufl. von # 71.130. - Vgl. # 86.165].

80.149 KOOPMANN, Helmut: Der Untergang des Abendlandes und der Aufgang des Morgenlandes. Th. M., die Josephsromane und Spengler. In: *Jahrbuch der Deutschen Schillergesellschaft*, Bd. 24 (1980), S. 300-331. [Vgl. in engl. Sprache, # 88.152 - in dt. Sprache, # 88.145].

80.150 KOOPMANN, Helmut: Vaterrecht und Mutterrecht. Th. M's Auseinandersetzungen mit Bachofen und Baeumler als Wegbereitern des Faschismus. In: *Text & Kontext*, Jg. 8, Nr. 2 (1980), S. 266-283. [Vgl. # 88.146].

80.151 KREJCI, Michael: Th. M.: *Tristan*. In: Jakob Lehmann, Hrsg.: *Deutsche Novellen von Goethe bis Walser. Interpretationen für den Deutschunterricht, Bd. 2: Von Fontane bis Walser*. Königstein/Ts.: Scriptor, 1980, S. 77-99. (= Scriptor Taschenbücher, 156) [Vgl. O. Beisbart, # 80.28].

80.152 KRISTIANSEN, Børge: Rez. von H. Kurzke, # 80.153. In: *Text & Kontext*, Jg. 8, Nr. 1 (1980), S. 182-188. [Vgl. P. Kemp, # 80.141].

80.153 KURZKE, Hermann: *Auf der Suche nach der verlorenen Irrationalität. Th. M. und der Konservatismus*. Würzburg: Königshausen & Neumann, 1980, 193 S. (= Epistemata: Würzburger wissenschaftliche Schriften, Reihe Literaturwissenschaft, Bd. 1) [Überarbeitete Fassung der Diss., # 72.109b. - Rez.: U. Karthaus, # 82.131 - U. Ketelsen, # 80.143 - B. Kristiansen, # 80.152 - L. Leibrich, # 80.162, # 81.127 - T. J. Reed, # 82.204].

80.154 KURZKE, Hermann: Ästhetizistisches Wirkungsbewußtsein und narrative Ethik bei Th. M. In: *Orbis Litterarum*, Jg. 35 (1980), S. 163-184. [Vgl. # 85.153].

80.155 KUXDORF, Manfred: Mynona versus Remarque, Tucholsky, Mann, and Others: Not so Quiet on the Literary Front. In: Charles Genno, und Heinz Wetzel, Hrsg.: *The First World War in German Narrative Prose. Essays in Honour of George Wallis Field*. Toronto: University of Toronto Press, 1980, S. 71-92. [S. Friedländer - E. M. Remarque - K. Tucholsky].

80.156 LÄNGIN, Folkmar: Belohnte Ausdauer. In: *Badische Heimat*, Jg. 60, Nr. 1 (1980), S. 79-82. [Enthält eine Studie des einstigen Karlsruher OStD's E. v. Sallwürk: Zur Psychologie Friedrichs des Großen. - Vgl. E in: *Südwestdeutsche Schulblätter*, Jg. 33, Nr. 2/3 (1916), S. 38-41. - Vgl. # 79.126].

80.157 LAMM, Hans: 'Ich habe nie tun können, was ich hätte tun wollen'. Zum Tode von Katia Mann. In: *Allgemeine jüdische Wochenzeitung*, Jg. 19, Nr. 35 (9. Mai 1980), S. 7-8.

80.158 LEHNERT, Herbert: Rez. von N. Hamilton, # 79.79. In: *GQ*, Jg. 53 (1980), S. 249-250.

80.159 LEHNERT, Herbert: Rez. von H. C. Hatfield, # 79.84. In: *JEGP*, Jg. 79, Nr. 3 (1980), S. 423-424. [*Der Zauberberg*].

80.160 LEHNERT, Herbert: Neue Quellen für die Th. M. Forschung. In: *Orbis Litterarum*, Jg. 35 (1980), S. 185-188. [Rez. von H. Bürgin/H.-O. Mayer, # 76.46 - P. d. Mendelssohn, # 78.210 - H. Wysling/M. Fischer, # 79.269].

80.161 LEIBRICH, Louis: Rez. von K. W. Jonas, # 79.107. In: *EG*, Jg. 35, Nr. 1 (Januar-März 1980), S. 117.

80.162 LEIBRICH, Louis: Rez. von E. L. Marson, # 79.150 - H. Kurzke, # 80.153 - P. d. Mendelssohn, # 79.156 - F. Watrinet, # 79.247. In: *EG*, Jg. 35, Nr. 2 (April-Juni 1980), S. 218-221.

80.163 LEVANDER, Hans: Ett Självporträtt av Th. M. In: *Svenska Dagbladet* (12. August 1980), Kultur, S. 8. [Rez. von P. d. Mendelssohn, # 79.156].

80.164 LEVIN, Harry: Dialectical Siblings: Heinrich und Th. M. In: H. L., *Memories of the Modern*. London, u. a.: Faber & Faber, 1980, S. 65-72.

80.165 LEVIN, Harry: Traveling Companions: Hermann Hesse and Th. M. In: # 80.164, S. 73-80.

80.166 LIEFLÄNDER-KOISTINEN, Luise: *Zu Th. M's Buddenbrooks. Einige Überlegungen zu Darstellung und Funktion der Figur Tony Buddenbrook*. Oulu: Oulun Yliopisto, 1980, 39 S. (= Veröffentlichungen des Instituts für Germanische Philologie, Bd. 4).

80.167 LINAGE, Conde J. A.: La Plenitud del realismo en la novellistica de Galdos. In: *Actas*, 2 (1980), S. 271-310. [Über *Der Zauberberg* und *Doktor Faustus*: S. 275-280].

80.168 LITTLE, D. G.: Rez. von W. Paulsen, # 77.240. In: *MLR*, Bd. 75 (1980), S. 940-941.

80.169 LUDMANN, Olaf: Einige Gedanken zum Thema 'Goethe als literarische Gestalt'. Zu Th. M's *Lotte in Weimar*. In: *Goethe-Jahrbuch*, N. F., Bd. 97 (1980), S. 132-139. [Vgl. Diskussionsbeitrag von L. Vogel, S. 273-274].

80.170 LUNDING, Erik: 2. Th. M. und Hispano-Amerika. In: *ZDP*, Jg. 99, Nr. 2 (1980), S. 288-293. [Rez. von R. E. Modern, # 75.618a].

80.171 MADL, Antal: *Th. M's Humanismus. Werden und Wandel einer Welt- und Menschenauffassung*. Berlin: Rütten & Loening, 1980, 355 S. (= Germanistische Studien) [Rez.: J. Györi, # 81.73 - G. Kluge, # 83.198 - E. Middell, # 82.179 - G. Wenzel, # 82.292].

80.172 MADL, Antal, und Judit Györi: *Th. M. und Ungarn*. Budapest: Gondolat, 1980, 412 S. [Einleitung: S. 5-12. - Vgl. # 77.191. - Rez.: E. Middell, # 81.151].

80.173 MAGRIS, Claudio: Destino di 'grande borghese' ma con giochi di mago e con un pizzico di demoniaco. In: *Corriere della Sera* (10. August 1980), S. 6.

80.174 MANN, Golo: Durch das Volk - für das Volk. In: Werner Höfer, Hrsg.: *Schlagwörter wörtlich. Aktuelle Bücherkunde. Was ist Demokratie?* Percha: R. S. Schulz, 1980.

80.175 MANN, Golo: Erinnerungen an Katia Mann. In: *Züri Leu* (6. Mai 1980), S. 37.

80.176 MANN, Heinrich: Th. M. In: H. M., *Briefe an Ludwig Ewers 1889-1913*. Berlin,
        u. a.: Aufbau, 1980, S. 591.

80.177 MANN, Klaus: Th. M. In Joachim Schondorff's Ausg. von K. M., *In meinem
        Elternhaus*. Stuttgart: P. Reclam, 1980, 95 S. (= Universal-Bibliothek, Nr. 9794)
        [Nachwort: J. S., S. 89-95. - Vgl. E in # 75.557].

80.178 MANN, Klaus: Mein Vater: Zu seinem 50. Geburtstag. In Martin Gregor-Dellin's
        Ausg. von K. M., *Woher wir kommen und wohin wir müssen. Frühe und
        nachgelassene Schriften*. München: edition spangenberg im Ellermann-Verlag,
        1980, S. 20-22.

80.179 MANZONI, Giacomo: Presentazione. In Roberto Fertononi's Ausg. von Th. M.:
        Doktor Faustus. Milano: A. Mondadori, 1980, S. XI-XXVI. [Übs. von E. Pocar].

80.180 MARZINEK, Otto: Medaille auf Th. M. von Johannes Henke. In: *Das
        Medaillenkabinett*, Nr. 4 (November 1980), S. 16.

80.181 MATAMORO, Blas: Los diarios de Th. M. In: *El Pais Libros*, Jg. 2, Nr. 20 (16.
        März 1980), S. 1. [Rez. von: P. d. Mendelssohn, # 77.212, # 78.210, # 79.156].

80.182 MAUTHNER, Johann: Die zwei Welten des Th. M.: Ein Rückblick auf seine
        frühen Erzählungen. Zum 25. Todestag des Dichters am 12. August. In:
        Flensburger Tageblatt, Nr. 184 (9. August 1980), S. 4. [Auch in: *Schleswiger Nach-
        richten* (9. August 1980), Feuilleton, S. 4].

80.183 MAYER, Hans: *Th. M.* Frankfurt a. M.: Suhrkamp, 1980, 533 S. [Vgl. # 84.153. -
        Inhalt: # 80.184 - # 80.185 - # 80.186 - # 80.187 - # 80.188 - # 80.189 - # 80.190 - #
        80.191 - # 80.192 - # 80.193 - # 80.194 - # 80.195 - # 80.196 - # 80.197 - # 80.198. -
        Rez.: H. Helbling, # 80.116 - R. Hochhuth, # 82.112 - T. Müller, # 80.214. - *Der
        Tod in Venedig - Die Betrogene - Felix Krull*].

80.184 MAYER, Hans: Erinnerung (1980). In: # 80.183, S. 8-28. [Vgl. # 84.154].

80.185 MAYER, Hans: Werk und Entwicklung. In: # 80.183, S. 29-330, 509-523. [Vgl. E
        in # 50.129 - vgl. auch # 84.155].

80.186 MAYER, Hans: Nach zehn Jahren (1965). In: # 80.183, S. 333-338. [Vgl. E in #
        65.248 - vgl. auch # 67.169, # 84.156].

80.187 MAYER, Hans: Th. M. und der alte Fontane (1966). In: # 80.183, S. 339-347.
        [Vgl. # 84.157].

80.188 MAYER, Hans: Zur politischen Entwicklung eines Unpolitischen (1970). In: # 80.183, S. 348-369, 524. [Vgl. E in # 71.149 - leicht verändert. Wiederabdruck: # 74.132 - vgl. auch # 84.158 - in engl. Sprache in # 88.181].

80.189 MAYER, Hans: *Der Tod in Venedig.* Ein Thema mit Variationen (1975). In: # 80.183, S. 370-385, 524. [Vorabdruck in: *Die Tageszeitung. Sonderausgabe*, Nr. 2 (10. Oktober 1980), S. 11-14. - Vgl. # 84.159].

80.190 MAYER, Hans: Th. M. und Bertolt Brecht. Zur Interpretation einer Feindschaft (1975). In: # 80.183, S. 386-400. [Vgl. E in engl. Sprache in: # 67.168 - vgl. auch # 84.160].

80.191 MAYER, Hans: Nachwort zu einem Jubiläum. Ansprache zur Eröffnung der Th.-M.-Ausstellung in der Orangerie des Schlosses Charlottenburg am 1. September 1975 (1975). In: # 80.183, S. 401-407. [Vgl. E in # 75.585 - vgl. auch # 84.161].

80.192 MAYER, Hans: Der Tod in Düsseldorf (*Die Betrogene*) (1980). In: # 80.183, S. 408-426, 524-525. [Vgl. # 84.162].

80.193 MAYER, Hans: Die ästhetische Existenz des Hochstaplers *Felix Krull* (1980). In: # 80.183, S. 427-447, 525-526. [Vgl. # 84.163].

80.194 MAYER, Hans: Die Tagebücher 1933-1934 (1977). In: # 80.183, S. 451-455, 527. [Vgl. # 84.164. - Rez. von P. d. Mendelssohn, # 77.212].

80.195 MAYER, Hans: Der Zauberer als Entzauberer. Tagebücher 1935-1936. In: # 80.183, S. 456-472, 527. [Vgl. gekürzte Fassung in # 78.206 - vgl. auch # 84.165. - Rez. von P. d. Mendelssohn, # 78.210].

80.196 MAYER, Hans: Die Irrfahrt zum *Zauberberg.* Tagebücher 1918-1921 (1979). In: # 80.183, S. 473-487, 527. [Vgl. E in # 79.153 - vgl. auch # 84.166. - Rez. von P. d. Mendelssohn, # 79.156].

80.197 MAYER, Hans: Robert Musil und Th. M. Zur Interpretation ihrer Tagebücher (1980). In: # 80.183, S. 488-501, 527. [Vgl. # 84.167 - vgl. auch in: *Literatur und Kritik*, Jg. 15, Nr. 149/150 (1980), S. 579-588, u. d. T.: Zwei Städtebewohner: Robert Musil und Th. M. - Rez. von P. d. Mendelssohn, # 77.212, # 78.210, # 79.156].

80.198 MAYER, Hans: Vorbemerkung (1980). In: # 80.183, S. 505-508. [Vgl. # 84.168].

80.199 MAYER, Hans: Der Marquis von Keith und der Hochstapler Felix Krull. In: H. M., *Aufklärung heute.* Frankfurt a. M.: Suhrkamp, 1980, S. 87-104. [Vgl. Nachdruck in # 85.185].

80.200 MAYER, Hans: Th. M. *Buddenbrooks.* In: Fritz R. Raddatz, Hrsg.: *Die Zeit-Bibliothek der 100 Bücher.* Frankfurt a. M.: Suhrkamp, 1980, S. 323-326. (= Suhrkamp Taschenbuch, 645).

80.201 MEIER, Bernhard: Gustav von Aschenbachs Verfall. Studien zur Symbolik in Th. M's Erzählung *Der Tod in Venedig.* In: *Blätter für den Deutschlehrer,* Jg. 24, Nr. 1 (März 1980), S. 3-14.

80.202 MEIER-CRONEMEYER, Hermann: Rez. von P. d. Mendelssohn, # 78.210. In: *Jahrbuch des Instituts für deutsche Geschichte,* Bd. 9 (1980), S. 584-587.

80.203 MEISSNER, Toni: Der 'Zauberer' wird zum Republikaner. In: *München Mosaik* (Juni 1980), S. 26-29. [Rez. von P. d. Mendelssohn, # 79.156].

80.204 MELNICK, Daniel: Rez. von A. Aronson, # 80.13. In: *MFS,* Jg. 26, Nr. 4 (Winter 1980/81), S. 728-729.

80.205 MENDELSSOHN, Peter de: Nachbemerkungen des Herausgebers. In seiner Ausg. von Th. M.: *Doktor Faustus. Das Leben des deutschen Tonsetzers Adrian Leverkühn erzählt von einem Freunde.* Frankfurt a. M.: S. Fischer, 1980, S. 685-744. (= Frankfurter Ausgabe) [Vgl. # 82.175. - Rez.: H. Helbling, # 80.116 - H. Sauereßig, # 81.196].

80.206 MENDELSSOHN, Peter de: Nachbemerkungen des Herausgebers. In seiner Ausg. von Th. M.: *Der Erwählte, Roman.* Frankfurt a. M.: S. Fischer, 1980, S. 263-297. (= Frankfurter Ausgabe) [Vgl. # 82.175. - Rez.: H. Helbling, # 80.116 - L. Leibrich, # 81.127 - H. Sauereßig, # 81.196].

80.207 MENDELSSOHN, Peter de: Vorbemerkungen des Herausgebers. In seiner Ausg. von Th. M.: *Tagebücher 1937-1939.* Frankfurt a. M.: S. Fischer, 1980, S. V-VIII. [Rez.: W. Böhlich, # 81.24 - H. Burger, # 81.29 - I. Drewitz, # 81.42, Wiederabdruck in # 81.44 - H. Helbling, # 80.116 - E. F. Hoffmann, # 82.113 - H. Jaesrich, # 80.123 - H. Kesting, # 81.106 - G. Kluge, # 82.143 - T. Koch, # 81.111 - H. Lehnert, # 84.139 - L. Leibrich, # 81.127 - J. Müller, # 81.158 - F. Rau, # 84.199 - M. Reich-Ranicki, # 81.184, # 87.240 - W. A. Reichart, # 81.186 - H. Sauereßig, # 81.195, # 81.196 - A. v. Schirnding, # 82.225 - H. Seemann, # 81.211 - H. R. Vaget, # 81.243 - G. Wenzel, # 82.293].

80.208 METTLER, Heinrich: Autoren schreiben anders: Der Einfluß der Psychoanalyse auf die moderne Literatur. In: H. M., *Die Psychologie des 20. Jahrhunderts.* Zürich: Kindler, 1980, S. 836-850. [Betr.: S. Freud, H. Hesse, F. Kafka, Th. M., R. M. Rilke, A. Schnitzler. - *Doktor Faustus*].

80.209 MIDDELL, Eike: Es lag Klassizität in seiner Kunst und Lebensauffassung. Th. M. zum Gedenken. In: *Neues Deutschland*, Nr. 188 (11. August 1980), S. 4.

80.210 MOTYLOWA, Tamara: '... möge er an die Weltbedeutung der russischen Literatur denken...'. In: *Kunst und Literatur*, Jg. 28, Nr. 11 (1980), S. 1148-1161.

80.211 MÜLLER, Joachim: Rez. von H. Bürgin/H.-O. Mayer, # 76.46 - P. d. Mendelssohn, # 77.212, # 78.210. In: *DLZ*, Jg. 101, Nr. 1 (Januar 1980), Sp. 49-53.

80.212 MÜLLER, Joachim: Rez. von P. d. Mendelssohn, # 79.156. In: *DLZ*, Jg. 101, Nr. 7/8 (Juli/August 1980), Sp. 575-578.

80.213 MÜLLER, Thorsten: Zwei Detektive und ein Fall: 'Th. M.'. In: *Deutsches Allgemeines Sonntagsblatt*, Jg. 33, Nr. 12 (23. März 1980), Kulturmagazin, S. 20. [Rez. von K. W. Jonas, # 72.90, # 79.107 - H. Matter, # 72.121].

80.214 MÜLLER, Thorsten: Nach 30 Jahren neu. Hans Mayer und sein Held. Th. M. - für und wider. In: *Deutsches Allgemeines Sonntagsblatt*, Jg. 33, Nr. 48 (30. November 1980), S. 24. [Rez. von H. Mayer, # 80.183].

80.215 MUSCHG, Adolf: Bewunderung als Vorbehalt. (Zu einer Umfrage über Th. M.). In: A. M., *Besprechungen 1961-1979*. Basel, u. a.: Birkhäuser, 1980, S. 82-85. (= Schriftenreihe der ETH Zürich, 10) [Vgl. E in: *FAZ*, Jg. 27 (31. Mai 1975) (Teil 1); *National-Zeitung Basel* (31. Mai 1975) (Teil 2)].

80.216 NATIONALTHEATER MANNHEIM: Ballettnovellen: *Luischen*, Trivialballett nach Th. M. von Joachim Gerster. In: *Programmheft*, 202. Spielzeit, Nr. 14 (1980/81), S. [15-19]. [Uraufführung am 25. April 1981].

80.217 NEWMAN, John K.: The Classical Background to Th. M's *Doktor Faustus*. In: *Neohelicon*, Jg. 8, Nr. 1 (1980), S. 35-42.

80.218 NICHOLLS, Roger: Rez. von N. Hamilton, # 79.79. In: *CL*, Jg. 32 (1980), S. 432-434. [H. Mann - Th. M.].

80.219 ORTHEIL, Hanns-Josef: Nachwort. In: Th. M.: *Tonio Kröger*. Frankfurt a. M.: S. Fischer, 1980, S. 109-128. [Rez.: Anon., # 80.8].

80.220 OTTO, Regine: Ein Herder-Zitat im Jahre 1938. Zur Herder-Rezeption Th. M's. In: Walter Dietze, in Zusammenarbeit mit Hans-Dietrich Dahnke, Peter Goldammer, u. a., Hrsg.: *Herder-Kolloquium 1978. Referate und Diskussionsbeiträge*. Weimar: H. Böhlaus Nachfolger, 1980, S. 265-271. [Zum Motto für den Sammelband *Achtung, Europa!* (1938)].

80.221 OWSTON, Anke: *Die symbolische Bedeutung der Kindergestalt in einigen repräsentativen Werken Th. M's.* Ottawa: National Library of Canada, 1980, II, 100 S. auf 2 Microfiches. (= Canadian Theses on Microfiche, 410 89) [Diss. Fredericton, NB: Univ. of New Brunswick, 1979. - Mit dt. und engl. Zusammenfassung. - *Buddenbrooks - Tristan - Der Tod in Venedig*].

80.223 PALENCIA-ROTH, Michael: Albrecht Dürer's *Melencolia I* and Th. M's *Doktor Faustus.* In: *German Studies Review,* Jg. 3, Nr. 3 (Oktober 1980), S. 361-375.

80.224 PATAKI, Judith K.: *Politische Rezeptionsgeschichte von Th. M's Zauberberg bis 1936: Deutschland und Ungarn.* Dissertation, University of Southern California, Los Angeles, 1980, V, 280 S. [Resümee in: *DAI,* Jg. 40 (1979/80), S. 5883A-5884A].

80.225 PETERSEN, Jürgen H.: 4. Th.-M.-Bibliographie. In: *ZDP,* Jg. 99, Nr. 2 (1980), S. 296-298. [Rez. von K. W. Jonas, # 79.107].

80.226 PFEIFER, Martin: Th. M. In: M. P., *Hesse-Kommentar zu sämtlichen Werken.* München: Winkler, 1980, 420 S. [Vgl. # 90.223].

80.227 PIKE, Burton: Rez. von I. B. Jonas, # 79.106. In: *Monatshefte,* Jg. 72, Nr. 3 (1980), S. 355.

80.228 PLETICHA, Heinrich: Th. M. Emigrantenjahre. In: Georg Popp, Hrsg.: *Die Großen des 20. Jahrhunderts.* Würzburg: Arena, 3. Aufl., 1980, S. 92-97.

80.229 PÖRNBACHER, Karl, Hrsg.: *Th. M.: Mario und der Zauberer.* Stuttgart: P. Reclam, 1980, 104 S. (= Universal-Bibliothek, Nr. 8153: Erläuterungen und Dokumente) [Vgl. # 85.211. - Rez.: E. Schwarz/K. Thompson, # 82.235].

80.230 PORENA, Ida: La descrizione come nodo strutturale. In: *Studi nederlandesi, Studi nordici,* Jg. 23 (1980), S. 29-40. [Mit engl. Resümee].

80.231 PORTER, Laurence M.: Syphilis as Muse in Th. M's *Doctor Faustus.* In: Emil R. Peschel, Hrsg.: *Medicine and Literature.* New York: Neale Watson, 1980, S. 147-152. [*Doktor Faustus*].

80.232 PRÜSS, Jens: Dr. Mayers Lebenswerk. 5000 Bände für eine Million. Nun ein Mann für jedermann. In: *Düsseldorfer Nachrichten* (25. Juni 1980). [Sammlung H.-O. Mayer].

80.233 REED, Terence J.: Rez. von N. Hamilton, # 78.96, # 79.79. In: *MLR,* Bd. 75, Nr. 2 (April 1980), S. 463-464.

80.234 REED, Terence J.: Rez. von H. Bürgin/H.-O. Mayer, # 76.46 - K. W. Jonas, # 79.107. In: *MLR*, Bd. 75, Nr. 4 (Oktober 1980), S. 952-953.

80.235 REED, Terence J.: In Retreat from Reality. In: *TLS* (10. Oktober 1980), S. 1126. [Rez. von P. d. Mendelssohn, # 79.156].

80.236 REICH-RANICKI, Marcel: Noch einmal: die Erwählte. Zum Tod von Katia Mann. In: *FAZ*, Jg. 32, Nr. 100 (29. April 1980), S. 25. [Wiederabdruck in # 87.250, S. 237-244. - Vgl. auch u. d. T.: Frau Th. M. erinnert sich: Katia Manns Memoiren sind jetzt erschienen, in: # 74.157].

80.237 REICH-RANICKI, Marcel: Th. M. und andere. Deutsche Nobelpreisträger. In: *FAZ*, Jg. 32, Nr. 198 (27. August 1980), S. 21.

80.238 REICH-RANICKI, Marcel: Th. M. und der Alltag. In: M. R.-R., *Nachprüfung. Aufsätze über deutsche Schriftsteller von gestern.* Stuttgart: Deutsche Verlags-Anstalt, erw. Neuausg., 1980, S. 94-128, 341. [Vgl. E in # 73.238 - vgl. auch # 78.243, # 82.206. - Vgl. B. Rubin, # 81.194. - Rez. von P. d. Mendelssohn, # 73.194. - Briefe an O. Grautoff und I. Boy-Ed].

80.239 REICHART, Walter A.: Rez. von K. W. Jonas, # 79.107. In: *Michigan Germanic Studies*, Jg. 6, Nr. 1 (Frühjahr 1980), S. 131-133.

80.240 RIECKMANN, Jens: Rez. von L. Sandt, # 79.194. In: *GQ*, Jg. 53 (1980), S. 498-499.

80.241 RIESS, Curt: Die Statthalterin. Katia Mann starb 97jährig in Zürich. Königliche Hoheit vom Kilchberg. In: *Die Welt*, Nr. 100 (29. April 1980), S. 23.

80.242 RILEY, Anthony W.: Rez. von K. W. Jonas, # 79.107. In: *Seminar*, Jg. 16, Nr. 2 (1980), S. 119-120.

80.242a RITTER-SANTINI, Lea: Il gioco delle impronte. In ihrer Ausg. von Th. M.: *Le storie di Giacobbe.* Milano: A. Mondadori, 1980, S. 5-17. [Italien. Übs. von B. Arzeni. - *Die Geschichten Jaakobs*].

80.243 RITZEL, Wolfgang: Zur Hermeneutik literarischer Anklänge. In: Heinrich Lützeler, in Zusammenarbeit mit Gerhard Pfafferott, und Eckart Strohmaier, Hrsg.: *Kulturwissenschaften* (1980), S. 354-370. [Festgabe für W. Perpeet zum 65. Geburtstag. - U. a. zu: F. Schiller - Th. M.].

80.244 ROSEBROCK, Theo: *Erläuterungen zu Th. M's Buddenbrooks.* Hollfeld/Obfr.: C. Bange, 8., erw. Aufl., 1980, 96 S. (= Königs Erläuterungen und Materialien, Bd. 264/265).

80.245 ROSENTHAL, Dieter: Überlegungen zur strukturalen Analyse von Prosatexten mit einem Vergleich zwischen Th. M's *Buddenbrooks* und Heinrich Bölls *Billard um halbzehn*. In: *Germanica Wratislaviensia*, Nr. 40 (1980), S. 27-43.

80.246 RUGE, Wolfgang: Anmerkung des Historikers. In: *Sinn und Form*, Jg. 32, Nr. 4 (1980), S. 906-911. [Erwiderung auf F. Dieckmann, # 80.66 - vgl. F. D., # 80.67].

80.247 RUPRECHT, Hans-George: Réception et comparaison littéraire: Approches pragmatiques de Th. M., *Goethe und Tolstoi*. In: *Actes du IXe congrès de l'Association Internationale de Littérature Comparée*, Bd. 9, Nr. 2. Innsbruck, 1980, S. 163-167. (= Innsbrucker Beiträge zur Kulturwissenschaft. Sonderheft: *Literarische Kommunikation und Rezeption*, 46).

80.248 SAALMANN, Dieter: Ulises Petit de Murats Roman *El balcón hacia la muerte* im Schatten von Th. M's *Zauberberg*. In: *Iberoromania*, N. F, Jg. 5 (1980), S. 1-48.

80.249 SANCHEZ PASCUAL, André-Padro: Cronología y bibliografía de Th. M. In: Th. M.: *Relato de mi vida*. Madrid: Alianza Editorial, 1980, S. 153-223.

80.250 SANDBERG, Hans-Joachim: Tradition und/oder Fortschritt? Zum Problem der Wandlung Th. M's im Lichte der Brandes-Rezeption des Dichters. In: Hans Hertel, und Sven Moller Kristensen, Hrsg.: *The Activist Critic. A Symposium on the Political Ideas, Literary Methods and International Reception of Georg Brandes*. Kopenhagen, 1980, S. 169-190. [Auch in: *Orbis Litterarum*, Supplement, Jg. 35, Nr. 5].

80.252 SAUER, Paul L.: Der 'hinkende Staat'. Über einen 'Schmarren' Th. M's, genannt *Das Eisenbahnunglück*. In: *Wirkendes Wort*, Jg. 30, Nr. 5 (1980), S. 311-322.

80.253 SCHÄDLICH, Michael: Patensohn von Th. M.: Mutiger Nazi-Gegner bat den Schriftsteller zu Gevatter. In: *Neue Zeit*, Nr. 228 (6. Dezember 1980), Feuilleton, S. 4.

80.254 SCHEIFFELE, Eberhard: Th. M's *Der Erwählte* in rezeptionstheoretischer Sicht. In: *Studien zur Deutschen Literatur*, Bd. 25 (1980), S. 1-40.

80.255 SCHERLIESS, Volker: Über Adrian Leverkühn. Notizen zur Musik in Th. M's *Doktor Faustus*. In: *Der Wagen* (1980), S. 180-197.

80.256 SCHNAUBER, Cornelius: Stil als psycho-physisches Geschehen. In: *Jahrbuch für Internationale Germanistik*, Jg. 12, Nr. 2 (1980), S. 76-97. [U. a. zu: J. W. v. Goethe, H. Heine, H. v. Kleist, Th. M., F. Schiller].

80.257 SCHNEIDER, Irene, Bearb.: Th. M. In: Clemens Köttelwesch, Hrsg.: *Bibliographie der deutschen Sprach- und Literaturwissenschaft*, Bd. 20 (1980), S. 289-294.

80.258 SCHÖN, Karl: Der Zauberer: Zum Gedenken an Th. M's 25. Todestag am 12. August 1980. In: *Horizonte*, Jg. 4, Nr. 16/17 (1980), S. 21-24.

80.259 SCHOLDT, Günther, und Dirk Walter: Sterben für die Republik? Zur Deutung von Th. M's *Zauberberg*. In: *Wirkendes Wort*, Jg. 30, Nr. 2 (Februar 1980), S. 108-122.

80.260 SCHONAUER, Franz: Th. M. an der Epochenwende. Zu den Tagebüchern aus den Jahren 1918-1921. In: *Der Tagesspiegel*, Jg. 36 (13. Januar 1980). [Rez. von P. d. Mendelssohn, # 79.156].

80.261 SCHREIBER, Ulrich: Politikkünstler und Seelen-Kundler. Verdis *Aida* und ihr zeitgeschichtliches Umfeld. In: Peter Dannenberger, Red.: *Hamburgische Staatsoper. Programmheft zur Premiere von Aida am 28.9.1980*. Hamburg: H. Christians, 1980, S. 3-9. [W. A. Mozart - R. Wagner].

80.262 SCHRÖTER, Klaus: Rez. von N. Hamilton, # 79.79. In: *GR*, Jg. 55, Nr. 1 (1980), S. 167.

80.263 SCHUBERT, Bernhard: Rez. von M. Frank, # 79.60. In: *Das Argument*, Jg. 22, Nr. 124 (1980), S. 891-893.

80.264 SCHULTZ, Uwe: Im Schatten des *Zauberbergs*. Th. M's Tagebücher von 1918-1921. In: *Stuttgarter Zeitung*, Jg. 36 (26. Januar 1980). [Rez. von P. d. Mendelssohn, # 79.156].

80.265 SCHWARZ, Hans: Rez. von Th. M.: *Gesammelte Werke in dreizehn Bänden* (Frankfurt, 1974). In: Helmut Gipper, und Hans Schwarz: *Bibliographisches Handbuch zur Sprachinhaltsforschung, Teil I. Bd. III.* Köln, u. a.: Westdeutscher Verlag, 1980, S. 2496-2500.

80.266 SEIDLER, Herbert: Überlegungen zum Symbolbegriff in der Sprachkunstforschung. In: *Sprachkunst: Beiträge zur Literaturwissenschaft*, Jg. 11 (1980), S. 231-264. [U. a. zu: B. Brecht, A. Gryphius, J. W. v. Goethe, Th. M., K. P. Moritz].

80.267 SELIGER, Kurt: Th. M. und der Kommunismus. Zitat von der 'Grundtorheit' ganz zitiert. In: *Arbeiter-Zeitung* (6. Oktober 1980).

80.268 SERVADIO, Gaia: Th. M. In: G. S., *Luchino Visconti. A Biography.* London: G. Weidenfeld & Nicolson Ltd., 1981, S. 169-199, u. a. [Vgl. # 83.333].

80.269 SEYBOLD, Eberhard: Auch denkbar als Madame Voltaire. Zur Erinnerung an Katia Mann, die - fast 97jährig - in Zürich gestorben ist. In: *Frankfurter Neue Presse,* Jg. 35 (29. April 1980).

80.270 SIEFKEN, Hinrich: Th. M's Novel *Lotte in Weimar* - a 'Lustspiel'? In: *Oxford German Studies,* Jg. 11 (1980), S. 103-122.

80.271 SIMON, Sven: Wochen der Liebe - Sinn auf Grog. In: S. S., Claus Jacobi, und Manfred Wedemeyer, Hrsg.: *Sylt. Abenteuer einer Insel.* Hamburg: Hoffmann und Campe, 1980, S. 184-185. [Th. M. auf Sylt].

80.272 SOETEMAN, Cornelis: Fünf Jahre nach Th. M's 100. Geburtstag. Bibliographie, Briefe, Biographie, Tagebücher. In: *Duitse Kroniek,* Jg. 31, Nr. 2/3 (1980), S. 90-96. [Rez. von: H. Bürgin/H.-O. Mayer, # 76.46 - K. W. Jonas, # 79.107 - P. d. Mendelssohn, # 77.212, # 78.210, # 79.156].

80.273 SOLOJOW, W.: 'Mein Sommerhaus'. Th. M's Emigrantenjahre im litauischen Nida. Wohnhaus ist heute vielbesuchtes Museum. Zahlreiche Exponate kamen aus der DDR. In: *Börsenblatt für den Deutschen Buchhandel. Leipziger Ausgabe,* Jg. 36 (9. September 1980), S. 731-732. [Nidden].

80.274 SPEIRS, Ronald C.: Some Psychological Observations on Domination, Acquiescence and Revolt in Th. M's *Mario und der Zauberer.* In: *Forum for Modern Language Studies,* Jg. 16, Nr. 4 (1980), S. 319-330.

80.275 SPILKA, Mark: Lawrence versus Peeperkorn on Abdication. Or, 'What Happens to a Pagan Vitalist when the Juice Runs out?'. In: Robert B. Partlow Jr., und Harry T. Moore, Hrsg.: *D. H. Lawrence: The Man who Lived. Papers Delivered at the D. H. Lawrence Conference at Southern Illinois University, Carbondale April 1979.* Carbondale, u. a.: Southern Illinois University Press, 1980, S. 105-120, 274-276.

80.276 STERN, Joseph P.: A Game of Utopia. In: *GLL,* N. S., Jg. 34, Nr. 1 (1980-1981), S. 94-107. [*Doktor Faustus*].

80.277 STOCK, Irvin: Th. M's *The Holy Sinner.* In: I. S., *Fiction as Wisdom. From Goethe to Bellow.* University Park, u. a.: The Pennsylvania State University, 1980, S. 86-101, 228-229. [Mit Teilveröffentlichung eines Th. M.-Briefes vom 5. Mai 1954 an I. S.: S. 100-101. - Vgl. E in # 54.164].

80.278 STOCKINGER, Peter: *Die Französische Schule der Semiotik. Aspekte einer generativen Theorie der Semiotik.* Dissertation, Salzburg, 1980, II, 498 Bl. [U. a. zu: T. Bernhard, B. Brecht, H. Eisendle, E. T. A. Hoffmann, F. Kafka, K. Kraus, H. Mann, Th. M., R. M. Rilke, R. Walser].

80.279 STRUC, Roman S.: Rez. von E. L. Marson, # 79.150. In: *Seminar*, Jg. 16, Nr. 2 (1980), S. 120-122.

80.280 SWALES, Martin: *Th. M.: A Study.* London: Heinemann; Totowa, NJ: Rowman and Littlefield, 1980, X, 117 S. (= Students' Guides to European literature) [Rez.: H. Siefken, # 82.251].

80.281 TRAMER, Erwin: Katia Mann zum Gedenken. In: *Der Literat*, Jg. 22, Nr. 7 (15. Juli 1980), S. 156.

80.282 TRAUTNER, Hans-Joachim: Drei unbekannte Autographen. In: *Imprimatur*, N. F., Bd. 9 (1980), S. 132-135. [Stammbucheintragungen für K. Zimmermann. - B. Freiherr v. Münchhausen (1915) - H. Hesse (1916) - Th. M. (1922)].

80.283 TRÜBY, J.: Artist der Sprache. In: *Scala*, Nr. 3 (1980), S. 46. [Th. M.].

80.284 UECKER, Heiko: Knut Hamsuns *Siste Kapitel* und Th. M's *Der Zauberberg.* In: *Edda*, Jg. 80, Heft 4 (1980), S. 205-215.

80.285 USINGER, Fritz: Th. M. In: F. U., *Miniaturen. Kleine literarische Gedenk-Bilder.* Merzhausen: Uhu-Presse Heizmann, 1980, S. 99-101.

80.286 VAGET, Hans R.: Film and Literature. The Case of *Death in Venice*: Luchino Visconti and Th. M. In: *GQ*, Jg. 53 (1980), S. 159-175. [*Der Tod in Venedig*].

80.287 VAGET, Hans R.: Rez. von H. C. Hatfield, # 79.84. In: *GQ*, Jg. 53 (1980), S. 246-248.

80.288 VAGET, Hans R.: Auf dem Weg zur Repräsentanz. Th. M. in Briefen an Otto Grautoff (1894-1901). In: *Neue Rundschau*, Jg. 92, Nr. 2/3 (1980), S. 58-82. [Rez.: L. Leibrich, # 81.127, # 81.128].

80.289 VAGET, Hans R.: 1. Th.-M.-Literatur zur Zentenarfeier. In: *ZDP*, Jg. 99, Nr. 2 (1980), S. 276-288. [Rez. von Bludau/Heftrich/Koopmann, # 77.41].

80.290 VIETTA, Silvio: Der geschäftstüchtige Tom. Die Problematik von Literatur-Verfilmungen: Eine Umfrage zu den Fernseh-*Buddenbrooks*. In: *FAZ*, Jg. 32, Nr. 218 (19. September 1980), S. 25. [Vgl. # 81.246].

80.291 WALDMÜLLER, Hans: Th. M. Zahlen, Fakten, Daten seiner Rezeption. In: *Aus dem Antiquariat*, Nr. 3 (28. März 1980), S. A97-A111. (= Beilage zum *Börsenblatt für den Deutschen Buchhandel*, Jg. 36, Nr. 26) [Vgl. auch # 79.244. - Rez. von K. W. Jonas, # 79.107. - Rez.: L. Leibrich, # 81.127].

80.292 WATTS, Cedric: The Protean Dionysus in Euripides' *The Bacchae* and Mann's *Death in Venice*. In: *Studi dell'Istituto Linguistico*, Nr. 3 (1980), S. 151-163. [Euripides: *Bakchen* - Th. M.: *Der Tod in Venedig*].

80.293 WEBER, Evelyn: 'Schließen wir doch die Augen, geborgen von Ewigkeit'. Zum 25. Todestag von Th. M. am 12. August 1980. In: *Der Literat*, Jg. 22, Nr. 8 (15. August 1980), S. 153-154. [Auch in: *Selbstentfaltung*, Jg. 5, Nr. 7/8 (Juli/August 1980), S. 6-12. - Vgl. Nachdruck in # 81.254].

80.294 WEBSTER, William T.: Th. M., Wilhelm Raabe und die realistische Tradition in Deutschland. In: *ZDP*, Jg. 99, Nr. 2 (1980), S. 254-276.

80.295 WEHNER, James V.: The Nature of Evil in Melville's *Billy Budd* and Mann's *Mario und der Zauberer*. In: *The Comparatist*, Jg. 4, Nr. 1 (1980), S. 31-46.

80.296 WELKENS, Karlheinz: Großer Schatz für Lehre und Forschung. Th.-M.-Sammlung in der Universität. In: *Rheinische Post* (25. Juni 1980). [Th.-M.-Sammlung der Universitätsbibliothek Düsseldorf].

80.297 WENZEL, Georg: Rez. von A. Mádl/J. Györi, # 77.191. In: *DLZ*, Jg. 101, Nr. 3 (März 1980), Sp. 211-214.

80.298 WENZEL, Georg: Th. M's Entwicklung nach 1917/18 als Beispiel für die Möglichkeiten sozialistischer Bündnispolitik auf literarischem Gebiet. In: G. W., *Positionen deutscher Schriftsteller auf dem Weg vom bürgerlichen zum sozialistischen Humanismus in der ersten Hälfte des 20. Jahrhunderts*. Dissertation, Universität Greifswald, 1980, S. 21-105.

80.299 WESSLING, Berndt W.: Th. M. und die Musik. Zum 25. Todestag des Schriftstellers am 12. August 1980. In: *Deutsches Allgemeines Sonntagsblatt*, Jg. 33, Nr. 32 (10. August 1980), S. 18.

80.300 WHITE, I. A., und John J. White: The Importance of F. C. Müller-Lyer's Ideas for *Der Zauberberg*. In: *MLR*, Bd. 75, Nr. 2 (April 1980), S. 333-348.

80.301 WHITE, James F.: Introduction. In: J. F. W., und Joseph W. Angell, Hrsg.: *The Yale Zauberberg-Manuscript. Rejected Sheets once Part of Th. M's Novel*. Bern, u. a.: A. Francke, 1980, S. XII-XVI. (= Th.-M.-Studien, Bd. 4) [Mit einem Vorwort von J. W. A., S. VII-X. - Rez.: V. Hansen, # 80.112 - H. Helbling, # 80.116 - G. Kluge, # 81.108 - A. D. Latta, # 84.137 - H. Lehnert, # 81.126 - L. Leibrich, #

81.127 - T. J. Reed, # 85.228 - E. Schwarz/K. Thompson, # 82.235 - O. Seidlin, # 82.241. - *Der Zauberberg*].

80.302 WIESNER, Herbert: Aus den Kellern der Vergangenheit. In der NS-Zeit beschlagnahmte Bücher werden jetzt auf den Markt geworfen. In: *SZ*, Jg. 36, Nr. 16 (19./20. Januar 1980), Feuilleton, S. 15. [Vgl. # 79.259].

80.303 WINTER, G. A. von: Het beeld van de grote verwarring over *De toverberg* van Th. M. In: Th. M.: *De toverberg. Roman. Vertaald door Pé Hawinkels.* Amsterdam: Uitgeverij De Arbeiderspers, 3. Aufl., 1980, S. 935-958. [Vgl. # 75.928. - *Der Zauberberg*].

80.304 WOLF, Christa: Th. M. In: C. W., *Fortgesetzter Versuch. Aufsätze, Gespräche, Essays.* Leipzig: P. Reclam, 2. Aufl., 1980. (= Universal-Bibliothek, Nr. 773).

80.305 WOLFF, Uwe: *Th. M. auf der Seefahrt nach Oslo.* Frankfurt a. M., u. a.: Ullstein, 1980, 219 S. (= Rogner's Edition, Buch Nr. 17; Ullstein Bücher, 38517) [Rez.: D. Jost, # 81.101 - U. Wittstock, # 82.297].

80.306 WOLFZETTEL, Friedrich: Familien- und Fremdenthematik im Werk Viscontis. Zu einer psychologisch-thematisierenden Sicht des Adoptionsproblems. In: Herbert Grabes, Hrsg.: *Literatur in Film und Fernsehen: von Shakespeare bis Beckett.* Königstein/Ts.: Scriptor, 1980, S. 57-80. (= Monographien: Literaturwissenschaft, Bd. 48) [Zur Verfilmung von *Der Tod in Venedig* durch L. Visconti].

80.307 WYSLING, Hans: E. Y. Meyers Roman *Die Rückfahrt* (1977). Eine Kant-Krise und ihre Überwindung. In: Heinz Rupp, und Hans-Gert Roloff, Hrsg.: *Akten des VI. Internationalen Germanisten-Kongresses, Basel 1980, Teil 4.* Bern, u. a. : P. Lang, 1980, S. 219-228. (= *Jahrbuch für Internationale Germanistik*, Reihe A, Bd. 8).

80.308 WYSLING, Hans: Th. M. - Der Unpolitische in der Politik. In: *Neue Rundschau*, Jg. 91, Nr. 2/3 (1980), S. 36-57.

80.309 ZIOLKOWSKI, Theodore: Prólogo. In: Hermann Hesse/Th. M.: *Correspondencia entre amigos.* Rio de Janeiro: Record, 1980, S. 5-16. [Portug. Übs. von A. Carlsson's Ausg. durch L. Luft].

80.310 ŽMEGAČ, Viktor: Kunst und Ideologie in der Gattungspoetik der Jahrhundertwende. In: *GRM*, N. F., Jg. 30 (1980), S. 312-335.

1981

81.1 ADAMY, Bernhard: Pfitzner und Th. M. Postscripta zu einem kulturgeschichtlichen Thema. In: *Mitteilungen der Hans Pfitzner-Gesellschaft*, Nr. 42 (1981), S. 23-34.

81.2 ADORNO, Theodor W.: Standort des Erzählers im zeitgenössischen Roman. In Rolf Tiedemann's Ausg. von T. W. A., *Noten zur Literatur*. Frankfurt a. M.: Suhrkamp, 1981, S. 41-48. (= Suhrkamp Taschenbuch Wissenschaft, 355).

81.3 ADORNO, Theodor W.: Zu einem Portrait Th. M's. In: # 81.2, S. 335-344. [Vgl. E in # 62.3. - Nachdruck in # III.93.1].

81.4 ADORNO, Theodor W.: Aus einem Brief über *Die Betrogene* an Th. M. In: # 81.2, S. 676-679.

81.5 AIGNER, Dietrich: Zum politischen Debüt der Familie Mann in den USA: Das 'Peace and Democracy Rally' im New Yorker Madison Square Garden vom 15. März 1937. In: *Arbeitskreis Heinrich Mann: Mitteilungsblatt*, Sonderheft (1981), S. 29-42.

81.6 ANON.: Die literarische Familie Mann. In: *Leben und Glauben* (29. April 1981), S. 9-15.

81.7 ANON. [E. H.]: 'Was all diese Menschen haben durchmachen müssen...' Hinweis auf Grácia Kerényi. In: *NZZ*, Jg. 202, Nr. 208 (9. September 1981), S. 38. [Verfasser: E. Haldimann].

81.8 ANSELME, Elisabeth d': Notes sur la musique dans l'oeuvre de Th. M. In: Zoran Konstantinovič, Steven P. Scher, und Ulrich Weisstein, Hrsg.: *Literature and the Other Arts*. Innsbruck: Verlag des Instituts für Sprachwissenschaft der Universität, 1981, S. 263. (= Proceedings of the IXth Congress of the International Comparative Literature Association, 3; Innsbrucker Beiträge zur Kulturwissenschaft, Sonderheft 51) [*Doktor Faustus*].

81.9 ANTON, Herbert: Th. M. In: Karl K. Polheim, Hrsg.: *Handbuch der deutschen Erzählung*. Düsseldorf: Bagel, 1981, S. 491-507, 612-615.

81.10 ASSELBERGS, A. J. M.: Dur und Moll of Hooglied en Doodslied. In: *Maatstaf*, Jg. 29, Nr. 4 (April 1981), S. 56-62. [Musik].

81.11 ATTENHOFER, Elsie: Joseph im Schleiergewand. In: E. A., *Der Flug um die goldene Mücke. Erlebte Geschichten. Mit Zeichnungen der Autorin*. Basel: F. Reinhardt, 1981, S. 53-71. [Betr. Josephsstatue von E. A., entstanden nach dem Roman von Th. M. - Vgl. Anon., # 82.10].

81.12 BARK, Karin: Deine Geschichten - meine Geschichten. In: *Praxis Deutsch*, Nr. 49 (1981), S. 50-53.

81.13 BARNER, Wilfried: Poeta doctus. Über die Renaissance eines Dichterideals in der deutschen Literatur des 20. Jahrhunderts. In: Brummack/u. a., # 81.27, S. 725-752.

81.14 BARNOUW, Dagmar: Rez. von N. Hamilton, # 79.79. In: *Monatshefte*, Jg. 73, Nr. 2 (1981), S. 236-237.

81.15 BASILIUS, Harold A.: Th. M's Use of Musical Structure and Techniques in *Tonio Kröger*. In: Nancy A. Cluck, Hrsg.: *Literature and Music*. Provo, UT: Brigham Young University Press, 1981, S. 153-174. (= Essays on Form) [Vgl. E in # 44.5].

81.16 BAUMGART, Reinhard: Vorsichtiges Märchen, stockkonservativ. Über Th. M's *Joseph in Ägypten*. In: *FAZ*, Jg. 33, Nr. 37 (13. Februar 1981), Feuilleton, S. 25. [Romane von gestern - heute gelesen. - Vgl. Leserbrief von H. Waldmüller, # 81.250. - Vgl. Nachdruck in # 90.14].

81.17 BECKER, Rolf: Dunkelangst am Zauberberg. In: *Der Spiegel*, Jg. 35, Nr. 12 (16. März 1981), S. 234-236. [Über drei neue Th.-M.-Verfilmungen. - *Buddenbrooks - Der Zauberberg - Felix Krull*].

81.18 BELL, Robert F.: Metamorphoses and Missing Halves: Allusions in Paul Theroux's *Picture Palace*. In: *Critique. Studies in Contemporary Fiction*, Jg. 22, Nr. 3 (1981), S. 17-30.

81.19 BEN-EPHRAIM, Gavriel: *The Moon's Dominion. Narrative Dichotomy and Female Dominance in Lawrence's Earlier Novels*. Rutherford, u. a.: Fairleigh-Dickinson University Press, u. a., 1981, 255 S. [D. H. Lawrence].

81.20 BERMAN, Russell A.: Montage as a Literary Technique: Th. M's *Tristan* and T. S. Eliot's *The Waste Land*. In: *Selecta*, Nr. 2 (1981), S. 20-23.

81.21 BEYER, Wilhelm R.: Goethe im Themenfeld von Flüchtlingsgesprächen. In: *Goethe-Jahrbuch*, N. F., Bd. 98 (1981), S. 156-178. [Überarbeitete Fassung. - Zuerst in: W. R. B., *Der alte Politikus Hegel*. Frankfurt a. M., 1980. - Darin: Th. M. probt Goethe, S. 171-174. - U. a. zu L. Feuerbach, G. W. F. Hegel, Th. M.].

81.22 BLANKERTZ, Herwig: Der Erzieher des *Zauberbergs* - Ludovico Settembrini. Eine Studie zum Verhältnis von Inhalt und Ethos humanistischer Pädagogik. In: W. Müller, # 81.159, S. 65-79, 132-134.

81.23   BLOCH, Adele: Mythological Syncretism in the Works of Four Modern Novelists. In: *International Fiction Review*, Jg. 8, Nr. 2 (Sommer 1981), S. 114-118. [P. Lagerkvist - N. Kazentzakis - Th. M.: *Joseph und seine Brüder* - J. Roumain].

81.24   BÖHLICH, Walter: Haar gewaschen und mit Kissen geschlafen: Th. M's Tagebücher 1937-1939 und die entliehene Sprache - Goethe sich anzuähneln. In: *Stuttgarter Zeitung*, Jg. 37 (14. Februar 1981), S. 50. [Rez. von P. d. Mendelssohn, # 80.207].

81.25   BOLKOWSKY, Sidney: Th. M's *Disorder and Early Sorrow*. The Writer as Social Critic. In: *Contemporary Literature*, Jg. 22, Nr. 2 (1981), S. 218-233. [*Unordnung und frühes Leid*].

81.26   BRECHT, Bertolt: *Die Gedichte*. Frankfurt a. M.: Suhrkamp, 1981, 1388 S. [Mit Gedichten über Th. M.].

81.27   BRUMMACK, Jürgen, Gerhart von Graevenitz, Fritz Hackert, u. a., Hrsg.: *Literaturwissenschaft und Geistesgeschichte. Festschrift für Richard Brinkmann*. Tübingen: M. Niemeyer, 1981, XII, 878 S. [Mit Beiträgen von: W. Barner, # 81.13 - H. Mayer, # 81.141 - O. Seidlin, # 81.212].

81.28   BUCHANAN, William A.: *Theatrical and 'Märchen' Elements in Th. M's Königliche Hoheit*. Dissertation, Bryn Mawr, PA: Bryn Mawr College, 1981, 117 S. [Resümee in: *DAI*, Jg. 42 (1981/82), S. 3616A. - Vgl. # 82.39].

81.29   BURGER, Hermann: Gegenstück zur Repräsentanz. In: *Aargauer Tagblatt* (21. März 1981). [Rez. von P. d. Mendelssohn, # 80.207].

81.30   CAMBI, Fabrizio: L'opposizione arte-vita fra '800 e '900 in Heinrich e Th. M. In: *Annali. Istituto Universitario di Lingue moderne. Facoltà di Lingue e Letterature Straniere. Sede di Feltré*, Nr. 5 (1981), S. 31-67.

81.31   CARLSSON, Anni: Vom Narren bis zum Küchenmeister der Phantasie. Modellfiguren der Erzählkunst 1494 bis 1977 (Schluß). In: *Simpliciana*, Jg. 3 (1981), S. 101-139. [U. a. zu: W. Alexis - B. Brecht - G. Grass - E. T. A. Hoffmann - Th. M. - Jean Paul. - *Felix Krull*].

81.32   CARO, Adrian del: Th. M's *Doktor Faustus*. Nietzsche contra Wagner. In: A. d. C., *Dionysian Aesthetics. The Role of Destruction in Creation as Reflected in the Life and Works of Friedrich Nietzsche*. Frankfurt a. M., u. a.: P. Lang, 1981, S. 119-124. (= Europäische Hochschulschriften, Reihe 20: Philosophie, Bd. 69).

81.33   CERF, Steven: Georg Brandes' *View of Novalis*. A Current within Th. M's *Der Zauberberg*. In: *Colloquia Germanica*, Jg. 14, Nr. 2 (1981), S. 114-129.

81.34   CERF, Steven: Love in Th. M's *Doktor Faustus* as an Imitatio Shakespeari. In: *Comparative Literature Studies*, Jg. 18, Nr. 4 (1981), S. 475-486.

81.35   COOK, Dayton G.: 'Es soll nicht sein' - *Doktor Faustus* and *Die Räuber*. In: *MLN*, Jg. 96, Nr. 3 (1981), S. 629-631. [F. Schiller].

81.36   COWEN, Roy C.: Th. M. In: R. C. C., *Hauptmann-Kommentar zum nichtdramatischen Werk*. München: Winkler, 1981, S. 107-108, u. a.

81.37   DIEDERICHS, R.: Strukturen des Schelmischen im modernen deutschen Roman. In: *DAI*, Jg. 41, Nr. 4 (1981), S. 4594C. [*Felix Krull*].

81.38   DREWITZ, Ingeborg: *Die zerstörte Kontinuität. Exilliteratur und Literatur des Widerstandes*. Wien, u. a.: Europaverlag, 1981, 206 S. [Darin: # 81.39, # 81.40, # 81.41, # 81.42, # 81.43].

81.39   DREWITZ, Ingeborg: Th. M's Tagebücher von 1933/34: Zur Publikation von Bd. I der nachgelassenen Aufzeichnungen. In: # 81.38, S. 111-114. [Vgl. E in # 77.63. - Rez. von P. d. Mendelssohn, # 77.212].

81.40   DREWITZ, Ingeborg: Abschiednehmen von Deutschland. Zu Th. M's Tagebüchern der Jahre 1935-36. In: # 81.38, S. 115-119. [Vgl. E in # 78.58. - Rez. von P. d. Mendelssohn, # 78.211].

81.41   DREWITZ, Ingeborg: Notizen eines Bürgers. Zu den von Peter de Mendelssohn herausgegebenen Tagebüchern Th. M's von 1918-1921. In: # 81.38, S. 120-122. [Vgl. E in # 80.70. - Rez. von P. d. Mendelssohn, # 79.156].

81.42   DREWITZ, Ingeborg: Th. M., Tagebücher 1937-1939. In: # 81.38, S. 123-125. [Vgl. E u. d. T.: Trotzige Abwehr. Jahre in Amerika. In: # 81.44. - Rez. von P. d. Mendelssohn, # 80.207].

81.43   DREWITZ, Ingeborg: Literatur als Arbeit zum Überleben. Zum Start von P. de Mendelssohns großer Th.-M.-Biographie. In: # 81.38, S. 126-130. [Vgl. E in # 75.207. - Rez. von P. d. Mendelssohn, # 75.599].

81.44   DREWITZ, Ingeborg: Trotzige Abwehr. Jahre in Amerika: Th. M's Tagebücher 1937-39. In: *Nürnberger Nachrichten* (3./4. Januar 1981), S. 16. [Vgl. Wiederabdruck in # 81.42. - Rez. von P. d. Mendelssohn, # 80.207].

81.45   EHBENOVA, Helena: *Die Auseinandersetzung Th. M's mit der Musik im Roman Doktor Faustus*. Dissertation, Univ. Prag, 1978 < 1981 >, 152 S. [Kurzfassung in: *Germanistische Dissertationen in Kurzfassung* (1981), S. 192-199. (= Jahrbuch für Germanistik, Reihe B, Bd. 6)].

81.46   EMRICH, Wilhelm: Freiheit und Nihilismus in der Literatur des 20. Jahrhunderts. In: W. E., *Abhandlungen der Klasse der Literatur*. Mainz: Akademie der Wissenschaften und der Literatur; Wiesbaden: Steiner, 1981, 17 S. (= Akademie der Wissenschaften und der Literatur, Jg. 1981/82, Nr. 3) [F. Kafka - H. Mann].

81.47   ENGELHARDT, Dietrich von: Arzt und Patient in der deutschen Literatur. In: *Heidelberger Jahrbücher*, Bd. 25 (1981), S. 147-164.

81.48   ERLAY, David: Nur die Erstauflage lief zäh: Einst schockierte Th. M's Roman die Lübecker. In: *Main-Echo* (31. Dezember 1981), Feuilleton. [*Buddenbrooks*].

81.49   ESSER, Wilhelm M.: Beiträge zum Altersstil von Th. M. In: *Annali. Istituto Universitario di Lingue Moderne. Facoltà di Lingue e Letterature Straniere. Sede di Feltré*, Nr. 5 (1981), S. 7-30. [*Der Erwählte - Felix Krull*].

81.50   FEILCHENFELDT, Konrad: Armin Kessers Begegnungen mit Brecht, Kokoschka und Th. M. Aus seinen Tagebüchern. In: *NZZ*, Jg. 202, Nr. 265 (14./15. November 1981), Literatur und Kunst, S. 69.

81.51   FERTONANI, Roberto: Introduzione. In seiner Ausg. von Th. M.: *Giuseppe in Egitto*. Milano: A. Mondadori, 1981, S. 5-12. (= Gli Oscar, 1376) [Übs. von B. Arzeni. - *Joseph in Ägypten*].

81.52   FEST, Joachim C.: Betrachtung über einen Unpolitischen. Th. M. und die Politik. In: *Merkur*, Jg. 35, Nr. 8 (1981), S. 804-821. [Nachdruck in seinem Band: *Aufgehobene Vergangenheit. Portraits und Betrachtungen*. Stuttgart: Deutsche Verlags-Anstalt, 2. Aufl., 1981, S. 38-69].

81.53   FOSTER, John B.: *Heirs to Dionysus: A Nietzschean Current in Literary Modernism*. Princeton, NJ: Princeton University Press, 1981, XIV, 474 S. [A. Gide - Th. M.: *Doktor Faustus* - D. H. Lawrence - A. Malraux].

81.54   FREY, Eberhard: Franz Kafka's Style: Impressionistic and Statistical Methods of Analysis. In: *Language and Style. An International Journal*, Bd. 14 (1981), S. 53-63. [F. K.: *Ein Brudermord - Kinder auf der Landstraße - Das Schloß*. - Th. M.: *Das Wunderkind* u. a.].

81.55   FREY, Erich A.: Th. M.: Emigrant und Remigrant unter Linksverdacht. In: Wolfgang Elfe, James Hardin, und Günther Holst, Hrsg.: *Deutsche Exilliteratur. Literatur der Nachkriegszeit. Akten des III. Exilliteratur-Symposiums der University of South Carolina*. Bern, u. a., 1981, S. 45-53. (= *Jahrbuch für Internationale Germanistik*, Reihe A, Bd. 10).

81.56   FRIEDLÄNDER, Georgi M.: Dostojewski und Th. M. In: *Sowjetliteratur*, Jg. 33, Nr. 12 (1981), S. 170-182. [Titel des Heftes: *Dostojewski und die Gegenwart*].

81.57   FRIZEN, Werner: Die 'bräunliche Schöne'. Über Zigarren und Verwandtes in Th. M's *Zauberberg*. In: *DVJS*, Jg. 55, Nr. 1 (1981), S. 107-118.

81.58   FRIZEN, Werner: 'Der Knabe lebt!' Über Christus-Imitationen bei Wagner, Nietzsche und Th. M. In: *DVJS*, Jg. 55, Nr. 3 (1981), S. 476-494.

81.59   FRIZEN, Werner: Von Weibes Wonne und Wert. Über eine Frauengestalt Th. M's und den Misogyn Schopenhauer. In: *EG*, Jg. 36, Nr. 3 (Juli-August 1981), S. 306-317.

81.60   FRIZEN, Werner: Allsympathie. Zum Kuckuck-Gespräch in Th. M's *Krull*. In: *Literatur in Wissenschaft und Unterricht*, Jg. 14, Nr. 3 (1981), S. 139-155. [Überarbeiteter Auszug aus: # 80.95].

81.61   FRIZEN, Werner: Die Wunschmaid. Zur Houpflé-Episode in Th. M's *Krull*. In: *Text & Kontext*, Jg. 9, Nr. 1 (1981), S. 56-74. [Überarbeiteter Auszug aus: # 80.95. - J. W. v. Goethe - R. Wagner].

81.62   GANDELMAN, Claude: Kokoschka, Whitman, Th. M.: Le motif de l'écorché vif. In: *Neohelicon*, Jg. 8, Nr. 2 (1981), S. 119-139. [Th. M.: *Der Zauberberg* - O. Kokoschka - W. Whitman].

81.63   GASSER, Manuel: Th. M. in Deutschland. In Klara Obermüller's Ausg. von M. G., *Erinnerungen und Berichte*. Zürich: Verlag der Arche, 1981, S. 163-169.

81.64   GEHRCKENS, Jan Peter: Vom Dasein zwischen Lebenslust und Untergang. In: *Charme* (2. Dezember 1981), S. 104-106.

81.65   GEISSENDÖRFER, Hans W.: *Der Zauberberg. Drehbuch zu einem Spielfilm von H. W. Geißendörfer*. München: F. Seitz Filmproduktion, 1981, 257 Bl.

81.66   GIUBERTONI, Anna: Il nichilismo positivo di *Felix Krull*. In: Claudio Magris, und Wolfgang Kaempfer, Hrsg.: *Problemi del Nichilismo*. Mailand: Shakespeare & Company, 1981, S. 299-301.

81.67   GOCKEL, Heinz: Th. M's 'Entweder' und 'Oder'. In: *Arbeitskreis Heinrich Mann: Mitteilungsblatt*, Sonderheft (1981), S. 87-107. [Vgl. # 83.130. - *Doktor Faustus*].

81.68 GOCKEL, Heinz: Th. M. In: H. G., *Mythos und Poesie. Zum Mythosbegriff in Auf-klärung und Frühromantik*. Frankfurt a. M.: V. Klostermann, 1981. (= Das Abendland, N. F., Bd. 12).

81.69 GOLDSTEIN, Emmanuel: Davos, Th. M., Leo Naphta, Gisela Lukaçek - eine neue Probe rückwärtsgewandter Futurologie. In: W. Müller, # 81.159, S. 11-63, 127-131.

81.70 GOLL, Klaus R.: Der Mensch der Décadence. Zum Motiv des Außenseiters im Frühwerk Th. M's. In: *Hefte der Deutschen Th.-M.-Gesellschaft*, Nr. 1 (1981), S. 15-23.

81.71 GREINER, Ulrich: Der berühmte Sohn. Golo Mann, ein Porträt. In: *Die Zeit*, Jg. 36, Nr. 25 (12. Juni 1981), Feuilleton, S. 39-40.

81.72 GUTHKE, Karl S.: 'Aktuelle Opposition' und 'musikalische Arbeitsart'. Th. M. über sein Spätwerk. In: K. S. G., *Das Abenteuer der Literatur. Studien zum litera-rischen Leben der deutschsprachigen Länder von der Aufklärung bis zum Exil*. Bern, u. a.: A. Francke, 1981, S. 310-316, 351-352. [Korrespondenz mit N. Weinberg. - Rez.: M. K. Flavell, # 84.52].

81.73 GYÖRI, Judit: Th. M's Humanismus. In: *Acta Litteraria Academiae Scientifi-carum Hungaricae*, Bd. 23, Nr. 1/2 (1981), S. 165-167. [Rez. von A. Mádl, # 80.171].

81.74 HAMBURGER, Käte: *Th. M's biblisches Werk. Der Joseph-Roman, die Moses-Erzäh-lung Das Gesetz*. München: Nymphenburger Verlagshandlung, 1981, 269 S. [Leicht geänderte Fassungen in # 45.52 bzw. # 63.126. - Vgl. # 84.76].

81.75 HANSEN, Thomas S.: 'Trost im Wort': Language in Exile and the Mission of the Poets. In: *Michigan Germanic Studies*, Jg. 7, Nr. 2 (1981), S. 262-273. [B. Brecht - Klaus Mann - C. Zuckmayer].

81.76 HAUBRICHS, Wolfgang: Einleitung: Für ein Zwei-Phasen-Modell der Erzählana-lyse. Ausdrucksform und Inhaltsform in mittelalterlichen und modernen Bear-beitungen der Gregoriuslegende. In: W. H., *Erzählforschung 1*. Göttingen: Van-denhoeck & Ruprecht, 1981, S. 7-28.

81.77 HAUSMANN, Jörg: 'Da is wat am Kommen'. In: *Neue Ruhr-Zeitung* (24. Dezem-ber 1981). [*Die Betrogene*].

81.78 HELLER, Erich: Von Hanno Buddenbrook zu Adrian Leverkühn. Eine Geburts-tagsrede über Kunst und Künstler im Werke Th. M's. In: E. H., *Enterbter Geist. Essays über modernes Dichten und Denken*. Frankfurt a. M.: Suhrkamp, 1981, S. 247-279. (= Suhrkamp Taschenbuch, 537) [Vgl. E in # 54.74].

81.79   HEPP, Corona: Mit der Seilschaft am Zauberberg. Hans W. Geißendörfer
        verfilmt Th. M's Roman - Beobachtungen bei den Dreharbeiten. In: *SZ*, Jg. 37,
        Nr. 162 (18./19. Juli 1981), SZ am Wochenende, Feuilleton, S. 112.

81.80   HERCHENRÖDER, Jan: Vorwort. In: *Hefte der Deutschen Th.-M.-Gesellschaft*, Nr.
        1 (1981), S. 2.

81.81   HILL, Claude: Rez. von G. Michielsen, # 78.213. In: *MLN*, Jg. 96, Nr. 3 (April
        1981), S. 697-698.

81.82   HINDMARSCH, Ronald: Rez. von J. Meyers, # 77.222. In: *Archiv für das Studium
        der neuren Sprachen und Literaturen*, Bd. 133, Nr. 218 (1981), S. 398-402.

81.83   HOFFMANN, Ernst F.: Th. M.: Diaries 1935-1936. In: *Literature, Music, Fine
        Arts*, Jg. 14, Nr. 2 (1981), S. 148-149. (= German Studies, Section 3) [Rez. von P.
        d. Mendelssohn, # 78.210].

81.84   HOLESOVSKY, Hanne W.: Goethes *Hegire*. Das geheime Motto zu Th. M's
        Josephs-Romanen? In: *Archiv*, Bd. 133, Nr. 218 (1981), S. 112-117.

81.85   HUONKER, Gustav: *Mephisto* - wie lange noch illegal? Zu Klaus Manns Roman
        einer Karriere und seiner Geschichte. In: *Tages-Anzeiger*, Jg. 89, Nr. 6 (7. Januar
        1981), S. 19.

81.86   HUONKER, Gustav: Die literarische Gesellschaft, die aus dem Quartier kam.
        Familienkurzweil, Weltliteratur und Honoratiorenplausch im Lesezirkel Hot-
        tingen. In: *Tages-Anzeiger*, Jg. 89, Nr. 235 (10. Oktober 1981), S. 49.

81.87   HUPPERT, Hugo: Heinrich Mann, Th. M. und die Volksfront. In: Klaus Jar-
        matz, und Simone Barck, Hrsg.: *Kritik in der Zeit. Antifaschistische deutsche Lite-
        raturkritik 1933-1945*. Halle-Leipzig: Mitteldeutscher Verlag, 1981, S. 486-492.

81.88   HYRŠLOVA, Květuše: Th. M. In: Miroslav Beck, Jirí Vesely, u. a., Hrsg.: *Exil
        und Asyl. Antifaschistische deutsche Literatur in der Tschechoslowakei 1933-1938*.
        Berlin: Volk und Wissen, 1981, S. 248-257, 421-422. [Exil].

81.89   IBSCH, Elrud: Rez. von W. Frizen, # 80.95. In: *Deutsche Bücher*, Jg. 11 (1981), S.
        62-63.

81.90   IRIBARREN-BORGES, Ignacio: El último Fausto. In: I. I.-B., *Escena y Lenguaje. So-
        bre Teatro, Poesia y Narrativa*. Caracas: Monte Avila Editores, 1981, S. 211-214.
        [*Doktor Faustus*].

81.91   ISOTTA, Paolo: Th. M., la musica e il diavolo. In: *Corriere della Sera* (22. März 1981), S. 8.

81.92   JACKSON, Joe, und Kim Connel: Gigolos. The Last of the Courtly Lovers. In: *Journal of Popular Culture*, Jg. 15, Nr. 2 (Herbst 1981), S. 130-141.

81.93   JARETZKY, Reinhold, Hrsg.: *Th. M.: Der Tod in Venedig (Materialien)*. Stuttgart: E. Klett, 1981, 43 S. (= Editionen für den Literaturunterricht).

81.94   JENS, Walter: Inferno mit paradiesischen Wonnen. Th. M's *Der Zauberberg*. In: *FAZ*, Jg. 33, Nr. 178 (5. August 1981), Feuilleton, S. 19. [Vgl. Nachdruck in # 89.115].

81.95   JENS, Walter: Auf ein christliches Krankenhaus. In: W. J., *Ort der Handlung ist Deutschland. Reden in erinnerungsfeindlicher Zeit.* München: Kindler, 1981, S. 89-106.

81.96   JOHNSON, Uwe: Lübeck habe ich ständig beobachtet. In: *Hefte der Deutschen Th.-M.-Gesellschaft*, Nr. 1 (1981), S. 51-57. [Nachdruck von # 79.105. - Dankeswort des Th.-M.-Preisträgers 1978 vom 25. März 1979].

81.97   JONAS, Klaus W.: Rez. von H. Bürgin/H.-O. Mayer, # 76.46, # 80.57. In: *GQ*, Jg. 54, Nr. 3 (Mai 1981), S. 373-376.

81.98   JONAS, Klaus W.: 'Es sind ein paar Verse Goethes... und nicht seine besten.' Unbekannte Dokumente von Th. M. und Stefan Zweig. In: *NZZ*, Jg. 202, Nr. 140 (20./21. Juni 1981), Literatur und Kunst, S. 69. [Vgl. # 81.99].

81.99   JONAS, Klaus W.: Stefan Zweig und Th. M. Versuch einer Dokumentation. In: *Philobiblon*, Jg. 25, Nr. 4 (November 1981), S. 248-275. [Auch in: *Modern Austrian Literature*, Jg. 14, Nr. 3/4 (1981), S. 99-136. - Kurze Zusammenfassung u. d. T.: *Lotte in Weimar* - das deutscheste Buch: Stefan Zweig an Th. M. Aus unbekannten Briefen. In: *Saarbrücker Zeitung*, Nr. 271 (21./22. November 1981), S. 1. - Vgl. auch # 81.98. - Mit Briefwechsel].

81.100 JONAS, Klaus W.: Leben und Werk von Th. M. In: Th. M.: *Buddenbrooks*. Zürich: Coron, 1981, S. 23-38. [Nobel-Ausgabe, zusammen mit S. Lewis: *Babbitt*. - Vgl. E in # 69.148. - Nachdruck in 'Jubiläumsausgabe Nobelpreisträger für Literatur, 1985].

81.101 JOST, Dominik: Eine Erzählung von gewisser Vorzüglichkeit. Das 'letzte Werk' von Th. M. In: *NZZ*, Jg. 202 (16. Januar 1981). [Rez. von U. Wolff, # 80.305].

81.102 KAFFSACK, Hans-Jochen: Gleich dreimal Th. M. Erobert der Dichter die bundesdeutsche Filmlandschaft? In: *Schleswiger Nachrichten* (4. Dezember 1981),

Feuilleton. [Auch u. d. T.: Vom *Felix Krull* zum *Doktor Faustus*. Dreimal Th. M. in der bundesdeutschen Filmlandschaft. In: *Allgemeine Jüdische Wochenzeitung*, Jg. 36, Nr. 51 (18. Dezember 1981), S. 9. - *Der Zauberberg - Doktor Faustus - Felix Krull*].

81.103 KAMNITZER, Heinz: *Das Testament des letzten Bürgers. Essays und Polemiken.* Leipzig: P. Reclam, 1981, 229 S. [Darin: Ein Zeitalter wird gestaltet, S. 72-95 - Das Testament des letzten Bürgers, S. 96-102 - Th. M. und der Teufel, S. 103-117. - *Buddenbrooks*].

81.104 KARDORFF, Ursula von: Drei Tage auf dem *Zauberberg*. In: *Zeit-Magazin*, Jg. 36 (31. Juli 1981), S. 4-11.

81.105 KATER, Michael H.: Anti-Fascist Intellectuals in the Third Reich. In: *Canadian Journal of History*, Jg. 16, Nr. 2 (August 1981), S. 263-277. [G. Benn - E. Jünger - Th. M. - C. v. Ossietzky - C. Zuckmayer].

81.106 KESTING, Hanjo: Der Repräsentant und der Märtyrer. In: *Frankfurter Rundschau*, Jg. 37, Nr. 14 (17. Januar 1981), Zeit und Bild, S. IV. [Rez. von P. d. Mendelssohn, # 80.207].

81.107 KILTZ, Hartmut: Im *Zauberberg*. In: H. K., *Das erotische Mahl. Szenen aus europäischen Gesellschaftsromanen des neunzehnten und beginnenden zwanzigsten Jahrhunderts.* Dissertation, Universität Bonn, 1981, S. 106-110. [Druck: 1982. - Th. M. - R. Musil].

81.108 KLUGE, Gerhard: Rez. von J. F. White/J. W. Angell, # 80.301. In: *Deutsche Bücher*, Jg. 11 (1981), S. 241-242.

81.109 KNAPP, Gerhard P.: Der deutsche Roman seit 1925 (Forschungsbericht). In: *Wirkendes Wort*, Jg. 31, Nr. 3 (März 1981), S. 167-204. [Rez. von: K. Hughes, # 75.388a - K. W. Jonas, # 79.107 - H. Kurzke, # 77.170 - D. Mieth, # 76.261 - P. L. Sauer, # 78.259 - U. Thomet, # 75.853 - H. Wysling, # 76.408 - M. Zeller, # 76.420].

81.110 KOCH, Hans-Albrecht, und Uta Koch, Hrsg.: Th. M. In: *Internationale Germanistische Bibliographie, 1980*. München, u. a.: K. G. Saur, 1981.

81.111 KOCH, Thilo: Th. M. In: *Aral Journal* (Frühjahr 1981), S. 34. [Über die ersten vier Bände der Tagebücher und die Frankfurter Ausgabe. - Rez. von P. d. Mendelssohn, # 77.212, # 78.210, # 79.156, # 80.207].

81.112 KOEPPEN, Wolfgang: Th. M.: Die Beschwörung der schweren Stunde. In Marcel Reich-Ranicki's Ausg. von W. K., *Die elenden Skribenten: Aufsätze.* Frankfurt a. M.: Suhrkamp, 1981, S. 107-110. [Vgl. E in # 75.723].

81.113 KOEPPEN, Wolfgang: Die Beschwörung der Liebe. In: # 81.112, S. 110-118. [Vgl. E in # 75.723].

81.114 KOOPMANN, Helmut: Über den asiatischen Umgang mit der Zeit in Th. M's *Zauberberg*. In: *Arbeitskreis Heinrich Mann: Mitteilungsblatt*, Sonderheft (1981), S. 161-172. [Vgl. # 88.143].

81.115 KOOPMANN, Helmut: Das Ende der bürgerlichen Kultur Deutschlands im Spiegel der Literatur. In: Heribert Gauly, u. a., Hrsg.: *Im Gespräch: der Mensch. Ein interdisziplinärer Dialog. Joseph Möller zum 65. Geburtstag*. Düsseldorf: Patmos, 1981, S. 91-101. [*Buddenbrooks*].

81.116 KOOPMANN, Helmut: Das Phänomen der Fremde bei Th. M. Überlegungen zu dem Satz: 'Wo ich bin, ist die deutsche Kultur'. In: Wolfgang Frühwald, Wolfgang Schieder, in Verbindung mit Walter Hinck, u. a., Hrsg.: *Leben im Exil. Probleme der Integration deutscher Flüchtlinge im Ausland 1933-1945*. Hamburg: Hoffmann und Campe, 1981, S. 103-114. (= Historische Perspektiven, 18) [Vgl. engl. Fassung in # 82.151].

81.117 KOPPEN, Erwin: Schönheit, Tod und Teufel. Italienische Schauplätze im erzählenden Werk Th. M's. In: *Arcadia*, Jg. 16, Nr. 2 (1981), S. 151-167.

81.118 KRASKE, Bernd M.: München contra Berlin. Über einen Wertgegensatz im Frühwerk Th. M's. In: *Hefte der Deutschen Th.-M.-Gesellschaft*, Nr. 1 (1981), S. 3-14.

81.119 KREIBOHM, Karen: Die amerikanische Schwester. Reisebilder aus Los Angeles. In: *Der Tagesspiegel*, Jg. 37, Nr. 11006 (6. Dezember 1981), S. 51. [Th. M. als Emigrant].

81.121 KRYSINSKI, Wladimir: Variation sur Bakhtine et les limites du carnaval. Th. M., Witold Gombrowicz, Alejo Carpentier. In: W. K., *Carrefour de signes: Essais sur le roman moderne*. La Haye, u. a.: Mouton, 1981, S. 311-344. (= Approaches to Semiotics, 61) [In französischer Sprache. - *Joseph und seine Brüder*].

81.122 KUCHER, Gabriele: *Th. M. und Heimito von Doderer: Mythos und Geschichte. Auflösung als Zusammenfassung im modernen Roman*. Nürnberg: H. Carl, 1981, 282 S. (= Erlanger Beiträge zur Sprach- und Kunstwissenschaft, Bd. 65) [Zugl.: Diss., Erlangen-Nürnberg, 1980. - Rez.: K. L. Komar, # 83.204. - H. v. Doderer: *Die Strudlhofstiege, Die Dämonen* - Th. M: *Der Zauberberg - Joseph und seine Brüder - Doktor Faustus*].

81.123 KURSCHAT, Heinrich A.: Th. M. entdeckt Nidden. In: *Der Literat*, Jg. 23, Nr. 7 (15. Juli 1981), S. 179.

81.124 LEHMANN-HAUPT, Christopher: Rez. von R. Winston, # 81.263. In: *NYT*, Jg. 130 (8. Dezember 1981), S. C13.

81.125 LEHNERT, Herbert: Rez. von K. W. Jonas, # 79.107. In: *GQ*, Jg. 54, Nr. 1 (Januar 1981), S. 102-103.

81.126 LEHNERT, Herbert: Tagebücher, *Zauberberg*-Manuskript, Regesten. - Noch immer neue Quellen für die Th. M. Forschung. In: *Orbis Litterarum*, Jg. 36, Nr. 4 (1981), S. 343-348. [Rez. von: H. Bürgin/H.-O. Mayer, # 80.57 - P. d. Mendelssohn, # 79.156 - J. F. White/J. W. Angell, # 80.301].

81.127 LEIBRICH, Louis: Retour de Th. M. In: *EG*, Jg. 36, Nr. 2 (April/Juni 1981), S. 217-219. [Sammelbesprechung. - Rez. von: J. Kaiser, # 80.134 - U. Karthaus, # 80.138 - H. Kurzke, # 80.153 - P. d. Mendelssohn, # 80.206, # 80.207 - H. R. Vaget, # 80.288 - H. Waldmüller, # 80.291 - J. F. White/J. W. Angell, # 80.301].

81.128 LEIBRICH, Louis: Rez. von H. Siefken, # 81.224 - H. R. Vaget, # 80.288 - H. Wysling/M. Fischer, # 81.272. In: *EG*, Jg. 36, Nr. 4 (Oktober-Dezember 1981), S. 484-485.

81.129 LEMKE, Werner: Zum Verständnis des Mythos und seiner Wiedergeburt in der Dichtung. In: *Hefte der Deutschen Th.-M.-Gesellschaft*, Nr. 1 (1981), S. 32-44. [Th. M. - C. F. Meyer - F. Nietzsche].

81.130 LENZ, Hermann: Der ausgestopfte *Steppenwolf*. Meine Besuche in Dichterhäusern. In: *Jahrbuch der Deutschen Schillergesellschaft*, Bd. 25 (1981), S. 525-532. [Vgl. Kurzfassung in: *Die Welt*, Nr. 135 (13. Juni 1981), Geistige Welt].

81.131 LINDTKE, Gustav: *Die Stadt der Buddenbrooks. Lübecker Bürgerkultur im 19. Jahrhundert*. Lübeck: Schmidt-Römhild, 2. überarb., erw. Aufl., 1981, 155 S.

81.132 LIPPE, Helmut von der: Auf den Spuren von Lübeckern in Venedig. In: *Lübecker Nachrichten*, Jg. 36, Nr. 267 (15. November 1981), Sonntagsmagazin, S. 1. [*Der Tod in Venedig*].

81.133 LUKACS, Georg: Th. M. In: G. L., *Gelebtes Denken. Eine Autobiographie im Dialog*. Frankfurt a. M.: Suhrkamp, 1981, S. 156-157.

81.134 MANN, Frido: *Der Wendepunkt* gestern und heute. In: Klaus Mann: *Der Wendepunkt. Ein Lebensbericht*. München: edition spangenberg im Ellermann-Verlag, 1981, S. 586-601.

81.135 MANN, Golo: Ein Prinz vom Lande Nirgendwo. Th. M's *Königliche Hoheit*. In: *FAZ*, Jg. 33, Nr. 227 (1. Oktober 1981), Feuilleton, S. 25. [Vgl. Wiederabdruck in # 89.171].

81.136 MANN, Monika: Th. M. und Italien. In: *Der Bund*, Jg. 132, Nr. 107 (9. Mai 1981), S. 2.

81.137 MARTELL, Peter: Wo Hanno Buddenbrook in der Schulbank fast verzagte. In: *Düsseldorfer Nachrichten* (31. März 1981), S. 16. [Zum 450. Gründungsjubiläum des Katharineums].

81.138 MASER, Edward A.: Young Joseph's Guardian Angel: Salvage from a Case of Parallel Research. In: Moshe Barasch, Lucy Freeman Sandler, und Patricia Egan, Hrsg.: *Art, the Ape of Nature*. New York, NY: Abrams, 1981, S. 495-504. [*Joseph und seine Brüder*].

81.139 MATAMORO, Blas: Th. M., en sus diarios. In: *Cuadernos Hispanoamericános*, Nr. 371 (Mai 1981), S. 227-265. [Tagebücher].

81.140 MATAMORO, Blas: Los diarios de Th. M. In: *Unomasuno* (21. November 1981), S. 14. [Tagebücher].

81.141 MAYER, Hans: *Der Tod in Venedig*. Ein Thema mit Variationen. In: Brummack/u. a., # 81.27, S. 711-724.

81.142 MAYER, Hans: Ludwig II. von Bayern und Peter Iljitsch Tschaikowsky. In: Hans P. Dannenberg, Hrsg.: *Illusionen wie Schwanensee. Programmheft der Hamburgischen Staatsoper*. Hamburg: H. Christians, 1981.

81.143 MEISSNER, Toni: Berühmte Witwen. Das zweite Leben. In: *Die Welt*, Beilage Plus, Nr. 6 (4. Februar 1981), S. 18-21. [Katia Mann].

81.144 MENDELSSOHN, Peter de: *Die Frankfurter Ausgabe der Gesammelten Werke von Th. M. Vortrag gehalten in der Bayerischen Akademie der Schönen Künste zu München am 10. November 1980*. Frankfurt a. M.: S. Fischer, 1981, 26 S. [Vgl. # 81.149 - vgl. auch K. Matthias, # 83.247].

81.145 MENDELSSOHN, Peter de: Nachbemerkungen des Herausgebers. In seiner Ausg. von Th. M.: *Buddenbrooks. Verfall einer Familie*. Frankfurt a. M.: S. Fischer, 1981, S. 775-812. (= Frankfurter Ausgabe) [Vgl. # 82.175].

81.146 MENDELSSOHN, Peter de: Nachbemerkungen des Herausgebers. In seiner Ausg. von Th. M.: *Frühe Erzählungen*. Frankfurt a. M.: S. Fischer, 1981, S. 655-707. (= Frankfurter Ausgabe) [Vgl. # 82.176].

81.147 MENDELSSOHN, Peter de: Nachbemerkungen des Herausgebers. In seiner Ausg. von Th. M.: *Der Zauberberg. Roman*. Frankfurt a. M.: S. Fischer, 1981, S. 1007-1066. (= Frankfurter Ausgabe) [Vgl. # 82.175].

81.148 MENDELSSOHN, Peter de: Nachbemerkungen des Herausgebers. In seiner Ausg. von Th. M.: *Späte Erzählungen*. Frankfurt a. M.: S. Fischer, 1981, S. 483-536. (= Frankfurter Ausgabe) [Vgl. # 82.176].

81.149 MENDELSSOHN, Peter de: 'Gesammelte Werke' / 'Sämtliche Werke'. Die Editionstechnik am Beispiel Th. M's. In: *Börsenblatt für den Deutschen Buchhandel*, Jg. 37, Nr. 10 (30. Januar 1981), S. 336-343. [Abdruck einer Rede vor der Bayerischen Akademie der Schönen Künste anläßlich eines Empfangs des S. Fischer Verlages. - Auch in: *Buchreport*, Nr. 32 (17. Juli 1981), S. 61-65. - Vgl # 81.144].

81.150 MIDDELL, Eike: Ein Goetheroman, ein Deutschlandroman. Th. M.: *Lotte in Weimar*. In: Sigrid Bock, und Manfred Hand, Hrsg.: *Erfahrung Exil. Antifaschistische Romane 1933-1945*. Berlin, u. a.: Aufbau, 1981, S. 178-203. [Vgl. E in # 79.159].

81.151 MIDDELL, Eike: Th. M. und sein Verhältnis zu Ungarn. In: *Neues Deutschland*, Jg. 36, Nr. 157 (4./5. Juli 1981), S. 14. [Rez. von A. Mádl/J. Györi, # 80.172].

81.152 MIKKOLA, Anna-Riitta: *Th. M. und Goethe. Aspekte einer Goethe-Rezeption.* Universität Bern, 1981, 140 S.

81.153 MIKO, Krisztina: In Search of Bourgeois Man. The Novels of Th. M. as Seen by Gábor Halász. In: *Acta Litteraria. Academiae Scientiarum Hungaricae*, Jg. 23, Nr. 1/2 (1981), S. 155-164.

81.154 MIKO, Krisztina: Die Wunschmaid. Zur Houpflé-Episode in Th. M's *Krull*. In: *Text & Kritik*, Jg. 9, Nr. 1 (1981), S. 56-74. [J. W. v. Goethe - R. Wagner].

81.155 MITTENZWEI, Werner: Entscheidung für ein anderes Deutschland. Th. M. und Hermann Hesse in der Schweiz. In: W. M., *Exil in der Schweiz*. Leipzig: P. Reclam, 1981, S. 183-215. (= Kunst und Literatur im antifaschistischen Exil 1933-1945, Bd. 2) [Vgl. E in # 79.160. - Betr.: *Maß und Wert*].

81.156 MOLINELLI-STEIN, Barbara: Größe als Gewissensfrage. Versuch einer psycho-existentiellen Strukturanalyse zu Th. M's Roman *Lotte in Weimar*. In: *Goethe-Jahrbuch*, N. F., Bd. 98 (1981), S. 182-224.

81.157 MOORE, Harry T.: Rez. von D. Albright, # 78.1. In: *MLR*, Bd. 76 (1981), S. 940-941.

81.158 MÜLLER, Joachim: Rez. von H. Bürgin/H.-O. Mayer, # 76.46 - P. d. Mendelssohn, # 80.207. In: *DLZ*, Jg. 102, Nr. 5/6 (Mai/Juni 1981), Sp. 449-452.

81.159 MÜLLER, Walter: *Zauberberg erneut bestiegen.* Wetzlar: Büchse der Pandora, 1981, 144 S. [Mit Beiträgen von: H. Blankertz, # 81.22 - E. Goldstein, # 81.69 - W. M., # 81.160. - Vgl. # 94.139].

81.160 MÜLLER, Walter: Über die unzeitgemäße Aktualität des *Zauberberg.* In: # 81.159, S. 81-126, 135-144. [Vgl. # 94.140].

81.161 NATIONALKOMITEE DER SLAWISTEN DER DDR, Kommission für Baltistik: *49. Baltistenkonferenz, 12. Juni 1981, Tagesordnung. Th. M. und Litauen: Neues zur Geschichte des Th. M.-Hauses in Nida (Nidden).* Berlin, 1981, 2 S.

81.162 NEHAMAS, Alexander: 'Getting Used to not Getting Used to It': Nietzsche in *The Magic Mountain.* In: *Philosophy and Literature,* Jg. 5, Nr. 1 (Frühjahr 1981), S. 73-90. [Vgl. # 86.216. - *Der Zauberberg*].

81.163 NEIS, Edgar: Th. M., *Die Bekenntnisse des Hochstaplers Felix Krull.* In: E. N., *Der Roman.* Hollfeld, Obfr.: C. Bange, 1981, S. 93-104, 163-165, 185.

81.164 NOBLE, Cecil A. M.: Th. M.: Genius and Disorder. In: C. A. M. N., *Spielbewußtsein. Essays zur deutschen Literatur und Sprache.* Bern, u. a.: P. Lang, 1981, S. 59-64. (= Europäische Hochschulschriften, Reihe 1: Deutsche Sprache und Literatur, Bd. 438).

81.165 OBERMÜLLER, Klara: Th. M. In: Manuel Gasser: *München um 1900.* München: W. Heyne, 1981, S. 76-77.

81.166 OELLERS, Norbert: Th. M., Friedrich Schiller und die Vorsehung. In: *Arbeitskreis Heinrich Mann: Mitteilungsblatt,* Sonderheft (1981), S. 221-224.

81.168 ORŁOWSKI, Hubert: Die größere Kontroverse. Zur deutschen 'nicht akademischen' Rezeption des *Doktor Faustus* von Th. M. (1947-1950). In: Rolf Kloepfer, u. a., Hrsg.: *Erzählung und Erzählforschung im 20. Jahrhundert.* Stuttgart, u. a.: W. Kohlhammer, 1981, S. 245-255.

81.169 OZAKI, Jun: Einige Merkmale der modernen japanischen Literatur. In: *Essays in Foreign Languages and Literature,* Bd. 28 (1981), S. 225-239. [*Buddenbrooks.* - Bildungsroman].

81.170 PÄTZOLD, Kurt: Noch einmal: Anmerkungen eines Historikers. In: *Sinn und Form,* Jg. 33, Nr. 4 (Juli/August 1981), S. 741-753. [Zu F. Dieckmann, # 80.66].

81.171 PARRY, Idris: *Hand to Mouth and Other Essays.* Manchester: Carcanet New Press, 1981, 173 S. [E. Canetti - J. W. v. Goethe - G. Grass - F. Kafka - H. v. Kleist - Th. M. - R. M. Rilke: *Die Sonette an Orpheus, Malte Laurids Brigge* - R. Walser].

81.172 PARRY, Idris: In Sickness and in Health. In: *Partisan Review*, Jg. 8, Nr. 1 (1981), S. 17-20. [Auch in: # 81.171, S. 92-100. - Vgl. auch # 88.217].

81.173 PEABODY, Susan E.: *Rigidity and Metamorphosis. Versions of the Fall in Euripides, Kleist, Mann, and Others.* Dissertation, University of California, Berkeley, 1981, 284 S. [Resümee in: *DAI*, Jg. 42 (1981/82), S. 3151A. - Euripides: *Bakchen* - H. v. Kleist: *Penthesilea* - Th. M.: *Der Tod in Venedig*].

81.174 PITTNER, Hanno: *Der Zauberberg*: Das Spiegelbild einer brüchigen Gesellschaft. In: *Quick*, Nr. 26 (18. Juni 1981), S. 106-110. [Zur Verfilmung von *Der Zauberberg*].

81.175 POLONSKY, Abraham: McCarthy und die Folgen. Über die Beziehung von Politik und Kunst in Hollywood oder: Warum es nicht zur Verfilmung einer Th.-M.-Novelle kam. In: *SZ*, Jg. 37, Nr. 185 (14. August 1981), Feuilleton, S. 83. [J. R. McCarthy - *Mario und der Zauberer*].

81.176 PRATER, Donald A.: Th. M. In: D. A. P., *Stefan Zweig: Das Leben eines Ungeduldigen.* München: C. Hanser, 1981, S. 238-240, u. a.

81.177 PUJOL, Carlos: Prólogo. In: Th. M.: *Obras Selectas de Premios Nobel.* Barcelona: E. Planeta, 1981, S. I-V. [*Der Tod in Venedig - Das Gesetz - Doktor Faustus*].

81.178 RABKIN, Norman: Both/and: Nature and Illusion in the Romances. In: N. R., *Shakespeare and the Problem of Meaning.* Chicago, u. a.: The University of Chicago Press, 1981, S. 118-140, 158-160. [Vgl. Auszug in # 86.238].

81.179 RADDATZ, Fritz, Hrsg.: Friedrich Sieburg: *Zur Literatur 1924-1956.* Stuttgart: Deutsche Verlags-Anstalt, 1981, 478 S. (= Werkausgabe F. S.) [Mit Beiträgen von: F. S., # 81.216, # 81.217, # 81.218].

81.180 RADDATZ, Fritz, Hrsg.: Friedrich Sieburg: *Zur Literatur 1957-1963.* Stuttgart: Deutsche Verlags-Anstalt, 1981, 392 S. (= Werkausgabe F. S.) [Mit Beiträgen von: F. S., # 81.219, # 81.220, # 81.221, # 81.222, # 81.223].

81.181 RAU, Fritz: Rez. von P. d. Mendelssohn, # 78.210. In: *GRM*, N. F., Jg. 31, Nr. 2 (1981), S. 253-256.

81.182 REHBOCK, Theda: Th. M. - Friedrich Nietzsche. In: Karel Mácha, Hrsg.: *Die menschliche Individualität. Festschrift zum 85. Geburtstag von Herbert Cysarz.* München: Minerva, 1981, S. 29-76. (= Integrale Anthropologie, 1).

81.183 REICH-RANICKI, Marcel: Seelenspeise und das gefrorene Meer in uns. In: *FAZ*, Jg. 33, Nr. 130 (6. Juni 1981), Beilage Literatur. [Innerlichkeit].

81.184 REICH-RANICKI, Marcel: Leiden und Größe Th. M's. Aus Anlaß seiner Tagebücher aus den Jahren 1937 bis 1939. In: *FAZ*, Jg. 33, Nr. 135 (13. Juni 1981), Bilder und Zeiten. [Vgl. Wiederabdruck u. d. T.: Die Chronik seines Leidens, # 87.240 - Rez. von P. d. Mendelssohn, # 80.207].

81.185 REICH-RANICKI, Marcel: Bertolt Brecht, ein Genie und ein armer Hund. In: *FAZ*, Jg. 33, Nr. 282 (5. Dezember 1981), Beilage Literatur. [Über B. Brecht und Th. M.].

81.186 REICHART, Walter A.: Rez. von P. d. Mendelssohn, # 80.207. In: *Michigan Germanic Studies*, Jg. 7, Nr. 3 (1981), S. 336-338.

81.187 REUTIMANN, Hans: Th. M. in Küsnacht. In: *Zürichsee-Zeitung*, Nr. 117 (22. Mai 1981).

81.188 RICHTER, Wolfgang: Th. M. zollte dem Künstler Beifall: Gespräch mit dem Maler-Bildhauer Wolf Ritz. In: *Aachener Volkszeitung*, Jg. 36, Nr. 265 (14. November 1981), Wochenendbeilage, S. 2.

81.189 RIDER, Jacques le: Th. M. et la légende de Joseph. In: *Le Monde* (31. Juli 1981), S. 13. [Zur franz. Übs. von *Joseph und seine Brüder* (Paris, 1981)].

81.190 RIESS, Curt: Der Sohn. Klaus Mann und sein großer Vater. In: C. R., *Auch du, Cäsar... Homosexualität als Schicksal*. München: Universitas, 1981, S. 419-436.

81.191 RIGGAN, William: Th. M. In: W. R., *Picaros, Madmen, Naives, and Clowns: The Unreliable First-Person Narrator*. Norman: University of Oklahoma Press, 1981. [H. J. C. v. Grimmelshausen: *Simplicissimus* - Th. M.: *Felix Krull*].

81.192 RITTER-SANTINI, Lea: Introduzione. In: Th. M.: *Il giovane Giuseppe. Trad. di Bruno Arzeni*. Milano: A. Mondadori, 1981, S. V-XVIII. (= Gli Oscar, 1328; Oscar narrativa, 391) [*Der junge Joseph*].

81.193 ROCKWOOD, Heidi M.: Mann's *Death in Venice*. In: *Explicator*, Jg. 39, Nr. 4 (Sommer 1981), S. 34. [*Der Tod in Venedig*].

81.194 RUBIN, Berthold: Gibt es nur linke Schriftsteller? Reich-Ranickis unvollständige Nachprüfung. In: *Deutscher Anzeiger* (30. Januar 1981). [Rez. von M. R.-R., # 80.238].

81.195 SAUERESSIG, Heinz: Rez. von P. d. Mendelssohn, # 80.207. In: *Lektüre-Magazin*, Nr. 3 (März 1981), S. 36.

81.196 SAUERESSIG, Heinz: Seismograph und Mitgestalter seiner Zeit. In: *Schwäbische Zeitung*, Nr. 86 (13. April 1981). [Rez. von P. d. Mendelssohn, # 80.205, # 80.206, # 80.207 - *Doktor Faustus* - *Der Erwählte*].

81.197 SAUTERMEISTER, Gert: *Th. M.: Mario und der Zauberer*. München: W. Fink, 1981, 166 S. (= UTB Germanistik: Deutsche Literaturgeschichte. Uni-Taschenbücher 976; Text und Geschichte: Modellanalysen zur deutschen Literatur, Bd. 5) [Rez.: E. E. Reed, # 83.295].

81.198 SCHADENDORF, Wulf: Museale Präsenz - Die Brüder Mann im Museum Drägerhaus. In: *Hefte der Deutschen Th.-M.-Gesellschaft*, Nr. 1 (1981), S. 27-31.

81.199 SCHADENDORF, Wulf: Th. M. In: Ein neues Museum für Lübeck. In: *Museen in Schleswig-Holstein*, Nr. 2 (Sommer 1981), S. 3.

81.200 SCHEIDL, Ludwig F.: O Mito Demoníaco no Romance *Doutor Fausto* de Th. M. In: *Biblos*, Nr. 57 (1981), S. 395-413.

81.201 SCHENDELS, Eugenie I.: Der Artikel als Gestaltungsmittel der Polyphonie im Wortkunstwerk. In: *Zeitschrift für Germanistik*, Jg. 2, Nr. 3 (1981), S. 314-321. [U. a. zu Th. M., E. M. Remarque].

81.202 SCHIFFER, Eva, Hrsg.: Einleitung zu ihrer Ausg. von Th. M.-Karl Loewenstein: Briefwechsel. Erster Teil: 1933-1938. In: *Blätter der Th. M. Gesellschaft Zürich*, Nr. 18 (1981), S. 5-9. [Briefwechsel: S. 11-37. - Vgl. 2. Teil in # 82.223].

81.203 SCHLEE, Agnes: *Wandlungen musikalischer Strukturen im Werke Th. M's. Vom Leitmotiv zur Zwölftonreihe*. Frankfurt a. M., u. a.: P. Lang, 1981, 186 S. (= Europäische Hochschulschriften, Reihe 1: Deutsche Sprache und Literatur, Bd. 384) [Zugl.: Diss., Erlangen-Nürnberg, 1980. - *Der Zauberberg* - *Doktor Faustus*].

81.204 SCHMÜCKLE, Karl: Th. M. gegen den Faschismus. In: Klaus Jarmatz, und Simone Barck, Hrsg.: *Kritik in der Zeit. Antifaschistische deutsche Literaturkritik 1933-1945*. Halle-Leipzig, 1981, S. 438-443.

81.205 SCHNEIDER, A.: Rez. von F. Ohly, # 76.282. In: *EG*, Jg. 36, Nr. 3 (Juli-September 1981), S. 355-356.

81.206 SCHNEIDER, Peter-Paul: 'Es waren schwere Tage, die hinter uns liegen...' - Zu Heinrich Manns politischer Rolle von November 1918 - Mai 1919 im Tagebuch Th. M's. In: *Arbeitskreis Heinrich Mann: Mitteilungsblatt*, Sonderheft (1981), S. 265-288.

81.207 SCHONDORFF, Joachim: Wem ist ein großer Wurf gelungen? Gerhart Haupt-
mann - Hermann Hesse - Th. M. oder Ein Schuß Praeceptor Germaniae. In: J.
S., *Ein Bündel Modellfälle. Streifzüge durch Literatur und Geschichte.* Wien, u. a.:
Europaverlag, 1981, S. 135-143.

81.208 SCHONDORFF, Joachim: 'Einer aus unserer Generation'. Klaus Mann oder Das
Leiden an der Zeit. In: # 81.207, S. 145-157.

81.209 SCHRÖTER, Klaus: Rez. von H. C. Hatfield, # 79.84. In: *GR*, Jg. 56, Nr. 1
(1981), S. 38-39.

81.210 SCHRÖTER, Klaus: Rez. von P. d. Mendelssohn, # 78.210, # 79.156. In:
Monatshefte, Jg. 73, Nr. 3 (1981), S. 364-365.

81.211 SEEMANN, Hellmut: Lebenswerk und Tagewerk. In: *Deutsches Allgemeines Sonntagsblatt*, Jg. 34, Nr. 3 (18. Januar 1981), S. 18. [Rez. von P. d. Mendelssohn, #
80.207].

81.212 SEIDLIN, Oskar: Th. M's *Versuch über Schiller.* Die Zurücknahme einer Zurücknahme. In: Brummack/u. a., # 81.27, S. 692-710.

81.213 SEITZ, Gabriele: *Film als Rezeptionsform von Literatur. Zum Problem der Verfilmung von Th. M's Erzählungen Tonio Kröger, Wälsungenblut und Der Tod in
Venedig.* München: Tuduv, 2. Aufl., 1981, V, 642 S. [Vgl. E in # 79.209].

81.214 SIEBECK, Wolfram: Aus *Buddenbrooks* Küche. In: *Memo: Das Magazin von heute*,
Nr. 3 (März 1981), S. 34-41.

81.215 SIEBECK, Wolfram: Menü à la *Buddenbrooks.* Was Th. M. verschwieg. In: #
81.214, S. 44-45.

81.216 SIEBURG, Friedrich: Frieden mit Th. M. In: F. Raddatz, # 81.179, S. 216-225.
[Vgl. E in # 49.270. - Goethepreise Frankfurt, Weimar].

81.217 SIEBURG, Friedrich: In der Sackgasse (1951). In: F. Raddatz, # 81.179, S. 261-264.
[Vgl. E in # 51.166. - *Der Erwählte*].

81.218 SIEBURG, Friedrich: Kultur ist Parodie (1954). In: F. Raddatz, # 81.179, S. 377-
381. [Vgl. E u. d. T.: Auch ein Bildungsroman in # 54.162. - *Felix Krull*].

81.219 SIEBURG, Friedrich: Höherer und niederer Spaß (1959). In: F. Raddatz, # 81.180,
S. 111-114. [Vgl. E in # 59.144].

81.220 SIEBURG, Friedrich: Im harten Licht der Erinnerung. In: F. Raddatz, # 81.180, S. 122-124. [Vgl. E in: *FAZ*, Jg. 11, Nr. 50 (28. Februar 1959), Bilder und Zeiten].

81.221 SIEBURG, Friedrich: Höchster Anstandsunterricht (1961). In: F. Raddatz, # 81.180, S. 211-214. [Vgl. E in # 61.209, # 66.265. - Rez. von I. Jens, # 60.105. - E. Bertram - Th. M.].

81.222 SIEBURG, Friedrich: Ein Herr und Meister (1962). In: F. Raddatz, # 81.180, S. 253-266. [Vgl. E in # 62.233. - Rez. von E. Mann, # 61.146].

81.223 SIEBURG, Friedrich: Leiden an Deutschland (1962). In: F. Raddatz, # 81.180, S. 282-286. [Vgl. E in # 62.234. - Rez. von K. Sontheimer, # 61.214].

81.224 SIEFKEN, Hinrich: *Th. M.: Goethe - 'Ideal der Deutschheit!', Wiederholte Spiegelungen 1893-1949.* München: W. Fink, 1981, 309 S. [Rez.: R. Dumont, # 84.39 - V. Hansen, # 82.100 - M. Hoppe, # 82.117 - G. Kluge, # 82.144 - L. Leibrich, # 81.128 - S. B. Puknat, # 84.196 - G. Wenzel, # 82.290 - U. Wolff, # 81.267 - K. A. Wurst, # 83.388].

81.225 SIEFKEN, Hinrich: Th. M's Essay *Bruder Hitler*. In: *GLL*, N. S., Jg. 34, Nr. 2 (1981-1982), S. 165-181.

81.226 SLOCHOWER, Harry: Zur Ichfunktion des Selbstmords in der Literatur. In: *Psyche*, Jg. 35, Heft 12 (1981), S. 1077-1102. [U. a. zu J. W. v. Goethe: *Werther*, *Faust* - Th. M.].

81.227 SPRENGEL, Peter: Teufels-Künstler. Faschismus- und Ästhetizismus-Kritik in Exilromanen Heinrich, Thomas und Klaus Manns. In: *Sprache im Technischen Zeitalter* (1981), S. 181-195. [Vgl. # 89.265. - *Doktor Faustus*].

81.228 STANKAU, Annelie: Wo der Husten historisch wurde. Auf den Spuren des *Zauberbergs*. In: *Hannoversche Allgemeine Zeitung*, Jg. 88, Nr. 289 (12./13. Dezember 1981), Wochenendbeilage.

81.229 STEFFENSEN, Steffen: Drei Faustgestalten. In: Sverre Dahl, Hrsg.: *Dikt og idé. Festskrift til Ole Koppang pa syttiarsdagen, 18. januar 1981.* Oslo, 1981, S. 151-160. (= Osloer Beiträge zur Germanistik, Bd. 4) [J. W. v. Goethe - S. Kierkegaard - Th. M.].

81.230 STEFFENSEN, Steffen: *Der Zauberberg* in neuer Sicht. In: *JEGP*, Jg. 80 (1981), S. 380-387. [Rez. von B. Kristiansen, # 78.165].

81.231 STEINBERG, Willi: Textlinguistische Beobachtungen an Th. M's Roman *Königliche Hoheit*, II. In: *Hallesche Studien zur Wirkung von Sprache und Litera-*

tur, Bd. 2 (1981), S. 15-27. (= Wissenschaftliche Beiträge der Martin-Luther-Universität Halle-Wittenberg, 1980/30).

81.232 STEINBERG, Willi: Subjektive und objektive Faktoren bei der Ermittlung rezeptiv auffälliger Konstituenten eines literarischen Großtextes. In: W. S., *Funktion der Sprachgestaltung im literarischen Text*. Halle: Martin-Luther-Universität Halle-Wittenberg, 1981, S. 182-190. (= Wissenschaftliche Beiträge der Martin-Luther-Universität Halle-Wittenberg, 1981/82) [*Königliche Hoheit*].

81.233 STEPANAUSKAS, Leonas: Auf dem Schwiegermutter-*Zauberberg*. In: *Wochenpost*, Jg. 28, Nr. 46 (13. November 1981), S. 14. [Über Th. M's Sommerhaus in Nidden, mit Brief an den Architekten H. Reissmann vom 30. August 1946].

81.234 STRUC, Roman S.: Zu einigen Gestalten in *Effi Briest* und *Buddenbrooks*. In: *Seminar*, Jg. 17, Nr. 1 (1981), S. 35-49. [T. Fontane - Th. M.].

81.235 SZIRMAI, E.: Thomas und Katia Mann. In: *Almanach 1981 deutscher Schriftstellerärzte*. Marquartstein, 1981, S. 122-128.

81.236 TEWES, Juliane: 'Wir sind die Mittelsmänner der Wissenschaft'. In: *Darmstädter Tagblatt*, Jg. 243, Nr. 235 (10./11. Oktober 1981), S. 17. [Zur Th. M.-Ausstellung der Sammlung H. Waldmüller].

81.237 TORBERG, Friedrich: Brief an Th. M. vom 14. April 1942. In: *SZ*, Jg. 37, Nr. 185 (14./15./16. August 1981), Feuilleton, S. 82.

81.238 TRILLING, Lionel: *Disorder and Early Sorrow*. Th. M. 1875-1955. In: L. T., *Prefaces to the Experience of Literature*. New York, u. a.: Harcourt Brace Jovanovich, 1981, S. 131-135. (= A Harvest HBI Book; The Work of L. T.).

81.239 TSCHECHNE, Wolfgang: Die Stadt dankte Dräger für das neue Museum. In: *Lübecker Nachrichten*, Jg. 36, Nr. 135 (13. Juni 1981), S. 13.

81.240 TSCHECHNE, Wolfgang: 'Diesem Th. M. komme ich nie auf die Spur'. *Lübecker Nachrichten*-Gespräch mit dem Herausgeber Peter de Mendelssohn. In: *Lübecker Nachrichten*, Jg. 36, Nr. 252 (29. Oktober 1981), S. 14.

81.241 UNRUH, Ilse: Hans Waldmüller zeigt seine Th.-M.-Sammlung. In: *Aus dem Antiquariat*, Nr. 10 (10. Oktober 1981), S. A435-A438. (= Beilage zum *Börsenblatt für den Deutschen Buchhandel. Frankfurter Ausgabe*, Jg. 37, Nr. 94) [Zur Ausstellung in Darmstadt, Oktober/November 1981. - Vgl. auch: H. W., # 81.249].

81.242 VAGET, Hans R.: 'The Most Sensational Self-Portrait and Self-Critique of the German Character?' A Review of Some Recent Wagner Literature in English. In: *GQ,* Jg. 54 (1981), S. 202-214.

81.243 VAGET, Hans R.: Rez. von P. d. Mendelssohn, # 77.212, # 78.210, # 79.156, # 80.207. In: *Literature, Music, Fine Arts,* Jg. 14, Nr. 1 (1981), S. 26-28. (= German Studies, Jg. 14, Section 3).

81.244 VAGET, Hans R.: Rez. von H. Wysling/Y. Schmidlin, # 75.947. In: *Literature, Music, Fine Arts,* Jg. 14, Nr. 1 (1981), S. 42-44. (= German Studies, Jg. 14, Section 3).

81.245 VENTURELLI, Aldo: Gli intellettuali e la crisi della Repubblica di Weimar. In: *Studi Urbinati, Serie B3: Linguistica, Letteratura, Arte,* Bd. 55 (1981-82), S. 187-209. [Th. M. - R. Musil. - Weimarer Republik].

81.246 VIETTA, Silvio: Die *Buddenbrooks* im Fernsehen. Eine Mannheimer Studie zur Rezeption der Verfilmung des Romans von Th. M. In: Helmut Kreuzer, und Reinhold Viehoff, Hrsg.: *Literaturwissenschaft und empirische Methoden. Eine Einführung in aktuelle Projekte.* Göttingen: Vandenhoeck & Ruprecht, 1981, S. 244-263. (= Zeitschrift für Literaturwissenschaft und Linguistik, Beiheft 12) [Vgl. # 80.290].

81.247 WAIDELICH, Karl: *Th. M.: Buddenbrooks. Verfall einer Familie.* Stuttgart: E. Klett, 1981, 46 S. (= Editionen für den Literaturunterricht).

81.248 WALD, Heidrun: *Anna Seghers' Die Toten bleiben jung und Th. M's Doktor Faustus. Epochenbilanz im Exil und das Erbe L. N. Tolstojs und F. M. Dostoevskijs.* Dissertation, Pädagogische Hochschule Erfurt/Mühlhausen, 1981, 114 Bl., 256 S. [Resümee in: *Zeitschrift für Germanistik,* Jg. 3 (1982), S. 504-505].

81.249 WALDMÜLLER, Hans, Hrsg.: *Th. M., 1875-1955. Das Werk: Erstausgaben, Erstdrucke, Pressendrucke, Graphisches zum Werk - Plakate aus der Sammlung Hans Waldmüller.* Darmstadt: Hessische Landes- und Hochschulbibliothek, 1981, 110 S. [Vgl. auch I. Unruh, # 81.241. - Ausstellungskatalog].

81.250 WALDMÜLLER, Hans: Bei Bermann Fischer in Wien. In: *FAZ,* Jg. 33, Nr. 68 (21. März 1981), S. 8. [Betr. R. Baumgart, # 81.16].

81.251 WALSER, Martin: Th. M. In: M. W., *Selbstbewußtsein und Ironie. Frankfurter Vorlesungen.* Frankfurt a. M.: Suhrkamp, 1981. (= edition suhrkamp, N. F., Bd. 90).

81.252 WAPNEWSKI, Peter: *Tristan,* keine Burleske. Zu Th. M's Novelle. In: P. W., *Tristan. Der Held Richard Wagners.* Berlin: Severin und Siedler, 1981, S. 150-170, 211-214.

81.253 WEBER, Evelyn: Klaus Mann: Müde aller Masken. In: E. W., *Dichter privat.* Oberwil b. Zug: R. Kugler, 1981, S. 69-76.

81.254 WEBER, Evelyn: Th. M. Schließen wir doch die Augen, geborgen von Ewigkeit. In: # 81.253, S. 77-83. [Vgl. E in # 80.293].

81.255 WENZEL, Georg: Rez. von K. W. Jonas, # 79.107. In: *DLZ*, Jg. 102, Nr. 2 (Februar 1981), Sp. 140-143.

81.256 WENZEL, Georg: Rez. von W. Mittenzwei, # 79.160. In: *DLZ*, Jg. 102, Nr. 7/8 (Juli/August 1981), Sp. 600-604.

81.257 WENZEL, Georg: Zu den Beziehungen zwischen sozialistischer und bürgerlich-humanistischer Literatur: Johannes R. Becher und Th. M. In: *Greifswalder Germanistische Forschungen*, Nr. 3 (1981), S. 41-54.

81.258 WENZEL, Georg: Rez. von H. Bürgin/H.-O. Mayer, # 80.57. In: *Neue Literatur*, Jg. 32, Nr. 6 (Juni 1981), S. 116-117.

81.259 WENZEL, Georg: Rez. von P. d. Mendelssohn, # 79.156. In: *Referatedienst zur Literaturwissenschaft*, Jg. 13, Nr. 2 (1981), S. 237-238.

81.260 WENZEL, Georg: Johannes R. Becher und Th. M. Dialog, Begegnung und Bündnis. In: *Weimarer Beiträge*, Jg. 27, Nr. 5 (1981), S. 10-29.

81.261 WETZEL, Heinz: Erkenntnisekel. Motivkorrespondenzen zwischen Heines *Götterdämmerung* und Th. M's *Tonio Kröger*. In: *Heine-Jahrbuch*, Bd. 20 (1981), S. 163-169.

81.262 WILLEY, Thomas E.: Th. M's Munich. In: Gerald Chapple, und Hans H. Schulte, Hrsg.: *The Turn of the Century. German Literature and Art, 1890-1915. The McMaster Colloquium on German Literature 2.* Bonn: Bouvier, 1981, S. 477-491. (= Modern German Studies, Bd. 5).

81.263 WINSTON, Richard: *Th. M. The Making of an Artist. 1875-1911.* New York: A. A. Knopf; Toronto: Random House of Canada, 1981, VI, 325 S. (= Borzoi Book) [Mit einem Nachwort von C. Winston: S. 281-287. - Vgl. dt. Übs. in # 85.296, # 87.353. - Rez.: G. Annan, # 82.6 - P. Gay, # 82.90 - C. Lehmann-Haupt, # 81.124 - W. Phillips, # 83.277 - V. S. Pritchett, # 82.199 - E. M. Yoder, # 82.302].

81.264 WINTER, Rüdiger: Für 20 Millionen wird der *Zauberberg* von Th. M. verfilmt. In: *Welt am Sonntag* (10. Mai 1981).

81.265 WOLF, Christa: Sinnwandel. In: C. W., *Lesen und Schreiben. Neue Sammlung. Essays, Aufsätze, Reden.* Darmstadt: Luchterhand, 2., erw. Aufl., 1981, S. 198-199. (= Sammlung Luchterhand, 295).

81.266 WOLFF, Uwe: Rez. von L. Sandt, # 79.194. In: *ZDP*, Jg. 100, Nr. 2 (1981), S. 312-314.

81.267 WOLFF, Uwe: Rez. von H. Siefken, # 81.224. In: *ZDP*, Jg. 100, Nr. 4 (1981), S. 613-618.

81.268 WÜTIG, Hans: Th. M. wird verhökert. In: *Der Literat*, Jg. 23, Nr. 6 (15. Juni 1981), S. 146. [Über Erstausgabe von H. v. Hofmannsthals *Elektra* aus dem Besitz Th. M's in einem Münchener Antiquariat].

81.269 WYSLING, Hans: 'Eine sehr ernste und tiefgehende Korrespondenz mit meinem Bruder...' Zwei neuaufgefundene Briefe Th. M's an seinen Bruder Heinrich. In: *DVJS*, Jg. 55, Nr. 4 (1981), S. 645-664.

81.270 WYSLING, Hans: Laudatio auf Uwe Johnson. In: *Hefte der Deutschen Th.-M.-Gesellschaft*, Nr. 1 (1981), S. 45-50. [Nachdruck aus: *Vaterstädtische Blätter*, Jg. 30, Nr. 2 (1979). Vgl. # III.79.3 - Rede bei der Verleihung des Th.-M.-Preises (1978)].

81.271 WYSLING, Hans, und Marianne Fischer: Zur Edition. In ihrer Ausg. von *Dichter über ihre Dichtungen: Th. M., Teil 3: 1944-1955.* München: Heimeran; Frankfurt a. M.: S. Fischer, 1981, S. 590-596. (= Dichter über ihre Dichtungen, Bd. 14/III) [Vgl. Bd. 1, # 75.941 - Bd. 2, # 79.268. - Rez.: L. Leibrich, # 81.128].

81.273 ZELLER, Michael: Lokaltermin Pacific Palisades. Auf den Spuren eines deutschen Dichters. In: *FAZ*, Jg. 33, Nr. 276 (28. November 1981), Beilage Literatur.

81.274 ZIMMERMANN, Werner: Th. M. *Tonio Kröger* (1903). In: W. Z., *Deutsche Prosadichtungen unseres Jahrhunderts. Interpretationen für Lehrende und Lernende, Bd. 1.* Düsseldorf: Schwann, 6. Aufl., 1981, S. 100-124.

81.275 ZIMMERMANN, Werner: Th. M. *Mario und der Zauberer* (1930). In: # 81.274, S. 274-295.

81.276 ŽMEGAČ, Viktor: Sprachliche Tabus und literarische Normen. In: Heinz Rupp, und Hans-Gert Roloff, Hrsg.: *Akten des VI. Internationalen Germanisten-Kongresses, Basel 1980, Teil 1.* Bern, u. a.: P. Lang, 1981, S. 45-57. (= *Jahrbuch für Internationale Germanistik*, Reihe A, Bd. 8) [*Buddenbrooks*].

81.277 Zumbini, Massimo F.: Rez. von S. Ferretti, # 80.79. In: *Studi Germanici*, Jg. 18, Nr. 19/20 (1981/82), S. 504-509.

82.1   ABUSCH, Alexander: Th. M. und das 'Das Freie Deutschland'. In: A. A., *Ansichten über einige Klassiker*. Berlin, u. a.: Aufbau, 1982, S. 202-217. (= Dokumentation, Essayistik, Literaturwissenschaft) [Vgl. E in # 65.1. - Politik].

82.2   ABUSCH, Alexander: Tage mit Th. M. In: *NDL*, Jg. 30, Nr. 2 (Februar 1982), S. 119-125. [Mit Th. M.-Brief vom 28. November 1953. - Schiller-Feier 1955 in der DDR].

82.3   ACKERMANN, Paul K.: An Unpublished Letter from Th. M. to René Schickele, 27. November 1937. In: *Monatshefte*, Jg. 74, Nr. 1 (Frühjahr 1982), S. 7-10. [Einleitung: S. 7-8].

82.4   ALLEMANN, Beda: Franz Kafka - Hermann Hesse - Th. M. Zur Geschichte der Kafka-Rezeption. In: Th. Elm/G. Hemmerich, # 82.68, S. 259-269.

82.5   ALLEN, David G.: *Völkisch Elements in the Early Works of Th. M.* Dissertation, Saint Louis, MO: Washington University, 1982, I, 236 S. [Resümee in: *DAI*, Jg. 43, Nr. 9 (März 1983), S. 3001A. - Autorreferat in: *Germanistische Dissertationen in Kurzfassung* (1985), S. 171-172].

82.6   ANNAN, Gabriele: The Magician: Th. M. In: *The New York Review of Books*, Jg. 29, Nr. 2 (18. Februar 1982), S. 27-30. [Rez. von R. Winston, # 81.263].

82.8   ANON.: Altes Gebäude in neuer Pracht. Nachbildung des Buddenbrookhauses entsteht im St.-Annen-Museum. In: *Lübecker Nachrichten/Lübecker General-Anzeiger* (29. Dezember 1982). [R. Lühr].

82.9   ANON.: Vom Rätsel, wie man Th. M. im Film begegnen müßte. Zu Hans W. Geißendörfers *Der Zauberberg*. In: *NZZ*, Jg. 203, Nr. 93 (23. April 1982), S. 69-70.

82.10   ANON.: Zürich - zwischen Sihl und Steinwiesstraße: *Die Geschichten Jaakobs, Joseph und seine Brüder*. In: *Der Schweizer Buchhandel*, Nr. 1/2 (1982), S. 11. [Betr. E. Attenhofers Josephsstatue. - Mit Brief Th. M's an E. A. - Vgl. E. A., # 81.11].

82.11   ANON.: *Doktor Faustus*. In: G. Seitz, # 82.245, S. 174-175. [Verfilmung von *Doktor Faustus*].

82.12   ANON.: Nachspann. In: G. Seitz, # 82.247, S. 213-215. [Besetzung und Stab der Verfilmung *Der Zauberberg* von H. W. Geißendörfer].

82.13   ANON. [E. G.]: Festakt für Fest. In: *Kieler Nachrichten*, Nr. 106 (8. Mai 1982), S. 13. [Nach P. d. Mendelssohn und U. Johnson erhält J. C. Fest den Th.-M.-Preis der Hansestadt Lübeck].

82.14   ANON. [LIV.]: *Felix Krull* - Ars amandi nach teutonischem Gusto. In: *NZZ*, Jg. 203, Nr. 20 (26. Januar 1982), S. 38. [Verfasser: B. Livio]

82.15   ANON. [R.]: Grüße von Th. M. Unveröffentlichte Briefe an Friedrich Burschell. In: *Münchner Merkur* (27. November 1982).

82.16   ARNOLD, Heinz L., Hrsg.: *Th. M.* München: edition text & kritik, 2., erw. Aufl., 1982, 265 S. (= Sonderband aus der Reihe Text & Kritik) [Vgl. # 76.12. - Inhalt: R. Baumgart, # 82.20 - H. Bender, # 82.29 - W. Boehlich, # 82.32 - V. Hage, # 82.90 - M. Jäger, # 82.121 - Y. Karsunke, # 82.130 - H. Kesting, # 82.137 - H. Kesting/A. Paffenholz, # 82.139 - H. Kurzke, # 82.153 - P. Pütz, # 82.200 - M. Rinner/K. Schlüter, # 82.212 - K. Schröter, # 82.231 - H. Siefken, # 82.249 - R. Speirs, # 82.256 - J. Vogt, # 82.281 - M. Walser, # 82.284].

82.17   BALLHAUS, Michael: Subjektiv durch die Optik gesehen oder *Magic Mountain* at its Best. In: G. Seitz, # 82.247, S. 201-204. [Verfilmung von *Der Zauberberg*].

82.18   BARON, Frank: Dichtung: Marlowe - Goethe - Th. M. In: F. B., *Faustus: Geschichte, Sage, Dichtung*. München: Winkler, 1982, S. 99-121.

82.19   BARTSCH, Angelika: *Zur Stellung der Adverbiale in den Werken von Th. M.* Frankfurt a. M., u. a.: P. Lang, 1982, VIII, 377 S. (= Europäische Hochschulschriften, Reihe 1: Deutsche Sprache und Literatur, Bd. 521) [Zugl.: Diss., Univ. München, 1979].

82.20   BAUMGART, Reinhard: Betrogene Betrüger. Zu Th. M's letzter Erzählung und ihrer Vorgeschichte. In: H. L. Arnold, # 82.16, S. 123-131. [Vgl. E in # 76.20. - *Die Betrogene*].

82.21   BAUMGART, Reinhard: Traum auf dem Zauberberg. In: *Stern*, Jg. 35 (1. April 1982), S. 166. [Verfilmung von *Der Zauberberg*].

82.22   BAZZICALUPO, Laura: *Il sismografo e il funambolo: Modelli di conoscenza e idea del politico in Th. M. e in Robert Musil*. Napoli: Liguori, 1982, 195 S. [Rez.: P. Rateni, # 83.294].

82.23   BECHTLE, Henner: Golo Mann. Von allen Büchern meines Vaters lese ich *Felix Krull* am liebsten. In: *Hör zu*, Nr. 3 (15. Januar 1982), S. 15.

82.24 BECKER, Rolf: Hübsches Frätzchen. *Bekenntnisse des Hochstaplers Felix Krull.* TV-Film in fünf Teilen nach Th. M. von Bernhard Sinkel. ZDF. In: *Der Spiegel,* Jg. 36, Nr. 3 (18. Januar 1982), S. 142.

82.25 BECKER, Rolf: Moribunde Gesellschaft. In: *Der Spiegel,* Jg. 36, Nr. 8 (22. Februar 1982), S. 201-205. [Verfilmung von *Der Zauberberg*].

82.26 BECKER, Rolf: Auf Teufel komm raus. In: *Der Spiegel,* Jg. 36, Nr. 37 (13. September 1982), S. 213-215. [Zu F. Seitz' Verfilmung von *Doktor Faustus*].

82.27 BEDDOW, Michael: Reconstructions: *Der Zauberberg.* In: M. B., *The Fiction of Humanity. Studies in the Bildungsroman from Wieland to Th. M.* Cambridge, u. a.: Cambridge University Press, 1982, S. 230-284, 312-315. (= Anglica Germanica Series, 2) [Rez.: W. Witte, # 84.263].

82.28 BEER, Manfred R.: Th. M. als Bürgerschreck. Nach 80 Jahren erregen die *Buddenbrooks* Lübeck noch immer. In: *Die Welt,* Nr. 19 (23. Januar 1982), Geistige Welt, S. III.

82.29 BENDER, Hans: Der Herausgeber und sein Redactor. Ein Nebenkapitel der Th.-M.-Biographie. In: H. L. Arnold, # 82.16, S. 164-168. [Vgl. E in # 76.24. - F. Lion - *Maß und Wert*].

82.30 BLAHACEK, Rudolf: In deutschem Licht. In: G. Seitz, # 82.245, S. 148-151. [Verfilmung von *Doktor Faustus*].

82.31 BOBSIN, Claudia: Pelerinencape für Peeperkorn. Anmerkungen zum Thema Mode auf dem Zauberberg. In: G. Seitz, # 82.247, S. 195-200. [Verfilmung von *Der Zauberberg*].

82.32 BOEHLICH, Walter: Zu spät und zu wenig. Th. M. und die Politik. In: H. L. Arnold, # 82.16, S. 45-60. [Vgl. E in # 76.37].

82.33 BONDY, François: Zum Tode des Th.-M.-Biographen Peter de Mendelssohn. Ein Lebenswerk des großen Torsos. In: *Die Weltwoche,* Jg. 50, Nr. 33 (18. August 1982), S. 27.

82.34 BORCHARDT, Frank L.: Einleitung. In: Th. M.: A Letter to Hermann Borchardt. In: *Monatshefte,* Jg. 74, Nr. 3 (1982), S. 236. [Abdruck des Briefes: S. 237].

82.35 BORCHMEYER, Dieter: Th. M. In: D. B., *Das Theater Richard Wagners. Idee - Dichtung - Wirkung.* Stuttgart: P. Reclam, 1982, S. 430.

82.36 BRODE, Hanspeter: Th. M's Notizen aus der Menschenfremde. Seine Tagebücher aus den Jahren 1940-1943. In: *FAZ*, Jg. 34, Nr. 67 (20. März 1982), Bilder und Zeiten. [Rez. von P. d. Mendelssohn, # 82.177].

82.37 BROWN, Calvin S.: Similar Opposites: Kafka and Mann. In: *Sewanee Review*, Jg. 90 (1982), S. 583-589.

82.38 BROYARD, Anatole: The Happy Mann. In: *NYT*, Jg. 31 (13. November 1982), S. 15. [Rez. von H. Kesten's Ausg. von Th. M.: *Diaries 1919-1939*, # 82.136].

82.39 BUCHANAN, William A.: Theatrical and 'Märchen' Elements in Th. M's *Königliche Hoheit*. In: *DAI*, Jg. 42, Nr. 8 (1982), S. 3816A. [Vgl. # 81.28].

82.40 BUCHKA, Peter: Zu drei Verfilmungen von Romanen Th. M's. Ratlosigkeit vor der Gegenwart. In: *Westermanns Monatshefte*, Nr. 5 (Mai 1982), S. 6-13. [Verfilmungen von: *Der Zauberberg - Doktor Faustus - Felix Krull*].

82.41 BÜRGIN, Hans, und Hans-Otto Mayer, Hrsg.: *Die Briefe Th. M's. Regesten und Register. Band III: Die Briefe von 1944 bis 1950*. Frankfurt a. M.: S. Fischer, 1982, XII, 846 S. [Bearbeitet und hrsg. unter Mitarbeit von Y. Schmidlin; Lektorat: K. Beck. - Rez.: Anon. [vhg], # 89.13 - W. Grothe, # 84.72 - K. W. Jonas, # 90.144 - R. Kieser, # 84.107 - H. Kurzke, # 88.159 - H. Lehnert, # 84.139 - L. Leibrich, # 82.160 - H. R. Vaget, # 86.314 - G. Wenzel, # 83.367, # 84.260, # 90.314].

82.42 BULLIVANT, Keith: The Uses of Goethe. In: *GLL*, N. S., Jg. 36 (1982-1983), S. 148-155.

82.43 BUONO, Oreste del: Ma Lubecca rifiutò di specchiarsi nella famiglia Buddenbrook. In: *La Stampa*, Jg. 116, Nr. 90 (1. Mai 1982). (= Tuttolibri nuova serie, Jg. 8, Nr. 312, S. 4-5).

82.44 BUTLER, Christopher: Joyce and the Displaced Author. In: W. J. McCormack, und Alistair Stead, Hrsg.: *James Joyce and Modern Literature*. London: Routledge, 1982, S. 56-73. [J. Joyce: *A Portrait of the Artist as a Young Man*].

82.45 CARPI, Anna M.: Introduzione. In: Th. M.: *Contro l'eros. Il piccolo signor Friedemann, Luisella, Tristano, Sul matrimonio*. Milano: Il Saggiatore, 1982, S. VII-XXIX. (= Biblioteca delle Silerchie, 18) [*Der kleine Herr Friedemann - Tristan - Luischen - Über die Ehe*].

82.46 CARSTENSEN, Richard: Th. M. und die Musik. Violinstunden beim Konzertmeister. In: *Kieler Nachrichten*, Nr. 40 (17. Februar 1982), S. 13.

82.47 CASES, Cesare: *Th. M. Una biografia per immagini. Saggio critico biografico.* Pordenone: Studio Tesi, 1982, 155 S. (= Iconografia, 2) [Mit einem Essay von G. Mann, vgl. # 82.166. - Rez.: L. Borghese, # 83.78 - I. A. Chiusano, # 83.90].

82.48 CERF, Steven: *Joseph, der Ernährer*: Digressive Modes and the Narrator's Role. In: *CL*, Bd. 34, Nr. 1 (1982), S. 47-64. [L. Sterne - *Joseph und seine Brüder*].

82.49 CHARDIN, Philippe: *Le roman de la conscience malheureuse. Svevo, Gorki, Proust, Mann, Musil, Martin du Gard, Broch, Roth, Aragon.* Genève: Droz, 1982, 339 S. (= Histoire des idées et critique littéraire, Bd. 206) [Rez.: R. Galle, # 85.74].

82.50 CHARTIN, Jean-Jacques: La représentation de Beethoven dans *Gambara* de Balzac et le *Docteur Faustus* de Th. M. In: J.-J. C., *Trois figures de l'immaginaire littérature: les odyssées l'héroisation de personnages historiques. La science et le savant.* Nice: Les belles lettres, 1982, S. 183-194. (= Publications de la Faculté des Lettres et Sciences Humaines de Nice, 22).

82.51 CLEWETT, Barbara J.: *Creativity and the Daimonic in Mann's Doctor Faustus and Two Sarton Novels.* Dissertation, Northwestern University, 1982, IV, 187 S. [Resümee in: *DAI*, Jg. 43 (1982/83), S. 1967A].

82.52 COOK, Dayton G.: Displaced Archetypes: Captain Ahab and Adrian Leverkühn. In: *College Literature*, Bd. 9, Nr. 1 (Frühjahr 1982), S. 112-122. [H. Melville: *Moby Dick* - Neues Testament - *Doktor Faustus*].

82.53 COUTINHO E CASTRO, Jose: *Th. M.: Ensaiois.* Lisboa: Livros Horizonte, 1982, 96 S. (= Horizonte universitario, 32).

82.54 CRAIG, Gordon A.: Th. M. In: G. A. C., *The Germans.* New York: V. Putnam's Sons, 1982.

82.55 CRICK, Joyce: Thomas and Heinrich Mann. Some Early Attitudes to Their Public. In: *MLR*, Bd. 77, Nr. 3 (Juli 1982), S. 646-654. [Rezeption - H. Mann].

82.57 DAHLHAUS, Carl: Fiktive Zwölftonmusik. Th. M. und Theodor W. Adorno. In: *Deutsche Akademie für Sprache und Dichtung. Jahrbuch 1982* (1982), S. 33-49. [*Doktor Faustus*].

82.58 DALLIBOR, Klaus: *Der Zauberberg*, eine Fehldiagnose? In: *Darmstädter Echo*, Jg. 38, Nr. 84 (Ostern 1982), S. 3. [Nachdruck in: *Rhein-Neckar-Zeitung* (16. April 1982). - Betr. C. Virchows Bewertung der Röntgenbilder von Katia Mann].

82.59 DEL CARO, Adrian: Reception and Impact: The First Decade of Nietzsche in Germany. In: *Orbis Litterarum*, Jg. 37 (1982), S. 32-46.

82.60 DELLING, Manfred: Th.-M.-Verfilmungen und kein Ende. Wunderliche Unterhaltung. In: *Deutsches Allgemeines Sonntagsblatt*, Jg. 35, Nr. 11 (14. März 1982), Kultur-Magazin, S. 19. [Zu Geißendörfers Verfilmung von *Der Zauberberg*].

82.61 DEMM, Eberhard: Th. M. und Alfred Weber im ersten Weltkrieg. In: *EG*, Jg. 37, Nr. 1 (Januar-März 1982), S. 34-49. [Mit Brief Th. M's an A. W. vom 31. August 1915, S. 47-49. - Weltkrieg].

82.62 DEMM, Eberhard: Drei unveröffentlichte Briefe Th. M's aus dem Bundesarchiv Koblenz. In: *Orbis Litterarum*, Jg. 37, Nr. 2 (1982), S. 151-154.

82.63 DILL, Heinz J.: Der Spielbegriff bei Th. M.: Die Kunst als Synthese von Erkenntnis und Naivität. In: *Orbis Litterarum*, Jg. 37, Nr. 2 (1982), S. 134-150.

82.64 DREWITZ, Ingeborg: Der Mahner in der Fremde. Th. M'sTagebücher 1940-1943. Knappe Einblicke in die Arbeit des Autors in der Emigration. In: *Nürnberger Nachrichten*, Nr. 139 (22. Juni 1982), S. 14. [Rez. von P. d. Mendelssohn, # 82.177].

82.65 DYCK, Julie: *Über das Marionettentheater* und *Der Tod in Venedig*. In: J. W. Dyck: *Der Instinkt der Verwandtschaft. Heinrich von Kleist und Friedrich Nietzsche, Franz Kafka, Th. M., Bertolt Brecht*. Bern, u. a.: P. Lang, 1982, S. 121-129. (= Europäische Hochschulschriften, Reihe 1: Deutsche Sprache und Literatur, Bd. 444) [H. v. Kleist: *Über das Marionettentheater* - Th. M.: *Der Tod in Venedig*].

82.66 EGRI, Péter: Die Stellung des Goethe-Romans von Th. M. in der Weltliteratur. In: Antal Mádl, Hrsg.: *Goethe-Studien. Zum 150. Todestag des Dichters*. Budapest: Universität, 1982, S. 47-64. (= Budapester Beiträge zur Germanistik, 9) [*Lotte in Weimar*].

82.67 EICHHOLZ, Armin: 'Der alberne Platz hat es geschichtlich verdient'. Th. M's Tagebuch-Meinung zur Bombardierung Münchens. In: *Münchner Merkur* (30. April 1982), S. 11. [Rez. von P. d. Mendelssohn, # 82.177].

82.68 ELM, Theo, und Gerd Hemmerich, Hrsg.: *Zur Geschichtlichkeit der Moderne. Der Begriff der literarischen Moderne in Theorie und Deutung. Ulrich Fülleborn zum 60. Geburtstag*. München: W. Fink, 1982, 323 S. [Mit Beiträgen von: B. Allemann, # 82.4 - O. Seidlin, # 82.240].

82.69   EVANS, Tamara S.: 'Ich werde Besseres machen...' Zu Th. M's Goethe-Nachfolge in *Tonio Kröger*. In: *Colloquia Germanica*, Jg. 15, Nr. 1/2 (1982), S. 84-97.

82.70   FEHER, Ferenc: Litteratur i eksil. In: *Samtiden*, Jg. 91, Nr. 5 (1982), S. 40-47.
[Übs. von O. Aurstad und T. Aslund. - Th. M. - B. Pasternak - A.
Solschenizyn].

82.71   FELDER, Paul: Th. M. et Berlin. In: *Revue d'Allemagne*, Jg. 14, Nr. 2 (April-Juni
1982), S. 321-336.

82.72   FERTONANI, Roberto: Introduzione. In seiner Ausg. von Th. M.: *Saggi su Goethe. Trad. di Bruno Arzeni*. Milano: A. Mondadori, 1982, S. 7-15. (= Gli Os-
car/Oscar saggi, 80).

82.73   FEST, Joachim C.: Ein Unpolitischer wird besichtigt: Heinrich Mann. In: W.
Hinderer, # 82.111, S. 216-237.

82.74   FEST, Joachim C.: Bürgerlichkeit als geistige Lebensform. In: *Hefte der Deutschen
Th.-M.-Gesellschaft*, Nr. 2 (1982), S. 8-17. [Vgl. gekürzte Fassung u. d. T.: Hannos
Irrtum oder Bürgerlichkeit als geistige Lebensform. Eine Dankrede. In: *FAZ*, Jg.
33, Nr. 128 (5. Juni 1982), Bilder und Zeiten].

82.75   FETZER, John F.: Faktisches und Fiktionales über Annette Kolb: Wechselbeziehungen zwischen ihrer Darstellung des Exillebens und der Darstellung ihres Lebens durch den exilierten Th. M. In: Donald G. Daviau, und Ludwig M. Fischer, Hrsg.: *Das Exilerlebnis. Verhandlungen des vierten Symposiums über deutsche und österreichische Exilliteratur*. Columbia, SC: Camden House, 1982, S.
280-288.

82.76   FEUERLICHT, Ignace: Th. M. and Homoeroticism. In: *GR*, Jg. 57, Nr. 1 (1982),
S. 89-97. [Vgl. E in dt. Sprache, # 88.57].

82.77   FICK, Walter: Die *Buddenbrooks*: Gesetze des verfallenden Lebens. In: *Deutsches
Ärzteblatt*, Jg. 79, Heft 12 (26. März 1982), S. 93-97.

82.78   FINCK, Jean: *Th. M. et la psychoanalyse*. Paris: Les belles lettres, 1982, 216 S. (=
Confluents psychoanalytiques) [Vgl. Vorwort von J.-M. Palmier, # 82.189].

82.79   FIX, Ulla: Drei Sätze Th. M's. Eine stilistische Analyse. In: *Neuphilologische Mitteilungen*, Nr. 83 (1982), S. 339-348.

82.80   FRANCK, Barbara: Ihm fällt alles in den Schoß. In: *Brigitte*, Nr. 4 (10. Februar
1982), S. 137-142. [Verfilmung von *Der Zauberberg*].

82.81 FRANK, Manfred: Die alte und die neue Mythologie in Th. M's *Doktor Faustus*. In: Herbert Anton, Hrsg.: *Invaliden des Apoll. Motive und Mythen des Dichterleids*. München: W. Fink, 1982, S. 78-94.

82.82 FREY, Erich A.: Reale amerikanische Modelle und Vorlagen in Th. M's Exilwerken. In: Donald G. Daviau, und Ludwig M. Fischer, Hrsg.: *Das Exilerlebnis. Verhandlungen des vierten Symposiums über deutsche und österreichische Exilliteratur*. Columbia, SC: Camden House, 1982, S. 265-279.

82.83 FREY, Erich A.: Th. M. and His Friends before the Tolan Committee (1942). In: J. M. Spalek/R. F. Bell, # 82.255, S. 203-217.

82.84 FRITZ, Horst: *Instrumentelle Vernunft als Gegenstand von Literatur. Studien zu Jean Pauls Dr. Katzenberger, E. T. A. Hoffmanns Klein Zaches, Goethes Novelle und Th. M's Zauberberg*. München: W. Fink, 1982, 236 S. (= Literaturgeschichte und Literaturkritik, Bd. 4) [Rez.: A. Montandon, # 87.205 - E. Ribbat, # 83.302].

82.85 FRIZEN, Werner: Rez. von B. Kristiansen, # 78.165. In: *Text & Kontext*, Jg. 10 (1982), S. 192-196.

82.86 FURNESS, Raymond: *Wagner and Literature*. Manchester: Manchester University Press, 1982, XIII, 159 S. [Rez.: M. Swales, # 84.239. - *Der Tod in Venedig*].

82.87 GAMZIUKAITE, Raminta: Das Thema eines repräsentativen Daseins in Th. M's Roman *Königliche Hoheit*. In: *Literatura*, Jg. 24, Nr. 3 (1982), S. 64-74.

82.88 GANDELMAN, Claude: Th. M. and the Theory of 'Crystalline Beauty'. In: *Orbis Litterarum*, Jg. 37, Nr. 2 (1982), S. 122-133. [G. F. W. Hegel - A. Riegl - W. Worringer - *Der Zauberberg*].

82.89 GAVER, Walter: Reibach mit Th. M. In: *Rheinischer Merkur/Christ und Welt*, Jg. 37, Nr. 7 (12. Februar 1982), S. 20.

82.90 GAY, Peter: Rez. von R. Winston, # 81.263. In: *NYT Book Review* (3. Januar 1982), S. 9, 21, 22.

82.91 GEERDTS, Hans-Jürgen: Th. M's *Tristan* in der literarischen Tradition. In: H.-J. G., *Zu Goethe und anderen. Studien zur Literaturgeschichte*. Leipzig: P. Reclam, 1982, S. 194-210. [Vgl. E in # 66.73].

82.92 GEISSENDÖRFER, Hans W.: *Der Zauberberg* - Lesefassung des Drehbuches. In: G. Seitz, # 82.247, S. 33-157. [Verfilmung von *Der Zauberberg*].

82.93   GEISSENDÖRFER, Hans W.: Filme macht man nicht, sondern man lebt sie. In: G. Seitz, # 82.247, S. 159-176. [Regisseur und Drehbuchautor des Filmes *Der Zauberberg*].

82.94   GEISSLER, Rolf: Kunst und Künstler in der bürgerlichen Gesellschaft. Eine Unterrichtsreihe über Goethes *Torquato Tasso*, Grillparzers *Sappho*, E. T. A. Hoffmanns *Kreisleriana*, Buschs *Balduin Bählamm*, Wedekinds *Der Kammersänger* und Th. M's *Tonio Kröger*. In: R. G., *Arbeit am literarischen Kanon: Perspektiven der Bürgerlichkeit*. Paderborn, u. a.: Schöningh, 1982, S. 23-61. [Vgl. E in # 78.81].

82.95   GERTH, Klaus: Nachwort. In: Th. M.: *Beim Propheten. Mit Zeichnungen von Gunter Böhmer*. Hannover: Erich W. Hartmann, 1982, S. 37-42.

82.96   GILLESPIE, Gerald: Estebanillo and Simplex: Two Baroque Views of the Role-Playing Rogue in War, Crime, and Art (with an Excursus on Krull's Forebears). In: *Canadian Review of Comparative Literature*, Jg. 9 (1982), S. 157-171. [Vgl. # 88.73. - *Felix Krull*].

82.97   GREGOR-DELLIN, Martin: Polemiker und Gentleman. Zum Tode von Peter de Mendelssohn. In: *FAZ*, Jg. 34, Nr. 183 (11. August 1982), S. 19.

82.98   GROTHE, Wolfgang: Rez. von K. W. Jonas, # 79.107. In: *Studia Neophilologica*, Jg. 54 (1982), S. 334-337.

82.99   HAGE, Volker: Vom Einsatz und Rückzug des fiktiven Ich-Erzählers: *Doktor Faustus* - ein moderner Roman? In: H. L. Arnold, # 82.16, S. 112-122. [Vgl. E in # 76.137].

82.100 HANSEN, Volkmar: Rez. von H. Siefken, # 81.224. In: *Germanistik*, Jg. 23, Nr. 1 (1982), S. 177-178.

82.101 HARPHAM, Geoffrey G.: Metaphor, Marginality, and Parody in *Death in Venice*. In: G. G. H., *On the Grotesque. Strategies of Contradiction in Art and Literature*. Princeton, NJ: Princeton University Press, 1982, S. 122-145, 213-215. [*Der Tod in Venedig*].

82.102 HEFTRICH, Eckhard: *Vom Verfall zur Apokalypse: Über Th. M., Bd. II*. Frankfurt a. M.: V. Klostermann, 1982, 331 S. (= Das Abendland, N. F., 14, Forschungen zur Geschichte europäischen Geisteslebens) [Rez.: W. Frizen, # 94.54 - P. Stockinger, # 84.236 - G. Wenzel, # 85.291. - *Buddenbrooks - Doktor Faustus*].

82.103 HEFTRICH, Eckhard: Der gebrauchte Lessing. In: M. Vanhelleputte, Hrsg.: *G. E. Lessing und die Freiheit des Denkens*. Brüssel: Vrije Universiteit, 1982, S. 169-183.

(= *Tijdschrift voor de studie van de verlichting en van het vrije denken*, Jg. 10, Nr. 1/3 (1982)) [Zu Th. M's Lessing-Rede].

82.104 HELBLING, Hanno: Das Lebensprotokoll Th. M's. In: *NZZ*, Jg. 203, Nr. 78 (3./4. April 1982), Feuilleton, S. 39. [Rez. von: P. d. Mendelssohn, # 82.177].

82.105 HERMANN, István: Vorwort. In: J. Marcus-Tar, # 82.170, S. 7-21. [Übertragung des Vorwortes von E. Kiss].

82.106 HERMES, Sabina: Neuentdeckt und wiedergelesen: Leutnant Bilse, *Aus einer kleinen Garnison*. In: *Der Bote aus dem Wehrgeschichtlichen Museum*, Jg. 6, Nr. 10 (1982), S. 21-22. [*Bilse und ich*].

82.107 HERZIG, Walter: Th. M., *Tonio Kröger*. In: W. H., *Weltentwurf und Sprachverwandlung. Untersuchungen zu Dominanzverschiebungen in der Erzählkunst zwischen 1825 und 1950*. Frankfurt a. M., u. a.: P. Lang, 1982, S. 275-348. (= Europäische Hochschulschriften, Reihe 1: Deutsche Sprache und Literatur, Bd. 442) [Zugl.: Diss., Univ. Zürich. - G. Keller - *Tonio Kröger*].

82.108 HESSE, Hermann: Briefe an Thomas Mann. In: H. H., *Gesammelte Briefe. Dritter Band 1936-1948*. Hrsg. von Ursula und Volker Michels. Frankfurt a. M.: Suhrkamp, 1982.

82.109 HEUMANN, Fred S.: Some Major Biblical Sources in Th. M's *Joseph* Tetralogy. In: *Notre Dame English Journal. A Journal of Religion in Literature*, Jg. 14, Nr. 2 (Frühjahr 1982), S. 87-112. [Altes Testament].

82.110 HIELSCHER, Margot: Rom in Halle 4/5. In: G. Seitz, # 82.245, S. 158-161. [Verfilmung von *Doktor Faustus*].

82.111 HINDERER, Walter, Hrsg.: *Literarische Profile, Deutsche Dichter von Grimmelshausen bis Brecht*. Königstein/Ts.: Athenäum, 1982, 384 S. [Mit Beiträgen von: J. C. Fest, # 82.73 - G. Ueding, # 82.273].

82.112 HOCHHUTH, Rolf: Vom 'Zauberer' verzaubert. Glanzlichter auf einen großen Erzähler. Hans Mayers gesammelte Essays über Th. M. In: *Die Zeit*, Jg. 37, Nr. 14 (2. April 1982), S. 8. [Rez. von H. M., # 80.183].

82.113 HOFFMANN, Ernst F.: Rez. von P. d. Mendelssohn, # 80.207. In: *Literature, Music, Fine Arts*, Jg. 15, Nr. 2 (1982), S. 134-135.

82.114 HOFMANN, Friedrich: Krankheiten im Leben von Th. M. und Hermann Hesse im Spiegel ihrer Briefe und Tagebücher. In: *Deutsches Ärzteblatt*, Jg. 79, Heft 32 (13. August 1982), S. 56-58. [Auch in: *Stuttgarter Nachrichten* (19. Juni 1982)].

82.115 HOJERSHOLT, Karin: Kierkegaardsstiens dannelsesvej. In: Thomas Jensen, und Carstem Nicolaisen, Hrsg.: *Udviklingsromanen - en genres historie.* Odense: Universitetsforlag, 1982, S. 269-295, 440-441. (= Odense University Studies in Literature, Bd. 9).

82.116 HOLSCHUH, Albrecht, und Saundra Taylor: The S. Fischer Verlag Papers in the Lilly Library, Indiana University. In: *The Indiana University Bookman*, Nr. 14 (März 1982), S. 1-101.

82.117 HOPPE, Manfred: Rez. von H. Siefken, # 81.224. In: *Modern Philology*, Jg. 80 (1982-1983), S. 441-443.

82.118 HOPPE, Manfred: Th. M's Tagebücher aus dem amerikanischen Exil. Geschichte und Alltag. In: *Die Weltwoche*, Jg. 50, Nr. 18 (5. Mai 1982), S. 37. [Rez. von P. d. Mendelssohn, # 82.177].

82.119 HÜBSCHER, Arthur: Th. M's *Schopenhauer*-Essay. In: *Schopenhauer-Jahrbuch*, Bd. 63 (1982), S. 117-119.

82.120 HUWE, Gisela: Th. M's Tagebücher 1940-43. Seiten der Menschlichkeit. In: *Berliner Morgenpost* (6. Mai 1982). [Rez. von P. d. Mendelssohn, # 82.177].

82.121 JÄGER, Manfred: Th. M's Werk in der DDR. In: H. L. Arnold, # 82.16, S. 180-194. [Vgl. E in # 76.176].

82.122 JAESRICH, Hellmut: *Felix Krull* von Brustellin/Sinkel opulent ins Bild gesetzt - Loriot als Th. M. Dann entschwindet er in einer Montgolfière. In: *Die Welt*, Nr. 19 (23. Januar 1982), S. 16.

82.123 JAHN, Maria E.: Ästhetische Erziehung durch Sprechen am Beispiel *Der Zauberberg* von Th. M. In: *Kunst und Therapie*, Heft 2 (1982), S. 99-106.

82.124 JOHNSON, Sheila: Oskar Maria Grafs *Die Flucht ins Mittelmäßige* und Th. M's *Doktor Faustus*. Einflüsse und Parallelen. In: Donald G. Daviau, und Ludwig M. Fischer, Hrsg.: *Das Exilerlebnis. Verhandlungen des vierten Symposiums über deutsche und österreichische Exilliteratur.* Columbia, SC: Camden House, 1982, S. 289-296.

82.125 JONAS, Ilsedore B.: 'Ich sah ein kleines Wunder'. Porträts von Th. M's Lebensgefährtin. In: *Philobiblon*, Jg. 26, Nr. 4 (November 1982), S. 318-328. [Katia Mann. - Mit 6 Abb.].

82.126 JONAS, Ilsedore B.: Klaus Mann im amerikanischen Exil. In: *Weimarer Beiträge*, Jg. 28, Nr. 5 (Mai 1982), S. 35-61. [Vgl. # 84.100].

82.126a JONAS, Klaus W.: Literatur und Zeitgeschichte: Aus dem Briefarchiv eines
Sammlers und Bibliographen. In: *Imprimatur*, N. F., Bd. 10 (1982), S. 226-256.
[Über Th. M.: S. 227-231, 244-250. Mit Briefen an K. W. J. von C. Ehrenberg,
A. Einstein, K. Hiller, B. Isemann, G. Mann, Th. M., W. v. Molo, J. Winckler,
P. Winter].

82.127   JÜNEMANN, Katrin: Das Verhältnis von Hochsprache und Dialekt in Th. M's
Roman *Buddenbrooks*. In: *Niederdeutsches Wort*, Nr. 22 (1982), S. 129-144.

82.128   KAARSHOLM, Preben: Aschenbach og Dionysos. Om modsaetningernes radikali-
tet i Th. M's *Der Tod in Venedig*. In: A. Höger, Hrsg.: *Analyser af tysk litteratur*.
Kopenhagen: Text & Kontext, 1982, S. 135-157. (= Beiträge zur Literaturver-
mittlung im Fremdsprachenunterricht, Bd. 2).

82.129   KALEKO, Mascha: Der junge Joseph: Für Th. M. (Gedicht). In: M. K., *In meinen
Träumen läutet es Sturm. Gedichte und Epigramme aus dem Nachlaß*. München,
1982, S. 59.

82.130   KARSUNKE, Yaak: '... von der albernen Sucht, besonders zu sein': Th. M's *Der
Tod in Venedig* - wiedergelesen. In: H. L. Arnold, # 82.16, S. 85-93. [Vgl. E in #
76.193].

82.131   KARTHAUS, Ulrich: Rez. von H. Kurzke, # 80.153. In: *Arcadia*, Jg. 17, Nr. 1
(1982), S. 100-101.

82.132   KASDORFF, Hans: Zwei Briefe Th. M's. In: *NZZ*, Jg. 203, Nr. 42 (20./21. Februar 1982), Literatur und Kunst, S. 67. [Briefempfänger: K. Hamburger und H.
K.].

82.133   KAZIN, Alfred: Th. M. or the German as Novelist. In: A. K., *Contemporaries.
From 19th Century to the Present*. New York: Horizon Press, erw. Neuaufl.,
1982, S. 264-269. [Vgl. E in # 59.75].

82.134   KAZIN, Alfred: Th. M. In: A. K., *On Native Grounds*. New York: Harcourt,
1982, S. 445. [Albert Einstein - Th. M.].

82.135   KES, Risa: Dame mit zwei Zwickern u. v. a. In: G. Seitz, # 82.247, S. 205-211.
[Verfilmung von *Der Zauberberg*].

82.136   KESTEN, Hermann: Foreword. In seiner Ausg. von Th. M.: *Diaries 1918-1921.
1933-1939*. New York: Harry N. Abrams, 1982, S. VI-VII. [Rez.: A. Broyard, #
82.38 - E. Pawel, # 82.190 - S. S. Prawer, # 83.284 - A. W. Riley, # 82.211 - S.
Spender, # 83.339. - Zur Übs.: D. Kleine, # 84.110].

82.137 KESTING, Hanjo: Krankheit zum Tode. Musik und Ideologie. In: H. L. Arnold,
        # 82.16, S. 27-44. [Vgl. E in # 76.197].

82.138 KESTING, Hanjo: Doppelleben eines Einzelgängers. Th. M. in seinen
        Tagebüchern 1940-1943. In: *Die Zeit*, Jg. 37, Nr. 49 (3. Dezember 1982), Litera-
        tur-Beilage, S. 3. [Rez. von P. d. Mendelssohn, # 82.177].

82.139 KESTING, Hanjo, und Alfred Paffenholz: Deutsche Schriftsteller über Th. M. In:
        H. L. Arnold, # 82.16, S. 195-237. [Vgl. # 76.198. - Mit Beiträgen von: H. v.
        Cramer (S. 198) - H. Dittberner (S. 198-200) - H. Domin (S. 200-201) - G. Elsner
        (S. 201-202) - E. Fried (S. 202-203) - F. R. Fries (S. 203-205) - U. Friesel (S. 205-
        207) - M. Gregor-Dellin (S. 207-208) - M. v. d. Grün (S. 208-209) - P. Härtling (S.
        209-210) - G. Herburger (S. 210) - U. Herms (S. 210-213) - R. Hey (S. 213-214) -
        S. Heym (S. 214-215) - W. Hildesheimer (S. 215) - H. Kesten (S. 215-216) - R.
        Kirsch (S. 216-217) - A. Kluge (S. 217) - W. Koeppen (S. 217-218) - H. Krüger (S.
        218-219) - R. Lettau (S. 219) - A. Muschg (S. 219-221) - H. P. Piwitt (S. 221-224) -
        L. Rinser (S. 224-225) - G. Rühm (S. 225) - P. Rühmkorf (S. 225-226) - R.
        Schneider (S. 229-300) - P. Schütt (S. 231-232) - J. M. Simmel (S. 232-233) - D.
        Wellershoff (S. 233-234) - W. Weyrauch (S. 233-234) - R. Wolf (S. 235) - G. Zwe-
        renz (S. 236-237)].

82.140 KESTING, Jürgen: Das Jahr des Manns. In: *Stern*, Jg. 35, Nr. 8 (18.-24. Februar
        1982), S. 88-94. [Über Verfilmungen von *Buddenbrooks*, *Doktor Faustus*, *Felix
        Krull*].

82.141 KIENAST, Hansjürgen W.: Th. M's *Tonio Kröger* als Spiel. Über das Verhältnis
        von Kunst und Leben. In: *Sonntagspost* (7. Februar 1982), S. 7.

82.142 KLIMITSCHEK, Lotte: Das Spiel der Ebenen. In: G. Seitz, # 82.245, S. 152-157.
        [Verfilmung von *Doktor Faustus*].

82.143 KLUGE, Gerhard: Rez. von P. d. Mendelssohn, # 80.207. In: *Deutsche Bücher*, Jg.
        12 (1982), S. 70-73.

82.144 KLUGE, Gerhard: Rez. von H. Siefken, # 81.224. In: *Deutsche Bücher*, Jg. 12
        (1982), S. 68-70.

82.145 KOCH, Hans-Albrecht, und Uta Koch: Th. M. In: *Internationale Germanistische
        Bibliographie 1981*. München, u. a.: K. G. Saur, 1982.

82.146 KOEPKE, Wulf: Rez. von N. Hamilton, # 79.79. In: *Arbeitskreis Heinrich Mann:
        Mitteilungsblatt*, Nr. 16 (Februar 1982), S. 58-61.

82.147 KOEPKE, Wulf: Frisch's *I'm not Stiller* as Parody of *The Magic Mountain*. In:
        Gerhard F. Probst, und Jay F. Bodine, Hrsg.: *Perspectives on Max Frisch*. Lexing-

ton: The University Press of Kentucky, 1982, S. 79-92. [M. Frisch: *Stiller* - Th. M.: *Der Zauberberg*].

82.148 KÖTTELWESCH, Clemens: Th. M. In: C. K., *Bibliographie der deutschen Sprache und Literaturwissenschaft 1981, Bd. XXI.* Frankfurt a. M.: V. Klostermann, 1982, S. 312-316.

82.149 KOHUT, Heinz: Th. M's *Tod in Venedig.* Zerfall einer künstlerischen Sublimierung. In: Alexander Mitscherlich, Hrsg.: *Psycho-Pathographien des Alltags. Schriftsteller und Psychoanalyse.* Frankfurt a. M.: Suhrkamp, 1982, S. 137-159. [Vgl. E in # 57.80].

82.150 KOLENDA, Konstantin: Vision Blurred: Mann's *The Magic Mountain.* In: K. K., *Philosophy in Literature. Metaphysical Darkness and Ethical Light.* London: Macmillan, 1982, S. 89-119. [Goethe: *Faust* - Th. M.: *Der Zauberberg* - Rilke: *Duineser Elegien*].

82.151 KOOPMANN, Helmut: 'German Culture is Where I am': Th. M. in Exile. In: *Studies in Twentieth Century Literature*, Jg. 7, Nr. 1 (Herbst 1982), S. 5-20. [Vgl. dt. Originalfassung in # 81.116].

82.152 KUHN, Reinhard: The Enigmatic Child in Literature. In: Anna-Teresa Tymieniecka, Hrsg.: *The Philosophical Reflection of Man in Literature.* Dordrecht, u. a.: D. Reidel, 1982, S. 245-264. (= Analecta Husserliana, Bd. 12) [Kafka - Th. M.].

82.153 KURZKE, Hermann: Auswahlbibliographie zu Th. M. In: H. L. Arnold, # 82.16, S. 238-262. [Vgl. E in # 76.213].

82.154 KURZKE, Hermann: Rez. von W. Frizen, # 80.95. In: *Literatur in Wissenschaft und Unterricht*, Jg. 15 (1982), S. 220-221.

82.155 LAHANN, Birgit: Mann für Mann. In: *Stern*, Jg. 35, Nr. 2 (7. Januar 1982), S. 83-87. [Verfilmung von *Doktor Faustus*].

82.156 LANDMANN, Michael: Rez. von J. Marcus-Tar, # 82.170. In: *NDH*, Jg. 29, Heft 3, Nr. 175 (1982), S. 627-631. [G. Lukács - Th. M.].

82.157 LANDWEHR, Uta I.: *Die Darstellung der Syphilis in Th. M's Roman Doktor Faustus - Das Leben des deutschen Tonsetzers Adrian Leverkühn erzählt von einem Freunde.* Dissertation, Medizinische Hochschule Lübeck, 1982, 123 S.

82.158 LEHNERT, Herbert: Leo Naphta und sein Autor. In: *Orbis Litterarum*, Jg. 37, Nr. 1 (1982), S. 47-69. [*Der Zauberberg*].

82.159 LEHNERT, Herbert: Th. M., Bertolt Brecht, and the 'Free Germany' Movement. In: J. M. Spalek/R. F. Bell, # 82.255, S. 182-202.

82.160 LEIBRICH, Louis: Rez. von H. Bürgin/H.-O. Mayer, # 82.41. In: *EG*, Jg. 37 (1982), S. 375-376.

82.161 LEIBRICH, Louis: Rez. von P. d. Mendelssohn, # 82.177. In: *EG*, Jg. 37 (1982), S. 246-247.

82.162 LÜDI, Heidi, und Toni Lüdi: Bericht von einer Bergbesteigung zweier Architekten. In: G. Seitz, # 82.247, S. 183-193. [Verfilmung von *Der Zauberberg*].

82.163 LWOW, Sergej: Lob des langsamen Lesens. Die Übersetzung der Werke Th. M's. In: *Kunst und Literatur*, Nr. 30 (1982), S. 1002-1006. [Rez. von: S. Apt: *Nad stranizami Tomassa Manna*. Moskau: Sowjetski, 1980. Aus dem Russischen übs. von C. Makarow].

82.164 MANDEL, Siegfried: Helen Tracy Lowe Porter. Once a Translator, always a Translator. In: *Denver Quarterly*, Jg. 17, Nr. 2 (Sommer 1982), S. 29-39.

82.165 MANESCO, Adriano: Introduzione ad un'antologia di saggi di Th. M. su Freud, Nietzsche, Schopenhauer. In: *Il Lettore di Provincia*, Jg. 13, Nr. 51 (Dezember 1982), S. 84-97. [S. Freud - F. Nietzsche - A. Schopenhauer].

82.166 MANN, Golo: Presentazione. In: C. Cases, # 82.47, S. 11-37.

82.167 MANN, Golo: 'Ein Wächter über das öffentliche Denken'. Laudatio auf Joachim Fest, Träger des Th.-M.-Preises 1981. In: *Hefte der Deutschen Th.-M.-Gesellschaft*, Nr. 2 (1982), S. 3-7.

82.168 MANN, Golo: Raffinierter Tod auf der Mattscheibe. An der Qualität scheiden sich die Geister. In: *Rheinischer Merkur/Christ und Welt*, Jg. 37, Nr. 7 (12. Februar 1982), S. 20. [Verfilmung von *Felix Krull*].

82.169 MANN, Monika: Streichholzlichter. In: *Dolomiten*, Nr. 263 (11. November 1982), Literarische Beilage, S. 3.

82.170 MARCUS-TAR, Judit: *Th. M. und Georg Lukács: Beziehung, Einfluß und 'Repräsentative Gegensätzlichkeit'. Mit einem Vorwort von István Hermann.* Köln, u. a.: Böhlau, 1982, 208 S. (= Literatur und Leben, N. F., Bd. 24) [Zugl.: Diss., Univ. of Kansas, 1976. - Vgl. # 76.245 - # 87.187. - Resümee in: *DAI*, Jg. 38 (1977), S. 817A-818A. - Rez.: W. H. R. Berger, # 83.70 - J. P. Bier, # 85.18 - G. Klatt, # 87.154 - M. Landmann, # 82.156 - W. Lepenies, # 83.232 - E. Middell, # 85.198 - P. Schweitzer, # 82.239 - G. Wenzel, # 84.257, # 85.293].

82.171 MARX, Jacques: Th. M. (1875-1955). In: J. M., *Etude des grands mouvements des Principales littératures européennes contemporaines.* Bruxelles: Presses Universitaires de Bruxelles, 1982/83, S. 1-40.

82.172 MAYER, Hans: Th. M. In: H. M., *Outsiders: A Study in Life and Letters.* Cambridge, MA: M. I. T. Press, 1982. [Engl. Übs. von D. Sweet].

82.173 MENDELSSOHN, Peter de: Nachbemerkungen des Herausgebers. In seiner Ausg. von Th. M.: *Leiden und Größe der Meister.* Frankfurt a. M.: S. Fischer, 1982, S. 1069-1178. (= Frankfurter Ausgabe).

82.174 MENDELSSOHN, Peter de: Nachbemerkungen des Herausgebers. In seiner Ausg. von Th. M.: *Lotte in Weimar. Roman.* Frankfurt a. M.: S. Fischer, 1982, S. 409-472. (= Frankfurter Ausgabe).

82.175 MENDELSSOHN, Peter de: Nachbemerkungen. In: P. d. M., *Th. M. 1. Buddenbrooks, Der Zauberberg, Doktor Faustus, Der Erwählte.* Frankfurt a. M.: S. Fischer, 1982, 233 S. (= Fischer Taschenbuch, Bd. 5770) [Inhalt: *Buddenbrooks,* S. 9-46, vgl. E in # 81.145 - *Der Zauberberg,* S. 49-108, vgl. E in # 81.147 - *Doktor Faustus,* S. 111-195, vgl. E in # 80.205 - *Der Erwählte,* S. 199-233, vgl. E in # 80.206].

82.176 MENDELSSOHN, Peter de: Nachbemerkungen. In: P. d. M., *Th. M. 2. Frühe Erzählungen, Späte Erzählungen, Leiden und Größe der Meister.* Frankfurt a. M.: S. Fischer, 1982, 230 S. (= Fischer Taschenbuch, Bd. 5771) [Inhalt: *Frühe Erzählungen,* S. 9-61, vgl. E in # 81.146 - *Späte Erzählungen,* S. 65-118, vgl. E in # 81.148 - *Leiden und Größe der Meister,* S. 121-230, vgl. E in # 82.173].

82.177 MENDELSSOHN, Peter de: Vorbemerkungen des Herausgebers. In seiner Ausg. von Th. M.: *Tagebücher 1940-1943.* Frankfurt a. M.: S. Fischer, 1982, S. V-XI. [Rez.: H. Brode, # 82.36 - I. Drewitz, # 82.64 - R. Exner, # 84.46 - H. Helbling, # 82.104 - E. F. Hoffmann, # 85.111 - M. Hoppe, # 82.118 - G. Huwe, # 82.120 - H. Kesting, # 82.138 - G. Kluge, # 83.198 - H. Lehnert, # 84.139 - L. Leibrich, # 82.161 - J. Müller, # 83.260 - F. Rau, # 85.225 - A. v. Schirnding, # 82.225 - F. Schonauer, # 82.230 - G. Wenzel, # 83.369].

82.178 MEYER-CHRISTIANS, Jochen: *Th. M. - Ernst Jünger: Ein Vergleich der Tagebücher.* München: Privatdruck, 1982, 26 S.

82.179 MIDDELL, Eike: Rez. von A. Mádl, # 80.171. In: *Zeitschrift für Germanistik,* Jg. 3 (1982), S. 481-485. [Humanismus].

82.180 MONTANDON, Alain: Rez. von D. v. Gersdorff, # 79.69. In: *Romantisme,* Jg. 12 (1982), S. 112-113.

82.181 MORENO-DURAN, Rafael H.: Fausto, nuestro contemporáneo. Goethe 1832-1982. In: *Quimera*, Jg. 24, Nr. 1 (Oktober 1982), S. 23-27. (= Sammlung Profile, Bd. 5) [Th. M.: *Doktor Faustus* - C. Marlowe: *Doctor Faustus* - P. Valéry: *Mon Faust*].

82.182 MÜLLER, Walter: Die Fragwürdigkeit gegenwärtiger erziehungswissenschaftlicher Deutungsmuster und Postulate aus der Sicht des *Zauberbergs*. In: *Pädagogische Rundschau*, Jg. 36 (1982), S. 421-444. [Vgl. # 94.110].

82.183 MUMFORD, Lewis: A Visit with Th. M. in Munich, 1932. In: L. M., *Sketches from Life. The Autobiography of Lewis Mumford The Early Years*. New York: Dial Press, 1982, S. 467-468, u. a.

82.184 NIVEN, Colin: *Th. M. Tonio Kröger (Notes)*. Burnt Mill, u. a.: Longman York Press, 1982, 80 S. (= York Notes, 168).

82.185 ORŁOWSKI, Hubert: Heinrich und Th. M. in der literarischen Öffentlichkeit Polens. In: *Arbeitskreis Heinrich Mann: Mitteilungsblatt*, Nr. 16 (Februar 1982), S. 3-10.

82.186 OTT, Jacqueline: Le 'voyage' des *Buddenbrooks* aux *Confessions du Chevalier d'industrie Felix Krull*. Th. M. et ses modèles. In: Edouard Gaède, Hrsg.: *Trois figures de l'imaginaire littéraire: Les odyssées d'héroisation de personnages historiques, la science et le savant. Actes du XVIIe Congrès (Nice, 1981) de la Société Française de Littérature Générale et Comparée*. Nice: Les Belles Lettres, 1982, S. 93-101. (= Publications de la Faculté des Lettres et Sciences Humaines de Nice, Nr. 22).

82.187 OTTO, Susanne: *Literarische Produktion als egozentrische Variation des Problems von Identitätsfindung und -stabilisierung: Ursprung, Grundlagen und Konsequenzen bei Th. M. Analyse des novellistischen Frühwerks mit Perspektive auf das Gesamtwerk*. Frankfurt a. M., u. a.: P. Lang, 1982, 408 S. (= Europäische Hochschulschriften, Reihe 1: Deutsche Sprache und Literatur, Bd. 447) [Zugl.: Diss., Univ. Hamburg, 1981].

82.188 PACHTER, Henry: Walther Rathenau. Musil's 'Arnheim' oder Mann's 'Naphta'? In: H. P., *Weimar études*. New York: Columbia University Press, 1982, S. 171-188. [Vgl. E in # 78.227. - *Der Zauberberg*].

82.189 PALMIER, Jean-Michel: Th. M. et l'irrationnel. In: J. Finck, # 82.78, S. 5-33.

82.190 PAWEL, Ernst: Including Laundry Lists. In: *NYT Book Review* (14. November 1982), S. 13. [Rez. von H. Kesten's Ausg. von Th. M.: *Diaries 1919-1939*, # 82.136].

82.191 PETERS, Arthur: *The Bridge: An Essay on Th. M.* Madison, WI: Lillibridge Books, 1982, 66 S. [Rez.: H. R. Vaget, # 86.314].

82.192 PFEIFER, Martin: Hermann Hesse und Th. M. In: Friedrich Bran, und M. P., Hrsg.: *Hermann Hesse und seine literarischen Zeitgenossen. 2. Internationales Hermann-Hesse-Kolloquium in Calw.* Bad Liebenzell/Kreis Calw: B. Gengenbach, 1982, S. 83-94.

82.193 PFOHL, G.: Die Gnade, ein Esel Gottes zu sein. Oder: Von der Wirklichkeit der Bilder. In: *Die Medizinische Welt,* Jg. 33, Nr. 43 (1982), S. 85-94.

82.194 PITTNER, Hanno: Krull macht die Mattscheibe scharf. In: *Quick* (21. Januar 1982), S. 80-85.

82.195 PITTNER, Hanno: Eine teuflische Verführung. In: *Quick* (19. August 1982), S. 30-32. [Verfilmung von *Doktor Faustus*].

82.196 POPITZ, Klaus: Schelme. In: Ingeborg Becker, u. a., Kat.bearb.: *Von Odysseus bis Felix Krull. Gestalten der Weltliteratur in der Buchillustration des 19. und 20. Jahrhunderts.* Berlin: D. Reimer; Berlin: Staatliche Museen, 1982, S. 211-226. (= Veröffentlichungen der Kunstbibliothek Berlin, 90) [Ausstellungskatalog der Kunstbibliothek Berlin mit Museum für Architektur, Modebild und Grafik-Design].

82.198 POSER, Hans: Th. M.: *Bekenntnisse des Hochstaplers Felix Krull.* In: Jakob Lehmann, Hrsg.: *Deutsche Romane von Grimmelshausen bis Walser. Interpretationen für den Literaturunterricht. Bd. 1 und 2.* Königstein/Ts.: Scriptor, 1982, Bd. 2, S. 357-376.

82.199 PRITCHETT, Victor S.: Th. M. In: *The New Yorker,* Jg. 58, Nr. 18 (21. Juni 1982), S. 117-121. [Rez. von R. Winston, # 81.263].

82.200 PÜTZ, Peter: Th. M's Wirkung auf die deutsche Literatur der Gegenwart. In: H. L. Arnold, # 82.16, S. 169-179. [Vgl. E in # 76.302 - # 77.248].

82.201 RAMRAS-RAUCH, Gila: Aschenbach in *Death in Venice.* In: G. R.-R., *Protagonist in Transition. Studies in Modern Fiction.* Bern, u. a.: P. Lang, 1982, S. 115-155. (= Europäische Hochschulschriften, Reihe 8: Vergleichende Literaturwissenschaft, Bd. 29) [*Der Tod in Venedig*].

82.202 RAU, Fritz: Rez. von P. d. Mendelssohn, # 79.156. In: *GRM,* N. F., Jg. 32, Nr. 3 (1982), S. 366-370.

82.203 REDNER, Harry: Th. M. In: H. R., *In the Beginning was the Deed. Reflections on the Passage of Faust.* Berkeley, u. a.: University of California Press, 1982. [Goethe - Nietzsche - Th. M.: *Doktor Faustus*].

82.204 REED, Terence J.: Rez. von H. Kurzke, # 80.153. In: *MLR*, Bd. 77 (1982), S. 998-999.

82.205 REICH-RANICKI, Marcel: Th. M. und der Alltag. Der Briefwechsel mit seinem Verleger. In: M. R.-R., *Nachprüfung. Aufsätze über deutsche Schriftsteller von gestern.* Stuttgart: Deutsche Verlags-Anstalt, erw. Neuausg., 1982, S. 94-102. [Rez. von P. d. Mendelssohn, # 73.194. - Vgl. E in # 73.238].

82.206 REICH-RANICKI, Marcel: Th. M. und der Alltag. Briefe an einen Jugendfreund und an eine Gönnerin. In: # 82.205, S. 103-109. [Vgl. E in # 76.309 - vgl. auch # 80.238. - I. Boy-Ed - O. Grautoff].

82.207 REICH-RANICKI, Marcel: Th. M. und der Alltag. Zu den Tagebüchern aus den Jahren 1933 und 1934. In: # 82.205, S. 110-123, 341. [Rez. von P. d. Mendelssohn, # 77.212. - Vgl. E in # 78.244].

82.208 REIMERS, Dietrich: Tuberkulose und Kunst. Aus dem Lungenkrankenhaus 'Bethanien', Solingen-Aufderhöh. In: *Die Medizinische Welt*, Jg. 33, Nr. 11 (19. März 1982), S. 435-441. [Über Th. M.: S. 435-436].

82.209 REISSMÜLLER, Reinhard: Aus einer kleinen Garnison. Der Roman des Leutnants Bilse aus dem Jahre 1903. Aktuelle Wirkung und späte Folgen einer frühen Wilhelminismus-Kritik. In: *Imprimatur*, N. F., Bd. 10 (1982), S. 272-294.

82.210 REUTER, Helmut H.: Das autonome Subjekt: Analysen zu Peter Handke und Th. M. In: H. H. R., *Der Intellektuelle und die Politik. Beiträge zur politisch-literarischen Intellektualität von Schiller bis Handke.* Frankfurt a. M., u. a.: P. Lang, 1982, S. 136-156, 209-215. (= Europäische Hochschulschriften, Reihe 1: Deutsche Sprache und Literatur, Bd. 495) [*Tonio Kröger - Der Tod in Venedig - Betrachtungen eines Unpolitischen - Doktor Faustus*].

82.211 RILEY, Anthony W.: Th. M's Unveiling. In: *The Whig-Standard Magazine* (5. Februar 1982). [Rez. von H. Kesten's Ausg. von Th. M.: *Diaries 1918-1939*, # 82.136].

82.212 RINNER, Martina, und Kai Schlüter: Alles ist so seltsam...: Th. M. über 'Deutschland und die Deutschen'. In: H. L. Arnold, # 82.16, S. 61-66.

82.213 SANDBERG, Hans-Joachim: Rez. von D. v. Gersdorff, # 79.69. In: *Germanistik*, Jg. 23, Nr. 1 (1982), S. 176-177.

82.214 SAUERESSIG, Heinz: Die Tuberkulose als Paradigma des Lebensgefühls. In: *Die Medizinische Welt*, Jg. 33, Nr. 12 (26. März 1982), S. 428-434.

82.215 SAUL, Carl T.: Die Bedeutung des Niederdeutschen in den Werken Th. M's. In: *Quickborn*, Jg. 72, Nr. 3 (1982), S. 179-181.

82.216 SAUTERMEISTER, Gert: Th. M.: Der Ironiker als citoyen. Politische Rhetorik und kritische Diagnose in der Weimarer Republik. In: Thomas Koebner, Hrsg.: *Weimars Ende. Prognosen und Diagnosen in der deutschen Literatur und politischen Publizistik 1930-1933*. Frankfurt a. M.: Suhrkamp, 1982, S. 271-302. (= Suhrkamp Taschenbuch, 2018).

82.217 SCHARDT, Barbara: Erbmasse. Wie die Schriftstellerfamilie Mann vermarktet wird. In: *Capital*, Nr. 4 (1982), S. 301-304. [Betr. Verfilmungen von Th. M's Werken].

82.218 SCHEIN, Reinhold: *Doktor Faustus*. Th. M's Versuch einer Interpretation der deutschen Geschichte. In: *German Studies in India. Indo-German*, Jg. 6 (1982), S. 199-206.

82.219 SCHELLER, Wolf: 'Wo ich bin, da ist Deutschland'. In: *Die Presse* (17. April 1982).

82.220 SCHERG, Christian: Literatur als Lebenshilfe. Am Beispiel Th. M's. In: *Psyche*, Jg. 36, Heft 7 (1982), S. 630-661.

82.221 SCHICK, Lilo: Über die Achse gesprungen. In: G. Seitz, # 82.245, S. 162-166. [Verfilmung von *Doktor Faustus*].

82.222 SCHIFFER, Eva: *Zwischen den Zeilen: Manuskriptänderungen bei Th. M.: Transkriptionen und Deutungsversuche*. Berlin: E. Schmidt, 1982, 97 S. [Vgl. Berichtigung zum Heft, # 83.312. - Rez.: M. Dierks, # 84.33 - G. Kluge, # 83.199 - L. Leibrich, # 83.231 - T. J. Reed, # 85.228 - G. Wenzel, # 85.292. - *Joseph und seine Brüder - Doktor Faustus - Bekenntnisse des Hochstaplers Felix Krull*].

82.223 SCHIFFER, Eva: Th. M. - Karl Loewenstein Briefwechsel. Zweiter Teil: 1938-1953. In: *Blätter der Th. M. Gesellschaft Zürich*, Nr. 19 (1982), S. 5-40. [Vgl. Teil 1 in # 81.202].

82.225 SCHIRNDING, Albert von: Schöpferische Geduld, die das Grauen bannt. Th. M's Tagebücher 1937-1943. In: *SZ*, Jg. 38, Nr. 60 (13./14. März 1982), S. 112. [Rez. von P. d. Mendelssohn, # 80.207, # 82.177].

82.226 SCHIRNDING, Albert von: Auch er ein Zauberer. In: *SZ*, Jg. 38, Nr. 182 (11. August 1982), S. 11. [Zum Tode von P. d. Mendelssohn].

82.227 SCHNEIDER, Peter-Paul: Heinrich Mann im Tagebuch seines Bruders 1937-1939. In: *Arbeitskreis Heinrich Mann: Mitteilungsblatt*, Nr. 16 (1982), S. 29-54.

82.228 SCHÖDEL, Helmut: Zum Hochstapler nicht berufen. In: *Die Zeit*, Jg. 37, Nr. 4 (22. Januar 1982), S. 40. [*Felix Krull*].

82.229 SCHÖDEL, Helmut: Hohe Berge, große Budgets: Historisch sind in diesem Film nur die Kostüme. In: *Die Zeit*, Jg. 37, Nr. 10 (5. März 1982), S. 44. [Zu H. W. Geißendörfers Verfilmung von Th. M's Roman *Der Zauberberg*].

82.230 SCHONAUER, Franz: Rez. von P. d. Mendelssohn, # 82.177. In: *NDH*, Jg. 29, Heft 3, Nr. 175 (1982), S. 568-571.

82.231 SCHRÖTER, Klaus: Vom Roman der Seele zum Staatsroman. Zu Th. M's *Joseph*-Tetralogie. In: H. L. Arnold, # 82.16, S. 94-111. [Vgl. E in engl. Sprache in: *The New York Review of Books* (10. Juni 1975). - Vgl. E in # 75.793 - vgl. auch # 76.340].

82.232 SCHRÖTER, Klaus: Getretener Th. M. wird breit, nicht stark. Zur neuen Werkausgabe des Dichters. In: *Stuttgarter Zeitung*, Nr. 191 (21. August 1982), S. 50. [Betr. die von P. d. Mendelssohn begründete 'Frankfurter Ausgabe'].

82.233 SCHWAB-FELISCH, Hans: Ein bedeutender Vermittler. Zum Tode von Peter de Mendelssohn. In: *NZZ*, Jg. 203, Nr. 186 (13. August 1982), S. 33.

82.234 SCHWARTZ, Murray M., und David Willbern: Literature and Psychology. In: Jean-Pierre Barricelli, und Joseph Gibaldi, Hrsg.: *Interrelations of Literature*. New York: Modern Language Association of America, 1982, S. 205-224.

82.235 SCHWARZ, Egon, und Karen Thompson: Rez. von K. Pörnbacher, # 80.229 - J. F. White/J. W. Angell, # 80.301. In: *Colloquia Germanica*, Jg. 15, Nr. 3 (1982), S. 279-281.

82.236 SCHWARZE, Michael: Sterben in Davos. Hans W. Geißendörfer verfilmt Th. M's *Der Zauberberg*. In: *FAZ*, Jg. 34, Nr. 48 (26. Februar 1982), S. 25.

82.237 SCHWARZE, Michael: Ein sündiges Künstlerleben. Franz Seitz verfilmte Th. M's
Roman *Doktor Faustus*. In: *FAZ*, Jg. 34, Nr. 218 (21. September 1982), S. 25.
[Auch in: *Hefte der Deutschen Th.-M.-Gesellschaft*, Nr. 2 (1982), S. 44-47].

82.238 SCHWEIKERT, Rudi: Der Schleier der Maja und die diebische Lust. Ein Blick in
die 'Wortwelten' Arno Schmidts und Th. M's. In: Jörg Drews, Hrsg.: *Gebirgs-
landschaft mit Arno Schmidt. Grazer Symposion 1980*. München: edition text &
kritik, 1982, S. 98-129.

82.239 SCHWEITZER, Paul: A Model Instead of an Intellectual Partner: The Relationship
between Th. M. and György Lukács. In: *Hungarian Book Review*, Nr. 4 (1982).
[Rez. von J. Marcus-Tar, # 82.170].

82.240 SEIDLIN, Oskar: Die offene Wunde. Notizen zu Th. M's *Doktor Faustus*. In: T.
Elm/G. Hemmerich, # 82.68, S. 291-306.

82.241 SEIDLIN, Oskar: Rez. von J. F. White/J. W. Angell, # 80.301. In: *JEGP*, Jg. 81
(1982), S. 389-391.

82.242 SEITZ, Franz: *Doktor Faustus*. Lesefassung des Drehbuches. In: G. Seitz, # 82.245,
S. 31-112. [Regisseur und Drehbuchautor bei Verfilmung des *Doktor Faustus*].

82.243 SEITZ, Franz: Teufelslachen löst Lawinen aus. In: G. Seitz, # 82.245, S. 113-131.
[Verfilmung von *Doktor Faustus*].

82.244 SEITZ, Franz: *Zauberberg* bewegt. Anmerkungen zur Produktion. In: G. Seitz, #
82.247, S. 177-181. [Verfilmung von *Der Zauberberg*].

82.245 SEITZ, Gabriele, Hrsg.: *Doktor Faustus: Ein Film von Franz Seitz nach dem Ro-
man von Th. M.* Frankfurt a. M.: S. Fischer, 1982, 175 S. (= Fischer
Taschenbücher, 3681; Fischer Cinema) [Lektorat: I. Mues. - Inhalt: Anon., #
82.11 - R. Blahacek, # 82.30 - M. Hielscher, # 82.110 - L. Klimitschek, # 82.142 -
L. Schick, # 82.221 - F. Seitz, # 82.242, # 82.243 - G. Seitz, # 82.246 - H. v. Uslar-
Gleichen, # 82.275 - R. Wilhelm, # 82.295].

82.246 SEITZ, Gabriele: Zu Th. M's *Doktor Faustus*. In: # 82.245, S. 7-30.

82.247 SEITZ, Gabriele, Hrsg.: *Der Zauberberg. Ein Film von Hans W. Geißendörfer nach
dem Roman von Th. M.* Frankfurt a. M.: S. Fischer, 1982, 215 S. (= Fischer
Taschenbuch, 3676; Fischer Cinema) [Inhalt: Anon., # 82.12 - M. Ballhaus, #
82.17 - C. Bobsin, # 82.31 - H. W. Geißendörfer, # 82.92, # 82.93 - R. Kes, #
82.135 - H. und T. Lüdi, # 82.162 - F. Seitz, # 82.244 - G. Seitz, # 82.248].

82.248 SEITZ, Gabriele: Th. M. und der Film. In: # 82.247, S. 21-32.

82.249 SIEFKEN, Hinrich: Der Essayist Th. M. In: H. L. Arnold, # 82.16, S. 132-147.

82.250 SIEFKEN, Hinrich: Th. M's *Bruder Hitler*. In: *GLL*, N. S., Jg. 35 (1982), S. 165-181.

82.251 SIEFKEN, Hinrich: Rez. von M. Swales, # 80.280. In: *MLR*, Bd. 77 (Oktober 1982), S. 244-245.

82.252 SIEFKEN, Hinrich: Th. M. Edits Goethe: The Permanent Goethe. In: *MLR*, Bd. 77 (1982), S. 876-885.

82.253 SINKA, Margit M.: The Flight Motif in Martin Walser's *Ein fliehendes Pferd*. In: *Monatshefte*, Jg. 74, Nr. 1 (1982), S. 47-58. [*Tonio Kröger*].

82.254 SOETEMAN, Cornelis: Mittelalterliches bei André Gide, Th. M. und Simon Vestdijk. In: Q. I. M. Mok, u. a., Hrsg.: *Mélanges de Linguistique, de Littérature et de Philologie Médiévales, offerts à J. R. Smeets*. Leiden: Spiele, 1982, S. 271-280.

82.255 SPALEK, John M., und Robert F. Bell, Hrsg.: *Exile: The Writer's Experience*. Chapel Hill: The University of North Carolina Press, 1982, XXIII, 368 S. (= University of North Carolina: Studies in Germanic Languages and Literatures, 99) [Mit Beiträgen von: E. A. Frey, # 82.83 - H. Lehnert, # 82.159].

82.256 SPEIRS, Ronald: Aus dem Leben eines Taugenichts. Zu den Tagebüchern Th. M's. In: H. L. Arnold, # 82.16, S. 148-163.

82.257 SPIELMANN, Hans R.: Die Ironie der Ironie. Ein gescheiterter Unterrichtsversuch zu Th. M's *Der Tod in Venedig*. In: *Diskussion Deutsch*, Bd. 13 (1982), S. 330-348. [*Tonio Kröger - Tristan - Der Tod in Venedig*].

82.258 STADLMAIER, Gerhard: Wie sollen wir husten? Ein Elend: Kino und Literatur. Geißendörfers *Zauberberg*-Film. In: *Stuttgarter Zeitung*, Jg. 38, Nr. 47 (26. Februar 1982), S. 31. [Zur Verfilmung von *Der Zauberberg*].

82.259 STEINECKE, Hartmut: Brief-Regesten. Theorie und Praxis einer neuen Editionsform. In: *ZDP*, Jg. 101, Sonderheft (1982), S. 199-210. [Rez. von H. Bürgin/H.-O. Mayer, # 76.46, # 80.57].

82.260 STEPHANE, Nelly: Les Têtes interverties. In: *Europe*, Jg. 60, Nr. 638-639 (1982), S. 172-174. [G. Karnad: *Hayavadana* - Th. M.: *Die vertauschten Köpfe*].

82.261 SUGDEN, J. N.: *Th. M. and Dostoevsky: A Study of Doctor Faustus in Comparison with the Brothers Karamasov*. Dissertation, Cambridge University, 1982.

82.262 SWALES, Martin: In Defence of Weimar: Th. M. and the Politics of Republicanism. In: F. A. Bance, Hrsg.: *Weimar Germany: Writers and Politics*. Edinburgh:
Scottish Academic Press, 1982, S. 1-13. [Vgl. K. Bullivant, # 78.44. - Vgl. Nachdruck in # 84.238].

82.263 SWEET, Geoffrey W.: *Th. M. and Friedrich Meinecke. A Comparative Study 1895-
1925.* Hilary Term: Bodlarian Library Oxford, 1982, 285 S. [Diss., Pembroke
College Oxford].

82.264 SZILARD, Léna: Der Mythos im Roman und der Wechsel der literarisch-stilisti-
schen Formationen: Von Joyce und A. Belyj zum späten Th. M. und zu M. Bulgakov. In: Zoran Konstantinovič, Eva Kushner, und Béla Köpeczi, Hrsg.: *Evolution of the Novel. L'Evolution du Roman. Die Entwicklung des Romans.* Innsbruck: Institut für Sprachwissenschaft der Universität Innsbruck, 1982, S. 347-
352. (= Innsbrucker Beiträge zur Kulturwissenschaft, Sonderheft, 53; Proceedings of the IXth Congress of the International Comparative Literature Association, Jg. 9, Nr. 4) [A. Belyj - M. Bulgakov - J. Joyce].

82.265 THIEBERGER, Richard: Französische Einstreuungen im Werk Th. M's. In Alain
Faure's (u. a.) Ausg. von R. T., *Gedanken über Dichter und Dichtungen. Essays
aus fünf Jahrzehnten.* Bern, u. a.: P. Lang, 1982, S. 357-368.

82.266 THIEBERGER, Richard: Persönliches Engagement und epische Distanz in Th. M's
Novellen. In: # 82.265, S. 369-384.

82.267 THIEBERGER, Richard: Langue et technique narrative dans *l'Elu.* In: # 82.265, S.
385-398. [*Der Erwählte*].

82.268 THIEBERGER, Richard: Th. M. Zu seinem 80. Geburtstag am 6. Juni. In: #
82.265, S. 399-400. [Vgl. E in # 55.551].

82.269 THOEMMES, Ulrich: 'Der Wahrheit ins Gesicht gesehen'. Förderpreis der Th.-
M.-Gesellschaft an Uwe Wolff. In: *Hefte der Deutschen Th.-M.-Gesellschaft*, Nr. 2
(1982), S. 18-20.

82.270 TRIAS, Eugenio: Th. M.: Diseases of the Will. In: E. T., *The Artist and the City.*
New York: Columbia University Press, 1982, S. 133-148. (= European Perspectives) [Übs. von K. Krabbenhoft].

82.271 TRÜBY, Jochen: Der Dichter lauscht im Treppenhaus. Dreimal Th. M. in der
deutschen Filmszene. In: *Scala*, Nr. 4 (April 1982), S. 24-26. [Auch in engl. Ausgabe. - *Der Zauberberg - Doktor Faustus - Felix Krull*].

82.272 TSCHECHNE, Wolfgang: Joachim C. Fest - geehrt im Namen von Th. M. In:
Lübecker Nachrichten, Jg. 37, Nr. 106 (8. Mai 1982), S. 12.

82.273 UEDING, Gert: Lebensschauspiel mit Don Quijote. Über Th. M. In: W. Hinderer, # 82.111, S. 254-271.

82.274 ULRICH, Margot: '... diese kleine Mythe von Mutter Natur'. Zu Th. M's letzter Erzählung *Die Betrogene*. In: *Hefte der Deutschen Th.-M.-Gesellschaft*, Nr. 2 (1982), S. 31-43. [Vgl. # 84.248. - J. J. Bachofen - A. Schopenhauer].

82.275 USLAR-GLEICHEN, Hil von: Komparsenperspektive. In: G. Seitz, # 82.245, S. 167-173. [Verfilmung von *Doktor Faustus*].

82.276 VAGET, Hans R.: Der Asket und der Komödiant: Die Brüder Buddenbrook. In: *MLN*, Jg. 97, Nr. 3 (1982), S. 656-670. [*Buddenbrooks*].

82.277 VAGET, Hans R.: Germanistik und Wagner-Kritik. Anmerkungen zu den Wagner-Studien von Peter Wapnewski. In: *Orbis Litterarum*, Jg. 37 (1982), S. 185-195. [Rez. von P. Wapnewski, # 78.311, # 78.316].

82.278 VAGET, Hans R.: Th. M. und 'Das Tagebuch': Aspekte der Sexualität in *Der Zauberberg, Joseph und seine Brüder* und *Lotte in Weimar*. In: H. R. V., *Goethe: Der Mann von sechzig Jahren. Mit einem Anhang über Th. M.* Königstein/Ts.: Athenäum, 1982, S. 140-173, 177-179. [Rez.: S. Demmer, # 87.53 - H. J. Geerdts, # 83.123 - H. G. Haile, # 83.140 - W. P. Hanson, # 84.81 - M. W. Jennings, # 84.97 - C. E. Schweitzer, # 86.283 - C. Wagenknecht, # 82.282 - J. R. Williams, # 84.262].

82.279 VAGET, Hans R.: Intertextualität im Frühwerk Th. M's. *Der Wille zum Glück* und Heinrich Manns *Das Wunderbare*. In: *ZDP*, Jg. 101, Nr. 2 (1982), S. 193-216.

82.280 VISARIUS, Karsten: 'Hundert Tage auf dem Zauberberg.' Hastig, atemlos. In: *FAZ*, Jg. 34, Nr. 51 (2. März 1982), S. 22. [Verfilmung von *Der Zauberberg*].

82.281 VOGT, Jochen: Einiges über 'Haus' und 'Familie' in den *Buddenbrooks*. In: H. L. Arnold, # 82.16, S. 67-84.

82.282 WAGENKNECHT, Christian: Rez. von H. R. Vaget, # 82.278. In: *Germanistik*, Jg. 23, Nr. 2 (1982), S. 404-405.

82.283 WALDE, Erna von der: *Th. M. y el problema del artista burgues.* Dissertation, Univ. Bogotà, 1982, 165 Bl.

82.284 WALSER, Martin: Ironie als höchstes Lebensmittel oder Lebensmittel der Höchsten. In: H. L. Arnold, # 82.16, S. 5-26. [Vgl. E in # 74.198 - # 75.890 - # 76.386].

82.285 WARD, Mark G.: More than 'Stammesverwandtschaft'? On *Tonio Kröger's* Read-
         ing of *Immensee*. In: *GLL*, N. S., Jg. 36, Nr. 4 (1982-1983), S. 301-316. [Th. M.:
         Tonio Kröger - T. Storm: *Immensee*].

82.286 WEIGAND, Hermann J.: Zu Th. M's Anteil an Serenus Zeitbloms Biographie
         von Adrian Leverkühn. In: Ulrich K. Goldsmith, with the cooperation of Diet-
         rich Goldschmidt, Hrsg.: *Critical Probings. Essays in European Literature. From
         Wolfram von Eschenbach to Th. M. With an Introduction by Theodore J. Ziol-
         kowski*. Bern, u. a.: P. Lang, 1982, S. 265-295. (= Utah Studies in Literature and
         Linguistics, Bd. 22) [Vgl. E in # 77.325. - *Doktor Faustus*].

82.287 WEISS, Ernst: Th. M's *Zauberberg* (1924). In Peter Engel's und Volker Michels'
         Ausg. von E. W., *Die Kunst des Erzählens. Essays, Aufsätze, Schriften zur Literatur*.
         Frankfurt a. M.: Suhrkamp, 1982, S. 248-251. (= Suhrkamp Taschenbuch, 799;
         Gesammelte Werke, Bd. 16) [Vgl. E in # 24.58].

82.288 WEISS, Ernst: Th. M., *Mario und der Zauberer* (1930). In: # 82.287, S. 377-379.

82.289 WEISS, Ernst: Th. M., *Joseph in Ägypten* (1936). In: # 82.287, S. 406-407.

82.290 WENZEL, Georg: Rez. von H. Siefken, # 81.244. In: *DLZ*, Jg. 103, Nr. 3 (März
         1982), Sp. 220-223.

82.291 WENZEL, Georg: Rez. von H. Brandt/N. Kakabadse, # 78.198. In: *DLZ*, Jg. 103,
         Nr. 4 (April 1982), Sp. 297-299.

82.292 WENZEL, Georg: Rez. von A. Mádl, # 80.171. In: *DLZ*, Jg. 103, Nr. 5 (1982), Sp.
         407-410.

82.293 WENZEL, Georg: Rez. von H. Bürgin/H.-O. Mayer, # 80.57 - P. d. Mendels-
         sohn, # 80.207. In: *Referatedienst zur Literaturwissenschaft*, Jg. 14, Nr. 2 (1982), S.
         203-204, 215-216.

82.294 WIEGAND, Helmut: *Th. M's Doktor Faustus als zeitgeschichtlicher Roman. Eine
         Studie über die historischen Dimensionen in Th. M's Spätwerk*. Frankfurt a. M.: R.
         G. Fischer, 1982, 252 S. (= Frankfurter Beiträge zur neueren deutschen Litera-
         turgeschichte, Bd. 1) [Zugl.: Diss., Univ. Frankfurt. - Vgl. # 83.372].

82.295 WILHELM, Rolf: Musik von Kaisersaschern. In: G. Seitz, # 82.245, S. 132-147.
         [Verfilmung von *Doktor Faustus*].

82.296 WINTERMANN, Emmie: Ein Zauberberg des Zaubers - immer noch. In: *Davoser
         Revue* (1982/83), S. 158-159.

82.297 WITTSTOCK, Uwe: Weder Punk noch Th. M. Zwei Bücher von Uwe Wolff. In: *FAZ*, Jg. 34, Nr. 145 (28. Juni 1982), S. 22. [Rez. von U. Wolff, # 79.265, # 80.305].

82.298 WOLF, Ernest M.: Hagenströms: The Rival Family in Th. M's *Buddenbrooks*. In: *German Studies Review*, Jg. 5, Nr. 1 (Februar 1982), S. 35-55. [Vgl. Nachdruck in # 89.307].

82.299 WOLFF, Uwe: Th. M. besucht Sigmund Freud. 14. Juni 1936. In: *Hefte der Deutschen Th.-M.-Gesellschaft*, Nr. 2 (1982), S. 21-30.

82.300 WUTHENOW, Ralph-Rainer: Erzählprosa. In: Frank Trommler, Hrsg.: *Jahrhundertwende. Vom Naturalismus zum Expressionismus 1880-1918*. Reinbek bei Hamburg: Rowohlt, 1982, S. 102-123. (Deutsche Literatur. Eine Sozialgeschichte, hrsg. von Horst A. Glaser, Bd. 8) [E. v. Keyserling - H. Mann - Th. M.].

82.301 WYSLING, Hans: *Narzißmus und illusionäre Existenzform. Zu den Bekenntnissen des Hochstaplers Felix Krull*. Bern, u. a.: A. Francke, 1982, 584 S. (= Th.-M.-Studien, Bd. 5) [Rez.: D. W. Adolphs/E. Schwarz, # 84.3 - S. R. Cerf, # 84.26 - M. Dierks, # 84.33 - G. Kluge, # 84.112 - H. Koopmann, # 83.210 - L. Leibrich, # 83.231 - J. Müller, # 84.179 - T. J. Reed, # 84.200 - H. Reutimann, # 83.300 - E. Schiffer, # 85.244 - W. Schönau, # 86.273 - M. Swales, # 84.240 - H. R. Vaget, # 86.314].

82.302 YODER, Edwin M., Jr.: Portrait of a Young Man. In: *The Washington Post* (10. Januar 1982). [Rez. von R. Winston, # 81.263].

82.303 YOHANNAN, John D.: Hebraism and Hellenism in Th. M's Story of *Joseph and Potiphar's Wife*. In: *Comparative Literature Studies*, Jg. 19, Nr. 4 (Winter 1982), S. 430-441. [*Joseph und seine Brüder*].

82.304 ZEHM, Günter: Der Teufel residiert im Gurglfeuer. In: *Die Welt* (11. September 1982). [Zur Verfilmung von *Doktor Faustus*].

83.1 ACHENBACH, Bernd: 'Er ist ein hoechst liebenswerter Autor...' Zwei 'Lichtenberg-Briefe' Th. M's. In: *Photorin*, Jg. 6, Nr. 1 (1983), S. 39-41. [Mit Briefen an R. K. Goldschmit-Jentner und R. D. Loewenberg].

83.2 ADOLPHS, Dieter W.: *Literarischer Erfahrungshorizont: Aufbau und Entstehung der Erzählperspektive im Werk Th. M's.* Dissertation, St. Louis, MO: Washington University, 1983, 355 S. [Resümee in: *DAI*, Jg. 44, Nr. 12 (Juni 1984), S. 3701A].

83.3 AISAWA, Keiicchi: Ironie und Musik in Th. M's *Doktor Faustus.* In: *Shi-Gengo*, Bd. 20 (1983), S. 1-48.

83.4 ALLEN, Marguerite De Huszar: Montage and the Faust Theme: The Influence of the 1587 *Faustbuch* on Th. M's Montage-Technique in *Doktor Faustus.* In: *Journal of European Studies*, Jg. 13, Nr. 1/2 (März/Juni 1983), S. 109-121. [Wiederabdruck in: Michael Palencia-Roth, Hrsg.: *Perspectives on Faust.* Cambridge: University Printing Services, 1983, S. 109-121. - *Historia von Doktor Johann Fausten*].

83.5 ANON.: Deutschland an den Rand des Krieges treiben. Was Th. M. im Exil alles trieb. In: *Deutscher Anzeiger*, Jg. 26, Nr. 35 (26. August 1983), S. 6. [Rez. von V. Hansen/G. Heine, # 83.148].

83.6 ANON.: Bei Th. M. Der Schriftsteller über seine neue Novelle und über die moderne ungarische Lyrik. In: V. Hansen/G. Heine, # 83.148, S. 35-41. [Aus dem Ungarischen übs. von G. Engl. - Vgl. E in: *Pesti Napló* (14. September 1913)].

83.7 ANON.: Th. M. klärt auf. In: V. Hansen/G. Heine, # 83.148, S. 91-93. [Vgl. E in: *Hannoverscher Kurier* (30. Januar 1926). - Betr. Th. M's Vortrag in Paris am 20. Januar 1926].

83.8 ANON.: Th. M. zum Akademiestreit. In: V. Hansen/G. Heine, # 83.148, S. 93-94. [Vgl. E in: *Vossische Zeitung* (31. Mai 1926). - Betr. Preußische Akademie der Künste - G. Hauptmann].

83.9 ANON.: Th. M. über die Palästinabewegung. In: V. Hansen/G. Heine, # 83.148, S. 106-108. [Vgl. E in: *Jüdische Rundschau* (22. April 1927)].

83.10 ANON.: Th. M. in Warschau. Ein Gespräch mit dem Dichter. In: V. Hansen/G. Heine, # 83.148, S. 108-114. [Vgl. E in: *Magdeburgische Zeitung* (28. April 1927)].

83.11 ANON.: Th. M. und der Aufruf für Max Hölz. In: V. Hansen/G. Heine, # 83.148, S. 114-117. [Vgl. E in nicht identifizierbarer Zeitung (nach dem 2. Mai 1927)].

83.12 ANON.: Th. M. liest heute abend aus *Buddenbrooks*. In: V. Hansen/G. Heine, # 83.148, S. 154-155. [Aus dem Schwedischen übs. - Vgl. E in: *Aftonbladet* (9. Dezember 1929)].

83.13 ANON.: Festgrüße deutscher Dichter zu Gerhart Hauptmanns siebzigstem Geburtstag. Th. M. (Aus einem Gespräch). In: V. Hansen/G. Heine, # 83.148, S. 194-197. [Vgl. E in: *Neue Freie Presse* (15. November 1932)].

83.14 ANON.: Th. M. in Prag. In: V. Hansen/G. Heine, # 83.148, S. 202-205. [Vgl. E in # 32.3].

83.15 ANON.: Th. M. und das Judentum. In: V. Hansen/G. Heine, # 83.148, S. 206-208. [Vgl. E in: *Selbstwehr: Jüdisches Volksblatt* (25. Januar 1935)].

83.16 ANON.: Bekenntnis zu Sigmund Freud. In: V. Hansen/G. Heine, # 83.148, S. 223-225. [Vgl. E in: *Neues Wiener Journal* (8. Mai 1936)].

83.17 ANON.: 'Ich bin stolz... diesem Staate anzugehören.' Th. M. über die Tschechoslowakei. In: V. Hansen/G. Heine, # 83.148, S. 228-229. [Vgl. E in: *Der Montag* (11. Januar 1937)].

83.18 ANON.: Th. M. hofft, 'den Fall Hitlers noch zu erleben und nach Deutschland zurückzukehren'. In: V. Hansen/G. Heine, # 83.148, S. 231-233. [Vgl. E in: *New York Staats-Zeitung und Herold* (13. April 1937)].

83.19 ANON.: Dr. Mann sagt voraus, daß Hitler die Tschechen als die nächsten angreifen wird. In: V. Hansen/G. Heine, # 83.148, S. 233-235. [Aus dem Engl. übs. - Vgl. E in: *New York Post* (21. Februar 1938)].

83.20 ANON.: Ein gewaltsamer Tod kann Hitlers Wahnsinn Halt gebieten. Th. M. sieht eine große Gefahr in zunehmender Macht. In: V. Hansen/G. Heine, # 83.148, S. 237-239. [Aus dem Engl. übs. - Vgl. E in: *Tulsa Tribune* (18. März 1938)].

83.21 ANON.: Der Kommunismus - ein 'leeres' Wort: Th. M. berichtet über die Züricher Reise. In: V. Hansen/G. Heine, # 83.148, S. 286-288. [Aus dem Engl. übs. - Vgl. E in: *San Francisco Chronicle* (23. November 1947)].

83.22 ANON.: Th. M. schreibt in der Schweiz ein neues Buch mit einem alten Rittermotiv. In: V. Hansen/G. Heine, # 83.148, S. 291-293. [Aus dem Schwedischen übs. - Vgl. E in: *Svenska Dagbladet* (20. Mai 1949)].

83.23 ANON.: Th. M.: Meine Heimat ist die deutsche Sprache. In: V. Hansen/G. Heine, # 83.148, S. 305-307. [Vgl. E in: *Frankfurter Rundschau* (26. Juli 1949)].

83.24 ANON.: Mann sagt, die 'ehrlichen Deutschen' machten sich Sorgen über einen neuen Nationalismus. Führt tadelnd die Situation auf die deutsche Weigerung zurück, die wahren Ursachen für ihre gegenwärtige Lage zu erkennen. In: V. Hansen/G. Heine, # 83.148, S. 311-312. [Aus dem Engl. übs. - Vgl. E in: *New York Herald Tribune* (15. August 1949)].

83.25 ANON.: 'Der Friede scheint mir der Kategorische Imperativ unserer Zeit!' Th. M. auf einer Pressekonferenz in Wien. In: V. Hansen/G. Heine, # 83.148, S. 335-336. [Vgl. E in: *Tägliche Rundschau* (21. November 1952)].

83.26 ANON.: Th. M. bekennt sich eindeutig zum Westen. In: V. Hansen/G. Heine, # 83.148, S. 354-355. [Vgl. E in: *Neue Zeitung* (10. Juni 1953)].

83.27 ANON.: 'Jawohl, hier Th. M.!' Blitzgespräch mit Zürich-Erlenbach in aller Frühe. In: V. Hansen/G. Heine, # 83.148, S. 375-377. [Vgl. E in: *Der Abend* (7. Januar 1954). - Betr. Verfilmung von *Königliche Hoheit*].

83.28 ANON.: Wie der *Zauberberg* entstanden ist. Ausstellung in der Landesbibliothek. In: *Nordwest-Zeitung*, Jg. 38, Nr. 139 (18. Juni 1983).

83.29 ANON.: Wagner, Th. M. und die Deutschen vor 50 Jahren. In: *SZ*, Jg. 39, Nr. 33 (10. Februar 1983), S. 12.

83.30 ANON.: Zur französischen Übersetzung des *Faustus*-Romans: Zwei Interviews mit Th. M. In: R. Wolff, # 83.380, S. 10-14. [Auszug aus: E. Loewy, # 74.114. - Interviews vom Frühjahr 1950 und 10. Mai 1950].

83.31 ANON. [-MEY]: 'Mit dem Mythus konversieren...': Th. M's *Joseph*-Roman in der Frankfurter Ausgabe. In: *NZZ*, Jg. 204, Nr. 177 (2. August 1983), S. 25. [Verfasser: M. Meyer. - Rez. von A. v. Schirnding, # 83.316, # 83.317, # 83.318, # 83.319].

83.32 ANON. [A. H. D.]: Hitler muß besiegt werden. In: V. Hansen/G. Heine, # 83.148, S. 260-261. [Aus dem Engl. übs. - Vgl. E in: *Colorado Springs Gazette and Telegraph* (23. März 1941)].

83.33 ANON. [A. V.]: Th. M. für die deutsche Demokratie. 'Der Weg zum Gedeihen - die deutsche Demokratie.' Gegen den internationalen Nationalismus. In: V. Hansen/G. Heine, # 83.148, S. 64-66. [Vgl. E in: *Berliner Tagblatt* (18. November 1924)].

83.34 ANON. [Abor.]: Ein 'Mann' empfängt. In: V. Hansen/G. Heine, # 83.148, S. 208-209. [Vgl. E in: *Völkischer Beobachter* (25. Januar 1935)].

83.35 ANON. [AB]: 'Wagner und unsere Zeit'. Zu wiederherausgegebenen Texten von Th. M. In: *NZZ*, Jg. 204, Nr. 111 (14. Mai 1983), S. 39-40. [Verfasser: A. Briner].

83.36 ANON. [Colomba]: Th. M. erwartet Umschwung. In: V. Hansen/G. Heine, #
83.148, S. 247-250. [Aus dem Schwedischen übs. - Vgl. E in: *Dagens Nyheter* (1.
September 1939)].

83.37 ANON. [DPD/Reuter und DENA/Reuter Nachrichtenagenturen]: Interview
mit einem Reutervertreter. In: V. Hansen/G. Heine, # 83.148, S. 266-269. [Vgl.
E in: *DPD/Reuter und DENA/Reuter* (16. Mai 1947)].

83.38 ANON. [DR. P.]: Gespräch mit Th. M. In: V. Hansen/G. Heine, # 83.148, S.
229-231. [Aus dem Polnischen übs. durch A. v. Wnuck-Lipinsky. - Vgl. E in:
Neues Wiener Tageblatt (16. Januar 1937)].

83.39 ANON. [DR. W. H.]: Kultur und Technik: Ein Winterspaziergang mit Th. M.
In: V. Hansen/G. Heine, # 83.148, S. 142-145. [Vgl. E in: *Vossische Zeitung* (9.
Januar 1929)].

83.40 ANON. [E. G.]: Th. M. über Hindenburg. Für die 'Vereinigten Staaten von Europa'. In: V. Hansen/G. Heine, # 83.148, S. 69-71. [Vgl. E in: *Wiener Allgemeine
Zeitung* (3. Juni 1925)].

83.41 ANON. [E. M.]: Th. M., der Warner: 'Es gibt keine Restauration!'. In: V. Han-
sen/G. Heine, # 83.148, S. 58-60. [Vgl. E in: *Neues 8-Uhr-Blatt* (29. März 1923)].

83.42 ANON. [E. R.]: Interview mit dem *Zauberberg*-Autor. Deutschlands größter
Romancier von der jüdischen Ausdauer beeindruckt. In: V. Hansen/G. Heine, #
83.148, S. 159-162. [Aus dem Engl. übs. - Vgl. E in: *The Palestine Bulletin* (10.
April 1930)].

83.43 ANON. [GER.]: Trunken von Gedichten. Aus einem Gespräch mit Th. M. In:
V. Hansen/G. Heine, # 83.148, S. 330-333. [Vgl. E in: *Die Weltwoche* (14. November 1952)].

83.44 ANON. [H. L.]: Großer deutscher Schriftsteller in Warschau. Gespräch mit Th.
M. In: V. Hansen/G. Heine, # 83.148, S. 103-106. [Vgl. E in *Epoka* (13. März
1927). - Aus dem Polnischen übs. von A. v. Wnuck-Lipinsky].

83.45 ANON. [J. H.]: Gespräch mit Th. M. 'Besuch in Deutschland vielleicht noch
verfrüht'. In: V. Hansen/G. Heine, # 83.148, S. 270-275. [Vgl. E in: *Die Welt*
(20. Mai 1947)].

83.46 ANON. [J. O.]: 'Ich bin optimistisch'. In: V. Hansen/G. Heine, # 83.148, S. 307-
310. [Vgl. E in: *Die Welt* (30. Juli 1949). - Betr.: Offener Brief an Dr. E. Kogon].

83.47 ANON. [K. W.]: Gespräch mit Th. M. Versuch einer Wiedergabe. In: V. Han-
sen/G. Heine, # 83.148, S. 55-58. [Vgl. E in: *Komödie* (28. Januar 1922)].

83.48   ANON. [MM]: Gespräch mit Th. M. In: V. Hansen/G. Heine, # 83.148, S. 211-
        214. [Vgl. E in: *Pester Lloyd* (28. Januar 1935)].

83.49   ANON. [Ödon Halasi F.]: Th. M. In: V. Hansen/G. Heine, # 83.148, S. 28-35.
        [Vermutlich Ö. H. Fischer. - Vgl. E in *Világ* (31. August 1913). - Aus dem
        Ungarischen übs. von I. Kolbe].

83.50   ANON. [Perpetua]: Ein neues Buch von Th. M. In: V. Hansen/G. Heine, #
        83.148, S. 313-316. [Aus dem Schwedischen übs. - Vgl. E in: *Dagens Nyheter* (3.
        Mai 1950)].

83.51   ANON. [R. H.]: Th. M.: Der Geist im Exil. In: V. Hansen/G. Heine, # 83.148,
        S. 225-228. [Vgl. E in: *Der Morgen* (15. Juni 1936)].

83.52   ANON. [R. K.]: Bei Th. M. in Salzburg. In: V. Hansen/G. Heine, # 83.148, S.
        221-223. [Vgl. E in: *Das Echo* (24. August 1935)].

83.53   ANON. [R. K.]: Meine Stellung zu Coudenhove. Paneuropa als Weg zur seeli-
        schen Entspannung. Von Th. M. (Aus einem Gespräch). In: V. Hansen/G.
        Heine, # 83.148, S. 149-152. [Vgl. E in: *Neue Freie Presse* (21. September 1929)].

83.54   ANON. [S.]: Gespräch mit Th. M. In: V. Hansen/G. Heine, # 83.148, S. 138-142.
        [Vgl. E in: *Lübecker Volksbote* (5. Dezember 1928)].

83.55   ANON. [U. I.]: Mengstraße vier, Lübeck. Ausstellung zum Buddenbrookhaus.
        In: *NZZ*, Jg. 204, Nr. 142 (21. Juni 1983), S. 37.

83.56   ANON. [VX]: Sehnsucht nach Europa. Ein Gespräch mit Th. M. In: V. Han-
        sen/G. Heine, # 83.148, S. 327-330. [Vgl. E in: *Stader Tageblatt* (21. August
        1952)].

83.57   ARBAN, Dominique: 'Ich bin eine für die sowjetische Gesellschaftsordnung völ-
        lig unakzeptable Person'. In: V. Hansen/G. Heine, # 83.148, S. 317-322. [Aus
        dem Französischen übs. - Vgl. E in: *Figaro Littéraire* (14. Mai 1950)].

83.58   ASHE, Rosalind: Th. M. (1875-1955), *Buddenbrooks*. In: R. A., *More Literary
        Houses*. New York: Facts on File, 1983, S. 88-99.

83.59   AUER, Peter: Was kann der Felix denn dafür, daß er so schön ist. In: *Funk-Uhr*
        (22. Januar 1983), S. 4-5. [Zur Verfilmung von *Felix Krull*].

83.60   BADIA, Gilbert, und René Geoffroy: Ernst Glaeser, ein Antisemit? Eine kriti-
        sche Untersuchung des in der Emigration gegen Ernst Glaeser erhobenen Vor-
        wurfs des Antisemitismus. In: *Exilforschung*, Bd. 1 (1983), S. 283-301.

83.61 BALONIER, Hendrik: *Schriftsteller in der konservativen Tradition. Th. M. 1914-1924.* Frankfurt a. M., u. a.: P. Lang, 1983, 247 S. (= Europäische Hochschulschriften, Reihe 1: Deutsche Sprache und Literatur, 644; Analysen und Dokumente: Beiträge zur Neueren Literatur, Bd. 13) [Zugl.: Diss., Univ. Frankfurt. - Rez.: H. Kiesel, # 87.152].

83.62 BANULS, André: Das Jahr 1931. In: Helmut Koopmann, und Peter-Paul Schneider, Hrsg.: *Heinrich Mann. Sein Werk in der Weimarer Republik. Zweites Internationales Symposion. Lübeck 1981.* Frankfurt a. M.: V. Klostermann, 1983, S. 245-261. [Vgl. # 86.14. - 2. Internationales H. M.-Symposium, Lübeck, 1981].

83.63 BASLER, Otto: Wiedersehen mit Th. M. In: V. Hansen/G. Heine, # 83.148., S. 275-279. [Vgl. E in # 47.15].

83.64 BAUER, Arnold: Begegnung mit Th. M. In: V. Hansen/G. Heine, # 83.148, S. 293-296. [Vgl. E in # 49.28].

83.65 BAUER, Arnold: Wandlungen eines Dichters. Ein zweites Gespräch mit Th. M. In: V. Hansen/G. Heine, # 83.148, S. 296-300. [Vgl. E in # 49.28].

83.66 BAUMGART, Reinhard: Eine Fata Morgana deutscher Kultur. Reinhard Baumgart über Th. M's *Lotte in Weimar.* In: *FAZ,* Jg. 35, Nr. 266 (15. November 1983), S. 25. [Vgl. Nachdruck in # 90.15].

83.67 BELLMANN, Werner, Hrsg.: *Th. M.: Tonio Kröger.* Stuttgart: P. Reclam, 1983, 102 S. (= Universal-Bibliothek, Nr. 8163, Erläuterungen und Dokumente).

83.68 BENNETT, Benjamin, Anton Kaes, und William J. Lillyman, Hrsg.: *Probleme der Moderne. Studien zur deutschen Literatur von Nietzsche bis Brecht. Festschrift für Walter Sokel.* Tübingen: M. Niemeyer, 1983, XI, 498 S. [Mit Beiträgen von: D. Cohn, # 83.94 - H. Koopmann, # 83.207 - H. Wysling, # 83.389].

83.69 BERGER, Friedemann, Vera Hauschild, und Roland Links, Hrsg.: Th. M. In: *In jenen Tagen: Schriftsteller zwischen Reichstagsbrand und Bücherverbrennung. Eine Dokumentation.* Leipzig: Kiepenheuer, 1983.

83.70 BERGER, Willy H. R.: Der Autor, sein Kritiker und sein Geschöpf. In: *Arcadia,* Jg. 18 (1983), S. 73-80. [Rez. von J. Marcus-Tar, # 82.170. - G. Lukács - Th. M.].

83.71 BERLE, Waltraud: *Heinrich Mann und die Weimarer Republik. Zur Entwicklung eines politischen Schriftstellers in Deutschland.* Bonn: Bouvier, 1983. (= Abhandlungen zur Kunst, Musik und Literatur, 331).

83.72 BERTAUX, Félix: Th. M. - ein Porträt. In: V. Hansen/G. Heine, # 83.148, S. 81-90. [Aus dem Französischen übs. von C. Giesen. - Vgl. E in # 26.11].

83.73 BLOCH, Peter: The Unreliable Writer. In: *Unveiling Cuba*, Nr. 5 (Oktober 1983), S. 8.

83.74 BOLDUC, Stevie A.: A Study of Intertextuality: Th. M's *Tristan* and Richard Wagner's *Tristan und Isolde*. In: *Rocky Mountain Review of Language and Literature*, Jg. 37, Nr. 1-2 (1983), S. 82-90.

83.75 BORCHERT, Jürgen: Th. M. bei uns. In: *Wochenpost*, Jg. 30, Nr. 47 (18. November 1983).

83.76 BORCHMEYER, Dieter: Th. M. und der *Protest der Richard-Wagner-Stadt München im Jahre 1933*. Eine Dokumentation. In: *Jahrbuch der Bayerischen Staatsoper München* (1983), S. 51-103. [Vgl. K. Ude, # 83.351].

83.77 BORCHMEYER, Dieter: Repräsentation als ästhetische Existenz. *Königliche Hoheit* und *Wilhelm Meister*. Th. M's Kritik der formalen Existenz. In: *Recherches Germaniques*, Jg. 13 (1983), S. 105-136. [J. W. v. Goethe: *Wilhelm Meisters Lehrjahre*, *Wilhelm Meisters Wanderjahre*].

83.78 BORGHESE, Lucia: Rez. von C. Cases, # 82.47. In: *Belfagor*, Jg. 38 (1983), S. 485-488.

83.79 BRENNER, Jacques: Vorwort zu seiner Übersetzung von Th. M.: *Altesse Royale*. Paris: B. Grasset, 1983, S. 7-15. [*Königliche Hoheit*].

83.80 BRETSCHNEIDER, Günther: Professor Karl Arnold - bedeutendster Sohn Neustadts, zu seinen Freunden zählten der Maler Paul Klee und der Dichter Th. M. In: *Coburger Tagblatt* (30. März 1983), S. 15.

83.81 BRIDGES, George B.: *Homoeroticism and the Father-Son Relation in the Principal Works of Herman Melville and Th. M.* Dissertation, University of Illinois, Urbana, 1983, 408 S. [Resümee in: *DAI*, Jg. 44, Nr. 7 (Januar 1984), S. 2139A].

83.82 BROLSMA, Simona, und Ulke Brolsma: De dagboeken van Th. M. In: *Maatstaf*, Jg. 31, Nr. 9 (1983), S. 1-15.

83.83 BRUFFEE, Kenneth A.: Th. M. In: K. A. B., *Elegiac Romance. Cultural Change and Loss of the Hero in Modern Fiction*. Ithaca, u. a.: Cornell University Press, 1983, 230 S. [*Doktor Faustus*].

83.84 BRUNS, Alken: 'Dichterlos, Dichterschicksal' - Th. M's Versuch, Julius Have-
mann zu helfen. In: *Zeitschrift des Vereins für Lübeckische Geschichte und Altertumskunde*, Jg. 63 (1983), S. 279-282. [Mit Brief-Faksimile: Th. M. an den Lübecker Bürgermeister und Senat, 24. Januar 1930].

83.85 BURGARD, Peter J.: *Fiorenza*. Mann contra Nietzsche. In: *MLQ*, Jg. 44, Nr. 4
(Dezember 1983), S. 359-373.

83.86 BUTLER, George O.: Berühmter Nazi-Exilierter sieht neues Mittelalter mit
Hitler an der Macht. In: V. Hansen/G. Heine, # 83.148, S. 261-264. [Aus dem
Engl. übs. - Vgl. E in: *Greensboro Record* (30. Oktober 1941)].

83.87 CARLSSON, Anni: Das Faustmotiv bei Th. M. (1949). In: R. Wolff, # 83.380, S.
84-105. [Vgl. E in # 49.61].

83.88 CHAPPELL, Fred: A Pact with Faustus. In: *Mississippi Quarterly: The Journal of
Southern Culture*, Jg. 37 (1983-1984), S. 9-20.

83.89 CHARDAIRE, Nicole: *Le Docteur Faustus*. In Louise Servicen's Übs. von Th. M.:
Le Docteur Faustus. Paris: A. Michel, 1983, S. 1-2. (= Le livre de poche, Nr.
3021) [*Doktor Faustus*].

83.90 CHIUSANO, Italo A.: Ohibò, che faccia borghese. In: *La Repubblica* (5. Januar
1983), S. 21. [Rez. von C. Cases, # 82.47].

83.91 CHIUSANO, Italo A.: Thomas fratello crudele. In: *La Repubblica* (23. November
1983), S. 22-23. [Rez. von N. Hamilton, # 79.79, # 83.144].

83.92 CHURCH, Margaret: Th. M. In: M. C., *Structure and Theme. Don Quixote to
James Joyce*. Columbus, OH: Ohio State University Press, 1983, XI, 207 S. [J. W.
v.Goethe: *Die Leiden des jungen Werthers* - F. Kafka: *Der Prozeß* - Th. M.: *Der
Zauberberg*].

83.93 COBLEY, Evelyn: Political Ambiguities in *Under Western Eyes* and *Doktor
Faustus*. In: *Canadian Review of Comparative Literature*, Jg. 10 (1983), S. 377-388.
[*Doktor Faustus* - J. Conrad].

83.94 COHN, Dorrit: The Second Author of *Der Tod in Venedig*. In: Ben-
nett/Kaes/Lillyman, # 83.68, S. 223-245. [Vgl. # 88.38].

83.95 CURY, Maria Z. Ferreira: Intertextualidade. Uma Prática Contraditória. In:
Cadernos de Lingüística e Teoria da Literatura, Jg. 8 (Dezember 1983), S. 117-128.
[J. Cortázar - H. Hesse - Th. M. - J. G. Rosa - M. Vargas Llosa].

83.96   DAVID, Claude: Zu einer Figur Th. M's: Naphta, des Teufels Anwalt. In: Theo
        Buck, und Etienne Mazingue, Hrsg.: *Ordnung des Kunstwerks. Aufsätze zur
        deutschsprachigen Literatur zwischen Goethe und Kafka.* Göttingen: Vandenhoeck
        & Ruprecht, 1983, S. 156-173. (= Sammlung Vandenhoeck) [Vgl. E in # 77.56 -
        vgl. # 88.43. - *Der Zauberberg*].

83.97   DEDNER, Burghard: Kultur und Wahrheit. Zur thematischen Dialektik von Th.
        M's Frühwerk. In: *Jahrbuch der Deutschen Schillergesellschaft*, Bd. 27 (1983), S.
        345-380.

83.98   DIERKS, Manfred: Zur Bedeutung philosophischer Konzepte für einen Autor
        und für die Beschaffenheit seiner Texte. In: Björn Ekmann, u. a., Hrsg.: *Litera-
        tur und Philosophie. Vorträge des Kolloquiums am 11. und 12. Oktober 1982.* Mün-
        chen: W. Fink, 1983, S. 9-39. (= Kopenhagener Kolloquien zur deutschen Li-
        teratur, Bd. 8; Text & Kontext, Sonderreihe, Bd. 16) [G. W. F. Hegel - I. Kant -
        A. Schopenhauer].

83.99   DIETRICHSTEIN, Egon: Ein Gespräch mit Th. M. In: V. Hansen/G. Heine, #
        83.148, S. 41-45. [Vgl. E in # 19.9].

83.100 DITTMER, Ilse: Des Zauberers guter Geist. In: *Chic* (August 1983), S. 60. [E.
        Mann Borgese].

83.101 DITTRICH, Konrad: Eine Lubecensie von ganz besonderer Köstlichkeit. 'Tony
        Buddenbrooks Poesie-Album' im St.-Annen-Museum. In: *Lübecker Nachrichten*,
        Jg. 38, Nr. 73 (27. März 1983). [E. Mann Borgese].

83.102 DOBIJANKA-WITCZAKOWA, Olga: Der Gegensatz Künstler-Bürger in Th. M's
        Lotte in Weimar. In: A. Mádl/M. Salyámosy, # 83.241, S. 235-241.

83.103 DÖRR, Hansjörg: Th. M. und Adorno. Ein Beitrag zur Entstehung des *Doktor
        Faustus* (1970). In: R. Wolff, # 83.383, S. 48-91. [Vgl. E in # 70.35a].

83.104 DURIEUX, Louis: Ein Gespräch mit Th. M. 'Ich als Deutscher fühle mich den
        Franzosen näher als den Engländern'. In: V. Hansen/G. Heine, # 83.148, S. 121-
        124. [Aus dem Französischen übs. - Vgl. E in # 28.27].

83.106 EGRI, Manfred: Th. M., der skeptische Wagnerianer. In: Lorenz Ellwanger, u.
        a., Hrsg.: *Wagners Werk und Wirkung: Festspielnachrichten. Beiträge 1957-1982.*
        Bayreuth, 1983, S. 99-109. [Vgl. E in # 75.213].

83.107 EHRENTREICH, Alfred: An der Peripherie von Goethes *Werther*. In: *Goethe-Jahrbuch*, N. F., Bd. 100 (1983), S. 266-271. [*Lotte in Weimar*].

83.108 EICHBICHLER, Hermann: Th. M. über Goethe. 'Größe in der mildesten, friedlichsten Gestalt'. In: Eugen Thurnher, Hrsg.: *Zwischen Stunde und Ewigkeit. Literarische Kritiken*. Salzburg, u. a.: Pustet, 1983, S. 45-52. (= Stifterbibliothek, N. F., Bd. 19/20).

83.109 ENRIGHT, Dennis J.: The Story of Two Souls. Goethe and the Manns. In: D. J. E., *A Mania for Sentences*. London: Chatto & Windus. The Hogarth Press, 1983, S. 11-22. [H. und Th. M.].

83.110 ENRIGHT, Dennis J.: The Abyss of German-ness. On a Translation of Th. M. In: *TLS*, Nr. 4192 (5. August 1983), S. 825. [Rez. von W. D. Morris, # 83.259. - *Betrachtungen eines Unpolitischen*].

83.111 EPSTEIN, Clifford: 'Die Diktatoren werden am Ende doch verlieren', sagt der von den Nazis vertriebene Schriftsteller. In: V. Hansen/G. Heine, # 83.148, S. 235-236. [Aus dem Engl. übs. - Vgl. E in: *Detroit News* (3. März 1938)].

83.112 EWEN, David: Th. M. äußert sich über den Nazi-Staat. In: V. Hansen/G. Heine, # 83.148, S. 197-202. [Aus dem Engl. übs. - Vgl. E in: *NYT* (10. September 1933)].

83.113 FALKENBERG, Hans-Geert: Gespräch mit Th. M. In: V. Hansen/G. Heine, # 83.148, S. 283-286. [Vgl. E in # 47.54].

83.114 FELKER, Mark V.: Minor Characters and the Zodiac in Th. M's *Der Zauberberg*. In: *GR*, Jg. 58, Nr. 4 (Herbst 1983), S. 148-152.

83.115 FINNEY, Gail: Self-Reflexive Siblings: Incest as Narcissism in Tieck, Wagner, and Th. M. In: *GQ*, Jg. 56, Nr. 2 (März 1983), S. 243-256. [L. Tieck: *Der blonde Eckbert* - R. Wagner: *Die Walküre* - Th. M.: *Wälsungenblut*].

83.116 FISCHER, Leonhard: Vom Kunstwerk der Zukunft (Anmerkungen zum Musiktheater R. Wagners). In: *Hefte der Deutschen Th.-M.-Gesellschaft*, Nr. 3 (1983), S. 3-16.

83.117 FRANKLIN, Ralph W., u. a., Hrsg.: Th. M. In: *The First Twenty Years: An Anniversary Catalogue. The Beinecke Rare Book and Manuscript Library*. New Haven, Connecticut: Yale University Library, 1983. [Th. M.: Nr. 106].

83.118 FRIZEN, Werner: Zwei Schelme im Unterricht (Zu *Felix Krull* und *Die Blechtrommel*). In: *Mitteilungen des Deutschen Germanistenverbandes*, Jg. 30, Nr. 3 (1983), S. 1-20. [G. Grass: *Die Blechtrommel* - Th. M.: *Felix Krull*].

83.119 FUERBRINGER, Otto: Th. M. sagt, daß Hitler einer Katastrophe zusteuert, aber
daß seine Tage gezählt sind. In: V. Hansen/G. Heine, # 83.148, S. 242-246. [Aus
dem Engl. übs. - Vgl. E in: *St. Louis Post-Dispatch* (18. März 1939)].

83.120 FULD, Werner: Krieg wäre eine Katastrophe. Fragen und Antworten. Interviews
mit Th. M. aus den Jahren 1905-1955. In: *Deutsches Allgemeines Sonntagsblatt*, Jg.
36, Nr. 26 (26. Juni 1983), S. 19. [Rez. von V. Hansen/G. Heine, # 83.148].

83.121 FUNK, Ilona: Im Hackenviertel ist Alt-München noch lebendig. Dem Reklame-
Bären in der Ledererstraße setzte Th. M. ein Denkmal. In: *Münchner Merkur*,
Nr. 141 (23. Juni 1983), S. 12.

83.122 GALINSKY, Hans: The South on Th. M's Map of the United States: A Regional
Aspect of Twentieth-Century German-American Literary Relations. In:
Yearbook of German-American Studies, Bd. 18 (1983), S. 125-156.

83.123 GEERDTS, Hans J.: Rez. von H. R. Vaget, # 82.278. In: *DLZ*, Jg. 104, Nr. 7/8
(1983), Sp. 654-656.

83.124 GELDER, Robert van: Th. M. in Princeton. In: V. Hansen/G. Heine, # 83.148,
S. 252-255. [Aus dem Engl. übs. - Vgl. E in # 40.56].

83.125 GEORGE, Manfred: Unfruchtbarkeit des Radikalismus. Th. M. gegen politisches
und kulturelles Obskurantentum. In: V. Hansen/G. Heine, # 83.148, S. 162-165.
[Vgl. E in # 30.66].

83.126 GERSTER, Georg: Th. M. an der Arbeit. In: V. Hansen/G. Heine, # 83.148, S.
387-391. [Vgl. E in # 54.59].

83.127 GISSELBRECHT, André: Introduction. In: Th. M.: *Mario et le magicien*. Paris:
Flammarion, 1983, S. 7-60. [*Mario und der Zauberer*].

83.128 GIUBERTONI, Anna: *I Buddenbrook*. In: Th. M.: *I Buddenbrook*. Milano:
Garzanti, 1983, S. XVI-XXXII. [*Buddenbrooks*].

83.129 GLASSCO, David: Films out of Books: Bergman, Visconti and Mann. In: *Mosaic*,
Jg. 16, Nr. 1-2 (Winter/Frühjahr 1983), S. 165-173. [L. Visconti - I. Bergman -
Der Tod In Venedig].

83.130 GOCKEL, Heinz: Th. M's Entweder und Oder (1980). In: R. Wolff, # 83.383, S.
134-150. [Vgl. E in # 81.67. - *Doktor Faustus*].

83.131 GOES, Albrecht: Marginalie zu einem Brief von Th. M. In: *Radius-Almanach*
(1983/84), S. 44-48. [Mit Faksimile des Th. M.-Briefes vom 2. Juni 1950].

83.132 GORZAWSKI, Heribert, und Karin Kasprowicz, Hrsg.: *Th. M.: Tonio Kröger (Materialien)*. Stuttgart: E. Klett, 1983, 39 S. (= Editionen für den Literaturunterricht).

83.133 GREGOR-DELLIN, Martin: Nachwort. In: Th. M.: *Über mich selbst. Autobiographische Schriften*. Frankfurt a. M.: S. Fischer, 1983, S. 505-522. (= Frankfurter Ausgabe) [Rez.: H. Kurzke, # 84.132 - P. F. Proskauer, # 84.194].

83.134 GROTHE, Wolfgang: Rez. von H. Bürgin/H.-O. Mayer, # 80.57. In: *Studia Neophilologica*, Jg. 55 (1983), S. 215-218.

83.135 GUEST, Carmel Haden: Th. M. zu Hause. In: V. Hansen/G. Heine, # 83.148, S. 175-180. [Aus dem Engl. übs. - Vgl. E in # 31.32].

83.136 GUIDORIZZI, Ernesto: Th. M. e la dissolvenza. In: E. G., *Poesia, Natura, Immagine I. Letteratura e visione*. Napoli: Ed. Scientifiche Italiane, 1983, S. 99-100. [G. Lukács - Th. M. - F. Nietzsche].

83.137 GUILLEMIN, Bernard: Gepräch mit Th. M. über den *Zauberberg*. In: V. Hansen/G. Heine, # 83.148, S. 75-81. [Vgl. E in # 25.85].

83.138 GUMPERT, Martin: *Hölle im Paradies. Selbstdarstellung eines Arztes. Mit einem Vorwort von Frithjof Trapp*. Hildesheim: Gerstenberg, 1983, XXIII, 285 S. (= Exilliteratur, Bd. 17).

83.139 HAAGEN: Th. M. in Kopenhagen: Ein Gespräch mit dem berühmten deutschen Schriftsteller. In: V. Hansen/G. Heine, # 83.148, S. 66-69. [Aus dem Dänischen übs. - Vgl. E in: *Nationaltidende* (16. Dezember 1924)].

83.140 HAILE, Harry G.: Rez. von H. R. Vaget, # 82.278. In: *JEGP*, Jg. 82 (1983), S. 421-422.

83.141 HAMBURGER, Käte: Th. M. 1875-1955. In: Hans-Otto Hügel, Hrsg.: *Deutsche Schriftsteller im Porträt. Bd. 5: Jahrhundertwende*. München: C. H. Beck, 1983, S. 146-149. (= Beck'sche Schwarze Reihe, Bd. 265).

83.142 HAMBURGER, Käte: Anachronistische Symbolik. Fragen an Th. M's *Faustus*-Roman (1969). In: R. Wolff, # 83.380, S. 124-150. [Vgl.: # 69.101 - # 75.321].

83.143 HAMBURGER, Michael: Praeceptor Germaniae: Th. M. In: M. H., *A Proliferation of Prophets. Essays on German Writers from Nietzsche to Brecht. Bd. 1*. Manchester: Carcanet Press, 1983, S. 62-82, 305-306. (= Modern German Literature).

83.144 HAMILTON, Nigel: *I fratelli Mann.* Milano: Garzanti, 1983, 542 S. [Italien. Übs.
       von # 79.99 von G. Chiarini. - Rez.: G. Chiarini, # 84.27 - I. A. Chiusano, #
       83.91].

83.145 HAMILTON, Nigel: A Case of Literary Fratricide. The Brüderzwist between
       Heinrich and Th. M. In: Norman Kiell, Hrsg.: *Blood Brothers. Siblings as
       Writers.* New York: International University Press, 1983, S. 49-72.

83.146 HAMPTON, Christopher: Th. M. In: C. H., *Tales from Hollywood.* London: Fa-
       ber & Faber, 1983, 95 S.

83.147 HANSEN, Volkmar: Th. M. im Sommer 1933. Ein Gespräch und drei Inter-
       views. In: *NZZ*, Jg. 204, Nr. 140 (18./19. Juni 1983), Literatur und Kunst, S. 70.

83.148 HANSEN, Volkmar, und Gert Heine: Das Interview oder Der bocksfüßige Gott
       (Einleitung). In: V. H., und G. H., Hrsg.: *Frage und Antwort. Interviews mit Th.
       M. 1909-1955.* Hamburg: Hoffmann und Campe, 1983, S. 7-25. [Vgl. auch franz.,
       italien. und japan. Ausgabe. - Inhalt: Anon., # 83.6, # 83.7, # 83.8, # 83.9, #
       83.10, # 83.11, # 83.12, # 83.13, # 83.14, # 83.15, # 83.16, # 83.17, # 83.18, #
       83.19, # 83.20, # 83.21, # 83.22, # 83.23, # 83.24, # 83.25, # 83.26, # 83.27 - Anon.
       [A. H. D.], # 83.32 - Anon. [A. V.], # 83.33 - Anon. [Abor.], # 83.34 - Anon.
       [Colomba], # 83.36 - Anon. [DPD/Reuter und DENA/Reuter Nachrichten-
       agenturen], # 83.37 - Anon. [Dr. P.], # 83.38 - Anon. [Dr. W. H.], # 83.39 -
       Anon. [E. G.], # 83.40 - Anon. [E. M.], # 83.41 - Anon. [E. R.], # 83.42 - Anon.
       [Ger.], # 83.43 - Anon. [H. L.], # 83.44 - Anon. [J. H.], # 83.45 - Anon. [J. O.], #
       83.46 - Anon. [K. W.], # 83.47 - Anon. [M. M.], # 83.48 - Anon. [Ödon Halasi
       F.], # 83.49 - Anon. [Perpetua], # 83.50 - Anon. [R. H.], # 83.51 - Anon. [R. K.],
       # 83.52, # 83.53 - Anon. [S.], # 83.54 - Anon. [VX], # 83.56 - D. Arban, # 83.57 -
       O. Basler, # 83.63 - A. Bauer, # 83.64, # 83.65 - F. Bertaux, # 83.72 - G. O.
       Butler, # 83.86 - E. Dietrichstein, # 83.99 - L. Durieux, # 83.104 - C. Epstein, #
       83.111 - D. Ewen, # 83.112 - H.-G. Falkenberg, # 83.113 - O. Fuerbringer, #
       83.119 - M. George, # 83.125 - G. Gerster, # 83.126 - C. H. Guest, # 83.135 - B.
       Guillemin, # 83.137 - Haagen, # 83.139 - E. Hogestraat, # 83.161 - D. Hort, #
       83.166 - J. Ilg, # 83.167 - G. Isolani, # 83.169 - K. Jundt, # 83.182 - J. Kaplan, #
       83.184 - E. Keienburg, # 83.188 - G. Kellerson, # 83.190 - E. Köck, # 83.201 - R.
       Kraus, # 83.218, # 83.219 - S. Lackner, # 83.225 - H. Lamprecht, # 83.226 - H.
       Liepmann, # 83.234 - A. Neumann, # 83.263 - H. W. Nicklas, # 83.264 - G.
       Nózzdi, # 83.267 - D. Papp, # 83.274 - P. Pereszlenyi, # 83.275 - E. Pfeiffer-Belli,
       # 83.276 - C. Pizzinelli, # 83.279 - V. Polzer, # 83.283 - L. E. Reindl, # 83.299 -
       Revesz, # 83.301 - C. Riess, # 83.303 - E. Rossen, # 83.305 - H.-W. Sabais, #
       83.306 - U. Salingré, # 83.308 - H. Schrem, # 83.321 - K. Schriftgiesser, # 83.322 -
       M. Sien, # 83.334 - H. Sinding-Larsen, # 83.335 - N. J. Springer, # 83.341 - W. E.
       Süskind, # 83.347 - R. van Gelder, # 83.124 - L. Vicenti, # 83.358 - V. Volmane,
       # 83.360 - C. Wehner, # 83.364 - F. Wilson, # 83.375 - V. Wittner, # 83.376, #
       83.377. - Rez.: D. W. Adolphs/E. Schwarz, # 84.3 - Anon., # 83.5 - I. A.
       Chiusano, # 86.52 - M. T. Delgado Mingocho, # 84.176 - W. Fuld, # 83.120 - L.

Hanssen, # 84.82 - B. M. Kraske, # 83.215 - H. Lehnert, # 84.139 - W. Stauch v.
Quitzow, # 83.291 - J. Rieckmann, # 85.235 - A. v. Schirnding, # 83.314 - H.
Siefken, # 85.260 - M. Ulrich, # 83.354 - U. Wolff, # 83.386].

83.149 HANSSEN, Léon: Th. M., de genius van het midden: Conservatisme als geeste-
lijke levensvorm. In: *Skript*, Jg. 5, Nr. 1 (März/April 1983), S. 25-37.

83.150 HEILBUT, Anthony: Er gibt den Ton an. In: A. H., *Exiled in Paradise. German
Refugee Artists and Intellectuals in America, from 1930s to the Present.* New York:
The Viking Press, 1983, S. 261-297. [Vgl. dt. Ausg. in # 87.118].

83.151 HEILBUT, Anthony: The Loneliness of Th. M. In: # 83.150, S. 298-321, 490-491.
[Vgl. dt. Ausg. in # 87.118].

83.152 HEISS, Lora Jean: *The Osiris-Hermes Symbolism in Th. M's Die Bekenntnisse des
Hochstaplers Felix Krull.* Dissertation, Seattle, WA: University of Washington,
1983, II, 237 S. [Resümee in: *DAI*, Jg. 44, Nr. 1 (1983), S. 116A].

83.153 HELBLING, Hanno: Nachwort. In Peter de Mendelssohn's Ausg. von Th. M.:
Betrachtungen eines Unpolitischen. Frankfurt a. M.: S. Fischer, 1983, S. 591-609.
(= Frankfurter Ausgabe) [Rez.: H. Kurzke, # 84.132 - P. F. Proskauer, # 84.194
- W. Scheller, # 84.213].

83.154 HELBLING, Robert E.: Rez. von P. Heller, # 78.108. In: *Monatshefte*, Jg. 75, Nr.
2 (1983), S. 212-213.

83.155 HELLER, Erich: Th. M. in his Diaries. In: *The New Republic* (21. Februar 1983),
S. 25-30.

83.156 HILSCHER, Eberhard: *Th. M.: Leben und Werk.* Westberlin: Das europäische
Buch, 9. Aufl., 1983, 319 S. [Vgl. E in # 66.125 - # 68.60 - # 71.101. - Zuerst er-
schienen in der Reihe 'Schriftsteller der Gegenwart', Bd. 15, Berlin: Volk und
Wissen, 1965. - Rez.: U. Karthaus, # 87.148 - J. C. Trilse, # 86.309].

83.157 HILSCHER, Eberhard: Zauberei mit Erasmus. In: E. H., *Die Weltzeituhr: Roman
einer Epoche.* Berlin: Der Morgen, 1983, S. 239-248.

83.158 HIRSBRUNNER, Theo: Wagners *Götterdämmerung*: Motivgeschichte in Tradition
und Gegenwart. In: *Universitas*, Jg. 38, Heft 1 (1983), S. 43-52. [Rez. von E.
Mann, # 63.163].

83.159 HÖRISCH, Jochen: *Gott, Geld und Glück. Zur Logik der Liebe in den Bildungsro-
manen Goethes, Kellers und Th. M's.* Frankfurt a. M.: Suhrkamp, 1983, 281 S. (=
edition suhrkamp 1180, N. F., Bd. 180) [Rez.: M. Dierks, # 87.54 - J. Jacobs, #
84.95 - S. Schade, # 84.209].

83.160 HOFMANN, Friedrich: Die Gebrechen der Dichter: Krankheiten im Leben von Th. M. und Hermann Hesse. In: *Schwäbische Zeitung*, Nr. 70 (25. März 1983).

83.161 HOGESTRAAT, Erich: Rückkehr zur alten Erde. Interview mit Th. M. über deutsche und ausländische Literatur. In: V. Hansen/G. Heine, # 83.148, S. 359-362. [Vgl. E in # 53.52].

83.163 HOLTHUSEN, Hans E.: Th. M. und die Nachwelt. In: H. E. H., *Opus 19. Reden und Widerreden aus fünfundzwanzig Jahren*. München, u. a.: R. Piper, 1983, S. 68-93. [Vgl. # 76.169. - *Doktor Faustus*].

83.164 HORN, Effi: Neues aus dem Mann-Clan. Michael Manns Leben und Schriften jetzt als Buch. In: *Münchner Merkur*, Nr. 226/39 (1./2. Oktober 1983), S. 9. [Rez. von F. C. Tubach/S. P. Tubach, # 83.350].

83.165 HORST, Karl A.: Th. M.: *Bekenntnisse des Hochstaplers Felix Krull*. In Bernd Goldmann's Ausg. von K. A. H., *Bald wird die Vogelschrift entsiegelt. Essays*. Mainz: v. Hase & Koehler, 1983, S. 100-108.

83.166 HORT, Desider: Mit Th. M. - der Isar entlang. In: V. Hansen/G. Heine, # 83.148, S. 180-184. [Vgl. E in # 32.34a].

83.167 ILG, Johannes: Th. M. über Adolf Hitler. Der 'Nichtösterreicher' Hitler und sein verbrecherischer Einfluß auf Deutschland. In: V. Hansen/G. Heine, # 83.148, S. 186-189. [Vgl. E in # 32.34b].

83.168 IRELAND, Kenneth R.: Epics of Decline. The Institution of the Family in Th. M's *Buddenbrooks* and Junichiró Tanizaki's *The Makioka Sisters*. In: *Arcadia*, Jg. 18, Nr. 1 (1983), S. 39-49.

83.169 ISOLANI, Gertrud: Bei einem Dichter zu Gast. Zu Besuch bei Th. M. am Zürichsee. In: V. Hansen/G. Heine, # 83.148, S. 362-370. [Interview vom 6. Juli 1953, Radio Basel. - Vgl. E in # 53.55].

83.170 ISOTTA, Paolo: *Il ventriloquo di Dio. Th. M., la musica nell'opera letteraria*. Milano: Rizzoli, 1983, 236 S. [Rez.: L. Derla, # 84.32].

83.171 ITALIAANDER, Rolf: *Lichter im Norden. Erinnertes und Bedachtes*. Husum: Husum Druck- und Verlagsgesellschaft, 1983, 227 S. (= Husum-Taschenbuch) [Inhalt: # 83.172 - # 83.173 - # 83.174].

83.172 ITALIAANDER, Rolf: Nicht im elfenbeinernen Turm. Zum 75. Geburtstag von Th. M. In: # 83.171, S. 113-116.

83.173 ITALIAANDER, Rolf: Th. M. aus der Nähe. Letztes Treffen in Hamburg. In: #
83.171, S. 116-119. [Vgl. E in # 53.56].

83.174 ITALIAANDER, Rolf: Gerhart Hauptmann und Th. M. Wie war ihr Verhältnis
zueinander? In: # 83.171, S. 119-122.

83.175 JACOB, Hans: Knut Hamsun und Th. M. Eine kunstwissenschaftliche Untersuchung an Hand der Romane *Das letzte Kapitel* und *Der Zauberberg.* In: Heiko
Uecker, Hrsg.: *Auf alten und neuen Pfaden. Eine Dokumentation zur Hamsun-
Forschung.* Frankfurt a. M., u. a.: P. Lang, 1983, S. 31-72. (= Texte und Untersuchungen zur Germanistik und Skandinavistik, Bd. 1) [Vgl. E in # 29.46].

83.176 JACOBS, Jürgen: *Th. M's frühe Erzählungen.* Hagen: Fernuniversität-Gesamthoch-
schule, 1983, 85 S.

83.177 JÄKEL, Siegfried: *Konvention und Sprache. Eine sprachphilosophische Basis für In-
terpretationsexperimente, demonstriert am Beispiel von Th. M's Roman Doktor
Faustus.* Turku: Turun Yliopisto, 1983, 140 S. (= Annales Universitatis Tur-
kuensis B, 161).

83.178 JENS, Walter: Der Rhetor Th. M. In: W. J., *Von deutscher Rede.* München, u. a.:
R. Piper, erw. Neuausg., 1983, S. 217-238. (= Serie Piper, 277) [Vgl. # 88.116. -
Vgl. Nachdruck in: H. Mayer, Hrsg.: *Deutsche Literaturkritik,* Bd. 4: *Vom
Dritten Reich bis zur Gegenwart (1933-1968).* Frankfurt a. M.: S. Fischer, 1983, S.
798-816. (= Fischer Taschenbuch, 2011)].

83.179 JODEIT, Klaus: Zeitungsgeschichte: Thomas und Heinrich Manns Erfahrungen
mit der Lübecker Presse. In: *Lübeckische Blätter,* Jg. 148, Nr. 8 (16. April 1983),
S. 121-122.

83.180 JONAS, Hartmut: *Mario und der Zauberer.* Zur Abhängigkeit der Unterrichts-
konzeption von der Lektüreweise der Schüler. In: *Deutschunterricht,* Jg. 36
(1983), S. 623-629.

83.181 JONAS, Klaus W.: Th. M. In: *German and Austrian Contributions to World
Literature (1890-1970). Selections from the Klaus W. Jonas Collection.* Pittsburgh,
PA: University of Pittsburgh, 1983, S. 33-53, 84-85. [Einleitung von D. L. Ashli-
man, S. 7-8. 'An Exhibition at the Hillman Library, Department of Special
Collections, March 15 to April 29, 1983'].

83.182 JUNDT, Karl: Nobelpreis für Th. M. Gespräch mit dem Dichter. In: V. Han-
sen/G. Heine, # 83.148, S. 152-154. [Vgl. E in # 29.47].

83.183 KANTOROWICZ, Alfred: Th. M. In: A. K., *Exil in Frankreich. Merkwürdigkeiten
und Denkwürdigkeiten.* Hamburg: Christians, 1983.

83.184 KAPLAN, Julius: Thomas, Frau, Erika - verspotten wie ein Mann das Gerücht über Hitlers Tod. In: V. Hansen/G. Heine, # 83.148, S. 240-241. [Aus dem Engl. übs. - Vgl. E in: *Boston Evening Transcript* (8. März 1939)].

83.185 KARLSSON, Ingemar, und Arne Ruth: Staten som allkonstverk. Konstnärsmytologi och ledardyrkan i Tredje Riket. In: *Ord och Bild*, Jg. 1 (1983), S. 3-17. [Th. M. im Dritten Reich].

83.186 KARTHAUS, Ulrich: Th. M.: *Der Zauberberg* (1924). In: P. M. Lützeler, # 83.237, S. 95-119.

83.187 KAZIN, Alfred: The European Writers in Exile. In: Jarrell C. Jackman, und Carla M. Borden, Hrsg.: *The Muses Flee Hitler. Cultural Transfer and Adaptation 1930-1945.* Washington, DC: Smithsonian Institution Press, 1983, S. 123-134. [H. Arendt - Th. M.].

83.188 KEIENBURG, Ernst: Gespräch mit Th. M. Lebensbekenntnis: Der Deutsche soll deutsch sein! In: V. Hansen/G. Heine, # 83.148, S. 146-149. [Vgl. E in: *Königsberger Allgemeine Zeitung* (29. August 1929)].

83.189 KELLERMANN, Bernd, Hrsg.: Th. M. Bibliographie 1982. In: *Bibliographie der deutschen Sprach- und Literaturwissenschaft, Bd. XXII.* Frankfurt a. M.: V. Klostermann, 1983, S. 420-427.

83.190 KELLERSON, Germaine: In Nidden... bei Th. M. In: V. Hansen/G. Heine, # 83.148, S. 189-194. [Aus dem Französischen übs. - Vgl. E in # 32.39].

83.191 KENNEY, Joseph M.: Apotheosis and Incarnation Myths in Mann's *Joseph und seine Brüder.* In: *GQ*, Jg. 56, Nr. 1 (Januar 1983), S. 39-60.

83.192 KILTZ, Hartmut: Im *Zauberberg.* In: H. K., *Das erotische Mahl. Szenen aus dem 'chambre séparée' des neunzehnten Jahrhunderts.* Frankfurt a. M.: Syndikat, 1983, S. 64-67. [Vgl. # 86.153].

83.193 KJAER, Jørgen: Th. M's Antifaschismus im Lichte seiner Weltanschauung. In: Jens P. Lund Nielsen, u. a., Hrsg.: *Antifaschismus in deutscher und skandinavischer Literatur.* Aarhus: Arkona, 1983, S. 75-98. (= Akten eines Literatursymposiums der DDR und Dänemarks).

83.194 KLAMROTH, Kerstin: Notizen, die ihm mitunter peinlich und unbequem waren. In: *Südwest Presse*, Jg. 39, Nr. 37 (15. Februar 1983), Kulturspiegel. [Zu I. Jens und P. d. Mendelssohn als Hrsg. der Tagebücher von Th. M.].

83.195 KLEIN, Paul: Die Infektionskrankheiten im erzählerischen Werk Th. M's. In: *Hefte der Deutschen Th.-M.-Gesellschaft*, Nr. 3 (1983), S. 41-56. [Vgl E in # 80.144].

83.196 KLEINTEICH, Sylvia: Dokumente der Zeitgeschichte. In: *Neue Zeit*, Jg. 39, Nr. 308, Ausgabe B (31. Dezember 1983), S. 7. [Gespräch mit H. Matter - betr. # 83.244, # 83.245].

83.197 KLÜNDER, Achim: Zur französischen Übersetzung des *Faustus*-Romans. Zwei Interviews mit Th. M. In: R. Wolff, # 83.380, S. 10-14.

83.198 KLUGE, Gerhard: Rez. von H. Bürgin/H.-O. Mayer, # 76.46, # 80.57 - A. Mádl, # 80.171 - P. d. Mendelssohn, # 82.177. In: *Deutsche Bücher*, Jg. 13 (1983), S. 37-40, 40-42, 59-60.

83.199 KLUGE, Gerhard: Rez. von E. Schiffer, # 82.222. In: *Deutsche Bücher*, Jg. 13 (1983), S. 229-230.

83.200 KLUSSMANN, Paul G.: Th. M's *Doktor Faustus* als Zeitroman (1975). In: R. Wolff, # 83.383, S. 92-112. [Vgl. P. G. Klussmann, # 76.203, # 78.150].

83.201 KÖCK, Eduard: Th. M.: 'Kein nihilistisches Hohngelächter!'. In: V. Hansen/G. Heine, # 83.148, S. 333-334. [Vgl. E in: *Freude an Büchern*, Nr. 12 (1952)].

83.202 KOELB, Clayton: The Genesis of Th. M's *Goethe und Tolstoi*. In: *Monatshefte*, Jg. 75, Nr. 1 (1983), S. 55-68.

83.203 KOEPKE, Wulf: Flucht und Sammlung der deutschen Schriftsteller im Exil. Zu den Plänen einer literarischen Zeitschrift im Exil im Jahre 1933. Mit einem Brief Th. M's an Franz Schönberner. In: *Heinrich Mann-Jahrbuch*, Bd. 1/1983 (1984), S. 85-102.

83.204 KOMAR, Kathleen L.: Rez. von G. Kucher, # 81.122. In: *GQ*, Jg. 56 (1983), S. 691-692. [H. v. Doderer - Th. M.].

83.205 KOMMER, Björn R.: Die Ausstellung 'Das Buddenbrookhaus. Wirklichkeit und Dichtung' im St. Annen-Museum, Lübeck. In: *Hefte der Deutschen Th.-M.-Gesellschaft*, Nr. 3 (1983), S. 17-23. [*Buddenbrooks*].

83.206 KOMMER, Björn R.: Th. M. und Mengstraße 4. In: B. R. K., *Das Buddenbrookhaus: Wirklichkeit und Dichtung*. Lübeck: Museum für Kunst und Kulturgeschichte, 1983, S. 101-115. (= Hefte zur Kunst und Kulturgeschichte der Hansestadt Lübeck, 6).

83.207 KOOPMANN, Helmut: Heinrich Manns 'Felix Krull'. In: Bennett/Kaes/Lillyman, # 83.68, S. 185-199.

83.208 KOOPMANN, Helmut: Philosophischer Roman oder romanhafte Philosophie? Zu Th. M's lebensphilosophischer Orientierung in den 20er Jahren. In: Björn Ekmann, u. a., Hrsg.: *Literatur und Philosophie. Vorträge des Kolloquiums am 11. und 12. Oktober 1982.* München: W. Fink, 1983, S. 101-124. (= Kopenhagener Kolloquium zur deutschen Literatur, 8; Text & Kontext, Sonderreihe, Bd. 16) [Vgl. # 88.144 - # 88.154].

83.209 KOOPMANN, Helmut: Th. M.: *Der Zauberberg.* In: H. K., *Der klassisch-moderne Roman in Deutschland. Th. M., Alfred Döblin, Hermann Broch.* Stuttgart, u. a.: W. Kohlhammer, 1983, S. 26-76. (= Sprache und Literatur, 113) [Rez.: W. Düsing, # 84.38 - W. Leppmann, # 83.233 - E. Schürer, # 85.254 - G. Wenzel, # 86.326].

83.210 KOOPMANN, Helmut: Triumph und Tragik des Narziß. Zu Hans Wyslings Buch *Narzißmus und illusionäre Existenzform.* In: *NZZ,* Jg. 204, Nr. 11 (14. Januar 1983), S. 41-42. [Rez. von H. W., # 82.301].

83.211 KOOPMANN, Helmut: *Doktor Faustus* und sein Biograph. Zu einer Exilerfahrung sui generis. In: R. Wolff, # 83.383, S. 8-26. [Vgl. # 88.148].

83.212 KOOPMANN, Helmut, und Peter-Paul Schneider, Hrsg.: *Heinrich Mann. Sein Werk in der Weimarer Republik. Zweites Internationales Symposion in Lübeck 1981.* Frankfurt a. M.: V. Klostermann, 1983. [Vgl. H. Ohl, # 83.268a].

83.213 KORINTHENBERG, Gerd: Fluchtpunkt für die Verfemten. Sanary-sur-mer - vor 50 Jahren Hauptstadt der deutschen Literatur. In: *SZ,* Jg. 39, Nr. 137 (18./19. Juni 1983), SZ am Wochenende, S. 103.

83.214 KOST, Rudi: Dr. Fäustchen oder die (De-)Montage der Attraktionen. Gedanken zur *Doktor-Faustus*-Verfilmung von Franz Seitz und zu Literaturverfilmungen überhaupt. In: R. Wolff, # 83.383, S. 27-46.

83.215 KRASKE, Bernd M.: 'Zuletzt warnte er vor der Wiederbewaffnung'. In: *Allgemeine Zeitung Mainz* (12. August 1983), S. 17. [Rez. von V. Hansen/G. Heine, # 83.148].

83.216 KRASKE, Bernd M.: Nachdenken im Kriege. Zwei Briefe Th. M's an Samuel Fischer. In: *Hefte der Deutschen Th.-M.-Gesellschaft,* Nr. 3 (1983), S. 24-33.

83.217 KRAUSS, Marita: Die fremden Deutschen. Als Th. M. sich seinen guten Ruf wieder zurückerobern mußte. In: *SZ,* Jg. 39, Nr. 186 (14./15. August 1983), Gesellschaft und Familie, S. 117.

83.218 KRAUS, René: Europäisches Gespräch: Unterhaltung mit Th. M. In: V. Hansen/G. Heine, # 83.148, S. 155-158. [Vgl. E in: *Hamburger Anzeiger* (21. Dezember 1929)].

83.219 KRAUS, René: Th. M., ganz privat. Ernsthaftes Feriengespräch mit dem Dichter. In: V. Hansen/G. Heine, # 83.148, S. 167-171. [Vgl. E in: *Neue Freie Presse* (15. August 1930)].

83.220 KURZKE, Hermann: Mythos ohne Raunen. Die Frankfurter Ausgabe der Josephsromane Th. M's. In: *FAZ*, Jg. 35, Nr. 174 (30. Juli 1983), Bilder und Zeiten. [Rez. von A. v. Schirnding, # 83.316, # 83.317, # 83.318, # 83.319].

83.221 KURZKE, Hermann: Weder Bohemien noch Grandseigneur. Fragmente aus dem Leben Michael Manns. In: *FAZ*, Jg. 35, Nr. 236 (11. Oktober 1983), S. L8. [Rez. von F. C. Tubach/S. P. Tubach, # 83.350].

83.222 KURZKE, Hermann: Dichtung und Politik im Werk Th. M's von 1914 bis 1955. Teil 1 u. 2. In: *Literatur in Wissenschaft und Unterricht*, Jg. 16, Nr. 3/4 (1983), S. 153-169, 225-243.

83.223 LAAGE, Karl E.: Th. M's Verhältnis zu Theodor Storm und Iwan Turgenjew (dargestellt an der Novelle *Tonio Kröger*). In: *Blätter der Th. M. Gesellschaft Zürich*, Nr. 20 (1983-1984), S. 15-29. [Vgl. # 88.160].

83.224 LAAGE, Karl E.: Turgenev-Zitate bei Th. M.: Zum 100. Todestag Ivan S. Turgenevs. In: *Zeitschrift für Slavische Philologie*, Bd. 43, Nr. 1 (1983), S. 55-81.

83.225 LACKNER, Stephan: Th. M. äußert sich zu seiner Zeit. In: V. Hansen/G. Heine, # 83.148, S. 218-220. [Vgl. E in: *Das Neue Tage-Buch* (Sommer 1935) - Nachdruck in: *NDH*, Jg. 22, Nr. 1 (1975), S. 118-123].

83.226 LAMPRECHT, Helmut: Besuch bei Th. M. Das Gespräch. In: V. Hansen/G. Heine, # 83.148, S. 344-349. [Vgl. E in: *Diskus* (April 1953)].

83.227 LANGE, Victor: Th. M.: Tradition und Experiment (1975). In: R. Wolff, # 83.383, S. 113-133. [Vgl. # 77.172 - # 78.171 - # 89.146. - *Doktor Faustus*].

83.228 LAQUEUR, Walter: Rez. von W. D. Morris, # 83.259. In: *NYT Book Review* (15. Mai 1983), S. 11.

83.229 LATTA, Alan D.: Rez. von H. Bürgin/H.-O. Mayer, # 80.57. In: *Monatshefte*, Jg. 75, Nr. 3 (1983), S. 347.

83.230 LEHNERT, Herbert: Th. M.: *Buddenbrooks* (1901). In: P. M. Lützeler, # 83.237, S. 31-49.

83.231 LEIBRICH, Louis: Rez. von T. J. Reed, # 83.296 - E. Schiffer, # 82.222 - H. Wysling, # 82.301. In: *EG*, Jg. 38, Nr. 3 (Juli-September 1983), S. 382-384.

83.232 LEPENIES, Wolf: Die Seele und die Formen: Georg (von) Lukács' Briefwechsel und eine Studie über sein Verhältnis zu Th. M. In: *FAZ*, Jg. 35, Nr. 100 (30. April 1983). [Rez. von J. Marcus-Tar, # 82.170].

83.233 LEPPMANN, Wolfgang: Die geänderten Begriffe. Studie zum 'klassisch-modernen Roman'. In: *FAZ*, Jg. 35, Nr. 74 (29. März 1983), Literatur-Beilage, S. 7. [Rez. von H. Koopmann, # 83.209].

83.234 LIEPMANN, Heinz: Begegnung mit Th. M. Gespräch mit dem Dichter. In: V. Hansen/G. Heine, # 83.148, S. 99-102. [Vgl. E in # 26.83].

83.235 LUBICH, Frederick A.: *Die Dialektik von Logos und Eros im Werk von Th. M.* Dissertation, University of California at Santa Barbara, 1983, X, 439 S. [Vgl. Buchausgabe in # 86.181. - Resümee in: *DAI*, Jg. 44, Nr. 11 (Mai 1984), S. 3393A-3394A. - *Der Tod in Venedig - Der Zauberberg - Der Erwählte - Felix Krull*].

83.236 LÜTHJE, Reinhard J.: Die verschmähte Stratonike. Ein mythologischer Stoff in Verserzählungen von C. M. Wieland und Claude Dorat. In: *GRM*, N. F., Jg. 33 (1983), S. 244-266.

83.237 LÜTZELER, Paul M., Hrsg.: *Deutsche Romane des 20. Jahrhunderts. Neue Interpretationen.* Königstein/Ts.: Athenäum, 1983, 410 S. [Mit Beiträgen von: U. Karthaus, # 83.136 - H. Lehnert, # 83.230].

83.238 LUFT, Friedrich: Im Spiegel: Th. M. In: F. L., *Die Literatur ist ausverkauft.* Mainz: Eggebracht Presse, 1983.

83.239 LUKACS, Georg: Die Tragödie der modernen Kunst (1948). In: R. Wolff, # 83.380, S. 34-83. [Vgl. E in dt. Sprache in # 49.183 - # 64.145 - in poln. Sprache in # 73.174 - vgl. # 77.186].

83.240 LUND, Deborah, Karen Jankowsky, und Karen Thompson: Mittelalterliche Legende im 20. Jahrhundert. Hartmann von Aue und Th. M's Gregorius. In: James F. Poag, und Gerhild Scholz-Williams, Hrsg.: *Das Weiterleben des Mittelalters in der deutschen Literatur.* Königstein/Ts.: Athenäum, 1983, S. 168-181. [*Der Erwählte*].

83.241 MADL, Antal, und Miklós Salyámosy, Hrsg.: *Welt und Roman. Visegräder Beiträge zur deutschen Prosa zwischen 1900 und 1933.* Budapest, 1983. (= Budapester Beiträge zur Germanistik, 10) [Darin: O. Dobijanka-Witczakowa, # 83.102 - L. Pók, # 83.281 - A. Wierlacher, # 83.374].

83.242 MAJUT, Käthe: *Reimchronik 1930-1950*. Köln: Ellenberg, 1983, V, 174 S. [Hrsg. von R. Majut. - Ellenberg Lyrik. Darin: Faksimile eines Briefes von Th. M. an K. M.].

83.243 MARX, Jacques: *Etude de grands mouvements des principaux littératures contemporaines: La crise de la culture en Europe, 1900-1950*. Bruxelles: P. U. F. Fascicule complémentaires, 1983/84, 70 Bl. [H. Mann - Th. M.].

83.244 MATTER, Harry: Zu dieser Ausgabe. In seiner Ausg. von Th. M.: *Aufsätze, Reden, Essays. Bd. 1: 1893-1913*. Berlin, u. a.: Aufbau, 1983, S. 441-444. [Vgl. S. Kleinteich, # 83.196. - Rez.: A. Böhme, # 86.34 - H. C. Hatfield, # 86.113 - E. W. Hartmann, # 85.98 - I. B. Jonas, # 86.144 - K. W. Jonas, # 85.121 - T. J. Reed, # 85.228 - H.-J. Sandberg, # 87.280 - H. R. Vaget, # 86.314 - G. Wenzel, # 83.368, # 84.258, # 84.259, # 87.344 - H. Wysling, # 84.271].

83.245 MATTER, Harry: Zu dieser Ausgabe. In seiner Ausg. von Th. M.: *Aufsätze, Reden, Essays. Bd. 2: 1914-1918*. Berlin, u. a.: Aufbau, 1983, S. 802-803. [Vgl. S. Kleinteich, # 83.196. - Rez.: A. Böhme, # 86.34 - H. C. Hatfield, # 86.113 - W. Harich, # 87.114 - E. W. Hartmann, # 85.98 - I. B. Jonas, # 86.144 - K. W. Jonas, # 85.121 - H. Lehnert, # 84.139 - T. J. Reed, # 85.228 - H.-J. Sandberg, # 87.280 - H. R. Vaget, # 86.314 - G. Wenzel, # 84.258, # 84.259, # 87.344].

83.246 MATTER, Harry: Rez. von H. Bürgin/H.-O. Mayer, # 76.46, # 80.57 - K. W. Jonas, # 72.90, # 79.107. In: *Weimarer Beiträge*, Jg. 29, Nr. 5 (1983), S. 953-957.

83.247 MATTHIAS, Klaus: Nachworte für ein Genie. Die Frankfurter Ausgabe entschlüsselt ein großes Werk. In: *Rheinischer Merkur*, Jg. 38, Nr. 51 (23. Dezember 1983), S. 23. [Vgl. P. d. Mendelssohn, # 81.144]

83.248 MAYER, Hans: Th. M. and his Journals. In: Leonard Schulze, und Walter Wetzels, Hrsg.: *Literature and History*. Lanham, MD: University Press of America, 1983, S. 167-180. [Rez. der Tagebuchausgaben von P. d. Mendelssohn, # 77.212, # 78.210, # 79.156].

83.249 MAYER, Hans: Th. M's *Doktor Faustus*: Roman einer Endzeit und Endzeit eines Romans (1959). In: R. Wolff, # 83.380, S. 106-123. [Vgl. # 59.101].

83.250 MCWILLIAMS, James R.: *Brother Artist. A Psychological Study of Th. M's Fiction*. Lanham, MD: University Press of America, 1983, X, 417 S. [Rez.: H. R. Vaget, # 85.281].

83.251 MECKLENBURG, Norbert: Charakterbild oder Karikatur? Th. M's Dramenplan *Luthers Hochzeit* im Kontext poetischer Lutherliteratur und moderner Ästhetik historischer Dichtung. In: *Heinrich Mann-Jahrbuch*, Bd. 1/1983 (1984), S. 145-169.

83.252 MECKLENBURG, Norbert: Zwischen Mythisierung und Destruktion. Martin Luther im Spiegel der Literatur von fünf Jahrhunderten. In: *NZZ*, Jg. 204, Nr. 259 (5./6. November 1983), Literatur und Kunst, S. 66. [*Luthers Hochzeit*].

83.253 MERTZ, Wolfgang: Der Herr im grauen Flanell: Dr. Dr. h. c. Hans-Otto Mayer. In: *BuchMarkt*, Jg. 18, Nr. 8 (1983), S. 160-161.

83.255 MEYERS, Jeffrey: The Duel in Fiction. In: *North Dakota Quarterly*, Jg. 51, Nr. 4 (Herbst 1983), S. 129-150. [J. Conrad - F. M. Dostojewski - M. I. Lermontov - W. Lewis - Th. M. - V. Nabokov - A. S. Pushkin - L. N. Tolstoi].

83.256 MILLER, Ronald D.: *Death in Venice. An Essay on Th. M's 'Novelle'*. Harrogate: Duchy Press, 1983, 19 S. [Vgl. E in: # 76.262. - *Der Tod in Venedig*].

83.257 MORENGHI, Erminio: La verità di Giuseppe. In: Maria E. D'Agostini, Hrsg.: *Il paese altro. Presenze orientali nella cultura tedesca moderna*. Napoli: Bibliopolis, 1983, S. 365-370. (= Saggi Bibliopolis, 16) [*Joseph und seine Brüder*].

83.258 MORENGHI, Erminio: Il mito come 'Gegenwelt' utopica nella tetralogia *Giuseppe e i suoi fratelli* alla luce del carteggio C. Kerényi - Th. M. In: # 83.257, S. 371-380. [*Joseph und seine Brüder*].

83.259 MORRIS, Walter D.: Translator's Introduction. In seiner Ausg. von Th. M.: *Reflections of a Nonpolitical Man*. New York: F. Ungar, 1983, S. VII-XVI. [Rez.: D. J. Enright, # 83.110 - W. Laqueur, # 83.228 - W. F. Michael, # 85.196 - W. A. Reichart, # 83.298 - J. P. Stern, # 86.300. - *Betrachtungen eines Unpolitischen*].

83.260 MÜLLER, Joachim: Th. M.: Tagebücher 1940-1943. In: *DLZ*, Jg. 104, Nr. 7/8 (Juli/August 1983), Sp. 663-666. [Rez. von P. d. Mendelssohn, # 82.177].

83.261 MÜLLER, Norbert: Th. M. und Luther. Geschichtswirkung und Wirkungsgeschichte. In: *Wissenschaftliche Zeitschrift der Martin-Luther-Universität Halle-Wittenberg*, Jg. 32, Nr. 5 (1983), S. 47-58.

83.262 MÜLLER-SALGET, Klaus: Der Tod in Torre di Venere. Spiegelung und Deutung des italienischen Faschismus in Th. M's *Mario und der Zauberer*. In: *Arcadia*, Jg. 18, Nr. 1 (1983), S. 50-65.

83.263 NEUMANN, Alfred: Gespräch mit Th. M. In: V. Hansen/G. Heine, # 83.148, S. 45-49. [Vgl. E in: *Neues Wiener Journal*, # 20.30].

83.264 NICKLAS, Hans W.: Besuch bei Th. M.: 'Man hat sich gesehen'. In: V. Hansen/G. Heine, # 83.148, S. 349-353. [Vgl. E in: *Diskus* (April 1953)].

83.265 NORIS, Giuseppe: Iniziazione e formazione: Il 'Bildungsroman'. In: Paola Cabbibo, Hrsg.: *Sigfrido nel nuovo mondo. Studi sulla narrativa d'iniziazione.* Rom: Goliardica, 1983, S. 89-131. [Einleitung von P. C. - Bildungsroman - *Tonio Kröger*].

83.266 NORTHCOTE-BADE, James: Literature as Therapy? Th. M's Early Correspondence with Otto Grautoff. In: *Aulla XXII Conference.* Australian National University, 1983, 7 S.

83.267 NOZZOLI, Guido: Unser Interview mit Th. M. Der große deutsche Schriftsteller spricht sich gegen den Krieg und die H-Bombe aus. In: V. Hansen/G. Heine, # 83.148, S. 377-384. [Aus dem Italienischen übs. von G. B. Berardi. - Vgl. E in # 54.134].

83.268 NUGTEREN, Hans: Th. M. between Sovereign Man and Tempting Lover. In: H. N., *Among Men, Among Women. Sociological and Historical Recognition of Homosexual Arrangements.* Amsterdam, 1983, S. 67-72, 577.

83.268a OHL, Hubert: Künstlerwerk. Zu Th. M's *Betrachtungen eines Unpolitischen.* In: H. Koopmann/P.-P. Schneider, # 83.212, S. 41-53. [2. Internationales H. M.-Symposium, Lübeck, 1981].

83.269 OHL, Hubert: Riemers Goethe. Zu Th. M's Goethe-Bild. In: *Jahrbuch der Deutschen Schillergesellschaft*, Bd. 27 (1983), S. 381-395. [F. W. Riemer].

83.270 OHL, Hubert: Th. M. In: Helmut Koopmann, Hrsg.: *Handbuch des deutschen Romans.* Düsseldorf: Bagel, 1983, S. 468-488, 648-649.

83.271 OZSVATH, Zsuzsanna: Th. M's Family of Brothers: Familiar, Unexpected, and Distant Kin. In: *Research Studies*, Jg. 51, Nr. 1 (März 1983), S. 25-35.

83.272 PAINTNER, Peter: *Erläuterungen zu Th. M. Der Tod in Venedig, Der kleine Herr Friedemann und andere frühe Texte.* Hollfeld/Obfr.: C. Bange, 1983, 54 S. (= Königs Erläuterungen und Materialien, Bd. 47).

83.273 PANAGHIS, Afroditi P.: Th. M's *The Magic Mountain.* A Point of View. In: *Germanic Notes*, Jg. 14, Nr. 1 (1983), S. 3-4.

83.274 PAPP, Desiderius: Th. M., der Okkultist. Ein Gespräch mit dem Dichter. In: V. Hansen/G. Heine, # 83.148, S. 60-62. [Vgl. E in # 23.31a].

83.275 PERESZLENYI, Paul: Das Nächste ist der zweite Band des *Krull*. Ein Gespräch mit Th. M. In: V. Hansen/G. Heine, # 83.148, S. 392-394. [Vgl. E in: *Stuttgarter Zeitung* (1. Juni 1955)].

83.276 PFEIFFER-BELLI, Erich: In Kilchberg bei Th. M. Der 'Zauberer' spricht ein Wedekind-Essay auf Band. In: V. Hansen/G. Heine, # 83.148, S. 384-386. [Vgl. E in # 54.139].

83.277 PHILLIPS, William: A Portrait of the Artist as a Young Mann. In: *Partisan Review*, Nr. 1 (1983), S. 145-148. [Rez. von R. Winston, # 81.263].

83.278 PIRLER, Philipp: Th. M's Idyll *Herr und Hund*. Mythologische und poetologische Aspekte. In: Hans-Alfred Herchen, Hrsg.: *Aspekte der Sprach- und Literaturwissenschaften*. Frankfurt a. M.: Haag & Herchen, 1983, S. 19-33.

83.279 PIZZINELLI, Corrado: 'Das Bürgertum ist auf die Nazis und den Faschismus reingefallen'. Gespräch mit Th. M. In: V. Hansen/G. Heine, # 83.148, S. 279-282. [Aus dem Italienischen übs. - Vgl. E in: *Sera* (1. August 1947)].

83.280 PLETTENBERG, Alexandra: Josef Breitbach oder das zweckfreie Heldentum. In: *NZZ*, Jg. 204, Nr. 211 (10./11. September 1983), Literatur und Kunst, S. 68. [*Maß und Wert*].

83.281 POK, Lajos: 'Das Lied erzeugt sich einen Sänger'. Reflexionen zum *Zauberberg* und zum *Schloß*. In: A. Mádl/M. Salyámosy, # 83.241, S. 207-222. [Th. M. - F. Kafka].

83.282 POLENZ, Peter von: 'Gelehrter Schnack'. Sprachpragmatische Interpretation eines Dialogs in Th. M's *Der Erwählte*. In: John O. Askedal, Christen Christensen, Adne Findreng, u. a., Hrsg.: *Festschrift für Laurits Saltveit*. Oslo, u. a.: Universitetsforlaget, 1983, S. 164-170.

83.283 POLZER, Viktor: Th. M. in Wien. In: V. Hansen/G. Heine, # 83.148, S. 209-211. [Vgl. E in # 35.68].

83.284 PRAWER, Siegfried S.: Education of a Democrat. In: *TLS*, Nr. 169 (25. Februar 1983), S. 171-173. [Rez. von H. Kesten, # 82.136].

83.285 PRICE, Martin: The Beauty of Mortal Conditions: Joyce, Woolf, Mann. In: M. P., *Forms of Life. Character and Moral Imagination in the Novel*. New Haven, u. a.: Yale University Press, 1983, S. 312-343, 361-363. [Vgl. Nachdruck u. d. T. '*Felix Krull* and the Comic Muse' in # 86.234. - Rez.: H. M. Klein, # 84.109].

83.286 PROKOSCH, Frederic: Spuren vergangener Größe. Begegnungen mit Th. M., Ernest Hemingway, Marc Chagall. In: *SZ*, Jg. 39, Nr. 296 (24./25./26. Dezember 1983), SZ am Wochenende, S. 84.

83.287 PÜTZ, Peter: Th. M's Tagebücher: Reaktionen auf die Machtübernahme und deren Folgen. In: Beda Allemann, Hrsg.: *Literatur und Germanistik nach der 'Machtübernahme'. Colloquium zur 50. Wiederkehr des 30. Januar 1933. Studium Universale und Germanistisches Seminar der Universität Bonn.* Bonn: Bouvier, 1983, S. 9-27.

83.288 PÜTZ, Peter: Th. M's *Fiorenza* (1905): Ein Drama des 20. Jahrhunderts? In: Hans D. Irmscher, und Werner Keller, Hrsg.: *Drama und Theater im 20. Jahrhundert. Festschrift für Walter Hinck.* Göttingen: Vandenhoeck & Ruprecht, 1983, S. 41-49.

83.289 PUSCHMANN, Rosemarie: *Magisches Quadrat und Melancholie in Th. M's Doktor Faustus. Von der musikalischen Struktur zum semantischen Beziehungsnetz.* Bielefeld: Ampal, 1983, 285 S. [Zugl.: Diss., Bielefeld. - Vgl. # 93.219. - Rez.: W. R. Berger, # 85.16 - W. Frizen, # 84.58 - V. Hansen, # 85.93 - R. H. Lawson, # 85.159 - R. C. Zimmermann, # 85.308].

83.290 QUACK, Josef: Wege mit und ohne Rückkehr: Das Exil und seine Folgen. In: *FAZ*, Jg. 35, Nr. 239 (3. Oktober 1983), Feuilleton, S. 23. [Zu H. Wysling, # 83.392. - Betr. Th. M's Brief an E. Mann vom Januar 1936].

83.291 QUITZOW, Wolfgang Stauch von: War Th. M. doch politisch? In: *Nordwest-Zeitung*, Jg. 38, Nr. 199 (27. August 1983). [Rez. von V. Hansen/G. Heine, # 83.148].

83.292 RADDATZ, Fritz J.: Th. M. In: F. J. R., *Die Nachgeborenen. Leseerfahrungen mit zeitgenössischer Literatur.* Frankfurt a. M.: S. Fischer, 1983, 531 S.

83.293 RASMUSSEN, Jörg: Die Majolikasammlung Alfred Pringsheims in den Schriften Th. M's. In: *Jahrbuch des Museums für Kunst und Gewerbe Hamburg*, Bd. 2 (1983), S. 111-124.

83.294 RATENI, Patrizia: Rez. von L. Bazzicalupo, # 82.22. In: *Annali Istituto Universitario Orientale Napoli. Studi Tedeschi*, Bd. 26, Nr. 2-3 (1983), S. 445-451.

83.295 REED, Eugene E.: Rez. von G. Sautermeister, # 81.197. In: *GQ*, Jg. 56 (1983), S. 524-525. [*Mario und der Zauberer*].

83.296 REED, Terence J.: *Th. M., Der Tod in Venedig: Text, Materialien, Kommentar, mit den bisher unveröffentlichten Arbeitsnotizen Th. M's.* München, u. a.: C. Hanser,

1983, 184 S. (= Literatur-Kommentare, Bd. 19) [Vgl. # 87.232. - Rez.: L. Leibrich, # 83.231 - A. v. Schirnding, # 83.314].

83.297 REICH-RANICKI, Marcel: Umwege zu Th. M. Ein Fernsehporträt seines Sohnes Klaus. In: *FAZ*, Jg. 35, Nr. 257 (4. November 1983), S. 25.

83.298 REICHART, Walter A.: Rez. von W. D. Morris, # 83.259. In: *Michigan Germanic Studies*, Jg. 9, Nr. 2 (1983), S. 211-214. [*Betrachtungen eines Unpolitischen*].

83.299 REINDL, L. E.: Ein Gespräch mit dem Dichter. In: V. Hansen/G. Heine, # 83.148, S. 300-304. [Vgl. E in # 49.239. - *Der Erwählte*].

83.300 REUTIMANN, Hans: Vom Glückskind zum göttlichen Schelm. In: *Zürichsee-Zeitung*, Nr. 53 (4. März 1983), S. 10-11. [Rez. von H. Wysling, # 82.301].

83.301 REVESZ: Im Gespräch mit Th. M. In: V. Hansen/G. Heine, # 83.148, S. 62-64. [Aus dem Spanischen übs. von B. de la Fuente. - Vgl. E in: *ABC* (2. Mai 1923)].

83.302 RIBBAT, Ernst: Ästhetische Sensibilität und kritische Theorie. In: *Mitteilungen der E. T. A. Hoffmann-Gesellschaft e. V.*, Nr. 29 (1983), S. 67-69. [Rez. von H. Fritz, # 82.84].

83.303 RIESS, Curt: Th. M.-Interview. Der Dichter über seine Arbeit, den Krieg und Amerika. Zum 65. Geburtstag. In: V. Hansen/G. Heine, # 83.148, S. 255-260. [Vgl. E in: *Aufbau* (7. Juni 1940). - Engl. Fassung in: *Direction*, Jg. 2, Nr. 8 (Dezember 1939)].

83.304 ROBLES, Mercedes M.: Th. M's *The Magic Mountain* and Manuel Rojas' *Born Guilty*. In: *Latin American Literary Review*, Jg. 11, Nr. 23 (1983), S. 15-24. [*Der Zauberberg*].

83.305 ROSSEN, Evelyn: Gespräch mit Th. M. In: V. Hansen/G. Heine, # 83.148, S. 117-121. [Vgl. E in # 27.69].

83.306 SABAIS, Heinz-Winfried: Heimkehrer Th. M. In: V. Hansen/G. Heine, # 83.148, S. 336-344. [Vgl. E in: *Neue Literarische Welt* (25. Nonember 1952)].

83.307 SAGAVE, Pierre-Paul: Die Bedeutung Preußens in der deutschen Literatur. In: *German Studies Review*, Jg. 6, Nr. 3 (1983), S. 365-398, 371-373. [*Friedrich und die große Koalition*].

83.308 SALINGRE, Ulrich: Th. M. und die Nationalsozialisten. Ein Interview der *Montagspost*. In: V. Hansen/G. Heine, # 83.148, S. 173-175. [Vgl. E in # 30.129. - *Deutsche Ansprache*].

83.309 SAUTERMEISTER, Gert: Th. M.: Volksverführer, Künstler-Politiker, Weltbürger. Führerfiguren zwischen Ästhetik, Dämonie, Politik. In: *Exilforschung*, Bd. 1 (1983), S. 302-321.

83.310 SCHAFROTH, Heinz F.: Bruchstücke einer großen Fiktion. Über Max Frischs Tagebücher. In: Heinz L. Arnold, Hrsg.: *Max Frisch*. München: 1983, S. 58-68. (= *Text & Kritik*, Heft 47/48).

83.311 SCHERG, Christian: *Literatur als Lebenshilfe. Eine psychoanalytische Untersuchung zum therapeutischen Einfluß von Th.-M.-Literatur auf den modalen Leser in seiner Identifizierung mit dem modalen Helden*. Dissertation, Kassel: Gesamthochschule Kassel, 1983, 164 S. [Fachrichtung Psychologie].

83.312 SCHIFFER, Eva: Berichtigung zu Heft 19. In: *Blätter der Th. M. Gesellschaft Zürich*, Nr. 20 (1983-1984), S. 29. [Vgl. # 82.222].

83.313 SCHIRNDING, Albert von: Die Wiederkehr des Mythos. Entwicklungen 1933, 1983 - und eine Antwort Th. M's. In: *SZ*, Jg. 39, Nr. 126 (4./5. Juni 1983), SZ am Wochenende, S. 100. [*Joseph und seine Brüder*].

83.314 SCHIRNDING, Albert von: Das Wagnis der Vernunft. Interviews mit Th. M. In: *SZ*, Jg. 39, Nr. 178 (5. August 1983), S. 34. [Rez. von V. Hansen/G. Heine, # 83.148 - T. J. Reed, # 83.296].

83.315 SCHIRNDING, Albert von: Schicksal eines Sohnes. Aus dem Leben Michael Manns. In: *SZ*, Jg. 39, Nr. 297 (27. Dezember 1983), Literatur, S. 37. [Rez. von F. C. Tubach/S. P. Tubach, # 83.350].

83.316 SCHIRNDING, Albert von: Nachwort. In: Th. M.: *Joseph und seine Brüder I, Die Geschichten Jaakobs, Roman*. Frankfurt a. M.: S. Fischer, 1983, S. 391-417. (= Frankfurter Ausgabe) [Rez.: Anon. [-Mey], # 83.31 - H. Kurzke, # 83.220].

83.317 SCHIRNDING, Albert von: Nachwort. In: Th. M.: *Joseph und seine Brüder II, Der junge Joseph, Roman*. Frankfurt a. M.: S. Fischer, 1983, S. 279-297. (= Frankfurter Ausgabe) [Rez.: Anon. [-Mey], # 83.31 - H. Kurzke, # 83.220].

83.318 SCHIRNDING, Albert von: Nachwort. In: Th. M.: *Joseph und seine Brüder III, Joseph in Ägypten, Roman*. Frankfurt a. M.: S. Fischer, 1983, S. 613-636. (= Frankfurter Ausgabe) [Rez.: Anon. [-Mey], # 83.31 - H. Kurzke, # 83.220].

83.319 SCHIRNDING, Albert von: Nachwort. In: Th. M.: *Joseph und seine Brüder IV, Joseph, der Ernährer, Roman*. Frankfurt a. M.: S. Fischer, 1983, S. 553-571. (= Frankfurter Ausgabe) [Rez.: Anon. [-Mey], # 83.31 - H. Kurzke, # 83.220 - P. F. Proskauer, # 84.194].

83.320 SCHMIDT-WULFFEN, Stephan: 'Man muß die Modelle nehmen, wie sie sind.' Porträt des Porträtisten Wolf Ritz. In: *Westermanns Monatshefte*, Nr. 6 (1983), S. 36-42.

83.321 SCHREM, Hans: Mit Th. M. vor dem *Buddenbrook*-Haus. In: V. Hansen/G. Heine, # 83.148, S. 355-359. [Vgl. E in # 53.125].

83.322 SCHRIFTGIESSER, Karl: Kommunistischer Erfolg zu erwarten, sagt Th. M. In: V. Hansen/G. Heine, # 83.148, S. 214-218. [Aus dem Engl. übs. - Vgl. E in # 35.72a].

83.323 SCHROETER, James: *Buddenbrooks* and *The Sound and the Fury*. In: *Etudes des Lettres*, Jg. 6, Nr. 1 (1983), S. 43-54. [W. Faulkner].

83.324 SCHRÖTER, Klaus: Gefühl und Verstand - Die feindlichen Brüder bei Th. M. In: *Hefte der Deutschen Th.-M.-Gesellschaft*, Nr. 3 (1983), S. 57-69.

83.325 SCHUBERT, Bernhard: Der 'ästhetische Gottesbeweis'. Der Roman als Offenbarungsorgan weltlichen Heilsgeschehens. In: *Jahrbuch der Deutschen Schillergesellschaft*, Bd. 27 (1983), S. 396-434. [G. Keller - G. Lukács - Th. M. - T. Storm].

83.326 SCHÜTZ, Hanns L.: 'Als dienendes Glied schließ' an ein Ganzes... dich an'. Über schwäbische Korrektheit, preußische Kühle, rheinische Weltläufigkeit. Zum Tode von Hans-Otto Mayer (am 22. Februar 1983 in Düsseldorf). In: *Börsenblatt für den Deutschen Buchhandel, Frankfurter Ausgabe*, Jg. 39, Nr. 17 (1. März 1983), S. 507-508.

83.327 SCHUH, Willi: Zum Geleit. In Erika Mann's Ausg. von Th. M.: *Wagner und unsere Zeit. Aufsätze, Betrachtungen, Briefe*. Frankfurt a. M.: S. Fischer, 1983, S. 5-10. (= Fischer Taschenbuch, 2534).

83.328 SCHWARZ, Egon: Faschismus und Gesellschaft. Bemerkungen zu Th. M's Novelle *Mario und der Zauberer*. In: E. S., *Dichtung, Kritik, Geschichte: Essays zur Literatur 1900-1930*. Göttingen: Vandenhoeck & Ruprecht, 1983, S. 212-230.

83.329 SEIDLIN, Oskar: And Who, if We May Ask, is Johann Balhorn von Lübeck? In: *Euphorion*, Jg. 77, Nr. 2 (1983), S. 230-232. [*Doktor Faustus*].

83.330 SEIDLIN, Oskar: *Doctor Faustus*: The Hungarian Connection. In: *GQ*, Jg. 56 (November 1983), S. 594-607. [*Doktor Faustus*].

83.331 SEIDLIN, Oskar: *Doktor Faustus* reist nach Ungarn. Notiz zu Th. M's Altersroman. In: *Heinrich Mann-Jahrbuch*, Bd. 1/1983 (1984), S. 187-204.

83.332 SEIDLIN, Oskar: Rez. von H. Bürgin/H.-O. Mayer, # 80.57. In: *MLN*, Jg. 98, Nr. 3 (April 1983), S. 507-509.

83.333 SERVADIO, Gaia: Th. M. In: G. S., *Luchino Visconti: A Biography*. New York: Franklin Watts, 1983, S. 169-199, u. a. [Vgl. # 80.268].

83.334 SIEN, Max: Th. M. wartet gespannt auf die Bedingungen der 'Großen Drei'. In: V. Hansen/G. Heine, # 83.148, S. 265-266. [Aus dem Engl. übs. - Vgl. E in: *Cincinnati Post* (30. November 1943)].

83.335 SINDING-LARSEN, Henning: Th. M. arbeitet an einem großen Memoirenwerk. In: V. Hansen/G. Heine, # 83.148, S. 371-375. [Aus dem Schwedischen übs. - Vgl. E in: *Svenska Dagbladet* (4. August 1953)].

83.336 SOMMERHAGE, Claus: *Eros und Poesie: Über das Erotische im Werk Th. M's*. Bonn: Bouvier, 1983, 313 S. (= Bonner Arbeiten zur deutschen Literatur, Bd. 40) [Zugl.: Diss., Univ. Bonn. - Rez.: D. W. Adolphs/E. Schwarz, # 84.3 - H. Anton, # 84.5 - S. R. Cerf, # 84.26 - P. Felder, # 84.47 - H. Harbers, # 86.109 - W. Schönau, # 86.274 - H. T. Tewarson, # 84.241 - G. Wenzel, # 85.290].

83.337 SONTHEIMER, Kurt: Th. M. und die Deutschen (1961). In: R. Wolff, # 83.380, S. 16-32. [Vgl. E in # 61.214 - # 65.338].

83.338 SORG, Klaus-Dieter: Th. M.: *Der Zauberberg*. In: K.-D. S., *Gebrochene Teleologie. Studien zum Bildungsroman von Goethe bis Th. M.* Heidelberg: C. Winter, 1983, S. 171-204. (= Beiträge zur neueren Literaturgeschichte, Folge 3, Bd. 64) [Zugl.: Diss., Düsseldorf. - Rez.: W. Ertl, # 86.63].

83.339 SPENDER, Stephen: Beyond the *Magic Mountain*. In: *The Guardian* (3. März 1983), S. 10. [Rez. von H. Kesten, # 82.136].

83.340 SPOERL, Linda Bell: *The Methods of Madness: Insanity as Metaphor in Five Modern Novels*. Dissertation, University of Washington, 1983, 204 S. [Resümee in: *DAI*, Jg. 44, Nr. 11 (Mai 1984), S. 3397A. - J. Fowles: *The Collector* - J. Heller: *Catch-22* - H. Hesse: *Steppenwolf* - Th. M.: *Doktor Faustus* - V. Woolf: *Mrs Dalloway*].

83.341 SPRINGER, Nelson J.: 'Whitmans Einfluß formt die deutsche Demokratie', sagt Mann. 'Nennt ihn Amerikas Nietzsche'. In: V. Hansen/G. Heine, # 83.148, S. 71-75. [Vgl. E in *Brooklyn Daily Eagle* (13. September 1925)].

83.342 SPULER, Richard: 'Im Gleichnis leben zu dürfen': Notions of Freedom in Th. M's *Felix Krull*. In: *Archiv für das Studium der neuren Sprachen und Literaturen*, Jg. 135, Nr. 220, 2. Halbjahresband (1983), S. 343-350.

83.343 STEPANAUSKAS, Leonas: Das Ferienhaus Th. M's. Im Gespräch mit Katia Mann über Nida. In: *Freie Welt*, Nr. 19 (1983), S. 1-9. [Fortsetzung in: *Freie Welt*, Nr. 20: S. 10-15 - Nr. 21: S. 16-21].

83.344 STERN, Joseph P.: Relativity in and around *The Magic Mountain*. In: J. P. S., *The Novelist as Philosopher: Modern Fiction and the History of Ideas*. Oxford: All Souls College, 1983, S. 54-68. (= The Chichele Lectures 1982) [*Der Zauberberg*].

83.345 STOLLMANN, Rainer: Reading Kluge's Mass *Death in Venice*. In: *New German Critique*, Jg. 30, Nr. 1 (1983), S. 65-95. [Übs. von J. S. Librett. - *Der Tod in Venedig* - Vietnam-Krieg].

83.346 STRUMPP, Emil: Th. M. In Kurt Schwaen's Ausg. von E. S., *Über meine Köpfe. Texte. Porträts. Landschaften*. Berlin: Der Morgen, 1983, S. 178-181, u. a.

83.347 SÜSKIND, Wilhelm E.: Die neuen Kinder. Ein Gespräch mit Th. M. In: V. Hansen/G. Heine, # 83.148, S. 94-99. [Vgl. E in # 26.114].

83.348 SZENDI, Zoltán: Zur Ironie in Th. M's Werk *Der Zauberberg*. In: *Acta Litteraria Academiae Scientiarum Hungaricae*, Jg. 25, Nr. 3/4 (1983), S. 375-385.

83.349 TOURNIER, Michel: Th. M. et *Le Docteur Faustus*. In: Th. M.: *Le Docteur Faustus. La vie du compositeur allemand Adrian Leverkühn racontée par un ami*. Paris: A. Michel, 1983, S. 5-13. (= Le livre de poche, 3021; Biblio, 6) [Übs. von L. Servicen. - *Doktor Faustus*].

83.350 TUBACH, Frederic C., und Sally P. Tubach, Hrsg.: *Michael Mann, Fragmente eines Lebens. Lebensbericht und Auswahl seiner Schriften*. München: edition spangenberg im Ellermann-Verlag, 1983, 241 S. [Rez.: I. Drewitz, # 84.37 - E. Horn, # 83.164 - K. W. Jonas, # 86.145 - H. Kurzke, # 83.221 - A. v. Schirnding, # 83.315 - T. B. Schumann, # 84.223].

83.351 UDE, Karl: Münchner Kulturbummel: Th. M. und sein Wagner-Essay. In: *Münchner Stadtanzeiger*, Nr. 54 (15. Juli 1983), S. 6. [SZ-Beilage. - Betr. D. Borchmeyer, # 83.76].

83.352 ULRICH, Margot: 'Besser kann ich es auf keinen Fall machen'. Zum Tod Hans-Otto Mayers. In: *Hefte der Deutschen Th.-M.-Gesellschaft*, Nr. 3 (1983), S. 35-40.

83.353 ULRICH, Margot: Th. M. und René Schickele im Exil: Plädoyer für einen Briefwechsel. In: *Heinrich Mann-Jahrbuch*, Bd. 1/1983 (1984), S. 171-186.

83.354 ULRICH, Margot: Rez. von V. Hansen/G. Heine, # 83.148. In: *Heinrich Mann-Jahrbuch*, Bd. 1/1983 (1984), S. 257-263.

83.355 VAGET, Hans R.: Rez. von K. W. Jonas, # 79.107. In: *Monatshefte*, Jg. 75, Nr. 2 (1983), S. 230-231.

83.357 VERDAGUER, Mario: Palabras preliminares del traductor. In seiner Übs. von Th. M.: *La montaña mágica*. Barcelona: Plaza & Janes, 1983, S. 5-6. [Vgl. E in # 45.145. - *Der Zauberberg*].

83.358 VINCENTI, Leonello: Gespräch mit dem größten deutschen Romanschriftsteller. Th. M. und der biblische Roman, an dem er arbeitet: *Joseph und seine Brüder*. In: V. Hansen/G. Heine, # 83.148, S. 125-132. [Aus dem Italienischen übs. von G. B. Berardi. - Vgl. E in # 28.75].

83.359 VOGT, Jochen: *Th. M.: Buddenbrooks*. München: W. Fink, 1983, 171 S. (= UTB Germanistik: Deutsche Literaturgeschichte 1074; Text und Geschichte: Modellanalysen zur deutschen Literatur, Bd. 10) [Rez.: H.-P. M. Gerhardt, # 85.76 - J. Rieckmann, # 85.234].

83.360 VOLMANE, Véra: Mit Th. M. an den Ufern der Seine. In: V. Hansen/G. Heine, # 83.148, S. 322-325. [Aus dem Französischen übs. - Vgl. E in # 50.196].

83.361 WALD, Heidrun: Strukturprobleme der Romane F. M. Dostoevskijs und Th. M's. Das Paradigma der Musik in *Doktor Faustus* unter komparatistischem Aspekt. In: *Zeitschrift für Slawistik*, Jg. 28, Nr. 5 (1983), S. 693-703.

83.362 WALTER, Hans-Albert: 'Als ich wiederkam, da - kam ich nicht wieder'. Vorläufige Bemerkungen zu Rückkehr und Reintegration von Exilierten 1945-1949. In: *Deutsche Akademie für Sprache und Dichtung. Jahrbuch 1983* (1983), S. 23-41.

83.363 WEHDEKING, Volker: 'Ich repräsentiere nichts' - Alfred Andersch und Th. M. In: V. W., Hrsg.: *Zu Alfred Andersch*. Stuttgart: E. Klett, 1983, S. 143-160. (= Literaturwissenschaft-Gesellschaftswissenschaft-Interpretationen, 64).

83.364 WEHNER, Carl: 'Das Kriegsbeil wird begraben'. Th. M. gewährt dem *Münchner Merkur* das erste deutsche Interview. In: V. Hansen/G. Heine, # 83.148, S. 288-290. [Vgl. E in: *Münchner Merkur* (18. Mai 1949)].

83.365 WEIHE, Jörg: *Die Funktion der Arztfiguren im erzählerischen Werk Th. M's*. Dissertation, Medizinische Fakultät, Marburg, 1983, 102 S.

83.366 WEIZSÄCKER, Carl F. von: Th. M. *Doktor Faustus*. In: C. F. v. W., *Wahrnehmung der Neuzeit*. München, u. a.: C. Hanser, 4. Aufl., 1983, S. 108-120.

83.367 WENZEL, Georg: Rez. von H. Bürgin/H.-O. Mayer, # 82.41. In: *Neue Literatur*,
        Jg. 34, Nr. 3 (1983), S. 88-89.

83.368 WENZEL, Georg: Rez. von H. Matter, # 83.244. In: *Neue Literatur*, Jg. 34, Nr. 10
        (1983), S. 88.

83.369 WENZEL, Georg: Rez. von P. d. Mendelssohn, # 82.177. In: *Referatedienst zur Li-
        teraturwissenschaft*, Jg. 15, Nr. 3 (Oktober 1983), S. 375-376.

83.370 WENZEL, Georg: Ivan Sergeevič Turgenev in Aufzeichnungen Th. M's. In:
        Zeitschrift für Slawistik, Jg. 28, Nr. 6 (1983), S. 889-914.

83.371 WESSLING, Berndt W., Hrsg.: *Bayreuth im Dritten Reich. Richard Wagners po-
        litische Erben. Eine Dokumentation*. Weinheim, u. a.: Beltz, 1983, 336 S. (=
        Edition Monat) [Enthält: Der Fall Th. M. und die Münchner Gralshüter. Willi
        Schuh. Tagebucheintrag Oskar Loerkes. Erwiderung auf den *Protest der Richard-
        Wagner-Stadt München*. - Th. M.: S. 202-217].

83.372 WIEGAND, Helmut: *Th. M's Doktor Faustus als zeitgeschichtlicher Roman. Eine
        Studie über die historischen Dimensionen in Th. M's Spätwerk*. Frankfurt a. M.: R.
        G. Fischer, 2., überarb. Aufl., 1983, 252 S. (= Frankfurter Beiträge zur neueren
        deutschen Literaturgeschichte, Bd. 1) [Vgl. E in # 82.294].

83.373 WIENOLD, Götz: Narrative Texts and Models of Hierarchical and Sequential
        Structure. In: Manfred Faust, u. a., Hrsg.: *Allgemeine Sprachwissenschaft, Sprach-
        typologie und Textlinguistik. Festschrift für Peter Hartmann*. Tübingen: Narr,
        1983, S. 417-430.

83.374 WIERLACHER, Alois: Die allernächsten Dinge. Mahlzeitendarstellung bei Th.
        M., insbesondere in *Buddenbrooks*. In: A. Mádl/M. Salyámosy, # 83.241, S. 223-
        234.

83.375 WILSON, Fletcher: Th. M. 'ruht' vor dem Vortrag heute abend. In: V. Han-
        sen/G. Heine, # 83.148, S. 250-252. [Aus dem Engl. übs. - Vgl. E in: *Minneapolis
        Morning Tribune* (15. Februar 1940)].

83.376 WITTNER, Victor: Gespräch mit Th. M. In: V. Hansen/G. Heine, # 83.148, S.
        49-53. [Vgl. E in # 22.46].

83.377 WITTNER, Victor: Bei Th. M. In: V. Hansen/G. Heine, # 83.148, S. 132-138.
        [Vgl. E in # 28.79].

83.378 WOLANDT, Gerd: Einige Notizen über Dostojevskij im Werk Th. M's. In: Hans
        Rothe, Hrsg.: *Dostojevskij und die Literatur. Vorträge zum 100. Todesjahr des
        Dichters auf der 3. internationalen Tagung des 'Slavenkomitees' in München, 12.-14.*

Oktober 1981. Köln, u. a.: Böhlau, 1983, S. 402-412. (= Schriften des Komitees der Bundesrepublik Deutschland zur Förderung der Slawischen Studien, Bd. 7).

83.379 WOLF, Ernest M.: Scheidung und Mischung: Sprache und Gesellschaft in Th. M's *Buddenbrooks.* In: *Orbis Litterarum,* Jg. 38, Nr. 3 (1983), S. 235-253. [Vgl. # 84.264, # 86.334. - vgl. Nachdruck in # 89.307].

83.380 WOLFF, Rudolf, Hrsg.: *Th. M's Doktor Faustus und die Wirkung. 1. Teil.* Bonn: Bouvier, 1983, 167 S. (= Sammlung Profile, Bd. 4) [Inhalt: Anon., # 83.30 - A. Carlsson, # 83.87 - K. Hamburger, # 83.142 - E. Kleinschmidt, # 85.132 - K. Klünder, # 83.197 - H. Kurzke, # 85.158 - F. A. Lubich, # 85.171 - G. Lukács, # 83.239 - H. Mayer, # 83.249 - K. Sontheimer, # 83.337 - R. Wolff, # 83.381, # 83.382].

83.381 WOLFF, Rudolf: Einleitung. Th. M's *Doktor Faustus.* In: # 83.380, S. 6-8.

83.382 WOLFF, Rudolf: Bibliographie von 1947 bis 1968 (Auswahl). In: # 83.380, S. 152-167. [*Doktor Faustus*].

83.383 WOLFF, Rudolf, Hrsg.: *Th. M's Doktor Faustus und die Wirkung. 2. Teil.* Bonn: Bouvier, 1983, 167 S. [Inhalt: H. Dörr, # 83.103 - H. Gockel, # 83.130 - E. Kleinschmidt, # 85.132 - P. G. Klussmann, # 83.200 - H. Koopmann, # 83.211 - R. Kost, # 83.214 - H. Kurzke, # 85.158 - V. Lange, # 83.227 - F. A. Lubich, # 85.171 - R. Wolff, # 83.384, # 83.385. - Betr.: Offener Brief an Dr. E. Kogon].

83.384 WOLFF, Rudolf: Vorbemerkung. In: # 83.383, S. 7. [*Doktor Faustus*].

83.385 WOLFF, Rudolf: Bibliographie von 1968 bis 1983 (Auswahl). In: # 83.383, S. 152-167. [*Doktor Faustus*].

83.386 WOLFF, Uwe: Des Pudels Kern war ungeschoren. Interview mit Th. M. Was Amerika und den Rest der Welt am deutschen Nobelpreisträger interessierte. In: *Rheinischer Merkur,* Jg. 38, Nr. 44 (4. November 1983), S. 21. [Rez. von V. Hansen/G. Heine, # 83.148].

83.387 WOOTTON, Carol: Ferruccio Busoni's Opera *Doktor Faust* Seen in Relation to Literary Interpretations of the Theme. In: C. W., *Selective Affinities. Comparative Essays from Goethe to Arden.* New York, u. a.: P. Lang, 1983, S. 99-112. (= American University Studies, Serie 3: Comparative Literature, Bd. 3).

83.388 WURST, Karin A.: Rez. von H. Siefken, # 81.224. In: *German Studies Review,* Jg. 6, Nr. 3 (1983), S. 620.

83.389 WYSLING, Hans: Th. M's Rezeption der Psychoanalyse. In: Bennett/Kaes/Lillyman, # 83.68, S. 201-222.

83.390 WYSLING, Hans: Th. M's Rede vor der Europa-Union in Basel, gehalten am 11. November 1934 im Großen Festsaal der Mustermesse. In: *Blätter der Th. M. Gesellschaft Zürich*, Nr. 20 (1983-1984), S. 5-13.

83.391 WYSLING, Hans: Schopenhauer-Leser Th. M. In: *Schopenhauer-Jahrbuch*, Bd. 64 (1983), S. 61-79.

83.392 WYSLING, Hans: '... eine fast tödliche Bereitschaft'. Th. M's Entscheidung von 1936 im Spiegel seines Briefwechsels mit Erika Mann. In: *Schweizer Monatshefte*, Jg. 63, Nr. 7/8 (Juli/August 1983), S. 615-631. [Vgl. dazu: J. Quack, # 83.290].

83.393 ZIMMERMANN, Werner G.: Ein bibliophiles Kuriosum zum Wagner-Jahr. In: *Librarium*, Jg. 26, Nr. 1 (1983), S. 46-47.

83.394 ZWEIG, Stefan: Th. M's *Rede und Antwort*. In Knut Beck's Ausg. von S. Z., *Begegnungen mit Büchern. Aufsätze und Einleitungen aus den Jahren 1902-1939.* Frankfurt a. M.: S. Fischer, 1983, S. 120-129. [Vgl. E in # 21.39].

83.395 ZWEIG, Stefan: Th. M., *Lotte in Weimar*. In: # 83.394, S. 130-132. [Vgl. E in # 43.38 - # 47.248].

1984

84.1 ABBOUD, Abdo: Die arabische Th.-M.-Rezeption. In: A. A., *Deutsche Romane im arabischen Orient. Eine komparatistische Untersuchung zur Rezeption von Heinrich Mann, Th. M., Hermann Hesse und Franz Kafka. Mit einem Überblick über die Rezeption der deutschen Literatur in der arabischen 'Welt'.* Frankfurt a. M., u. a.: P. Lang, 1984, S. 51-74, 221-233. (= Analysen und Dokumente: Beiträge zur Neueren Literatur, Bd. 18) [Rez.: H. Binder, # 84.11 - T. Bleicher, # 87.25 - D. Erpenbeck, # 86.62 - E. Glassen, # 86.91 - W. Walther, # 85.286. - *Buddenbrooks - Der Tod in Venedig - Der Zauberberg*].

84.2 ADOLPHS, Dieter W.: Literarischer Erfahrungshorizont. Aufbau und Entwicklung der Erzählperspektive im Werk Th. M's. In: *DAI*, Jg. 44, Nr. 12 (Juni 1984), S. 3701A. [Vgl. Buchausgabe in # 85.1].

84.3 ADOLPHS, Dieter W., und Egon Schwarz: Drei Neuveröffentlichungen zu Th. M. Ein kritischer Querschnitt der jüngsten Forschung. In: *Colloquia Germanica*, Jg. 17, Nr. 1/2 (1984), S. 174-181. [Rez. von V. Hansen/G. Heine, # 83.148 - C. Sommerhage, # 83.336 - H. Wysling, # 82.301].

84.4 ADY, Paul E.: *Readability, Modes of Comprehension and two 'Limit Texts': Th. M's Doktor Faustus and James Joyce's Finnegans Wake.* Dissertation, University of Toronto, 1984, 301 S. [Resümee in: *DAI*, Jg. 45, Nr. 9 (1985), S. 2870A. - *Doktor Faustus*].

84.5 ANTON, Herbert: Rez. von C. Sommerhage, # 83.336. In: *Germanistik*, Jg. 25, Nr. 1 (1984), S. 243.

84.6 ARGULLOL, Rafael: El artista y la muerte. In: *El País Libros* (12. August 1984), S. 3. [Rez. von F. Ayala, # 84.7].

84.7 AYALA, Francisco: Prólogo. In: Th. M.: *La muerte en Venecia.* Barcelona: Edhasa, 1984. [Übs. von J. del Solar. - Rez.: R. Argullol, # 84.6].

84.8 BAUER, Walter: Verborgene Tendenzen ausformuliert. Jürgen Jungs Untersuchung zu Th. M's *Doktor Faustus*. In: *Fränkischer Tag*, Jg. 151, Nr. 282 (6. Dezember 1984), S. 11. [Rez. von J. J., # 85.123].

84.9 BAUMGART, Reinhard: Th. M.: *Lotte in Weimar*. Beilage zu Th. M.: *Lotte in Weimar*. Stuttgart, u. a.: Lizenzausgabe für den Deutschen Bücherbund, 1984, 15 S. (= Bibliothek des 20. Jahrhunderts).

84.10 BAZZICALUPO, Laura: Ironia e utopia in Mann e Musil nella critica recente. In: *Cultura e scuola*, Jg. 23, Nr. 91 (Juli-September 1984), S. 88-95.

84.11   BINDER, Hartmut: Deutsche Literatur in der arabischen Welt. Eine Darstellung
        von Abdo Abboud. In: *NZZ*, Jg. 205, Nr. 218 (19. September 1984), Feuilleton,
        S. 39-40. [Rez. von A. A., # 84.1].

84.12   BIZAM, Lenke: William Styron's *Set this House on Fire*: A Novel of the American
        Genre. In: Frank Tibor, Hrsg.: *The Origins and Originality of American Culture.*
        Budapest: Akadémiai Kiadó, 1984, S. 187-192.

84.13   BÖHM, Karl W.: Die homosexuellen Elemente in Th. M's *Der Zauberberg.* In:
        Literatur für Leser, Jg. 3 (1984), S. 171-190. [Vgl. # 85.21].

84.14   BOHNE, Evelyn: Golo Mann - das schwere Leben im Schatten eines großen Va-
        ters. In: *Hamburger Abendpost* (24. März 1984). [Auch u. d. T.: Im Schatten des
        Vaters. Golo Mann feiert heute seinen 75. Geburtstag. In: *Donaukurier*, Nr. 73
        (27. März 1984) - u. d. T.: Die zweite Generation im Schatten des Vaters Th. M.
        In: *Heilbronner Stimme* (26. März 1984), S. 13 - u. d. T.: Im Schatten des Vaters.
        Golo Mann feiert am 27. März seinen 75. Geburtstag. In: *Main-Echo*, Nr. 73 (27.
        März 1984), S. 6].

84.15   BRACHES, Ernst: *Der Tod in Venedig*: I. Goethe in Marienbad. In: *Optima*, Jg. 2,
        Nr. 2 (1984), S. 93-102. [II. Venetie bespiegeld. In: *Optima*, Jg. 2, Nr. 3 (1984), S.
        296-306 - III. Commentaar bij hoofdstuk I. In: *Optima*, Jg. 2, Nr. 4 (1984), S.
        273-289].

84.16   BRACHFELD, F. Oliver: Prólogo. In: Th. M.: *Señor y Perr. Tonio Kröger. Trad. de
        F. Payarols y F. Oliver Brachfeld.* Barcelona: Plaza & Janes, S. A., 1984, S. 9-17.

84.17   BRADLEY, Brigitte L.: Rez. von R. Kieser, # 84.108. In: *GR*, Jg. 59, Nr. 2
        (Sommer 1984), S. 119-121.

84.18   BRODWIN, Stanley: Notes on a New Letter by Th. M. The Passover in *Young
        Joseph*. In: *MFS*, Jg. 30, Nr. 2 (Sommer 1984), S. 257-265. [Betr. Th. M's Brief an
        R. R. Smith].

84.19   BRONSEN, David: The Artist against Himself. Henrik Ibsen's *Master Builder* and
        Th. M's *Death in Venice*. In: *Neohelicon*, Jg. 11, Nr. 1 (1984), S. 323-344. [*Der
        Tod in Venedig*].

84.20   BULTER, Steven H.: *The Pygmalion Motif and the Crisis of the Creative Process in
        Modern Fiction.* Dissertation, Brandeis University, 1984, 175 S. [Resümee in:
        DAI, Jg. 45 (1984/85), S. 1743A. - *Der Tod in Venedig*].

84.21   BUSCH, Arnold: *Faust und Faschismus. Th. M's Doktor Faustus und A. Döblins
        November 1918 als exilliterarische Auseinandersetzung mit Deutschland.* Frankfurt
        a. M., u. a.: P. Lang, 1984, 406 S. (= Europäische Hochschulschriften, Reihe 1:

Deutsche Sprache und Literatur, Bd. 777) [Zugl.: Diss., Frankfurt, 1983. - Rez.: W. Koepke, # 85.137].

84.22 CAMARTIN, Iso: Der Ehrenname des Literaten. Theodor Lessing - Autor zwischen den Fronten. In: *NZZ*, Jg. 205, Nr. 275 (24./25. November 1984), S. 69.

84.23 CARLSSON, Anni, und Volker Michels, Hrsg.: Hermann Hesse und Th. M.: *Briefwechsel. Erw. von Volker Michels. Vorwort von Theodore Ziolkowski.* Frankfurt a. M.: S. Fischer, 1984.

84.24 CARSTENSEN, Richard: Th. M. und seine 'Erste Liebe'. In: *Der Wagen* (1984), S. 99-107. [Mit einem Brief an H. Lange vom 19. März 1955. - A. Martens].

84.25 CELIS, Raphaél: La dynamique du roman biblique. In: Claudine Gothot-Mersch, R. C., und René Jongen, Hrsg.: *Narration et interprétation.* Bruxelles: Facultés universitaires Saint-Louis, 1984, S. 167-195. [*Joseph und seine Brüder*].

84.26 CERF, Steven R.: Rez. von H. Wysling, # 82.301 - C. Sommerhage, # 83.336. In: *GQ*, Jg. 57, Nr. 2 (1984), S. 326-327.

84.27 CHIARINI, Giovanni: Rez. von N. Hamilton, # 83.144. In: *Annali Istituto Universitario Orientale Napoli. Studi Tedeschi*, Bd. 27, Nr. 2 (1984), S. 299-304.

84.28 CHIUSANO, Italo A.: Th. M. In: I. A. C., *Literatur.* Milano: Editore Rusconi, 1984.

84.29 CURTIUS, Mechthild: *Erotische Phantasien bei Th. M. Wälsungenblut - Bekenntnisse des Hochstaplers Felix Krull - Der Erwählte - Die vertauschten Köpfe - Joseph in Ägypten.* Königstein/Ts.: Athenäum, 1984, 231 S. [Habil., Siegen. - Rez.: H. Koopmann, # 87.159, # 92.147 - U. Weinzierl, # 84.255].

84.30 DARWIN, John S.: *Chapter one: A Comparative Analysis of the first Chapter of Selected Novels by Charles Dickens, Gustave Flaubert and Th. M.* Dissertation, University of Alabama, 1984, 470 S. [Resümee in: *DAI*, Jg. 45, Nr. 8 (1985), S. 2517A. - Vgl. # 85.41].

84.31 DAVIES, Martin: Rez. von R. Kieser, # 84.108. In: *TLS* (7. Dezember 1984), S. 1429.

84.32 DERLA, Luigi: Rez. von P. Isotta, # 83.170. In: *Belfagor*, Jg. 39 (1984), S. 114-118.

84.33 DIERKS, Manfred: Rez. von E. Schiffer, # 82.222 - H. Wysling, # 82.301. In: *ZDP*, Jg. 103, Nr. 2 (1984), S. 302-305, 305-307.

84.34   DOMBROVSKAJA, Raisa, und Pavel Kopanev: Das Sprachporträt und Probleme
        seiner Übersetzung. In: *Wissenschaftliche Zeitschrift Friedrich-Schiller-Universität
        Jena*, Jg. 33, Nr. 5 (1984), S. 571-576. [In russischer und dt. Sprache (Zusam-
        menfassung). - *Lotte in Weimar*].

84.35   DOWDEN, Stephen D.: *The Authority of Imagination: A Study in the Novel of
        German Modernism: Kafka, Broch, Musil and Th. M.* Dissertation, University of
        California at Berkeley, 1984, 332 S. [Resümee in: *DAI*, Jg. 45 (1984/85), S.
        3138A. - Vgl. Buchausgabe in # 86.59].

84.36   DRAKE, Sara Matson: Th. M.: Growth Curves. In: S. M. D., *Spacetime Aspects of
        the Literary Work: Theory, Method, Application.* Dissertation, University of Min-
        nesota, 1984, IX, 189 S. [Resümee in: *DAI*, Jg. 45, Nr. 5 (1984), S. 1391A-1392A.
        - F. Kafka - Th. M.].

84.37   DREWITZ, Ingeborg: Last des Vaters. Im Schatten literarischen Ruhms - Die
        Schriften Michael Manns. In: *Nürnberger Nachrichten*, Jg. 40, Nr. 28 (3. Februar
        1984), S. 25. [Rez. von F. C. Tubach/S. P. Tubach, # 83.350].

84.38   DÜSING, Wolfgang: Rez. von H. Koopmann, # 83.209. In: *Arbitrium*, Jg. 2
        (1984), S. 302-305.

84.39   DUMONT, Robert: Rez. von H. Siefken, # 81.224. In: *RLC*, Jg. 58 (1984), S. 373-
        374.

84.40   DURRANI, Osman: Echo's Reverberations: Notes on a Painful Incident in Th.
        M's *Doctor Faustus*. In: *GLL*, N. S., Jg. 37, Nr. 2 (Januar 1984), S. 125-134.
        [*Doktor Faustus*].

84.41   EIGLER, Friederike: Die ästhetische Inszenierung von Macht: Th. M's Novelle
        Mario und der Zauberer. In: *Heinrich Mann-Jahrbuch*, Bd. 2/1984 (1985), S. 172-
        183.

84.42   EILERT, Heide: 'Gethane Arbeit'? Heinrich Manns Erzählung *Schauspielerin* und
        ihr Verhältnis zu Th. M's *Wälsungenblut*. In: *Heinrich Mann-Jahrbuch*, Bd.
        2/1984 (1985), S. 43-59.

84.43   EISELE, Ulf: Th. M., *Der Zauberberg*. In: U. E., *Die Struktur des modernen deut-
        schen Romans.* Tübingen: M. Niemeyer, 1984, S. 151-209. [B. Brecht - H. Broch -
        Th. M. - R. Musil].

84.44   EMRICH, Elke: Zum 'metaphysischen Bedürfnis' in Th. M's *Buddenbrooks* und
        Heinrich Manns *Im Schlaraffenland*. In: *Heinrich Mann-Jahrbuch*, Bd. 2/1984
        (1985), S. 18-32. [Vgl. # 85.59, # 86.61].

84.45 EXNER, Richard: Das berückend Menschliche oder Androgynie in der Literatur. Im Hauptbeispiel Th. M. In: *NDH*, Jg. 31, Heft 2, Nr. 182 (1984), S. 254-276.

84.46 EXNER, Richard: Rez. von P. d. Mendelssohn, # 82.177. In: *World Literature Today*, Jg. 58, Nr. 1 (Winter 1984), S. 98-99.

84.47 FELDER, P.: Rez. von C. Sommerhage, # 83.336. In: *EG*, Jg. 39 (1984), S. 467-468.

84.48 FICHTE, Hubert: 'I Can't Get no Satisfaction': Zur Geschichte der Empfindungen des Grafen August von Platen-Hallermünde. In: *Die Zeit*, Jg. 39, Nr. 48 (23. November 1984), Essay, S. 49-51. [J. W. v. Goethe - H. Heine - Th. M.].

84.49 FISCHER, Erik: Adrian Leverkühns Philosophie der Neuen Musik. In: *Literatur für Leser*, Heft 3 (1984), S. 162-170. [*Doktor Faustus*].

84.50 FISCHER, Peter: *Bruder Hitler*, *Faustus* und der Doktor in Wien. In: Wolfram Mauser, Hrsg.: *Freiburger Literaturpsychologische Gespräche 3. Dritte Folge*. Frankfurt a. M., u. a.: P. Lang, 1984, S. 7-20. (= Literatur und Psychologie, Bd. 12).

84.52 FLAVELL, M. Kay: Rez. von K. S. Guthke, # 81.72. In: *MLR*, Bd. 79 (1984), S. 231-234.

84.53 FLEISSNER, Robert F.: The Balking Staircase and the Transparent Door: Prufrock and Kröger. In: *The Comparatist*, Jg. 8 (Mai 1984), S. 21-32. [*Tonio Kröger*].

84.54 FORMOSA, Feliu: Pròleg. In der katalanischen Ausg. von Th. M.: *La Mort as Venécia. Mario i el Màgic*. Barcelona: Edicions Proa, 1984, S. 13-29. [Übs. von J. Foncuberta].

84.55 FRANKE, Peter R.: Der Tod des Hans Hansen. Unbekanntes aus der Jugend Th. M's. In: *Musil-Forum*, Jg. 10, Nr. 1/2 (1984), S. 43-55. [Festschrift für E. Schönwiese. - *Tonio Kröger* - Th. M's Beziehung zu A. und I. Martens].

84.56 FREUND, Michael: Nabelschnur der Alten Welt. Die New Yorker Zeitschrift *Aufbau* ist fünfzig Jahre alt. In: *FAZ*, Jg. 36, Nr. 266 (24. November 1984), Bilder und Zeiten, S. 4.

84.57 FRIEDRICHSMEYER, Erhard: Adrian Leverkühn. Th. M's lachender Faust. In: *Colloquia Germanica*, Jg. 18, Nr. 1/2 (1984), S. 79-97. [*Doktor Faustus*].

84.58 FRIZEN, Werner: 'Ein Glasperlenspiel mit schwarzen Perlen'. In: *Text & Kontext*, Jg. 12, Nr. 1 (1984), S. 171-174. [Rez. von R. Puschmann, # 83.289].

84.59 FRÜHWALD, Wolfgang: 'Katholisch, aber wie Sailer ...'. Kultur und Literatur in Bayern am Übergang der Moderne. In: *Aus dem Antiquariat*, Nr. 7 (31. Juli 1984), S. A237-A246. (= Beilage zum *Börsenblatt für den Deutschen Buchhandel*, Jg. 40, Nr. 61) [*Gladius Dei* - München leuchtete - *Buddenbrooks*].

84.60 FUCHS-SUMIYOSHI, Andrea: *Orientalismus in der deutschen Literatur. Untersuchungen zu Werken des 19. und 20. Jahrhunderts, von Goethes West-östlichem Divan bis Th. M's Joseph-Tetralogie*. Hildesheim, u. a.: G. Olms, 1984, 206 S. (= Germanistische Texte und Studien, Bd. 20) [Rez.: W. L. Nahrgang, # 85.205 - I. Solbrig, # 87.310. - *Joseph und seine Brüder*].

84.61 GANDELMAN, Claude: The *Doktor Faustus* of Th. M. as a Drama of Iconicity. In: *Semiotica*, Jg. 49, Nr. 4 (Herbst 1984), S. 27-47.

84.62 GEFIN, Laszlo K.: False Exits: The Literary Allusion in Modern Fiction. In: *Papers on Language and Literature*, Jg. 20, Nr. 4 (Herbst 1984), S. 431-452. [*Tonio Kröger*].

84.63 GELBER, Mark H.: Th. M. and Zionism. In: *GLL*, N. S., Jg. 37, Nr. 2 (Januar 1984), S. 118-124.

84.64 GIORGIO, Paolo: *La montagna incantata: Mostra del 14 gennaio al 7 febbraio, 1984. Testi di Dario Micacchi e Enrico de Angelis*. Roma: Galleria d'arte La Margherita, 1984, 20 S. (= La Margherita: Catalogo, Nr. 95).

84.65 GIORGIO, Paolo: *La montagna incantata: Mostra 30 giugno - 22 luglio 1984*. Jesi: Palazzo dei Convegni, 1984, 8, 21 S. [Ausstellungskatalog zu *Der Zauberberg*. - Inhalt: G. Bonasegale: Gli incantesimi della cultura - D. Micacchi: Il trenino per Davos - E. de Angelis: Uno sguardo lontano].

84.66 GLASER, Horst A.: Wagners Musik im Werk Th. M's. In: Ursula Müller, Redaktion: *Richard Wagner 1883-1983. Die Rezeption im 19. und 20. Jahrhundert*. Stuttgart: Akademischer Verlag, 1984, S. 411-431. (= Stuttgarter Arbeiten zur Germanistik, Nr. 129) [Gesammelte Beiträge des Salzburger Symposiums].

84.67 GLIER, Ingeborg: Allegorien. In: Volker Mertens, und Ulrich Müller, Hrsg.: *Epische Stoffe des Mittelalters*. Stuttgart: A. Kröner, 1984, S. 205-228. (= Kröners Taschenausgabe, 483) [*Der Erwählte*].

84.68 GOCKEL, Heinz: Aschenbachs Tod in Venedig. In: R. Wolff, # 84.267, S. 27-41. [*Der Tod in Venedig*].

84.69   GORZAWSKI, Heribert: *Stundenblätter Tonio Kröger.* Stuttgart: E. Klett, 1984, 65
        S., 18 S. Beilage. (= Stundenblätter Deutsch) [Vgl. 89.77].

84.70   GOTE, Ute: Die Eingeschlossenen von Davos. Th. M's Roman *Der Zauberberg*
        als dreiteiliger Fernsehfilm. In: *Hannoversche Allgemeine Zeitung,* Jg. 89, Nr.
        89/90 (14./15. April 1984), S. 8. [*Der Zauberberg*].

84.71   GREGOR-DELLIN, Martin: *Wagner und kein Ende. Richard Wagner im Spiegel von
        Th. M's Prosawerk - Eine Studie.* Bayreuth: Mühl'scher Universitätsverlag, 2.
        Aufl., 1984, 70 S. [Vgl. E in # 58.45. - Rez.: W. Scheller, # 84.213].

84.72   GROTHE, Wolfgang: Viel Unsinn geschrieben? Zu den Briefen Th. M's 1943 bis
        1950 und seinen Verbindungen nach Schweden. In: *Studia Neophilologica,* Jg. 56
        (1984), S. 223-231. [Anhang: Ein Brief Th. M's an K. R. Gierow vom 26. April
        1948, S. 231. - Rez. von H. Bürgin/H.-O. Mayer, # 82.41].

84.73   GRUNEWALD, Michel: *Klaus Mann 1906-1949. Eine Bibliographie.* München:
        Spangenberg/Ellermann, 1984, 266 S. [Rez.: K. W. Jonas, # 86.147].

84.74   GULLETTE, Margaret Morgenroth: The Exile of Adulthood. Pedophilia in the
        Midlife Novel. In: *Novel,* Jg. 17, Nr. 3 (Frühjahr 1984), S. 215-232. [*Der Tod in
        Venedig*].

84.75   GURNEY, Stephen I.: Rez. von N. Hamilton, # 79.79. In: *Germanic Notes,* Jg. 15,
        Nr. 2 (1984), S. 57-58. [H. Mann - Th. M.].

84.76   HAMBURGER, Käte: *Th. M's biblisches Werk: Der Joseph-Roman. Die Moses-Erzäh-
        lung Das Gesetz.* Frankfurt a. M.: S. Fischer, 1984, 201 S. [Leicht veränderte
        Fassungen von: # 45.52 - # 63.126. - Vgl. # 81.74. - *Joseph und seine Brüder*].

84.77   HAMBURGER, Käte: Zum Tode von Ida Herz. Für Th. M. gelebt. In: *FAZ,* Jg. 36
        (23. Februar 1984).

84.78   HANSEN, Volkmar: *Th. M.* Stuttgart: J. B. Metzler, 1984, VIII, 163 S. (= Samm-
        lung Metzler, 211) [Rez.: A. v. Bormann, # 85.25 - M. T. Delgado Mingocho, #
        85.199 - H. Helbling, # 85.104 - W. Hoffmeister, # 87.130 - B. Kristiansen, #
        85.147 - J. Łukosz, # 84.140 - E. L. Marson, # 86.194 - H. Siefken, # 85.260 - G.
        Wenzel, # 86.324].

84.79   HANSEN, Volkmar: Rekonstruktion eines Interviewgesprächs. Eine quellenkriti-
        sche Untersuchung zu Th. M's Gespräch mit David Ewen am 23. Juli 1933. In:
        Heinrich Mann-Jahrbuch, Bd. 2/1984 (1985), S. 184-201.

84.80   HANSEN, Volkmar: Th. M's Erzählung *Das Gesetz* und Heines Moses-Bild
        (1974). In: R. Wolff, # 84.267, S. 68-85. [Vgl. # 74.62].

84.81   HANSON, William P.: Rez. von H. R. Vaget, # 82.278. In: *MLR*, Bd. 79 (1984), S. 491-492.

84.82   HANSSEN, Léon: Rez. von V. Hansen/G. Heine, # 83.148. In: *Bulletin*, Jg. 13, Nr. 120 (1984), S. 51-55. [Holländisch].

84.84   HELBLING, Hanno: Nachwort. In Peter de Mendelssohn's Ausg. von Th. M.: *Von Deutscher Republik, Politische Schriften und Reden in Deutschland*. Frankfurt a. M.: S. Fischer, 1984, S. 383-398. (= Frankfurter Ausgabe) [Rez.: V. Hansen, # 90.107 - P. F. Proskauer, # 85.217].

84.85   HELLER, Erich: *In the Age of Prose. Literary and Philosophical Essays*. Cambridge, u. a.: Cambridge University Press, 1984, XII, 268 S. [Inhalt: # 84.86 - # 84.87 - # 84.88 - # 84.89].

84.86   HELLER, Erich: Literature and Political Responsibility: Apropos the Letters of Th. M. In: # 84.85, S. 105-125.

84.87   HELLER, Erich: The Taking back of the Ninth Symphony: Reflections on Th. M's *Doctor Faustus*. In: # 84.85, S. 127-148. [*Doktor Faustus*].

84.88   HELLER, Erich: Th. M's Diaries and the Search of Identity. In: # 84.85, S. 149-161.

84.89   HELLER, Erich: Observations on Psychoanalysis and Modern Literature. In: # 84.85, S. 177-191. [*Der Tod in Venedig - Der Zauberberg*].

84.90   HOWALD, Stefan: Th. M. In: S. H., *Ästhetizismus und ästhetische Ideologiekritik. Untersuchungen zum Romanwerk Robert Musils*. München: W. Fink, 1984, S. 107-128. (= Musil-Studien, Bd. 9).

84.91   HURST, Peter W., und Heinz F. Tengler: Habent sua fata libelli (non solum libelli, sed etiam epistulae!). What Th. M. May Have never Dreamed of: One of his Letters Discovered at the University of Witwatersrand. In: *Acta Germanica*, Jg. 17 (1984), S. 159-162. [Brief vom 19. Februar 1941 an A. Plaut].

84.92   INGEN, Ferdinand van: Zu Th. M. In: *Deutsche Bücher*, Jg. 14, Nr. 4 (1984), S. 299-305. [Sammelbesprechung der 'Frankfurter Ausgabe', hrsg. von P. d. Mendelssohn].

84.93 INGEN, Ferdinand van: Die Erasmus-Luther-Konstellation bei Stefan Zweig und Th. M. In: F. v. I., Hrsg.: *Luther-Bilder im 20. Jahrhundert. Symposion an der Freien Universität Amsterdam.* Amsterdam: Rodopi, 1984, S. 91-117. (= Amsterdamer Beiträge zur Neueren Germanistik, Bd. 19).

84.94 ISOTTA, Paolo: Introduzione. In: Th. M.: *Scritti su Wagner.* Milano: A. Mondadori, 1984, S. 7-19. (= Saggi, 91).

84.95 JACOBS, Jürgen: Rez. von J. Hörisch, # 83.159. In: *ZDP*, Jg. 103 (1984), S. 606-611.

84.96 JASPER, Willi: Die Demokratiediskussion deutscher Emigranten in der *Dépêche de Toulouse* 1933-1940. Anmerkungen zu ideenpolitischen Aspekten der Beiträge von Georg Bernhard, Alfred Kerr, Heinrich Mann, Th. M., Theodor Wolff und anderen. In: *Heinrich Mann-Jahrbuch*, Bd. 2/1984 (1985), S. 76-98.

84.97 JENNINGS, Michael W.: Rez. von H. R. Vaget, # 82.278. In: *GQ*, Jg. 57 (Sommer 1984), S. 476-477.

84.98 JONAS, Ilsedore B.: Späte Begegnung in Travemünde: Th. M. und Wolf Ritz. In: *Aus dem Antiquariat*, Nr. 4 (27. April 1984), S. A125-A127. (= Beilage zum *Börsenblatt für den Deutschen Buchhandel. Frankfurter Ausgabe*, Jg. 40, Nr. 34) [Mit unveröffentlichten Briefen von Th. M. an W. R. vom 3. Oktober 1953, 16. März 1954 und 25. April 1954].

84.99 JONAS, Ilsedore B.: Th. M. und Paul Citroen: Begegnungen zwischen Dichter und Maler. In: *Philobiblon*, Jg. 28, Nr. 4 (Dezember 1984), S. 306-313.

84.100 JONAS, Ilsedore B.: Klaus Mann im amerikanischen Exil (1982). In: Rudolf Wolff, Hrsg.: *Klaus Mann. Werk und Wirkung.* Bonn: Bouvier, 1984, S. 119-152. (= Sammlung Profile, Bd. 11) [Vgl. E in # 82.126].

84.101 JONAS, Klaus W.: Ein Leben für Th. M.: Erinnerungen eines Sammlers und Bibliographen an Ida Herz (1894-1984). In: *Hefte der Deutschen Th.-M.-Gesellschaft*, Nr. 4 (1984), S. 42-54.

84.102 JONAS, Klaus W.: German and Austrian Contributions to World Literature. A Private Collection. In: *Librarium*, Jg. 27, Nr. 3 (Dezember 1984), S. 183-198.

84.103 KÄSTNER, Erhart: An Th. M. 7. Mai 1949. In Paul Raabe's Ausg. von E. K., *Briefe.* Frankfurt a. M.: Insel, 1984, S. 93-95.

84.104 KAMM, Henry: Der Tod (aller Eleganz) in Venedig. In: *Welt am Sonntag*, Nr. 7 (12. Februar 1984), S. 12-13. [Wiedersehen mit dem 'Hôtel des Bains', Th. M's

Urlaubsdomizil im Mai 1911 und dem Schauplatz seiner berühmten Novelle. - *Der Tod in Venedig*].

84.105 KANTOROWICZ, Alfred: *Zola*-Essay - und *Betrachtungen eines Unpolitischen*. Die paradigmatische Auseinandersetzung zwischen Heinrich und Th. M. (1960). In: Rudolf Wolff, Hrsg.: *Heinrich Mann. Werk und Wirkung*. Bonn: Bouvier, 1984, S. 54-76. (= Sammlung Profile, Bd. 7).

84.106 KARDORFF, Ursula von: *Der Zauberberg* - drei große Fernsehabende. In: *Bild & Funk* (14. April 1984), S. 28-34. [Verfilmung von *Der Zauberberg* durch H. W. Geißendörfer].

84.107 KIESER, Harro: Rez. von H. Bürgin/H.-O. Mayer, # 80.57, # 82.41. In: *Germanistik*, Jg. 25, Nr. 1 (1984), S. 242-243.

84.108 KIESER, Rolf: *Erzwungene Symbiose. Th. M., Robert Musil, Georg Kaiser und Bertolt Brecht im Schweizer Exil*. Bern, u. a.: P. Haupt, 1984, 267 S. [Rez.: A. Arnold, # 85.8 - B. L. Bradley, # 84.17 - M. Davies, # 84.31 - H. Helbling, # 85.105 - R. E. Helbling, # 86.119 - J. Strelka, # 85.267].

84.109 KLEIN, Holger M.: Rez. von M. Price, # 83.285. In: *Journal of European Studies*, Jg. 14 (1984), S. 141-143.

84.110 KLEINE, Don: Mann Alive. In: *The Hudson Review*, Jg. 37, Nr. 3 (Herbst 1984), S. 317-320. [Zur Übs. von H. Kesten, # 82.136, durch R. und C. Winston. - Tagebücher 1918-1939].

84.111 KLINGER, Kurt: Th. M's unspielbares Stück. Zu einer Leseaufführung von *Fiorenza*. In: K. K., Hrsg.: *Theater und Tabus. Essays. Berichte. Reden*. Eisenstadt, u. a.: Roetzer, 1984, S. 159-164. [Aufführung am Staatstheater Hannover, 1974].

84.112 KLUGE, Gerhard: Rez. von H. Wysling, # 82.301. In: *Deutsche Bücher*, Jg. 14 (1984), S. 69-70.

84.113 KLUGE, Gerhard: Luther in Th. M's *Doktor Faustus*. In: Ferdinand van Ingen, Hrsg.: *Luther-Bilder im 20. Jahrhundert. Symposion an der Freien Universität Amsterdam*. Amsterdam: Rodopi, 1984, S. 119-139. (= Amsterdamer Beiträge zur Neueren Germanistik, Bd. 19).

84.114 KLUSSMANN, Paul G.: Die Struktur des Leitmotivs in Th. M's Erzählprosa. In: R. Wolff, # 84.267, S. 8-26.

84.115 KOCH, Hans-Albrecht, und Uta Koch: Th. M. In: *Internationale germanistische Bibliographie 1982*. München, u. a.: K. G. Saur, 1984, S. 839-847.

84.116 KOELB, Clayton, Hrsg.: *Th. M's Goethe and Tolstoy. Notes and Sources.* Alabama: University of Alabama Press, 1984, X, 255 S. [Engl. Übs. von A. Scott und C. K. - Rez.: A. v. Gronicka, # 86.96 - H. G. Haile, # 87.108 - I. B. Jonas, # 87.140 - H. Siefken, # 87.308 - K. A. Wurst, # 85.302. - *Goethe und Tolstoi*].

84.117 KOELB, Clayton: Th. M. In: C. K., *The Incredulous Reader. Literature and the Function of Disbelief.* Ithaca, u. a.: Cornell University Press, 1984, S. 87, u. a.

84.118 KOOPMANN, Helmut: Von der Unzerstörbarkeit des Ich. Zur Literarisierung der Exilerfahrung. In: *Exilforschung*, Bd. 2 (1984), S. 9-23.

84.119 KOOPMANN, Helmut: Aufklärung als Forderung des Tages. Zu Th. M's kultur-philosophischer Position in den zwanziger Jahren und im Exil. In: Wulf Koepke, und Michael Winkler, Hrsg.: *Deutschsprachige Exilliteratur. Studien zu ihrer Bestimmung im Kontext der Epoche 1930 bis 1960.* Bonn: Bouvier, 1984, S. 75-91. (= Studien zur Literatur der Moderne, Bd. 12).

84.120 KOOPMANN, Helmut: Narziß im Exil. Zu Th. M's *Felix Krull.* In: Hans-Henrik Krummacher, Fritz Martini, und Walter Müller-Seidel, Hrsg.: *Zeit der Moderne. Zur deutschen Literatur von der Jahrhundertwende bis zur Gegenwart.* Stuttgart: A. Kröner, 1984, S. 401-422. [Vgl. # 88.151].

84.121 KOOPMANN, Helmut: Vom Epos zum Roman und vom Roman zum Epos. Bemerkungen zur Regeneration einer literarischen Form. In: Joseph P. Strelka, Hrsg.: *Literary Theory and Criticism. Festschrift. Presented to René Wellek in Honor of his Eightieth Birthday. Part I: Theory.* Bern, u. a.: P. Lang, 1984, S. 351-367.

84.122 KOOPMANN, Helmut: Nachwort. In: Th. M.: *Rede und Antwort. Über eigene Werke. Huldigungen und Kränze: Über Freunde, Weggefährten und Zeitgenossen.* Frankfurt a. M.: S. Fischer, 1984, S. 685-710. (= Frankfurter Ausgabe).

84.123 KOOPMANN, Helmut: Hanno Buddenbrook, Tonio Kröger und Tadzio: Anfang und Begründung des Mythos im Werk Th. M's (1975). In: R. Wolff, # 84.267, S. 86-99. [Vgl. # 75.466 - # 88.142. - *Buddenbrooks - Tonio Kröger - Der Tod in Venedig*].

84.124 KOSSMANN, Bernhard, und Monika Richter, Hrsg.: Th. M. In: *Bibliographie der deutschen Sprach- und Literaturwissenschaft 1983, Bd. 23.* Frankfurt a. M.: V. Klostermann, 1984, S. 426-433.

84.125 KRASKE, Bernd M.: Begegnungen. Th. M's Briefe an Rolf Italiaander. In: *Hefte der Deutschen Th.-M.-Gesellschaft*, Nr. 4 (1984), S. 55-63. [Mit Briefen Th. M's vom 19. Juni 1953, 21. Juni 1953, 22. März 1954, 20. Juli 1954, 24. Juli 1954 und 5. August 1954].

84.126 KRASKE, Bernd M.: '...schöne stärkende Tage'. Th. M's Ostseeurlaub in Timmendorfer Strand. In: *Jahrbuch für Heimatkunde Eutin*, Bd. 18 (1984), S. 200-203.

84.127 KRASKE, Bernd M.: 'Das lustige Mainz'. Wo Heinrich und Th. M. Station machten in unserer Stadt. In: *Mainz*, Jg. 4, Nr. 3 (1984), S. 127-130.

84.128 KRASKE, Bernd M.: Bilse, Dose und Th. M. In: *Schleswig-Holstein*, Nr. 1 (1984), S. 10-12. [Betr. J. Dose: *Der Muttersohn* (1904)].

84.129 KRASKE, Bernd M.: Th. M's *Wälsungenblut* - eine antisemitische Novelle? Zur Werk-, Druck- und Rezeptionsgeschichte. In: R. Wolff, # 84.267, S. 42-66. [Auch in: *Auskunft*, Jg. 4 (1984), S. 91-117].

84.130 KRIEGER, Georg: Wie viele Falten hat Virginia Woolf. Th. M. war die erste Beute: Die amüsante Poeten-Revue des Frederic Prokosch. In: *Rheinischer Merkur/Christ und Welt*, Jg. 39, Nr. 28 (13. Juli 1984), Literatur, S. 21. [Rez. von F. P., # 84.193].

84.131 KUNNAS, Tarmo: Künstlerische Dekadenz oder schöpferische Freude? Zum Künstlerbild im Frühwerk von Th. M. und Knut Hamsun. In: *Der Ginkgobaum. Germanistisches Jahrbuch für Nordeuropa*, Folge 3 (1984), S. 46-52. [Frühwerk].

84.132 KURZKE, Hermann: Der Zauberer als Aufklärer. Zur Fortsetzung der Frankfurter Th.-M.-Ausgabe. In: *FAZ*, Jg. 36, Nr. 24 (28. Januar 1984), S. 24. [Rez. von M. Gregor-Dellin, # 83.133 - H. Helbling, # 83.153].

84.133 KURZKE, Hermann: Einführung in den *Zauberberg* von Th. M. In: *Vorträge Johannes Gutenberg-Universität* (1984), S. 182-196.

84.134 KURZKE, Hermann: Th. M's Werke nach 1945. In: Viktor Žmegač, Hrsg.: *Geschichte der deutschen Literatur vom 18. Jahrhundert bis zur Gegenwart. Bd. III. 1918-1980*. Königstein/Ts.: Athenäum, 1984, S. 406-413, u. a.

84.135 LANDWEHR, Uta I.: *Die Darstellung der Syphilis in Th. M's Roman Doktor Faustus. Das Leben des deutschen Tonsetzers Adrian Leverkühns erzählt von einem Freunde*. Dissertation, Medizin. Hochschule Lübeck, 1984, 123 S.

84.136 LARGE, David C., und Anne Dzamba Sessa: Th. M. In: D. C. L., und William Weber, Hrsg.: *Wagnerism in European Culture and Politics*. Ithaca, NY: Cornell University Press, 1984, S. 20, 22, 98, u. a.

84.137 LATTA, Alan D.: Rez. von J. F. White/J. W. Angell, # 80.301. In: *Monatshefte*, Jg. 76, Nr. 2 (1984), S. 231.

1984 247

84.138 LEHNERT, Herbert: The Luther-Erasmus Constellation in Th. M's *Doktor Faustus*. In: *Michigan Germanic Studies*, Jg. 10, Nr. 1/2 (1984), S. 142-158.

84.139 LEHNERT, Herbert: 'Hitler mit der Seele hassen'. Th. M's Tagebücher 1937-1943 und andere neue Hilfsmittel der Forschung. In: *Orbis Litterarum*, Jg. 39, Nr. 1 (1984), S. 79-88. [Rez. von H. Bürgin/H.-O. Mayer, # 82.41 - V. Hansen/G. Heine, # 83.148 - H. Matter, # 83.245 - P. d. Mendelssohn, # 80.207, # 82.177].

84.140 ŁUKOSZ, Jerzy: Rez. von V. Hansen, # 84.78. In: *Heinrich Mann-Jahrbuch*, Bd. 2/1984 (1985), S. 219-221.

84.141 MACDONALD, Harris: Th. M. In: H. M., *Tenth*. New York: Atheneum, 1984. [Rez.: M. Steinberg, # 84.234].

84.142 MACINTYRE, Allan J.: From Travemünde to Torre di Venere: Mannian Leitmotifs in Political Transition. In: *GR*, Jg. 59, Nr. 1 (Winter 1984), S. 26-31.

84.143 MAHONEY, Dennis F.: Goethe Seen Anew: Egon Günther's Film *Lotte in Weimar*. In: *Goethe Yearbook*, Bd. 2 (1984), S. 105-116. [Verfilmung von *Lotte in Weimar*].

84.144 MANN, Carl-Heinz: Das Vorbild zu Tadzio und Hans Hansen. In: *Hamburger Abendblatt*, Jg. 37, Nr. 10 (12. Januar 1984), S. 10. [Betr. Th. M's Brief an H. Lange vom März 1955. - *Tonio Kröger - Der Tod in Venedig*].

84.145 MANN, Erika: *Das letzte Jahr. Bericht über meinen Vater*. Frankfurt a. M.: S. Fischer, 1984, 95 S. [Vgl. E in # 56.140].

84.146 MANN, Erika: 'Du fällst den Emigranten in den Rücken'. Erika Manns Briefe, mit denen sie ihren Vater Th. M. drängte, sich für die antifaschistische Emigration zu entscheiden. In: *Die Zeit*, Jg. 39, Nr. 40 (28. September 1984), Feuilleton, S. 55, 57. [Vgl. Ausgabe der Briefe in E. M., # 84.147, # 85.179].

84.147 MANN, Erika, Hrsg. von Anna Zanco Prestel: *Briefe und Antworten. Bd. I: 1922-1950*. München: edition spangenberg im Ellermann Verlag, 1984, 294 S. [Vgl.: E. M., # 84.146, # 85.179 - A. Z. P., # 84.191. - Rez.: I. Dittmer, # 87.59 - T. Müller, # 85.203 - P. F. Proskauer, # 84.195 - A. v. Schirnding, # 85.245 - T. Sprecher, # 88.272 - K. Stromberg, # 86.304].

84.148 MANN, Heinrich: Mein Bruder. In: Peter Goldammer, Hrsg.: *Begegnungen und Würdigungen. Literarische Porträts von Carl Spitteler bis Klaus Mann*. Rostock: Hinstorff, 1984, S. 197-207.

84.149 MANN, Klaus: *The Turning-Point. The Autobiography of Klaus Mann. With a New Introduction by Shelley L. Frisch.* New York: M. Wiener, 1984, 379 S. [Rez.: K. W. Jonas, # 86.146. - K. M.: *Der Wendepunkt*].

84.150 MARTINEZ-BONATI, Félix: Fiction and the Transposition of Presence. In: Anna-Teresa Tymieniecka, Hrsg.: *The Existential Coordinates of the Human Condition: Poetic - Epic - Tragic. The Literary Genre.* Dordrecht, u. a.: Reidel, 1984, S. 495-504. (= Analecta Husserliana, Bd. 18).

84.151 MASINI, Ferruccio: Il mistero di Apollo: Th. M. ovvero l'umanismo della decadenza. In: *Annali Istituto Universitario Orientale Napoli. Studi Tedeschi*, Bd. 27, Nr. 1 (1984), S. 77-89.

84.152 MATTHIAS, Klaus: Das Meer als Urerlebnis Th. M's. In: *Nordelbingen*, Bd. 46 (1984), S. 187-211.

84.153 MAYER, Hans: *Th. M.* Frankfurt a. M.: Suhrkamp Taschenbuch, 1984, 533 S. (= suhrkamp taschenbuch, 1047) [Vgl. E in # 80.183. - Inhalt: # 84.154 - # 84.155 - # 84.156 - # 84.157 - # 84.158 - # 84.159 - # 84.160 - # 84.161 - # 84.162 - # 84.163 - # 84.164 - # 84.165 - # 84.166 - # 84.167 - # 84.168 - # 84.169].

84.154 MAYER, Hans: Erinnerung (1980). In: # 84.153, S. 9-28. [Vgl. E in # 80.184].

84.155 MAYER, Hans: Werk und Entwicklung (1950). In: # 84.153, S. 29-330, 509-523. [Vgl. E in # 50.129 - vgl. # 80.185].

84.156 MAYER, Hans: Nach zehn Jahren (1965). In: # 84.153, S. 333-338. [Vgl. E in # 65.248 - vgl. # 80.186].

84.157 MAYER, Hans: Th. M. und der alte Fontane (1966). In: # 84.153, S. 339-347. [Vgl. # 80.187].

84.158 MAYER, Hans: Zur politischen Entwicklung eines Unpolitischen. In: # 84.153, S. 348-369, 524. [Vgl. E in # 71.149 - vgl. # 74.132, # 80.188 - vgl. in engl. Sprache in # 88.181].

84.159 MAYER, Hans: *Der Tod in Venedig.* Ein Thema mit Variationen (1975). In: # 84.153, S. 370-385, 524. [Vgl. # 80.189].

84.160 MAYER, Hans: Th. M. und Bertolt Brecht. Zur Interpretation einer Feindschaft (1975). In: # 84.153, S. 386-400. [Vgl. E in engl. Sprache in # 67.168 - vgl. # 80.190].

84.161 MAYER, Hans: Nachwort zu einem Jubiläum. Ansprache zur Eröffnung der Th.-M.-Ausstellung in der Orangerie des Schlosses Charlottenburg am 1. September 1975. In: # 84.153, S. 401-407. [Vgl. E in # 75.585 - vgl. # 80.191].

84.162 MAYER, Hans: Der Tod in Düsseldorf (*Die Betrogene*) (1980). In: # 84.153, S. 408-426, 524-525. [Vgl. E in # 80.192. - *Die Betrogene*].

84.163 MAYER, Hans: Die ästhetische Existenz des Hochstaplers Felix Krull (1980). In: # 84.153, S. 427-447, 525-526. [Vgl. E in # 80.193].

84.164 MAYER, Hans: Die Tagebücher 1933-34 (1977). In: # 84.153, S. 449-455, 527. [Rez. von P. d. Mendelssohn, # 77.212. - Vgl. # 80.194].

84.165 MAYER, Hans: Der Zauberer als Entzauberer. Tagebücher 1935-36 (1978). In: # 84.153, S. 456-472, 527. [Gekürzte Fassung u. d. T.: Der Zauberer als Entzauberer. Th. M's Tagebücher 1935-1936, # 78.206. - Rez. von P. d. Mendelssohn, # 78.210. - Vgl. # 80.195].

84.166 MAYER, Hans: Die Irrfahrt zum Zauberberg. Tagebücher 1918-21 (1979). In: # 84.153, S. 473-487. [Vgl. E in # 79.153. - Rez. von P. d. Mendelssohn, # 79.156. - Vgl. # 80.196].

84.167 MAYER, Hans: Robert Musil und Th. M. Zur Interpretation ihrer Tagebücher (1980). In: # 84.153, S. 488-501, 527. [Vgl. E in # 80.197. - Rez. von P. d. Mendelssohn, # 77.212, # 78.210, # 79.156].

84.168 MAYER, Hans: Vorbemerkung (1980). In: # 84.153, S. 505-508. [Vgl. E in # 80.198].

84.169 MAYER, Hans: Th. M. und Georg Lukács. In: # 84.153, S. 106-108.

84.170 MAYER, Hans: Th. M. und Charlie Chaplin. In: H. M., *Ein Deutscher auf Widerruf: Erinnerungen, Bd. 2*. Frankfurt a. M.: Suhrkamp, 1984, S. 72-93.

84.172 MENDELSSOHN, Peter de: Dichtung und Wahrheit in den Tagebüchern Th. M's. In: *Ensemble*, Bd. 15 (1984), S. 7-28.

84.173 MEYER, Herman: Th. M., *Die Buddenbrooks*. In: H. M., *Der Sonderling in der deutschen Dichtung*. Frankfurt a. M.: Ullstein, Neuaufl., 1984, S. 292-294. [Vgl. E in # 63.175].

84.174 MEYERS, Jeffrey: *Disease and the Novel, 1880-1960.* New York: Macmillan, 1984, 143 S. [Darin: Mann: *Doctor Faustus*, S. 62-82 - Mann: *The Magic Mountain*, S. 39-61 - Mann: *The Black Swan*, S. 83-92. - *Der Zauberberg - Doktor Faustus - Die Betrogene*].

84.175 MINGOCHO, Maria T. Delgado: O ano de 1932 e a imagem de Goethe em Th. M. In: *Runa*, Nr. 1 (1984), S. 183-195.

84.176 MINGOCHO, Maria T. Delgado: Rez. von V. Hansen/G. Heine, # 83.148. In: *Runa*, Nr. 2 (1984), S. 144-146.

84.177 MITCHELL, Donald: *Death in Venice*: The Dark Side of Perfection. In: Christopher Palmer, Hrsg.: *The Britten Companion.* London, u. a.: Faber and Faber, 1984, S. 238-249. [B. Britten - *Der Tod in Venedig*].

84.178 MOISAN, Renate: Th. M's Frühwerk im aktuellen Spiegel der Öffentlichkeit. Pressestimmen 1975-1980. In: *Les Littératures des Langues Européennes au Tournant du Siècle: Lectures d'Aujourd'hui*, Série B, Bd. 2 (1984), S. 39-54.

84.179 MÜLLER, Joachim: Rez. von H. Wysling, # 82.301. In: *DLZ*, Jg. 105, Nr. 7/8 (1984), Sp. 509-511.

84.180 MÜLLER, Thorsten: Beinah' das Gesamtwerk. In: *Deutsches Allgemeines Sonntagsblatt*, Jg. 37, Nr. 17 (22. April 1984), Magazin, S. 26. [Betr. die Frankfurter Ausgabe der Werke Th. M's].

84.181 MÜLLER, Ulrich: Das Nachleben der mittelalterlichen Stoffe. In: Volker Mertens, und U. M., Hrsg.: *Epische Stoffe des Mittelalters.* Stuttgart: A. Kröner, 1984, S. 424-448. [*Der Erwählte*: S. 444].

84.182 NAUMANN, Uwe: Th. M. In: U. N., *Klaus Mann in Selbstzeugnissen und Bilddokumenten.* Reinbek bei Hamburg: Rowohlt, 1984. (= rowohlts monographien, 332).

84.183 NEUMEISTER, Erdmann: Th. M's Frühwerk im Spiegel der neueren Rezeption. Publikationen aus den Jahren 1968 bis 1980. In: *Les Littératures des Langues Européennes au Tournant du Siècle: Lectures d'Aujourd'hui*, Série B, Bd. 2 (1984), S. 55-63.

84.184 NORTHCOTE-BADE, James: The Background to the 'Liebestod' Plot Pattern in the Works of Th. M. In: *GR*, Jg. 59, Nr. 1 (Winter 1984), S. 11-18. [R. Wagner].

84.185 PAINTNER, Peter: *Erläuterungen zu Th. M's Tristan, Tonio Kröger, Mario und der Zauberer.* Hollfeld, Obfr.: C. Bange, 1984, 85 S. (= Königs Erläuterungen und Materialien, Bd. 288/88a).

84.186 PALMER, Christopher: Towards a Genealogy of *Death in Venice*. In: C. P., Hrsg.: *The Britten Companion*. London, u. a.: Faber and Faber, 1984, S. 250-267. [B. Britten - *Der Tod in Venedig*].

84.187 PFISTER, Werner: Kritisch kommentiert. Th. M's sämtliche Erzählungen. In: *Zürichsee-Zeitung*, Nr. 196 (24. August 1984). [Rez. von H. R. Vaget, # 84.249].

84.188 PIKULIK, Lothar: *Leistungsethik contra Gefühlskult. Über das Verhältnis von Bürgerlichkeit und Empfindsamkeit in Deutschland.* Göttingen: Vandenhoeck & Ruprecht, 1984, 343 S. [*Buddenbrooks*].

84.189 PLATE, Bernward: Hartmann von Aue, Th. M. und die 'Tiefenpsychologie'. In: *Euphorion*, Jg. 78, Nr. 1 (1984), S. 31-59. [*Der Erwählte*].

84.190 PREISNER, Rio: Goethe und die Gegner. In: Joseph P. Strelka, Hrsg.: *Literary Theory and Criticism. Festschrift. Presented to René Wellek. Part II: Criticism.* Bern, u. a.: P. Lang, 1984, S. 1111-1136.

84.191 PRESTEL, Anna Zanco: Nachwort und editorischer Bericht. In: E. Mann, # 84.147, S. 283-286.

84.192 PRILL, Meinhard: Th. M. In: M. P., *Die Klassiker der modernen deutschen Literatur. Von Gerhart Hauptmann bis Hermann Hesse.* Düsseldorf: Econ, 1984, S. 171-179.

84.193 PROKOSCH, Frederic: Th. M. In: F. P., *Die metaphysische Piazza. Ein Buch der Begegnungen.* München, u. a.: R. Piper, 1984, S. 21-25, 146-148, u.a. [Dt. Übs. aus dem Engl. von E. Piper. - Rez.: G. Krieger, # 84.130].

84.194 PROSKAUER, Paul F.: Neue Bände der Frankfurter Th.-M.-Ausgabe. In: *Aufbau*, Jg. 50, Nr. 10 (9. März 1984), Literatur, S. 11. [Rez. von M. Gregor-Dellin, # 83.133 - H. Helbling, # 83.153 - A. v. Schirnding, # 83.319].

84.195 PROSKAUER, Paul F.: Statt einer Autobiographie: Erster Band der Briefe Erika Manns erschienen. In: *Aufbau*, Jg. 50 (23. November 1984). [Rez. von E. M., # 84.147].

84.196 PUKNAT, Siegfried B.: Rez. von H. Siefken, # 81.224. In: *Monatshefte*, Jg. 76, Nr. 2 (1984), S. 230.

84.197 RAINER, Hans G.: Die Psyche des Tuberkulösen ist ein eigen Ding. In: *mtv Fernsehzeitschrift für den Arzt*, Nr. 14 (6. April 1984), S. 34-35, 37. (= Beihefte zur *Medical Tribune*) [Verfilmung von *Der Zauberberg* durch H. W. Geißendörfer im ZDF].

84.198 RATHER, Lelland J.: The Masked Man[n]. Felix Krull is Siegfried. In: *The Opera Quarterly*, Jg. 2, Nr. 1 (Frühjahr 1984), S. 67-75. [*Felix Krull*].

84.199 RAU, Fritz: Rez. von P. d. Mendelssohn, # 80.207. In: *GRM*, N. F., Jg. 34 (1984), S. 239-241.

84.200 REED, Terence J.: Rez. von H. Wysling, # 82.301. In: *Arbitrium*, Jg. 2 (1984), S. 305-309.

84.201 REICH-RANICKI, Marcel: Bei Schnitzler ist das Grausame diskret. Aus Anlaß seiner Briefe 1875-1912 und der ersten Bände seines Tagebuchs. In: *FAZ*, Jg. 36, Nr. 30 (4. Februar 1984), Bilder und Zeiten. [A. Schnitzler].

84.202 RIECKMANN, Jens: Brüderliche Möglichkeiten: Th. M's *Tonio Kröger* und Heinrich Manns *Abdankung*. In: *Wirkendes Wort*, Jg. 34, Nr. 6 (November/Dezember 1984), S. 422-426.

84.203 ROCKWOOD, Heidi M., und Robert J. Rockwood: The Psychological Reality of Myth in *Der Tod in Venedig*. In: *GR*, Jg. 59, Nr. 4 (Herbst 1984), S. 137-141.

84.204 RODEWALD, Dierk: Th. M. In: D. R., Hrsg.: *Jakob Wassermann: 1873-1934. Ein Weg als Deutscher und Jude. Lesebuch zu einer Ausstellung*. Bonn: Bouvier, 1984. (= Schriften des Arbeitskreises selbständiger Kultur-Institute, Bd. 3).

84.205 ROSENTHAL, Bianca: Irony as a Mental Attitude. In: *Synthesis*, Jg. 11 (1984), S. 53-58.

84.206 RUCHAT, Anna: *Contributo per un commento al Tristan di Th. M.* Dissertation, Pavia: Università degli Studi, Facoltà di Lettere e Filosofia, 1984, 232 S.

84.207 SALIS, Jean-Rudolf von: *Notizen eines Müßiggängers*. Zürich: Orell-Füssli, 3. Aufl., 1984, 511 S. [Darin: Literatur als Erkenntnismittel: Th. M., S. 250-253 - Verfall einer Familie, S. 282-286 - Der Hochstapler Felix Krull, S. 445 - Th. M's amerikanisches Tagebuch, S. 452-461].

84.208 SANCHEZ, Pascual A.: Nota preliminar. In: P. A. S., *Th. M., Schopenhauer, Nietzsche, Freud*. Barcelona: Editorial Bruguera, 1984, S. 5-17.

84.209 SCHADE, Sigrid: Rez. von J. Hörisch, # 83.159. In: *Fragmente*, Jg. 11 (August 1984), S. 195-199. (= Schriften zur Psychoanalyse).

84.210 SCHÄDLICH, Michael: Der Mythos bei Th. M. In: *Die Zeichen der Zeit*, Jg. 38, Nr. 7 (1984), S. 177-182.

84.211 SCHÄFERMEYER, Michael: *Th. M.: Die Biographie des Adrian Leverkühn und der Roman Doktor Faustus.* Frankfurt a. M., u. a.: P. Lang, 1984, 152 S. (= Historisch-kritische Arbeiten zur deutschen Literatur, Bd. 4) [Rez.: G. Kluge, # 85.134].

84.212 SCHELLE, Hansjörg: Ein Brief Th. M's. In: H. S., Hrsg.: *Christoph Martin Wieland. Nordamerikanische Forschungsbeiträge zur 250. Wiederkehr seines Geburtstages 1983.* Tübingen: M. Niemeyer, 1984, S. 628-636.

84.213 SCHELLER, Wolf: Der Ästhet und der Unpolitische. Zwei weitere Th.-M.-Bände. In: *Die Presse,* Jg. 136, Nr. 10 (31. März 1984), Spectrum, S. VI. [Auch in: *Rhein-Neckar-Zeitung,* Jg. 77 (31. März/1. April 1984). - Rez. von H. Helbling, # 83.153 - M. Gregor-Dellin, # 84.71].

84.214 SCHER, Steven P.: Th. M. In: S. P. S., Hrsg.: *Literatur und Musik. Ein Handbuch zur Theorie und Praxis eines komparatistischen Grenzgebietes.* Berlin: E. Schmidt, 1984, S. 13, 16, 22, u. a.

84.215 SCHIFFER, Eva: In Memoriam. Richard (July 21, 1917 - December 22, 1979) and Clara Winston (December 6, 1921 - November 7, 1983). In: *GQ,* Jg. 57 (Sommer 1984), S. 518-520.

84.216 SCHIRNDING, Albert von: Nachwort. In: Th. M.: *Königliche Hoheit. Roman.* Frankfurt a. M.: S. Fischer, 1984, S. 369-391. (= Frankfurter Ausgabe).

84.217 SCHNEIDER, Peter-Paul: Rez. von H. Wysling, # 84.270. In: *Heinrich Mann-Jahrbuch,* Bd. 2/1984 (1985), S. 211-213.

84.218 SCHOECK, Georg: Friedrich Reisch - ein Vorbild für Serenus Zeitblom? Eine Marginalie zu Th. M's Roman *Doktor Faustus.* In: *NZZ,* Jg. 205, Nr. 51 (1. März 1984), Feuilleton, S. 34. [*Doktor Faustus*].

84.219 SCHORK, R. J.: Mann and Stendhal. In: *GR,* Jg. 59, Nr. 1 (1984), S. 63-67. [*Der Erwählte*].

84.220 SCHRÖDER, Claus B.: Eines Tages, sieben Jahrzehnte später: Über Th. M's Novelle *Der Tod in Venedig.* In: Helmut Baldauf, Hrsg.: *Das unbestechliche Gedächtnis.* Berlin, u. a.: Aufbau, 1984, S. 116-119.

84.221 SCHROEDER, Wolfram: Eine Familiengeschichte, deren Dokumente einen intimen Eindruck gewähren. In: *Hamburger Abendblatt,* Jg. 37, Nr. 17 (20. Januar 1984). [Zur Ausstellung 'Die Manns: Porträt einer Familie' in der Ost-Berliner Stadtbibliothek].

84.222 SCHULTZ, K. Lydia: Th. M's Altersironie: Etad vai tad oder *Die vertauschten Köpfe*. In: *Selecta*, Jg. 5 (1984), S. 74-78. [Ironie].

84.223 SCHUMANN, Thomas B.: Michael - das größte Sorgenkind von Th. M. Zur Edition des nachgelassenen Fragments eines Lebens. In: *General-Anzeiger*, Jg. 93, Nr. 28661 (19. April 1984), S. 20. [Rez. von F. C. Tubach/S. P. Tubach, # 83.350. - Auch unter anderen Titeln in: *Wiesbadener Kurier* (24. März 1984) - *Der Tagesspiegel*, Jg. 40, Nr. 11707, S. 61].

84.224 SCHUSTER, Peter-Klaus: Als München leuchtete. Kunsthistorische Anmerkungen zu einer Erzählung von Th. M. In: *SZ*, Jg. 40, Nr. 133 (9.-11. Juni 1984), Feuilleton-Beilage, S. 7. [*Gladius Dei*].

84.225 SELBMANN, Rolf: Th. M. In: R. S., *Der deutsche Bildungsroman*. Stuttgart: J. B. Metzler, 1984, X, 164 S.

84.226 SEYBOLD, Eberhard: Wie man einen Bleistift zurückgibt. In: *Frankfurter Neue Presse*, Jg. 39 (24. April 1984), Feuilleton, S. 16. [Verfilmung von *Der Zauberberg*].

84.227 SHAFFNER, Randolph P.: *The Apprenticeship Novel. A Study of the 'Bildungsroman' as a Regulative Type in Western Literature with a Focus on three Classic Representatives by Goethe, Maugham, and Mann*. New York, u. a.: P. Lang, 1984, X, 168 S. (= Germanic Studies in America, Bd. 48) [Rez.: L. Miller, # 87.200. - *Der Zauberberg* - Bildungsroman].

84.228 SOMMER, Doris: Th. M's Gentle Prophetic Voice. In: Jan Wojcik, und Raymond-Jean Frontain, Hrsg.: *Poetic Prophecy in Western Literature*. Rutherford, NJ: Fairleigh Dickinson University Press; London: Associated University Presses, 1984, S. 143-156, 212-216.

84.229 SONNER, Franz M.: *Ethik und Körperbeherrschung. Die Verflechtung von Th. M's Novelle Der Tod in Venedig mit dem zeitgenössischen intellektuellen Kräftefeld*. Opladen: Westdeutscher Verlag, 1984, XI, 259 S. [Zugl.: Diss., Univ. München, 1982. - Rez.: H. Koopmann, # 87.159].

84.230 SOWINSKI, Bernhard: Makrostilistische und mikrostilistische Textanalyse: Th. M's *Luischen* als Beispiel. In: Bernd Spillner, Hrsg.: *Methoden der Stilanalyse*. Tübingen: G. Narr, 1984, S. 21-47.

84.231 SPIEKER, Sven: Ernst Weiß und Th. M. In: *Exil. Forschung, Erkenntnisse, Ergebnisse*, Jg. 1, Nr. 1 (1984), S. 65-70.

84.232 SPIRIDON, Monica: La résurrection du topos de l'initiation chez Mihail Sadoveanu et Th. M. In: *Synthesis*, Jg. 11 (1984), S. 33-44.

84.233 STEIN, Guido: *Th. M., Bekenntnisse des Hochstaplers Felix Krull: Künstler und Komödiant.* Paderborn, u. a.: Schöningh, 1984, 132 S. (= Modellanalysen Literatur, Bd. 12).

84.234 STEINBERG, Michael: 'Leverkühn's Unfinished'. In: *NYT*, Jg. 133 (18. März 1984), Book Review, S. 26. [Rez. von H. MacDonald, # 84.141].

84.235 STIEG, Gerald: Ein literarisches Urteil Franz Kafkas. In: *Kraus-Hefte. Wirkungen (3)*, Heft 31 (Juli 1984), S. 2-3. [F. Kafka - K. Kraus - Th. M.: Essay *Palestrina* und die *Betrachtungen eines Unpolitischen*].

84.236 STOCKINGER, P.: Rez. von E. Heftrich, # 82.102. In: *EG*, Jg. 39 (1984), S. 317.

84.237 STRUC, Roman S.: Th. M. and Turgenev. In: *Canadian Slavonic Papers*, Jg. 26, Nr. 1 (März 1984), S. 35-41.

84.238 SWALES, Martin: In Defence of Weimar: Th. M. and the Politics of Republicanism. In: A. F. Bance, Hrsg.: *Weimar Germany: Writers and Politics.* Edinburgh: Scottish Academic Press, Reprint, 1984, S. 1-13. [Vgl. E in # 82.262].

84.239 SWALES, Martin: Rez. von R. Furness, # 82.86. In: *MLR*, Bd. 79 (1984), S. 237-239.

84.240 SWALES, Martin: Rez. von H. Wysling, # 82.301. In: *MLR*, Bd. 79 (1984), S. 990.

84.241 TEWARSON, Heidi T.: Rez. von C. Sommerhage, # 83.336. In: *GR*, Jg. 59 (1984), S. 126-127.

84.242 THORNTON, Lawrence: The Closed Circle: *Death in Venice* and the Passions of the Mind. In: L. T., *Unbodied Hope. Narcissism and the Modern Novel.* Lewisburg, PA: Bucknell University Press, 1984, S. 169-185, u. a. [*Der Tod in Venedig*].

84.243 THUNICH, Martin: *Th. M. Tonio Kröger.* Hollfeld, Obfr.: C. Bange, 1984, 85 S. (= Bausteine: Unterrichtssequenzen für den Literaturunterricht auf der Sekundarstufe I und II, Bd. 657).

84.244 TRAUBE, Franz: Die Wirkung eines Lebens- und Geheimwerkes. *Doktor Faustus* von Th. M. In: *Horizonte*, Jg. 8, Nr. 34 (Juli 1984), S. 23-25.

84.245 TSCHECHNE, Wolfgang: Th. M. und seine 'Passion der Unschuld': Bisher unbekannter Brief des Dichters im *Wagen* gedruckt. In: *Lübecker Nachrichten*, Jg. 39, Nr. 2 (3. Januar 1984), S. 9. [Betr. Brief an H. Lange vom 19. März 1955].

84.246 TSCHECHNE, Wolfgang: 3 Tage vereint im Geiste von Th. M.: Das Jahrestreffen der Th. M.-Gesellschaft ist ein großer Erfolg. In: *Lübecker Nachrichten*, Jg. 39, Nr. 91 (15. April 1984), S. 11.

84.247 UEDING, Gert: Geistige Widersprüche als Hemmnis. In: *FAZ*, Jg. 36, Nr. 94 (19. April 1984), S. 26. [Verfilmung von *Der Zauberberg*].

84.248 ULRICH, Margot: '... diese kleine Mythe von Mutter Natur'. Zu Th. M's letzter Erzählung *Die Betrogene* (1982). In: R. Wolff, # 84.267, S. 121-134. [Vgl. # 82.274].

84.249 VAGET, Hans R.: *Th. M.-Kommentar zu sämtlichen Erzählungen*. München: Winkler, 1984, 349 S. [Rez.: G. Bridges, # 86.38 - A. Drijard, # 85.52 - J. Fetzer, # 86.70 - W. Frizen, # 86.79 - E. C. Furthman-Durden, # 85.72 - F. A. Lubich, # 86.183 - D. Lund/E. Schwarz, # 85.174 - J. M. McGlathery, # 86.201 - W. Pfister, # 84.187 - H. Siefken, # 86.293 - U. Weinzierl, # 84.256 - G. Wenzel, # 86.325 - K. A. Wurst, # 86.342].

84.250 VAGET, Hans R.: 'Sang réservé' in Deutschland: Zur Rezeption von Th. M's *Wälsungenblut*. In: *GQ*, Jg. 57, Nr. 3 (Sommer 1984), S. 367-376.

84.251 VAGET, Hans R.: Th. M. und Wagner. Zur Funktion des Leitmotivs in *Der Ring des Nibelungen* und *Buddenbrooks*. In: Steven P. Scher, Hrsg.: *Literatur und Musik. Ein Handbuch zur Theorie und Praxis eines komparatistischen Grenzgebietes*. Berlin: E. Schmidt, 1984, S. 326-347.

84.252 VAGET, Hans R.: Th. M. und Theodor Fontane. Eine rezeptionsästhetische Studie zu *Der kleine Herr Friedemann* (1975). In: R. Wolff, # 84.267, S. 100-120. [Leicht veränderte Fassung von # 75.877].

84.253 WEDEKIND-SCHWERTNER, Barbara: *'Daß ich eins und doppelt bin'. Studien zur Idee der Androgynie unter besonderer Berücksichtigung Th. M's*. Frankfurt a. M., u. a.: P. Lang, 1984, 504 S. (= Europäische Hochschulschriften, Reihe 1: Deutsche Sprache und Literatur, Bd. 785) [Zugl.: Diss., Univ. Münster. - Rez.: F. A. Lubich, # 86.182 - W. Wilthölter, # 86.331. - *Der Zauberberg* - *Joseph*-Tetralogie].

84.254 WEIGAND, Hermann J.: Die tote Maus oder Nachtrag zur 'moralischen Verwirrung der Zeit'. Schillers Urenkel in Th. M's *Doktor Faustus*. In: *DVJS*, Jg. 58, Nr. 3 (September 1984), S. 470-474. [A. Freiherr von Gleichen-Rußwurm].

84.255 WEINZIERL, Ulrich: Th. M., der Erotiker. Mechthild Curtius versucht das Gespräch über eine Utopie. In: *FAZ*, Jg. 36, Nr. 159 (21. Juli 1984), Feuilleton, S. 22. [Rez. von M. C., # 84.29].

84.256 WEINZIERL, Ulrich: Käse für eine brotlose Kunst. Ein Kommentar zu den Erzählungen Th. M's. In: *FAZ*, Jg. 36, Nr. 192 (29. August 1984), S. 20. [Rez. von H. R. Vaget, # 84.249].

84.257 WENZEL, Georg: Rez. von J. Marcus-Tar, # 82.170. In: *DLZ*, Jg. 105, Nr. 11 (November 1984), Sp. 879-882.

84.258 WENZEL, Georg: Rez. von H. Matter, # 83.244, # 83.245. In: *Neue Literatur*, Jg. 35, Nr. 3 (1984), S. 89.

84.259 WENZEL, Georg: Ein humanistischer Dichter als Zeuge historischen Wandels. Beginn der Edition sämtlicher publizistischer Schriften von Th. M. In: *Neues Deutschland*, Jg. 39, Nr. 23 (27. Januar 1984), S. 4. [Rez. von H. Matter, # 83.244, # 83.245].

84.260 WENZEL, Georg: Rez. von H. Bürgin/H.-O. Mayer, # 82.41. In: *Referatedienst zur Literaturwissenschaft*, Jg. 16, Nr. 2 (1984), S. 225-226.

84.261 WIENERT, Klaus: Das innere Bild einer Epoche. Geißendörfers Film nach Th. M's *Zauberberg* im ZDF. In: *Der Tagesspiegel*, Jg. 40, Nr. 11725 (15. April 1984), Filmspiegel, S. 58. [Verfilmung von *Der Zauberberg*].

84.262 WILLIAMS, John R.: Rez. von H. R. Vaget, # 82.278. In: *ZDP*, Jg. 103 (1984), Sonderheft, S. 130-133.

84.263 WITTE, W.: Rez. von M. Beddow, # 82.27. In: *MLR*, Bd. 79 (1984), S. 489-491.

84.264 WOLF, Ernest M.: Scheidung und Mischung: Sprache und Gesellschaft in Th. M's *Buddenbrooks*. In: *Hefte der Deutschen Th.-M.-Gesellschaft*, Nr. 4 (1984), S. 24-41. [Vgl. E in # 83.379 - vgl. Nachdruck in # 86.334 - # 89.307].

84.265 WOLF, Gisela: Th. M. und seine Dichterwerkstatt. In: *Züri Woche* (10. Mai 1984), Kultur, S. 51. [Th. M.-Archiv der ETH Zürich].

84.266 WOLFF, Rudolf: *Heinrich Mann. Werk und Wirkung*. Bonn: Bouvier, 1984, 168 S. (= Sammlung Profile, Bd. 7).

84.267 WOLFF, Rudolf, Hrsg.: *Th. M. Erzählungen und Novellen*. Bonn: Bouvier, 1984, 160 S. (= Sammlung Profile, Bd. 8) [Inhalt: H. Gockel, # 84.68 - V. Hansen, # 84.80 - P. G. Klußmann, # 84.114 - H. Koopmann, # 84.123 - B. M. Kraske, # 84.129 - M. Ulrich, # 84.248 - H. R. Vaget, # 84.252 - R. W., # 84.268. - Rez.: A. Drijard, # 85.52].

84.268 WOLFF, Rudolf: Bibliographie der Primär- und Sekundärliteratur (Auswahl). In:
         # 84.267, S. 136-159.

84.269 WYATT, Frederick: Zur Themenwahl in der Literatur: Gefahren und Gewinne.
         Ein Vergleich von André Gides *Der Immoralist* und Th. M's *Der Tod in Venedig*.
         In: Wolfram Mauser, Hrsg.: *Freiburger Literaturpsychologische Gespräche 3. Dritte
         Folge*. Frankfurt a. M., u. a.: P. Lang, 1984, S. 113-144. (= Literatur & Psycholo-
         gie, Bd. 12) [Vgl. engl. E in # 75.940a].

84.270 WYSLING, Hans: Zu dieser Ausgabe. In seiner Ausg. von Th. M./Heinrich
         Mann: *Briefwechsel 1900-1949*. Frankfurt a. M.: S. Fischer, 1984, S. 462-464.
         [Erw. Neuausgabe von # 70.192 - vgl. E in # 68.186. - Rez.: P. F. Proskauer, #
         85.216 - M. Reich-Ranicki, # 85.230 - A. Ruchat, # 86.256 - A. v. Schirnding, #
         85.246 - P.-P. Schneider, # 84.217 - W. Tschechne, # 85.276].

84.271 WYSLING, Hans: Rez. von H. Matter, # 83.244. In: *Arbitrium*, Jg. 2 (1984), S. 80-
         83.

84.272 WYSLING, Hans: Th. M's Plan zu einem Schauspiel *Luthers Hochzeit*. Eine Do-
         kumentation und einige Vermutungen. In: *Hefte der Deutschen Th.-M.-Gesell-
         schaft*, Nr. 4 (1984), S. 3-23.

84.273 WYSLING, Hans: Th. M. In: *NZZ*, Jg. 205, Nr. 202 (31. August 1984), S. 31-32.
         [Brief an H. Mann vom 5. Dezember 1903].

84.274 WYSLING, Hans: Einleitung. Zu '...wahllos, schillernd, international...'. Th. M's
         Kritik an Heinrich Mann. In: *NZZ*, Jg. 205, Nr. 203 (1./2. September 1984), S.
         67. [Th. M's Brief vom 5. Dezember 1903 an H. M.].

84.275 WYSS, Ulrich: Legenden. In: Volkmar Mertens, und Ulrich Müller, Hrsg.: *Epi-
         sche Stoffe des Mittelalters*. Stuttgart: A. Kröner, 1984, S. 40-60. (= Kröners Ta-
         schenausgabe, 483) [*Der Erwählte*].

84.276 ZEHM, Günter: Ein deutscher Patriot und mutiger Demokrat. Hubertus Prinz
         zu Löwenstein starb im Alter von 76 Jahren. In: *Die Welt* (29. November 1984).

1985

85.1 ADOLPHS, Dieter W.: *Literarischer Erfahrungshorizont. Aufbau und Entwicklung der Erzählperspektive im Werk Th. M's.* Heidelberg: C. Winter, 1985, 283 S. (= Reihe Siegen, Bd. 62: Germanistische Abteilung) [Vgl. # 84.2. -Rez.: A. Anger, # 87.5 - S. R. Cerf, # 89.41 - V. Hansen, # 87.110 - J. Northcote-Bade, # 88.211].

85.2 ALLEN, Marguerite De Huszar: *The Faust Legend. Popular Formula and Modern Novel.* New York, u. a.: P. Lang, 1985, 178 S. (= Germanic Studies in America, Nr. 53) [Zugl.: Diss., Univ. of Chicago, 1982. - Autorreferat in: *Germanistische Dissertationen in Kurzfassung* (1987), S. 66-76. - Rez.: K. G. Pollard, # 86.232 - M. Roche, # 87.267 - D. Vietor-Engländer, # 87.335. - *Doktor Faustus*].

85.3 ALT, Peter-André: *Ironie und Krise. Ironisches Erzählen als Form ästhetischer Wahrnehmung in Th. M's Der Zauberberg und Robert Musils Der Mann ohne Eigenschaften.* Frankfurt a. M., u. a.: P. Lang, 1985, 471 S. (= Europäische Hochschulschriften, Reihe 1: Deutsche Sprache und Literatur, Bd. 722) [Zugl.: Diss., Freie Univ. Berlin, 1984. - Vgl. # 89.5. - Autorreferat in: *Germanistische Dissertationen in Kurzfassung* (1987), S. 206-215. - Rez.: U. Karthaus, # 87.148 - K. Komar, # 89.131].

85.4 AMERY, Jean: Bergwanderung. Noch ein Wort zu Th. M. In Helmut Heißenbüttel's Ausg. von J. A., *Der integrale Humanismus. Zwischen Philosophie und Literatur. Aufsätze und Kritiken eines Lesers 1966-1978.* Stuttgart: Klett-Cotta, 1985, S. 110-133. [Vgl. E in # 75.8].

85.5 AMERY, Jean: Politik des Gewissens so und so: Hermann Hesses politische Schriften und Th. M's Tagebücher. In: # 85.4, S. 255-266. [Vgl. E in # 78.3].

85.6 ANON.: Die Familie Mann (Ahnentafel). In: *Maatstaf,* Jg. 33, Nr. 8/9 (1985), S. 204-205.

85.7 ANTON, Herbert: Ödipus und Adam Kadmon. Zu Freuds hermeneutischem Chiliasmus. In: Jochen Hörisch, und Georg C. Tholen, Hrsg.: *Eingebildete Texte. Affairen zwischen Psychoanalyse und Literaturwissenschaft.* München: W. Fink, 1985, S. 103-117. (= Uni-Taschenbücher, 1348) [H. v. Kleist: *Der zerbrochene Krug*].

85.8 ARNOLD, Armin: Rez. von R. Kieser, # 84.108. In: *Seminar,* Jg. 21 (1985), S. 240-242.

85.9 BAHR, Ehrhard: Neu-Weimar am Pazifik: Los Angeles als heimliche Hauptstadt der deutschen Exilliteratur. In: D. Borchmeyer/T. Heimeran, # 85.24, S. 126-136.

85.10 BAHR, Ehrhard: Paul Tillich und das Problem seiner deutschen Exilregierung in den Vereinigten Staaten. In: *Exilforschung*, Bd. 3 (1985), S. 31-42.

85.11 BARTELT, Frauke: Th.-M.-Sammlung Dr. Hans-Otto Mayer (Schenkung Rudolf Groth) in der Universitätsbibliothek Düsseldorf. In: *Zeitschrift für Bibliothekswesen und Bibliographie*, Jg. 32, Nr. 3 (1985), S. 227-234.

85.12 BARTH, Achim: Herzgewinnend, entzückend. Th. M's Lieblingsenkel Frido startet jetzt als Schriftsteller. In: *Münchner Merkur*, Nr. 130 (8. Juni 1985), S. 22. [Rez. von F. Mann, # 85.180].

85.13 BARTON, Richard W.: Plato / Freud / Mann: Narrative Structure, Undecidability, and the Social Text. In: *Semiotica*, Jg. 54 (1985), S. 351-386. [*Der Tod in Venedig*].

85.14 BEER, Otto F.: Felix Krulls Vorläufer. Georges Manolescus Memoiren. In: *Der Tagesspiegel*, Jg. 41, Nr. 11998 (10. März 1985), Literaturblatt, S. 61. [*Felix Krull*].

85.15 BENZENHÖFER, Udo: Freimaurerei und Alchimie in Th. M's *Zauberberg* - ein Quellenfund. In: *Archiv für das Studium der neuren Sprachen und Literaturen*, Jg. 137, Nr. 222, 1. Halbjahresband (1985), S. 112-121. [*Allgemeines Handbuch der Freimaurerei*].

85.16 BERGER, Willy H. R.: Rez. von R. Puschmann, # 83.289. In: *Arcadia*, Jg. 20 (1985), S. 104-108.

85.17 BIEMEL, Walter: Th. M's *Zauberberg* als Zeitroman. In: W. B., *Zeitigung und Romanstruktur. Philosophische Analysen zur Deutung des modernen Romans*. Freiburg i. Br., u. a.: Alber, 1985, S. 131-196.

85.18 BIER, Jean P.: Rez. von J. Marcus-Tar, # 82.170. In: *Revue belge de philologie et d'histoire*, Jg. 63 (1985), S. 640-641.

85.19 BLOCH, Ernst: Th. M's Manifest (1937). In: E. B., *Politische Messungen, Pestzeit, Vormärz*. Frankfurt a. M.: Suhrkamp, 1985, S. 148-159. (= Werkausgabe, Bd. 1; Suhrkamp-Taschenbuch Wissenschaft, 560) [Vgl. E in # 37.15].

85.20 BLUNDEN, Alan, Hrsg. u. Übs. von Th. M.: *Pro und contra Wagner. With an Introduction by Erich Heller*. London: Faber; Chicago: University of Chicago Press, 1985, 229 S. [Inhalt: G. Bridges, # 89.35 - P. Carnegy, # 85.36 - E. Heller, # 85.107. - Rez.: C. Hatch, # 86.111 - J. Joll, # 86.143 - M. Tanner, # 86.306 - H. R. Vaget, # 91.251].

85.21 BÖHM, Karl W.: Die homosexuellen Elemente in Th. M's *Der Zauberberg*. In: H. Kurzke, # 85.151, S. 145-165. [Vgl. E in # 84.13].

85.22 BÖHME, Hartmut: Th. M.: *Mario und der Zauberer*. Position des Erzählers und Psychologie der Herrschaft. In: H. Kurzke, # 85.151, S. 166-189. [Vgl. E in # 75.127].

85.23 BOHNEN, Klaus: Ein literarisches 'Muster' für Th. M. J. P. Jacobsens *Niels Lyhne* und *Der kleine Herr Friedemann*. In: Roger Goffin, Michel Vanhelleputte, und Monique Weyembergh-Boussart, Hrsg.: *Littérature et culture allemande. Hommage à Henri Plard*. Bruxelles: Editions de l'Université de Bruxelles, 1985, S. 197-215. (= Faculté de Philosophie et Littérature, 92).

85.24 BORCHMEYER, Dieter, und Till Heimeran, Hrsg.: *Weimar am Pazifik. Literarische Wege zwischen den Kontinenten. Festschrift für Werner Vordtriede zum 70. Geburtstag*. Tübingen: M. Niemeyer, 1985. [Mit Beiträgen von: E. Bahr, # 85.9 - H. Eilert, # 85.56 - P. M. Lützeler, # 85.172].

85.25 BORMANN, Alexander von: Rez. von V. Hansen, # 84.78. In: *Germanistik*, Jg. 26, Nr. 4 (1985), S. 992.

85.26 BRACHES, Ernst: Liggende sfinzen met handkoppen. In: *De Volkskrant* (13. September 1985). [*Der Tod in Venedig*].

85.27 BRACHES, Ernst: Th. M.: Een vorm van leven. In: *Maatstaf*, Jg. 33, Nr. 8/9 (August/September 1985), S. 196-203.

85.28 BREKLE, Wolfgang: Th. M. In: W. B., *Schriftsteller im antifaschistischen Widerstand 1933-1945 in Deutschland*. Berlin, u. a.: Aufbau, 1985. (= Dokumentation, Essayistik, Literaturwissenschaft).

85.29 BRENNAN, Joseph G.: Th. M. and the Business Ethic. In: *Journal of Business Ethics*, Jg. 4 (1985), S. 401-407. [*Buddenbrooks - Tonio Kröger - Der Zauberberg*].

85.30 BROSCH, Helmut: Ludwig Schwerin und Th. M. In: *Der Wartturm*, Jg. 26, Nr. 4 (Dezember 1985), S. 1-4. [Mit Briefen an L. S. vom 18. April 1941, 16. Oktober 1944 und 4. März 1947].

85.31 BULHOF, Francis: 1936: De twijfel voorbij. In: *Maatstaf*, Jg. 33, Nr. 8/9 (August/September 1985), S. 91-98.

85.32 BULLIVANT, Keith: The Conservative Revolution. In: Anthony Phelan, Hrsg.: *The Weimar Dilemma. Intellectuals in the Weimar Republic*. Manchester: Manchester University Press, 1985, S. 47-70. [L. Klages, Th. M., F. Nietzsche in der Weimarer Republik].

85.33   BUSCH, Frank: Das Denkmal des Dichters verlor seinen Schatten. In:
        Hannoversche Allgemeine Zeitung, Jg. 82, Nr. 131 (8./9. Juni 1985), Der siebente
        Tag. [Rez. von R. Winston, # 85.296].

85.34   CARLSSON, Anni: Das Werden Th. M's. Leider nur ein Torso: Richard Win-
        stons biographische Arbeit. In: *Der Tagesspiegel*, Jg. 41, Nr. 12124 (11. August
        1985), Literaturblatt, S. 45. [Rez. von R. Winston, # 85.296].

85.35   CARLSSON, Anni: Ein Mann schreibt sich frei. Frido Manns *Professor Parsifal*.
        In: *Der Tagesspiegel*, Jg. 41, Nr. 12184 (20. Oktober 1985), S. 58. [Rez. von F.
        M., # 85.180].

85.36   CARNEGY, Patrick: Editorial Preface. In: A. Blunden, # 85.20, S. 7-9.

85.37   CASES, Cesare: Th. M. apolitico. In: C. C., *Il testimone secondario. Saggi e inter-
        venti sulla cultura del Novecento*. Torino: Einaudi, 1985, S. 116-118. (= Saggi,
        683) [*Betrachtungen eines Unpolitischen*].

85.38   CERF, Steven R.: The Shakespearean Element in Th. M's *Doktor Faustus*-
        Montage. In: *RLC*, Jg. 59, Nr. 4 (Oktober/Dezember 1985), S. 427-441.

85.39   CHAPPELL, Fred: What Did Adrian Leverkühn Create? In: *Postscript*, Jg. 2
        (1985), S. 11-17. [*Doktor Faustus*].

85.40   CUNNINGHAM, Raymond: *Myth and Politics in Th. M's Joseph und seine Brüder*.
        Stuttgart: Akademischer Verlag, 1985, 336 S. (= Stuttgarter Arbeiten zur Ger-
        manistik, Nr. 161) [Zugl.: Diss., London, King's College, 1985. - Abstract in:
        Index to Theses, Jg. 35, Nr. 2 (1987), S. 554. - Rez.: U. Karthaus, # 87.148].

85.41   DARWIN, John S.: An Analysis of the Thematic Introductions in the first
        Chapter of Th. M's *Buddenbrooks*. In: *Publications of the Arkansas Philological
        Association*, Jg. 11, Nr. 1 (1985), S. 35-43. [Vgl. # 84.30].

85.42   DAVIAU, Donald G., und Ludwig M. Fischer, Hrsg.: *Exil: Wirkung und Wer-
        tung. Ausgewählte Beiträge zum fünften Symposium über Deutsche und Österreichi-
        sche Exilliteratur*. Columbia, SC: Camden House, 1985, 329 S. [Inhalt: A. Del
        Caro/R. Bialy, # 85.45 - H. Lehnert, # 85.160 - H. Müssener, # 85.204. - Rez.: T.
        Müller, # 87.211].

85.43   DEL CARO, Adrian: The Political Apprentice: Th. M's Reception of Nietzsche.
        In: *Studies in the Humanities*, Jg. 12, Nr. 1 (Juni 1985), S. 21-28. [*Doktor Faustus*].

85.44   DEL CARO, Adrian: Towards a Genealogy of an Image: Nietzsche's Achieve-
        ment According to Nietzsche. In: *University of Toronto Quarterly*, Jg. 54 (1985),
        S. 234-250.

85.45 DEL CARO, Adrian, und Renate Bialy: Rückblick nach dem Exilerlebnis. Th. M. und Nietzsche. In: D. Daviau/L. M. Fischer, # 85.42, S. 149-159.

85.46 DIERKS, Manfred: Die Aktualität der positivistischen Methode - am Beispiel Th. M. In: H. Kurzke, # 85.151, S. 190-209. [Vgl. E in # 78.52. - *Mario und der Zauberer*].

85.47 DIERSEN, Inge: *Th. M.: Episches Werk, Weltanschauung, Leben.* Berlin, u. a.: Aufbau, 3., überarb. Aufl., 1985, 386 S. (= Dokumentation, Essayistik, Literaturwissenschaft) [Vgl. # 75.196. - Rez.: A. Rudolph, # 88.242].

85.48 DIMPFL, Monika: Wirklichkeitsmodelle als Bezugssysteme literarischer Verständigung in Josef Ruederers *Das Gansjung* und Th. M's *Der Kleiderschrank*. In: Günter Häntzschel, John Ormrod, und Karl N. Renner, Hrsg.: *Zur Sozialgeschichte der deutschen Literatur von der Aufklärung bis zur Jahrhundertwende.* Tübingen: M. Niemeyer, 1985, S. 97-121. (= Studien und Texte zur Sozialgeschichte der Literatur, Bd. 13).

85.49 DINMORE, Ian: *'Falsche Verbindung': Humor of the German People 1918-1945.* Dissertation, University of California at Los Angeles, 1985, 292 S. [Resümee in: *DAI*, Jg. 49 (1988/89), S. 1467A].

85.50 DOHM, Hedwig: Th. M. In Hans-Rudolf Wiedemann's Ausg. von H. D., *Th. M's Schwiegermutter erzählt oder Lebendige Briefe aus großbürgerlichem Hause - Hedwig Pringsheim-Dohm an Dagny Langen-Sautreau.* Lübeck: Graphische Werkstätten, 1985, 58 S. [Mit einem Geleitwort von G. Mann. - Briefe an D. (Björnsen) Langen-Sautreau vom Hrsg. transkribiert und erläutert. - Vgl. # 86.58, # 88.47a].

85.51 DRÄGER, Lisa: Dichtertraum und Erfüllung. Wie Th. M. in Lund seine Lorbeerkrone erhielt. In: *Hefte der Deutschen Th.-M.-Gesellschaft*, Nr. 5 (1985), S. 51-53. [Mit einem Gedicht Th. M's. - Ehrendoktorwürde 1949].

85.52 DRIJARD, A.: Rez. von R. Wolff, # 84.267 - H. R. Vaget, # 84.249. In: *EG*, Jg. 40 (1985), S. 110-111.

85.53 DUNK, Hermann von der: De kentering in het politieke denken van Th. M. In: *Maatstaf*, Jg. 33, Nr. 8/9 (August/September 1985), S. 183-195.

85.54 DURRANI, Osman: The Tearful Teacher: The Role of Serenus Zeitblom in Th. M's *Doktor Faustus*. In: *MLR*, Jg. 80, Nr. 3 (Juli 1985), S. 652-658.

85.55 EFFE, Bernd: Sokrates in Venedig. Th. M. und die 'platonische Liebe'. In: *Antike und Abendland*, Bd. 31 (1985), S. 153-166. [*Der Tod in Venedig*].

85.56 EILERT, Heide: Th. M's Demokratie-Verständnis im Kontext seiner Deutungen der *Zauberflöte*. In: D. Borchmeyer/T. Heimeran, # 85.24, S. 29-37. [W. A. Mozart: *Die Zauberflöte* - Th. M.: *Königliche Hoheit*].

85.57 EKMANN, Björn: Th. M. - Nihilist oder humaner Moralist? In: *Text & Kontext*, Jg. 13, Nr. 1 (1985), S. 221-225. [Rez. von B. Kristiansen, # 78.165 - H. Kurzke, # 85.151].

85.58 ELLENBROEK, Willem: Wonend in Californie, denkend ann München. In: *De Volkskrant* (13. September 1985).

85.59 EMRICH, Elke: Zum metaphysischen Bedürfnis in Th. M's *Buddenbrooks* und Heinrich Manns *Im Schlaraffenland*. In: Hans Ester, und Guillaume van Gemert, Hrsg.: *Annäherungen. Studien zur deutschen Literatur und Literaturwissenschaft im zwanzigsten Jahrhundert*. Amsterdam: Rodopi, 1985, S. 19-33. (= Amsterdamer Publikationen zur Sprache und Literatur, Bd. 64) [Auch in: *Maatstaf*, Jg. 33, Nr. 8/9 (August/September 1985), S. 33-42, u. d. T.: Gefascineerde aversie. De metafysische behoefte in Th. M's *Buddenbrooks* en Heinrich Manns *Im Schlaraffenland*. Übs. von P. van Nunen. - Vgl. # 84.44 - # 86.61].

85.60 EPP, Peter: *Die Darstellung des Nationalsozialismus in der Literatur. Eine vergleichende Untersuchung am Beispiel von Texten Brechts, Th. M's, Seghers' und Hochhuths*. Frankfurt a. M., u. a.: P. Lang, 1985, 229 S. (= Europäische Hochschulschriften, Reihe 1: Deutsche Sprache und Literatur, Bd. 826) [Zugl.: Diss., Bochum, 1984. - *Doktor Faustus*].

85.61 ERLER, Gotthard: Th. M. In: G. E., *Exilliteratur im Aufbau-Verlag*. Berlin: Aufbau, 1985, S. 23-31, 38-39.

85.62 ESTER, Hans: Erfganaam op afstand. In gesprek met Frido Mann. In: *Maatstaf*, Jg. 33, Nr. 8/9 (August/September 1985), S. 173-182.

85.63 FEST, Joachim C.: Der Historiker als Herr der Geschichte. Rede zur Verleihung des Goethepreises an Golo Mann. In: *FAZ*, Jg. 37, Nr. 201 (31. August 1985), Bilder und Zeiten. [Vgl. Nachdruck in # 92.45].

85.64 FEST, Joachim C.: Th. M. Politik als Selbstentfremdung. In: J. C. F., *Die unwissenden Magier. Über Thomas und Heinrich Mann*. Berlin: Corso bei Siedler, 1985, S. 19-70. [Vgl. A. Meyhöfer, # 85.194. - Rez.: S. Bollmann, # 87.33 - W. Jasper, # 85.119 - W. F. Schoeller, # 86.271 - K. Sontheimer, # 86.297. - *Betrachtungen eines Unpolitischen*].

85.65 FISCHER, Ernst: A propos de deux lettres de Th. M. In: *Austriaca*, Jg. 11, Nr. 20 (Mai 1985), S. 45-49. [Briefe an E. Fischer vom 25. Mai 1926 und 12. Dezember 1949. - Betr.: *Der Zauberberg - Doktor Faustus*].

85.66 FISCHER, Halasi: Een man van 38 jaar, middelgroot, elegant, met intelligente oogosplag en een zwarte snor. Een vraagesprek met Th. M. In: *De Groene Amsterdamer* (25. September 1985).

85.67 FISCHER, Halasi: 'Een dag die ik nimmer zal vergeten.' Een gesprek met Th. M. in 1913. In: *Maatstaf*, Jg. 33, Nr. 8/9 (August/September 1985), S. 122-125. [Übs. von M. van Amerongen].

85.68 FISCHER, Klaus: Der Wikinger und das Eskimomädchen. Eine Erinnerung an Marianne Flake. In: *Stuttgarter Zeitung* (12. Januar 1985). [Beziehung Th. M. - O. Flake].

85.69 FITZGERALD, Robert: Subjectivity is Absolute: Erich Kahler, David Sachs, E. B. O. Borgerhoff, Joseph Kerman, Edmund King, and Francis Fergusson on Mann's *Doktor Faustus*. In: R. F., *Enlarging the Change. The Princeton Seminars in Literary Criticism 1949-1951*. Boston: Northeastern University Press, 1985, S. 175-208. [*Doktor Faustus*].

85.70 FLAVELL, M. Kay: Barbed Encounter: A Study of the Relationship between George Grosz and Th. M. In: *GLL*, N. S., Jg. 38, Nr. 2 (Januar 1985), S. 110-124.

85.71 FLINKER, Martin: Préface. In: Th. M.: *Appels aux Allemands. 1940-1945*. Paris: Balland, 1985, S. 7-10. [Vgl. E. Vermeil, # 85.283. - *Deutsche Hörer!*].

85.72 FURTHMAN-DURDEN, Elke C.: Rez. von H. R. Vaget, # 84.249. In: *MLN*, Jg. 100, Nr. 3 (April 1985), S. 698-699.

85.73 GALERSTEIN, Carolyn: Images of Decadence in Visconti's *Death in Venice*. In: *Literature/Film Quarterly*, Jg. 13, Nr. 1 (1985), S. 29-34. [*Der Tod in Venedig*. - Verfilmung].

85.74 GALLE, Roland: Rez. von P. Chardin, # 82.49. In: *Romanische Forschungen*, Bd. 97 (1985), S. 461-464.

85.75 GEHRKE, Hans, und Martin Thunich: *Th. M.: Tonio Kröger, Der Tod in Venedig. Interpretation und unterrichtspraktische Vorschläge*. Hollfeld/Obfr.: Beyer, 1985, 112 S. (= Analysen und Reflexionen, Bd. 55).

85.76 GERHARDT, Hans-Peter M.: Rez. von J. Vogt, # 83.359. In: *Germanistik*, Jg. 26, Nr. 1 (1985), S. 188.

85.77 GERTH, Klaus: Gabriele Klöterjahn. Die Figuren in Th. M's *Tristan* mit einem Anhang aus dem *Simplicissimus*. In: *Praxis Deutsch*, Jg. 12, Nr. 74 (1985), S. 54-61. [*Tristan*].

85.78   GOCH, Marianne: Carla Mann. 1881-1910. Eine biographische Skizze. In: Luise F. Pusch, Hrsg.: *Schwestern berühmter Männer. Zwölf biographische Portraits.* Frankfurt a. M.: Insel, 1985, S. 493-538. (= Insel Taschenbuch, 796).

85.79   GÖRGENS, Lutz H.: 'Der Hut flog mir vom Kopfe'. Ein Motiv aus E. T. A. Hoffmanns *Lebens-Ansichten des Katers Murr.* In: *Mitteilungen der E. T. A. Hoffmann-Gesellschaft,* Nr. 31 (1985), S. 53-58. [*Der Zauberberg*].

85.80   GÖRTZ, Franz J.: 'Sehr geneigt, Ihr Buch zu verlegen'. Eine Ausstellung zur Geschichte des Hauses S. Fischer. In: *FAZ,* Jg. 37, Nr. 141 (22. Juni 1985), Literatur.

85.81   GOLDSCHMIDT, Georges-Arthur: Th. M. témoigne. In: *La Quinzaine littéraire,* Nr. 444 (1985), S. 5-6. [Rez. von C. Schwerin, # 85.257].

85.82   GORGE, Walter: Th. M. aus der Sicht André Gides. In: *NZZ,* Jg. 206, Nr. 285 (7./8. Dezember 1985), S. 66. [Briefwechsel - *Der Zauberberg* - *Joseph und seine Brüder* - *Lotte in Weimar*].

85.83   GRAF, Oskar M.: Um Th. M. In: O. M. G., *An manchen Tagen. Reden, Gedanken und Zeitbetrachtungen.* München: Süddeutscher Verlag, 1985, S. 287-320. [Vgl. E in # 61.64, # 61.65, # 61.66, # 61.67, # 61.68, # 61.69].

85.84   GREENBERG, Valerie D.: Literature and the Discourse of Science: The Paradigm of Th. M's *The Magic Mountain.* In: *South Atlantic Review,* Jg. 50, Nr. 1 (Januar 1985), S. 59-73.

85.85   GREGOR-DELLIN, Martin: Th. M. als Autobiograph. In: M. G.-D., *Was ist Größe? Sieben Deutsche und ein deutsches Problem.* München, u. a.: R. Piper, 1985, S. 217-241. [Vorabdruck u. d. T.: 'Wer ist ein Dichter? Der, dessen Leben symbolisch ist'. Zum 30. Todestag von Th. M. In: *Deutsches Allgemeines Sonntagsblatt,* Jg. 38, Nr. 32 (11. August 1985), Das politische Buch, S. 12. - Rez.: E. Heftrich, # 85.101].

85.86   GREGOR-DELLIN, Martin: Th. M's frühe Jahre. Eine fragmentarische Biographie von Richard Winston. In: *FAZ,* Jg. 37, Nr. 166 (22. Juli 1985), Feuilleton, S. 22. [Rez. von R. W., # 85.296].

85.87   GRENVILLE, Anthony: 'Linke Leute von rechts': Th. M's Naphta and the Ideological Confluence of Radical Right and Radical Left in the Early Years of the Weimar Republic. In: *DVJS,* Jg. 59, Nr. 4 (Dezember 1985), S. 651-675. [*Der Zauberberg*].

85.88 GROTH, Michael: Eine deutsche Biographie. Weltbürger - Bürger der Welt in
New York. In: *FAZ*, Jg. 37, Nr. 114 (18. Mai 1985), Ereignisse und Gestalten.
[W. Schaber].

85.89 GRÜNWALD, Peter: 'Und dann holt ihn der Teufel'. Im Schatten von Th. M.
Enkel Frido debütiert mit einem autobiographischen Roman. In: *Welt am Sonntag*, Nr. 40 (6. Oktober 1985), Buchmagazin, S. 57. [Rez. von F. Mann, #
85.180].

85.90 GUGGENBICHLER, Kurt: Literaturexil Sanary-sur-mer: Wo sich deutsche Autoren vor Hitler verkrochen. In: *Goslarsche Zeitung*, Jg. 202, Nr. 110 (13. Mai
1985), Sonderseite.

85.91 HALASZ, Ann M.: The Emergence of the Discursive Novel in the Twentieth
Century. In: Anna Balakian, James Wilhelm, Douwe W. Fokkema, u. a., Hrsg.:
*Proceedings of the Xth Congress of the International Comparative Literature Asso-
ciation, New York, 1982, Bd. 1, General Problems of Literary History*. New York,
u. a.: Garland, 1985, S. 113-118. [A. Huxley: *Crome Yellow, Antic Hay, Those
Barren Leaves* - Th. M.: *Der Zauberberg* - R. Martin du Gard: *Jean Barois*].

85.92 HAMILTON, Nigel: Th. M. In: Jeffrey Meyers, Hrsg.: *The Craft of Literary
Biography*. London, u. a.: Macmillan, 1985, S. 106-117.

85.93 HANSEN, Volkmar: Rez. von R. Puschmann, # 83.289. In: *Germanistik*, Jg. 26,
Nr. 1 (1985), S. 187-188.

85.94 HANSEN, Volkmar: Rez. von C. Schulz, # 85.256. In: *Germanistik*, Jg. 26, Nr. 3
(1985), S. 713-714.

85.95 HANSSEN, Léon: Een gesprek met Golo Mann. In: *Maatstaf*, Jg. 33, Nr. 8/9
(August/September 1985), S. 13-22.

85.96 HANSSEN, Léon: Bemind en bewonderd van jongs af. Th. M. en Nederland. In:
Maatstaf, Jg. 33, Nr. 8/9 (August/September 1985), S. 143-155.

85.97 HANSSEN, Léon, Martin Ros, und G. A. von Winter: An Amazing Family.
Waarom daarom. In: *Maatstaf*, Jg. 33, Nr. 8/9 (August/September 1985), S. 1-12.

85.98 HARTMANN, Erich W.: Rez. von H. Matter, # 83.244, # 83.245. In: *NDH*, Jg. 32,
Heft 3, Nr. 187 (1985), S. 612-615.

85.99 HARTUNG, Günter: Th. M., Nietzsche, Luther. In: *Hallesche Studien zur Wirkung von Sprache und Literatur*, Nr. 9 (1985), S. 4-12. (= Wissenschaftliche Beiträge, Martin-Luther-Universität, Halle-Wittenberg, 3) [*Fiorenza - Doktor Faustus
- Luthers Hochzeit*].

85.100 HAUSMANN, Manfred: Hanns Johst und Th. M. In: M. H., *Zwiesprache. Begegnungen mit dem Wort und mit großen Leuten.* Frankfurt a. M.: S. Fischer, 1985, S. 237-243. [Vgl. E in # 74.68].

85.101 HEFTRICH, Eckhard: Was ist Größe? Martin Gregor-Dellin über ein sehr deutsches Problem. In: *FAZ*, Jg. 37, Nr. 289 (13. Dezember 1985), Feuilleton, S. 26. [Rez. von M. G.-D., # 85.85].

85.102 HEFTRICH, Eckhard: Richard Wagner im Werk Th. M's. In: *Hefte der Deutschen Th.-M.-Gesellschaft*, Nr. 5 (1985), S. 5-18.

85.103 HEINE, Gert: Th. M. lobt. In: *Blätter der Th. M. Gesellschaft Zürich*, Nr. 21 (1985-1986), S. 5-15, 33.

85.104 HELBLING, Hanno: Eine Bilanz der Th.-M.-Rezeption. In: *NZZ*, Jg. 206, Nr. 31 (7. Februar 1985), Feuilleton, S. 39. [Rez. von V. Hansen, # 84.78].

85.105 HELBLING, Hanno: 'Nicht Loge, sondern Mausefalle'. Th. M., Musil, Kaiser und Brecht im Schweizer Exil. In: *NZZ*, Jg. 206, Nr. 45 (23./24. Februar 1985), Literatur und Kunst, S. 69. [Rez. von R. Kieser, # 84.108].

85.106 HELBLING, Hanno: Nicht einzuordnen. Briefe von und an Erika Mann. In: *NZZ*, Jg. 206, Nr. 211 (12. September 1985), S. 39. [Rez. von E. M., # 85.179].

85.107 HELLER, Erich: Introduction. In: A. Blunden, # 85.20, S. 11-22.

85.108 HERCHENRÖDER, Jan: Wissenswertes zum Antritt. Eckhard Heftrich ist neuer Vorsitzender der Th. M.-Gesellschaft. In: *Lübecker Nachrichten*, Jg. 40, Nr. 96 (25. April 1985), S. 14.

85.109 HERZ, Ida: Freundschaft und Korrespondenz mit Th. M. In: *PEGS*, N. S., Jg. 55 (1985), S. 1-21.

85.110 HÖHNE, Petra: Hochmütig bis zur Erschöpfung. Der zweite Band der Briefe Erika Manns. In: *Frankfurter Rundschau*, Jg. 41, Nr. 234 (9. Oktober 1985), S. 16. [Rez. von E. M., # 85.179].

85.111 HOFFMANN, Ernst F.: Rez. von P. d. Mendelssohn, # 79.156, # 82.177. In: *Literature, Music, Fine Arts*, Jg. 18, Nr. 1 (1985), S. 43-44.

85.112 HOFFMEISTER, Reinhart: Ein Mann schreibt sich frei. Der Psychologe Frido Mann versucht mit einem autobiographischen Roman, aus dem Schatten seines Großvaters zu kommen. In: *Stern*, Jg. 38, Nr. 41 (3. Oktober 1985), S. 5-7. [Rez. von F. M., # 85.180].

85.113 HORNUNG, Erik: Das Ägyptische in Th. M's Josephsromanen. In: Wolfgang Schuller, Hrsg.: *Antike in der Moderne*. Konstanz: Universitätsverlag Konstanz, 1985, S. 127-135. (= Xenia, Konstanzer Althistorische Vorträge und Forschungen, Heft 15).

85.114 HUONKER, Gustav: Briefe aus Küsnacht. In: G. H., *Literaturszene Zürich. Menschen, Geschichten und Bilder 1914 bis 1945*. Zürich: Unionsverlag, 1985, S. 163-166. [Mit Th. M's Briefen aus Küsnacht].

85.116 JACOBS, Jürgen: Bildungsroman und Pikaroroman. Versuch einer Abgrenzung. In: Gerhard Hoffmeister, Hrsg.: *Der moderne deutsche Schlemenroman: Interpretationen*. Amsterdam: Rodopi, 1985/86, S. 9-18. (= Amsterdamer Beiträge zur Neueren Germanistik, Bd. 20) [*Felix Krull*].

85.117 JACOBS, Jürgen: Der Enkel als Autor. Frido Manns *Professor Parsifal*. In: *Kölner Stadt-Anzeiger*, Jg. 183 (3. Dezember 1985), Buchbeilage, S. 2. [Rez. von F. M., # 85.180].

85.118 JASPER, Willi: Deutsch-deutsche Probleme mit Heinrich Manns Exilwerk. Ein internationales Symposium in Lübeck. In: *NZZ*, Jg. 206, Nr. 100 (2. Mai 1985), Feuilleton, S. 39.

85.119 JASPER, Willi: Die unendliche Geschichte vom 'Bruderzwist'. Joachim Fest über Th. und Heinrich Mann. In: *NZZ*, Jg. 206, Nr. 289 (12. Dezember 1985), Feuilleton, S. 41. [Rez. von J. C. Fest, # 85.64].

85.120 JOFEN, Jean: A Freudian Commentary on Th. M's *Death in Venice*. In: *Journal of Evolutionary Psychology*, Jg. 6, Nr. 3-4 (August 1985), S. 238-247. [*Der Tod in Venedig*. - Homosexualität].

85.121 JONAS, Klaus W.: Rez. von H. Matter, # 83.244, # 83.245. In: *GQ*, Jg. 58, Nr. 4 (Herbst 1985), S. 624-626.

85.122 JONES, Robert A.: Th. M. In: R. A. J., *Art and Entertainment: German Literature and the Circus 1890-1933*. Heidelberg: C. Winter, 1985, S. 105-117. (= Reihe Siegen, Bd. 50) [*Felix Krull*].

85.123 JUNG, Jürgen: *Altes und Neues zu Th. M's Roman Doktor Faustus. Quellen und Modelle. Mythos, Psychologie, Musik, Theo-Dämonologie, Faschismus*. Frankfurt a. M., u. a.: P. Lang, 1985, 517 S. (= Europäische Hochschulschriften, Reihe 1: Deutsche Sprache und Literatur, Bd. 821) [Rez.: W. Bauer, # 84.8 - H. Siefken, # 87.307].

85.124 KAHLER, Alice L.: My Years of Friendship with Albert Einstein. Compiled by Tom Edgar. In: *The Princeton Recollector*, Jg. 9, Nr. 4 (Sommer 1985), S. 1-7.

85.125 KERÉNYI, Karl: Der Erzschelm und der Himmelsstürmer. Ein Kapitel aus der Heroenmythologie der Griechen. In Magda Kerényi's Ausg. von K. K., *Wege und Weggenossen 1.* München: Langen Müller, 1985, S. 292-296. (= Werke in Einzelausgaben, Bd. 5/1) [Vgl. E in # 55.295, # III.85.1, # III.85.2, # III.85.3. - Auch in: K. K., *Die Mythologie der Griechen II: Die Heroen-Geschichten.* Zürich, 1958, S. 87-96. - Rez.: J. Strelka, # 86.303].

85.126 KERÉNYI, Karl: Die goldene Parodie. In: # 85.125, S. 297-305. [Vgl. E in # 55.296 u. d. T.: Marginalien zu den *Vertauschten Köpfen* - vgl. erw. Fassung in # 56.117. - Auch in: K. K., *Tessiner Schreibtisch.* Stuttgart, 1963, S. 67-76].

85.127 KERÉNYI, Karl: Th. M. und der Teufel in Palestrina. In: # 85.125, S. 306-325. [Vgl. E in # 61.118 - vgl. erw. Fassung in # 62.133. - Auch in: K. K., *Tessiner Schreibtisch.* Stuttgart, 1963, S. 86-109].

85.128 KERÉNYI, Karl: *Zauberberg*-Figuren. Ein biographischer Versuch. In: # 85.125, S. 326-339. [Vgl. E in # 62.134 (ungarisch), vgl. dt. Text in # 63.128. - Auch in: K. K., *Tessiner Schreibtisch.* Stuttgart, 1963, S. 125-141].

85.129 KERÉNYI, Karl: Th. M. zwischen Norden und Süden. In: # 85.125, S. 340-350. [Vgl. E in # 65.194a].

85.130 KILIAN, Klaus: Noch einmal: Th. M. und Richard Wagner. Einige Anmerkungen zu *Wälsungenblut.* In: Jutta Kolkenbrock-Netz, Gerhard Plumpe, und Hans J. Schrimpf, Hrsg.: *Wege der Literaturwissenschaft.* Bonn: Bouvier, 1985, S. 240-249.

85.131 KIREMIDJIAN, Garabed D.: *A Study of Parody. James Joyce's Ulysses, Th. M's Doctor Faustus.* New York, u. a.: Garland, 1985, 254 S. (= Garland Publications in Comparative Literature) [Vgl. E in # 64.125 - # 73.149b. - Rez.: L. Hutcheon, # 89.105].

85.132 KLEINSCHMIDT, Erich: Rez. von R. Wolff, # 83.380, # 83.383. In: *Universitas*, Jg. 40, Heft 5 (1985), S. 594-595. [*Doktor Faustus*].

85.133 KLUGE, G. R.: Tussen volbrenging en overwinning. Th. M. en de decadentie. In: *Maatstaf*, Jg. 33, Nr. 8/9 (August/September 1985), S. 117-121. [Übs. von R. Grijns].

85.134 KLUGE, Gerhard: Rez. von M. Schäfermeyer, # 84.211. In: *Deutsche Bücher*, Jg. 15, Nr. 3 (1985), S. 219-220.

85.135 KOEBNER, Thomas: 'Isis, Demeter - das waren Zeiten!' Mythenrekonstruktion und Mythenskepsis in der Literatur der dreißiger und vierziger Jahre. Ein Versuch. In: A. Stephan/H. Wagener, # 85.264, S. 71-94.

85.136 KOEPKE, Wulf: Die Wirkung des Exils auf Sprache und Stil. Ein Vorschlag zur Forschung. In: *Exilforschung*, Bd. 3 (1985), S. 225-237.

85.137 KOEPKE, Wulf: Rez. von A. Busch, # 84.21. In: *German Studies Review*, Jg. 8, Nr. 1 (1985), S. 179-181.

85.138 KOLBE, Jürgen: Münchner Windstille. Über eine alte Rede von Th. M. und wie sie sich heute liest. In: *SZ*, Jg. 41, Nr. 253 (2./3. November 1985), SZ am Wochenende, S. 141. [Betr.: Kampf um München als Kulturzentrum].

85.139 KOMMER, Björn R.: Zwei Briefe von Johann Siegmund Mann jun. aus den Jahren 1825 und 1830: Familiäre Hintergründe zu Th. M's Roman *Buddenbrooks*. In: *Hefte der Deutschen Th.-M.-Gesellschaft*, Nr. 5 (1985), S. 38-50.

85.140 KOOPMANN, Helmut: 'Geschichte ist die Sinngebung des Sinnlosen'. Zur Ästhetik des historischen Romans im Exil. In: A. Stephan/H. Wagener, # 85.264, S. 18-39.

85.141 KOPPEN, Erwin: Vom Décadent zum Proto-Hitler: Wagner-Bilder Th. M's. In: H. Kurzke, # 85.151, S. 228-246. [Vgl. E in # 71.131].

85.142 KORT, Wesley A.: Th. M. In: W. A. K., *Modern Fiction and Human Time. A Study in Narrative and Belief.* Tampa: University Press of Florida, 1985, S. 37-91. [H. Hesse - Th. M.].

85.143 KOWALIK, Jill A.: 'Sympathy with Death': Hans Castorp's Nietzschean Resentment. In: *GQ*, Jg. 58, Nr. 1 (Winter 1985), S. 27-48. [*Der Zauberberg*].

85.144 KRASKE, Bernd M.: Erzähler und Symbolfigur. In: *Bergedorfer Zeitung*, Jg. 111, Nr. 125 (1./2. Juni 1985), Magazin zum Wochenende. [110. Geburtstag Th. M's].

85.145 KREFTING, Dorothea, und Otti Haacke: Th. M's *Felix Krull*: Das Vorherrschen von Scheinwerten. In: *Miteinander leben lernen*, Jg. 10, Heft 6 (1985), S. 18-21. [*Felix Krull*].

85.146 KRISTIANSEN, Børge: *Der Zauberberg*: Schopenhauer-Kritik oder Schopenhauer-Affirmation? In: H. Kurzke, # 85.151, S. 135-144. [Vorabdruck eines Kapitels aus: # 86.169, S. 298-307, 389-390].

85.147 KRISTIANSEN, Børge: Rez. von V. Hansen, # 84.78. In: *Text & Kontext*, Jg. 13, Nr. 1 (1985), S. 216-221.

85.148 KUBLITZ, Maria: Th. M's *Die Betrogene*. In: Renate Berger, Monika Hengsbach, M. K., u. a., Hrsg.: *Frauen, Weiblichkeit, Schrift. Dokumentation der Tagung in Bielefeld vom Juni 1984*. Berlin: Argument-Verlag, 1985, S. 159-170. (= Literatur im historischen Prozeß, N. F., 14; Argument-Sonderband, 134).

85.149 KÜBLER, Gunhild: 'Mir ist, als käme nichts mehr': Th. M.: *Die Bekenntnisse des Hochstaplers Felix Krull*. In: *NZZ*, Jg. 206, Nr. 142 (22./23. Juni 1985), Literatur und Kunst, S. 68.

85.150 KURSCHAT, Heinrich A.: Er liebte die Nehrung. Th. M. in Nidden - ein Kapitel deutscher Literatur. In: *Das Ostpreußenblatt*, Jg. 36, Folge 36 (7. September 1985), Kultur, S. 9.

85.151 KURZKE, Hermann, Hrsg.: *Stationen der Th.-M.-Forschung: Aufsätze seit 1970*. Würzburg: Königshausen & Neumann, 1985, 311 S. [Beiträge von: K. W. Böhm, # 85.21 - H. Böhme, # 85.22 - M. Dierks, # 85.46 - B. Ekmann, # 85.57 - E. Koppen, # 85.141 - B. Kristiansen, # 85.146 - H. K., # 85.152, # 85.153, # 85.154 - H. Lehnert, # 85.161 - L. Pikulik, # 85.209 - P. Pütz, # 85.219 - T. J. Reed, # 85.227 - H.-J. Sandberg, # 85.242 - F. Trapp, # 85.274 - H. R. Vaget, # 85.282 - H. Wysling, # 85.303. - Rez.: J. Darmaun, # 86.55 - J. Rieckmann, # 87.264 - H. Siefken, # 87.307].

85.152 KURZKE, Hermann: Tendenzen der Forschung seit 1976. In: # 85.151, S. 7-14.

85.153 KURZKE, Hermann: Ästhetizistisches Wirkungsbewußtsein und narrative Ethik bei Th. M. In: # 85.151, S. 210-227. [Vgl. E in # 80.154].

85.154 KURZKE, Hermann: Auswahlbibliographie 1976-1983. In: # 85.151, S. 296-304.

85.155 KURZKE, Hermann: *Th. M.: Epoche - Werk - Wirkung*. München: C. H. Beck, 1985, 348 S. (= Beck'sche Elementarbücher; Arbeitsbücher zur Literaturgeschichte) [Vgl. # 91.141. - Rez.: H. Eichner, # 87.65 - K. Hasselbach, # 87.115 - F. v. Ingen, # 90.132 - H. Koopmann, # 86.161 - F. A. Lubich, # 88.168 - J. M. McGlathery, # 88.186 - T. J. Reed, # 88.231 - R. Symington, # 89.273 - H. R. Vaget, # 88.283 - G. Wenzel, # 86.327].

85.156 KURZKE, Hermann: Narziß sucht den Gral. Frido Manns Roman *Professor Parsifal*. In: *FAZ*, Jg. 37, Nr. 233 (8. Oktober 1985), Literatur, S. 6. [Rez. von F. M., # 85.180].

85.157 KURZKE, Hermann: Kriegsbegeisterung und Pazifismus 1914. In: *Literatur für Leser*, Heft 1 (1985), S. 69-74. [H. Hesse: *Demian* - Th. M.: *Der Zauberberg* - R. Musil: *Der Mann ohne Eigenschaften*].

85.158 KURZKE, Hermann: Rez. von R. Wolff, # 83.380, # 83.383. In: *Literatur in Wissenschaft und Unterricht*, Jg. 18 (1985), S. 263-264.

85.159 LAWSON, Richard H.: Rez. von R. Puschmann, # 83.289. In: *German Studies Review*, Jg. 8, Nr. 2 (1985), S. 360-361.

85.160 LEHNERT, Herbert: Das Exil hat eine Vorgeschichte: Der Künstler-Führer und das Problem der Kontinuität in der deutschen Literaturgeschichte. In: D. G. Daviau/L. M. Fischer, # 85.42, S. 1-14. [*Joseph und seine Brüder - Doktor Faustus*].

85.161 LEHNERT, Herbert: Bert Brecht und Th. M. im Streit über Deutschland. In: H. Kurzke, # 85.151, S. 247-275. [Vgl. E in # 76.221].

85.162 LEHNERT, Herbert: Die Dialektik der Kultur. Mythos, Katastrophe und die Kontinuität der deutschen Literatur in Th. M's *Doktor Faustus*. In: A. Stephan/H. Wagener, # 85.264, S. 95-108.

85.163 LENEAUX, Grant F.: *Mario und der Zauberer*: The Narration of Seduction or the Seduction of Narration? In: *Orbis Litterarum*, Jg. 40, Nr. 4 (1985), S. 327-347.

85.164 LENZ, Siegfried: Warum Bendix Grünlich so heißt. Von der schicksalhaften Bedeutung von Namen. In: *FAZ*, Jg. 37, Nr. 147 (29. Juni 1985), Bilder und Zeiten. [Vgl. # 85.165].

85.165 LENZ, Siegfried: Etwas über Namen. Dankesrede nach der Verleihung des Th.-M.-Preises. In: *Hefte der Deutschen Th.-M.-Gesellschaft*, Nr. 5 (1985), S. 29-37. [Auch in: R. Wolff, Hrsg.: *Siegfried Lenz: Werk und Wirkung*. Bonn: Bouvier, 1985, S. 14-23. (= Sammlung Profile). - Vgl. # 85.164].

85.166 LEOPOLD, Keith: Point of View in the Novels of Th. M. In Manfred Jurgensen's Ausg. von K. L., *Selected Writings*. New York, u. a.: P. Lang, 1985, S. 139-147. [Vgl. E in # 58.85].

85.167 LEOPOLD, Keith: The Time Levels in Th. M's *Joseph the Provider*. In: # 85.166, S. 149-165. [Vgl. E in # 58.84. - *Joseph, der Ernährer*].

85.168 LEPENIES, Wolf: Thomas Buddenbrook und der Taugenichts. Motive Max Webers im Werk von Th. M. In: *FAZ*, Jg. 37, Nr. 46 (23. Februar 1985), Ereignisse und Gestalten. [Auch in: W. L., *Die drei Kulturen. Soziologie zwischen Literatur und Wissenschaft*. München, u. a.: C. Hanser, 1985, S. 357-375, 497-499].

85.169 LIPPE, Helmut von der: Der Onkel fühlte sich schwer getroffen: Th. M. und *Buddenbrooks*. In: *Lübecker Nachrichten*, Jg. 40, Nr. 93 (21. April 1985), S. 12. [Friedrich Mann].

85.170 LUBICH, Frederick A.: Die Entfaltung der Dialektik von Logos und Eros im Werk von Th. M. In: *Colloquia Germanica*, Jg. 18, Nr. 2 (1985), S. 140-159. [*Der Tod in Venedig*].

85.171 LUBICH, Frederick A.: Rez. von R. Wolff, # 83.380, # 83.383. In: *GR*, Jg. 60, Nr. 3 (1985), S. 471-472.

85.172 LÜTZELER, Paul M.: Vom Wunschtraum zum Alptraum. Das Bild der USA in der deutschsprachigen Gegenwartsliteratur. In: D. Borchmeyer/T. Heimeran, # 85.24, S. 173-189.

85.173 LUFT, Friedrich: *Die Literatur ist ausverkauft. Mann, Thomas: Im Spiegel*. Mainz: Eggebrecht Presse, 1985.

85.174 LUND, Deborah, und Egon Schwarz: Rez. von H. R. Vaget, # 84.249. In: *Colloquia Germanica*, Jg. 19, Nr. 4 (1985), S. 382-383.

85.175 LUNN, Eugene: Tales of Liberal Disquiet: Th. M's *Mario and the Magician* and Interpretations of Fascism. In: *Literature and History*, Jg. 11, Nr. 1 (Frühjahr 1985), S. 77-100. [*Mario und der Zauberer*. - S. Freud - F. Nietzsche].

85.176 LUTTMANN, Günter: Th. M. und ich. In: *Blätter der Th. M. Gesellschaft Zürich*, Nr. 21 (1985-1986), S. 27-32. [*Buddenbrooks - Tonio Kröger - Königliche Hoheit - Der Tod in Venedig*].

85.177 MADL, Antal: Goethe und Schiller im Urteil des späten Th. M. In: *Arbeiten zur Deutschen Philologie*, Bd. 16 (1985), S. 105-115. (= Veröffentlichungen des Lehrstuhls für Deutsche Sprache und Literatur an der Lajos-Kossuth-Universität Debrecen).

85.178 MANN, Carl-Heinz: Späte Heimkehr nach Lübeck. In: *Hamburger Abendblatt*, Jg. 38, Nr. 93 (22. April 1985), Feuilleton, S. 8. [Zweites internationales Heinrich Mann-Symposium. - Auch in: Senat der Hansestadt Lübeck - Presse- und Informationsamt, # 85.259].

85.179 MANN, Erika: Th. M. In Anna Zanco Prestel's Ausg. von E. M., *Briefe und Antworten. Bd. II: 1951-1969*. München: edition spangenberg im Ellermann-Verlag, 1985, 269 S. [Zu Th. M.: S. 7, u. a. - Vgl. dazu E. M., # 84.147. - Rez.: I. Dittmer, # 87.59 - H. Helbling, # 85.106 - P. Höhne, # 85.110 - P. F. Proskauer, # 85.218 - A. v. Schirnding, # 85.247 - T. Sprecher, # 88.272].

85.180 MANN, Frido: *Professor Parsifal. Autobiographischer Roman*. München: edition spangenberg im Ellermann-Verlag, 1985, 382 S. [Rez.: A. Barth, # 85.12 - A. v. Bormann, # 86.36 - A. Carlsson, # 85.35 - P. Grünwald, # 85.89 - R. Hoffmeister, # 85.112 - J. Jacobs, # 85.117 - H. Kurzke, # 85.156 - D. Quiberon, # 85.220 - W. Stolze, # 85.266 - W. Tschechne, # 85.277].

85.181 MANN, Golo: Herinneringen aan mijn broer Klaus. In: *Maatstaf*, Jg. 33, Nr. 8/9 (August/September 1985), S. 61-82. [Übs. von G. Meijerink].

85.182 MANN, Monika: Von Meer und Mama. In: *Zeit-Magazin*, Jg. 40, Nr. 17 (19. April 1985), S. 8. [Katia Mann].

85.183 MATAMORO, Blas: Inactualidad de Th. M. In: *Cuadernos Hispanoamericános*, Nr. 420 (Juni 1985), S. 154-162.

85.184 MAYER, Hans: Schopenhauer als Erzieher. In: Roger Goffin, Michel Vanhelle-putte, und Monique Weyembergh-Boussart, Hrsg.: *Littérature et culture allemande. Hommages à Henri Plard.* Bruxelles: Editions de l'Université de Bruxelles, 1985, S. 183-196. [G. Lukács - Th. M. - F. Nietzsche].

85.185 MAYER, Hans: Der Marquis von Keith und der Hochstapler Felix Krull. In: H. M., *Aufklärung heute. Reden und Vorträge 1978-1984.* Frankfurt a. M.: Suhrkamp, 1985, S. 87-104. [Vgl. E in # 80.199. - F. Wedekind].

85.186 MAYER, Hans: Das Tagebuch als Spiegel. In: *NZZ*, Jg. 206, Nr. 108 (11./12. Mai 1985), Literatur und Kunst, S. 65-66. [Vgl. H. M., # 86.200].

85.187 MEIJERINK, Gerda: De dagboeken von Th. M. Een interview met Inge Jens. In: *Maatstaf*, Jg. 33, Nr. 8/9 (August/September 1985), S. 126-132.

85.188 MEIJERINK, Gerda: Einleitung zu: Th. M. Fragmenten uit de Dagboeken 1944-1955. In: *Maatstaf*, Jg. 33, Nr. 8/9 (August/September 1985), S. 133-142.

85.189 MEIJERINK, Gerda: De Manns. Een schrijvende familie. In: *Maatstaf*, Jg. 33, Nr. 8/9 (August/September 1985), S. 206-208.

85.190 MENNEMEIER, Franz N.: Heinrich und Th. M.: Reflex zweier Traditionslinien des europäischen Realismus. In: F. N. M., *Literatur der Jahrhundertwende I. Europäisch-deutsche Literaturtendenzen 1870-1910.* Bern, u. a.: P. Lang, 1985, S. 161-167. (= Germanistische Lehrbuchsammlung, Bd. 39) [*Königliche Hoheit - Betrachtungen eines Unpolitischen*].

85.191 MERCANTON, Jacques: Th. M. In Yves Bridel's Ausg. von J. M., *Ceux qu'on croit sur parole. Essais sur la littérature européenne, Bd. 2.* Lausanne: Editions de l'Aire, 1985, S. 295-371. (= Oeuvres complètes, Bd. 10).

85.192 MERTZ, Peter: Th. M. In: P. M., *Und das wurde nicht ihr Staat. Erfahrungen emi-grierter Schriftsteller mit Westdeutschland.* München: C. H. Beck, 1985, S. 26-34, 108-134, 177-183.

85.193 METTEER, Michael Leigh: Desire in Fictional Communities. In: *DAI*, Jg. 46, Nr. 4 (Oktober 1985), S. 972A-973A. [F. Kafka: *Das Schloß* - Th. M.: *Der Zauberberg* - J.-J. Rousseau: *Julie, ou la Nouvelle Héloïse* - Stendhal: *La Chartreuse de Parme*].

85.194 MEYHÖFER, Annette: Wie unpolitisch waren die Gebrüder Mann? Eine Richtig-stellung. In: *Vorwärts*, Nr. 48 (23. November 1985), Kultur, S. 23. [Betr. J. C. Fest, # 85.64].

85.195 MICHAEL, Wolfgang F.: *Th. M. auf dem Weg zur Politik.* Bern, u. a.: P. Lang, 1985, 79 S. [Rez.: V. Hansen, # 86.105 - H. Kircher, # 87.153. - *Betrachtungen eines Unpolitischen*].

85.196 MICHAEL, Wolfgang F.: Rez. von W. D. Morris, # 83.259. In: *GQ*, Jg. 58, Nr. 1 (Winter 1985), S. 138-139. [*Betrachtungen eines Unpolitischen*].

85.197 MICHEL, Willy: Literaturverfilmung. Funktionswandel eines Genres. In: *Universitas*, Jg. 40, Heft 9, Nr. 472 (September 1985), S. 1015-1027. [*Der Tod in Venedig*: S. 1021, 1023, 1026].

85.198 MIDDELL, Eike: Rez. von J. Marcus-Tar, # 82.170. In: *Weimarer Beiträge*, Jg. 31, Nr. 4 (1985), S. 699-703.

85.199 MINGOCHO, Maria T. Delgado: Rez. von V. Hansen, # 84.78. In: *Runa*, Nr. 4 (1985), S. 208-210.

85.200 MONTES, Hugo: Variaciones sobre el *Fausto* de Th. M. In: Ambrosio Rabanales, Alfredo Matus Olivier, und Ricardo Krebs, Hrsg.: *Anales de la Universidad de Chile. Estudios en honor de Rodolfo Oroz.* Santiago: Universidad de Chile, 1985, S. 263-272. [*Doktor Faustus*].

85.202 MÜLLER, Lothar, Nikolaus Bühler, Alan Hornsey, u. a.: Lektüre und Bespre-chung der Erzählung *Das Eisenbahnunglück* von Th. M. In: *Deutsch als Zweit-und Fremdsprache. Fachtagung des Europarates und der Akademie 1.-5. Juli 1985* (1985), S. 148-160. (= Akademiebericht der Lehrerfortbildung Dillingen, Nr. 86).

85.203 MÜLLER, Thorsten: Von der Grundtorheit. Erinnerung an Erika Mann. Briefe und Antworten. In: *Deutsches Allgemeines Sonntagsblatt*, Jg. 38, Nr. 45 (10. No-vember 1985), Umschau und Kritik, S. 26. [Rez. von E. M., # 84.147].

85.204 MÜSSENER, Helmut: Th. M. ... und ferner liefen... Die Problematik der Wirkung deutschsprachiger Exil-Literatur in den Gastländern am Beispiel Schweden. In: *Text & Kontext*, Jg. 13 (1985), S. 177-195. [Auch in: D. G. Daviau/L. M.
Fischer, # 85.42, S. 133-147].

85.205 NAHRGANG, W. Lee: Rez. von A. Fuchs-Sumiyoshi, # 84.60. In: *German Studies
Review*, Jg. 8, Nr. 3 (1985), S. 526-527.

85.206 NEIDHART, Christoph: Störrisch, unduldsam, ungeliebt von allen Seiten. In:
Basler Zeitung (13. April 1985). [G. Lukács].

85.207 NICHOLLS, Roger A.: Th. M. and Spengler. In: *GQ*, Jg. 58, Nr. 3 (Sommer
1985), S. 361-374.

85.208 OSWALD, Adrian: Th. M.: *Betrachtungen eines Unpolitischen*. In: *Unicorn
Journal*, Nr. 11 (Mai 1985), S. 2-5.

85.209 PIKULIK, Lothar: Die Politisierung des Ästheten im Ersten Weltkrieg. In: H.
Kurzke, # 85.151, S. 61-72. [Vgl. E in # 77.244].

85.210 PIZER, John: Der erdichtete Goethe und Goethe der Dichter: A Comparative
Study of Th. M's Critical and Fictional Views. In: *Selecta*, Jg. 6 (1985), S. 79-85.
[*Lotte in Weimar - Doktor Faustus*].

85.211 PÖRNBACHER, Karl, Hrsg.: *Th. M.: Mario und der Zauberer*. Stuttgart: P. Reclam,
1985, 104 S. (= Universal-Bibliothek, Nr. 8153: Erläuterungen und Dokumente)
[Vgl. # 80.229].

85.212 PONS, Esther Bartolome: Historia de la decadencia. In: *La Vanguardia*, Nr.
37.226 (13. August 1985), Cultura, S. 19. [Zum 30. Todestag von Th. M.].

85.213 POST, Klaus D.: Aus der Partneruniversität Pittsburgh. Die 'Klaus W. Jonas
Collection'. In: *Jahrbuch der Universität Augsburg 1984* (1985), S. 38-40.

85.214 PRESTEL, Anna Zanco: 'They Must Be Told the Truth'. Het journalistieke leven
van Erika Mann. In: *Maatstaf*, Jg. 33, Nr. 8/9 (August/September 1985), S. 83-
86. [Übs. von S. Ruitenbeek und H. Dijkhuis].

85.215 PRODOLLIET, Ernest: Das Faszinosum 'Bioskop'. Zur Reminiszenz in Th. M's
Zauberberg. In: *NZZ*, Jg. 206, Nr. 300 (27. Dezember 1985), S. 47.

85.216 PROSKAUER, Paul F.: Zwei Brüder - zwei Schriftsteller. In: *Aufbau*, Jg. 51, Nr. 9
(1. März 1985), Literatur, S. 9. [Rez. von H. Wysling, # 84.270].

85.217 PROSKAUER, Paul F.: Das politische Engagement Th. M's. In: *Aufbau*, Jg. 51, Nr. 47/48 (22. November 1985), S. 19. [Rez. von H. Helbling, # 84.84].

85.218 PROSKAUER, Paul F.: Erika Mann im Briefwechsel. In: *Aufbau*, Jg. 51, Nr. 51/52 (20. Dezember 1985), Literatur, S. 16. [Rez. von E. M., # 85.179].

85.219 PÜTZ, Peter: Die Stufen des Bewußtseins bei Schopenhauer und den *Buddenbrooks*. In: H. Kurzke, # 85.151, S. 15-24. [Vgl. E in # 75.708].

85.220 QUIBERON, Daniel: Ein rastloser Gral-Sucher ohne sicheres Ziel. Der Th.-M.-Enkel Frido schrieb einen Roman als Selbstanalyse: *Professor Parsifal*. In: *Weltwoche*, Jg. 53, Nr. 35 (29. August 1985), Kultur, S. 53. [Rez. von F. Mann, # 85.180].

85.221 QUINONES, Ricardo J.: Th. M. In: R. J. Q., *Mapping Literary Modernism. Time and Development*. Princeton, NJ: Princeton University Press, 1985, 304 S.

85.222 RADKAU, Joachim: Richard Wagners Erlösung vom Faschismus durch die Emigration. In: *Exilforschung*, Bd. 3 (1985), S. 71-105. [*Leiden und Größe Richard Wagners*].

85.223 RANG, Adalbert, und Brita Rang: Klaus Mann en zijn scholen. In: *Maatstaf*, Jg. 33, Nr. 8/9 (August/September 1985), S. 99-116. [Übs. von H.-J. Kuipers].

85.224 RATENI, Patrizia: *Th. M. e la 'seduzione archetipica'. Dai Buddenbrooks allo Zauberberg*. Napoli: Istituto Universitario Orientale, 1985, 144 S. (= Aion. Quaderni di studi tedeschi, N. F., Nr. 2) [Rez.: U. Karthaus, # 87.149].

85.225 RAU, Fritz: Rez. von P. d. Mendelssohn, # 82.177. In: *GRM*, N. F., Jg. 35 (1985), S. 359-361.

85.226 REED, Donna K.: Th. M's *Doctor Faustus*. In: D. K. R., *The Novel and the Nazi Past*. New York, u. a.: P. Lang, 1985. (= American University Studies, Serie 1, Bd. 28) [Rez.: R. J. Rundell, # 85.239. - H. Böll - G. Grass - Th. M.].

85.227 REED, Terence J.: *Der Zauberberg*: Zeitenwandel und Bedeutungswandel 1912-1924. In: H. Kurzke, # 85.151, S. 92-134. [Vgl. E in # 74.155].

85.228 REED, Terence J.: Rez. von H. Matter, # 83.244, # 83.245 - E. Schiffer, # 82.222 - J. F. White/J. W. Angell, # 80.301. In: *MLR*, Bd. 80 (1985), S. 234-236.

85.229 REICH-RANICKI, Marcel: Th. M. als Literaturkritiker. Kritische Arbeit als Mittel der Selbsterfahrung. In: *Aargauer Tagblatt*, Nr. 281 (30. November 1985), S. 8-9. [Betr. Th. M's Essayistik].

85.230 REICH-RANICKI, Marcel: Der König und der Gegenkönig. Aus Anlaß der erweiterten Neuausgabe des Briefwechsels zwischen Thomas und Heinrich Mann. In: *FAZ*, Jg. 37, Nr. 78 (2. April 1985), Literaturbeilage, S. L1-L2. [Wiederabdruck in # 87.245. - Engl. Übs. von T. Nevill u. d. T.: *The King and his Rival*. Bonn: Inter Nationes, 1985, 31 S. - Rez. von H. Wysling, # 84.270].

85.231 REICH-RANICKI, Marcel: Siegfried Lenz, der gütige Zweifler. Rede zur Verleihung des Th.-M.-Preises 1984. In: *Hefte der Deutschen Th.-M.-Gesellschaft*, Nr. 5 (1985), S. 19-28. [Auch in: Presse- und Informationsamt der Hansestadt Lübeck, Hrsg.: *Festakt aus Anlaß der Verleihung des Th. M. Preises 1984 an den Romancier und Novellisten Siegfried Lenz am 27. April 1985*. Lübeck, 1985, S. 18. - Wiederabdruck in: *Literatur und Kritik*, Nr. 197/198 (September/Oktober 1985), S. 305-310].

85.232 REINHARDT, George W.: Th. M's *Doctor Faustus*: A Wagnerian Novel. In: *Mosaic*, Jg. 18, Nr. 4 (Herbst 1985), S. 109-123. [R. Wagner].

85.233 RENNER, Rolf G.: *Lebens-Werk. Zum inneren Zusammenhang der Texte von Th. M.* München: W. Fink, 1985, 509 S. [Gekürzte und überarb. Fassung der Habil., Freiburg i. Br. - Rez.: S. Cerf, # 87.43 - M. Dierks, # 87.55 - H. Gockel, # 87.92 - G. Kluge, # 86.155].

85.234 RIECKMANN, Jens: Rez. von J. Vogt, # 83.359. In: *GQ*, Jg. 58, Nr. 1 (Winter 1985), S. 292-294.

85.235 RIECKMANN, Jens: Rez. von V. Hansen/G. Heine, # 83.148. In: *GQ*, Jg. 58, Nr. 2 (Frühjahr 1985), S. 137-138.

85.236 RIEHLE, Wolfgang: Chaucer's *House of Fame* and the Dream-Journey of Th. M's *Joseph*. In: *Arbeiten aus Anglistik und Amerikanistik*, Bd. 10, Nr. 1/2 (1985), S. 11-20. [G. Chaucer: *The House of Fame* - Th. M.: *Joseph und seine Brüder*].

85.237 ROS, Martin: De familie Mann. Een Duitse dynastie. Interview: Golo Mann over 50 jaar Duitsland. In: *Haagsche Post*, Nr. 37 (14. September 1985), S. 26-29. [Interview].

85.238 ROS, Martin: De wonderfamilie Mann. De gebroken spiegel van een tijdperk. In: *Hervormd Nederland* (14. September 1985), S. 32-33.

85.239 RUNDELL, Richard J.: Rez. von D. K. Reed, # 85.226. In: *German Studies Review*, Jg. 8, Nr. 1 (Februar 1985), S. 580-581.

85.240 SALYAMOSY, Miklós: Th. M. und Franz Kafka oder: Realismus und was sonst? In: *Acta Litteraria Academiae Scientiarum Hungaricae*, Jg. 27, Nr. 1-2 (1985), S. 53-59.

85.241 SALYAMOSY, Miklós: Deutsches Erzählen im Exil. Th. M's *Faustus*-Roman. In: *Germanistisches Jahrbuch DDR-UVR*, Bd. 4 (1985), S. 107-117. [*Doktor Faustus*].

85.242 SANDBERG, Hans-Joachim: Th. M. und Georg Brandes. Quellenkritische Beobachtungen zur Rezeption (un-)politischer Einsichten und zu deren Integration in Essay und Erzählkunst. In: H. Kurzke, # 85.151, S. 73-91. [Vgl. E in # 77.264].

85.243 SCHALKHÄUSER, Helga: Am liebsten Th. M. Mark Helprin, Bestsellerautor, 38: Ein Gespräch mit dem derzeit meistgerühmten amerikanischen Schriftsteller seiner Generation. In: *Nürnberger Zeitung*, Jg. 182, Nr. 22 (26./27. Januar 1985), Freizeit und Familie, S. 12.

85.244 SCHIFFER, Eva: Rez. von H. Wysling, # 82.301. In: *JEGP*, Jg. 84, Nr. 1 (Januar 1985), S. 90-92.

85.245 SCHIRNDING, Albert von: Die Tochter des Zauberers. Zum ersten Band der Briefausgabe von Erika Mann. In: *SZ*, Jg. 41, Nr. 31 (6. Februar 1985), Feuilleton, S. 38. [Rez. von E. M., # 84.147].

85.246 SCHIRNDING, Albert von: Repräsentanz und Märtyrertum. Zur Neuausgabe des Briefwechsels von Heinrich und Th. M. In: *SZ*, Jg. 41, Nr. 153 (6./7. Juli 1985), SZ am Wochenende, S. IV. [Rez. von H. Wysling, # 84.270].

85.247 SCHIRNDING, Albert von: Liebe und Haß, Witz und Wut. Zum zweiten Band der Briefe von Erika Mann. In: *SZ*, Jg. 41, Nr. 279 (4. Dezember 1985), Literatur, S. 42. [Rez. von E. M., # 85.179].

85.248 SCHLEINER, Winfried: The Nexus of Witchcraft and Male Impotence in Renaissance Thought and its Reflection in Mann's *Doktor Faustus*. In: *JEGP*, Jg. 84, Nr. 2 (April 1985), S. 166-187.

85.249 SCHMITZ, Walter: *Der Tod in Venedig* - Eine Erzählung aus Th. M's Münchner Jahren. In: *Blätter für den Deutschlehrer*, Jg. 29, Nr. 1 (1985), S. 2-20.

85.250 SCHNAUBER, Cornelius: Deutsche Nachlässe in Los Angeles. In: *NZZ*, Jg. 206, Nr. 75 (30./31. März 1985), Literatur und Kunst, S. 66.

85.251 SCHOELLER, Wilfried F.: Museum der Widersprüche: Die New Yorker Exilzeitung *Aufbau* - ihre Meinungen und Leistungen. In: *SZ*, Jg. 41, Nr. 130 (8./9. Juni 1985), SZ am Wochenende, S. 118.

85.252 SCHORK, R. J.: Th. M's *Der Erwählte*: A Monastic Mélange. In: *GQ*, Jg. 58 (1985), S. 49-67.

85.253 SCHRÖDER, Werner: Schlußbemerkung und Ausblick auf Auxiliar-Ellipsen bei Th. M. In: W. S., *Auxiliar-Ellipsen bei Geiler von Kaysersberg und bei Luther.* Stuttgart: F. Steiner, 1985, S. 58-64. (= Akademie der Wissenschaften und der Literatur, Mainz; Abhandlungen der Geistes- und Sozialwissenschaftlichen Klasse, Jg. 1985, Nr. 5) [*Buddenbrooks - Lotte in Weimar*].

85.254 SCHÜRER, Ernst: Rez. von H. Koopmann, # 83.209. In: *GQ*, Jg. 58 (1985), S. 469-471.

85.255 SCHUH, Willi: Ferruccio Busoni am Klavier. Zu einem Portrait von Mopp. In: *NZZ*, Jg. 206, Nr. 45 (23./24. Februar 1985), Literatur und Kunst, S. 67. [Th. M. - M. Oppenheimer].

85.256 SCHULZ, Christiane: *Der Schreibprozeß bei Th. M. und Franz Kafka und seine didaktischen Implikationen.* Frankfurt a. M., u. a.: P. Lang, 1985, 263 S. (= Europäische Hochschulschriften, Reihe 1: Deutsche Sprache und Literatur, Bd. 837) [Zugl.: Diss., Univ. Düsseldorf, 1984. - Rez.: V. Hansen, # 85.94].

85.257 SCHWERIN, Christoph, Hrsg.: Th. M., *Journal 1918-1921, 1933-1939.* Paris: Gallimard, 1985, 655 S. [Franz. Übs. von C. S. und R. Simon. - Rez.: G.-A. Goldschmidt, # 85.81].

85.258 SEBASTIAN, Thomas: *Felix Krull*: Pikareske Parodie des Bildungsromans. In: Gerhart Hoffmeister, Hrsg.: *Der moderne deutsche Schelmenroman: Interpretationen.* Amsterdam: Rodopi, 1985/86, S. 133-144. (= Amsterdamer Beiträge zur Neueren Germanistik, Bd. 20).

85.259 SENAT DER HANSESTADT LÜBECK - PRESSE- UND INFORMATIONSAMT IN ZUSAMMENARBEIT MIT DEM AMT FÜR KULTUR, Hrsg.: *Internationales Heinrich Mann Symposium 24.-27. April 1985 in Lübeck. Pressespiegel.* Lübeck, 1985. [Vgl. C.-H. Mann, # 85.178].

85.260 SIEFKEN, Hinrich: Rez. von V. Hansen/G. Heine, # 83.148 - V. Hansen, # 84.78. In: *MLR*, Bd. 80 (1985), S. 999-1000.

85.261 SMALL, Lauren: Sechzehn Jahre: Th. M's Preface to the English Translation of *Joseph und seine Brüder.* In: *MLN*, Jg. 100, Nr. 3 (April 1985), S. 660-664.

85.262 SPRECHER, Thomas: *Felix Krull und Goethe. Th. M's Bekenntnisse als Parodie auf Dichtung und Wahrheit.* Bern, u. a.: P. Lang, 1985, 332 S. (= Europäische Hochschulschriften, Reihe 1: Deutsche Sprache und Literatur, Bd. 841) [Zugl.: Diss., Univ. Zürich, 1984/85. - Rez.: U. Karthaus, # 90.148 - H. Siefken, # 87.307].

85.263 STEINFELD, Thomas: Genie und Dämon in Th. M's *Doktor Faustus*. In: *Text & Kontext*, Jg. 13, Nr. 1 (1985), S. 80-89.

85.264 STEPHAN, Alexander, und Hans Wagener, Hrsg.: *Schreiben im Exil. Zur Ästhetik der deutschen Exilliteratur 1933-1945*. Bonn: Bouvier, 1985, IX, 251 S. (= Studien zur Literatur der Moderne, Bd. 13) [Mit Beiträgen von: T. Koebner, # 85.135 - H. Koopmann, # 85.140 - H. Lehnert, # 85.162. - Rez.: H. Müssener, # 86.212].

85.265 STOCK, Irvin: Ironic Conservatism: Th. M's *Reflections of a Non-Political Man*. In: *Salmagundi*, Nr. 68/69 (1985-1986), S. 166-185. [*Betrachtungen eines Unpolitischen.* - Ironie].

85.266 STOLZE, Wilfried: Für Großpapa war er einst der goldlockige Elfenprinz. Th. M's Lieblingsenkel Frido schrieb seinen ersten Roman. In: *Kölnische Rundschau*, Jg. 40, Nr. 243 (19. Oktober 1985), Feuilleton, S. 20. [Rez. von F. Mann, # 85.180].

85.267 STRELKA, Joseph P.: Rez. von R. Kieser, # 84.108. In: *Colloquia Germanica*, Jg. 18 (1985), S. 379-380.

85.268 STRELLER, Christa, und Volker Riedel: *'Internationale Literatur. Moskau 1931-1945. Bibliographie einer Zeitschrift.' Mit einem Vorwort von Heinz Willmann*, 2 Bde. Berlin, u. a.: Aufbau, 1985, 536 S. (= Analytische Bibliographien deutschsprachiger literarischer Zeitschriften, Bd. 8).

85.269 SZEWCZYK, Grazyna: Th. M's Lutherbild. In: *Germanica Wratislaviensia*, Jg. 64, Nr. 864 (1985), S. 144-157. [*M. Luther; und seine Bedeutung für die deutsche Sprache und Literatur*].

85.270 TAMM, Barbara: *Th. M. und F. M. Dostoevskij: Eine vergleichende Untersuchung*. Dissertation, Jena, 1985, 160 Bl.

85.271 THIEBERGER, Richard: Th. M. und die Stuttgarter Schiller-Feier. In: *Israel Nachrichten* (27. Dezember 1985). [*Versuch über Schiller*].

85.272 THÜSEN, Joachim von der: De verrijzenis van de senator. Over de vaderfiguur bij Th. M. In: *Maatstaf*, Jg. 33, Nr. 8/9 (August/September 1985), S. 23-32.

85.273 TORONYI, Attila: Kulturkonferenz 1936. In: *Budapester Rundschau*, Jg. 19, Nr. 46 (18. November 1985), Kultur, S. 9.

85.274 TRAPP, Frithjof: Artistische Verklärung der Wirklichkeit. Th. M's Roman *Königliche Hoheit* vor dem Hintergrund der zeitgenössischen Presserezeption. In: H. Kurzke, # 85.151, S. 25-40. [Vgl. E in # 75.860].

85.275 TSCHECHNE, Wolfgang: Viel von Th. M. gelernt. Der Schriftsteller Siegfried
Lenz und sein Bekenntnis zum deutschen Geist. In: *Lübecker Nachrichten*, Jg. 40
(23. April 1985). [Vgl. engl. Text u. d. T.: Siegfried Lenz Following in Noble
Footsteps. In: *The German Tribune*, Nr. 1179 (19. Mai 1985). - S. L. zur
Verleihung des Th. M.-Preises der Hansestadt Lübeck].

85.276 TSCHECHNE, Wolfgang: Liebe, Wut, Haß. Heinrich und Th. M. Zwei Brüder
und ihr schwieriger Weg zueinander. In: *Lübecker Nachrichten*, Jg. 40, Nr. 99
(28. April 1985), Sonntagmagazin, S. 1. [Vgl. engl. Fassung u. d. T.: The Sweet
and Sour Relationship between the Brothers Mann. In: *The German Tribune*,
Nr. 1180 (26. Mai 1985), S. 11. - Rez. von H. Wysling, # 84.270].

85.277 TSCHECHNE, Wolfgang: Der Enkel meldet sich zu Wort. In: *Lübecker Nachrichten*, Jg. 40 (25. Juli 1985). [Rez. von F. Mann, # 85.180].

85.278 UECKER, Barbara: *Buddenbrooks* ist immer noch ein Reizwort. Lübeck hat Th.
M. für den Tourismus noch nicht entdeckt. In: *Neue Presse*, Nr. 214 (14./15.
September 1985), Reise und Urlaub.

85.279 UNGERER, Tomi: Nachwort. In: T. U., *Warteraum. Wiedersehen mit dem
Zauberberg*. Zürich: Diogenes, 1985, S. 83-86. (= Bilderbücher für Erwachsene)
[Aus dem Amerikanischen übs. von C. Hotz].

85.280 UNSELD, Siegfried: Briefwechsel Hermann Hesse - Th. M. In: S. U., *Hermann
Hesse. Werk und Wirkungsgeschichte*. Frankfurt a. M.: Suhrkamp, 1985, S. 250-
253. [Erw. Fassung der Ausgabe von 1973].

85.281 VAGET, Hans R.: Rez. von J. R. McWilliams, # 83.250. In: *Arbitrium*, Jg. 3
(1985), S. 202-203.

85.282 VAGET, Hans R.: Th. M. und die Neuklassik. *Der Tod in Venedig* und Samuel
Lublinskis Literaturauffassung. In: H. Kurzke, # 85.151, S. 41-60. [Vgl. E in #
73.291a].

85.283 VERMEIL, Edmond: Introduction critique. In: Th. M.: *Appels aux Allemands.
1940-1945*. Paris: Balland, 1985, S. 11-42. [Vgl. Vorwort von M. Flinker, # 85.71.
- Übs. ins Französische von P. Jundt. - *Deutsche Hörer!*].

85.284 VOSS, Ursula: Die große Lebensangelegenheit. Das Brautthema im Werk von
Th. M. In: Gisela Völger, und Karin von Welck, Hrsg.: *Die Braut. Geliebt, ge-
kauft, getauscht, geraubt. Zur Rolle der Frau im Kulturvergleich, Bd. 1.* Köln: Rau-
tenstrauch-Joest-Museum, 1985, S. 390-399. (= Ethnologica, N. F., Bd. 111).

85.285 WAGNER, Luc: *La Mort à Venise*. Mythe et passion. In: *Impacts*, Jg. 15, Nr. 1 (März 1985), S. 49-55.

85.286 WALTHER, Wiebke: Rez. von A. Abboud, # 84.1. In: *DLZ*, Jg. 106 (1985), Sp. 554-557.

85.287 WEBB, Eugene: The Alchemy of Man and the Alchemy of God: The Alchemist as Cultural Symbol in Modern Thought. In: *Religion and Literature*, Jg. 17, Nr. 1 (Frühjahr 1985), S. 47-60. [Th. M. - M. Proust].

85.288 WEGNER, Michael: Th. M's *Zauberberg* und die russische Literatur. In: M. W., *Erbe und Verpflichtung. Zur internationalen Wirkung der russischen und sowjetischen Literatur im 19. und 20. Jahrhundert. Artikel 1967-1985*. Jena: Friedrich-Schiller-Universität, 1985, S. 91-97. (= Jenaer Reden und Schriften) [Vgl. E in # 76.390].

85.289 WEISS, Walter: Zur Metaphorik Th. M's und Robert Musils. Text und Kontext. In: *Jahrbuch für Internationale Germanistik*, Jg. 17, Nr. 1 (1985), S. 58-76. [W. Benjamin - Th. M.: *Der Tod in Venedig* - R. Musil].

85.290 WENZEL, Georg: Rez. von C. Sommerhage, # 83.336. In: *DLZ*, Jg. 106, Nr. 1 (Januar 1985), Sp. 102.

85.291 WENZEL, Georg: Rez. von E. Heftrich, # 82.102. In: *DLZ*, Jg. 106, Nr. 2/3 (Februar/März 1985), Sp. 159-162.

85.292 WENZEL, Georg: Rez. von E. Schiffer, # 82.222. In: *DLZ*, Jg. 106, Nr. 10/11 (Oktober/November 1985), Sp. 829-832.

85.293 WENZEL, Georg: Rez. von J. Marcus-Tar, # 82.170. In: *DLZ*, Jg. 106, Nr. 12 (Dezember 1985), Sp. 879-882.

85.294 WIDMER, Paul: Die 'Reaktion' als Opfer der Fortschrittskrise. Rückblick auf einen ausgedienten politischen Begriff. In: *NZZ*, Jg. 206, Nr. 148 (29./30. Juni 1985), S. 65-66. [Th. M. - F. Nietzsche].

85.295 WILDER, Thornton: Th. M. In Donald Gallup's Ausg. von T. W., *The Journals of Thornton Wilder, 1939-1961*. New Haven, u. a.: Yale University Press, 1985, S. 70, u. a. [Vgl. dt. Übs., # 88.299].

85.296 WINSTON, Richard: *Th. M. Das Werden eines Künstlers, 1875 bis 1911*. München, u. a.: Knaus, 1985, 414 S. [Dt. Übs. von S. Hofheinz. - Vgl. engl. Originaltext, # 81.263. - Rez.: K. W. Böhm, # 88.23 - F. Busch, # 85.33 - A. Carlsson, # 85.34 - M. Gregor-Dellin, # 85.86 - R. G. Renner, # 86.250].

85.297 WINTER, G. A. von: De halfgod en het monster. Vermoedens omtrent *Doctor Faustus*. In: Th. M.: *Doctor Faustus*. Amsterdam: De Arbeiderspers, 1985, S. 563-579. [Holländ. Übs. von T. Graftdijk].

85.298 WISSKIRCHEN, Hans: 'Gegensätze mögen sich reimen'. Quellenkritische und entstehungsgeschichtliche Untersuchungen zu Th. M's Naphta-Figur. In: *Jahrbuch der Deutschen Schillergesellschaft*, Bd. 29 (1985), S. 426-454. [*Der Zauberberg*].

85.299 WITHON, John: H. T. Lowe-Porters *Death in Venice*. In: *Mannheimer Berichte*, Nr. 27 (1985), S. 3-11. [Vgl. # 91.265. - *Der Tod in Venedig*].

85.300 WOLF, Ernest M.: 'Ein Verslein nach dem Französischen...'. Zu einer Gedichteinlage in Th. M's *Buddenbrooks*. In: *Blätter der Th. M. Gesellschaft Zürich*, Nr. 21 (1985-1986), S. 17-26, 33-35. [Vgl. Nachdruck in # 89.307].

85.301 WOLF, Ruth: Symbolen van uitzondering. Th. M. en de joden. In: *Maatstaf*, Jg. 33, Nr. 8/9 (August/September 1985), S. 156-172.

85.302 WURST, Karin A.: Rez. von C. Koelb, # 84.116. In: *German Studies Review*, Jg. 8, Nr. 1 (1985), S. 159-160.

85.303 WYSLING, Hans: Wer ist Professor Kuckuck? Zu einem der letzten 'großen Gespräche' Th. M's. In: H. Kurzke, # 85.151, S. 276-295. [Vgl. E in # 76.412].

85.304 WYSLING, Hans: Nachwort. In Peter de Mendelssohn's Ausg. von Th. M.: *Bekenntnisse des Hochstaplers Felix Krull. Der Memoiren erster Teil*. Frankfurt a. M.: S. Fischer, 1985, S. 425-446. (= Frankfurter Ausgabe).

85.305 WYSLING, Hans: Nachwort. In Peter de Mendelssohn's Ausg. von Th. M.: *Der Erwählte*. Frankfurt a. M.: S. Fischer, 1985, S. 417-438. (= Frankfurter Ausgabe).

85.306 YOUSSEF, Magdi: Literary and Social Transformations: The Case of Modern European and Arabic Literatures. In: Anna Balakian, James J. Wilhelm, Douwe W. Fokkema, u. a., Hrsg.: *Proceedings of the Xth Congress of the International Comparative Literature Association, New York 1982, Bd. 1, General Problems of Literary History*. New York, u. a.: Garland, 1985, S. 51-57. [*Buddenbrooks*].

85.307 ZELLER, Bernhard, Hrsg.: *S. Fischer, Verlag. Von der Gründung bis zur Rückkehr aus dem Exil. Eine Ausstellung des Deutschen Literaturarchivs im Schiller-Nationalmuseum Marbach a. N.* Marbach a. N.: Deutsche Schillergesellschaft, 1985, 783 S. (= Marbacher Katalog, 40).

85.308 ZIMMERMANN, Rolf C.: Rez. von R. Puschmann, # 83.289. In: *Aries*, Nr. 3 (1985), S. 120-125.

85.309 ZSCHACKE, Günter: Vier Apriltage steht Lübeck im Zeichen seiner Literatur. In: *Lübecker Nachrichten*, Jg. 40, Nr. 28 (2. Februar 1985), S. HL10.. [Drittes internationales Heinrich-Mann-Symposium - S. Lenz: vierter Th. M.-Preisträger].

85.310 ZSCHACKE, Günter: Vom Rivalitätenkomplex der Schriftsteller-Brüder Mann. In: *Lübecker Nachrichten*, Jg. 40, Nr. 98 (27. April 1985), S. 14. [Drittes internationales Heinrich-Mann-Symposium in Lübeck].

85.311 ZSCHACKE, Günter: 'Der Nachruhm berührt mich nicht'. Drittes Heinrich-Mann-Symposium in Lübeck. In: *Lübecker Nachrichten*, Jg. 40, Nr. 99 (28. April 1985), S. 11.

1986

86.1 ADORNO, Theodor W.: Imaginäre Begrüßung Th. M's. Ein Entwurf für Max Horkheimer. In Rolf Tiedemann's Ausg. von T. W. A., *Vermischte Schriften II.* Frankfurt a. M.: Suhrkamp, 1986, S. 467-472. (= Gesammelte Schriften, Bd. 20.2) [Entwurf Adornos aus dem Jahre 1952].

86.2 ALBRIGHT, Daniel: Character in Th. M's Early Work. In: H. Bloom, # 86.29, S. 299-312. [Vgl. E in # 78.1. - Frühwerk].

86.3 ALLEN, Marguerite De Huszar: The Reception of the *Historia von D. Johann Fausten.* In: *GQ*, Jg. 59 (Herbst 1986), S. 582-594.

86.4 ANDRADE, Ana L.: The Carnivalization of the *Holy Sinner*: An Intertextual Dialogue between Th. M. and Joao Guimaraes Rosa. In: *Latin American Literary Review*, Jg. 14, Nr. 27 (Januar-Juni 1986), S. 136-144. [*Der Erwählte*].

86.6 ANON.: Große alte Dame der Germanistik in der Universität Siegen. In: *Siegener Zeitung*, Jg. 164, Nr. 257 (6. November 1986), Kulturelles/Neue Bücher, Bl. 6, S. 2. [K. Hamburger - Th. M. und Goethe].

86.7 ANON. [MZ.]: Ästhetischer Schein. *Der Tod in Venedig* als Ballett in München. In: *NZZ*, Jg. 207, Nr. 264 (13. November 1986), Feuilleton, S. 39. [Verfasser: R. Merz].

86.8 ANON. [R. M.]: Lübeck und Sylt - zwei norddeutsche 'Königinnen'. Literarische und andere Reminiszenzen. In: *NZZ*, Jg. 207, Nr. 284 (6./7. Dezember 1986), Ausland, S. 7. [Verfasser: R. Meier. - Suche nach dem Geburtshaus Th. M's].

86.9 ANTHES, Otto: Die Stadt der *Buddenbrooks* (1925). In: R. Wolff, # 86.336, S. 33-34. [Vgl. E in # 25.17].

86.10 AYALA, Francisco: Prólogo. In: Th. M.: *Las cabezas trocadas.* Barcelona: Edhasa, 1986, S. 7-11. [Vgl. E in # 42.5. - *Die vertauschten Köpfe*].

86.11 BAASNER, Rainer: Die zum Geheimnis erhobene Berechnung. Zahlensymbolik in Th. M's *Doktor Faustus.* In: *Archiv für das Studium der neuren Sprachen und Literaturen*, Jg. 138, Bd. 223 (1986), S. 26-44.

86.12 BAHR, Ehrhard: Der Mythos vom 'anderen' Deutschland in der Kontroverse zwischen Bertolt Brecht und Th. M. In: Franz N. Mennemeier, und Conrad Wiedemann, Hrsg.: *Deutsche Literatur in der Weltliteratur. Kulturnation statt politischer Nation?* Tübingen: M. Niemeyer, 1986, S. 240-245. (= Akten des VII. Internationalen Germanisten-Kongresses, Göttingen 1985, Kontroversen, alte und neue, Bd. 9).

86.13   BALL, David J. T.: *Th. M's Recantation of Faust: Doktor Faustus in the Context of Mann's Relationship to Goethe*. Stuttgart: Akademischer Verlag, 1986, 219 S. (= Stuttgarter Arbeiten zur Germanistik, Bd. 173) [Rez.: V. Hansen, # 87.111 - H. Siefken, # 88.268].

86.14   BANULS, André: *Phantastisch zwecklos? Essays über Literatur. Zum 65. Geburtstag* hrsg. von Wolfgang Zimmer und Marie-Louise Roth. Würzburg: Königshausen & Neumann, 1986, VII, 359 S. [Darin über Th. M.: Visite à Th. M., S. 81-83; vgl. E in # 75.92 - Ironie und Humor bei Th. M., S. 84-96; vgl. E in # 59.4 - Th. M. und die russische Literatur, S. 97-119; vgl. E in # 77.20 - Die Entdeckung der Brüder Mann im zaristischen Rußland, S. 120-126; vgl. E in # 78.16 - Schopenhauer und Nietzsche im Frühwerk der Brüder Mann. *Der Kleiderschrank, Das Wunderkind* und andere Novellen, S. 127-145; vgl. E in # 75.91 - Die Bruder-Problematik in Th. M's *Fiorenza* und im Essay über den Künstler und den Literaten, S. 146-162; vgl. E in # 78.17 - La Décadence existe-t-elle? Th. M. et le triomphe du Moi, S. 163-174; vgl. E in # 79.17 - Das Jahr 1931, S. 218-233; vgl. E in # 83.62. - Rez.: V. Hansen, # 86.106 - W. Jasper, # 86.138].

86.15   BARKER, Andrew: Peter Altenberg's Literary Catalysis. In: Mark G. Ward, Hrsg.: *From Vormärz to Fin de Siècle. Essays in Nineteenth Century Austrian Literature*. Blairgowrie: Lochee Publications, 1986, S. 91-106. [P. Altenberg - F. Kafka - Th. M.].

86.16   BARON, Frank: Das Sokrates-Bild von Georg Lukács als Quelle für Th. M's *Tod in Venedig*. In: R. Jost/H. Schmidt-Bergmann, # 86.150, S. 96-105.

86.17   BAUMGART, Reinhard: Th. M's Tagebücher: Ein Roman ohne Autor. In: R. B., *Glücksgeist und Jammerseele. Über Leben und Schreiben, Vernunft und Literatur*. München, u. a.: C. Hanser, 1986, S. 35-56. (= Edition Akzente) [Rez. von I. Jens, # 86.140].

86.18   BECK, Knut: Th. M. In: K. B., Bearb.: *Hundert Jahre S. Fischer Verlag. Eine Bibliographie 1886-1986*. Frankfurt a. M.: S. Fischer, 1986, S. 840-843, u. a. [Rez.: F. J. Görtz, # 86.92 - H.-A. Koch, # 86.158].

86.19   BECKER, Rolf: 'Deine Familie bedrückt dich'. In: *Der Spiegel*, Jg. 40 (6. Oktober 1986), S. 247-251. [Rez. von G. Mann, # 86.189].

86.20   BEDDOW, Michael: Analogies of Salvation in Th. M's *Doktor Faustus*. In: Joseph P. Stern, Hrsg.: *London German Studies III*. London: University of London, 1986, S. 117-131. (= Publications of the Institute of Germanic Studies, Bd. 38).

86.21   BEERS, Monique van: Clawdia Chauchat. Die Darstellung einer Frauengestalt im *Zauberberg* von Th. M. In: *Neophilologus*, Jg. 70, Nr. 4 (Oktober 1986), S. 576-591.

86.22 BELLMANN, Werner: *Th. M. Tonio Kröger. Erläuterungen und Dokumente.* Stuttgart: P. Reclam, durchges., erg. Ausg., 1986, 102 S. (= Universal-Bibliothek, Nr. 8163).

86.23 BENNETT, Benjamin: Structure, Parody, and Myth in *Tonio Kröger*. In: H. Bloom, # 86.29, S. 227-240. [Vgl. E u. d. T.: Casting out Nines. Structure, Parody, and Myth in *Tonio Kröger*, # 76.25].

86.24 BERGSTEN, Gunilla: *Doctor Faustus* as a 'Historical' Novel. In: H. Bloom, # 86.29, S. 71-85. [Auszug aus: # 69.30].

86.25 BERMAN, Russell A.: Modernism as Social Individuality: Th. M. In: R. A. B., *The Rise of the Modern German Novel. Crisis and Charisma.* Cambridge, MA, u. a.: Harvard University Press, 1986, S. 261-286, 298-299. [*Der Tod in Venedig - Der Zauberberg - Mario und der Zauberer*].

86.26 BETZ, Albrecht: Krise und Krieg - 1930 und 1940: Literatur und Politik in der Wende. In: A. B., *Exil und Engagement. Deutsche Schriftsteller im Frankreich der dreißiger Jahre.* München: edition text & kritik, 1986, S. 13-24. [Rez.: F. Hartmann, # 86.110].

86.27 BEUTLER, Bernhard: Ein müder Tod tanzt im verwässerten Venedig. In: *Rheinischer Merkur/Christ und Welt*, Jg. 41, Nr. 46 (7. November 1986), S. 17. [*Der Tod in Venedig* als Oper von G. Manzoni].

86.28 BLEI, Franz: Th. M's *Buddenbrooks. Verfall einer Familie* (1902). In: R. Wolff, # 86.336, S. 25-26. [Vgl. E in # 02.1].

86.29 BLOOM, Harold, Hrsg.: *Th. M.* New York, u. a.: Chelsea House Publishers, 1986, X, 358 S. (= Modern Critical Views) [Inhalt: D. Albright, # 86.2 - B. Bennett, # 86.23 - G. Bergsten, # 86.24 - H. B., # 86.30 - P. Heller, # 86.121 - H. Heltay, # 86.122 - W. M. Honsa, # 86.132 - E. Kahler, # 86.151 - L. L. Langer, # 86.171 - M. Mann, # 86.191 - A. J. McIntyre, # 86.202 - E. Murdaugh, # 86.213 - L. D. Nachman/A. S. Braverman, # 86.214 - M. Price, # 86.234 - N. Rabkin, # 86.238 - E. Schaper, # 86.261 - G. C. Schoolfield, # 86.276 - O. Seidlin, # 86.287 - I. Traschen, # 86.308 - V. Venable, # 86.315 - H. J. Weigand, # 86.321].

86.30 BLOOM, Harold: Introduction. In: # 86.29, S. 1-9.

86.31 BLOOM, Harold, Hrsg.: *Th. M's The Magic Mountain.* New York, u. a.: Chelsea House Publishers, 1986, VII, 131 S. (= Modern Critical Interpretations) [Inhalt: H. B., # 86.32 - W. H. Bruford, # 86.42 - H. Hatfield, # 86.112 - E. Heller, # 86.120 - G. Lukács, # 86.185 - A. Nehamas, # 86.216 - T. J. Reed, # 86.241 - H. J. Weigand, # 86.322 - C. E. Williams, # 86.329].

86.32　BLOOM, Harold: Introduction. In: # 86.31, S. 1-5.

86.33　BÖHM, Karl W.: Die Darstellung der Homosexualität in Th. M's *Der Zauber-berg*. In: Dietrich Molitor, und Wolfgang Popp, Hrsg.: *Siegener Hans Henny Jahnn Kolloquium. Homosexualität und Literatur.* Essen: Die blaue Eule, 1986, S. 171-186.

86.34　BÖHME, Astrid: Tausend Beiträge - eine gewaltige, maßstabsetzende Sammlung. In: *Börsenblatt für den Deutschen Buchhandel. Leipziger Ausgabe*, Jg. 153, Nr. 17 (29. April 1986), S. 324-325. [Rez. von H. Matter, # 83.244, # 83.245, # 86.198].

86.35　BONDY, Barbara: Das Selbstgespräch. Golo Manns Jugend in Deutschland. In: *SZ*, Jg. 42, Nr. 246 (25./26. Oktober 1986), Feuilleton-Beilage. [Rez. von G. M., # 86.189].

86.36　BORMANN, Alexander von: Von der Schwierigkeit, erwachsen zu werden. In: *Frankfurter Rundschau*, Jg. 41 (21. Januar 1986). [Rez. von F. Mann, # 85.180].

86.37　BRACHES, Ernst: *Der Tod in Venedig*: Het derde gezicht van Aschenbach. In: W. R. H. Koops, u. a., Redaktion: *Boek, bibliotheek en geesteswetenschappen.* Hilversum: Verloren, 1986, S. 29-43.

86.38　BRIDGES, George: Rez. von H. R. Vaget, # 84.249. In: *GQ*, Jg. 59, Nr. 2 (Frühjahr 1986), S. 330-332.

86.39　BRIDGES, George: The Problem of Pederastic Love in Th. M's *Death in Venice* and Plato's *Phaedrus.* In: *Selecta*, Jg. 7 (1986), S. 39-46.

86.40　BRINER, Andres: Ein Aristokrat der Musikkritik. Zum Tod von Willi Schuh. In: *NZZ*, Jg. 207, Nr. 232 (7. Oktober 1986), Feuilleton, S. 39. [*Doktor Faustus*].

86.41　BROERMAN, Bruce H.: Th. M. The Beloved Returns. In: B. H. B., *The German Historical Novel in Exile after 1933. Calliope contra Clio.* University Park, PA: The Pennsylvania State University Press, 1986; London, 1986, S. 77-88. (= The Penn State Series in German Literature) [Rez.: D. Midgley, # 87.199].

86.42　BRUFORD, W. H.: 'Bildung' in *The Magic Mountain.* In: H. Bloom, # 86.31, S. 67-83. [Vgl. Auszug aus # 75.145].

86.43　BRUYN, Günter de: Der Künstler und die anderen. Th. M's *Tonio Kröger.* In: G. d. B., *Frauendienst. Erzählungen und Aufsätze.* Halle, u. a.: Mitteldeutscher Verlag, 1986, S. 317-326. [Auch in: G. d. B., Hrsg.: *Lesefreuden. Über Bücher und Menschen. Der Künstler und die anderen. Th. M's Tonio Kröger.* Frankfurt a. M.: S. Fischer, 1986, S. 293-299. - Vgl. E in # 75.149].

86.44 BÜRGER, Christa: Realismus und ästhetische Moderne. Zu Th. M's *Doktor Faustus*. In: *Heinrich Mann-Jahrbuch*, Bd. 4/1986 (1987), S. 56-68. [Th. M. - E. Bertram].

86.45 BURGARD, Peter J.: From *Enttäuschung* to *Tristan*: The Devolution of a Language Crisis in Th. M's Early Work. In: *GQ*, Jg. 59 (1986), S. 431-448.

86.46 BUSCH, Günther: Th. M. In: G. B., *Max Liebermann. Maler, Zeichner, Graphiker*. Frankfurt a. M.: S. Fischer, 1986, S. 13, 16, 71, u. a. [Rez.: W. Jens, # 87.138].

86.47 CARSTENSEN, Richard: *Kommentar zu Th. M's Buddenbrooks*. Lübeck: Werkstätten, 1986, 61 S.

86.48 CASES, Cesare: Grande e piccolo: Wagner come rappresentante dell'Ottocento in Th. M. In: Giuseppe Bevilacqua, Hrsg.: *Parole e musica: L'esperienza wagneriana nella cultura fra romanticismo e decadentismo*. Firenze: Olschki, 1986, S. 87-96. (= Civiltà Veneziana Saggi, 25).

86.49 CEPPA, Leonardo: I due Mosé di Freud e di Th. M. In: *Belfagor*, Jg. 41, Nr. 1 (31. Januar 1986), S. 501-509. [*Das Gesetz - Joseph und seine Brüder*].

86.50 CHARDIN, Philippe: 70 interviews de Th. M. In: *La Quinzaine littéraire*, Nr. 467 (1986), S. 14-15. [Rez. von V. Hansen/G. Heine, # 86.107].

86.51 CHIUSANO, Italo A.: Introduzione. In I. A. C's Ausg. von Th. M.: *Lettere*. Milano: A. Mondadori, 1986, S. IX-XXXVI. [Vgl. E. Ganni, # 86.83. - Rez.: A. Giubertoni, # 86.89].

86.52 CHIUSANO, Italo A.: Che ne pensa signor Mann? In: *La Repubblica* (20./21. Juli 1986), S. 20-21. [Rez. von V. Hansen/G. Heine, # 83.148].

86.53 CORNGOLD, Stanley: Mann as a Reader of Nietzsche. In: S. C., *The Fate of Self. German Writers and French Theory*. New York: Columbia University Press, 1986, S. 129-159. [Rez.: M. M. Anderson, # 89.8 - T. Bathi, # 89.22 - M. T. Jones, # 89.118. - F. Hölderlin - F. Kafka - Th. M. - F. Nietzsche].

86.54 DARMAUN, Jacques: Th. M. und die Juden - Eine Kontroverse? Th. M's Bild des Judentums bis zur Weimarer Republik. In: Walter Röll und Hans-Peter Bayerdörfer, Hrsg.: *Auseinandersetzungen um jiddische Sprache und Literatur. Jüdische Komponenten in der deutschen Literatur - Die Assimilationskontroverse*. Tübingen: M. Niemeyer, 1986, S. 208-214 (= Akten des VII. Internationalen Germanisten-Kongresses Göttingen 1985, Kontroversen, alte und neue, Bd. 5).

86.55 DARMAUN, Jacques: Rez. von H. Kurzke, # 85.151. In: *EG*, Jg. 41 (1986), S. 229-230.

86.56 DEXHEIMER, Hermann: Im Schatten des 'Alten'. Zu Golo Manns *Erinnerungen und Gedanken*. In: *Allgemeine Zeitung Mainz*, Jg. 136, Nr. 283 (6./7. Dezember 1986), Literatur-Journal. [Rez. von G. M., # 86.189].

86.57 DIERKS, Manfred: Ozeanische Frühgefühle. Die Psychologie des Narzißmus in der Literaturwissenschaft. In: *FAZ*, Jg. 38 (22. Oktober 1986). [*Felix Krull*].

86.58 DOHM, Hedwig: Th. M. In Hans-Rudolf Wiedemann's Ausg. von H. D., *Th. M's Schwiegermutter erzählt oder Lebendige Briefe aus großbürgerlichem Hause - Hedwig Pringsheim-Dohm an Dagny Langen-Sautreau*. Lübeck: Graphische Werkstätten, 2. Aufl., 1986, 58 S. [Transkribiert, erläutert und hrsg. von H.-R. W. - Vgl. # 85.50, # 88.47a - vgl. auch: G. Mann, # 86.189].

86.59 DOWDEN, Stephen D.: In the Crystal Garden: The Replenishment of Art and the Ecology of Man in Th. M's *Doktor Faustus*. In: S. D. D., *Sympathy for the Abyss. A Study in the Novel of German Modernism. Kafka, Broch, Musil and Mann*. Tübingen: M. Niemeyer, 1986, S. 135-175. (= Studien zur deutschen Literatur, Bd. 90) [Vgl. E in # 84.35. - Rez.: W. Hoffmeister, # 89.103 - C. Koelb, # 89.129 - R. S. Struc, # 90.291. - *Doktor Faustus*].

86.60 EMMERICH, Elisabeth: Th. M's frühe Knabenliebe. Armin Martens, Schlüsselfigur zum *Tonio Kröger*. Nachlaßpapiere einer Freundin erstmals in der Augsburger Universitätsbibliothek einsehbar. In: *Augsburger Allgemeine* (2. Juli 1986), S. 9. [Th. M. - A. und I. Martens].

86.61 EMRICH, Elke: Zum 'metaphysischen Bedürfnis' in Th. M's *Buddenbrooks* und Heinrich Manns *Im Schlaraffenland* (1985). In: R. Wolff, # 86.338, S. 95-111. [Vgl. E in # 84.44].

86.62 ERPENBECK, Doris: Rez. von A. Abboud, # 84.1. In: *Zeitschrift für Germanistik*, Jg. 7, Nr. 2 (Mai 1986), S. 234-237.

86.63 ERTL, Wolfgang: Rez. von K.-D. Sorg, # 83.338. In: *German Studies Review*, Jg. 9, Nr. 1 (1986), S. 143-144.

86.64 EVANS, John: *Death in Venice*. The Apollonian/Dionysian Conflict. In: *The Opera Quarterly*, Jg. 4, Nr. 3 (1986), S. 102-115. [B. Britten - *Der Tod in Venedig*].

86.65 EXNER, Richard: The Th. M. Symposium at Santa Barbara 14./15. November 1975. In: *Soundings*, Jg. 18, Nr. 1 (1986), S. 28-30.

86.66 FÄHNRICH, Hermann: *Th. M's episches Musizieren im Sinne Richard Wagners. Parodie und Konkurrenz*. Hrsg. und ergänzt von Maria Hülle-Keeding. Frankfurt a. M.: H.-A. Herchen, 1986, 498 S. [Rez.: U. Jung-Kaiser, # 87.143].

86.67 FEILCHENFELDT, Konrad: Th. M. *Lotte in Weimar*. In: K. F., *Deutsche Exilliteratur 1933-1945. Kommentar zu einer Epoche*. München: Winkler, 1986, S. 191-197. (= Winkler-Kommentare).

86.68 FELDER, Paul: La mort, lieu privilégié de rencontre entre Tolstoi et Th. M. In: *Cahiers Léon Tolstoi. Tolstoi et la mort*, Bd. 3 (1986), S. 41-60. (= Bibliothèque russe de L'Institut d'études slaves, 76) [Gesammelt von M. Sémon].

86.69 FERDINANDY, Miguel de: Georg Lukács y Th. M. In: *Torre*, Jg. 34, Nr. 131-133 (Januar-September 1986), S. 309-328. [G. Lukács - Th. M.].

86.70 FETZER, John F.: Rez. von H. R. Vaget, # 84.249. In: *Literature, Music, Fine Arts*, Jg. 19, Nr. 2 (1986), S. 129-131.

86.71 FICKER, Ludwig von: Th. M. In: Ignaz Zangerle, u. a., Hrsg.: L. v. F., *Briefwechsel 1909-1914*. Salzburg: O. Müller, 1986, S. 78, 120, u. a. (= Brenner-Studien, Bd. VI) [Mit Th. M.-Brief an L. v. F. vom 12. Juni 1913, S. 159].

86.72   FISCHER, Brigitte Bermann: *My European Heritage: Life among Great Men of Letters*. Brooklyn Village, MA: Branden, 1986. [Engl. Übs. von H. Zohn. - Vgl. deutsches Original in # 78.71].

86.73 FISCHER-FABIAN, S.: Der Sohn seines Vaters und sein Weg ins Freie. In: *Welt am Sonntag*, Nr. 36 (7. September 1986), Buchmagazin. [Rez. von G. Mann, # 86.189].

86.74 FLETCHER, Agnus: Music, Visconti, Mann, Nietzsche: *Death in Venice*. In: *Stanford Italian Review*, Jg. 6, Nr. 1-2 (1986), S. 301-312.

86.75 FRANK, Bernhard: Mann's *Death in Venice*. In: *Explicator*, Jg. 45, Nr. 1 (Herbst 1986), S. 31-32.

86.76 FRENZEL, Elisabeth: Der doppelgesichtige Leverkühn. Motivverschränkungen in Th. M's *Doktor Faustus*. In: Theodor Wolpers, Hrsg.: *Gelebte Literatur in der Literatur. Studien zu Erscheinungsformen und Geschichte eines literarischen Motivs. Bericht über Kolloquien der Kommission für literaturwissenschaftliche Motiv- und Themenforschung 1983-1985*. Göttingen: Vandenhoeck & Ruprecht, 1986, S. 311-320. (= Abhandlungen der Akademie der Wissenschaften in Göttingen, Philologisch-Historische Klasse, dritte Folge, Nr. 152) [F. Nietzsche. - *Doktor Faustus*].

86.77 FRIESEN, Astrid von: 'Er war unsere Sonne, wir anderen die Planeten'. In: *Deutsches Allgemeines Sonntagsblatt*, Jg. 39, Nr. 41 (12. Oktober 1986), Report, S. 32. [A. v. Kahler über ihre Freunde, darunter Th. M.].

86.78 FRISCH, Shelley: The Americanization of Klaus Mann. In: H. F. Pfanner, #
       86.225, S. 72-89.

86.79 FRIZEN, Werner: Rez. von H. R. Vaget, # 84.249. In: *Arbitrium*, Jg. 4 (1986), S.
       307-310.

86.80 FRIZEN, Werner: 'Dieses armselige Wort': Zur Erzählkunst von Th. M's *Felix
       Krull*. In: *Literaturwissenschaftliches Jahrbuch*, N. F., Bd. 27 (1986), S. 157-174.

86.81 FRY, Varian: Th. M. In: W. D. Elfe, und Jan Hans, Hrsg.: *Auslieferung auf Ver-
       langen. Die Rettung deutscher Emigranten in Marseille 1940/41.* München, u. a.:
       C. Hanser, 1986, S. 75, 87-88, u.a. [Aus dem Amerikanischen übs. durch J. H.
       und A. Lazarouicz].

86.83 GANNI, Enrico: Bibliografia. In: I. A. Chiusano, # 86.51, S. 1065-1085.

86.84 GARLAND, Mary: Th. M. In: M. G., *The Oxford Companion to German Litera-
       ture.* Oxford, u. a.: Oxford University Press, 2. Aufl., 1986, S. 589-591, u. a.

86.85 GELBER, Mark H.: Das Judendeutsch in der deutschen Literatur. Einige Beispiele
       von den frühesten Lexika bis Gustav Freytag und Th. M. In: Stéphane Moses,
       und Albrecht Schöne, Hrsg.: *Juden in der deutschen Literatur. Ein deutsch-israeli-
       sches Symposium.* Frankfurt a. M.: Suhrkamp, 1986, S. 162-178. (= suhrkamp ta-
       schenbuch materialien, Nr. 2063).

86.86 GILLESPIE, Gerald: Epiphany: Notes on the Applicability of a Modernist Term.
       In: Peter Boerner, u. a., Hrsg.: *Sensus Communis. Contemporary Trends in Com-
       parative Literature. Panorama de la situation actuelle en Littérature Comparée. Fest-
       schrift für Henry Remak.* Tübingen: Narr, 1986, S. 255-266. [*Der Zauberberg*].

86.87 GILLESPIE, Gerald: Th. M. in komparatistischer Sicht. Die angloamerikanische
       Auffassung seiner weltliterarischen Geltung. In: Franz N. Mennemeier, und
       Conrad Wiedemann, Hrsg.: *Deutsche Literatur in der Weltliteratur: Kulturnation
       statt politischer Nation?* Tübingen: M. Niemeyer, 1986, S. 122-126. (= Akten des
       VII. Internationalen Germanisten-Kongresses Göttingen 1985. Kontroversen,
       alte und neue, Bd. 9).

86.88 GILLESPIE, Gerald: Estebanillo and Simplex: Two Baroque Views of the Role-
       Playing Rogue in War, Crime and Art. (With an Excursus on Krull's Fore-
       bears). In: Gustavo Pellon, und Julio Rodriguez-Luis, Hrsg.: *Upstarts, Wanderers
       or Swindlers: Anatomy of the Picaro. A Critical Anthology.* Amsterdam: Rodopi,
       1986, S. 285-295. [*Felix Krull*].

86.89 GIUBERTONI, Anna: Rez. von I. A. Chiusano, # 86.51. In: *Belfagor*, Jg. 41, Nr. 6 (30. November 1986), S. 731-734. [Betr. I. A. C's Ausg. von Th. M.: *Lettere*].

86.90 GLASER, Hermann: Das Psycho- und Soziogramm einer untergegangenen Welt. Die Erinnerungen Golo Manns an eine Jugend in Deutschland. In: *Frankfurter Rundschau*, Jg. 42, Nr. 227 (1. Oktober 1986), Literatur-Rundschau. (= Beilage der *Frankfurter Rundschau* zur Buchmesse vom 1. bis 6. Oktober 1986) [Rez. von G. M., # 86.189].

86.91 GLASSEN, Erika: Rez. von A. Abboud, # 84.1. In: *Arbitrium*, Jg. 4 (1986), S. 319-323.

86.92 GÖRTZ, Franz J.: Programm und Profit. Der S. Fischer Verlag feiert sich. In: *FAZ*, Jg. 38, Nr. 285 (9. Dezember 1986), Literatur, S. 4. [Rez. von K. Beck, # 86.18 - F. Pfäfflin, # 86.224 - R. Stach, # 86.298].

86.93 GRADINGER, Malve: Der Künstler an sich. Cragun zum neuen Th.-M.-Ballett. In: *Münchner Merkur*, Nr. 247 (27. Oktober 1986), Kultur, S. 16. [Betr. N. Vesak's Ballett *Der Tod in Venedig* - Solist: R. Cragun].

86.94 GRADINGER, Malve: Vesaks bleicher Venedig-Tod. In: *Münchner Merkur*, Nr. 254 (5. November 1986), Kultur, S. 27. [Betr. die Premiere von N. Vesak's Ballett *Der Tod in Venedig* im Nationaltheater].

86.95 GRAUTOFF, Otto: Th. M's *Buddenbrooks* (1901). In: R. Wolff, # 86.336, S. 13-14. [Vgl. E in: *Münchner Neueste Nachrichten* (24. Dezember 1901) - vgl. Wiederabdruck in P. d. Mendelssohn, # 75.597, S. 249-250. - Rez. zu den *Buddenbrooks*].

86.96 GRONICKA, André von: Rez. von C. Koelb, # 84.116. In: *GR*, Jg. 61, Nr. 3 (Sommer 1986), S. 126-127. [*Goethe und Tolstoi*].

86.97 GUMPPENBERG, Hanns von: Im Akademisch-dramatischen Verein las am Montag Th. M. (1901). In: R. Wolff, # 86.336, S. 9. [Vgl. E in # 01.3. - *Buddenbrooks* - *Gladius Dei*].

86.98 GUSSOW, Mel: Stage: *Transposed Heads*. In: *NYT*, Jg. 135, Nr. 46,945 (1. November 1986), S. 13. [*Die vertauschten Köpfe*].

86.99 HAAS, Franz: Zu Leben und Werk von Ernst Weiß. In: F. H., *Der Dichter von der traurigen Gestalt*. Frankfurt a. M., u. a.: P. Lang, 1986. (= Europäische Hochschulschriften, Reihe 1: Deutsche Sprache und Literatur, Bd. 889) [Auch zu Th. M.].

86.100 HÄRLE, Gerhard: *Die Gestalt des Schönen. Untersuchung zur Homosexualitätsthematik in Th. M's Roman Der Zauberberg*. Königstein/Ts.: A. Hain, 1986, 165 S.

(= Hochschulschriften: Literaturwissenschaft, Bd. 74) [Rez.: W. V. Blomster, #
87.26 - G. Bridges, # 89.36 - F. Busch, # 88.31 - W. G. Cunliffe, # 88.40 - W.
Setz, # 88.265].

86.101 HAMBURGER, Käte: Der Epiker Th. M. (1958). In: K. H., *Kleine Schriften zur Literatur und Geistesgeschichte.* Stuttgart: Akademischer Verlag, 2., erw. Ausg.,
1986, S. 301-308. (= Stuttgarter Arbeiten zur Germanistik, Nr. 25) [Vgl. E in #
58.49].

86.102 HAMBURGER, Käte: Anachronistische Symbolik: Fragen an Th. M's *Faustus*-
Roman (1969). In: # 86.101, S. 309-333. [Vgl. E in # 69.101].

86.103 HAMBURGER, Käte: Th. M's Goethe. In: Helmut Kreuzer, und Jürgen Kühnel,
Hrsg.: *Käte Hamburger. Aufsätze und Gedichte zu ihren Themen und Thesen. Zum
90. Geburtstag.* Siegen: Universität-Gesamthochschule Siegen, 1986, S. 11-24.

86.104 HAMM, Karin: Th. M's *Der Zauberberg*: Initiation in eine Lebensphilosophie
oder Betrachtungen eines Politischen? In: *New German Review,* Jg. 2 (1986), S.
14-29.

86.105 HANSEN, Volkmar: Rez. von W. F. Michael, # 85.195. In: *Deutsche Bücher,* Jg.
16 (1986), S. 204.

86.106 HANSEN, Volkmar: Rez. von A. Banuls, # 86.14. In: *Germanistik,* Jg. 27, Nr. 2
(1986), S. 471-472.

86.107 HANSEN, Volkmar, und Gert Heine, Hrsg.: *Questions et réponses. Conversations
et entretiens 1913-1955.* Paris: Belfond, 1986, 242 S. [Franz. Übs. von # 83.148
durch J. Legrand. - Rez.: P. Chardin, # 86.50 - N. Zand, # 86.343].

86.108 HANSSEN, Léon: Th. M. en Menno ter Braak: Drie nieuwe brieven. In: *Tirade,*
Jg. 30 (September/Oktober 1986), S. 598-611. [Enthält 2 Briefe Th. M's an M. t.
B. vom 28. August 1937 und 24. Juli 1939 und einen Brief von M. t. B. an Th.
M. vom 3. September 1937].

86.109 HARBERS, Henk: Rez. von C. Sommerhage, # 83.336. In: *Deutsche Bücher,* Jg. 16,
Nr. 3 (1986), S. 204-207.

86.110 HARTMANN, Frank: Rez. von A. Betz, # 86.26. In: *Wespennest,* Nr. 65 (1986), S.
50-51.

86.111 HATCH, Christopher: Rez. von A. Blunden, # 85.20. In: *The Opera Quarterly,*
Jg. 4, Nr. 2 (1986), S. 189-191. [Th. M. - R. Wagner].

86.112 HATFIELD, Henry C.: *The Magic Mountain*. In: H. Bloom, # 86.31, S. 85-103. [Vgl. # 79.84].

86.113 HATFIELD, Henry C.: Rez. von H. Matter, # 83.244, # 83.245. In: *Monatshefte*, Jg. 78, Nr. 2 (Sommer 1986), S. 269-270.

86.114 HAY, Gerhard, Hartmund Rambaldo, und Joachim W. Storck, Hrsg.: Th. M. In: *'Als der Krieg zu Ende war'. Literarisch-politische Publizistik 1945-1950. Eine Ausstellung des Deutschen Literaturarchivs im Schiller-Nationalmuseum Marbach a. N.* Stuttgart: Deutsche Schillergesellschaft Marbach, 3., unveränd. Aufl., 1986, S. 258-290, 451-496, u. a.

86.115 HEFTRICH, Eckhard: Contre Flaubert. Th. M's *Josephs*-Romane und Flauberts *Salammbô*. In: E. H., und J. M. Valentin, Hrsg.: *Gallo-Germanica. Wechselwirkungen und Parallelen deutscher und französischer Literatur (18.-20. Jahrhundert)*. Nancy: Presses Universitaires de Nancy, 1986, S. 219-230. [Rez.: U. K. Goldsmith, # 87.96].

86.116 HEFTRICH, Eckhard: Künstlerfreiheit und Gewissensnot: Das Beispiel Th. M. In: *Literaturwissenschaftliches Jahrbuch*, N. F., Bd. 27 (1986), S. 141-155. [Politik].

86.117 HELBLING, Hanno: 'Neue Hausjacke angelegt. Straßburg bedroht'. Th. M's Tagebücher um 1945. In: *NZZ*, Jg. 207, Nr. 289 (12. Dezember 1986), S. 39. [Rez. von I. Jens, # 86.140].

86.118 HELBLING, Hanno: Nachwort. In: Th. M.: *An die gesittete Welt. Politische Schriften und Reden im Exil*. Frankfurt a. M.: S. Fischer, 1986, S. 893-909. (= Frankfurter Ausgabe) [Rez.: R. Hoffmann, # 86.129 - H. Kurzke, # 86.170 - P. F. Proskauer, # 86.236].

86.119 HELBLING, Robert E.: Rez. von R. Kieser, # 84.108. In: *MLQ*, Jg. 47, Nr. 1 (1986), S. 79-82.

86.120 HELLER, Erich: Conversation on *The Magic Mountain*. In: H. Bloom, # 86.31, S. 23-30. [Auszug aus: # 58.57 und # 61.79].

86.121 HELLER, Peter: The Ambivalent Leitmotif. In: H. Bloom, # 86.29, S. 123-142. [Vgl. # 66.109].

86.122 HELTAY, Hilary: Virtuosity in Th. M's Later Narrative Technique. In: H. Bloom, # 86.29, S. 203-217. [Originaltitel: Der Mann auf dem Felde: Virtuosity in Th. M's Later Narrative Technique, vgl. # 71.97a].

86.123 HERBST, Hildburg: Goethe, überlebensklein. Die Zerstörung eines Mythos durch das Massenmedium Film. Der Fall *Lotte in Weimar*. In: Wolfgang Wittkowski, Hrsg.: *Verlorene Klassik? Ein Symposium*. Tübingen: M. Niemeyer, 1986, S. 388-405. [Mit Diskussion: S. 405-408].

86.124 HERMAN-SEKULIĆ, Maja B.: The Fall of Hyperbaton: Parodic and Revisionary Strategies in Belyj, Joyce and Mann. In: *DAI*, Jg. 47, Nr. 1 (Juli 1986), S. 171A-172A. [M. Bakhtin - A. Belyj: *Petersburg* - J. Joyce: *Ulysses* - Th. M.: *Doktor Faustus*].

86.125 HESSE, Hermann: Briefe an Th. M. In Volker Michels' Ausg. von H. H., *Gesammelte Briefe, Bd. 4: 1949-1962*. Frankfurt a. M.: Suhrkamp, 1986, S. 27, 63, 239, 242. [Briefe vom 26. Mai 1949, 8. November 1950, 2. Juli 1955, 2. August 1955].

86.126 HILLMAN, Roger: The Lost Honour of Tony Buddenbrook. In: August Obermayer, Hrsg.: *Die 'Ehre' als literarisches Motiv. E. W. Herd zum 65. Geburtstag*. Dunedin: University of Otago, 1986, S. 140-150. (= Otago German Studies, Bd. 4).

86.127 HIRSCH, Helmut: Emigranten fordern die Rettung der Deutschen. Zur Entstehung und Verkürzung eines Dokuments. In: *Siegener Hochschulblätter*, Jg. 9, Nr. 1/2 (Oktober 1986), S. 33-44.

86.128 HOFFMANN, Fernand: Zum 30. Todestag von Th. M. Th. M. von Tag zu Tag. Der große Humanist ganz intim und menschlich allzu menschlich. In: *Récréation*, Jg. 1 (Februar 1986), S. 116-149. [Tagebücher].

86.129 HOFFMANN, Rainer: Das Erleben der Zeit. Zum Abschluß der Frankfurter Th. M.-Ausgabe. In: *NZZ*, Jg. 207, Nr. 255 (3. November 1986), Feuilleton, S. 23. [Rez. von: H. Helbling, # 86.118 - H. Koopmann, # 86.163].

86.130 HOFFMANN, Richard: Der Roman eines 'Roman eines Romans'. In: Rudolf Stephan, und Sigrid Wiesmann, Hrsg.: *Bericht über den 2. Kongreß der Internationalen Schönberg-Gesellschaft. Die Wiener Schule in der Musikgeschichte des 20. Jahrhunderts*. Wien: E. Lafite, 1986, S. 235-241. (= Publikationen der Internationalen Schönberg-Gesellschaft, Bd. 2) [*Doktor Faustus*].

86.131 HOLZAPFEL, Heinrich: *Subversion und Differenz. Das Spiegelmotiv bei Freud - Th. M. - Rilke und Jacques Lacan*. Essen: Die blaue Eule, 1986, 317 S. (= Genealogica, Bd. 8) [Zugl.: Diss., Univ. Düsseldorf, 1986. - Rez.: R. Konersmann, # 88.140 - W. Wiethölter, # 89.302. - *Felix Krull*].

86.132 HONSA, William M., Jr.: Parody and Narrator in Th. M's *Doctor Faustus*. In: H. Bloom, # 86.29, S. 219-226. [Originaltitel: Parody and Narrator in Th. M's *Doctor Faustus* and *The Holy Sinner*, vgl. # 74.79].

86.133 HUDER, Walter: Die sogenannte Reinigung. Die 'Gleichschaltung' der Sektion für Dichtkunst der Preußischen Akademie der Künste 1933. In: *Exilforschung*, Bd. 4 (1986), S. 144-159. [H. Mann - Th. M.].

86.134 HÜBNER, Ulrich: Das 'Ach' der Rosenstiel und andere Reflexe des Josephromans. In: *Euphorion*, Jg. 80, Nr. 2 (1986), S. 211-218. [*Joseph und seine Brüder - Doktor Faustus*].

86.135 HÜLLE-KEEDING, Maria, Hrsg.: *Hermann Fähnrich: Th. M's episches Musizieren im Sinne Richard Wagners. Parodie und Konkurrenz.* Frankfurt a. M.: H.-A. Herchen, 1986, 498 S.

86.137 JAESRICH, Hellmut: Tränen der Rührung als Test für den Erfolg. In: *Welt am Sonntag*, Nr. 14 (6. April 1986), Buchmagazin, S. 49. [100 Jahre S. Fischer Verlag].

86.138 JASPER, Willi: 'Phantastisch zwecklos?' Essays von André Banuls über Thomas und Heinrich Mann. In: *NZZ*, Jg. 207, Nr. 181 (8. August 1986), Feuilleton, S. 35. [Rez. von A. B., # 86.14].

86.139 JAUSS, Hans R.: Die Ausprägung des Zeit-Romans in Th. M's *Zauberberg* und James Joyces *Ulysses*. In: H. R. J., *Zeit und Erinnerung in Marcel Prousts A la recherche du temps perdu. Ein Beitrag zur Theorie des Romans.* Frankfurt a. M.: Suhrkamp, 1986, S. 40-60.

86.140 JENS, Inge: Vorwort. In ihrer Ausg. von Th. M.: *Tagebücher 1944-1.4.1946.* Frankfurt a. M.: S. Fischer, 1986, S. V-XIV. [Rez.: D. W. Adolphs, # 91.3 - Anon., # 86.5 - Anon., # 87.9 - Anon., # 87.12 - R. Baumgart, # 86.17 - H. Blumenberg, # 87.27 - K. W. Böhm, # 87.28 - F. Busch, # 87.40 - I. A. Chiusano, # 87.46 - I. Diersen, # 87.57 - I. Dittmer, # 87.59 - P. Dreykorn, # 87.61 - A. Eichholz, # 87.64 - H. Eichner, # 87.66 - K. H. Götze, # 87.95 - G. Grimm, # 87.106 - H. Helbling, # 86.117 - E. Horn, # 87.134 - W. Jens, # 86.141 - G. Kluge, # 87.155 - H. Lehnert, # 89.152 - T. Meier-Ewert, # 87.194 - T. Müller, # 87.210 - P. F. Proskauer, # 87.228 - M. Reich-Ranicki, # 87.242 - H. Reutimann, # 87.262 - H. Sauereßig, # 87.284 - A. v. Schirnding, # 87.293 - F. Schonauer, # 87.298 - E. Seybold, # 88.266 - G. Wenzel, # 88.295 - U. Wolff, # 86.340, # 86.341, # 87.355].

86.141 JENS, Walter: Das historische Schauspiel. In: *FAZ*, Jg. 38, Nr. 39 (15. Februar 1986), Bilder und Zeiten, S. 1-2. [Rez. von I. Jens, # 86.140].

86.142 JOERES, Ruth-Ellen B.: Die Zähmung der alten Frau: Hedwig Dohms *Werde, die du bist*. In: Sylvia Wallinger, und Monika Jonas, Hrsg.: *Der Widerspenstigen Zähmung. Studien zur bezwungenen Weiblichkeit in der Literatur vom Mittelalter bis zur Gegenwart*. Innsbruck: Institut für Germanistik, 1986, S. 217-227. (= Innsbrucker Beiträge zur Kulturwissenschaft, Germanistische Reihe, Bd. 31) [Vgl. auch S. Wallinger, # 86.318].

86.143 JOLL, James: Mann and the Magician. In: *The New York Review of Books*, Jg. 33, Nr. 5 (27. März 1986), S. 18-20. [Nachdruck in: *The German Book Review*, Nr. 1 (1986), S. 13-16. - Rez. von A. Blunden, # 85.20. - Th. M. - R. Wagner].

86.144 JONAS, Ilsedore B.: Rez. von H. Matter, # 83.244, # 83.245. In: *Monatshefte*, Jg. 78, Nr. 2 (Sommer 1986), S. 267-269.

86.145 JONAS, Klaus W.: Rez. von F. C. Tubach und S. P. Tubach, # 83.350. In: *GQ*, Jg. 59, Nr. 1 (Winter 1986), S. 163-165. [Michael Mann].

86.146 JONAS, Klaus W.: Rez. von Klaus Mann, # 84.149. In: *GR*, Jg. 61, Nr. 3 (Sommer 1986), S. 118-119.

86.147 JONAS, Klaus W.: Rez. von M. Grunewald, # 84.73. In: *GR*, Jg. 61, Nr. 3 (Sommer 1986), S. 131-132. [Klaus Mann].

86.148 JONES, James W.: Th. M. In: J. W. J., *The Third Sex in German Literature from the Turn of the Century to 1933*. Dissertation. Madison: University of Wisconsin, 1986, 751 S. [Vgl. Autorreferat in: *Germanistische Dissertationen in Kurzfassung* (1990), S. 214-218. - Homosexualität].

86.149 JORDAN, Jim, und Donald McLaughlin: 'Inmitten des quälenden Geschreies der Dummheit': A New Assessment of the Relationship between Alfred Andersch and Th. M. Part One: Published Statements by Andersch on Mann. In: *New German Studies*, Bd. 14, Nr. 1 (1986/1987), S. 55-72. [Part Two: Traces of Mann in the Literary Works of Andersch. In: *New German Studies*, Jg. 14, Nr. 2 (1986/1987), S. 101-114. - *Tonio Kröger - Der Tod in Venedig - Doktor Faustus*].

86.150 JOST, Roland, und Hansgeorg Schmidt-Bergmann, Hrsg.: *Im Dialog mit der Moderne. Zur deutschsprachigen Literatur von der Gründerzeit bis zur Gegenwart. Jacob Steiner zum sechzigsten Geburtstag*. Frankfurt a. M.: Athenäum, 1986, 502 S. [Mit Beiträgen von: F. Baron, # 86.16 - V. Knüfermann, # 86.156].

86.151 KAHLER, Erich von: The Elect: *The Holy Sinner* and *Felix Krull*. In: H. Bloom, # 86.29, S. 143-155. [Auszug aus: # 69.150].

86.152 KAISER, Joachim: Martin Benraths Zauberstunde. Ein Th.-M.-Experiment im Münchner Cuvilliéstheater. In: *SZ*, Jg. 42, Nr. 252 (3. November 1986), Feuilleton, S. 35.

86.153 KILTZ, Hartmut: Im Zauberberg. In: H. K., *Das erotische Mahl. Szenen aus dem 'chambre separée' des neunzehnten Jahrhunderts*. Frankfurt a. M.: Europäische Verlagsanstalt, 1986, S. 64-67. (= Taschenbücher Syndikat, EVA bei Athenäum, Bd. 86) [Vgl. # 83.192. - *Der Zauberberg*].

86.154 KLINGLER, Bettina: *Emma Bovary und ihre Schwestern. Die unverstandene Frau. Variationen eines literarischen Typus von Balzac bis Th. M.* Rheinbach-Merzbach: CMZ, 1986, VIII, 223 S. (= Bonner Untersuchungen zur Vergleichenden Literaturwissenschaft, Bd. 2) [Rez.: S. Volckmann, # 88.285. - H. d. Balzac - T. Fontane. - *Buddenbrooks*].

86.155 KLUGE, Gerhard: Rez. von R. G. Renner, # 85.233. In: *Deutsche Bücher*, Jg. 16 (1986), S. 306-307.

86.156 KNÜFERMANN, Volker: Die Gefährdung des Narziß oder: Zur Begründung und Poblematik der Form in Th. M's *Der Tod in Venedig* und Robert Musils *Die Verwirrungen des Zöglings Törleß*. In: R. Jost/H. Schmidt-Bergmann, # 86.150, S. 84-95.

86.157 KOCH, Hans (als Leiter eines Autorenkollektivs): *Literatur und Persönlichkeit*. Berlin: Volk und Wissen, 1986, 528 S.

86.158 KOCH, Hans-Albrecht: Hundert Jahre S. Fischer Verlag, 1886-1986. Zu drei neuen Veröffentlichungen. In: *NZZ*, Jg. 207, Nr. 281 (3. Dezember 1986), Feuilleton, S. 39. [Rez. von: K. Beck, # 86.18 - F. Pfäfflin, # 86.224 - R. Stach, # 86.298].

86.159 KOLB, Herbert: Über Th. M's Filmexposé *Tristan und Isolde*. In: Erich Huber-Thoma, und Ghemela Adler, Hrsg.: *Romantik und Moderne. Neue Beiträge aus Forschung und Lehre. Festschrift für Helmut Motekat*. Frankfurt a. M., u. a.: Lang, 1986, S. 303-327.

86.160 KOLB, Jocelyne: Th. M's Translation of Wagner into *Buddenbrooks*. In: *GR*, Jg. 61, Nr. 4 (Herbst 1986), S. 146-153.

86.161 KOOPMANN, Helmut: Über Th. M. Ein Arbeitsbuch und ein Überblick über die Forschung. In: *FAZ*, Jg. 38, Nr. 89 (17. April 1986), Feuilleton, S. 26. [Rez. von H. Kurzke, # 85.155].

86.162 KOOPMANN, Helmut: Die Flaschenpost des Fabelwesens. In: *FAZ*, Jg. 38, Nr. 264 (13. November 1986), Feuilleton, S. 26. [Rez. von T. Lessing, # 86.177].

86.163 KOOPMANN, Helmut: Nachwort. In: Th. M.: *Die Forderung des Tages. Abhandlungen und kleine Aufsätze über Literatur und Kunst.* Frankfurt a. M.: S. Fischer, 1986, S. 373-390. (= Frankfurter Ausgabe) [Rez.: R. Hoffmann, # 86.129 - H. Kurzke, # 86.170 - P. F. Proskauer, # 86.236].

86.164 KOOPMANN, Helmut: Die Realität des Unwirklichen. Träume in Th. M's *Der Zauberberg* und Hermann Brochs *Die Schlafwandler.* In: Claus Westermann, Hrsg.: *Träume verstehen - Verstehen durch Träume.* München, u. a.: Schnell & Steiner, 1986, S. 24-42. (= Schriftenreihe der Katholischen Akademie der Erzdiözese Freiburg).

86.165 KOOPMANN, Helmut: *Buddenbrooks.* Die Ambivalenz im Problem des Verfalls (1962). In: R. Wolff, # 86.336, S. 37-66. [Auszug aus: # 62.142, S. 107-131 - # 71.130 - # 80.148].

86.166 KOST, Rudi: Hannos Vollendung: Anmerkungen zu einer Fernsehserie. In: R. Wolff, # 86.338, S. 43-55.

86.167 KRASKE, Bernd M.: Über den Einfluß der Romane Alexander Lange Kiellands auf Th. M's *Buddenbrooks.* In: R. Wolff, # 86.338, S. 57-71.

86.168 KRASKE, Bernd M.: Die mutige 'Akademie'. Erinnerung an eine nicht alltägliche Zeitschrift. In: *Die Zeit*, Jg. 41, Nr. 25 (13. Juni 1986), Modernes Leben, S. 64. [Betr.: *Hamburger Akademische Rundschau*].

86.169 KRISTIANSEN, Børge: *Th. M's Zauberberg und Schopenhauers Metaphysik.* Bonn: Bouvier, 2., verb. u. erw. Aufl., 1986, XXXXVI, 406 S. (= Studien zur Literatur der Moderne, Bd. 10) [Mit einer Einführung von H. Koopmann, S. IX-XXV. - Vgl. E u. d. T.: *Unform - Form - Überform*, # 78.166 - vgl. # 85.146. - Rez.: D. W. Adolphs, # 89.2 - J. Darmaun, # 87.50].

86.170 KURZKE, Hermann: Das Elend der Frankfurter Th.-M.-Ausgabe. In: *Text & Kontext*, Jg. 14, Nr. 1 (1986), S. 140-147. [Auch in: *FAZ*, Jg. 38, Nr. 194 (23. August 1986), Bilder und Zeiten. - Rez. von: H. Helbling, # 86.118 - H. Koopmann, # 86.163].

86.171 LANGER, Lawrence L.: Th. M. and Death on the Mountain. In: H. Bloom, # 86.29, S. 313-317. [Vgl. E in # 78.172].

86.172 LANGNER, Ralph: Th. M. In: R. L., Hrsg.: *Psychologie der Literatur: Theorien, Methoden, Ergebnisse.* Weinheim, u. a.: Psychologie Verlags Union, 1986, S. 35, 36, u. a.

86.173 LAUDE, Silvia De: Schema per una lettura del *Doktor Faustus.* In: *Strumenti Critici,* N. S., Jg. 1, Nr. 50, Heft 2 (Mai 1986), S. 291-306.

86.174 LEISTNER, Bernd: Mechanismus von Massenreaktion. *Buddenbrooks.* Elfter Teil. Zweites Kapitel. In: *NDL,* Jg. 34, Nr. 7 (Juli 1986), S. 130-135.

86.175 LEITNER, Andreas: Th. M's Künstler-Intellektuelle. In: A. L., *Die Gestalt des Künstlers bei Miroslav Krleža.* Heidelberg: C. Winter, 1986, S. 40-44.

86.176 LENZ, Siegfried: Das unausmeßbare Erzählwerk. Über Th. M's *Buddenbrooks.* In: *FAZ,* Jg. 38, Nr. 163 (18. Juli 1986), S. 23. [Vgl. Wiederabdruck in M. Reich-Ranicki, # 89.222].

86.177 LESSING, Theodor: Th. M. In Rainer Marwedel's Ausg. von T. L., *Ich warf eine Flaschenpost ins Eismeer der Geschichte.* Darmstadt, u. a.: Luchterhand, 1986, S. 219, 449. [Rez.: H. Koopmann, # 86.162].

86.178 LHOTZKY, Stephan: *Th. M's Joseph und seine Brüder: Erzählhaltung als Bindeglied zwischen Strukturelementen und Stoff.* Dissertation. Boulder: University of Colorado, 1986, VII, 205 S. [Resümee in: *DAI,* Jg. 47, Nr. 9 (März 1987), S. 3439A-3440A].

86.179 LICHTMANN, Tamás: Geschichtsphilosophie im mythischen Künstlerschicksal. Thesen zu Th. M's Roman *Lotte in Weimar.* In: *Germanistisches Jahrbuch DDR-UVR,* Bd. 5 (1986), S. 89-101.

86.180 LÖWY, Michael: Lukács et 'Leon Naphta': L'énigme du *Zauberberg.* In: *EG,* Jg. 41, Nr. 3 (Juli-September 1986), S. 318-326.

86.181 LUBICH, Frederick A.: *Die Dialektik von Logos und Eros im Werk von Th. M.* Heidelberg: C. Winter, 1986, 331 S. [Zugl.: Diss., Univ. of California, Santa Barbara. - Vgl. # 83.235. - Rez.: H. Anton, # 87.13 - M. Dierks, # 92.34 - Ü. Gökberk, # 89.75 - J. Northcote-Bade, # 88.211. - *Der Tod in Venedig - Der Zauberberg - Der Erwählte - Felix Krull*].

86.182 LUBICH, Frederick A.: Rez. von B. Wedekind-Schwertner, # 84.253. In: *GR,* Jg. 61, Nr. 2 (Frühjahr 1986), S. 82-83.

86.183 LUBICH, Frederick A.: Rez. von H. R. Vaget, # 84.249. In: *GR,* Jg. 61, Nr. 3 (Sommer 1986), S. 122-124.

86.184 LUBKOLL, Christine: '...und wär's ein Augenblick.' Der Sündenfall des Wissens und
der Liebeslust in Faustdichtungen von der Historia bis zu Th. M's Doktor Faustus.
Rheinfelden: Schäuble, 1986, 345 S. (= Deutsche und vergleichende Literaturwissenschaft, 9) [Zugl.: Diss., Freiburg i. Br.].

86.185 LUKACS, Georg: In Search of Bourgeois Man. In: H. Bloom, # 86.31, S. 31-36.
[Aus: # 64.148].

86.186 LUKACS, Georg: Brief von Georg Lukács vom 18.2.1918. In Judit und Zoltan
Tar's Ausg. von G. L., Selected Correspondence, 1902-1920. Budapest: Corvina
Kiado, 1986, S. 318. [Einleitung von Z. T.].

86.187 MAGRINI, Giacomo: Il figlio e il servo. Un aspetto particolare del rapporto
Mann-Brecht. In: Strumenti Critici, N. S., Jg. 1, Nr. 50, Heft 2 (Mai 1986), S.
261-290.

86.188 MAHONEY, Dennis F.: A Recast Goethe: Günther's Lotte in Weimar (1975). In:
Eric Rentschler, Hrsg.: German Film and Literature. Adaptations and Transformations. New York, u. a.: Methuen, 1986, S. 246-259.

86.189 MANN, Golo: Th. M. In: G. M., Erinnerungen und Gedanken. Eine Jugend in
Deutschland. Frankfurt a. M.: S. Fischer, 1986, S. 9-10, 17-21, 429-441, u. a. [Vgl.
dazu H. Dohm, # 86.58 - H. Tanner, # 89.274. - Rez.: R. Becker, # 86.19 - U.
Bitterli, # 87.24 - B. Bondy, # 86.35 - H. Dexheimer, # 86.56 - I. Dittmer, # 87.59
- S. Fischer-Fabian, # 86.73 - H. Glaser, # 86.90 - F. A. Lubich, # 89.165 - K.
Obermüller, # 86.219 - G. Prause, # 86.233 - H. Pross, # 86.233 - M. Reich-Ra-
nicki, # 86.248 - W. Scheller, # 86.263 - C. Schulz, # 86.280 - J. Willms, #
86.330].

86.190 MANN, Klaus: Bildnis des Vaters. In Martin Gregor-Dellin's Ausg. von K. M.,
Das innere Vaterland. Literarische Essays aus dem Exil. München: edition spangenberg im Ellermann-Verlag, 1986, S. 124-148, 184. [Vgl. E in engl. Sprache in
39.33. - Rez.: A. v. Schirnding, # 86.266].

86.191 MANN, Michael: Truth and Poetry in Th. M's Work. In: H. Bloom, # 86.29, S.
287-298. [Vgl. # 78.195].

86.192 MANN, Monika: Vater. In: NDH, Jg. 33, Heft 2, Nr. 190 (1986), S. 235.

86.193 MANN, Viktor: Wir waren fünf. Bildnis der Familie Mann. Konstanz: Südverlag,
4., rev. Aufl., 1986, 621 S. [Mit 35 Tafeln. - Vgl. E in # 49.190].

86.194 MARSON, Eric L.: Rez. von V. Hansen, # 84.78. In: AUMLA, Nr. 65 (1986), S.
130-132. [Auch in: AUMLA, Nr. 66 (1986), S. 318-320].

86.195 MARTENS, Kurt: Der Roman einer Familie: *Buddenbrooks. Verfall einer Familie* (1901). In: R. Wolff, # 86.336, S. 15-19. [Vgl. E in # 01.5].

86.196 MARTIIS, Enrica de: *La novella del buon vecchio* di I. Svevo e *Morte a Venezia* di Th. M.: Lettura contrastiva. In: *Cenobbio*, N. F., Jg. 35, Nr. 3 (Juli-September 1986), S. 210-222. [*Der Tod in Venedig*].

86.197 MARTIN, Robert K.: Walt Whitman and Th. M. In: *Quarterly Review of Literature*, Jg. 4, Nr. 1 (Sommer 1986), S. 1-6. [Vgl. # 88.177].

86.198 MATTER, Harry: Zu dieser Ausgabe. In seiner Ausg. von Th. M.: *Aufsätze, Reden, Essays. Bd. 3: 1919-1925*. Berlin, u. a.: Aufbau, 1986, S. 877-880. [Rez.: A. Böhme, # 86.34, # 87.29 - V. Hansen, # 90.106 - H. Helbling, # 87.120 - H. Kurzke, # 87.168, # 89.145 - H. Lehnert, # 89.152 - H.-J. Sandberg, # 87.280 - G. Wenzel, # 87.344, # 87.345].

86.199 MATTHIAS, Klaus: *Renée Mauperin* und *Buddenbrooks*. Über eine literarische Beziehung im Bereich der Rezeption französischer Literatur durch die Brüder Mann (1975). In: R. Wolff, # 86.336, S. 67-115. [Vgl. E in # 75.578].

86.200 MAYER, Hans: Das Tagebuch als Spiegel. In: Hanno Helbling, und Martin Meyer, Hrsg.: *Vermittlungen. Kulturbewußtsein zwischen Tradition und Gegenwart*. Zürich: NZZ, 1986, S. 199-207. [Vgl. E in # 85.186. - Th. M. - R. Musil].

86.201 McGLATHERY, James M.: Rez. von H. R. Vaget, # 84.249. In: *JEGP*, Jg. 85 (1986), S. 314-315.

86.202 McINTYRE, Allan J.: Determinism in *Mario and the Magician*. In: H. Bloom, # 86.29, S. 275-285. [Aus: # 77.209].

86.203 MENDELSSOHN, Peter de: *Th. M. und München*. München: Gesellschaft der Bibliophilen, 1986, 28 S. [Vortrag vom 6. November 1979 für die Gesellschaft der Münchner Bücherfreunde in der C. F. v. Siemens Stiftung München].

86.204 MENDELSSOHN, Peter de: Th. M. In: P. d. M., *S. Fischer und sein Verlag*. Frankfurt a. M.: S. Fischer, 1986, S. 275-308, u. a. [Vgl. E in # 70.122].

86.205 MEWS, Siegfried: The Exiles on Stage: Christopher Hampton's *Tales from Hollywood*. In: H. F. Pfanner, # 86.225, S. 249-258. [Vgl. dt. Text in: *Exilforschung*, Bd. 3 (1985), S. 270-285].

86.206 MEYER-BENFREY, Heinrich: Th. M. (1904). In: R. Wolff, # 86.336, S. 31-32. [Vgl. E in # 04.8].

86.207 MEYERS, Jeffrey: Caligari and Cipolla: Mann's *Mario and the Magician*. In: *MFS*, Jg. 32, Nr. 2 (Sommer 1986), S. 235-239. [R. Wiene: *Das Kabinett des Doktor Caligari*].

86.208 MEYHÖFER, Annette: Als Th. M. noch jung war. Erinnerungen an Samuel Fischer und seinen Verlag. In: *Stuttgarter Zeitung*, Jg. 42, Nr. 226 (1. Oktober 1986), S. 11.

86.209 MILAU, Klaus: Th. M. maschinenlesbar. In: *SZ*, Jg. 42, Nr. 90 (19./20. April 1986), S. 176. [Über die Zukunft der Literatur].

86.210 MINGOCHO, Maria T. Delgado: *O romance Lotte in Weimar de Th. M.: Traducao e demanda*. Coimbra: Universität, 1986, 664 S. [Rez.: M. M. Gouveia Delille, # 87.52. - *Lotte in Weimar*].

86.211 MÜLLER-SALGET, Klaus: Zum Dilemma des militanten Humanismus im Exil. In: *Exilforschung*, Bd. 4 (1986), S. 196-207.

86.212 MÜSSENER, Helmut: Rez. von A. Stephan/H. Wagener, # 85.264. In: *Studia Neophilologica*, Jg. 58 (1986), S. 275-281.

86.213 MURDAUGH, Elaine: *Joseph and his Brothers*: Myth, Historical Consciousness and God Emerging. In: H. Bloom, # 86.29, S. 241-273. [Vgl. E u. d. T.: *Myth and the Emergence of Historical Consciousness* and *The 'Fallen' God*, in # 76.277].

86.214 NACHMAN, Larry D., und Albert S. Braverman: Th. M's *Buddenbrooks*: Bourgeois Society and the Inner Life. In: H. Bloom, # 86.29, S. 157-181. [Aus: # 70.16].

86.215 NEAU, Patrice: Th. M. et l'héritage de la Prusse frédéricienne dans *Friedrich und die Große Koalition*. In: *Nouveaux Cahiers d'Allemand*, Bd. 4, Heft 2 (Februar 1986), S. 193-201.

86.216 NEHAMAS, Alexander: Nietzsche in *The Magic Mountain*. In: H. Bloom, # 86.31, S. 105-116. [Vgl. # 81.162 - vgl. A. N., *Nietzsche: Life as Literature*. Cambridge, MA: Harvard University Press, 1985].

86.217 NENNECKE, Charlotte: Liebesqualen in der Lagunenstadt. Norbert Vesaks *Der Tod in Venedig* nach Th. M's Novelle im Nationaltheater. In: *SZ*, Jg. 42, Nr. 252 (3. November 1986), S. 13. [Betr. das Ballett *Der Tod in Venedig*].

86.218 NEWMAN, John K.: The Modern Epic. II: Tolstoy and Th. M. In: J. K. N., *The Classical Epic Tradition*. Madison: University of Wisconsin Press, 1986, S. 448-511. (= Wisconsin Studies in Classics) [Th. M.: *Doktor Faustus* - L. N. Tolstoi: *Krieg und Frieden*].

86.219 OBERMÜLLER, Klara: Der Scheue mit dem verhutzelten Gänseblümchen. Golo Manns *Erinnerungen und Gedanken.* Jugend in einer Epoche, die sich von allen andern bösartig unterschied. In: *Die Weltwoche,* Jg. 54, Nr. 40 (2. Oktober 1986), Bücher, S. 81. [Rez. von G. M., # 86.189].

86.220 OHL, Hubert: Melusine als Mythologem bei Theodor Fontane. In: *Fontane-Blätter,* Jg. 6, Nr. 42 (1986), S. 426-440.

86.221 OOSTERHUIS, Harry: Betoverd door mannelijke schoonheid: Homo-Erotiek bij Th. M. In: *Homologie,* Nr. 2 (1986), S. 4-6.

86.222 PASQUAY, Anja: Bayerische Staatsoper. Mit Erlaubnis der Familie Mann. Gespräch mit dem Choreographen Norbert Vesak. In: *Münchner Theaterzeitung* (November 1986), S. 30-31. [*Der Tod in Venedig*].

86.223 PEPPERLE, Heinz: Revision des marxistischen Nietzsche-Bildes? Vom inneren Zusammenhang einer fragmentarischen Philosophie. In: *Sinn und Form,* Jg. 38 (1986), S. 934-969. [Über Th. M.: S. 967].

86.224 PFÄFFLIN, Friedrich: Th. M. In: F. P., *100 Jahre S. Fischer Verlag 1886-1986. Buchumschläge. Über Bücher und ihre äußere Gestalt.* Frankfurt a. M.: S. Fischer, 1986, S. 17-20, u. a. [Auszug u. d. T.: Wo Th. M. sein Zuhause fand. Aus Revolutionären Klassiker machen: Vor Hundert Jahren gründete Fischer einen Verlag, der deutsche Literaturgeschichte schrieb. In: *Rheinischer Merkur,* Nr. 41 (3. Oktober 1986), S. 17. - Rez.: F. J. Görtz, # 86.92 - H.-A. Koch, # 86.158 - H. G. Proskauer, # 87.226].

86.225 PFANNER, Helmut F., Hrsg.: *Kulturelle Wechselbeziehungen im Exil - Exile across Cultures.* Bonn: Bouvier, 1986, 394 S. (= Studien zur Literatur der Moderne, Bd. 14) [Akten des vom 7. bis zum 10. März 1985 an der Staatsuniversität von New Hampshire (Durham, NH, USA) abgehaltenen Symposiums über deutsche und österreichische Exilliteratur. - Mit Beiträgen von: S. Frisch, # 86.78 - S. Mews, # 86.205 - L. Small, # 86.294 - K. Thoenelt, # 86.307].

86.226 PFEIFFER-BELLI, Erich: Th. M. und 'der kleine Pfeiffer-Belli aus Nidden'. In: E. P.-B., *Junge Jahre im alten Frankfurt und eines langen Lebens Reise.* Wiesbaden: Limes, 1986, S. 384-387.

86.227 PFISTER, Werner: Aus Revolutionären Klassiker machen. 100 Jahre S. Fischer Verlag. In: *Zürichsee-Zeitung,* Nr. 32 (8. Februar 1986), S. 9.

86.228 PHELPS, Reginald H.: Th. M., LL. D., Harvard, and the Third Reich. In: *Harvard Magazine,* Jg. 88, Nr. 6 (Juli-August 1986), S. 65-68.

86.229 PIKULIK, Lothar: Langeweile oder die Krankheit zum Kriege. Bemerkungen zu einem nicht nur literarischen Thema. In: *ZDP*, Jg. 105, Nr. 4 (1986), S. 593-618. [*Der Zauberberg*].

86.230 PILGRIM, Volker E.: Th. M. In: V. E. P., *Muttersöhne*. Düsseldorf: Claassen, 4. Aufl., 1986, S. 150-157. [F. Hölderlin - Th. M. - F. Nietzsche - R. M. Rilke].

86.231 POHLE, Fritz: Th. M. In: F. P., *Das mexikanische Exil. Ein Beitrag zur Geschichte der politisch-kulturellen Emigration aus Deutschland (1937-1946)*. Stuttgart: J. B. Metzler, 1986, XIII, 495 S. (= Germanistische Abhandlungen, Bd. 60).

86.232 POLLARD, K. G.: Rez. von M. D. Huszar Allen, # 85.2. In: *Journal of European Studies*, Jg. 16 (1986), S. 297.

86.233 PRAUSE, Gerhard: Die Wahrheit ist, daß ich gar nichts voraussah... In: *Die Zeit*, Jg. 41, Nr. 46 (7. November 1986), Literatur, S. 21. [Rez. von G. Mann, # 86.189].

86.234 PRICE, Martin: *Felix Krull* and the Comic Muse. In: H. Bloom, # 86.29, S. 325-334. [Nachdruck von # 83.285].

86.235 PROHL, Jürgen: Heinrich Manns Romantrilogien und seine geistes- und literaturgeschichtliche Bedeutung für die Entwicklung der deutschen Romantrilogie. In: *Heinrich Mann-Jahrbuch*, Bd. 4/1986 (1987), S. 3-38. [*Joseph und seine Brüder*].

86.236 PROSKAUER, Paul F.: Frankfurter Ausgabe jetzt komplett. In: *Aufbau*, Jg. 52, Nr. 41/42 (10. Oktober 1986), Literatur, S. 12. [Rez. von: H. Helbling, # 86.118 - H. Koopmann, # 86.163].

86.237 PROSS, Harry: 'Der Golo hat den längeren Atem'. Die Jugenderinnerungen Golo Manns - bis zum Abschied von Deutschland. In: *Stuttgarter Zeitung*, Jg. 42, Nr. 226 (1. Oktober 1986), S. 26. [Rez. von G. M., # 86.189].

86.238 RABKIN, Norman: *The Holy Sinner* as Romance. In: H. Bloom, # 86.29, S. 319-324. [Auszug aus: # 81.178. - *Der Erwählte*].

86.239 RADDATZ, Fritz J.: Mein Tagebuch soll mein Spiegel sein. In: *Die Zeit*, Jg. 41, Nr. 21 (16. Mai 1986), Extra, S. 41-44.

86.240 RASCH, Wolfdietrich: Th. M. und die Décadence. In: W. R., *Die literarische Décadence um 1900*. München: C. H. Beck, 1986, S. 159-169, 274. [Rez.: M. Anderson, # 88.2. - *Buddenbrooks* - *Der Tod in Venedig*].

86.241 REED, Terence J.: The Uses of Tradition. In: H. Bloom, # 86.31, S. 53-66. [Aus: # 74.154].

86.242 REED, Terence J.: Text and History: *Tonio Kröger* and the Politics of four Decades. In: *PEGS*, N. S., Jg. 57 (1986/1987), S. 39-54.

86.243 REICH-RANICKI, Marcel, Hrsg.: *Was halten Sie von Th. M.? Achtzehn Autoren antworten.* Frankfurt a. M.: Fischer, 1986, 143 S. (= Fischer Taschenbuch, 5464) [Inhalt: M. R.-R., # 86.244. - Erster Teil (1975): M. R.-R., T. Déry, H.-G. Gadamer, G. Greene, W. Harich, W. Jens, W. Koeppen, A. Koestler, L. Kolakowski, G. Kunert, S. Lenz, G. Mann, A. Muschg, H. E. Nossack, P. Rühmkorf, M. Sperber, F. Torberg, H. Weigel, A. Wilson - vgl. E in # 75.723. - Zweiter Teil (1985): H.-G. Gadamer (Tradition und Autorität), S. 85-88 - W. Jens (Das welthistorische Schauspiel), S. 89-99 - G. Kunert (Kein Widerspruch mehr), S. 101-104 - S. Lenz (Das Doppelangebot), S. 105-107 - G. Mann (Menschenkenntnis, Menschenfreundschaft), S. 109-111 - A. Muschg (Der erfüllte Anspruch), S. 113-119 - P. Rühmkorf (Die neugewonnene Wertschätzung des Prosaartisten), S. 121-137 - H. Weigel (Ein großes Ja), S.139. - Vgl. # 94.190].

86.244 REICH-RANICKI, Marcel: Vorwort. In: # 86.243, S. 9-16. [Vgl. Wiederabdruck in # 87.253].

86.245 REICH-RANICKI, Marcel: Th. M's treue Tochter. Aus Anlaß der in einer zweibändigen Ausgabe erschienenen Korrespondenz Erika Manns. In: *FAZ*, Jg. 38, Nr. 15 (18. Januar 1986). [Rez. von E. M., # 85.179. - Nachdruck u. d. T.: Seine treue Tochter in # 87.246].

86.246 REICH-RANICKI, Marcel: Revisionen sind im Gang, Bekehrungen möglich. Das Bild des Autors und Menschen Th. M. wandelt sich. In: *FAZ*, Jg. 38, Nr. 39 (15. Februar 1986), Bilder und Zeiten.

86.247 REICH-RANICKI, Marcel: Die Geburt der Kritik aus dem Geiste der Epik. Anmerkungen zu Th. M's Aufsätzen über Literatur. In: *FAZ*, Jg. 38, Nr. 71 (25. März 1986), Literatur. [Nachdruck u. d. T.: Die Geburt der Kritik aus dem Geiste der Epik in # 87.241. - Vgl. # 94.189].

86.248 REICH-RANICKI, Marcel: Golo Mann oder Die Befreiung eines Ungeliebten. Versuch aus Anlaß des Buches *Erinnerungen und Gedanken. Eine Jugend in Deutschland.* In: *FAZ*, Jg. 38, Nr. 226 (30. September 1986), Literatur, S. L1-L2. [Nachdruck u. d. T.: Die Befreiung eines Ungeliebten in # 87.249. - Rez. von G. M., # 86.189].

86.249 REISSINGER, Marianne: Eine Liebe, kein Skandal. Staatsoper München: Gespräch mit Norbert Vesak, der Th. M's Novelle *Der Tod in Venedig* in ein Ballett verwandelt. In: *Abendzeitung*, Jg. 43, Nr. 247 (25. Oktober 1986), Feuilleton, S. 11. [Betr. N. V's Ballett *Der Tod in Venedig*].

86.250 RENNER, Rolf G.: Rez. von R. Winston, # 85.296. In: *Arbitrium*, Jg. 4 (1986), S. 77-79.

86.251 RICHARD, Lionel: Préface. In: Th. M.: *Traversée avec Don Quichotte*. Bruxelles: Ed. Complexe, 1986, S. 7-20. [*Meerfahrt mit 'Don Quichote'*].

86.252 RIESS, Curt: Th. M. In: C. R., *Das war ein Leben. Erinnerungen.* München, u. a.: Langen Müller, 1986.

86.253 RILKE, Rainer M.: Th. M's *Buddenbrooks* (1902). In: R. Wolff, # 86.336, S. 21-23. [Vgl. E in # 02.6].

86.254 ROBERTS, David: Die Postmoderne: Dekonstruktion oder Radikalisierung der Moderne? Überlegungen am Beispiel des *Doktor Faustus*. In: Walter Haug, und Wilfried Barner, Hrsg.: *Ethische contra ästhetische Legitimation von Literatur. Traditionalismus und Modernismus: Kontroversen um den Avantgardismus.* Tübingen: M. Niemeyer, 1986, S. 148-153. (= Akten des VII. Internationalen Germanisten-Kongresses Göttingen 1985, Kontroversen, alte und neue, Bd. 8).

86.255 ROCHE, Mark W.: Laughter and Truth in *Doktor Faustus*. Nietzschean Structures in Mann's Novel of Self-Cancellations. In: *DVJS*, Jg. 60, Nr. 2 (1986), S. 309-332.

86.256 RUCHAT, Anna: Rez. von H. Wysling, # 84.270. In: *Il Confronto Letterario*, Jg. 3, Nr. 5 (1986), S. 249-251.

86.257 RÜHMKORF, Peter: Mein neuer Zeitvertreib. In: *FAZ*, Jg. 38, Nr. 39 (15. Februar 1986), Bilder und Zeiten, S. 1-2.

86.258 RUSTICHELLI, Luigi: L'esperienza nietzscheana del tragico nell'interpretazione di Th. M. In: *Il Ponte*, Jg. 42, Nr. 2 (März-April 1986), S. 130-144.

86.259 SALM, Peter: Th. M's *Doctor Faustus*: Break-Through to the Vertical Chord. In: P. S., *Pinpoint of Eternity. European Literature in Search of the All-Encompassing Moment.* Lamham, u. a.: University Press of America, 1986, S. 103-119. (= German Literature, Art, and Thought).

86.260 SCHÄTZKE, Andreas: Ein kläglicher Akt. Vor 50 Jahren wurde Th. M. der Ehrendoktortitel der Universität Bonn entzogen. In: *SZ*, Jg. 42, Nr. 286 (13./14. Dezember 1986), Feuilleton, S. 130. [Vgl. engl. Text u. d. T.: 50 Years since Th. M. Got the Boot. In: *The German Tribune*, Jg. 26, Nr. 1257 (4. Februar 1986), S. 10-11. - Ehrendoktor, Univ. Bonn].

86.261 SCHAPER, Eva: A Modern Faust. The Novel in the Ironical Key. In: H. Bloom, # 86.29, S. 103-122. [Nachdruck aus: # 65.317, S. 176-204].

86.262 SCHAUKAL, Richard: Th. M. Ein literar-psychologisches Porträt (1903). In: R. Wolff, # 86.336, S. 27-29. [Vgl. E in # 03.19].

86.263 SCHELLER, Wolf: Der Weg aus dem langen Schatten. Golo Manns schwierige Erinnerungsarbeit. In: *Rheinischer Merkur/Christ und Welt*, Jg. 41, Nr. 42 (10. Oktober 1986), Geistiges Leben, S. 20. [Vgl. u. d. T.: Das Verhältnis zum Vater blieb kühl und distanziert. Golo Mann: *Erinnerungen und Gedanken. Eine Jugend in Deutschland*. In: *General-Anzeiger*, Jg. 95, Nr. 29438 (13. November 1986), Literatur, S. 15. - Rez. von G. M., # 86.189].

86.264 SCHIRNDING, Albert von: Das Schöne und das Wahre. Zum 90. Geburtstag von Käte Hamburger. In: *SZ*, Jg. 42, Nr. 216 (20. September 1986), Feuilleton, S. 15.

86.265 SCHIRNDING, Albert von: Spiegel des Zeitalters. Der S. Fischer-Verlag wird hundert Jahre alt. In: *SZ*, Jg. 42, Nr. 225 (1. Oktober 1986), Feuilleton, S. 49.

86.266 SCHIRNDING, Albert von: Sohn und Bruder. Literarische Essays von Klaus Mann. In: *SZ*, Jg. 42, Nr. 256 (18./19. November 1986), Literatur, S. 49. [Rez. von K. M., # 86.190].

86.267 SCHIRRMACHER, Frank: Macht und Gewalt: Alliierte des Geistes? Th. M. und die Literaturwissenschaft. Eine Tagung in Lübeck. In: *FAZ*, Jg. 38, Nr. 225 (29. September 1986), S. 27.

86.268 SCHMOLZE, Gerhard: Erste deutsche Ministerin. In: *Kurier am Sonntag*, Jg. 86, Nr. 15 (13. April 1986), S. 20. [Mit Foto von Th. M. und seiner Begleiterin, 1949 in Weimar, M. Tonhorst, DDR-Ministerin für Volksbildung in Thüringen].

86.269 SCHNEIDER, Eduard: Zu Besuch bei den *Buddenbrooks* oder ein Temeswarer in Lübeck. In: *Volkskalender. Neue Banater Zeitung*, (1986), S. 60-64.

86.270 SCHNEIDER, Manfred: Den Tod buchstabieren: Slottern - Zeitlupe - Schreiben. In: *Akzente*, Jg. 33, Nr. 5 (Oktober 1986), S. 443-451. [M. Leiris: *La Règle du jeu* - Th. M.: *Doktor Faustus*].

86.271 SCHOELLER, Wilfried F.: Im politischen Fach: Dummerlinge. Joachim Fest über Heinrich und Th. M. In: *SZ*, Jg. 42, Nr. 90 (19./20. April 1986), SZ am Wochenende. [Rez. von J. C. F., # 85.64. - H. und Th. M.].

86.272 SCHOELLER, Wilfried F.: Als Musil Kafka kürzen wollte. Der Verlag S. Fischer wird hundert Jahre alt. In: *Die Zeit*, Jg. 41, Nr. 36 (29. August 1986), Literatur, S. 35. [Rez. von R. Stach, # 86.298].

86.273 SCHÖNAU, Walter: Rez. von H. Wysling, # 82.301. In: *Psyche*, Jg. 40, Bd. 1, Heft 4 (April 1986), S. 369-372. [*Felix Krull*].

86.274 SCHÖNAU, Walter: Rez. von C. Sommerhage, # 83.336. In: *Psyche*, Jg. 40, Bd. 1, Heft 5 (Mai 1986), S. 469-471.

86.275 SCHOEPS, Julius H.: Wider den Stachel des NS-Regimes. In: *FAZ*, Jg. 38 (12. Dezember 1986), S. 50-55.

86.276 SCHOOLFIELD, George C.: Th. M's *The Black Swan*. In: H. Bloom, # 86.29, S. 45-70. [Nachdruck von # 63.234. - *Die Betrogene*].

86.277 SCHUBERT, Bernhard: Th. M. Die Vernünftigkeit der bürgerlichen Lebensform und die Verwegenheit der Kunst. Entwurf und Zurücknahme des Ideals vom deutschen 'Handwerkerkünstler'. In: B. S., *Der Künstler als Handwerker. Zur Literaturgeschichte einer romantischen Utopie*. Königstein/Ts.: Athenäum, 1986, S. 150-211.

86.278 SCHUBERT, Bernhard: Das Ende der bürgerlichen Vernunft? Zu Th. M's *Doktor Faustus*. In: *ZDP*, Jg. 105, Nr. 4 (1986), S. 568-592.

86.279 SCHÜTZ, Erhard: 'Wohin verschlug uns der Traum?' Th. M.: *Der Zauberberg*. In: E. S., *Romane der Weimarer Republik*. München: W. Fink, 1986, S. 52-69, 243-244. (= Uni-Taschenbücher, 1387).

86.280 SCHULZ, Christiane: Eine Jugend in Deutschland. In: *Rheinische Post*, Nr. 242 (18. Oktober 1986), Das neue Buch. [Rez. von G. Mann, # 86.189].

86.281 SCHUMANN, Willy: *Deutschland, Deutschland über alles* und *Der Lindenbaum*. Betrachtungen zur Schlußszene von Th. M's *Der Zauberberg*. In: *German Studies Review*, Jg. 9, Nr. 1 (Februar 1986), S. 29-44.

86.282 SCHWEIKERT, Rudi: Nah-entfernte Nachbarschaft. Über Arno Schmidt und Th. M. (und am Rande Alfred Döblin). In: *Text und Kritik*, Jg. 20, Nr. 20 (4. Aufl., 1986), S. 164-179.

86.283 SCHWEITZER, Christoph E.: Rez. von H. R. Vaget, # 82.278. In: *Monatshefte*, Jg. 78, Nr. 1 (Frühjahr 1986), S. 106-107.

86.285 SEIDEL, Jürgen: Die Position des 'Helden' im Roman. Zur Figuralstruktur in Th. M's *Lotte in Weimar*. In: *Goethe-Jahrbuch*, N. F., Bd. 103 (1986), S. 207-234.

86.286 SEIDENFADEN, Ingrid: Benrath, der Mann im grauen Flanell. Lukullische Th. M.-Lesung im Cuvilliéstheater. In: *Abendzeitung*, Nr. 253 (3. November 1986), Feuilleton, S. 19. [M. Benrath liest Th. M.].

86.287 SEIDLIN, Oskar: Mynheer Peeperkorn and the Lofty Game of Numbers. In: H. Bloom, # 86.29, S. 183-202. [Vgl. E u. d. T.: The Lofty Game of Numbers: The Mynheer Peeperkorn Episode in Th. M's *Der Zauberberg*, # 71.209].

86.288 SEILER, Bernd W.: Ironischer Stil und realistischer Eindruck. Zu einem scheinbaren Widerspruch in der Erzählkunst Th. M's. In: *DVJS*, Jg. 60, Nr. 3 (1986), S. 459-483.

86.289 SEYPPEL, Joachim: Wer war Nelly Mann? Biographische Notizen zur zweiten Ehefrau Heinrich Manns. In: *Heinrich Mann-Jahrbuch*, Bd. 4/1986 (1987), S. 39-55.

86.290 SICHROVSKY, Peter, und Harald Wieser: 'Nach Hause sind wir nie zurückgekehrt'. *Spiegel*-Gespräch mit Gottfried und Brigitte Bermann Fischer über die 100jährige Geschichte ihres Verlages. In: *Der Spiegel*, Jg. 41, (29. Dezember 1986), S. 96-103.

86.291 SICKER, Philip: Babel Revisited: Mann's Myth of Language in *The Magic Mountain*. In: *Mosaic*, Jg. 19, Nr. 2 (Frühjahr 1986), S. 1-20. [Altes Testament: *Genesis - Der Zauberberg*].

86.292 SIEFKEN, Hinrich: Th. M.: Novalis und die Folgen. In: Hanne Castein, und Alexander Stillmark, Hrsg.: *Deutsche Romantik und das 20. Jahrhundert. Londoner Symposium 1985*. Stuttgart: Akademischer Verlag, 1986, S. 121-140. (= Stuttgarter Arbeiten zur Germanistik, Nr. 177).

86.293 SIEFKEN, Hinrich: Rez. von H. R. Vaget, # 84.249. In: *MLR*, Bd. 81 (1986), S. 256-257.

86.294 SMALL, Lauren: Myth and History in Sigmund Freud's *Der Mann Moses und die monotheistische Religion* and Th. M's *Das Gesetz*. In: H. F. Pfanner, # 86.225, S. 214-222.

86.295 SMALL, Lauren: *The Case of Th. M's Joseph und seine Brüder: An Essay on German-Jewish Cultural Assimilation*. Dissertation, The Johns Hopkins University, 1986, 183 S. [Resümee in: *DAI*, Jg. 47, Nr. 2 (August 1986), S. 525A].

86.296 SOMMER, Anne-Louise: Tvetydighedens daemoniske gehalt - en laesning af Th. M's *Doktor Faustus*. In: *Litteratur og Samfund*, Jg. 41 (Mai 1986), S. 114-129.

86.297 SONTHEIMER, Kurt: Der Humanität beraubt. Zu dem Essay *Die unwissenden Magier*. Joachim Fests Versuch, Thomas und Heinrich Mann zu entpolitisieren. In: *Die Zeit*, Jg. 41, Nr. 27 (27. Juni 1986), Literatur, S. 40. [Rez. von J. C. F., # 85.64].

86.298 STACH, Reiner: *100 Jahre S. Fischer Verlag 1886-1986. Kleine Verlagsgeschichte.* Frankfurt a. M.: S. Fischer, 1986, 207 S. [Rez.: F. J. Görtz, # 86.92 - H.-A. Koch, # 86.158 - W. F. Schoeller, # 86.272].

86.299 STAIBER, Marlyse: Situation de René Schickele en France (1932-1940). In: *Revue d'Allemagne*, Jg. 18, Nr. 2 (April-Juni 1986), S. 265-277.

86.300 STERN, Joseph P.: Deutschtum. In: *London Review of Books*, Jg. 8, Nr. 6 (3. April 1986), S. 7. [Und in: *German Book Review*, Nr. 1 (1986), S. 10-11. - Rez. von W. D. Morris' engl. Ausg. von Th. M.: *Betrachtungen eines Unpolitischen*, vgl. # 83.259].

86.301 STOCK, Irvin: *The Magic Mountain*. In: *MFS*, Jg. 32, Nr. 4 (Winter 1986), S. 487-520. [*Der Zauberberg*].

86.302 STOLPE, Sven: Mynheer Peeperkorn i 'Bergtagen'. In: *Horisont*, Jg. 33, Nr. 2 (1986), S. 60-63. [*Der Zauberberg* - G. Hauptmann].

86.303 STRELKA, Joseph: Wege und Weggenossen. Essays von Karl Kerényi. In: *NZZ*, Jg. 207, Nr. 261 (10. November 1986), S. 27. [Rez. von K. K., # 85.125].

86.304 STROMBERG, Kyra: Augenblicke, die eine Epoche umreißen. In den Briefen von Erika Mann spiegelt sich Zeitgeschichte. In: *Hannoversche Allgemeine Zeitung*, Jg. 83, Nr. 21 (25./26. Januar 1986), Der siebente Tag. [Rez. von E. M., # 84.147].

86.306 TANNER, Michael: Passion and Suspicion. In: *TLS* (21. März 1986), S. 300. [Nachdruck in: *German Book Review*, Nr. 1 (1986), S. 12-13. - Rez. von A. Blunden, # 85.20].

86.307 THOENELT, Klaus: Heinrich Mann als Exil-Autor in Frankreich: Moralismus-Darstellung und moralistischer Darstellungsmodus in den *Henri Quatre*-Romanen. In: H. F. Pfanner, # 86.225, S. 103-113.

86.308 TRASCHEN, Isadore: The Use of Myth in *Death in Venice*. In: H. Bloom, # 86.29, S. 87-101. [Nachdruck aus: # 65.351].

86.309 TRILSE, Jochanaan C.: Rez. von E. Hilscher, # 83.156. In: *Zeitschrift für Germanistik*, Jg. 7, Nr. 2 (Mai 1986), S. 232-234.

86.310 TSCHECHNE, Wolfgang: Stolz auf Heinrich Mann: Neues Jahrbuch. In: *Lübecker Nachrichten*, Jg. 41, Nr. 67 (20. März 1986), S. 13. [Rez. von *Heinrich Mann-Jahrbuch*, Bd. 2].

86.311 TSCHÖRTNER, Heinz-Dieter: Th. M. und Hauptmann. In: H.-D. T., *Ungeheures erhofft. Zu Gerhart Hauptmann - Werk und Wirkung.* Berlin: Der Morgen, 1986, S. 216-255, 314-316. [Vgl. E u. d. T.: Gerhart Hauptmann und Th. M.: Versuch einer Darstellung ihrer Beziehung, # 60.224 - vgl. auch # 62.262].

86.312 UEDING, Gert: Logik der Dichtung. Die Literaturwissenschaftlerin Käte Hamburger wird neunzig. In: *FAZ*, Jg. 38, Nr. 218 (20. September 1986), Feuilleton, S. 27.

86.313 ULRICH, Margot: Th. M. In: Heinz Rupp, und Carl L. Lang, Hrsg.: *Deutsches Literatur-Lexikon, Biographisch-Bibliographisches Handbuch, Bd. 10.* Bern: A. Francke, 3., völlig neu bearb. Aufl., 1986, S. 327-370.

86.314 VAGET, Hans R.: Rez. von H. Bürgin/H.-O. Mayer, # 82.41 - H. Matter, # 83.244, # 83.245 - A. Peters, # 82.191 - H. Wysling, # 82.301. In: *Monatshefte*, Jg. 78, Nr. 2 (Sommer 1986), S. 243-247.

86.315 VENABLE, Vernon: Structural Elements in *Death in Venice.* In: H. Bloom, # 86.29, S. 23-34. [Nachdruck aus: C. Neider, # 47.165, Originaltitel: *Death in Venice*].

86.316 VERTONE, Saverio: Ci dica, signor Th. M. Il difficile flirt tra cultura e massa. In: *Corriere della Sera* (9. April 1986), S. 16.

86.317 VIZINCZEY, Stephen: The Letters of Th. M. In: S. V., *Truth and Lies in Literature. Essays and Reviews.* Boston, u. a.: The Atlantic Monthly Press, 1986, S. 145-149. [Vgl. E in # 70.177b. - Rez. von R. Winston's Übs. von Th. M's Briefen, # 70.187a].

86.318 WALLINGER, Sylvia: 'Und es war kalt in dem silbernen Kerzensaal, wie in dem der Schneekönigin, wo die Herzen der Kinder erstarren'. Gesundete Männlichkeit - gezähmte Weiblichkeit in Th. M's *Königliche Hoheit* und *Wälsungenblut.* In: S. W., und Monika Jonas, Hrsg.: *Der Widerspenstigen Zähmung. Studien zur bezwungenen Weiblichkeit in der Literatur vom Mittelalter bis zur Gegenwart.* Innsbruck: Institut für Germanistik, 1986, S. 235-257. (= Innsbrucker Beiträge zur Kulturwissenschaft, Germanistische Reihe, Bd. 31).

86.319 WEDEMEYER, Manfred: Das Ferdinand-Avenarius-Institut in Klapholttal auf Sylt. In: *Die Heimat*, Jg. 93, Nr. 11/12 (November/Dezember 1986), S. 330-333. [Mit Brief Th. M's an H. Broermann vom 23. Februar 1934].

86.320 WEDEMEYER, Manfred: Th. M.: Die Insel lenkt den Sinn auf Grog. In: M. W., *Käuze, Künstler, Kenner - kaum gekanntes Sylt*. Essen: Pomp & Sobkowiak, 1986, S. 92-93.

86.321 WEIGAND, Hermann J.: Th. M's *Royal Highness* as Symbolic Autobiography. In: H. Bloom, # 86.29, S. 11-22. [Erstdruck des dt. Originals: # 31.83 - des engl. Textes: # 64.228].

86.322 WEIGAND, Hermann J.: Disease. In: H. Bloom, # 86.31, S. 7-22. [Aus: H. J. W.: *Th. M's Novel Der Zauberberg: A Study*. New York: AMS Press, 1971, S. 39-58, 167-168].

86.323 WEINRICH, Harald: Für eine Literaturgeschichte des Lesers. In: H. W., *Literatur für Leser. Essays und Aufsätze zur Literaturwissenschaft*. München: Deutscher Taschenbuch Verlag, 1986, S. 21-36. [*Schwere Stunde - Versuch über Schiller*].

86.324 WENZEL, Georg: Rez. von V. Hansen, # 84.78. In: *DLZ*, Jg. 107, Nr. 2/3 (Februar/März 1986), Sp. 154-156.

86.325 WENZEL, Georg: Rez. von H. R. Vaget, # 84.249. In: *DLZ*, Jg. 107, Nr. 5/6 (Mai/Juni 1986), Sp. 382-384.

86.326 WENZEL, Georg: Rez. von H. Koopmann, # 83.209. In: *DLZ*, Jg. 107, Nr. 9 (September 1986), Sp. 637-640.

86.327 WENZEL, Georg: Rez. von H. Kurzke, # 85.155. In: *DLZ*, Jg. 107, Nr. 12 (Dezember 1986), Sp. 853-856.

86.328 WERNER, Wilfried: Th. M. In: W. W., *Gegenwelt Arbeit. Studien zur Rolle erwerbsbezogener Tätigkeit in Erzählwerken der Jahrhundertwende*. Frankfurt a. M., u. a.: P. Lang, 1986. (= Europäische Hochschulschriften, Reihe 1: Deutsche Sprache und Literatur, Bd. 898).

86.329 WILLIAMS, C. E.: Not an Inn, but an Hospital. In: H. Bloom, # 86.31, S. 37-51. [Vgl. # 73.311].

86.330 WILLMS, Johannes: Entwicklung von mustergültiger Normalität. In: *Basler Zeitung*, Jg. 144, Nr. 210 (9. September 1986), Das Feuilleton. [Rez. von G. Mann, # 86.189].

86.331 WILTHÖLTER, Waltraud: Rez. von B. Wedekind-Schwertner, # 84.253. In: *Germanistik*, Jg. 27, Nr. 2 (1986), S. 301.

86.332 WISSKIRCHEN, Hans: *Zeitgeschichte im Roman. Zu Th. M's Zauberberg und Doktor Faustus.* Bern: A. Francke, 1986, 248 S. (= Th.-M.-Studien, Bd. 6) [Leicht überarb. Fassung der Diss., Univ. Marburg, 1985, 274 S. - Rez.: D. W. Adolphs, # 89.2 - A. Anger, # 87.5 - A. Drijard, # 88.48 - V. Hansen, # 87.110 - K. Hasselbach, # 88.88 - G. Kluge, # 89.128 - H. Lehnert, # 89.150 - H. Siefken, # 88.268 - T. Sprecher, # 87.313 - R. Symington, # 89.273].

86.333 WISSKIRCHEN, Hans: Mittelalterrezeption um 1920. Ein Beitrag zur Wirklichkeitsbewältigung der bürgerlich-konservativen Intelligenz nach dem 1. Weltkrieg. In: Rüdiger Krohn, Hrsg.: *Forum Materialien und Beiträge zur Mittelalter-Rezeption, Bd. 1.* Göppingen: Kümmerle, 1986, S. 257-275. (= Göppinger Arbeiten zur Germanistik, Nr. 360).

86.334 WOLF, Ernest M.: Scheidung und Mischung: Sprache und Gesellschaft in Th. M's *Buddenbrooks* (1983). In: R. Wolff, # 86.338, S. 75-94. [Vgl. E in # 83.379 - # 84.264 - vgl. Nachdruck in # 89.307].

86.335 WOLFF, Rudolf, Hrsg.: *Heinrich Mann: Das essayistische Werk.* Bonn: Bouvier, 1986, 172 S. (= Sammlung Profile, Bd. 24).

86.336 WOLFF, Rudolf, Hrsg.: *Th. M's Buddenbrooks und die Wirkung. 1. Teil.* Bonn: Bouvier, 1986, 136 S. (= Sammlung Profile, Bd. 16) [Inhalt: O. Anthes, # 86.9 - F. Blei, # 86.28 - O. Grautoff, # 86.95 - H. v. Gumppenberg, # 86.97 - H. Koopmann, # 86.165 - K. Martens, # 86.195 - K. Matthias, # 86.199 - H. Meyer-Benfrey, # 86.206 - R. M. Rilke, # 86.253 - R. Schaukal, # 86.262 - R. W., # 86.337].

86.337 WOLFF, Rudolf: Bibliographie (Auswahl). In: # 86.336, S. 118-135.

86.338 WOLFF, Rudolf, Hrsg.: *Th. M's Buddenbrooks und die Wirkung. 2. Teil.* Bonn: Bouvier, 1986, 132 S. (= Sammlung Profile, Bd. 23) [Inhalt: E. Emrich, # 86.61 - R. Kost, # 86.166 - B. M. Kraske, # 86.167 - E. M. Wolf, # 86.334 - R. W., # 86.339 - M. Zeller, # 86.344].

86.339 WOLFF, Rudolf: Bibliographie (Auswahl). In: # 86.338, S. 114-131.

86.340 WOLFF, Uwe: Nach Deutschland wollte er nicht zurückkehren. In: *Hannoversche Allgemeine Zeitung*, Jg. 83, Nr. 300 (27./28. Dezember 1986), Der siebente Tag. [Rez. von I. Jens, # 86.140].

86.341 WOLFF, Uwe: Des Dichters später Flirt mit dem Lipstick-Engel. Der kalifornische Beobachter: Th. M's private und zeitkritische Notizen vom Kriegsende. In: *Rheinischer Merkur*, Jg. 41 (24. Dezember 1986). [Rez. von I. Jens, # 86.140].

Bibliographie der Kritik

86.342 WURST, Karin A.: Rez. von H. R. Vaget, # 84.249. In: *German Studies Review*, Jg. 9, Nr. 1 (1986), S. 177.

86.343 ZAND, Nicole: Th. M. et Vladimir Nabokov en proie à l'interview. Faut-il parler aux journalistes? In: *Le Monde* (7. Februar 1986), S. 13, 18. [Rez. von V. Hansen/G. Heine, # 86.107].

86.344 ZELLER, Michael: Seele und Saldo: Ein texttreuer Gang durch *Buddenbrooks*. In: R. Wolff, # 86.338, S. 9-42. [Bearbeitung eines Kapitels aus: # 74.217].

86.345 ŽMEGAČ, Viktor: Zu einem Thema Goethes und Th. M's: Wege der Erotik in der modernen Gesellschaft. In: *Goethe-Jahrbuch*, N. F., Bd. 103 (1986), S. 152-167. [Vgl. Nachdruck in # 93.324. - *Der Tod in Venedig - Über die Ehe*].

86.346 ZYNDA, Stefan: Th. M. In: S. Z., *Sexualität bei Klaus Mann*. Bonn: Bouvier, 1986. (= Abhandlungen zur Kunst-, Musik- und Literaturwissenschaft, Bd. 362) [Rez.: F. Kröhnke, # 87.166].

87.1   ADOLPHS, Dieter W.: Das Glück der Kindheit im frühen Werk Th. M's. In: *Orbis Litterarum*, Jg. 42, Nr. 2 (1987), S. 141-167.

87.2   AHN, Sam-Huan: Spuren der Exilerfahrung in Th. M's Roman *Der Erwählte*. In: *Heinrich Mann-Jahrbuch*, Bd. 5/1987 (1987), S. 88-108. [Vgl. # 77.1]

87.3   ALLOSSO, Salvatore F.: *The Level Glance and the Search for Morality in Modern Fiction*. Dissertation, University of California at Davis, 1987, 232 S. [Resümee in: *DAI*, Jg. 48, Nr. 3 (1987/88), S. 647A. - F. Kafka: *Amerika* - Th. M.: *Der Zauberberg*].

87.4   AMENT, Karl: *Begegnung mit Th. M.* Hrsg. vom Kunstverein Bamberg. Bamberg: Meisenbach, 1987, 8 S. [Vgl. Nachdruck in # 89.7].

87.5   ANGER, Alfred: Rez. von D. W. Adolphs, # 85.1 - H. Wißkirchen, # 86.332. In: *Germanistik*, Jg. 28, Nr. 2/3 (1987), S. 667, 673.

87.6   ANON.: König, Gegenkönig und Hofstaat. Familie Mann. In: *Buch aktuell*, Nr. 3 (1987), S. 50. [Rez. von M. Reich-Ranicki, # 87.236].

87.7   ANON.: Wie macht man Plettenpudding? In: *Essen und Trinken*, Nr. 9 (1987), S. 9. [*Buddenbrooks*].

87.8   ANON.: *Doktor Faustus*-Musik. Eine radiophone Dichtung von Otto Brusatti. In: *NZZ*, Jg. 208, Nr. 25 (31. Januar/1. Februar 1987), S. 46. [Programmanzeige].

87.9   ANON.: Ruinierte Volksbande. In: *Der Spiegel*, Jg. 41, Nr. 7 (9. Februar 1987), Schriftsteller, S. 185, 187, 189. [Rez. von I. Jens, # 86.140].

87.11 ANON.: Das Streiflicht. In: *SZ*, Jg. 43, Nr. 241 (20. Oktober 1987), S. 1. [Aus Anlaß der Th. M.-Ausstellung in der Villa Stuck].

87.12 ANON. [E. H.]: Ein Mann wie Th. M. Immer egozentrisch oder doch mehr? In: *Die Presse*, Jg. 139 (7. März 1987). [Rez. von I. Jens, # 86.140. - Verfasser: E. Hartl].

87.13 ANTON, Herbert: Rez. von F. A. Lubich, # 86.181. In: *Germanistik*, Jg. 28, Nr. 2/3 (1987), S. 671.

87.14 ASSMANN, Dietrich: 'Herzpochendes Mitteilungsbedürfnis und tiefe Scheu vor dem Unzukömmlichen'. Th. M's Erzähler im *Doktor Faustus*. In: *Hefte der Deutschen Th.-M.-Gesellschaft*, Nr. 6/7 (1987), S. 87-97.

87.15 BAL, Mieke: Myth à la lettre: Freud, Mann, Genesis and Rembrandt, and the Story of the Son. In: Shlomith Rimmon-Kenan, Hrsg.: *Discourse in Psychoanalysis and Literature.* London, u. a.: Methuen, 1987, S. 57-89. (= University Paperbacks, 960).

87.16 BANCE, Alan F.: *Mann the Magician or The Good versus the Interesting. An Inaugural Lecture. Delivered on 12 February 1987.* Southampton/England: University, 1987, 32 S.

87.17 BANCE, Alan F.: The Narrator in Th. M's *Mario und der Zauberer.* In: *MLR,* Bd. 82, Nr. 2 (April 1987), S. 382-398.

87.18 BANULS, André: Les trois étoiles de Th. M.: Schopenhauer, Wagner, Nietzsche. In: *EG,* Jg. 42, Nr. 3 (Juli-September 1987), S. 344-354.

87.19 BANULS, André: Die ironische Neutralität des gelben Hündchens. In: E. Heftrich/H. Wysling, # 87.117, S. 213-228.

87.20 BATTS, Michael S., Anthony W. Riley, und Heinz Wetzel, Hrsg.: *Echoes and Influences of German Romanticism. Essays in Honour of Hans Eichner.* New York, u. a.: P. Lang, 1987, 291 S. [Mit Beiträgen von: W. Frühwald, # 87.83 - H. Reiss, # 87.256 - R. Symington, # 87.322].

87.21 BAUR, Heidi: La Th.-M.-Askivo. In: *The Australian Esperantist,* Nr. 245 (November/Dezember 1987), S. 123-124.

87.22 BAVAJ, Ursula: 1914, parole per un 'Plaidoyer': I *Gedanken im Kriege* di Th. M. In: Ferruccio Masini, Hrsg.: *Ideologia della guerra.* Napoli: Bibliopolis, 1987, S. 187-202. (= Saggi, 23).

87.23 BERGERVOET, Loes: Geschwisterinzest in der Literatur der Jahrhundertwende. In: *Zeit-Schrift,* Nr. 3 (September 1987), S. 9-29. [*Wälsungenblut*].

87.23a BERMANN FISCHER, Gottfried und Brigitte: 'Nach Hause sind wir nie zurückgekehrt'. Gespräch mit Spiegel-Redakteuren Harald Wieser und Peter Sichrowsky. In: *Der Spiegel,* Jg. 41, Nr. 11 (1987), S. 96-103.

87.24 BITTERLI, Urs: Rez. von G. Mann, # 86.189. In: *Schweizer Monatshefte,* Jg. 67 (1987), S. 67-75.

87.25 BLEICHER, Thomas: Rez. von A. Abboud, # 84.1. In: *Germanistik,* Jg. 28, Nr. 1 (1987), S. 89.

87.26 BLOMSTER, Wesley V.: Rez. von G. Härle, # 86.100. In: *German Studies Review,* Jg. 10 (1987), S. 179-180.

87.27 BLUMENBERG, Hans: Nachspiele. Zwei Glossen zu Th. M's Tagebuch 1945. In: *NZZ*, Jg. 208, Nr. 64 (18. März 1987), Feuilleton, S. 39. [Rez. von I. Jens, # 86.140].

87.28 BÖHM, Karl W.: Rez. von I. Jens, # 86.140. In: *Forum Homosexualität und Literatur*, Nr. 2 (1987), S. 122-125.

87.29 BÖHME, Astrid: Zeugnisse der Wandlung eines großen Dichters. In: *Neues Deutschland*, Jg. 42, Nr. 163 (14. Juli 1987), S. 4. [Rez. von H. Matter, # 86.198].

87.30 BOELLAARD, George: Conservatief en ironisch. De politieke opvattingen van Th. M. In: *Hollands Maandblad*, Jg. 28, Nr. 4 (April 1987), S. 18-26. [*Friedrich und die große Koalition - Betrachtungen eines Unpolitischen* - Politik].

87.31 BÖSCHENSTEIN, Renate: Eichendorff im Werk Th. M's. In: *Aurora*, Jg. 47 (1987), S. 31-52.

87.32 BOHRER, Karl H.: Die permanente Theodizee. Über das verfehlte Böse im deutschen Bewußtsein. In: *Merkur*, Jg. 41, Nr. 455-466 (1987), S. 267-286. [Vgl. Nachdruck in # 88.25. - H. Broch - *Doktor Faustus*].

87.33 BOLLMANN, Stefan: Rez. von J. C. Fest, # 85.64. In: *Zeitmitschrift*, Nr. 3 (1987), S. 147-151.

87.34 BROGELLI, Francesca: *La figura e l'opera di Richard Wagner negli scritti saggistici di Th. M. Tesi di laurea, Università degli Studi*. Dissertation, Pisa, 1987, 297, XIII S.

87.35 BÜRGI, Andreas: Philosophieren im Eismeer. Zur Biographie und zum Werk von Theodor Lessing. In: *Tages-Anzeiger*, Jg. 95, Nr. 155 (8. Juli 1987), Kultur, S. 11. [Rez. von R. Marwedel, # 87.189. - Zur Beziehung Th. M.- T. L.].

87.36 BÜRGIN, Hans, und Hans-Otto Mayer, Hrsg.: *Die Briefe Th. M's. Regesten und Register. Bd. IV: Die Briefe von 1951 bis 1955 und Nachträge*. Frankfurt a. M.: S. Fischer, 1987, XIV, 704 S. [Überarb. und ergänzt von G. Heine und Y. Schmidlin. Lektorat: K. Beck. - Rezensionen vgl. # 87.37].

87.37 BÜRGIN, Hans, und Hans-Otto Mayer, Hrsg.: *Die Briefe Th. M's. Regesten und Register. Bd. V: Empfängerverzeichnis und Gesamtregister*. Frankfurt a. M.: S. Fischer, 1987, 657 S. [Überarb. und ergänzt von G. Heine und Y. Schmidlin. Lektorat: K. Beck. - Rez.: Anon. [vhg], # 89.13 - H. Helbling, # 88.95 - K. W. Jonas, # 90.144 - H. Kieser, # 88.133 - H. Kurzke, # 88.159 - A. v. Schirnding, # 88.256 - H. R. Vaget, # 92.299 - G. Wenzel, # 90.314].

87.38   BÜTOW, Belinde: Lübeck - strahlende Stadt der Geschichte. In: *Die Welt* (26. August 1987).

87.39   BUSCH, Frank: *August Graf von Platen - Th. M.: Zeichen und Gefühle.* München: W. Fink, 1987, 269 S. (= Literatur in der Gesellschaft, N. F., Bd. 12) [Zugl.: Überarb. Diss., Univ. Bochum. - Rez.: K. W. Böhm, # 89.30 - H. Siefken, # 91.219].

87.40   BUSCH, Frank: Frau Horkheimer, Langusten und Filet. In: *Die Weltwoche*, Jg. 55, Nr. 11 (12. März 1987), S. 63. [Rez. von I. Jens, # 86.140].

87.41   CARNEGY, Patrick: The Novella Transformed: Th. M. as Opera. In: D. Mitchell, # 87.201, S. 168-177, 216-217. [*Der Tod in Venedig*].

87.42   CARSTENSEN, Richard: Das Meer und die Musik. In: *Euterpe*, Nr. 5 (1987), S. 170-179. [*Buddenbrooks*].

87.43   CERF, Steven R.: Rez. von R. G. Renner, # 85.233. In: *GQ*, Jg. 60, Nr. 3 (1987), S. 497-498.

87.44   CERSOWSKY, Peter: Th. M's *Der Zauberberg* und Alfred Kubins *Die andere Seite.* In: *Jahrbuch der Deutschen Schillergesellschaft*, Bd. 31 (1987), S. 289-320.

87.45   CHIUSANO, Italo A.: Un romanzo intitolato 'Lettere' (Th. M.). In: I. A. C., *Altre lune. Saggi e interventi letterari.* Milano: A. Mondadori, 1987, S. 134-156.

87.46   CHIUSANO, Italo A.: Hiroshima scarpe bianche. In: *La Repubblica*, Jg. 12, Nr. 108 (8. Mai 1987), S. 25. [Rez. von I. Jens, # 86.140].

87.47   CREMERIUS, Johannes: Der Einfluß der Psychoanalyse auf die deutschsprachige Literatur. In: *Psyche*, Jg. 41, Heft 1 (1987), S. 39-54.

87.48   CUOMO, Glenn R.: Hanns Johst und die Reichsschrifttumskammer. Ihr Einfluß auf die Situation des Schriftstellers im Dritten Reich. In: Jörg Thunecke, Hrsg.: *Leid der Worte: Panorama des literarischen Nationalsozialismus.* Bonn: Bouvier, 1987, S. 108-132. (= Abhandlungen zur Kunst-, Musik- und Literaturwissenschaft, Bd. 367).

87.49   DALLMANN, Günter: 'Smaborgaren Mann'. In: *Moderna språk*, Jg. 81, Nr. 1 (1987), S. 56-57. [B. Brecht - P. Weiss].

87.50   DARMAUN, Jacques: Rez. von B. Kristiansen, # 86.169. In: *EG*, Jg. 42 (Oktober-Dezember 1987), S. 488-489.

87.51 DASSANOWSKY-HARRIS, Robert von: Th. M's *Der Tod in Venedig*: Unfulfilled 'Aufbruch' from the Wilhelminian World. In: *Germanic Notes*, Jg. 18, Nr. 1/2 (1987), S. 16-17.

87.52 DELILLE, Maria M. Gouveia: Rez. von M. T. Delgado Mingocho, # 86.210. In: *Runa*, Nr. 7/8 (1987), S. 205-207. [*Lotte in Weimar*].

87.53 DEMMER, Sybille: Rez. von H. R. Vaget, # 82.278. In: *Archiv für Kulturgeschichte*, Jg. 69 (1987), S. 249-251.

87.54 DIERKS, Manfred: Rez. von J. Hörisch, # 83.159. In: *Arbitrium*, Jg. 5 (1987), S. 167-171.

87.55 DIERKS, Manfred: Rez. von R. G. Renner, # 85.233. In: *Germanistik*, Jg. 28, Nr. 1 (1987), S. 198-199.

87.56 DIERKS, Manfred: Über einige Beziehungen zwischen psychischer Konstitution und 'Sprachwerk' bei Th. M. In: E. Heftrich/H. Wysling, # 87.117, S. 273-290.

87.57 DIERSEN, Inge: Rez. von I. Jens, # 86.140. In: *Referatedienst zur Literaturwissenschaft*, Jg. 19, Nr. 4 (1987), S. 567-568.

87.58 DIETRICH, Jürgen: Schwerpunkt Th. M. Husumer Filmtage. In: *Flensburger Tageblatt*, Nr. 175 (31. Juli 1987), S. 4.

87.59 DITTMER, Ilse: Rez. von I. Jens, # 86.140 - E. Mann, # 84.147, # 85.179 - G. Mann, # 86.189. In: *Du*, Nr. 10 (Oktober 1987), S. 102-113.

87.60 DOWNING, Eric S.: *Artificial I's. The Self as Artwork in Ovid, Kierkegaard, and Th. M.* Dissertation, University of California at Berkeley, 1987, 460 S. [Vgl. Buchausgabe in # 93.52. - Resümee in: *DAI*, Jg. 49, Nr. 6 (Dezember 1988), S. 1449A-1450A. - *Felix Krull*].

87.61 DREYKORN, Paul: Leiden an Deutschland. Zu den Tagebüchern Th. M's von 1944-1946. In: *Nürnberger Zeitung*, Jg. 184, Nr. 31 (7. Februar 1987), S. 2. [Rez. von I. Jens, # 86.140].

87.62 DRÖGE, Christoph: Das Exil und das Reich: Ernst Robert Curtius, Aline Mayrisch-de-Saint Hubert und die Emigration in den dreißiger Jahren. In: Jean-Claude Muller, und Frank Wilhelm, Hrsg.: *Le Luxembourg et l'étranger - Présences et Contacts. Luxemburg und das Ausland - Begegnungen und Beziehungen. Pour les 75 ans du professor Tony Bourg.* Luxembourg: Association SESAM, 1987, S. 171-186.

87.63   EGGENSCHWILER, David: The Very Glance of Art: Ironic Narrative in Mann's 'Novellen'. In: *MLQ*, Jg. 48, Nr. 1 (März 1987), S. 59-85. [*Tonio Kröger - Der Tod in Venedig - Mario und der Zauberer.* - Ironie].

87.64   EICHHOLZ, Armin: Weltbewegendes neben Trivialem in Th. M's Tagebüchern. In: *Die Welt* (16. April 1987). [Rez. von I. Jens, # 86.140].

87.65   EICHNER, Hans: Rez. von H. Kurzke, # 85.155. In: *Germanistik*, Jg. 28, Nr. 2/3 (1987), S. 198.

87.66   EICHNER, Hans: Rez. von I. Jens, # 86.140. In: *Germanistik*, Jg. 28, Nr. 4 (1987), S. 666-667.

87.67   ERENZ, Benedikt: Ausstellung in München: Th. M. Sublim! In: *Die Zeit*, Jg. 42, Nr. 48 (20. November 1987), S. 72. [Rez. von J. Kolbe, # 87.158. - Th. M.-Ausstellung].

87.68   EYKMAN, Christoph: Zur Nietzsche-Rezeption in der deutschen und österreichischen Exilliteratur 1935-1956. In: *Heinrich Mann-Jahrbuch*, Bd. 5/1987 (1987), S. 73-87. [Th. M. - F. Nietzsche].

87.69   EYRING, Georg: Radikalismus der Vernunft. Rainer Marwedel schrieb die erste Biographie des Theodor Lessing. In: *Die Zeit*, Jg. 42, Nr. 19 (1. Mai 1987), S. 56. [Rez. von R. M., # 87.169].

87.70   FÄHNDERS, Walter: Th. M. In: W. F., *Anarchismus und Literatur. Ein vergessenes Kapitel deutscher Literaturgeschichte zwischen 1890 und 1910.* Stuttgart: J. B. Metzler, 1987.

87.71   FELDMAN, James A.: *Part I. The Intruder: A Chamber Opera in one Act. Part II. The Musical Portrayal of Gustav von Aschenbach in Benjamin Britten's Death in Venice.* Dissertation, Kent State University, 1987, 225 S. [Resümee in: *DAI*, Jg. 48, Nr. 6 (1987), S. 1348A-1349A. - B. B.: *Death in Venice* - Th. M.: *Der Tod in Venedig*].

87.72   FETSCHER, Iring: Der andere Weg. Betrachtungen zum *Doktor Faustus* von Th. M. In: I. F., *Die Wirksamkeit der Träume. Literarische Skizzen eines Sozialwissenschaftlers.* Frankfurt a. M.: Athenäum, 1987, S. 96-110. [Vgl. E # in 48.50].

87.73   FETSCHER, Iring: Briefwechsel mit Th. M. Juni 1948. In: # 87.72, S. 201-205.

87.74   FIGUEIRA, Dorothy M.: The Indian Myth of the Transposed Heads in the Work of Th. M. and Marguerite Yourcenar. In: *Rivista di Letterature moderne e comparate*, Jg. 40, Nr. 2 (Juni 1987), S. 161-173. [*Die vertauschten Köpfe*].

87.75   FISCHER, Alfred J.: Emigrant im Jahre 1923 und von 1933 an. Persönliche Erinnerungen als Beitrag zur Asylrechtsdiskussion. In: *Der Tagesspiegel*, Jg. 43, Nr.
12710 (19. Juli 1987), S. 10. [G. Bermann Fischer].

87.77   FOKKEMA, Douwe, und Elrud Ibsch: Th. M. In: *Modernist Conjectures. A
Mainstream in European Literature 1910-1940.* London: Hurst, 1987, S. 26-28,
147-148, 290-317. [*Tonio Kröger - Der Tod in Venedig - Doktor Faustus*].

87.78   FRÄMCKE, Ricarda: Sechsmal Th. M. im Michel - Ein Plädoyer für die leisen
Stimmen. In: *Hamburger Abendblatt*, Nr. 240 (15. Oktober 1987), Feuilleton, S.
15. [*Joseph und seine Brüder* - G. Westphal].

87.79   FRENZEL, Ivo: Arzt, Verleger, Freund der Künste. Gottfried Bermann Fischer
zum 90. Geburtstag. In: *SZ*, Jg. 43, Nr. 173 (31. Juli 1987), S. 41.

87.80   FRISE, Adolf: Roman und Essay. Gedanken zu Hermann Broch, Th. M. und
Robert Musil. In: A. F., *Plädoyer für Robert Musil.* Reinbek bei Hamburg:
Rowohlt, erw. Ausg., 1987, S. 77-96. [Vgl. E dieses Aufsatzes u. d. T.: Politische
Betrachtungen eines Unpolitischen. Th. M. und Bonn. In: *Merkur*, Jg. 34, Heft
325 (1980)].

87.81   FRIZEN, Werner: Th. M's *Zauberberg* und die 'Weltgedichte' der Zeitenwende.
In: *Arcadia*, Jg. 22, Nr. 3 (1987), S. 244-269.

87.82   FRIZEN, Werner: Zeitenwende. Über theo-politische Grundmotive in Th. M's
Zauberberg. In: E. Heftrich/H. Wysling, # 87.117, S. 229-245.

87.83   FRÜHWALD, Wolfgang: Kunststadt München. Von der Entstehung und Dauer-
haftigkeit eines romantisch-literarischen Motivs. In: Batts/Riley/Wetzel, # 87.20,
S. 271-286.

87.84   FURUICHI, Miyuki: Th. M's Wende 1918-1922 im Spiegel seiner Spengler-Rezep-
tion. In: *The Journal of Social Sciences and Humanities*, Nr. 190 (März 1987), S.
53-104.

87.85   GAY, Peter: Th. M. In: P. G., *Die Republik der Außenseiter. Geist und Kultur in
der Weimarer Zeit 1918-1933.* Frankfurt a. M.: Fischer, 1987, 253 S. [Aus dem
Amerikanischen übs. von H. Lindemann. - Vgl. engl. Original von 1968].

87.86   GEHRKE, Hans, und Martin Thunich: *Th. M. Der kleine Herr Friedemann,
Tristan. Interpretationen und unterrichtspraktische Vorschläge.* Hollfeld/Obfr.: C.
Bange, 1987, 119 S. (= Analysen und Reflexionen, Bd. 60).

87.87   GEISER, Peter: Ex hexametro tono. In: *Blätter der Th. M. Gesellschaft Zürich*, Nr. 22 (1987-1988), S. 19-27. [Klassik - Sprache].

87.88   GERTH, Klaus: 'Eine Maya-Groteske' - Th. M's Erzählung *Die vertauschten Köpfe*. In: *Literatur für Leser*, Heft 1 (1987), S. 48-58. [*Die vertauschten Köpfe*].

87.89   GILLESPIE, Gerald: The Ways of Hermes in the Works of Th. M. In: Karl K. Polheim, Hrsg.: *Sinn und Symbol: Festschrift für Joseph P. Strelka zum 60. Geburtstag*. Bern, u. a.: P. Lang, 1987, S. 371-385.

87.90   GISSELBRECHT, André: Th. M. et le prussianisme. In: *Revue d'Allemagne*, Jg. 19, Nr. 3 (Januar-März 1987), S. 236-244.

87.91   GOCKEL, Heinz: Das Musikalische im Werk Th. M's. In: *Hefte der Deutschen Th.-M.-Gesellschaft*, Nr. 6/7 (August 1987), S. 40-54. [*Der Zauberberg - Doktor Faustus*].

87.92   GOCKEL, Heinz: Rez. von R. G. Renner, # 85.233. In: *Literaturwissenschaftliches Jahrbuch*, N. F., Bd. 28 (1987), S. 379-385.

87.93   GOEDE, Wolfgang C.: Warum manche Bücher zum Bestseller werden. In: *Peter Moosleitners interessantes Magazin*, N. F., Nr. 7 (19. Juni 1987), S. 40-46. [*Buddenbrooks*].

87.94   GÖKBERG, Ülker: *Konservatismus, Skepsis, Fortschrittsdenken: Th. M's Betrachtungen eines Unpolitischen*. Dissertation, Seattle, WA: University of Washington, 1987, 249 S. [Resümee in: *DAI*, Jg. 48, Nr. 3 (September 1987), S. 658A].

87.95   GÖTZE, Karl-Heinz: 'Als Natur nicht anziehend, obgleich vorzüglich'. Th. M's Tagebücher von 1944 bis 1946. Eine Fundgrube. In: *Frankfurter Rundschau*, Jg. 43, Nr. 20 (24. Januar 1987), Zeit und Bild, S. 4. [Rez. von I. Jens, # 86.140].

87.96   GOLDSMITH, Ulrich K.: Rez. von E. Heftrich/J. M. Valentin, # 86.115. In: *Yearbook of Comparative and General Literature*, Bd. 36 (1987), S. 186-188.

87.97   GOMEZ, Eduardo: Marcel Proust, Th. M. y la novela latino-americana. In: E. G., *Ensayos de crítica interpretativa. Th. M., M. Proust, F. Kafka*. Bogotà: Tercer Mundo, 1987, S. 9-27.

87.98   GOMEZ, Eduardo: Lectura de *La muerte en Venecia*. In: # 87.97, S. 29-112. [*Der Tod in Venedig*].

87.99   GOMEZ, Eduardo: Th. M., *La montaña mágica* y La Llanura prosaica, o el nacimiento de una nueva crítica. In: # 87.97, S. 113-131. [*Buddenbrooks - Der Zauberberg*].

87.100 GRANDJONC, Jacques: Th. M. und das Amsterdamer Comité Nederland-Duitsland im Sommer 1947. In: *Cahiers d'études germaniques*, Nr. 13 (1987), S. 283-310. [Briefwechsel mit B. Andréas].

87.101 GRAWE, Christian: Die Sprache von Goethes *Dichtung und Wahrheit*, gesehen durch Th. M.: *Die Bekenntnisse des Hochstaplers Felix Krull*. In: C. G., *Sprache im Prosawerk*. Bonn: Bouvier, 2. Aufl., 1987, S. 9-24, 108. (= Abhandlungen zur Kunst-, Musik- und Literaturwissenschaft, Bd. 147) [Vgl. E in # 74.55a].

87.102 GREENBERG, Valerie D.: Günter de Bruyn's *Neue Herrlichkeit*: Leveling the *Zauberberg*. In: *GQ*, Jg. 60, Nr. 2 (Frühjahr 1987), S. 205-219.

87.103 GREGOR-DELLIN, Martin: Th. M. In seiner Ausg. von Klaus Mann: *Briefe und Antworten 1922-1949, 2 Bde.* München: Ellermann, 1987, 823 S. [Rez.: P. Laemmle, # 88.162 - P. F. Proskauer, # 87.227].

87.104 GREGOR-DELLIN, Martin: Das dritte Leben. Zum neunzigsten Geburtstag Gottfried Bermann Fischers. In: *FAZ*, Jg. 39, Nr. 147 (31. Juli 1987), S. 25.

87.105 GRENVILLE, Anthony B. J.: Idealism versus Materialism in the Representation of History in Literature: The Dictator Figure in Th. M's *Mario und der Zauberer* and Brecht's *Der aufhaltsame Aufstieg des Arturo Ui*. In: *Journal of European Studies*, Jg. 17 (Juni 1987), S. 77-105.

87.106 GRIMM, Gunter: Die große, unvergessene Kränkung. In: *Stuttgarter Zeitung*, Jg. 43, Nr. 18 (24. Januar 1987), S. 50. [Rez. von I. Jens, # 86.140].

87.107 HÄRLE, Gerhard: Hinter-Sinn. Zur Bedeutung des Analen für die Ästhetik homosexueller Literatur. In: *Forum Homosexualität und Literatur*, Nr. 1 (1987), S. 38-72.

87.108 HAILE, Harry G.: Rez. von C. Koelb, # 84.116. In: *Comparative Literature Studies*, Jg. 24, Nr. 2 (1987), S. 211-212. [*Goethe und Tolstoi*].

87.109 HALLS, S. W.: *The Use and Abuse of Music in Th. M's Doktor Faustus*. Dissertation, Sheffield University, 1987.

87.110 HANSEN, Volkmar: Rez. von D. W. Adolphs, # 85.1 - H. Wißkirchen, # 86.332. In: *Deutsche Bücher*, Jg. 17 (1987), S. 302-303.

87.111 HANSEN, Volkmar: Rez. von D. J. T. Ball, # 86.13. In: *Germanistik*, Jg. 28, Nr. 4 (1987), S. 947.

87.112 HANSEN, Volkmar: Hanno Buddenbrook soll ein Gedicht aufsagen. In: E. Heftrich/H. Wysling, # 87.117, S. 11-29.

87.113 HANSSEN, Léon: Een symbolische copula. De Brieven van Carel Dinaux aan Th. M. In: *Maatstaf, briefen-special*, Jg. 35, Nr. 11/12 (1987), S. 32-46. [Betr. Briefe von C. D. an Th. M.].

87.114 HARICH, Wolfgang: Revision des marxistischen Nietzschebildes? In: *Sinn und Form*, Jg. 39, Nr. 5 (September/Oktober 1987), S. 1018-1053. [Über Th. M.: S. 1049-1052. - Darin auf S. 1050: Scharfer Angriff auf den verdienstvollen Th. M.- Bibliographen und Herausgeber H. Matter ohne Namensnennung: 'Mit Bedacht, voller Scham hat der Autor aus seiner Werkausgabe letzter Hand, der 12-bändigen von 1955, die *Betrachtungen* ausgeschieden. Kaum zu fassen, weil verfassungswidrig, ist, daß sie die DDR-Edition seiner *Aufsätze, Reden, Essays* (Berlin, Weimar 1983) vervollständigen'. - Vgl. H. Matter, # 83.245].

87.115 HASSELBACH, Karlheinz: Rez. von H. Kurzke, # 85.155. In: *GQ*, Jg. 60, Nr. 3 (1987), S. 494-497.

87.116 HEFTRICH, Eckhard: Der gehaßte Kollege. Deutsche Schriftsteller über Th. M. In: E. H./H. Wysling, # 87.117, S. 351-369.

87.117 HEFTRICH, Eckhard, und Hans Wysling, Hrsg.: *Internationales Th.-M.-Kolloquium 1986 in Lübeck*. Bern: A. Francke, 1987, 400 S. (= Th.-M.-Studien, Bd. 7) [Redaktion: C. Bernini, T. Sprecher, und H. W. - Inhalt: A. Banuls, # 87.117 - M. Dierks, # 87.56 - W. Frizen, # 87.82 - V. Hansen, # 87.112 - E. H., # 87.116 - H. Koopmann, # 87.161 - B. Kristiansen, # 87.165 - H. Kurzke, # 87.172 - H. Lehnert, # 87.177 - T. J. Reed, # 87.233 - R. G. Renner, # 87.261 - H.-J. Sandberg, # 87.279 - H. Siefken, # 87.306 - F. Trapp, # 87.325 - H. R. Vaget, # 87.332 - W. Weiss, # 87.343 - H. W., # 87.357, # 87.358. - Rez.: S. R. Cerf, # 89.42 - H. Frodl, # 88.65 - F. A. Lubich, # 88.167 - R. S. Lucas, # 90.190 - R. Nicholls, # 89.200].

87.118 HEILBUT, Anthony: Die Einsamkeit des Th. M. In: A. H., *Kultur ohne Heimat. Deutsche Emigranten in den USA nach 1930*. Weinheim, u. a.: Quadriga, 1987, S. 244-261, 379. [Aus dem Amerikanischen von J. Schust. - Vgl. engl. Original u. d. T.: *Exiled in Paradise - German Refugee Artists and Intellectuals in America*. In: # 83.150 bzw. # 83.151].

87.119 HEIN, Christoph: Zwei Sätze zu Th. M. In: C. H., *Öffentlich arbeiten: Essais und Gespräche*. Berlin, u. a.: Aufbau, 1987, S. 66-69. [Vgl. # 88.93, # 91.100].

87.120 HELBLING, Hanno: Unterwegs zur Vollständigkeit. Texte Th. M's aus den Jahren 1919-1925. In: *NZZ*, Jg. 208, Nr. 111 (17. Mai 1987), S. 27. [Rez. von H. Matter, # 86.198].

87.121 HERMES, Eberhard: *Lektürehilfen Th. M.: Der Tod in Venedig*. Stuttgart: E. Klett, 1987, 101 S. (= Klett Lektürehilfen) [Vgl. Nachdruck in # 91.103].

87.122 HILDEBRANDT, Walter: Briefwechsel zwischen Humanisten. Th. M. - Karl Kerényi - Hermann Hesse. In Christoph Burgauner's Ausg. von W. H., *Versuche gegen die Kälte. Schriften über Dichtung*. München: Kastell, 1987, S. 93-104.

87.123 HILSCHER, Eberhard: Th. M. In: E. H., *Gerhart Hauptmann: Leben und Werk*. Berlin: Verlag der Nation, 1987, S. 6-8, u. a. [Nachdruck: Frankfurt a. M.: Athenäum, 1988].

87.124 HIRSCH, Helmut: Th. M. und Siegfried Marck im US-Exil. Neues zur Biographie. In: *Hefte der Deutschen Th.-M.-Gesellschaft*, Nr. 6/7 (1987), S. 70-86. [Mit Th. M's Briefen an S. M.].

87.125 HOCHHUTH, Rolf: Gefährten und Gefahren - *Ein Zeitalter wird besichtigt*. Memoiren eines Essayisten. In: *FAZ Magazin*, Jg. 39 (16. Oktober 1987), S. 80-88. [H. Mann: *Mein Bruder*, S. 84-86].

87.126 HOCHHUTH, Rolf: Th. M. oder Undank vom Urenkel. In: R. H., *Täter und Denker. Profile und Probleme von Cäsar bis Jünger*. Stuttgart: Deutsche Verlags-Anstalt, 1987, S. 311-324. [Vgl. # 90.126. - Betr.: # 75.363 - # 75.441].

87.127 HOFE, Harold von, und Sigrid Washburn: Feuchtwangers Briefwechsel mit Brecht und Th. M. In: Uwe Faulhaber, Jerry Glenn, Eduard P. Harris, u. a., Hrsg.: *Exile and Enlightenment. Studies in German and Comparative Literature in Honor of Guy Stern*. Detroit: Wayne State University Press, 1987, S. 217-223.

87.128 HOFFMANN, Fernand: Georg Christoph Lichtenberg und Th. M. Rezeption, Einflüsse und Parallelen. In: *Photorin*, Nr. 11-12 (Oktober 1987), S. 88-124.

87.129 HOFFMANN, Fernand: Und sie stehen doch da! Über die Lichtenberg-Ausgaben im Zürcher Th.-M.-Archiv. In: *Photorin*, Nr. 11-12 (Oktober 1987), S. 125-126.

87.130 HOFFMEISTER, Werner: Rez. von V. Hansen, # 84.78. In: *GR*, Jg. 62, Nr. 3 (1987), S. 157-159.

87.131 HOLZHEIMER, Gerd: Th. M. und mein Vater. In: *Die Welt*, Nr. 50 (28. Februar 1987), Geistige Welt, S. II. [H. Holzheimer].

87.132 HONESCH, Andrea: *Traditionsbewußtsein und Erzählstruktur in ausgewählten frühen Erzählungen Th. M's.* Dissertation, Leipzig, 1987, 194 Bl. [Zusätzl. 9 Bl. mit Thesen zur Diss.].

87.133 HOOP, Edward: Auf den Spuren eines berühmten Hochstaplers. Erich Maletzkes Hommage an Th. M. Ich kannte Felix Krull. In: *Flensburger Tageblatt*, Nr. 188 (15. August 1987), S. 12. [Rez. von E. M., # 87.184].

87.134 HORN, Effi: 1945 - Ein ungeheures Jahr geht zu Ende. Tagebücher 1944 bis 1946 von Th. M. sind im Fischer Verlag erschienen. In: *Münchner Merkur* (9. April 1987). [Rez. von I. Jens, # 86.140].

87.135 HORSTMANN, Christina: Th. M. In: C. H., *Die 'Literarhistorische Gesellschaft Bonn' im ersten Drittel des 20. Jahrhunderts. Dargestellt am Briefnachlaß von Carl Enders.* Bonn: Bouvier, 1987, 589 S. (= Abhandlungen zur Kunst-, Musik- und Literaturwissenschaft, Bd. 370) [7 Briefe Th. M's an C. E. in Regestform].

87.136 HUDDE, Hinrich: Schwarzer Faust des Jazz. Julio Cortázars *El perseguidor* als literarische Replik auf Th. M's *Doktor Faustus.* In: *Iberoromania*, N. F., Jg. 26, Nr. 1 (1987), S. 67-88.

87.137 HUSS-MICHEL, Angela: Th. M. In: A. H.-M., *Literarische und politische Zeitschriften des Exils 1933-1945.* Stuttgart: J. B. Metzler, 1987.

87.138 JENS, Walter: Bürger, Preuße, Jude. Günter Buschs meisterhaftes Buch über Max Liebermann. In: *Die Zeit*, Jg. 42, Nr. 27 (26. Juni 1987), S. 51. [Rez. von G. B., # 86.46].

87.139 JONAS, Ilsedore B.: Klaus Mann. In: James Hardin, Hrsg.: *Dictionary of Literary Biography: German Fiction Writers 1914-1945, Bd. 56.* Detroit: Gale, 1987, S. 196-206.

87.140 JONAS, Ilsedore B.: Rez. von C. Koelb, # 84.116. In: *Monatshefte*, Jg. 79, Nr. 2 (Sommer 1987), S. 270-271.

87.141 JONAS, Klaus W.: Th. M. und Hans Bürgin. Versuch einer Dokumentation. In: *Philobiblon*, Jg. 31, Nr. 3 (September 1987), S. 178-200. [Mit Briefen Th. M's an H. B.].

87.142 JOZSEF, Attila: Th. M. zum Gruß: 1937. In: *Marginalien*, Nr. 107 (1987/3), Beilage nach S. 96. [Gedicht. Nachgedichtet von S. Hermlin].

87.143 JUNG-KAISER, Ute: Rez. von H. Fähnrich, # 86.66. In: *Neue Zeitschrift für Musik*, Jg. 148, Nr. 9 (September 1987), S. 74.

87.144 KAISER, Joachim: Deutsches Schicksal. Th. M. und sein *Dr. Faustus*. In: *SZ*, Jg. 43, Nr. 268 (21./22. November 1987), SZ am Wochenende, S. I-II.

87.145 KAISER, Joachim: Weheklagen wegen *Doktor Faustus*. In: *SZ*, Jg. 43 (31. Dezember 1987). [Über den Einzelband der Frankfurter Ausgabe].

87.146 KAKABADSE, Nodar: Der junge Th. M. und Nietzsche. In: *Jahrbuch für Internationale Germanistik*, Jg. 19, Nr. 2 (1987), S. 114-143.

87.147 KARST, Roman: *Th. M. Der deutsche Zwiespalt*. München: Heyne, 1987, 380 S. (= Heyne Biographien, 11/148) [Aus dem Polnischen übs. von E. Werfel. - Vgl. # 70.84].

87.148 KARTHAUS, Ulrich: Rez. von P. A. Alt, # 85.3 - R. Cunningham, # 85.40 - E. Hilscher, # 83.156. In: *Germanistik*, Jg. 28, Nr. 2/3 (1987), S. 668-670.

87.149 KARTHAUS, Ulrich: Rez. von P. Rateni, # 85.224. In: *Germanistik*, Jg. 28, Nr. 2/3 (1987), S. 672.

87.150 KELLEN, Konrad: Reminiscences of Th. M. In: *Yale Review*, Jg. 76, Nr. 2 (Winter 1987), S. 238-246. [Vgl. E in # 65.193].

87.151 KESSLER, Michael, und Paul M. Lützeler, Hrsg.: *Hermann Broch. Das dichterische Werk. Neue Interpretationen. Akten des internationalen, interdisziplinären Hermann Broch-Symposiums 30. Okt. - 2. Nov. 1986, Akademie der Diözese Rottenburg-Stuttgart*. Tübingen: Stauffenberg, 1987, 281 S. (= Stauffenberg Colloquium, Bd. 5) [Mit Beiträgen von: H. Reinhardt, # 87.255 - G. Wienold, # 87.348 - T. Ziolkowski, # 87.362].

87.152 KIESEL, Helmuth: Rez. von H. Balonier, # 83.61. In: *Germanistik*, Jg. 28, Nr. 3 (1987), S. 668-669.

87.153 KIRCHER, Hartmut: Rez. von W. F. Michael, # 85.195. In: *Germanistik*, Jg. 28, Nr. 4 (1987), S. 947-948.

87.154 KLATT, Gudrun: Rez. von J. Marcus-Tar, # 82.170, # 87.187. In: *Referatedienst zur Literaturwissenschaft*, Jg. 19, Nr. 1 (1987), S. 69-70. [G. Lukács - Th. M.].

87.155 KLUGE, Gerhard: Rez. von I. Jens, # 86.140. In: *Deutsche Bücher*, Jg. 17 (1987), S. 300-301.

87.156 KOLB, Annette: Th. M. In Hartmut Bender's Ausg. von A. K./René Schickele: *Briefe im Exil. 1933-1940.* Mainz: v. Hase und Koehler, 1987, S. 195, u. a. (= Die Mainzer Reihe, 65) [In Zusammenarbeit mit H. Gruppe].

87.157 KOLBE, Jürgen: Der vertriebene Dichter. In: *FAZ-Magazin*, Jg. 39, Nr. 404 (27. November 1987), S. 68-70, 72, 74, 76.

87.158 KOLBE, Jürgen, unter Mitarb. von Karl H. Bittel: *Heller Zauber. Th. M. in München 1894-1933.* Berlin: Siedler, 1987, 439 S. (= Erkundungen, Ausstellung Nr. 6) [Mit einem Vorwort von H. Mayer, # 87.191. - Rez.: B. Erenz, # 87.67 - U. Karthaus, # 88.125 - H. Kurzke, # 87.169, # 87.170 - R. Pöllmann, # 87.224 - S. Sattler, # 87.282 - A. v. Schirnding, # 87.294 - H. Siefken, # 90.278 - K. Ude, # 87.329 - H. R. Vaget, # 89.284].

87.159 KOOPMANN, Helmut: Rez. von E. Bisdorff, # 80.35 - M. Curtius, # 84.29 - C. Herzfeld, # 79.90 - F. M. Sonner, # 84.229. In: *Germanistik*, Jg. 28, Nr. 1 (1987), S. 195-200.

87.160 KOOPMANN, Helmut: Über Kritik als geistige Lebensform. Laudatio aus Anlaß der Verleihung des Th.-M.-Preises 1987. In: *Hefte der Deutschen Th.-M.-Gesellschaft*, Nr. 6/7 (1987), S. 12-25. [Preisträger: M. Reich-Ranicki].

87.161 KOOPMANN, Helmut: *Doktor Faustus* als Widerlegung der Weimarer Klassik. In: E. Heftrich/H. Wysling, # 87.117, S. 92-109. [Vgl. # 88.149].

87.162 KOOPMANN, Helmut: Des Weltbürgers Th. M. doppeltes Deutschland. In: Thomas Koebner, Gert Sautermeister, und Sigrid Schneider, Hrsg.: *Deutschland nach Hitler. Zukunftspläne im Exil und aus der Besatzungszeit 1939-1949.* Opladen: Westdeutscher Verlag, 1987, S. 13-29. [Vgl. gekürzte Fassung in # 88.147].

87.163 KOOPMANN, Helmut: Der verlorene Schatten - Identitätsbedrohungen und Identitätssicherungen in der Literatur des Exils. In: Theo Stammen, Hrsg.: *Vertreibung und Exil. Lebensformen - Lebenserfahrungen.* München, u. a.: Schnell & Steiner, 1987, S. 91-109. (= Schriftenreihe der Katholischen Akademie der Erzdiözese Freiburg).

87.164 KOWOHL, Carla S.: Per una rilettura della *Montagna incantata* di Th. M. In: *Humanitas: Rivista bimestrale di Cultura*, Jg. 42, Nr. 5 (Oktober 1987), S. 696-726.

87.165 KRISTIANSEN, Børge: Freiheit und Macht. Totalitäre Strukturen im Werk Th. M's. Überlegungen zum Gesetz im Umkreis der politischen Schriften. In: E. Heftrich/H. Wysling, # 87.117, S. 53-72.

87.166 KRÖHNKE, Friedrich: Rez. von S. Zynda, # 86.346. In: *Forum Homosexualität und Literatur*, Nr. 1 (1987), S. 111-113.

87.167 KURZKE, Hermann: Herr Rychner, Sie mit Ihrer stabilen Mentalität. Anläßlich einer Ausstellung im Schiller-Nationalmuseum in Marbach. In: *FAZ*, Jg. 39, Nr. 62 (14. März 1987), Beilage Bilder und Zeiten.

87.168 KURZKE, Hermann: Th. M's Wandlungen. Essays, Reden und Stellungnahmen von 1919 bis 1925. In: *FAZ*, Jg. 39, Nr. 145 (27. Juni 1987). [Rez. von H. Matter, # 86.198].

87.169 KURZKE, Hermann: Parfümierter Qualm: Th. M. in München - eine Ausstellung. In: *FAZ*, Jg. 39, Nr. 254 (2. November 1987), S. 30. [Rez. von J. Kolbe, # 87.158].

87.170 KURZKE, Hermann: Märzenbier. Th. M. und München. In: *FAZ*, Jg. 39, Nr. 294 (19. Dezember 1987), Bilder und Zeiten. [Rez. von J. Kolbe, # 87.158].

87.171 KURZKE, Hermann: Die Erotik des *Zauberbergs*. In: *Hefte der Deutschen Th.-M.-Gesellschaft*, Nr. 6/7 (1987), S. 55-69.

87.172 KURZKE, Hermann: Die Quellen der *Betrachtungen eines Unpolitischen*. Ein Zwischenbericht. In: E. Heftrich/H. Wysling, # 87.117, S. 291-310.

87.173 LA CAPRA, Dominick: Mann's *Death in Venice*. An Allegory of Reading. In: D. L. C., *History, Politics, and the Novel*. Ithaca, u. a.: Cornell University Press, 1987, S. 111-128.

87.174 LA CAPRA, Dominick: History and the Devil in Mann's *Doctor Faustus*. In: # 87.173, S. 150-174.

87.175 LACKNER, Stephan: Ein Schriftsteller im Exil. In: *Exil*, Jg. 7, Nr. 2 (1987), S. 60-77.

87.176 LATTA, Alan D.: The Reception of Th. M's *Die Betrogene*: Tabus, Prejudices, and Tricks of the Trade. Teil 1. In: *Internationales Archiv für Sozialgeschichte der deutschen Literatur*, Jg. 12 (1987), S. 237-272. [Vgl. Teil 2 in # 93.167].

87.177 LEHNERT, Herbert: Dauer und Wandel der Autorität. *Lotte in Weimar* als Werk des Exils. In: E. Heftrich/H. Wysling, # 87.117, S. 30-52.

87.178 LEHNERT, Herbert: Idyllen und Realitätseinbrüche: Ideologische Selbstkritik in Th. M's *Die vertauschten Köpfe*. In: Lützeler/Lehnert/Williams, # 87.182, S. 123-139.

87.179 LEHNERT, Herbert: Langemark - historisch und symbolisch. In: *Orbis Litterarum*, Jg. 42 (1987), S. 271-290. [*Der Zauberberg*].

87.180 LOEWY, Ernst: Th. M. In: E. L., *Diktatur unterm Hakenkreuz. Das Dritte Reich und seine Dichtung. Eine Dokumentation.* Frankfurt a. M.: Fischer, 1987, 328 S. (= Fischer Taschenbuch, 4303).

87.181 LÖWY, Michael: Naphta or Settembrini? Lukács and Romantic Anticapitalism. In: *New German Critique*, Jg. 42 (Herbst 1987), S. 17-31. [G. Lukács - *Der Zauberberg*].

87.182 LÜTZELER, Paul M., in Verbindung mit Herbert Lehnert, und Gerhild S. Williams, Hrsg.: *Zeitgenossenschaft. Zur deutschsprachigen Literatur im 20. Jahrhundert. Festschrift für Egon Schwarz.* Frankfurt a. M.: Athenäum, 1987, 352 S. [Mit Beiträgen von: H. L., # 87.178 - H. H. H. Remak, # 87.258 - H. R. Vaget, # 87.333].

87.183 LUIJS, John E.: *Der Tod in Venedig von Th. M. Rezeption des homoerotischen Elements.* Utrecht, 1987, 285 S.

87.184 MALETZKE, Erich: *Ich kannte Felix K. Roman. Aufklärung über einen Hochstapler.* Rendsburg: H. Möller, 1987, 288 S. [Rez.: E. Hoop, # 87.133].

87.185 MALMGREN, Carl D.: 'From Work to Text': The Modernist and Postmodernist 'Künstlerroman'. In: *Novel*, Jg. 21, Nr. 1 (Herbst 1987), S. 5-28. [J. Barth: *Lost in the Funhouse* - R. Barthes: *De l'oeuvre au texte* - Th. M.: *Tonio Kröger*].

87.186 MANN, Katia: *Meine ungeschriebenen Memoiren.* Berlin: Der Morgen, 3., veränd. Aufl., 1987, 183 S. [Vgl. E in # 74.118 - vgl. # 76.237].

87.187 MARCUS-TAR, Judit: *Georg Lukács and Th. M. A Study in the Sociology of Literature.* Amherst: University of Massachusetts Press, 1987, 235 S. [Vgl. # 76.245, # 82.170, # 89.173. - Rez.: B. S. Ash, # 90.8 - W. V. Blomster, # 88.20 - J. Brun, # 89.38 - K. Fickert, # 88.58 - K. Hasselbach, # 90.110 - W. Jung, # 89.119 - G. Klatt, # 87.154 - R. H. Lawson, # 89.148 - M. Löwy, # 88.165 - W. Paulsen, # 89.208 - H. F. Pfanner, # 89.209 - H. Siefken, # 89.258. - *Der Zauberberg*].

87.188 MARTI, Urs: Siebeneinhalb Stunden *Dr. Faustus* - ein eher enttäuschendes Experiment. In: *NZZ*, Jg. 208, Nr. 27 (3. Februar 1987), S. 40.

87.189 MARWEDEL, Rainer: Th. M. In: R. M., *Theodor Lessing: 1872-1933. Eine Biographie.* Darmstadt, u. a.: Luchterhand, 1987, S. 93, 137-140, u. a. [Rez.: A. Bürgi, # 87.35 - G. Eyring, # 87.69].

87.190 MARZOLI, Milli: Th. M. e la guerra. In: Ferruccio Masini, Hrsg.: *Ideologia della guerra.* Napoli: Bibliopolis, 1987, S. 169-186.

87.191 MAYER, Hans: München leuchtete. In: J. Kolbe, # 87.158, S. 8-15. [Vgl. # 89.183].

87.192 MAYER, Hans: Des Zauberers Tochter und Gehilfin. Erinnerungen an Erika Mann. In Wolfgang Hofer's, und Hans D. Zimmermann's Ausg. von H. M., *Augenblicke. Ein Lesebuch.* Frankfurt a. M.: Suhrkamp, 1987, S. 137-141. [Vgl. # 75.584].

87.193 MAYER, Hans: Hochstapler Felix Krull und Major von Tellheim sprechen über die Redlichkeit. In: # 87.192, S. 227-234.

87.194 MEIER-EWERT, Theo: 'Dies Volk versteht nichts, sieht nichts ein'. Leiden an Deutschland: Th. M's Tagebücher aus den Jahren 1944 bis 1946 sind jetzt erschienen. In: *Badische Zeitung,* Jg. 42, Nr. 13 (17./18. Januar 1987), S. 9. [Auch in: *Saarbrücker Zeitung* (7. Februar 1987). - Rez. von I. Jens, # 86.140].

87.195 MEIER-RUST, Kathrin: Aufruf an Europa. Radioansprachen Th. M's. In: *NZZ,* Jg. 208, Nr. 67 (21./22. März 1987), Politische Literatur, S. 93. [*Deutsche Hörer!*].

87.196 MEISSNER, Toni: Künstlerwitwen - Engel mit kleinen Fehlern. Von Helene Berg bis Cosima Wagner. In: *Madame* (Februar 1987), S. 38-42. [Katia Mann].

87.197 MEYER, Gerhard, und Antjekathrin Grassmann: Th. M. In: *Kleiner Führer durch die Lübeck-Literatur.* Lübeck: Schmidt-Römhild, 2., veränd. u. erw. Aufl., 1987. (= Veröffentlichung des Senats der Hansestadt Lübeck, Amt für Kultur, Reihe A, Nr. 10).

87.198 MEYER, Thomas: Die Fermate: *Doktor-Faustus*-Musik. In: *Tages-Anzeiger* (2. Februar 1987), Fernsehen, S. 40. [Radiokritik].

87.199 MIDGLEY, David: Rez. von B. H. Broerman, # 86.41. In: *MLN,* Jg. 102, Nr. 3 (1987), S. 676-678.

87.200 MILLER, Leslie: Rez. von R. P. Shaffner, # 84.227. In: *Canadian Review of Comparative Literature,* Jg. 14 (1987), S. 133-136. [Bildungsroman].

87.201 MITCHELL, Donald: *Benjamin Britten: Death in Venice.* Cambridge: Cambridge University Press, 1987, 229 S. [Mit Beiträgen von: P. Carnegy, # 87.41 - D. M., # 87.202 - P. Reed, # 87.231 - T. J. Reed, # 87.234].

87.202 MITCHELL, Donald: I Was Th. M's Tadzio. In: # 87.201, S. 184-185, 218.

87.203 MÖCKLINGHOFF, Christoph: *Zum Verhältnis von Konservatismus und Jugend am Beispiel eines Repräsentanten: Th. M. und die Ursprungsmythologie jugendlich politischer Romantik.* Dissertation, Freie Universität Berlin, 1987, 283, XVII S.

87.204 MOERING, Renate: Ein unbekannter Brief Th. M's aus dem Jahr 1950 an einen evangelischen Pfarrer. In: *Wirkendes Wort,* Jg. 37, Nr. 6 (November/Dezember 1987), S. 359-363. [Mit einem Brief vom 28. Oktober 1950 an E. Moering. - Nicht in H. Bürgin/H.-O. Mayer, # 82.41].

87.205 MONTANDON, Alain: Rez. von H. Fritz, # 82.84. In: *Romantisme,* Jg. 58 (1987), S. 121-122. [J. W. v. Goethe - E. T. A. Hoffmann - Th. M. - Jean Paul].

87.206 MORRIS, Marcia: Sensuality and Art: Tolstoyan Echoes in *Tristan.* In: *Germano-Slavica,* Jg. 5 (1987), S. 211-222. [L. N. Tolstoi - *Tristan*].

87.208 MOSES, Michael V.: *The Tragic Novel. Heroism and the Politics of Modernity.* Dissertation, University of Virginia, 1987, 324 S. [Resümee in: *DAI,* Jg. 49, Nr. 11 (Mai 1989), S. 3360A-3361A. - *Doktor Faustus*].

87.209 MOSES, Stéphane: Th. M. und der Mythos des Hebräertums. In: S. M., *Spuren der Schrift. Von Goethe bis Celan.* Frankfurt a. M.: (Jüdischer Verlag bei) Athenäum, 1987, S. 111-133. [Aus dem Französischen von E. Moldenhauer. - Vgl. franz. Originaltext in # 76.270. - Betr. die Bibel und das 18. Kapitel des *Doktor Faustus*: C. Braisacher als Spiegelbild des von Th. M. als hochgradig widerwärtig empfundenen 'Mythologen' O. Goldberg, aus dessen Hauptwerk er in seinem Roman zitiert].

87.210 MÜLLER, Thorsten: 'Überleben heißt: siegen'. In: *Deutsches Allgemeines Sonntagsblatt,* Jg. 40, Nr. 8 (22. Februar 1987), S. 23. [Rez. von I. Jens, # 86.140].

87.211 MÜLLER, Hans-Harald: Rez. von D. G. Daviau/L. M. Fischer, # 85.42. In: *JEGP,* Jg. 86, Nr. 1 (Januar 1987), S. 72-74.

87.212 NAGEL, Stefan: *Aussonderung und Erwählung. Die 'verzauberten' Helden Th. M's und ihre 'Erlösung'.* Frankfurt a. M., u. a.: P. Lang, 1987, 295 S. (= Europäische Hochschulschriften, Reihe 1: Deutsche Sprache und Literatur, Bd. 999) [Zugl.: Diss., Univ. Düsseldorf, 1986].

87.213 NEUMANN, Bernd: Ingrid Babendererde als Ingeborg Holm. Über Uwe Johnsons ersten Roman. In: *GRM,* N. F., Jg. 37, Bd. 68 (1987), S. 218-226. [*Tonio Kröger*].

87.214 NOBLE, Cecil A. M.: Th. M. In: C. A. M. N., *Dichter und Religion: Th. M. -
Kafka - T. S. Eliot.* Bern, u. a.: P. Lang, 1987, S. 17-52. (= Europäische Hoch-
schulschriften, Reihe 1: Deutsche Sprache und Literatur, Bd. 1014) [Rez.: S.
Koss, # 89.136].

87.215 OTT, Jacqueline: L'émotion musicale transposée dans l'oeuvre romanesque de
Th. M. In: *RLC,* Jg. 61, Nr. 3 (Juli/September 1987), S. 305-310.

87.216 OTTMANN, Henning: Th. M. In: H. O., *Philosophie und Politik bei Nietzsche.*
Berlin, u. a.: W. de Gruyter, 1987, S. 1, 2, 10, u. a. (= Monographien und Texte
zur Nietzsche-Forschung, Bd. 17) [Red.: J. Neininger].

87.217 PALENCIA-ROTH, David M.: Th. M. In: D. M. P.-R., *Myth and the Modern
Novel. Garcia Márquez, Mann, and Joyce.* New York, u. a.: Garland, 1987, S. 107-
157. [Vgl. Diss., Harvard Univ., # 75.657b].

87.218 PEITSCH, Helmut: Kurische Nehrung - Ein Tag fast wie im Paradies. Th.-M.-
Haus - Dünenriesen - Kurenkähne - Elche. In: *Harburger Anzeigen und Nachrichten,* Nr. 18 (24. Oktober 1987).

87.219 PERLIS, Alan: *The Sound and the Fury: Buddenbrooks* Reconsidered. In: Dan L.
Ford, Hrsg.: *Heir and Prototype. Original and Derived Characterizations in
Faulkner.* Conway: University of Central Arkansas Press, 1987, S. 98-112. [W.
Faulkner: *The Sound and the Fury* - O. Spengler: *Der Untergang des Abendlandes*].

87.220 PERNECHELE, Gabriella: *Umanesimo e mito in Th. M.* Torino: Università degli
Studi, Facoltà di Lettere e Filosofia, Tesi di Laurea, 1987/88, 281 S.
[Maschinenschrift].

87.221 PFANNER, Helmut F.: Eine spröde Geliebte. New York aus der Sicht deutscher
und österreichischer Exilanten. In: *Exilforschung,* Bd. 5 (1987), S. 40-54.

87.222 PICARD, Hans R.: Th. M. In: H. R. P., *Der Geist der Erzählung. Dargestelltes Erzählen in literarischer Tradition.* Bern, u. a.: P. Lang, 1987. [Th. M. und H. E.
Nossack].

87.223 PLATHE, Axel: Th. M. In: A. P., *Klaus Mann und André Gide. Zur Wirkungsgeschichte französischer Literatur in Deutschland.* Bonn: Bouvier, 1987. (= Abhandlungen zur Kunst-, Musik- und Literaturwissenschaft, Bd. 376).

87.224 PÖLLMANN, Rainer: Dichterworte aus dem Off. In: *Rheinischer Merkur/Christ
und Welt,* Jg. 42, Nr. 47 (20. November 1987), S. 22. [Rez. von J. Kolbe, #
87.158].

87.225 PRAUSE, Gerhard: Th. M. (1875-1955). In: G. P., *Genies in der Schule. Legende und Wahrheit über den Erfolg im Leben.* Düsseldorf, u. a.: Econ, 1987, S. 77-78. [Vgl. E in # 74.152a].

87.226 PROSKAUER, Henry G.: Der Buchumschlag als Kunstwerk und Dokumentation des Zeitgeists. In: *Aufbau*, Jg. 53, Nr. 20 (9. Oktober 1987), S. 15. [Rez. von F. Pfäfflin, # 86.224].

87.227 PROSKAUER, Paul F.: Klaus Mann im Briefwechsel. In: *Aufbau*, Jg. 53 (1. Januar 1987), S. 9. [Rez. von M. Gregor-Dellin, # 87.103].

87.228 PROSKAUER, Paul F.: Th. M. in Kalifornien. Tagebücher des Exils. In: *Aufbau*, Jg. 53, Nr. 7 (27. Februar 1987), S. 11. [Rez. von I. Jens, # 86.140].

87.229 PÜTZ, Peter: *Kunst und Künstlerexistenz bei Nietzsche und Th. M. Zum Problem des Ästhetischen Perspektivismus in der Moderne.* Bonn: Bouvier, 3. Aufl., 1987, 158 S. (= Bonner Arbeiten zur deutschen Literatur, Bd. 6) [Vgl. E in # 63.208. - *Tonio Kröger - Doktor Faustus*].

87.230 RASSON, Luc: Le fantastique, le merveilleux, le fascisme. Robert Brasillach face à Th. M. In: *Arcadia*, Jg. 22, Nr. 2 (1987), S. 180-191. [*Mario und der Zauberer*].

87.231 REED, Philip: Aschenbach becomes Mahler. Th. M. as Film. In: D. Mitchell, # 87.201, S. 178-183, 217-218. [*Der Tod in Venedig*].

87.232 REED, Terence J.: *Th. M. Der Tod in Venedig. Text, Materialien, Kommentar mit den bisher unveröffentlichten Arbeitsnotizen Th. M's.* München: C. Hanser, 4. Aufl., 1987, 184 S. (= Hanser Literatur-Kommentare, Bd. 19) [Vgl. E in # 83.296].

87.233 REED, Terence J.: '... daß alles verstehen alles verzeihen heiße ...' Zur Dialektik zwischen Literatur und Gesellschaft bei Th. M. In: E. Heftrich/H. Wysling, # 87.117, S. 159-173.

87.234 REED, Terence J.: Mann and his Novella: *Death in Venice*. In: D. Mitchell, # 87.201, S. 163-167, 216. [*Der Tod in Venedig*].

87.235 REED, Terence J.: Th. M. in München - München bei Th. M. In: Albrecht Weber, Hrsg.: *Handbuch der Literatur in Bayern. Vom Frühmittelalter bis zur Gegenwart. Geschichte und Interpretationen.* Regensburg: F. Pustet, 1987, S. 413-422.

87.236 REICH-RANICKI, Marcel: *Th. M. und die Seinen.* Stuttgart: Deutsche Verlags-Anstalt, 1987, 288 S. [Inhalt: # 87.237 - # 87.238 - # 87.239 - # 87.240 - # 87.241 - # 87.242 - # 87.243 - # 87.244 - # 87.245 - # 87.246 - # 87.247 - # 87.248 - # 87.249 - # 87.250 - # 87.251 - # 87.252 - # 87.253. - Rez.: Anon., # 87.6 - K. Dederke, # 88.44 - G. Korlén, # 88.156 - A. v. Schirnding, # 88.255].

87.237 REICH-RANICKI, Marcel: Die Geschäfte des Großschriftstellers. In: # 87.236, S. 11-20. [Vgl. E u. d. T.: Th. M. im Alltag, in # 73.238. - Rez. von P. d. Mendelssohn, # 73.194].

87.238 REICH-RANICKI, Marcel: Das Genie und seine Helfer. In: # 87.236, S. 21-28. [Vgl. E u. d. T.: Nichts erlebt und alles beschrieben, in # 76.309. - Rez. von P. d. Mendelssohn, # 75.597].

87.239 REICH-RANICKI, Marcel: Die ungeschminkte Wahrheit. In: # 87.236, S. 29-50. [Vgl. kürzere Fassung in # 78.243 - vgl. E u. d. T.: Nichts erlebt und alles beschrieben. Th. M's Briefe an seinen Jugendfreund Otto Grautoff und an die Schriftstellerin Ida Boy-Ed, in # 76.309. - Rez. von P. d. Mendelssohn, # 77.212].

87.240 REICH-RANICKI, Marcel: Die Chronik seines Leidens. In: # 87.236, S. 50-63. [Vgl. E u. d. T.: Leiden und Größe Th. M's. Aus Anlaß seiner Tagebücher aus den Jahren 1937 bis 1939, in # 81.184. - Rez. von P. d. Mendelssohn, # 80.207].

87.241 REICH-RANICKI, Marcel: Die Geburt der Kritik aus dem Geiste der Epik. In: # 87.236, S. 63-81. [Vgl. E u. d. T.: Die Geburt der Kritik aus dem Geiste der Epik. Anmerkungen zu Th. M's Aufsätzen über Literatur, in # 86.247].

87.242 REICH-RANICKI, Marcel: Alles Deutschtum ist betroffen: Th. M's Tagebücher aus den Jahren 1944 bis 1946. In: # 87.236, S. 81-92. [Auch u. d. T.: Alles Deutschtum ist betroffen. Th. M's Tagebücher aus den Jahren 1944 bis 1946. In: FAZ, Jg. 39, Nr. 44 (21. Februar 1987), Bilder und Zeiten. - Rez. von I. Jens, # 86.140].

87.243 REICH-RANICKI, Marcel: Eine Jahrhunderterzählung: Tonio Kröger. Dankrede aus Anlaß der Verleihung des Th.-M.-Preises 1987. In: # 87.236, S. 93-108. [Auch in: FAZ, Jg. 39, Nr. 88 (14. April 1987), S. L1-L2. - Auch in: Hefte der Deutschen Th.-M.-Gesellschaft, Nr. 6/7 (1987), S. 26-39].

87.244 REICH-RANICKI, Marcel: Ein Abschied nicht ohne Wehmut. In: # 87.236, S. 109-151, 275-280. [Teildruck u. d. T.: Heinrich Mann - Ein Abschied nicht ohne Wehmut. Zu den Neuausgaben seiner Werke. In: FAZ, Jg. 39, Nr. 187 (15. August 1987), Bilder und Zeiten].

87.245 REICH-RANICKI, Marcel: Der König und der Gegenkönig. In: # 87.236, S. 152-179, 280-281. [Vgl. E u. d. T.: Der König und der Gegenkönig. Aus Anlaß der erweiterten Neuausgabe des Briefwechsels zwischen Thomas und Heinrich Mann, in # 85.230].

87.246 REICH-RANICKI, Marcel: Seine treue Tochter. In: # 87.236, S. 180-191, 281. [Vgl. E in # 86.245].

87.247 REICH-RANICKI, Marcel: *Mephisto*, der Roman einer Karriere. In: # 87.236, S. 192-199, 281-282. [Klaus Mann].

87.248 REICH-RANICKI, Marcel: Schwermut und Schminke. In: # 87.236, S. 199-221, 281-282. [Vgl. kürzere Fassung in # 76.308].

87.249 REICH-RANICKI, Marcel: Die Befreiung eines Ungeliebten. In: # 87.236, S. 222-236, 282-283. [Vgl. E u. d. T.: Golo Mann oder Die Befreiung eines Ungeliebten. Versuch aus Anlaß des Buches *Erinnerungen und Gedanken - Eine Jugend in Deutschland*, in # 86.248].

87.250 REICH-RANICKI, Marcel: Die Erwählte. In: # 87.236, S. 237-244, 283. [Vgl. E u. d. T.: Frau Th. M. erinnert sich: Katia Manns Memoiren sind jetzt erschienen, in # 74.157. - Vgl. # 80.236].

87.251 REICH-RANICKI, Marcel: Der Ungeliebte. In: # 87.236, S. 245-253, 283-284. [Vgl. E in leicht veränderter Fassung. In: W. Jens/F. J. Raddatz, # 67.192].

87.252 REICH-RANICKI, Marcel: Die Stimme seines Herrn. In: # 87.236, S. 253-264, 283-284. [Vgl. E in # 75.727. - Rez. von P. d. Mendelssohn, # 75.599].

87.253 REICH-RANICKI, Marcel: Was halten Sie von Th. M.? In: # 87.236, S. 264-270, 283-284. [Vgl. E in der gekürzten Fassung des Vorwortes von: M. R.-R., # 86.244].

87.254 REICH-RANICKI, Marcel: Still und wirkungsvoll. Zum sechzigsten Geburtstag von Inge Jens. In: *FAZ*, Jg. 39, Nr. 35 (11. Februar 1987), S. 25.

87.255 REINHARDT, Hartmut: Vom 'guten Willen' zur Konstruktion des 'Ethos'. Hermann Brochs *Schlafwandler*-Trilogie: eine Antwort auf Th. M's *Zauberberg*? In: M. Kessler/P. M. Lützeler, # 87.151, S. 239-252.

87.256 REISS, Hans: Th. M. and Novalis. On Th. M's Attitude to Romantic Political Thought during the Weimar Republic. In: Batts/Riley/Wetzel, # 87.117, S. 133-154.

87.257 REITZE, Paul F.: Mit meinem Vater allein war es schrecklich. In: *Die Welt*, Nr. 59 (11. März 1987), S. 8. [P. F. R. interviewt G. Mann].

87.258 REMAK, Henry H. H.: Th. M. als Novellist. In: Lützeler/Lehnert/Williams, # 87.182, S. 103-122.

87.259 REMAK, Henry H. H.: Franco-German Polarities and Compensations in XXth Century Literary Texts. Rolland, Giraudoux, Vercors, Camus, Th. M. In: Karl

K. Polheim, Hrsg.: *Sinn und Symbol: Festschrift für Joseph P. Strelka.* Bern, u. a.: P. Lang, 1987, S. 357-370. [*Doktor Faustus*].

87.260 RENNER, Rolf G.: *Das Ich als ästhetische Konstruktion. Der Tod in Venedig und seine Beziehungen zum Gesamtwerk Th. M's.* Freiburg i. Br.: Rombach, 1987, 182 S. (= Rombach Wissenschaft: Reihe Litterae) [Rez.: U. Karthaus, # 88.126 - H.-J. Sandberg, # 90.260 - H. R. Vaget, # 90.302].

87.261 RENNER, Rolf G.: Th. M. als phantastischer Realist. Eine Überlegung anläßlich der *Vertauschten Köpfe.* In: E. Heftrich/H. Wysling, # 87.117, S. 73-91.

87.262 REUTIMANN, Hans: Pacific Palis., Sonntag den 20. II. 44: Ein Tag im Leben von Th. M. In: *Zürichsee-Zeitung,* Nr. 37 (14. Februar 1987), S. 6-7. [Rez. von I. Jens, # 86.140].

87.263 RIDLEY, Hugh: *Th. M., Buddenbrooks.* Cambridge, u. a.: Cambridge University Press, 1987, XXI, 117 S. (= Landmarks of World Literature) [Rez.: K. Fickert, # 88.58 - H.-P. Gerhardt, # 88.71 - H. Siefken, # 89.258 - G. Wenzel, # 89.296].

87.264 RIECKMANN, Jens: Rez. von H. Kurzke, # 85.151. In: *GQ,* Jg. 60 (1987), S. 141-142.

87.265 RINSER, Luise: 'Wer hätte es gedacht'. In: *Sinn und Form,* Jg. 39, Nr. 5 (1987), S. 1086-1090. [Rede anläßlich der Verleihung des H.-Mann-Preises der Akademie der Künste der DDR. - Th. M. - H. Mann].

87.266 RITTER-SANTINI, Lea: Auch sie in Arkadien: Deutsche Schriftsteller unseres Jahrhunderts auf ihrer italienischen Reise. In: *NZZ,* Jg. 208, Nr. 197 (28. August 1987), S. 37-38.

87.267 ROCHE, Mark: Rez. von M. D. Huszar Allen, # 85.2. In: *GQ,* Jg. 60, Nr. 3 (1987), S. 461-463.

87.268 RÖLLEKE, Heinz: 'Will sagen: Schön in sich selbst'. Zu einem ästhetischen Urteil in Th. M's *Bekenntnissen des Hochstaplers Felix Krull.* In: *Wirkendes Wort,* Jg. 37, Nr. 1 (Januar/Februar 1987), S. 1-2.

87.269 ROESNER, Winfried: Das Unvollendete bei Th. M. In: *Stuttgarter Nachrichten* (9. Mai 1987). [*Herr und Hund*].

87.270 ROHNER, Ludwig: Th. M. contra Innere Emigration. In: L. R., *Die literarische Streitschrift: Themen, Motive, Formen.* Wiesbaden: O. Harrassowitz, 1987, S. 124-142. (= Sammlung Harrassowitz) [W. v. Molo - F. Thieß].

87.271 ROSS, Werner: Th. M. und sein Doktorhut. In Christoph Burgauer' s Ausg. von W. R., *Die Feder führend. Schriften aus fünf Jahrzehnten. Vorwort von Marcel Reich-Ranicki.* München: Kastell, 1987, S. 243-246.

87.272 ROTKIN, Charlotte: Oceanic Animals: Allegory in *Death in Venice.* In: *Papers on Language and Literature,* Jg. 23, Nr. 1 (Winter 1987), S. 84-88.

87.273 ROTSTEIN, Tomas: Joachim Fest, Ernst Nolte, Th. M. und der halbe Antisemitismus. Über die deutschen Neo-Nationalisten anläßlich der Festschrift für den *FAZ*-Mitherausgeber und Hitler-Biographen. In: *Frankfurter Rundschau,* Jg. 43, Nr. 139 (20. Juni 1987), Zeit und Bild, S. 3.

87.274 RUCHAT, Anna: *Platonismo e Platone nella Morte a Venezia di Th. M.* Pavia: Università di Pavia, 1987, 11 S. [Andere Version: Università di Bari, 1987, 18 S. Beiträge zu einem Symposion über 'Platonismo e Filosofia Contemporanea', 6./7. April 1987, Palazzo San Felice, Pavia. - *Der Tod in Venedig*].

87.275 RUDOLPH, Andrea: *Traditionsbewußtsein und Erzählstruktur in ausgewählten frühen Erzählungen Th. M's.* Dissertation, Leipzig, 1987, 194 S. [Autorreferat in: H.-G. Roloff, Hrsg.: *Germanistische Dissertationen in Kurzfassung* (1990), Bern, u. a.: P. Lang, S. 148-159. (= *Jahrbuch für Internationale Germanistik,* Reihe B, Bd. 11)].

87.276 RÜBER, Johannes: 'Denk an die Beckergrube Nr. 52!' Heinrich und Th. M. In: Paul Barz, Hrsg.: *Wo die Musen frieren. 20 norddeutsche Künstler-Biographien.* Heide: Boyens & Co., 1987, S. 182-195.

87.277 SACHER-MASOCH, Leopold von: Th. M. In Michael Farin's Ausg. von L. v. S.-M., *Materialien zu Leben und Werk.* Bonn: Bouvier, 1987.

87.278 SACK, Volker: Th. M. y la novela burguesa. In: V. S., *Aspectos de la literatura alemaña del siglo XX.* Montevideo, 1987, S. 13-29. [*Buddenbrooks - Der Zauberberg*].

87.279 SANDBERG, Hans-Joachim: König Midas und der Zauberer oder Die Weisheit des Silenos. Von der 'Sympathie mit dem Tode' zum 'Lob der Vergänglichkeit': Knut Hamsun und Th. M. In: E. Heftrich/H. Wysling, # 87.117, S. 174-212.

87.280 SANDBERG, Hans-Joachim: Rez. von H. Matter, # 83.244, # 83.245, # 86.198. In: *Text & Kontext,* Jg. 15, Nr. 1 (1987), S. 191-196.

87.281 SARFERT, Hans-Jürgen: Von Hellerau und Th. M. geprägt. Zum 5. Todestag Peter de Mendelssohns. In: *Rhythmik in der Erziehung,* Jg. 14, Nr. 4 (1987), S. 131-134.

87.282 SATTLER, Stephan: Ein Mann und seine Haß-Liebe. In: *Die Bunte*, Nr. 51 (10. Dezember 1987), S. 172-175. [Rez. von J. Kolbe, # 87.158].

87.283 SAUER, Paul L.: *Der allerletzte Homeride? Th. M's Gesang vom Kindchen: Idylle und Wirklichkeit.* Frankfurt a. M.: R. G. Fischer, 1987, 51 S.

87.284 SAUERESSIG, Heinz: Ein langes Leiden an sich selbst. In: *Schwäbische Zeitung*, Nr. 69 (24. März 1987), Bücher. [Rez. von I. Jens, # 86.140].

87.285 SAUERESSIG, Heinz: Ereilt es mich noch vor dem Geburtstag? Protokoll vom Sterben eines Dichters: Die letzten Stunden Th. M's in unveröffentlichten Tagebüchern. In: *Rheinischer Merkur/Christ und Welt*, Jg. 42, Nr. 24 (12. Juni 1987), S. 15-16.

87.286 SCAFF, Susan von Rohr: *Time and the Self in Th. M.: Joseph und seine Brüder, Der Zauberberg, Doktor Faustus.* Dissertation, University of Arkansas, 1987. [Resümee in: *DAI*, Jg. 49, Nr. 3 (September 1988), S. 515A].

87.287 SCAFI, Roberta: *Ulysses e Doktor Faustus*: Di due tendenze del romanzo moderno. In: *Rivista di Letterature moderne e comparate*, Jg. 40, Nr. 3 (Juli-September 1987), S. 251-272. [J. Joyce: *Ulysses* - Th. M.: *Doktor Faustus*].

87.288 SCHADER, Brigitta: Th. M. *Der Zauberberg.* In: B. S., *Schwindsucht - Zur Darstellung einer tödlichen Krankheit in der deutschen Literatur vom poetischen Realismus bis zur Moderne.* Frankfurt a. M., u. a.: P. Lang, 1987, S. 107-224, 267-298. (= Europäische Hochschulschriften, Reihe 1: Deutsche Sprache und Literatur, Bd. 981) [Zugl.: Diss., München, 1986. - P. Heyse - Th. M. - A. Schnitzler].

87.289 SCHEIT, Gerhard: Vom Habsburgischen Mythos zum Mythos der Masse. Über einige Voraussetzungen und Besonderheiten der österreichischen Exilliteratur. In: *Exilforschung*, Bd. 5 (1987), S. 196-223. [H. Broch - E. Canetti - Th. M. - R. Musil - J. Roth - F. Werfel - S. Zweig].

87.290 SCHELLER, Wolf: 'Aber als Sohn spannend'. Klaus Manns Exilzeitschrift *Die Sammlung.* In: *Rheinische Post*, Nr. 177 (1. August 1987).

87.291 SCHENK, Christiane: Th. M., *Der Tod in Venedig* (1911). In: C. S., *Venedig im Spiegel der Décadence-Literatur des Fin de siècle.* Frankfurt a. M., u. a.: P. Lang, 1987, S. 380-410. (= Europäische Hochschulschriften, Reihe 18: Vergleichende Literaturwissenschaft, Bd. 45) [Zugl.: Diss., Bochum, 1986].

87.292 SCHIECKEL, Harald: Beziehungen Th. M's zu einigen Persönlichkeiten oldenburgischer Herkunft. In: *Oldenburger Jahrbuch*, Bd. 87 (1987), S. 155-163.

87.293 SCHIRNDING, Albert von: Der verstoßene Sohn. Th. M's Tagebücher 1944-1946 als wichtiges Dokument der Exilgeschichte. In: *SZ*, Jg. 43, Nr. 61 (14./15. März 1987), Feuilleton-Beilage, S. II. [Rez. von I. Jens, # 86.140].

87.294 SCHIRNDING, Albert von: Erkundung eines Jahrhundertthemas. Th. M. in München: Eine Ausstellung, eine Rede und ein Buch. In: *SZ*, Jg. 43, Nr. 245 (24./25. Oktober 1987), S. 49. [Rez. von J. Kolbe, # 87.158. - Eröffnungsansprache von H. Mayer].

87.295 SCHIRRMACHER, Frank: Ein Mensch, der Stimme wurde. Der Sprecher Gert Westphal. In: *FAZ*, Jg. 39, Nr. 42 (19. Februar 1987), S. 25.

87.296 SCHMIDT, Christoph: '... das Urtier, die Gastrula ... Grundform der fleischgetragenen Schönheit'. Eine unbekannte Quelle zu Th. M's Roman *Der Zauberberg*. In: *Wirkendes Wort*, Jg. 37, Nr. 6 (November/Dezember 1987), S. 357-359.

87.297 SCHMITZ, Viktor: Ernst Bertram - Zwischen Stefan George und Th. M. In: Jan Aler, und Jattie Enklaar, Hrsg.: *Zur Wende des Jahrhunderts*. Amsterdam: Rodopi, 1987, S. 53-70. [Auch in: *Duitse Kroniek*, Jg. 37, Nr. 1/2 (Sommer 1987), S. 53-70. - Vortrag, gehalten vor der Th.-M.-Gesellschaft in Lübeck im November 1981].

87.298 SCHONAUER, Franz: Leiden an Deutschland. Th. M. 1944-1946. In: *Der Tagesspiegel*, Jg. 43 (25. Oktober 1987). [Rez. von I. Jens, # 86.140].

87.299 SCHRADER, Bärbel, und Jürgen Schebera: *The 'Golden' Twenties: Art and Literature in the Weimar Republic. Translated from the German by Katherine Vanovitch*. Leipzig, 1987, 271 S. [Vgl. # 88.261. - Vgl. auch B. S., und J. S.: 'Ich lege die Ehrung vor die Füße meines Volkes' - Nobelpreisträger Th. M. und die Literatur von 1929. In: *Die 'goldenen' zwanziger Jahre. Kunst und Kultur der Weimarer Republik*. Wien, u. a.: Böhlau, 1987, S. 191-213. (= Kulturstudien, Sonderband 3)].

87.300 SCHRÖTER, Klaus: Th. M. In: Karl Corino, Hrsg.: *Genie und Geld. Vom Auskommen deutscher Schriftsteller*. Nördlingen: F. Greno, 1987, S. 411-423. (= Krater Bibliothek).

87.301 SCHWARZ, Egon: Adrian Leverkühn und Alban Berg. In: *MLN*, Jg. 102, Nr. 3 (April 1987), S. 663-667. [*Doktor Faustus*].

87.302 SCHWEDE, Reinhild: Th. M. In: R. S., *Wilhelminische Neuromantik - Flucht oder Zuflucht? Ästhetizistischer, exotischer und provinzialistischer Eskapismus im Werk Hauptmanns, Hesses und der Brüder Mann um 1900*. Frankfurt a. M.: Athenäum, 1987, S. 76-91. (= Hochschulschriften: Literaturwissenschaft, 81).

87.303 SENAT DER HANSESTADT LÜBECK, Amt für Kultur, Hrsg.: *Pressespiegel. Internationales Th.-M.-Kolloquium vom 25.-27. September 1986 in Lübeck.* Lübeck, 1987, 12 S.

87.304 SERKE, Jürgen: Th. M. In: J. S., *Böhmische Dörfer. Wanderungen durch eine verlassene literarische Landschaft.* Wien, u. a.: P. Zsolnay, 1987, S. 117-118, 243, u.a..

87.305 SIEBURG, Friedrich: Frieden mit Th. M. In Fritz J. Raddatz' Ausg. von F. S., *Zur Literatur 1924-1956.* Frankfurt, u. a.: Ullstein, 1987, S. 216-225. (= Ullstein-Buch, 37062) [Vgl. E in # 49.270].

87.306 SIEFKEN, Hinrich: Th. M. und Theodor Haecker. In: E. Heftrich/H. Wysling, # 87.117, S. 246-270.

87.307 SIEFKEN, Hinrich: Rez. von J. Jung, # 85.123 - H. Kurzke, # 85.151 - T. Sprecher, # 85.262. In: *MLR*, Bd. 82 (1987), S. 523-526.

87.308 SIEFKEN, Hinrich: Rez. von C. Koelb, # 84.116. In: *MLR*, Bd. 82 (1987), S. 256-258. [*Goethe und Tolstoi*].

87.309 SIEH-BURENS, Katarina: Die Reißzähne der Brandung. Literarische Spaziergänge auf der Nordsee-Insel Sylt. In: *Rheinische Post*, Jg. 42, Nr. 159 (11. Juli 1987), Geist und Leben.

87.310 SOLBRIG, Ingeborg: Rez. von A. Fuchs-Sumiyoshi, # 84.60. In: *Colloquia Germanica*, Jg. 21, Nr. 2/3 (1987), S. 261-264.

87.311 SONTAG, Susan: Pilgrimage. In: *The New Yorker*, Jg. 63, Nr. 44 (1987), S. 38-54. [Vgl. dt. Text in # 88.269, # 89.259. - Über einen Besuch in Pacific Palisades].

87.312 SONTHEIMER, Kurt: Von Zeit zu Zeit das Herz waschen. Th. M. - ein Unpolitischer? In: *SZ*, Jg. 43, Nr. 286 (12./13. Dezember 1987), Feuilleton, S. 139. [Schluß des Vortrags 'Th. M's Emanzipation aus dem Unpolitischen' vom 27. Oktober 1987].

87.313 SPRECHER, Thomas: Das romantische Ich in der unromantischen Welt. Zu Hans Wißkirchens *Zeitgeschichte im Roman.* In: *Zürichsee-Zeitung*, Nr. 90 (13. April 1987), S. 6-7. [Rez. von H. W., # 86.332. - *Der Zauberberg - Doktor Faustus*].

87.314 SPRECHER, Thomas: Th. M. im Kolloquium. Ein neuer Band der Th.-M.-Studien. In: *Zürichsee-Zeitung*, Nr. 265 (14. November 1987), S. 8. [Kolloquium in Lübeck, 1986. - Zu: Th.-M.-Studien Bd. 7].

87.315 STEINECKE, Hartmut: Der Roman als 'repräsentative' Kunstform der Epoche. Th. M's Gattungsverständnis als Übergang zur Moderne. In: H. S., *Romanpoetik von Goethe bis Th. M. Entwicklungen und Probleme der 'demokratischen Kunstform' in Deutschland*. München: W. Fink, 1987, S. 180-193. (= Uni-Taschenbücher, 1435) [Rez.: W. Nehring, # 90.214 - J. H. Petersen, # 88.220 - J. P. Strelka, # 89.269].

87.316 STERNBERGER, Dolf: Th. M. In: D. S., *Gang zwischen Meistern*. Frankfurt a. M.: Insel, 1987, S. 411-441. (= D. S., Schriften, Bd. 8) [Vgl. E u. d. T.: Die Liebe und das kalte Herz, in # 55.528 - vgl. # 75.839. - *Doktor Faustus*].

87.317 STIEBEL, Marie-Anne: Warum ich mich erinnere. In: Volker Michels, Hrsg.: *Hermann Hesse in Augenzeugenberichten*. Frankfurt a. M.: Suhrkamp, 1987, S. 423-430. [Über Th. M. und H. H. im Hotel Waldhaus, Sils Maria].

87.318 STOJANOVIĆ, Dragan: *Dostojewski und Th. M. lesen. Von der Notwendigkeit und Fragwürdigkeit des Deutens*. Frankfurt a. M., u. a.: P. Lang, 1987, 188 S. (= Bochumer Schriften zur deutschen Literatur, Bd. 2) [Aus dem Serbokroatischen übs.].

87.319 STRAUS, Nina Pelikan: 'Why Must Everything Seem like its own Parody?' Th. M's Parody of Sigmund Freud in *Doctor Faustus*. In: *Literature and Psychology*, Jg. 33, Nr. 3/4 (1987), S. 59-75.

87.320 STROHM, Stefan: Selbstreflexion der Kunst. Th. M's Novelle *Das Gesetz*. In: *Jahrbuch der Deutschen Schillergesellschaft*, Bd. 31 (1987), S. 321-353.

87.321 STRUC, Roman S.: Rez. von N. Kakabadse's georgischer Ausg. von: *Th. M.: Aspekte seines Schaffens*, Tbilissi, 1985. In: *Germanistik*, Jg. 28, Nr. 1 (1987), S. 197.

87.322 SYMINGTON, Rodney: Music on Mann's *Magic Mountain: Fülle des Wohllauts* and Hans Castorp's 'Selbstüberwindung'. In: Batts/Riley/Wetzel, # 87.117, S. 155-182. [*Der Zauberberg* - Musik].

87.323 TAYLOR, John Russell: Th. M. In: J. R. T., *Fremde im Paradies: Emigranten in Hollywood 1933-1950*. Berlin: Ullstein, 1987, S. 55-58, 210-214, u.a.. (= Ullstein Taschenbuch, Nr. 34 367).

87.324 TIMM, Eitel: Th. M's *Doktor Faustus* im Film: Zum Problem der 'Wortmusik'. In: *Carleton Germanic Papers*, Nr. 15 (1987), S. 41-54. [Zur Verfilmung von *Doktor Faustus* durch F. Seitz].

87.325 TRAPP, Frithjof: Th. M. und sein Werk im Spiegel der marxistischen Literaturkritik des Exils. In: E. Heftrich/H. Wysling, # 87.117, S. 329-350.

87.326 TSCHECHNE, Wolfgang: Der dreifache Reich-Ranicki. In: *Lübecker Nachrichten*, Jg. 42, Nr. 81 (5. April 1987), S. 14. [M. Reich-Ranicki erhält den Th. M.-Preis in Lübeck].

87.327 TSCHECHNE, Wolfgang: Energische Kritikerin an den Thesen von Th. M. In: *Lübecker Nachrichten*, Jg. 42, Nr. 106 (8. Mai 1987), S. 13. [Betr. G. Fussenegger's Schrift *Sinnesverkehrungen*, # 49.90. - Frage der Kriegsschuld].

87.328 TSCHECHNE, Wolfgang: Th. M. In: W. T., *Lübeck und seine Künstler. Die Geschichte einer schwierigen Liebe*. Lübeck: Lübecker Nachrichten, 1987, S. 42, 44, u. a.

87.329 UDE, Karl: In der Secondhand-Kunststadt zu Weltruhm gelangt. Der Schriftsteller und sein Verhältnis zu München - Thema einer Ausstellung und Dokumentation. In: *SZ*, Jg. 43, Nr. 241 (20. Oktober 1987), S. 15. [Rez. von J. Kolbe, # 87.158].

87.330 UNGEHEUER, Barbara: Der Spiegel unserer Seele. Die Tochter des Dichters kämpft für die Rettung der Meere. In: *Die Zeit*, Jg. 42, Nr. 51 (11. Dezember 1987), S. 83. [Betr. E. Mann Borgese].

87.331 VAGET, Hans R.: Amazing Grace: Th. M., Adorno, and the Faust Myth. In: Reinhold Grimm, und Jost Hermand, Hrsg.: *Our Faust? Roots and Ramifications of a Modern German Myth*. Madison, WI: The University of Wisconsin Press, 1987, S. 168-189. (= Monatshefte, Occasional Volume, Nr. 5) [Vgl. H. R. V., # 89.285. - Rez.: A. T. Alt, # 89.4. - *Doktor Faustus*].

87.332 VAGET, Hans R.: Die Fürstin. Ein Beitrag zur Biographie des späten Th. M. In: E. Heftrich/H. Wysling, # 87.117, S. 113-138. [A. E. Meyer].

87.333 VAGET, Hans R.: Frau von Tolna: Agnes E. Meyer und Th. M's *Doktor Faustus*. In: Lützeler/Lehnert/Williams, # 87.182, S. 140-152.

87.334 VERRECCHIO, Anacleto: Nel diario di Th. M. a la guerra passa e non lascia lacrime. In: *La Stampa*, Jg. 21, Nr. 13 (21. Februar 1987), Tuttolibri, S. 1. [Zweiter Weltkrieg].

87.335 VIETOR-ENGLÄNDER, Deborah: Rez. von M. D. Huszar Allen, # 85.2. In: *Germanistik*, Jg. 28, Nr. 4 (1987), S. 946.

87.336 VOGT, Karen D.: *Vision and Revision. The Concept of Inspiration in Th. M's Fiction*. New York, u. a.: P. Lang, 1987, 168 S. (= Germanic Studies in America, Nr. 55) [Rez.: C. Bedwell, # 89.29 - H. Siefken, # 92.276. - *Der Tod in Venedig - Der Zauberberg - Joseph und seine Brüder - Doktor Faustus*].

348 Bibliographie der Kritik

87.337 VOGTMEIER, Michael: *Die Familien Mann und Buddenbrook im Lichte der Mehr-generationen-Familientherapie. Untersuchungen zu Th. M's Buddenbrooks. Verfall einer Familie.* Frankfurt a. M., u. a.: P. Lang, 1987, XIII, 196 S. (= Europäische Hochschulschriften, Reihe 1: Deutsche Sprache und Literatur, Bd. 996) [Rez.: U. Karthaus, # 89.123].

87.338 WAENTIG, Peter W.: L'antifascismo letterario ermetico nella novellistica di Th. M. In: *Lingua e Stile*, Jg. 22, Nr. 2 (Juni 1987), S. 247-268. [Engl. Resümee: S. 309. - Tagebücher - Antifaschismus].

87.339 WALDMÜLLER, Hans: *Th. M., Literature and Hitler. Ein Sammler meldet sich zu Wort.* Altmühldorf: Privatdruck, 1987, 46 S. [Darin: Faksimile von Th. M's *Literature and Hitler.* Aus: *The Modern Thinker and Author's Review*, Jg. 5, Nr. 2 (August 1934), S. 37-46].

87.340 WASSERMANN, Jakob: Antwortbrief. In: Rudolf Wolff, Hrsg.: *Jakob Wassermann: Werk und Wirkung.* Bonn: Bouvier, 1987, S. 10-11. (=Sammlung Profile, Bd. 28).

87.341 WEHOWSKY, Stephan: Th. M. als politischer Autor. Kurt Sontheimer im Münchener Kunstverein. In: *SZ*, Jg. 43, Nr. 250 (30. Oktober 1987), S. 39.

87.342 WEINER, Marc A.: Silence, Sound, and Song in *Der Tod in Venedig*: A Study in Psycho-Social Repression. In: *Seminar*, Jg. 23, Nr. 2 (Mai 1987), S. 137-155.

87.343 WEISS, Walter: Th. M's Metaphorik. Zwischenergebnisse eines Forschungsprojekts. In: E. Heftrich/H. Wysling, # 87.117, S. 311-326.

87.344 WENZEL, Georg: Rez. von H. Matter, # 83.244, # 83.245, # 86.198. In: *DLZ*, Jg. 108, Nr. 1 (Januar 1987), Sp. 37-41.

87.345 WENZEL, Georg: Rez. von H. Matter, # 86.198. In: *Neue Literatur*, Jg. 38, Nr. 11 (November 1987), S. 84-85.

87.346 WERNER, Klaus U.: *Dichter-Exil und Dichter-Roman. Studien zur verdeckten Exilthematik in der deutschen Exilliteratur 1933-1945.* Frankfurt a. M., u. a.: P. Lang, 1987, XIV, 298 S. (= Europäische Hochschulschriften, Reihe 1: Deutsche Sprache und Literatur, Bd. 1031) [Zugl.: Diss., Freiburg i. Br.].

87.347 WESSELL, Eva M.: *Th. M's Essay Goethe und Tolstoy: Sein literarhistorischer Kontext.* Dissertation, University of California, Irvine, 1987, VIII, 181 S. [Resümee in: *DAI*, Jg. 42, Nr. 2 (August 1987), S. 404A. - Vgl. Buchausgabe in # 91.149].

87.348 WIENOLD, Götz: Hermann Brochs *Der Tod des Vergil* und Th. M's *Doktor Faustus*: Ein Dialog? In: M. Kessler/P. M. Lützeler, # 87.151, S. 253-261.

87.349 WIERLACHER, Alois: Die allernächsten Dinge. Zur Rolle der Mahlzeiten in Th. M's *Buddenbrooks*. In: A. W., *Vom Essen in der deutschen Literatur. Mahlzeiten in Erzähltexten von Goethe bis Grass*. Stuttgart, u. a.: W. Kohlhammer, 1987, S. 47-51, 240-241.

87.350 WIERLACHER, Alois: Rumohr, Nietzsche und Th. M. In: # 87.349, S. 51-53, 240-241.

87.351 WIERLACHER, Alois: Das 'Mahl mit den Brüdern'. Zu Th. M's *Joseph, der Ernährer*. In: # 87.349, S. 194-196, 273-274.

87.352 WIERLACHER, Alois: Der 'Mittag am Frauenplan' oder das unwürdige Schauspiel. Zu Th. M's *Lotte in Weimar*. In: # 87.49, S. 206-207, 276.

87.353 WINSTON, Richard: *Der junge Th. M. Das Werden eines Künstlers 1875 bis 1911*. Frankfurt a. M., u. a.: Ullstein, ungek., korrig. Ausg., 1987, 414 S. (= Ullstein-Buch, Nr. 27552) [Aus dem Amerikanischen übs. von S. Hofheinz. - Vgl. engl. Original in # 81.263].

87.354 WISSKIRCHEN, Hans: Die Geschichte als Trauerspiel. Zur Benjamin-Rezeption bei Th. M. In: *Euphorion*, Jg. 81, Nr. 2 (1987), S. 171-180.

87.355 WOLFF, Uwe: Heroismus der Schwäche. Tod, Krankheit und Künstlertum im Werk von Th. M. In: *Rheinischer Merkur/Christ und Welt*, Jg. 42, Nr. 24 (12. Juni 1987), Geistiges Leben, S. 15. [Rez. von I. Jens, # 86.140].

87.356 WYSLING, Hans: Den schamlosen Burschen einen Strich durch die Rechnung machen. Th. M's späte Briefe an seinen Bruder Heinrich. In: *FAZ*, Jg. 39, Nr. 298 (24. Dezember 1987), Bilder und Zeiten, S. 2. [Briefe Th. M's an H. Mann vom 15. November 1935, 11. Februar 1936, 7. September 1944. - Rez.: R. Nicholls, # 89.200 - H.-J. Sandberg, # 88.248].

87.357 WYSLING, Hans: Th. M. als Tagebuchschreiber. In: E. Heftrich/H. W., # 87.117, S. 139-155.

87.358 WYSLING, Hans: 25 Jahre Arbeit im Th.-M.-Archiv. Rückblick und Ausblick. In: E. Heftrich/H. W., # 87.117, S. 370-380.

87.359 WYSLING, Hans: Heinrich Mann - *Professor Unrat*. In: Heinrich Mann: *Professor Unrat oder das Ende eines Tyrannen*. Stuttgart, u. a.: Deutscher Bücherbund, 1987, S. 5-12. (= Bibliothek des 20. Jahrhunderts) [Beigelegtes Begleitheft].

87.360 WYSLING, Hans: Von der Vergnüglichkeit des Edierens. Mit ein paar Bemerkungen zu einer kritischen Edition von Th. M's Werk. In: Michael Werner, und Winfried Woesler, Hrsg.: *Edition et Manuscripts. Probleme der Prosa-Edition*.

Bern, u. a.: P. Lang, 1987, S. 310-314. (= *Jahrbuch für Internationale Germanistik*, Reihe A, Bd. 19).

87.361 WYSLING, Hans, und Werner Pfister, Hrsg.: Th. M. an seinen Bruder Heinrich. Neuaufgefundene Briefe aus der Hitler-Zeit. In: *Blätter der Th. M. Gesellschaft Zürich*, Nr. 22 (1987-1988), S. 5-18, 28-36. [Briefe Th. M's von 1934-1938 an H. Mann].

87.362 ZIOLKOWSKI, Theodore: Hermann Brochs *Tod des Vergil* und Th. M's *Lotte in Weimar*. Zwei Exilromane. In: M. Kessler/P. M. Lützeler, # 87.151, S. 263-272.

87.363 ZWEIG, Arnold: Th. M.: Zum 40. Geburtstag. In: A. Z., *Essays, Bd. 1: Literatur und Theater*. Frankfurt a. M.: S. Fischer, 1987, S. 259-281. (= Fischer Taschenbuch, 4129) [Vgl. E in # 15.28].

1988

88.1 ADOLPHS, Dieter W., und Egon Schwarz: Th. M. (6 June 1875 - 12 August 1955). In: James Hardin, Hrsg.: *German Fiction Writers 1885-1913, Part 2: M-Z*. Detroit, MI: Gale Research, 1988, S. 340-390. (= Dictionary of Literary Biography, Bd. 66).

88.2 ANDERSON, Mark: Rez. von W. Rasch, # 86.240. In: *MLN*, Jg. 103, Nr. 3 (1988), S. 692-694.

88.3 ANON.: Th. M. in Litauen. In: *NZZ*, Jg. 209, Nr. 22 (28. Januar 1988), Feuilleton, S. 30. [Über eine litauische Monographie zu diesem Thema von L. Stepanauskas].

88.4 ANON.: Mann. In: *TZ* München, (14. Juni 1988). [Rez. von H. Wysling, # 88.319].

88.5 ASKEDAL, John O.: Zur Positionssyntax adjektivdependenter Infinitive im Deutschen. Eine empirische Untersuchung anhand der Erzählprosa Th. M's. In: J. O. A., Cathrine Fabricius-Hansen, und Kurt E. Schöndorf, Hrsg.: *Gedenkschrift für Ingerid Dal*. Tübingen: M. Niemeyer, 1988, S. 116-137.

88.6 ASKEDAL, John O.: Über den Infinitiv als Subjekt im Deutschen. Eine empirische Untersuchung anhand des Erzählwerks von Th. M. In: *Zeitschrift für Germanistische Linguistik*, Jg. 16, Nr. 1 (1988), S. 1-25.

88.7 ASTRACHAN, Gary D.: Dionysos in Th. M's Novelle *Der Tod in Venedig*. In: *Gorgo*, Heft 14 (1988), S. 45-62. [Übs. von A. J. Ziegler].

88.8 AYREN, Armin: Wer kann den *Felix Krull* noch lesen? In: *Stuttgarter Zeitung*, Jg. 44, Nr. 6 (9. Januar 1988), Feuilleton, S. 50. [Betr. Sprachprobleme bei Oberschülern der Klasse 13].

88.9 BAHR, Ehrhard, unter Mitarbeit von Otto F. Best, Hrsg.: Th. M. In: *Geschichte der deutschen Literatur, Bd. 3: Vom Realismus bis zur Gegenwartsliteratur*. Tübingen: A. Francke, 1988, S. 208-212, u. a. (= Geschichte der deutschen Literatur. Kontinuität und Veränderung. Vom Mittelalter bis zur Gegenwart; Uni-Taschenbücher, 1465).

88.10 BARNOUW, Dagmar: 'Placet Experiri?' Th. M. and the Charms of Entelechy. In: D. B., *Weimar Intellectuals and the Threat of Modernity*. Bloomington, u. a.: Indiana University Press, 1988, S. 121-150.

88.11 BAUMGART, Reinhard: Th. M. als erotischer Schriftsteller. In: *Forum Homosexualität und Literatur*, Nr. 4 (1988), S. 5-22. [Auch in: *Die Zeit*, Jg. 43, Nr. 15 (8. April 1988), Feuilleton, S. 59-61].

88.12 BEATON, Kenneth B.: Die Zeitgeschichte und ihre Integrierung im Roman. In: K. Moulden/G. v. Wilpert, # 88.206, S. 201-211. [*Buddenbrooks*].

88.13 BEDDOW, Michael: Views from Aloft: Beauty, Truth and Utility in Modern German Literature. In: *University of Leeds Review*, Jg. 31 (1988-1989), S. 7-21. [Th. M.: *Der Zauberberg* - C. Wolf: *Kassandra*].

88.14 BEN-CHORIN, Schalom: Th. M. In: S. B.-C., *Ich lebe in Jerusalem. Ein Bekenntnis zu Geschichte und Gegenwart*. München: Deutscher Taschenbuch Verlag, 1988, S. 15, 30, u.a. (= dtv, 10938).

88.15 BEN-CHORIN, Schalom: Th. M. In: S. B.-C., *Jugend an der Isar*. München: Deutscher Taschenbuch Verlag, 1988. (= dtv, 10937), S. 126-129, u.a.

88.16 BERLOWITZ, Beatrice: Une traversée avec Th. M. In: *Le Messager européen*, Jg. 2, Nr. 12 (1988), S. 227-261. [*Buddenbrooks - Betrachtungen eines Unpolitischen - Der Zauberberg - Doktor Faustus*].

88.17 BEUYS, Barbara: Flucht in den Süden. Th. M. und die Liebe zu seiner 'heimatlichen Stadt'. In: *Merian*, Jg. 41, Nr. 3 (März 1988), S. 102-105. [Venedig].

88.18 BLACKMUR, R. P.: The Lord of Small Counterpositions: Mann's *The Magic Mountain*. In: I. M. Ezergailis, # 88.54, S. 78-93. [Vgl. dazu # 64.30].

88.19 BLASBERG, Cornelia: Schöpferische Anverwandlung. Zur Erinnerung an Karl Wolfskehl. In: *NZZ*, Jg. 209, Nr. 144 (23. Juni 1988), Feuilleton, S. 29-30. [K. Kerényi - Th. M. - K. W.].

88.20 BLOMSTER, Wesley V.: Rez. von J. Marcus-Tar, # 87.187. In: *German Studies Review*, Jg. 11, Nr. 3 (Oktober 1988), S. 528-529. [G. Lukács - Th. M.].

88.21 BLOOM, Allan: Th. M. In: A. B., *The Closing of the American Mind*. New York, u. a.: Simon & Schuster, 1988.

88.22 BODE, Christoph: Th. M. In: C. B., *Ästhetik der Ambiguität. Zur Funktion und Bedeutung von Mehrdeutigkeit in der Literatur der Moderne*. Tübingen: M. Niemeyer, 1988, S. 53-54, u. a. (= Konzepte der Sprach- und Literaturwissenschaft, 43).

88.23 BÖHM, Karl W.: Rez. von R. Winston, # 85.296. In: *Forum Homosexualität und Literatur*, Nr. 3 (1988), S. 117-120.

88.24   BOHNEN, Klaus: Faszination und Verfall des Authentischen. Th. M's frühe Er-
        zählungen in komparatistischer Sicht. In: *Th. M. Jahrbuch*, Bd. 1 (1988), S. 63-79.
        [J. P. Jacobsen].

88.25   BOHRER, Karl H.: Die permanente Theodizee. In: K. H. B., *Nach der Natur.*
        Über Politik und Ästhetik. München, u. a.: C. Hanser, 1988, S. 133-161. (= Edi-
        tion Akzente) [Vgl. E in # 87.32. - H. Broch - Th. M.].

88.26   BORMANN, Alexander von: Subkulturelle Stigmatisierung oder minoritäre Beja-
        hung? Überlegungen zum Konzept einer 'schwulen' Literatur. In: *Forum Homo-*
        sexualität und Literatur, Nr. 3 (1988), S. 5-27. [B. Brecht - G. Geiser - Klaus
        Mann - Th. M. - Homosexualität].

88.27   BOSCHERT, Bernhard, und Ulf Schramm: Literatur und Literaturwissenschaft als
        Medium der Bearbeitung von Verdrängung. Beobachtungen an Th. M's *Der Tod*
        in Venedig: Ein Beitrag zur Germanistik als Friedens- und Konfliktforschung.
        In: Norbert Oellers, Hrsg.: *Politische Aufgaben und soziale Funktionen von Ger-*
        manistik und Deutschunterricht. Tübingen: M. Niemeyer, 1988, S. 19-34. (=
        Germanistik und Deutschunterricht im Zeitalter der Technologie, Bd. 2).

88.28   BRIEGEL, Manfred, und Wolfgang Frühwald, Hrsg.: Th. M. In: *Die Erfahrung*
        der Fremde. Kolloquium des Schwerpunktprogramms 'Exilforschung' der Deutschen
        Forschungsgemeinschaft. Forschungsbericht. Weinheim, u. a.: VCH, 1988, S. 230-
        234, u. a. [Th. M. in Amerika].

88.29   BRODIN, Elin: Th. M. - den dekadente moralist. Om 'Trollfjellet' av Th. M.
        (1875-1955). In: *Vinduet*, Jg. 42, Nr. 1 (1988), S. 22-24. [*Der Zauberberg*].

88.30   BÜHNER, Peter: Spuren bis ins 16. Jahrhundert: Auskünfte über die Grabower
        Vorfahren Th. und Heinrich Manns. In: *Norddeutsche Zeitung*, Jg. 43, Nr. 249
        (21. Oktober 1988), S. 4.

88.31   BUSCH, Frank: Des Triebes Kern. Die Macht der Psychoanalyse ist die Macht
        des Phallus. Polemische Anmerkungen zu Gerhard Härles Untersuchung des
        Zauberbergs. In: *Forum Homosexualität und Literatur*, Nr. 4 (1988), S. 121-125.
        [Rez. von G. H., # 86.100].

88.32   BUTLER-MCGRANAGHAN, Sylvia M.: *Fairy-Tale Motifs in Early Works of Th. M.*
        Ann Arbor, MI: University Microfilms International, 1988, 145 S. [Zugl.: Diss.,
        Univ. of Pennsylvania, Philadelphia, 1988. - Resümee in: *DAI*, Jg. 50, Nr. 1 (Juli
        1989), S. 151A. - *Königliche Hoheit* - Märchen].

88.33   CAMPBELL, Joseph: *Erotic Irony and Mystic Form in the Art of Th. M.* San Fran-
        cisco: Brigg, 1988.

88.34   CARSTENSEN, Richard: *Th. M. sehr menschlich: Streiflichter - Schlaglichter*. Lübeck: Graphische Werkstätten, 3., erw. Aufl., 1988, 122 S. [Vgl. # 74.36 - # 75.163].

88.35   CARSTENSEN, Richard: Pastor Hirte in *Buddenbrooks*. In: *Der Wagen* (1988), S. 234-239. [Mit Brief an L. Weidemann vom 27. Juli 1929].

88.36   CERF, Steven R.: Benjamin Britten's *Death in Venice*: Operatic Stream of Consciousness. In: Richard Fleming, und Michael Payne, Hrsg.: *Criticism, History, and Intertextuality*. Lewisburg: Bucknell University Press; London, u. a.: Associated University Presses, 1988, S. 124-138. (= *Bucknell Review*, Bd. 31, Nr. 1).

88.37   CICORA, Mary A.: Wagner Parody in *Doktor Faustus*. In: *GR*, Jg. 63, Nr. 3 (Sommer 1988), S. 133-139. [R. Wagner: *Parsifal*].

88.38   COHN, Dorrit: The second Author of *Der Tod in Venedig*. In: I. M. Ezergailis, # 88.54, S. 124-143. [Nachdruck von # 83.94].

88.39   CORKHILL, Alan: Abwandlungen des Duellrituals in der deutschsprachigen Literatur des 19. und frühen 20. Jahrhunderts. In: *Neophilologus*, Jg. 72, Nr. 2 (1988), S. 244-257. [*Der Zauberberg*].

88.40   CUNLIFFE, W. Gordon: Rez. von G. Härle, # 86.100. In: *Seminar*, Jg. 24, Nr. 23 (September 1988), S. 286.

88.41   CURTIUS, Ernst R.: Th. M. In Romain Kirt's Ausg. von E. R. C., *Goethe, Th. M. und Italien. Beiträge in der Luxemburger Zeitung (1922-1925)*. Bonn: Bouvier, 1988, 140 S. (= Abhandlungen zur Kunst-, Musik- und Literaturwissenschaft, Bd. 379) [Inhalt: *Von Deutscher Republik*, vgl. # 23.10 - *Der Zauberberg*, vgl. # 25.44. - Rez.: C. Dröge, # 88.49].

88.42   DARMAUN, Jacques: 'Bonne' ou 'mauvaise' Allemagne, un modèle caractéristique de glissement: les *Considérations d'un apolitique* de Th. M. In: *Cahiers d'études germaniques*, Nr. 15 (1988), S. 67-74. [*Betrachtungen eines Unpolitischen*].

88.43   DAVID, Claude: Naphta, des Teufels Anwalt. In: R. Wolff, # 88.310, S. 23-38. [Vgl. E in # 77.56 - # 83.96. - *Der Zauberberg*].

88.44   DEDERKE, Karlheinz: Gruppenbild mit Damen. Die Familie Mann. Thomas, Heinrich, Klaus und die anderen in Marcel Reich-Ranickis Sicht. In: *Der Tagesspiegel*, Jg. 44, Nr. 12862 (17. Januar 1988), Literatur, S. X. [Rez. von M. R.-R., # 87.236].

88.45   DEDNER, Burghard: Mitleidsethik und Lachritual. Über die Ambivalenz des Komischen in den *Josephs*-Romanen. In: *Th. M. Jahrbuch*, Bd. 1 (1988), S. 27-45.

88.46 DEL CARO, Adrian: The Devil as Advocate in the Last Novels of Th. M. and Dostoevsky. In: *Orbis Litterarum*, Jg. 43, Nr. 2 (1988), S. 129-152. [F. M. Dostojewski: *Die Brüder Karamasow* - F. Nietzsche].

88.47 DITTMANN, Ulrich (Bearb.): *Erläuterungen und Dokumente: Th. M. Tristan.* Stuttgart: P. Reclam, 1988, 95 S. (= Universal-Bibliothek, Nr. 8115) [Vgl. E in # 71.63. - Vgl. auch # 79.44].

88.47a DOHM, HEDWIG: Th. M. In Hans-Rudolf Wiedemann's Ausg. von H. D., *Th. M's Schwiegermutter erzählt oder Lebendige Briefe aus großbürgerlichem Hause - Hedwig Pringsheim-Dohm an Dagny Langen-Sautreau.* Lübeck: Graphische Werkstätten, 3. Aufl., 1988, 58 S. [Mit einem Geleitwort von G. Mann, # 88.173. - Vgl. E in # 85.50. - Vgl. auch # 86.58].

88.48 DRIJARD, A.: Rez. von H. Wißkirchen, # 86.332. In: *EG*, Jg. 43 (April-Juni 1988), S. 271-272.

88.49 DRÖGE, Christoph: Europäer in schwerer Zeit. In: *General-Anzeiger*, Jg. 97, Nr. 30010 (1./2. Oktober 1988), S. 31. [Rez. von E. R. Curtius, # 88.41].

88.50 EICHHOLZ, Armin: Der wortwörtliche Leverknödel. Nach Th. M. In: Winfried Freund, und Walburga Freund-Spork, Hrsg.: *Deutsche Prosa-Parodien aus zwei Jahrhunderten.* Stuttgart: P. Reclam, 1988, S. 103-106. (= Universal-Bibliothek, Nr. 8483).

88.51 EICHNER, Hans: Aspects of Parody in the Early Works of Th. M. In: I. M. Ezergailis, # 88.54, S. 93-115. [Nachdruck von # 52.18].

88.52 ERICKSON, Vincent O.: *Buddenbrooks*, Th. M., and North German Social Class: An Application of Literary Anthropology. In: Fernando Poyatos, Hrsg.: *Literary Anthropology. A New Interdisciplinary Approach to People, Signs and Literature.* Amsterdam, u. a.: J. Benjamin, 1988, S. 95-125.

88.53 ETTINGER, Albert: *Der Epiker als Theatraliker: Th. M's Beziehungen zum Theater in seinem Leben und Werk.* Frankfurt a. M., u. a.: P. Lang, 1988, V, 692 S. (= Trierer Studien zur Literatur, Bd. 15) [Zugl.: Diss., Univ. Trier, 1987. - Rez.: V. Hansen, # 88.85 - P. Schweitzer, # 89.254].

88.54 EZERGAILIS, Inta M., Hrsg.: *Critical Essays on Th. M.* Boston, MA: Hall & Co., 1988, VI, 270 S. (= Critical Essays on World Literature) [Vgl. Diss. in # 70.43f - vgl. # 75.232. - Inhalt: R. P. Blackmur, # 88.18 - D. Cohn, # 88.38 - H. Eichner, # 88.51 - I. M. E., # 88.55 - K. Hamburger, # 88.84 - H. Hatfield, # 88.90 - P. Heller, # 88.96 - H. Koopmann, # 88.152 - G. Lukács, # 88.169 - H. Mayer, # 88.181 - R. Peacock, # 88.219 - T. J. Reed, # 88.230 - J. P. Stern, # 88.274 - H. J. Weigand, # 88.292 - E. M. Wilkinson, # 88.300. - Rez.: H. Siefken, # 89.258 - H. R. Vaget, # 92.299].

88.55 EZERGAILIS, Inta M.: Introduction. In: # 88.54, S. 1-9.

88.56 FELDER, Paul: Le mal et la maladie dans le *Docteur Faustus* de Th. M. In: Jean-Marie Paul, Hrsg.: *Le mal et la maladie: De Maître Eckhart à Thomas Bernhard. Actes du Colloque organisé par le Centre de recherches germaniques et scandinaves de l'Université de Nancy II.* Nancy: Presses Universitaires de Nancy, 1988, S. 219-246. (= Collections Diagonales) [Böses - Krankheit].

88.57 FEUERLICHT, Ignace: Th. M. und die Homoerotik. In: *Forum Homosexualität und Literatur*, Nr. 3 (1988), S. 29-50. [Übs. von K. W. Böhm. - Vgl. E in engl. Sprache, # 82.76].

88.58 FICKERT, Kurt: Rez. von J. Marcus-Tar, # 87.187 - H. Ridley, # 87.263. In: *MFS*, Jg. 34, Nr. 4 (Winter 1988), S. 714-716. [G. Lukács].

88.59 FLETCHER, John E.: Bibliographie. In: K. Moulden/G. v. Wilpert, # 88.206, S. 365-393. [Insbesondere zu *Buddenbrooks*].

88.60 FLETCHER, John E.: Übersetzungen. In: K. Moulden/G. v. Wilpert, # 88.206, S. 349-352. [Tabelle der Übersetzungen von *Buddenbrooks*].

88.61 FORSSBOHM, Paul: *Formen des Offenen. Th. M's Zauberberg, die Oxen of the Sun-Episode in James Joyces Ulysses und Julio Cortázars Rayuela.* Frankfurt a. M., u. a.: P. Lang, 1988, 414 S. (= Europäische Hochschulschriften, Reihe 18: Vergleichende Literaturwissenschaften, Bd. 49) [Zugl.: Diss., Univ. Saarbrücken, 1988].

88.62 FRISCH, Shelley: 'Alien Homeland': Erika Mann and the Adenauer Era. In: *GR*, Jg. 63, Nr. 4 (Herbst 1988), S. 172-182.

88.63 FRIZEN, Werner: *Th. M.: Bekenntnisse des Hochstaplers Felix Krull (Interpretation).* München: Oldenbourg, 1988, 128 S. (= Oldenbourg-Interpretationen, Bd. 25).

88.64 FRIZEN, Werner: *Die Bekenntnisse des Hochstaplers Felix Krull*: Th. M's letztes Wort zu Wagner. In: *Jahrbuch der Deutschen Schillergesellschaft*, Bd. 32 (1988), S. 291-313.

88.65 FRODL, Hermann: Rez. von E. Heftrich/H. Wysling, # 87.117. In: *Biblos*, Jg. 37, Nr. 2 (1988), S. 157-158.

88.66 FRODL, Hermann: Rez. von H. Wysling/W. Pfister, # 88.321. In: *Biblos*, Jg. 37, Nr. 3 (1988), S. 295.

88.67 FULD, Werner: Th. M. Nun deutlich vor Brecht. In: *FAZ*, Jg. 40, Nr. 2 (4. Januar 1988), Feuilleton, S. 17. [Auch auf Engl. u. d. T.: Th. M. Moves up to Pass

Brecht. In: *The German Tribune*, Jg. 37, Nr. 1308 (31. Januar 1988). - Resultat einer Umfrage des Allensbacher Instituts für Demoskopie].

88.68 GANSERA, Rainer: Hans Abich - Begegnungen, Erinnerungen und Ausblick. In: *Film*, Jg. 5, Nr. 9 (1988), S. 20-29. [Über Th. M.: S. 22-25].

88.69 GAUGER, Hans-Martin: *Der Zauberberg* - ein linguistischer Roman. In: H.-M. G., *Der Autor und sein Stil. Zwölf Essays*. Stuttgart: Deutsche Verlags-Anstalt, 1988, S. 170-214. [Vgl. E in # 75.264. - Vgl. auch # 76.110].

88.70 GAY, Peter: Th. M. In: P. G., *Freud. A Life for our Time*. London, u. a.: J. M. Dent, 1988.

88.71 GERHARDT, Hans-Peter: Rez. von H. Ridley, # 87.263. In: *Germanistik*, Jg. 29, Nr. 3 (1988), S. 776.

88.72 GETZENY, Hans: 'Jetzt ist die Zeit, wo Nietzsche wiederkehren muß'. Reinhold Schneiders literarische Nietzsche-Rezeption 1928-1935. In: *Nietzsche-Studien*, Bd. 17, Berlin, u. a.: W. d. Gruyter, 1988, S. 280-297. [*Doktor Faustus*].

88.73 GILLESPIE, Gerald: Estebanillo and Simplex: Two Baroque Views of the Role-Playing Rogue in War, Crime, and Art (with an Excursus on Krull's Forebears). In: G. G., *Garden and Labyrinth of Time: Studies in Renaissance and Baroque Literature*. New York, u. a.: P. Lang, 1988, S. 279-295. (= German Studies in America, Nr. 56) [Vgl. E in # 82.96. - *Felix Krull* - J. J. C. v. Grimmelshausen].

88.74 GIRNDT, Cornelia: Aufbau in der Neuen Welt. Amerikas einzige deutsch-jüdische Zeitung erscheint noch immer. In: *Frankfurter Rundschau*, Jg. 44, Nr. 265 (12. November 1988), Zeit und Bild, S. 1.

88.75 GOCKEL, Heinz: Faust im *Faustus*. In: *Th. M. Jahrbuch*, Bd. 1 (1988), S. 133-148.

88.76 GÖRNER, Rüdiger: Gebrochene Romantik: Vier literarische Chopin-Bilder des 20. Jahrhunderts. In: *NZZ*, Jg. 209, Nr. 146 (25./26. Juni 1988), Literatur und Kunst, S. 66. [*Der Tod in Venedig* - *Doktor Faustus*].

88.77 GÖTZ, Norbert, Clementine Schack-Simitzis, u. a., Hrsg.: Th. M. In: *Die Prinzregentenzeit: Katalog der Ausstellung im Münchner Stadtmuseum*. München: Münchner Stadtmuseum und C. H. Beck, 1988, S. 282, u. a.

88.78 GOLDEN, Kenneth L.: Archetypes and 'Immoralists' in André Gide and Th. M. In: *College Literature*, Jg. 15 (1988), S. 189-198. [*Der Tod in Venedig* - C. G. Jung].

88.79   GOLDMAN, Harvey: *Max Weber and Th. M. Calling and the Shaping of the Self.*
        Berkeley, u. a.: University of California Press, 1988, XI, 284 S. [Rez.: G. R.
        Cuomo, # 91.32].

88.80   GRAWE, Christian: Struktur und Erzählform. In: K. Moulden/G. v. Wilpert, #
        88.206, S. 69-107. [*Buddenbrooks*].

88.81   GRIM, William E.: Diabolus in musica: Th. M's *Doktor Faustus.* In: W. E. G.,
        The Faust Legend in Music and Literature. Lewiston, u. a.: E. Mellen, 1988, S. 73-
        98. (= Studies in the History and Interpretation of Music, 5).

88.82   HÄRLE, Gerhard: *Männerweiblichkeit. Zur Homosexualität bei Klaus und Th. M.*
        Frankfurt a. M.: Athenäum, 1988, 412 S. [Rez.: W. V. Blomster, # 90.22 - F.
        Busch, # 89.39 - M. Grunewald, # 89.80 - I. S. Immel, # 92.117 - J. W. Jones, #
        90.146 - H. Koopmann, # 88.153, # 92.147 - B. Nitzschke, # 90.216 - P. C.
        Pfeiffer, # 91.179 - A. Reif, # 88.233 - E. Wolffheim, # 88.315].

88.83   HAHN, Karl-Heinz: Versäumte Gelegenheit. Th. M. kandidiert für den Vor-
        stand der Goethe-Gesellschaft in Weimar. In: Jörg Schönert, und Harro Sege-
        berg, Hrsg.: *Polyperspektivik in der literarischen Moderne: Studien zu Theorie, Ge-
        schichte und Wirkung der Literatur.* Frankfurt a. M., u. a.: P. Lang, 1988, S. 431-
        451. (= Hamburger Beiträge zur Germanistik, Bd. 1).

88.84   HAMBURGER, Käte: The Structure of Humor. In: I. M. Ezergailis, # 88.54, S. 58-
        78. [Übs. von I. M. E. Textgrundlage: K. H., # 65.126, S. 11-52. - Vgl. # 70.65].

88.85   HANSEN, Volkmar: Rez. von A. Ettinger, # 88.53. In: *Germanistik,* Jg. 29, Nr. 2
        (1988), S. 525.

88.86   HANSESTADT LÜBECK, Amt für Lübeck-Werbung und Tourismus, Hrsg.: Th.
        M.-Heinrich Mann. In: *Hansestadt Lübeck.* Lübeck: Wullenwever-Druck Heine,
        1988, S. 10-11.

88.87   HARTL, Edwin: Weltmeister und Großmeister. Wenn Th. M. korrespondiert.
        In: *Die Presse,* Jg. 140, Nr. 12.082 (18./19. Juni 1988), Das neue Buch, S. VIII.
        [Rez. von H. Wysling, # 88.319].

88.88   HASSELBACH, Karlheinz: Rez. von H. Wißkirchen, # 86.332. In: *GQ,* Jg. 61, Nr.
        2 (1988), S. 323-324. [*Der Zauberberg - Doktor Faustus*].

88.89   HASSELBACH, Karlheinz, unter Mitarbeit von Ingrid Tiesler-Hasselbach: *Th. M.:
        Doktor Faustus. Interpretation.* München: Oldenbourg, 2., überarb. u. erg. Aufl.,
        1988, 154 S. (= Oldenbourg-Interpretationen, Bd. 24) [Vgl. E in # 77.102. -
        Doktor Faustus].

88.90   HATFIELD, Henry: Myth versus Secularism: Religion in Th. M's *Joseph*. In: I. M.
        Ezergailis, # 88.54, S. 115-123. [Nachdruck von # 67.82 - vgl. auch # 69.106].

88.91   HEFTRICH, Eckhard: Apokalypse und Apocalipsis bei Th. M. In: *Lite-
        raturwissenschaftliches Jahrbuch*, N. F., Bd. 29 (1988), S. 271-289.

88.92   HEFTRICH, Eckhard: Th. M's Verhältnis zum Deutschtum und Judentum. In:
        Th. M. Jahrbuch, Bd. 1 (1988), S. 149-166.

88.93   HEIN, Christoph: Zwei Sätze zu Th. M. In: C. H., *Öffentlich arbeiten. Essais und
        Gespräche*. Berlin, u. a.: Aufbau, 2. Aufl., 1988, S. 66-69. [Vgl. E in # 87.119].

88.94   HELBLING, Hanno: Vorwort. In: Th. M.: *Betrachtungen eines Unpolitischen*.
        Frankfurt a. M.: S. Fischer, 1988, S. I-XVIII.

88.95   HELBLING, Hanno: Ein Hauptwerk Th. M's. Die *Regesten und Register* zu den
        Briefen. In: *NZZ*, Jg. 209, Nr. 200 (29. August 1988), Feuilleton, S. 19. [Rez. von
        H. Bürgin/H.-O. Mayer, # 87.37].

88.96   HELLER, Peter: Th. M's Conception of the Creative Writer. In: I. M. Ezergailis,
        # 88.54, S. 143-175. [Nachdruck von # 54.76. - Politik].

88.97   HENGARTNER, Eduard: Poesie, Porzellan, Pralinen. Streiflichter aus dem ande-
        ren Kilchberg. In: *Tübinger Blätter*, Jg. 75 (1988), S. 41-42.

88.98   HERD, Eric: Ehe und Familie. In: K. Moulden/G. v. Wilpert, # 88.206, S. 213-
        228. [*Buddenbrooks*].

88.99   HERMANN, Karl: Primat des Biographischen. II. Internationales Th.-M.-Kollo-
        quium in Lübeck. In: *Der Tagesspiegel*, Jg. 44, Nr. 12944 (24. April 1988), Litera-
        tur, S. 10. [Auch in: *Rheinische Post* (30. April 1988)].

88.100 HERMES, Beate: *Lektürehilfen Th. M. Tonio Kröger*. Stuttgart: E. Klett, 1988, 82 S.
        (= Klett Lektürehilfen) [*Tonio Kröger*].

88.101 HILLESHEIM, Jürgen: 'Wir setzen uns mit Tränen nieder...' Eine 'Spur' der
        Matthäus-Passion Johann Sebastian Bachs in Th. M's *Joseph*-Tetralogie. In:
        Literatur für Leser, Heft 1 (1988), S. 65-69. [*Joseph und seine Brüder*].

88.102 HILLMAN, Roger: Zum Gattungstyp. In: K. Moulden/G. v. Wilpert, # 88.206, S.
        63-68. [*Buddenbrooks*].

88.103 HILSCHER, Eberhard: Der 'ungeliebte' Dichter als Helfer. In: *Deutsches Allge-
        meines Sonntagsblatt*, Jg. 41 (9. Oktober 1988), S. 32. [Rez. von H. Wysling, #
        88.319].

88.104 HINCK, Walter: Sterben ist schön: Ein Handbuch zu den *Buddenbrooks* von Th. M. In: *FAZ*, Jg. 40, Nr. 197 (25. August 1988), Feuilleton, S. 22. [Rez. von K. Moulden/G. v. Wilpert, # 88.206].

88.105 HIRSCHBERG, Dagny-Bettina: 'Kunststadt München' - Zur Genese des München-Bildes in Heinrich Manns Roman *Die Jagd nach Liebe*. In: *Heinrich Mann-Jahrbuch*, Bd. 6/1988 (1988), S. 1-30.

88.106 HOCHE, Gabriele: *Zur Analyse von Ergebnissen des Lektüreprozesses bei Schülern - dargestellt an der Erzählung Tonio Kröger von Th. M. in der Klasse 11 der erweiterten Oberschule.* Dissertation, Pädagogische Hochschule Güstrow, 1988, 134 S. [Zusätzl.: Literaturverzeichnis, 10 S. - Anlagen, 22 S. - Thesen zur Diss., 22 S. - Vgl. # 90.125].

88.107 HOCHE, Gabriele, und Hartmut Jonas: Zur empirischen Analyse des Textverständnisses bei Schülern - dargestellt an *Tonio Kröger* von Th. M. In: Eva M. Scherf, Hrsg.: *Ästhetischer Code und rezeptive Aktivität. Materialien der Arbeitstagung am 9./10. September 1986 des Wissenschaftsbereichs Theorie und Soziologie der Künste an der Sektion Germanistik/Kunstwissenschaften.* Halle: Martin-Luther-Universität, 1988, S. 37-55. (= Hallesche Studien zur Wirkung von Sprache und Kultur, Bd. 15).

88.108 HOELZEL, Alfred: Mann's *Doctor Faustus*. In: A. H., *The Paradoxical Quest. A Study of Faustian Vicissitudes.* New York, u. a.: P. Lang, 1988, S. 117-158. (= New Yorker Beiträge zur Vergleichenden Literaturwissenschaft, Bd. 1).

88.109 HOELZEL, Alfred: Leverkühn, the Mermaid, and Echo: A Tale of Faustian Incest. In: *Symposium*, Jg. 42, Nr. 1 (Frühjahr 1988), S. 3-16. [*Doktor Faustus*].

88.110 HOFFMANN, Rainer: Präsenz der Zeiten. In: *NZZ*, Jg. 209, Nr. 166 (19. Juli 1988), Feuilleton, S. 17. [Rez. von: H. Wysling, # 88.319 - H. Wysling/W. Pfister, # 88.321. - Zu Th. M's Briefwechseln].

88.111 HOLBECKE, Yvonne: Die Firma Buddenbrook. In: K. Moulden/G. v. Wilpert, # 88.206, S. 229-244. [*Buddenbrooks*].

88.112 HÜBSCHER, Arthur: Th. M. In: A. H., *Denker gegen den Strom. Schopenhauer: Gestern - heute - morgen.* Bonn: Bouvier, 4., durchges. Aufl., 1988, S. 136, 242, 284.

88.113 HÜPPAUF, Bernd: Th. M. In: Wolfgang Benz, und Hermann Graml, Hrsg.: *Biographisches Lexikon zur Weimarer Republik.* München: C. H. Beck, 1988, S. 219.

88.114 ITALIAANDER, Rolf: Von Heinrich Mann für Europa begeistert. Der Schüler organisiert eine Großveranstaltung. In Harald Kohtz', Bernd M. Kraske's, und

Stefan Zynda's Ausg. von R. I., *Gedanken-Austausch. Erlebte Kulturgeschichte in Zeugnissen aus 6 Jahrzehnten.* Düsseldorf: Droste, 1988, S. 88-92.

88.115 ITALIAANDER, Rolf: Respektvolle Beziehungen zu Th. M. Zusammenarbeit mit Klaus und Erika Mann. In: # 88.114, S. 99-108.

88.116 JENS, Walter: Der Rhetor Th. M. In Gert Ueding's und Peter Weit's Ausg. von W. J., *Feldzüge eines Republikaners. Ein Lesebuch.* München: Deutscher Taschenbuch Verlag, 1988, S. 351-364. (= dtv, 10847) [Vgl. # 83.178].

88.117 JERICHOW, Regina: Verblüffend modern: Th. M's Größenphantasien. In: *Nordwest-Zeitung*, Jg. 43, Nr. 42 (19. Februar 1988), S. F5.

88.118 JUNGK, Peter S.: Th. M. In: P. S. J., *Franz Werfel: Eine Lebensgeschichte.* Frankfurt a. M.: S. Fischer, 2. Aufl., 1988.

88.119 JURGENSEN, Manfred: Die Erzählperspektive. In: K. Moulden/G. v. Wilpert, # 88.206, S. 109-127. [*Buddenbrooks*].

88.120 JUSTIN, Renate G.: Medicine as Business and Patient Welfare: Th. M. Dissects the Conflict of Interest. In: *Literature and Medicine*, Jg. 7 (1988), S. 138-147.

88.121 KÄSTNER, Herbert: Rez. von G. Potempa, # 88.223. In: *Marginalien*, Jg. 4, Nr. 112 (1988), S. 86.

88.122 KAISER, Joachim: Th. M., die Musik und Wagner. In: Carl Dahlhaus, und Norbert Miller, Hrsg.: *Beziehungszauber. Musik in der modernen Dichtung.* München, u. a.: C. Hanser, 1988, S. 19-28. (= Dichtung und Sprache, Bd. 7).

88.123 KAISER, Joachim: Th. M.-Gedanken als musikalische Ereignisse. *Doktor Faustus*, die Musik und das deutsche Schicksal. In: J. K., *Erlebte Literatur: Vom Doktor Faustus zum Fettfleck. Deutsche Schriftsteller in unserer Zeit.* München, u. a.: R. Piper, 1988, S. 25-55.

88.124 KANTHAK, Dietmar: Der Kritiker im Dienste Th. M's. In: *General-Anzeiger*, Jg. 97, Nr. 29828 (26. Februar 1988), Feuilleton, S. 11. [M. Reich-Ranicki].

88.125 KARTHAUS, Ulrich: Rez. von J. Kolbe, # 87.158. In: *Germanistik*, Jg. 29, Nr. 2 (1988), S. 526.

88.126 KARTHAUS, Ulrich: Rez. von R. G. Renner, # 87.260. In: *Germanistik*, Jg. 29, Nr. 3 (1988), S. 775-776.

88.127 KARTHAUS, Ulrich: Zu Th. M's Ironie. In: *Th. M. Jahrbuch*, Bd. 1 (1988), S. 80-98.

88.128 KEIL, Rolf-Dietrich: Die Knidos-Sage-Varianten von Lukian bis Th. M. In: *Arcadia*, Bd. 23 (1988), S. 304-311.

88.129 KELLER, Ernst: Leitmotiv und Symbole. In: K. Moulden/G. v. Wilpert, # 88.206, S. 129-143. [*Buddenbrooks*].

88.130 KELLER, Ernst: Das Problem 'Verfall'. In: K. Moulden/G. v. Wilpert, # 88.206, S. 157-172. [*Buddenbrooks*].

88.131 KELLER, Ernst: Die Figuren und ihre Stellung im 'Verfall'. In: K. Moulden/G. v. Wilpert, # 88.206, S. 173-200. [*Buddenbrooks*].

88.132 KIEFFER, Rosemarie: Rencontre avec Ernest Bisdorff. In: *Les Cahiers luxembourgeois*, Nr. 3 (1988), S. 53-62.

88.133 KIESER, Harro: Rez. von H. Bürgin/H.-O. Mayer, # 87.36, # 87.37. In: *Germanistik*, Jg. 29, Nr. 3 (1988), S. 774-775.

88.134 KIMBALL, Susanne: Th. M's Protagonists and the Problem of Eros. In: *Germanic Notes*, Jg. 19, Nr. 4 (1988), S. 49-57. [Erotik].

88.135 KINZEL, Ulrich: *Zweideutigkeit als System. Zur Geschichte der Beziehungen zwischen der Vernunft und dem Anderen in Th. M's Roman Doktor Faustus*. Frankfurt a. M., u. a.: P. Lang, 1988, 294 S. (= Beiträge zur Literatur und Literaturwissenschaft des 20. Jahrhunderts, Bd. 8) [Zugl.: Diss., Univ. Kiel, 1987. - *Doktor Faustus*].

88.136 KLEINMICHEL, J.: Ihre Dienerin, Euer Gnaden: Drei Orgelmänner trafen sich auf einer Straßeneck. In: J. K., *Im Flügelkleide. Bilder & Reime aus der Kinderwelt*. Berlin: Hofmann, 2. Aufl., 1988, S. 5-8. [Quellen zu *Doktor Faustus*].

88.137 KLUGE, Gerhard: Deutsche Dichter leiden an Deutschland (Hölderlin - Heine - Th. M.). In: *Zeit-Schrift*, Jg. 2, Nr. 4 (Januar 1988), S. 7-29. [*Deutschland und die Deutschen*].

88.138 KOCK, Albert: Schlüsselrolle im Dienste der Aussöhnung. In: *Rheinischer Merkur/Christ und Welt*, Jg. 43, Nr. 50 (9. Dezember 1988), S. 27. [Betr. die New Yorker Wochenzeitung *Aufbau* und Th. M.].

88.139 KOLAGO, Lech: Die Sonate *Tonio Kröger* von Th. M. In: *Germanica Wratislaviensia*, Bd. 82 (1988), S. 128-146.

88.140 KONERSMANN, Ralf: Rez. von H. Holzapfel, # 86.131. In: *Das Argument*, Jg. 30, Nr. 1, Heft 167 (Januar/Februar 1988), S. 132-133.

88.141 KOOPMANN, Helmut: *Der schwierige Deutsche. Studien zum Werk Th. M's.* Tübingen: M. Niemeyer, 1988, 192 S. [Inhalt: # 88.142, # 88.143, # 88.144, # 88.145, # 88.146, # 88.147, # 88.148, # 88.149, # 88.150, # 88.151. - Rez.: K. W. Jonas, # 90.142 - H. Kayser, # 89.125 - H. Kurzke, # 89.143 - H. Pfanner, # 90.222 - H.-J. Sandberg, # 89.237 - A. v. Schirnding, # 89.245].

88.142 KOOPMANN, Helmut: Hanno Buddenbrook, Tonio Kröger und Tadzio. Anfang und Begründung des Mythos im Werk Th. M's. In: # 88.141, S. 3-12, 165. [Vgl. E in # 75.466 - vgl. # 84.123].

88.143 KOOPMANN, Helmut: Über den asiatischen Umgang mit der Zeit in Th. M's *Zauberberg.* In: # 88.141, S. 13-20, 165-166. [Vgl. E in # 81.114].

88.144 KOOPMANN, Helmut: Philosophischer Roman oder romanhafte Philosophie? Zu Th. M's lebensphilosophischer Orientierung in den zwanziger Jahren. In: # 88.141, S. 21-37, 166-169. [Vgl. E in # 83.208 - vgl. # 88.154. - *Der Zauberberg*].

88.145 KOOPMANN, Helmut: Der Untergang des Abendlandes und der Aufgang des Morgenlandes. Th. M., die Josephsromane und Spengler. In: # 88.141, S. 38-64, 170-177. [Vgl. E in # 80.149 - in engl. Sprache # 88.152. - O. Spengler - *Joseph und seine Brüder*].

88.146 KOOPMANN, Helmut: Vaterrecht und Mutterrecht. Th. M's Auseinandersetzung mit Bachofen und Baeumler als Wegbereiter des Faschismus. In: # 88.141, S. 65-78, 177-178. [Vgl. E in # 80.150].

88.147 KOOPMANN, Helmut: Des Weltbürgers Th. M. doppeltes Deutschland. In: # 88.141, S. 79-92, 178-181. [Gekürzte Fassung von # 87.162].

88.148 KOOPMANN, Helmut: *Doktor Faustus* und sein Biograph. Zu einer Exilerfahrung sui generis. In: # 88.141, S. 93-108, 181-182. [Vgl. E in # 83.211].

88.149 KOOPMANN, Helmut: *Doktor Faustus* als Widerlegung der Weimarer Klassik. In: # 88.141, S. 109-124, 182-183. [Vgl. E in # 87.161].

88.150 KOOPMANN, Helmut: *Doktor Faustus* - Schwierigkeiten mit dem Bösen und das Ende des 'strengen Satzes'. In: # 88.141, S. 125-144.

88.151 KOOPMANN, Helmut: Narziß im Exil - zu Th. M's *Felix Krull.* In: # 88.141, S. 145-164, 186-188. [Vgl. E in # 84.120].

88.152 KOOPMANN, Helmut: The Decline of the West and the Ascent of the East: Th.
        M., the *Joseph* Novels, and Spengler. In: I. M. Ezergailis, # 88.54, S. 238-265.
        [Vgl. E in dt. Sprache in # 80.149 - vgl. dt. Text in # 88.145].

88.153 KOOPMANN, Helmut: Marzipans tieferer Sinn. Homosexualität bei Klaus und
        Th. M. In: *FAZ*, Jg. 40, Nr. 267 (15. November 1988), Literatur, S. L8. [Rez.
        von G. Härle, # 88.82].

88.154 KOOPMANN, Helmut: Philosophischer Roman oder romanhafte Philosophie?
        Zu Th. M's lebensphilosophischer Orientierung in den zwanziger Jahren. In: R.
        Wolff, # 88.309, S. 61-88. [Vgl. E in # 83.208 - vgl. # 88.144].

88.155 KOPPEN, Erwin: Nationalität und Internationalität im *Zauberberg*. In: R. Wolff,
        # 88.310, S. 39-59. [Vgl. E in # 77.164].

88.156 KORLEN, Gustav: Rez. von M. Reich-Ranicki, # 87.236. In: *Moderna språk*, Bd.
        82, Nr. 2 (1988), S. 139-140.

88.157 KOSSMANN, Bernhard, und Monika Richter, Bearb.: Th. M. In: *Bibliographie der
        deutschen Sprach- und Literaturwissenschaft, 1987, Bd. 27.* Frankfurt a. M.: V.
        Klostermann, 1988, S. 403-411. [Begr. von: H. W. Eppelsheimer, C.
        Köttelwesch, und B. K.].

88.158 KRUFT, Hanno-Walter: Meine skandalöse Unbildung. Über Th. M's (Un-)
        Verhältnis zur bildenden Kunst. In: *Der Aquädukt 1763-1988. Ein Almanach aus
        dem Verlag C. H. Beck im 225. Jahr seines Bestehens.* München: C. H. Beck, 1988,
        S. 371-380. [Vgl. E in: *NZZ*, Jg. 209, Nr. 42 (20./21. Februar 1988), Literatur
        und Kunst, S. 69-70].

88.159 KURZKE, Hermann: Liebeswerben. Th. M's Briefe. In: *FAZ*, Jg. 40, Nr. 139 (18.
        Juni 1988), Bilder und Zeiten, S. [5]. [Rez. von H. Bürgin/H.-O. Mayer, # 76.46,
        # 80.57, # 82.41, # 87.37].

88.160 LAAGE, Karl E.: Theodor Storm und Ivan Turgenjew in Th. M's Novelle *Tonio
        Kröger*. In: K. E. L., *Theodor Storm. Studien zu seinem Leben und Werk mit einem
        Handschriftenkatalog.* Berlin: E. Schmidt, 2., erw. und. verb. Aufl., 1988, S. 113-
        123. [Vgl. E. in # 83.224].

88.161 LACKNER, Stephan: Th. M. In: S. L., *Selbstbildnis mit Feder. Ein Tage- und Lese-
        buch. Erinnerungen.* Berlin: Limes, 1988.

88.162 LAEMMLE, Peter: Dieser zärtliche junge Mann aus großem Hause. Politischer
        Weitblick, kurzes Leben. Klaus Manns Briefe 1922 bis 1949 sind ein einzigartiges
        Zeitdokument. In: *Die Weltwoche*, Jg. 56, Nr. 39 (29. September 1988), S. 63.
        [Rez. von M. Gregor-Dellin, # 87.103].

88.163 LEPENIES, Wolf: Weberian Motifs in the Work of Th. M. In: W. L., *Between Literature and Science: The Rise of Sociology.* Cambridge, u. a.: University Press; Paris: Edition de la Maison des Sciences de L'Homme, 1988, S. 297-312. (= Ideas in Context) [Übs. von R. J. Hollingdale. - S. George - M. Weber].

88.164 LICHTMANN, Tamás: Der Prozeß gegen Franz Kafka. Georg Lukács' Auseinandersetzung mit der Avantgarde (Kafka, Musil, Th. M., Döblin). In: Gerd-Dieter Stein, Hrsg.: *Kafka-Nachlese.* Stuttgart: Akademischer Verlag, 1988, S. 227-247. (= Stuttgarter Arbeiten zur Germanistik, Nr. 208; Unterreihe: Salzburger Beiträge, Nr. 14) [A. Döblin - F. Kafka - Th. M. - R. Musil].

88.165 LÖWY, Michael: Lukács, Th. M. Le rendez-vous de la *Montagne magique.* In: *La Quinzaine littéraire,* Nr. 516 (16. August-30. September 1988), S. 21. [Rez. von J. Marcus-Tar, # 87.187. - G. Lukács].

88.166 LORENZ, Helmut: *Die Musik Th. M's in Erzählungen, Buddenbrooks, Essays, Betrachtungen eines Unpolitischen, Zauberberg, Doktor Faustus, Tagebücher.* Berlin: Copy-Center in Dahlem, 2. Aufl., 1988. [Getrennte Seitenzählung: Die Musik im Frühwerk Th. M's, 56 S. - Zwei symphonische Dichtungen. Th. M.: *Der Zauberberg.* Richard Strauss: *Ein Heldenleben,* 26 S. - Die Musik in Th. M's *Doktor Faustus,* 45 S. - Die Musik in den Tagebüchern Th. M's 1918-1939, 80 S.].

88.167 LUBICH, Frederick A.: Rez. von E. Heftrich/H. Wysling, # 87.117. In: *Colloquia Germanica,* Jg. 22, Nr. 2/3 (1988), S. 240-243. [Internationales Th. M.-Kolloquium, Lübeck, 1986].

88.168 LUBICH, Frederick A.: Rez. von H. Kurzke, # 85.155. In: *GR,* Jg. 63, Nr. 1 (1988), S. 52-53.

88.169 LUKACS, Georg: In Search of Bourgeois Man. In: I. M. Ezergailis, # 88.54, S. 24-47. [Vgl. E in dt. Sprache in # 45.84, in engl. Sprache in # 64.148].

88.170 LUKE, David: Introduction. In seiner Übs. von Th. M.: *Death in Venice and Other Stories.* New York: Bantham Books, 1988. [Rez.: H. R. Vaget, # 91.251 - *Der Tod in Venedig*].

88.171 MADL, Antal: Th. M. und Georg Lukács. In: *Th. M. Jahrbuch,* Bd. 1 (1988), S. 117-132.

88.172 MAHAFFEY, Vicki: Wagner, Joyce and Revolution. In: *James Joyce Quarterly,* Jg. 25, Nr. 2 (Winter 1988), S. 237-247. [J. Joyce - R. Wagner - *Leiden und Größe Richard Wagners*].

88.173 MANN, Golo: Geleitwort. In: H.-R. Wiedemann, # 88.297, S. 3-6.

88.174 MANZONI, Giacomo: Il lungo cammino del *Doktor Faustus*. In: *Il Verri*, Jg. 8, Nr. 5-6 (März-Juni 1988), S. 17-25.

88.175 MARIANELLI, Marianello: Th. M.: *Considerazioni di un'apolitico*. In: M. M., *Studi di letteratura tedesca*. Pisa: Giardini, 1988, S. 241-272. [Vgl. # 67.160. - *Betrachtungen eines Unpolitischen*].

88.176 MARIANELLI, Marianello: Th. M.: La sua opera, il suo tempo. In: # 88.175, S. 429-453. [Zuerst 1975].

88.177 MARTIN, Robert K.: Walt Whitman und Th. M. In: *Forum Homosexualität und Literatur*, Nr. 5 (1988), S. 59-68. [Vgl. E in # 86.197. - Übs. von K. W. Böhm. - *Von Deutscher Republik - Der Zauberberg*].

88.178 MARX, Friedhelm: Th. M. und Nietzsche. Eine Auseinandersetzung in *Königliche Hoheit*. In: *DVJS*, Jg. 62, Nr. 2 (Juni 1988), S. 326-341. [F. Nietzsche - Ironie].

88.179 MAURER, Doris, und Arnold E. Maurer: Th. M. In: *Literarischer Führer durch Italien*. Frankfurt a. M.: Insel, 1988, S. 22, 35, u. a. (= insel taschenbuch, 1071).

88.180 MAY, Keith M.: Mann: Beyond Good and Evil. In: K. M. M., *Nietzsche and Modern Literature: Themes in Yeats, Rilke, Mann, and Lawrence*. Basingstoke, u. a.: Macmillan, 1988, S. 79-111, 163-165. [Rez.: T. H. Brobjer, # 89.37 - W. R. Doty, # 89.53. - Betr.: D. H. Lawrence - Th. M. - R. M. Rilke - W. B. Yeats].

88.181 MAYER, Hans: On the Political Development of an Unpolitical Man. In: I. M. Ezergailis, # 88.54, S. 191-206. [Übs. von I. M. E. - Textgrundlage: # 80.188. - Vgl. # 84.158].

88.182 MAYER, Hans: Die Größe Heinrich Manns. Vom *Untertan* über den *Henri Quatre* zum *Atem*. In: *Frankfurter Rundschau*, Jg. 44, Nr. 123 (28. Mai 1988), Zeit und Bild, S. 3.

88.183 MAYER, Hans: Französisch-deutsche Spannungen: Heinrich und Th. M. In: Martin Lüdke, und Delf Schmidt, Hrsg.: *Nicolas Born zum Gedenken. Heinrich Mann, heute*. Reinbek bei Hamburg: Rowohlt, 1988, S. 20-38. (= *Literaturmagazin 1988*, Nr. 21).

88.184 MAYER, Hans: Th. M's *Zauberberg* als Roman der Weimarer Republik. In: H. M., *Ansichten von Deutschland. Bürgerliches Heldenleben*. Frankfurt a. M.: Suhrkamp, 1988, S. 89-113. (= Bibliothek Suhrkamp, Bd. 984).

88.185 MAYER, Hans: Th. M., *Doktor Faustus*. In: H. M., *Die umerzogene Literatur. Deutsche Schriftsteller und Bücher 1945-1967*. Berlin: Siedler, 1988, S. 62-65.

88.186 MCGLATHERY, James M.: Rez. von H. Kurzke, # 85.155. In: *JEGP*, Jg. 87 (1988), S. 306-307.

88.187 MENNEMEIER, Franz N.: Nihilismus/Ästhetizismus und die Brüder Mann. In: F. M., *Literatur der Jahrhundertwende II: Europäisch-deutsche Literaturtendenzen 1870-1910*. Bern, u. a.: P. Lang, 1988, S. 165-178. (= Germanistische Lehrbuchsammlung, Bd. 39/2) [*Buddenbrooks - Schwere Stunde - Der Tod in Venedig - Betrachtungen eines Unpolitischen* - Novellen].

88.188 MENZEL, Wolfgang: 'Die unwiderstehliche Macht der Sätze'. Lange Sätze bei Dürrenmatt und anderen. In: *Praxis Deutsch*, Nr. 90 (1988), S. 58-60.

88.189 MERTENS, Volker: Die Grimms, Wagner und wir. In: V. M., Hrsg.: *Die Grimms, die Germanistik und die Gegenwart*. Wien: Fassbaender, 1988, S. 113-132. (= Philologica Germanica, Bd. 9) [J. Grimm - W. Grimm - R. Wagner - *Joseph und seine Brüder - Doktor Faustus*].

88.190 METTEER, Michael: Mann's *Der Zauberberg*. In: M. M., *Desire in Fictional Communities*. New York, u. a.: Garland, 1988, S. 289-353. (= Garland Publications in Comparative Literature).

88.191 MEYER, Gerhard: Th. M. In: *Lübeck-Schrifttum 1976-1986*. Lübeck: Graphische Werkstätten, 1988, S. 154-155. [Zusammengest. von A. Grassmann].

88.192 MILDENBERGER, Hermann: Bildnis Th. M's von Max Oppenheimer. In: H. M., Bearb.: *Jüdisches Museum Rendsburg. Werke verfolgter jüdischer Künstler. Werke mit jüdischen Themen, Judaica. Ein Bestandskatalog und Führer durch das Museum.* Rendsburg, 1988, S. 49, 138.

88.193 MITGANG, Herbert: Th. M. In: H. M., *Dangerous Dossiers. Exposing the Secret War against America's Greatest Writers*. New York: D. I. Fine, 1988, S. 79-84. [Vgl. dt. Text in # 92.188].

88.194 MITGANG, Herbert: Alfred A. Knopf, Publisher. In: # 88.193, S. 200-214.

88.195 MIURA, Kuniyasu: Versuch über den *Zauberberg*. Zeit, Mythos und der hermeneutische Sinn bei Th. M., Teil 2. In: *Norden*, Jg. 25 (1988), S. 47-68.

88.196 MÖRGELI, Christoph: Die 'stumme Schwester'. Ein Fieberthermometer in der Weltliteratur. In: *Swiss Med*, Jg. 10, Nr. 3 (1988), S. 31-34. [*Der Zauberberg*].

88.197 MOREWEDGE, Rosmarie T.: Exile in Heinrich Böll's Novel: *Billiards at Half Past Nine*. In: Maréa-Inés Lagos-Pope, Hrsg.: *Exile in Literature*. Lewisburg: Bucknell University Press; London, u. a.: Associated University Presses, 1988, S. 102-120. [Über Th. M.: S. 103-105. - Th. M. - F. Thieß].

88.198 MOTSCHAN, Georges: *Th. M. - von nahem erlebt.* Nettetal: Buchhandlung Matussek, 1988, 149 S. [Rez.: H. R. Vaget, # 90.302].

88.199 MOULDEN, Ken: Die Genese des Werkes. In: K. M./G. v. Wilpert, # 88.206, S. 1-9. [*Buddenbrooks*].

88.200 MOULDEN, Ken: Die Figuren und ihre Vorbilder: Die Familie Mann und die Familie Buddenbrook. In: K. M./G. v. Wilpert, # 88.206, S. 11-25. [*Buddenbrooks*].

88.201 MOULDEN, Ken: Stammbaum der Familie Buddenbrook. In: K. M./G. v. Wilpert, # 88.206, S. 27-29. [Bildtafel. - *Buddenbrooks*].

88.202 MOULDEN, Ken: Zeittafel der Familie Buddenbrook. In: K. M./G. v. Wilpert, # 88.206, S. 31-35. [*Buddenbrooks*].

88.203 MOULDEN, Ken: Literarische Vorbilder und Anregungen. In: K. M./G. v. Wilpert, # 88.206, S. 41-55. [*Buddenbrooks*].

88.204 MOULDEN, Ken: Die Musik. In: K. M./G. v. Wilpert, # 88.206, S. 305-318. [*Buddenbrooks*].

88.205 MOULDEN, Ken: Bearbeitungen. In: K. M./G. v. Wilpert, # 88.206, S. 343-347. [*Buddenbrooks*: Verfilmungen u. Bühnenfassung].

88.206 MOULDEN, Ken, und Gero von Wilpert, Hrsg.: *Buddenbrooks-Handbuch*. Stuttgart: A. Kröner, 1988, XIII, 396 S. [Inhalt: K. B. Beaton, # 88.12 - J. E. Fletcher, # 88.59, # 88.60 - C. Grawe, # 88.80 - E. Herd, # 88.98 - R. Hillman, # 88.102 - Y. Holbecke, # 88.111 - M. Jurgensen, # 88.119 - E. Keller, # 88.129, # 88.130, # 88.131 - K. M., # 88.199, # 88.200, # 88.201, # 88.202, # 88.203, # 88.204, # 88.205 - K. M./G. v. W., # 88.207 - H. W. Nieschmidt, # 88.210 - J. Northcote-Bade, # 88.212 - A. Obermayer, # 88.213 - R. Tebbel, # 88.277 - G. v. W., # 88.301, # 88.302, # 88.303, # 88.304, # 88.305, # 88.306. - Rez.: W. Hinck, # 88.104 - F. v. Ingen, # 90.132 - U. Karthaus, # 89.122 - A. v. Schirnding, # 89.245 - G. Wenzel, # 89.296 - R. Wimmer, # 89.304].

88.207 MOULDEN, Ken, und Gero von Wilpert: Vorwort. In: # 88.206, S. XI-XIII.

88.208 MÜLLER, Fred: *Th. M., Buddenbrooks. Interpretation*. München: Oldenbourg, 2., überarb. u. erg. Aufl., 1988, 131 S. (= Oldenbourg-Interpretationen, Bd. 23) [Vgl. E in # 79.164].

88.209 NEUMANN, Robert: Der Sturz. Nach Th. M. In: Winfried Freund, und Walburga Freund-Spork, Hrsg.: *Deutsche Prosa-Parodien aus zwei Jahrhunderten*. Stuttgart: P. Reclam, 1988, S. 68. (= Universal-Bibliothek, Nr. 8483) [*Der Zauberberg*].

88.210 NIESCHMIDT, Hans-Werner: Die Eigennamen. In: K. Moulden/G. v. Wilpert, # 88.206, S. 57-61. [*Buddenbrooks*].

88.211 NORTHCOTE-BADE, James: Th. M.: Horizontal Dialectics. In: *AUMLA*, Nr. 69 (1988), S. 205-208. [Rez. von: D. W. Adolphs, # 85.1 - F. A. Lubich, # 86.181].

88.212 NORTHCOTE-BADE, James: Selbstäußerungen und Selbstinterpretationen. In: K. Moulden/G. v. Wilpert, # 88.206, S. 353-363. [Th. M's Äußerungen zu *Buddenbrooks*].

88.213 OBERMAYER, August: Die Funktion von Literatur und Theater. In: K. Moulden/G. v. Wilpert, # 88.206, S. 269-277. [*Buddenbrooks*].

88.214 OPPENHEIMER, Fred E.: Auf den Spuren Gustav Aschenbachs: Schlüsselfiguren zu Gustav Aschenbach in Th. M's *Der Tod in Venedig*. In: Fidel López Criado, Hrsg.: *Studies in Modern and Classical Languages and Literature (I). Select Proceedings of the Southeastern Conference*. Madrid: Orígenes, 1988, S. 145-153.

88.216 ORŁOWSKI, Hubert: Der 'polnische' Th. M. In: Heinz Kneip, und H. O., Hrsg.: *Die Rezeption der polnischen Literatur im deutschsprachigen Raum und die der deutschsprachigen in Polen 1945-1985*. Darmstadt: Deutsches Polen-Institut, 1988, S. 307-318.

88.217 PARRY, Idris: In Sickness and in Health. In: I. P., *Speak Silence. Essays*. Manchester: Carcanet, 1988, S. 189-198. [Vgl. # 81.172].

88.218 PATSCH, Sylvia M.: Plädoyer für Europa. Zum 80. Geburtstag des Münchener Schriftstellers und Journalisten Peter de Mendelssohn. In: *Literatur in Bayern*, Nr. 12 (1988), S. 32-36.

88.219 PEACOCK, Ronald: Much is Comic in Th. M. In: I. M. Ezergailis, # 88.54, S. 175-191. [Nachdruck von # 63.195 - vgl. auch # 65.277. - Humor - Ironie - Parodie].

88.220 PETERSEN, Jürgen H.: Rez. von H. Steinecke, # 87.315. In: *ZDP*, Jg. 107, Nr. 4 (1988), S. 603-606.

88.221 PFISTER, Werner: '... so daß aus dem Selbstgespräch fast ein Gespräch wird': Th. M's Briefwechsel mit 24 Schriftstellerkollegen. In: *Zürichsee-Zeitung*, Nr. 134 (11. Juni 1988), S. 8. [Rez. von H. Wysling, # 88.319].

88.222 PIKULIK, Lothar: Joseph vor Pharao. Die Traumdeutung in Th. M's biblischem Romanwerk *Joseph und seine Brüder*. In: *Th. M. Jahrbuch*, Bd. 1 (1988), S. 99-116.

88.223 POTEMPA, Georg: *Th. M. Beteiligung an politischen Aufrufen und anderen kollektiven Publikationen. Eine Bibliographie*. Morsum/Sylt: Cicero Presse, 1988, 158 S. [Vgl. # 92.213. - Rez.: K. W. Jonas, # 93.126 - H. Kästner, # 88.121 - H. R. Vaget, # 92.299. - G. Wenzel, # 94.248].

88.224 PRESTON, Jean F.: Th. M. Papers at Princeton. In: *Princeton University Library Chronicle*, Jg. 50, Nr. 1 (1988), S. 61-66.

88.225 PROSKAUER, Paul F.: Th. M's Korrespondenz mit anderen Autoren. In: *Aufbau*, Jg. 54, Nr. 18 (26. August 1988), S. 9. [Rez. von H. Wysling, # 88.319].

88.226 PÜTZ, Peter: Der Ausbruch aus der Negativität. Das Ethos im *Tod in Venedig*. In: *Th. M. Jahrbuch*, Bd. 1 (1988), S. 1-11.

88.227 RADCLIFF-UMSTEAD, Douglas: The Journey of Fatal Longing: Mann and Visconti. In: *Annali d'Italianistica*, Jg. 6 (1988), S. 199-219. [Zur Verfilmung von *Der Tod in Venedig* durch L. Visconti].

88.228 RATTNER, Josef: Th. M. - Versuch einer Pathographie. In: J. R., *Literaturpsychologie. Essays über Nestroy - Heine - Gontscharow - Th. M. - Kafka - Marie von Ebner-Eschenbach*. Berlin: Verlag für Tiefenpsychologie, 1988, S. 120-179. (= Jahrbuch für Verstehende Tiefenpsychologie und Kulturanalyse, Bd. 8/9: 1988/89).

88.229 RATZ, Norbert: Th. M.: *Der Zauberberg*. In: N. R., *Der Identitätsroman. Eine Strukturanalyse*. Tübingen: M. Niemeyer, 1988, S. 122-140. (= Untersuchungen zur deutschen Literaturgeschichte, Bd. 44) [Zugl.: Diss., Braunschweig, 1986].

88.230 REED, Terence J.: Th. M. and Tradition: Some Clarifications. In: I. M. Ezergailis, # 88.54, S. 219-237. [Nachdruck von # 71.179].

88.231 REED, Terence J.: Rez. von H. Kurzke, # 85.155. In: *MLR*, Bd. 83 (1988), S. 789-791.

88.232 REED, Terence J.: Text and History: *Tonio Kröger*. In: *PEGS*, Jg. 59 (1988), S. 39-54.

88.233 REIF, Adelbert: Verdrängung und Freitod. Die Tragik des verbotenen Begehrens. In: *Ärzte-Zeitung*, Jg. 7, Nr. 178 (11. Oktober 1988), Kultur, S. 22. [Rez. von G. Härle, # 88.82].

88.234 RICCHI, Renzo: *La corona d'oro. Libero adattamento da Th. M.* Abano Terme: Piovan, 1988, 63 S.

88.235 RIESS, Curt: Die sensationellen Kinder Th. M's. In: C. R., *Meine berühmten Freunde. Erinnerungen.* Freiburg i. Br.: Herder, 1987, S. 88-100. (= Herder Taschenbuch, 1503).

88.236 RINSUM, Annemarie van, und Wolfgang van Rinsum: Th. M. In: *Lexikon literarischer Gestalten. Deutschsprachige Literatur.* Stuttgart: A. Kröner, 1988. (= Kröners Taschenausgabe, Bd. 420).

88.237 RITTER-SANTINI, Lea: A Venezia senza bagaglio. Un viaggiatore austriaco della finesecolo. In: L. R.-S., *Nel giardino della storia.* Bologna: Il Mulino, 1988, S. 109-121. [H. v. Hofmannsthal - Th. M.].

88.238 ROSENMEYER, Thomas G.: Das Kuckuckskapitel. In: *DVJS*, Jg. 62, Nr. 3 (September 1988), S. 540-548. [*Felix Krull*].

88.239 ROSSBACH, Bruno: Der Anfang vom Ende. Narrative Analyse des ersten Kapitels der Novelle *Der Tod in Venedig* von Th. M. In: Wolfgang Brandt, in Verbindung mit Rudolf Freudenberg, Hrsg.: *Sprache in Vergangenheit und Gegenwart. Beiträge aus dem Institut für Germanistische Sprachwissenschaft der Philipps-Universität Marburg.* Marburg: Hitzeroth, 1988, S. 237-249. (= Marburger Studien zur Germanistik, Bd. 9).

88.240 ROTKIN, Charlotte: Form and Function: The Art and Architecture of *Death in Venice*. In: *Midwest Quarterly*, Jg. 29, Nr. 4 (Sommer 1988), S. 497-505.

88.241 RUDOLPH, Andrea: Lebendige Wirkungsgeschichte. Heinrich von Kleists Aufsatz *Über das Marionettentheater* - ein Muster der ästhetischen und geschichtlichen Selbstverständigung Th. M's. In: Wolfgang Barthel, und Rudolf Loch, Hrsg.: *Beiträge zur Kleist-Forschung 1988*. Frankfurt/Oder: Kleist-Gedenk- und Forschungsstätte, 1989, S. 36-53.

88.242 RUDOLPH, Andrea: Rez. von I. Diersen, # 85.47. In: *Zeitschrift für Germanistik*, Jg. 9, Nr. 3 (Juni 1988), S. 364-367.

88.243 RÜHLE, Günther: Th. M. In: G. R., *Theater für die Republik im Spiegel der Kritik.* Frankfurt a. M.: S. Fischer, überarb. Neuaufl., 1988, S. 674, u. a. [Bd. 1: 1917-1925; Bd. 2: 1926-1933].

88.244 RÜHLE, Jürgen: Th. M. und die Krise der deutschen Republik. In: J. R., *Litera-*
tur und Revolution. Die Schriftsteller und der Kommunismus in der Epoche Lenins
und Stalins. Köln: Kiepenheuer & Witsch, 1988, S. 215-228. [Vorwort von M.
Sperber. - L. Feuchtwanger - H. Mann].

88.245 RUNKEL, Gunter: La formation des temps modernes: L'example des relations
entre Th. M. et les commerçants. In: Jean-Marie Thomasseau, Hrsg.: *Commerce*
et commerçants dans la littérature. Talence Cedex: Presses Universitaires de Bor-
deaux, 1988, S. 247-254. [Übs. ins Franz. durch H. Perrinet].

88.246 SAGAVE, Pierre-Paul: Der Begriff des Terrors in Th. M's *Zauberberg.* In: R.
Wolff, # 88.310, S. 9-22. [Vgl. E in dt. Sprache: # 73.257 - E in frz. Sprache: #
56.196].

88.247 SALZMANN, Madeleine: Exkurs: Vergleich der 'echten' mit einer fingierten
Autobiographie (Th. M's *Bekenntnisse des Hochstaplers Felix Krull*). In: M. S., *Die*
Kommunikationsstruktur der Autobiographie. Mit kommunikationsorientierten
Analysen der Autobiographien von Max Frisch, Helga M. Novak und Elias Canetti.
Bern, u. a.: P. Lang, 1988, S. 176-190. (= Züricher Germanistische Studien, Bd.
11) [Zugl.: Diss., Univ. Zürich, 1987].

88.248 SANDBERG, Hans-Joachim: Rez. von H. Wysling, # 87.356. In: *Germanistik,* Jg.
29, Nr. 4 (1988), S. 1008.

88.249 SARKOWICZ, Hans: Auf dem Sessel der Reichsschrifttumskammer. Der Interna-
tionale PEN, der Schriftsteller Hans Friedrich Blunck und der Dunstkreis des
Völkischen. In: *FAZ,* Jg. 40, Nr. 205 (3. September 1988), S. 27. [H. F. Blunck -
Th. M.].

88.250 SCHÄREN, Fritz (Zusammenst.): *Beethoven im Werk von Th. M. (ohne Romane*
und Erzählungen). Spiegel bei Bern: Eigenverlag, 1988, 48 S.

88.251 SCHAUDER, Karlheinz: Lebendige Literaturgeschichte. In: *Die Zeitwende,* Jg. 59,
Nr. 3 (1988), S. 253. [Rez. von H. Wysling/W. Pfister, # 88.321].

88.252 SCHERER, Hans: Verbindungsmann zu den Toten. Martin Flinkers deutsche
Buchhandlung, Paris. In: *Die Weltwoche,* Jg. 56, Nr. 44 (3. November 1988), S.
65-66.

88.253 SCHICK, Edgar B.: Th. M's Symbolic Use of Frederick the Great for Germany
in World War I. In: *European Studies Journal,* Jg. 5, Nr. 2 (1988), S. 25-38.

88.254 SCHIRNDING, Albert von: Befestigung eines Lebens im Wort: Zum Tode von
Martin Gregor-Dellin. In: *NZZ,* Jg. 209, Nr. 146 (25./26. Juni 1988), Feuilleton,
S. 27.

88.255 SCHIRNDING, Albert von: Künstlerwerk. Marcel Reich-Ranicki über 'Th. M. und die Seinen'. In: SZ, Jg. 44, Nr. 85 (13. April 1988), S. 43. [Rez. von M. R.-R., # 87.236].

88.256 SCHIRNDING, Albert von: Nachschlagewerk und Lesebuch. Zum Abschluß der Regesten der Briefe Th. M's. In: SZ, Jg. 44, Nr. 188 (17. August 1988), S. 28. [Rez. von H. Bürgin/H.-O. Mayer, # 87.36].

88.257 SCHIRNDING, Albert von: Gespräch unter Brüdern. Th. M's Briefwechsel mit 24 Schriftstellerkollegen. In: SZ, Jg. 44, Nr. 259 (9. November 1988), S. 13. [Rez. von H. Wysling, # 88.321].

88.258 SCHMIDT, Christoph: 'Gejagte Vorgänge voll Pracht und Nacktheit'. Eine unbekannte kinematographische Quelle zu Th. M's Roman *Der Zauberberg*. In: *Wirkendes Wort*, Jg. 38, Nr. 1 (März/April 1988), S. 1-5. [E. Lubitsch]

88.259 SCHNEIDER, Rolf: Es schaffen bis zum Ende. Sanary in Südfrankreich - Zuflucht für Walter Benjamin und die anderen. In: *Die Zeit*, Jg. 43, Nr. 41 (7. Oktober 1988), Reise, S. 73-74.

88.260 SCHÖNENWERD, Thomas Multerer von: *Die Musikphilosophie Theodor W. Adornos und Th. M's Roman Doktor Faustus*. Dissertation, Universität Bern. Langenthal: Selbstverlag, 1988, 249 S.

88.261 SCHRADER, Bärbel, und Jürgen Schebera: Th. M. In: *The 'Golden' Twenties: Art and Literature in the Weimar Republic*. New Haven, CN: Yale University Press, 1988. [Vgl. # 87.299].

88.262 SCHWARZ, Egon: Th. M's *Mario und der Zauberer*. In: Italo M. Battafarano, Hrsg.: *Italienische Reise. Reisen nach Italien*. Gardolo di Trento: L. Reverdito, 1988, S. 349-376. (= Apollo, 2) [Kolloquium, Trient, 1986].

88.263 SELBMANN, Rolf: 'Der Vater hat sich nie nach seinem Sohn erkundigt'. Klaus Mann als Schüler des Wilhelms-Gymnasiums. Zu seinem 40. Todestag. In: *Jahresbericht 1988/89 des Wilhelmsgymnasiums zu München* (1988/89), S. 119-136.

88.264 SELBMANN, Rolf: Th. M. In: R. S., Hrsg.: *Zur Geschichte des deutschen Bildungsromans*. Darmstadt: Wissenschaftliche Buchgesellschaft, 1988, S. 28, u. a. (= Wege der Forschung, Bd. 640).

88.265 SETZ, Wolfram: Rez. von G. Härle, # 86.100. In: *Forum Homosexualität und Literatur*, Nr. 4 (1988), S. 119-121.

88.266 SEYBOLD, Eberhard: Mittags zum Haarschneiden, nachts Mückenplage. In: *Frankfurter Neue Presse*, Jg. 43, Nr. 54 (4. März 1988), Literatur, S. 18. [Rez. von I. Jens, # 86.140].

88.267 SICHELSCHMIDT, Gustav: Rückblick auf ein halbes Jahrhundert. Th. M's Briefwechsel mit 24 Autoren. In: *Deutscher Anzeiger* (27. Mai 1988). [Rez. von H. Wysling, # 88.319].

88.268 SIEFKEN, Hinrich: Rez. von H. Wißkirchen, # 86.332 - D. J. T. Ball, # 86.13. In: *MLR*, Bd. 83 (1988), S. 791-795. [J. W. v. Goethe - *Doktor Faustus*].

88.269 SONTAG, Susan: Wallfahrt. Alles im Umkreis meiner Begegnung mit ihm hat die Farbe der Scham. In: *Akzente*, Jg. 32, Heft 6 (Dezember 1988), S. 523-546. [Aus dem Amerikanischen übs. von W. Teichmann. - Vgl. amerikan. E in # 87.311 - vgl. Nachdruck in # 89.259].

88.270 SPARRE, Sulamith: *Todessehnsucht und Erlösung. Tristan und Armer Heinrich in der deutschen Literatur um 1900.* Göppingen: Kümmerle, 1988, X, 313 S. (= Göppinger Arbeiten zur Germanistik, Nr. 494) [*Buddenbrooks - Tristan - Der Tod in Venedig*].

88.271 SPRECHER, Thomas: Dichter oder Schriftsteller. Th. M. im Briefwechsel mit Josef Ponten. In: *Zürichsee-Zeitung*, Nr. 66 (19. März 1988). [Rez. von H. Wysling/W. Pfister, # 88.321].

88.272 SPRECHER, Thomas: Die treue Tochter: Zu den Briefen Erika Manns. In: *Zürichsee-Zeitung*, Nr. 253 (29. Oktober 1988), S. 8-9. [Rez. von E. M., # 84.147, # 85.179].

88.273 STEINMANN, Rose: Luxus und ein bißchen Tod. In: *Schweiz*, Nr. 10 (1988), S. 40. [*Der Zauberberg*].

88.274 STERN, Joseph P.: Living in the Metaphor of Fiction. In: I. M. Ezergailis, # 88.54, S. 206-218. [Nachdruck von # 79.220. - F. Nietzsche].

88.275 STRUC, Roman S.: Th. M. as Critic of Russian Literature. In: *Germano-Slavica*, Jg. 6, Nr. 1 (1988), S. 17-28. [*Dostojewski - mit Maßen - Versuch über Tschechow*].

88.276 TÄNNSJÖ, Torbjörn: Bergtagen. En filosofisk analys av Th. M's roman. In: *Horisont*, Jg. 35, Nr. 3 (1988), S. 76-83. [*Der Zauberberg*].

88.277 TEBBEL, Renate: Die Religion und ihre Vertreter. In: K. Moulden/G. v. Wilpert, # 88.206, S. 279-292. [*Buddenbrooks*].

88.278 *Th. M. Jahrbuch*, Bd. 1: Frankfurt a. M.: V. Klostermann, 1988, 246 S. [Hrsg.: E. Heftrich, und H. Wysling. - Inhalt: K. Bohnen, # 88.24 - B. Dedner, # 88.45 - H. Gockel, # 88.75 - E. Heftrich, # 88.92 - U. Karthaus, # 88.127 - A. Mádl, # 88.171 - L. Pikulik, # 88.222 - P. Pütz, # 88.226 - H. Wißkirchen, # 88.307 - H. Wysling, # 88.320 - H. Wysling/T. Sprecher, # 88.322. - Rez.: J. C. Fewster, # 90.85 - H. Siefken, # 90.277 - G. Wenzel, # 91.260].

88.279 THIEBERGER, Richard: Begegnungen mit Th. M. In: Gisela Quast, Red.: *Einheit in der Vielfalt. Festschrift für Peter Lang*. Bern, u. a.: P. Lang, 1988, S. 527-536.

88.280 TSCHECHNE, Wolfgang: 'In meiner ganzen Schriftstellerei ist Lübeck': Ein literarischer Spaß. Fiktives Interview mit Th. M. ausschließlich mit Zitaten aus seinem Werk. In: *Lübecker Nachrichten*, Jg. 43, Nr. 2 (3. Januar 1988), S. 12.

88.281 TSCHECHNE, Wolfgang: Drei Tage für Th. M. in Liebe und Kritik. In: *Lübecker Nachrichten*, Jg. 43, Nr. 90 (17. April 1988), S. 12. [2. Internationales Th.-M.-Kolloquium].

88.282 TYTMONAS, Alfredas: Ein Seminar über Th. M. in Nida. In: *Weimarer Beiträge*, Jg. 34, Nr. 3 (1988), S. 497-499. [Nidden].

88.283 VAGET, Hans R.: Rez. von H. Kurzke, # 85.155. In: *MLN*, Jg. 103, Nr. 3 (1988), S. 696-698.

88.284 VERRIENTI, Virginia: Tra autobiografia e romanzo. Letteratura dell'esilio 'intra et extra muros': Ernst Barlach e Th. M. In: Maria Sechi, Hrsg.: *Fascismo ed esilio. Aspetti della diaspora intellettuale di Germanica, Spagna e Italia*. Pisa: Giardini, 1988, S. 159-188.

88.285 VOLCKMANN, Silvia: Rez. von B. Klingler, # 86.154. In: *Arcadia*, Bd. 23 (1988), S. 323-325.

88.286 VONDUNG, Klaus: Th. M. In: K. V., *Apokalypse in Deutschland*. München: Deutscher Taschenbuch Verlag, 1988. (= dtv, 4488), S. 212-213, u.a.

88.287 WALD, Heidrun: Romanstruktur und Perspektive bei F. M. Dostoevskij und Th. M. In: *Zeitschrift für Slawistik*, Jg. 33 (1988), S. 223-228.

88.288 WALDMÜLLER, Monika: Th. M. und Deutschland. In: Dolf Sternberger, unter Mitw. von Karl Jaspers, Werner Krauss, und Alfred Weber, Hrsg.: *Die Wandlung. Eine Monatsschrift. Ein Bericht, mit einem Verzeichnis des Redaktionsarchivs, unveröffentlichten Briefen, einer Bibliographie der Zeitschrift und einer Erinnerung von Geno Hartlaub*. Marbach: Deutsche Schillergesellschaft, 1988, S. 68-70, u. a. (= Deutsches Literaturarchiv. Verzeichnisse, Berichte, Informationen, 13) [Mit Faksimile eines Briefes von Th. M. an D. S. vom 19. März 1946, S. 64-67].

88.289 WALTER, Hans-Albert: Th. M. In: H.-A. W., *Deutsche Exilliteratur 1933-1950, Bd. 3: Internierung, Flucht und Lebensbedingungen im Zweiten Weltkrieg*. Stuttgart: J. B. Metzler, 1988, S. 530-533, u. a.

88.290 WALTER, Hans-Albert: Th. M. In: H.-A. W., *Der Meisterzeichner von Nachtstücken und Traumgesichtern. Alexander Moritz Frey - wiederzuentdecken*. Frankfurt a. M.: Büchergilde Gutenberg, 1988, S. 23-34, u. a. [Über den Briefwechsel A. M. F's mit Th. M. 1933-1946, aus dem Exil in Österreich und der Schweiz].

88.291 WEHRMANN, Harald: *Th. M's Doktor Faustus. Von den fiktiven Werken Adrian Leverkühns zur musikalischen Struktur des Romans*. Frankfurt a. M., u. a.: P. Lang, 1988, 221 S. (= Europäische Hochschulschriften, Reihe 1: Deutsche Sprache und Literatur, Bd. 979) [Zugl.: Diss., Paderborn, 1986. - Rez.: J. F. Fetzer, # 90.84].

88.292 WEIGAND, Hermann J.: Thoughts on the Passing of Th. M. In: I. M. Ezergailis, # 88.54, S. 11-24. [Nachdruck von # 66.296 - vgl. dt. Text in # 56.233 und # 67.250].

88.293 WEINZIERL, Ulrich: Leiden und Größe. Das zweite Th.-M.-Kolloquium in Lübeck. In: *FAZ*, Jg. 40, Nr. 91 (19. April 1988), S. 29.

88.294 WELLERSHOFF, Dieter: Th. M. (1875-1955). In: D. W., *Der Roman und die Erfahrbarkeit der Welt*. Köln: Kiepenheuer & Witsch, 1988, S. 254-291, 530-532.

88.295 WENZEL, Georg: Rez. von I. Jens, # 86.140. In: *DLZ*, Jg. 109, Nr. 7/8 (Juli/August 1988), Sp. 517-521.

88.296 WIEDEMANN, Conrad, Hrsg.: Th. M. In: *Rom - Paris - London: Erfahrung und Selbsterfahrung deutscher Schriftsteller und Künstler in den fremden Metropolen*. Stuttgart: J. B. Metzler, 1988. (= Germanistische-Symposien-Berichte, Bd. 8).

88.298 WIEHE, Roger E.: Of Art and Death: Film and Fiction Versions of *Death in Venice*. In: *Literature/Film Quarterly*, Jg. 16, Nr. 3 (1988), S. 210-215. [*Der Tod in Venedig* - L. Visconti].

88.299 WILDER, Thornton: Th. M. In Donald Gallup's Ausg. von T. W., *Die Tagebücher 1939-1961. Deutsche Übersetzung von Joachim A. Frank*. Frankfurt a. M.: S. Fischer, 1988. [Vgl. engl. Original in # 85.295].

88.300 WILKINSON, Elizabeth: Aesthetic Excursus on Th. M's 'Akribie'. In: I. M. Ezergailis, # 88.54, S. 47-58. [Nachdruck von # 56.244].

88.301 WILPERT, Gero von: Das Buddenbrook-Haus. In: K. Moulden/G. v. W., # 88.206, S. 37-40. [*Buddenbrooks*].

88.302 WILPERT, Gero von: Sprachliche Polyphonie: Sprachebenen und Dialekte. In: K. Moulden/G. v. W., # 88.206, S. 145-156. [*Buddenbrooks*].

88.303 WILPERT, Gero von: Das Bild der Gesellschaft. In: K. Moulden/G. v. W., # 88.206, S. 245-258. [*Buddenbrooks*].

88.304 WILPERT, Gero von: Die bildenden Künste. In: K. Moulden/G. v. W., # 88.206, S. 259-267. [*Buddenbrooks*].

88.305 WILPERT, Gero von: Die Philosophie. In: K. Moulden/G. v. W., # 88.206, S. 293-304. [*Buddenbrooks*].

88.306 WILPERT, Gero von: Die Rezeptionsgeschichte. In: K. Moulden/G. v. W., # 88.206, S. 319-341. [Anhang: *Buddenbrooks*-Rezensionen 1901-1904: S. 330-332].

88.307 WISSKIRCHEN, Hans: Nietzsche-Imitatio. Zu Th. M's politischem Denken in der Weimarer Republik. In: *Th. M. Jahrbuch*, Bd. 1 (1988), S. 46-62. [Politik].

88.308 WOJCIK, Francis M.: *Lamentations and Utopias: Th. M., Politics, and the better Future, 1914-1955*. Dissertation, Binghamton, NY: State University of New York, 1988, VII, 306 S. [Auf Mikrofiches].

88.309 WOLFF, Katja: 'Dem Tod keine Herrschaft einräumen'. Peeperkorn als Humanist. In: R. Wolff, # 88.310, S. 91-113. [*Der Zauberberg*].

88.310 WOLFF, Rudolf, Hrsg.: *Th. M. - Aufsätze zum Zauberberg*. Bonn: Bouvier, 1988, 137 S. (= Sammlung Profile, Bd. 33) [Inhalt: C. David, # 88.43 - H. Koopmann, # 88.154 - E. Koppen, # 88.155 - P.-P. Sagave, # 88.246 - K. Wolff, # 88.309 - R. W., # 88.311].

88.311 WOLFF, Rudolf: Bibliographie (Auswahl). In: # 88.310, S. 117-136. [*Der Zauberberg*].

88.312 WOLFF, Uwe: Licht der Vernunft und Lust am Untergang. Keime einer kommenden Humanität im Werk von Th. M. In: *NZZ*, Jg. 209, Nr. 42 (20./21. Februar 1988), Literatur und Kunst, S. 69.

88.313 WOLFF, Uwe: Er wollte von allen geliebt werden. Anerkennende Worte vom Großmeister der deutschen Sprache: Eine Auswahl aus Th. M's Briefwechsel mit Autorenkollegen. In: *Rheinischer Merkur/Christ und Welt*, Jg. 43 (30. Dezember 1988). [Rez. von H. Wysling, # 88.319].

88.314 WOLFF, Uwe: Das erträgliche Leben. Th. M's Briefe an (kleinere) Autoren. In: *Stuttgarter Zeitung*, Jg. 44, Nr. 127 (4. Juni 1988), S. 50. [Rez. von H. Wysling, # 88.319].

88.315 WOLFFHEIM, Elsbeth: Rez. von G. Härle, # 88.82. In: *Forum Homosexualität und Literatur*, Nr. 5 (1988), S. 102-105.

88.316 WOLFSKEHL, Karl: Th. M. und Erika Mann. In Cornelia Blasber's Ausg. von K. W., *Briefwechsel aus Neuseeland 1938-1948. Mit einem Vorwort von Paul Hoffmann, Bd. 1.* Darmstadt: Luchterhand, 1988, S. 292-297. (= Veröffentlichungen der Deutschen Akademie für Sprache und Dichtung Darmstadt, 61).

88.317 WOODWARD, Kathleen: Youthfulness as a Masquerade. In: *Discourse Processes*, Jg. 11, Nr. 1 (Januar-März 1988), S. 119-142. [Betr. P. White: *The Eye of the Storm*].

88.318 WUNDERLICH, Heinke: *Die Witwe Bosca*: René Schickeles provenzalischer Roman - Eine 'Pastorale' des Teufels. In: *Euphorion*, Jg. 82, Nr. 3 (1988), S. 343-356.

88.319 WYSLING, Hans: Einführung. In seiner Ausg. von Th. M.: *Briefwechsel mit Autoren*. Frankfurt a. M.: S. Fischer, 1988, S. V-VII. [Rez.: Anon., # 88.4 - V. Hage, # 89.83 - E. Hartl, # 88.87 - E. Hilscher, # 88.103 - R. Hoffmann, # 88.110 - M. Maar, # 92.172 - W. Pfister, # 88.221 - P. F. Proskauer, # 88.225 - A. v. Schirnding, # 88.257 - G. Sichelschmidt, # 88.267 - H. Siefken, # 90.278 - R. Speirs, # 89.262 - H. R. Vaget, # 90.302 - U. Wolff, # 88.313, # 88.314].

88.320 WYSLING, Hans: Probleme der *Zauberberg*-Interpretation. In: *Th. M. Jahrbuch*, Bd. 1 (1988), S. 12-26.

88.321 WYSLING, Hans, unter Mitw. von Werner Pfister: Glück und Ende einer Freundschaft (Einführung). In: *Dichter oder Schriftsteller? Der Briefwechsel zwischen Th. M. und Josef Ponten 1919-1930.* Bern: A. Francke, 1988, S. 7-24. (= Th.-M.-Studien, Bd. 8) [Rez.: Anon., # 90.4 - S. R. Cerf, # 90.37 - A. Drijard, # 89.54 - H. Frode, # 88.66 - V. Hage, # 89.83 - K. Hasselbach, # 90.110 - R. Hoffmann, # 88.110 - K. Schauder, # 88.251 - A. v. Schirnding, # 89.245 - H. Siefken, # 89.258 - T. Sprecher, # 88.271 - G. Wenzel, # 90.315].

88.322 WYSLING, Hans, unter Mitw. von Thomas Sprecher: Einleitung. In: Th. M. - Heinrich Mann, Briefwechsel. Neu aufgefundene Briefe 1933-1949. In: *Th. M. Jahrbuch*, Bd. 1 (1988), S. 167-170. [Briefwechsel: S. 171-230].

88.323 ZSCHACKE, Günter: 'Binsenwahrheiten müssen ab und zu gesagt werden'. In: *Lübecker Nachrichten*, Jg. 43, Nr. 88 (15. April 1988), S. 13. [2. Internationales Th.-M.-Symposium].

88.324 ZSCHACKE, Günter: Th. M.: Ironie konserviert die eigene Würde. In: *Lübecker Nachrichten*, Jg. 43, Nr. 91 (19. April 1988), S. 12. [2. Internationales Th.-M.-Symposium].

1989

89.1   ADAIR, William: *For Whom the Bell Tolls* and *The Magic Mountain*: Hemingway's Debt to Th. M. In: *Twentieth Century Literature. A Scholarly and Critical Journal*, Jg. 35, Nr. 4 (1989), S. 429-444. [*Der Zauberberg*].

89.2   ADOLPHS, Dieter W.: Rez. von B. Kristiansen, # 86.169 - H. Wißkirchen, # 86.332. In: *Colloquia Germanica*, Jg. 22, Nr. 1 (1989), S. 72-75.

89.3   ALLEN, Maguerite De Huszar: Denial and Acceptance. Narrative Patterns in Th. M's *Die Betrogene* and Kleist's *Die Marquise von O*. In: *GR*, Jg. 64, Nr. 3 (Sommer 1989), S. 121-128.

89.4   ALT, Arthur T.: Rez. von H. R. Vaget, # 87.331. In: *Monatshefte*, Jg. 81, Nr. 4 (Winter 1989), S. 490-491.

89.5   ALT, Peter-André: *Ironie und Krise. Ironisches Erzählen als Form ästhetischer Wahrnehmung in Th. M's Der Zauberberg und Robert Musils Der Mann ohne Eigenschaften*. Frankfurt a. M., u. a.: P. Lang, 2., veränd. Aufl., 1989, 363 S. (= Europäische Hochschulschriften, Reihe 1: Deutsche Sprache und Literatur, Bd. 722) [Zugl.: Diss., Freie Univ. Berlin, 1984. - Vgl. E in # 85.3. - Rez.: K. Komar, # 89.131].

89.6   ALTMANN, Ludwig: Ein Besuch bei Th. M. In: *Blätter der Th. M. Gesellschaft Zürich*, Nr. 23 (1989-1990), S. 29.

89.7   AMENT, Karl: Meine kleine Begegnung mit Th. M. vor fünfzig Jahren. In: *NDH*, Jg. 36, Heft 2, Nr. 202 (1989), S. 261-267. [Vgl. E in # 87.4].

89.8   ANDERSON, Mark M.: Rez. von S. Corngold, # 86.53. In: *GR*, Jg. 64, Nr. 2 (1989), S. 89-90.

89.9   ANON.: Freund des Joseph. Zum Tode von Karl Ament. In: *Fränkischer Tag* (8. September 1989), Feuilleton, S. 11.

89.10   ANON.: Ein deutscher Streit in Goethes Namen. Vor 40 Jahren hielt Th. M. in Frankfurt und Weimar eine Rede, die heftige Reaktionen auslöste. In: *Reutlinger General-Anzeiger*, Jg. 102, Nr. 171 (28. Juli 1989), S. 9.

89.11   ANON. [HMN]: *Doktor Faustus* auf der Musikbühne. Uraufführung von Giacomo Manzonis Oper nach Mann an der Scala. In: *NZZ*, Jg. 210, Nr. 113 (19. Mai 1989), S. 27. [Verfasser: P. Hagmann].

89.12   ANON. [KPS]: Th. M. zwischen Stolz und Resignation. In: *Hamburger Abend-blatt*, Nr. 92 (20. April 1989), S. 12.

89.13   ANON. [VHG.]: Bescheiden, ungläubig. Regesten und Register: Th. M's Briefe auf einen Blick. In: *Die Zeit*, Jg. 44, Nr. 48 (24. November 1989), Literatur, S. 79. [Verfasser: V. Hage. - Rez. von H. Bürgin/H.-O. Mayer, # 76.46, # 80.57, # 82.41, # 87.37].

89.14   ANTON, Herbert: Der 'felix aestheticus': *Felix Krull* und 'Paris als geistige Lebensform'. In: Jean-Paul Barbe, und Gunter Volz, Hrsg.: *Mélanges offerts à Jacques Grange*. Nantes: Université, 1989, S. 1-16. (= Publications de l'Université de Nantes) [*Felix Krull*].

89.15   APEL, Ursula: Th. M. In: U. A., *Hermann Hesse: Personen und Schlüsselfiguren in seinem Leben, Bd. 2 (J-Z)*. München, u. a.: K. G. Saur, 1989, S. 637-642.

89.16   ASKEDAL, John O.: Zur Positionssyntax substantivdependenter Infinitive im Deutschen. Eine empirische Studie anhand der Erzählprosa Th. M's. In: Eugène Faucher, Frédéric Hartweg, und Jean Janitza, Hrsg.: *Sens et Etre. Mélanges en l'honneur de Jean-Marie Zemb*. Nancy: Presses Universitaires de Nancy, 1989, S. 9-23. (= Collections Diagonales).

89.17   BAEUMLER, Marianne: Einleitung: Der deutsche Geist - Deutschlands Verhängnis? Der Konflikt Th. M. - Alfred Baeumler und seine geistesgeschichtlichen Voraussetzungen. In: Baeumler/Brunträger/Kurzke, # 89.18, S. 11-71.

89.18   BAEUMLER, Marianne, Hubert Brunträger, und Hermann Kurzke: *Th. M. und Alfred Baeumler. Eine Dokumentation*. Würzburg: Königshausen & Neumann, 1989, 261 S. [Inhalt: M. B., # 89.17 - H. K., 89.142. - Rez.: C. R. Clason, # 91.29 - E. Heftrich, # 90.113 - U. Karthaus, # 92.130 - C. Tilitzki, # 91.238].

89.19   BAGATTI, Fabrizio: Una conferenza di Th. M. In: *Allegoria*, Jg. 1, Nr. 3 (1989), S. 139-148. [Betr. *The War and the Future*, Ansprache Th. M's, gehalten am 3. November 1941 in Chicago].

89.20   BAHR, Ehrhard: 'Identität des Nichtidentischen': Zur Dialektik der Kunst in Th. M's *Doktor Faustus* im Lichte von Theodor W. Adornos *Ästhetischer Theorie*. In: *Th. M. Jahrbuch*, Bd. 2 (1989), S. 102-120.

89.21   BARTOLUZZI, Claudio, und Josée Ricci: A la recherche de Faust et de nous-mêmes. Desperately Seeking Faust and Ourselves. In: *Prélude à l'Opéra de Montréal*, Jg. 2, Nr. 1 (1989/90), S. 7-8, 11-12 (französischer Text), S. 9, 11, 13 (englischer Text von Natalie Teocharides).

89.22   BATHI, Timothy: Rez. von S. Corngold, # 86.53. In: *CL*, Jg. 41 (1989), S. 403-405.

89.23 BAUMGART, Reinhard: *Selbstvergessenheit. Drei Wege zum Werk: Th. M., Franz Kafka, Bertolt Brecht.* München: C. Hanser, 1989, 331 S. [Rez.: T. Dieks, # 90.58 - M. Dierks, # 90.59 - H. Hartung, # 89.88 - R. Hoffmann, # 90.129 - G. Ueding, # 90.301].

89.24 BAUMGART, Reinhard: Th. M., Brecht, Kafka. In: *Jahrbuch des Wissenschaftskollegs Berlin* (1989), S. 16-19.

89.25 BAUMGART, Reinhard: Th. M. oder der Schleier der Maja. In: Peter Wapnewski, Hrsg.: *Die unerhörten Künste. Repräsentanten deutscher Kunst aus neun Dekaden 1900 bis 1990.* Hamburg: Mobil Gil, 1989, S. 15-28.

89.26 BAUMGART, Reinhard: Der erotische Schriftsteller. In: R. Baumgart/u. a., # 89.27, S. 7-24.

89.27 BAUMGART, Reinhard, u. a.: *Th. M. und München. Fünf Vorträge von Reinhard Baumgart, Joachim Kaiser, Kurt Sontheimer, Peter Wapnewski, Hans Wysling.* Frankfurt a. M.: S. Fischer, 1989, 119 S. (= Fischer Taschenbuch, Nr. 6898: Informationen und Materialien zur Literatur) [Inhalt: R. B., # 89.26 - J. K., # 89.120 - K. S., # 89.260 - P. W., # 89.292 - H. W., # 89.310. - Rez.: H. Rudloff, # 90.254].

89.28 BAUMUNK, Bodo-Michael, und Gerhard Brunn, Hrsg.: Th. M. In: *Hauptstadt. Zentren, Residenzen, Metropolen in der deutschen Geschichte.* Köln: DuMont, 1989, S. 268-269, 318-319, 391-394, u.a. [Los Angeles - München - Weimar].

89.29 BEDWELL, Carol: Rez. von K. D. Vogt, # 87.336. In: *MFS*, Jg. 35, Nr. 4 (1989), S. 829-833.

89.30 BÖHM, Karl W.: Rez. von F. Busch, # 87.39. In: *Forum Homosexualität und Literatur*, Nr. 7 (1989), S. 115-118.

89.31 BOLLERUP, Lene: Allerlei Sonstiges durch Th. M. Eine vergleichende Lektüre von Max Frisch: *Homo Faber* und Th. M.: *Der Tod in Venedig.* In: *Text & Kontext*, Jg. 17, Nr. 2 (1989), S. 266-278.

89.32 BORCHMEYER, Dieter: Th. M. und Richard Wagners Anti-Poetik des Romans. In: D. B., Hrsg.: *Poetik und Geschichte. Victor Žmegač zum 60. Geburtstag.* Tübingen: M. Niemeyer, 1989, S. 390-411.

89.33 BOUSON, J. Brooks: Six. Defensive Aestheticism and Self-Dissolution: The Demise of the Artist in Mann's *Death in Venice.* In: J. B. B., *The Emphatic Reader. A Study of the Narcissistic Character and the Drama of the Self.* Amherst: University of Massachusetts Press, 1989, S. 105-117. [*Der Tod in Venedig*].

89.34   BRADBURY, Malcolm: Th. M. In: M. B., *The Modern World. Ten Great Writers.*
        London: Penguin, 1989, S. 101-128. [Holländ. Text in: *Schrijvers van de nieuwe
        tijd. Van Ibsen tot Kafka.* Utrecht: Teleac, 1989, S. 101-126].

89.35   BRIDGES, George: The Almost Irresistible Appeal of Fascism, or: Is it Okay to
        Like Richard Wagner? A Review Essay. In: *GR*, Jg. 64, Nr. 1 (Winter 1989), S.
        42-48. [Rez. von: P. Carnegy, # 73.61 - A. Blunden, # 85.20. - *Leiden und Größe
        Richard Wagners*].

89.36   BRIDGES, George: Rez. von G. Härle, # 86.100. In: # 89.35, S. 136-137.

89.37   BROBJER, Thomas H.: Rez. von K. M. May, # 88.180. In: *Lychnos* (1989), S. 332-
        333. (= *Jahrbuch der Schwedischen Gesellschaft für Geschichte der Wissenschaften*).

89.38   BRUN, Jacques: Rez. von J. Marcus-Tar, # 87.187. In: *EG*, Jg. 44 (1989), S. 243-
        244. [G. Lukács - Th. M.].

89.39   BUSCH, Frank: Ohne Kraft. Eine Studie 'Zur Homosexualität bei Klaus und Th.
        M.'. In: *Die Zeit*, Jg. 44, Nr. 45 (10. November 1989), Feuilleton, S. 17. [Rez.
        von G. Härle, # 88.82].

89.40   CARTER, William R.: How to Change your Mind. In: *Canadian Journal of Phil-
        osophy*, Jg. 19, Nr. 1 (März 1989), S. 1-14.

89.41   CERF, Steven R.: Rez. von D. W. Adolphs, # 85.1. In: *Colloquia Germanica*, Jg.
        23, Nr. 2 (1989), S. 187-188.

89.42   CERF, Steven R.: Rez. von E. Heftrich/H. Wysling, # 87.117. In: *GQ*, Jg. 62
        (1989), S. 409-410. [Internationales Th.-M.-Kolloquium, Lübeck, 1986].

89.43   CERF, Steven R.: Th. M's Leo Naphta: Echoes of Brandesian Intellectual His-
        tory and Biography. In: *Seminar*, Jg. 25, Nr. 3 (September 1989), S. 223-240. [G.
        M. C. Brandes].

89.44   CHARDIN, Philippe: De Schopenhauer comme volonté à Schopenhauer comme
        simple représentation: L'example de Th. M. In: Anne Henry, Hrsg.: *Schopen-
        hauer et la création littéraire en Europe*. Paris: Mériediens Klincksieck, 1989, S.
        173-184.

89.45   CHIARINI, Paolo: La ragione pulsante: Th. M. e Bachofen. In: *Il Mondo Operaio*,
        Jg. 7 (1989), S. 123-125.

89.46   CICORA, Mary A.: Beethoven, Shakespeare, and Wagner. Visual Music in
        Doctor Faustus. In: *DVJS*, Jg. 63, Nr. 2 (Juni 1989), S. 267-281.

89.47   COBLEY, Evelyn: Closure and Infinite Semiosis in Mann's *Doktor Faustus* and
        Eco's *The Name of the Rose*. In: *Comparative Literature Studies*, Jg. 26, Nr. 4
        (1989), S. 341-361.

89.48   DARMAUN, Jacques: *Fiorenza*. L'image de Florence chez Th. M. In: *Cahiers
        d'études germaniques*, Nr. 17 (1989), S. 215-222.

89.49   DARMAUN, Jacques: Aspects de l'Italie chez Th. M.: L'image de Venise de la
        Mort à Venise. In: J. D., Hrsg.: *Etudes allemandes et autrichiennes. Hommage à
        Richard Thieberger*. Paris: Les Belles Lettres, 1989, S. 103-113. (= Publications de
        la Faculté des Lettres et Sciences Humaines de Nice, 37). [*Der Tod in Venedig*].

89.50   DAVIDIS, Michael, und Mathias Michaelis, Bearb.: Th. M. In: *Der photographierte
        Dichter. Schriftstellerporträts des 19. und 20. Jahrhunderts aus der Photographischen
        Sammlung des Schiller-Nationalmuseums und des Deutschen Literaturarchivs*.
        Marbach: Deutsche Schillergesellschaft, 1989, S. 82. (= Marbacher Magazin, Nr.
        51).

89.51   DIERKS, Manfred: Th. M's *Doktor Faustus* unter dem Aspekt der neuen
        Narzißmustheorien (Kohut/Kernberg-Lacan). In: *Th. M. Jahrbuch*, Bd. 2 (1989),
        S. 20-40. [O. F. Kernberg - H. Kohut - J. Lacan].

89.52   DÖRING, Christian, und Katja Ziegler: 'Da muß man doch einfach helfen'.
        Fluchtpunkt Zürich: Ein Gespräch mit Emmie Oprecht. In: *Die Zeit*, Jg. 44, Nr.
        18 (28. April 1989), Themen der Zeit, S. 54.

89.53   DOTY, William R.: Rez. von K. M. May, # 88.180. In: *Literature and Theology*,
        Jg. 3, Nr. 1 (März 1989), S. 259-260.

89.54   DRIJARD, A.: Rez. von H. Wysling/W. Pfister, # 88.321. In: *EG*, Jg. 44 (1989), S.
        233-234.

89.55   EGLI, Alfred, René Hauswirth, Erwin Kuen, u. a., Hrsg.: Th. M. In: *Küsnacht
        im 20. Jahrhundert. Chronik über die Jahre 1901-1988*. Küsnacht: Zürichsee
        Druckerei Stäfa, 1989, S. 224-225.

89.56   EICHMANN-LEUTENEGGER, Beatrice: Schriftsteller unter Ausschluß der Öffent-
        lichkeit. Zur Wiederentdeckung von Alexander Moritz Frey. In: *NZZ*, Jg. 210,
        Nr. 138 (17./18. Juni 1989), S. 111.

89.57 EICHMANN-LEUTENEGGER, Beatrice: Der Biedermann als Millionär. Ein Roman von Urs Berner. In: *NZZ*, Jg. 210, Nr. 260 (8. November 1989), S. 99. [U. B.: *Die Lottokönige* - Th. M.: *Felix Krull*].

89.58 ELOESSER, Arthur: Tüchtigkeit der Darstellung. Th. M's *Buddenbrooks*. In: *NZZ*, Jg. 210, Nr. 257 (4./5. November 1989), Literatur und Kunst, S. 67. [Vgl. dazu: D. Rodewald, # 89.230, S. 67-68].

89.59 EMMERICH, Elisabeth: Italienerfahrung im Doppel. Uni-Bibliothek zeigt Heinrich und Th. M. in Palestrina. In: *Augsburger Allgemeine*, Nr. 265 (17. November 1989), S. 26. [Zur Ausstellung in der Universitätsbibliothek Augsburg].

89.60 ENGEL, Peter: Existenzkampf in der 'Massenherberge'. Die Berliner Jahre des Schriftstellers Ernst Weiß. In: *NZZ*, Jg. 210, Nr. 29 (4./5. Februar 1989), Literatur und Kunst, S. 67.

89.61 ENGELBERG, Edward: *Death in Venice*: Narcissus by the Seaside. In: E. E., *Elegiac Fictions: The Motif of the Unlived Life*. University Park, PA, u. a.: The Pennsylvania State University Press, 1989, S. 96-163. [*Der Tod in Venedig*].

89.62 ENGELBERG, Edward: Mann: The Way up is the Way down. In: # 89.61, S. 173-191.

89.63 FERDMANN, Helga: Der andere *Zauberberg*. In: *Davoser Revue*, Jg. 64, Nr. 2 (1989), S. 16-24. [Vgl. C. Virchow, # 89.286].

89.64 FETZER, John F.: Melos-Eros-Thanatos und *Doktor Faustus*. In: *Th. M. Jahrbuch*, Bd. 2 (1989), S. 41-60.

89.65 FISCHER, Ernst: Th. M. und sein Roman *Doktor Faustus*. Eine Nachbemerkung. In Karl-Markus Gauß' Ausg. von E. F., *Aufstand der Wirklichkeit: Literarische Studien und Porträts*. Frankfurt a. M.: Vervuert, 1989, S. 41-70.

89.66 FISCHER, Kurt von: Gustav Mahlers *Adagietto* and Luchino Viscontis Film *Morte a Venezia*. In: Angelika Maass, und Bernhard Heinser, Hrsg.: *Verlust und Ursprung. Festschrift für Werner Weber. Mit Beiträgen zum Thema 'Et in Arcadia ego'*. Zürich: Ammann, 1989, S. 44-52.

89.67 FLAIANO, Ennio: *Tonio Kröger*. *'Trattamento' in riduzione cinematografica del romanzo di Th. M. A cura Maria Sepa*. Lecce: P. Manni, 1989, 79 S. (= Selenite, 3).

89.68 FOLKERTS, Liselotte: Th. M. sang Münsters Lob. In: *Auf roter Erde*, Jg. 45, Nr. 300 (1989), S. 17-19. (= Heimatbeilage der Westfälischen Nachrichten; Monatsblätter für Landeskunde und Volkstum Westfalens).

89.69   FRAMCKE, Ricarda: Die gütige Königin. In: *Hamburger Abendblatt*, Jg. 42, Nr. 6
        (7./8. Januar 1989), S. 6. [Künstlerfrauen. Serie, Teil IV: Katia Mann].

89.70   FUHRMANN, Horst, Hrsg.: Th. M. In: *Die Kaulbach-Villa als Haus des Histori-
        schen Kollegs. Reden und wissenschaftliche Beiträge zur Eröffnung*. München: Ol-
        denbourg, 1989, S. 184-185.

89.71   FULD, Werner: In den Sand geschrieben. In: *Merian*, Jg. 42, Nr. 5 (Mai 1989), S.
        32-37. [Merian-Heft Hamburg. - Th. M. und Sylt].

89.72   GAMBINI, Anna: *Il rapporto tra Robert Musil e Th. M. Considerazioni su I turba-
        menti del Giovane Törless e Tonio Kröger*. Poggibonsi: Lalli, 1989, 111 S. [R.
        Musil: *Die Verwirrungen des Zöglings Törleß* - Th. M.: *Tonio Kröger*].

89.73   GIOBBI, Giuliana: Gabriele D'Annunzio and Th. M.: Venice, Art and Death. In:
        Journal of European Studies, Jg. 19, Nr. 1 (1989), S. 55-68. [*Der Tod in Venedig*].

89.74   GISSELBRECHT, André: Du Jacobin au Sans-Culotte: deux images 'contre-révolu-
        tionnaires' de Th. M. In: *Germanica*, Jg. 6 (1989), S. 135-146.

89.75   GÖKBERK, Ülker: Rez. von F. A. Lubich, # 86.181. In: *GR*, Jg. 64, Nr. 3 (1989),
        S. 86-87.

89.76   GÖRNER, Eberhard: Film und Kino in Th. M's Schweizer Exiljahren. In: *Film
        und Fernsehen*, Nr. 1 (1989), S. 24-28. [Fortsetzung in: Nr. 3, S. 24-29 - Nr. 10, S.
        38-41 - Nr. 12, S. 38-41. - Gespräch mit G. Mann].

89.77   GORZAWSKI, Heribert: *Stundenblätter Tonio Kröger*. Stuttgart: E. Klett, 1989, 65
        S. (= Stundenblätter Deutsch, Klettbuch, 3585) [Vgl. # 84.69].

89.78   GREVEL, Lilo: *Frau Jenny Treibel*. Zum Dilemma des Bürgertums in der Wilhel-
        minischen Ära. In: *ZDP*, Jg. 108 (1989), S. 179-198. [Mit engl. Zusammenfas-
        sung].

89.79   GRIESER, Dietmar: Reise in die Vergangenheit: Bilder aus Davos. Der desinfi-
        zierte Zauberberg. In: *Merian*, Jg. 42, Nr. 2 (1989), S. 42-51. [Merian-Heft Grau-
        bünden. - *Der Zauberberg*].

89.80   GRUNEWALD, Michel: Rez. von G. Härle, # 88.82. In: *Germanistik*, Jg. 30, Nr. 4
        (1989), S. 828.

89.81   GYÖRI, Judit: Seines Volkes Bildner: Moses. Reflexionen über die Erzählung
        Th. M's *Das Gesetz*. In: János Szabó, und Ferenc Szász, Hrsg.: *Theorien, Epochen,*

Kontakte. Festschrift für Antal Mádl. Teil 1. Budapest: Univ., 1989, S. 169-186. (= Budapester Beiträge zur Germanistik, Bd. 19).

89.82 HÄRLE, Gerhard: Enfant terrible - Enfant perdu. Ein Bild von Klaus Mann. In: *Forum Homosexualität und Literatur,* Nr. 6 (1989), S. 93-102. [Rez.: J. W. Jones, # 90.146].

89.83 HAGE, Volker: Es fehlt nicht an Zudrang. Th. M. im Briefwechsel mit Schrift-stellern. In: *Die Zeit,* Jg. 44, Nr. 48 (24. November 1989), Literatur, S. 78-79. [Rez. von: H. Wysling, # 88.319 - H. Wysling/W. Pfister, # 88.321].

89.84 HAGE, Volker: Eine Liebe fürs Leben. In: *Zeit-Magazin,* Jg. 42, Nr. 42 (13. Oktober 1989), S. 6-16, 18, 22, 26, 28. [Über Th. M's Kindheitsparadies Trave-münde].

89.85 HAIDER, Hans: Der Fall Philipp Halsmann. Vom Justizskandal zum Fernsehge-heimnis. In: *Das jüdische Echo,* Jg. 38, Nr. 1 (1989), S. 75-81. [Mit Th. M's Brief an Unbekannt vom 10. Februar 1943].

89.86 HALASZ, Gábor: Die Klage des Doktor Faustus. Manzonis Th.-M.-Szenen in Mailand uraufgeführt. In: *Hannoversche Allgemeine Zeitung,* Jg. 86, Nr. 116 (22. Mai 1989), S. 6. [Auch in: *Frankfurter Rundschau,* Jg. 45, Nr. 128 (6. Juni 1989), S. 10].

89.87 HANNICH-BODE, Ingrid: Th. M. im Urteil seiner Zeit. Eine Auswahl aus den Texten. In: János Szabó, und Ferenc Szász, Hrsg.: *Theorien, Epochen, Kontakte. Festschrift für Antal Mádl. Teil 1.* Budapest: Univ., 1989, S. 147-161. (= Budapester Beiträge zur Germanistik, Bd. 19).

89.88 HARTUNG, Harald: Alte Meister. Reinhard Baumgarts virtuoser Essay. In: *FAZ,* Jg. 41, Nr. 221 (23. September 1989), Bilder und Zeiten. [Rez. von R. Baumgart, # 89.23].

89.89 HATTEMER, Matthias: 'Die Langeweile, immer der selbe 'Ich' zu sein, ist töd-lich': Th. M. und der Hochstapler. In: M. H., *Das erdichtete Ich. Zur Gattungs-poetik der fiktiven Autobiographie bei Grimmelshausen, E. T. A. Hoffmann, Th. M. und Rainer Maria Rilke.* Frankfurt a. M., u. a.: P. Lang, 1989, S. 99-107. (= Europäische Hochschulschriften, Reihe 1: Deutsche Sprache und Literatur, Bd. 1151) [Zugl.: Diss., Univ. Freiburg i. Br., 1989. - Rez.: R. Zeller, # 90.334].

89.90 HAYES, Tom, und Lee Quinby: The Aporia of Bourgeois Art: Desire in Th. M's *Death in Venice.* In: *Criticism,* Jg. 31, Nr. 2 (Frühjahr 1989), S. 159-177. [*Der Tod in Venedig* - Homosexualität].

89.91   HEFTRICH, Eckhard: Höhere Stimmigkeit. Über Th. M's *Geschichten Jaakobs.*
         In: *FAZ*, Jg. 41, Nr. 39 (15. Februar 1989), Feuilleton, S. 27. [Romane von ge-
         stern - heute gelesen. - Vgl. Nachdruck in # 90.118].

89.92   HEFTRICH, Eckhard: Mythos - Typus - Psychologie. Th. M's *Joseph*-Romane. In:
         Franz Link, Hrsg.: *Paradeigmata. Literarische Typologie des Alten Testaments, II:*
         20. Jahrhundert. Berlin: Duncker & Humblot, 1989, S. 723-736. (= Schriften zur
         Literaturwissenschaft, 5) [Auch in: *Jahres- und Tagungsbericht der Görres-Gesell-*
         schaft 1988 (1989), S. 56-71].

89.93   HEFTRICH, Eckhard: Der Bruderzwist und die Revolution. In: *Heinrich Mann-*
         Jahrbuch, Bd. 7/1989 (1989), S. 235-251.

89.94   HEFTRICH, Eckhard: Der Homo oeconomicus im Werk von Th. M. In: Werner
         Wunderlich, Hrsg.: *Der literarische Homo oeconomicus. Vom Märchenhelden zum*
         Manager. Beiträge zum Ökonomieverständnis in der Literatur. Bern, u. a.: P.
         Haupt, 1989, S. 153-169. (= Facetten deutscher Literatur, St. Galler Studien, Bd.
         2) [*Buddenbrooks - Joseph und seine Brüder*].

89.95   HELBLING, Hanno: 'Den Deutschen legendär geworden'. Die Tagebücher Th.
         M's, 1946-1948. In: *NZZ*, Jg. 210, Nr. 257 (4./5. November 1989), Literatur und
         Kunst, S. 68. [Rez. von I. Jens, # 89.112].

89.96   HENNIG, Christoph: Th. M. In: C. H., *Latium. Das Land um Rom.* Köln: Du-
         Mont, 1989, S. 221, 334. [H. Mann: *Die kleine Stadt* - Th. M.: *Doktor Faustus* -
         Palestrina].

89.97   HILLESHEIM, Jürgen: *Die Welt als Artefakt. Zur Bedeutung von Nietzsches Der Fall*
         Wagner im Werk Th. M's. Frankfurt a. M., u. a.: P. Lang, 1989, 198 S. (= Studien
         zur deutschen Literatur des 19. und 20. Jahrhunderts, Bd. 13) [Zugl.: Diss.,
         Univ. Mainz, 1989. - *Buddenbrooks* - Dekadenz - Th. M's Faschismuskritik].

89.98   HILSCHER, Eberhard: *Th. M. Leben und Werk.* Berlin: Volk und Wissen, 11.
         Aufl., 1989, 319 S. (= Schriftsteller der Gegenwart, 15) [Vgl. # 76.161, # 78.118].

89.99   HLOBIL, Tomás: Karel Čapek a Th. M. In: *Estetica*, Jg. 26, Nr. 1/2 (1989), S. 1-7,
         65-79. [Vgl. # III.91.2].

89.100   HÖRISCH, Jochen: 'Die deutsche Seele up to date'. Sakramente der Medientech-
         nik auf dem Zauberberg. In: Friedrich A. Kittler, und Georg C. Tholen, Hrsg.:
         Arsenale der Seele. Literatur- und Medienanalyse seit 1870. München: W. Fink,
         1989, S. 13-23. (= Literatur- und Medienanalysen, Bd. 1) [*Der Zauberberg*].

89.101   HOFFER, Peter T.: Klaus Manns *Mephisto*: A Secret Rivalry. In: *Studies in Twen-*
         tieth Century Literature, Jg. 13, Nr. 2 (Sommer 1989), S. 245-257.

89.102 HOFFMANN, Fernand: Georg Christoph Lichtenberg: Ein früher Tonio Kröger oder Die Hypochondrie und ihre Folgen. In: *Germanistik Luxembourg*, Nr. 1 (1989), S. 25-37.

89.103 HOFFMEISTER, Werner: Rez. von S. D. Dowden, # 86.59. In: *JEGP*, Jg. 88, Nr. 1 (1989), S. 84.

89.104 HOLM, Korfiz: Th. M. In: Helga Abret, und Aldo Keel, Hrsg.: *Das Kopierbuch Korfiz Holms (1899-1903). Ein Beitrag zur Geschichte des Albert Langen-Verlags und des Simplicissimus. Mit einem Geleitwort von Richard Lemp.* Bern, u. a.: P. Lang, 1989, S. 8, 13, 18, u. a. [U. a.: *Tristan*].

89.105 HUTCHEON, Linda: Rez. von G. D. Kiremidjian, # 85.131. In: *Canadian Review of Comparative Literature*, Jg. 16 (1989), S. 484-487.

89.106 HUYSSEN, Andreas, und David Bathrick, Hrsg.: Modernism and the Experience of Modernity. In: *Modernity and the Text. Revisions of German Modernism.* New York: Columbia University Press, 1989.

89.107 IHLAU, Olaf: Balsam für die Seele: Eindrücke von einer Reise über die Kurische Nehrung. In: *SZ*, Jg. 45, Nr. 243 (21./22. Oktober 1989), SZ am Wochenende, S. XI.

89.108 JACOBS, Jürgen: Th. M., *Der Zauberberg*. In: J. J./M. Krause: *Der deutsche Bildungsroman. Gattungsgeschichte vom 18. bis zum 20. Jahrhundert.* München: C. H. Beck, 1989, S. 207-222. (= Arbeitsbücher zur Literaturgeschichte).

89.110 JANKA, Walter: Th. M. In: W. J., *Schwierigkeiten mit der Wahrheit.* Reinbek bei Hamburg: Rowohlt, 1989, 121 S. (= rororo aktuell Essay, 12731).

89.111 JENS, Inge: 'Es kenne mich die Welt, auf daß sie mir verzeihe'. Th. M. in seinen *Tagebüchern*. Frankfurt a. M.: S. Fischer, 1989, 30 S. [Auch in: *Jahrbuch der Bayerischen Akademie der Schönen Künste*, Bd. 3 (1989), S. 119-137].

89.112 JENS, Inge: Vorwort. In ihrer Ausg. von Th. M.: *Tagebücher 28.5.1946 - 31.12.1948.* Frankfurt a. M.: S. Fischer, 1989, S. V-XIII. [Rez.: D. W. Adolphs, # 91.3 - I. A. Chiusano, # 90.43 - J. Darmaun, # 90.49 - H. Eichner, # 90.75 - H. Helbling, # 89.95 - G. Kluge, # 90.154 - H. Lehnert, # 92.159 - M. Maar, # 92.172 - M. Merschmeier, # 89.186 - P. F. Proskauer, # 89.214 - W. Stauch v. Quitzow, # 90.230 - F. J. Raddatz, # 89.218 - M. Reich-Ranicki, # 90.239 - W. Scheller, # 90.262 - A. v. Schirnding, # 89.246 - F. Schirrmacher, # 89.248 - T. Sprecher, # 90.287 - G. Ueding, # 89.282 - U. Weinzierl, # 89.295 - G. Wenzel, # 91.261 - U. Wolff, # 89.309].

89.113 JENS, Walter: Der letzte Bürger: Th. M. In: W. J., *Reden*. Leipzig, u. a.: G. Kie-
        penheuer, 1989, S. 354-374. (= Gustav Kiepenheuer Bücherei, Bd. 89) [Vgl. E in
        # 77.136].

89.114 JENS, Walter: Sinngebung des Vergänglichen: Th. M. In: W. J., und Hans Küng,
        Hrsg.: *Anwälte der Humanität: Th. M., Hermann Hesse, Heinrich Böll*. München:
        Kindler, 1989, S. 11-37. [Vgl. auch H. K., # 89.140].

89.115 JENS, Walter: Inferno mit paradiesischen Wonnen. Walter Jens über Th. M.:
        Der Zauberberg (1924). In: Marcel Reich-Ranicki, Hrsg.: *Romane von gestern ·
        heute gelesen, Bd. 2: 1918-1933*. Frankfurt a. M.: S. Fischer, 1989, S. 54-64. [Vgl. E
        in # 81.94].

89.116 JESSING, Benedikt: Der Erzählte. Roman eines Romans. Zu Th. M's *Der Er-
        wählte*. In: *ZDP*, Jg. 108, Nr. 4 (1989), S. 575-596.

89.117 JONAS, Ilsedore B.: Klaus Mann. In: John M. Spalek, und Joseph Strelka, Hrsg.:
        Deutschsprachige Exilliteratur seit 1933, Bd. 2: New York, Teil 1. Bern: A. Francke,
        1989, S. 622-651.

89.118 JONES, Michael T.: Rez. von S. Corngold, # 86.53. In: *GQ*, Jg. 62, Nr. 2
        (Frühjahr 1989), S. 272-274.

89.119 JUNG, Werner: Über Georg Lukács und Th. M. In: *Aufbau*, Jg. 55, Nr. 3 (3. Fe-
        bruar 1989), S. 9. [Rez. von J. Marcus-Tar, # 87.187].

89.120 KAISER, Joachim: *Doktor Faustus*, die Musik und das deutsche Schicksal. In: R.
        Baumgart/u. a., # 89.27, S. 25-50.

89.121 KAISER, Joachim: Faszinierender Reiz des Unmittelbaren. In: *SZ*, Jg. 45, Nr. 172
        (29./30. Juli 1989), SZ am Wochenende, S. 156.

89.122 KARTHAUS, Ulrich: Rez. von K. Moulden/G. v. Wilpert, # 88.206. In: *Germa-
        nistik*, Jg. 30, Nr. 1 (1989), S. 501.

89.123 KARTHAUS, Ulrich: Rez. von M. Vogtmeier, # 87.337. In: *Germanistik*, Jg. 30,
        Nr. 3 (1989), S. 829.

89.124 KASACK, Hermann: Geistiges Mittlertum. Der Übersetzer und Germanist
        Solomon Apt in Moskau. In: *NZZ*, Jg. 210, Nr. 42 (20. Februar 1989), Feuille-
        ton, S. 19-20. [Zur Verleihung der Ehrendoktorwürde der Universität Köln].

89.125 KAYSER, Heidrun: Wo bitte geht's zu Tony? In: *Sonntag aktuell*, Jg. 11, Nr. 40 (1. Oktober 1989), S. 42-43. [Rez. von H. Koopmann, # 88.141. - Mit Th. M. durch Lübeck].

89.126 KIEL, Anna: Th. M. und Erich Kahler. Die Begegnung zwischen Ironie und Utopie. In: A. K., *Erich Kahler. Ein 'uomo universale' des zwanzigsten Jahrhunderts - seine Begegnungen mit bedeutenden Zeitgenossen. Vom Georgekreis, Max Weber bis Hermann Broch und Th. M.* Bern, u. a.: P. Lang, 1989, S. 175-278.

89.127 KIRCHMEIER, Fritz: Auf den Spuren von Werthers Lotte. Leseerinnerungen in Wetzlar - Ein Besuch im Lotte-Haus. In: *Der Tagesspiegel*, Jg. 45, Nr. 1324 (23. April 1989), S. 17. [*Lotte in Weimar*].

89.128 KLUGE, Gerhard: Rez. von H. Wißkirchen, # 86.332. In: *Zeitschrift für bayerische Landesgeschichte*, Jg. 52 (1989), S. 441-443.

89.129 KOELB, Clayton: Rez. von S. D. Dowden, # 86.59. In: *Monatshefte*, Jg. 82, Nr. 1 (Frühjahr 1989), S. 135-136.

89.130 KOEPPEN, Wolfgang: Eine schwerblütige, wollüstige Erregung. Über Th. M.: *Der Tod in Venedig* (1913). In: M. Reich-Ranicki, # 89.222, S. 187-194.

89.131 KOMAR, Kathleen: Rez. von P.-A. Alt, # 85.3, # 89.5. In: *Modern Austrian Literature*, Jg. 22, Nr. 1 (1989), S. 148-149.

89.132 KOOPMANN, Helmut: 'Mit Goethes *Faust* hat mein Roman nichts gemein': Th. M. und sein *Doktor Faustus*. In: Peter Boerner, und Sidney Johnson, Hrsg.: *Faust through four Centuries. Retrospect and Analysis. Vierhundert Jahre Faust. Rückblick und Analyse.* Tübingen: M. Niemeyer, 1989, S. 213-228.

89.133 KOOPMANN, Helmut: Nicht Erfindung, nicht Rettung. Th. M's *Doktor Faustus*. In: *Buch-Magazin. Gemeinschaftswerk der Evangelischen Publizistik* (Frühjahr/Sommer 1989), S. 22a-22c.

89.134 KOOPMANN, Helmut: *Doktor Faustus* - eine Geschichte der deutschen Innerlichkeit? In: *Th. M. Jahrbuch*, Bd. 2 (1989), S. 5-19. [Vgl. engl. Text in # 91.136].

89.135 KOPPEN, Erwin: Th. M. und seine Konzeption der Weltliteratur. In: Manfred Schmeling, Hrsg.: *Funktion und Funktionswandel der Literatur im Geistes- und Gesellschaftsleben. Akten des Internationalen Symposiums Saarbrücken 1987.* Bern, u. a.: P. Lang, 1989, S. 23-39. (= *Jahrbuch für Internationale Germanistik*, Reihe A, Bd. 26) [*Buddenbrooks - Der Zauberberg - Doktor Faustus* - Essays].

89.136 KOSS, Siegfried: Rez. von C. A. M. Noble, # 87.214. In: *Literatur in Wissenschaft und Unterricht*, Jg. 22 (1989), S. 271-273.

89.137 KRASKE, Bernd M.: '... *ein Apfel vom Baume Lübecks': Die Hansestadt im Werk der Brüder Heinrich und Th. M.* Hamburg: Edition Schloß Reinbek, 1989, 24 S. [*Buddenbrooks - Tonio Kröger - Doktor Faustus*].

89.138 KREUTZER, Hans J.: Fausts Weg vom Wissenschaftler zum Künstler oder Th. M's Deutung der deutschen Geschichte. In: *Zeitschrift für deutsche Studien*, Jg. 8 (1989/90), S. 79-95. [*Doktor Faustus*].

89.139 KUBISIAK, Malgorzata: Zur Erzähltechnik im Roman *Der Zauberberg* von Th. M. In: *Skamandros-Dialog*, Nr. 1 (1989), S. 109-120.

89.140 KÜNG, Hans: Gefeiert - und auch gerechtfertigt? Th. M. und die Frage der Religion. In: Walter Jens, und H. K., Hrsg.: *Anwälte der Humanität: Th. M., Hermann Hesse, Heinrich Böll.* München: Kindler, 1989, S. 81-157. [Vgl. auch W. J., # 89.114].

89.141 KUNCKEL, Susanne: Th. M's Leben im Exil. In: *Welt am Sonntag*, Nr. 40 (1. Oktober 1989), S. 33.

89.142 KURZKE, Hermann: Vorwort. In: Baeumler/Brunträger/Kurzke, # 89.18, S. 7-10. [A. Baeumler - Th. M.].

89.143 KURZKE, Hermann: Settembrini oder Krull? Helmut Koopmanns Mann-Studien *Der schwierige Deutsche.* In: *FAZ*, Jg. 41, Nr. 1 (2. Januar 1989), S. 20. [Rez. von H. Koopmann, # 88.141].

89.144 KURZKE, Hermann: Kein König. Theodor Haecker in Marbach. In: *FAZ*, Jg. 41, Nr. 115 (20. Mai 1989), S. 27. [Betr. Haecker-Ausstellung in Marbach und *Marbacher Magazin* - H. Siefken's Neuausgabe der *Tag- und Nachtbücher 1939-1945*].

89.145 KURZKE, Hermann: Rez. von H. Matter, # 86.198. In: *Th. M. Jahrbuch*, Bd. 2 (1989), S. 179-182.

89.146 LANGE, Victor: Th. M.: Tradition und Experiment. In Walter Hinderer's, und Volkmar Sander's Ausg. von V. L., *Illyrische Betrachtungen. Essays und Aufsätze aus 30 Jahren.* Bern, u. a.: P. Lang, 1989, S. 339-364. (= New York University Ottendorfer Series, N. F., Bd. 32) [Vgl. E in # 77.172, # 78.171, # 83.227, # 89.146].

89.147 LANGE, Victor: Betrachtungen zur Thematik von *Felix Krull*. In: # 89.146, S. 365-379. [Vgl. E in # 56.125. - *Felix Krull*].

89.148 LAWSON, Richard H.: Rez. von J. Marcus-Tar, # 87.187. In: *Rocky Mountain Review of Language and Literature*, Jg. 43, Nr. 1-2 (1989), S. 103-104.

89.149 LEHNERT, Herbert: Th. M. In: Gunter E. Grimm, und Frank R. Max, Hrsg.: *Deutsche Dichter, Bd. 7: Vom Beginn bis zur Mitte des 20. Jahrhunderts.* Stuttgart: P. Reclam, 1989, S. 71-94. (= Universal-Bibliothek, Nr. 8617).

89.150 LEHNERT, Herbert: Rez. von H. Wißkirchen, # 86.332. In: *JEGP*, Jg. 88, Nr. 1 (1989), S. 80-83.

89.151 LEHNERT, Herbert: Der Narziß und die Welt: Zum biographischen Hintergrund des *Doktor Faustus* von Th. M. In: *Orbis Litterarum*, Jg. 44, Nr. 3 (1989), S. 234-251.

89.152 LEHNERT, Herbert: Neue Quellen für die Th. M.-Forschung. In: *Orbis Litterarum*, Jg. 44, Nr. 3 (1989), S. 267-277. [Rez. von: I. Jens, # 89.112 - H. Wysling, # 88.319 - H. Wysling/W. Pfister, # 88.321].

89.153 LEHNERT, Herbert: Nachwort: *Doktor Faustus*, ein moderner Roman mit offenem historischen Horizont. In: *Th. M. Jahrbuch*, Bd. 2 (1989), S. 163-177.

89.154 LEHNERT, Herbert, und Peter C. Pfeiffer: Vorwort. In: *Th. M. Jahrbuch*, Bd. 2 (1989), S. 1-4. [Zur Modernität von Th. M's *Doktor Faustus*. - Vgl. # 89.275].

89.155 LENZ, Siegfried: Das unausmeßbare Erzählwerk. Siegfried Lenz über Th. M.: *Buddenbrooks* (1901). In: M. Reich-Ranicki, # 89.222, S. 9-16. [Vgl. E in # 86.176].

89.156 LENZNER, Georg: 'Hier wird von der Zukunft gesprochen'. Vor 40 Jahren: Th. M. erhielt in Weimar Ehrenbürgerbrief und Goethepreis. In: *Neues Deutschland*, Jg. 44, Nr. 177 (29./30. Juli 1989), S. 4.

89.157 LEPPMANN, Wolfgang: *In zwei Welten zu Hause. Aus der Lebensarbeit eines amerikanischen Germanisten. Mit einem Vorwort von Marcel Reich-Ranicki.* München, u. a.: Drei Ulmen, 1989, 251 S. [Inhalt: # 89.158, # 89.159, # 89.160, # 89.161].

89.158 LEPPMANN, Wolfgang: Der Amerikaner im Werke Th. M's. In: # 89.157, S. 95-121. [Vgl. E in # 65.213].

89.159 LEPPMANN, Wolfgang: Kein Tod in Venedig. Th. M. und die Wirklichkeit. In: # 89.157, S. 122-139. [Vgl. E in # 74.111e].

89.160 LEPPMANN, Wolfgang: Time and Place in *Death in Venice*. In: # 89.157, S. 127-139. [Vgl. E in # 75.509. - *Der Tod in Venedig*].

89.161 LEPPMANN, Wolfgang: Nachbemerkung zu 'Time and Place in *Death in Venice*'. In: # 89.157, S. 140-141.

89.162 LEPPMANN, Wolfgang: Th. M. In: W. L., *Gerhart Hauptmann. Leben, Werk und Zeit.* Frankfurt a. M.: S. Fischer, 1989.

89.163 LESER, Esther H.: *Th. M's Short Fiction. An Intellectual Biography.* Rutherford, NJ, u. a.: Fairleigh Dickinson University Press; London, u. a.: Associated University Presses, 1989, 349 S. [Hrsg. von M. Brunsdale. - Rez.: G. Divay, # 90.64 - R. Koester, # 93.143].

89.164 LINDENBERG, Ken: *Th. M. und Davos: Rund um den Zauberberg.* Chur: Calanda, 1989, 48 S.

89.165 LUBICH, Frederick A.: Rez. von G. Mann, # 86.189. In: *GR*, Jg. 64, Nr. 2 (1989), S. 94-95.

89.166 LÜHE, Irmela von der: Die Publizistin Erika Mann im amerikanischen Exil. In: *Exilforschung*, Bd. 7 (1989), S. 65-84.

89.167 LUKE, David, Hrsg. und Übs. von Th. M.: *Death in Venice and Other Stories.* London, u. a., 1989. [Rez.: H. Hatfield, # 90.111. - *Der Tod in Venedig*, u. a.].

89.168 MAAR, Michael: Der Teufel in Palestrina. Neues zum *Doktor Faustus* und zur Position Gustav Mahlers im Werk Th. M's. In: *Literaturwissenschaftliches Jahrbuch*, N. F., Bd. 30 (1989), S. 211-247.

89.169 MANDEL, Diane: *Arzt und Patienten in den Romanen von Th. M.* Dissertation, Medizinische Universität von Lübeck, 1989, 91 S.

89.170 MANN, Golo: *Wir alle sind, was wir gelesen. Aufsätze und Reden zur Literatur.* Frankfurt a. M.: S. Fischer, 1989, 373 S. [Rez.: M. Reich-Ranicki, # 89.223. - Betr.: H. Mann: *Ein Zeitalter wird besichtigt*].

89.171 MANN, Golo: Ein Prinz vom Lande Nirgendwo. Golo Mann über Th. M.: *Königliche Hoheit* (1909). In: M. Reich-Ranicki, # 89.222, S. 104-111. [Vgl. E in # 81.135].

89.172 MANN, Heinrich: Th. M. In Peter-Paul Schneider's Ausg. von H. M., *Macht und Mensch. Essays.* Frankfurt a. M.: S. Fischer, 1989. (= Heinrich Mann, Studienausgabe in Einzelbänden) [Vorwort: R. Werner - Materialienanhang, zusammengestellt von P.-P. S.].

89.173 MARCUS-TAR, Judit: Georg Lukács and Th. M.: Reflections on a Relationship. In: J. M.-T., und Zoltán Tar, Hrsg.: *Georg Lukács. Theory, Culture, and Politics.*

New Brunswick, NJ, u. a.: Transaction, 1989, S. 119-133. [Vgl. # 87.187. - Rez.: A. Grenville, # 90.99].

89.174 MARCUS-TAR, Judit: Th. M. und György Lukács. In: *The New Hungarian Quarterly*, Jg. 30, Nr. 113 (Frühjahr 1989), S. 165-175.

89.175 MARCUSE, Ludwig: *Wie alt kann Aktuelles sein? Literarische Porträts und Kritiken, hrsg. von Dieter Lamping.* Zürich: Diogenes, 1989, 594 S. [Darin: # 89.176, # 89.177, # 89.178, # 89.179].

89.176 MARCUSE, Ludwig: Th. M's politische und biblische Geschichten. In: # 89.175, S. 66-72. [Vgl. E in: *Das blaue Heft. Freie deutsche Bühne*, Jg. 13 (15. Dezember 1933). - *Joseph und seine Brüder*].

89.177 MARCUSE, Ludwig: Moses, Goethe und Th. M. In: # 89.175, S. 211-214. [Vgl. E in engl. Sprache in: *Aufbau*, Jg. 11, Nr. 2 (13. Januar 1945). - *Das Gesetz*].

89.178 MARCUSE, Ludwig: Th. M's *Hochstapler Felix Krull*. In: # 89.175, S. 259-264. [Vgl. E in: *Aufbau*, Jg. 21, Nr. 2 (14. Januar 1955). - *Felix Krull*].

89.179 MARCUSE, Ludwig: *Tristan*: Vierter Akt. Versuch einer Huldigung. In: # 89.175, S. 265-268. [Vgl. E in # 55.371].

89.180 MARGETTS, John: Die 'scheinbar herrenlose' Kamera. Th. M's *Tod in Venedig* und die Kunstphotographie Wilhelm von Gloedens. In: *GRM*, N. F., Jg. 39 (1989), S. 326-337.

89.181 MATAMORO, Blas: Th. M. y la música. In: *Scherzo*, Jg. 4, Nr. 37 (September 1989), S. 76-78.

89.182 MATTHIAS, Klaus: Gründung der Th. M.-Akademie am Th. M.-Archiv in Lübeck zum 114. Geburtstag Th. M's. In: *Lübeckische Blätter*, Jg. 154, Nr. 11 (1989), S. 194.

89.183 MAYER, Hans: 'München leuchtete'. Über Th. M. und München. In: H. M., *Stadtansichten. Berlin, Köln, Leipzig, München, Zürich.* Frankfurt a. M.: Suhrkamp, 1989, S. 101-131. [Vgl. E in # 89.191].

89.184 MEIER, Bettina: *Goethe in Trümmern. Zur Rezeption eines Klassikers in der Nachkriegszeit.* Wiesbaden: Deutscher Universitäts-Verlag, 1989, 319 S. (= DUV Literaturwissenschaft).

89.185 MEIER, Horst: 'Schwefelregen über diesem Lügensumpf!' Th. M's Radiosendungen nach Deutschland 1940-1945. In: *Die Tageszeitung* (12. September 1989), Kultur, S. 13-14. [*Deutsche Hörer!*].

89.186 MERSCHMEIER, Michael: Die Thomas-Legende. Th. M's Tagebücher vom 28.5.1946 bis zum 31.12.1948. In: *Frankfurter Rundschau*, Jg. 45, Nr. 235 (10. Oktober 1989), Literatur-Rundschau, S. B2. [Eine Beilage zur Buchmesse (vom 11.-16.10.1989). - Rez. von I. Jens, # 89.112].

89.187 MEYER, Andreas: Th. M. In: A. M., *Die Verlagsfusion Langen Müller. Zur Buchmarkt- und Kulturpolitik des Deutschnationalen Handlungsgehilfen-Verbands in der Endphase der Weimarer Republik*. Frankfurt a. M.: Buchhändler-Vereinigung, 1989, S. 49, 59, 77, u. a.

89.188 MICHELSEN, Peter: Faust und die Deutschen (mit besonderem Hinblick auf Th. M's *Doktor Faustus*). In: Peter Boerner, und Sidney Johnson, Hrsg.: *Faust through four Centuries. Retrospect and Analysis. Vierhundert Jahre Faust. Rückblick und Analyse*. Tübingen: M. Niemeyer, 1989, S. 229-247. [Deutscher Nationalismus].

89.189 MORENGHI, Erminio: Metaforica e 'trasfigurazione poetica' del 'viaggio' in Th. M. In: Maria Enrica D'Agostini, Hrsg.: *Viaggi in utopia e altri luoghi*. Milano: Guerini e Associati, 1989, S. 159-168. [*Tonio Kröger - Der Zauberberg - Doktor Faustus*].

89.190 MÜLLER-SEIDEL, Walter: Degeneration und Décadence. Th. M's Weg zum Zauberberg. In: Dieter Borchmeyer, Hrsg.: *Poetik und Geschichte. Victor Žmegač zum 60. Geburtstag*. Tübingen: M. Niemeyer, 1989, S. 118-135.

89.191 MÜNCH-KÜNG, Helene: Th. M.: Ein Bürger ist nicht der geistige Gefangene seiner Klasse und ihrer Wirtschaftsinteressen. In: H. M.-K., *Der Literaturkritiker Eduard Korrodi (1885-1955)*. Bern, u. a.: P. Lang, 1989, S. 122-132. (= Zürcher Germanistische Studien, Bd. 18).

89.192 MUNDT, Hannelore: *Doktor Faustus und die Folgen. Kunstkritik als Gesellschaftskritik im deutschen Roman seit 1947*. Bonn: Bouvier, 1989, 176 S. (= Abhandlungen zur Kunst-, Musik- und Literaturwissenschaft, Bd. 380) [Rez.: V. Hansen, # 90.105 - J. Kleist, # 92.136 - R. Koester, # 93.143 - H.-J. Sandberg, # 90.261 - C. Zelle, # 90.333. - H. Böll - G. Grass - S. Lenz].

89.193 MUNDT, Hannelore: *Doktor Faustus* und die Gegenwartsliteratur. In: *Th. M. Jahrbuch*, Bd. 2 (1989), S. 151-162.

89.194 MURTI, Kamakshi P.: Parodie und Trivialisierung als Schreibvarianten beim Leser-Autor. Versuch eines paradigmatischen Modells für die Indienrezeption bei Th. M. und Hermann Hesse. In: *Colloquia Germanica*, Jg. 23, Nr. 3/4 (1989), S. 222-243. [H. H.: *Siddhartha* - Th. M.: *Die vertauschten Köpfe*].

89.195 NASCHITZ, Fritz: *Literarische Essays, Bekenntnisse, Rezensionen.* Gerlingen: Bleicher, 1989, 615 S. [Beiträge: # 89.196, # 89.197, # 89.198, # 89.199].

89.196 NASCHITZ, Fritz: Zum Tode von Katia Mann. In: # 89.195, S. 160-161.

89.197 NASCHITZ, Fritz: Monika, das Aschenbrödel. Familie Mann in Retrospektive. In: # 89.195, S. 305-311. [Monika Mann].

89.198 NASCHITZ, Fritz: Über Katias letzte Tage und Th. M's letztes Tagebuch. In: # 89.195, S. 340-343.

89.199 NASCHITZ, Fritz: Th. M. und der Zionismus. In: # 89.195, S. 412-416.

89.200 NICHOLLS, Roger: Rez. von H. Wysling, # 87.356. In: *Seminar*, Jg. 25, Nr. 1 (1989), S. 278-280.

89.201 NIGGL, Günter: Th. M. In: G. N., *Die Autobiographie. Zu Form und Geschichte einer literarischen Gattung.* Darmstadt: Wissenschaftliche Buchgesellschaft, 1989. (= Wege der Forschung, Bd. 565).

89.202 NOLTE, Ernst: Ein Ende und ein Anfang. Vor hundert Jahren: Friedrich Nietzsches Zusammenbruch. In: *FAZ*, Jg. 41, Nr. 6 (7. Januar 1989), Bilder und Zeiten.

89.203 NORTHCOTE-BADE, James: Th. M's Brief an Paul Ehrenberg vom 26. Mai 1901. In: *ZDP*, Jg. 108, Nr. 4 (1989), S. 568-575. [Mit Textpublikation].

89.204 OGAN, Bernd: *Lehrpraktische Analysen. Th. M., Tristan.* Stuttgart: P. Reclam, 1989, 32 S. (= Universal-Bibliothek, Nr. 6431; Sekundarstufe II: Lehrpraktische Analysen, 3. Folge).

89.205 OHL, Hubert: Das Meer und die Kunst. Über den Zusammenhang von Erzählstruktur und Symbolik in Th. M's Novelle *Tonio Kröger.* In: *Literatur in Wissenschaft und Unterricht*, Jg. 22, Nr. 2 (1989), S. 99-116.

89.206 ORR, John: Th. M. In: J. O., *Tragic Drama and Modern Society: The Passionate Political in the Modern Novel.* Basingstoke, u. a.: Macmillan, 2. Aufl., 1989. 225 S.

89.207 PARKES-PERRET, Ford B.: Th. M's Silvery Voice of Self-Parody in *Doktor Faustus.* In: *GR*, Jg. 64, Nr. 1 (Winter 1989), S. 20-30.

89.208 PAULSEN, Wolfgang: Rez. von J. Marcus-Tar, # 87.187. In: *Deutsche Bücher*, Jg. 19 (1989), S. 213-215.

89.209 PFANNER, Helmut F.: Rez. von J. Marcus-Tar, # 87.187. In: *Monatshefte*, Jg. 81, Nr. 3 (Herbst 1989), S. 400-401.

89.210 POLACZEK, Dietmar: Des Knaben Echo. Manzonis Oper *Doktor Faustus*. Scala Uraufführung. In: *FAZ*, Jg. 41, Nr. 115 (20. Mai 1989), S. 27.

89.211 POOS, Matthias A.: Th. M. In: M. A. P., *Die Nichtrepräsentierbarkeit des ganz Anderen: Studien zu Adorno, Benjamin, Büchner, Goethe, Th. M., de Sade*. Frankfurt a. M., u. a.: P. Lang, 1989. (= Europäische Hochschulschriften, Reihe 1: Deutsche Sprache und Literatur, Bd. 1128) [Diss., Univ. Düsseldorf. - *Doktor Faustus*].

89.211a PRATER, Donald: Stefan Zweig. In: John M. Spalek, und Joseph P. Strelka, Hrsg.: *Deutschsprachige Exilliteratur seit 1933, Bd. 2, New York, Teil 2*. Bern: A. Francke, 1989, S. 1057-1098. [Mit Auszügen aus Briefen Th. M's an S. Z. vom 17. Juli bzw. 20. Juli 1940].

89.212 PRAUSE, Gerhard: Vor 69 Jahren: Ruhm und Geld für Th. M. - 60 Years ago: Fame and Fortune for Th. M. In: *Lufthansa Bordbuch/Logbook*, Nr. 6 (November/Dezember 1989), S. 90 (dt. Text), S. 92 (engl. Text).

89.213 PROSKAUER, Paul F.: Anmerkungen zu Literatur und Zeitgeschehen. In: *Aufbau*, Jg. 55 (18. August 1989), Literatur, S. 15. [Rez. von Klaus Mann's Tagebücher 1931-1933, ersch. 1989].

89.214 PROSKAUER, Paul F.: Notiert mit fast manischer Akribie. In: *Aufbau*, Jg. 55, Nr. 26 (22. Dezember 1989), S. 9. [Rez. von I. Jens, # 89.112].

89.215 PRUTTI, Brigitte: Frauengestalten in *Doktor Faustus*. In: *Th. M. Jahrbuch*, Bd. 2 (1989), S. 61-78.

89.216 PÜTZ, Peter: Ein Ohren-, doch kein Augenmensch. Die bildende Kunst bei Th. M. In: Maria Moog-Grünewald, und Christoph Rodiek, Hrsg.: *Dialog der Künste. Intermediale Fallstudien zur Literatur des 19. und 20. Jahrhunderts. Festschrift für Erwin Koppen*. Frankfurt, u. a.: P. Lang, 1989, S. 279-290. [Bildende Kunst].

89.217 RADDATZ, Fritz J.: Dichter auf der Flucht. Vom Nazi-Regime verfolgt, sammelte sich an der Côte d'Azur die Elite der deutschen Literatur. In: *Esquire*, Nr. 2 (1989), S. 52-61.

89.218 RADDATZ, Fritz J.: Etwas Halsweh vom nachmittäglichen Tragen kurzer Unterhosen: Th. M's Tagebücher 1946-1948. In: *Die Zeit*, Jg. 44, Nr. 50 (8. Dezember 1989), Literatur-Beilage, S. 6. [Rez. von I. Jens, # 89.112].

89.219 RAHNER, Sabine: Intelligent, wach und streitlustig. In: *Badisches Tagblatt*, Nr. 196 (26. August 1989), Frau und Familie. [E. Mann].

89.220 RAVY, Gilbert: L'hôtel symbolique: Remarques sur l'utilisation d'un espace romanesque chez Kafka, J. Roth et Th. M. In: Jacques Darmaun, Hrsg.: *Etudes allemandes et autrichiennes. Hommage à Richard Thieberger*. Paris: Les Belles Lettres, 1989, S. 353-363. (= Publications de la Faculté des Lettres et Sciences Humaines de Nice, 37) [*Felix Krull*].

89.221 REED, Donna K.: The Discontents of Civilization in *Wuthering Heights* and *Buddenbrooks*. In: *CL*, Jg. 41, Nr. 3 (1989), S. 209-229. [E. Brontë - Th. M.: *Buddenbrooks*].

89.222 REICH-RANICKI, Marcel, Hrsg.: *Romane von gestern - heute gelesen, Bd. 1. 1900-1918*. Frankfurt a. M.: S. Fischer, 1989, 269 S. [Beiträge: W. Koeppen, # 89.130 - S. Lenz, # 89.155 - G. Mann, # 89.171. - Vgl. S. L., # 86.176].

89.223 REICH-RANICKI, Marcel: Kritik mit Charme und Magie. Golo Manns Aufsätze und Reden zur Literatur. In: *FAZ*, Jg. 41, Nr. 88 (15. April 1989), Bilder und Zeiten. [Rez. von G. M., # 89.170].

89.224 REICH-RANICKI, Marcel: Th. M. In: M. R.-R., *Über Ruhestörer. Juden in der deutschen Literatur*. Stuttgart: Deutsche Verlags-Anstalt, 1989, S. 18-19, 47, u.a.

89.225 REIDEL-SCHREWE, Ursula: *Die Raumstruktur des narrativen Textes: Th. M., Der Zauberberg*. Dissertation, Cambridge, MA: Harvard University, 1989, VII, 286 S. [Resümee in: *DAI*, Jg. 50, Nr. 8 (Februar 1990), S. 2507. - Vgl. auch # 92.228].

89.226 REINHOLD, Ernest: Martin Gumpert. In: John M. Spalek, und Joseph P. Strelka, Hrsg.: *Deutschsprachige Exilliteratur seit 1933, Bd. 2: New York, Teil 1*. Bern, u. a.: A. Francke, 1989, S. 305-320.

89.227 RIEMEN, Rob: Een reiziger tussen Venetie en Sinaii: Ethiek en esthetiek in het oeuvre van Th. M. In: Karl W. Merks, Hrsg.: *Verbeelding en discretie: Essays over literatuur en moral*. Tiburg: Univ. Press, 1989, S. 78-95.

89.228 RITTER, Naomi: Th. M. In: N. R., *Art as Spectacle. Images of the Entertainer since Romanticism*. Columbia, MO, u. a.: University of Missouri Press, 1989, S. 126-140, u. a.

89.229 RITTER, Naomi: Art and Androgyny: the Aerialist. In: *Studies in Twentieth Century Literature*, Jg. 13, Nr. 2 (1989), S. 173-193. [*Felix Krull*].

89.230 RODEWALD, Dierk: Ein Brief, eine Kritik und ihr Hintergrund. In: *NZZ*, Jg. 210, Nr. 257 (4./5. November 1989), Literatur und Kunst, S. 67-68. [Inhalt:

Brief Th. M's an S. Fischer vom 8. Dezember 1901 - A. Eloesser: Tüchtigkeit der Darstellung: Th. M's *Buddenbrooks*. - Vgl. dazu A. E., # 89.58].

89.231 ROSSBACH, Bruno: *Spiegelungen eines Bewußtseins. Der Erzähler in Th. M's Tristan*. Marburg: Hitzeroth, 1989, IX, 237 S. (= Marburger Studien zur Germanistik, Bd. 10) [Zugl.: Diss., Univ. Marburg, 1987. - Rez.: J. F. Fetzer, # 93.61 - H. Siefken, # 90.275].

89.232 RUCHAT, Anna: *Th. M's Roman-Projekt über Friedrich den Großen im Spiegel der Notizen. Edition und Interpretation*. Bonn: Bouvier, 1989, VII, 180 S. (= Studien zur Germanistik, Anglistik und Komparatistik, Bd. 121) [Zugl.: Diss., Univ. Zürich, 1988, 156 S. Maschinenschrift - Rez.: A. Drijard, # 91.45 - F. Marx, # 90.201 - H. Siefken, # 90.274].

89.233 RUCHAT, Anna: L'usage des revues chez Th. M. In: *La Revue des Revues*, Nr. 7 (Frühjahr 1989), S. 14-21.

89.234 RÜHMKORF, Peter: Th. M. oder die Lust an der Angstpartie. In: P. R., *Dreizehn deutsche Dichter*. Reinbek bei Hamburg: Rowohlt, 1989, S. 36-49.

89.235 SAALMANN, Dieter: The Role of Determinism in Malcolm Lowry's Response to Th. M's *Mario and the Magician*. In: *The Malcolm Lowry Review*, Jg. 25 (Herbst 1989), S. 42-54. [M. L.: *Under the Volcano* - Th. M.: *Mario und der Zauberer*].

89.236 SALIS, Jean-Rudolf von: Lebenslauf 1951. In: *Du*, Nr. 3 (März 1989), S. 60-65. [Mit Th. M.-Brief an J.-R. v. S.].

89.237 SANDBERG, Hans-Joachim: Rez. von H. Koopmann, # 88.141. In: *Germanistik*, Jg. 30, Nr. 1 (1989), S. 502.

89.238 SAUER, Paul L.: Das 'vernünftige Märchen' Th. M's: Der Roman *Königliche Hoheit* im Spannungsfeld zwischen Volksmärchen und Kunstmärchen. In: *Blätter der Th. M. Gesellschaft Zürich*, Nr. 23 (1989-1990), S. 31-43, 46-49.

89.239 SAUERESSIG, Heinz: Hermes als Hypochonder. Über Th. M's letztes Jahr. In: H. S., *Ärzte und Ärztliches. Essayistische Anregungen. Mit einem Nachwort von Martin Walser*. Sigmaringendorf: regio Verlag Glock und Lutz, 1989, S. 59-64.

89.240 SAUERESSIG, Heinz: Literatur und Medizin. Zu Th. M's Roman *Der Zauberberg*. In: # 89.239, S. 65-85.

89.241 SAUERESSIG, Heinz: Th. M. in seinen Briefen. Hans Wysling präsentiert bei S. Fischer ausgewählte Korrespondenz. In: *Schwäbische Zeitung*, Nr. 224 (28. September 1989), S. [13]. [Rez. von H. W., # 89.239].

89.242 SCHABERT, Ursula: Die Verkannte mit berühmtem Namen. Erinnerung an Erika Mann, die vor zwanzig Jahren starb. In: *Saarbrücker Zeitung*, Jg. 228, Nr. 198 (26./27. August 1989), Themen der Zeit, S. 1.

89.243 SCHILLING, Silke: *Heinrich und Th. M. in Palestrina. Katalog zur Ausstellung.* Augsburg: Universitäts-Bibliothek; Lübeck: Bank für Gemeinwirtschaft, 1989, 31 S. Text und 21 S. Abbildungen.

89.244 SCHIMI, Hussam El: *Probleme der literarischen Übersetzung aus dem Deutschen ins Arabische am Beispiel zweier Versionen von Th. M's Tonio Kröger.* Frankfurt a. M., u. a.: P. Lang, 1989, 127 S. (= Europäische Hochschulschriften, Reihe 1: Deutsche Sprache und Literatur, Bd. 1104) [Zugl.: Diss., Univ. Bochum, 1984].

89.245 SCHIRNDING, Albert von: Der schwierige Deutsche: Neue Veröffentlichungen zum Werk Th. M's. In: SZ, Jg. 45, Nr. 99 (29./30. April/1. Mai 1989), Literatur, S. IV. [Rez. von: K. Moulden/G. v. Wilpert, # 88.206 - H. Koopmann, # 88.141 - H. Wysling/W. Pfister, # 88.321].

89.246 SCHIRNDING, Albert von: Wendell Kretzschmars gerettete Zunge. Th. M's Tagebücher 1946 bis 1948. In: SZ, Jg. 45, Nr. 271 (25./26. November 1989), SZ am Wochenende, Literatur-Beilage, S. 150. [Rez. von I. Jens, # 89.112].

89.247 SCHIRRMACHER, Frank: Eine Tochter Hannos. Elisabeth Mann Borgese im Gespräch mit Gero von Boehm (Südwest 3). In: *FAZ*, Jg. 41, Nr. 198 (28. August 1989), S. 26.

89.248 SCHIRRMACHER, Frank: Leiden an Adorno. Th. M's Tagebücher 1946-1948. In: *FAZ*, Jg. 41, Nr. 282 (5. Dezember 1989), Literatur, S. L3. [Rez. von I. Jens, # 89.112].

89.249 SCHLICK, Oliver: *Mann, Thomas! Auf's allersorgfältigste gesammelt, aus alten Quellen geschöpft, nacherzählt.* Wuppertal: Raabe, 1989, 110 S.

89.250 SCHMID, Bernhold: Neues zum *Doktor Faustus*-Streit zwischen Arnold Schönberg und Th. M. In: *Augsburger Jahrbuch für Musikwissenschaft*, Bd. 6 (1989), S. 149-179. [Sowie Notenbeispiel: Bd. 7 (1990), S. 177-192. - Vgl. # 90.265].

89.251 SCHNEIDER, Wolf: Th. M. In: W. S., *Die Reise zu Richard Wagner.* Wien: P. Zsolnay, 1989.

89.252 SCHNELL, Ralf: Ironie als geistige Lebensform. Th. M's Novelle *Tristan.* In: R. S., *Die verkehrte Welt. Literarische Ironie im 19. Jahrhundert.* Stuttgart: J. B. Metzler, 1989, S. 148-163. [*Tristan*].

89.253 SCHWARZ, Egon: Die jüdischen Gestalten in *Doktor Faustus*. In: *Th. M. Jahrbuch*, Bd. 2 (1989), S. 79-101.

89.254 SCHWEITZER, Paul: Rez. von A. Ettinger, # 88.53. In: *Deutsche Bücher*, Jg. 19 (1989), S. 212-213.

89.255 SEIDLHOFER, Waltraud: Physik, Geometrie und literarische Spuren von Berührung. Naturwissenschaftliche und literarische Beispiele und Theorien. In: *Freibord*, Jg. 14, Nr. 70 (1989/1990), S. 127-186. [*Der Zauberberg*. - C. Wolf].

89.256 SHEPPARD, Richard: *Tonio Kröger* and *Der Tod in Venedig*: From Bourgeois Realism to Visionary Modernism. In: *Oxford German Studies*, Jg. 18-19 (1989-90), S. 92-108.

89.257 SIEFKEN, Hinrich: Bemerkung des Herausgebers. In seiner Ausg. von Theodor Haecker: *Tag- und Nachtbücher 1939-1945*. Innsbruck: Haymon, 1989, S. 245-250. (= Brenner-Studien, Bd. 9) [Darin Bemerkungen zu Th. M.].

89.258 SIEFKEN, Hinrich: Rez. von H. Ridley, # 87.263 - I. M. Ezergailis, # 88.54 - J. Marcus-Tar, # 87.187 - H. Wysling/W. Pfister, # 88.321. In: *MLR*, Bd. 84, Nr. 4 (1989), S. 1041-1043.

89.259 SONTAG, Susan: Wallfahrt. In: *NDL*, Jg. 37, Nr. 4, Heft 436 (1989), S. 149-170. [Übs. von W. Teichmann. - Vgl. E des amerikan. Textes in # 87.311, des dt. Textes in # 88.269. - Betr.: Besuch bei Th. M. in Pacific Palisades].

89.260 SONTHEIMER, Kurt: Die Emanzipation aus der Sphäre des Unpolitischen. In: R. Baumgart/u. a., # 89.27, S. 51-77. [*Betrachtungen eines Unpolitischen*].

89.261 SPALEK, John M., und Joseph P. Strelka, Hrsg.: *Deutschsprachige Exilliteratur seit 1933, Bd. 2: New York*. Bern: A. Francke, 1989, 2 Bde., 1817 S.

89.262 SPEIRS, Ronald: Rez. von H. Wysling, # 88.319. In: *Arbitrium*, Jg. 7 (1989), S. 232-233.

89.263 SPRECHER, Thomas: Th. M. im Schweizer Exil 1933-1938. In: *Blätter der Th. M. Gesellschaft Zürich*, Nr. 23 (1989/90), S. 5-27, 44-46.

89.264 SPRECHER, Thomas: Das enge Nachbarländchen. Das Bild der Schweiz bei Th. M. In: *NZZ*, Jg. 210, Nr. 93 (22./23. April 1989), Literatur und Kunst, S. 68.

89.265 SPRENGEL, Peter: Teufels-Künstler. Faschismus- und Ästhetizismus-Kritik in Exilromanen Heinrich, Thomas und Klaus Manns. In: Wulf Koepke, und Michael Winkler, Hrsg.: *Exilliteratur 1933-1945*. Darmstadt: Wissenschaftliche

Buchgesellschaft, 1989, S. 424-450. (= Wege der Forschung, Bd. 647) [Vgl. #
81.227].

89.266 SPUHLER, Friedrich: *Doktor Faustus* auf der Musikbühne. Uraufführung von
Giacomo Manzonis Oper nach Th. M. an der Scala. In: *NZZ*, Jg. 210, Nr. 113
(19. Mai 1989), S. 27.

89.267 STERN, Guy: Th. M. In: G. S., *Literatur im Exil. Gesammelte Aufsätze 1959-1989.*
Ismaning: Hueber, 1989, S. 17-20, u.a.

89.268 STOCK, Robert D.: Th. M. In: R. D. S., *The Flutes of Dionysus. Demonic
Enthrallment in Literature.* Lincoln, u. a.: University of Nebraska Press, 1989, S.
357-359, u. a. [*Der Tod in Venedig - Der Zauberberg - Mario und der Zauberer -
Doktor Faustus*].

89.269 STRELKA, Joseph P.: Rez. von H. Steinecke, # 87.315. In: *Colloquia Germanica*,
Jg. 23, Nr. 3/4 (1989), S. 321-322.

89.270 STURM, Rüdiger: Th. M's *Joseph und seine Brüder*: Der Mythus als göttliche Unterhaltung. In: R. Gustav Gaisbauer, Hrsg.: *Der zweite Kongreß der Phantasie.*
München: W. Fink, 1989, S. 259-269.

89.271 SWALES, Martin: Symbolic Patterns or Realistic Plenty? Th. M's *Buddenbrooks*
and the European Novel. In: *PEGS*, Jg. 60 (1989-1990), S. 80-95.

89.272 SWENSEN, Alan J.: *Gods, Angels, and Narrators: A Metaphysics of Narrative in Th.
M's Joseph und seine Brüder.* Dissertation, Princeton University, 1989, 173 S.
[Resümee in: *DAI*, Jg. 50, Nr. 3 (September 1989), S. 695A. - Vgl. Buchausgabe
in # 94.195].

89.273 SYMINGTON, Rodney: Rez. von H. Kurzke, # 85.155 - H. Wißkirchen, # 86.332.
In: *Seminar*, Jg. 25, Nr. 1 (1989), S. 71-75.

89.274 TANNER, Henry: Golo Mann: A Life in the Shadow of the Magician. In:
International Herald Tribune, Nr. 33 (9. Oktober 1989), S. 20. [Interview in
Kilchberg. - Betr.: G. M., # 86.189].

89.275 *Th. M. Jahrbuch*, Bd. 2: Frankfurt a. M.: V. Klostermann, 1989, VIII, 204 S.
[Hrsg.: E. Heftrich und H. Wysling - Redaktion u. Register: C. Bernini, B.
Trummer. - Zur Modernität von Th. M's *Doktor Faustus*: Symposium an der
Univ. of California, Irvine, 1988, unter Leitung von H. Lehnert und P. C.
Pfeiffer. - Inhalt: E. Bahr, # 89.20 - M. Dierks, # 89.51 - J. F. Fetzer, # 89.64 - H.
Lehnert, # 89.153 - H. Lehnert/P. C. Pfeiffer, # 89.154 - H. Koopmann, #
89.134 - H. Kurzke, # 89.145 (Rez.) - H. Mundt, # 89.193 - B. Prutti, # 89.215 -
E. Schwarz, # 89.253 - G. Stern, # III.93.15 - H. R. Vaget, # 89.285 - R. Wimmer,

89.304 (Rez.). - Rez.: D. W. Adolphs, # 91.3 - J. C. Fewster, # 91.57 - H. Siefken, # 91.220 - G. Wenzel, # 91.260].

89.276 THIMANN, Susanne: *Brasilien als Rezipient deutschsprachiger Prosa des 20. Jahrhunderts. Bestandsaufnahme und Darstellung am Beispiel der Rezeptionen Th. M's, Stefan Zweigs und Hermann Hesses.* Frankfurt a. M., u. a.: P. Lang, 1989, 361 S. (= Bonner Romanistische Arbeiten, 31) [Zugl.: Diss., Univ. Bonn, 1988].

89.277 TIMM, Eitel: *Ketzer und Dichter. Lessing, Goethe, Th. M. und die Postmoderne in der Tradition des Häresiegedankens.* Heidelberg: C. Winter, 1989, 118 S. (= Beiträge zur neueren Literaturgeschichte, Folge 3, Bd. 88) [Rez.: R. C. Holub, # 92.113 - W. Koepke, # 91.130 - N. Nobile, # 92.198 - G. Schütte, # 91.212].

89.278 TORBERG, Friedrich: Th. M. In David Axmann's, und Marietta Torberg's Ausg. von F. T., *Eine tolle, tolle Zeit. Briefe und Dokumente aus den Jahren der Flucht 1938-1941.* München: Langen Müller, 1989. (= Gesammelte Werke in Einzelausgaben, Bd. 18).

89.279 TSCHECHNE, Wolfgang: Auf der Spur des Großvaters: Angelica Borgese-Mann in Lübeck. In: *Lübecker Nachrichten*, Jg. 44, Nr. 73 (29. März 1989), S. 9.

89.280 TSCHÖRTNER, Heinz-Dieter: 'Und damit genug von Peeperkorn'. Gerhart Hauptmann an S. Fischer. In: *Sinn und Form*, Jg. 41, Nr. 2 (1989), S. 438-442. [*Der Zauberberg*].

89.281 TUCHOLSKY, Kurt: Th. M. In Fritz J. Raddatz' Ausg. von K. T., *Ich kann nicht schreiben, ohne zu lügen: Briefe 1913 bis 1935.* Reinbek bei Hamburg: Rowohlt, 1989.

89.282 UEDING, Gert: Wie leer und wie unerfüllt, wie voller Selbstzweifel muß er oft gewesen sein. Th. M's Tagebücher 1946-1948. Der Dichter war mehr Tonio Kröger, als er dachte. In: *Die Weltwoche*, Jg. 108, Nr. 41 (12. Oktober 1989), S. 99. [Rez. von I. Jens, # 89.112].

89.283 UMBACH, Klaus: Tamtam aus der Gosse. In: *Der Spiegel*, Jg. 43, Nr. 21 (22. Mai 1989), S. 224, 226. [Uraufführung von G. Manzoni's Szenenfolge *Doktor Faustus* an der Mailänder Scala].

89.284 VAGET, Hans R.: Rez. von J. Kolbe, # 87.158. In: *GR*, Jg.. 64, Nr. 4 (1989), S. 188-189.

89.285 VAGET, Hans R.: Th. M. und James Joyce: Zur Frage des Modernismus im *Doktor Faustus*. In: *Th. M. Jahrbuch*, Bd. 2 (1989), S. 121-150.

89.286 VIRCHOW, Christian: Vorwort zu H. Ferdmann, # 89.63. In: *Davoser Revue*, Jg. 64, Nr. 2 (1989), S. 3-5.

89.287 VOGEL, Bernhard: Th. M's Palmen sind zu mächtigen Bäumen herangewachsen. In: *Welt am Sonntag*, Nr. 40 (1. Oktober 1989), S. 33. [Th. M's Haus in Pacific Palisades].

89.288 VOGEL, Johann P.: Th. M. und Hans Pfitzner. Handelnde Anverwandlung und leidendes Beharren. In: *Neue Zeitschrift für Musik*, Jg. 150, Nr. 2 (Februar 1989), S. 10-16. [*Betrachtungen eines Unpolitischen*].

89.289 VOGEL, Johann P.: Th. M. In: J. P. V., *Hans Pfitzner in Selbstzeugnissen und Bilddokumenten*. Reinbek bei Hamburg: Rowohlt, 1989. (= rowohlts monographien, 386).

89.290 VOIGTS, Manfred: Oskar Goldberg: Ein Dossier. In: *Akzente*, Jg. 33, Nr. 2 (April 1989), S. 158-192. [*Joseph und seine Brüder*].

89.291 WALSOE-ENGEL, Ingrid: Th. M's Narrative Sorcery. The Structure of *Mario und der Zauberer*. In: *Colloquia Germanica*, Jg. 23, Nr. 3/4 (1989), S. 244-259.

89.292 WAPNEWSKI, Peter: Der Magier und der Zauberer. Th. M. und Richard Wagner. In: R. Baumgart/u. a., # 89.27, S. 78-103. [Vgl. # 94.242].

89.293 WEBER, Lilo: Erst im Wahnsinn zu sich selber finden. Frauenschicksale im 19. Jahrhundert: Zwei literarische Texte von Hedwig Dohm neu aufgelegt. In: *Tages-Anzeiger* (25. Juli 1989), Kultur, S. 9. [Replik: B. Rahm: Keine Kunstgriffe angewandt. In: *Tages-Anzeiger* (16. August 1989), Leserseite, S. 15].

89.294 WEBER-KELLERMANN, Ingeborg: Th. M. In: I. W.-K., *Die deutsche Familie. Versuch einer Sozialgeschichte*. Frankfurt a. M.: Suhrkamp, 1989, S. 79, 226, 232. (= Suhrkamp Taschenbuch, Bd. 185) [E 1974].

89.295 WEINZIERL, Ulrich: Die Droge Th. M. In: *Die Neue Ärztliche*, Nr. 222 (16. November 1989), Kultur, S. 16. [Rez. von I. Jens, # 89.112].

89.296 WENZEL, Georg: Rez. von K. Moulden/G. v. Wilpert, # 88.206 - H. Ridley, # 87.263. In: *DLZ*, Jg. 110, Nr. 7/8 (Juli/August 1989), Sp. 551-555.

89.297 WERTHEIM, Ursula: Goethe-Motive im Wandel oder: ein Goethe-Motiv bei Th. M. In: *Goethe-Jahrbuch*, Bd. 106 (1989), S. 160-168. [J. W. v. G.: *Die Wahlverwandtschaften*].

89.298 WHITON, John: Th. M's *Wälsungenblut*. Implications of the Revised Ending. In: *Seminar*, Jg. 25, Nr. 1 (Februar 1989), S. 37-48. [Vgl. # 91.264. - R. Wagner: *Die Walküre*].

89.299 WICKI, Maja: Emmie Oprecht: 'Durchhalten so lange wie möglich und dann erst nochmals'. In: *Das Magazin, Tages-Anzeiger und Berner Zeitung* (6./7. Januar 1989), S. 8-13, 32.

89.300 WICKS, Ulrich: Th. M. In: U. W., *Picaresque Narrative, Picaresque Fiction: A Theory and Research Guide*. New York: The Greenwood Press, 1989. [G. Grass: *Die Blechtrommel* - H. J. C. v. Grimmelshausen - Th. M.: *Felix Krull*].

89.301 WIELAND, Leo: Das Gedächtnis der Nation. Von Gutenbergs Bibel zu Th. M's Stuhl: Die Deutsche Sammlung in der Kongreßbibliothek. In: *FAZ*, Jg. 41, Nr. 266 (15. November 1989), Feuilleton, S. 33.

89.302 WIETHÖLTER, Waltraud: Rez. von H. Holzapfel, # 86.131. In: *Germanistik*, Jg. 30, Nr. 1 (1989), S. 81.

89.303 WILPERT, Gero von: Lübisches Babel. Sprachliche Polyphonie in *Buddenbrooks*. In: Jacques Darmaun, Hrsg.: *Etudes allemandes et autrichiennes. Hommage à Richard Thieberger*. Paris: Les Belles Lettres, 1989, S. 439-451. (= Publications de la Faculté des Lettres et Sciences Humaines de Nice, 37).

89.304 WIMMER, Ruprecht: Rez. von K. Moulden/G. v. Wilpert, # 88.206. In: *Th. M. Jahrbuch*, Bd. 2 (1989), S. 183-187.

89.305 WOHLFAHRT, Annette: *Die Vater-Sohn-Problematik im Leben von Thomas und Klaus Mann*. Frankfurt a. M., u. a.: P. Lang, 1989, 158 S. (= Europäische Hochschulschriften, Reihe 1: Deutsche Sprache und Literatur, Bd. 1108) [Rez.: P. Buurmann, # 90.34].

89.306 WOJCIK, Francis M.: *Lamentations and Utopias: Th. M., Politics, and the better Future, 1914-1955*. Dissertation, State University of New York at Binghamton, 1989, 317 S. [Resümee in: *DAI*, Jg. 50, Nr. 2 (August 1989), S. 527A].

89.307 WOLF, Ernest M.: *Magnum opus: Studies in the Narrative Fiction of Th. M.* New York, u. a.: P. Lang, 1989, XI, 228 S. (= Studies in Modern German Literature, Bd. 25) [Mit vier unveröffentlichten Briefen von Th. M. an E. M. W.: S. 279-282. - Vgl. E in # 77.341, # 82.298, 83.379, 85.300. - Rez.: R. Koester, # 93.143. - *Der Wille zum Glück - Buddenbrooks - Gladius Dei - Der Tod in Venedig*].

89.308 WOLFF, Uwe: Poetische Imagination vom Anfang und Ende der Kultur. Moses als Kulturstifter im Werk von Th. M. und Sigmund Freud. In: *NZZ*, Jg. 210, Nr. 93 (22./23. April 1989), Literatur und Kunst, S. 67. [*Das Gesetz*].

89.309 WOLFF, Uwe: Dokumente der Eitelkeit. In: *Rheinischer Merkur/Christ und Welt*, Jg. 44 (1. Dezember 1989). [U. d. T.: Leiden und Leidenschaften. Th. M's

Tagebücher von 1946-1948. In: *Hannoversche Allgemeine*, Jg. 86, Nr. 293 (16./17. Dezember 1989), Der siebente Tag, S. 2. - Rez. von I. Jens, # 89.112].

89.310 WYSLING, Hans: Neues zum *Zauberberg*. In: R. Baumgart/u. a., # 89.27, S. 104-117.

89.311 WYSLING, Hans, unter Mitw. von Marianne Eich-Fischer: Zur Edition. In ihrer Ausg. von Th. M., *Selbstkommentare: Der Erwählte*. Frankfurt a. M.: S. Fischer, S. 117-124. (= Fischer Taschenbuch, 6890; Informationen und Materialien zur Literatur) [Vgl. E in # 75.942 - vgl. # 90.330. - Rez.: T. Sprecher, # 90.288].

89.312 WYSLING, Hans, unter Mitw. von Marianne Eich-Fischer: Zur Edition. In ihrer Ausg. von Th. M., *Selbstkommentare: Königliche Hoheit und Bekenntnisse des Hochstaplers Felix Krull*. Frankfurt a. M.: S. Fischer, 1989, S. 158-165. (= Fischer Taschenbuch, 6891; Informationen und Materialien zur Literatur) [Vgl. E in # 75.942 - vgl. # 90.330. - Rez.: T. Sprecher, # 90.288].

89.313 WYSLING, Hans: Vom Rande. In: Regula Zweifel, Red.: *Begegnungen: Golo Mann zum 80. Geburtstag*. Kilchberg: Gemeinde Kilchberg, 1989, S. 65-71. [Mit Th. M.-Brief an G. M. vom 16. Juni 1946].

89.314 ZIOLKOWSKI, Theodore: Faust and the University: Pedagogical Ruminations on a Subversive Classic. In: John L. Hibberd, und H. B. Nisbet, Hrsg.: *Texte, Motive und Gestalten der Goethezeit. Festschrift für Hans Reiss*. Tübingen: M. Niemeyer, 1989, S. 65-79.

89.315 ZITO, Marina: Appunti sulle trascrizioni cinematografiche di Luchino Visconti. In: *Annali Istituto Universitario Orientale Napoli, Sezione Romana*, Jg. 31, Nr. 2 (1989), S. 449-456. [G. T. di Lampedusa: *Il gattopardo* - Th. M.: *Der Tod in Venedig* - L. Visconti].

1990

90.1   ADOLPHS, Dieter W.: Th. M's Einflußnahme auf die Rezeption seiner Werke in Amerika. In: *DVJS*, Jg. 64, Nr. 3 (1990), S. 560-582.

90.2   AMOIA, Alba: *Th. M's Fiorenza*. New York, u. a.: P. Lang, 1990, XII, 196 S. (= American University Studies, Ser. 26: Theatre Arts, Bd. 3) [Inhalt: Engl. Übs. von *Fiorenza* und *Gladius Dei*].

90.3   ANGRESS-KLÜGER, Ruth: Jewish Characters in Th. M's Fiction. In: Mundt/Schwarz/Lillyman, # 90.212, S. 161-172.

90.4   ANON.: Merkwürdige Freundschaft: Th. M. und der Aachener Josef Ponten. In: *Aachener Volkszeitung*, Jg. 45, Nr. 179 (4. August 1990), Wochenendbeilage, S. 2. [Rez. von H. Wysling/W. Pfister, # 88.321].

90.5   ANON. [NW]: Th. M. - künstlerisches Bemühen im Zeichen der Humanität. Dichtergrabstätten in und bei Zürich. In: *NZZ*, Jg. 211, Nr. 5 (8. Januar 1990), S. 23. [Verfasserin: N. Wagner].

90.6   APT, Solomon: Th. M. in Rußland. In: *Th. M. Jahrbuch*, Bd. 3 (1990), S. 266-275. [Rede aus Anlaß der Verleihung der Ehrendoktorwürde der Philosophischen Fakultät der Universität zu Köln im Januar 1989].

90.7   ARGULLOL, Rafael: Decadencia y condenación: el artista moderno en la obra de Th. M. In: *Cuadernos Hispanoamericános*, Nr. 479 (Mai 1990), S. 40-47. [*Buddenbrooks - Der Tod in Venedig*].

90.8   ASH, Beth S.: Rez. von J. Marcus-Tar, # 87.187. In: *Comparative Literature Studies*, Jg. 27, Nr. 1 (1990), S. 91-96.

90.9   ASTRACHAN, Gary: Dionysos in Th. M's Novella *Death in Venice*. In: *Journal of Analytical Psychology*, Jg. 35 (1990), S. 59-78. [*Der Tod in Venedig*].

90.10   BAHR, Ehrhard: Geld und Liebe bei Th. M. und Bertolt Brecht. In: Mundt/Schwarz/Lillyman, # 90.212, S. 142-160.

90.11   BANULS, André: Th. M.: Leben und Persönlichkeit. In: H. Koopmann, # 90.157, S. 1-17.

90.12   BANULS, André: Th. M. und die französische Literatur. In: H. Koopmann, # 90.157, S. 212-229.

90.13 BARNES, Jim: *Fiction of Malcolm Lowry and Th. M.: Structural Tradition*. Kirksville, MO: The Thomas Jefferson University Press, 1990, 186 S. [Vgl. E in # 72.15. - Rez.: S. v. Rohr Scaff, # 93.242].

90.14 BAUMGART, Reinhard: Behagen im Unglück. Über Th. M's *Joseph in Ägypten* (1936). In: M. Reich-Ranicki, # 90.235, S. 105-113. [Vgl. E in # 81.16].

90.15 BAUMGART, Reinhard: Eine Fata Morgana deutscher Kultur. Über Th. M. Reinhard Baumgart über *Lotte in Weimar* (1939). In: M. Reich-Ranicki, # 90.235, S. 215-223. [Vgl. E in # 83.66].

90.16 BELLER, Manfred: Th. M. und die italienische Literatur. In: H. Koopmann, # 90.157, S. 243-258.

90.17 BERLIN, Jeffrey B.: In Exile. The Friendship and Unpublished Correspondence between Th. M. and Heinrich Eduard Jacob. In: *DVJS*, Jg. 64, Nr. 1 (März 1990), S. 172-187.

90.18 BERLIN, Jeffrey B.: Th. M. and Heinrich Eduard Jacob. Unpublished Letters about Haydn. In: *GRM*, N. F., Jg. 40, Nr. 2 (1990), S. 171-189. [Mit Textpublikation].

90.19 BERLIN, Jeffrey B.: Th. M. In: Gero von Wilpert, und Adolf Gühring: *Erstausgaben deutscher Dichtung: Eine Bibliographie*. Stuttgart: A. Kröner, 1990, S. 1031-1035. [Vgl. # 93.15].

90.20 BESOMI, Ottavio: Croces Briefwechsel mit deutschen Gelehrten. In: *NZZ*, Jg. 211, Nr. 190 (18./19. August 1990), Fernausgabe, S. 67-68.

90.21 BISWAS, Ajoy R.: Th. M. and Indian Literature: A Comparative Study in Themes and Motifs. In: Roger Bauer, Douwe Fokkema, Michael de Graat, Hrsg.: *Space and Boundaries of Literature*. München: Iudicium, 1990, S. 351-356. (= Proceedings of the XIIth Congress of the International Comparative Literature Association, Bd. 4).

90.22 BLOMSTER, Wesley V.: Rez. von G. Härle, # 88.82. In: *German Studies Review*, Jg. 13, Nr. 1 (Februar 1990), S. 177-178.

90.23 BÖHM, Karl W.: Der Narziß Th. M. und die Pathologisierung seiner Homosexualität. Zu einem 'neuen Konzept' der Th.-M.-Forschung. In: *Psyche*, Jg. 44, Nr. 4 (1990), S. 308-332.

90.24 BÖSCHENSTEIN, Hermann: Th. M. In Rodney Symington's Ausg. von H. B., *A History of Modern German Literature*. Bern, u. a.: P. Lang, 1990. (= Canadian

Studies in German Language and Literature, 40) [*Der Tod in Venedig - Der Zauberberg - Doktor Faustus*].

90.25 BOLLENBECK, Georg: Resistenz und Rhetorik. Politik bei Th. M. In: *Merkur*, Jg. 44, Nr. 5 (1990), S. 433-440.

90.26 BOOS, Stephen Ross: Hegelian Aesthetics: The Epic and the Modern Novel. In: *DAI*, Jg. 50, Nr. 9 (März 1990), S. 2923A.

90.27 BOUTEILLER, Michael: Rede aus Anlaß des 25jährigen Jubiläums der Th.-M.-Gesellschaft am 6. Juni 1990. In: *Th. M. Jahrbuch*, Bd. 3 (1990), S. 1-3.

90.28 BRANDSTÄTTER, Ursula: Th. M. In: U. B., *Musik im Spiegel der Sprache. Theorie und Analyse des Sprechens über Musik*. Stuttgart: J. B. Metzler, 1990, S. 55, u. a.

90.29 BRULS, Willem: *Menno ter Braak en Th. M. Een literaire vriendschap*. Utrecht/Antw.: Veen, 1990, 97 S.

90.30 BRUNS, Alken: Antipathien, Animositäten. Lübeck und Th. M. vor dem 'Friedensschluß'. In: *Zeitschrift des Vereins für Lübeckische Geschichte und Altertumskunde*, Jg. 70 (1990), S. 193-206.

90.31 BRUYN, Günter de: Deutschland als geistige Lebensform. In: *Lübeckische Blätter*, Jg. 155, Nr. 11 (1990), S. 162-165. [Dankrede in Lübeck zur Verleihung des Th.-M.-Preises am 6. Mai 1990. - Lübeck - Deutschland - Europa].

90.32 BUMM, Peter: Th. M. In: P. B., *August Graf von Platen: Eine Biographie*. Paderborn: F. Schöningh, 1990, S. 552-553, 650-651, u.a. [Rez.: E. Heftrich, # 90.114].

90.33 BUSCH, Gunter, und Uwe Wittstock, Hrsg.: Th. M.: Ein unbekannter Brief an Walter Ulbricht. In: *Neue Rundschau*, Jg. 103, Nr. 2 (1990), S. 5-11.

90.34 BUURMANN, Paul: Rez. von A. Wohlfahrt, # 89.305. In: *Deutsche Bücher*, Jg. 20 (1990), S. 217-218.

90.36 CASES, Cesare: Th. M. In: G. Mann/C. C., # 90.196, S. 75-206.

90.37 CERF, Steven R.: Rez. von H. Wysling/W. Pfister, # 88.321. In: *Colloquia Germanica*, Jg. 24, Nr. 3/4 (1990), S. 365-366.

90.38 CERF, Steven R.: Th. M. und die englische Literatur. In: H. Koopmann, # 90.157, S. 230-242.

90.39 CERF, Steven R.: Mann and Myth. Appalled by Hitler's Shallow Misreading of Wagner, Th. M. Found 'Monumental Greatness of Spirit in the Ring Cycle'. In: *Opera News*, Jg. 54, Nr. 14 (31. März 1990), S. 18-19, 46.

90.40 CERSOWSKY, Peter: 'Nicht ohne Verwandtschaft mit Faust'. Leonhard Franks *Deutsche Novelle* und Th. M's *Doktor Faustus*. In: *Jahrbuch der Deutschen Schiller-gesellschaft*, Bd. 34 (1990), S. 349-363.

90.41 CERVO, Nathan A.: Civilization as Spent Culture: Mann's *Infant Prodigy* and Spengler's *Decline*. In: *Mosaic*, Jg. 23, Nr. 1 (Winter 1990), S. 73-86. [Th. M.: *Das Wunderkind* - O. Spengler: *Der Untergang des Abendlandes*].

90.42 CHEVAL, René: Th. M. und Romain Rolland im Ersten Weltkrieg. In: R. C., *Anstöße und Rückwirkungen. Literarische Begegnungen zwischen Deutschland und Frankreich.* Bonn: Bouvier, 1990, S. 156-172. (= Studien zur Literatur der Moderne, Bd. 18) [Vgl. E des frz. Originals in # 59.20].

90.43 CHIUSANO, Italo A.: Thomas il Mago. In: *La Repubblica*, Jg. 15, Nr. 26 (2. Februar 1990), S. 30-31. [Rez. von I. Jens, # 89.112].

90.44 CHIUSANO, Italo A.: Bauschan tra i grandi. In: Th. M., *Cane e padrone.* Roma: Tascabili Economici Newton, 1990, S. 7-14. [Italien. Übs. von *Herr und Hund* durch B. Dal Lago Veneri].

90.45 CHRAMBACH, Eva (Text): *Erika und Klaus Mann. Bilder und Dokumente.* München: edition spangenberg im Ellermann-Verlag, 1990, 86 S. [Konzeption: U. Hummel. - Rez.: U. Weinzierl, # 90.313].

90.46 CONRADY, Karl O.: Th. M.-Ernst Bertram. In: K. O. C., *Völkisch-nationale Germanistik in Köln. Eine unfestliche Erinnerung.* Schernfeld: St-Verlag, 1990.

90.47 CRICK, Joyce: Once again Illness as Metaphor: Christa Wolf's *Nachdenken über Christa T.* and Th. M's *Der Zauberberg.* In: Howard Gaskill, Karin McPherson, und Andrew Barker, Hrsg.: *Neue Ansichten. The Reception of Romanticism in the Literature of the GDR.* Amsterdam: Rodopi, 1990, S. 53-72. (= GDR Monitor, 6).

90.48 CROWHURST-BOND, Griseldis: Kindheitserinnerungen im Zeitkontext des früh-modernen Romans am Beispiel von Th. M's *Zauberberg.* In: *Acta Germanica*, Jg. 20 (1990), S. 106-128.

90.49 DARMAUN, Jacques: Crise révolutionnaire et problème juif à travers le Journal (1918-1921) de Th. M. In: *Cahiers d'études germaniques*, Jg. 18 (1990), S. 147-158. [Rez. von I. Jens, # 89.112].

90.50 DARMAUN, Jacques: La Bohème italienne du jeune Th. M. In: *Cahiers d'études germaniques*, Jg. 18 (1990), S. 161-169.

90.51 DAU-SCHMIDT, Wiebke: Günter de Bruyn: Großer Erzähler und humaner Moralist. Ein Porträt anhand seiner Werke. In: *Lübeckische Blätter*, Jg. 155, Nr. 11 (1990), S. 169-170.

90.52 DAU-SCHMIDT, Wiebke: Litauen und Th. M. Ein Gespräch mit Alfred Tytmonas. In: *Lübeckische Blätter*, Jg. 155, Nr. 11 (1990), S. 180-181.

90.53 DEBON, Günther: Th. M. und der chinesische Geist. In: *Heinrich Mann-Jahrbuch*, Bd. 8/1990 (1990), S. 145-169.

90.54 DEBON, Günther: Th. M. und China. In: *Th. M. Jahrbuch*, Bd. 3 (1990), S. 149-174.

90.56 DIECKMANN, Friedrich: Th. M. nach Hitlers Machtantritt. Die Tagebücher 1933/1934. In: F. D., *Hilfsmittel wider die alternde Zeit. Essays*. Leipzig, u. a.: G. Kiepenheuer, 1990, S. 53-134. (= Gustav Kiepenheuer Bücherei, 94) [Vgl. E in # 80.66].

90.57 DIECKMANN, Friedrich: Christoph Hein, Th. M. und der *Tangospieler*. In: # 90.56, S. 213-218.

90.58 DIEKS, Thomas: Rez. von R. Baumgart, # 89.23. In: *Deutsche Bücher*, Jg. 20 (1990), S. 218-220.

90.59 DIERKS, Manfred: Leben und Schreiben der Meister. Reinhard Baumgart über Mann, Kafka und Brecht. In: *Frankfurter Rundschau*, Jg. 46, Nr. 55 (6. März 1990), S. 13. [Rez. von R. Baumgart, # 89.23].

90.60 DIERKS, Manfred: Th. M. und die Tiefenpsychologie. In: H. Koopmann, # 90.157, S. 284-300.

90.61 DIERKS, Manfred: Th. M. und die Mythologie. In: H. Koopmann, # 90.157, S. 301-306.

90.62 DIERKS, Manfred: Schreibhemmung und Freud-Lektüre. Neuer Blick auf die Novelle *Der Tod in Venedig*. In: *NZZ*, Jg. 211, Nr. 143 (23./24. Juni 1990), Literatur und Kunst, S. 70. [S. Freud - W. Jensen].

90.63   DIERKS, Manfred: Der Wahn und die Träume in *Der Tod in Venedig*. Th. M's folgenreiche Freud-Lektüre im Jahr 1911. In: *Psyche*, Jg. 44, Nr. 3 (1990), S. 240-268.

90.64   DIVAY, Gaby: Rez. von E. H. Lesér, # 89.163. In: *German Studies Review*, Jg. 13, Nr. 3 (1990), S. 572-573.

90.65   DOGOODE, Deborah Davis: Great Literature. Five Criteria as Seen in *Buddenbrooks*. In: *Mount Olive Review*, Jg. 4 (1990), S. 57-69.

90.66   DOHRENDORF, Bernd: Th. M. und geistige Lebensform. In: *Lübeckische Blätter*, Jg. 155, Nr. 150 (26. Mai 1990), S. 161.

90.67   DOHRENDORF, Bernd: Geistige Lebensform und Bürgertum. In: *Lübeckische Blätter*, Jg. 155, Nr. 150 (26. Mai 1990), S. 182. [Mit Auszügen aus Th. M's Festrede *Lübeck als geistige Lebensform*].

90.68   DOVE, Richard: Th. M. In: R. D., *A Biography of Ernst Toller. He was a German. With a Preface by Frank Trommler*. London: Libris, 1990, S. 20, 27, 92, u. a.

90.69   DREWS, Jörg, Hrsg.: Th. M. In: *Dichter beschimpfen Dichter. Ein Alphabet harter Urteile*. Zürich: Haffmans, 1990, S. 80-83. [Mit Beiträgen über Th. M. von: W. Benjamin - G. Benn - B. Brecht - A. Döblin - L. Marcuse - R. Musil - M. Walser. - Vgl. # 92.35].

90.70   EDER, Jürgen: Th. M.: Briefwechsel mit Schriftstellern. In: H. Koopmann, # 90.157, S. 742-772.

90.71   EHM, Rainer: *Das Eisenbahnunglück* von Th. M.: keine erfundene Erzählung, sondern Wirklichkeit. Am 1. Mai 1906 stießen in Regensburg zwei Züge zusammen. Der Schriftsteller Th. M. war unter den Reisenden. In: *Mittelbayerische Zeitung*, Nr. 101 (28./29. April 1990). [*Das Eisenbahnunglück*].

90.72   EICHHORN, Alfred, und Andreas Reinhardt: Th. M. In ihrer Ausg.: *Nach langem Schweigen endlich sprechen. Briefe an Walter Janka*. Berlin: Aufbau; Weimar: Quadriga, 1990, S. 171, 174. (= Texte zur Zeit).

90.73   EICHHOLZ, Armin: Beglückte Selbstüberraschung. Nach Th. M. In: A. E., *in flagranti: Parodien*. München: Ehrenwirth, Neuausg., 1990, S. 14-17.

90.74   EICHHOLZ, Armin: Der wortwörtliche Leverknödel. Nach Th. M. In: # 90.73, S. 125-129.

90.75   EICHNER, Hans: Rez. von I. Jens, # 89.112. In: *Germanistik*, Jg. 31, Nr. 1 (1990), S. 206.

90.76   EILERT, Heide: Th. M. und das Theater. In: H. Koopmann, # 90.157, S. 358-362.

90.77   ENGEL, Peter: Ein wieder eingebürgerter Romancier. Zum 50. Todestag des Schriftstellers Ernst Weiß. In: *NZZ*, Jg. 211, Nr. 136 (15. Juni 1990), S. 27.

90.78   ESCHERIG, Ursula: Der Schriftsteller L. F. - Leben im Exil. Lion Feuchtwanger und die Villa Aurora. In: *Der Tagesspiegel*, Jg. 46 (11. Februar 1990).

90.79   EYKMAN, Christoph: Das Kulturerbe des Idealismus und Humanismus im Schrifttum des deutschen und österreichischen Exils 1933-1960. In: *Neophilologus*, Jg. 74 (1990), S. 391-407.

90.80   FANGER, Gaby: Ida Herz. Bibliothekarin und Forscherin (1894-1984). In: Fibidoz, Frauen in der einen Welt, Hrsg.: *Flucht, Vertreibung, Exil. Frauenschicksale im Raum Erlangen, Fürth, Nürnberg, Schwabach, Sonderband 1.* Nürnberg: Frauen in der einen Welt, 1990, S. 78-83. [Frauen in der einen Welt. Zentrum für intellektuelle Frauenalltagsforschung und internationalen Austausch].

90.81   FECHNER, Frank: *Th. M. und die Demokratie. Wandel und Kontinuität der demokratierelevanten Äußerungen des Schriftstellers.* Berlin: Duncker & Humblot, 1990, 373 S. (= Tübinger Schriften zum Staats- und Verwaltungsrecht, Bd. 9) [Zugl.: Diss., Univ. Tübingen, 1989. - Rez.: K. Hasselbach, # 92.82 - H. Lehnert, # 93.174 - H. Siefken, # 92.276].

90.82   FELDER, Paul: *Die Betrogene,* 'Unverkennbar von mir'. In: *Th. M. Jahrbuch*, Bd. 3 (1990), S. 118-138.

90.83   FETZER, John F.: *Music, Love, Death, and Mann's Doctor Faustus.* Columbia, SC: Camden House, 1990, I, 155 S. (= Studies in German Literature, Linguistics, and Culture, 45) [Rez.: S. R. Cerf, # 91.28 - K. Fickert, # 91.58 - P. C. Pfeiffer, # 91.179 - L. Powell, # 92.215 - R. Robertson, # 92.232 - B. Roloff, # 92.236 - H. Schreckenberger, # 92.269 - H. Siefken, # 91.221].

90.84   FETZER, John F.: Rez. von H. Wehrmann, # 88.291. In: *GQ*, Jg. 63 (1990), S. 325-326.

90.85   FEWSTER, J. C.: Rez. des *Th. M. Jahrbuches*, Bd. 1, # 88.278. In: *Literature, Music, Fine Arts*, Jg. 23, Nr. 2 (1990), S. 132-133.

90.86   FICKERT, Kurt: Truth and Fiction in *Der Tod in Venedig*. In: *Germanic Notes*, Jg. 21, Nr. 1-2 (1990), S. 25-31.

90.87 FISCHER, Samuel, und Hedwig Fischer: Th. M. In Dierk Rodewald's und Corinna Fiedler's Ausg. von S. u. H. F., *Briefwechsel mit Autoren*. Frankfurt a. M.: S. Fischer, 1990, S. 966-988, u. a.

90.88 FRIZEN, Werner: Th. M. und das Christentum. In: H. Koopmann, # 90.157, S. 307-326.

90.89 FRIZEN, Werner: Th. M's Sprache. In: H. Koopmann, # 90.157, S. 854-873.

90.90 FURST, Lilian R.: The Ethics of Reading in *Death in Venice*. In: *Literature Interpretation Theory*, Jg. 1, Nr. 4 (Mai 1990), S. 265-274. [J. Hillis Miller. - *Der Tod in Venedig*].

90.91 GABRIEL, Christiane: *Heimat der Seele. Osten, Orient und Asien bei Th. M.* Rheinbach-Merzbach: CMZ-Verlag, 1990, 194 S. (= Bonner Untersuchungen zur Vergleichenden Literaturwissenschaft, Bd. 6).

90.92 GATZKE, Marianne: Der Dreiklang von Literatur, Musik und Landschaft. In: *Engadiner Konzertwochen, 50. Internationale Kammermusik-Festspiele 1990: Programmheft*. Pontresina, 1990, S. 9-17.

90.93 GELBER, Mark H.: Antisemitism, Indifferentism, the Holocaust, and Zionism: The Cases of Th. M. and Max Brod. In: Sanford Pinsker, und Jack Fischel, Hrsg.: *Holocaust Studies Annual, 1990: General Essays*. New York: Garland, 1990, S. 53-62. (= Garland Reference Library of Social Science, 631).

90.94 GESING, Fritz: Symbolisierung. Voraussetzungen und Strategien. Ein Versuch am Beispiel von Th. M's *Der Tod in Venedig*. In: Johannes Cremerius, Wolfram Mauser, Carl Pietzcker, u. a., Hrsg.: *Die Psychoanalyse der literarischen Form(en)*. Würzburg: Königshausen & Neumann, 1990, S. 226-253. (= Freiburger literaturpsychologische Gespräche, Bd. 9).

90.95 GISSELBRECHT, André: Brecht, Th. M. et le mouvement 'Free Germany'. In: Jean-Marie Valentin, und Theo Buck, Hrsg.: *Bertolt Brecht. Actes du Colloque franco-allemand tenu en Sorbonne (15-19 novembre 1988)*. Bern, u. a.: P. Lang, 1990, S. 15-35. (= Contacts, Ser. 1: Theatrica, Bd. 8) [*Doktor Faustus* - Politik].

90.96 GLATZEL, Johann: Melancholie in Th. M's *Zauberberg*. In: Udo Benzenhöfer, Hrsg.: *Melancholie in Literatur und Kunst*. Hürtgenwald: Pressler, 1990, S. 198-213. (= Schriften zur Psychopathologie, Kunst und Literatur, Bd. 1) [*Der Zauberberg*].

90.97 GÖRNER, Eberhard: *Der kleine Herr Friedemann*. In: *Film und Fernsehen*, Nr. 10 (1990), S. 4-6. [Verfilmung].

90.98   GÖSSMANN, Wilhelm: Th. M. In: W. G., *Kulturchristentum. Die Verquickung von Religion und Literatur in der deutschen Geistesgeschichte.* Düsseldorf: Droste, 1990, S. 241-244. [*Joseph und seine Brüder*].

90.99   GRENVILLE, A.: Rez. von J. Marcus-Tar, # 89.173. In: *New German Studies*, Jg. 16, Nr. 1 (1990/91), S. 65-66.

90.100 GRENVILLE, A.: Rez. von R. Speirs, # 90.283. In: *New German Studies*, Jg. 16, Nr. 1 (1990/91), S. 212-213.

90.101 GRIMM, Reinhold, Hrsg.: Th. M.: Zwei Briefe an Maria Epler. Mitgeteilt mit kurzer Einleitung. In: *Monatshefte*, Jg. 82, Nr. 2 (Sommer 1990), S. 113-114.

90.102 GROSS, Harvey: Compound Ghost. In: Laura Cowan, Hrsg.: *T. S. Eliot: Man and Poet.* Orono: University of Maine Press, 1990, S. 107-124.

90.103 HAGE, Volker: Wie alles begann. Th. M's Reise nach Weimar 1949, 'Der Prozeß gegen Walter Janka' und die Archiventdeckungen aus der DDR. In: *Die Zeit*, Jg. 45, Nr. 29 (13. Juli 1990), Literatur, S. 48.

90.104 HANKE, Manfred: Ich bin ein rechtes Rabenaas. Wer schrieb das Lied. In: *FAZ Magazin*, Jg. 42, Nr. 89 (1990), S. 72, 74, 76, 78, 80.

90.105 HANSEN, Volkmar: Rez. von H. Mundt, # 89.192. In: *Deutsche Bücher*, Jg. 20 (1990), S. 214-217.

90.106 HANSEN, Volkmar: Rez. von H. Matter, # 86.198. In: *Germanistik*, Jg. 31, Nr. 1 (1990), S. 205-206.

90.107 HANSEN, Volkmar: Rez. von H. Helbling, # 84.84. In: *Germanistik*, Jg. 31, Nr. 1 (1990), S. 206-207.

90.108 HARPPRECHT, Klaus: *Th. M. und die Deutschen.* Kassel: Gesamthochschul-Bibliothek, 1990, 26 S. (= Brüder-Grimm-Vorlesungen, Heft 2).

90.109 HARVOLK, Edgar: Th. M. In: E. H., *Eichenzweig und Hakenkreuz. Die Deutsche Akademie in München (1924-1962) und ihre volkskundliche Sektion.* München, 1990, S. 11, 16, 28. (= Münchner Beiträge zur Volkskunde, Bd. 11).

90.110 HASSELBACH, Karlheinz: Rez. von H. Wysling/W. Pfister, # 88.321 - J. Marcus-Tar, # 87.187. In: *GQ*, Jg. 63, Nr. 2 (1990), S. 307-309.

90.111 HATFIELD, Henry C.: Rez. von D. Luke, # 89.167. In: *Die Unterrichtspraxis*, Jg. 23, Nr. 2 (1990), S. 192.

90.113 HEFTRICH, Eckhard: Der aufgeblähte Riese. Alfred Baeumler zwischen Philosophie und politischer Verstrickung. In: *FAZ*, Jg. 42, Nr. 26 (31. Januar 1990), Feuilleton, S. 28. [Rez. von Baeumler/Brunträger/Kurzke, # 89.18].

90.114 HEFTRICH, Eckhard: Triebbedingtes Zappeln. Platen in Tagebüchern und einer Biographie. In: *FAZ*, Jg. 42, Nr. 288 (11. Dezember 1990), Literatur, S. 16. [Rez. von P. Bumm, # 90.32].

90.115 HEFTRICH, Eckhard: Th. M. In: Walther Killy, unter Mitarb. von Hans Fromm, Franz J. Görtz, u. a., Hrsg.: *Literatur-Lexikon. Autoren und Werke deutscher Sprache, Bd. 7*. Gütersloh, u. a.: Bertelsmann Lexikon, 1990, S. 447-454, 461-480 (Bildteil).

90.116 HEFTRICH, Eckhard: *Lotte in Weimar*. In: H. Koopmann, # 90.157, S. 423-446.

90.117 HEFTRICH, Eckhard: *Joseph und seine Brüder*. In: H. Koopmann, # 90.157, S. 447-474.

90.118 HEFTRICH, Eckhard: Höhere Stimmigkeit. Eckhard Heftrich über Th. M.: *Die Geschichten Jaakobs* (1933). In: M. Reich-Ranicki, # 90.235, S. 11-17. [Vgl. E. in # 89.91. - *Joseph und seine Brüder*].

90.119 HEFTRICH, Eckhard: Th. M. und Lübeck. Rede aus Anlaß des 25jährigen Bestehens der Deutschen Th.-M.-Gesellschaft Sitz Lübeck e. V. im Audienzsaal des Rathauses zu Lübeck am 6. Juni 1990. In: *Th. M. Jahrbuch*, Bd. 3 (1990), S. 4-13.

90.120 HEISS, Jean: Th. M's Affinity to Mozart, 1945-1955. In: *GR*, Jg. 65, Nr. 1 (1990), S. 2-10.

90.121 HENIUS-KLAIBER, Carla: Die wirkliche und die erdachte Musik im Roman *Doktor Faustus* von Th. M. In: C. H., *Musik-Theater-Werkstatt: Die Vorträge 1989-1990*. Wiesbaden: Hessisches Staatstheater, 1990, S. 23-35.

90.122 HERTLING, Gunter H.: Alonzo Gieshübler: Theodor Fontanes persönlichste 'Neben'-, 'Mittelgrunds'- und 'Schlüssel'-Figur. In: *Michigan Germanic Studies*, Jg. 16, Nr. 2 (1990), S. 150-184.

90.123 HESS-LÜTTICH, Ernest W. B., und Susan A. Liddell: Medien-Variationen. Aschenbach und Tadzio in Th. M's *Der Tod in Venedig*, Luchino Viscontis *Morte a Venezia*, Benjamin Brittens *Death in Venice*. In: E. W. B. H.-L., und Roland Posner, Hrsg.: *Code-Wechsel. Texte im Medienvergleich*. Opladen: Westdeutscher Verlag, 1990, S. 27-54. [Vgl. # 91.105].

90.124 HINDLEY, Clifford: Contemplation and Reality. A Study in Britten's *Death in Venice*. In: *Music & Letters*, Jg. 71, Nr. 4 (November 1990), S. 511-523. [Homosexualität. - *Der Tod in Venedig*].

90.125 HOCHE, Gabriele: Th. M's Erzählung *Tonio Kröger* (Klasse 11). In: *Deutschunterricht*, Jg. 43 (1990), S. 35-41. [Vgl. # 88.106- # 88.107].

90.126 HOCHHUTH, Rolf: Th. M. oder Undank vom Urenkel. In: R. H., *Täter und Denker. Profile und Probleme von Cäsar bis Jünger. Mit Essays von Marcel Reich-Ranicki und Albert von Schirnding*. Reinbek bei Hamburg: Rowohlt, 1990, S. 311-324. (= rororo-Sachbuch, 8547) [Vgl. # 87.126. - Betr.: # 75.363 - # 75.441].

90.127 HOELZEL, Alfred: Th. M's Attitudes toward Jews and Judaism. In: Ezra Mendelsohn, Hrsg.: *Arts and its Uses. The Visual Image and Modern Jewish Society*. New York, u. a.: Oxford University Press, 1990, S. 229-253. (= Studies in Contemporary Jewry. An Annual, 6).

90.128 HÖNNIGHAUSEN, Lothar: Th. M's *Buddenbrooks* and William Faulkner's *Sartoris* as Family Novels. In: *The Faulkner Journal*, Jg. 6, Nr. 1 (Herbst 1990), S. 33-45.

90.129 HOFFMANN, Rainer: Narrative Essayistik. Reinhard Baumgarts Studien zu Th. M., Franz Kafka und Bertolt Brecht. In: *NZZ*, Jg. 211, Nr. 38 (15. Februar 1990), S. 27. [Rez. von R. B., # 89.23].

90.130 HOFFMEISTER, Werner: Th. M's *Unordnung und frühes Leid*: Neue Gesellschaft, neue Geselligkeit. In: *Monatshefte*, Jg. 83, Nr. 2 (1990), S. 157-176.

90.131 HOHOFF, Curt: *Joseph, der Ernährer*: Eine Erinnerung. In: *Literatur in Bayern*, Nr. 20 (Juni 1990), S. 26-28.

90.132 INGEN, Ferdinand van: Rez. von H. Kurzke, # 85.155 - K. Moulden/G. v. Wilpert, # 88.206. In: *Deutsche Bücher*, Jg. 20 (1990), S. 301-303.

90.133 JENNY-EBELING, Charitas: Ein sizilianischer *Zauberberg*. Gesualdo Bufalino: *Das Pesthaus*. In: *NZZ*, Jg. 211, Nr. 74 (29. März 1990), S. 29. [Vergleich mit Th. M's *Der Zauberberg*].

90.134 JENS, Inge: 'Es kenne mich die Welt, auf daß sie mir verzeihe'. Th. M. in seinen Tagebüchern. In: *NDL*, Jg. 38, Nr. 6 (Juni 1990), S. 153-168. [Vgl. erw. Fassung in: I. J./W. Jens, # 90.135, # 90.136].

90.135 JENS, Inge, und Walter Jens: *Zu Gast bei Inge und Walter Jens. Wiesbadener Literaturtage*. Stuttgart: Radius, 1990. [Vgl. I. J./W. J., # 90.134, # 90.136, Inhalt: 'Es kenne mich die Welt, auf daß sie mir verzeihe', S. 75-94].

90.136 JENS, Inge, und Walter Jens: Die Tagebücher. In: H. Koopmann, # 90.157, S. 721-741. [Erw. Fassung von # 90.134, # 90.135 - Auszüge erschienen in: *FAZ*, Jg. 38 (15. Februar 1986)].

90.137 JENS, Walter: *Die Buddenbrooks und ihre Pastoren. Zu Gast im Weihnachtshause Th. M's.* München: Kindler, 1990, 27 S. [Vgl. Nachdruck in # 93.124].

90.138 JENS, Walter: Der Gott der Diebe und sein Dichter. Th. M. und die Welt der Antike. In: W. J., *Statt einer Literaturgeschichte. Dichtung im zwanzigsten Jahrhundert.* München: dtv, 1990, S. 165-183. (= dtv, 11284) [Vgl. E in # 58.67].

90.139 JENS, Walter: *Betrachtungen eines Unpolitischen*: Th. M. und Friedrich Nietzsche. In: # 90.138, S. 185-211.

90.140 JENS, Walter: Ein katholisches Happy-End? Th. M. und sein Spätwerk *Der Erwählte.* In: *Die Zeit*, Jg. 45, Nr. 41 (5. Oktober 1990), Themen der Zeit, S. 70.

90.142 JONAS, Klaus W.: Rez. von H. Koopmann, # 88.141. In: *Colloquia Germanica*, Jg. 24, Nr. 1 (1990), S. 91-92.

90.143 JONAS, Klaus W.: The Making of a Th. M. Bibliography (1949-1989). In: *DVJS*, Jg. 64, Nr. 4 (1990), S. 744-755.

90.144 JONAS, Klaus W.: Rez. von H. Bürgin/H.-O. Mayer, # 76.46 - # 80.57 - # 82.41 - # 87.37 - # 87.38. In: *JEGP*, Jg. 89, Nr. 1 (1990), S. 103-105.

90.145 JONAS, Klaus W.: Th. M., Joseph W. Angell und die Yale University. Versuch einer Dokumentation. In: *Philobiblon*, Jg. 34, Nr. 2 (Juni 1990), S. 97-137. [Mit 6 Abb.].

90.146 JONES, James W.: Rez. von G. Härle, # 88.82. In: *GQ*, Jg. 63 (1990), S. 309-311.

90.147 KAINER, Dietmar: Th. M. und Ludwig Derleth unter besonderer Berücksichtigung der Erzählung *Beim Propheten* und der Dillinger Lebenszeugnisse Ludwig Derleths. In: *Jahrbuch des Historischen Vereins Dillingen an der Donau*, Bd. 92 (1990), S. 489-534.

90.148 KARTHAUS, Ulrich: Rez. von T. Sprecher, # 85.262. In: *Germanistik*, Jg. 31, Nr. 3 (1990), S. 713.

90.149 KEISER-HAYNE, Helga: 'Familie Mann wird zu einem Münchner Skandal'. Auftakt zur Pfeffermühle. In: H. K.-H., *Beteiligt euch, es geht um eure Erde. Erika Mann und ihr politisches Kabarett die 'Pfeffermühle' 1933-1937.* München: edition spangenberg im Ellermann-Verlag, 1990, S. 7-12. [Rez.: U. Weinzierl, # 90.313].

90.150 KIESEL, Helmuth: Th. M's *Doktor Faustus*. Reklamation der Heiterkeit. In: *DVJS*, Jg. 64, Nr. 4 (1990), S. 726-743.

90.151 KIESEL, Helmuth: Kierkegaard, Alfred Döblin, Th. M. und der Schluß des *Doktor Faustus*. In: *Literaturwissenschaftliches Jahrbuch*, N. F., Bd. 31 (1990), S. 233-249.

90.152 KIRT, Romain: 'Wer ist ein Dichter? Der, dessen Leben symbolisch ist'. Zum Th.-M.-Handbuch von Helmut Koopmann. In: *Luxemburger Wort* (11. Oktober 1990). [Rez. von H. K., # 90.157].

90.153 KLEIN, Reimar: Faust e Faustus: Le variazioni del tema in Heine e Th. M. In: Irene P. Bianchi, u. a., Hrsg.: *Urgoethe: Atti del Convegno di Studi*. Brescia: Centro teatrale Bresciano, 1990, S. 65-73. [*Doktor Faustus*].

90.154 KLUGE, Gerhard: Rez. von I. Jens, # 89.112. In: *Deutsche Bücher*, Jg. 20 (1990), S. 299-301.

90.155 KOMMER, Björn R.: Kleiner Beitrag zur Geschichte der Familie Mann und zu Th. M's *Buddenbrooks*. In: *Th. M. Jahrbuch*, Bd. 3 (1990), S. 255-260.

90.156 KOMMER, Björn R.: Das Buddenbrookhaus in der Mengstraße zu Lübeck. Einige Bemerkungen und Gedanken. In: *Zeitschrift des Vereins für Lübeckische Geschichte und Altertumskunde*, Jg. 70 (1990), S. 207-222. [*Buddenbrooks*].

90.157 KOOPMANN, Helmut, Hrsg.: *Th.-M.-Handbuch*. Stuttgart: A. Kröner, 1990, XVII, 997 S. [Inhalt: A. Banuls, # 90.11, # 90.12 - M. Beller, # 90.16 - S. R. Cerf, # 90.38 - M. Dierks, # 90.60, # 90.61 - J. Eder, # 90.70 - H. Eilert, # 90.76 - W. Frizen, # 90.88, # 90.89 - E. Heftrich, # 90.116, # 90.117 - I. Jens/W. Jens, # 90.136 - H. K., # 90.158, # 90.159, # 90.160, # 90.161, # 90.162, # 90.163 - B. Kristiansen, # 90.170, # 90.171 - H.-W. Kruft, # 90.175 - H. Kurzke, # 90.176, # 90.177 - H. Lehnert, # 90.182 - L. Marx, # 90.202 - N. Pavlova, # 90.220 - T. J. Reed, # 90.233 - M. Reich-Ranicki, # 90.238 - R. G. Renner, # 90.243, # 90.244, # 90.245 - T. Sprecher, # 90.286 - T. Stammen, # 90.289 - G. Stern, # 90.290 - H. R. Vaget, # 90.303, # 90.304, # 90.305 - H. Wagener, # 90.308 - W. Windisch-Laube, # 90.323 - H. Wißkirchen, # 90.324, # 90.325 - H. Wysling, # 90.326, # 90.327, # 90.328. - Rez.: D. W. Adolphs, # 91.3 - Anon. [R. M.], # 91.5 - U. Beer, # 92.10 - G. Härle, # 93.84 - V. Hansen, # 91.91 - R. Kirt, # 90.152 - F. A. Lubich, # 94.138 - M. Maar, # 91.158 - A. v. Schirnding, # 90.263 - C. Schmidt, # 92.261 - H. Siefken, # 90.276 - E. Thurnher, # 91.237 - G. Wenzel, # 92.313 - A. D. White, # 91.263 - U. Wittrock, # 92.326].

90.158 KOOPMANN, Helmut: Vorwort. In: # 90.157, S. XIII-XV.

90.159 KOOPMANN, Helmut: *Doktor Faustus*. In: # 90.157, S. 475-497.

90.160 KOOPMANN, Helmut: *Der Erwählte.* In: # 90.157, S. 498-515.

90.161 KOOPMANN, Helmut: *Bekenntnisse des Hochstaplers Felix Krull.* In: # 90.157, S. 516-533.

90.162 KOOPMANN, Helmut: Humor und Ironie. In: # 90.157, S. 836-853.

90.163 KOOPMANN, Helmut: Forschungsgeschichte. In: # 90.157, S. 941-976.

90.164 KOOPMANN, Helmut: Th. M.: *Der Zauberberg.* In: Hans V. Geppert, Hrsg.: *Große Werke der Literatur. Eine Ringvorlesung an der Universität Augsburg.* Augsburg: Presse-Druck- und Verlags-GmbH Augsburg, 1990, S. 181-198.

90.165 KOOPMANN, Helmut: Der Krieg als Höllensturz. Zu Th. M's Kriegsberichterstattung und seinem *Doktor Faustus.* In: *Krieg und Literatur - War and Literature,* Jg. 2, Nr. 3 (1990), S. 13-32.

90.166 KOOPMANN, Helmut: Warnung vor Wirklichem: Zum Realismus bei Th. M. In: H. K., und Clark Muenzer, Hrsg.: *Wegbereiter der Moderne. Studien zu Schnitzler, Hauptmann, Th. M., Hesse, Kaiser, Traven, Kafka, Broch, von Unruh und Brecht. Festschrift für Klaus Jonas.* Tübingen: M. Niemeyer, 1990, S. 68-87. [Rez.: M. Braun, # III.93.4 - V. Knüfermann, # 92.139 - P. Mellen, # 92.186 - K. Schuhmann, # 92.271].

90.167 KOPPEN, Erwin: Th. M. y Don Quijote. In: Hugo Dyserink, Hrsg.: *España en Europa.* Barcelona: PPU, 1990, S. 231-241.

90.168 KRANZ, Gisbert: Kampf für Gerechtigkeit und Frieden: Kurt Marti. In: G. K., *Begegnungen mit Dichtern.* Wuppertal, u. a.: R. Brockhaus, 1990, S. 80-90.

90.169 KRASKE, Bernd M., Hrsg.: *Des Dichters oberster Mund. Gert Westphal zum 70. Geburtstag.* Glind: H.-J. Böckel, 1990, 128 S. [Vgl. G. Mann, # 90.193 - G. W., # 90.317].

90.170 KRISTIANSEN, Børge: Th. M. und die Philosophie. In: H. Koopmann, # 90.157, S. 259-283.

90.171 KRISTIANSEN, Børge: Das Problem des Realismus bei Th. M.: Leitmotiv - Zitat - Mythische Wiederholungsstruktur. In: H. Koopmann, # 90.157, S. 823-835.

90.172 KRISTIANSEN, Børge: Schopenhauersche Weltsicht und totalitäre Humanität im Werke Th. M's. In: *Schopenhauer-Jahrbuch,* Bd. 71 (1990), S. 97-123. [Schopenhauer].

90.173 KRISTIANSEN, Børge: Geschichtsfatalist mit schlechtem Gewissen. Th. M. und der Nationalsozialismus. In: *Th. M. Jahrbuch*, Bd. 3 (1990), S. 95-117.

90.174 KRUFT, Hanno-Walter: Renaissance und Renaissancismus bei Th. M. In: August Buck, Hrsg.: *Renaissance und Renaissancismus von Jacob Burckhardt bis Th. M.* Tübingen: M. Niemeyer, 1990, S. 89-102. (= Reihe der Villa Vigoni, 4).

90.175 KRUFT, Hanno-Walter: Th. M. und die bildende Kunst. In: H. Koopmann, # 90.157, S. 343-357.

90.176 KURZKE, Hermann: *Betrachtungen eines Unpolitischen*. In: H. Koopmann, # 90.157, S. 678-695.

90.177 KURZKE, Hermann: Die politische Essayistik. In: H. Koopmann, # 90.157, S. 696-706.

90.178 KURZKE, Hermann: *Bruder Hitler*. Th. M. und das Dritte Reich. In: *Schopenhauer-Jahrbuch*, Bd. 71 (1990), S. 125-135. [*Bruder Hitler*].

90.179 KURZKE, Hermann: Th. M. und die russische Revolution. Von den *Betrachtungen eines Unpolitischen* bis zu *Goethe und Tolstoi*. In: *Th. M. Jahrbuch*, Bd. 3 (1990), S. 86-94.

90.180 LAUER, Reinhard: Kritik der bürgerlichen Literaturrepräsentanz - Miroslav Krleža und Th. M. In: R. L., *Künstlerische Dialektik und Identitätssuche. Literaturwissenschaftliche Studien zu Miroslav Krleža.* Wiesbaden: O. Harrassowitz, 1990, S. 233-248.

90.181 LEHNERT, Herbert: Heinrich Manns *Eine Liebesgeschichte* und der Prozeß Possehl. In: *Heinrich Mann-Jahrbuch*, Bd. 8/1990 (1990), S. 1-15.

90.182 LEHNERT, Herbert: Th. M. und die deutsche Literatur seiner Zeit. In: H. Koopmann, # 90.157, S. 137-163.

90.183 LEISI, Ernst: Th. M. In: E. L., *Paar und Sprache: Linguistische Aspekte der Zweierbeziehung.* Heidelberg: Quelle & Meyer, 3., durchges. Aufl., 1990, S. 42, 62, u. a. (= UTB für Wissenschaft, Uni-Taschenbücher, 824) [Vgl. E in # 78.182].

90.184 LEVESQUE, Paul G.: *Th. M. as Critic of Wilhelminian Literary Life: 1894-1914.* Dissertation, Madison: University of Wisconsin, 1990, 461 S. [Resümee in: *DAI*, Jg. 51, Nr. 5 (November 1990), S. 1626A].

90.185 LEY, Klaus: D'Annunzio, der Schelm. In: *GRM*, N. F., Jg. 40, Nr. 3 (1990), S. 324-349. [*Felix Krull*].

90.186 LI, Wenchao: *Das Motiv der Kindheit und die Gestalt des Kindes in der deutschen Literatur der Jahrhundertwende. Untersuchungen zu Th. M's Buddenbrooks, Friedrich Huchs Mao und Emil Strauß' Freund Hein.* Dissertation, Freie Universität Berlin, 1990, 191 S. [Kind].

90.187 LINSMAYER, Charles: Nachwort. In: Hugo Marti, *Das Haus am Haff. Davoser Stundenbuch.* Frankfurt a. M.: Suhrkamp, 1990, S. 208-241. (= Suhrkamp Weißes Programm Schweiz) [Über Th. M.: S. 238, 240].

90.188 LOSURDO, Domenico: La communauté et la mort: La culture allemande devant la première guerre mondiale. In: *Germanica,* Jg. 8 (1990), S. 29-51.

90.189 LUBICH, Frederick A.: 'Fascinating Fascism'. Th. M's *Das Gesetz* und seine Selbst(de)montage als Moses-Hitler. In: *Zeitschrift für Literaturwissenschaft und Linguistik,* Jg. 20, Nr. 79 (1990), S. 129-133. [Rubrik 'Labor'. - Vgl. # 91.156].

90.190 LUCAS, R. S.: Rez. von E. Heftrich/H. Wysling, # 87.117. In: *MLR*, Bd. 85, Nr. 2 (1990), S. 525-527. [Th. M. Kolloquium, Lübeck, 1986].

90.191 MAAR, Michael: Immas rührender Handkuß. Wettstreit der Deuter: Schriftsteller und Kritiker ereifern sich über Th. M. In: *FAZ,* Jg. 42, Nr. 108 (10. Mai 1990), Feuilleton, S. 36. [Th. M. Kolloquium, Lübeck, 1986].

90.192 MAAS, Lieselotte: *Maß und Wert.* In Eberhard Lämmert's Ausg. von L. M.: *Handbuch der deutschen Exilpresse 1933-1945, Bd. 4: Die Zeitungen des deutschen Exils in Europa von 1933 bis 1939 in Einzeldarstellungen.* München: C. Hanser, 1990, S. 215-221.

90.193 MANN, Golo: Für Gert Westphal. In: B. M. Kraske, # 90.169, S. 9-11.

90.195 MANN, Golo: Th. M., mio padre. In: G. M./C. Cases, # 90.196, S. 33-73.

90.196 MANN, Golo, und Cesare Cases: *Th. M.: Una biografia per immagini.* Pordenone: Studio Tesi, 1990, 206 S. (= Iconografia, 3) [Inhalt: C. C., # 90.36 - G. M., # \ 90.195].

90.197 MANN, Klaus: Th. M. In Joachim Heimannsberg's, Peter Lämmle's, und Wilfried F. Schoeller's Ausg. von K. M., *Tagebücher 1936-1937.* München: edition spangenberg im Ellermann-Verlag, 1990, S. 12-17, u. a. [Rez.: B Matamoro, # 94.145].

90.198 MANN, Klaus: Th. M. In Joachim Heimannsberg's, Peter Lämmle's, und Wilfried F. Schoeller's Ausg. von K. M., *Tagebücher 1938-1939*. München: edition spangenberg im Ellermann-Verlag, 1990, S. 57-60, u. a. [Rez.: B Matamoro, # 94.145].

90.199 MANNACK, Eberhard: Der Mensch und die Öffentlichkeit. Laudatio auf den Th.-M.-Preisträger. In: *Lübeckische Blätter*, Jg. 155, Nr. 150 (26. Mai 1990), S. 165-167. [Auch in: Hansestadt Lübeck, Presse- und Informationsamt, Hrsg.: *Festakt aus Anlaß der Verleihung des Th. M.-Preises 1990 an den Schriftsteller Günter de Bruyn am 6. Mai 1990*. Lübeck, 1990].

90.200 MANTHEY, Jürgen: Ein Don Quichote der Brutalität: Ernst Jüngers *Der Arbeiter*. In: Heinz L. Arnold, Hrsg.: *Ernst Jünger*. München: 1990, S. 36-51. (= *Text & Kritik*, Heft 105/106) [*Meerfahrt mit 'Don Quijote'*].

90.201 MARX, Friedhelm: Rez. von A. Ruchat, # 89.232. In: *Wirkendes Wort*, Jg. 40, Nr. 3 (1990), S. 487-488.

90.202 MARX, Leonie: Th. M. und die skandinavischen Literaturen. In: H. Koopmann, # 90.157, S. 164-199.

90.203 MATAMORO, Blas: Th. M. und die Mutterwelt. In: *Deutsches Allgemeines Sonntagsblatt*, Jg. 43, Nr. 22 (1. Juni 1990), S. 14. [Aus dem Spanischen übs. von R. Bollinger. - Essay].

90.204 MATUSSEK, Hans K.: *Th. M.* Nettetal-Lobberich: H. K. Matussek, 1990, 52 S. (= Katalog, 73).

90.205 MATUSSEK, Hans K.: Lust auf Lotte. Das III. Th. M.-Kolloquium in Lübeck war ein Fest für Mannianer. Einer von ihnen, Buchhändler Hans K. Matussek, machte Notizen über den Genuß. In: *Börsenblatt für den Deutschen Buchhandel*, Jg. 46, Nr. 40 (18. Mai 1990), S. 1738.

90.206 MAYER, Hans: Die wiedergefundene Zeit. Beim Lesen der Tagebücher 1936-1939 von Klaus Mann. In: *SZ*, Jg. 46, Nr. 227 (2./3. Oktober 1990), Literatur, S. 79.

90.207 MEAKIN, David: Michel Butor and the Th. M. Connection. In: *Forum for Modern Language Studies*, Jg. 26, Nr. 2 (1990), S. 109-126. [M. Butor - *Joseph und seine Brüder*].

90.208 MENZ, Henner: Th. M. und sein Verhältnis zur bildenden Kunst. In: *Jahrbuch der Staatlichen Kunstsammlungen Dresden 1990* (1990), S. 107-116.

90.209 MEYER, Holger: Das Erbe der *Buddenbrooks*: Bisher unveröffentlichtes Kapitel über die Liebesbeziehung zwischen Lübecks schönster Tochter und größtem Sohn. In: *Nordkurier* (5. September 1990).

90.210 MINGOCHO, Maria T. Delgado: Th. M. em duas revistas portuguesas. Dos años 30 e 40. In: *Runa*, Nr. 13/14 (1990), S. 215-235.

90.211 MÜLLER, Andreas: Altes für deutsche Neuzeitler. Bei Th. M. gefunden: Aktuelles zur Wende bei uns. In: *Wochenpost*, Jg. 37, Nr. 35 (31. August 1990), S. 14.

90.212 MUNDT, Hannelore, Egon Schwarz, und William J. Lillyman, Hrsg.: *Horizonte. Festschrift für Herbert Lehnert zum 65. Geburtstag.* Tübingen: M. Niemeyer, 1990, VIII, 372 S. [Inhalt: R. Angress-Klüger, # 90.3 - E. Bahr, # 90.10 - P. Pütz, # 90.229 - H. H. H. Remak, # 90.241 - B. A. Sørensen, # 90.282 - H. R. Vaget, # 90.306. - Rez.: S. R. Cerf, # 91.27 - G. Wenzel, # 92.314].

90.213 NADAS, Péter: Th. M. and his Public Persona. In: *The New Hungarian Quarterly*, Jg. 31, Nr. 119 (Herbst 1990), S. 47-56. [Übs. von I. Sanders. - Tagebücher].

90.214 NEHRING, Wolfgang: Rez. von H. Steinecke, # 87.315. In: *GQ*, Jg. 63 (1990), S. 584-586.

90.215 NENON, Monika, und Thomas Nenon: The Devil in *Doktor Faustus*. Reflections on Untranslatability. In: *Translation Perspectives*, Jg. 5 (1990), S. 147-159.

90.216 NITZSCHKE, Bernd: Rez. von G. Härle, # 88.82. In: *Psyche*, Jg. 44 (1990), S. 862-865.

90.217 NORTHCOTE-BADE, James: 'Noch einmal also dies': Zur Bedeutung von Th. M's 'letzter Liebe' im Spätwerk. In: *Th. M. Jahrbuch*, Bd. 3 (1990), S. 139-148.

90.218 PATTISON, George: Music, Madness, and Mephistopheles: Art and Nihilism in Th. M's *Doctor Faustus*. In: David Jasper, und Colin Crowder, Hrsg.: *European Literature and Theology in the Twentieth Century. Ends of Time.* New York: St. Martin's Press, 1990, S. 1-14.

90.219 PAUL, Jean-Marie: Civilisation, littérature et société dans les *Betrachtungen eines Unpolitischen* de Th. M. In: *Cahiers d'études germaniques*, Nr. 19 (1990), S. 135-146.

90.220 PAVLOVA, Nina: Th. M. und die russische Literatur. In: H. Koopmann, # 90.157, S. 200-211.

90.221 PERNECHELE, Gabriella: Pessimismo e umanesimo in Th. M. Una riflessione etica su 'Humanität' e 'Humanismus'. In: *Filosofia*, Jg. 41, Nr. 2 (Mai-August 1990), S. 185-212.

90.222 PFANNER, Helmut: Rez. von H. Koopmann, # 88.141. In: *Monatshefte*, Jg. 82, Nr. 1 (Frühjahr 1990), S. 105-106.

90.223 PFEIFER, Martin: Th. M. In: M. P., *Hesse-Kommentar zu sämtlichen Werken*. Frankfurt a. M.: Suhrkamp, überarb. und erw. Ausg., 1990, S. 124-126, u. a. (= Suhrkamp Taschenbuch, Nr. 1740) [Vgl. # 80.226].

90.224 PHILLIPS, K. J.: Th. M. In: K. J. P., *Dying Gods in Twentieth Century Fiction*. Lewisburg, PA: Bucknell University Press; London, u. a.: Associated University Presses, 1990, 257 S. [*Joseph und seine Brüder*].

90.225 PIKULIK, Lothar: Zweierlei Krankheit zum Tode. Über den Unterschied von Langeweile und Melancholie im Lichte der Philosophie Schopenhauers. Mit einer Anwendung auf die Literatur. In: Udo Benzendörfer, u. a., Hrsg.: *Melancholie in Literatur und Kunst*. Hürtgenwald: Pressler, 1990, S. 183-197. (= Schriften zur Psychopathologie, Kunst und Literatur, Bd. 1) [*Buddenbrooks*].

90.226 POTEMPA, Georg: Ein 'Aufruf zur Würde' und Th. M's Absage. Ein unbekannter Brief aus dem Jahre 1914. In: *Th. M. Jahrbuch*, Bd. 3 (1990), S. 261-265.

90.228 PRESTEL, Anna Zanco: Graziöse Amazone. Erika Mann zum Gedenken. In: *Literatur in Bayern*, Nr. 21 (1990), S. 35-37.

90.229 PÜTZ, Peter: Werther im Werk Th. M's. In: Mundt/Schwarz/Lillyman, # 90.212, S. 112-125. [J. W. v. Goethe: *Die Leiden des jungen Werthers*].

90.230 QUITZOW, Wolfgang Stauch von: *Doktor Faustus*, Th. M. und sein 'getreuer Teufel'. Neue Erkenntnisse zum Einfluß Theodor W. Adornos auf die Konzeption des Romans. In: *Trierischer Volksfreund*, Jg. 115, Nr. 174 (30. Juli 1990). [Rez. von I. Jens, # 89.112].

90.231 RAABE, Paul: Th. M. In: P. R., *Spaziergänge durch Goethes Weimar*. Zürich: Arche, 1990, S. 186.

90.232 RAABE, Paul: Th. M. In: P. R., Hrsg.: *Klabund in Davos. Texte, Bilder, Dokumente*. Zürich: Arche, 1990.

90.233 REED, Terence J.: Th. M. und die literarische Tradition. In: H. Koopmann, # 90.157, S. 95-136.

90.234 REICH-RANICKI, Marcel: *Nachprüfung. Aufsätze über deutsche Schriftsteller von gestern.* München: Deutscher Taschenbuch Verlag, erw. Ausg., 1990, 383 S. (= dtv, Bd. 11211) [Darin: Th. M. und der Alltag. Der Briefwechsel mit seinem Verleger - Briefe an einen Jugendfreund und an eine Gönnerin - Zu den Tagebüchern aus den Jahren 1933 und 1934 (S. 94-128) - Klaus Mann, der dreifach Geschlagene (S. 333-359)].

90.235 REICH-RANICKI, Marcel, Hrsg.: *Romane von gestern - heute gelesen. Band 3: 1933-1945.* Frankfurt a. M.: S. Fischer, 1990. [Darin: R. Baumgart, # 90.14, # 90.15 - E. Heftrich, # 90.118].

90.236 REICH-RANICKI, Marcel: *Th. M. and his Family.* London: Fontana, 1990. [Übs. von # 87.236 durch R. Manheim].

90.237 REICH-RANICKI, Marcel: Die Liebe ist nie unnatürlich. Über Th. M's unterschätzten und beinahe vergessenen Roman *Der Erwählte.* In: *FAZ*, Jg. 42, Nr. 127 (2. Juni 1990), Bilder und Zeiten, S. 2.

90.238 REICH-RANICKI, Marcel: Th. M. als literarischer Kritiker. In: H. Koopmann, # 90.157, S. 707-720.

90.239 REICH-RANICKI, Marcel: Leiden an Deutschland: Über Th. M's Tagebücher aus den Jahren 1946 bis 1948. In: *Der Spiegel*, Jg. 44, Nr. 29 (16. Juli 1990), S. 150-154. [Rez. von I. Jens, # 89.112].

90.240 REINHARD, Stephan: Th. M. In: S. R., *Alfred Andersch: Eine Biographie.* Zürich: Diogenes, 1990.

90.241 REMAK, Henry H. H.: Theodor Fontane und Th. M. Vorbereitende Überlegungen zu einem Vergleich. In: Mundt/Schwarz/Lillyman, # 90.212, S. 126-141.

90.242 RENNER, Rolf G.: Repräsentanz und Selbstprüfung. Th. M. in der Emigration. In: Gerhard Buhr, Friedrich A. Kittler, und Horst Turk, Hrsg.: *Das Subjekt der Dichtung. Festschrift für Gerhard Kaiser.* Würzburg: Königshausen & Neumann, 1990, S. 119-137.

90.243 RENNER, Rolf G.: Dramatisches, Lyrisches. In: H. Koopmann, # 90.157, S. 623-628.

90.244 RENNER, Rolf G.: Literarästhetische, kulturkritische und autobiographische Essayistik. In: H. Koopmann, # 90.157, S. 629-677.

90.245 RENNER, Rolf G.: Verfilmungen der Werke von Th. M. In: H. Koopmann, # 90.157, S. 799-822.

90.246 REV, Maria: La Corrélation de l'espace et du temps dans les nouvelles au tournant du siècle (Maupassant, Tchékhov, Th. M. et Dezsö Kosztolányi). In: Roger Bauer, Douwe Fokkema, Michael de Graat, Hrsg.: *Space and Boundaries in Literary Theory and Criticism. Space and Boundaries in the Teaching of General and Comparative Literature. Workshops: The Formation and Deformation of Concepts in Literary Theory.* München: Iudicium, 1990, S. 153-158. (= Proceedings of the XIIth Congress of the International Comparative Literature Association, Bd. 5) [A. P. Tschechov - D. Kosztolányi - Th. M.].

90.247 RINSCHE, Franz-Josef: Mann, Heinrich und Thomas. In: F.-J. R., *Brüder, die Geschichte schrieben. Ein historischer Streifzug in Lebensbildern.* Köln: Nauck, 1990, S. 247-266.

90.248 RINSER, Luise: Leitfiguren der literarischen Moderne. Th. M. und der Sozialismus (1947). In Hans-Rüdiger Schwab's Ausg. von L. R., *An den Frieden glauben. Über Literatur, Politik und Religion 1944-1967.* Frankfurt a. M.: S. Fischer, 1990, S. 73-81.

90.249 ROBERTSON, Ritchie: Primitivism and Psychology: Nietzsche, Freud, Th. M. In: Peter Collier, und Judy Davies, Hrsg.: *Modernism and the European Unconscious.* Cambridge: Polity Press, 1990, S. 79-93.

90.250 RÖPER, Hella: Exkurs: Analogie der Problematik in Th. M's *Tonio Kröger.* In: H. R., *Grazie und Bewußtsein bei Heinrich von Kleist: Über das Marionettentheater.* Aachen: Alano, 1990, S. 51-55.

90.253 RUCHAT, Anna: *Tre studi su Th. M.* Battaglino: F. Folini, 1990, 59 S. (= Archivi di Lingue e Letterature, 2) [*Tristan - Der Tod in Venedig*].

90.254 RUDLOFF, Holger: Rez. von R. Baumgart/u. a., # 89.27. In: *Wirkendes Wort*, Jg. 40, Nr. 3 (1990), S. 485-486.

90.255 RUDOLPH, Andrea: Ästhetische und historische Aspekte der Kleistrezeption Arnold Zweigs: A. Zweigs Roman *Der Streit um den Sergeanten Grischa* - eine kritische Aufhebung des 'Modernen Dramas' *Prinz Friedrich von Homburg.* In: *Beiträge zur Kleist-Forschung* (1990), S. 7-23.

90.256 RÜDIGER, Horst: Curiositas und Magie. Apuleius und Lucius als literarische Archetypen der Faust-Gestalt. In: Willy R. Berger, und Erwin Koppen, Hrsg.: *Goethe und Europa. Essays und Aufsätze 1944-1983.* Berlin, u. a.: W. de Gruyter, 1990, S. 66-88. (= Komparatistische Studien, Bd. 14).

90.257 SAALMANN, Dieter: Malcolm Lowry's *Under the Volcano* and Th. M's *Magic Mountain*: An Asymmetrical Affinity. In: *The Malcolm Lowry Review*, Jg. 26 (Herbst 1990), S. 50-61.

90.258 SABAIS, Heinz W.: Th. M. in Weimar. Ein Bericht über Hintergründe. In: *Thüringische Landeszeitung*, Jg. 46, Nr. 116 (19. Mai 1990), Wochenendbeilage *Treffpunkt*, S. 1-2. [Fortsetzung in: Wochenendbeilage *Treffpunkt*, Nr. 121 (26. Mai 1990), S. 3 - Nr. 127 (2. Juni 1990), S. 6].

90.259 SAHL, Hans: Aus einem Brief an Th. M, Lissabon, 17. 3. 41. In: H. S., *Memoiren eines Moralisten. Das Exil im Exil.* Frankfurt a. M.: Luchterhand Literaturverlag, 3. Aufl., 1990, S. 275-276, u.a. (= Veröffentlichungen der Deutschen Akademie für Sprache und Dichtung, Darmstadt, Nr. 63).

90.260 SANDBERG, Hans-Joachim: Rez. von R. G. Renner, # 87.260. In: *Arbitrium*, Jg. 8 (1990), S. 109-111.

90.261 SANDBERG, Hans-Joachim: Rez. von H. Mundt, # 89.192. In: *Germanistik*, Jg. 31, Nr. 4 (1990), S. 956-957. [*Doktor Faustus*].

90.261aSCAFF, Susan von Rohr: Unending Apocalypse: The Crisis of Musical Narrative in Mann's *Doktor Faustus*. In: *GR*, Jg. 65, Nr. 1 (1990), S. 30-39.

90.261bSCAFF, Susan von Rohr: The Dialectic of Myth and History: Revision of Archetype in Th. M's Joseph Novels. In: *Monatshefte*, Jg. 82, Nr. 2 (1990), S. 177-193. [*Joseph und seine Brüder*].

90.262 SCHELLER, Wolf: Der Zauberer und die Legende. In: *Rheinische Post*, Nr. 5 (6. Januar 1990), Das neue Buch. [Auch u. d. T.: Mord steht vor der Tür: Nachkriegszeit für Th. M. In: *Wiesbadener Kurier* (20./21. Januar 1990). - Rez. von I. Jens, # 89.112].

90.263 SCHIRNDING, Albert von: Zwischenbilanz. Th. M. in einem Band. In: *SZ*, Jg. 46, Nr. 279 (5. Dezember 1990), Literatur-Beilage, S. V. [Rez. von H. Koopmann, # 90.157].

90.264 SCHLÖGL, Hermann A., und Andreas Brodbeck, Hrsg.: Th. M. In: *Ägyptische Totenfiguren aus öffentlichen und privaten Sammlungen der Schweiz.* Freiburg/Schweiz: Universitätsverlag; Göttingen: Vandenhoeck & Ruprecht, 1990. (= Orbis biblique et orientalis, Series archaeologica, 7).

90.265 SCHMID, Bernhold: Neues zum 'Doktor Faustus-Streit' zwischen Arnold Schönberg und Th. M. In: *Augsburger Jahrbuch für Musikwissenschaft*, Bd. 7 (1990), S. 177-192. [Vgl. # 89.250].

90.266 SCHMIDT, Gerda, und Günter Kohlfeldt: III. Th. M.-Kolloquium in Lübeck vom 3.-5.5.1990. Schriftsteller und Kritiker interpretieren Th. M. In: *Lübeckische Blätter*, Jg. 155, Nr. 11 (26. Mai 1990), S. 171-176.

90.267 SCHMIDT, Lothar: Epilepsie als literarisches Motiv - Elsa Morantes Roman *La Storia*. In: *Epilepsie-Blätter*, Nr. 3 (1990), S. 7-12. [*Doktor Faustus*].

90.268 SCHMITZ-EMANS, Monika: Erzählen als Kunst der Selbsterfindung - Pirandellos Mattia Pascal und einige seiner deutschen Verwandten. In: Michael Rössner, und Frank-Rutger Hausmann, Hrsg.: *Pirandello und die europäische Erzählliteratur des 19. und 20. Jahrhunderts*. Bonn: Romanistischer Verlag, 1990, S. 173-190. (= Abhandlungen zur Sprache und Literatur, 30) [M. Frisch: *Stiller* - G. Lukács - Th. M.: *Bekenntnisse des Hochstaplers Felix Krull* - R. Musil: *Der Mann ohne Eigenschaften*].

90.269 SCHOELLER, Wilfried F.: Nachwort. In Joachim Heimannsberg's, Peter Lämmle's, und W. F. S.'s Ausg. von Klaus Mann: *Tagebücher 1938-1939*. München: edition spangenberg im Ellermann-Verlag, 1990, S. 153-165. [Vgl. U. Weinzierl, # 90.312, # 90.313].

90.270 SCHOFFMANN, Nachum: Mann Describes Wagner: A Literary Coup de Maître. In: *The Music Review*, Jg. 51, Nr. 2 (1990), S. 77-94. [*Doktor Faustus*].

90.271 SCHRIEFERS, Herbert: Der Erregte. Th. M. 1943-1948. In: Baldur Hermans, Hrsg.: *Zeugnis des Glaubens. Dienst an der Welt. Festschrift für Franz Kardinal Hengsbach*. Mühlheim an der Ruhr: Edition Werry, 1990, S. 675-694. [Auch in: *Essener Hochschulblätter: Ausgewählte Reden im Studienjahr 1989/90* (1990), S. 61-80].

90.272 SCHWAN, Werner: Der Apotheker Gieshübler und der Makler Gosch. Eine Untersuchung zu zwei Nebenfiguren aus Theodor Fontanes *Effi Briest* und Th. M's *Buddenbrooks*. In: Gerhard Buhr, Friedrich A. Kittler, und Horst Turk, Hrsg.: *Das Subjekt der Dichtung. Festschrift für Gerhard Kaiser*. Würzburg: Königshausen & Neumann, 1990, S. 309-328.

90.273 SEERY, John E.: Political Irony and World War. A Rereading of Th. M's *Betrachtungen*. In: *Soundings*, Jg. 22, Nr. 1 (Frühjahr 1990), S. 5-29. [Ironie - Politik].

90.274 SIEFKEN, Hinrich: Rez. von A. Ruchat, # 89.232. In: *Arbitrium*, Jg. 8 (1990), S. 358-359.

90.275 SIEFKEN, Hinrich: Rez. von B. Roßbach, # 89.231. In: *Germanistik*, Jg. 31, Nr. 1 (1990), S. 208.

90.276 SIEFKEN, Hinrich: Rez. von H. Koopmann, # 90.157. In: *Germanistik*, Jg. 31, Nr. 4 (1990), S. 996-997.

90.277 SIEFKEN, Hinrich: Rez. von *Th. M. Jahrbuch*, Bd. 1, # 88.278. In: *MLR*, Bd. 85, Nr. 4 (1990), S. 1028-1029.

90.278 SIEFKEN, Hinrich: Rez. von H. Wysling, # 88.319 - J. Kolbe, # 87.158. In: *MLR*, Bd. 85 (1990), S. 810-812.

90.279 SMITH, Evans Lansing: The Arthurian Underworld of Modernism: Th. M., Thomas Pynchon, Robertson Davies. In: *Arthurian Interpretations*, Jg. 4, Nr. 2 (Frühjahr 1990), S. 50-64. [R. Davies: *The Lyre of Orpheus* - T. Pynchon: *Gravity's Rainbow*].

90.280 SONINO, Claudia: Prosa del mondo e poesia del cuore. In: *Austria alta*. Firenze: La nuova Italia, 1990, S. 19-24. [*Buddenbrooks*].

90.281 SONTHEIMER, Kurt: Th. M's Political Engagement. In: Gisela Brude-Firnau, und Karin J. MacHardy, Hrsg.: *Fact and Fiction. German History and Literature 1848-1924*. Tübingen: A. Francke, 1990, S. 185-195. (= Edition Orpheus, 2) [*Doktor Faustus*].

90.282 SØRENSEN, Bengt A.: Dekadenz und Jacobsen-Rezeption in der deutschen Literatur der Jahrhundertwende. In: Mundt/Schwarz/Lillyman, # 90.212, S. 92-111. [*Tonio Kröger* - J. P. Jacobsen].

90.283 SPEIRS, Ronald C.: *Mann, Mario und der Zauberer*. London: Grant & Cutler Ltd., 1990, 92 S. (= Critical Guides to German Texts, 11) [Rez.: A. Grenville, # 90.100 - R. Robertson, # 92.234. - Faschismus].

90.284 SPERING, Juliette: Die dämonische Familie in Th. M's *Erwähltem* und in Dostojewskis *Brüdern Karamasow*. In: *Heinrich Mann-Jahrbuch*, Bd. 8/1990 (1990), S. 101-143.

90.285 SPIRIDON, Monica: Le Sacré et le profane dans l'univers imaginaire de Mircea Eliade, Th. M., Hermann Hesse, Ernst Jünger. In: Roger Bauer, Douwe Fokkema, Michael de Graat, Hrsg.: *Space and Boundaries in Literary Theory and Criticism*. München: Iudicium, 1990, S. 436-441. (= Proceedings of the XIIth Congress of the International Comparative Literature Association, Bd. 2).

90.286 SPRECHER, Thomas: Th. M. und die Schweiz. In: H. Koopmann, # 90.157, S. 78-93.

90.287 SPRECHER, Thomas: 'Etwas Halsweh von nachmittäglichem Tragen von Unterhosen...': Th. M's Tagebücher aus den Jahren 46-48. In: *Zürichsee-Zeitung*, Nr. 58 (10. März 1990). [Rez. von I. Jens, # 89.112].

90.288 SPRECHER, Thomas: Du sollst dir ein Bildnis machen: Th. M's Selbstkommentare zu seinem Werk. In: *Zürichsee-Zeitung*, Nr. 58 (10. März 1990), S. 8. [Rez. von H. Wysling/M. Eich-Fischer, # 89.311, # 89.312. - *Königliche Hoheit* - *Der Erwählte* - *Felix Krull*].

90.289 STAMMEN, Theo: Th. M. und die politische Welt. In: H. Koopmann, # 90.157, S. 18-53.

90.290 STERN, Guy: Th. M. und die jüdische Welt. In: H. Koopmann, # 90.157, S. 54-67.

90.291 STRUC, Roman S.: Rez. von S. D. Dowden, # 86.59. In: *Seminar*, Jg. 26 (1990), S. 351-353.

90.292 *Th. M. Jahrbuch*, Bd. 3: Frankfurt a. M.: V. Klostermann, 1990, VIII, 298 S. [Hrsg.: E. Heftrich, und H. Wysling - Register: I. Knautz, und M. Müller. - Inhalt: S. Apt, # 90.6 - M. Bouteiller, # 90.27 - G. Debon, # 90.54 - P. Felder, # 90.82 - E. Heftrich, # 90.119 - B. R. Kommer, # 90.155 - B. Kristiansen, # 90.173 - H. Kurzke, # 90.179 - J. Northcote-Bade, # 90.217 - G. Potempa, # 90.226 - H. R. Vaget, # 90.307 - R. Wimmer, # 90.322 - H. Wysling, # 90.329 - H. Wysling/T. Sprecher, # 90.332].

90.293 THEWS, Michael: *Figuren und Modelle: Rechts- und staatstheoretische Aspekte in Th. M's Roman Der Zauberberg*. Frankfurt a. M., u. a.: P. Lang, 1990, XXVI, 204 S. (= Europäische Hochschulschriften, Reihe 2: Rechtswissenschaft, Bd. 939) [Zugl.: Diss., Univ. Mainz, 1989].

90.294 THOLEN, Toni: Neues vom Dunkelmann Leo Naphta. In: *Heinrich Mann-Jahrbuch*, Bd. 8/1990 (1990), S. 81-99. [*Der Zauberberg*].

90.295 THOMALLA, Ariane: Th. M. auf der Bücherleiter. Ein neu aufgetauchter Neffe erzählt aus dem Leben des Autors. In: *Stuttgarter Zeitung*, Jg. 46, Nr. 256 (6. November 1990), Feuilleton, S. 15. [K. H. Pringsheim].

90.296 TSCHECHNE, Wolfgang: Die frühen Sommer von Palestrina. In: *Lübecker Nachrichten*, Jg. 45, Nr. 43 (21. Februar 1990), S. 12. [Zur Ausstellung: Heinrich u. Th. M. in Palestrina].

90.297 TSCHECHNE, Wolfgang: Th. M. an der Nehrung: 'Bürgergeist' in Lübeck: Alfredas Tytmonas - Der Professor aus Litauen hütet Manns Sommerhaus am Haff. In: *Lübecker Nachrichten*, Jg. 45, Nr. 99 (29. April 1990), S. 13. [A. Tytmonas, Verwalter des Th. M.-Hauses in Nidden, zu Gast in Lübeck].

90.298 TSCHECHNE, Wolfgang: Th. M. ohne Weihrauch. Kolloquium im Bürgerschaftssaal. Man kennt sich und man kennt Mann. In: *Lübecker Nachrichten*, Jg. 45, Nr. 102 (4. Mai 1990), S. 12.

90.299 TSCHECHNE, Wolfgang: Drei schöne Tage zeigten: Geist braucht Gesellschaft. Versuch einer Summe des Lübecker Th. M.-Kolloquiums. In: *Lübecker Nachrichten*, Jg. 45 (6. Mai 1990), S. 13.

90.300 TYTMONAS, Alfredas: Das Th.-M.-Haus in Nidden auf der Kurischen Nehrung. In: *Lübeckische Blätter*, Jg. 155, Nr. 11 (1990), S. 176-180.

90.301 UEDING, Gert: Wer schreibt, bleibt gesund. Reinhard Baumgarts Buch über Th. M., Franz Kafka und Bertolt Brecht. In: *Die Welt*, Ausg. D, Nr. 35 (10./11. Februar 1990), S. 21. [Rez. von R. B., # 89.23].

90.302 VAGET, Hans R.: Neue Literatur zu Th. M. Review Essay. In: *GQ*, Jg. 63, Nr. 2 (1990), S. 281-287. [Rez. von: G. Motschan, # 88.198 - R. G. Renner, # 87.260 - H. Wysling, # 88.319].

90.303 VAGET, Hans R.: Schlechtes Wetter, gutes Klima: Th. M. in Amerika. In: H. Koopmann, # 90.157, S. 68-77.

90.304 VAGET, Hans R.: Die Erzählungen. In: H. Koopmann, # 90.157, S. 534-618.

90.305 VAGET, Hans R.: Filmentwürfe. In: H. Koopmann, # 90.157, S. 619-622.

90.306 VAGET, Hans R.: Vorzeitiger Antifaschismus und andere unamerikanische Umtriebe. Aus den geheimen Akten des FBI über Th. M. In: Mundt/Schwarz/Lillyman, # 90.212, S. 173-204.

90.307 VAGET, Hans R.: Th. M. und Richard Strauss: Zeitgenossenschaft ohne Brüderlichkeit. In: *Th. M. Jahrbuch*, Bd. 3 (1990), S. 50-85.

90.308 WAGENER, Hans: Th. M. in der amerikanischen Literaturkritik. In: H. Koopmann, # 90.157, S. 925-939.

90.309 WALTHER, Gisela: Passivsatz und agentivischer Nachtrag. In: *Proceedings of the 14th International Congress of Linguists*, Bd. 2 (1990), S. 1116-1119. [Hrsg. von W. Bahner].

90.310 WEGNER, Michael: 'Dies Dichtertum hat es mir angetan'. Th. M. und Anton Cechov. In: Rolf-Dieter Kluge, Hrsg.: *Anton P. Cechov. Werk und Wirkung. Vorträge und Diskussionen eines internationalen Symposiums in Badenweiler im Oktober 1985. Teil 1.* Wiesbaden: O. Harrassowitz, 1990, S. 1200-1215. (= Opera Slavica, N. F., Bd. 18) [Red.: R. Nuhejl].

90.311 WEINSTEIN, Mark: Music in the Conclusion of *Humboldt's Gift* and the Climax of *The Magic Mountain*. In: *Saul Bellow Journal*, Jg. 9, Nr. 1 (1990), S. 49-51. [S. Bellow: *Humboldt's Gift* - Th. M.: *Der Zauberberg*].

90.312 WEINZIERL, Ulrich: Wie Bißspuren nach einer Liebesnacht. 'Mein Gefühl: wir könnten alle so enden wie die Familie Capet': Klaus Manns Tagebücher über seine Familie, seine Zeit und seine Sicht. In: *FAZ*, Jg. 42 (11. August 1990), Literatur. [Rez. von K. M., Tagebücher 1938-1939, vgl. W. Schoeller, # 90.269].

90.313　WEINZIERL, Ulrich: Arme Kinder. Erika und Klaus Mann in Zürich und anderswo. In: *FAZ*, Jg. 42, Nr. 302 (29. Dezember 1990), Bilder und Zeiten. [Rez. von: E. Chrambach, # 90.45 - H. Keiser-Hayne, # 90.149 - K. M., # 90.197, # 90.198 - vgl. W. Schoeller, # 90.269].

90.314　WENZEL, Georg: Rez. von H. Bürgin/H.-O. Mayer, # 82.41, # 87.36, # 87.37. In: *DLZ*, Jg. 111, Nr. 1/2 (Januar/Februar 1990), Sp. 57-61.

90.315　WENZEL, Georg: Rez. von H. Wysling/W. Pfister, # 88.321. In: *DLZ*, Jg. 111, Nr. 4/5 (April/Mai 1990), Sp. 307-310.

90.316　WERNER, Jürgen: Die Kunst des Vergessens. Eine Erinnerung. Th. M's Roman *Der Erwählte*. In: *Akzente*, Jg. 34, Nr. 3 (1990), S. 258-263.

90.317　WESTPHAL, Gert: Th. M. spricht... In: B. M. Kraske, # 90.169, S. 12-16.

90.318　WHITE, Haydon: Introduction. In: Th. M., *Lotte in Weimar. The Beloved Returns*. Berkeley, CA: University of California Press, 1990, S. I-XVIII.

90.319　WHITE, Richard: Love, Beauty, and *Death in Venice*. In: *Philosophy and Literature*, Jg. 14, Nr. 1 (April 1990), S. 53-64.

90.320　WIESNER, Herbert: Unsere Lage macht uns zart. Über die Härte von Erika und Klaus Mann zur rechten Zeit. In: *NDL*, Jg. 38, Nr. 8 (August 1990), S. 165-169. [Rede zur Eröffnung der Ausstellung 'Turning Point' im Literaturhaus Berlin. - Verhältnis zu Th. M.].

90.321　WILPERT, Gero von: Von Lübeck nach Danzig. *Buddenbrooks* und *Die Blechtrommel*. In: Gerhard Schulz, Tim Mehigan, und Marion Adams, Hrsg.: *Literatur und Geschichte 1788-1988*. Bern, u. a.: P. Lang, 1990, S. 219-240. (= Australisch-neuseeländische Studien zur deutschen Sprache und Literatur, 15).

90.322　WIMMER, Ruprecht: Der Herr Facis et (non) Dicis. Th. M's Übernahmen aus Grimmelshausen. In: *Th. M. Jahrbuch*, Bd. 3 (1990), S. 14-49.

90.323　WINDISCH-LAUBE, Walter: Th. M. und die Musik. In: H. Koopmann, # 90.157, S. 327-342.

90.324　WISSKIRCHEN, Hans: Die Th.-M.-Gesamtausgaben. In: H. Koopmann, # 90.157, S. 773-798.

90.325 WISSKIRCHEN, Hans: Th. M's Romanwerk in der europäischen Literaturkritik. In: H. Koopmann, # 90.157, S. 875-924.

90.326 WYSLING, Hans: *Königliche Hoheit*. In: H. Koopmann, # 90.157, S. 385-396.

90.327 WYSLING, Hans: *Buddenbrooks*. In: H. Koopmann, # 90.157, S. 363-384.

90.328 WYSLING, Hans: *Der Zauberberg*. In: H. Koopmann, # 90.157, S. 397-422.

90.329 WYSLING, Hans: 'Kunst oder Sozialismus?' Ein Briefwechsel zwischen Ernst Fischer und Th. M. In: *Th. M. Jahrbuch*, Bd. 3 (1990), S. 249-254.

90.330 WYSLING, Hans, unter Mitw. von Marianne Eich-Fischer: Zur Edition. In ihrer Ausg. von Th. M., *Selbstkommentare: Buddenbrooks*. Frankfurt a. M.: S. Fischer, 1990, S. 143-150. (= Fischer Taschenbuch, 6892, Informationen und Materialien zur Literatur) [Vgl. E in # 75.942 - vgl. # 89.311, # 89.312].

90.332 WYSLING, Hans, unter Mitw. von Thomas Sprecher: Einleitung. In ihrer Ausg. von Th. M., Briefe an Kurt Martens I. 1899-1907. In: *Th. M. Jahrbuch*, Bd. 3 (1990), S. 176-185. [Rez.: H. Lehnert, # 93.172].

90.333 ZELLE, Carsten: Rez. von H. Mundt, # 89.192. In: *German Studies Review*, Jg. 13, Nr. 1 (1990), S. 576-579.

90.334 ZELLER, Rosemarie: Rez. von M. Hattemer, # 89.89. In: *Germanistik*, Jg. 31, Nr. 2 (1990), S. 568.

90.335 ZIMA, Peter V.: Zeno zwischen Zeitblom und Marcel. In: Rudolf Behrens, und Richard Schwaderer, Hrsg.: *Italo Svevo: Ein Paradigma der europäischen Moderne*. Würzburg: Königshausen & Neumann, 1990, S. 11-20. [*Doktor Faustus*].

90.336 ŽMEGAČ, Viktor: Th. M. In: V. Ž., *Der europäische Roman: Geschichte seiner Poetik*. Tübingen: M. Niemeyer, 1990, S. 357, u. a.

90.337 ZSCHACKE, Günter: Schnöde Schnulze oder: Aus Imma wurde Grace Kelly. In: *Lübecker Nachrichten*, Jg. 45, Nr. 103 (5. Mai 1990), S. 9. [Zur Verfilmung von *Königliche Hoheit*].

1991

91.1   ABBOTT, Scott C.: In two Minds about Freemasonry: *The Magic Mountain* and the German Romantic Novel. In: S. C. A., *Fictions of Freemasonry. Freemasonry and the German Novel.* Detroit: Wayne State University Press, 1991, S. 142-155. [Vgl. E (gekürzt) in # 80.1. - Rez.: J. R. v. Bieberstein, # 94.15. - *Der Zauberberg* - J. W. v. Goethe - K. Gutzkow - Freimaurer].

91.2   ABELS, Kurt: Pädagogen und Humanisten im Werk Th. M's. In: E. Czucka, # 91.33, S. 311-322. [*Königliche Hoheit - Der Zauberberg - Doktor Faustus*].

91.3   ADOLPHS, Dieter W.: Literatur zu Th. M., seinem amerikanischen Exil und dem Roman *Doktor Faustus.* In: *GQ*, Jg. 64, Nr. 4 (1991), S. 551-556. [Rez. von: I. Jens, # 86.140, # 89.112 - H. Koopmann, # 90.157 - H. Lehnert/P. C. Pfeiffer, # 91.150 - *Th. M. Jahrbuch*, Bd. 2, # 89.275].

91.4   ADOLPHS, Dieter W.: 'Wenn der gegenwärtig tobende Krieg, so oder so, sein Ende gefunden hat...': Die Bedeutung der Kriegsthematik in Th. M's *Doktor Faustus.* In: Helmut F. Pfanner, Hrsg.: *Der Zweite Weltkrieg und die Exilanten: Eine literarische Antwort.* Bonn, u. a.: Bouvier, 1991, S. 229-237. (= Studien zur Literatur der Moderne, Bd. 21).

91.5   ANON. [R. M.]: Ein Dichter in der Tasche. Th.-M.-Handbuch. In: *TZ München* (16. Oktober 1991), Feuilleton, S. 10. [Rez. von H. Koopmann, # 90.157].

91.6   ARAMUS, Rudolf: Das Versagen des modernen Dichters: Zu Th. M's *Joseph, der Ernährer.* In: H. Wißkirchen, # 91.270, S. 134-138. [Vgl. E in # 49.19].

91.7   ASKEDAL, John O.: Zur Enklitisierung des Pronomens es ('s) im Deutschen. Eine empirische Untersuchung anhand der Erzählprosa Th. M's. In: *Brünner Beiträge zur Germanistik und Nordistik*, Nr. 7 (1991), S. 7-18.

91.8   BAB, Julius: *Die Geschichten Jaakobs*. Th. M's neuer Roman. In: H. Wißkirchen, # 91.270, S. 118-123. [Vgl. E in # 33.17a].

91.9   BAHNERS, Klaus, Hrsg.: *Tonio Kröger. Mario und der Zauberer.* Hollfeld/Obfr.: C. Bange, 1991, 88 S.

91.10   BAHR, Ehrhard: *Th. M.: Der Tod in Venedig.* Stuttgart: P. Reclam, 1991, 195 S. (= Universal-Bibliothek, Nr. 8188: Erläuterungen und Dokumente).

91.11   BAHR, Ehrhard: Art Desires Non-Art: The Dialectics of Art in Th. M's *Doktor Faustus* in the Light of Theodor W. Adorno's *Aesthetic Theory.* In: H. Lehnert/P. C. Pfeiffer, # 91.150, S. 145-160. [Vgl. H. J. Schneider, # 91.205].

91.12 BASTIAN, Günther: Der Roman eines Hauses. In: *Deutsche Tagespost*, Jg. 44, Nr. 145 (3. Dezember 1991), Kultur, S. 10. [Das Buddenbrookhaus in Lübeck].

91.13 BAUMGART, Reinhard: Joseph in Weimar - Lotte in Ägypten. In: *Th. M. Jahrbuch*, Bd. 4 (1991), S. 75-88.

91.14 BAUSCHINGER, Sigrid: 'Ein Kind ihrer Zeit': Annette Kolb. In: Gerhard P. Knapp, Hrsg.: *Autoren damals und heute. Literaturgeschichtliche Beispiele veränderter Wirkungshorizonte*. Amsterdam, u. a.: Rodopi, 1991, S. 459-487. (= Amsterdamer Beiträge zur Neueren Germanistik, Bd. 31-33).

91.15 BECKER, Egon: Th. M. In: E. B., *Wie interpretiere ich Novellen und Romane?* Hollfeld/Obfr.: C. Bange, 3. Aufl., 1991, 204 S.

91.16 BERMANN FISCHER, Gottfried, Hrsg.: *In memoriam Brigitte Bermann Fischer, 1905-1991.* Frankfurt a. M.: S. Fischer, 1991, 81 S. [Mit Briefen von B. B. F. an Th. M. vom 26. November 1933, von Anfang Juni 1935, vom 11. Mai 1943, 20. Februar 1946 und Th. M's Brief vom 31. Juli 1919].

91.17 BLAMBERGER, Günter: Th. M. In: G. B., *Das Geheimnis des Schöpferischen oder: Ingenium est ineffabile? Studien zur Literaturgeschichte der Kreativität zwischen Goethezeit und Moderne*. Stuttgart: J. B. Metzler, 1991, VII, 216 S. [*Schwere Stunde*].

91.18 BOAYU, Yam: *Buddenbrooks* - ein deutscher *Hong lou meng?* Ein komparatistischer Versuch an zwei zeitlich und kulturräumlich verschiedenen Romanen: Th. M's *Buddenbrooks* und *Der Traum der roten Kammer* von Cao Xoequin. In: *Neohelicon*, Jg. 18, Nr. 2 (1991), S. 273-293.

91.19 BÖHM, Karl W.: *Zwischen Selbstzucht und Verlangen: Th. M. und das Stigma Homosexualität. Untersuchungen zu Frühwerk und Jugend*. Würzburg: Königshausen & Neumann, 1991, 409 S. (= Studien zur Literatur- und Kulturgeschichte, Bd. 2) [Zugl.: Diss., Univ. Mainz, 1989. - Betr.: Th. M's Beziehung zu P. Ehrenberg und K. Heuser. - Rez.: K. Bellin, # 92.11 - Ü. Gökberg, # 94.58 - F. D. Hirschbach, # 93.113 - H. Karasek, # 91.124 - H. Koopmann, # 92.147 - H. Lehnert, # 93.172 - D. Linck, # 94.135 - W. Mommert, # 92.190 - H. Schultheiss, # 92.272].

91.20 BOLLMANN, Stefan: *Selbsterlösung oder Selbsterhaltung. Th. M's Roman Der Zauberberg im Kontext.* Düsseldorf, u. a.: Bollmann, 1991, 239 S. (= Reihe Dissertationen, 1) [Zugl.: Diss., Univ. Düsseldorf, 1985, u. d. T.: *Zeit und Steigerung. Der poetische Geist des Zauberbergs (Th. M.).* - Rez.: U. Karthaus, # 93.136].

91.21 BOTTIN, Angela, Hrsg., unter Mitarb. von Rainer Nicolaysen: Th. M. In: *Enge Zeit. Spuren Vertriebener und Verfolgter der Hamburger Universität*. Hamburg,

1991, S. 31, 102, 103. (= Hamburger Beiträge zur Wissenschaftsgeschichte, Bd. 11) [Ausstellungskatalog. - Mit Brief an K. L. Schneider, S. 103].

91.22 BRENNINKMEIJER, Iris: Franziska Rosenberger. Th. M's 'Fanny'. In: SZ, Jg. 47, Nr. 11 (14. Januar 1991), S. 11.

91.23 BRIDGES, George: Th. M's *Mario und der Zauberer*: 'Aber zum Donnerwetter! Deshalb bringt man doch niemand um!'. In: *GQ*, Jg. 64, Nr. 4 (1991), S. 501-517.

91.24 BRUYN, Günter de: Deutschland als geistige Lebensform. Rede in Lübeck zur Th.-M.-Preisverleihung am 6. Mai 1990. In: *Th. M. Jahrbuch*, Bd. 4 (1991), S. 136-144. [Vgl. # 90.31].

91.25 BUTLER, Michael, und Malcolm Pender, Hrsg.: Th. M. In: *Rejection and Emancipation: Writing in German-Speaking Switzerland 1945-1991*. New York, u. a.: O. Wolff Books/Berg, 1991.

91.26 CARRERE, Bernadette: Envoûtements et sortilèges de la ville morte au tournant du siècle: *Bruges-la-morte* et *Mort à Venise*. In: *Littératures*, Nr. 24 (1991), S. 105-113. [*Der Tod in Venedig*].

91.27 CERF, Steven R.: Rez. von Mundt/Schwarz/Lillyman, # 90.212. In: *Colloquia Germanica*, Jg. 25, Nr. 2 (1991), S. 145-146.

91.28 CERF, Steven R.: Rez. von J. F. Fetzer, # 90.83. In: *South Atlantic Review*, Jg. 56 (1991), S. 158-160.

91.29 CLASON, Christopher R.: Rez. von Baeumler/Brunträger/Kurzke, # 89.18. In: *German Studies Review*, Jg. 14, Nr. 1 (1991), S. 200-202.

91.30 CLASSEN, Albrecht: Rez. von H. Lehnert/P. C. Pfeiffer, # 91.150. In: *Germanic Notes*, Jg. 22, Nr. 3/4 (1991), S. 84-86.

91.31 CRUBA, Garry M.: Walter Percy's Enchanted Mountain. In: Jan Nordby Gretlund, Hrsg.: *Walter Percy*. Jackson: University of Mississippi Press, 1991, S. 13-23.

91.32 CUOMO, Glenn R.: Rez. von H. Goldman, # 88.79. In: *German Studies Review*, Jg. 14, Nr. 3 (1991), S. 636-638.

91.33 CZUCKA, Eckehard, Hrsg.: *'Die in dem alten Haus der Sprache wohnen'. Beiträge zum Sprachdenken in der Literaturgeschichte. Helmut Arntzen zum 60. Geburtstag.* Münster: Aschendorff, 1991, 609 S. [Mit Beiträgen von: K. Abels, # 91.2 - W. Emrich, # 91.51 - M. Kamata, # 91.123 - U. Karthaus, # 91.126 - R. Scheer/A. Seppi, # 91.199].

91.34   D'INA, Grazia: *Th. M. e la politica nei Tagebücher del 1918-1921.* Dissertation, Università degli studi di Palermo, 1991/1992, 107 S. [*Betrachtungen eines Unpolitischen*. - Tagebücher].

91.35   DAU-SCHMIDT, Wiebke: Brüderlichkeit als Schicksal. In: *Der Literat*, Jg. 33, Nr. 7 (1991), S. 9-11. [Betr. das Heinrich und Th. M.-Kolloquium in Lübeck].

91.36   DEDNER, Burghard: Satire Prohibited: Laughter, Satire, and Irony in Th. M's Oeuvre. In: Reinhold Grimm, und Jost Hermand, Hrsg.: *Laughter Unlimited. Essays on Humor, Satire, and the Comic.* Madison: University of Wisconsin Press, 1991, S. 27-40. (= Monatshefte occasional volumes, 11).

91.37   DEMETZ, Peter: Introduction. In: Golo Mann: *Reminiscences and Reflections: Growing Up in Germany.* New York: W. W. Norton, 1991, S. IX-XIII. [Engl. Übs. von K. Winston. - Vgl. E von G. M., # 86.189].

91.38   DIEBOLD, Bernhard: Th. M. unter den Patriarchen. In: H. Wißkirchen, # 91.270, S. 123-128. [Vgl. E in # 33.26. - *Joseph und seine Brüder*].

91.39   DIEBOLD, Bernhard: Der Zweite Joseph-Roman von Th. M. In: H. Wißkirchen, # 91.270, S. 128-132. [Vgl. E in # 34.31. - *Der junge Joseph*].

91.40   DIERKS, Manfred: Traumzeit und Verdichtung. Der Einfluß der Psychoanalyse auf Th. M's Erzählweise. In: E. Heftrich/H. Koopmann, # 91.98, S. 111-137.

91.41   DIERKS, Manfred: 'Objektiv sind wir politisch': Heinrich und Th. M. in der Preußischen Akademie der Künste (1926-1933). In: *Heinrich Mann-Jahrbuch*, Bd. 9/1991 (1992), S. 199-215.

91.42   DIERKS, Manfred: *Doktor Faustus* and Recent Theories of Narcissism: New Perspectives. In: H. Lehnert/P. C. Pfeiffer, # 91.150, S. 33-54. [Übs. von P. C. P. - Vgl. G. Schwab, # 91.213].

91.43   DOBRICK, Barbara: Seelenqualen, Todessehnsucht und Erfolg. In: *Deutsches Allgemeines Sonntagsblatt*, Jg. 44, Nr. 41 (11. Oktober 1991), S. 37. [Rez. von M. Krüll, # 91.139].

91.44   DOTZLER, Bernhard J.: *Der Hochstapler: Th. M. und die Simulakren der Literatur.* München: W. Fink, 1991, 154 S. (= Materialität der Zeichen, Reihe A, Bd. 5) [Rez.: M. Dierks, # 93.48 - R. Mehring, # 92.184 - H. R. Vaget, # 93.296. - *Felix Krull*].

91.45   DRIJARD, A.: Rez. von A. Ruchat, # 89.232. In: *EG*, Jg. 46 (1991), S. 257-258.

91.46   EBEL, Uwe: *Die Kunst als Welt der Freiheit. Studien zur Werkstruktur und Werkabsicht bei Th. M.* Metelen/Steinfurt: DEV, 1991, 212 S. (= Wissenschaftliche Reihe, 4) [Rez.: I. v. d. Lühe, # 93.179. - *Buddenbrooks - Bilse und ich - Von Deutscher Republik* - G. Brandes].

91.47   EDER, Jürgen: Th. M's Exiljahre. Chronologische Übersicht. In: R. Frankenberger, # 91.63, S. 14-17.

91.48   EILERT, Heide: *Das Kunstzitat in der erzählenden Dichtung. Studien zur Literatur um 1900.* Stuttgart: F. Steiner, 1991, 378 S. [Habil., Univ. München, 1989. - Rez.: C. Francis, # III.93.7 - J. Viering, # III.93.18 - H. Mann - Th. M.].

91.49   EISENHAUER, Gregor: 'Ein Taschendieb der Herzen'. Zur Kunstform der witzigen Rede in Th. M's Josephsroman. In: *Literaturwissenschaftliches Jahrbuch,* N. F., Bd. 32 (1991), S. 217-250. [*Joseph und seine Brüder*].

91.50   EL-KAYATI, Ahmed: *Th. M's Tetralogie Joseph und seine Brüder als Reflexion der Frühgeschichte der Menschheit.* Dissertation, Freie Universität Berlin, 1991, 271 S.

91.51   EMRICH, Wilhelm: Th. M. spricht. Ein kritischer Beitrag zur Krise des Bürgertums. In: E. Czucka, # 91.33, S. 297-299. [Vgl. E in # 31.23. - Politik].

91.52   ERBER, Michael, Berndt Herrmann, und Christina Strobel: Die Zeitungsausschnittsammlung in der Sammlung Klaus W. Jonas/Ilsedore B. Jonas. In: R. Frankenberger, # 91.63, S. 29-33.

91.53   ESTERIK, Chris van: Aan een Nederlandse uitgever had niemand gedacht. In: *N.R.C Handelsblad,* Jg. 22, Nr. 4 (4. Oktober 1991), Literatur. [Rez. von F. H. Landshoff, # 91.144].

91.54   EXNER, Richard: Response to Brigitte Prutti. In: H. Lehnert/P. C. Pfeiffer, # 91.150, S. 113-118. [Vgl.: B. P., # 91.181].

91.55   FETZER, John F.: Melos-Eros-Thanatos and *Doktor Faustus.* In: H. Lehnert/P. C. Pfeiffer, # 91.150, S. 61-79. [Vgl. Antwort darauf von M. Schwab, # 91.214].

91.56   FEUCHTWANGER, Lion: Th. M. In: Harold von Hofe's, und Sigrid Washburn's, Ausg. von L. F., *Briefwechsel mit Freunden 1933-1958.* Berlin: Aufbau, 1991, S. 182-184, 400-402, u.a.

91.57   FEWSTER, J. C.: Rez. von *Th. M. Jahrbuch,* Bd. 2, # 89.275. In: *Literature, Music, Fine Arts,* Jg. 24, Nr. 1/2 (1991), S. 19-20.

91.58   FICKERT, Kurt: Rez. von J. F. Fetzer, # 90.83. In: *German Studies Review,* Jg. 14, Nr. 2 (1991), S. 426-427.

91.60   FISCHER, S., Verlag: Verlagsankündigung des Fischer Verlags. Th. M.: *Joseph und seine Brüder*. Soeben erschienen: Der erste Roman: *Die Geschichten Jaakobs*. Oktober 1933. In: H. Wißkirchen, # 91.270, S. 118.

91.61   FOSTER, John B.: Dostoevsky Versus Nietzsche in the Work of Andrej Belyj and Th. M. In: *Mosaic*, Jg. 24, Nr. 2 (Frühjahr 1991), S. 109-129.

91.62   FRANKE, Peter R.: Der Tod des Hans Hansen: Unbekannte Dokumente aus der Jugend von Th. M. In: P. R. F., *Th. M. Unbekannte Dokumente aus seiner Jugend*. Saarbrücken: Landesbank Saar Girozentrale, 1991, 24 S. [Katalog zur gleichnamigen Ausstellung vom 2.-20. September 1991 in Saarbrücken].

91.63   FRANKENBERGER, Rudolf, Hrsg.: *Th. M. im amerikanischen Exil 1938-1952. Begleitheft zur Ausstellung der Universitätsbibliothek und des Lehrstuhls für Neuere Deutsche Literaturwissenschaft. Mit Material aus der Sammlung Jonas*. Augsburg, 1991, 36, XXIV S. [Inhalt: J. Eder, # 91.47 - Erber/Herrmann/Strobel, # 91.52 - K. W. Jonas, # 91.119 - H. Koopmann, # 91.133 - G. Stumpf, # 91.231].

91.64   FREY, Erich A.: Response to Egon Schwarz. In: H. Lehnert/P. C. Pfeiffer, # 91.150, S. 141-143. [Vgl. E. S., # 91.215].

91.65   FRIZEN, Werner: 'Venus Anadyomene'. In: E. Heftrich/H. Koopmann, # 91.98, S. 189-223. [Joseph-Tetralogie].

91.66   FRÜHWALD, Wolfgang: Romantische Sehnsucht und Liebestod in Richard Wagners Oper *Tristan und Isolde*. In: Wolfgang Böhme, Hrsg.: *Liebe und Erlösung. Über Richard Wagner*. Karlsruhe, 1991. (= Herrenalber Texte, Bd. 48).

91.67   FULLENWIDER, Henry F.: Adrian Leverkühn's Corrupt Diction in Th. M's *Doktor Faustus*. In: *Neophilologus*, Jg. 75, Nr. 4 (1991), S. 581-590.

91.68   FURST, Lilian R.: Reading 'Nasty' Great Books. In: Virgil Nemoianu, und Robert Royal, Hrsg.: *The Hospitable Canon. Essays on Literary Play, Scholarly Choice, and Popular Pressures*. Philadelphia, u. a.: Benjamins, 1991, S. 39-51. (= Cultura Ludens, 4) [G. Flaubert: *Madame Bovary* - Th. M.: *Der Tod in Venedig*].

91.69   FURST, Lilian R.: Re-Reading *Buddenbrooks*. In: *GLL*, N. S., Jg. 44, Nr. 4 (Juli 1991), S. 317-329. [Vgl. # 92.59].

91.70   GATTERMANN, Günter, Hrsg., in Zusammenarb. mit Elisabeth Niggemann: *Katalog der Th.-M.-Sammlung. Universitätsbibliothek Düsseldorf*. Bern: A. Francke, 1991. [Bd. 1-6: Alphabetischer Katalog, 2650 S. - Bd. 7-8: Sachkatalog nach Themen, 851 S. - Bd. 9: Sachkatalog nach Werken, 476 S. - Rez.: K. W. Jonas, # 92.126, # 93.127, # 94.104 - H. A. Koch, # 94.117 - U. Karthaus, # 92.131].

91.71   GELBER, Mark H., und Sheba Beer: Indifferentism, Anti-Semitism, the
        Holocaust and Zionism: Th. M. and Max Brod. In: *Tel Aviver Jahrbuch für deut-
        sche Geschichte*, Bd. 20 (1991), S. 327-337.

91.72   GILLESPIE, Gerald: Educational Experiment in Th. M. In: James Hardin, Hrsg.:
        Reflection and Action: Essays on the Bildungsroman. Columbia, SC: University of
        South Carolina Press, 1991, S. 362-381. [Rez.: H. Eichner, # 93.56. - *Der Zauber-
        berg - Felix Krull*].

91.73   GOEBEL-SCHILLING, Gerhard: Zur Topopoetik Heinrich und Th. M's anläßlich
        Palestrinas. In: *Heinrich Mann-Jahrbuch*, Bd. 9/1991 (1992), S. 9-15. [*Doktor
        Faustus*].

91.74   GÖRNER, Eberhard, Hrsg.: *Dokumentation der Presse-Reaktionen zur Verfilmung
        von Th. M's Der kleine Herr Friedemann*. Berlin, 1991. [Inhalt: E. Görner, # 91.75
        - E. Heftrich, # 91.94 - A. Nehring, # 91.167 - K. Winter, # 91.267].

91.75   GÖRNER, Eberhard: Ein bissel Angst vor Th. M.: Der Regisseur Peter Vogel im
        Gespräch mit Eberhard Görner In: # 91.74.

91.76   GÖRNER, Eberhard: Hamletzeit: Mit Ulrich Müller sprach Eberhard Görner In:
        Film und Fernsehen, Jg. 19, Nr. 2 (Februar 1991), S. 12-15. [Betr. Verfilmung von
        Der kleine Herr Friedemann].

91.77   GÖSSMANN, Wilhelm: Th. M. In: W. G., *Welch ein Buch! Die Bibel als Weltlitera-
        tur*. Stuttgart: Radius, 1991, S. 103-108. (= Radius-Bücher) [*Joseph und seine
        Brüder - Das Gesetz*].

91.78   GOLKA, Friedemann W.: *Die biblische Josefsgeschichte und Th. M's Roman*. Ol-
        denburg: Bibliotheks- und Informationssystem der Universität, 1991, 27 S. (=
        Oldenburger Universitätsreden, Nr. 45) [*Joseph und seine Brüder*].

91.79   GRIBOMONT, Marie: Le Train immobile de Frédérick Tristan et La Mort à Venise
        de Th. M. In: *Les Lettres Romanes*, Jg. 45, Nr. 3 (1991), S. 231-235. [*Der Tod in
        Venedig*].

91.80   GRIESER, Dietmar: Bauschan und die anderen. Th. M.: *Herr und Hund*. In: D.
        G., *Im Tiergarten der Weltliteratur. Auf den Spuren von Kater Murr, Biene Maja,
        Bambi, Möwe Jonathan und den anderen*. München: Langen Müller, 2. Aufl.,
        1991, S. 47-58.

91.81   GRIMM, Christian: *Zum Mythos Individualstil. Mikrostilistische Untersuchungen zu Th. M.* Würzburg: Königshausen & Neumann, 1991, 312 S. (= Würzburger Beiträge zur deutschen Philologie, Bd. 6) [Zugl.: Diss., Univ. Würzburg, 1989].

91.82   GRÜNZWEIG, Walter: Eros als Staatsschöpfer: Whitmanrezeption 1918-1933. In: W. G., *Walt Whitmann: Die deutschsprachige Rezeption als interkulturelles Phänomen.* München: W. Fink, 1991, S. 119-130.

91.83   GRÜNZWEIG, Walter: 'The Present Greatness of Whitman': Whitman im Dritten Reich und Exil (1933-1945). In: # 91.82, S. 131-137.

91.84   GUTIERREZ MOUAT, Ricardo: Aesthetics, Ethics, and Politics in Donoso's *El jardin de al lado.* In: *PMLA,* Jg. 106, Nr. 1 (1991), S. 60-70. [*Der Tod in Venedig - Der Zauberberg*].

91.85   HAARMANN, Hermann: *... nur meines Kummers Gewalt sänftigen können sie nicht. Seit ich die Heimat verließ ...*: Exil, Exilliteratur und Exilpublizistik. In: *Internationales Archiv für Sozialgeschichte der deutschen Literatur,* Jg. 16, Nr. 1 (1991), S. 79-93.

91.86   HÄRLE, Gerhard: Selbstmord, Inzest, Morphium. Marianne Krüll über die Tragik der Familie Mann: *Im Netz der Zauberer.* In: *Frankfurter Rundschau,* Jg. 47, Nr. 300 (28. Dezember 1991), Zeit und Bild, S. 6. [Rez. von M. Krüll, # 91.139. - Vgl. # 93.84].

91.87   HAKE, Thomas: Theaterwelt und 'tiefes Reich'. Beobachtungen zur Erzähl- und Bedeutungsstruktur von Th. M's Novelle *Wälsungenblut.* In: *Literatur in Wissenschaft und Unterricht,* Jg. 24, Nr. 4 (1991), S. 287-305.

91.88   HALDIMANN, Eva: An der Bruchlinie zwischen Ost und West: Zu Péter Nádas' *Buch der Erinnerung.* In: *NZZ,* Jg. 212, Nr. 277 (28. November 1991), S. 27. [Rez. von P. N., # 91.166].

91.89   HAMBURGER, Käte: Zu Th. M's Schiller-Bild. Eine Dankrede aus Anlaß der Verleihung des Schiller-Preises am 10. November 1989 in Stuttgart. In: *Zeitschrift für Literaturwissenschaft und Linguistik,* Jg. 21, Nr. 83 (1991), S. 124-129. [*Versuch über Schiller*].

91.90   HANSEN, Volkmar: Atom, Tiefsee, Weltall. Ratlosigkeit des Menschengeschlechts bei Th. M. In: E. Iwasaki, Bd. 9, # 91.13, S. 189-198. [Naturwissenschaft].

91.91   HANSEN, Volkmar: Rez. von H. Koopmann, # 90.157. In: *Deutsche Bücher,* Jg. 21, Nr. 4 (1991), S. 278-281.

91.92   HANSEN, Volkmar: 'Where I am, there is Germany'. Th. M's Interview vom 21.
        Februar 1938 in New York. In: Martin Stern, Hrsg.: *Textkonstruktion bei münd-
        licher und schriftlicher Überlieferung: Autor- und werkbezogene Referate.*
        Tübingen: M. Niemeyer, 1991, S. 176-188. [Basler Editoren-Kolloquium, 19.-22.
        März 1990].

91.93   HANSEN, Volkmar: Die Kritik der Modernität bei Th. M. In: *Th. M. Jahrbuch*,
        Bd. 4 (1991), S. 145-160.

91.94   HEFTRICH, Eckhard: *Der kleine Herr Friedemann*: Ein Modell. In: E. Görner, #
        91.74.

91.95   HEFTRICH, Eckhard: Vom höheren Abschreiben. In: E. H./H. Koopmann, #
        91.98, S. 1-20. [*Doktor Faustus*].

91.96   HEFTRICH, Eckhard: Potiphars Weib im Lichte von Wagner und Freud. Zu
        Mythos und Psychologie im Josephsroman. In: *Th. M. Jahrbuch*, Bd. 4 (1991), S.
        58-74.

91.97   HEFTRICH, Eckhard, und Hans Wysling: Vorwort. In: *Th. M. Jahrbuch*, Bd. 4
        (1991), S. 8.

91.98   HEFTRICH, Eckhard, und Helmut Koopmann, Hrsg.: *Th. M. und seine Quellen.
        Festschrift für Hans Wysling.* Frankfurt a. M.: V. Klostermann, 1991, 319 S.
        [Inhalt: M. Dierks, # 91.40 - W. Frizen, # 91.65 - E. H., # 91.95 - H. K., # 91.134
        - H. Kurzke, # 91.142 - H. Lehnert, # 91.147 - P. Pütz, # 91.182 - T. J. Reed, #
        91.184 - H.-J. Sandberg, # 91.195 - H. Siefken, # 91.218 - T. Sprecher, # 91.223 -
        H. R. Vaget, # 91.249 - R. Wimmer, # 91.266. - Rez.: M. Maar, # 92.172].

91.99   HEILMAN, Robert B.: Variations on Picaresque: Th. M's *Felix Krull*. In: R. B.
        H., *The Workings of Fiction.* Columbia, u. a.: University of Missouri Press, 1991,
        S. 3-25. [Vgl. E in # 58.54, # 64.83 - vgl. dt. Text in # 69.114. - *Felix Krull*].

91.100 HEIN, Christoph: Zwei Sätze zu Th. M. In: C. H., *Öffentlich arbeiten: Essais und
        Gespräche.* Berlin: Aufbau, 3. Aufl., 1991, S. 66-69. [Vgl. E in # 87.119].

91.101 HELBLING, Hanno: Werknotizen Th. M's. Die erste Hälfte einer Edition. In:
        NZZ, Jg. 212, Nr. 117 (24. Mai 1991), S. 27. [Rez. von H. Wysling/Y. Schmid-
        lin, # 91.276].

91.102 HELLER, Luis M. Linés: *Arte y conocimiento en la obra tardía de Th. M.* Disserta-
        tion, Universitat Barcelona, 1991, 2 Mikrofiches. [*Doktor Faustus - Der Erwählte
        - Die Betrogene - Felix Krull* - Kunst].

91.103 HERMES, Eberhard: *Th. M. Der Tod in Venedig.* Stuttgart, u. a.: E. Klett, 2. Aufl., 1991, 101 S. (= Klett Lektürehilfen) [Vgl. E in # 87.121].

91.104 HERZOG, Michael: Th. M. und sein 'Intimfeind' Wilhelm Herzog. In: *Literatur in Bayern*, Nr. 25 (September 1991), S. 39-46. [Mit Briefen Th. M's an W. H.].

91.105 HESS-LÜTTICH, Ernest W. B., und Susan A. Liddell: Medien-Variationen. Aschenbach und Tadzio in Th. M's *Der Tod in Venedig*, Luchino Viscontis *Morte a Venezia*, Benjamin Brittens *Death in Venice.* In: *Kodikas*, Jg. 14, Nr. 1/2 (Januar/Juni 1991), S. 145-161. [Vgl. E in # 90.123. - *Der Tod in Venedig*].

91.106 HILLESHEIM, Jürgen: Der Schritt ins Exil. Th. M's Rede *Leiden und Größe Richard Wagners.* In: *Exil*, Jg. 11, Nr. 1 (1991), S. 30-40.

91.107 HILSCHER, Eberhard: Unser täglich Blatt gib uns heute. Soeben erschien ein neuer Tagebuchband von Th. M. In: *Berliner Zeitung*, Jg. 47, Nr. 294 (18. Dezember 1991), Feuilleton, S. 17. [Rez. von I. Jens, # 91.115].

91.108 HINCK, Walter: Die Rettungsstation. Büchermacher aus dem Nichts: Der große Exilverleger Fritz H. Landshoff. In: *FAZ*, Jg. 43, Nr. 208 (7. September 1991), Literatur-Seite. [Rez. von F. H. L., # 91.144].

91.109 HOFER, Hermann: Im Schattenkampf waren die zwei Brüder Meister. Abschluß des Mann-Kolloquiums: 'Einheitsseligkeit' ironisiert. In: *Lübecker Nachrichten*, Jg. 46, Nr. 109 (12. Mai 1991), S. 12.

91.110 HOFFMANN, Fernand: Die 'kalten Morde' Th. M's. In: *Germanistik*, Nr. 2 (1991), S. 73-107. (= Publication du Centre Universitaire de Luxembourg)

91.111 HOFSTAETTER, Ulla: 'Dämonische Dichter': Die literarischen Vorlagen für Adrian Leverkühns Kompositionen im Roman *Doktor Faustus.* In: H. Wißkirchen, # 91.268, S. 146-188. [Anhang: Übersicht über die literarischen Vorlagen für Adrian Leverkühns Kompositionen im *Doktor Faustus*, S. 185-188].

91.112 HOVEN, Heribert: Nachwort. In seiner Ausg. von Erika und Klaus Mann: *Escape to Life. Deutsche Kultur im Exil.* München: edition spangenberg im Ellermann-Verlag, 1991, S. 402-411. [Vgl. E. und K. M., # 91.160].

91.113 IWASAKI, Eijiro, Hrsg.: *Begegnung mit dem 'Fremden': Grenzen - Traditionen - Vergleiche. Akten des VIII. Internationalen Germanistenkongresses, Tokyo 1990.* München: Iudicium, 1991, 12 Bde. [Mit Beiträgen von: V. Hansen, # 91.90 - B. B. Kulkarini, # 91.140 - A. Mádl, # 91.159 - H.-J. Schlütter, # 91.202 - A. Stephan, # 91.225 - K. Suzaki, # 91.232 - M. Vuillaume, # 91.253 - J. Watrak, # 91.256].

91.114 JASPER, Willi: Autorenschicksale im Exil. Lion Feuchtwangers Briefwechsel. In:
       NZZ, Jg. 212, Nr. 233 (8. Oktober 1991), S. 28. [Th. M's Briefwechsel mit L.
       Feuchtwanger. - Politik - Exil].

91.115 JENS, Inge: Vorwort. In ihrer Ausg. von Th. M., *Tagebücher 1949-1950*.
       Frankfurt a. M.: S. Fischer, 1991, S. V-XVIII. [Rez.: I. A. Chiusano, # 92.26 - G.
       Härle, # 92.70, # 93.84 - H. Helbling, # 92.85 - E. Hilscher, # 91.107 - R. Hoch-
       huth, # 92.95 - H. Kesting, # 92.133 - B. Kiesewetter, # 92.135 - G. Kluge, #
       93.140 - T. Krause, # 92.148 - H. Lehnert, # 93.171 - M. Maar, # 93.183 - T.
       Meier-Ewert, # 92.185 - W. Mommert, # 92.190 - G. Nawe, # 92.194 - P. F.
       Proskauer, # 92.216 - S. Rahner, # 92.219 - M. Reich-Ranicki, # 92.226 - A. v.
       Schirnding, # 92.258 - E. Seybold, # 92.273 - C. Stopka, # 91.228 - G. Wenzel, #
       93.307 - A. C. Zijderveld, # 93.323].

91.116 JENS, Walter: *Der Erwählte*. Über Th. M. und seinen Roman. In: *Th. M. Jahr-
       buch*, Bd. 4 (1991), S. 89-98.

91.117 JENS, Walter: Th. M.: *Joseph, der Ernährer*. In: H. Wißkirchen, # 91.270, S. 138-
       140. [Vgl. E in # 49.140].

91.118 JONAS, Klaus W.: Illustrierte Th.-M.-Ausgaben. Ein Überblick. In: *Aus dem An-
       tiquariat*, Nr. 5 (31. Mai 1991), S. A177-A184. (= Beilage zum *Börsenblatt für den
       Deutschen Buchhandel. Frankfurter Ausgabe*, Jg. 47, Nr. 43) [Mit Schwerpunkt auf
       der von H. Werres illustrierten, von H. K. Matussek verlegten Ausgabe von Th.
       M., *Der Tod in Venedig*].

91.119 JONAS, Klaus W.: Entstehung und Aufgaben der Sammlung. In: R. Frankenber-
       ger, # 91.63, S. 18-21.

91.120 JONAS, Klaus W.: Auf den Spuren Th. M's. Kleiner Wegweiser durch deutsche
       Forschungs- und Gedenkstätten. In: *Imprimatur*, N. F., Bd. 14 (1991), S. 199-
       228. [Kurzfassung in: *Deutsches Allgemeines Sonntagsblatt*, Jg. 44, Nr. 22 (31. Mai
       1991), Essay, S. 14 - sowie in: *Aufbau*, Jg. 67 (13. September 1991), S. 16-17].

91.121 KÄSTNER, Hans-Gerd: Brüderlich vereint. Lübecker Kolloquium über Heinrich
       und Th. M. In: *Augsburger Allgemeine Zeitung*, Jg. 47/140, Nr. 109 (13. Mai
       1991), Kultur, S. 15.

91.122 KALKSCHMIDT, Eugen: Th. M. schreibt biblische Geschichte. In: H. Wißkir-
       chen, # 91.270, S. 132-134. [*Die Geschichten Jaakobs*].

91.123 KAMATA, Michio: Erzählender Geist oder reflektierte Subjektivität? Zu Th. M's
       Zauberberg und Robert Musils *Mann ohne Eigenschaften*. In: E. Czucka, # 91.33,
       S. 323-334.

91.124 KARASEK, Hellmuth: Der Schock, ein anderer zu sein. Über die Homosexualität Th. M's. In: *Der Spiegel*, Jg. 45, Nr. 46 (11. November 1991), S. 317, 320-322. [Rez. von K. W. Böhm, # 91.19].

91.125 KARASEK, Hellmuth: *Königliche Hoheit*. In: *Th. M. Jahrbuch*, Bd. 4 (1991), S. 29-44.

91.126 KARTHAUS, Ulrich: Überlegungen zur Sprache Th. M's. In: E. Czucka, # 91.19, S. 301-310.

91.127 KENOSIAN, David M.: The Labyrinth. A Spatial Paradigm in Kafka's *Prozeß*, Hesse's *Steppenwolf*, and Mann's *Zauberberg*. Dissertation. In: *DAI*, Jg. 52, Nr. 3 (1991), S. 932As.

91.128 KLESSMANN, Eckart: *Lotte in Weimar*. In: *Th. M. Jahrbuch*, Bd. 4 (1991), S. 45-57.

91.129 KÖHLER, Joachim: 'Volle Potenz'. In: *Stern*, Jg. 44, Nr. 24 (6. Juni 1991), S. 218, 220. [Vgl. Leserbrief von F. Westermeier, # 91.262].

91.130 KOEPKE, Wulf: Rez. von E. Timm, # 89.277. In: *GQ*, Jg. 64 (1991), S. 246-247.

91.131 KOMAROMI, Sándor: Th. M. In: S. K., *Rezeption der deutschsprachigen Literatur in Ungarn 1945-1980, Bd. 3*. Budapest, 1989 und 1991, 3 Bde., S. 101-128. (= Studia Philologica Moderna, Bd. 6).

91.132 KOMMER, Björn R.: Lübeck in der Frühzeit von Heinrich und Th. M. In: *Heinrich Mann-Jahrbuch*, Bd. 9/1991 (1992), S. 149-158.

91.133 KOOPMANN, Helmut: Th. M. in Amerika. In: R. Frankenberger, # 91.63, S. 3-13.

91.134 KOOPMANN, Helmut: Aneignungsgeschäfte. Th. M. liest Eckermanns Gespräche mit Goethe. In: E. Heftrich/H. K., # 91.98, S. 21-47.

91.135 KOOPMANN, Helmut: Ein Rückblick auf eine feindliche Brüderschaft und eine Antwort auf Th. M's *Buddenbrooks*. In: *Heinrich Mann-Jahrbuch*, Bd. 9/1991 (1992), S. 51-74.

91.136 KOOPMANN, Helmut: *Doctor Faustus*. A History of German Introspection? In: H. Lehnert/P. C. Pfeiffer, # 91.150, S. 17-31. [Übs. von T. Dutoit. - Vgl. E des deutschen Textes in # 89.134. - Vgl. Antwort darauf in: H. L., # 91.148].

91.137 KOOPMANN, Helmut: Der Schluß des Romans *Berlin Alexanderplatz* - eine Antwort auf Th. M's *Zauberberg*? In: Werner Stauffacher, Hrsg.: *Internationale*

Alfred-Döblin-Kolloquien. Münster, 1989, Marbach a. N., 1991. Bern, u. a.: P.
Lang, 1993, S. 179-191. (= *Jahrbuch für Internationale Germanistik*, Reihe A, Bd.
33).

91.138 KRAUSE, Tilman: Das Pensum der frühen Jahre. Die letzte Veröffentlichung aus
        Th. M's Nachlaß. In: *Der Tagesspiegel* (21. Juli 1991). [Rez. von H. Wysling/Y.
        Schmidlin, # 91.276].

91.139 KRÜLL, Marianne: *Im Netz der Zauberer. Eine andere Geschichte der Familie
        Mann.* Zürich: Arche, 1991, 473 S. [3 Beilagen. - Vgl. # 93.157. - Rez.: S. Cramer,
        # 92.27 - B. Dobrick, # 91.43 - G. Härle, # 91.86, # 93.84 - E. Heftrich, # 92.84 -
        H. Helbling, # 92.86 - H. Lehnert, # 93.172 - U. März, # 92.173 - W. Mommert,
        # 92.190 - W. Paulsen, # 92.207 - M. Schädlich, # 92.246 - A. v. Schirnding, #
        92.253 - H. Schultheiss, # 92.272 - H. R. Vaget, # 94.234 - G. Wenzel, # 93.306 -
        H. Wißkirchen, # 92.324].

91.140 KULKARINI, Barbara B.: Die Darstellung des Eigenen im Kostüm des Fremden.
        Variationen eines indischen Märchenmotivs in Goethes 'Paria-Trilogie' und Th.
        M's *Die vertauschten Köpfe.* In: E. Iwasaki, Bd. 10, # 91.113, S. 64-70. [J. W. v.
        Goethe: *Die drei Paria* - Th. M.: *Die vertauschten Köpfe*].

91.141 KURZKE, Hermann: *Th. M.: Epoche-Werk-Wirkung.* München: C. H. Beck, 2.,
        überarb. Aufl., 1991, 349 S. (= Arbeitsbücher zur Literaturgeschichte) [Vgl. E in
        # 85.155].

91.142 KURZKE, Hermann: Dostojewski in den *Betrachtungen eines Unpolitischen.* In: E.
        Heftrich/H. Koopmann, # 91.98, S. 138-151.

91.143 KURZKE, Hermann: Selbstbewußtsein und Wirkungsbewußtsein bei Heinrich
        und Th. M.: Beobachtungen zu ihrem Briefwechsel. In: *Heinrich Mann-Jahrbuch*,
        Bd. 9/1991 (1992), S. 183-198.

91.144 LANDSHOFF, Fritz H.: Th. M. In: F. H. L., *Amsterdam, Keizersgracht 333.
        Querido Verlag. Erinnerungen eines Verlegers.* Berlin, u. a.: Aufbau, 1991, S. 23,
        24, 32, u. a. [Rez.: C. van Esterik, # 91.53 - W. Hinck, # 91.108 - F. J. Raddatz, #
        91.183].

91.145 LANGER, Anneliese: *Zeit- und Kulturkritik: Wolfgang Koeppen über Th. M. Unter-
        suchung zu Stil und Struktur in Tauben im Gras und Der Tod in Rom.*
        Dissertation, University of Cincinnati, 1991, 283 S.

91.146 LEHMANN, Hartmut, und James J. Sheehan, Hrsg.: Th. M. In: *An Interrupted
        Past: German-Speaking Refugee Historians in the United States after 1933.* Cam-
        bridge, u. a.: The Cambridge University Press, 1991.

91.147 LEHNERT, Herbert: Das Chaos und die Zivilisation, das Exil und die Fiktion: Th. M's *Meerfahrt mit Don Quijote*. In: E. Heftrich/H. Koopmann, # 91.98, S. 152-172.

91.148 LEHNERT, Herbert: Introduction. Interdeterminacy of the Text and the Historical Horizon. In: H. L./P. C. Pfeiffer, # 91.150, S. 1-15. [Vgl. H. Koopmann, # 91.136, S. 17-31. - *Doktor Faustus*].

91.149 LEHNERT, Herbert, und Eva Wessell: *Nihilismus der Menschenfreundlichkeit, Th. M's 'Wandlung' und sein Essay Goethe und Tolstoi*. Frankfurt a. M.: V. Klostermann, 1991, 255 S. (= Th.-M.-Studien, Bd. 9) [Rez.: U. Karthaus, # 92.130].

91.150 LEHNERT, Herbert, und Peter C. Pfeiffer, Hrsg.: *Th. M's Doktor Faustus. A Novel at the Margin of Modernism*. Columbia, SC: Camden House, 1991, X, 225 S. (= Studies in German Literature, Linguistics, and Culture, Bd. 49) [Inhalt: E. Bahr, # 91.11 - M. Dierks, # 91.42 - R. Exner, # 91.54 - J. F. Fetzer, # 91.55 - E. A. Frey, # 91.64 - H. Koopmann, # 91.136 - H. L., # 91.148 - H. L./P. C. P., # 91.151 - J. K. Lyon, # 91.157 - H. Mundt, # 91.165 - B. Prutti, # 91.181 - H. J. Schneider, # 91.205 - G. Schwab, # 91.213 - M. Schwab, # 91.214 - E. Schwarz, # 91.215 - H. R. Vaget, # 91.250 - D. E. Wellbery, # 91.259. - Rez.: D. W. Adolphs, # 91.3 - S. R. Cerf, # 92.25 - A. Classen, # 91.30 - M. W. Roche, # 93.231 - S. v. Rohr Scaff, # 92.245 - H. Siefken, # 93.273 - R. Speirs, # 92.279].

91.151 LEHNERT, Herbert, und Peter C. Pfeiffer: Foreword. In: # 91.150, S. VII-XI. [*Doktor Faustus*].

91.152 LENZ, Siegfried: *Buddenbrooks*. In: *Th. M. Jahrbuch*, Bd. 4 (1991), S. 21-28.

91.153 LEROY, Robert, und Eckart Pastor: Von Storm und anderen Erinnerungen. Frühe Texte von Th. M. und Arthur Schnitzler. In: R. L., und E. P., *Deutsche Dichtung um 1890: Beiträge zu einer Literatur im Umbruch*. Bern, u. a.: P. Lang, 1991, S. 333-353.

91.154 LINDENMANN, Jean: Aus zweiter Hand. In: *NZZ-Folio*, Jg. 212, Nr. 10 (Oktober 1991), S. 67. [Betr. F. Westermeier].

91.155 LINK, Jürgen: Nationale Konfigurationen, nationale 'Charakter-Dramen'. In: J. L., und Wulf Wülfing, Hrsg.: *Nationale Mythen und Symbole in der zweiten Hälfte des 19. Jahrhunderts. Strukturen und Symbole nationaler Identität*. Stuttgart: Klett-Cotta, 1991, S. 53-71. [*Betrachtungen eines Unpolitischen*].

91.156 LUBICH, Frederick A.: 'Fascinating Fascism': Th. M.'s *Das Gesetz* und seine Selbst(de)montage als Moses-Hitler. In: *German Studies Review*, Jg. 14, Nr. 3 (Oktober 1991), S. 553-573. [Vgl. # 90.189].

91.157 LYON, James K.: Response to Hannelore Mundt. In: H. Lehnert/P. C. Pfeiffer, # 91.150, S. 211-213. [Vgl. H. M., # 91.165].

91.158 MAAR, Michael: Palastanlage. Das Th.-M.-Handbuch. In: *FAZ*, Jg. 43, Nr. 142 (22. Juni 1991), Literatur. [Rez. von H. Koopmann, # 90.157].

91.159 MADL, Antal: Klassisch, aber fremd im eigenen Land: Goethe, Heine, Th. M. In: E. Iwasaki, Bd. 7, # 91.113, S. 81-88.

91.160 MANN, Erika, und Klaus Mann: Bildnis des Vaters. In Heribert Hoven's Ausg. von E. und K. M., *Escape to Life. Deutsche Kultur im Exil*. München: edition spangenberg im Ellerman-Verlag, 1991, S. 95-118. [Vgl. H. H., # 91.112. - Rez.: S. Cramer, # 92.27].

91.161 MANN, Julia: *Ich spreche so gern mit meinen Kindern. Erinnerungen, Skizzen, Briefwechsel mit Heinrich Mann*. Berlin, u. a.: Aufbau, 1991, 359 S. [Hrsg. von R. Eggert. - Rez.: M. Schädlich, # 92.247 - W. F. Schoeller, # 92.265 - G. Wenzel, # 93.306].

91.162 MANN, Klaus: Th. M. In Joachim Heimannsberg's, Peter Laemmle's, und Wilfried F. Schoeller's Ausg. von K. M., *Tagebücher 1940-1943*. München: edition spangenberg im Ellermann-Verlag, 1991, S. 29-32, 55-59, u. a. [Rez.: S. Cramer, # 92.27 - E. Hilscher, # 92.92 - B Matamoro, # 94.145 - U. Weinzierl, # 91.257].

91.163 MAYER, Hans: Th. M.: *Doktor Faustus*. In: H. M., *Die umerzogene Literatur. Deutsche Schriftsteller und Bücher 1945-1967*. Frankfurt a. M.: Suhrkamp, 1991, S. 62-65. (= Suhrkamp Taschenbuch, 1923).

91.164 MAYER, Hans: *Joseph, der Ernährer*: Über den Schlußband von Th. M's Epos. In: H. Wißkirchen, # 91.270, S. 142-145. [Vgl. E in # 49.196].

91.165 MUNDT, Hannelore: *Doctor Faustus* and Contemporary German Literature. In: H. Lehnert/P. C. Pfeiffer, # 91.150, S. 199-209. [Vgl. J. K. Lyon, # 91.157].

91.166 NADAS, Péter: *Buch der Erinnerung. Roman*. Berlin: Rowohlt, 1991, 1303 S. [Anregung zu dem Roman von Th. M's Biographie. - Aus dem Ungar. von H. Grosche. - Rez.: E. Haldimann, # 91.88].

91.167 NEHRING, Alfried: Dramaturgie eines Anfangs. In: E. Görner, # 91.74.

91.168 NEUMANN, Bernd: Paradigmawechsel. Vom Erzählen über die Identitäts-Findung zum Finden der Identität durch das Erzählen: Goethe (1822), Th. M. (1910) und Bernhard Blume (1985). In: *Edda*, Jg. 91, Nr. 2 (1991), S. 99-108.

91.169 ØHRGAARD, Per: Forord. In: Th. M., *Loven*. København: Gyldendals Kulturbibliothek, 1991, S. 5-11. [Dänische Übs. von *Das Gesetz* durch V. Sørensen].

91.170 ORLIK, Franz: Th. M's 'Skizze' *Das Wunderkind* - ein Künstler und sein Publikum. In: *Wirkendes Wort*, Jg. 41, Nr. 1 (1991), S. 48-62.

91.171 ORLIK, Franz: *Wälsungenblut* und *Schwere Stunde*. Zwei Szenarien aus dem Jahre 1905 zum Thema der künstlerischen Produktion. In: H. Wißkirchen, # 91.268, S. 26-42.

91.172 OTTO, Wolf D.: Vom Zauber des Faschismus. Th. M's Faschismusdeutung in der Novelle *Mario und der Zauberer*. In: *Büchner und moderne Literatur*, Nr. 4 (1991), S. 189-204.

91.173 PACI, Enzo: *Kierkegaard e Th. M.*. Milano: Bompiani, 1991, xv, 281 S. [Rez.: R. Cristin, # 92.28].

91.174 PANNES, Beate: Für acht Groschen eine Rarität von Th. M. Literatur auf der Spur. In: *Kölner Stadt-Anzeiger* (20./21. April 1991), S. 3. [Über den Th. M.-Sammler U. Stephan].

91.175 PERIN, Vittorio: Orte und Typen einer kleinen Stadt der römischen Campagna um die Jahrhundertwende im Werk der Brüder Mann. In: *Heinrich Mann-Jahrbuch*, Bd. 9/1991 (1992), S. 17-27. [*Doktor Faustus* - Palestrina].

91.176 PEETERS, Carel: Grote Faust en kleine Faust: Over Th. M. In: C. P., *Echte Kennis: Essays over filosofie in literatuur*. Amsterdam: De Harmonie, 1991, S. 45-55. [*Doktor Faustus*].

91.177 PETERS-HIRT, Antje, und Wiebke Dau-Schmidt: Heinrich- und Th.-M.-Kolloquium in Lübeck. Das brüderliche Welterlebnis oder Brüderlichkeit als Schicksal. In: *Lübeckische Blätter*, Jg. 156, Nr. 12 (8. Juni 1991), S. 181-186. [Bericht über die Vorträge von P.-P. Schneider, H. Lehnert, H. R. Vaget, u. a.].

91.178 PETERSEN, Jürgen H.: Die Preisgabe des Erzählten als Fiktion: Th. M's *Joseph und seine Brüder* und Max Frischs *Mein Name sei Gantenbein*. In: J. H. P., *Der deutsche Roman der Moderne: Grundlegung-Typologie-Entwicklung*. Stuttgart: J. B. Metzler, 1991, S. 132-164. [Noch über Th. M.: S. 50, 58, 59, u. a.].

91.179 PFEIFFER, Peter C.: Rez. von G. Härle, # 88.82 - J. F. Fetzer, # 90.83. In: *Monatshefte*, Jg. 83, Nr. 4 (1991), S. 466-469.

91.180 PRODOLLIET, Ernest: Th. M. (1875-1955). In: E. P., *Das Abenteuer Kino. Der Film im Schaffen von Hugo von Hofmannsthal, Th. M. und Alfred Döblin*. Freiburg

(Schweiz): Universitätsverlag, 1991, S. 39-109. [Rez.: A. Combes, # 93.42. - *Buddenbrooks - Der Zauberberg - Doktor Faustus* - Hollywood].

91.181 PRUTTI, Brigitte: Women Characters in *Doctor Faustus*. In: H. Lehnert/P. C. Pfeiffer, # 91.150, S. 99-112. [Vgl. R. Exner, # 91.54. - *Doktor Faustus*].

91.182 PÜTZ, Peter: Verwirklichung durch 'lebendige Ungenauigkeit'. 'Joseph' von den Quellen zum Roman. In: E. Heftrich/H. Koopmann, # 91.98, S. 173-188. [*Joseph und seine Brüder*].

91.183 RADDATZ, Fritz J.: Amsterdam, Keizersgracht 333: Ein Stück Kulturgeschichte. In: *Die Zeit*, Jg. 46, Nr. 34 (16. August 1991), S. 45. [Rez. von F. H. Landshoff, # 91.144].

91.184 REED, Terence J.: Einfache Verulkung, Manier, Stil: Die Briefe an Otto Grautoff als Dokument der frühen Entwicklung Th. M's. In: E. Heftrich/H. Koopmann, # 91.98, S. 48-65.

91.185 REICH-RANICKI, Marcel: Über den *Erwählten* von Th. M. In: *Th. M. Jahrbuch*, Bd. 4 (1991), S. 99-108.

91.186 REICHEL, Jochen, Hrsg.: *Der Tod in Venedig. Ein Lesebuch zur literarischen Geschichte einer Stadt*. Berlin: Hensel, 1991, 187 S.

91.187 REIF, Jo-Ann: *Th. M's Doktor Faustus. Progress in Music: The Composer, the Composition, the Critic*. Dissertation, Columbia University, 1991, 246 S. [Resümee in: *DAI*, Jg. 52, Nr. 8 (Februar 1992), S. 2754A. - *Doktor Faustus* - T. W. Adorno - A. Schönberg].

91.188 RHEINLÄNDER, Jörg: Im Dienste der Utopie. Inge Jens über den späten Th. M. In: *Frankfurter Rundschau*, Jg. 47, Nr. 285 (9. Dezember 1991), S. 12.

91.189 ROSS, Jan: Zauberer in der Falle. Ein Kolloquium über Thomas und Heinrich Mann in Lübeck. In: *FAZ*, Jg. 43, Nr. 110 (14. Mai 1991), Feuilleton, S. 31.

91.190 ROSSELLIT, Jutta: Zwischen Bahr und Freud: Überlegungen zu Th. M's Prosaskizze *Vision*. In: H. Wißkirchen, # 91.268, S. 9-25.

91.191 RUDOLPH, Andrea: *Zum Modernitätsproblem in ausgewählten Erzählungen Th. M's*. Stuttgart: Akademischer Verlag, 1991, 234 S. (= Stuttgarter Arbeiten zur Germanistik, Nr. 225) [Diss., Univ. Leipzig, 1987. - Rez.: F. Orlik, # 94.163].

91.192 RUDOLPH, Elisabeth: Argumentative Strukturen in literarischen Dialogen. In: Elisabeth Feldbusch, Reiner Pogarell, und Cornelia Weiss, Hrsg.: *Neue Fragen der Linguistik. Akten des 25. Linguistischen Kolloquiums, Paderborn 1990, Bd. 2.* Tübingen: M. Niemeyer, 1991, S. 77-83. [*Joseph und seine Brüder*].

91.193 RUNGE, Doris: *Die Betrogene.* In: *Th. M. Jahrbuch*, Bd. 4 (1991), S. 109-118.

91.194 RŮŽIČKA, Rudolf: Schwer- und Unübersetzbares. Bemerkungen zur tschechischen und russischen Übs. von Th. M's *Doktor Faustus.* In: Reinhard Ibler, Hrsg.: *Festschrift für Erwin Wedel zum 65. Geburtstag.* München: Hieronymus, 1991, S. 355-361. (= Slavische Sprachen und Literaturen, 20).

91.195 SANDBERG, Hans-Joachim: 'Der fremde Gott' und die Cholera. Nachlese zum *Tod in Venedig.* In: E. Heftrich/H. Koopmann, # 91.98, S. 66-110.

91.196 SANDBERG, Hans-Joachim: Faschismuskritik als Selbstkritik bei Th. M. vor 1933 und im Exil. In: Stein Ugelvik Larsen, u. a., Hrsg.: *Fascism and European Literature - Faschismus und europäische Literatur.* Bern, u. a.: P. Lang, 1991, S. 115-128. [*Mario und der Zauberer - Doktor Faustus*].

91.197 SAUERMANN, Eberhard: Th. M. und die Deutschnationalen. Otto Grautoff als Faktor der Rezeptionssteuerung von Th. M's Frühwerk. In: *Internationales Archiv für Sozialgeschichte der deutschen Literatur*, Jg. 16, Nr. 1 (1991), S. 57-78.

91.198 SAUTERMEISTER, Gert: Th. M's Exilroman: *Lotte in Weimar.* In: Rolf Kluth, Hrsg.: *50 Jahre Bremer Ortsvereinigung der Goethe-Gesellschaft in Weimar, 1941-1991.* Bremen: Vorstand der Ortsvereinigung, 1991, S. 36-47.

91.199 SCHEER, Rainer, und Andrea Seppi: Etikettenschwindel? Die Rolle der Freimaurerei in Th. M's *Zauberberg.* In: H. Wißkirchen, # 91.268, S. 54-84. [Anhang: Freimaurer-Quellen zu *Der Zauberberg*: S. 79-84. - Auch in: E. Czucka, # 91.33, S. 54-78].

91.200 SCHEIFFELE, Eberhard: Die Joseph-Romane im Licht heutiger Mythos-Diskussion. In: *Th. M. Jahrbuch*, Bd. 4 (1991), S. 161-183. [*Joseph und seine Brüder*].

91.201 SCHIRNDING, Albert von: Im Dienst des Werks. Th. M's frühe *Notizbücher.* In: *SZ*, Jg. 47, Nr. 172 (27./28. Juli 1991), S. IV. [Rez. von H. Wysling/Y. Schmidlin, # 91.276].

91.202 SCHLÜTTER, Hans-Jürgen: Fragwürdiges in hochrangiger Prosa. Die parapsychologischen Motive in Rilkes *Aufzeichnungen...* und Th. M's *Zauberberg.* In: E. Iwasaki, Bd. 11, # 91.113, S. 177-183. [R. M. Rilke: *Die Aufzeichnungen des Malte Laurids Brigge*].

91.203 SCHMITZ, Brigitte: *'Gedankenfreiheit'* in Th. M's *Der Zauberberg.* Essen: Die Blaue Eule, 1991, 289 S. (= Literaturwissenschaft in der Blauen Eule, Bd. 7) [Diss., Univ. Düsseldorf, 1990].

91.204 SCHNEIDER, Heinrich: *Joseph, der Ernährer*. In: H. Wißkirchen, # 91.270, S. 140-142. [Vgl. E in # 50.170].

91.205 SCHNEIDER, Helmut J.: Response to Ehrhard Bahr, # 91.11. In: H. Lehnert/P. C. Pfeiffer, # 91.150, S. 161-166. [Vgl. E. B., # 91.11].

91.206 SCHNEIDER, Peter-Paul: 'Aber natürlich merkt kein Mensch es'. Heinrich Manns Roman *Die kleine Stadt* und seine Kritiker. In: *Heinrich Mann-Jahrbuch*, Bd. 9/1991 (1992), S. 29-49.

91.207 SCHNEIDER, Peter-Paul: 'Millionengestank'. Die Auseinandersetzung des jungen Heinrich Mann mit Lübeck als Lebensform. In: *Heinrich Mann-Jahrbuch*, Bd. 9/1991 (1992), S. 159-182.

91.208 SCHOELLER, Wilfried F.: Th. M. In: W. F. S., *Heinrich Mann: Bilder und Dokumente*. München: edition spangenberg im Ellermann-Verlag, 1991, S. 17-18, u. a. [Ausstellungskatalog].

91.209 SCHÖNAU, Walter: Literatuur en onttovering. In: Rien T. Segers, Hrsg.: *Visies op cultuur en literatuur. Opstellen naar aanleiding van het werk van J. J. A. Mooij*. Amsterdam: Rodopi, 1991, S. 203-209. [*Der Tod in Venedig*].

91.210 SCHÖNAU, Walter: Th. M. In: W. S., *Einführung in die psychoanalytische Literaturwissenschaft*. Stuttgart: J. B. Metzler, 1991. (= Sammlung Metzler, Bd. 259).

91.211 SCHUBERT, Bernhard: 'Der Bruch in meinem Leben ist eine törichte Fabel!' Zur Kontinuität in Th. M's politischem Denken. In: H. Wißkirchen, # 91.268, S. 43-53. [Politik].

91.212 SCHÜTTE, Gabi: Rez. von E. Timm, # 89.277. In: *Literatur in Wissenschaft und Unterricht*, Jg. 24 (1991), S. 355-356.

91.213 SCHWAB, Gabriele: Response to Manfred Dierks. In: H. Lehnert/P. C. Pfeiffer, # 91.150, S. 55-60. [Vgl. M. D., # 91.42. - *Doktor Faustus*].

91.214 SCHWAB, Martin: Response to J. F. Fetzer. In: H. Lehnert/P. C. Pfeiffer, # 91.150, S. 81-97. [Vgl. J. F. F., # 91.55].

91.215 SCHWARZ, Egon: The Jewish Characters in *Doctor Faustus*. In: H. Lehnert/P. C. Pfeiffer, # 91.150, S. 119-140. [Vgl. E. Frey, # 91.64].

91.216 SEGELCKE, Elke: Brüderliche Gegensätzlichkeit am Beispiel der Historie: Die Deutschlandproblematik in den 'Friedrich'-Projekten Thomas und Heinrich Manns. In: *Heinrich Mann-Jahrbuch*, Bd. 9/1991 (1992), S. 237-255.

91.217 SIEDLER, Wolf J.: Liebe als Erkenntnismittel. Das Glück des Sich-selbst-Wieder-findens: Th. M's literarische Essayistik. In: SZ, Jg. 47 (28./29. Dezember 1991), SZ am Wochenende.

91.218 SIEFKEN, Hinrich: Goethe 'spricht'. Gedanken zum siebenten Kapitel des Romans Lotte in Weimar. In: E. Heftrich/H. Koopmann, # 91.98, S. 224-248.

91.219 SIEFKEN, Hinrich: Rez. von F. Busch, # 87.39. In: MLR, Jg. 86 (1991), S. 250-251.

91.220 SIEFKEN, Hinrich: Rez. von Th. M. Jahrbuch, Bd. 2, # 89.275. In: MLR, Jg. 86 (1991), S. 529-530.

91.221 SIEFKEN, Hinrich: Rez. von J. F. Fetzer, # 90.83. In: MLR, Jg. 86, Nr. 4 (1991), S. 1052-1053.

91.222 SPRECHER, Thomas: Der Dichter spricht. In: Andrea Fischbacher-Bosshardt, Hrsg.: Identität und Identitätskrise. Eine Festgabe für Hans Wysling. Bern, u. a.: P. Lang, 1991, S. 75-100.

91.223 SPRECHER, Thomas: Schriftenverzeichnis Hans Wysling. In: E. Heftrich/H. Koopmann, # 91.98, S. 300-319.

91.224 SPRECHER, Thomas: Kein Abschied von Hans Wysling. In: Zürichsee-Zeitung, Nr. 267 (16. November 1991), S. 9.

91.225 STEPHAN, Alexander: 'Confidential Informant T 3 Reports ...': Klaus Mann und das FBI. In: E. Iwasaki, Bd. 8, # 91.113, S. 109-118.

91.226 STEPHAN, Alexander: Heinrich Mann: Die FBI-Akte. In: Weimarer Beiträge, Jg. 37, Nr. 6 (Juni 1991), S. 866-879.

91.227 STERN, Katherine E.: Feminine Artifice and the Fate of Man in Make-up. Wilde, Mann and Proust on the Problem of Male Metamorphosis. Dissertation, Princeton University, 1991. [Resümee in: DAI, Jg. 52, Nr. 1 (Juli 1991), S. 157A-158A. - M. Proust - O. Wilde].

91.228 STOPKA, Christoph: Th. M. und der Kellner. In: Bunte (21. November 1991), S. 28-32. [Rez. von I. Jens, # 91.115. - F. Westermeier].

91.229 STORCK, Joachim W.: René Schickele und Th. M. In: Adrien Finck, Alexander Ritter, und Marlyse Staiber, Hrsg.: René Schickele aus neuer Sicht. Beiträge zur deutsch-französischen Kultur. Hildesheim, u. a.: Olms, 1991, S. 189-213. (= Aus-landsdeutsche Literatur der Gegenwart, Bd. 24).

91.230 STOUPY, Joëlle: Wenn das Haus fertig ist, kommt der Tod. Bemerkungen über ein 'türkisches' Sprichwort in Texten des ausgehenden 19. Jahrhunderts (Hugo von Hofmannsthal, Th. M., Georg Brandes, Paul Bourget). In: *Hofmannsthal-Blätter*, Nr. 41/42 (1991/1992), S. 86-105.

91.231 STUMPF, Gerhard: Die Sammlung Klaus W. Jonas/Ilsedore B. Jonas an der Universität Augsburg. In: R. Frankenberger, # 91.63, S. 22-28.

91.232 SUZAKI, Keizo: Identitäts- und Differenzerfahrung bei Th. M. aus japanischer Sicht - Natur und Humanismus. In: E. Iwasaki, Bd. 6, # 91.113, S. 245-253.

91.233 SWALES, Martin: *Buddenbrooks. Family Life as the Mirror of Social Change.* Boston: Twayne Publishers, 1991, XIV, 127 S. (= Twayne's Masterwork Studies, Bd. 79) [Rez.: H. Lehnert, # 92.157].

91.234 TAMURA, Kazuhiko: Der Traum im Coupé erster Klasse: Th. M. und die Verkehrsmittel. In: *Forschungsberichte Germanistik*, Nr. 33 (1991), S. 81-86.

91.235 *Th. M. Jahrbuch*, Bd. 4: Frankfurt a. M.: V. Klostermann, 1991, 280 S. [Hrsg.: E. Heftrich, und H. Wysling - Redaktion u. Register: C. Bernini, N. Hess. - Inhalt: R. Baumgart, # 91.13 - G. d. Bruyn, # 91.24 - V. Hansen, # 91.93 - E. Heftrich, # 91.96 - W. Jens, # 91.116 - H. Karasek, # 91.125 - E. Kleßmann, # 91.128 - S. Lenz, # 91.152 - M. Reich-Ranicki, # 91.185 - D. Runge, # 91.193 - E. Scheiffele, # 91.200 - U. Weinzierl, # 91.258 - H. Wysling, # 91.275 - H. Wysling/T. Sprecher, # 91.277].

91.236 THOEMMES, Gisela M.: Unsere Grauen Schwestern. In: Helmut Siepenkort, Hrsg.: *Hundert Jahre Probsteikirche Herz-Jesu zu Lübeck*. Lübeck, 1991, S. 79-83. [*Buddenbrooks*].

91.237 THURNHER, Eugen: Th. M. In: *Vorarlberger Nachrichten* (2./3. Februar 1991), Das Buch. [Rez. von H. Koopmann, # 90.157].

91.238 TILITZKI, Christian: Rez. von Baeumler/Bruntträger/Kurzke, # 89.18. In: *Etappe*, Jg. 2, Nr. 7 (Oktober 1991), S. 137-142.

91.239 TILLMANN, Klaus: *Das Frauenbild bei Th. M.: Der Wille zum strengen Glück. Frauenfiguren im Werk Th. M's.* Wuppertal: H. Deimling, 2., veränd. Aufl., 1991, 89 S. (= Deimling wissenschaftliche Monographien, Bd. 2: Literaturwissenschaften) [Vgl. veränderte Fassung in # 92.288. - Rez.: P. Rau, # 92.222. - *Buddenbrooks - Der Zauberberg*].

91.240 TOMERIUS, Lorenz: Der Franzose, der Th. M. den Whisky lieferte. In: *Welt am Sonntag*, Nr. 38 (22. September 1991), Kultur, S. 59. [Über B. Rotger und die deutschen Exilanten in Sanary-sur-mer].

91.241 TRAVERS, Martin: Th. M., *Doktor Faustus*, and the Historians: The Function of 'Anachronistic Symbolism'. In: David Roberts, und Philip Thompson, Hrsg.: *The Modern German Historical Novel*. New York: Berg, 1991, S. 145-159. (= Berg European Studies Series).

91.242 TRUMMER, Beatrice: *Th. M's Selbstkommentare zum Zauberberg*. Dissertation, Universität Zürich, 1991, 132 S. [Vgl. # 92.291].

91.243 TSCHECHNE, Wolfgang: *Th. M's Lübeck*. Hamburg: Ellert & Richter, 1991, 56 S. (= Die weiße Reihe).

91.244 TSCHECHNE, Wolfgang: Seine Stimme fasziniert. In: *Lübecker Nachrichten*, Jg. 46, Nr. 108 (11. Mai 1991), S. 8. [Thomas und Heinrich Mann-Kolloquium. - G. Westphal].

91.245 TSCHECHNE, Wolfgang: Eine Heimat für die Brüder Mann. Förderverein Buddenbrookhaus ist seinem Ziel nahe - auch alle Filme verfügbar. In: *Lübecker Nachrichten*, Jg. 46, Nr. 194 (21. August 1991), S. 12.

91.246 TSCHECHNE, Wolfgang: Tommys Hunde im Souterrain. Mutiger Ausblick auf die geschlechtlichen Konflikte der Brüder Mann. In: *Lübecker Nachrichten*, Jg. 46, Nr. 108 (11. Mai 1991), S. 8. [Thomas und Heinrich Mann-Kolloquium].

91.247 TSCHÖRTNER, Heinz D.: Zu einem Brief Th. M's über Peeperkorn. In: *Schlesien*, Jg. 36, Nr. 2 (1991), S. 108-113. [*Der Zauberberg* - G. Hauptmann].

91.248 URBAN, Bernd, Hrsg.: *Th. M.: Freud und die Psychoanalyse: Reden, Briefe, Notizen, Betrachtungen*. Frankfurt a. M.: S. Fischer, 1991, 132 S. (= Fischer Taschenbuch, 10898).

91.249 VAGET, Hans R.: Germany: 'Jekyll and Hyde'. Sebastian Haffners Deutschlandbild und die Genese von *Doktor Faustus*. In: E. Heftrich/H. Koopmann, # 91.98, S. 249-271.

91.250 VAGET, Hans R.: Mann, Joyce, Wagner: The Question of Modernism in *Doctor Faustus*. In: H. Lehnert/P. C. Pfeiffer, # 91.150, S. 167-191. [Vgl. D. E. Wellbery, # 91.259].

91.251 VAGET, Hans R.: Rez. von D. Luke, # 88.170 - A. Blunden, # 85.20. In: *Monatshefte*, Jg. 83, Nr. 4 (1991), S. 464-466.

91.252 VERDAGUER, Mario: Palabras preliminares del traductor. In: Th. M., *La montaña mágica*. Barcelona: Orbis, 1991, S. 5-6. [Vgl. E in # 45.145. - *Der Zauberberg*].

91.253 VUILLAUME, Marcel: Zeit und Fiktion. Fiktion als Wiederbelebung von Vergangenem und Erschließung von fremden Welten. In: E. Iwasaki, Bd. 1, # 91.113, S. 87-98. [*Der Zauberberg*].

91.254 WALDMÜLLER, Hans: Über eine Th.-M.-Sammlung. In: *Aus dem Antiquariat*, Nr. 8 (30. August 1991), S. A281-A301. (= Beilage zum *Börsenblatt für den Deutschen Buchhandel. Frankfurter Ausgabe*, Jg. 47, Nr. 69).

91.255 WALTER, Christiane: *Zur Psychopathologie der Figuren in Th. M's Roman Doktor Faustus.* Frankfurt a. M., u. a.: P. Lang, 1991, II, 221 S. (= Europäische Hochschulschriften, Reihe 1: Deutsche Sprache und Literatur, Bd. 1267) [Zugl.: Diss., Univ. Düsseldorf, 1991. - *Doktor Faustus*].

91.256 WATRAK, Jan: Das Fremde als Komponente des Begriffs der Heimat. In: E. Iwasaki, Bd. 2, # 91.113, S. 207-214. [*Buddenbrooks*].

91.257 WEINZIERL, Ulrich: Trost der schwarzen Umarmung. Klaus Manns todessüchtige Tagebücher der vierziger Jahre. In: *FAZ*, Jg. 43, Nr. 240 (16. Oktober 1991), Feuilleton, S. 34. [Rez. von K. M., # 91.162].

91.258 WEINZIERL, Ulrich: Die 'besorgniserregende Frau'. Anmerkungen zu *Luischen*, Th. M's 'peinlichster Novelle'. In: *Th. M. Jahrbuch*, Bd. 4 (1991), S. 9-20.

91.259 WELLBERY, David E.: Response to Hans Vaget. In: H. Lehnert/P. C. Pfeiffer, # 91.150, S. 193-197. [Vgl. H. R. V., # 91.250].

91.260 WENZEL, Georg: Rez. von *Th. M. Jahrbuch*, Bd. 1, # 88.278 - Bd. 2, # 89.275. In: *DLZ*, Jg. 112, Nr. 3 (März 1991), Sp. 158-161.

91.261 WENZEL, Georg: Rez. von I. Jens, # 89.112. In: *DLZ*, Jg. 112, Nr. 7/8 (Juli/August 1991), Sp. 447-450. [Tagebücher 1946-1948].

91.262 WESTERMEIER, Franz: 'Nie zu nahe getreten'. In: *Stern*, Jg. 44, Nr. 27 (1991), S. 6. [Leserbrief des einstigen Kellners im Zürcher Hotel Dolder, betr. J. Köhler, # 91.129. - Betr. auch: Th. M., Tagebücher 1949-1950].

91.263 WHITE, Alfred D.: Modernism in German Literature: A Review Article. In: *MLR*, Bd. 86, Nr. 4 (1991), S. 924-928. [Rez. von H. Koopmann, # 90.157].

91.264 WHITON, John: Th. M's *Wälsungenblut*: Implications of the Revised Ending. In: J. W., *Faith and Finality. Collected Essays in German Literature.* New York, u. a.: P. Lang, 1991, S. 217-233. (= American University Studies, Series I: Germanic Languages and Literature, Bd. 93) [Vgl. E in # 89.298].

91.265 WHITON, John: H. T. Lowe-Porter's *Death in Venice*. In: # 91.264, S. 235-259. [Vgl. E in # 85.299. - Übs. von *Der Tod in Venedig*].

91.266 WIMMER, Ruprecht: Die altdeutschen Quellen im Spätwerk Th. M's. In: E. Heftrich/H. Koopmann, # 91.98, S. 272-299.

91.267 WINTER, Klaus: Das Szenenbild. In: E. Görner, # 91.74.

91.268 WISSKIRCHEN, Hans: *'Die Beleuchtung, die auf mich fällt, hat... oft gewechselt'*. *Neue Studien zum Werk Th. M's*. Würzburg: Königshausen & Neumann, 1991, 189 S. [Inhalt: U. Hofstaetter, # 91.111 - F. Orlik, # 91.171 - J. Rossellit, # 91.190 - R. Scheer/A. Seppi, # 91.199 - B. Schubert, # 91.211 - H. W., # 91.269, # 91.270. - Rez.: G. Härle, # 93.84 - P. Rau, # 92.222 - U. Reidel-Schrewe, # 93.227].

91.269 WISSKIRCHEN, Hans: Vorwort. In: # 91.268, S. 5-8.

91.270 WISSKIRCHEN, Hans: Sechzehn Jahre. Zur europäischen Rezeption der Roman-Tetralogie *Joseph und seine Brüder*. In: # 91.268, S. 85-145. [Anhang: Rezensionen zu den Joseph-Romanen, S. 118-145: R. Aramus, # 91.6 - J. Bab, # 91.8 - B. Diebold, # 91.38, # 91.39 - S. Fischer Verlag, # 91.60 - W. Jens, # 91.117 - E. Kalkschmidt, # 91.122 - H. Mayer, # 91.164 - H. Schneider, # 91.204].

91.271 WISSKIRCHEN, Hans: Th. M's 'Fall Wagner'. Zu den Spuren von Nietzsches Wagner-Kritik in Th. M. In: Thomas Steiert, Hrsg.: *Der Fall Wagner: Ursprünge und Folgen von Nietzsches Wagner-Kritik*. Laaber: Laaber, 1991, S. 293-322.

91.272 WOLF, Ernest M.: 'Offenbar nichts weiter als eine Parodie ...'. Zur Kontroverse um die 'Rabenaas-Strophe' und um die Satire des protestantischen Christentums in Th. M's *Buddenbrooks*. In: *Blätter der Th. M. Gesellschaft Zürich*, Nr. 24 (1991-1992), S. 21-30, 36.

91.273 WOLFF, Uwe: Zeugnis der Selbstbehauptung. Klaus und Erika Manns Exilschrift *Escape to Life*. In: *NZZ*, Jg. 212, Nr. 294 (18. Dezember 1991), S. 17.

91.274 WYNN, Marianne: Die Krise des Helden in der Moderne und im Mittelalter. Th. M., Emily Brontë, Hartmann von Aue, Wolfram von Eschenbach. In: Gerhard August, Otfried Ehrismann, und Hans Ramge, Hrsg.: *Festschrift für Heinz Engels zum 65. Geburtstag*. Göppingen: Kümmerle, 1991, S. 105-123. (= Göppinger Arbeiten zur Germanistik, 561).

91.275 WYSLING, Hans: Th. M's unveröffentlichte Notizbücher. In: *Th. M. Jahrbuch*, Bd. 4 (1991), S. 119-135.

91.276 WYSLING, Hans, und Yvonne Schmidlin: Einführung. In ihrer Ausg. von Th. M., *Notizbücher 1-6.* Frankfurt a. M.: S. Fischer, 1991, S. 7-8. [Vgl. Bd. II, Th. M., *Notizbücher 7-14,* # 92.334. - Rez.: V. Hansen, # 92.77 - H. Helbling, # 91.101 - U. Karthaus, # 92.130 - T. Krause, # 91.138 - H. Lehnert, # 93.171 - M. Maar, # 92.172 - G. Martens, # 94.144 - G. Nawe, # 92.194 - T. J. Reed, # 92.225 - A. v. Schirnding, # 91.201 - G. Wenzel, # 92.312].

91.277 WYSLING, Hans, unter Mitw. von Thomas Sprecher, Hrsg.: Th. M. Briefe an Kurt Martens II. 1908-1935. In: *Th. M. Jahrbuch,* Bd. 4 (1991), S. 185-260. [Vgl. Teil I, # 90.332. - Rez.: H. Lehnert, # 93.172].

91.278 ZUR MÜHLEN, Bernt Ture von: Th. M. und kein Ende: Das Antiquariat von Hans K. Matussek in Nettetal. In: *Aus dem Antiquariat,* Nr. 2 (26. Februar 1991), S. A48-A49. (= Beilage zum *Börsenblatt für den Deutschen Buchhandel. Frankfurter Ausgabe,* Jg. 47, Nr. 16).

92.1 ANDERSON, Rod: *Mario and the Magician*. Synopsis. In: *Canadian Opera Company: Mario and the Magician. Program Notes*. Toronto: Elgin Theatre, 1992, S. 8-9. [Musik: H. Somers. Libretto: R. Anderson. - *Mario und der Zauberer*].

92.2 ANON.: Hans Wysling. Mit Th.-M.-Preis ausgezeichnet. In: *FAZ*, Jg. 44, Nr. 293 (17. Dezember 1992), Feuilleton, S. 33.

92.3 ANON. [G. R.]: Th. M's Brief. In Sorge um die Zukunft der Gesittung. Ein Brief von Th. M. an Walter Ulbricht: Bitte um Gnade für politische Häftlinge. In: *Der Tagesspiegel*, Jg. 48, Nr. 14175 (16. April 1992), Feuilleton, S. 17, 19. [Mit Th. M's Brief an W. Ulbricht vom Juni 1951].

92.4 ANON. [HIE.]: Monika Mann. Zum Tode der Schriftstellerin. In: *FAZ*, Jg. 44, Nr. 89 (14. April 1992), Feuilleton, S. 33. [Verfasser: J. Hieber].

92.5 APT, Solomon: Th. M. in Rußland. In: Frank Göbler, Irmgard Lorenz, Angela Martini-Wonde, u. a., Hrsg.: *Literarischer Dialog. Festschrift für Wolfgang Kasack*. Mainz: Liber, 1992, S. 45-52. (= Deutsch-russische Literaturbeziehungen. Forschungen und Materialien, Bd. 4) [Deutsch und russisch in kyrill. Schrift, S. 38-44].

92.6 BARNOUW, Dagmar: Fascism, Modernity and the Doctrine of Art from *Mario and the Magician* to *Doktor Faustus*. In: *Michigan Germanic Studies*, Jg. 18, Nr. 1 (Frühjahr 1992), S. 48-63. [*Mario und der Zauberer - Doktor Faustus*].

92.7 BARTH, E. M.: Het Dr. Faustus-syndroom. In: *De Gids*, Jg. 155, Nr. 5 (1992), S. 353-364. [*Doktor Faustus*].

92.8 BASKAKOV, Alexej: Die Bibliothek eines ägyptischen Hofbeamten, wie Th. M. sie sich vorstellte. In: *Lingua Aegyptia. Journal of Egyptian Language Studies*, Nr. 2 (1992), S. 1-16. [*Joseph und seine Brüder*].

92.9 BAUER, Eva: *Doktor Faustus di Th. M. Analisi e interpretazione del capitolo XXV*. Dissertation, Università degli studi, Cagliari, 1992/1993, 210 S.

92.10 BEER, Ulrike: Rez. von H. Koopmann, # 90.157. In: *Literatur in Wissenschaft und Unterricht*, Jg. 25, Nr. 2 (1992), S. 208-209.

92.11 BELLIN, Klaus: Th. M. in neuem Licht. Eine Studie über den Erzähler und das Stigma Homosexualität. In: *Neue Zeit*, Jg. 48, Nr. 57 (7. März 1992), Literatur, S. 14. [Rez. von K. W. Böhm, # 91.19].

92.12 BELLWINKEL, Hans W.: Krankheit im Werk von Th. M. In: *Futura*, Jg. 7, Nr. 3 (1992), S. 10-20.

92.13 BELLWINKEL, Hans W.: Naturwissenschaftliche Themen im Werk von Th. M. In: *Naturwissenschaftliche Rundschau*, Jg. 45, Nr. 5 (Mai 1992), S. 174-182.

92.14 BERLIN, Jeffrey B., Hrsg.: *Approaches to Teaching Mann's Death in Venice and Other Short Fiction*. New York: Modern Language Association of America, 1992, 199 S. (= Approaches to Teaching World Literature, 43) [Inhalt: J. B. B., # 92.15, # 92.16 - S. R. Cerf, # 92.24 - A. Del Caro, # 92.30 - B. D. Eddy, # 92.37 - J. F. Fetzer, # 92.46 - G. Gillespie, # 92.63 - W. Hoffmeister, # 92.111 - R. K. Martin, # 92.177 - E. Potter, # 92.214 - N. Ritter, # 92.231 - S. v. Rohr Scaff, # 92.244 - R. Stackelberg, # 92.281 - R. Symington, # 92.284 - E. Timms, # 92.289. - Rez.: A. D. Latta, # 92.156, # 94.129 - G. Wittig-Davis, # 94.37a. - *Der Tod in Venedig*].

92.15 BERLIN, Jeffrey B.: Materials. In: # 92.14, S. 3-26.

92.16 BERLIN, Jeffrey B.: Psychoanalysis, Freud, and Th. M. In: # 92.14, S. 105-118.

92.17 BERLIN, Jeffrey B.: On The Making of *The Magic Mountain*: The Unpublished Correspondence of Th. M., Alfred A. Knopf, and H. T. Lowe-Porter. In: *Seminar*, Jg. 28, Nr. 4 (1992), S. 283-320. [*Der Zauberberg*].

92.18 BILLER, Max: Th. M. In: M. B., *Pollinger Heimatlexikon: Ein Wegweiser durch Geschichte und Gegenwart von Polling, Bd. 2*. Polling: Gemeinde Polling, 1992, S. 1122-1133. [C. Mann - J. Mann].

92.19 BRUHN, Gert: *Das Selbstzitat bei Th. M. Untersuchungen zum Verhältnis von Fiktion und Autobiographie in seinem Werk*. New York, u. a.: P. Lang, 1992, XVI, 203 S. (= American University Studies, Series I: Germanic Languages and Literature, Bd. 98) [Erw. Fassung von # 67.36. - Rez.: G. Kluge, # 93.140].

92.20 BRYSON, Cynthia B.: The Imperative Daily Nap, or Aschenbach's Dream in *Death in Venice*. In: *Studies in Short Fiction*, Bd. 29, Nr. 2 (Frühjahr 1992), S. 181-193. [*Der Tod in Venedig*].

92.21 CAMPBELL, Joseph: Th. M. In: J. C., *Die Mitte ist überall: Die Sprache von Mythos, Religion und Kunst*. München: Kösel, 1992, S. 180-183.

92.22 CARSTENSEN, Richard: Th. M. in der Übersetzung. Untersuchungen zur *Buddenbrooks*-Rezeption in den germanischen und romanischen Sprachen. In: *Der Wagen* (1992), S. 44-53. [*Buddenbrooks*].

92.23 CECCARONI, Arnaldo: Dal *Tonio Kröger* a *La Legge*: Un superamento dell'Edipo. In: *Il Lettore di Provincia*, Jg. 24, Nr. 83 (April 1992), S. 101-112. [*Tonio Kröger - Das Gesetz*].

92.24 CERF, Steven R.: Mann and Wagner. In: J. B. Berlin, # 92.14, S. 49-56.

92.25 CERF, Steven R.: Rez. von H. Lehnert/P. C. Pfeiffer, # 91.150. In: *Seminar*, Jg. 28, Nr. 3 (1992), S. 257-259.

92.26 CHIUSANO, Italo A.: Il segreto di Pulcinella. In: *La Repubblica*, Jg. 17, Nr. 115 (17./18. Mai 1992), S. 26-27. [Rez. von I. Jens, # 91.115. - Tagebücher 1949-1950].

92.27 CRAMER, Sibylle: Leben in der öffentlichen Form des Schreibens. Neuere Nachrichten über die schreibende Familie Mann. In: *Der Tagesspiegel*, Jg. 48, Nr. 14150 (22. März 1992), Literatur, S. IX. [Rez. von Klaus Mann, # 91.162 - Erika und Klaus Mann, # 91.160 - M. Krüll, # 91.139].

92.28 CRISTIN, Renato: Rez. von E. Paci, # 91.173. In: *Philosophischer Literaturanzeiger*, Bd. 45, Nr. 3 (1992), S. 285-288.

92.29 DEDNER, Burghard: Entwürdigung: Die Angst vor dem Gelächter in Th. M's Werk. In: G. Härle, # 92.71, S. 87-102.

92.30 DEL CARO, Adrian: Philosophizing and Poetic License in Mann's Early Fiction. In: J. B. Berlin, # 92.14, S. 39-48.

92.31 DETERING, Heinrich: 'Der Literat als Abenteurer'. *Tonio Kröger* zwischen *Dorian Gray* und *Der Tod in Venedig*. In: *Forum Homosexualität und Literatur*, Nr. 14 (1992), S. 5-22.

92.32 DEUSE, Werner: 'Besonders ein antikisierendes Kapitel scheint mir gelungen': Griechisches in *Der Tod in Venedig*. In: G. Härle, # 92.71, S. 41-62. [*Der Tod in Venedig*].

92.33 DIERKS, Manfred: Die Fürstin. Th. M's Korrespondenz mit Agnes E. Meyer. In: *Frankfurter Rundschau*, Jg. 48, Nr. 295 (19. Dezember 1992), Zeit und Bild, S. 4. [Rez. von H. R. Vaget, # 92.295].

92.34 DIERKS, Manfred: Rez. von F. A. Lubich, # 86.181. In: *Th. M. Jahrbuch*, Bd. 5 (1992), S. 206-212.

92.35 DREWS, Jörg, Hrsg.: Th. M. In: *Dichter beschimpfen Dichter: Ein Alphabet harter Urteile*, 2 Bde. Zürich: Haffmanns, 1992. [Vgl. # 90.69].

92.36 DRIVER, Paul: A Mann for two Seasons. In: *The Sunday Times* (12. Juli 1992), Music, S. 7-14. [Review, Section 7. - Betr. S. Oliver's Einakter *Mario and the Magician* (1988) sowie B. Britten's Oper *Death in Venice* (1973). - *Der Tod in Venedig - Mario und der Zauberer*].

92.37 EDDY, Beverley Driver: Teaching *Tonio Kröger* as Literature about Literature. In: J. B. Berlin, # 92.14, S. 119-125.

92.38 EDER, Jürgen: Brüderliche Kontraste. Unterschiede in den Konzeptionen essayistischen Schreibens bei Heinrich und Th. M. In: *Th. M. Jahrbuch*, Bd. 5 (1992), S. 42-61.

92.39 ETIEMBLE, René: A propos de Th. M., de son racisme et de son appel à un Troisième Reich. In: R. E., *Nouveaux essais de littérature universelle*. Paris: Gallimard, 1992, S. 97-106. [Rassismus].

92.40 EVANS, Tamara S.: Th. M., Anton Webern, and the Magic Square. In: Claus Reschke, und Howard Pollack, Hrsg.: *German Literature and Music. An Aesthetic Fusion: 1890-1989*. München: W. Fink, 1992, S. 159-172. (= Houston German Studies, Bd. 8).

92.41 EXNER, Richard: Ich kann nichts tun, Fürstin. In: *Die Welt* (29. September 1992). [Rez. von H. R. Vaget, # 92.295].

92.42 FALCKE, Eberhard: *Die Krankheit zum Leben. Krankheit als Deutungsmuster individueller und sozialer Krisenerfahrung bei Nietzsche und Th. M.* Frankfurt a. M., u. a.: P. Lang, 1992, 322 S. (= Europäische Hochschulschriften, Reihe 1: Deutsche Sprache und Literatur, Bd. 1292) [Zugl.: Diss., Univ. München, 1982].

92.43 FEDRIGOTTI, Isabella B.: E morta Monika Mann, ultima imperatrice di Capri. In: *Corriere della Sera*, Jg. 117, Nr. 90 (15. April 1992), S. 5. [Mit Foto von M. Mann und ihrem Lebensgefährten A. Spadaro].

92.44 FEHN, Ann, Ingeborg Hoesterey, und Maria Tatar, Hrsg.: *Neverending Stories. Toward a Critical Narratology*. Princeton, NJ: Princeton University Press, 1992. [Inhalt: J. Neubauer, # 92.196 - J. Rieckmann, # 92.229 - F. K. Stanzl, # 92.282. - Rez.: P. O'Neil, # 93.208].

92.45 FEST, Joachim C.: Der Historiker als Herr der Geschichte. In: J. C. F., *Wege zur Geschichte. Über Theodor Mommsen, Jacob Burckhardt und Golo Mann*. Zürich: Manesse, 1992, S. 115-139. [Vgl. E in # 85.63].

92.46 FETZER, John F.: Visconti's Cinematic Version of *Death in Venice*. In: J. B. Berlin, # 92.14, S. 146-152. [*Der Tod in Venedig*].

92.47   FETZER, John F.: The Charismatic Man and the 'Chiasmatic' Mann: Observations on a Rhetorical Figure. In: *Seminar*, Jg. 28, Nr. 3 (September 1992), S. 233-244.

92.48   FEUCHTWANGER, Lion: Th. M. In: L. F., *Der Teufel in Frankreich. Erlebnisse, Tagebuch 1940, Briefe.* Berlin, u. a.: Aufbau, 2., erw. Aufl., 1992.

92.49   FÖRDERVEREIN BUDDENBROOKHAUS UND LÜBECKER NACHRICHTEN, Hrsg.: *Helfen Sie uns, im Buddenbrookhaus ein Heinrich und Th. M.-Zentrum zu errichten.* Lübeck: Kulturstiftung der Länder, 1992, 18 S. [Vgl. # 92.322].

92.50   FONCUBERTA, Joan i Gel: Presentació. In: Th. M., *El doctor Faustus.* Barcelona: edicions 62, 1992, S. 5-9. (= Les millors obres de la literatura universal, Bd. 20, Nr. 63) [Spanische Übs. von J. i. G. F. - *Doktor Faustus*].

92.51   FREUDENBERG, Rudolf: Zum Beispiel Th. M. Elemente einer Narrativik auf semiotischer Grundlage. In: Helmut Bernsmeier, und Hans-Peter Ziegler, Hrsg.: *Wandel und Kontinuum. Festschrift für Walter Falk.* Frankfurt a. M., u. a.: P. Lang, 1992, S. 164-248.

92.52   FREUNDLICH, Elisabeth: Th. M. In Susanne Alge's Ausg. von E. F., *Die fahrenden Jahre. Erinnerungen.* Salzburg: O. Müller, 1992, S. 51, 55, 140-148, u. a.

92.53   FREY, Erich A.: Vom Elfenbeinturm zum Engagement, mit einigen Lehren Lessings: Th. M's politische Wirkung im amerikanischen Exil. In: Wolfgang Albrecht, Dieter Fratzke, und Richard E. Schade, Hrsg.: *Aufklärung nach Lessing. Beiträge zur gemeinsamen Tagung der Lessing Society und des Lessing-Museums Kamenz aus Anlaß seines 60jährigen Bestehens.* Kamenz: Lessing-Museum, 1992, S. 113-121. (= Erbpflege in Kamenz, Schriftenreihe des Lessing-Museums Kamenz, 1992/93, Jahresheft 12/13).

92.54   FRISCH, Shelley: The Turning Down of *The Turning Point*: The Politics of Non-Reception of Exile Literature in the Adenauer Era. In: Dieter Sevin, Hrsg.: *Die Resonanz des Exils. Gelungene und mißlungene Rezeption deutschsprachiger Exilautoren.* Amsterdam, u. a.: Rodopi, 1992, S. 197-217. (= Amsterdamer Publikationen zur Sprache und Literatur, Bd. 99).

92.55   FRIZEN, Werner: Rez. von F. Hoffmann, # 92.100. In: *Deutsche Bücher*, Jg. 22, Nr. 4 (1992), S. 291-293.

92.56   FRIZEN, Werner: Rez. von M. M. Nunes, # 92.199. In: *Germanistik*, Jg. 33, Nr. 2 (1992), S. 569-570.

92.57   FRIZEN, Werner: Der 'Drei-Zeilen-Plan' Th. M's. Zur Vorgeschichte von *Der Tod in Venedig.* In: *Th. M. Jahrbuch*, Bd. 5 (1992), S. 124-141.

92.58   FURST, Lilian R.: *Through the Lens of the Reader. Explorations of European Narrative*. Albany: State University of New York Press, 1992, 186 S. (= SUNY Series, Margins of Literature) [Darin: # 92.59 - # 92.60 - # 92.61. - Rez.: K. L. Komar, # 93.144].

92.59   FURST, Lilian R.: Reading 'Nasty' Great Books. In: # 92.58, S. 39-50, 167. [Vgl. E in # 91.69. - G. Flaubert: *Madame Bovary* - Th. M.: *Der Tod in Venedig*].

92.60   FURST, Lilian R.: Assent and Resistance in *Die Marquise von O* and *Der Tod in Venedig*. In: # 92.58, S. 53-66, 168-169.

92.61   FURST, Lilian R.: Rereading *Buddenbrooks*. In: # 92.58, S. 149-162, 180-182. [Vgl. E in # 91.68].

92.62   FURST, Lilian R.: Th. M's *Buddenbrooks*: 'The First and Only Naturalist Novel in Germany?'. In: Brian Nelson, Hrsg.: *Naturalism in the European Novel: New Critical Perspectives*. New York, u. a.: Berg, 1992, S. 226-244. (= Berg European Studies Series).

92.63   GILLESPIE, Gerald: Mann and the Modernist Tradition. In: J. B. Berlin, # 92.14, S. 93-104. [*Tonio Kröger - Der Tod in Venedig*].

92.64   GILLESPIE, Gerald: Artists, Ephebes, and Brown Shirts: Th. M's Critical Insight into the 1934 Purge. In: *GLL*, N. S., Jg. 46, Nr. 3 (Juli 1992), S. 203-206.

92.65   GOLDMAN, Harvey: *Politics, Death, and the Devil. Self and Power in Max Weber and Th. M*. Berkeley, CA: University of California Press, 1992, XI, 386 S. [Rez.: I. Kacandes, # 94.106. - Politik].

92.66   GRAWE, Christian: 'Eine Art von höherem Abschreiben': Zum 'Typhus'-Kapitel in Th. M's *Buddenbrooks*. In: *Th. M. Jahrbuch*, Bd. 5 (1992), S. 115-124.

92.67   GRIMM, Alfred: *Joseph und Echnaton. Th. M. und Ägypten*. Mainz: P. v. Zabern, 1992, 468 S., 277 Abb. [Begleitpublikation zur Sonderausstellung 'Joseph und Echnaton'. - Red.: S. Schoske, A. Lauchert. - Mit einem Vorwort von H. Wildung, # 92.321, und einem neuen Kapitel: *Der junge Joseph*. - Vgl. # 93.79. - Rez.: Anon. [msi], # 93.7 - E. Czucka, # 93.44 - F. Marx, # 92.178].

92.68   HÄFELE, Josef, und Hans Stammel: *Th. M.: Der Tod in Venedig*. Frankfurt a. M.: Diesterweg, 1992, 102 S. (= Grundlagen und Gedanken zum Verständnis erzählender Literatur).

92.69 HÄNTZSCHEL, Hiltrud: 'Pazifistische Friedenshyänen'? Die Friedensbewegung von Münchner Frauen in der Weimarer Republik und die Familie Mann. In: *Jahrbuch der Deutschen Schillergesellschaft*, Bd. 36 (1992), S. 307-332.

92.70 HÄRLE, Gerhard: Bitte um Vergebung. Th. M's Tagebücher aus den Jahren 1949 und 1950. In: *Frankfurter Rundschau*, Jg. 48, Nr. 74 (27. März 1992), S. 32. [Vgl. Wiederabdruck in G. H's Sammelbesprechung in # 93.84. - Rez. von I. Jens, # 91.115].

92.71 HÄRLE, Gerhard, Hrsg.: *'Heimsuchung und süßes Gift'. Erotik und Poetik bei Th. M.* Frankfurt a. M.: S. Fischer, 1992, 140 S. (= Fischer Taschbuch, 11243, Literaturwissenschaft) [Inhalt: B. Dedner, # 92.29 - W. Deuse, # 92.32 - G. H., # 92.72, # 92.73 - H. Kurzke, # 92.153 - F. A. Lubich, # 94.139 - G. Mattenklott, # 92.180 - H. Wißkirchen, # 92.323 - E. Wolffheim, # 92.327. - Rez.: F. A. Lubich, # 94.124 - T. Sebastian, # 93.269].

92.72 HÄRLE, Gerhard: Vorwort. In: # 92.71, S. 7-10. [Erotik - Poetik].

92.73 HÄRLE, Gerhard: Simulationen und Wahrheit. Körpersprache und sexuelle Identität im *Zauberberg* und *Felix Krull*. In: # 92.71, S. 63-86. [Auch in: *Forum Homosexualität und Literatur*, Nr. 14 (1992), S. 23-46].

92.74 HÄRLE, Gerhard: Erkenntniswunsch und Diskretion. Versuch einer Verhältnisbestimmung von Erotik und Autobiographik. In: G. H., Maria Kalveram, und Wolfgang Popp, Hrsg.: *Erkenntniswunsch und Diskretion. Erotik in biographischer und autobiographischer Literatur. Drittes Siegener Kolloquium Homosexualität und Literatur.* Berlin: rosa Winkel, 1992, S. 19-40. (= Homosexualität und Literatur, Bd. 6).

92.75 HAILE, Harry G.: Faust als nationales Symbol bei Stephen Vincent Benét und Th. M. In: *ZDP*, Jg. 111, Nr. 4 (1992), S. 608-624. [*Doktor Faustus*].

92.76 HANSEN, Volkmar: Rez. von H. Wysling/Y. Schmidlin, # 91.276. In: *Deutsche Bücher*, Jg. 22, Nr. 3 (1992), S. 208-210.

92.77 HANSEN, Volkmar: Rez. von H. Wysling/Y. Schmidlin, # 92.334. In: *Deutsche Bücher*, Jg. 22, Nr. 4 (1992), S. 290-291.

92.78 HANSON, William: Rez. von M. Travers, # 92.290. In: *Journal of European Studies*, Jg. 22, Nr. 4 (1992), S. 369-371.

92.79 HARPPRECHT, Klaus: Hoheit und seine Meyer. Der Briefwechsel zwischen Th. M. und Agnes E. Meyer: ein Dokument monumentaler Verlogenheit und Heuchelei. In: *Die Zeit*, Jg. 47, Nr. 52 (18. Dezember 1992), Literatur, S. 49. [Rez. von H. R. Vaget, # 92.295].

92.80	HARTENBACH, Walter: Th. M. In: W. H., *Was Ohren verraten. Begabung, Chancen, Genialität.* München: Herbig, 1992, S. 102-104.

92.81	HASSELBACH, Ingrid: Paradigmatische Musik. Wackenroders *Joseph Berglinger* als Vorläufer von Th. M's *Doktor Faustus*. In: Gerald Chapple, Frederick Hall, und Hans Schulte, Hrsg.: *The Romantic Tradition. German Literature and Music in the Nineteenth Century.* Lanham, MD, u. a.: University Press of America, 1992, S. 95-112. (= The McMaster Colloquium on German Studies, German Literature, Art & Thought, Bd. 4).

92.82	HASSELBACH, Karlheinz: Rez. von F. Fechner, # 90.81. In: *GQ*, Jg. 65, Nr. 2 (1992), S. 258-259.

92.83	HAUPT, Jürgen: Italien zwischen Demokratie und Faschismus. Heinrich und Th. M's Versuche über 'die Italiener'. In: *Heinrich Mann-Jahrbuch*, Bd. 10/1992 (1993), S. 33-56.

92.84	HEFTRICH, Eckhard: Warum, warum, warum? Biedersinnig Bohrendes über die Familie Mann. In: *FAZ*, Jg. 44, Nr. 76 (30. März 1992), Literatur, S. 34. [Rez. von M. Krüll, # 91.139].

92.85	HELBLING, Hanno: Zwischen Politik und Erotik. Th. M's Tagebuch 1949-1950. In: *NZZ*, Jg. 223, Nr. 7 (10. Januar 1992), Feuilleton, S. 19. [Rez. von I. Jens, # 91.115].

92.86	HELBLING, Hanno: Neues von und über Th. M. In: *NZZ*, Jg. 213, Nr. 169 (23. Juli 1992), Feuilleton, S. 19-20. [Rez. von: H. Wysling/Y. Schmidlin, # 92.334 - H. Wysling/C. Bernini, # 92.333 - H. R. Vaget, # 92.295 - P. d. Mendelssohn, # 92.187 - M. Krüll, # 91.139].

92.87	HELBLING, Hanno: Über Heinrich und Th. M. Zwei Monographien. In: *NZZ*, Jg. 213, Nr. 246 (22. Oktober 1992), S. 27. [Rez. von: W. Jasper, # 92.120 - T. Sprecher, # 92.280].

92.88	HELLMANN, Jochen: *Die französische Version des Zauberberg von Th. M. Untersuchungen zu Theorie und Praxis der literarischen Übersetzung.* Hamburg: R. Krämer, 1992, 310 S. [Rez.: Anon. [dpa], # 93.5 - V. Hansen, # 94.72].

92.89	HEMME, Michael: Doch die Elche kommen nicht mehr. Wo Th. M. aufs Kurische Haff blickte: Ein Besuch im litauischen Nida. In: *Hannoversche Allgemeine Zeitung*, Jg. 89, Nr. 300 (24. Dezember 1992), Beilage: Weihnachten 1992.

92.90	HILLMAN, Roger: *Death in Venice*. In: *Journal of European Studies*, Jg. 22, Nr. 4 (Dezember 1992), S. 291-311. [*Der Tod in Venedig*].

92.91   HILSCHER, Eberhard: Th. M's Bedeutung, Kunst und Wissenschaft. In: E. H., *Neue poetische Weltbilder. Essays. Gerhart Hauptmann, Heinrich Mann, Th. M., Hermann Hesse, Robert Musil, Lion Feuchtwanger, Elias Canetti.* Berlin: edition q, 1992, S. 57-86, 199-203.

92.92   HILSCHER, Eberhard: Einer der 'Begabtesten seiner Generation'. Die Tagebücher des Sohnes zeugen von bewegtem Leben. In: *Neue Zeit,* Jg. 48, Nr. 57 (7. März 1992), Literatur, S. 14. [Rez. von Klaus Mann, # 91.162].

92.93   HINDLEY, Clifford: Platonic Elements in Britten's *Death in Venice.* In: *Music & Letters,* Jg. 73, Nr. 3 (August 1992), S. 407-429. [*Der Tod in Venedig*].

92.95   HOCHHUTH, Rolf: Mein Wort in deinem Atem. Aus der Fülle eines schmerzvollen Lebens: Th. M's Selbstbetrachtungen 1949 und 1950. In: *Die Welt* (9. Mai 1992). [Rez. von I. Jens, # 91.115].

92.96   HOCHHUTH, Rolf: Rolf Hochhuth stellt die schönsten Stellen der Weltliteratur vor, wie sie entstanden und was sie uns heute bedeuten. *Buddenbrooks:* Das Festmahl. In: *Die Welt,* Nr. 300 (24. Dezember 1992), Geistige Welt, S. 4. [*Buddenbrooks*].

92.97   HÖRISCH, Jochen: 'Die deutsche Seele up to date': Sakramente der Medientechnik auf dem *Zauberberg.* In: J. H., *Brot und Wein. Die Poesie des Abendmahls.* Frankfurt a. M.: Suhrkamp, 1992, S. 247-262. (= edition suhrkamp, N. F., Bd. 692).

92.98   HOFER, Hermann: Eine Ausstellung ganz ohne 'archäologischen Brokat'. In: *Lübecker Nachrichten,* Jg. 47, Nr. 109 (10. Mai 1992), S. 12. [Th. M. und Ägypten - Joseph und Echnaton].

92.99   HOFER, Hermann: Brüder bald brüderlich vereint. In: *Lübecker Nachrichten,* Jg. 47, Nr. 267 (14. November 1992), S. 10. [Über das geplante Heinrich und Th. M.-Zentrum].

92.100 HOFFMANN, Fernand: *Th. M. und seine Welt.* Hildesheim, u. a.: Olms-Weidmann, 1992, XI, 258 S. (= Germanistische Texte und Studien, Bd. 40) [Inhalt: # 92.101 - # 92.102 - # 92.103 - # 92.104 - # 92.105 - # 92.106 - # 92.107 - # 92.108 - # 92.109 - # 92.110. - Rez.: W. Frizen, # 92.55 - K. P. Murti, # 93.206 - R. S. Struc, # 93.282].

92.101 HOFFMANN, Fernand: Die Beziehungen zwischen Kunst und Krankheit im Werke Th. M's. In: # 92.100, S. 3-31.

92.102 HOFFMANN, Fernand: Krankheit und Krise als Lebenssteigerung. Zur Wertphilosophie des Lebensschädlichen bei Th. M. In: # 92.100, S. 32-52.

92.103 HOFFMANN, Fernand: Georg Christoph Lichtenberg: Ein früher Tonio Kröger oder Die Hypochondrie und ihre Folgen. In: # 92.100, S. 53-63.

92.104 HOFFMANN, Fernand: Mythisches Dichten und mythologisierendes Glasperlenspiel. Zum Gebrauch des Mythos bei Stefan Andres und Th. M. In: # 92.100, S. 67-81.

92.105 HOFFMANN, Fernand: Georg Christoph Lichtenberg und Th. M. Rezeption, Einflüsse und Parallelen. In: # 92.100, S. 82-128.

92.106 HOFFMANN, Fernand: Nur eine Jugendliebe? Th. M. und Theodor Storm. In: # 92.100, S. 129-135.

92.107 HOFFMANN, Fernand: Th. M. vor dem staats- und gesellschaftspolitischen Hintergrund seiner Epoche. In: # 92.100, S. 139-166. [Politik].

92.108 HOFFMANN, Fernand: Th. M. und die Politik. In: # 92.100, S. 167-172.

92.109 HOFFMANN, Fernand: Die 'kalten Morde' Th. M's. In: # 92.100, S. 175-190.

92.110 HOFFMANN, Fernand: Th. M. von Tag zu Tag. Der große Humanist ganz intim und menschlich allzu menschlich. In: # 92.100, S. 197-219. [Vgl. E in # 86.128].

92.111 HOFFMEISTER, Werner: Humor and Comedy in Mann's Short Fiction. In: J. B. Berlin, # 92.14, S. 68-76.

92.112 HOHOFF, Curt: Th. M., der religiöse Grundzug seines Wesens. In: *Communio*, Jg. 21, Nr. 4 (1992), S. 360-373. [*Internationale Katholische Zeitschrift Communio.* - Vgl. Nachdruck in # 94.92].

92.113 HOLUB, Robert C.: Rez. von E. Timm, # 89.277. In: *Monatshefte*, Jg. 84, Nr. 2 (1992), S. 229-236.

92.114 HOLZ, Peter: Im Schnellverfahren Urteile durchgepeitscht. In: *Mitteldeutsche Zeitung*, Nr. 20 (22. Mai 1992), Blick, S. 4. [Betr. Th. M's Brief an W. Ulbricht].

92.115 HUBER, Martin: Th. M. In: M. H., *Text und Musik: Musikalische Zeichen im narrativen und ideologischen Funktionszusammenhang ausgewählter Erzähltexte des 20. Jahrhunderts.* Frankfurt a. M., u. a.: P. Lang, 1992. (= Münchener Studien zur literarischen Kultur in Deutschland, 12) [Rez.: H. R. Vaget, # 93.294. - T. W. Adorno - A. Schönberg. - *Tristan - Doktor Faustus*].

92.116 HUDER, Walter: *Doktor Faustus* von Th. M. als Nationalroman deutscher Schuld im amerikanischen Exil konzipiert. In: *Exilforschung*, Bd. 10 (1992), S. 201-210. ['Künste im Exil'].

92.117 IMMEL, Irmgard Seil: Rez. von G. Härle, # 88.82. In: *German Studies Review*, Jg. 15, Nr. 1 (1992), S. 170-172.

92.118 JÄGER, Christoph: *Humanisierung des Mythos - Vergegenwärtigung der Tradition. Theologisch-hermeneutische Aspekte in den Josephsromanen von Th. M.* Stuttgart: M & P, 1992, XII, 354 S. [Zugl.: Diss., Univ. Frankfurt a. M., 1987. - Rez.: H. Koopmann, # 93.147].

92.119 JAKOBI, Hans: An Goethes Geburtstag machen alle Überstunden: Klassikerstadt Weimar. In: *Rheinischer Merkur*, Jg. 47, Nr. 16 (17. April 1992), Kultur, S. 19. [*Lotte in Weimar*].

92.120 JASPER, Willi: *Der Bruder. Heinrich Mann. Eine Biographie.* München: C. Hanser, 1992, 403 S. [Rez.: R. Alter, # 94.2 - H. Helbling, # 92.87 - W. Klein, # III.93.11 - H. Koopmann, # 92.141 - D. Lenhardt, # 92.161 - U. Pralle, # 93.217 - M. Schädlich, # 92.249 - W. F. Schoeller, # 93.260 - K. Schröter, # 92.270 - K. Siebenhaar, # 92.275].

92.121 JASPER, Willi: Mann gegen Mann. In: # 92.120, S. 137-164.

92.122 JENS, Inge: '... eingeholt von der Vergangenheit.' Der späte Th. M. und die Politik. In: *Th. M. Jahrbuch*, Bd. 5 (1992), S. 171-187. [Auch in: *NDL*, Jg. 40, Nr. 11 (1992), S. 5-23].

92.123 JERICHOW, Regina: Ein 'Wälzer' für alle Ewigkeit: Ehemaliger Banker verfaßte bisher umfassendste Bibliographie zum Werk Th. M's. In: *Nordwest-Zeitung*, Jg. 47, Nr. 290 (12. Dezember 1992), Kultur, S. 1. [Rez. von G. Potempa, # 92.213].

92.124 JONAS, Klaus W.: Im Zeichen Th. M's: Begegnungen und Erfahrungen eines Sammlers. In: *Aus dem Antiquariat*, Nr. 3 (31. März 1992), S. A92-A107. (= Beilage zum *Börsenblatt für den Deutschen Buchhandel. Frankfurter Ausgabe*, Jg. 48, Nr. 26).

92.125 JONAS, Klaus W.: Th. M. kannte Rilke. In: *FAZ*, Jg. 44, Nr. 96 (24. April 1992), Leserbriefe, S. 8. [Betr. F. Schirrmacher, # 92.259].

92.126 JONAS, Klaus W.: Th. M. in 37 Sprachen - Katalog einer Sammlung. In: *Lübeckische Blätter*, Jg. 157, Nr. 17 (24. Oktober 1992), S. 270. [Rez. von G. Gattermann, # 91.70].

92.127 JONAS, Klaus W.: Ein großer amerikanischer Verleger. Zur Erinnerung an Alfred A. Knopf (1892-1984). In: *NZZ*, Jg. 213, Nr. 211 (11. September 1992), Feuilleton, S. 27.

92.128 KANN, Irene: *Schuld und Zeit. Literarische Handlung in theologischer Sicht. Th. M. - Robert Musil - Peter Handke.* Paderborn, u. a.: F. Schöningh, 1992, 312 S. [Zugl.: Diss., Univ. Bonn, 1990. - Rez.: R. Blüm, # 94.18 - E. Ibsch, # 94.94].

92.129 KANZOG, Klaus: Th. M. In: K. K., *Einführung in die Editionsphilologie der neueren deutschen Literatur.* Berlin: E. Schmidt, 1992, S. 21-22, 143-145. (= Grundlagen der Germanistik, 31).

92.130 KARTHAUS, Ulrich: Rez. von: Baeumler/Brunträger/Kurzke, # 89.18 - H. Wysling/Y. Schmidlin, # 91.276, # 92.334 - H. Lehnert/E. Wessell, # 91.149. In: *Germanistik*, Jg. 33, Nr. 2 (1992), S. 570-573.

92.131 KARTHAUS, Ulrich: Rez. von G. Gattermann, # 91.70. In: *Germanistik*, Jg. 33, Nr. 3 (1992), S. 1091-1092.

92.132 KAUBE, Jürgen: Religiöse Höllenfahrt. Oskar Goldbergs Fundamentalismus der jüdischen Mythologie. In: *FAZ*, Jg. 44 (11. November 1992). [*Die Geschichten Jaakobs - Doktor Faustus*].

92.133 KESTING, Hanjo: Kalter Krieg und späte Liebe. In: *Die Allgemeine Sonntagszeitung*, Nr. 17 (24. April 1992), Literatur, S. 24. [Rez. von I. Jens, # 91.115].

92.134 KESTING, Hanjo: Das Raunen der Vergangenheit. Sprache ist alles in der biblischen Tetralogie *Joseph und seine Brüder* von Th. M. - ein Meisterwerk der Romankunst im 20. Jahrhundert von mythischer Tiefe und Geschichten für die Gegenwart. In: *Deutsches Allgemeines Sonntagsblatt*, Jg. 45 (3. Juli 1992), Perspektiven, S. 8. [*Joseph und seine Brüder*].

92.135 KIESEWETTER, Bernd: Noch einmal die Liebe. Th. M's Tagebücher 1949/50 . In: *Westdeutsche Allgemeine*, Nr. 3 (4. Januar 1992), S. [23]. [Rez. von I. Jens, # 91.115].

92.136 KLEIST, Jürgen: Rez. von H. Mundt, # 89.192. In: *GQ*, Jg. 65, Nr. 1 (1992), S. 92-93.

92.137 KLESSMANN, Eckart: Th. M.: *Phantasie über Goethe.* In: E. K., *Christiane: Goethes Geliebte und Gefährtin.* München: Artemis-Winkler, 1992.

92.138 KLUGE, G. R.: *Wälsungenblut* oder Halbblut? Zur Kontroverse um die Schlußsätze von Th. M's Novelle. In: *Neophilologus*, Jg. 76, Nr. 2 (April 1992), S. 237-255.

92.139 KNÜFERMANN, Volker: Rez. von H. Koopmann/C. Muenzer, # 90.166. In: *Seminar*, Jg. 28, Nr. 4 (November 1992), S. 367-370.

92.140 KOHFELDT, Günter: Die Aktualität Th. M's. In: *Der Wagen* (1992), S. 54-62.

92.141 KOOPMANN, Helmut: Mehr als die Jagd nach Liebe. Willi Jaspers große, aber unvollkommene Heinrich-Mann-Biographie. In: *FAZ*, Jg. 44, Nr. 227 (29. September 1992), Literatur, S. 18. [Rez. von W. Jasper, # 92.120].

92.143 KOOPMANN, Helmut: Ethik als Politik der Mitte. Zu Positionen von Romanautoren in der Weimarer Zeit und in der BRD. In: Michael Kessler, Wolfhart Pannenberg, Hermann J. Pottmeyer, Hrsg.: *Fides quaerens intellectum. Beiträge zur Fundamentaltheologie.* Tübingen: A. Francke, 1992, S. 310-318. [*Betrachtungen eines Unpolitischen - Der Zauberberg*].

92.144 KOOPMANN, Helmut: Franz Werfel und Th. M. In: Wolfgang Nehring, und Hans Wagener, Hrsg.: *Franz Werfel im Exil.* Bonn, u. a.: Bouvier, 1992, S. 33-49. (= Studien zur Literatur der Moderne, Bd. 22).

92.145 KOOPMANN, Helmut: Die Aufnahme von Thomas und Heinrich Mann in der Bundesrepublik: Ein Vergleich. In: Dieter Sevin, Hrsg.: *Die Resonanz des Exils. Gelungene und mißlungene Rezeption deutschsprachiger Exilautoren.* Amsterdam, u. a.: Rodopi, 1992, S. 182-196. (= Amsterdamer Publikationen zur Sprache und Literatur, Bd. 99).

92.146 KOOPMANN, Helmut: Th. M's Josephsromane und Heinrich Manns *Henri Quatre* - Korrespondenzen und Entgegnungen. In: *Th. M. Jahrbuch*, Bd. 5 (1992), S. 9-24.

92.147 KOOPMANN, Helmut: Rez. von K. W. Böhm, # 91.19 - M. Curtius, # 84.29 - G. Härle, # 88.82. In: *Th. M. Jahrbuch*, Bd. 5 (1992), S. 213-218.

92.148 KRAUSE, Tilman: Politische Kurzsichtigkeit und spätes Coming-out: Th. M's Tagebücher der Jahre 1949/50. In: *Der Tagesspiegel* (1. März 1992). [Rez. von I. Jens, # 91.115].

92.149 KROLL, Fredric: 'Das Letzte halte ich stets zurück'. Sexualität und Sprachlosigkeit bei Klaus Mann. In: Gerhard Härle, Maria Kalveram, und Wolfgang Popp, Hrsg.: *Erkenntniswunsch und Diskretion. Erotik in biographischer und autobiographischer Literatur. 3. Siegener Kolloquium Homosexualität und Literatur.* Berlin: rosa Winkel, 1992, S. 375-384. (= Homosexualität und Literatur, Bd. 6).

92.150 KROLL, Fredric, und Klaus Täubert: Th. M. In: *Sammlung der Kräfte: Klaus Mann-Biographie (1933-34)*. Wiesbaden: Blahak, 1992.

92.151 KUIJK, Jan: Van Holsboer tot *Zauberberg*: Rhätische Bahn. In: Jattie Enklaar, und Hans Ester: *Die Schweiz: Zwischen Wunsch und Wirklichkeit*. Amsterdam: Rodopi, 1992, S. 127-131.

92.152 KURZKE, Hermann: Fünfzehntausend Titel. Mit Georg Potempa auf dem Th.-M.-Gebirge. In: *FAZ*, Jg. 44, Nr. 300 (28. Dezember 1992), Feuilleton, S. 22. [Rez. von G. P., # 92.213].

92.153 KURZKE, Hermann: Die Hunde im Souterrain. Die Philosophie der Erotik in Th. M's Roman *Joseph und seine Brüder*. In: G. Härle, # 92.71, S. 126-138.

92.154 KURZKE, Hermann: Warum war Th. M. kein Dramatiker? Überlegungen im Umkreis von *Fiorenza*. In: *Zagreber Germanistische Beiträge*, Bd. 1 (1992), S. 35-43.

92.155 LAPPALAINEN, Otto: Die vertauschten Köpfe? Beziehungen zwischen Fiktion und Autobiographie im intertextuellen Feld des Romans *Flucht in den Norden* von Klaus Mann. In: Gerhard Härle, Maria Kalveram, und Wolfgang Popp, Hrsg.: *Erkenntniswunsch und Diskretion. Erotik in biographischer und autobiographischer Literatur. 3. Siegener Kolloquium Homosexualität und Literatur*. Berlin: rosa Winkel, 1992, S. 385-392. (= Homosexualität und Literatur, Bd. 6).

92.156 LATTA, Alan D.: Rez. von J. B. Berlin, # 92.14. In: *Seminar*, Jg. 28, Nr. 2 (Mai 1992), S. 207-209.

92.157 LEHNERT, Herbert: Rez. von M. Swales, # 91.233. In: *GQ*, Jg. 65, Nr. 3/4 (1992), S. 474-475. [*Buddenbrooks*].

92.158 LEHNERT, Herbert: Der Dichter der freischwebenden Ästhetik: Th. M. In: Gunter E. Grimm, Hrsg.: *Metamorphosen des Dichters. Das Selbstverständnis deutscher Schriftsteller von der Aufklärung bis zur Gegenwart*. Frankfurt a. M.: S. Fischer, 1992, S. 197-213. (= Fischer Taschenbuch, 10722).

92.159 LEHNERT, Herbert: Th. M., Tagebücher 18.5.1946-31.12.1948 und anderes. In: *Orbis Litterarum*, Jg. 47, Nr. 2 (1992), S. 110-124. [Rez. von I. Jens, # 89.112].

92.160 LEHNERT, Herbert: Weibliches, Männliches und Väterliches als Ausdruck des Bruderzwistes. In: *Th. M. Jahrbuch*, Bd. 5 (1992), S. 25-41.

92.161 LENHARDT, Dieter: Klebrige Finger. Heinrich und Th. M.: Zwei Biographien erhellen das Verhältnis der ungleichen Brüder. In: *Die Presse*, Jg. 144, Nr. 13.445

(24. Dezember 1992), Spectrum, Zeichen der Zeit, S. VII. [Rez. von W. Jasper, # 92.120 - T. Sprecher, # 92.280].

92.162   LENZ, Siegfried: *Über das Gedächtnis. Reden und Aufsätze.* Hamburg: Hoffmann und Campe, 1992, 198 S. [Mit den Beiträgen: # 92.163 - # 92.164 - # 92.165].

92.163   LENZ, Siegfried: Weder Schall noch Rauch. Etwas über Namen. In: # 92.162, S. 104-118.

92.164   LENZ, Siegfried: Erfahrungen beim Wiederlesen. In: # 92.162, S. 119-132. [*Buddenbrooks*].

92.165   LENZ, Siegfried: Der Roman als demokratische Kunstform. Heinrich Manns *Kleine Stadt.* In: # 92.162, S. 152-159.

92.166   LINDKEN, Hans-Ulrich: Th. M. und E. T. A. Hoffmann in Warschau. In: H.-U. L., *Das Magische Dreieck. Polnisch-deutsche Aspekte zur österreichischen und deutschen Literatur des 19. und 20. Jahrhunderts.* Frankfurt a. M., u. a.: P. Lang, 1992, S. 152-179. (= Europäische Hochschulschriften, Reihe 1: Deutsche Sprache und Literatur, 1308).

92.167   LÖFFLER, Sigrid: Das präzise Medium der Selbstansprache. Klaus Manns Tagebücher (1931 bis 1949): Protokoll vom langen Scheitern dieses Lebens. In: *Die Weltwoche,* Jg. 60, Nr. 19 (7. Mai 1992), Kultur, S. 60.

92.168   LUDWIG, Klemens: Stilles Land hinter den Dünen. In: *Deutsches Allgemeines Sonntagsblatt,* Jg. 45, Nr. 43 (23. Oktober 1992), Reise, S. 29. [Nidden].

92.169   LÜTKEHAUS, Ludger: Th. M. In: L. L., *'O Wollust, o Hölle': Die Onanie. Stationen einer Inquisition.* Frankfurt a. M.: S. Fischer, 1992, S. 18-19, 30. (= Fischer Taschenbuch, 10661, Geist und Psyche) [Mit Textauszügen aus Th. M., *Joseph, der Ernährer (Thamar)* und *Buddenbrooks,* S. 65-75].

92.170   LÜTZELER, Paul M.: Th. M. In: P. M. L., *Der Schriftsteller und Europa. Von der Romantik bis zur Gegenwart.* München, u. a.: R. Piper, 1992, S. 235-240, u. a.

92.171   MAAR, Michael: Der kalte Schatten großer Männer. Über den Teufel in Th. M's *Doktor Faustus.* In: *FAZ,* Jg. 44, Nr. 136 (13. Juni 1992), Bilder und Zeiten. [T. W. Adorno - G. Mahler].

92.172   MAAR, Michael: Der Flug der ausgestopften Vögel. Th. M's Notizen, Briefe, Quellen und Tagebücher. In: *Literaturwissenschaftliches Jahrbuch,* N. F., Bd. 33 (1992), S. 299-317. [Rez. von: E. Heftrich/H. Koopmann, # 91.98 - I. Jens, # 89.112 - H. Wysling, # 88.319 - H. Wysling/Y. Schmidlin, # 91.276].

92.173 MÄRZ, Ursula: Das Testament des Senators. *Im Netz der Zauberer*: Marianne Krülls Geschichte der Familie Mann. In: *Die Zeit*, Jg. 47 (23. Oktober 1992). [Rez. von M. K., # 91.139].

92.174 MAMMEN, Rainer: Josephs Pharao bei den *Buddenbrooks*: Eine kleine Pilgerreise zu Th. M's allergrößtem Roman. In: *Weser-Kurier*, Nr. 115 (18. Mai 1992), S. 6. [*Joseph und seine Brüder*].

92.176 MANN, Katia: 'Das Ganze war etwas verdrießlich'. In: Renate Seydel, Hrsg.: *Hiddensee: Ein Lesebuch*. Frankfurt a. M., u. a.: Ullstein, 2. Aufl., 1992, S. 141-146.

92.177 MARTIN, Robert K.: Gender, Sexuality, and Identity in Mann's Short Fiction. In: J. B. Berlin, # 92.14, S. 57-67.

92.178 MARX, Friedhelm: Th. M. als Forscher. Eine attraktive Untersuchung zur Entstehung der vier Joseph-Romane. In: *Kölner Stadt-Anzeiger*, Nr. 288 (10. Dezember 1992), Bücher, S. 28. [Rez. von A. Grimm, # 92.67].

92.179 MARX, Friedhelm: Mynheer Peeperkorns mythologisches Rollenspiel: Zur Integration des Mythos in Th. M's *Zauberberg*. In: *Wirkendes Wort*, Jg. 42, Nr. 1 (April 1992), S. 67-75. [*Der Zauberberg*].

92.180 MATTENKLOTT, Gert: Einleitung. In: G. Härle, # 92.71, S. 11-16. [Erotik - Politik].

92.181 MATUSSEK, Hans K.: *Th. M. Antiquariatskatalog*. Nettetal: H. K. Matussek, 1992, 62 S. (= Katalog, 77).

92.182 MAYER, Gerhart: Th. M.: *Der Zauberberg*. In: G. M., *Der deutsche Bildungsroman. Von der Aufklärung bis zur Gegenwart*. Stuttgart: J. B. Metzler, 1992. [*Der Zauberberg*].

92.183 MAYER, Hans: Abermals: Deutschland und die Deutschen 1991. In: Th. M.: *Deutschland und die Deutschen 1945. Mit einem Essay von Hans Mayer*. Hamburg: Europäische Verlagsanstalt, 1992, S. 41-62. (= Eva Reden, Bd. 1).

92.184 MEHRING, Reinhard: Rez. von B. J. Dotzler, # 91.44. In: *Wirkendes Wort*, Jg. 42, Nr. 2 (Mai 1992), S. 352-353.

92.185 MEIER-EWERT, Theo: 'Noch einmal ergriffen sein von einem Menschen'. Ärger mit den Deutschen und die späte Leidenschaft für den Kellner Franzl: Th. M's Tagebücher 1949/1950 liegen jetzt vor. In: *Badische Zeitung*, Jg. 47, Nr. 52 (3. März 1992), Kultur, S. 13. [Rez. von I. Jens, # 91.115. - F. Westermeier].

92.186 MELLEN, Philip: Rez. von H. Koopmann/C. Muenzer, # 90.166. In: *Colloquia Germanica*, Jg. 25, Nr. 3/4 (1992), S. 371-372.

92.187 MENDELSSOHN, Peter de: *Der Zauberer. Das Leben des deutschen Schriftstellers Th. M. Jahre der Schwebe: 1919 und 1933. Nachgelassene Kapitel, Gesamtregister. Hrsg. von Albert von Schirnding.* Frankfurt a. M.: S. Fischer, 1992, 432 S. [Mit einem Nachwort von A. v. Schirnding: S. 273-276. - Rez.: G. Härle, # 93.84 - H. Helbling, # 92.87 - U. Karthaus, # 93.135 - H. Lehnert, # 94.132 - M. Schädlich, # 92.248].

92.188 MITGANG, Herbert: Th. M. In: H. M., *Überwacht. Große Autoren in den Dossiers amerikanischer Geheimdienste.* Düsseldorf: Droste, 1992, S. 91-97. [Dt. Übs. von *Dangerous Dossiers* durch T. Hag. - Vgl. engl. Original in # 88.193].

92.189 MOMMERT, Wilfried: 'Labile Nerven, bewegtes Herz' - War Th. M. homosexuell? In: *Ärzte-Zeitung*, Nr. 82 (4. Mai 1992), Kultur, S. 27. [Rez. von K. W. Böhm, # 91.19].

92.190 MOMMERT, Wilfried: Bürgerliche Achtung, seelische Unordnung. Eine andere Geschichte der Familie Mann. In: *Rheinische Post* (25. April 1992). [Rez. von: K. W. Böhm, # 91.19 - I. Jens, # 91.115 - M. Krüll, # 91.139].

92.191 MOREY, Carl: Notes on *Mario and the Magician*. In: *Canadian Opera Company: Mario and the Magician. Program Notes.* Toronto: Elgin Theatre, 1992, S. 22, 24, 26, 28, 30. [Musik: H. Somers. Libretto: R. Anderson. - *Mario und der Zauberer*].

92.192 MROTZEK, Horst: Wo Th. M. drei Sommer lang schrieb. Meine Reise nach Nidden (Juli 1991). In: H. M., *Wo Th. M. drei Sommer lang schrieb. Ein Ostpreuße erzählt.* Berlin: Frieling, 1992, S. 118-123.

92.193 MULTERER, Thomas: Wort der Besinnung. Maria Wasers Beziehung zur Familie Mann in den Jahren des Schweizer Exils. In: *Jahrbuch des Oberaargaus* (1992), S. 99-128. [Mit Th. M.-Briefen an M. Waser].

92.194 NAWE, Günther: Und noch einmal lockt die Liebe. In: *Kölnische Rundschau*, Jg. 47, Nr. 66 (18. März 1992), Literatur. [Rez. von I. Jens, # 91.115 - H. Wysling/Y. Schmidlin, # 91.276].

92.195 NETHERSOLE, Reingard: Wirkungsgeschichte als Bedingung für Literaturge-schichte, dargestellt am Beispiel der Kanonbildung der Werke Heinrich und Th. M's. In: *Heinrich Mann-Jahrbuch*, Bd. 10/1992 (1993), S. 177-192.

92.196 NEUBAUER, John: Identity by Metaphors: *A Portrait of the Artist* and *Tonio Kröger*. In: Fehn/Hoesterey/Tatar, # 92.44, S. 124-137.

92.197 NEUBAUER, John: Th. M. In: J. N., *The Fin-de-Siècle Culture of Adolescence*. New Haven, u. a.: Yale University Press, 1992, S. 66, 71, 72, u. a. [Rez.: R. S. Posthofen, # 94.174. - *Der Tod in Venedig*].

92.198 NOBILE, Nancy: Rez. von E. Timm, # 89.277. In: *GR*, Jg. 67, Nr. 1 (Winter 1992), S. 47-48.

92.199 NUNES, Maria M.: *Die Freimaurerei. Untersuchungen zu einem literarischen Motiv bei Heinrich und Th. M.* Bonn, u. a.: Bouvier, 1992, 249 S. (= Studien zur Litera-tur der Moderne, Bd. 19) [Zugl.: Diss., Univ. Augsburg, 1990. - Rez.: W. Frizen, # 92.56 - *Betrachtungen eines Unpolitischen - Der Zauberberg*].

92.200 OBEREMBT, Gert: Notizen eines Heimatlosen. Klaus Manns Tagebücher 1940-1942. In: *Rheinischer Merkur*, Jg. 47, Nr. 11 (13. März 1992), Literatur, S. 20. [Rez. von K. M., # 91.162].

92.201 OBERMÜLLER, Klara: Der Zwang, das Geheimnis zu wahren. Th. M's Tagebücher 1949-1950. Eitel, hellsichtig, lächerlich und tief berührend. In: *Die Weltwoche*, Jg. 60, Nr. 15 (9. April 1992), Kultur, S. 61.

92.202 OSSETT, Miguel: 51 años en cartas. Th. M. y Hermann Hesse. In: *Quimera*, Nr. 111 (1992), S. 39-45.

92.203 OTTO, Wilfriede: Rückblick: Th. M. an Walter Ulbricht. In: *Mitteilungen des Fördererkreises Archive und Bibliotheken zur Geschichte der Arbeiterbewegung*, Nr. 2/3 (Juli 1992), S. 39-41.

92.204 OTTO, Wilfriede: Th.-M.-Brief an Ulbricht. In: *Der Tagesspiegel*, Jg. 48, Nr. 14196 (10. Mai 1992), Demokratisches Forum, S. 2. [Zur Veröffentlichung des Briefes in den *Mitteilungen des Fördererkreises Archive und Bibliotheken zur Ge-schichte der Arbeiterbewegung*, Nr. 1 (März 1992). - Vgl. *Der Tagesspiegel* (16. April 1992)].

92.205 PARKES-PERRET, Ford B.: Th. M's Novella *Das Wunderkind*. The Androgynous Artist. In: *Colloquia Germanica*, Jg. 26, Nr. 1 (1992), S. 19-35.

92.206 PARR, Rolf: Rez. von H. Wysling/C. Bernini, # 92.333. In: *Germanistik*, Jg. 33, Nr. 3/4 (1992), S. 1090.

92.207 PAULSEN, Wolfgang: Rez. von M. Krüll, # 91.139. In: *Deutsche Bücher*, Jg. 22, Nr. 2 (1992), S. 140-144.

92.208 PERICOLI, Tullio: Th. M. In: T. P., *Portraits. Mit einem Vorwort von Umberto Eco.* Zürich: Diogenes, 1992, S. 73-74. [Abb.].

92.209 PFISTER, Werner: 'Überhaupt ist man reizend hier zu uns': Th. M. und Zürich. In: *Zürichsee-Zeitung* (28. November 1992), S. 14. [Rez. von T. Sprecher, # 92.280].

92.210 POPP, Wolfgang: Humor, Ironie und Satire. In: W. P., *Männerliebe. Homosexualität und Literatur.* Stuttgart: J. B. Metzler, 1992, S. 386-398. [Darin Bemerkungen zu Th. M.: *Der Tod in Venedig - Der Zauberberg - Felix Krull*].

92.211 PORENA, Ida: Hans Castorp e la catena del tempo. Im *La Montagna incantata* di Th. M. In: Roberta Ascarelli, Ursula Bavaj, und Robert Venuti, Hrsg.: *L'avventura della conoscenza. Momenti del 'Bildungsroman' dal 'Parsival' a Th. M.* Napoli: Guida, 1992, S. 253-263. [*Der Zauberberg*].

92.212 PORTER, Andrew: Musical Events. Mann and his Music. In: *The New Yorker*, Jg. 68, Nr. 16 (8. Juni 1992), S. 71-73, 76. [Aus Anlaß der Oper *Mario and the Magician. - Mario und der Zauberer*].

92.213 POTEMPA, Georg: *Th. M.-Bibliographie. Das Werk. Mitarbeit Gert Heine.* Morsum/Sylt: Cicero Presse, 1992, XVII, 907 S. [Vgl. # 88.223. - Rez.: R. Jerichow, # 92.123 - K. W. Jonas, # 93.126, # 94.103 - H. A. Koch, # 94.117 - H. Kurzke, # 92.152 - H. Lehnert, # 94.133 - H. R. Vaget, # 92.299, # 94.235 - G. Wenzel, # 94.248].

92.214 POTTER, Edith: Jugendstil in Mann's Early Short Fiction. In: J. B. Berlin, # 92.14, S. 77-85.

92.215 POWELL, Larson: Rez. von J. F. Fetzer, # 90.83. In: *GQ*, Jg. 65, Nr. 1 (Winter 1992), S. 93-95.

92.216 PROSKAUER, Paul F.: Zwei Jahre im Leben Th. M's. In: *Aufbau*, Jg. 58 (14. Februar 1992), S. 9. [Rez. von I. Jens, # 91.115].

92.217 PROSKAUER, Paul F.: 'Ich kann alles gebrauchen... ich bin Künstler.' Neue Literatur von und über Th. M. In: *Aufbau*, Jg. 58 (3. Juli 1992), S. 9-10. [Rez. von H. Wysling/Y. Schmidlin, # 92.334].

92.218 PROSKAUER, Paul F.: 'Sonnenfinsternis'. Th. M. und René Schickele im französischen Exil. In: *Aufbau*, Jg. 58 (25. September 1992), S. 8-9. [Rez. von H. Wysling/C. Bernini, # 92.333].

92.219 RAHNER, Sabine: Th. M. im Alter: Wechselbad der Gefühle. In: *Badisches Tag-blatt*, Jg. 47 (28. April 1992), Bücher. [Rez. von I. Jens, # 91.115].

92.220 RAMM, Klaus J.: Dekadenz für satte Genießer. Ein eifriger Epigone Th. M's: Martin Mosebach und sein Roman *Westend*. In: *Der Tagesspiegel*, Jg. 48 (6. Dezember 1992). [*Buddenbrooks*].

92.221 RAU, Peter: Westliches Zwielicht, zwielichtiger Westen: Ein Blick mit Th. M. in die neuere deutsche Literaturgeschichte. In: Burckhardt Krause, Hrsg.: *Präludien: Kanadisch-deutsche Dialoge*. München: Iudicium, 1992, S. 222-247.

92.222 RAU, Peter: Rez. von K. Tillmann, # 91.239 - H. Wißkirchen, # 91.268. In: *Literatur in Wissenschaft und Unterricht*, Jg. 25, Nr. 3 (1992), S. 289-292.

92.223 REED, Terence J.: Introduction. In seiner Ausg. von Th. M., *Doctor Faustus*. London, 1992. (= Everyman's Library Series).

92.224 REED, Terence J.: Meeting the Model. Christian Buddenbrook and Onkel Friedel. In: *GLL*, N. S., Jg. 46, Nr. 3 (Juli 1992), S. 207-211. [*Buddenbrooks*].

92.225 REED, Terence J.: Rez. von H. Wysling/Y. Schmidlin, # 91.276. In: *MLR*, Bd. 87 (1992), S. 1043-1044.

92.226 REICH-RANICKI, Marcel: Th. M's letzte Liebe. Aus Anlaß seiner Tagebücher 1949-1950. In: *FAZ*, Jg. 44, Nr. 165 (18. Juli 1992), Bilder und Zeiten. [Rez. von I. Jens, # 91.115].

92.227 REICH-RANICKI, Marcel: Th. M. In: M. R.-R., *Der doppelte Boden. Ein Gespräch mit Peter von Matt*. Zürich: Amann, 1992.

92.228 REIDEL-SCHREWE, Ursula: *Die Raumstruktur des narrativen Textes. Th. M., Der Zauberberg*. Würzburg: Königshausen & Neumann, 1992, 202 S. (= Epistemata. Würzburger Wissenschaftliche Schriften, Reihe Literaturwissenschaft, Bd. 80) [Zugl.: Diss., Harvard Univ., Cambridge, MA, 1989. - Vgl. # 89.225. - Rez.: E. Ibsch, # 93.118 - F. A. Lubich, # 94.139a - H.-J. Sandberg, # 93.239].

92.229 RIECKMANN, Jens: Mocking a Mock-Biography: Steven Millhauser's *Edwin Mullhouse* and Th. M's *Doctor Faustus*. In: Fehn/Hoesterey/Tatar, # 92.44, S. 62-69.

92.230 RITTER, Henning: Traumdeutung der Tradition. Religion aus den Quellen des Judentums: Zwei Deutungen von Freuds Spätwerk *Der Mann Moses*. In: *FAZ*, Jg. 44, Nr. 285 (8. Dezember 1992), Literatur, S. 15. [*Joseph und seine Brüder*].

92.231 RITTER, Naomi: *Death in Venice* and the Tradition of European Decadence. In: J. B. Berlin, # 92.14, S. 86-92. [*Der Tod in Venedig*].

92.232 ROBERTSON, Ritchie: Rez. von J. F. Fetzer, # 90.83. In: *Journal of European Studies*, Jg. 22, Nr. 2 (1992), S. 193-194.

92.233 ROBERTSON, Ritchie: Rez. von Elfe/Hardin/Holst, *The Fortune of German Writers in America*. In: *Journal of European Studies*, Jg. 22, Nr. 4 (1992), S. 371-373. [Vgl. dazu H. R. Vaget, # 92.296].

92.234 ROBERTSON, Ritchie: Rez. von R. Speirs, # 90.283. In: *MLR*, Bd. 87, Nr. 2 (April 1992), S. 525-526.

92.235 ROBINS, Natalie: Th. M. In: N. R., *Alien Ink: The FBI's War on Freedom of Expression*. New York: W. Morrow, 1992.

92.236 ROLOFF, Burkart: Rez. von J. F. Fetzer, # 90.83. In: *Arbitrium*, Jg. 10 (1992), S. 377-378.

92.237 ROSS, Jan: Der Weg ins Vordemokratische zurück ist ungangbar. Mütterdämmerung, Lebensfreundlichkeit und Sympathie mit der Zukunft. Ein Kolloquium über Th. M's Josephs-Roman in Lübeck. In: *FAZ*, Jg. 44, Nr. 111 (13. Mai 1992), Feuilleton, S. 33.

92.238 RUDOLPH, Andrea: Ästhetische Differenzen. Italienreise, 'Werther'-Roman und Symbolnorm in Th. M's Erzählung *Enttäuschung* (1897). In: *Zeitschrift für Germanistik*, N. F., Jg. 2, Nr. 3 (1992), S. 586-600.

92.239 RÜDELL, Norbert: Wo es keine Götter gibt, muß man sie erfinden. Das Th. M.-Kolloquium in Lübeck unter dem Leitthema: *Joseph und seine Brüder*. In: *Main-Echo*, Nr. 117 (21. Mai 1992), Kultur, S. 7.

92.240 SANDBERG, Hans-Joachim: 'Der fremde Gott' und die Cholera. Nachlese zum *Tod in Venedig*. In: E. Heftrich/H. Koopmann, # 91.98, S. 66-110.

92.241 SANDBERG, Hans-Joachim: Glück und Größe. Schattenspiele brüderlich geteilt. In: *Th. M. Jahrbuch*, Bd. 5 (1992), S. 78-96.

92.242 SATZ, Martha: The Death of the Buddenbrooks: Four Rich Meals a Day. In: Lilian R. Furst, und Peter W. Graham, Hrsg.: *Disorderly Eaters*. University Park: Penn State University Press, 1992, S. 199-213.

92.243 SAUER, Paul L.: Zwischen 'Außensein' und 'Dabeisein'. Exilliterarische Aspekte in Th. M's *Doktor Faustus*. In: Edith Böhne, und Wolfgang Motzkau-Valeton,

Hrsg.: *Die Künste und die Wissenschaften im Exil 1933-1945*. Gerlingen: L. Schneider, 1992, S. 47-69. [*Doktor Faustus*].

92.244 SCAFF, Susan von Rohr: Plato and Nietzsche in *Death in Venice*. In: J. B. Berlin, # 92.14, S. 140-145. [*Der Tod in Venedig*].

92.245 SCAFF, Susan von Rohr: Rez. von H. Lehnert/P. C. Pfeiffer, # 91.150. In: *Rocky Mountain Review of Language and Literature*, Jg. 46, Nr. 1/2 (1992), S. 95-96.

92.246 SCHÄDLICH, Michael: 'Alfred Flechtheim intrigiert' oder Recherchieren ist Glückssache. Eine Anmerkung zu Marianne Krülls Buch *Im Netz der Zauberer*. In: *Th. M. Jahrbuch*, Bd. 5 (1992), S. 225-228. [Rez. von M. K., # 91.139].

92.247 SCHÄDLICH, Michael: Leidenschaftliche Dichtermutter. Die Erinnerungen und Briefe der Julia Mann. In: *Neue Zeit*, Jg. 48, Nr. 122 (26. Mai 1992), Literatur, S. 14. [Rez. von J. M., # 91.161].

92.248 SCHÄDLICH, Michael: Er war kein knieweicher Kompromißler. Neues Material über Jahre des Schwankens bei Th. M. In: *Neue Zeit*, Jg. 48, Nr. 240 (14. Oktober 1992), Literatur, S. 14. [Rez. von P. d. Mendelssohn, # 92.187].

92.249 SCHÄDLICH, Michael: In tiefer Lebensverbundenheit. Die Heinrich-Mann-Biographie von Willi Jasper. In: *Neue Zeit*, Jg. 48, Nr. 274 (24. November 1992), Literatur, S. 14. [Rez. von W. J., # 92.120].

92.250 SCHÄDLICH, Michael: Eine schwierige Freundschaft. Th. M's tiefgründiger, spannungsreicher Briefwechsel mit Agnes E. Meyer. In: *Neue Zeit*, Jg. 48, Nr. 283 (4. Dezember 1992), Literatur, S. 14. [Rez. von H. R. Vaget, # 92.295].

92.251 SCHAUDER, Karlheinz: 'Ein paar kurze Schreiben'. Die Geschichte eines Briefes von Th. M. In: *Wasgau-Blick*, Jg. 20, Nr. 2 (Februar 1992), S. 68-69. [Mit Brief von K. S. vom 24. August 1950 und Th. M's Antwortbrief vom 28. September 1950].

92.252 SCHIAVONI, Giulio: Introduzione. In Bruno Maffi's Übs. von *Königliche Hoheit/Sua altezza reale*. Milano: Rizzoli, 1992.

92.253 SCHIRNDING, Albert von: Armer Heinrich, armer Thomas, arme Katia, armer Klaus: Marianne Krülls Enthüllungs- und Entrüstungs-Story über die Familie Mann. In: *SZ*, Jg. 48, Nr. 29 (5. Februar 1992), S. 15. [Rez. von M. K., # 91.139].

92.254 SCHIRNDING, Albert von: Gebranntes Kind. Zum Tode von Monika Mann. In: *SZ*, Jg. 48, Nr. 89 (15. April 1992), Feuilleton, S. 18.

92.255 SCHIRNDING, Albert von: Es war mehr als Unmut. Zum Briefwechsel zwischen Th. M. und René Schickele. In: *SZ*, Jg. 48, Nr. 158 (11./12. Juli 1992), S. IV. [Rez. von H. Wysling/C. Bernini, # 92.333].

92.256 SCHIRNDING, Albert von: Die Ägyptologie entdeckte ihren Dichter. Joseph und Echnaton. Eine Ausstellung über Th. M. und Ägypten in München. In: *SZ*, Jg. 48, Nr. 246 (24./25. Oktober 1992), S. 18. [Vgl. H. Helbling, # 93.107].

92.257 SCHIRNDING, Albert von: Die Betrogene. Zum Briefwechsel Th. M's mit Agnes E. Meyer. In: *SZ*, Jg. 48, Nr. 258 (7./8. November 1992), Literatur, S. IV. [Rez. von H. R. Vaget, # 92.295].

92.258 SCHIRNDING, Albert von: Der Felix Krull vom Tegernsee. Zu Th. M's Tagebuchaufzeichnungen der Jahre 1949/50. In: *SZ*, Jg. 48, Nr. 44 (22./23. Februar 1992), S. IV. [Rez. von I. Jens, # 91.115].

92.259 SCHIRRMACHER, Frank: Es schafft der Mann sich eine große Zeit. Der Dichter Rainer Maria Rilke, der Krieg, die Revolution und das Lob der Diktatoren - Zur spektakulären Ausgabe seiner *Briefe zur Politik*. In: *FAZ*, Jg. 44, Nr. 89 (14. April 1992), Literatur, S. 1-2. [Vgl. Korrektur von K. W. Jonas, # 92.125 - J. W. Storck].

92.260 SCHIRRMACHER, Frank: Neues vom *Zauberberg*. Die Schreibenden und der Krieg. In: *FAZ*, Jg. 44, Nr. 207 (5. September 1992), Feuilleton, S. 25. [Krieg].

92.261 SCHMIDT, Christoph: Rez. von H. Koopmann, # 90.157. In: *Wirkendes Wort*, Jg. 42, Nr. 2 (Mai 1992), S. 349-351.

92.262 SCHMIED, Barbara: Hanno und Kai - Zwei Künstler im Konflikt mit der Gesellschaft. Eine vergleichende Studie der beiden Figuren aus *Buddenbrooks* von Th. M. In: *Runa*, Nr. 17/18 (1992), S. 179-192.

92.263 SCHNAUBER, Cornelius: Th. M. In: C. S., *Spaziergänge durch das Hollywood der Emigranten*. Zürich: Arche, 1992, 162 S.

92.264 SCHNEIDER, Ursula W.: Ars amandi. In: *DAI*, Jg. 53, Nr. 4 (Oktober 1992), S. 1152A. [Diss., City Univ. of New York].

92.265 SCHOELLER, Wilfried F.: Beruf: Mutter berühmter Söhne. Julia Manns gesammelte Prosa und Briefe an ihren Ältesten. In: *SZ*, Jg. 48 (22./23. Februar 1992). [Rez. von J. M., # 91.161].

92.266 SCHOEPS, Julius H.: Th. M. In: J. H. S., *Neues Lexikon des Judentums*. Gütersloh, u. a.: Bertelsmann Lexikon, 1992, S. 302.

92.267 SCHOOR, Kerstin: Th. M. In: K. S., *Verlagsarbeit im Exil. Untersuchungen zur Geschichte der deutschen Abteilung des Amsterdamer Allert de Lange Verlages 1933-1940.* Amsterdam, u. a.: Rodopi; Weesp: De Lange, 1992, S. 209-211, u. a. (= Amsterdamer Publikationen zur Sprache und Literatur, Bd. 101).

92.268 SCHOSTACK, Renate: Er nahm, was er brauchte, und alles stimmte. Th. M. und Ägypten - Eine erhellende Ausstellung in der Villa Stuck. In: *FAZ*, Jg. 44, Nr. 266 (14. November 1992), Bilder und Zeiten.

92.269 SCHRECKENBERGER, Helga: Rez. von J. F. Fetzer, # 90.83. In: *JEGP*, Jg. 91, Nr. 2 (1992), S. 301-303.

92.270 SCHRÖTER, Klaus: Rez. von W. Jasper, # 92.120. In: *Heinrich Mann-Jahrbuch*, Bd. 10/1992 (1993), S. 209-212.

92.271 SCHUHMANN, Klaus: Rez. von H. Koopmann/C. Muenzer, # 90.166. In: *DLZ*, Jg. 113, Nr. 5/6 (Mai/Juni 1992), Sp. 357-358.

92.272 SCHULTHEISS, Helga: Der Dichter als Mann. Praktiziere nicht, hüte dein Geheimnis: Th. M's Homosexualität. In: *Nürnberger Zeitung*, Jg. 189, Nr. 107 (9. Mai 1992), S. 8. [Rez. von K. W. Böhm, # 91.19 - M. Krüll, # 91.139].

92.273 SEYBOLD, Eberhard: Die Frankfurter standen Spalier. In: *Nassauische Neue Presse* (4. Mai 1992). [Rez. von I. Jens, # 91.115].

92.274 SHU, Changshan: Das erste Th.-M.-Bild in China. In: Na Ding, Hrsg.: *Neue Forschungen chinesischer Germanisten in Deutschland.* Frankfurt a. M.: P. Lang, 1992, S. 70-90. (= Europäische Hochschulschriften, Reihe 1: Deutsche Sprache und Literatur, 1346).

92.275 SIEBENHAAR, Klaus: Heinrich Mann, der letzte Ritter. Eine Lücke, die seit langem zu schließen war: Willi Jaspers große Biographie des Autors. In: *Der Tagesspiegel*, Jg. 48, Nr. 14402 (6. Dezember 1992), Literatur, S. 55. [Rez. von W. J., # 92.120].

92.276 SIEFKEN, Hinrich: Rez. von F. Fechner, # 90.81 - K. D. Vogt, # 87.336. In: *MLR*, Bd. 87, Nr. 3 (1992), S. 807-809.

92.277 SLATTERY, J. F.: Th. M. und die B.B.C.: Die Bedingungen ihrer Zusammenarbeit 1940-1945. In: *Th. M. Jahrbuch*, Bd. 5 (1992), S. 142-170.

92.278 SMITH, Herbert O.: Prologue to the Great War. In: *Focus on Robert Graves and his Contemporaries*, Jg. 1, Nr. 13 (Winter 1992), S. 36-42.

92.279 SPEIRS, Ronald C.: Rez. von H. Lehnert/P. C. Pfeiffer, # 91.150. In: *Journal of European Studies*, Jg. 23, Nr. 3 (1992), S. 278-279.

92.280 SPRECHER, Thomas: *Th. M. in Zürich.* Zürich: NZZ; München: W. Fink, 1992, 337 S. [32 Abb. - Teildruck u. d. T.: Berühmter Sohn Lübecks, in # 93.279. - Rez.: W. Allgaier, # 93.2 - H. Helbling, # 92.87 - G. Huonker, # 93.117 - B. Kristiansen, # 93.155 - D. Lenhardt, # 92.161 - M. Maar, # 93.181 - W. Pfister, # 92.209 - A. v. Schirnding, # 93.250 - A. Stüssi, # 93.283].

92.281 STACKELBERG, Roderick: Teaching Mann's Short Fiction: A Historian's Perspective. In: J. B. Berlin, # 92.14, S. 29-38.

92.282 STANZL, Franz K.: Consonant and Dissonant Closure in *Death in Venice* and *The Dead.* In: Fehn/Hoesterey/Tatar, # 92.44, S. 112-123. [*Der Tod in Venedig*].

92.283 STERN, Joseph P.: The Ideas of 1914. In: J. P. S., *The Heart of Europe. Essays on Literature and Ideology.* Oxford, u. a.: Blackwell, 1992, S. 94-98. [*Betrachtungen eines Unpolitischen*].

92.284 SYMINGTON, Rodney: Tonio Kröger's Conversation with Lisaweta Iwanowna: Difficulties and Solutions. In: J. B. Berlin, # 92.14, S. 126-133.

92.285 SZENDI, Zoltán: Platen, der 'Kronzeuge'. Philologische Bemerkungen zu Th. M's Erzählung *Der Tod in Venedig.* In: *Jahrbuch der ungarischen Germanistik* (1992), S. 127-137.

92.286 *Th. M. Jahrbuch*, Bd. 5: Frankfurt a. M.: V. Klostermann, 1992, 240 S. [Hrsg.: E. Heftrich, und H. Wysling. - Inhalt: M. Dierks, # 92.34 - J. Eder, # 92.37 - W. Frizen, # 92.57 - C. Grawe, # 92.66 - I. Jens, # 92.122 - H. Koopmann, # 92.146, # 92.147 - H. Lehnert, # 92.160, # 94.133 - H.-J. Sandberg, # 92.241 - M. Schädlich, # 92.246 - J. F. Slattery, # 92.277 - H. R. Vaget, # 92.301 - G. Wenzel, # 92.315 - H. Wißkirchen, # 92.324 - H. Wysling, # 92.328, # 92.329, # 92.330].

92.287 TIEDEMANN, Rolf: Adornos Beiträge zum *Doktor Faustus* noch einmal. In: *Frankfurter Adorno Blätter*, Nr. 1 (1992), S. 9-33.

92.288 TILLMANN, Klaus: *Das Frauenbild bei Th. M. Der Wille zum strengen Glück. Frauenfiguren im Werk Th. M's.* Wuppertal: Deimling, 3., veränd. Aufl., 1992, 108 S. (= Deimling wissenschaftliche Monographien, Bd. 2, Literaturwissenschaften) [Vgl. E in # 91.239].

92.289 TIMMS, Edward: *Death in Venice* as Psychohistory. In: J. B. Berlin, # 92.14, S. 134-139. [*Der Tod in Venedig*].

92.290 TRAVERS, Martin: *Th. M.* Basingstoke, u. a.: Macmillan, 1992, VII, 146 S. (= Macmillan Modern Novelists) [Rez.: W. Hanson, # 92.78].

92.291 TRUMMER, Beatrice: *Th. M's Selbstkommentare zum Zauberberg.* Konstanz: Hartung-Gorre, 1992, 132 S. [Zugl.: Diss., Univ. Zürich, 1991, vgl. # 91.242].

92.292 TSCHECHNE, Wolfgang: Geist braucht Gesellschaft. Das Gipfeltreffen der Germanisten und Ägyptologen um Th. M. In: *Lübecker Nachrichten*, Jg. 47, Nr. 107 (8. Mai 1992), S. 11.

92.293 TSCHECHNE, Wolfgang: Die stille Tochter des großen Th. M. In: *Lübecker Nachrichten*, Jg. 47, Nr. 155 (5. Juli 1992), S. 13. [Zum Tode von M. Mann].

92.294 TSCHECHNE, Wolfgang: Dichter haben ihre eigene Wahrheit. 'Th. M. und Altägypten': Ein Kolloquium in Lübeck über *Joseph und seine Brüder.* In: *Die Welt* (11. Mai 1992).

92.295 VAGET, Hans R.: Einleitung. In seiner Ausg. von: *Th. M. - Agnes E. Meyer. Briefwechsel 1937-1955.* Frankfurt a. M.: S. Fischer, 1992, S. 5-71. [Rez.: K. Bellin, # 93.14 - M. Dierks, # 92.33, # 94.41 - R. Exner, # 92.41 - K. Harpprecht, # 92.79 - E. Heftrich, # 93.97 - H. Helbling, # 92.86 - U. Karthaus, # 93.134 - H. Lehnert, # 94.133 - F. A. Lubich, # 94.138 - T. Meier-Ewert, # 93.200 - P. F. Proskauer, # 93.218 - M. Schädlich, # 92.250 - K. Schauder, # 93.245, # 93.246 - A. v. Schirnding, # 92.257 - E. Seybold, # 93.272 - W. Tschechne, # 93.288].

92.296 VAGET, Hans R.: Hoover's Mann: Gleanings from the FBI's Secret File on Th. M. In: Wolfgang Elfe, James Hardin, und Gunther Holst, Hrsg.: *The Fortunes of German Writers in America: Studies in Literary Reception.* Columbia, SC: University of South Carolina Press, 1992, S. 131-144. [Vgl. R. Robertson, # 92.233. - Rez.: P. H. Stanley, # 94.221].

92.297 VAGET, Hans R.: The Steadfast Tin Soldier: Th. M. in World Wars I and II. In: Reinhold Grimm, und Jost Hermand, Hrsg.: *1914/1939. German Reflections of the two World Wars.* Madison: University of Wisconsin Press, 1992, S. 3-21. (= *Monatshefte*, Occasional Volume, 12).

92.298 VAGET, Hans R.: Deutsche Einheit und nationale Identität. Zur Genealogie der gegenwärtigen Deutschland-Debatte am Beispiel von Th. M. In: *Literaturwissenschaftliches Jahrbuch*, N. F., Bd. 33 (1992), S. 277-298. [Deutschland].

92.299 VAGET, Hans R.: Rez. von: H. Bürgin/H.-O. Mayer, # 87.36, # 87.37 - I. M. Ezergailis, # 88.54 - G. Potempa, # 88.223, # 92.213. In: *Monatshefte*, Jg. 84, Nr. 1 (1992), S. 113-116.

92.300 VAGET, Hans R.: The Spell of Salome: Th. M. and Richard Strauss. In: Claus Reschke, und Howard Pollack, Hrsg.: *German Literature and Music. An Aesthetic Fusion: 1890-1989.* München: W. Fink, 1992, S. 39-60. (= Houston German Studies, Bd. 8).

92.301 VAGET, Hans R.: Geschichten und Geschichte. Heinrich und Th. M. in Christopher Hamptons *Tales from Hollywood.* In: *Th. M. Jahrbuch,* Bd. 5 (1992), S. 97-114.

92.302 VAGET, Hans R.: Wagner and the Written Word. In: *Wagner,* Jg. 13, Nr. 1 (Januar 1992), S. 12-25.

92.303 VERRIENTI, Virginia: Il picaro e la lucciola. *Confessioni del cavaliere d'industria Felix Krull* di Th. M. In: Roberta Ascarelli, Ursula Bavaj, und Roberto Venuti, Hrsg.: *L'avventura della conoscenza. Momenti del 'Bildungsroman' dal 'Parzival' a Th. M.* Napoli: Guida, 1992, S. 265-284.

92.305 VOIGTS, Manfred: Th. M. In: M. V., *Oskar Goldberg: Der mythische Experimentalwissenschaftler. Ein verdrängtes Kapitel jüdischer Geschichte.* Berlin: Agora, 1992. (= Canon, Literaturwissenschaftliche Schriften, Bd. 10) [Rez.: J. Pizer, # 94.170. - *Joseph und seine Brüder - Doktor Faustus*].

92.306 WAGENER, Hans: 'The Brother of Th. M.' Heinrich Mann in der amerikanischen Literaturkritik. In: *Heinrich Mann-Jahrbuch,* Bd. 10/1992 (1993), S. 145-165.

92.307 WAILES, Stephen L.: Hartmann von Aue's Stories of Incest. In: *JEGP,* Jg. 91, Nr. 1 (Januar 1992), S. 65-78. [*Der Erwählte*].

92.308 WEGENER-STRATMANN, Martina: Psychoanalytischer Zugriff. 'Th. M's Ägypten' im Vortragssaal des Schlosses. In: *Nordwest-Zeitung,* Jg. 47, Nr. 114 (16. Mai 1992), Film. [Betr. Vortrag von M. Dierks].

92.309 WEGENER-STRATMANN, Martina: Das Gewissen als letzte Instanz. Inge Jens sprach im Kunstverein über Th. M. In: *Nordwest-Zeitung,* Jg. 47, Nr. 145 (24. Juni 1992), Film, S. 3.

92.310 WEHRMANN, Elisabeth: Hilde, bitte schreiben Sie! Im kalifornischen Exil brauchten Th. M. und Lion Feuchtwanger tüchtige Sekretärinnen... In: *Die Zeit,* Jg. 47, Nr. 36 (28. August 1992), Modernes Leben, S. 76. [H. Kahn - H. Waldo].

92.311 WEINZIERL, Ulrich: Verlierer mit Charme und Würde. Zum letzten Band von Klaus Manns Tagebüchern. In: *FAZ*, Jg. 44 (22. Februar 1992), Literatur. [Rez. von K. M., # 91.162].

92.312 WENZEL, Georg: Rez. von H. Wysling/Y. Schmidlin, # 91.276. In: *DLZ*, Jg. 113, Nr. 1/2 (Januar/Februar 1992), Sp. 64-66.

92.313 WENZEL, Georg: Rez. von H. Koopmann, # 90.157. In: *DLZ*, Jg. 113, Nr. 3/4 (März/April 1992), Sp. 228-230.

92.314 WENZEL, Georg: Rez. von Mundt/Schwarz/Lillyman, # 90.212. In: *DLZ*, Jg. 113, Nr. 11/12 (November/Dezember 1992), Sp. 726-729.

92.315 WENZEL, Georg: Spiegelungen. Aspekte zum Friedrich-Bild der Brüder Mann. In: *Th. M. Jahrbuch*, Bd. 5 (1992), S. 62-77. [Friedrich der Große von Preußen].

92.316 WIDDIG, Bernd: Mann unter Männern. In: *GQ*, Jg. 65, Nr. 4 (Herbst 1993), S. 524-536.

92.317 WIDDIG, Bernd: Perspektiven homosozialen Denkens: Männerbündische Konzepte bei Hans Blüher, Max Weber und Th. M. In: B. W., *Männerbünde und Massen. Zur Krise männlicher Identität in der Literatur der Moderne.* Opladen: Westdeutscher Verlag, 1992, S. 33-71. [Zugl.: Diss., Univ. of Stanford, 1989. -Vgl. auch das Kapitel 'Th. M's *Mario und der Zauberer* aus massenpsychologischer Sicht', S. 128-142. - Rez.: A. Graf, # 93.77].

92.318 WIDMANN, Joachim: Der Weg zur deutschen Mitte. Vor 70 Jahren: Th. M. findet über die Ironie zur pluralistischen Republik. In: *Potsdamer Neueste Nachrichten*, Jg. 40, Nr. 100 (29. April 1992), Feuilleton, S. 7. [*Betrachtungen eines Unpolitischen*].

92.319 WIEGMANN, Hermann: *Die Erzählungen Th. M's: Interpretationen und Realien.* Bielefeld: Aisthesis, 1992, 282 S. [Rez.: W. Frizen, # 93.64 - F. Orlik, # 94.162].

92.320 WIEHE, Roger: The *Dance macabre* as the Crucial Moment in Story and Film Versions of *Death in Venice*. In: Liana C. De Girolami, Hrsg.: *The Symbolism of Vanitas in the Arts, Literature, and Music. Comparative and Historical Studies.* Lewiston, u. a.: E. Mellen, 1992, S. 85-99. [*Der Tod in Venedig*].

92.321 WILDUNG, Dietrich: Vorwort. In: A. Grimm, # 92.67, S. 7-8. [Joseph und Echnaton].

92.323 WISSKIRCHEN, Hans: Republikanischer Eros. Zu Walt Whitmans und Hans Blühers Rolle in der politischen Publizistik Th. M's. In: G. Härle, # 92.71, S. 17-40.

92.324 WISSKIRCHEN, Hans: Rez. von M. Krüll, # 91.139. In: *Th. M. Jahrbuch*, Bd. 5 (1992), S. 219-224.

92.325 WISSKIRCHEN, Hans: Das Buddenbrookhaus. Perspektiven für einen symbolischen Ort. In: *Der Wagen* (1992), S. 38-43.

92.326 WITTROCK, Ulf: Rez. von H. Koopmann, # 90.157. In: *Samlaren*, Jg. 113 (1992), S. 170-171.

92.327 WOLFFHEIM, Elsbeth: Das Abenteuer der Verwirklichung des Goethe-Mythos. Th. M's Roman *Lotte in Weimar*. In: G. Härle, # 92.71, S. 103-125.

92.328 WYSLING, Hans, Hrsg.: Th. M., *Deutschland und die Republik*. In: *Th. M. Jahrbuch*, Bd. 5 (1992), S. 188-196. [Vgl. E in engl. Übs. u. d. T.: Five Years of Democracy in Germany. In: *Current History*, Bd. 18 (1923), S. 583-587].

92.329 WYSLING, Hans: Th. M.: Abgerissene Gedanken zum Problem des Kosmopolitismus. In: *Th. M. Jahrbuch*, Bd. 5 (1992), S. 197-199.

92.330 WYSLING, Hans: 'Operationes Spirituales' im *Zauberberg*. Zwei handschriftliche Entwürfe. In: *Th. M. Jahrbuch*, Bd. 5 (1992), S. 200-205.

92.331 WYSLING, Hans: Nachwort. In seiner Ausg. von Th. M., *Königliche Hoheit. Roman*. Zürich: Manesse, 1992, S. 481-491. (= Manesse Bibliothek der Weltliteratur).

92.332 WYSLING, Hans, unter Mitwirkung von Marianne Eich-Fischer: Zur Edition. In ihrer Ausg. von Th. M., *Selbstkommentare: Doktor Faustus und Die Entstehung des Doktor Faustus*. Frankfurt a. M.: S. Fischer, 1992, S. 373-380. (= Fischer Taschenbücher, 6893, Informationen und Materialien zur Literatur) [Vgl. E in # 75.942 - vgl. # 79.268 - # 81.271 - # 89.311 - # 89.312 - # 90.330].

92.333 WYSLING, Hans, und Cornelia Bernini: Eine schwierige Freundschaft (Einführung). In ihrer Ausg. von: *Jahre des Unmuts. Th. M's Briefwechsel mit René Schickele 1930-1940*. Frankfurt a. M.: V. Klostermann, 1992, S. 7-24. (= Th.-M.-Studien, Bd. 10) [Rez: S. Buck, # 94.26 - A. Finck, # 94.48 - H. Helbling, # 92.86 - H. Lehnert, # 94.132 - G. Martens, # 94.144 - R. Parr, # 92.206 - P. F. Proskauer, # 92.218 - A. v. Schirnding, # 92.255].

92.334 WYSLING, Hans, und Yvonne Schmidlin, Hrsg.: Th. M., *Notizbücher 7-14*. Frankfurt a. M.: S. Fischer, 1992, 405 S. [Vgl. Bd. I, Th. M., *Notizbücher 1-6*, # 91.276. - Rez.: H. Helbling, # 92.86 - U. Karthaus, # 92.130 - H. Lehnert, # 94.132 - P. F. Proskauer, # 92.217].

1993

93.1   ABRET, Helga: Th. M. In: H. A., *Albert Langen. Ein europäischer Verleger*. München: Langen Müller, 1993, S. 208-209, u. a.

93.2   ALLGAIER, Walter: Mischung. In: *Münchner Merkur* (8. Januar 1993). [Rez. von T. Sprecher, # 92.280].

93.3   ANON.: Verzeichnis der Schriften Eckhard Heftrichs. In: Gockel/Neumann/Wimmer, # 93.72, S. 411-426.

93.4   ANON.: Eigenartig eifrige Art. Über die politische Haltung des Schriftstellers Th. M. im US-Exil war das FBI gut unterrichtet. Informant: seine Tochter Erika. In: *Der Spiegel*, Jg. 47, Nr. 29 (19. Juli 1993), S. 144-145. [Betr. A. Stephan, # 93.281].

93.5   ANON. [DPA]: Sprachliche Finessen bleiben auf der Strecke. Eine Dissertation über die Übersetzungen von Th. M's *Zauberberg* ins Französische. In: *Reutlinger General-Anzeiger*, Jg. 106, Nr. 146 (29. Juni 1993), Feuilleton, S. 5. [Rez. von J. Hellmann, # 92.88].

93.6   ANON. [END]: Die Tochter als Verräterin? In: *SZ*, Jg. 49, Nr. 159 (14. Juli 1993), Feuilleton, S. 11. [Verfasserin: E. Endres. - Betr. A. Stephan's angebliche Enthüllungen über E. Mann als FBI-Informant. Vgl. # 93.281].

93.7   ANON. [MSI]: Nicht nur Joseph ist zum Gaffen schön. Ein 'Ägyptologe auf Zeit': Th. M's Roman und seine pharaonischen Modelle in Berlin. In: *FAZ*, Jg. 45, Nr. 293 (17. Dezember 1993), Feuilleton, S. 34. [Rez. von A. Grimm, # 92.67. - Zur Ausstellung 'Berliner Meisterwerke der Amarna-Kunst in der Sprache von Th. M.' - Verfasser: M. Siebler].

93.8   ANON. [SCHI]: Verratungen. In: *FAZ*, Jg. 45, Nr. 161 (15. Juli 1993), Feuilleton, S. 23. [Zu A. Stephan's Enthüllungen über E. Mann's angebliche Tätigkeit als FBI-Agentin. Vgl. # 93.281. - Verfasser: F. Schirrmacher].

93.9   ANTON, Herbert: 'Hermeneutisches Doppelgängertum' in den *Bekenntnissen des Hochstaplers Felix Krull*. In: V. Hansen, # 93.88, S. 325-348.

93.10   ASSMANN, Jan: Zitathaftes Leben. Th. M. in der Phänomenologie der kulturellen Erinnerung. In: *Th. M. Jahrbuch*, Bd. 6 (1993), S. 133-158.

93.11   ASSMANN, Michael: Nachwort. In seiner Ausg. von: *Th. M. - Erich von Kahler. Briefwechsel 1931-1955*. Hamburg: Luchterhand, 1993, S. 277-288. (= Veröffentlichungen der Deutschen Akademie für Sprache und Dichtung Darmstadt, 67) [Rez.: H. Kurzke, # 93.161 - S. Papcke, # 94.166].

93.12 BAHR, Ehrhard: Dialektik des Nihilismus. Th. M's Benjamin-Lektüre und der *Faustus*-Roman. In: Hans Schulte, und David Richards, Hrsg.: *Crisis and Culture in Post-Enlightenment Germany. Essays in Honor of Peter Heller.* Lanham, u. a.: University Press of America, 1993, S. 415-431.

93.13 BAUER, Roger: Der Unpolitische und die Décadence. In: Gockel/Neumann/Wimmer, # 93.72, S. 279-297. [*Betrachtungen eines Unpolitischen*].

93.14 BELLIN, Klaus: Die Fürstin und der Patriarch. In: *NDL*, Jg. 41, Nr. 5 (1993), S. 155-158. [Rez. von H. R. Vaget, # 92.295].

93.16 BERTHOLD, Werner, Brita Eckert, Frank Wende, u. a., Hrsg.: Th. M. zur Teilnahme bereit. In: *Deutsche Intellektuelle im Exil. Ihre Akademie und die 'American Guild for German Cultural Freedom'. Eine Ausstellung des Deutschen Exilarchivs 1933-1945 der Deutschen Bibliothek, Frankfurt a. M.* München, u. a.: K. G. Saur, 1993, S. 85-89. (= Die Deutsche Bibliothek Sonderveröffentlichungen, Nr. 18).

93.17 BETZ, Frederick: Th. M. In: F. B., *Heinrich Mann. Der Untertan.* Stuttgart: P. Reclam, 1993, S. 144-145, u. a. (= Universal-Bibliothek, Nr. 8194, Erläuterungen und Dokumente).

93.18 BEYERLE, Dieter: Th. M. und der Teufel. In: Andreas Kablitz, und Ulrich Schulz-Buschhaus, Hrsg.: *Literarhistorische Begegnungen. Festschrift zum 60. Geburtstag von Bernhard König.* Tübingen: G. Narr, 1993, S. 1-16. [*Buddenbrooks - Der Tod in Venedig - Doktor Faustus*].

93.19 BLANC, Klaus: Nachwort. In seiner Ausg. von Janet Flanner: *Legendäre Frauen und ein Mann. Transatlantische Portraits.* München: A. Kunstmann, 1993, S. 191-197. [Vgl. J. F., # 93.62].

93.20 BLÖCKER, Karsten: Das 'kleine Buddenbrookhaus': Das letzte Wohnhaus der Familie Mann in Lübeck, Roeckstraße 7. In: *Lübeckische Blätter*, Jg. 158, Nr. 10 (8. Mai 1993), S. 145-150.

93.21 BLUMENTHAL, Elke: Mut-em-enet und die ägyptischen Frauen. In: *Th. M. Jahrbuch*, Bd. 6 (1993), S. 181-203.

93.22 BOELTER, Astrid: Walter Ulbricht antwortete nicht. Inge Jens und ihre Arbeit an den Th.-M.-Tagebüchern. In: *Hannoversche Allgemeine Zeitung*, Jg. 90, Nr. 170 (24./25. Juli 1993), Literatur.

93.23 BÖSCHENSTEIN, Bernhard: Zwei moderne Faust-Dichtungen: Doppelter Abschied von Goethe. *Mon Faust* und *Doktor Faustus*. In: *Colloquium Helveticum*, Jg. 18 (1993), S. 39-48.

93.24 BÖSCHENSTEIN, Bernhard: Ernst Bertram und der *Zauberberg*. In: Gockel/Neumann/Wimmer, # 93.72, S. 298-309.

93.25 BÖSCHENSTEIN, Bernhard: Exzentrische Polarität: Zum *Tod in Venedig*. In: V. Hansen, # 93.88, S. 89-120.

93.26 BOLLENBECK, Georg: Politik drängt sich auf. 'Bürgerliches Künstlertum' und reflexives Sonderwegbewußtsein bei Th. M. In: Helmut Scheuer, Hrsg.: *Dichter und ihre Nation*. Frankfurt a. M.: Suhrkamp, 1993, S. 392-410. (= Suhrkamp Taschenbuch, 2117, Materialien).

93.27 BORCHMEYER, Dieter: 'Ein Dreigestirn ewig verbundener Geister'. Wagner, Nietzsche, Th. M. und das Konzept einer übernationalen Kultur. In: Gockel/Neumann/Wimmer, # 93.72, S. 1-15.

93.28 BOSCHMANN, Hella: Lebenskünstler im Exil: 'Ein wahres Schloß am Meer ist sein'. In: *Welt am Sonntag*, Nr. 16 (18. April 1993), Kultur-Buchmagazin, S. 56. [L. Feuchtwanger].

93.29 BRENNAN, Joseph G.: *Buddenbrooks* and after. In: *American Scholar*, Jg. 62, Nr. 1 (1993), S. 119-129.

93.30 BRIDGES, George: *Th. M's Joseph und seine Brüder: A Revisionist View of the Phallic Theology of the Old Testament*. Bern: A. Francke, 1993. (= Stanford Germanic Studies Series).

93.31 BRITTEN, Benjamin: *Tod in Venedig (Death in Venice)*: Oper in zwei Akten von Myfanwy Piper nach der Novelle von Th. M. Deutsch von Claus Henneberg und Hans Keller. In: *Musiktheater im Revier Gelsenkirchen, Spielzeit 1992/93, Programmbuch*, Nr. 39 (1993), 80 S.

93.32 BRÖCKER, Luise: Das Märchen als schöpferischer Anstoß für Th. M's Roman *Der Zauberberg*. In: Ursula Hendrichs, und Heinz-Albert Hendrichs, Hrsg.: *Märchen und Schöpfung*. Regensburg: Röth, 1993, S. 151-161. (= Veröffentlichungen der Europäischen Märchengesellschaft, Bd. 19).

93.33 BRUNS, Alken, Hrsg.: *Lübecker Lebensläufe aus neun Jahrhunderten*. Neumünster: K. Wachholtz, 1993. [Darin M. Dierks zu Th. M., S. 243-248. - Vgl. E des Beitrags in Biographisches Lexikon für Schleswig-Holstein und Lübeck, Bd. 8. Neumünster: K. Wachholtz, 1987, S. 224-229].

93.34 BRUNTRÄGER, Hubert: *Der Ironiker und der Ideologe. Die Beziehungen zwischen Th. M. und Alfred Baeumler*. Würzburg: Königshausen & Neumann, 1993, 236 S. (= Studien zur Literatur- und Kulturgeschichte, Bd. 4) [Zugl.: Diss., Univ. Mainz, 1992. - Rez.: V. Hansen, # 94.73].

93.35 BÜHNEN DER HANSESTADT LÜBECK, Hrsg.: *Mario und der Zauberer. Oper von Janos Vajda.* Lübeck, 1993, 4 S. [Programm der deutschen Erstaufführung am 11. Juni 1993 in Lübeck].

93.36 BULIRSCH, Roland: Alfred Pringsheim, der Mathematiker. In: H. W. Kruft, # 93.158, S. 25-34. [Th. M's Schwiegervater].

93.37 CAILLETEAU, Sylvie Thorel: *Trois Arts Poétiques: L'Assommois, Les Malavoglia, Les Buddenbrook.* Mont-de-Marsan: Ed. Inter Universitaires, 1993, 125 S.

93.38 CAP, Biruta: Introduction. In ihrer Ausg. von *Th. M. - Félix Bertaux. Correspondence 1923-1948.* New York, u. a.: P. Lang, 1993, S. XI-XVII. (= Studies in Modern German Literature, Bd. 49).

93.39 CAROSSA, Hans: Th. M. In Eva Kampmann-Carossa's Ausg. von H. C., *Tagebücher 1925-1935.* Leipzig: Insel, 1993, S. 305-306, 538-539, u. a. [Rez.: W. Hinck, # 93.111].

93.40 CARSTENSEN, Richard: Th. M. In: R. C., *Zaubermond über gotischen Giebeln. Lübische Reflexionen.* Lübeck: Graphische Werkstätten, 1993. [*Buddenbrooks* - Lübeck].

93.41 CHOI, Kaung-Eun: *Fremdwörter und Fremdsprachen bei Th. M.* Dissertation, Kiel, 1993, 3 Mikrofiches, 245 S.

93.42 COMBES, A.: Rez. von E. Prodolliet, # 91.180. In: *EG,* Jg. 48 (1993), S. 228-229.

93.43 COSTA, Fernanda Gil: De Wilhelm Meister a Felix Krull. Perspectivas para uma redifinição do 'Bildungsroman'. In: *Runa,* Jg. 20 (1993), S. 173-182. [J. W. v. Goethe: *Wilhelm Meister*].

93.44 CZUCKA, Eckehard: Rez. von A. Grimm, # 92.67. In: *Germanistik,* Jg. 34, Nr. 2 (1993), S. 905-906. [*Joseph und seine Brüder*].

93.45 DARMAUN, Jacques: *Das Gesetz* - Hebräische Saga und deutsche Wirklichkeit. In: V. Hansen, # 93.88, S. 270-293.

93.46 DAVID, Claude: Eine verfehlte Begegnung: Rilke und Nietzsche. In: Gockel/Neumann/Wimmer, # 93.72, S. 161-168.

93.47 DIERKS, Manfred: Kultursymbolik und Seelenlandschaft: 'Ägypten' als Projektion. In: *Th. M. Jahrbuch,* Bd. 6 (1993), S. 113-131.

93.48 DIERKS, Manfred: Rez. von B. J. Dotzler, # 91.44. In: *Germanistik*, Jg. 34, Nr. 1 (1993), S. 368.

93.49 DIERKS, Manfred: Subjekt und Textkohärenz in absteigender Linie - aber nicht im Aus. Arthur Schopenhauer - Th. M. - Thomas Pynchon. In: Gockel/Neumann/Wimmer, # 93.72, S. 357-368.

93.50 DITTRICH, Konrad: Lübeck versöhnt sich mit *Buddenbrooks*. In: *Westfälische Rundschau*, Nr. 105 (6. Mai 1993), Kultur. [Zur Eröffnung des Buddenbrookhauses].

93.51 DÖRR, Volker C.: 'Apocalipsis cum figuris'. Dürer, Nietzsche, *Doktor Faustus* und Th. M's Welt des 'Magischen Quadrats'. In: *ZDP*, Jg. 112, Nr. 2 (1993), S. 251-270.

93.52 DOWNING, Eric: *Artificial I's. The Self as Artwork in Ovid, Kierkegaard, and Th. M.* Tübingen: M. Niemeyer, 1993, V, 244 S. (= Studien zur deutschen Literatur, Bd. 127) [Vgl. # 87.60. - Rez.: R. Zeller, # 94.264. - *Felix Krull*].

93.53 DRÄGER, Hartwig, Hrsg.: *Buddenbrooks: Dichtung und Wirklichkeit. Bilddokumente.* Lübeck: Graphische Werkstätten, 1993, 334 S. [Mit einem Geleitwort von G. Mann: S. 5. - Mit 153 Abb. - Rez.: V. Roggenkamp, # 93.232].

93.54 ECKERT, Thomas: Th. M. In: T. E., *Sylt.* Berlin: Argon; Potsdam: Potsdamer Verlagsbuchhandlung, 1993.

93.55 EDER, Jürgen: *'Allerlei Allotria'. Grundzüge und Quellen der Essayistik bei Th. M.* Bonn: Bouvier, 1993, 209 S. (= Studien zur Literatur der Moderne, Bd. 24) [Zugl.: Diss., Univ. Augsburg, 1990. - Rez.: F. Höpfner, # 94.91 - H. Lehnert, # 94.131].

93.56 EICHNER, Hans: Rez. von G. Gillespie, # 91.72. In: *JEGP*, Jg. 92 (1993), S. 293-296.

93.57 FAVARO, Roberto: *L'ascolto del romanzo. Mann, la musica, i Buddenbrook. Prefazione di Mario Baroni.* Modena, u. a.: Ricordi Mucchi, 1993, 265 S. (= Le Sfere, 21).

93.58 FERRARI-ZUMBINI, Massimo: 'Ich lasse eben alle Antisemiten erschießen'. Anmerkungen zum Thema: Nietzsche und der real existierende Antisemitismus. In: Gockel/Neumann/Wimmer, # 93.72, S. 123-140.

93.59 FERTIG, Ludwig: *Vor-Leben. Bekenntnis und Erziehung bei Th. M.* Darmstadt: Wissenschaftliche Buchgesellschaft, 1993, VII, 304 S. [Rez.: W. Frizen, # 94.51].

93.60 FEST, Joachim C.: *Die unwissenden Magier. Über Th. und Heinrich Mann.* Frankfurt a. M.: S. Fischer, 1993, 134 S. (= Fischer Taschenbuch, 11259).

93.61 FETZER, John F.: Rez. von B. Roßbach, # 89.231. In: *Tristania,* Bd. 14 (1993), S. 154-156.

93.62 FLANNER, Janet: Th. M. Goethe in Hollywood. In Klaus Blanc's Ausg. von J. F., *Legendäre Frauen und ein Mann. Transatlantische Portraits.* München: A. Kunstmann, 1993, S. 53-93. [Aus dem Engl. übs. von A. Felenda. - Vgl. E des engl. Originals in # 41.13 - Nachdruck in # 79.59. - Vgl. # 93.19].

93.63 FRIZEN, Werner: *Th. M.: Der Tod in Venedig.* München: Oldenbourg, 1993, 157 S. (= Oldenbourg-Interpretationen, Bd. 61) [Rez.: H. Lehnert, # 94.131].

93.64 FRIZEN, Werner: Rez. von H. Wiegmann, # 92.319. In: *Germanistik,* Jg. 34, Nr. 2 (1993), S. 907.

93.65 FRIZEN, Werner: Fausts Tod in Venedig. In: Gockel/Neumann/Wimmer, # 93.72, S. 228-253.

93.66 FRÜHWALD, Wolfgang: 'Gib dem Herrn eine Hand, er ist ein Flüchtling'. In: *Börsenblatt für den Deutschen Buchhandel,* Jg. 49, Nr. 73 (14. September 1993), S. 16-20. [Eröffnungsvortrag für die Ausstellung des Deutschen Exilarchivs, Frankfurt a. M.].

93.67 FRÜHWALD, Wolfgang: Eine Kindheit in München. Die Familie Mann und das Genre der Inflationsliteratur. In: Andreas Kablitz, und Ulrich Schulz-Buschhaus, Hrsg.: *Literarhistorische Betrachtungen. Festschrift zum 60. Geburtstag von Bernhard König.* Tübingen: G. Narr, 1993, S. 43-56.

93.68 FUHRMANN, Horst: Vom Reichtum des Alfred Pringsheim. In: H. W. Kruft, # 93.158, S. 35-48. [Th. M's Schwiegervater].

93.69 GALOR, Jehuda: Wie man wird, was man ist. Zur *Tristan*-Novelle Th. M's. In: V. Hansen, # 93.88, S. 47-67.

93.70 GNETTNER, Ines: Th. M. In: I. G., *Vorkriegszeit im Roman einer Nachkriegszeit. Studien zu einem 'anderen' historischen Roman zwischen Vergangenheitsbewälti-gung und Zeitkritik in der Weimarer Republik.* Würzburg: Königshausen & Neumann, 1993. (= Epistemata, Reihe Literaturwissenschaft, Bd. 103) [*Der Zauberberg* - H. Mann].

93.71 GOCKEL, Heinz: Die unzeit-zeitgemäßen Brüder. In: Gockel/Neumann/Wimmer, # 93.72, S. 216-227. [Th. und H. Mann].

93.72 GOCKEL, Heinz, Michael Neumann, und Ruprecht Wimmer, Hrsg.: *Wagner - Nietzsche - Th. M. Festschrift für Eckhard Heftrich.* Frankfurt a. M.: V. Klostermann, 1993, 426 S. [Inhalt: Anon., # 93.3 - R. Bauer, # 93.13 - B. Böschenstein, # 93.24 - D. Borchmeyer, # 93.27 - C. David, # 93.46 - M. Dierks, # 93.49 - M. Ferrari-Zumbini, # 93.58 - W. Frizen, # 93.65 - H. G., # 93.71 - U. Heftrich, # 93.102 - W. Hinck, # 93.112 - I. Jens, # 93.121 - U. Karthaus, # 93.137 - H. Koopmann, # 93.148 - W. Kraft, # 93.152 - H. Kurzke, # 93.162 - V. Lange, # 93.165 - H. Lehnert, # 93.168 - H. Maier, # 93.184 - W. Müller-Lauter, # 93.205 - M. N., # 93.207 - T. J. Reed, # 93.225 - D. Runge, # 93.236 - H. R. Vaget, # 93.297 - R. W., # 93.311 - H. Wysling, # 93.319. - Rez.: E. Schwarz, # 94.183].

93.73 GÖRG, Manfred: Das Ägypten des Alten Testaments bei Th. M. In: *Th. M. Jahrbuch*, Bd. 6 (1993), S. 159-180.

93.74 GÖRNER, Eberhard: Das Leben hat auch seine trauten Seiten. Drei Jahrzehnte 'im Dienste' von Th. M. Ein Gespräch mit dem Schweizer Germanisten Hans Wysling. In: *Die Welt* (28. Dezember 1993), Welt der Kultur.

93.75 GOLDMAN, Harvey: *Politics, Death and the Devil: Self and Power in Max Weber and Th. M.* Dissertation Berkeley: University of California, 1993, 386 S.

93.76 GOOSSENS, Sabine: Th. M. In: S. G., *Deutsche Dichter im Exil und Künstlertum im Exilroman.* Frankfurt a. M., u. a.: P. Lang, 1993, 164 S. (= Europäische Hochschulschriften, Reihe 1: Deutsche Sprache und Literatur, Bd. 1408) [Zugl.: Diss., Univ. Düsseldorf].

93.77 GRAF, Andreas: Rez. von B. Widdig, # 92.317. In: *Germanistik*, Jg. 34, Nr. 2 (1993), S. 820-821.

93.78 GRIMM, Alfred: *Das Sonnengeschlecht. Berliner Meisterwerke der Amarna-Kunst in der Sprache von Th. M.* Mainz: P. v. Zabern, 1993, IV, 80 S. [Veröffentlichung anläßlich der Sonderausstellung 'Joseph und Echnaton - Th. M. und Ägypten' im Ägyptischen Museum Berlin, 11. September-21. November 1993. - Rez.: E. Heftrich, # 94.79].

93.79 GRIMM, Alfred: Atem der Statuen: Th. M., Rainer Maria Rilke und die altägyptische Kunst. In: # 93.78, S. 3-25. [Ital. Ausg. u. d. T.: *La dinastia del sole.* Ligornetto: Museo Vela, 1994. - Vgl. # 92.67].

93.80 GRIMM, Alfred: Osarsiph. Joseph-Metamorphosen 'con variationi'. In: *Th. M. Jahrbuch*, Bd. 6 (1993), S. 235-244.

93.81 GUMPRECHT, Holger: 'New Weimar' unter Palmen. Deutsche Dichter im kalifornischen Exil. In: *Hannoversche Allgemeine Zeitung*, Jg. 90, Nr. 218 (18./19. September 1993), Wochenendbeilage 'Der Siebente Tag'.

93.82   HÄNTZSCHEL, Hiltrud: Die Rache der Wagnerianer. Vor 60 Jahren: Münchner Honoratioren unterzeichnen Pamphlet gegen Th. M. In: *SZ*, Jg. 49, Nr. 88 (17./18. April 1993), S. II. [*Leiden und Größe Richard Wagners - Protest der Wagner-Stadt München*].

93.83   HÄNTZSCHEL, Hiltrud: Ein Buch zur rechten Zeit. Irmela von der Lühe legt die erste Erika-Mann-Biographie vor. In: *SZ*, Jg. 49, Nr. 231 (6. Oktober 1993), Literatur, S. 14. [Rez. von I. v. d. L., # 93.178].

93.84   HÄRLE, Gerhard: Neuerscheinungen von und über Th. M. In: *Forum Homosexualität und Literatur*, Nr. 19 (1993), S. 89-100. [Vgl. # 92.70. - Rez. von: I. Jens, # 91.115 - H. Koopmann, # 90.157 - M. Krüll, # 91.139 - P. d. Mendelssohn/A. v. Schirnding, # 92.187 - H. Wißkirchen, # 91.268].

93.85   HAGE, Volker: *Eine Liebe fürs Leben: Th. M. und Travemünde*. Hamburg: Christians, 1993, 70 S. [Rez.: U. Karthaus, # 94.112].

93.86   HAGE, Volker: 'Leiden, Seelenqual, Grauen': Th. M's Tagebücher 1951-1952 - die Rückkehr nach Europa. In: *Der Spiegel*, Jg. 47, Nr. 51 (1993), S. 154, 156-157, 159. [Rez. von I. Jens, # 93.122].

93.87   HANDLEY, Graham: *Brodie's Notes on Th. M's Death in Venice and Tonio Kröger*. Basingstoke: Macmillan, 2. Ausg., 1993, 86 S.

93.88   HANSEN, Volkmar, Hrsg.: *Th. M. Romane und Erzählungen (Interpretationen)*. Stuttgart: P. Reclam, 1993, 360 S. (= Universal-Bibliothek, Nr. 8810) [Inhalt: H. Anton, # 93.9 - B. Böschenstein, # 93.25 - J. Darmaun, # 93.45 - J. Galor, # 93.69 - V. H., # 93.89, # 93.90 - H. Koopmann, # 93.149 - H. Lehnert, # 93.170 - T. J. Reed, # 93.226 - Y. Sakurai, # 93.238 - G. Wenzel, # 93.308 - E. Wessell, # 93.309. - Rez.: R. Koester, # 94.118].

93.89   HANSEN, Volkmar: Vorwort. In: # 93.88, S. 7-10.

93.90   HANSEN, Volkmar: 'Lebensglanz' und 'Altersgröße' Goethes in *Lotte in Weimar*. In: # 93.88, S. 228-269.

93.91   HANSEN, Volkmar: Das Brot der schwarzen Schwäne: Schloß Benrath und Düsseldorf in Th. M's Erzählung *Die Betrogene*. In: Gertrude Cepl-Kaufmann, u. a., Hrsg.: *Bilanz Düsseldorf '45: Kultur und Gesellschaft von 1933 bis in die Nachkriegszeit*. Düsseldorf: Grupello, 1993, S. 381-392.

93.92   HANSEN, Volkmar: Th. M.: *Der Zauberberg* - Hans Castorps Weg ins Freie oder *Der Zauberberg* als Zeitroman. In: *Interpretationen. Romane des 20. Jahrhunderts, Bd. 1*. Stuttgart: P. Reclam, 1993, S. 55-100. (= Universal-Bibliothek, Nr. 8808).

93.93   HANSSEN, Frederik: Die Freude, zwei solche Kerle zu haben. *Lübeck als geistige Lebensform:* Eine Feier für die Gebrüder Mann. In: *Der Tagesspiegel*, Jg. 49 (10. Mai 1993), Feuilleton.

93.94   HAUSWEDELL & NOLTE, Hrsg.: Briefe von Thomas und Katia Mann an Hans Reisiger (1926-55). In: *Wertvolle Bücher und Autographen des 15.-20. Jahrhunderts.* Hamburg: Hauswedell & Nolte, November 1993, S. 306-307. [Katalog der Auktion 302 vom 24./25. November 1993].

93.95   HAWES, James M.: *Nietzsche and the End of Freedom. The Neo-Romantic Dilemma of Kafka, the Brothers Mann, Rilke and Musil, 1904-1914.* Frankfurt a. M., u. a.: P. Lang, 1993, 196 S. (= Historisch-kritische Arbeiten zur deutschen Literatur, Bd. 13) [Rez.: W. Frizen, # 94.52. - *Der Tod in Venedig*].

93.96   HEFTRICH, Eckhard: *Geträumte Taten: Joseph und seine Brüder. Über Th. M., Bd. III.* Frankfurt a. M.: V. Klostermann, 1993, IX, 600 S. (= Das Abendland, N. F., 21, Forschungen zur Geschichte europäischen Geisteslebens) [Rez.: W. Frizen, # 94.54 - U. Karthaus, # 94.112 - F. A. Lubich, # 94.138 - R. Mehring, # 94.148 - E. Schwarz, # 94.214].

93.97   HEFTRICH, Eckhard: Die Rettung der eigenen Seele ist im Spiel. Ein Abhängigkeitsverhältnis: Th. M. und seine Gönnerin Agnes E. Meyer wechseln Briefe. In: *FAZ*, Jg. 45, Nr. 25 (30. Januar 1993), Literatur. [Rez. von H. R. Vaget, # 92.295].

93.98   HEFTRICH, Eckhard: Der Totentanz in Th. M's Roman *Der Zauberberg*. In: Franz Link, Hrsg.: *Tanz und Tod in Kunst und Literatur.* Berlin: Duncker & Humblot, 1993, S. 335-350. (= Schriften zur Literaturwissenschaft, Bd. 8).

93.99   HEFTRICH, Eckhard: Th.-M.-Preisträger Hans Wysling. In: *Lübeckische Blätter*, Jg. 158, Nr. 12 (5. Juni 1993), S. 196-198. [Rede anläßlich der Verleihung des Th.-M.-Preises].

93.100 HEFTRICH, Eckhard: Nachwort. In: Th. M., *Lübeck als geistige Lebensform, Reprint von 1926.* Lübeck: O. Quitzow Verlag der Buchhandlung G. Weiland Nachf., 1993, S. 57-59.

93.101 HEFTRICH, Eckhard: Matriarchat und Patriarchat. Bachofen im Joseph-Roman. In: *Th. M. Jahrbuch*, Bd. 6 (1993), S. 205-221.

93.102 HEFTRICH, Urs: Nietzsches Analyse des Mitleids. In: Gockel/Neumann/Wimmer, # 93.72, S. 141-160.

93.103 HEINRICH- UND TH. M.-ZENTRUM LÜBECK, Hrsg.: *Th. M's Roman Der Zauberberg. Einblicke in die Entstehungs- und Editionsgeschichte. Kabinett-Ausstellung*

im Buddenbrookhaus. Lübeck, 1993, 79 S. [Inhalt: G. Potempa, # 93.215, # 93.216
- H. Wißkirchen, # 93.314, # 93.315].

93.104 HEINTZ, Anne-Marie: Le sang et la soie: La chambre de Naphta dans *Der Zauberberg* de Th. M. In: *Le texte de l'idée*, Jg. 8 (1993), S. 131-153.

93.105 HEINZE, Rüdiger: Im Hause Pringsheim. H.-W. Krufts Vermächtnis: Münchner
Wagner-Konzert. In: *Augsburger Allgemeine*, Nr. 247 (25. Oktober 1993), S. 20.

93.106 HEISSERER, Dirk: In kleinen Junggesellenwohnungen. Wo Th. M. die
Buddenbrooks schrieb. In: D. H., *Wo die Geister wandern. Eine Topographie der
Schwabinger Bohème um 1900.* München: Diederichs, 1993, S. 99-120.
[*Buddenbrooks*].

93.107 HELBLING, Hanno: 'Mein eigentlicher und geheimer Text'. Th. M. und
Ägypten - eine Ausstellung in Zürich. In: *NZZ*, Jg. 214, Nr. 65 (19. März 1993),
S. 55. [Vgl. A. v. Schirnding, # 92.256. - *Joseph und seine Brüder*].

93.108 HELBLING, Hanno: 'Meist graust mir vor allem': Th. M. 1951/52. In: *NZZ*, Jg.
214, Nr. 287 (9. Dezember 1993), Feuilleton, S. 23. [Rez. von I. Jens, # 93.122 -
H. Kurzke, # 93.163, # 93.164].

93.109 HETTCHE, Thomas: Wo Kaisersaschern liegt. Auf der Suche nach der Wirklichkeit einer erfundenen Stadt. In: *FAZ*, Jg. 45, Nr. 211 (11. September 1993), Bilder und Zeiten, S. [2]. [Vgl. Nachdruck in # III.93.10].

93.110 HILSCHER, Eberhard: Th. M's polyhistorischer Roman *Doktor Faustus* (1947).
In: Manfred Brauneck, Hrsg.: *Der deutsche Roman nach 1945.* Bamberg: C. C.
Buchners, 1993, S. 7-20. (= Themen - Texte - Interpretationen, Bd. 13).

93.111 HINCK, Walter: Einer, der sich nicht gefoltert fühlt. Litt an den Nazis, nicht an
den Rezensenten: Hans Carossa in seinen Tagebüchern. In: *FAZ*, Jg. 45, Nr.
124 (1. Juni 1993), Literatur, S. 2. [Rez. von H. C., # 93.39].

93.112 HINCK, Walter: Th. M. in den 'Sozialgeschichten' der Literatur. Eine kritische
Bilanz. In: Gockel/Neumann/Wimmer, # 93.72, S. 369-379.

93.113 HIRSCHBACH, Frank D.: Rez. von K. W. Böhm, # 91.19. In: *Monatshefte*, Jg.
85, Nr. 4 (1993), S. 517-520.

93.114 HÖPKER-HERBERG, Elisabeth: 'Merkwürdiges und Reizvolles'. Zwei Briefe von
Th. M., Schattentheater betreffend. In: Harald Weigel, Hrsg.: *Festschrift für
Horst Gronemeyer zum 60. Geburtstag.* Herzberg: T. Bautz, 1993, S. 513-540. (=
bibliothemata, 10).

93.115 HOFFMANN, Fernand: Th. M. und Klaus Mann in ihrem Verhältnis zu Frankreich. In: *Germanistik (Luxembourg)*, Nr. 4 (1993), S. 55-76.

93.116 HORNUNG, Erik: Th. M., Echnaton und die Ägyptologen. In: *Th. M. Jahrbuch*, Bd. 6 (1993), S. 59-70.

93.117 HUONKER, Gustav: Zwischen 'Baur au Lac' und 'Dolder Grand Hotel': Wie Th. M. in Zürich und in den USA lebte. In: *Tages-Anzeiger* (6. März 1993), Kultur, S. 13. [Rez. von T. Sprecher, # 92.280].

93.118 IBSCH, Elrud: Rez. von U. Reidel-Schrewe, # 92.228. In: *Deutsche Bücher*, Jg. 23, Nr. 1 (1993), S. 52-53. [*Der Zauberberg*].

93.119 JÄKEL, Siegfried: Faust und Don Juan in der Rezeption des 20. Jahrhunderts bei Th. M. und Max Frisch. In: Peter Csobádi, Gernot Gruber, und Jürgen Kühnel, u. a., Hrsg.: *Europäische Mythen der Neuzeit: Faust und Don Juan, Bd. 1.* Anif/Salzburg: U. Müller-Speiser, 1993, S. 165-177. (= Wort und Musik. Salzburger Akademische Beiträge, Nr. 18/I) [*Doktor Faustus*].

93.120 JANKA, Walter: 'Willkommen am 15. Mai - Th. M.'. In: W. J., *...bis zur Verhaftung. Erinnerungen eines deutschen Verlegers.* Berlin, u. a.: Aufbau, 1993, S. 54-82.

93.121 JENS, Inge: Th. M's Brief an Walter Ulbricht. Vorgeschichte, Hintergründe, Nachspiel. In: Gockel/Neumann/Wimmer, # 93.72, S. 343-356.

93.122 JENS, Inge: Vorwort. In ihrer Ausg. von Th. M., *Tagebücher 1951-1952.* Frankfurt a. M.: S. Fischer, 1993, S. V-XXIII. [Rez.: G. Casadevall, # 94.29 - I. A. Chiusano, # 94.35 - H. Eichner, # 94.45 - R. Görner, # 94.61 - V. Hage, # 93.86 - H. Helbling, # 93.108 - E. Hilscher, # 94.88 - W. Killy, # 93.138 - G. Kluge, # 94.116 - M. Maar, # 93.182 - J. M. Marco, # 94.143 - K. Obermüller, # 94.160 - P. F. Proskauer, # 94.178 - F. J. Raddatz, # 94.179 - M. Schädlich, # 93.243, # 94.205 - A. v. Schirnding, # 94.209 - R. Strube, # 94.225 - H. Waldmüller, # 93.302 - U. Wolff, # 94.256].

93.123 JENS, Inge: Keine Agentengeschichte. Erika Mann - Vermutungen und Spekulationen. In: *SZ*, Jg. 49 (23. Juli 1993). [Rez. von A. Stephan, # 93.281. - Exil - FBI].

93.124 JENS, Walter: *Die Buddenbrooks und ihre Pastoren. Zu Gast im Weihnachtshause Th. M's.* Lübeck: Verlag der Buchhandlung G. Weiland Nachf., 1993, 27 S. [Vgl. E in # 90.137].

93.125 JENS, Walter: Sinngebung des Vergänglichen: Th. M. In: W. J. und Hans Küng: *Anwälte der Humanität. Th. M., Hermann Hesse, Heinrich Böll.* München, u. a.: R. Piper, 1993, S. 11-37. (= Serie Piper, 1267).

93.126 JONAS, Klaus W.: Rez. von G. Potempa, # 88.223, # 92.213. In: *Colloquia Germanica*, Jg. 26, Nr. 4 (1993), S. 369-372. [Dt. Text. - Vgl. engl. Text in: *JEGP*, Jg. 94, Nr. 1 (1994/1995), S. 112-114].

93.127 JONAS, Klaus W.: Rez. von G. Gattermann, # 91.70. In: *JEGP*, Jg. 92, Nr. 3 (1993), S. 401-404. [Engl. Text. - Vgl. dt. Text in: *Colloquia Germanica*, Jg. 26, Nr. 1 (1993), S. 81-83].

93.127aJONAS, Klaus W.: 'Sie sind kein Professor, Sie sind ein Schauspieler': Aus Th. M's Briefwechsel mit Hermann J. Weigand (1892-1985). In: *Lübeckische Blätter*, Jg. 158, Nr. 10 (8. Mai 1993), S. 151-152. [Resümee von # 94.105].

93.128 JOSEPH, Erkme: *Nietzsche im Zauberberg*. Dissertation, Universität Marburg, 1993. [1996 erschienen als Bd. 14 der Thomas-Mann-Studien].

93.129 JOSEPH, Erkme: Das Motiv 'Hand' - ein Beispiel für Leitmotivtechnik im *Zauberberg* von Th. M. In: *Literaturwissenschaftliches Jahrbuch*, N. F., Bd. 34 (1993), S. 131-169. [*Der Zauberberg*].

93.130 JUNGE, Friedrich: Th. M's fiktionale Welt Ägypten. In: *Th. M. Jahrbuch*, Bd. 6 (1993), S. 37-57.

93.131 KAISER, Joachim: Thomas und Erika: Zu einer absurden Diskussion. In: *SZ*, Jg. 49, Nr. 160 (15. Juli 1993), S. 11. [Betr. A. Stephan's Artikel - Vgl. # 93.281].

93.133 KAMLA, Thomas A.: Th. M's *Gefallen*: 'États d'âme' and the Bahrian New Psychology. In: *GQ*, Jg. 66, Nr. 4 (1993), S. 510-523.

93.134 KARTHAUS, Ulrich: Th. M's Reden im Londoner Rundfunk. In: Ludwig Brake, Michael Breitbach, und Eva-Marie Felschow, Red.: *Mitteilungen des Oberhessischen Geschichtsvereins Gießen*, N. F., Nr. 78 (1993), S. 160-177.

93.135 KARTHAUS, Ulrich: Rez. von P. d. Mendelssohn, # 92.187 - H. R. Vaget, # 92.295. In: *Germanistik*, Jg. 34, Nr. 1 (1993), S. 367-368, 370.

93.136 KARTHAUS, Ulrich: Rez. von S. Bollmann, # 91.20 - H. Wysling/M. Eich-Fischer, # 93.321. In: *Germanistik*, Jg. 34, Nr. 2 (1993), S. 904-905.

93.137 KARTHAUS, Ulrich: 'Il est plus moral de se perdre...'. Überlegungen zum *Zauberberg*. In: Gockel/Neumann/Wimmer, # 93.72, S. 203-215.

93.138 KILLY, Walther: Dafür Dank statt Häme. In: *Börsenblatt für den Deutschen Buchhandel*, Jg. 49, Nr. 7 (26. Januar 1993), S. 31. [Betr. M. Schädlich's Kritik, # 93.243, an I. Jens, # 93.122].

93.139 KLEINSCHMIDT, Klaus: 'Eine sogenannte literarische Tätigkeit'. In: *Börsenblatt für den Deutschen Buchhandel*, Jg. 49, Nr. 43 (2. Juni 1993), S. 10-13. [Betr. Th.-M.-Kolloquium Lübeck, Mai 1993, zum Thema: Th. M. und die Musik].

93.140 KLUGE, Gerhard: Rez. von G. Bruhn, # 92.19 - I. Jens, # 91.115. In: *Deutsche Bücher*, Jg. 23, Nr. 4 (1993), S. 199-201, 296-297.

93.141 KOC, Richard: Magical Enactments: Reflections on 'Highly Questionable' Matters in *Der Zauberberg*. In: *GR*, Jg. 68, Nr. 3 (1993), S. 108-117.

93.142 KOEPPEN, Wolfgang: Die Beschreibung der Liebe. In: Th. M., *Der Tod in Venedig. Acht signierte Radierungen von Kurt Steinel*. Unterreit, Obb.: Antinous Presse, 1993.

93.143 KOESTER, Rudolf: Faulty and Felicitous Approaches to Th. M. In: *Monatshefte*, Jg. 85, Nr. 3 (1993), S. 375-379. [Rez. von: E. H. Lesér, # 89.163 - H. Mundt, # 89.192 - E. M. Wolf, # 89.307].

93.144 KOMAR, Kathleen L.: Rez. von L. R. Furst, # 92.58. In: *Seminar*, Jg. 29, Nr. 4 (November 1993), S. 429-430.

93.145 KOMMER, Björn R.: *Das Buddenbrookhaus in Lübeck. Geschichte, Bewohner, Bedeutung*. Lübeck: C. Coleman, 1993, 118 S. [Beilage - vgl. H. Wißkirchen, # 93.313. - Rez.: U. Karthaus, # 94.113].

93.146 KOOPMANN, Helmut: Ein grandioser Untergang. Th. M.: *Der Tod in Venedig* (1912). In: Winfried Freund, Hrsg.: *Deutsche Novellen. Von der Klassik bis zur Gegenwart*. München: W. Fink, 1993, S. 221-235. (= Uni-Taschenbücher, 1753).

93.147 KOOPMANN, Helmut: Rez. von C. Jäger, # 92.118. In: *Germanistik*, Jg. 34, Nr. 2 (1993), S. 906.

93.148 KOOPMANN, Helmut: Lotte in Amerika, Th. M. in Weimar. Erläuterungen zum Satz 'Wo ich bin, ist die deutsche Kultur'. In: Gockel/Neumann/Wimmer, # 93.72, S. 324-342.

93.149 KOOPMANN, Helmut: Führerwille und Massenstimmung: *Mario und der Zauberer*. In: V. Hansen, # 93.88, S. 151-185.

93.150 KOOPMANN, Helmut: Der Schluß des Romans *Berlin Alexanderplatz* - eine Antwort auf Th. M's *Zauberberg*? In: Werner Stauffacher, Hrsg.: *Internationale Alfred-Döblin-Kolloquien. Münster 1989 - Marbach a. N. 1991*. Bern, u. a.: P. Lang, 1993, S. 179-191. (= *Jahrbuch für Internationale Germanistik*, Reihe A, Bd. 33).

93.151 KOOPMANN, Helmut: Ein 'Mystiker und Faschist' als Ideenlieferant für Th. M's Josephs-Romane. In: *Th. M. Jahrbuch*, Bd. 6 (1993), S. 71-92. [O. Goldberg].

93.152 KRAFT, Herbert: Goethe 1939. Th. M's Roman *Lotte in Weimar*. In: Gockel/Neumann/Wimmer, # 93.72, S. 310-323.

93.153 KRAUSS, Marita: Die fremden Deutschen. Als Th. M. sich seinen guten Ruf wieder zurückerobern mußte und Toleranz an den Stadtgrenzen haltmachte. In: *SZ*, Jg. 49, Nr. 186 (14./15. August 1993), SZ am Wochenende, Gesellschaft und Familie, S. 117.

93.154 KREUZER, Helmut: Th. M. und Gabriele Reuter. Zu einer Entlehnung für den *Doktor Faustus*. In Wolfgang Drost's, und Christian W. Thomsen's Ausg. von H. K., *Aufklärung über Literatur. Ausgewählte Aufsätze, Bd. 2*. Heidelberg: C. Winter, 1993, S. 149-156. [Vgl. E in # 63.135].

93.155 KRISTIANSEN, Børge: Rez. von T. Sprecher, # 92.280. In: *Germanistik*, Jg. 34, Nr. 1 (1993), S. 371-372.

93.156 KRISTIANSEN, Børge: Ägypten als symbolischer Raum der geistigen Problematik Th. M's. Überlegungen zur Dimension der Selbstkritik in *Joseph und seine Brüder*. In: *Th. M. Jahrbuch*, Bd. 6 (1993), S. 9-36.

93.157 KRÜLL, Marianne: *Im Netz der Zauberer. Eine andere Geschichte der Familie Mann*. Frankfurt a. M.: S. Fischer, 1993, 528 S. (= Fischer Taschenbuch, 11381) [Vgl. E in # 91.139. - Vgl. italien. Übs. u. d. T.: *Nella rete dei maghi: Una storia della famiglia Mann*. Torino: B. Boringhieri, 1993, 397 S.].

93.158 KRUFT, Hanno-Walter: *Alfred Pringsheim, Hans Thoma, Th. M. Eine Münchner Konstellation*. München: Verlag der Bayerischen Akademie der Wissenschaften, 1993, 48 S., 39 Tafeln. [Erw. Ausg. von: Philosophisch-historische Klasse, Abhandlungen, N. F., Heft 107, München 1993. - Inhalt: R. Bulirsch, # 93.36 - H. Fuhrmann, # 93.68 - H.-W. K., # 93.159. - Rez.: H. Pörnbacher, # 94.171].

93.159 KRUFT, Hanno-Walter: Alfred Pringsheim, Hans Thoma, Th. M. Eine Münchner Konstellation. In: # 93.158, 1993, S. 1-24. [Auch in: *NZZ*, Jg. 214, Nr. 60 (13./14. März 1993), S. 63-64. - *Wälsungenblut - Königliche Hoheit*].

93.160 KURZKE, Hermann: *Mondwanderungen. Wegweiser durch Th. M's Joseph-Roman.* Frankfurt a. M.: S. Fischer, 1993, 212 S. (= Fischer Taschenbuch, 11806, Informationen und Materialien zur Literatur) [*Joseph und seine Brüder*].

93.161 KURZKE, Hermann: Man lebt so seinen Tag, der sich im West ja schon beruhigend rötet. Th. M's Briefwechsel mit dem Literaturwissenschaftler und Publizisten Erich von Kahler. In: *FAZ*, Jg. 45, Nr. 247 (23. Oktober 1993), Bilder und Zeiten, S. [5]. [Rez. von M. Aßmann, # 93.11].

93.162 KURZKE, Hermann: Nietzsche in den *Betrachtungen eines Unpolitischen*. In: Gockel/Neumann/Wimmer, # 93.72, S. 184-202.

93.163 KURZKE, Hermann: Zu dieser Ausgabe. In: H. K.'s, und Stephan Stachorski's Ausg. von Th. M., *Essays. Bd. 1: Frühlingssturm 1893-1918.* Frankfurt a. M.: S. Fischer, 1993, S. 418-422. [Rezensionen vgl. # 93.164].

93.164 KURZKE, Hermann: Zu dieser Ausgabe. In H. K.'s, und Stephan Stachorski's Ausg. von Th. M., *Essays. Bd. 2: Für das neue Deutschland 1919-1925.* Frankfurt a. M.: S. Fischer, 1993, S. 416-419. [Rez.: K. Flasch, # 94.49 - W. Frizen, # 94.53 - R. Görner, # 94.61 - H. Helbling, # 93.108 - E. Hilscher, # 94.87 - H. J. Sandberg, # 94.201 - G. Ueding, # 93.292].

93.165 LANGE, Victor: Hinweis auf G. B. Shaws *The Perfect Wagnerite*. In: Gockel/Neumann/Wimmer, # 93.72, S. 16-33.

93.166 LAPPA, Annalies: *Die Verbrechergestalt in der deutschen Literatur von Fontane bis Th. M.* Dissertation, City University of New York, Graduate School, 1993.

93.167 LATTA, Alan D.: The Reception of Th. M's *Die Betrogene*: Part II: The Scholarly Reception. In: *Internationales Archiv für Sozialgeschichte der deutschen Literatur*, Bd. 18, Nr. 4 (1993), S. 123-156. [Vgl. Teil I in # 87.176].

93.168 LEHNERT, Herbert: Historischer Horizont und Fiktionalität in Th. M's *Der Tod in Venedig*. In: Gockel/Neumann/Wimmer, # 93.72, S. 254-278.

93.169 LEHNERT, Herbert: Th. M. In: Gunter E. Grimm, und Frank R. Max, Hrsg.: *Deutsche Dichter. Leben und Werk deutschsprachiger Autoren vom Mittelalter bis zur Gegenwart.* Stuttgart: P. Reclam, 1993, S. 557-584.

93.170 LEHNERT, Herbert: Der sozialisierte Narziß: *Joseph und seine Brüder*. In: V. Hansen, # 93.88, S. 186-227.

93.171 LEHNERT, Herbert: Neues zur Biographie Th. M's, 1991: I. In: *Orbis Litterarum*, Jg. 48, Nr. 3 (1993), S. 224-233. [Rez. von I. Jens, # 91.115 - H. Wysling/Y. Schmidlin, # 91.276].

93.172 LEHNERT, Herbert: Neues zur Biographie Th. M's, 1991: II. In: *Orbis Litterarum*, Jg. 48, Nr. 4 (1993), S. 234-243. [Rez. von: K. W. Böhm, # 91.19 - M. Krüll, # 91.139 - H. Wysling/T. Sprecher, # 90.332, # 91.277].

93.173 LEHNERT, Herbert: Ägypten im Bedeutungssystem des Josephromans. In: *Th. M. Jahrbuch*, Bd. 6 (1993), S. 93-111.

93.174 LEHNERT, Herbert: Rez. von F. Fechner, # 90.81. In: *Th. M. Jahrbuch*, Bd. 6 (1993), S. 283-290.

93.175 LIES, Heike: 'Kurios, kurios', sagte der alte Senator. 'Th. M. und die Musik'. Zu einem Kolloquium in der Hansestadt Lübeck. In: *Darmstädter Echo*, Jg. 49, Nr. 110 (13. Mai 1993), Feuilleton, S. 29. [Th.-M.-Kolloquium 1993].

93.176 LUBICH, Frederick A.: Probleme der Übersetzung und Wirkungsgeschichte Th. M's in den Vereinigten Staaten. In: *Weimarer Beiträge*, Jg. 39, Nr. 2 (1993), S. 464-477. [Special Issue: *Germanistik in den USA: Probleme, Chancen, Form und Sinn.* Hrsg. von W. Goetschel].

93.177 LUBICH, Frederick A.: Th. M's *Der Zauberberg*. Spukschloß der Magna Mater oder Die Männerdämmerung des Abendlandes. In: *DVJS*, Jg. 67, Nr. 4 (1993), S. 729-763.

93.178 LÜHE, Irmela von der: *Erika Mann. Eine Biographie.* Frankfurt a. M., u. a.: Campus, 1993, 350 S. (= Geschichte und Geschlechter, Sonderband) [Rez.: H. Häntzschel, # 93.83 - H. Sauereßig, # 94.203 - U. Weinzierl, # 94.246].

93.179 LÜHE, Irmela von der: Rez. von U. Ebel, # 91.46. In: *Germanistik*, Jg. 34, Nr. 1 (1993), S. 369.

93.180 LÜTHI, Hans J.: Th. M. In: H. J. L., *Der Taugenichts. Versuche über die Gestaltung und Umgestaltung einer poetischen Figur in der deutschen Literatur des 19. und 20. Jahrhunderts.* Tübingen: A. Francke, 1993.

93.181 MAAR, Michael: Tropenkoller. Th. M. und die Schweiz. In: *FAZ*, Jg. 45, Nr. 73 (27. März 1993), Bilder und Zeiten, S. [5]. [Rez. von T. Sprecher, # 92.280].

93.182 MAAR, Michael: Die Stewardeß, berühmte Jodlerin. Th. M's Tagebücher der Jahre 1951 und 1952. In: *FAZ*, Jg. 45, Nr. 284 (7. Dezember 1993), Literatur, S. 9. [Rez. von I. Jens, # 93.122].

93.183 MAAR, Michael: Marginalien zu Th. M's Tagebüchern 1949-1950. In: *Merkur*, Jg. 47, Nr. 529, Heft 4 (1993), S. 355-359. [Rez. von I. Jens, # 91.115].

93.184 MAIER, Hans: Mensch und Übermensch. Nietzsche und das Christentum. In: Gockel/Neumann/Wimmer, # 93.72, S. 83-96.

93.185 MALETZKE, Erich: Auf den Spuren des Tagebuch-Schreibers Th. M. In: *Flensburger Tageblatt*, Nr. 106 (8. Mai 1993), Kultur.

93.186 MANN BORGESE, Elisabeth: Die Familie Mann. In: Ingo Hermann, Hrsg.: *Die Meer-Frau. Gespräch mit Amadou Seitz in der Reihe 'Zeugen des Jahrhunderts'.* Göttingen: Lamuv, 1993, S. 48-51.

93.187 MANN, Golo: Für Erich Kahler. Am Beginn seines einundsiebzigsten Jahres. In Michael Aßmann's Ausg. von *Th. M. - Erich Kahler. Briefwechsel 1931-1955.* Hamburg: Luchterhand, 1993, S. IX-XII. (= Veröffentlichungen der Deutschen Akademie für Sprache und Dichtung Darmstadt, 67).

93.188 MANN, Klaus: Th. M. In: Uwe Naumann's, und Michael Töteberg's Ausg. von K. M., *Das Wunder von Madrid: Aufsätze, Reden, Kritiken 1936-1938.* Reinbek bei Hamburg: Rowohlt, 1993. (= rororo, 12744).

93.189 MARCEL, Odile: *La maladie européenne, Th. M. et le XXe siècle.* Paris: Presses Universitaires de France, 1993, 352 S. (= Questions).

93.190 MARGOTTON, Jean-Charles: Le mythe et ses ambiguités: A propos du roman de Th. M., *Joseph und seine Brüder.* In: *Etudes Allemandes*, Jg. 6 (1993), S. 271-299.

93.191 MARTIN, Ariane: Th. M. In: A. M., *Erotische Politik. Heinrich Manns erzählerisches Frühwerk.* Würzburg: Königshausen & Neumann, 1993. (= Epistemata, Reihe Literaturwissenschaft, 106).

93.192 MATAMORO, Blas: Th. M. en sus diarios (1937-1950). In: *Cuadernos Hispanoamericános*, Nr. 513 (März 1993), S. 7-29.

93.193 MATAMORO, Blas: Th. M.: un álbum de familia. In: *Cuadernos Hispanoamericános*, Nr. 521 (November 1993), S. 87-112. [Sammelbesprechung].

93.194 MATTHIAS, Klaus: Kritisches zu einem Bericht. In: *Lübecker Nachrichten*, Jg. 48, Nr. 269 (17. November 1993), S. 29. [Betr. W. Tschechne, # 93.289 - K. Harpprecht].

93.195 MAYER, Hans: *Wendezeiten. Über Deutsche und Deutschland.* Frankfurt a. M.: Suhrkamp, 1993, 409 S. [Darin: # 93.196 - # 93.197 - # 93.198].

93.196 MAYER, Hans: Ein Leben mit Friedrich Schiller. In: # 93.195, S. 225-244. [Betr. Th. M's Schiller-Essay, 1955].

93.197 MAYER, Hans: Th. M. und das Leiden an Deutschland. In: # 93.195, S. 257-279.

93.198 MAYER, Hans: Vierergespräch über Th. M., Deutschland und die Deutschen. In: # 93.195, S. 349-393. [Gespräch mit I. und W. Jens, H. Kesting und H. M.].

93.199 MEIER, W.: Th. M. und Rotary. In: *Der Schweizer Rotarier*, Jg. 69, Nr. 12/1 (Juni/Juli 1993), S. 65-66.

93.200 MEIER-EWERT, Theo: Die Liebe, ein komplizierter Solotanz. Th. M. und seine amerikanische Gönnerin. Ein Briefwechsel. In: *Badische Zeitung*, Jg. 48 (21. April 1993). [Rez. von H. R. Vaget, # 92.295. - Th. M. - A. E. Meyer].

93.201 MENDELSSOHN, Peter de: Th. M. In: P. d. M., *Hellerau: Mein unverlierbares Europa*. Dresden: Hellerau, 1993, S. 33-34, u. a.

93.202 MERGEHENN, Stefanie: Vom alten Leiden eines Enkels. Der Großvater hieß Thomas - Frido Mann versucht, sich als Arzt von der Familienlast zu befreien, und hilft krebskranken Kindern. Das Schreiben kann er dennoch nicht lassen. In: *Deutsches Allgemeines Sonntagsblatt*, Jg. 46, Nr. 14 (2. April 1993), Kultur, S. 25.

93.203 MIDGLEY, David: Th. M. In: D. M., *The German Novel of the Twentieth Century: Beyond Realism*. Edinburgh: University Press; New York: St. Martin's Press, 1993. [Darin: R. Robertson, # 93.203].

93.204 MOMMSEN, Hans: Dämon und Biedermann. Adolf Hitler im Urteil seiner Mit- und Gegenspieler. In: *SZ*, Jg. 49, Nr. 24 (30./31. Januar 1993), Feuilleton, S. 13.

93.205 MÜLLER-LAUTER, Wolfgang: Absolute Freiheit und intelligibler Charakter bei Schopenhauer und Sartre. In: Gockel/Neumann/Wimmer, # 93.72, S. 97-122.

93.206 MURTI, Kamakshi P.: Rez. von F. Hoffmann, # 92.100. In: *Colloquia Germanica*, Jg. 26, Nr. 2 (1993), S. 195-197.

93.207 NEUMANN, Michael: Von den Strahlen der Sonne und dem Zauber der Nacht. Mozart - Wagner - Th. M. In: Gockel/Neumann/Wimmer, # 93.72, S. 34-48.

93.208 O'NEILL, Patrick: Rez. von Fehn/Hoestery/Tatar, # 92.44. In: *Seminar*, Jg. 29, Nr. 4 (November 1993), S. 434-436.

93.209 ORLIK, Franz: 'Wildfremd und sonderbar' - Th. M's 'Idyll' *Herr und Hund* aus dem Jahr 1918. In: *Wirkendes Wort*, Jg. 43, Nr. 3 (Juni 1993), S. 592-608.

93.210 PAULSEN, Wolfgang: Rez. von A. Syfuß, # 93.284. In: *Deutsche Bücher*, Jg. 23, Nr. 4 (1993), S. 294-296.

93.211 PETERS-HIRT, Antje, und Günter Kohfeldt: Internationales Th.-M.-Kolloquium in Lübeck 6.-9.5.1993. Th. M. und die Musik. Ein Bericht. In: *Lübeckische Blätter*, Jg. 158, Nr. 12 (5. Juni 1993), S. 183-195. [Vgl. auch G. Schmidt, # 93.256. - Über die Vorträge von H. Maier, K. Kropfinger, M. Reich-Ranicki, C. Emig, H. R. Vaget, D. Borchmeyer, R. Wimmer, L. Finscher, W. Windisch-Laube, V. Scherliess und das Benefizkonzert in der Holstentorhalle: 'Th. M. und die Musik'].

93.212 PIZER, John: From a Death in Venice to a Death in Rome: On Wolfgang Koeppen's Critical Ironization of Th. M. In: *GR*, Jg. 68, Nr. 3 (1993), S. 98-107. [W. K.: *Der Tod in Rom* - Th. M.: *Der Tod in Venedig*].

93.213 POCHADT, Eveline: Zwischen den Stühlen. Th. M. nach 1945. In: *Blätter der Th. M. Gesellschaft Zürich*, Nr. 25 (1993-1994), S. 5-31.

93.214 POTEMPA, Georg: *Th. M. Konkordanzen der Bibliographien zur Primärliteratur.* Morsum, Sylt: Cicero Presse, 1993, 46 S. [Betr.: H. Bürgin, # 59.17 - G. P., # 92.213. - Rez.: G. Wenzel, # 94.248].

93.215 POTEMPA, Georg: Anmerkungen zur Editionsgeschichte. In: Heinrich und Th. M.-Zentrum Lübeck, # 93.103, S. 33-64. [*Der Zauberberg*].

93.216 POTEMPA, Georg: Auswahl-Bibliographie. In: Heinrich und Th. M.-Zentrum Lübeck, # 93.103, S. 65-79. [Rez.: G. Wenzel, # 94.248 - *Der Zauberberg*].

93.217 PRALLE, Uwe: Der Zivilisationsliterat. Willi Jaspers Heinrich-Mann-Biographie *Der Bruder*. In: *Frankfurter Rundschau*, Jg. 49, Nr. 7 (9. Januar 1993), Bücher von heute, S. 7. [Rez. von W. J., # 92.120].

93.218 PROSKAUER, Paul F.: Briefe einer Freundschaft. In: *Aufbau*, Jg. 59 (1. Januar 1993), S. 24. [Rez. von H. R. Vaget, # 92.295].

93.219 PUSCHMANN, Rosemarie: *Magisches Quadrat und Melancholie in Th. M's Doktor Faustus.* Bielefeld: Ampal, 1993. [Vgl. E in # 83.289].

93.220 RADDATZ, Fritz J.: Der Engel von Marseille. In: *Die Zeit*, Jg. 48 (5. März 1993). [V. Fry].

93.221 RADDATZ, Fritz J.: Th. M., Leo Tolstoi, Hans Henny Jahnn, Péter Nádas. In:
        F. J. R., *Männerängste in der Literatur: Frau oder Kunst.* Hamburg: Carlsen,
        1993, S. 47-73. [Tagebücher].

93.222 RASCHKE, Martin: Eine kleine Chronik, einige Zitate und eine Antwort an Th.
        M. In: M. R., *Jahr über der Stadt. Essays und Reflexionen.* Dresden: Hellerau,
        1993, S. 21-24.

93.223 RASMUSSEN, Eric: *A Textual Comparism to Doctor Faustus.* Manchester, u. a.:
        Manchester University Press, 1993, 114 S. (= The Revels Plays Companion Li-
        brary).

93.224 RAU, Peter: Glühender Verzehr, verzehrende Glut. Zur fiktionalen Anthropo-
        logie Th. M's. In: *Literatur in Wissenschaft und Unterricht,* Jg. 26, Nr. 1 (1993),
        S. 3-28.

93.225 REED, Terence J.: Von den drei Vereinfachungen: Ethische Ansätze beim
        Nietzscheaner Th. M. In: Gockel/Neumann/Wimmer, # 93.72, S. 169-183.

93.226 REED, Terence J.: Die letzte Zweiheit: Menschen-, Kunst- und Geschichtsver-
        ständnis im *Doktor Faustus.* In: V. Hansen, # 93.88, S. 294-324.

93.227 REIDEL-SCHREWE, Ursula: Rez. von H. Wißkirchen, # 91.268. In: GQ, Jg. 66,
        Nr. 1 (1993), S. 122-123.

93.228 RINALDI, Paola: *Doktor Faustus: Il Parsifal di Th. M.* Dissertation, Milano,
        Università Cattolica del Sacro Cuore, 1993, 437 S. [Vgl. auch # 94.195].

93.229 RINSUM, Annemarie van, und Wolfgang van Rinsum: Th. M. In: *Lexikon litera-
        rischer Gestalten: Deutschsprachige Literatur.* Stuttgart: A. Kröner, 2. Aufl., 1993,
        S. 499-500, u. a.

93.230 ROBERTSON, Ritchie: Accounting for History. Th. M., *Doktor Faustus.* In: Da-
        vid Midgley, Hrsg.: *The German Novel in the Twentieth Century. Beyond Real-
        ism.* Edinburgh: University Press; New York: St. Martin's Press, 1993, S. 128-
        148. [Vgl. # 93.203].

93.231 ROCHE, Mark W.: Rez. von H. Lehnert/P. C. Pfeiffer, # 91.150. In: *Colloquia
        Germanica,* Jg. 26, Nr. 2 (1993), S. 197-198.

93.232 ROGGENKAMP, Viola: Nase auffallend platt. In: *Die Zeit,* Jg. 48, Nr. 35 (27. Au-
        gust 1993), Länderspiegel, S. 16. [Rez. von H. Dräger, # 93.53].

93.233 ROJTMAN, Betty: Les trous du temps: A propos de *La mort à Venise*. In:
Rivista di Letterature moderne e comparate, N. F., Jg. 46, Nr. 3 (Juli-September
1993), S. 237-247. [*Der Tod in Venedig*].

93.234 RUDLOFF, Holger: Meister der Täuschung. Th. M's Krull-Roman im Spiegel li-
teratur- und schreibdidaktischer Vorstellungen. In: *Praxis Deutsch*, Jg. 20, Nr.
119 (Mai 1993), S. 52-54.

93.235 RÜDELL, Norbert: 'Die Komik ist doch das Beste auf der Welt!'. Internationales
Th.-M.-Kolloquium in Lübeck - Ausstellung über Gebrüder Mann. In: *Main-
Echo*, Nr. 117 (24. Mai 1993), Kultur, S. 4. [Betr. H.- u. Th. M.-Zentrum im
Buddenbrookhaus].

93.236 RUNGE, Doris: Hetaera esmeralda und die kleine Seejungfrau. In: Gockel/Neu-
mann/Wimmer, # 93.72, S. 391-403. [*Doktor Faustus*].

93.237 RUNGE, Doris: Frauen im Josephsroman. In: *Th. M. Jahrbuch*, Bd. 6 (1993), S.
223-233.

93.238 SAKURAI, Yasushi: *Tonio Kröger* - ein Beispiel der 'Imitatio Goethes' bei Th. M.
In: V. Hansen, # 93.88, S. 68-88.

93.239 SANDBERG, Hans-Joachim: Rez. von U. Reidel-Schrewe, # 92.228. In: *Germanistik*, Jg. 34, Nr. 1 (1993), S. 370-371.

93.240 SAUERBREI, Hans-Ulrich: *Th. M. und die Musik*. Lübeck: Graphische Werkstätten, 1993, 29 S. (= Edition Petra, Nr. 3407) [*Doktor Faustus*].

93.241 SAUERESSIG, Heinz: Die Ehen der Erika Mann und einige Zwischenspiele. Erster Teil. In: *Decision*, Jg. 6, Nr. 20 (1993), S. 6-8. [Zweiter Teil: Jg. 6, Nr. 21
(1993), S. 9-16. - Vgl. # 94.202].

93.242 SCAFF, Susan von Rohr: Rez. von J. Barnes, # 90.13. In: *German Studies Review*, Jg. 16, Nr. 2 (Mai 1993), S. 387-388.

93.243 SCHÄDLICH, Michael: Editorisches Unikum. Th. M's Tagebücher - aktueller
Stand der Ausgaben im Verlag S. Fischer. In: *Börsenblatt für den Deutschen
Buchhandel*, Jg. 49, Nr. 3 (12. Januar 1993), S. 30-33. [Kritik an den Tagebuch-
Editoren I. Jens und P. d. Mendelssohn. - Vgl. dazu: W. Killy, # 93.138 - H.
Waldmüller, # 93.302].

93.244 SCHARFENORTH, Heiner: Th. M. in Nidden. Geschichte eines Sommerhauses.
In: *Architektur und Wohnen*, Nr. 4 (August/September 1993), S. 74-79.

93.245 SCHAUDER, Karlheinz: Th. M. - Agnes E. Meyer: Der Briefwechsel einer unge-wöhnlichen Beziehung vollständig veröffentlicht. In: *Die Rheinpfalz* (19. Fe-bruar 1993). [Vgl. # 93.246. - Rez. von H. R. Vaget, # 92.295].

93.246 SCHAUDER, Karlheinz: Der 'Zauberer' und die 'Schattenspenderin'. In: *Die Zeitwende*, Jg. 64, Nr. 4 (1993), S. 248-249. [Rez. von H. R. Vaget, # 92.295. - Th. M. - A. E. Meyer].

93.247 SCHERLIESS, Volker: *Adrian Leverkühn (1885-1941) - ein deutscher Komponist in der Darstellung Th. M's - Dichtung und Wirklichkeit. Eine Ausstellung von Volker Scherliess im Buddenbrookhaus der Hansestadt Lübeck 6. Mai - 26. Juni 1993.* Lübeck: Heinrich- und Th. M.-Zentrum, 1993, 59 S. [Abb. - *Doktor Faustus*].

93.248 SCHEUZGER, Jürg: Luftwurzeln. Ein Gespräch mit Martin R. Dean. In: *NZZ*, Jg. 214, Nr. 72 (27./28. März 1993), S. 68. [*Doktor Faustus*. - Sprache].

93.249 SCHILLINGER, Birgit: *Das kreative Chaos bei Th. M. und Hans Henny Jahnn: Ein Vergleich von Doktor Faustus und Fluß ohne Ufer.* St. Ingbert: Röhrig, 1993, XXX, 211 S. (= Mannheimer Studien zur Literatur- und Kulturwissenschaft, Bd. 1) [Zugl.: Diss., Univ. Mannheim, 1993. - *Doktor Faustus*. - Rez.: W. Popp, # 94.173].

93.250 SCHIRNDING, Albert von: Helvetische Weltstadt mit andorranischer Kehrseite. Thomas Sprecher verfolgt die Spuren Th. M's in Zürich. In: *SZ*, Jg. 49, Nr. 135 (16. Juni 1993), S. 29. [Rez. von T. Sprecher, # 92.280].

93.251 SCHIRRMACHER, Frank: Der geträumte Kritiker. Laudatio auf Marcel Reich-Ra-nicki aus Anlaß der Verleihung der Wilhelm-Leuschner-Medaille. In: *FAZ*, Jg. 45 (24. April 1993).

93.252 SCHLÜTER, Henning: Von der Maas bis an die Wolga: Zeitgenossen über Sedan und Stalingrad. In: *FAZ*, Jg. 45, Nr. 1 (2. Januar 1993), Bilder und Zeiten, S. [5].

93.253 SCHLÜTER, Henning: Dreyfus und der Bruderzwist im Hause Mann. In: *FAZ*, Jg. 45, Nr. 299 (24. Dezember 1993), Bilder und Zeiten, S. [2]. [H. Mann - Th. M. - A. Dreyfus].

93.254 SCHMID, Bernhold: Alfred Einstein im Briefwechsel mit Th. M. In: *Musik in Bayern*, Jg. 46 (1993), S. 5-16.

93.255 SCHMIDT, Gerda: Exkurs: Doris Runge: Hetaera esmeralda und die Seejungfrau. In: *Lübeckische Blätter*, Jg. 158, Nr. 12 (5. Juni 1993), S. 195.

93.256 SCHMIDT, Gerda: Tagung der Deutschen Th. M.-Gesellschaft in Lübeck. In: *Lübeckische Blätter*, Jg. 158, Nr. 20 (4. Dezember 1993), S. 332-334. [Bericht über

Referate von H. K. Matussek, M. Neumann, M. Fick, M. Maar, W. Frizen
sowie die Verleihung der Th.-M.-Medaille an G. Potempa. - Vgl. A. Peters-
Hirt/G. Kohfeldt, # 93.211].

93.257 SCHNAUBER, Cornelius: Literarisch-musikalische Mißklänge. Th. M. und
Arnold Schönberg im Disput. In: *NZZ*, Jg. 214, Nr. 247 (23./24. Oktober
1993), Literatur und Kunst, S. 58.

93.258 SCHNEIDER, Hans-Georg: Th. M. erschütterte mit *Unordnung und frühes Leid*.
Dichterlesung in Frankfurt (Oder) in der Weimarer Republik. In: *Märkische
Oder-Zeitung* (14. Februar 1993).

93.259 SCHOELLER, Wilfried F.: Lübeck: Lebensform und Lustrevier. Auf den Spuren
von Thomas und Heinrich Mann. Eine Miniatur. In: *Merian*, Jg. 46, Nr. 7 (Juli
1993), S. 51-56. [Schleswig-Holstein].

93.260 SCHOELLER, Wilfried F.: Die Geschichte des politischen Schriftstellers. Einreden
zur großen Heinrich Mann-Biographie von Willi Jasper. In: *SZ*, Jg. 49, Nr. 66
(20./21. März 1993), Literatur, S. IV. [Rez. von W. J., # 92.120].

93.261 SCHÖNHAAR, Rainer: Musik als Sprache im *Doktor Faustus*. Funktion und
Verhältnis vorhandener und erfundener Kompositionen in Th. M's Roman. In:
Peter Csobádi, Gernot Gruber, Jürgen Kühnel, u. a., Hrsg.: *Europäische Mythen
der Neuzeit: Faust und Don Juan, Bd. 2*. Anif/Salzburg: Müller-Speiser, 1993, S.
485-506. (= Wort und Musik, Salzburger Akademische Beiträge, Nr. 18/II)
[*Doktor Faustus*].

93.262 SCHOMMER, Paul: *Der Wortgetreue: Erich Neumanns Arbeit am Werk Th. M's*.
Alpen: Privatdruck, 1993, 45 S. [300 numerierte Exemplare].

93.263 SCHOOG, Heike: Die verbotene Liebe blühte im Verborgenen. Schloß Benrath
spielt in Th. M's Novelle *Die Betrogene* eine wichtige Rolle. In: *Rheinische Post*
(8. Juni 1993). [*Die Betrogene*].

93.264 SCHOSTACK, Renate: Der Schwiegervater als Krösus. Die Bayerische Akademie
der Wissenschaften erinnert an Alfred Pringsheim. In: *FAZ*, Jg. 45, Nr. 209 (9.
September 1993), Feuilleton, S. 35.

93.265 SCHOSTACK, Renate: Pringsheim. In: *FAZ*, Jg. 45, Nr. 254 (1. November 1993),
S. 29. [Zur Gedenkfeier der Akademie der Wissenschaften und der Akademie
der Schönen Künste zu Ehren von A. Pringsheim und H.-W. Kruft].

93.266 SCHRÖTER, Klaus: *Heinrich und Th. M.* Hamburg: Europäische Verlagsanstalt, 1993, 151 S. (= Eva-Duographien, Bd. 1) [Inhalt: H. Mann (S. 7-71) - Th. M. (S. 75-148). - Rez.: U. Karthaus, # 94.113].

93.267 SCHÜTZ, Hanns L.: Er zitterte vor Vaters Büchern, sie waren Ungeheuer mit Drachenzähnen. In: *Börsenblatt für den Deutschen Buchhandel*, Jg. 49, Nr. 14 (19. Februar 1993), S. 30-34. [*Buddenbrooks*].

93.268 SCHWARZENBACH, Annemarie: Th. M. In Uta Fleischmann's Ausg. von A. S., *'Wir werden es schon zuwege bringen, das Leben'. Annemarie Schwarzenbach an Erika und Klaus Mann. Briefe 1930-1942. Mit Beiträgen von Irmela von der Lühe und Fredric Kroll.* Pfaffenweiler: Centaurus-Verlagsgesellschaft, 1993, 262 S.

93.269 SEBASTIAN, Thomas: Rez. von G. Härle, # 92.71. In: *MLN*, Jg. 108, Nr. 3 (1993), S. 588-593.

93.270 SEILER, Bernd W.: Ines und der Trambahnmord. Eine Dresdner Skandalgeschichte in Th. M's *Doktor Faustus.* In: Jörg Drews, Hrsg.: *Vergessen, Entdecken, Erhellen. Literaturwissenschaftliche Aufsätze.* Bielefeld: Aisthesis, 1993, S. 183-203. (= Bielefelder Schriften zu Linguistik und Literaturwissenschaft, Bd. 2).

93.271 SEILER, Bernd W.: Magda Paulis Briefaustausch mit Th. M. In: B. W. S., *Es begann in Lesmona. Auf den Spuren einer Bremer Liebesgeschichte.* Bremen: Döll, 1993, S. 271-277.

93.272 SEYBOLD, Eberhard: Das Elementare und das Komfortable. In: *Frankfurter Neue Presse*, Jg. 48, Nr. 71 (25. März 1993), Neue Bücher, S. V4. [Rez. von H. R. Vaget, # 92.295].

93.273 SIEFKEN, Hinrich: Rez. von H. Lehnert/P. C. Pfeiffer, # 91.150. In: *MLR*, Bd. 88 (1993), S. 528-529.

93.274 SIETZ, Henning: Wo Th. M. sein Häuschen baute. Das einstige Nidden an der Kurischen Nehrung wird von Litauen wieder vermarktet. In: *SZ*, Jg. 49, Nr. 107 (11. Mai 1993), Erholung, S. 1. [Haus in Nidden].

93.275 SLATER, Stephen D.: *The Complicity of Culture with Barbarism. A Study of Th. M's Doktor Faustus and Hans Jürgen Syberberg's Hitler. Ein Film aus Deutschland.* Dissertation, Yale, 1993. [Resümee in: *DAI*, Jg. 54, Nr. 1 (Juli 1993), S. 194A].

93.276 SLAWSKI, Dagmar: Th. M's Leitsterne. In: *Lübecker Nachrichten*, Jg. 48, Nr. 107 (9. Mai 1993), S. 11. [G. Mahler - H. Pfitzner - R. Wagner].

93.277 SOLER I MARCET, Maria-Lourdes: 'Wenn das Haus fertig ist, so kommt der Tod': Sprichwörter und sprichwörtliche Redensarten in Th. M's *Buddenbrooks*. In: *Proverbium*, Jg. 10 (1993), S. 297-320.

93.278 SPRECHER, Thomas: Im Dienste Th. M's. Zum Rücktritt von Hans Wysling als Leiter des Th.-M.-Archivs. In: *NZZ*, Jg. 214, Nr. 272 (22. November 1993), S. 24.

93.279 SPRECHER, Thomas: Th. M., berühmter Sohn Lübecks, und das Automobil. In: *Programmheft zum Deutschlandtreffen 1993 'an der Waterkant' in Lübeck-Tra-vemünde vom 19. bis 23. Mai 1993.* Lübeck, 1993, S. 16-17. [Auszug aus: # 92.280].

93.280 STEINKE, Katharina: Antifa-Filme als Nische? Ein Gespräch mit dem Drehbuch-autor Eberhard Görner. In: *Deutschland-Archiv*, Jg. 26, Nr. 5 (1993), S. 536-554.

93.281 STEPHAN, Alexander: Die Akte Erika Mann: '... A Liaison which might be of Possible Value'. In: *NDL*, Jg. 41, Nr. 7, Heft 487 (Juli 1993), S. 124-142. [FBI-Dossier von E. M. - Vgl. dazu: Anon., # 93.4 - Anon. [end], # 93.6 - Anon. [schi], # 93.8 - I. Jens, # 93.123 - J. Kaiser, # 93.131 - E. Mann Borgese, # 93.186 - H. R. Vaget, # 93.299].

93.282 STRUC, Roman S.: Rez. von F. Hoffmann, # 92.100. In: *Germanistik*, Jg. 34, Nr. 1 (1993), S. 369.

93.283 STÜSSI, Annemarie: 'Das Leben geht im Beruf allein nicht auf'. Der Jurist und Anwalt Thomas Sprecher weiß alles über Th. M. in Zürich. In: *ZüriWoche* (19. März 1993), Persönlich, S. 17. [Rez. von T. S., # 92.280].

93.284 SYFUSS, Antje: *Zauber mit Märchen. Eine Studie zu Th. M.* Frankfurt a. M., u. a.: P. Lang, 1993, 203 S. (= Europäische Hochschulschriften, Reihe 1: Deutsche Sprache und Literatur, Bd. 1359) [Zugl.: Diss., Univ. Gießen, 1992. - Rez.: W. Paulsen, # 93.210. - *Königliche Hoheit - Joseph und seine Brüder*].

93.285 *Th. M. Jahrbuch*, Bd. 6: Frankfurt a. M.: V. Klostermann, 1993, 309 S. [Hrsg.: E. Heftrich, und H. Wysling. - Inhalt: J. Aßmann, # 93.10 - E. Blumenthal, # 93.21 - M. Dierks, # 93.47 - M. Görg, # 93.73 - A. Grimm, # 93.80 - E. Heftrich, # 93.101 - E. Hornung, # 93.116 - F. Junge, # 93.130 - H. Koopmann, # 93.151 - B. Kristiansen, # 93.156 - H. Lehnert, # 93.173, # 93.174 - R. Mehring, # 94.148 - D. Runge, # 93.237 - H. Wysling/C. Bernini, # 93.322. - Rez.: R. Mehring, # 94.132].

93.286 TIGGES, Hubertus: *'Endzeit'- und Krisen-Bewußtsein. Eine vergleichende Untersu-chung zur Problemlage des Künstlers und der Kunst in Th. M's Doktor Faustus, Hermann Brochs Der Tod des Vergil und Hermann Hesses Das Glasperlenspiel.*

Berlin: Freie Universität, 1993, 270 Bl., 3 Mikrofiches. [Diss., Freie Univ. Berlin, 1992. - *Doktor Faustus*].

93.287 TSCHECHNE, Wolfgang: Zu Mozart und Beethoven kam keine Liebe auf: Neue Erkenntnisse zum Musikverständnis von Th. M. In: *Lübecker Nachrichten*, Jg. 48, Nr. 106 (8. Mai 1993), S. 13.

93.288 TSCHECHNE, Wolfgang: Im Tagebuch Spott über die 'liebste Freundin'. Entlarvend der Briefwechsel zwischen Th. M. und Agnes E. Meyer. In: *Lübecker Nachrichten*, Jg. 48, Nr. 133 (11. Juni 1993). [Rez. von H. R. Vaget, # 92.295].

93.289 TSCHECHNE, Wolfgang: Kritische Sympathie: Neue Mann-Biographie in Cismar. In: *Lübecker Nachrichten*, Jg. 48, Nr. 259 (5. November 1993), S. 12. [Betr. den Th. M.-Biographen K. Harpprecht. - Vgl. K. Matthias, # 93.194].

93.290 TSCHECHNE, Wolfgang: Tausend Mal *Tonio Kröger*: Bibliophile Rarität wurde vorgestellt. In: *Lübecker Nachrichten*, Jg. 48, Nr. 299 (23. Dezember 1993), S. 9.

93.291 TSCHECHNE, Wolfgang: Den Freund Silberhaar zitiert. Buddenbrookhaus in Lübeck mit einem Festakt eröffnet. In: *Die Welt*, Nr. 105 (7. Mai 1993), Welt der Kultur, S. 10.

93.292 UEDING, Gert: Prototyp eines großen Sehers. In: *Die Welt*, Nr. 266 (13. November 1993), Geistige Welt, S. 5. [Rez. von H. Kurzke, # 93.163, # 93.164].

93.293 UEDING, Gert: Jugendliche Freude am Lebensende. In: *Die Welt* (11. Dezember 1993), Welt des Buches. [Rez. von I. Jens, # 93.122].

93.294 VAGET, Hans R.: Rez. von M. Huber, # 92.115. In: *Arbitrium*, Jg. 11, Nr. 3 (1993), S. 358-361.

93.295 VAGET, Hans R.: Nirgendwo Verrat. Erika Mann und das FBI: Eine Szene aus dem Exil. In: *FAZ*, Jg. 45 (29. Juli 1993). [Rez. von A. Stephan, # 93.281].

93.296 VAGET, Hans R.: Rez. von B. J. Dotzler, # 91.44. In: *German Studies Review*, Jg. 16, Nr. 3 (Oktober 1993), S. 575-577.

93.297 VAGET, Hans R.: 'Salome' und 'Palestrina' als historische Chiffren. Zur musikgeschichtlichen Codierung in Th. M's *Doktor Faustus*. In: Gockel/Neumann/Wimmer, # 93.72, S. 69-82.

93.298 VAGET, Hans R.: The Rivalry for Wagner's Mantle: Strauss, Pfitzner, Mann. In: Reinhold Grimm, und Jost Hermand, Hrsg.: *Re-Reading Wagner*. Madison:

University of Wisconsin Press, 1993, S. 136-158. (= Monatshefte Occasional Volumes).

93.299 VAGET, Hans R.: Erika Mann hat ihren Vater nicht verraten. In: *SZ*, Jg. 49 (7./8. August 1993). [FBI. - Betr. A. Stephan, # 93.281].

93.300 VERDOFSKY, Jürgen: Festliche Stimmung, ungetrübt. Zur Eröffnung des Heinrich- und Th. M.-Zentrums im Buddenbrookhaus. In: *Frankfurter Rundschau*, Jg. 49, Nr. 106 (8. Mai 1993), Feuilleton, S. 8.

93.301 VIDAN, Ivo: Conrad and Th. M. In: Keith Carabine, Owen Knowles, Wieslaw Krajka, Hrsg.: *Contexts for Conrad*. New York, u. a.: Columbia University Press, 1993, S. 265-285. (= East European Monographs, Nr. 370) [*Der Tod in Venedig*].

93.302 WALDMÜLLER, Hans: Kritik schon früh widerlegt. In: *Börsenblatt für den Deutschen Buchhandel*, Jg. 49, Nr. 16 (26. Februar 1993), S. 39. [Betr. M. Schädlich's Kritik, # 93.243, an I. Jens, # 93.122, und P. d. Mendelssohn. - Vgl. W. Killy, # 93.138].

93.303 WEHRMANN, Harald: 'Der Roman praktiziert die Musik, von der er handelt'. Über den Versuch Th. M's, seinem Roman *Doktor Faustus* eine dodekaphonische Struktur zu geben. In: *Die Musikforschung*, Jg. 46, Nr. 1 (1993), S. 5-16.

93.304 WEINZIERL, Ulrich: Von Kopf bis Fuß auf romantischen Kitsch eingestellt. Mit allerhöchster Anteilnahme: Eine Tagung über Th. M's Verhältnis zur Musik und die Eröffnung des Buddenbrookhauses in Lübeck. In: *FAZ*, Jg. 45 (11. Mai 1993), Feuilleton. [Internationales Th.-M.-Kolloquium. - U. d. T.: Auf Kitsch eingestellt: Buddenbrookhaus in Lübeck. Neue Th. M.-Wallfahrtsstätte, in: *Tages-Anzeiger* (12. Mai 1993)].

93.305 WELLS, George A.: The Morality of the Artist. An Aspect of Th. M's *Tonio Kröger* and *Der Tod in Venedig*. In: *Trivium*, Jg. 28 (1993), S. 83-92.

93.306 WENZEL, Georg: Rez. von M. Krüll, # 91.139 - J. Mann, # 91.161. In: *DLZ*, Jg. 114, Nr. 3/4 (Juni/Juli 1993), Sp. 176-179.

93.307 WENZEL, Georg: Rez. von I. Jens, # 91.115. In: *DLZ*, Jg. 114, Nr. 5/6 (August/September 1993), Sp. 292-295.

93.308 WENZEL, Georg: *Buddenbrooks* - Leistung und Verhängnis als Familienschicksal. In: V. Hansen, # 93.88, S. 11-46.

93.309 WESSELL, Eva M.: *Der Zauberberg* als Chronik der Dekadenz. In: V. Hansen, # 93.88, S. 121-150.

93.310 WIDDIG, Bernd: Mann unter Männern. Männerbünde und die Angst vor der Masse in der Rede *Von Deutscher Republik*. In: *GQ*, Jg. 66, Nr. 4 (1993), S. 524-536.

93.311 WIMMER, Ruprecht: 'Ah, ça c'est bien allemand, par exemple!'. Richard Wagner in Th. M's *Doktor Faustus*. In: Gockel/Neumann/Wimmer, # 93.72, S. 49-68.

93.312 WINDFUHR, Manfred: Das Prinzip der Vergegenwärtigung und die Rolle des Humors in Th. M's *Joseph und seine Brüder*. In: M. W., *Erfahrung und Erfindung. Interpretationen zum deutschen Roman vom Barock bis zur Moderne*. Heidelberg: C. Winter, 1993, S. 257-275.

93.313 WISSKIRCHEN, Hans: *Das Buddenbrookhaus: Heinrich- und Th. M.-Zentrum*. Lübeck: C. Coleman, 1993, 7 S. [Beilage zu B. R. Kommer, # 93.145].

93.314 WISSKIRCHEN, Hans: Vorwort. In: Heinrich- und Th. M.-Zentrum Lübeck, # 93.103, S. 4-5. [*Der Zauberberg*].

93.315 WISSKIRCHEN, Hans: Th. M's *Zauberberg*: Einblicke in die Entstehungsgeschichte. In: Heinrich- und Th. M.-Zentrum Lübeck, # 93.103, S. 7-31. [*Der Zauberberg*].

93.316 WOLFSKEHL, Karl: Briefe an Th. M. In Cornelia Blasberg's Ausg. von K. W., *'Jüdisch, römisch, deutsch zugleich...'. Briefwechsel aus Italien 1933-1938*. Hamburg: Luchterhand, 1993, S. 115, u. a. (= Veröffentlichungen der Deutschen Akademie für Sprache und Dichtung Darmstadt, 68).

93.317 WOLTER, Frauke: Als der Geist Deutschland verlassen mußte: Sanary-sur-mer, Künstlerexil in der Nazi-Zeit. Eine Ausstellung in Bad Säckingen. In: *Badische Zeitung*, Jg. 59 (24. Juni 1993).

93.318 WUNDERLICH, Heinke: Th. M. In: H. W., *Spaziergänge an der Côte d'Azur der Literaten*. Zürich: Arche, 1993.

93.319 WYSLING, Hans: Macht und Ohnmacht des Narziß. Hermann Burgers *Zauberberg*. In: Gockel/Neumann/Wimmer, # 93.72, S. 380-390.

93.320 WYSLING, Hans: Die Brüder Heinrich und Th. M. Ansprache anläßlich der Eröffnung des Buddenbrook-Hauses am 6. Mai. In: *Lübeckische Blätter*, Jg. 158, Nr. 12 (1993), S. 180-182. [Vgl. Nachdruck in # 94.261].

93.321 WYSLING, Hans unter Mitw. von Marianne Eich-Fischer: Zur Edition. In ihrer Ausg. von Th. M., *Selbstkommentare: Der Zauberberg*. Frankfurt a. M.: S. Fischer, 1993, S. 181-188. (= Fischer-Taschenbuch, 6895, Informationen und

Materialien zur Literatur) [Aus: *Dichter über ihre Dichtungen, Bd. 14/1*: Th. M., *Der Zauberberg*, S. 738-744. - Rez.: U. Karthaus, # 93.136].

93.322 WYSLING, Hans, und Cornelia Bernini: Einführung. Briefe 1912-1924. In ihrer Ausg. von: Der Briefwechsel zwischen Th. M. und Gerhart Hauptmann. 'Mit Hauptmann verband mich eine Art von Freundschaft'. Teil I. In: *Th. M. Jahrbuch*, Bd. 6 (1993), S. 247-267. [Briefwechsel: S. 268-282. - Vgl. Teil II in # 94.262].

93.323 ZIJDERVELD, A. C.: Het faible van Th. M. over de dagboeken van 1949 en 1950. In: *De Gids*, Jg. 156, Nr. 3 (März 1993), S. 169-183. [Rez. von I. Jens, # 91.115].

93.324 ŽMEGAČ, Viktor: Zu einem Thema Goethes und Th. M's. Wege der Erotik in der modernen Gesellschaft. In: V. Ž., *Tradition und Innovation. Studien zur deutschsprachigen Literatur seit der Jahrhundertwende*. Wien, u. a.: Böhlau, 1993, S. 180-198. (= Literatur in der Geschichte, Geschichte in der Literatur, Bd. 26) [Vgl. E in # 86.345. - *Die Wahlverwandtschaften - Der Tod in Venedig*].

93.325 ŽMEGAČ, Viktor: Kulissenwelt. Zu einer Szene bei Th. M. In: # 93.324, S. 168-179. [Vgl. E in # 72.202. - *Wälsungenblut*].

93.326 ZONS, Reimar: Naphta. In: *ZDP*, Jg. 112, Nr. 2 (1993), S. 231-250. [*Der Zauberberg*].

93.327 ZSCHACKE, Günter: Denn alle Lust will Ewigkeit. Geistiges Juckpulver: Drei Tage Internationales Th. M.-Kolloquium in Lübeck. In: *Lübecker Nachrichten*, Jg. 48, Nr. 106 (9. Mai 1993), S. 11.

93.328 ZSCHACKE, Günter: Gelehrter mit Sprachkraft und Humor. Professor Hans Wysling (Zürich) erhielt den Th. M.-Preis 1993 der Hansestadt Lübeck. In: *Lübecker Nachrichten*, Jg. 48, Nr. 108 (11. Mai 1993), S. 10.

93.329 ZSCHACKE, Günter: Schwarze Abgründe oder: Die Magie der Macht. Opernein-akter *Mario und der Zauberer* in Lübeck gefeiert. In: *Lübecker Nachrichten*, Jg. 48, Nr. 135 (13. Juni 1993), S. 12.

93.330 ZWEIFEL, Stefan: Monomanie und Monotheismus: Th. M. und Echnaton. In: *NZZ*, Jg. 214, Nr. 60 (13./14. März 1993), S. 64. [*Joseph und seine Brüder*].

94.1 ADOLPHS, Dieter W.: Th. M. In: Sharon Malinowski, Hrsg.: *Gay and Lesbian Literature*. Detroit, u. a.: St. James Press, 1994, S. 239-246. [Homosexualität].

94.2 ALTER, Reinhard: Rez. von W. Jasper, # 92.120. In: *Seminar*, Jg. 30, Nr. 4 (1994), S. 450-451.

94.3 ANON.: Die Manns - eine deutsche Familie: Von Th. M. bis Golo Mann. In: *Bunte*, Nr. 18 (24. April 1994), S. 48-56.

94.4 ANON.: Der Zauberer lauscht: Auch als Privatmann gab sich Th. M. stets vornehm und elegant - wie bisher unbekannte Fotos zeigen. In: *Der Spiegel*, Jg. 48, Nr. 32 (8. August 1994), S. 162-163. [Rez. von H. Wysling/Y. Schmidlin, # 94.257].

94.5 ANZENBERGER, Norbert: Das Schaffen einer deutschen Künstlerfamilie im Wandel der Zeit. Versuch einer Würdigung. In: Rita G. Fischer, Hrsg.: *Das kleine Glück ist oft das große: Anthologie*. Frankfurt a. M.: edition fischer im R. G. Fischer Verlag, 1994, S. 13-32. (= Autoren-Werkstatt, 41).

94.6 BAUMGART, Reinhard: Th. M., scrittore erotico. In: *Cultura tedesca*, Nr. 1 (1994), S. 11-22.

94.7 BEDDOW, Michael: *Th. M.: Doktor Faustus*. Cambridge: University Press, 1994, xxiii, 108 S. (= Landmarks of World Literature).

94.7a BENDT, Jutta, und Karin Schmidgall, unter Mitarb. von Ursula Weigl, Hrsg.: Th. M. In: *Ricarda Huch 1864-1947. Eine Ausstellung des Deutschen Literaturarchivs im Schiller-Nationalmuseum Marbach am Neckar*. Marbach, u. a.: C. Scheufele, 1994, S. 227-228, u. a. (= Marbacher Kataloge, 47).

94.8 BERENDES, Jochen: Wer läutet? Eine Analyse des Anfangs von Th. M's Roman *Der Erwählte*. In: *Recherches germaniques*, Jg. 24 (1994), S. 93-107.

94.9 BERKHOLZ, Stefan: Der Großschriftsteller. Herkulisch: Leben, Werk und Zeit Th. M's - ein Bilder- und Lesebuch. In: *Der Tagesspiegel* (27. November 1994). [Rez. von H. Wysling/Y. Schmidlin, # 94.257].

94.10 BERLIN, Jeffrey B.: Der unveröffentlichte Briefwechsel zwischen Antoinette von Kahler und Hermann Broch unter Berücksichtigung einiger unveröffentlichter Briefe von Richard Beer-Hofmann, Albert Einstein und Th. M. In: *Modern Austrian Literature*, Jg. 27, Nr. 2 (1994), S. 39-76. [Mit zwei Th. M.-Briefen an A. v. Kahler aus dem Jahre 1940].

94.11 BERLIN, Jeffrey B., und Julius M. Herz: 'Ein Lese- und Bilderbuch von Menschen': Unpublished Letters of Th. M., Alfred A. Knopf, and H. T. Lowe-Porter, 1929-1934, with Special Reference to the Joseph-Novels. In: *Seminar*, Jg. 30,
Nr. 3 (1994), S. 221-275. [*Joseph und seine Brüder*].

94.12 BERMANN FISCHER, Gottfried: *Wanderer durch ein Jahrhundert.* Frankfurt a. M.:
S. Fischer, 1994, 264 S. (= Fischer Taschenbuch, 12176).

94.14 BETZ, Albrecht: Th. M. - Adorno - Eisler: Sulla costellazione musicale del
Doktor Faustus. In: *Cultura tedesca*, Nr. 1 (1994), S. 23-33.

94.15 BIEBERSTEIN, Johannes R. von: Rez. von S. C. Abbott, # 91.1. In: *Arbitrium*, Jg.
12, Nr. 3 (1994), S. 322-324.

94.16 BISHOP, Paul: 'Literarische Beziehungen haben nie bestanden'? Th. M. and C.
G. Jung. In: *Oxford German Studies*, Jg. 23 (1994), S. 124-172.

94.17 BLANKERTZ, Herwig: Der Erzieher des *Zauberberg* - Lodovico Settembrini. Eine
Studie zum Verhältnis von Inhalt und Ethos humanistischer Pädagogik. In: W.
Müller/H. B., # 94.156, S. 65-78. [Vgl. E in: *Pädagogische Beiträge*, Nr. 7 (1959),
S. 285-291].

94.18 BLÜHM, Reimund: Rez. von I. Kann, # 92.128. In: *Theologische Literaturzeitung*,
Jg. 199, Nr. 6 (1994), S. 536-538.

94.19 BLUHM, Lothar: 'In Sachen von Potiphars Weib': Zu einem intertextuellen Spiel
in Th. M's *Joseph und seine Brüder.* In: *Wirkendes Wort*, Jg. 44, Nr. 3 (1994), S.
391-404.

94.20 BÖRSING, Hilmar: 'Wir leben hier im Weltabseits': In Nidden auf der Kurischen
Nehrung schrieb Th. M. *Joseph und seine Brüder.* In: *Wiesbadener Kurier* (10./11.
September 1994), Magazin am Wochenende.

94.21 BORCHMEYER, Dieter: Musik im Zeichen Saturns. Melancholie und Heiterkeit
in Th. M's *Doktor Faustus.* In: *Th. M. Jahrbuch*, Bd. 7 (1994), S. 123-167.

94.22 BOSCH, Manfred: Th. M. und Konstanz. In: *Konstanzer Almanach*, Bd. 11
(1994), S. 49-50. [A. Pringsheim].

94.23 BOUTEILLER, Michael: Begrüßungsansprache. In: Presse- und Informationsamt
der Hansestadt Lübeck, # 94.177, S. 6-8.

94.24 BRÜCKMANN, Artur: Schreiben und Beschriebenwerden. In: Ernst Halter,
Hrsg.: *Davos. Profil eines Phänomens.* Zürich: Offizin, 1994, S. 54-60.

94.26　BUCK, Stefan: Rez. von H. Wysling/C. Bernini, # 92.333. In: *Jahrbuch für Internationale Germanistik*, Jg. 26, Nr. 1 (1994), S. 163-165.

94.27　CAMARTIN, Iso: Die Augenlehre der Madame Chauchat: Th. M. In: I. C., *Die Bibliothek von Pila*. Frankfurt a. M.: Suhrkamp, 1994, S. 162-182. [*Der Zauberberg*].

94.28　CARCHIA, Gianni: Il male come problema estetico: Considerazioni sul *Doktor Faustus*. In: *Cultura tedesca*, Nr. 1 (1994), S. 35-49.

94.29　CASADEVALL, Gemma: Th. M. narra en la última entrega de sus diários. In: *El mundo* (31. Januar 1994), S. 73. [Tagebücher 1951-1952. - Rez. von I. Jens, # 93.122].

94.30　CASEY, Timothy J.: Th. M. and the Spirit of Clonmacnoise. In: *GLL*, N. S., Jg. 47, Nr. 3 (Juli 1994), S. 293-301. [*Der Erwählte*].

94.31　CASINI, Leonardo: Mann interprete di Schopenhauer et di Nietzsche. In: *Cultura tedesca*, Nr. 1 (1994), S. 51-60.

94.33　CERF, Steven R.: Portrait of the Artist as an Old Man. Is there Life after *Death in Venice?* In: *Metropolitan Opera, Stage Bill* (Februar 1994), S. 14, 16, 18. [*Der Tod in Venedig*].

94.34　CHIARINI, Paolo: Intersezioni weimariane: Th. M. e Johann Jakob Bachofen. In: *Cultura tedesca*, Nr. 1 (1994), S. 61-69.

94.35　CHIUSANO, Italo A.: Il mago incanta ancora. In: *La Repubblica* (25. März 1994), S. 40-41. [Rez. von I. Jens, # 93.122].

94.36　CHIUSANO, Italo A.: La perfidia terapeutica di *Tristan*. In: *Cultura tedesca*, Nr. 1 (1994), S. 71-79.

94.37　CHIUSANO, Italo A.: Oméro rinasce a Lubecca. In: Th. M., *I Buddenbrook*. Milano: Biblioteca Economica Newton, 1994, S. V-XI. [Italien. Übs. von M. C. Minicelli. - Lübeck].

94.37a　DAVIS, Gabriele Wittig: Rez. von J. B. Berlin, # 92.14. In: *Monatshefte*, Jg. 86, Nr. 4 (1994), S. 584-586.

94.38 *Davoser Revue*, Jg. 69, Nr. 3 (August 1994), Sondernummer zum Symposion über Th. M's *Zauberberg*. [Inhalt: H. Koopmann, # 94.123 - T. J. Reed, # 94.186 - W. Schenk, # 94.206 - T. Sprecher, # 94.219 - H. R. Vaget, # 94.232 - C. Virchow, # 94.240. - Rez.: R. Röthlisberger, # 94.198].

94.39 DEBON, Günther: Einleitung. In: G. D., *Th.-M.-Brevier*. Stuttgart: P. Reclam, 1994, S. 9-14. (= Universal-Bibliothek, Nr. 40021: Reclam Lesebuch).

94.40 DETERING, Heinrich: 'Der Literat als Abenteurer.' Th. M. zwischen *Tonio Kröger* und *Der Tod in Venedig*. In: H. D., *Das offene Geheimnis: Zur literarischen Produktivität eines Tabus von Winckelmann bis zu Th. M.* Göttingen: Wallstein, 1994, S. 285-346, 405-415. [Homosexualität].

94.41 DIERKS, Manfred: Rez. von H. R. Vaget, # 92.295. In: *Arbitrium*, Jg. 12, Nr. 2 (1994), S. 236-238.

94.42 DITHMAR, Reinhard: Die Gestalt Moses und der Pentateuch in Th. M's Erzählung *Das Gesetz*. In: Elke Axmacher, und Klaus Schwarzwäller, Hrsg.: *Belehrter Glaube: Festschrift für Johannes Wirsching zum 65. Geburtstag*. Frankfurt a. M., u. a.: P. Lang, 1994, S. 45-66.

94.43 DRUDE, Otto: Th. M. und Christoph Martin Wieland. In: *Wieland-Studien*, Bd. 2 (1994), S. 156-193. [Hrsg. vom Wieland-Archiv Biberach].

94.44 ECO, Umberto: Th. M. In: U. E., *Im Wald der Fiktionen: Sechs Streifzüge durch die Literatur*. München, u. a.: C. Hanser, 1994, S. 13. (= Harvard-Vorlesungen, Norton Lectures, 1992-1993) [Aus dem Ital. übs. von B. Kroeber].

94.45 EICHNER, Hans: Rez. von I. Jens, # 93.122. In: *Germanistik*, Jg. 35, Nr. 2 (1994), S. 640.

94.46 EMIG, Christine: 'Wagner in verjüngten Proportionen...'. Th. M's Novelle *Wälsungenblut* als epische Wagner-Transkription. In: *Th. M. Jahrbuch*, Bd. 7 (1994), S. 169-185.

94.47 FERTONANI, Roberto: L'aria nativa di Th. M. In seiner Ausg. von Th. M., *Romanzi brevi*. Milano: A. Mondadori, 1994, S. VII-XIX. [Darin auch 'Guida alla lettura dei *Romanzi brevi* di Th. M.': S. XXI-XLV].

94.48 FINCK, Adrien: Rez. von H. Wysling/C. Bernini, # 92.333. In: *EG*, Jg. 49, Nr. 1 (1994), S. 101-102.

94.49 FLASCH, Kurt: Der Unzuverlässige. In einem sublimen Sinne widersprüchlich: Th. M's Essays. In: *FAZ*, Jg. 46, Nr. 94 (23. April 1994), Bilder und Zeiten, S. [5]. [Rez. von H. Kurzke, # 93.163, # 93.164].

94.50 FREY-HAUSER, Marianne: 'Sechshundert machten bis zum Schluß voll mit': Davos und Th. M's Roman *Der Zauberberg*. In: *Davoser Zeitung*, Jg. 114, Nr. 66 (16. August 1994), S. 5.

94.51 FRIZEN, Werner: Rez. von L. Fertig, # 93.59. In: *Germanistik*, Jg. 35, Nr. 1 (1994), S. 295-296.

94.52 FRIZEN, Werner: Rez. von I. M. Hawes, # 93.95. In: *Germanistik*, Jg. 35, Nr. 3 (1994), S. 928.

94.53 FRIZEN, Werner: Rez. von H. Kurzke, # 93.163, # 93.164. In: *Germanistik*, Jg. 35, Nr. 2 (1994), S. 643.

94.54 FRIZEN, Werner: Ein hunderttoriges Theben: Eckhard Heftrichs Th.-M.-Trilogie. In: *GRM*, N. F., Jg. 44, Nr. 4 (1994), S. 465-470. [Rez. von E. H., # 75.337, # 82.102, # 93.96].

94.55 FRIZEN, Werner: 'Tiefsinn soll lächeln': Umberto Ecos Rosenroman im Dialog mit Th. M's *Zauberberg*. In: *Neue Rundschau*, Jg. 105, Nr. 3 (1994), S. 150-164.

94.56 FÜSSEL, Stephan: Th. M's *Gladius Dei* (1902) und die Zensurdebatte der Kaiserzeit. In: G. Hahn/E. Weber, # 94.69, S. 427-436.

94.57 GERKENS, Gerhard, und Brigitte Heise: Th. M. In: *Gustav Seitz: Vier Dichter. Villon, Heinrich Mann, Th. M., Bertolt Brecht*. Lübeck: St. Annen-Museum, 1994. [Katalog zur Ausstellung vom 4. Dezember 1994 bis 21. Januar 1995].

94.58 GÖKBERG, Ülker: Rez. von K. W. Böhm, # 91.19. In: *German Studies Review*, Jg. 17, Nr. 2 (1994), S. 413-415.

94.59 GÖRNER, Eberhard: Vom Tyrrhenischen Meer zum 'Niddener Blau'. In: Jürgen Hasse, Hrsg.: *Mario und der Zauberer: Das Buch zum Film von Klaus Maria Brandauer*. Berlin: Henschel, 1994, S. 9-24.

94.60 GÖRNER, Eberhard: *Der kleine Herr Friedemann* by Th. M., in Light of the Breakdown of Socialism in East Germany. In: Jürgen Kleist, Hrsg.: *Breakdowns: The Destiny of the Twentieth Century*. New York, u. a.: P. Lang, 1994, S. 27-35. (= Plattsburgh Studies in the Humanities, Bd. 2).

94.61 GÖRNER, Rüdiger: Der Zweifel macht ihm Mut. In: *Deutsches Allgemeines Sonntagsblatt*, Jg. 47, Nr. 8 (25. Februar 1994), Literatur, S. 25. [Rez. von I. Jens, # 93.122 - H. Kurzke, # 93.163, # 93.164].

94.62　GOHLIS, Tobias: Rückkehr zum *Zauberberg*. Th.-M.-Symposium in Davos: Auf der Suche nach Spuren, Zeichen, tiefer Bedeutung. In: *Die Zeit*, Jg. 49, Nr. 40 (30. September 1994), Reise, S. 81. [*Der Zauberberg*].

94.63　GOLDSTEIN, Emmanuel: Davos, Th. M., Leo Naphta, Gisela Lukaçek: Eine neue Probe rückwärtsgewandter Futurologie. In: W. Müller/H. Blankertz, # 94.156, S. 11-54. [*Der Zauberberg*].

94.64　GOLDSTEIN, Emmanuel: Leo Naphtas nachgelassene Aufzeichnungen aus dem Besitz von Gisela Lukaçek, entziffert von Emmanuel Goldstein. In: W. Müller/H. Blankertz, # 94.156, S. 57-62. [*Der Zauberberg*].

94.65　GRABHER, Gudrun M., u. a., Hrsg.: *Suffering in Literature - Leiden in der Literatur*. Innsbruck: Institut für Sprachwissenschaft, 1994. (= Innsbrucker Beiträge zur Kulturwissenschaft, Sonderheft 88) [Gedenkband für S. L. Tiefenthaler. - Darin: F. Rinner, # 94.196].

94.66　GRAHAM, Colin: Notes on the Program: A Personal Note for Today. In: *Metropolitan Opera, Stage Bill* (Februar 1994). [1 S. unnumeriert. - *Der Tod in Venedig*].

94.67　GRIMM, Reinhold: Drei bis vier politische Novellen: Notizen zu Bruno und Leonhard Frank, Johannes Weidenheim, Th. M. und Gottfried Benn. In: R. G., *Versuche zur europäischen Literatur*. Bern, u. a.: P. Lang, 1994, S. 93-134. (= New York University Ottendorfer Series, N. F., 43).

94.68　GRUNENBERG, Antonia: 'Und was tatest du?'. Schriftsteller und politische Macht nach 1945: Zum Streit zwischen Th. M. und Walter von Molo. In: Gerd Langguth, Hrsg.: *Autor, Macht, Staat: Literatur und Politik in Deutschland: Ein notwendiger Dialog*. Düsseldorf: Droste, 1994, S. 110-130. (= Droste Taschenbücher Geschichte).

94.69　HAHN, Gerhard, und Ernst Weber, Hrsg.: *Zwischen den Wissenschaften: Beiträge zur deutschen Literaturgeschichte. Bernhard Gajek zum 65. Geburtstag*. Regensburg: Pustet, 1994, 436 S. [Mit Beiträgen von S. Füssel, # 94.56 - U. Japp, # 94.100 - J. Traeger, # 94.230].

94.70　HAMACHER, Bernd: Das Geschlecht der Sternäugigen. Th. M's Verwendung eines Motivs von Max Oppenheimer. In: Thomas Eicher, und Ulf Bleckmann, Hrsg.: *Intermedialität: Vom Bild zum Text*. Bielefeld: Aisthesis, 1994, S. 95-121. [*Der Zauberberg - Felix Krull* - Th. M's Luther-Projekt].

94.72　HANSEN, Volkmar: Rez. von J. Hellmann, # 92.88. In: *Germanistik*, Jg. 35, Nr. 1 (1994), S. 114.

94.73　HANSEN, Volkmar: Rez. von H. Brunträger, # 93.34. In: *Germanistik*, Jg. 35, Nr. 2 (1994), S. 640-641.

94.74　HARMON, Mark: Rez. von J. E. Wood's Übs. von Th. M., *Buddenbrooks* (New York, 1993). In: *Translation Review*, Nr. 44 (1994), S. 44-45.

94.75　HARMS, Klaus B.: Fröhliche Dekadenz auf dem Venushügel. In: *Stuttgarter Nachrichten* (8. Oktober 1994), Wochenend-Magazin. [*Zauberberg*-Symposium in Davos].

94.76　HAYMAN, Ronald: In Pursuit of Th. M. In: *TLS*, Nr. 4771 (9. September 1994), S. 11-13.

94.77　HEFTRICH, Eckhard, Peter-Paul Schneider, und Hans Wißkirchen, Hrsg.: *Heinrich und Th. M.: Ihr Leben und Werk in Text und Bild*. Lübeck: Graphische Werkstätten, 1994, 433 S. [Katalog zur ständigen Ausstellung im Buddenbrookhaus der Hansestadt Lübeck].

94.78　HEFTRICH, Eckhard: Zur Eröffnung des Kolloquiums 'Th. M. und die Musik' am 6. Mai 1993. In: *Th. M. Jahrbuch*, Bd. 7 (1994), S. 17-19.

94.79　HEFTRICH, Eckhard: Rez. von A. Grimm, # 93.78. In: *Germanistik*, Jg. 35, Nr. 4 (1994), S. 979.

94.80　HEFTRICH, Eckhard: Richard Wagner in Th. M's Josephs-Tetralogie. In: *Literaturwissenschaftliches Jahrbuch*, Bd. 35 (1994), S. 275-290. [*Joseph und seine Brüder*].

94.81　HEFTRICH, Eckhard: Laudatio für Hans Wysling. In: Presse- und Informationsamt der Hansestadt Lübeck, # 94.177, S. 10-15.

94.82　HEISSERER, Dirk: Literarische Wanderungen in und um München: Gespräch mit Barbara Piatti. In: *Literatur in Bayern*, Nr. 36 (Juni 1994), S. 24-27.

94.83　HEISSERER, Dirk: Wo Th. M. die *Buddenbrooks* schrieb: Frau Permaneder gab nicht nur Quartier. In München verschrieb sich der aus Lübeck übergesiedelte 19jährige Obersekundaner ganz der Literatur. In: *Münchner Stadtanzeiger*, Jg. 50, Nr. 7 (17. Februar 1994), S. 12. [*SZ*-Beilage].

94.84　HEISSERER, Dirk: *Der Zauberberg* in Feldafing: Dirk Heißerer hat die Villa entdeckt, in der Th. M. zwischen 1919 und 1923 arbeitete. In: *SZ*, Jg. 50, Nr. 185 (12. August 1994), Feuilleton, S. 11.

94.85   HERMANNS, Ulrike: *Th. M's Roman Doktor Faustus im Lichte von Quellen und Kontexten.* Frankfurt a. M., u. a.: P. Lang, 1994, 313 S. (= Europäische Hochschulschriften, Reihe 1: Deutsche Sprache und Literatur, Bd. 1486) [Zugl.: Diss., Univ. Düsseldorf, 1994].

94.87   HILSCHER, Eberhard: Essayistische Bekenntnisse. In: *Neue Zeit* (5. Januar 1994), Literatur, S. 14. [Rez. von H. Kurzke, # 93.163, # 93.164].

94.88   HILSCHER, Eberhard: Leiden und Größe eines Meisters. In: *Neue Zeit* (5. Januar 1994), Literatur, S. 14. [Rez. von I. Jens, # 93.122].

94.89   HIRSCH, Helmut: Rund um Th. M's Chicagoer Goethe-Ehrung. In: H. H., *Onkel Sams Hütte: Autobiographisches Garn eines Asylanten in den USA.* Leipzig: Leipziger Universitätsverlag, 1994, S. 241-245. [*Goethe und die Demokratie*].

94.90   HOFSTAETTER, Ulla: 'Verwandlungs- und Erhöhungsakt': Die Echo-Episode in Th. M's Roman *Doktor Faustus.* In: *The Journal of Human and Cultural Sciences,* Jg. 26, Nr. 2 (1994), S. 187-222.

94.91   HÖPFNER, Felix: Rez. von J. Eder, # 93.55. In: *Germanistik,* Jg. 35, Nr. 1 (1994), S. 295.

94.92   HOHOFF, Curt: Th. M., der religiöse Grundzug seines Lebens. In: C. H., *Veritas Christiana: Aufsätze zur Literatur.* Köln: Communio, 1994, S. 131-159. [Vgl. # 92.112. - Religion].

94.92a HONOLD, Alexander: Der Großschriftsteller, Rückansicht: Zum Bilde Th. M's in der neueren Forschung. In: *Zeitschrift für Germanistik,* N. F., Jg. 4, Nr. 2 (1994), S. 350-365.

94.93   HUMMEL, Ursula, und Marion Tworek, Hrsg.: *Aus den Beständen der Monacensia: Literatur im Archiv.* München: Kulturreferat der Landeshauptstadt, 1994, S. 58-61. [München].

94.94   IBSCH, Elrud: Rez. von I. Kann, # 92.128. In: *Deutsche Bücher,* Jg. 24, Nr. 2 (1994), S. 150-151.

94.95   JACOB, Werner: Soll Kunst nicht im Korsett erstarren. In: *Der Literat,* Jg. 36, Nr. 11 (1994), S. 31-32.

94.96   JACOBS, Jürgen: Der Liftboy als Psychopompos? Zur Deutung von Th. M's *Felix Krull.* In: *Euphorion,* Jg. 88, Nr. 2 (1994), S. 236-242.

94.97 JACOBS, Steffen: Der fressende Tropfen: Wer den Zauberer beeinflußte. Das Th.-M.-Kolloquium in Lübeck. In: *FAZ*, Jg. 46, Nr. 248 (25. Oktober 1994), S. 37.

94.98 JANG, Sung-Hyun: *Nietzsche-Rezeption im Lichte des Faschismus: Th. M. und Menno ter Braak*. Hildesheim, u. a.: Olms-Weidmann, 1994, 222 S. (= Germanistische Texte und Studien, Bd. 48).

94.100 JAPP, Uwe: Menschliche Annäherung an das Göttliche: Th. M's Erzählung *Das Gesetz*. In: G. Hahn/E. Weber, # 94.69, S. 180-188.

94.101 JENS, Inge: Th. M. In: I. J., *Dichter zwischen rechts und links: Die Geschichte der Sektion für Dichtkunst an der Preußischen Akademie der Künste, dargestellt an den Dokumenten*. Leipzig: G. Kiepenheuer, 1994, S. 98-102, u. a. [Auch in: Frankfurt a. M.: Büchergilde Gutenberg, 1994. - Vgl. E in # 71.110].

94.102 JENS, Walter: Beiheft. Zu seiner Ausg. von Th. M., *Erzählungen*. Frankfurt a. M.: S. Fischer, 1994, [15] S. (= Bibliothek des 20. Jahrhunderts).

94.103 JONAS, Klaus W.: Lückenloser Nachweis: Th. M.-Bibliografie von unübertroffener Gewissenhaftigkeit. In: *Börsenblatt für den Deutschen Buchhandel*, Jg. 161, Nr. 15 (22. Februar 1994), S. 17-18. [Rez. von G. Potempa, # 92.213].

94.104 JONAS, Klaus W.: Hans-Otto Mayers Th. M.-Sammlung. In: *Aus dem Antiquariat*, Nr. 2 (25. Februar 1994), S. A72-A73. (= Beilage zum *Börsenblatt für den Deutschen Buchhandel*, Jg. 161, Nr. 16) [Rez. von G. Gattermann, # 91.70].

94.105 JONAS, Klaus W.: Th. M., Hermann J. Weigand und die Yale University: Versuch einer Dokumentation. In: *Philobiblon*, Jg. 38, Nr. 2 (Juni 1994), S. 97-147 (Briefwechsel), Nr. 3 (September 1994), S. 217-232 (Bibliographie). [Vgl. Resümee in # 93.127].

94.106 KACANDES, Irene: Rez. von G. Goldman, # 92.65. In: *German Studies Review*, Jg. 17, Nr. 1 (1994), S. 200-201.

94.107 KADELBACH, Ada, und Hans Wißkirchen: 'Dominus providebit': Zwischenbilanz einer erfolgreichen Spendenaktion. In: Presse- und Informationsamt der Hansestadt Lübeck, # 94.176, S. 30-31.

94.108 KÄSTNER, Erhart: Th. M.: *Die vertauschten Köpfe*. In Julia Freifrau Hiller von Gaertringen's, und Katrin Nitzschke's Ausg. von E. K., *Was die Seele braucht: Erhart Kästner über Bücher und Autoren*. Frankfurt a. M., u. a.: Insel, 1994, S. 29-35. [Vgl. E in # 48.86].

94.109 KÄSTNER, Erhart: Th. M.: *Doktor Faustus*. In: # 94.108, S. 53-60. [Vgl. E in # 49.148].

94.110 KARTHAUS, Ulrich: *Th. M.* Stuttgart: P. Reclam, 1994, 115 S. (= Universal-Bibliothek, Nr. 15203: Literaturwissen für Schule und Studium).

94.111 KARTHAUS, Ulrich: Laientheologische Überlegungen zum Begriff des Bösen im Anschluß an Th. M. In: Cornelius Mayer, Karlheinz Müller, und Gerhard Schmalberg, Hrsg.: *Nach den Anfängen fragen*. Gießen: Universität/Fachbereich 07, 1994, S. 655-670. (= Gießener Schriften zur Theologie und Religionspädagogik, Bd. 8).

94.112 KARTHAUS, Ulrich: Rez. von V. Hage, # 93.85 - E. Heftrich, # 93.96. In: *Germanistik*, Jg. 35, Nr. 1 (1994), S. 296-297.

94.113 KARTHAUS, Ulrich: Rez. von B. R. Kommer, # 93.145 - K. Schröter, # 93.266. In: *Germanistik*, Jg. 35, Nr. 2 (1994), S. 638-639, 642.

94.114 KLEIN, Wolfgang: Vernunft und Kontingenz: Überlegungen zum Krieg der Brüder Mann. In: *Weimarer Beiträge*, Jg. 40, Nr. 3 (1994), S. 325-334.

94.115 KLÜGER-ANGRESS, Ruth: Th. M's jüdische Gestalten. In: R. K.-A., *Katastrophen: Über deutsche Literatur*. Göttingen: Wallstein, 1994, S. 39-58. [Rez.: R. Robertson, # 94.197].

94.116 KLUGE, Gerhard: Rez. von I. Jens, # 93.122. In: *Deutsche Bücher*, Jg. 24, Nr. 1 (1994), S. 73-75.

94.117 KOCH, Hans-A.: Rez. von G. Gattermann, # 91.70 - G. Potempa, # 92.213. In: *Informationsblatt für Bibliotheken*, Nr. 3/4 (1994), S. 652-656.

94.118 KOESTER, Rudolf: Rez. von V. Hansen, # 93.88. In: *Rocky Mountain Review of Language and Literature*, Jg. 48, Nr. 2 (1994), S. 203-206.

94.119 KONISZEWSKI, Petra: *Textkonstitution und Substitution. Am Beispiel von Th. M's Erzählung Unordnung und frühes Leid*. Frankfurt a. M., u. a.: P. Lang, 1994, 305 S. (= Europäische Hochschulschriften, Reihe 1: Deutsche Sprache und Literatur, Bd. 1448) [Zugl.: Diss., Univ. Bochum, 1993].

94.120 KOOPMANN, Helmut: Heinrich Mann. In: Hartmut Steinecke, Hrsg.: *Deutsche Dichter des 20. Jahrhunderts*. Berlin: E. Schmidt, 1994, S. 85-97.

94.121 KOOPMANN, Helmut: Th. M. In: # 94.120, S. 135-157.

94.122 KOOPMANN, Helmut: L'esilio come forma esistenziale: Tracce nascoste dell'emigrazione in Th. M. In: *Cultura tedesca*, Nr. 1 (1994), S. 81-98. [Exil].

94.123 KOOPMANN, Helmut: Wer ist Settembrini? Über Namen und Identität einer Figur aus Th. M's *Zauberberg*. In: *Davoser Revue*, # 94.38, S. 24-27.

94.125 KOPATSCHEK, Frank: Nur Sonne, Sand und Himmel. Am Haff: Wo Th. M. seine Spuren hinterließ. In: *Neue Ruhr-Zeitung am Sonntag* (7. August 1994). [Nidden].

94.126 KRASKE, Bernd M.: *Der Zauberer: Lebens- und Werkstationen des deutschen Schriftstellers Th. M. Bücher, Briefe, Bilder und andere Dokumente.* Glinde: H.-J. Böckel, 1994, 100 S. [Ausstellungskatalog Schloß Reinbek, 9. September 1994 bis 15. Januar 1995].

94.127 KRUSE, Rolf: Gesundheit und Krankheit - Anfälle im Werk Th. M's. In: *Epilepsie-Blätter*, Jg. 7, Nr. 2 (1994), S. 22-30. [Supplementum. - *Buddenbrooks - Der Zauberberg - Felix Krull*].

94.128 KURZKE, Hermann: Zu dieser Ausgabe. In seiner und Stephan Stachorski's Ausg. von Th. M., *Essays, Bd. 3: Ein Appell an die Vernunft. 1926-1933.* Frankfurt a. M.: S. Fischer, 1994, S. 508-511.

94.129 LATTA, Alan D.: Rez. von J. B. Berlin, # 92.14. In: *Seminar*, Jg. 30, Nr. 2 (1994), S. 207-209.

94.130 LEE, Cheong-Hie: *Die Wiedergabe gesprochener und gedachter Rede in Th. M's Roman Buddenbrooks: Eine Untersuchung grammatischer Formen und narrativer Funktionen.* Marburg, Dissertation, 1994, 215 S.

94.131 LEHNERT, Herbert: Rez. von J. Eder, # 93.55 - W. Frizen, # 93.63. In: *GQ*, Jg. 67, Nr. 3 (1994), S. 423-425.

94.132 LEHNERT, Herbert: Neues zur Biographie Th. M's 1992. I. Review Article. In: *Orbis Litterarum*, Jg. 49, Nr. 1 (1994), S. 52-62. [Rez. von: P. d. Mendelssohn/A. v. Schirnding, # 92.187 - H. Wysling/C. Bernini, # 92.333 - H. Wysling/Y. Schmidlin, # 92.334].

94.133 LEHNERT, Herbert: Neues zur Biographie Th. M's 1992. II. Review Article. In: *Orbis Litterarum*, Jg. 49, Nr. 2 (1994), S. 182-188. [Rez. von: G. Potempa, # 92.213 - *Th. M. Jahrbuch*, Bd. 5, # 92.286 - H. R. Vaget, # 92.295].

94.134 LEUTERITZ, Gustav: Gespräche mit Gerhart Hauptmann. In: Hans-D. Tschörtner, Hrsg.: *Gespräche und Interviews mit Gerhart Hauptmann (1894-1946).* Berlin: E. Schmidt, 1994, S. 172-175. (= Veröffentlichungen der Gerhart-Hauptmann-

Gesellschaft, Bd. 6) [Betr. # 33.7. - Vgl. E in: *Tägliche Rundschau* (11. Oktober 1945)].

94.135 LINCK, Dirck: Rez. von K. W. Böhm, # 91.19. In: *Forum Homosexualität und Literatur*, Nr. 20 (1994), S. 95-102.

94.136 LUBICH, Frederick A.: Lowe-Porter's Rendition of Mann's *Magic Mountain*: A Case Study in Exorcizing the Feminine. In: Ursula Mahlendorf, und Laurence Rickels, Hrsg.: *Poetry, Poetics, Translation: Festschrift in Honor of Richard Exner.* Würzburg: Königshausen & Neumann, 1994, S. 39-45. [*Der Zauberberg*].

94.137 LUBICH, Frederick A.: Th. M's Sexual Politics, Lost in Translation. In: *Comparative Literature Studies*, Jg. 31, Nr. 2 (1994), S. 107-127. [Erotik - Politik - Übersetzung].

94.138 LUBICH, Frederick A.: Review Essay: 'Une mer à boire' oder die Schwanengesänge der Th. M.-Forschung. In: *GR*, Jg. 69, Nr. 4 (1994), S. 177-185. [Rez. von: E. Heftrich, # 93.96 - H. Koopmann, # 90.157 - H. R. Vaget, # 92.295].

94.139 LUBICH, Frederick A.: Rez. von G. Härle, # 92.71. In: *Monatshefte*, Jg. 86, Nr. 2 (1994), S. 265-266.

94.139aLUBICH, Frederick A.: Rez. von U. Reidel-Schrewe, # 92.228. In: *GQ*, Jg. 67, Nr. 3 (1994), S. 425-426.

94.140 LUFT, Klaus P.: *Erscheinungsformen des Androgynen bei Th. M.* Dissertation, Waterloo, Ontario: University of Waterloo, 1994.

94.141 MAIER, Hans: Deutsche Musikpoesie vor Th. M. - ein Versuch. In: *Th. M. Jahrbuch*, Bd. 7 (1994), S. 21-40.

94.142 MANN, Klaus: Th. M. In Uwe Naumann's und Michael Töteberg's Ausg. von K. M., *Auf verlorenem Posten: Aufsätze, Reden, Kritiken 1942-1949.* Reinbek bei Hamburg: Rowohlt, 1994, S. 10, 13, 55, u. a. (= rororo, 12751).

94.143 MARCO, José Maria: El caso Mann. In: *El mundo* (31. Januar 1994), S. 73. [Rez. von I. Jens, # 93.122].

94.144 MARTENS, Gunter: Rez. von: H. Wysling/Y. Schmidlin, # 91.276 - H. Wysling/C. Bernini, # 92.333 - H. Wysling/Y. Schmidlin, # 94.257. In: *Editio*, Bd. 8 (1994), S. 244-249.

94.145 MATAMORO, Blas: Los Diarios de Klaus Mann: En el nombre del padre. In: *Cuadernos Hispanoamericános*, Nr. 523 (Januar 1994), S. 89-106. [Rez. von K. M., Tagebücher 1931-1949. - Vgl. # 90.197, # 90.198, # 91.162].

94.146 MATT, Peter von: Zur Psychologie des deutschen Nationalschriftstellers: Die
Bedeutung der Hinrichtung und Verklärung Goethes durch Th. M. In: P. v. M.,
Das Schicksal der Phantasie: Studien zur deutschen Literatur. München: C. Hanser,
1994, S. 242-256. [Vgl. E in # 78.202].

94.147 MEDER, Cornel: Hoffnungen: Mitglieder der Familie Mann im Kontakt mit
Luxemburg und mit Luxemburgern. In: C. M., *Hoffnungen: Fünf Vorträge.* Dif-
ferdange: Galerie Centre Culturel, 1994, S. 93-158.

94.148 MEHRING, Reinhard: Nachlese zu Th. M's Joseph-Roman. In: *Wirkendes Wort*,
Jg. 44, Nr. 3 (1994), S. 554-559. [Rez. von *Th. M. Jahrbuch*, Bd. 6, # 93.285 - E.
Heftrich, # 93.96].

94.149 METSCHER, Thomas: 'Apocalypsis cum figuris': Zu Th. M's Faustus-Roman. In:
Lars Lambrecht und Eva-Maria Tschurenev, Hrsg.: *Geschichtliche Welt und
menschliches Wesen: Beiträge zum Bedenken der conditio humana und der europäischen Geistesgeschichte.* Frankfurt a. M., u. a.: P. Lang, 1994, S. 165-173. (=
Daedalus, 4).

94.150 MEYENBORG, Ulrich: Zum Geleit. In: Presse- und Informationsamt der Hansestadt Lübeck, # 94.176, S. 1.

94.151 MEYENBORG, Ulrich: Ansprache am 6. Mai 1993 zur Eröffnung des Heinrich-
und Th. M. Zentrums im Buddenbrookhaus. In: Presse- und Informationsamt
der Hansestadt Lübeck, # 94.176, S. 10-13.

94.152 MITCHELL, Donald: Britten's Concerto for Tenor and Opera. In: *Metropolitan
Opera, Stage Bill* (Februar 1994). [5 S. unnumeriert. - Nachdruck aus dem Pro-
gramm der Royal Opera-Aufführung von *Der Tod in Venedig* in Covent
Garden, London, Oktober 1973].

94.153 MONTI, Claudia: Una scrittura ermetica: *Felix Krull.* In: *Cultura tedesca*, Nr. 1
(1994), S. 99-114.

94.154 MROZEK, Bodo: Den Zauberberg besteigen: Ein Th.-M.-Symposium in Davos.
In: *NZZ*, Jg. 215, Nr. 189 (15. August 1994), Feuilleton, S. 14. [Inlandausg. -
Internat. Ausg.: Nr. 189 (16. August 1994). - *Der Zauberberg*].

94.155 MÜLLER, Karl-Josef: 'Die Leidenschaft als zweifelhafte Liebe': Schuberts *Winter-
reise* in Th. M's *Zauberberg.* In: *GRM*, N. F., Jg. 44, Nr. 2 (1994), S. 191-204.

94.156 MÜLLER, Walter, und Herwig Blankertz, Hrsg.: *Zauberberg erneut bestiegen.*
Wetzlar: Büchse der Pandora, 2. Aufl., 1994. [Darin: W. M., Vorwort, S. 7-9. -
Des weiteren: H. B., # 94.17 - E. Goldstein, # 94.63, # 94.64 - W. M., # 94.157].

94.157 MÜLLER, Walter: Über die unzeitgemäße Aktualität des *Zauberberg*. In: W. M./H. Blankertz, # 94.156, S. 81-131.

94.158 MÜLLER-STRATMANN, Claudia: Th. M. In: C. M.-S., *Josef Ruederer (1861-1915): Leben und Werk eines Münchner Dichters der Jahrhundertwende*. Frankfurt a. M., u. a.: P. Lang, 1994, S. 26, 138-139, u. a. (= Regensburger Beiträge zur deutschen Sprach- und Literaturwissenschaft, Reihe B: Untersuchungen, Bd. 56) [Zugl.: Diss., Regensburg 1992].

94.159 NORTHCOTE-BADE, James: *Die Betrogene aus neuer Sicht: Der autobiographische Hintergrund zu Th. M's letzter Erzählung*. Frankfurt a. M.: R. G. Fischer, 1994, 72 S.

94.160 OBERMÜLLER, Klara: 'Meist graut mir vor allem': Die verzweifelten letzten Jahre von Th. M. im Spiegel der Tagebücher. In: *Die Weltwoche*, Jg. 62, Nr. 15 (14. April 1994), Kultur/Bücher, S. 70. [Rez. von I. Jens, # 93.122].

94.161 OERTLING, Peter: Begrüßungsansprache am 6. Mai 1993: Sehr geehrter Herr Bundespräsident. In: Presse- und Informationsamt der Hansestadt Lübeck, # 94.176, S. 7.

94.162 ORLIK, Franz: Rez. von H. Wiegmann, # 92.319. In: *Literatur in Wissenschaft und Unterricht*, Jg. 27, Nr. 4 (1994), S. 305-307.

94.163 ORLIK, Franz: Rez. von A. Rudolph, # 91.191. In: *Wirkendes Wort*, Jg. 44, Nr. 1 (1994), S. 168-171.

94.164 ORSATTI, Silvia: *Der Tod in Venedig e Visconti: La bellezza, lo guardo*. Dissertation. Milano: Università Cattolica di Santa Croce, 1994, 362 S., [63] S.

94.165 OSKAMP, Irmtraud M.: Hanno Buddenbrooks Gedicht: Didaktische Anmerkungen zu einem lyrischen Text von Ludwig Uhland. In: *Neue Sammlung*, Jg. 34, Nr. 4 (1994), S. 535-545. [*Das ist der Tag des Herrn*].

94.166 PAPCKE, Sven: 'Ablösung von Amerika'. In: *NDL*, Jg. 42, Nr. 3, Heft 495 (1994), S. 184-186. [Rez. von M. Aßmann, # 93.11].

94.167 PETERS-HIRT, Antje: Heinrich Mann im Kontext seiner Zeit: V. Internationales Heinrich Mann-Symposium. In: *Lübeckische Blätter*, Jg. 159, Nr. 11 (21. Mai 1994), S. 161-165.

94.168 PIECHOTTA, Hans Joachim, Hrsg.: Th. M. In: *Die literarische Moderne in Europa, Bd. 1: Erscheinungsformen literarischer Prosa um die Jahrhundertwende*. Opladen: Westdeutscher Verlag, 1994, S. 398-415. [Darin: R. G. Renner, # 94.191].

94.169 PIPER, Myfanwy: Creating Words for Aschenbach. In: *Metropolitan Opera, Stage Bill* (Februar 1994). [4 S. unnumeriert. - *Der Tod in Venedig*].

94.170 PIZER, John: Rez. von M. Voigts, # 92.305. In: *MLN*, Jg. 109, Nr. 3 (1994), S. 563-566. [O. Goldberg].

94.171 PÖRNBACHER, Hans: Rez. von H.-W. Kruft, # 93.158. In: *Germanistik*, Jg. 35, Nr. 2 (1994), S. 642-643.

94.173 POPP, Wolfgang: Rez. von B. Schillinger, # 93.249. In: *Forum Homosexualität und Literatur*, Nr. 22 (1994), S. 139-143.

94.174 POSTHOFEN, Renate S.: Rez. von J. Neubauer, # 92.197. In: *GQ*, Jg. 67, Nr. 1 (Winter 1994), S. 137-138.

94.175 POTEMPA, Georg: Vorbemerkung. In seiner Ausg. von Th. M., *Musik in München. Teil III*. In: *Th. M. Jahrbuch*, Bd. 7 (1994), S. 293.

94.176 PRESSE- UND INFORMATIONSAMT DER HANSESTADT LÜBECK: *Eröffnung des Heinrich- und Th.-M.-Zentrums im Buddenbrookhaus*. Lübeck, 1994. [Mit Beiträgen von: A. Kadelbach/H. Wißkirchen, # 94.107 - U. Meyenborg, # 94.150, # 94.151 - P. Oertling, # 94.161 - H. Simonis, # 94.216 - H. Wysling, # 94.261].

94.177 PRESSE- UND INFORMATIONSAMT DER HANSESTADT LÜBECK: *Th. M.-Preis 1993: Festakt am 9. Mai 1993*. Lübeck, 1994. [Mit Beiträgen von M. Bouteiller, # 94.23 - E. Heftrich, # 94.81 - H. Wysling, # 94.258, # 94.259].

94.178 PROSKAUER, Paul F.: Stolzer Bürger zwar, jedoch ein Mann der Welt. In: *Aufbau*, Jg. 61, Nr. 3 (4. Februar 1994), S. 5. [Rez. von I. Jens, # 93.122].

94.179 RADDATZ, Fritz J.: '... ich besitze wenig Welt': Th. M's Tagebücher aus den Jahren 1951-1952. In: *Die Zeit*, Jg. 49, Nr. 3 (14. Januar 1994), Literatur, S. 55. [Rez. von I. Jens, # 93.122].

94.180 RADDATZ, Fritz J.: Th. M. liest Ost und West die Leviten. In: *Merian*, Jg. 47, Nr. 4 (April 1994), S. 118-119. [Weimar. - Betr. Th. M.: *Ansprache im Goethe-Jahr 1949*].

94.181 RASCHINI, Maria Adelaide: *Th. M. e l'Europa: Religione, umanità, storia*. Venezia: Marsilio, 1994, 184 S. (= Università di Genova, Sezione 'Saggi Filosofici', Bd. 1).

94.182 RASCHINI, Maria Adelaide: Th. M.: Una 'via all insu' dell'Europa. In: *Studi europei*, Bd. 1 (1994), S. 73-96.

94.183 RAU, Peter: Ausländisches Elend: Ethnopolitischer Figuralismus bei Th. M. - am Beispiel des Angelsächsischen. In: *Literatur in Wissenschaft und Unterricht*, Jg. 27, Nr. 4 (1994), S. 235-255.

94.184 RAU, Peter: Geschichte und Gegenwart des 'Ausländischen' im Deutschen: Zur Ethnographie der Fremde bei Th. M. In: Hans W. Panthel, und P. R., Hrsg.: *Bausteine zu einem transatlantischen Literaturverständnis - Views on Literature in a Transatlantic Context*. Frankfurt a. M., u. a.: P. Lang, 1994, S. 25-62.

94.185 RAU, Peter: 'Sujet mixte': Zu Durchführung, Funktion und Bedeutung des 'Ausländischen' bei Th. M. In: *Der Deutschunterricht*, Jg. 46, Nr. 3 (1994), S. 89-97.

94.186 REED, Terence J.: Nietzsche bei uns hier oben: Gedanken auf der Höhe der Zeit. In: *Davoser Revue*, # 94.38, S. 51-54.

94.187 REED, Terence J.: *Death in Venice: Making and Unmaking a Master*. New York, u. a.: Twayne, 1994, 135 S. (= Twayne's Masterwork Studies, Nr. 140) [*Der Tod in Venedig*].

94.188 REICH-RANICKI, Marcel: 'O sink hernieder, Nacht der Liebe': Der junge Th. M., der Eros und die Musik. In: *FAZ*, Jg. 46, Nr. 42 (19. Februar 1994), Bilder und Zeiten. [Vgl. Nachdruck in: *Th. M. Jahrbuch*, Bd. 7 (1994), S. 187-198].

94.189 REICH-RANICKI, Marcel: Th. M.: Der Epiker als Kritiker. In: M. R.-R., *Die Anwälte der Literatur*. Stuttgart: Deutsche Verlags-Anstalt, 1994, S. 186-202. [Vgl. E in # 86.247].

94.190 REICH-RANICKI, Marcel: Vorwort. In: M. R.-R., Hrsg.: *Was halten Sie von Th. M.? Achtzehn Autoren antworten*. Frankfurt a. M.: S. Fischer, 1994, 143 S. (= Fischer Taschenbuch, 12252, Informationen und Materialien zur Literatur) [Vgl. E in # 86.243].

94.191 RENNER, Rolf G.: Die Modernität des Werks von Th. M. In: H. J. Piechotta, # 94.168, S. 398-415.

94.192 REUTER, Rolf: Th. M. - Bruno Walter - Hans Pfitzner. In: *FAZ*, Jg. 46, Nr. 128 (6. Juni 1994), S. 9. [Brief an den Herausgeber, betr. H. R. Vaget, # 94.233].

94.193 RICKES, Joachim: *Politiker - Parlamente - Public Relations: Th. M's Roman Königliche Hoheit als Spiegel des aktuellen politischen Geschehens. Ein literarisch-politischer Essay.* Frankfurt a. M., u. a.: P. Lang, 1994, VII, 106 S.

94.194 RIDLEY, Hugh: *The Problematic Bourgeois: Twentieth-Century Criticism on Th. M's Buddenbrooks and The Magic Mountain.* Columbia, SC: Camden House, 1994, 193 S. [*Buddenbrooks - Der Zauberberg*].

94.195 RINALDI, Paola: Il 'Parsifal' di Th. M.: Sul *Doktor Faustus* e il rapporto per Th. M. tra la Grazia e l'opera d'arte. In: *Vita e Pensiero*, Bd. 11 (1994), S. 773-789. [Vgl. auch # 93.228].

94.196 RINNER, Fridrun: Katharsis durch Leiden: Überlegungen zu Gestalten von Th. M., Lev Tolstoj, Marcel Proust und Albert Camus. In: Gudrun M. Grabher, u. a., Hrsg.: *Suffering in Literature - Leiden in der Literatur.* Innsbruck: Institut für Sprachwissenschaft, 1994, S. 199-208. (= Innsbrucker Beiträge zur Kulturwissenschaft, Sonderheft 88) [Gedenkband für S. L. Tiefenthaler. - Vgl. # 94.65].

94.197 ROBERTSON, Ritchie: Rez. von R. Klüger-Angress, # 94.115. In: *Germanistik*, Jg. 35, Nr. 4 (1994), S. 825.

94.198 RÖTHLISBERGER, Rolf: Zur neuen *Davoser Revue*: Sondernummer zum Thema *Zauberberg*. In: *Davoser Zeitung*, Jg. 114, Nr. 65 (12. August 1994), S. 15. [Rez. von *Davoser Revue*, # 94.38].

94.199 ROSSANDA, Rossana: Introduzione e tradizione. In: Th. M., *L'inganno. A cura di Marco Meli*. 2. Aufl., Venezia: Marsilio, 1994, 229 S. [*Die Betrogene*].

94.200 RUDLOFF, Holger: *Pelzdamen: Weiblichkeitsbilder bei Th. M. und Leopold von Sacher-Masoch.* Frankfurt a. M.: S. Fischer, 1994, 168 S. (= Fischer Taschenbuch, 12170, Literaturwissenschaft).

94.201 SANDBERG, Hans-Joachim: Rez. von H. Kurzke/S. Stachorski, # 93.163, # 93.164. In: *Germanistik*, Jg. 35, Nr. 2 (1994), S. 639-640.

94.202 SAUERESSIG, Heinz: Die Ehen der Erika Mann und einige Zwischenspiele. Dritter Teil. In: *Decision*, Jg. 7, Nr. 23 (1994), S. 4-10. [Vgl. # 93.241].

94.203 SAUERESSIG, Heinz: Rez. von I. v. d. Lühe, # 93.178. In: *Decision*, Jg. 7, Nr. 25 (1994), S. 22-23.

94.204 SCHABER, Will, Hrsg.: *Zeitzeuge Aufbau: Texte aus sechs Jahrzehnten.* Gerlingen: Bleicher, 1994. [Mit Zeichnungen von B. F. Dolbin].

94.205 SCHÄDLICH, Michael: Fürstliche Repräsentation und tiefer Pessimismus. In: *Lutherische Monatshefte*, Jg. 33, Nr. 8 (August 1994), S. 42. [Rez. von I. Jens, # 93.122].

94.206 SCHENK, Wolfgang: 'Man könnte Botaniker werden': Über Pflanzen in Th. M's Roman *Der Zauberberg*. In: *Davoser Revue*, # 94.38, S. 18-24.

94.207 SCHERER, Hans: Die achtundzwanzig Fischsaucen der Frau Stöhr. Ein Leser-Symposium über den *Zauberberg* in Davos. Dichter für den Fremdenverkehr. In: *FAZ*, Jg. 46, Nr. 197 (25. August 1994), S. R1.

94.208 SCHIECKEL, Harald: Th. M's Verbindung zu Oldenburg: Der Schriftsteller hatte Kontakt mit Persönlichkeiten oldenburgischer Herkunft. In: *Nordwest-Zeitung*, Nr. 88 (16. April 1994).

94.209 SCHIRNDING, Albert von: Von den Nöten eines Nothelfers: Th. M's Tagebücher 1951-1952. In: *SZ*, Jg. 50, Nr. 17 (22./23. Januar 1994), Literatur, S. IV. [Rez. von I. Jens, # 93.122].

94.210 SCHMID, Christian: Die *Davoser Revue*. In: Ernst Halter, Hrsg.: *Davos. Profil eines Phänomens*. Zürich: Offizin, 1994, S. 159-160. [Betr. H. Ferdmann, Redakteurin von 1962-1979].

94.211 SCHMITZ, Heinz-Gerd: Leverkühns Welt: Überlegungen zur Theorie der literarischen Fiktion. In: *Orbis Litterarum*, Jg. 49, Nr. 1 (1994), S. 1-18. [*Doktor Faustus*].

94.212 SCHNEBLE, Hansjörg: Epilepsie und Prophetie in der Literatur. In: *Epilepsie-Blätter*, Jg. 7, Nr. 2 (1994), S. 3-10. [Supplementum. - Über Th. M.: *Joseph und seine Brüder*, S. 4-5, 9].

94.213 SCHRÖTER, Klaus: Kleines Nachwort. In: K. S., in Zusammenarb. mit Armin Huttenlocher, Hrsg.: *Um Th. M.: Der Briefwechsel Käte Hamburger - Klaus Schröter*. Hamburg: Europäische Verlagsanstalt, 1994, S. 139-148.

94.214 SCHWARZ, Egon: Th. M's geträumte Taten: Eckhard Heftrich beendet sein Hauptwerk, die Freunde feiern ihn. In: *FAZ*, Jg. 46, Nr. 61 (14. März 1994), S. 34. [Rez. von E. Heftrich, # 93.96 - H. Gockel, # 93.72].

94.215 SHEPPARD, Richard: Realism plus Mythology: A Reconsideration of the Problem of 'Verfall' in Th. M's *Buddenbrooks*. In: *MLR*, Bd. 89, Nr. 4 (1994), S. 916-941.

94.216 SIMONIS, Heide: Grußwort (6. Mai 1993). In: Presse- und Informationsamt der Hansestadt Lübeck, # 94.176, S. 8-9.

94.217 SMITH, Jeanne: 'The Tragic German Patriot': Fourth Schurz Lecture Focuses on Th. M. In: *LC Information Bulletin*, Bd. 53, Nr. 9 (2. Mai 1994), S. 173-174. [Betr. H. R. Vaget's Vortrag über Th. M. und A. E. Meyer zu Ehren von C. Schurz in der Library of Congress].

94.218 SOMMER, Andreas U.: Der Bankrott 'protestantischer Ethik': Th. M's *Buddenbrooks*. Prolegomena einer religionsphilosophischen Romaninterpretation. In: *Wirkendes Wort*, Jg. 44, Nr. 1 (1994), S. 88-110.

94.219 SPRECHER, Thomas: Wie es zum *Zauberberg* kam. In: *Davoser Revue*, # 94.38, S. 11-17.

94.220 STAMM, Peter: Der Tod in Davos. In: *Schweizerspalter-Nebelspalter*, Nr. 31 (1994), S. 18-19. [*Der Zauberberg*].

94.221 STANLEY, Patricia H.: Rez. von Elfe/Hardin/Holst, # 92.296. In: *Seminar*, Jg. 30, Nr. 2 (Mai 1994), S. 186-188.

94.222 STEPANAUSKAS, Leonas: *Reise-Akademie: Kurische Nehrung, Nidden*. Nidden: Andra, 1994, S. 1-7.

94.223 STIEG, Gerald, und Françoise Kenk: Broch und Canetti oder: Ist Canettis Rede auf Hermann Broch eine Kontrafaktur von Th. M's *Freud und die Zukunft*? In: Adrian Stevens, Fred Wagner, und Sigurd Paul Scheichl, Hrsg.: *Hermann Broch: Modernismus, Kulturkrise und Hitlerzeit*. Innsbruck: Institut für Germanistik, 1994, S. 149-162. (= Innsbrucker Beiträge zur Kulturwissenschaft, Germanistische Reihe, Bd. 50; Publications of the Institute of Germanic Studies, University of London, Bd. 58).

94.224 STROMBERG, Eberhard: Th. M.: Emigrant und Patriot. In: *Lübeckische Blätter*, Jg. 159, Nr. 10 (7. Mai 1994), S. 145-156. [Gekürzte Fassung eines am 23. März 1994 in Lübeck gehaltenen Vortrags. - Exil].

94.225 STRUBE, Rolf: Fort aus der geifernden Welt - nicht unter Atemnot! Die Rückkehr des Weltdeutschen Th. M. nach Europa. In: *Der Tagesspiegel* (12. Januar 1994). [Rez. von I. Jens, # 93.122].

94.226 SUTER, Felix: Davos als Tuberkulose-Kurort. In: Ernst Halter, Hrsg.: *Davos. Profil eines Phänomens*. Zürich: Offizin, 1994, S. 29-38. [*Der Zauberberg*].

94.227 SWENSEN, Alan J.: *Gods, Angels, Narrators: A Metaphysics of Narrative in Th. M's Joseph und seine Brüder*. New York, u. a.: P. Lang, 1994, 149 S. (= Studies in Modern Literature, Bd. 57).

94.228 THOEMMES, Ulrich: Denken an Golo Mann. In: *Lübeckische Blätter*, Jg. 159, Nr. 11 (21. Mai 1994), S. 166.

94.229 *Th. M. Jahrbuch*, Bd. 7: Frankfurt a. M.: V. Klostermann, 1994, 321 S. [Hrsg.: E. Heftrich, und T. Sprecher. - Inhalt: D. Borchmeyer, # 94.21 - C. Emig, # 94.46 - E. Heftrich, # 94.78 - H. Maier, # 94.141 - G. Potempa, # 94.175 - M. Reich-Ranicki, # 94.188 - H. R. Vaget, # 94.236 - R. Wimmer, # 94.250 - W. Windisch-Laube, # 94.251 - H. Wysling, # 94.261 - H. Wysling/C. Bernini, # 94.262].

94.230 TRAEGER, Jörg: Aus dem Lübecker Umfeld von Th. M.: Der Kunsthistoriker Carl Georg Heise und die Schriftstellerin Ida Boy-Ed. Mit einem unbekannten Erinnerungstext C. G. Heises. In: G. Hahn/E. Weber, # 94.69, S. 413-426.

94.231 TYTMONAS, Alfredas: *Th. M.-Haus in Nidden/Kurische Nehrung/Litauen.* Nidden, u. a., 1994, 22 S. [Informationsschrift anläßlich des 130. Geburtstags von Th. M. und des 65. Bestehens seines Sommerhauses in Nidden].

94.232 VAGET, Hans R.: Seelenzauber und finstere Konsequenzen. Anmerkungen zu Hans Castorps Vorzugsplatten. In: *Davoser Revue*, # 94.38, S. 45-49. [*Der Zauberberg.* - Musik].

94.233 VAGET, Hans R.: Präludium in München: Bruno Walter und die Vertreibung Th. M's. In: *FAZ*, Jg. 46, Nr. 111 (14. Mai 1994), Bilder und Zeiten, S. [1-2]. [Vgl. den Leserbrief von R. Reuter, # 94.192].

94.234 VAGET, Hans R.: Rez. von M. Krüll, # 91.139. In: *GQ*, Jg. 67, Nr. 2 (1994), S. 275-277.

94.235 VAGET, Hans R.: Rez. von G. Potempa, # 92.213. In: *Monatshefte*, Jg. 86, Nr. 2 (1994), S. 267-268.

94.236 VAGET, Hans R.: Musik in München: Kontext und Vorgeschichte des *Protests der Richard-Wagner-Stadt München* gegen Th. M. In: *Th. M. Jahrbuch*, Bd. 7 (1994), S. 41-69.

94.237 VAPORDSHIEV, Vesselin: Th. M's *Buddenbrooks* und Elin Pelins *Gerazite* im bulgarischen Deutschunterricht: Ein Vergleich anhand typologischer Ähnlichkeiten und Unterschiede. In: Juliane Eckhardt, Hrsg.: *Literaturunterricht in Europa: Schulpraxis, Geschichte und literaturdidaktische Diskussion.* Baltmannsweiler: Schneider Verlag Hohengehren, 1994, S. 206-212.

94.238 VARGAS LLOSA, Mario: Th. M. In: M. V. L., *Die Wahrheit der Lügen: Essays zur Literatur.* Frankfurt a. M.: Suhrkamp, 1994. (= Suhrkamp Taschenbuch, 2283) [Aus dem Span. übs. von E. Wehr. - *Der Tod in Venedig*].

94.239 VIRCHOW, Christian: Rückblick und Ausblick: *Zauberberg*-Woche in Davos vom 7. bis 13. August 1994. In: *Davoser Revue*, Jg. 69, Nr. 2 (Juni 1994), S. 23-29. [Auch in: *Deutsches Ärzteblatt*, Jg. 91, Nr. 27 (8. Juli 1994), S. C-1227. - Vgl. auch Kurzfassung u. d. T.: Th. M. und der *Zauberberg* in Davos. In: *Davos Inside* (Sommer 1994), S. 4].

94.240 VIRCHOW, Christian: Geheimrat Professor Dr. Friedrich Jessen und *Der Zauberberg*. Eine Geschichte aus dem Davos von dazumal. In: *Davoser Revue*, # 94.38, S. 28-43.

94.241 VOLZ, Gunter: *Sehnsucht nach dem ganz anderen: Religion und Ich-Suche am Beispiel von Klaus Mann*. Frankfurt, a. M., u. a.: P. Lang, 1994, 307 S. (= Europäische Hochschulschriften, Reihe 23: Theologie, Bd. 519) [Zugl.: Diss., Univ. Marburg, 1993].

94.242 WAPNEWSKI, Peter: Der Magier und der Zauberer: Th. M. und Richard Wagner. In Fritz Wagner's, und Wolfgang Maaz' Ausg. von P. W., *Zuschreibungen: Gesammelte Schriften*. Hildesheim, u. a.: Weidmann, 1994, S. 420-445. (= Spolia Berolinensia, Beiträge zur Mediavistik, 4) [Vgl. E in # 89.292].

94.243 WEGNER, Michael: Th. M. und Ivan Gončarov. In: Peter Thiergen, Hrsg.: *Ivan Gončarov: Leben, Werk und Wirkung. Beiträge der Internationalen Gončarov-Konferenz, Bamberg, 8.-10. Oktober 1991*. Köln, u. a.: Böhlau, 1994, S. 419-431. (= Bausteine zur slavischen Philologie und Kulturgeschichte, Reihe A: Slavistische Forschungen, N. F., 12).

94.244 WEILLER, Edith: Gesichter der Askese. Max Weber und Th. M. In: E. W., *Max Weber und die literarische Moderne: Ambivalente Begegnungen zweier Kulturen*. Stuttgart: J. B. Metzler, 1994, S. 257-298. [*Betrachtungen eines Unpolitischen*].

94.245 WEINGARTEN, Rüdiger: Ein literarisches Modell interkultureller Kommunikation: *Mario und der Zauberer*. In: *Zielsprache Deutsch*, Jg. 25, Nr. 3 (1994), S. 149-155.

94.246 WEINZIERL, Ulrich: Das kühne, herrliche Kind: Ein unsentimentales, berührendes Lebensbild der Erika Mann. In: *FAZ*, Jg. 46, Nr. 26 (1. Februar 1994), S. 28. [Rez. von I. v. d. Lühe, # 93.178].

94.248 WENZEL, Georg: Rez. von G. Potempa, # 88.223, # 92.213, # 93.214, # 93.216. In: *Zeitschrift für Germanistik*, N. F., Jg. 4, Nr. 2 (1994), S. 445-448.

94.249 WILD, Inge: *Th. M.: Tonio Kröger*. Frankfurt a. M.: M. Diesterweg, 1994, 83 S. (= Grundlagen und Gedanken zum Verständnis erzählender Literatur).

94.250 WIMMER, Ruprecht: Laudatio, gehalten anläßlich der Verleihung der Th.-M.-Medaille an Georg Potempa in Lübeck am 29. Oktober 1993. In: *Th. M. Jahrbuch*, Bd. 7 (1994), S. 199-203.

94.251 WINDISCH-LAUBE, Walter: Th. M. versus Franz Schreker? In: *Th. M. Jahrbuch*, Bd. 7 (1994), S. 71-122.

94.252 WIRTH, Michael: Mit Aschenbachs geballter Faust. Th. M's Leben in Bildern. In: *Schweizer Monatshefte*, Jg. 74, Nr. 10 (1994), S. 49-51. [Rez. von H. Wysling/Y. Schmidlin, # 94.257. - *Der Tod in Venedig*].

94.253 WISSKIRCHEN, Hans: Museum für Figurentheater im Heinrich- und Th.-M.-Zentrum Lübeck: Die Miniatur-Marionettenoper des Frankfurter Bühnenbildners Eduard Creutzberg. In: *Lübeckische Blätter*, Jg. 159, Nr. 11 (21. Mai 1994), S. 168-169.

94.255 WOLFF, Sonja: Onkel Christians zweite Heimat: Eine Spur von Th. M's *Buddenbrooks* führt nach Cuxhaven. In: *Heimat und Kultur: Zwischen Elbe und Weser*, Jg. 13, Nr. 1 (Januar 1994), S. 10-11.

94.256 WOLFF, Uwe: Der Wunsch nach der alten Erde: Th. M's Tagebücher aus den Jahren 1951 und 1952. In: *Hannoversche Allgemeine Zeitung*, Nr. 18 (22. Januar 1994), Literatur. [Rez. von I. Jens, # 93.122].

94.257 WYSLING, Hans, und Yvonne Schmidlin, Hrsg.: *Th. M.: Ein Leben in Bildern*. Zürich: Artemis, 1994, 504 S. [Rez.: Anon., # 94.4 - S. Berkholz, # 94.9 - G. Martens, # 94.144 - M. Wirth, # 94.252].

94.258 WYSLING, Hans: Heinrich und Th. M. In: Presse- und Informationsamt der Hansestadt Lübeck, # 94.177, S. 14-18.

94.259 WYSLING, Hans: Dankesworte. In: Presse- und Informationsamt der Hansestadt Lübeck, # 94.177, S. 16-20.

94.260 WYSLING, Hans: Verzauberung und Nervenschlotter. Interview mit Eberhard Görner. In: *Neue Zeit*, Jg. 49, Nr. 12 B (15. Januar 1994), S. 14.

94.261 WYSLING, Hans: Heinrich und Th. M. Festvortrag zur Eröffnung des Buddenbrookhauses am 6. Mai 1993. In: Presse- und Informationsamt der Hansestadt Lübeck, # 94.176, S. 9-15. [Nachdruck in: *Th. M. Jahrbuch*, Bd. 7 (1994), S. 9-15. - Vgl. E in # 93.320].

94.262 WYSLING, Hans, und Cornelia Bernini, Hrsg.: Der Briefwechsel zwischen Th. M. und Gerhart Hauptmann. 'Mit Hauptmann verband mich eine Art von

Freundschaft'. Teil II: Die Briefe 1925-1935. Dokumentation und Verzeichnisse. In: *Th. M. Jahrbuch*, Bd. 7 (1994), S. 205-291. [Vgl. Teil I in # 93.322].

94.263 ZELLER, Michael: Mit Joseph in der Sahara Europas. Das ostpreußische Nidden heute: Besuch in Th. M's Sommerhaus. In: *SZ*, Jg. 50, Nr. 99 (30. April/1. Mai 1994), SZ am Wochenende, S. I.

94.264 ZELLER, Rosemarie: Rez. von E. Downing, # 93.52. In: *Germanistik*, Jg. 35, Nr. 2 (1994), S. 469.

94.265 ZIMMERMANN, Jörg: *Selbstbefangenheit: Th. M. und das Narzißmusproblem.* Aachen: Shaker, 1994, 315 S. (= Berichte aus der Psychologie) [Zugl.: Medizin. Diss., Univ. Bonn, 1994].

94.266 ZWEIFEL AZZONE, Annarosa: Belvedere: Davos e il romanzo di Th. M. *La Montagna incantata*. In: *Cenobbio*, Bd. 43 (1994), S. 393-395. [Über die Davoser *Zauberberg*-Woche, August 1994].

Nachträge und Ergänzungen zu Band III

III.76.1   MATTHIAS, Klaus: Ludwig van Beethoven. In: Kurt Fassmann, Hrsg.: *Die Großen der Weltgeschichte, Bd. 7, Goethe bis Lincoln.* Zürich, u. a.: Kindler, 1976, S. 220-247. (= Kindler Enzyklopädie in 12 Bänden) [Darin Bemerkungen zu Th. M.: *Doktor Faustus*].

III.76.2   MATTHIAS, Klaus: Rez. von: Katia Mann, # 75.545 - V. Mann, # 75.569 - P. d. Mendelssohn, # 75.597. In: *Die Welt der Bücher*, Jg. 5, Nr. 5 (1976), S. 235-238.

III.76.3   O'NEILL, Patrick: Dance and Counterdance. A Note on *Tonio Kröger*. In: *GLL*, N. S., Jg. 29 (1975-1976), S. 291-295.

III.77.1   CAMPBELL, Joseph: The Occult in Myth and Literature. In: Luanne Frank, Hrsg.: *Literature and the Occult. Essays in Comparative Literature.* Arlington: The University of Texas at Arlington, 1977, S. 3-18.

III.77.2   GRAUTOFF, Wolfgang: Der Tod des Ferdinand Grautoff. Richtigstellung. In: *Vaterstädtische Blätter*, Jg. 28, Nr. 5 (September/Oktober 1977), S. 111. [Vgl. # 77.89].

III.79.1   MATTHIAS, Klaus: Musik-, Musiker-Erzählliteratur. In: Friedrich Blume, Hrsg.: *Die Musik in Geschichte und Gegenwart. Allgemeine Enzyklopädie der Musik, Bd. 16, Supplement.* Kassel, u. a.: Bärenreiter, 1979, Sp. 1314-1324. [Darin Bemerkungen zu Th. M.].

III.79.2   PIPER, Myfanwy: Writing for Britten. In: # 79.177, S. 8-21. [*Der Tod in Venedig.* - B. Britten].

III.79.3   WYSLING, Hans: Laudatio auf Uwe Johnson. In: *Vaterstädtische Blätter*, Jg. 30, Nr. 2 (März/April 1979), S. 24-25. [Vgl. # 81.270].

III.80.1   KOEPPEN, Wolfgang: Der Joseph-Roman von Th. M. In: # 80.146, S. 52-54. (= Gesammelte Werke in sechs Bänden, Bd. 6).

III.80.2   MATTHIAS, Klaus: Kerr und die Folgen. Analyse der Sudermann-Kritik als Perspektive einer Neubewertung seiner Dramen. In: Walter T. Rix, Hrsg.:

Hermann Sudermann. Werk und Wirkung. Würzburg: Königshausen & Neumann, 1980, S. 31-86. [Th. M. - A. Kerr].

III.81.1   HELLER, Erich: *Th. M.: The Ironic German.* Cambridge: Cambridge University Press, rev. ed., 1981, 314 S. [Vgl. E in: # 58.57 - # 79.88].

III.81.2   WYSLING, Hans: Kolloquium über das Werk Th. M's, vor allem über *Tonio Kröger.* In: *Jahresberichte des germanistischen Instituts der Kwanseigekuin-Universität,* Jg. 23 (1981), S. 47-72.

III.82.1   FERTONANI, Roberto: Introduzione. In seiner Ausg. von Th. M., *Giuseppe il nutritore.* Milano: A. Mondadori, 1982. [Übs. von B. Arzeni. - *Joseph, der Ernährer*].

III.82.2   FERTONANI, Roberto: Introduzione. In seiner Ausg. von Th. M., *Giuseppe in Egitto.* Milano: A. Mondadori, 1982. [Übs. von B. Arzeni. - *Joseph in Ägypten*].

III.82.3   SCHMIDT, Gerda C.: Hope for the Twenty-First Century: Th. M's Formula for Life in *The Beloved Returns (Lotte in Weimar).* In: *The Pittsburgh Undergraduate Review,* Bd. 3, Nr. 1 (Herbst 1982), S. 38-72. [J. W. v. Goethe. - Leben].

III.82.4   WYSLING, Hans: Statt eines Vorworts. In Yvonne Schmidlin's Ausg. von Th. M./Hans Bodmer: *Briefwechsel 1907-1933.* Frankfurt a. M.: S. Fischer, 1982, S. 5-7.

III.84.1   POHLAND, Vera: Die Welt des Sanatoriums in den Erzählwerken. In: V. P., *Das Sanatorium als literarischer Ort: Medizinische Institution und Krankheit als Medien der Gesellschaftskritik und Existenzanalyse.* Frankfurt a. M., u. a.: P. Lang, 1984, S. 60-140, u. a. (= Europäische Hochschulschriften, Reihe 1: Deutsche Sprache und Literatur, Bd. 706) [*Der Zauberberg*].

III.85.1   KERÉNYI, Karl: Th. M. und ein neuer Humanismus. In: # 85.125, S. 288-291. [Vgl. E in # 47.111].

III.85.2   KERÉNYI, Karl: Th. M., der Alchimist. In: # 85.125, S. 351-353. [Vgl. E in # 65.195].

III.85.3   KERÉNYI, Karl: Zauber und Mysterien des Buches. In: # 85.125, S. 366-371. [Vortrag, gehalten am 11. Februar 1967 vor der 'Gesellschaft der Bücherfreunde zu Hamburg'].

III.90.1   GAUGER, Hans-Martin: Rüdiger Schildknapp - Portrait eines Übersetzers. In: Wolfgang Pöckl, Hrsg.: *Literarische Übersetzung: Beiträge zur gleichnamigen Sektion des XXI. Romanistentags in Aachen (25.-27. September 1989)*. Bonn: Romanistischer Verlag, 1990, S. 9-30. (= Abhandlungen zur Sprache und Literatur, 29) [*Doktor Faustus*].

III.91.1   ADOLPHS, Dieter W.: Wetterleuchten über Deutschland: Th. M's Kurzgeschichte *Das Eisenbahnunglück*. In: *Selecta*, Jg. 11 (1991), S. 52-58.

III.91.2   HLOBIL, Tomás: Th. M. und Karel Čapek. In: *Blätter der Th. M. Gesellschaft Zürich*, Nr. 24 (1991-1992), S. 5-11, 31-35. [Anschließend auf S. 13-20: Die Briefe von Th. M. und K. Č. - Vgl. # 89.99].

III.91.3   KARTHAUS, Ulrich: Th. M's *Doktor Faustus*: Ein realistischer Roman? In: *Colloquia Germanica Stettinensia*, Nr. 3 (1991), S. 5-23.

III.91.4   MATTHIAS, Klaus: Th. M. zitierte richtig. In: *Lübecker Nachrichten* (1./2. Mai 1991), S. 27. [Bericht über H. Blumenberg's Fontane-Essay in *Akzente* und darin enthaltene Angriffe auf Th. M. mit falschen Zitaten].

III.91.5   SCHENK, Ralf: 'Zauberbergkrankheit': Geistige Anregung der Kurgäste. In: R. S., *Geschichte des heilklimatischen Kurortes Davos im Spiegel seiner Tagespublizistik*. Bochum: N. Brockmeyer, 1991, S. 340-368. (= Medizinpublizistische Arbeiten, Bd. 7) [Darin: *Der Zauberberg* (1924) und die Reaktionen in Davos, S. 351-358].

III.91.6   SPEIRS, Ronald C.: The Embattled Intellect: Developments in Modern German Literature and the Advent of Fascism. In: Stein Ugelvik Larsen, u. a., Hrsg.: *Fascism and European Literature - Faschismus und europäische Literatur*. Bern, u. a.: P. Lang, 1991, S. 29-36.

III.92.1   BERLIN, Jeffrey B.: Th. M. In: Gero von Wilpert, und Adolf Gühring, Hrsg.: *Erstausgaben deutscher Dichtung: Eine Bibliographie zur deutschen Literatur 1600-1990*. Stuttgart: A. Kröner, 2., vollst. überarb. Aufl., 1992, S. 1031-1035. [1. Aufl.: 1967].

III.92.2   CAPANO, Lucia Perrone: 'Pastriche', parodia e ironia in *Der Erwählte* di Th. M. In: *Annali Istituto Universitario Orientale Napoli. Sezione Germanica*, N. S., Nr. 1/3 (1992), S. 277-294. [Parodie - Ironie].

III.93.1 ADORNO, Theodor W.: Contribution à un portrait de Th. M. In: Andreas Pfersmann, Hrsg.: *Adorno. Textes réunis par Andreas Pfersmann*. Lille: Presses de l'université de Lille, 1993, S. 203-211. (= Revue des Sciences Humaines, Nr. 229) [Vgl. E in deutscher Sprache in # 62.3. - Nachdruck in # 81.3].

III.93.2 ALBERT, Claudia: *Doktor Faustus*. Schwierigkeiten mit dem strengen Satz und Verfehlung des Bösen. In: *Heinrich Mann-Jahrbuch*, Bd. 11/1993 (1994), S. 99-111. [Musik].

III.93.3 ARGLES, Dankl: Th. M. et la France: Politique et représentations. In: Hans M. Bock, Hrsg.: *Entre Locarno et Vichy: Les relations culturelles franco-allemandes dans les années 1930, Bd. 2*. Paris: CNRS, 1993, S. 675-687. [Frankreich - Politik - Repräsentation].

III.93.4 BRAUN, Michael: Rez. von H. Koopmann/C. Muenzer, # 90.166. In: *Literatur in Wissenschaft und Unterricht*, Jg. 26, Nr. 1 (1993), S. 70-71.

III.93.5 BRUNTRÄGER, Hubert: Die Rezeption Th. M's in der Lübecker Presse zwischen 1900 und 1933. In: *Der Wagen* (1993/94), S. 159-181.

III.93.6 CASSIRER, Ernst: Th. M's Goethe-Bild. Eine Studie über *Lotte in Weimar*. In Ernst W. Orth's Ausg. von E. C., *Geist und Leben: Schriften zu den Lebensordnungen von Natur und Kunst, Geschichte und Sprache*. Leipzig: Reclam, 1993, S. 123-165. [Nachdruck von # 45.24].

III.93.7 CLAUDON, Francis: Rez. von H. Eilert, # 91.48. In: *RLC*, Jg. 67, Nr. 2 (1993), S. 282-283.

III.93.8 FAULSTICH, Werner, und Ingeborg Faulstich: *Der Tod in Venedig*. Ein Vergleich von Film und literarischer Vorlage. In: Wolfgang Gast: *Literaturverfilmung*. Bamberg: C. C. Buchner, 1993, S. 113-125. (= Themen, Texte, Interpretationen, 11) [Vgl. E in # 77.71. - *Der Tod in Venedig*].

III.93.9 FECHNER, Frank: Die Gestalt des Staatslenkers bei Th. M. In: Michael Kilian, Hrsg.: *Dichter, Denker und der Staat: Essays zu einer Beziehung ganz eigener Art*. Tübingen: Attempti, 1993, S. 129-154. [Politik].

III.93.10 HETTCHE, Thomas: Kaisersaschern 1993. In: Thomas Rietzschel, Hrsg.: *Über Deutschland: Schriftsteller geben Auskunft*. Leipzig: Reclam, 1993, S. 35-50. (= Reclam-Bibliothek, 1486) [Vgl. E in # 93.109].

III.93.11 KLEIN, Wolfgang: Rez. von W. Jasper, # 92.120. In: *Referatedienst zur Literaturwissenschaft*, Jg. 25, Nr. 1 (1993), S. 41-42.

III. 93.12 LÜTKEHAUS, Ludger: Vom *Zauberberg* zum *Zauberbaum*. Peter Sloterdijks Entdeckung der Psychoanalyse im Jahre 1985. In: *Neue Rundschau*, Jg. 104, Nr. 2 (1993), S. 155-170.

III.93.13 PAULSON, Michael G.: *The Youth and the Beach: A Comparative Study of Th. M's Der Tod in Venedig (Death in Venice) and Reinoldo Arenas' Otra vez el mar (Farewell to the Sea)*. Miami, FL: Universal, 1993, 87 S.

III.93.14 RIDLEY, Hugh: Reflections on Christa Wolf and Th. M. In: Peter Skrine, Hrsg.: *Connections. Essays in Honour of Eda Sagarra*. Stuttgart: Wissenschaftlicher Verlag, 1993, S. 227-237. (= Stuttgarter Arbeiten zur Germanistik, 281).

III.93.15 STERN, Guy: Rez. von *Th. M. Jahrbuch*, Bd. 2, # 89.275. In: *GR*, Jg. 68, Nr. 1 (1993), S. 46-47.

III.93.16 STRAUSS, Dietmar, und Ruth Strauss: *'Sprache eines unbekannten Sterns': Adorno und die Musik im Doktor Faustus*. Saarbrücken: Pfau, 1993, 27 S.

III.93.17 SZENDI, Zoltán: Die 'Mutter Natur' im Zwielicht der Ironie: Philologische Erwägungen in Th. M's Erzählung *Die Betrogene*. In: *Studien zur Germanistik*, Jg. 1 (1993), S. 113-143.

III.93.18 VIERING, Jürgen: Rez. von H. Eilert, # 91.48. In: *Jahrbuch der Raabe-Gesellschaft* (1993), S. 165-169.

III.93.19 VOIGTS, Manfred: Oskar Goldberg und Th. M.: Die Revision eines Fehlurteils. In: Hans-Otto Horch, und Horst Denkler, Hrsg.: *Conditio Judaica: Judentum, Anti-Semitismus und deutschsprachige Literatur, Bd. 3*. Tübingen: M. Niemeyer, 1993, S. 363-379.

III.93.20 WITTMANN, Reinhard: Th. M. In: R. W., *Hundert Jahre Buchkultur in München*. München: Hugendubel, 1993, S. 50-51, 75-76, 111-112, u. a.

Verfasserregister

Verfasserregister

555

Frühwald, Wolfgang 9, 129, 240, 325, 353, 441, 495
Fry, Varian 294
Fuchs, Karlheinz 73
Fuchs, Viktoria 57
Fuchs-Sumiyoshi, Andrea 240
Fuerbringer, Otto 210
Füger, Wilhelm 43
Fuhrmann, Horst 386, 495
Fuld, Werner 102, 210, 356, 386
Fullenwider, Henry F. 441
Funk, Ilona 210
Furness, Raymond S. 102, 180
Furst, Lilian R. 415, 441, 466
Furthman-Durden, Elke C. 265
Furuichi, Miyuki 325
Füssel, Stephan 523
Futterknecht, Franz 9

Gabriel, Christiane 415
Gagnebin, Murielle 129
Gadamer, Hans G. 80
Gaiziunas, Silvestras XXIV
Gal, István 9
Galerstein, Carolyn 265
Galinsky, Hans 210
Galle, Roland 294
Galler, Klaus 129
Galor, Jehuda 495
Galvan, Elisabeth XXXIV
Gambini, Anna 386
Gamziukaite-Maziuliene, Raminta XXIV, 73, 180
Gandelman, Claude 43, 73, 153, 180, 240
Ganeshan, Vridhagiri 43, 102
Ganni, Enrico 294
Gansera, Rainer 357
Garcia, Paul A. 102
Garland, Mary 294
Garrin, Stephen H. 73
Gasser, Manuel 153
Gattermann, Günter 442
Gatzke, Marianne 415
Gauger, Hans-Martin 10, 357, 544
Gaunt, J. L. 107
Gaver, Walter 180
Gay, Peter 73, 102, 180, 325, 357
Geerdts, Hans-Jürgen 180, 210
Gefin, Laszlo K. 240
Gehrckens, Jan Peter 153
Gehrke, Hans 265, 325, 326
Geiser, Peter 326
Geissendörfer, Hans W. 153, 180, 181
Geissler, Rolf 73, 102, 181

Gelber, Mark H. 294, 415, 442
Geoffroy, René 204
Georg, E. F. 10
George, Manfred 210
Geppert, Hans Vilmar XXXI
Gerhardt, Hans-Peter M. 43, 73, 265, 357
Gerigk, H.-Jürgen XXXIV, XXXVI
Gerkens, Gerhard 523
Gersdorff, Dagmar von 102
Gerster, Georg 210
Gerth, Klaus 181, 265, 326
Gesing, Fritz 415
Getzeny, Hans 357
Gide, André 10
Gillespie, Gerald 44, 181, 294, 326, 357, 442, 466
Gilliam, H. S. 44
Giobbi, Giuliana 386
Giorgio, Paolo 240
Girard, René 73
Girardot, Rafael Gutiérez 102
Girndt, Cornelia 357
Gisselbrecht, André 73, 103, 210, 326, 386, 415
Gittleman, Sol 10, 129
Giubertoni, Anna Macci 73, 103, 153, 210, 295
Givone, Sergio 129
Glaser, Hermann 10, 74, 295
Glaser, Horst A. 10, 240
Glassco, David 210
Glassen, Erika 295
Glatzel, Johann 415
Gleinig, Heidi XXXIII
Glier, Ingeborg 240
Gloede, Ingrid 10
Gnettner, Ines 495
Goch, Marianne 266
Gockel, Heinz XII, XV, XX, XXI, 129, 153, 154, 210, 240, 326, 357, 495, 496
Goebel-Schilling, Gerhard XXI, XXV, 442
Goede, Wolfgang C. 326
Goeppert, Sebastian 74
Goes, Albrecht 210
Gohlis, Tobias 524
Gökberg, Ülker 326, 386, 523
Golden, Kenneth L. 357
Goldman, Harvey 358, 466, 496
Goldschmidt, Georges-Arthur 10, 266
Goldsmith, Ulrich K. 326
Goldstein, Emmanuel 154, 524
Golik, Iwan 10
Golka, Friedemann W. 442
Goll, Klaus R. 154
Gollnick, Ulrike 44
Gomez, Eduardo 326, 327

Werkregister

Sachregister

A. Personen

(Verzeichnet sind alle Personen, die in den Buch- und Aufsatztiteln
sowie in den Erläuterungen namentlich genannt werden.)

B. Themen

Zeitschriftenregister

Abkürzungen

CL	Comparative Literature. Eugene, Orgeon	MLN	Modern Language Notes, Baltimore, Maryland
DAI	Dissertation Abstracts International	MLQ	Modern Language Quarterly. Seattle, Washington
DLZ	Deutsche Literatur-Zeitung. Berlin		
DVJS	Deutsche Vierteljahrsschrift für Literaturwissenschaft und Geistesgeschichte. Stuttgart	MLR	Modern Language Review. London
		NDH	Neue Deutsche Hefte. Berlin
		NDL	Neue Deutsche Literatur. Berlin
EG	Etudes Germanique. Paris	NYT	New York Times, The. New York, New York
FAZ	Frankfurter Allgemeine Zeitung. Frankfurt		
		NZZ	Neue Zürcher Zeitung. Zürich
GLL	German Life and Letters. Oxford	PEGS	Publications of the English Goethe Society. London
GQ	German Quarterly, The. Appleton, Wisconsin		
		PMLA	Publications of the Modern Language Association of America. New York, New York
GR	Germanic Review. New York, New York		
GRM	Germanisch-Romanische Monatsschrift. Heidelberg	RLC	Revue de Littérature Comparée, La. Paris
JEGP	Journal of English and Germanic Philology. Urbana, Illinois	SZ	Süddeutsche Zeitung. München
		TLS	Times Literary Supplement, The. London
MB	Mitteilungsblatt. Tel Aviv		
MFS	Modern Fiction Studies. Lafayette, Indiana	TZ	Tageszeitung. München
		ZDP	Zeitschrift für Deutsche Philologie. Berlin
MLJ	Modern Language Journal. Athens, Ohio		

Magdeburgische Zeitung. Magdeburg 200

Main-Echo. Würzburg 152, 236, 481, 510

Mainz. Vierteljahrshefte für Kultur, Politik, Wirtschaft, Geschichte. Mainz 246

Malcolm Lowry Review, The. Waterloo, Ontario 400, 429

Mannheimer Berichte. Mannheim 285

Mannheimer Morgen. Mannheim 70, 84, 99, 125

Marbacher Magazin. Marbach/Neckar 384, 392

Marginalien. Zeitschrift für Buchkunst und Bibliophilie. Ost-Berlin 42, 330, 361

Märkische Oder-Zeitung. Frankfurt/Oder 512

MB s. Mitteilungsblatt

Medaillenkabinett, Das. Köln 136

Medizinische Welt, Die. Stuttgart 190, 191, 192

Medizinhistorisches Journal. Stuttgart 133

Memo. Das Magazin von heute. Stuttgart 166

Merian. Hamburg 352, 386, 512, 533

Merkur. Deutsche Zeitschrift für europäisches Denken. Stuttgart 33, 67, 87, 89, 152, 321, 325, 410, 506

Messager européen, Le. Paris 352

Metropolitan Opera. New York, New York 521, 524, 531, 533

MFS s. Modern Fiction Studies

Michigan Germanic Studies. Ann Arbor, Michigan 23, 29, 45, 141, 154, 164, 226, 247, 417, 461

Midstream. New York, New York; Indianapolis, Indiana 129

Midwest Quarterly. Pittsburg, Kansas 371

Minneapolis Morning Tribune. Minneapolis, Minnesota 232

Mississippi Quarterly. The Journal of Southern Culture. State College, Mississippi 207

Miteinander leben lernen. Berlin 271

Mitteilungen der E. T. A. Hoffmann-Gesellschaft e. V.. Bamberg 226, 266

Mitteilungen der Hans Pfitzner-Gesellschaft. München 148

Mitteilungen des Deutschen Germanistenverbandes. Frankfurt/Main 209

Mitteilungen des Fördererkreises. Archive und Bibliotheken zur Geschichte der Arbeiterbewegung. Berlin 478

Mitteilungen des Oberhessischen Geschichtsvereins Gießen. Gießen 501

Mitteilungen des Sprachenzentrums der Universität Augsburg 7

Mitteilungsblatt. Tel Aviv 10

Mittelbayerische Zeitung. Regensburg 413

Mitteldeutsche Zeitung. Halle/Saale 470

MLJ s. Modern Language Journal

MLN s. Modern Language Notes

MLQ s. Modern Language Quarterly

MLR s. Modern Language Review

Moderna språk. Stockholm 322, 364

Modern Austrian Literature. Binghamton, New York 18, 156, 391, 519

Modern Fiction Studies. Lafayette, Indiana 11, 109, 110, 121, 138, 236, 306, 314, 356, 382

Modern Language Journal. Menasha, Wisconsin 3

Modern Language Notes. Baltimore, Maryland 24, 29, 65, 114, 117, 151, 155, 197, 229, 265, 281, 335, 344, 351, 375, 513

Modern Language Quarterly. Durham, North Carolina 8, 207, 297, 324

Modern Language Review. London 19, 26, 31, 53, 58, 87, 90, 94, 135, 140, 141, 146, 161, 177, 191, 195, 239, 242, 255, 257, 263, 278, 281, 313, 320, 345, 370, 374, 402, 423, 430, 431, 455, 458, 480, 481, 484, 513, 536

Modern Language Studies. Los Angeles, California 9

Modern Philology. Chicago 183

Modern Quarterly Review. Ann Arbor, Michigan 22, 56

Modern Thinker and Author's Review, The. New York, New York 348

Monat, Der. Berlin 115

Monatshefte. Madison, Wisconsin 6, 16, 24, 30, 32, 40, 60, 61, 79, 87, 107, 108, 114, 117, 123, 126, 131, 140, 149, 166, 173, 175, 195, 213, 217, 219, 231, 246, 251, 297, 300, 312, 315, 330, 380, 391, 398, 416, 418, 426, 428, 451, 457, 470, 486, 499, 502, 521, 530, 536, 538, 540

Monde, Le. Paris 164, 318

Mondo Operaio, Il. Rom 383

Montag, Der. Berlin 201

Morgen, Der. Wien 204

Mosaic. Winnipeg 53, 59, 82, 210, 279, 313, 411, 441

Mount Olive Review. Mount Olive, North Carolina 413

Mtv Fernsehzeitschrift für den Arzt. Wiesbaden 251

München Mosaik. München 138

Münchener Zeitung. München 18

Münchner Merkur. München 100, 174, 178, 210, 214, 231, 260, 295, 330, 490

Münchner Neueste Nachrichten. München 295

Therapiewoche. Karlsruhe 21
Thought. A Review of Culture and Idea. New York, New York 79
Thüringische Landeszeitung. Weimar 429
Times, The. London 34
Times Literary Supplement, The. London 87, 141, 209, 237, 224, 314, 525
Tirade. Amsterdam 296
TLS s. The Times Literary Supplement
Torre, La. San Juán, Puerto Rico 293
Trames. Numéro spécial. Limoges; Gießen 132
Translation Perspectives. Binghamton, New York 425
Tribüne. Zeitschrift zum Verständnis des Judentums. Frankfurt/Main; Berlin 43
Trierischer Volksfreund. Trier 426
Tristania. Chattanooga, Tennessee 495
Trivium. Zürich 44, 90, 516
Tübinger Blätter. Tübingen 359
Tulsa Tribune. Tulsa, Oklahoma 201
Turicum. Zürich 18
Twentieth Century Literature. A Scholarly and Critical Journal. Denver, Colorado 51, 380
TZ s. Tageszeitung, Die

Übersetzer, Der. Tübingen 34
UHU. Berlin 97, 116
Ullsteins Gourmet Journal. Berlin 125
Unicorn Journal. Santa Barbara, California 277
Unisa English Studies. Journal of the Department of English. Pretoria 66
Universitas. Stuttgart 213, 270, 276
University of Dayton Review. Dayton, Ohio 5, 10, 23
University of Leeds Review. Leeds 352
University of Toronto Quarterly. Toronto 262
Unomasuno. Mexiko 160
Unterrichtspraxis, Die. Cherry Hill, New Jersey 8, 416
Unveiling Cuba. New York, New York 206

Vanguardia, La. Barcelona 277
Vaderland, Het. Den Haag 124, 125
Vaterstädtische Blätter. Lübeck 44, 106, 122, 171, 542
Veritas. Universidade Católica Rio Grande do Sul 38
Verri, Il. Modena 366
Vierteljahrshefte für Zeitgeschichte. München 131

Vinduet. Oslo 353
Vita e Pensiero. Mailand 535
Völkischer Beobachter. München 202
Volkskalender. Neue Banater Zeitung. Temeswar 311
Volkskrant, De. Amsterdam 261, 264
Vorarlberger Nachrichten. Bregenz 456
Vorträge Johannes Gutenberg-Universität 1984. Mainz 246
Vorwärts. Bonn 79, 276
Vossische Zeitung. Berlin 203

Wagen: Ein Lübeckisches Jahrbuch, Der. Lübeck 70, 78, 142, 237, 255, 354, 462, 473, 489, 521, 545
Wagner. London 487
Wartturm, Der. Buchen 261
Wasgau-Blick. Pirmasens 482
Washington Post, The. Washington, District of Columbia 199
Weimarer Beiträge. Wien 82, 99, 100, 119, 170, 183, 221, 276, 375, 455, 505, 528
Welt am Sonntag. Hamburg 7, 64, 121, 130, 170, 244, 267, 293, 299, 392, 405, 456, 492
Welt der Bücher, Die. Hamburg 83, 542
Welt, Die. Hamburg 2, 12, 44, 48, 88, 98, 105, 131, 141, 159, 160, 175, 183, 199, 203, 258, 322, 324, 330, 340, 433, 464, 469, 486, 496, 515
Weltbühne, Die. Berlin 7, 92
Weltwoche, Die. Zürich 27, 175, 183, 203, 278, 307, 322, 364, 365, 372, 404, 475, 478, 532
Weser-Kurier. Bremen 476
Wespennest. Wien 296
Westdeutsche Allgemeine. Essen; Köln 472
Westermanns Monatshefte. Braunschweig 176, 228
Westermanns Pädagogische Beiträge. Braunschweig; Hamburg 8, 520
Westfälische Rundschau. Bielefeld 494
Whig-Standard Magazine, The. Kingston, Ontario 191
Wiener Allgemeine Zeitung. Wien 203
Wiesbadener Kurier. Wiesbaden 28, 254, 429, 520
Wilhelm-Busch-Jahrbuch. Hannover 82
Wir Brückenbauer. Zürich 127
Wirkendes Wort. Bonn 50, 113, 142, 143, 157, 252, 336, 341, 344, 373, 424, 428, 451, 476, 483, 508, 520, 531, 532, 537
Wissenschaftliche Zeitschrift der Pädagogischen Hochschule Leipzig. Leipzig 99